- 스포츠 산업 진흥협회 이사 / 한국 여가 레크리에이션 협회 이사

- 한국 이벤트 컨벤션 학회 부회장 / 스포츠 산업 경영학회 이사
- 반곡재단 이사
- (주) DO IT NOW 대표이사(1998~2010)
- 나이키 스포츠 코리아(7년 6개월 근무)
  - 축구, 농구, 테니스 Category manager로 선수계약 및 팀 관리 / 박찬호 선수 계약 및 관리
  - 국내 최초 3 on 3 길거리 농구 대회 도입 전파, Brazil 국가대표 축구팀 초청 경기, Premier Cup 유소년 축구 대회 창설, 박찬호 어린이 야구 교실, Olympic Fun Run, Elite Aerobic Workshop 등 다수의 스포츠 이벤트 기획 및 진행 총괄.
- World Cyber Games 회사 창립(1년 8개월 근무)
  e-sports Marketing 모델로 세계 최초 Cyber Olympic 구현 (WCG 가입국-80여 개 국가)
- Sports Marketing Korea(구 ISL Korea 1년 10개월 근무)
  - 2002 Korea & Japan FIFA Worldcup 마케팅 컨설턴트
  - 2002년 Busan Asian Games 마케팅 이사
- 미디어 활동 : SBS 스포츠 채널 TV 토크 닷컴 MC 진행, EBS FM 한영애의 문화 이야기 스포츠 전문 패널, CBS 곽동수의 싱싱경제 등에서 스포츠 마케팅 및 경제 평론가로 활동
- CEO 특별과정 전문 강사: 조지 워싱턴대, 칭화대, 서울대, 연세대, 고려대, 광운대, 순천향대, 아주대 및 삼성을 비롯한 대기업 및 중소기업에서 다수 강의
- 국내 최대 스포츠 마케팅 사이트 "김도균 교수의 스포츠 마케팅 포럼" 운영

수상

- 2011 University of California Berkeley 체육학과 및 무도연구소 교환교수 공적상 수상
- 2010 문화체육관광부 장관상 표창 "스포츠 산업부분 공로상"
- 2009 조선일보 스타강사 추천(2009.2.13)
- 2007~2008 2년 연속 경희대학교 최우수 연구 업적 교수 총장 표창

저서

- 스포츠 이벤트 기획(2008, 대한미디어)
- FIFA Worldcup Marketing(2004, 오성출판사)
- 스포츠 비즈니스(2003, 오성출판사)
- 월드컵 비즈니스(2003, 국민체육진흥공단)
- 스포츠 상품의 개발과 관리(2002, 국민체육진흥공단)
- 전략적인 현대 스포츠 경영(2001, 금광출판사)
- 스포츠 마케팅(1999, 금광출판사)

homepage : http://www.esports.pe.kr
e-mail :dukekim@khu.ac.kr / dukekimm@gmail.com

SPORT Marketing

스포츠마케팅

김도균 저

圖書出版 오래

책 머리에

나는 경험하여 왔다.
선수 관리, 월드컵, 올림픽, 아시안 게임, 이벤트 기획,
World Cyber Games, 컨설팅
나는 상상하여 왔다.
스포츠 마케팅 세상에는 무엇이 존재하고 있을까?
나는 꿈꾸어 왔다.
스포츠 마케팅을 위해 내가 할 수 있는 일은 무엇일까?

대학을 졸업한 후 나이키 스포츠 코리아 이벤트 마케팅 팀장(7년 6개월)으로 일하면서 스포츠 마케팅이란 새로운 세계에 눈을 떴다.

World Cyber Games에서는 세계 최초로 사이버 게임인 e-sports 대회를 만들었고, 스포츠 마케팅 코리아(구 ISL Korea)의 마케팅 이사로 2002 한·일 월드컵과 부산 아시안 게임의 마케팅을 총괄하면서 글로벌 스포츠 마케팅을 실행하였다.

이러한 현장의 경험을 토대로 2002년부터 현재까지 경희대학교 교수로서 강단에 서있다.

20년 가까이 스포츠 마케팅에 몸담으면서 끊임없이 "스포츠 마케팅이란 무엇일까?"라고 자문해 왔다.

그 결과 내가 찾은 해답은 "Grow the Sports" 였다.

그렇다! 스포츠 마케팅은 스포츠 그 자체를 발전시키는 것이다.

브랜드가 발전하는 것도 아니고, 기업이 발전하는 것도 아니고 스포츠 자체가 발전하여 그 안에 참여하는 소비자와 팬이 많아질수록 스포츠 마케팅의 진가는 더욱 더 커지는 것이다.

스포츠 마케팅 현장은 늘 숨가쁘게 돌아가고 매 순간 창의적인 생각과 소비자들을 위한 선택의 기로에 서게 된다. 이때 신속하고 정확하게 결정을 내리는 능력은 성공의 기회를 만들 뿐만 아니라 높은 성과를 창출한다. 그 속을 돌아다니다 보면 혼란 속에서도 메시지가 있고, 브랜드가 있고, 놀라운 아이디어와 혁신이 보이기 시작한다.

스포츠 마케터가 되어 가장 행복한 점은 전 세계의 스포츠 현장을 직접 찾아가 보고, 느끼고, 배우고, 즐기는 것이었다.

스포츠 마케터로서 나는 "경험"을 통한 목표설정과 "실천"이라는 개념을 사랑한다.

경험의 핵심역량을 실행으로 연결시키는, 즉 지식을 현장에 적용시키는 것이 중요하다.

그래서 내 인생의 모토도 첫 직장인 나이키에서 배운 Just Do It의 원리를 이용한 Do It Now!이다.

부족하지만 지난 20년간 개최한 이벤트를 통한 소중한 경험과 자료들 그리고 각종 서적의 마케팅 사례 모음과 강단의 강의 등을 토대로 스포츠 마케터로서 Do IT Now가 바로 이 책이다.

그동안 모아만 놓고 너무나 바빠서 정리하지 못한 스포츠 마케팅 관련 내용들을 UC Berkeley 교환교수로 있는 동안 다음 사항을 중심으로 책의 내용을 정리하였다.

첫째, 마케팅의 본질은 늘 단순하다. 본질을 꿰뚫고 있다면 누구나 쉽게 이해할 수 있는 내용이다.

마케팅의 이론과 스포츠 마케팅의 원리란 무엇인가?라는 개념으로 스포츠 마케팅의 특수함과 일반 마케팅의 원리를 접목하여 쉽고 짧으면서도 깊이 있는 내용으로 독자들과 만나도록 노력하였다.

마케팅 휴지통을 보시라! 스포츠 마케팅의 본질이 보일 것이다.

둘째, 현장 사진을 통한 프리젠테이션이다.

스포츠 이벤트를 진행하고 현장을 다니고 경기를 관람하면서 무수히 많은 사진들을 찍었다.

최근 10년 내 스포츠 사진을 중심으로 700여 장 이상의 사진을 삽입하였다. 사진을 통해 스포츠 현장에 숨겨진 노하우와 전략들을 찾아내어 전달하고자 하였다.

저자가 직접 찍은 사진을 잘 살펴보시라! 살아 숨쉬는 스포츠 마케팅 전략이 보일 것이다.

셋째, 학교와 특강의 기존 강의자료를 핵심으로 삼았다. 강의는 나에게 있어 생명수와 같다.

학생들이나 스포츠 마케팅 분야에 관심을 갖는 모든 사람들과의 만남은 강의를 통해서 이루어지기 때문에 지난 10년 간의 강의자료를 토대로 그림이나 차트를 구성하였다.

그림이나 차트를 잘 사용하여 보시라! 스포츠 마케팅 강의의 핵심이 보일 것이다.

넷째, 스포츠 마케팅과 관련된 키워드(마케팅, 소비자, 스포츠 산업, 프로퍼티, 조직, 기업, 선수, 서비스, 브랜드, 미디어, 스포테인먼트, 앰부시) 중심으로 총 12편으로 편집 하였다.

키워드를 보시라! 스포츠 마케팅의 다양한 아이디어와 상상력이 보일 것이다.

이 책이 나오기까지 많은 분들이 도움을 주셨다.

마케팅의 근원과 본질을 맛깔나게 설명하고 강의하시는 마케팅의 대가 한양대학교 홍성태 교수님, B&G의 대가인 명지대학교 김정운 교수님, 대한민국 CEO 지식 경영의 지휘자이셨던 세라짐의 강신장 사장님, 최초의 스포츠 마케터로 존경하는 멘토 한양 대학교 김종 교수님, 지도 교수이신 김수잔 교수님, University of Florida의 Dr. Michael Sagas 교수 그리고 경희대학교 체육대학에 함께 재직하고 있는 동료 교수님들….

UC Berkeley 교환교수 제안을 하여 주신 세계태권도연맹의 양진석 사무총장님, UC Berkeley의 Martial Arts 연구소 소장이신 Russell Ahn 교수님, Ken Min 박사님, 한지한 선생님….

자료를 수집하고 정리하여준 박병유 대표, 스포츠산업연구실의 김기연 박사, 정준욱 박사, 한우제, 권혁도, 최승, 김현정 그리고 최신 자료를 업데이트 하여준 김진석….

대분량 책의 가치를 평가하고 출간을 흔쾌히 허락하여 주신 오래 출판사의 황인욱 사장님, 편집을 꼼꼼히 하여준 편집부 임직원 그리고 사진 자료를 사용케 하여준 photoro.com의 김창률 사장님에게도 진심어린 감사를 드린다.

사랑하는 가족들과 존경하는 아내, 미래의 스포츠 마케터를 꿈꾸는 큰 아들 진석, 컴퓨터 전문가가 되고 싶은 진혁, 선생님을 꿈꾸는 예진, 동물을 사랑하여 수의사가 되고 싶은 수진, 아빠의 사랑으로 이 책을 전하고 싶다.

그리고 현재와 미래 스포츠 마케팅을 공부하고 마케터를 꿈꾸는 학생들과 프로퍼티를 개발하는 현장의 실무자에게 작은 밑거름이 되기를 간절히 바라는 마음으로 한 페이지 한 페이지를 바치고 싶다.

"스포츠를 사랑하는 모든 사람들과 함께 나의 경험, 상상, 꿈을 나누면서….
Grow the Sports를 위한 스포츠 마케팅 세상으로 나가보자"

2011년 2월 11일
UC 버클리 대학의 빌리지에서 김도균

homepage: http://www.esports.pe.kr
e-mail: dukekim@khu.ac.kr/dukekimm@gmail.com

CONTENTS

01 스포츠와 마케팅의 이해

제 1 장 스포츠의 이해

1. 스포츠란 무엇인가? ···················· 007
2. 스포츠의 특성 ························ 010

제 2 장 마케팅의 이해

1. 마케팅의 정의 ························ 020
2. 마케팅의 범위 ························ 022
3. 마케팅 컨셉의 발전 방향 ················ 033
4. 고객지향적 마케팅 전략 설계 ············ 035
5. 통합적 마케팅 전략 수립과 프로그램 개발 · 042
6. 고객관계의 구축 ······················ 044
7. 고객에게서 기업가치 획득 ·············· 047
8. 기업과 마케팅 변화 ···················· 050
9. 새로운 마케팅 추세 ···················· 051

02 스포츠 소비자 행동의 이해

제 1 장 소비자 행동의 이해

1. 소비 행동 ···························· 060
2. 스포츠 소비자 분류 ···················· 063
3. 소비자의 욕구와 거래 ·················· 068

제 2 장 스포츠 소비자 환경과 분류

1. 거시적 환경 ·························· 076
2. 미시적 환경 ·························· 080
3. 내부 환경 ···························· 082

제 3 장 스포츠 소비자 구매 행동 모델과 의사 결정 과정

1. 스포츠 소비자 구매 행동 유형 ·········· 084
2. 소비자 행동 모델 ······················ 086
3. 스포츠 소비자 행동의 관여도 ············ 089
4. 스포츠 소비자 구매의사결정 과정 ········ 094
5. 소비자 구매 단계 준비 모델 ············ 099

제 4 장 소비자 시장 공략을 위한 고객 설정과 전술적 접근

1. 목표 고객 설정 ························ 102
2. 전술적 접근 방법 ······················ 104

03 스포츠 산업과 스포츠 마케팅의 이해

제 1 장 스포츠 산업

1. 스포츠 산업의 발전 ···················· 122
2. 스포츠 산업 발전 전략 ················ 132

제 2 장 스포츠 마케팅의 역사와 변천 과정

1. 스포츠 마케팅의 발생 및 변천 과정 ······ 134
2. 현대 스포츠의 발전 ···················· 136
3. 비즈니스로 스포츠의 성장 ·············· 138
4. 현대 스포츠 마케팅의 발전 역사 ········ 140

제 3 장 스포츠 마케팅의 정의

1. 스포츠 마케팅의 정의 ·················· 156
2. 스포츠 마케팅의 구성 요소 및 성장 요소 · · 157
3. 스포츠 마케팅의 유형 ·················· 159
4. 스포츠 마케팅의 목적 및 특징 ·········· 163
5. 스포츠 마케팅의 특성과 효과 ············ 165
6. 스포츠 마케팅 컨셉의 발전 단계 ········ 166

04 스포츠 마케팅의 프로퍼티 개발과 전략 수립

제 1 장 스포츠 프로퍼티 개발

1. 스포츠 프로퍼티의 개념 ················ 178
2. 새로운 스포츠 프로퍼티 개발의 기준 ····· 179
3. 스포츠 프로퍼티의 유형 ················ 181
4. 스포츠 프로퍼티의 개발 ················ 184
5. 스포츠 프로퍼티 기획 및 필요 요소 ······ 190

제 2 장 스포츠 프로퍼티의 계획 및 프로세스

1. 스포츠 프로퍼티의 계획 ················ 196
2. 스포츠 프로퍼티의 관리 ················ 197
3. 스포츠 프로퍼티의 관리 과정 ············ 199
4. 스포츠 프로퍼티의 마케팅 구매 과정 관리 · 202
5. 스포츠 시설물 관리 ···················· 205

제 3 장 스포츠 프로퍼티의 관리 모델

1. 프로퍼티 목표 및 사명 수립 ············ 208
2. 시장 기회 분석 ························ 209
3. 프로퍼티 전략 수립 ···················· 210
4. 스포츠 프로퍼티 마케팅 믹스 개발 ······· 219

5. 스포츠 프로퍼티의 관리의 예 · · · · · · · · · · · · 227

제 4 장 스포츠 라이센싱(Licensing) 상품 개발

1. 스포츠 프로퍼티에서의 라이센싱 · · · · · · · · · 239
2. 라이센싱의 종류 · 240
3. 스포츠 라이센싱의 개념 · · · · · · · · · · · · · · 242
4. 라이센싱 사업의 목적 · · · · · · · · · · · · · · · · 244
5. 스포츠 라이센싱의 특징 · · · · · · · · · · · · · · 245

제 5 장 스포츠 프로퍼티 개발 사례

1. 대한체육회의 스포츠 프로퍼티 개발 · · · · · · 250
2. 미국 프로스포츠 비즈니스의 다양성 · · · · · · 259

05 스포츠 자체의 마케팅

제 1 장 스포츠 자체의 마케팅의 이해

1. 스포츠 자체의 마케팅의 이해 · · · · · · · · · · · · 270
2. 스포츠 조직의 마케팅 준비 · · · · · · · · · · · · · 271
3. 스포츠 조직의 사회적 책임 · · · · · · · · · · · · · 272
4. 스포츠 자체의 마케팅 관리 · · · · · · · · · · · · · 272
5. 스포츠 자체의 마케팅 실행 요소 · · · · · · · · · 283
6. 스포츠 자체의 마케팅 통제관리 · · · · · · · · · · 290
7. 스포츠 자체 마케팅의 실행 평가 · · · · · · · · · 292

제 2 장 스포츠 자체의 마케팅 전략적 계획수립

1. 스포츠 조직의 전략적 계획수립과
   전략적 경영 · 298
2. 스포츠 조직의 방향 설정 · · · · · · · · · · · · · · · 299
3. 전략의 유형 · 303
4. 스포츠 마케팅에서의 전략의 결정 · · · · · · · · 307

제 3 장 스포츠 조직들의 스포츠 마케팅 사례

1. IOC 스포츠 그 이상을 위한 스포츠 마케팅! · 318
2. FIFA 지구상 최고 브랜드 마케팅! · · · · · · · · · 331
3. UEFA의 FIFA를 넘어서는 스포츠 마케팅! · · · 337
4. 맨체스터 유나이티드의 스포츠 마케팅
   –우리의 경쟁사는 지구 밖에 있다 · · · · · · · · 344
5. NHL의 북미 4대 스포츠에서 살아남는
   스포츠 마케팅 · 351
6. NBA의 글로벌을 넘어서는 스포츠 마케팅 · · 355
7. MLB의 스포츠 마케팅
   –세계를 향해 치고 던지고 달려라! · · · · · · · 361
8. NFL의 스포츠 마케팅
   –미국 상징을 넘어서 세계의 상징으로 · · · 368
9. NCAA 3월의 광란과 스포츠 마케팅 · · · · · · · 374
10. 자동차 마케팅의 새로운 중심
    나스카(NASCAR) · 385

06 스포츠를 활용한 마케팅

제 1 장 스포츠를 활용한 마케팅의 이해

1. 스포츠를 활용한 마케팅의 개념 · · · · · · · · · 396
2. 스포츠가 만들어 내는 경제학 · · · · · · · · · · · · 398
3. 스포츠를 활용한 마케팅의 계획 · · · · · · · · · · 400
4. 스포츠를 활용한 마케팅의 도전 · · · · · · · · · · 408
5. 스포츠를 활용한 마케팅의 발전 · · · · · · · · · · 409
6. 스포츠를 활용한 마케팅의 종류 · · · · · · · · · · 411
7. 스포츠를 활용한 마케팅 커뮤니케이션 · · · · 414

제 2 장 스포츠를 활용한 마케팅의 판매 촉진

1. 스포츠를 활용한 마케팅의 판매 촉진 · · · · · 424
2. 스포츠를 활용한 ATL과 BTL 마케팅 · · · · · · · 425
3. 스포츠 판매 촉진의 종류 · · · · · · · · · · · · · · · 426
4. 스포츠 판매 촉진믹스 전략 · · · · · · · · · · · · · 431
5. 스포츠 판매 촉진믹스 전략 설계시 고려사항 · 433
6. 커뮤니케이션 · 434

제 3 장 스포츠를 활용한 광고 및 홍보

1. 스포츠를 활용한 광고 · · · · · · · · · · · · · · · · · 440
2. 광고 미디어 타이밍 및 선택 · · · · · · · · · · · · · 446
3. 광고 평가 · 452
4. 대중 관계(PR) · 454

제 4 장 스포츠 스폰서십

1. 스포츠 스폰서십의 정의 · · · · · · · · · · · · · · · · 460
2. 스포츠 스폰서십과 스포츠 커뮤니케이션 · · 462
3. 스포츠 스폰서십의 배경 · · · · · · · · · · · · · · · · 464
4. 스포츠 스폰서십의 구조 · · · · · · · · · · · · · · · · 466
5. 스포츠 스폰서십의 기여도 · · · · · · · · · · · · · · 469
6. 스포츠 스폰서십의 6가지 특성 · · · · · · · · · · · 470

CONTENTS

7. 스포츠 스폰서십의 대상 및 투자원칙 · · · · · 474
8. 스폰서십의 지역적 범위 · · · · · 476
9. 후원사의 마케팅 권리 · · · · · 478
10. 후원사의 유형 · · · · · 498
11. 스포츠 단체의 후원사 선정 · · · · · 501
12. 스포츠 스폰서십에 참여하는 이유 · · · · · 505
13. 스포츠 이벤트 스폰서십에 참여 결정 기준 508
14. 스포츠 이벤트 대행사의 선정 · · · · · 511
15. 성공적인 스폰서십 전략 · · · · · 518

제 5 장 스포츠 스폰서십의 효과 분석

1. 브랜드 자산 가치의 평가 · · · · · 520
2. 스포츠 스폰서십 효과 측정 · · · · · 522
3. 실시간 시청률 데이터 분석(Live Rating) · · · · 524
4. 미디어 노출 효과의 측정 · · · · · 525
부록 1 · · · · · 534
부록 2 · · · · · 539

제 6 장 네이밍 마케팅

1. 네이밍 마케팅(Naming Marketing) · · · · · 564
2. 경기장 명칭 사용권(Naming Rights) · · · · · 564
3. 명칭 사용권 사업의 현황 · · · · · 566
4. 경기장 명칭 사용권에 대한 각 단체의 역할 · 568
5. 경기장 명칭 사용권의 사례 · · · · · 569

07 선수를 활용한 마케팅

제 1 장 스포츠 마케팅에서의 선수

1. 선수의 가치 · · · · · 580
2. 스타선수 한 명의 영향력 · · · · · 582
3. 스타선수의 특징 · · · · · 584

제 2 장 선수를 활용한 스포츠 마케팅

1. 선수를 활용한 스포츠 마케팅 · · · · · 588
2. 스포츠 선수를 활용한 광고 · · · · · 595

제 3 장 스포츠 에이전트

1. 스포츠 에이전트의 개념 · · · · · 602
2. 에이전트의 필요성 · · · · · 602
3. 에이전트의 유래와 발전 · · · · · 603
4. 스포츠 에이전트의 유형 · · · · · 607
5. 에이전트의 역할 · · · · · 609
6. 에이전트 선정시 고려 사항 · · · · · 612
7. 에이전트와의 계약 필수 조항 · · · · · 614

제 4 장 스포츠 에이전시

1. 스포츠 에이전시의 정의 · · · · · 622
2. 스포츠 단체가 소유하고 있는
스포츠 마케팅 회사 · · · · · 623
3. 스포츠 단체에서 운영하는 스포츠
마케팅 부서 · · · · · 626
4. 스포츠 마케팅 에이전시 · · · · · 630
5. 스포츠 에이전트 및 에이전시 관련 용어 · · · 636

08 스포츠 서비스 마케팅

제 1 장 스포츠 서비스의 개념

1. 스포츠 서비스의 정의 · · · · · 652
2. 스포츠 서비스의 분류 · · · · · 655

제 2 장 스포츠 서비스 전략

1. 스포츠 서비스 전략 · · · · · 666
2. 스포츠 서비스 조직 시스템 · · · · · 666

제 3 장 스포츠 서비스 품질의 측정 및 관리

1. 스포츠 서비스 품질의 개념 · · · · · 672
2. 스포츠 서비스 품질의 측정 · · · · · 673
3. 스포츠 서비스 품질 모델 · · · · · 676
4. 스포츠 서비스 품질관리를 위한 방안 · · · · · 682

제 4 장 Hospitality Program (귀빈 프로그램)

1. Hospitality의 목적 · · · · · 690
2. Hospitality Marketing Program · · · · · 691

09 스포츠 브랜드 마케팅

제 1 장 스포츠 브랜드의 정의

1. 스포츠 브랜드의 정의 · · · · · 710
2. 스포츠 브랜드의 속성 · · · · · 713
3. 스포츠 브랜드의 전략과 역할 · · · · · 716

4. 글로벌 스포츠 브랜드가 갖는 공통점 ····· 718
5. 스포츠 브랜드 마케팅의 초점은 고객 자산을 높이는 것 ················ 721
6. 스포츠 가치 브랜드 형성 ················ 723

제 2 장 스포츠 브랜드의 개발

1. 브랜드 컨셉 개발 ······················ 726
2. 스포츠 브랜드의 비전 수립 ············ 731
3. 스포츠 브랜드의 개발 ················· 734
4. 파워 스포츠 브랜드의 구축 ············ 742

제 3 장 스포츠 브랜드 관리

1. 스포츠 브랜드의 관리 ················· 748
2. 스포츠 브랜드 관리 전략 ·············· 750
3. 스포츠 브랜드 로열티 ················· 751
4. 스포츠 브랜드의 고급화 요소 ·········· 752

제 4 장 도시 브랜드 마케팅과 스포츠 이벤트

1. 도시 브랜드 마케팅의 필요성 ·········· 764
2. 도시 브랜드 마케팅의 구축 ············ 765
3. 스포츠 이벤트를 통한 도시 브랜드 구축 사례 ························ 766
4. 스포츠 시설을 통한 브랜드 이미지 제고 ··· 772
5. 도시 브랜드 마케팅과 스포츠 이벤트 ····· 774
6. 성공적인 스포츠 이벤트 개최를 위한 제언 · 775

10 스포츠와 미디어 마케팅

제 1 장 스포츠와 미디어

1. 스포츠와 미디어의 결합 ··············· 786
2. 미디어 스포츠의 개념 ················ 789
3. 스포츠 미디어의 기능 ················ 794
4. 스포츠와 미디어의 관계 ·············· 798
5. 미디어와 스포츠의 역사적 사실 ········ 800
6. 미디어 스포츠의 존재 가치 ··········· 802
7. 스포츠에서의 미디어의 역할 ·········· 807
8. 미디어가 스포츠에 주는 영향 ········· 809
9. 스포츠가 미디어에 주는 영향 ········· 816

제 2 장 스포츠 방송 중계권

1. 방송 중계권료의 개념 ················ 822
2. TV방송 중계권료 ···················· 823
3. 스포츠 이벤트와 TV 중계권 ··········· 826

11 스포테인먼트 마케팅

제 1 장 스포테인먼트의 이해

1. 스포테인먼트의 정의 ················· 834
2. 스포테인먼트 산업 ··················· 836
3. 콘텐츠로서의 스포테인먼트 산업 ······· 840
4. 스포테인먼트의 특징 ················· 847

제 2 장 스포테인먼트 마케팅 전략

1. 스포테인먼트 마케팅 접근 전략 ········ 850
2. 스포테인먼트 마케팅 요소와 사례 ······ 854

12 앰부시 마케팅(Ambush Marketing)

제 1 장 앰부시 마케팅의 정의

1. 앰부시 마케팅의 정의 ················ 878
2. 앰부시 마케팅의 유형 ················ 879
3. 앰부시 마케팅의 행태 ················ 881
4. 앰부시 마케팅의 목적 ················ 885
5. 앰부시 마케팅의 효과와 특징 ········· 886
6. 앰부시 마케팅의 활성화 요인 ········· 887

제 2 장 앰부시 마케팅의 합법성과 예방법

1. 앰부시 마케팅의 합법성 ·············· 890
2. 앰부시 마케팅의 방지 방법 ··········· 891
3. 앰부시 마케팅 사례 ·················· 902
4. 앰부시 마케팅의 연구 과제 ··········· 908

부록: 스포츠 마케팅 용어 해설 ········ 913

INDEX ······························ 960

제 1 편
스포츠와 마케팅의 이해

제 1 장 스포츠의 이해

제 2 장 마케팅의 이해

Il calcio è pace.
01

인간은 왜 스포츠를 즐기려 하는가? 인간의 존재 목적이 어느 철학자의 말처럼 존재의 기쁨과 공유를 통한 배가라고 한다면 스포츠는 이 두 가지를 충족시킬 수 있는 유익한 도구 중에 하나이다. 스포츠는 인간이 표현할 수 있는 한 형태로 역사적으로는 신체적인 놀이로부터 조금 더 발달된 규칙이 포함된 게임으로, 자기 자신의 신체 기능과 능력을 과시하는 측면이 강조되는 인간의 활동으로 더욱 구체화, 조직화, 제도화, 법제화된 프로스포츠로 발전하여 왔다.

스포츠 선상에는 승리와 패배! 두 개의 단어가 X자 형태로 교차하며 경기 종료 부저나 호루라기 소리는 승부의 명암을 분명하게 가려낸다.

스포츠는 늘 승리지상주의를 추구하며 카메라 앵글이나 미디어 포커스는 이기는 자의 편에서 편파적인 보도를 하여 왔다. 그러나 스포츠 승리와 환호와 감격 맞은 편에는 패배의 슬픔과 좌절, 절망이 남는다. 그렇다면 스포츠의 가치는 이기는 자의 편에 서서 느끼는 가치만이 진정한 가치일까? 스포츠에서의 승리 가치는 경기 기록과 의미로서 승리하는 것이고, 다른 하나는 과정이나 자신의 만족에 의한 현상으로서 승리하는 것이다. 전광판의 결과로 보이는 승리로서 스포츠가 표현될 때 가끔은 부정적이며 승리지상주의의 결과를 가져올 수 있으나 과정이나 자기만족에 의한 승리는 스포츠를 더욱 긍정적인 이미지로 가게끔 만들어 준다.

스포츠가 비즈니스적인 가치를 본격적으로 인정받기 시작한 것은 멕시코올림픽이 개최된 1960년대 후반부터이다. 1970년대 개인종목으로 한 골프로부터 각종 이벤트가 개최되면서 스폰서가 참여하면서 비로소 상품으로서 자리잡기 시작하였고, 1984년 LA올림픽을 통해서 비즈니스로서의 가치를 나타내 보인 최초의 상업적인 올림픽이 되었다.

20세기 스포츠가 스포츠를 통하여 자국의 힘을 과시하는 민족주의 스포츠였다면 21세의 스포츠는 비즈니스적인 성격을 띠고 있다. 이러한 비즈니스의 근원에는 개척과 판매신장 그리고 이윤 추구를 목적으로 하는 기업들의 구체적인 마케팅 활동들이 존재하고 있다.

마케팅(marketing) 활동은 인간의 욕구와 사회의 욕구를 확인 · 규명하고 충족시키는 것에 그 목적이 있다 할 수 있으며, 간단한 정의는 '기업의 이윤을 창출하면서 소비자의 욕구를 충족시키는 것이라고 할 수 있다. 이러한 정의를 미국마케팅협회(American Marketing Association)는 "다른 사람과 함께 가치 있는 제품과 서비스를 창조하고, 제공하며 또한 자유롭게 교환함으로써 개인과 집단이 요구하고 필요로 하는 것을 획득할 수 있도록 하는 사회적 과정"이라고 하였다.

마케팅 관리(marketing management)는 표적시장을 선정하고, 우수한 고객가치를 창조하고, 전달하고, 의사소통함으로써 고객을 확보 · 유지하며 증대시키는 기술과 과학이다.

아름다운 꽃은 보이지 않는 뿌리에서 만들어지듯이 기업과 스포츠 비즈니스도 이러한 마케팅을 뿌리로 하고 있다. 이러한 뿌리의 소비자, 고객, 팬들이 있다. 이제는 기업 중심적 사고가 아닌 고객 중심적인 사고를 해야 할 필요가 있고, 기업의 이익이 아닌 고객의 이익, 사회의 이익이 되는 활동을 해야만 하는 시대가 되었다. 따라서 스포츠와 마케팅의 이해를 통해서 스포츠 마케팅을 어떻게 성공적으로 실행하여 고객들에게 어필하고, 스포츠 마케팅 실행 주체의 목적을 이뤄낼 수 있는가의 방향을 찾아야 한다. 본장에서는 그러한 목적을 실행하기 위해서 스포츠와 마케팅의 이론과 배경을 이해할 수 있도록 내용을 구성하였다.

제 1 장 스포츠의 이해

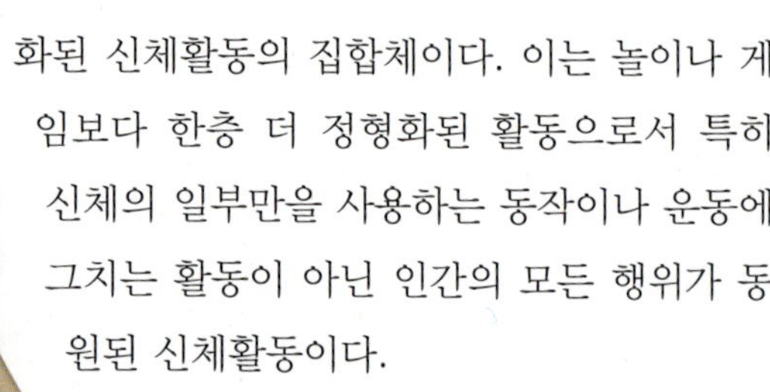

제 1 장
스포츠의 이해

스포츠는 사회적, 경제적, 문화적, 역사적인 영향을 받으면서 변화해 왔으며, 현대에 이르러 그 의미는 매우 광범위하게 정의되어지고 있다.

고대시대의 스포츠는 단순한 신체활동을 의미하고 국한되었지만, 현대에 들어서는 인간의 신체활동을 의미하는 것뿐만 아니라 사람의 활동을 정신적, 감성적, 사회적 요구를 충족하기 위한 놀이까지 포함하는 개념으로 확대되었다. 따라서 현대에서의 스포츠란 신체적인 측면만이 아니라 복잡한 현대 사회에 잘 적응할 수 있도록 각 부문에 대해서 인간의 무한한 잠재력을 향상시키고 전인적 인간으로 올바르게 성장, 발달시키는 데 필요한 모든 활동을 포괄적으로 나타내는 말이다.

스포츠란 단어는 근래에 들어 현대인들의 생활 속에서 자연스럽게 생겨난 문화의 한 부류라고 할 수 있다. 일반적으로 즐거움이나 건강을 추구하여 자발적으로 실시되고 일어나는 현상의 모든 것을 뜻한다고 할 수 있다. 나아가 현대 사회에서는 스포츠가 하나의 독립적인 개체로서 하나의 문화로 인식되고 있으며, 신체활동으로 조직화되고 경쟁화된 신체활동의 집합체이다. 이는 놀이나 게임보다 한층 더 정형화된 활동으로서 특히 신체의 일부만을 사용하는 동작이나 운동에 그치는 활동이 아닌 인간의 모든 행위가 동원된 신체활동이다.

영국의 경제 주간지 '이코노미스트'가 발표하는 것 가운데 '빅맥지수'라는 것이 있다. 맥도날드사의 '빅맥 햄버거' 가격을 나라별로 조사해 환율이 고평가돼 있는지, 저평가돼 있는지를 알아보는 것이다.

그리고 콜라 소비가 많은 나라일수록 부유하고 삶의 질이 높으며 보다 많은 정치적 자유를 누린다는 '코카콜라 지수'도 있다. 몸에 썩 좋지 않은 음료수로 인식되는 콜라지만 선진국 위주로 소비가 많은 것이 사실이다.

또한 각 국가별로 스포츠 활동을 얼마나 많이 하는지를 알아보는 '스포츠 지수'라는 것이 있다.

대부분의 선진국은 스포츠가 매우 활성화돼 있다. 미국은 세계 최고의 프로스포츠 강국이고 영국·프랑스·독일·이탈리아·스페인 등 유럽 선진국들도 축구 등 스포츠에 열광한다. 일본 역시 프로야구 등 스포츠가 오래 전부터 인기를 끌고 있다.

스포츠는 다양한 형태로 발전하고 있다. 새로운 형태의 스포츠인 HPV(Human Power Vehicle)의 모습

올림픽 성적도 선진국 순위와 비슷하게 맞아떨어진다. 육상 같은 일부 종목에서 특출한 능력을 가진 선수들을 보유한 나라들이 있지만 상위권 순위에 영향을 미치지는 못한다. 즉, 스포츠 지수가 높을수록 그 국가는 글로벌화 된 선진국이고, 지수가 낮으면 경제 수준이 낮은 후진국이라는 얘기다.

1. 스포츠란 무엇인가?

스포츠의 의미와 정의

스포츠를 넓은 의미에서 본다면 스포츠는 신체활동의 복합체이다. 일반적인 놀이나 게임보다는 보다 정형화, 규칙화, 물질화 되어져서 이루어지며, 특히 신체활동의 일부분만을 사용하는 동작이나 운동에 그치는 활동이 아닌 인간의 모든 행위가 동원된 신체활동으로 구분되어지고 있다. 이러한 의미에서 본다면 "스포츠는 인산 활동 가운데서 정신적, 정서적 활동이나 신체기능, 신체기량, 또는 신체발현을 포함하는 활동"에 바탕을 둘 수 있음을 알 수 있다.

스포츠를 보는 또 하나의 관점은 놀이로서의 관점인다. 스포츠 어원은 라틴어의 "물건을 운반한다"라는 Portre의 뜻에서 발전하였는데, 13세기경에는 프랑스어인 De(s) Port=Disport로 To amuse oneself(즐겁게 놀다), To case from labour(일을 그만두다), To Carry away from work(일에서 떼어놓다)의 파생어로 설명되고 있다.

스포츠는 개인의 내외적 요인에 의해 이루어지는 활발한 신체적 활동을 포함하거나, 혹은 복합적인 신체기능을 구사하는 제도화된 경쟁적 활동으로 Luschen(1970)은 "스포츠가 놀이(Play)와 일(Work)의 연속선상에서 위치해 있으며, 경쟁적인 신체활동이 제도화된 형태"라고 하였다. 또한

놀이로서의 스포츠는 모든 신체적 활동은 물론 야외활동, 댄스, 체조 등을 포함한다.

Singer(1976)는 "스포츠는 특정의 행정적 조직과 관계되며, 인간행동의 목적을 정의하고, 그것의 유형을 제한하는 규칙에 대한 역사적인 배경인 동시에, 그것은 경쟁, 도전, 그리고 신체적 숙련에 의해 일차적으로 결정되는 뚜렷한 결과와 관련된다"고 하였다.

Mcpherson(1989)은 "스포츠의 특성을 구조화, 목표지향적, 경쟁적, 시합위주, 놀이와 게임의 요소가 포함된 신체활동"이라고 하였으며, 그 외에도 스포츠란 용어의 어원에는 '방향전환'이란 의미가 있기도 하며 오락(recreation)과 싸움(disputes)이라는 뜻도 있다.

스포츠란 단어는 영어로 Sports를 사용한다. 하지만 이 책의 제목을 보면 Sport 이다. Sports(스포츠)와 Sport(스포트)의 차이점은 무엇일까? 단순하게 S란 단수와 복수의 차이로 해석을 할 수도 있을 것이다. 중요한 것은 Sport(스포트)는 우리가 말하는 스포츠를 대표하는 명사로 피트니스, 레크리에이션, 스포츠 또는 레저와 관련 되는 모든 재화와 서비스로, 좁은 의미의 신체적인 활동으로부터 넓은 의미의 스포츠까지 전체를 대표하는 단어이다. 여기에 S가 붙으면 한사람이 하는 것이 아니라 복수가 되어 상대가 있거나(개인종목 스포츠는 자신과의 경쟁) 경쟁성이 있게 되는 스포츠를 의미하게

| 스포츠는 경쟁을 통한 즐거움이 목적이다.

된다. 즉 신체적인 활동이 보다 세분화 되고 전문화 되어 상대가 있는 복수가 되면 Sports가 경쟁성을 지닌 스포츠 종목으로 되는 것이다. 즉 스포츠(Sports)하면 상대가 있어 한 사람 이상의 사람들과 하는 스포츠 종목으로 축구, 농구, 야구, 배구, 테니스, 골프 등의 각 종목을 표현한 것이다.

스포츠는 인간의 감정표출의 한 형태로서 신체적 놀이로부터 유래하며, 문화적으로 인정을 받는 기본적인 여가활동이라 할 수 있다. 따라서 우리가 스포츠에 대한 배경을 보면 스포츠는 여가에서 발생하는 놀이로부터 출발하여 장비와 규칙 그리고 구조를 가지고 있는 통제적이고 복잡화되고 물질화된 스포츠로 발달되었음을 <그림 1-1>을 통해 알 수 있다.

스포츠의 개념

스포츠란 본질적으로 일과 놀이의 연장선 위에 걸치는 경쟁적 성격을 갖는 정신적, 신체적 활동으로서 제도화된 규칙에 의해 지배되는 현상으로 우리가 일반적으로 생각하는 스포츠 종목뿐만 아니라 피트니스, 레크리에이션 또는 레저까지 포함한다고 할 수 있다

놀이로서의 스포츠는 모든 신체적 활동은 물론 야외활동, 댄스, 체조 등을 포함한다. 또한 개별적이고 비공식적인 활동까지 스포츠에 포함시키며 이미 정한 규칙과 형식에 신체적 노력을 통해서 상대방을 대응하고 결과에 따라서 상대적 평가를 하는 활동을 정의한다.

스포츠는 크게 좁은 의미와 넓은 의미로 이야기 할 수 있다.

좁은 의미로서의 스포츠는 세 가지 요소인 신체적인 활동, 상대방과의 경쟁적인 요소, 그리고 제도화된 규칙이 있어야 한다.

| 그림 1-1 | 놀이로부터 시작하여 프로스포츠가 되는 과정

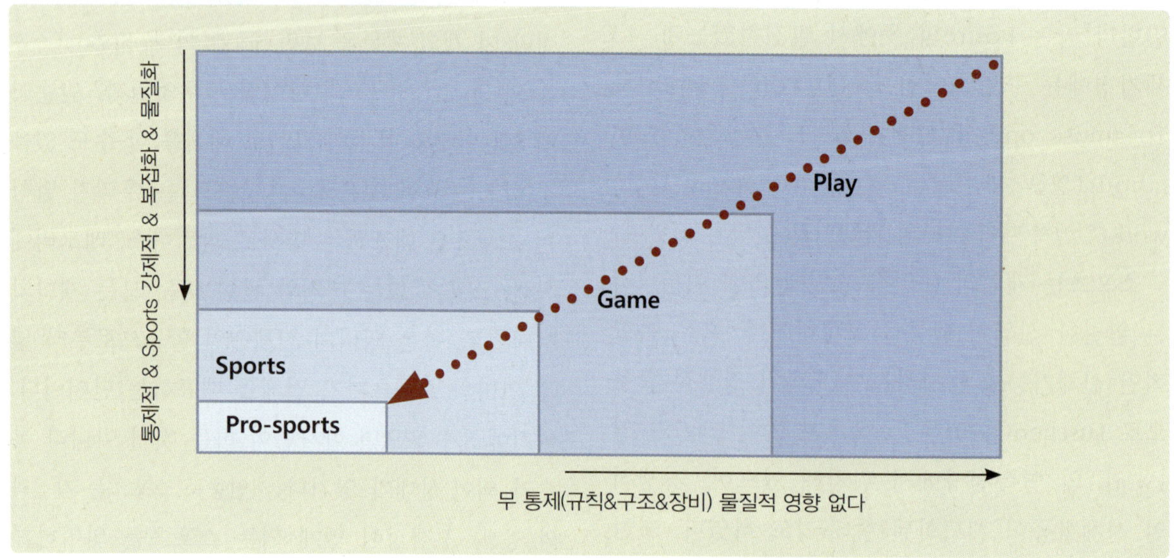

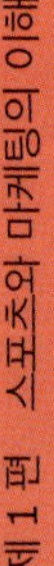

스포츠를 바라보는 시각도 경제, 사회적인 변화의 흐름에 따라 넓게 해석하게 되었다. 1980년대 초반부터 여가 및 생활 스포츠에 대한 관심이 증가하였고, 1990년대에 들어서는 엘리트 스포츠 또는 전문 스포츠라는 영역이 등장하기 시작하였다. 또한 1990년대 후반부터 스포츠 산업이란 용어가 나오면서 스포츠가 지닌 경제적인 가치와 영역까지 확장되고 있다. 따라서 오늘날 스포츠를 해석할 때는 단순하게 좁은 의미의 스포츠에서 벗어나 넓은 의미로 스포츠를 정의하는 것이 맞다.

스포츠 활동 참가 목적

스포츠 활동에 참여하는 사람은 어디서든지 쉽게 찾아볼 수 있다. 스포츠를 즐기거나, 스포츠 활동에 참여하는 사람을 보면 우리는 마음 속으로 그들과 같이 되고 싶어하는 마음을 갖는다.

사람들은 왜 스포츠 활동에 참여하려 하는가?

첫째, 스포츠를 통한 자아실현의 욕구 충족이다. 인간의 존재 목적이 어느 철학자의 말처럼 존재의 기쁨과 공유를 통한 배가라고 한다면 스포츠는 이 두 가지를 충족시킬 수 있는 유익한 도구 중에 하나인 것은 분명한 사실이다. 스포츠에는 두 가지 욕구가 있다. 하나는 승리하려는 욕구로서 게임에서 승리를 통하여 사회적으로 인정을 받고 싶어하는 것이고 다른 하나는 이를 통하여 자신을 남들에게 표현하여 더욱 멋있게 보임과 동시에 자기 자신과의 싸움에서 승리하려는 자아실현의 욕구라고 할 수 있다.

스포츠에서 자아실현을 통한 승리는 우리들에게 감동과 기쁨을 가져다준다.

둘째, 스포츠 활동을 통한 마음과 육체의 건강 증진이다. 스포츠 참여는 신체적인 활동을 통해 개인적으로 자신의 건강을 증진시키고, 병이나 상해를 유발할 수도 있는 몸에 해로운 압박감이나

스포츠는 놀이와 게임적인 요소가 포함되어 있다.

스트레스를 스포츠 활동을 통해 배출하는 기회를 제공한다. 선진화된 사회일수록 스포츠 활동에 대한 참여가 높고 하나의 문화 현상으로서 만들어지고 있다.

스포츠 활동을 통해 보다 활력적인 라이프스타일을 갖게 될 수 있으며, 스포츠 참여를 통해 신체적으로 더욱 건강해질 수 있다.

셋째, 개인 공격 욕구의 표출을 통해 내제된 공격성을 해소할 수 있다. 스포츠는 매우 경쟁적이고 승자를 가리기 마련이어서 많은 사람들은 우월감을 느끼기 위해, 혹은 다른 사람들로부터 자신을 구분짓고 싶어서 스포츠에 참여한다. 특히, 이것은 정신적으로 성숙하지 않은 청소년들이 우월감을 갖기 원하거나, 신체활동을 통해 자신의 공격성을 해소하는 경우에 해당된다. 이는 스포츠 경기 중 개인들의 공격적 행동이 묵인되기 때문에 많은 사람들은 스포츠의 용인된 도구와 규칙을 통해 인간 스스로에게 내제된 공격을 표출하고 이를 통해 통쾌, 만족을 얻으며 개인 욕구를 표출한다.

넷째, 개인의 즐거움 추구이다. 스포츠에의 참여는 때로 개인에게 현실 세계에서 벗어날 수 있는 기회를 제공하기도 하는 레크리에이션적인 활동이다. 많은 친구와 가족들이 단순한 즐거움을 위해 스포츠에 함께 참여함으로써 스포츠 활동을 통해 즐거움을 찾을 수 있다.

스포츠의 특성에는 상대방과 경쟁이 존재한다.

다섯째, 스포츠는 사람들을 하나로 묶는 역할을 한다. 사회와 국가 안에서는 다양한 그룹의 사람들을 한 곳으로 모으는 역할을 스포츠가 한다. 스포츠가 다른 활동보다 지역적·국가적으로 사람들을 쉽게 한데 모을 수 있다. 특히, 팀 스포츠에서 더욱 그러하다. 국가 간의 대항이나 자신이 속한 팀의 경기는 지역과 국가를 하나로 만든다.

스포츠가 이제 산업으로 이루어질 수 있었던 가장 큰 이유는 스포츠가 갖고 있는 신체활동과 함께 주는 "재미(Fun)" 즉 "엔터테인먼트(Entertainment)"적인 요소가 함께 있기 때문이다.

2. 스포츠의 특성

스포츠의 본질적인 특성

스포츠는 그 형태가 매우 다양하기 때문에 그 특성을 한마디로 표현하기는 어렵다. 하지만 스포츠의 형태에 상관없이 모든 스포츠가 갖고 있는 고유한 특성이 있는데, 이것을 스포츠의 본질적인 특성이라고 할 수 있다.

스포츠는 일과 놀이의 연속선상에 존재하고 있으며 어떠한 관점으로 보느냐에 따라 스포츠를 바라보고 해석하는 측면이 달라진다.

이러한 스포츠의 본질적인 특성은 놀이, 게임. 규칙, 시설, 기술, 장비로 설명할 수 있으며 스포

그림 1-2 현대 스포츠의 발전 유형

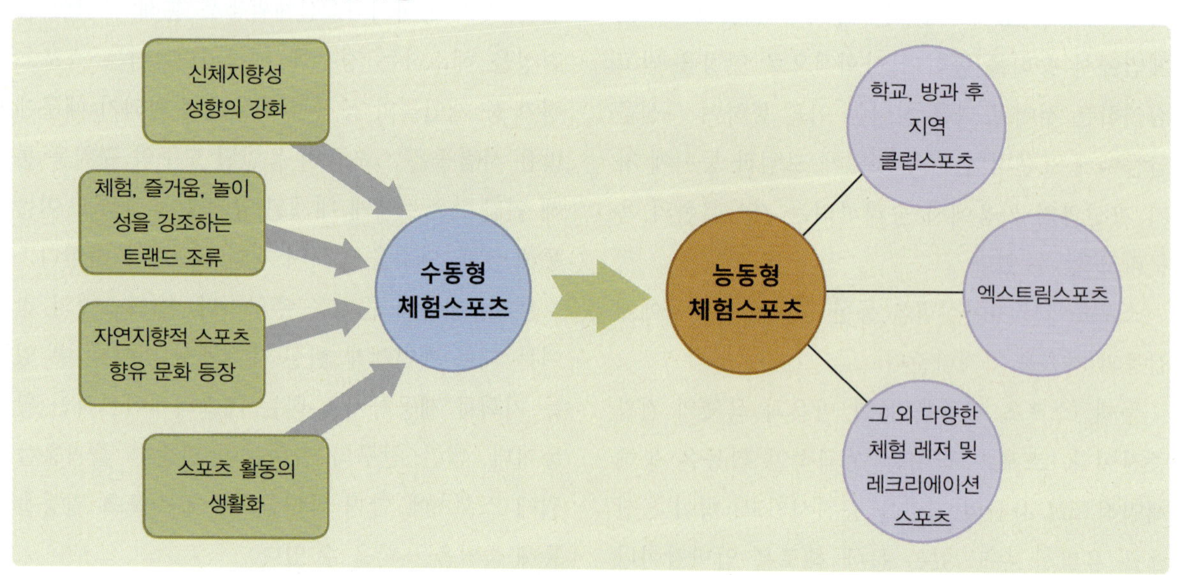

츠의 본질적인 특성을 보면 다음과 같다.

첫째, 스포츠는 놀이의 특성을 가지고 있다. 놀이란 일에 대립되어지는 개념을 갖고 있는 활동이다. 일이란 어떤 목적을 달성하기 위한 수단이므로 일 자체는 고통이 따르게 되고, 강제성도 있다. 그와 반대로, 놀이는 활동 자체가 즐거움과 만족을 주고 어떠한 강제성이 없이 자발적으로 행해지므로 일반적인 어떤 목적이나 목표가 없이도 존재할 수 있다.

둘째, 신체적인 활동이 있어야 한다. 스포츠라는 것은 인간의 신체적인 활동을 통해 자기 자신을 극복하는 능력을 배우고 차례를 기다리는 질서, 팀원과 협력하는 협동심을 배우게 된다.

셋째, 상대방과 경쟁할 수 있는 경쟁성이 있다. 만약 공을 혼자서만 찬다면 그것은 축구가 아니라 취미활동 정도의 몸놀림으로 생각할 수밖에 없을 것이다. 스포츠는 이러한 경쟁성이 있어야 한다. 스포츠는 게임의 특성으로서 기술이나 능력을 겨루는 시합을 의미하는 경쟁성이 있으며, 스포츠는 그것을 잘하기 위한 훈련이나 연습을 통해 기량을 키우고 그렇게 길러진 기량을 서로 겨루는 시합이다. 따라서 스포츠에는 함께 기량을 겨룰 시합의 상대방이 존재하며, 상대방을 이기기 위한 경쟁이 함께한다. 경쟁에 승리하기 위해서 제품이 개발되고, 경기 규칙이 생기고, 응원하는 팬들과 소비자가 만들어지는 것이다.

넷째, 제도화된 규칙이 있다. 축구시합에 규칙이 없이 마음대로 한다면 무슨 재미가 있을까? 축구시합에 엔드라인이나 핸들링, 프리킥 등이 없다면 그것은 스포츠가 아닌 그냥 놀이에 가까울 것이다. 규칙 없는 스포츠는 존재할 수 없는 것이다. 어느 스포츠이든지 간에 규칙이 존재하고 있으며, 모든 스포츠에 참여한 사람들은 정해진 규칙을 이해하고 규칙을 지키면서, 규칙을 통해 상호 동등한 경쟁의 조건을 만들고 펼쳐 나간다. 이러한 규칙을 이해하지 못하고 참여할 경우 스포츠 참여자는 불이익을 받을 수 있기도 한다.

골프를 위한 골프 장비

다섯째, 스포츠는 도구와 장비를 활용한다는 특성이 있다. 스포츠 활동에 있어서 필요한 장비는 운동화, 운동복 같은 신체에 착용하는 것과, 공이나 라켓 등과 같이 사용하는 장비 그리고 경기장에 규칙을 위해 설치되는 라인이나 골대 그리고 시계 등 매우 다양한 장비들이 필요하게 된다. 스포츠 기록은 이러한 장비의 활용을 통해서 보다나은 기술과 기록이 나오고 있다.

여섯째, 스포츠에는 공간이라는 시설이 필요하다. 내부분의 스포츠는 그 스포츠 활동을 하기 위한 시설을 필요로 한다. 경기장이라고 말할 수 있는데 이것은 스포츠 종목의 특성에 따라서 규격화된 공간이 만들어지고, 참여와 관람을 위해 경기공간과 시설물들을 배치하게 된다. 골프를 하기 위해서는 골프장이 필요하고, 농구를 하기 위해서는 농구장이 필요하다. 물론 달리기와 같은 특별한 시설이 필요 없는 경우도 있지만 이때도 달리기를 할 수 있는 도로나, 평평한 땅이 필요하고 이것은 넓은 의미에서 시설이라고 할 수 있다.

일곱째, 스포츠는 기술이 있어야 잘 할 수 있고 제대로 즐길 수 있는 특성이 있다. 어떤 스포츠이든 그 스포츠를 잘하기 위해서는 기술을 익혀야 한다. 그런데 스포츠에 필요한 기술은 고정된 것이 아니고 끊임없이 변화하며, 사람에 따라 다른 기술이 활용될 수 있고, 많은 사람들의 연구 노력과 과학의 발전을 통해 새로운 기술이 발명되고, 기존의 기술은 더욱 발전하게 된다.

스포츠 제품과 확장

우리는 유년 시절부터 스포츠와 친숙하지 못하였으며, 건강에 대한 불감증이 걸려 있어서 몸이 아파야만 건강의 중요성을 인식하는 "지금 건강한데 뭘"이라는 스포츠 불감증에 걸려 있다.

소비자들이 생각하는 스포츠는 "야 스포츠는 하이라이트만 보면 돼," "운동하려고 등록했는데 귀찮다," "체육 시간이 제일 싫어, 공부해야지!," "재밌긴 한데 뭔가 아쉬워"라는 부정적인 가치와 "스포츠는 미래를 위한 도구야," "스포츠는 우릴 가장 행복하게 만드는 도구야," "스포츠만큼은 우리나라가 최고 아니야?," "이유 없이 재미있는 것이 스포츠 아니겠어"라는 긍정적인 가치가 있다.

이처럼 스포츠는 참여하는 사람과 보는 사람에게 부정과 긍정을 가져다주기도 하고 개인의 생각과 사용 여부에 따라 스포츠의 가치는 결정되어진다.

스포츠 제품은 매매를 목적으로 소비자가 '제품구매'로부터 얻고자 하는 편익과 효용의 대상이 되는 모든 것을 제품이라 할 수 있는데, 이러한 제품은 확장된 개념으로 실제 제품, 기대 제품, 확장 제품, 잠재 제품으로 나눌 수 있으며 〈그림 1-3〉과 같다.

또한 스포츠 제품은 활용용도, 유형성, 내구성, 참신성의 정도에 따라 다음과 같이 분류할 수 있다.

스포츠 제품은 참신성에 따라 신제품(새로운 용도의 제품, 경기장 이벤트, 선수 관련 제품)과 기존 제품(기존에 판매되는 각종 유니폼, 경기 용품, 라이센스 제품)으로 나눌 수 있으며, 활용용도에 따라 소비재인 경기, 라이센스 제품, 경기장 식음료, 주차와 산업재인 선수, 팀, 경기장 등으로 나눌 수 있으며, 유형성에 따라 서비스인 경기장의 인적, 물적, 프로그램 서비스와 제품인 경기, 팀 및 리그 관련 제품으로 나눌 수 있다. 또한 제품은 내구성에 따라 오랫동안 쓸 수 있는 내구제와 단기간 내에 소비하는 내구제로 나눌 수 있다.

스포츠 제품의 특성

스포츠를 제품이라는 참여와 관람 스포츠로서 이해한다면 그 차이를 더욱 느낄수 있으며 제품으로서 기본적인 특성을 가지고 있는데, 스포츠 제품의 특성을 살펴보면 다음과 같다.

(1) 주관성 – 개인에 따라 느껴지는 느낌과 강도 분위기가 틀리다.

스포츠는 자신만이 좋아하는 특징과 기술 그리

| 그림 1-3 | 스포츠 상품의 확장

런던 마라톤 대회 모습

고 느낌이 있고, 스포츠에 대한 생각·경험·해석은 사람마다 달라서 보는 사람에 따라 다른 주관성이 있다. 두 사람이 같은 야구 경기를 관람하더라도 한 사람은 그 경기를 점수가 적게 나서 별로 재미없다고 여길 수도 있고, 다른 사람은 경기에 관련된 전략을 높이 평가하여 재미있는 것으로 여길 수도 있다. 또한 자기가 소속된 팀이 경기에 졌지만, 자신이 좋아하는 선수가 홈런을 쳤다면 그 경기가 무척이나 재미있었다고 할 수 있다.

어떤 사람은 마라톤을 완주하기 위해 뛰기도 하고, 어떤 사람은 기록을 위해 도전하기도 하다. 이처럼 참가에 대한 특성이 다르고 완주한 후의 느낌은 각자의 생각에 따라 달라진다.

경기장의 관중들은 스포츠 팀을 개인적인 감정을 가지고 좋아하여 광 또는 팬으로 불린다. 또 다른 소비자들은 자신이 좋아하는 스포츠 팀과 일체성을 느끼는 방법으로 팀 로고가 쓰인 상품과 팀 유니폼을 구입하기도 한다.

이처럼 사람들은 각자가 생각하는 주관적인 견해에 따라서 스포츠에 대한 인상과 경험, 해석이 각기 다르기 때문에 스포츠 마케팅 담당자에게 어려운 일이 된다.

(2) 무형성 – 형태가 없고 보이질 않아 기억 외에는 어떠한 것도 얻을 수 없다.

무형성을 사전적인 정의로 보면 "욕구와 필요를 충족시키기 위해 어떤 사람들에게 제공될 수 있는 것"이라고 한다. 스포츠의 무형성은 글자 그대로 형태가 없다는 뜻으로, 스포츠 관람이나 참여를 통하여 인상, 느낌 혹은 기억 외에 어떤 유형적인 것도 얻을 수 없다는 것을 의미한다. 이 특성은 서비스의 일반적 특성으로서 스포츠 소비자가 스포츠 제품에 대해 느끼는 만족의 유형이 다양하다는 것을 알려준다. 따라서 만족유형 조사자료가 마케팅 자료로 중요하게 활용될 수 있다. 이 조사의 결과에 따라 제품 컨셉 및 제품 제시와 촉진법이 달라진다 할 수 있다.

즉 스포츠라는 제품은 실체가 없는 유형이 아닌 무형의 제품이라는 것이다. 남에게 보여줄 수 없어도, 내가 눈으로는 확인할 수 없어도 분명히 존재한다.

그렇다면 무형성을 이용한 스포츠 마케팅에는 무엇이 있을까? 바로 상징이다. 상징은 백 마디의 말을 함축한 커뮤니케이션 도구로 말이 아니라 '시각'과 '감성'을 통해 사람들을 하나 되어 움직이

스포츠 제품은 항상 이질성을 갖고 있다. (빗속에서 경기를 보고 있는 야구팬)

게 한다. 올림픽의 오륜기, 서울시청 앞 광장에서의 촛불집회, 롯데 자이언츠의 '부산 갈매기,' 유럽 축구의 '깃발' 등 우리의 주변에서 상징의 힘을 얼마든지 찾아볼 수 있다.

(3) 비분리성 – 생산과 소비가 동시에 일어난다.

대부분의 스포츠 제품은 같은 장소에서 그리고 같은 시간에 생산되고 소비되어 소멸되어진다. 대부분의 유형 상품이 어떻게 생산되고 소비되는가를 생각해 보면 알 수 있다. 대부분의 유형 상품은 생산되는 장소와 소비되는 장소가 다르다. 그러나 스포츠라는 제품은 먼저 판매되어지고 그 다음에 생산과 소비가 동시(Simultaneous production and consumption)에 발생한다.

제품이 생산과 동시에 소비된다는 사실은 공급자와 소비자 간에 어떠한 상호 의존적인 관계를 창조하게 된다는 것이다. 또한 스포츠 소비자는 생산자가 되기도 한다. 올림픽 개회식의 경우 참가한 관중이 함께 연출을 하거나 응원을 하면서 만들어 내는 경기장의 모습은 소비자와 생산자가 동시에 만들고 소비되어진다.

결국 마케터는 스포츠 제품이 생산과 동시에 소비되어짐을 이해하고 고민하여 전략을 만들어 내야 한다. 그 과정에 소비자인 팬과 관중을 참여시키는 것이 중요하다.

(4) 이질성 – 항상 생산되는 제품의 품질이 고르지 않다.

스포츠는 항상 같은 제품, 즉 똑같은 경기를 만들

| 그림 1-4 | 스포츠 제품의 활용용도에 따른 분류

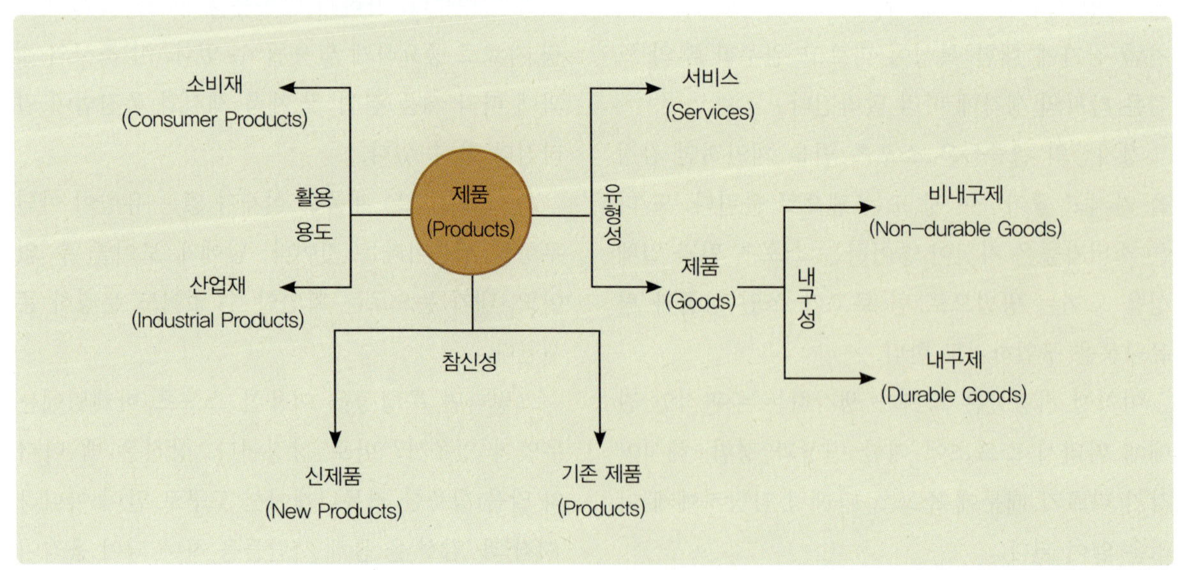

마케팅 休知通

채칙 효과(Bullwhip Effect)

소비자와 거리가 멀어질수록 수요 예측치와 실제 판매량 간의 차이가 커져서 발생하는 비효율적인 현상을 말한다. 채찍을 휘두르면 손잡이 부분에서는 그 위력이 작으나, 끝부분으로 가면 갈수록 그 위력이 커진다는데서 유래되었다.

P&G의 아기 기저귀 판매추세 분석결과, 최종 소비자의 작은 수요 변화가 소매상, 도매상을 거치면서 왜곡돼 갈수록 증폭되었다. 미국 자동차 산업의 경우 GDP 2~3% 변동할 때 매출이 25% 출렁거렸고, 부품 산업은 더욱 큰 영향을 받아 최대 75%나 오르내렸다(앤더슨의 실증분석).

스포츠 구단의 성적에 따라서 관람객의 수가 변화하는 것을 보면 알 수 있다. 롯데자이언츠가 성적이 좋지 않을 때의 한 시즌 최소 관중이 오기도 하였으나, 경기력이 좋고, 성적이 좋을 때는 실제 입장관객 수가 모든 구단 가운데 가장 높아졌다. 이는 스포츠 구단이 팬과의 거리를 유지하는 것은 성적과 팬들을 위한 프로모션이라는 것을 증명하는 사례라고 할 수 있다.

어 낼 수가 없다. 경기장, 날씨, 선수의 컨디션, 그리고 그날의 감정 상태에 따라 각기 다른 제품들을 생산하고 만들어 낸다. 또한 경기장에서 제공하는 같은 서비스라 할지라도, 같은 종업원이 제공하는 서비스라 할지라도 시간이나 고객에 따라서 다른 서비스를 제공하게 된다.

예를 들면 교육 수준과 경험, 전문성, 지도력이 서로 다른 두 테니스 강사가 동일한 교육 내용을 제공할 수 없을 것이며, 동일한 강사도 컨디션에 따라 교육 내용이나 방법 혹은 강습생을 대하는 태도가 다를 수 있다. 동일한 팀이 펼치는 경기가 매번 다른 것도 이러한 이질성을 보여주는 것이다.

이러한 여건들이 경기 결과나 스포츠 소비자의 만족에 영향을 미치므로 판매 촉진과 가격 설정 등을 계획할 때 스포츠의 이질적인 요소들을 고려하여야 한다.

(5) 소멸성 – 판매되지 않은 제품과 서비스는 저장할 수 없다.

제품은 구입한 후에 그 상품의 물리적 형태가 존재하는 한 몇 회라도 반복하여 사용할 수 있다. 그러나 스포츠란 제품은 그때그때 상품을 팔 수 있는 시간이 있고 한번 그 시기를 놓치면 제품도 없어지며 영원히 소멸되어 버린다.

이처럼 스포츠란 제품은 '생산되는 즉시 소비되는 '소멸성'의 특징을 가지고 있다. 프로야구 경기가 한번 열릴 때마다 팔 수 있는 티켓 수는 일정하게 정해져 있고 권투 경기가 열리는 호텔의 특설링은 판매할 수 있는 좌석 수가 정해져 있다.

프로야구 경기 시작이 한참 지났다면 티켓을 구입하는 사람이 없을 것이고 권투 경기의 끝이 다가오면 주최측은 티켓을 팔기 위해 노력하지 않는다. 결과적으로 마케팅 담당자는 다음 시합의 입장권 판매에 초점을 두어야 한다. 팀의 성과가 저조하거나 기대에 못 미친다면 입장 관객이 줄어들 것이다. 판매되지 않는 제품은 재고로 보관할 수 있다. 그러나 판매되지 않은 서비스는 사라지고 만다. 즉 서비스는 재고로 보관할 수 없다. 이와 같이 서비스의 생산에는 재고와 저장이 불가능하므로 재고조절이 곤란하다. 또 구매된 서비스라 하더라도 1회로서 소멸하며 그와 동시에 서비스의 편익도 사라진다.

이러한 소멸성을 어떻게 소멸시키지 않고 만들어 가느냐가 중요한 과제가 된다. 일부 스포츠는 후반이나 경기 종료 직전에는 경기장 문을 열어서

지단의 박치기 한방은 새로운 사회적 현상과 문화를 만들어 내었다.

무료로 경기를 관람시키기도 한다. 왜냐하면 시간이 지나면 상품으로서 가치가 없어지기 때문이다. 즉, 야구는 7회 이상이 되면 제품으로서의 가치는 떨어지고 어제 경기의 특별석 티켓은 오늘 아무런 의미가 없는 제품이 되는 것이다. 그렇기 때문에 스포츠 제품은 재고란 있을 수 없다.

(6) 쌍방향성 – 상호 커뮤니케이션을 한다.

스포츠는 상호 작용을 통해 쌍방향으로 커뮤니케이션을 한다. 스포츠 관람자와 선수 그리고 감독은 경기장을 통해 상호 교류를 한다. 기업은 스포츠를 통해 소비자와 소통을 하고, 선수를 이용한 기업들의 마케팅은 소비자와 커뮤니케이션을 통해 그들이 원하는 메시지와 브랜드 이미지를 전달한다.

현대 사회에 적합한 미디어는 매스미디어와 같은 일방 통행적인 채널이 아니라 쌍방향 채널의 미디어가 되어야 한다. 스포츠에서의 쌍방향성은 다른 종류의 제품과 마찬가지이겠지만 다른 어떤 미디어도 갖지 못한 특별한 장점을 가지고 있다. 즉 스포츠 활동이나 관람에 참가한 사람은 특별히 의식적으로 행동하지 않아도 쌍방향 커뮤니케이션에 참여하게 된다. 쌍방향성은 정보 교류에 있어서 평등 개념을 실현시키는 것과 같으며, 서로에게 정보를 보내고 받는 단순한 쌍방향이 아니라 발신되는 정보를 수신자는 이 정보를 해석하며 새로운 피드백을 보내는 관계가 성립됨으로써 상호 평등관계라고 할 수 있겠다. 스포츠라는 상품을 통해서 고객과 커뮤니케이션하는 것, 이를 통해서 감동과 가치를 창조해 내는 특징을 보이고 있다.

(7) 현장성 – 공감하고 공유한다.

스포츠는 반드시 특정한 장소에서 특정 시간에 참가자 모두가 함께 공감하고 느끼고 메시지를 공유하는 특성이 전제되지 않고서는 성립될 수 없다. 현장에서 직접 보고, 만지고, 느끼고, 먹어보고, 마셔보고, 대화하다 보면 자연히 반응을 일으키는 행동이 유발된다. 그래서 즐거움을 느끼고 때로는 놀라움을 느끼며 기쁨과 환희를 현장에서 직접 느낄 수 있는 것이다. 이런 것들은 뉴 미디어에서는 볼 수 없는 것이다. 그만큼 특정장소와 시간에 일어나는 만큼 스포츠 활동이 개최되는 곳, 즉 현장으로 이동해야만 하며, 그 곳에서 관중·선수·심판 등과 현장의 상황에 따라 자기도취와 스릴을 최대한 누릴 수 있다는 이유만으로도 스포츠의 현장성은 중요한 부분이라고 할 수 있다.

이러다 보니 스포츠를 "각본 없는 드라마"라고 하며 결과를 현장에서 직접 알 수 있다.

스포츠 현장에서는 뒷거래를 할 수 없다는 말처럼 스포츠는 연극처럼 꾸며지지 않고 수준 높고 제대로 된 경기를 관람할 수 있도록 한다. 여러 가지 종합적인 영향으로 상황이 끊임없이 변화하며, 승부는 늘 생각 밖의 놀라움과 신기성을 도출하며, 관객으로 하여금 상상·걱정·염려·기쁨 등이

뉴저지 네츠 팀의 경기 모습

발생하는 것이 바로 스포츠 현장의 매력이라 할 수 있다.

(8) 사회, 문화성 – 사회적 현상과 문화를 만들어 낸다.

스포츠 참여 및 효과는 현장에 국한되지 않는다. 참가자들은 스포츠를 관람하거나 참가 후 이벤트에 대한 평가나 소감을 주위 사람들에게 말한다. 대한민국 축구팀이 일본과의 대결에서 승리를 한 다음날은 사회적으로 분위기가 좋다. 버스나 지하철을 타든 택시를 타든 사람들의 모습이 행복하다. 2002년 월드컵은 단군이래 대한민국을 하나로 만든 최대의 이벤트라 하였다. 김연아의 동계 올림픽 금메달은 대한민국이라는 브랜드를 세계인들에게 각인시키는 효과가 있었다. 이렇듯 스포츠는 사회, 문화적 현상을 만들어 낸다. 자연히 많은 사람들이 스포츠를 알게 되며 스포츠 내용에 더욱 더 관심을 갖게 되는데 이럴 때 그 스포츠는 문화적, 사회적 가치를 더 하게 된다. 특히 스포츠 관람이나 활동에 참여할 때, 관중들은 자신이 소속된 연고지와 국가를 응원하며 승리할 수 있도록 모두 하나가 되는 결속력을 생성시킨다. 그러므로 스포츠는 공익, 공공성을 대의명분으로 하여 따를 수밖에 없는 것이다. 이처럼 스포츠가 직·간접적으로 지역 사회 발전 및 문화에까지 영향을 미치는 것이다.

(9) 계절성 – 계절마다 스포츠가 존재한다.

스포츠처럼 자연의 영향을 받는 것이 없다. 물론 이를 극복하기 위하여 돔구장이 설치되거나 실내에서 개최되어지는 종목도 있지만 대부분의 메이저 스포츠들은 계절의 기상 조건에 크게 영향을 받는다. 특히 일반 참여 스포츠에서는 계절을 무시할 수가 없다. 그래서 겨울 스포츠, 여름 스포츠, 해양 스포츠 등의 계절 스포츠가 존재하는 것이다.

아무리 잘 준비된 스포츠 이벤트라 할지라도 큰 비나 눈이 내린다면 그 순간 제품의 생명은 없어진다. 그래서 계절적인 영향을 받지 않도록 스포츠 연맹 및 개최자는 조절을 하지만 이 역시 통제할 수 있는 것이 아니다. 그래서 경기가 벌어지는 리그의 기간 중에 수입 극대화를 위해 전력투구를 하고 비수기에는 이벤트를 만들거나 훌륭한 제품을 만들기 위해서 준비를 한다. 이러한 계절성을

겨울이면 설치되는 올림픽 공원의 스케이트장 모습

극복하는 좋은 방법은 특별한 시설을 만드는 것이지만 지역적인 특성이나 예산 등의 제반 여건으로 인해 쉽게 해결할 수는 없다.

(10) 비예측성과 비일관성 – 경기 결과를 예측할 수 없다.

우리는 빅 스포츠 경기를 앞두고 전문가들이 앞을 다투어서 오늘의 승리를 예견하는 것을 볼 수 있다. 물론 맞아떨어지는 수도 있지만 대부분 정확한 예측을 할 수 없다는 것이 스포츠 제품의 비예측성이다. 스포츠는 경기 자체로서 너무나 흥미롭다. 스포츠는 생산을 해 내지만 일정한 제품을 만들어 내지는 않기 때문이다.

스포츠 스타가 영원할 수 없다. 계속해서 3할대의 타격, 30승의 세이브를 할 수 있는 야구 선수는 아무도 없다. 그것은 기록적인 통계에서 몇 년간 가능하지만 영원히 지속적일 수는 없다. 어제 게임에 출전한 선수와 상대편의 선수가 똑같고 같은 경기장일지라도 어제와 같은 경기를 만들어 낼 수 없다.

두 팀이나 친구 간에 농구나 골프를 치더라도 똑같은 상황을 연출하기란 거의 불가능한 것처럼 그렇기 때문에 어제 내가 게임에 지더라도 오늘은 이길 수 있을 것 같고, 어제 우리 팀이 승리하더라도 오늘도 이긴다는 확실한 보장은 없기에 경기장에 팬들이 지속적으로 찾아오는 것이다. 이것이 바로 스포츠가 서비스로서 갖는 제품의 비일관성과 비예측성이다.

(11) 연쇄성 – 각종 주변 산업과 연계하여 발전 또는 쇠퇴한다.

스포츠는 경기의 종류와 선수의 특징 그리고 이벤트마다 주변 산업과 연계되어진다.

스포츠 소비자는 경기장에 와서 티켓만을 구입하여 경기를 관람하지는 않는다. 음식이나 원하는 팀의 기념품 등을 구입하기도 한다. 하나의 경기가 펼쳐지고 스포츠가 인기가 있으면 그와 관련된 산업의 흥행이 만들어진다. 또한 사람들은 가능하면 친구들이나 연인들이 어울려서 하나의 팀을 이루어서 관람한다. 하나의 스포츠 제품을 구매함으로써 연속적으로 이어지는 연쇄 반응을 일으킨다는 것이다. 따라서 스포츠 제품 공급자는 스포츠 제품의 보완성을 크게 인식하게 되어 많은 기업들이 공동적 마케팅 사업에 참가하고 있다.

제 2 장 마케팅의 이해

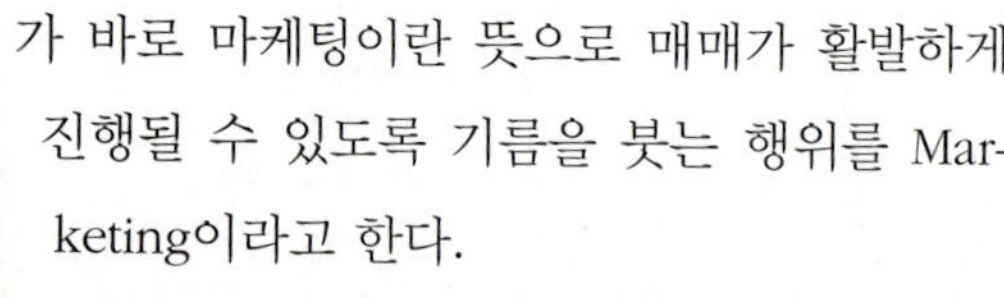

제 2 장 마케팅의 이해

마케팅은 모든 곳에서 행해지며, 사람과 조직은 공식적이든 비공식적이든 마케팅이라고 하는 수많은 활동에 관여하고 있다

마케팅의 개념을 이해하기 위한 가장 정확하고 쉬운 방법인 어원을 알아보면 Market(시장)은 시장을 뜻한다. 하지만 명사에 ing를 붙일 수 없으므로 마케팅에서의 Market은 동사임을 알 수 있다. 즉 "시장에서 매매하다," "사다," "판매하다"이므로 결국 시장에서 사고파는 교환(매매)행위를 현재 진행형으로 만든 것이다. 즉 매매의 활성화가 바로 마케팅이란 뜻으로 매매가 활발하게 진행될 수 있도록 기름을 붓는 행위를 Marketing이라고 한다.

기업들은 자사의 브랜드 노출을 위해 각종 이벤트를 후원한다.

올바른 마케팅은 점점 기업의 성공에 중요한 역할을 하고 있으며, 마케팅이란 단어에서 알 수 있는 것처럼 마케팅은 시장(Market)과 불가분의 관계를 가지고 있다.

스포츠 마케팅을 논하기에 앞서 마켓에 대한 이해부터 필요하고 마케팅은 고객을 다루고 있다는 점에서 다른 어떤 경영 기능보다 중요하기에 스포츠 마케팅에서도 마케팅에 대해서 정리할 필요가 있다.

1. 마케팅의 정의

마케팅(marketing)은 인간의 욕구와 사회의 욕구를 확인·규명하고 충족시키는 것에 그 목적이 있다고 할 수 있다. 마케팅에 대한 가장 간단한 정의는 '이윤을 창출하면서 욕구를 충족시키는 것'이다. 1928년 암스테르담 올림픽이 열렸을 때 미국의 코카콜라는 출전 선수들에게 무료로 콜라를 제공해 자사 브랜드를 널리 알렸다. 이는 올림픽을 기업 홍보와 제품 마케팅의 장(場)으로 활용하는 이른바 '올림픽 마케팅'의 효시로 꼽힌다. 이후 코카콜라는 올림픽을 전략적 마케팅 기회로 가장 잘 활용하는 회사로 이름을 날려 왔다.

나이키는 NIKE ID로 사람들이 자신이 직접 운동화나 티셔츠를 자신의 스타일에 맞게 제작하도록 재질, 색깔, 모양, 그리고 원하는 로고나 글자까지 선택하도록 하는 D.I.Y(do it yourself) 제품을 창안했다. 이 두 기업은 마케팅의 상식을 발휘했으며 또한 개인의 욕구나 사회적 욕구를 충족시키면서 기업의 수익을 창출하는 사업 기회로 전환시켰다.

한국마케팅학회(Korean Marketing Association)는 "마케팅은 조직이나 개인이 자신의 목적을 달성하기 위한 교환을 창출하고 유지할 수 있도록 시장을 정의하고 관리하는 과정이다"라고 하였으며, 미국마케팅학회(American Marketing Association)는 "마케팅이란 개인과 조직의 목적을 만족 시키는 교환을 창출하기 위하여 생산과 재화 및 서비스의 유통, 촉진, 가격 결정, 구상을 계획하고 실행하는 과정이다"라고 정의하였다.

Philip Kotler는 "마케팅이란 조직체의 기능으로 고객가치를 창조하고, 고객과 커뮤니케이션하고 전달하며 또한 조직체와 이해관계자들에게 이익이 되는 방법으로 고객관계를 관리하는 일련의 과정이다"라고 하였다. 또한 마케팅(marketing)은 다른 사람과 함께 가치 있는 제품과 서비스를 창조하고, 제공하며 자유롭게 교환함으로써 개인과 집단이 요구하고 필요로 하는 것을 획득할 수 있도록 하는 사회적 과정이라고 할 수 있으며, 관리적 정의로 볼 때 마케팅은 '제품을 판매하는 기술'이라고 할 수 있다.

피터 드러커(Peter Drucker)는 마케팅의 목표는 판매가 필요 없게 만드는 일련의 과정이라고 하였다. 이처럼 마케팅이 지향하는 것은 고객을 이해하고 제품과 서비스를 고객에게 맞추어 제공함으로써 저절로 팔리도록 하는 것이다. 따라서 이상적인 마케팅은 구매할 준비가 되어 있는 고객에 의해서 이루어져야 한다고 할 수 있다.

마케팅 활동은 고객을 이해하는 커뮤니케이션이다. (2008 베이징올림픽 길거리 모습)

마케팅의 과정

마케팅 관리 과정의 주요 구성 요소는 마케팅 활동을 지칭하는 통찰력 있고 창의적인 마케팅 전략과 계획이다. 〈그림 2-1〉은 5단계로 구성된 마케팅 과정 모형을 보여준다. 전반의 4단계를 통해 기업은 고객을 이해하고, 고객가치를 창출하고, 강력한 고객관계를 구축하기 위해 노력한다. 마지막 단계에서 기업은 탁월한 고객가치를 창출한 대가로 보상을 받게 된다. 즉 고객을 위한 가치창출을

그림 2-1 | 고객을 위한 가치 창출 과정 모형

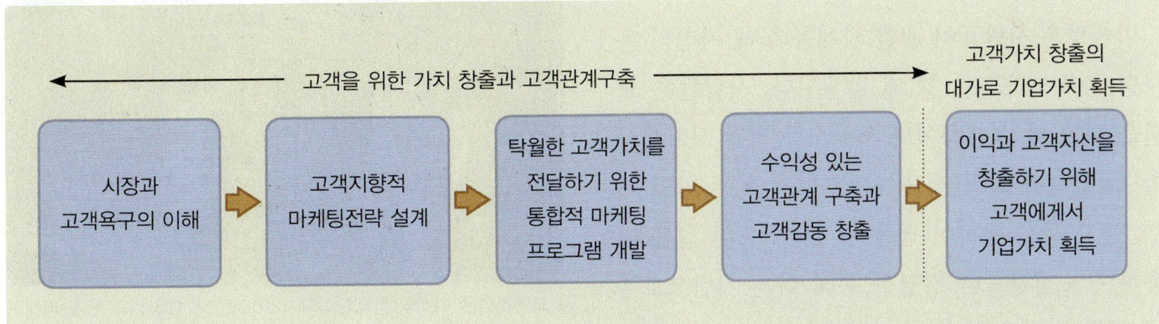

마케팅 休知通

웩더독(Wag The Dog)

'꼬리가 몸통을 흔들다'라는 의미로, 주객(主客)이 바뀌었음을 뜻한다. 경제에서는 선물(先物: 꼬리)이 현물(現物: 몸통) 주식시장을 흔드는 현상을 의미한다. 주식시장에서 선물거래는 현물시장에서 미래에 발생할 위험을 줄이기 위해 생겨난 금융거래임에 따라, 현물시장(몸통)의 주가 예상에 의해 선물시장(꼬리)의 거래가 이루어진다. 그런데 선물시장의 규모가 커지기 시작하면 몸통인 현물시장을 뒤흔드는 현상이 나타나게 된다. 이를 주식시장에서는 '웩더독 현상'이라고 부른다.

. 정치에서는 일종의 정치 속어(俗語)로 위정자(爲政者)가 자신의 어떠한 부정행위 등에 대한 국민 또는 여론의 시선을 다른 곳으로 돌리기 위해 연막(煙幕)를 치는 행위를 가리킨다.

제품에서는 꼬리가 몸통을 흔드는 제품으로 카메라의 DSLR같은 경우이다. 바디 값보다도 렌즈 값이 비싸고, 한번 바디를 구입하면 그 제품의 렌즈를 계속해서 구입해야만 한다. 프린터의 경우에도 프린터 값보다도 토너를 팔아서 기업은 더 많은 돈을 챙긴다.

스포츠는 웩더독 제품 가운데 하나로 카메라나, 프린터보다 더 강한 흡입력을 가지고 있다.

맨체스터 유나이티드를 비롯한 프로 팀들은 유아용품을 상품으로 판매한다. 이는 어린시절 팀이나 구단이 자신의 팀이 되면 평생을 따라가기 때문이다. 이들이 평생 동안 구입하는 제품 및 팀을 위해 사용하는 비용은 평균 30,000달러 가량이 된다고 한다. 이처럼, 스포츠 현장에서도 한 팀의 팬이 되면 다른 팀의 팬이 되지 못하고 계속해서 자신이 처음 지명하고 좋아하는 팀의 제품만을 구입하는 것을 의미한다.

통해 기업은 그 대가로 고객에게서 가치를 얻게 되는데, 이는 매출, 이익, 장기적 고객자산의 형태를 띤다.

2. 마케팅의 범위

마케팅 관리자가 되려면 마케팅이 무엇이고, 어떻게 수행하고, 시장에서 어떻게 이루어지고 누가 대상인지를 잘 이해하여야 한다.

교 환

마케팅은 사람들이 교환 관계를 통해 자신의 욕구를 충족시키고자 할 때 발생된다. 사람들은 교환을 하지 않고 제품이나 서비스를 직접 자가생산할 수 있으며 직접 제작, 사냥, 낚시 또는 과일 채취, 농사 등을 통하여 얻을 수 있다. 또한 힘을 이용하여 노상강도나 강탈을 통해 다른 사람으로부터 제품을 획득할 수 있으며, 구걸하여 필요한 제품을 얻을 수 있다. 그리고 이와는 반대로 자신이 원하는 것을 얻기 위해 서비스, 돈, 물건 제공의 교환을 통하여 제품을 획득할 수 있다. 교환(exchange)이란 거래 상대방에게서 자신이 원하는 상품을 얻는 대가로 이에 상응하는 대상물을 제공하는 행위로 정의된다.

교환이 존재하기 위해서는 적어도 둘 이상의 당사자가 있어야 하고, 상대방에게 제공할 만한 가치가 있어야 되며, 이 과정에서 충분한 의사소

교환과정은 마케팅의 핵심이다. (2010년 SF Giants의 우승 퍼레이드 모습)

팬들은 입장권을 구매하고 구단은 경기와 다양한 이벤트를 제공하며, 거래가 발생한다.

통을 통해 서로 승낙하거나 거절할 수 있는 자유가 있어야 하고 그리고 교환이 끝난 후에는 상대방과의 거래가 적절하거나 바람직하다고 믿어야 올바른 교환이 되는 것이다.

중요한 것은 교환의 발생은 교환 전보다 교환 후가 더욱 좋아진다는 교환 조건에 당사자들이 어느 정도 합의하는가에 달려 있다. 이는 흔히 교환이 가치를 창조하는 과정으로 설명될 수 있는데, 그 이유는 교환은 교환 전보다 정상적으로 양측이 더 좋게 되기 때문이다.

교환의 목적은 단순히 필요한 것을 주고받는 것이 아니라 고객과의 관계를 유지하고 거래관계를 키워 나가는 것도 포함된다. 마케팅은 바로 소비자와의 바람직한 교환관계를 구축하고 유지하기 위해 하는 활동으로 구성된다.

마케팅 관리자들은 교환이 성공적으로 이루어지지기 위해서 양측이 거래를 통해 무엇을 주고받기를 원하는지 분석해야 한다.

거 래

양측이 협상해 합의를 하면 교환을 하게 되는데, 이는 합의가 이루어지면 거래가 발생한다는 의미로 거래(transaction)는 가치의 매매 즉 교환이다.

거래가 성립되려면 적어도 두 가지의 가치가 있는 것, 합의 조건, 합의 시기 및 합의 장소가 있어야 한다. 법적 시스템은 거래 당사자들로 하여금 순응하도록 하고, 또한 응낙한 내용을 강화하기 위해서 만들어졌다. 계약에 관한 법률이 없다면 사람들은 불신 속에서 거래를 할 것이고 모두 손해를 볼 것이다.

거래는 전달과 다르다. 전달(transfer)이란 A가

그림 2-2 | 거래를 통한 경제의 순환 구조

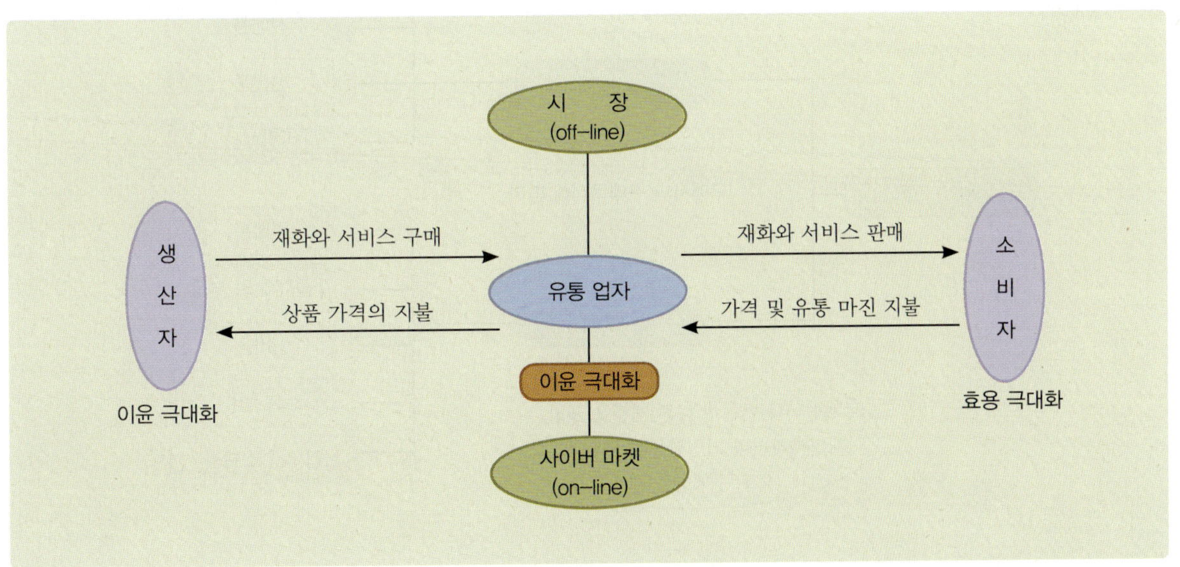

EA Sports의 제품 광고 예

B에게 X를 주지만 대가로 유형의 것을 받지 않는 것이다. 선물, 보조 또는 자애로운 기부금을 주는 것은 전달이라고 할 수 있다. 전달 행위도 역시 교환의 개념을 통해서 이해될 수 있다. 전형적으로 전달자는 선물을 주는 것에 대한 교환으로 어떤 것, 예를 들어, 받는 사람으로부터의 감사 또는 행동의 변화 등을 받을 것을 기대한다. 전문적인 모금운동가들도 증여자들에게 혜택, 즉 감사장, 감사패, 특별초대 등을 제공한다. 그래서 마케팅 담당자들은 거래행동뿐만 아니라 전달행동에 대한 연구도 마케팅 개념에 포함하고 있다. 거래를 통하여 재화와 서비스의 흐름으로부터 그 대가로 얻는 화폐의 흐름에 이르기까지 순환되며, 시장 한복판에서 활동하고 있는 유통활동이 경제 순환을 보다 원활하게 해주는 역할을 해주며 〈그림 2-3〉과 같이 이루어진다.

마케팅의 대상

교환의 주체가 되고 마케팅의 대상이 되는 요소를 파악하는 것은 중요하다. 마케터들은 10가지 유형의 주체, 즉 제품, 서비스, 이벤트, 경험, 소비자, 시장, 고객소유권, 조직체, 정보, 아이디어 등을 마케팅하는 데 관여하고 있다.

(1) 제 품

제품은 인간의 물질적 욕망을 만족시킬 수 있는 모든 재화와 서비스 묶음을 뜻하는 것으로 기

그림 2-3 제품의 종류

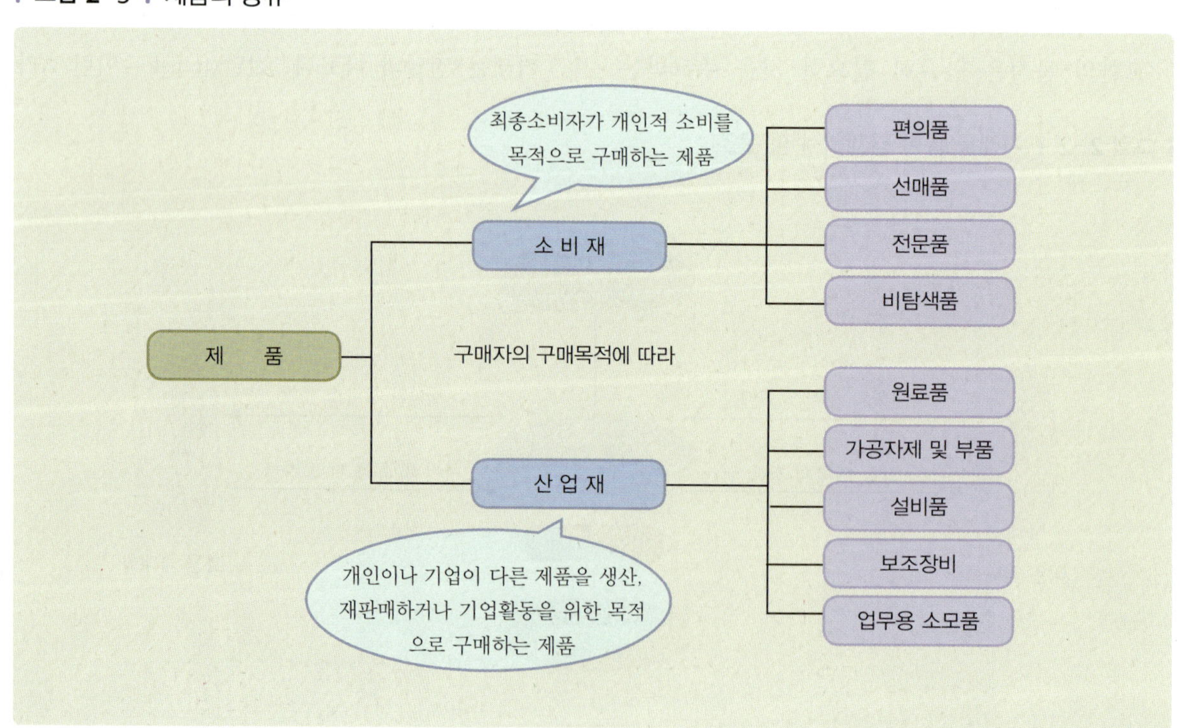

업은 목표 시장에 제품 제공을 통하여 이익을 극대화 한다.

제품은 눈에 보이는 재화(goods)로 한정하여 말하는 경우가 많지만 눈에 보이지 않는 서비스(service) 또한 제품이라 할 수 있으므로 눈에 보이는 재화와 눈에 보이지 않는 서비스를 총칭하는 개념이다.

이러한 제품은 개인과 기업 그리고 국가의 생산과 마케팅 노력의 총합으로 조성이 되며, 매초 수천 가지 이상의 새로운 제품이 시장에 쏟아져 나와 판매가 되어지고 있다. 이러한 제품은 시장의 욕구를 충족시킬 수 있기 때문에 구매자의 핵심편익(구매자가 진정 구매하려는 것 — 테니스 라켓, 보다 나은 실력), 실제편익(제품과 서비스의 특징인 디자인, 브랜드, 가격, 패키징) 추가적인 서비스 편익(아이폰 — 와이파이 존, 어플리케이션)으로 나눌 수 있으며, 이 모든 것들이 제품의 범주 안에 포함되어진다. 제품의 종류로는 산업재와 소비재로 나누어지며, 소비재에는 편의품, 선매품, 전문품, 비탐색품으로 나누어진다.

(2) 서비스

서비스(service)라고 하면 무상으로 제공하거나, 타인을 위해 봉사하거나, 상품 구매시 부가적으로 제공하는 상품, 유지 보수 및 수리 서비스, 그리고 고객에 대해 응대하는 자세나 태도 등을 총칭한다. 경제가 성장함에 따라 경제활동 중 서비스 생산에 집중하는 비율이 점차 증가하고 있다. 경제학에서는 서비스를 용역으로 이해하여 유형재인 제품과 구분되는 것으로 간주한다. 오늘날 미국 경제는 서비스와 제품이 70:30의 비율로 혼합 구성되고 있다.

서비스는 행위(deeds), 과정(process) 및 그 결과인 성과(performances)라고 설명이 되어진다. 태권도 강사의 가르치는 행위나 변호사의 법률상담처럼 서비스는 만지고, 보고, 냄새를 맡을 수 있는 유형적인 것이 아니라 무형적인 행위와 성과도 포함된다. 그러나 서비스는 완전히 무형적인 것으로 존재하지 않으며, 무형적인 가치가 제공되기 위해서는 현실적으로 유형적인 요소가 수반되는 경우가 많다. 스포츠 현장에서도 점점 서비스의 비중이 높아지고 스포츠 마케팅을 서비스 마케팅이라 할 정도로 서비스는 중요한 고객 만족의 수단이다.

화려하고 웅장한 2008년 베이징올림픽 폐막식에 참석한 저자

(3) 이벤트

이벤트란 일상생활의 중요한 사건이나 기념이 되는 각종 행사·공연·Promotion 등으로 목적을 가지고 일정한 기간 동안 특정한 장소에서 대상이 되는 사람들에게 개별적·직접적으로 '자극'을 체험하도록 하는 일련의 활동이라 할 수 있다.

마케팅 기업은 제품 판매나 브랜드 홍보를 위해 경축행사, 대형 전시회, 특별 이벤트 및 예술제 등과 같은 행사를 개최한다. 올림픽이나 FIFA 월드컵과 같은 세계적인 스포츠 행사는 기업과 연맹 국가의 적극적인 참여로 각종 이벤트 행사가 벌어진다.

(4) 경 험

우리는 살면서 수많은 체험을 한다. 하지만 거기에서 우리는 각각 다른 경험을 한다. 경험이란

경험을 스포츠 마케팅 활동에 활용할 수 있다. (삼성 라이온즈의 야구캠프)

자신이 실제로 해 보거나 겪어봄으로써 거기서 얻은 지식이나 기능을 의미한다. 기업은 제품 판매나 판매 촉진을 통해 소비자들에게 서비스와 제품 체험의 기회를 제공한다.

경기장에 가면 팬들을 위한 Fan-Fest Area는 경기장을 방문한 사람들로 하여금 스포츠를 체험하고 구단을 느끼게 하는 직접적인 프로모션이다.

그리고 선수들이 직접 나서서 팬들에게 사인회를 갖고 어린이를 대상으로 캠프를 개최하여 선수와 팀에 대한 사랑을 더욱 키우도록 노력한다.

(5) 고객(customer)

고객은 의사 결정·구매·영향·소비·의뢰·수요의 주체인 승인자, 구매자, 영향권자, 소비자, 의뢰인, 수요자를 총괄하는 개념이다.

고객을 구성하는 이들 요소는 상황에 따라 일치할 수도 일치 하지 않을 수도 있다. 유소년 캠프의 경우 소비의 주체는 유소년이지만 구매자는 부모인 것과 같은 경우이다.

(6) 소비자

사업자가 제공하는 상품과 서비스를 소비생활을 위하여 구입하거나 사용하는 사람이다. 즉 생산자에 대응하는 개념으로 소비의 주체를 말한다.

성별, 연령, 주거지역, 교육수준, 문화의 차이에 관계없이 각자의 욕구를 충족시키기 위해 많은 상품과 서비스를 소비하는 주체로서 경제사회에 참여하게 된다. 소비성향은 각자의 소득액, 객관적 환경요인, 개인의 기호 등 주관적 요인에 따라 좌우되며 그에 따른 자유로운 선택은 현대 시장경제 체제 속에서 생산을 결정하고 사업자로 하여금 원하는 상품이나 서비스를 원하는 조건으로 제공하도록 유도하는 역할을 한다. 그러나 사업자에 비

| 그림 2-4 | 고객 관련 용어 정리

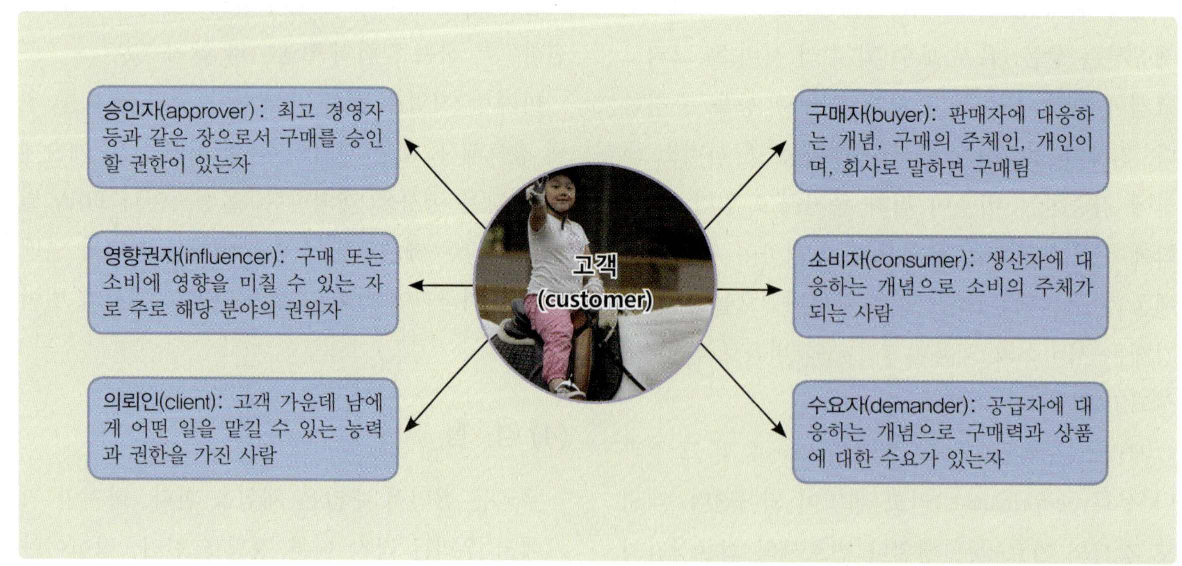

마케팅 休知通

1명의 고객 = 250명

"한사람의 인간관계 범위는 대략 250명 수준이다. 따라 나는 한사람의 고객을 250명 보기와 같이 한다"
— 미국의 자동차 세일즈왕 '조 리자드의 성공 방정식—

250명은 한사람의 평생 인맥으로 사람들의 결혼식과 장례식에 평균 250명 정도가 오는 것에서 착안한 결과이다. 이는 한사람의 고객을 감동시키면 250명의 고객을 추가로 불러올 수가 있고, 한사람의 신뢰를 잃으면 250명의 고객을 잃을 수 있다는 것이다.

일반적인 고객은 250명이 기준이 되지만 한명의 스포츠 스타는 적게는 10만명으로부터 많게는 1억명에 이르는 팬들을 가지고 있다고 한다. 타이거 우즈의 섹스 스캔들을 통해서 그동안 타이거 우즈가 쌓았던 명성과 스폰서십의 기업들을 한순간에 모두 잃어버리는 사례를 적용할 수 있다. 나의 고객도 중요하지만 고객들이 바라보는 사람, 리더가 누구인지를 잘 알아야 한다.

해 상품에 대한 정확한 판단능력이 부족하고 기술적 조작에서 열등한 위치에 있으므로 과장 광고나 선전활동에 영향을 받는 수가 많다.

(7) 시 장

판매자와 구매자가 만나는 장소 즉 동사로는 Market(사다, 팔다)이 발생하는 지역이라 할 수 있다. 각 구단, 도시, 주, 지역, 국가 등의 장소는 경기장, 여행객, 공장, 본사 및 이벤트 그리고 새로운 비즈니스를 끌어들이기 위해 적극적으로 경쟁하고 있다.

판매와 구매의 목적으로 분류되는 가전 시장, 교육 시장, 자동차 시장, 스포츠 시장 등이 있으며, 공급자와 수요자와의 역학 관계에 따라 구분하는 독점 시장, 과점 시장, 독점적 경쟁 시장, 완전 경쟁 시장으로 나눌 수 있다. 따라서 재화 또는 용역이 공급되는 장소를 거래장소라 한다.

(8) 소유권

제품이나 물건을 전면적·일반적으로 지배하는 권리 즉, 물건이 가지는 사용가치나 교환가치의 전부를 지배할 수 있는 권리를 가진 것이다. 소유권은 구매하고 판매되며 또한 마케팅 노력이 요구된다. 구단의 티켓 세일러들은 팬들이나 일반 사람들에게 티켓을 판매하려 활동한다. 스포츠에서는 구단에 속한 각종 로고나 선수 그리고 명칭 등이 소유권이 될 수 있다.

(9) 조직체

조직체란 특정한 목적이 달성될 목적으로 여러 사람이나 단체 그리고 유사 관련 기업이 하나의 개체나 요소로 모여서 만들어진 체계적인 집단을

류시원을 활용한 EXR의 마케팅 활동

경기장은 스포츠 상품이 만나는 좋은 Market이다. (잠실 LG Twins 경기장)

말한다. 구단이나 리그 그리고 국가와 같이 특정한 목적을 지닌 조합이라 할 수 있다. 조직은 표적 고객들의 마음 속에 강력하고도 우호적이며 독특한 이미지를 구축하기 위해 능동적으로 활동한다. 대학, 박물관, 구단, 리그, 연맹은 소비자나 팬들에게 자신의 목적 달성을 위해 참여해 달라고 요청을 하기도 하며, 경쟁사와 경쟁하기도 하고 목표 달성시 혜택을 나누거나 돌려주기도 한다.

(10) 정 보

어떤 자료나 소식, 지식, 관찰이나 측정을 통하여 수집한 자료를 실제 문제에 도움이 될 수 있도록 정리한 지식이나 자료를 말하며 구체적 양, 즉 정보량으로 측정할 수 있다.

제품으로 생산되거나 시장에서 판매할 수 있으며, 이를 인터넷의 온라인이나 학교와 대학이 학부모, 학생 그리고 지역공동체에게 무료나 일정한 가격을 가지고 제공할 수도 있다. 정보의 생산, 포장화, 유통 등은 산업에서 매우 중요한 위치를 차지하고 있다. 현대는 이러한 정보를 어떻게 활용하느냐 하는 것이 중요하다.

(11) 아이디어

흔히 생각할 수 있는 것에서 아무나 생각할 수 없는 것으로, 눈에 익은 것에서 참신하고 새로운 것으로, 평범한 것에서 뛰어난 것으로, 이해하기 어려운 것에서 누구나 알기 쉬운 것으로, 다른 아이디어와 비슷한 것에서 보다 우월한 것으로 기존의 관념, 관습을 깨뜨린 새로운 것들의 조합이다. 아이디어를 통해 문제점을 보완하고 실마리를 찾아 낼 수 있으며, 경쟁사에 앞서 나갈 수 있다. 모든 시장 제품의 핵심 속에는 기본적인 아이디어를 포함하고 있다. 이러한 아이디어는 나열해 보고, 변형시켜 표현해 보고, 숫자와 시대별로 분석하여 표현해 보고, 환경을 최대한 이용해 보고, 이성적으로 접근해 보고, 유머를 넣어 보고, 확대 축소 해석을 통하여 아이디어를 발상해 볼 수 있다.

마케팅 시장

마케팅이란 단어에서 알 수 있는 것처럼 마케팅은 시장(market) + ing로 시장에서 일어나는 모든 활동을 의미한다. 따라서 Market(시장)에서 일어나는 ing에 대한 이해는 중요하다. 왜냐하면 마케팅의 시작도 끝도 시장에서 이루어지기 때문이다.

표 2-1 재화와 서비스의 차이점

재 화		서비스	
유형성	형태가 있다	무형성	형태가 없다
분리 가능성	생산과 소비가 불리	비 분리성	생산과 동시에 소비가 일어난다.
품질 동일성	표준화 할 수 있다.	품질 동일 불가성	표준화가 불가능하다.
육체적 근간	주로 육체노동으로 발생한다.	정신적 근간	주로 감정과 정신노동으로 발생한다.
비소멸성	재고로 저장할 수 있다.	소멸성	재고로 쌓아 둘 수 없다.

마케팅 休知通

샹그릴라 신드롬(Sangri-La Syndrome)

영국 출신의 소설가 제임스 힐튼의 소설(잃어버린 지평선)에서 유래됐다. 샹그릴라는 평생 늙지 않고 영원한 젊음을 누릴 수 있다는 꿈의 낙원이다.

노화를 숙명적인 것으로 받아들이지 않고 잘만 관리하면 극복할 수 있는 대상으로 여기는 현상으로 젊게 늙고 싶은 사람들의 욕망을 나타낸다.

최근 불고 있는 얼짱, 몸짱, 동안(童顔) 열풍도 샹그릴라 신드롬의 일종이라고 볼 수 있다. 누구나 젊게 보이고 싶어하는 인간의 심리는 기업의 입장에서 보면 좋은 마케팅 기회로 활용될 수 있을 것이다.

스포츠는 이러한 샹그릴라 신드롬을 완성하는 데 가장 적합한 도구가 되고 이를 활용한 기업의 마케팅 활동은 더욱더 증가하고 있는 추세이다.

흔히 판매자 하면 기업을 생각하는 것이 가장 일반적인 것이지만 꼭 그런 것만은 아니다. 예를 들면 에이전트는 스포츠 시장에서 판매자는 자신이 갈 팀을 구하는 선수이고 기업은 선수를 구매하는 구매자가 된다. 시장이 판매자와 구매자의 집합이라고 하기에는 그 범위가 너무 포괄적이다. 시장(market)에서 이루어지는 모든 활동은 모두 마케팅의 범위 안에 들어가는 데 이를 세분화하여 보면 다음과 같다.

(1) 제품(product)으로 구분

첫 번째는 판매와 구매의 목적이 되는 제품을 중심으로 시장을 분류하는 것이다. 에이전트 시장, 교육 시장, 자동차 시장, 스포츠 용품 시장, 원자재 시장 같은 것이다. 제품은 재화와 서비스를 포함한 것이다.

재화와 서비스의 차이점을 보면 〈표 2-1〉과 같다.

(2) 장소로 구분

판매자와 구매자가 만나는 장소 즉 동사로서 Market는 발생하는 장소를 정해서 말할 수가 있다. 영국의 프리미어리그, 미국의 메이저리그, 동대문 시장, 온라인 마켓 등과 같이 판매하고 유통되는 장소를 기준으로 말할 수 있다.

(3) 구매자와 판매자를 중심으로 구분

B2B 혹은 B2C 즉 산업재와 소비재 시장으로 나누어서 구분할 수가 있다. 최근에는 B2C, B2B, B2G, B2E 같은 용어를 구매자 중심으로 Business(기업), Consumer(소비자), Government(정부), Employee(직원)에 따라 분류하는 것이다. 지금까지의 마케팅은 주로 B2C가 많았지만 최근에 와서는 산업 마케팅의 중요성이 크게 부각되고 있다.

(4) 공급자와 수요자의 역학 관계로 구분

마지막으로 공급자와 수요자의 역학 관계에 따라 구분하는 경우이다. 이럴 경우 독점 시장, 과점 시장, 독점적 경쟁 시장, 완전 경쟁 시장으로 나눌 수 있다.

스포츠 구단에게는 우승 트로피가 목표가 될 수 있다.

대회 개최를 통해 수요를 창출한 인천대교 걷기 대회에 참석한 저자 가족

독점 시장

일반적으로 공급자가 하나(공급독점)이거나 수요자가 하나(수요독점)인 경로를 말하지만, 우리나라에서는 한 기업의 시장 점유율이 50% 이상인 경우를 말한다.

이때 수요자가 다수이고 공급자가 하나인 경우 기업의 입장에서는 최대의 수익을 올릴 수 있는 황금 시장이다. 한 지역에서 스포츠 팀은 이러한 독점 시장을 가지고 있는 것이나 마찬가지이다.

과점 시장

독점적 경쟁이라고 불리는 과점은 몇몇 기업이 시장을 지배하는 경우로 우리나라에서는 상위 3개 기업이 시장 점유율이 75% 이상이면 시장 지배적 사업자라고 한다. 그리고 독점 기업과 과점 기업을 합해서 독과점 기업이라고 한다.

독점적 경쟁 시장

다수의 공급자가 차별화된 상품을 제공하는 시장을 말한다. 말 그대로 독점과 경쟁의 성격을 동시에 가지는 것이다.

완전 경쟁 시장

다수의 공급자가 동일한 상품을 제공하는 시장으로 현실적으로 완벽한 완전 경쟁 시장은 없다.

수요와 공급에 따라 구분되는 시장 지배력(market power)을 수익성, 진입 장벽, 공급자 수, 경쟁 정도에 따라 순위를 매겨보면 〈표 2-2〉와 같다.

마케팅 관리자

마케팅 관리자는 자사 제품에 대한 수요를 조절하고 외부 환경을 분석해 가면서 마케팅 전략을 수립할 수 있어야 하며 이들을 모두 마케팅 관리

그림 2-5 | B2B 시장과 B2C 시장 구조

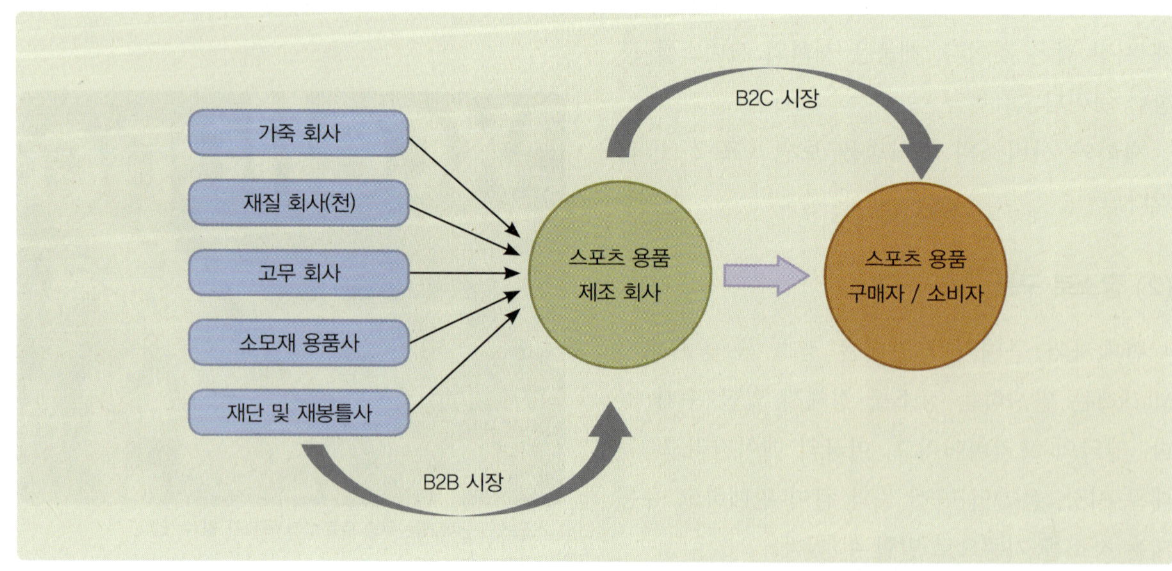

(marketer)라고 한다.

마케터는 시장 조사를 신중하게 하고 이를 이용할 수 있어야 하며 늘 고객이 무엇을 원하는지에 대하여 반응할 필요가 있으며 마케팅 책임을 결코 위양하지 않아야 한다.

마케팅 관리자들은 조직의 목표를 달성하기 위해 수요에 대한 수준, 시기, 구성, 상태에 영향을 주려고 한다.

수요의 상태와 관련하여 관리자는 지금 현재 우리 제품이 어떠한 위치에 놓여 있고, 우리가 개발할 제품의 수요가 어떠한 상태인지를 아래와 같이 8가지로 파악하고 이에 적절한 마케팅을 구사할 필요가 있다.

(1) 부정적 수요(negative demand)

고객들이 현재의 제품을 싫어하고 그 제품을 회피하려 한다. 부정적 수요의 상태에서 마케터는 실제수요를 (－)로부터 (＋)로 전환시켜 바람직한 수요의 크기와 일치시켜야 하는데 이러한 마케팅 과업을 전환적 마케팅이라고 한다.

(2) 무 수요(nonexistent demand)

소비자들은 그 제품을 알지 못하거나 무관심할 수 있다. 즉 잠재 고객들이 무관심하여 제품에 대해 어떠한 부정적 또는 긍정적 느낌도 갖고 있지 않은 상태이다. 이러한 수요의 상태에서 마케터는 제품에 대한 관심을 자극하여 실제 수요를 (0)에서 (＋)로 증대시키는 과업을 수행해야 하는데 이를 자극적 마케팅이라고 한다.

뉴욕 맨해튼 타임스퀘어 광장에 설치된 광고물의 모습

(3) 잠재 수요(latent demand)

소비자들은 현재 제품으로 만족할 수 없고 새로운 제품이 개발되어 나온다면 반드시 구매할 것이라는 욕구를 갖고 있다. 사람들이 제품에 대한 필요성을 공유하고 있으나 실제로는 그러한 제품이 가용하지 않은 상태를 잠재적 수요라고 한다. 이때 마케터는 잠재고객들이 공통적으로 '원하는 바'를 충족시키기 위한 신제품을 개발하는 과업을 수행해야 하는데, 이를 개발적 마케팅이라고 한다.

(4) 감소 수요(declining demand)

소비자들은 간혹 그 제품을 구입하거나 전혀 구입하지 않는다. 제품에 대한 실제수요가 과거보다 낮아지고 있는 상태인데, 그 원인은 잠재고객의 기호변화, 경쟁, 마케팅 환경요인의 변화 등이다. 이때 마케터는 실제수요를 부활시키기 위하여 표적시장을 변경하거나 제품 특성, 가격 수준, 유통 경로, 촉진 활동 등의 적절히 변경하는 리마케팅(Re-marketing) 과업을 수행해야 한다.

표 2-2 수요와 공급에 따라 구분되는 시장 지배력 구분

시장 지배력	독점 시장 > 과점 시장 > 독점적 경쟁 시장 > 완전 경쟁 시장
수 익 성	독점 시장 > 과점 시장 > 독점적 경쟁 시장 > 완전 경쟁 시장
진입 장벽	독점 시장 > 과점 시장 > 독점적 경쟁 시장 > 완전 경쟁 시장
공급자 수	완전 경쟁 시장 > 독점적 경쟁 시장 > 과점 시장 > 독점 시장
경쟁 정도	완전 경쟁 시장 > 독점적 경쟁 시장 > 과점 시장 > 독점 시장

올림픽 경기장에 설치된 Haier(중국 전자 제품 회사)의 제품 홍보물

(5) 불규칙 수요(irregular demand)

소비자의 구매는 계절별, 월별, 주별, 일별, 시간대별로 변화하는데 실제수요의 시간적 패턴이 바람직한 수요의 시간적 패턴과 다른 상태를 말한다. 이때 마케터는 공급의 수준을 실제 수요의 크기에 맞도록 조정하거나, 실제 수요의 크기를 공급의 수준에 맞도록 조정하거나 공급의 수준과 실제수요의 크기를 조정함으로써 양자의 시간적 패턴을 일치시킬 수 있는데 이러한 과업을 동시화 마케팅이라고 부른다.

(6) 완전 수요(full demand)

소비자들은 시장에 나와 있는 모든 제품을 적절하게 구입하고 있다. 실제수요와 바람직한 수요의 평균적 크기뿐 아니라 시간적 패턴까지도 일치하는 수요의 상태를 완전 수요라고 부른다. 마케터는 현재 수행하고 있는 마케팅 활동의 효율성과 그러한 요인들의 변화추세에 대하여 끊임없이 관심을 갖고 대처함으로써 완전 수요의 상태를 유지하는 일과 관련된 유지적 마케팅을 수행해야 한다.

(7) 초과 수요(overfull demand)

많은 소비자들이 지나치게 많이 그 제품을 구입하려는 것으로 실제 수요의 크기가 마케터가 공급할 수 있거나 공급하려는 바람직한 수요의 크기를 초과하는 상태이다. 초과 수요의 상태에서 마케터는 제품을 획득하려는 잠재 고객들의 경쟁을 방관하기보다는 고객들의 만족 수준을 보장하고 장기적인 고객관계를 유지 개선하기 위한 디마케팅(de-marketing)의 과업을 수행해야 한다.

(8) 불건전 수요(unwholesome demand)

소비자들은 바람직하지 않은 사회적 결과를 초래하는 제품에 끌릴 수도 있다. 제품에 대한 수요 자체가 장기적인 소비자 및 사회복지의 관점에서 불건전하거나 마케터에게 유익하지 않은 경우이다. 이때 마케터는 실제수요의 크기나 시간적 패턴을 조정하는 것이 아니라 약간의 수요라도 그것의 존

표 2-3 마케팅 관리 과제

상 황	수요 상태	마케팅 관리 과제	명 칭
수요 부족	부정적 요소	오해를 깨닫게 한다	전환적 마케팅
	무 수요	수요를 창조 한다	자극적 마케팅
	잠재적 수요	수요를 개발 한다	개발적 마케팅
	감퇴적 수요	수요를 부활 시킨다	재활적 마케팅
수요 타이밍 및 불일치	불규칙적 수요	수요, 공급의 시기를 일치 시킨다	동시화 마케팅
수요 비슷	완전 수요	수요를 유지 시킨다	유지적 마케팅
수요 초과	초과 수요	수요를 감소 시킨다	역(저지) 마케팅
	불건전 수요	수요를 소멸 시킨다	카운터 마케팅

코카콜라의 올림픽 마케팅 활동

재를 없애버리려는 카운터 마케팅(counter-marketing)의 과업을 수행해야 한다.

이를 종합하여 보면 〈표 2-3〉과 같다.

3. 마케팅 컨셉의 발전 방향

마케팅의 등장 배경을 경제적인 발전단계별로 보면 자급자족의 경제에서 교환 경제로 그리고 교환 경제에서 화폐의 등장으로 시장이 만들어지면서 도소매의 유통 경로가 등장하게 되었고 마케팅이 발생하게 되었다. 필립 코틀러는 마케팅 컨셉의 발전단계로 기업이 마케팅 활동을 수행하는 데 필요한 개념을 다섯 가지 단계로 주장하였다. 즉, 생산개념, 제품개념, 판매개념, 마케팅 개념, 사회적 마케팅 개념이 그것이다.

생산 중심 컨셉

생산 중심 컨셉(Production concept)은 불특정 다수를 하나의 시장으로 간주하여 규격화된 재화와 용역을 공급하는 대중(mass marketing)이다. 이 경우는 공급보다 수요가 절대적으로 많아서 고객의 기호를 고려하지 않고 기업의 입장에서 단품종 대량 생산과 대량 유통을 시키는 것으로 기업의 입장에서는 이익을 극대화 할 수 있다. 기업에서 가장 오랫동안 적용해 온 개념 중 하나이다. 생산 중심 컨셉은 소비자들이 폭넓게 이용할 수 있고, 또한 낮은 원가의 제품을 선호할 것이라고 주장한다. 생산지향적 조직의 경영자들은 생산효율성을 높이고, 원가를 절감하며, 유통 범위를 광범위하게 하는데 집중한다. 기업은 소비자들이 기본적으로 제품 이용 가능성과 낮은 가격에 관심을 갖는다고 생각하여 빠른 시간안에 많은 제품을 생산하는 데 중심을 둔다.

그림 2-6 마케팅 컨셉의 발전 방향

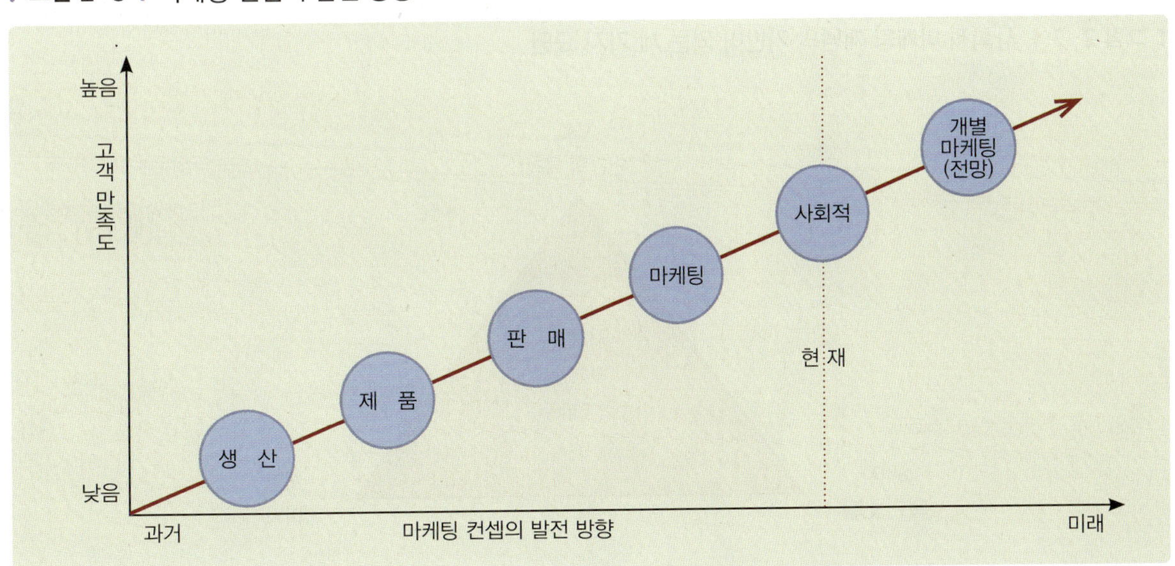

| 표 2-4 | 판매개념과 마케팅 개념의 비교

	판매 지향	마케팅 지향
출발점	공장	시장
초 점	기존제품	고객의 Needs/Wants
방 법	판매/프로모션	종합마케팅
목 적	판매수량에 기초한 이익	고객만족에 기초한 이익
시 점	기업의 논리·상황	고객의 논리·상황

출처: 필립 코틀러 · 게리 암스트롱, 〈마케팅 입문〉.

제품 중심 컨셉

제품 중심 컨셉(Product concept)은 생산 중심 컨셉을 통해 다량의 제품이 생산되어지다 보니 소비자들 가운데는 최고의 품질, 성능 또는 혁신적인 특성을 제공하는 제품을 선호하는 소비자들이 늘어나면서 만들어진 컨셉이다. 이러한 제품 지향적 조직의 관리자는 좋은 제품을 생산하고 계속해서 개선하는 데 노력을 집중한다. 이는 다양한 고객에게 제공하고자 하는 마케팅의 일보 전진 단계라 할 수 있다.

판매 중심 컨셉

판매 중심 컨셉(selling concept)은 공급 초과 현상으로 역전이 되면서 소비자와 기업을 그대로 두면 일반적으로 제품을 많이 구입하지 않는다고 주장한다. 즉 수요보다 공급이 많은 시장을 의미하므로 기업은 적극적인 판매촉진 노력을 기울여야 한다. 기업의 목적은 시장이 원하는 것을 만들기보다 기업이 만든 것을 판매하는 것이다. 그러나 강매에 바탕을 둔 마케팅은 위험을 초래한다. 이때는 영업부서가 마케팅의 중심이 된다. 마케팅의 목적은 더 많은 이익을 창출하기 위해 더 많은 비용을 지출하며 더 많은 사람들에게 더 많은 것을 판매하는 것으로 요약된다.

마케팅 중심 컨셉

마케팅 중심 컨셉(marketing concept)은 인구 통

| 그림 2-7 | 사회적 마케팅 개념의 기반이 되는 세 가지 요인

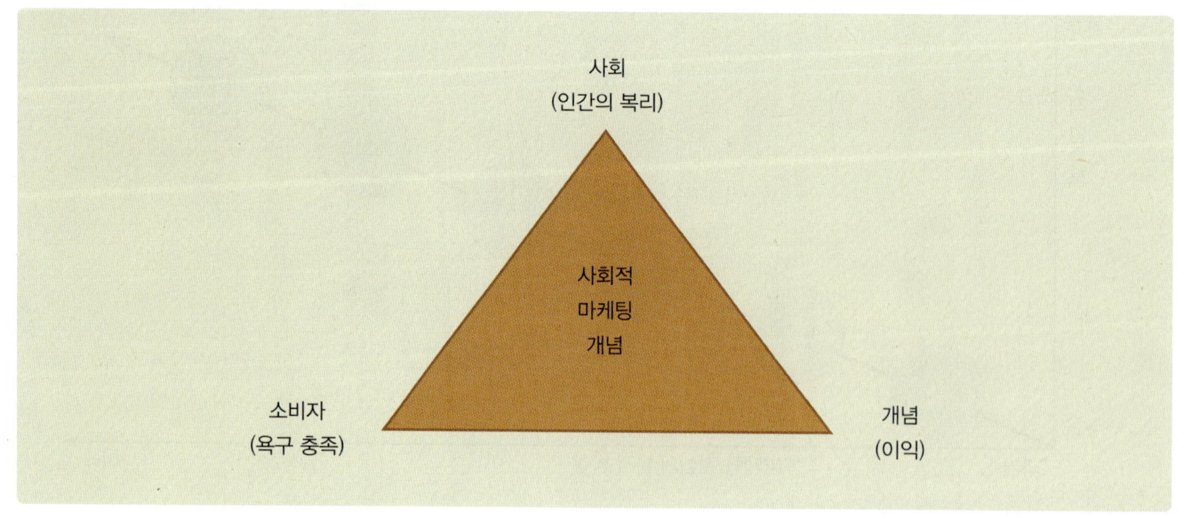

계학적으로 구매력을 갖춘 인구가 감소하고 아울러 수많은 기업들이 시장에 등장하게 됨에 따라 경쟁 상황은 더더욱 치열해지게 되면서 마케팅 전쟁이 벌어지게 되었다. 기업의 마케팅 중심 컨셉은 제품 중심적, 즉 '제조해 판매하는' 개념 대신에 고객 중심적으로 바뀐 것을 말한다. 마케팅은 '고객을 찾는' 대신에 '고객을 거꾸로 돌보는 것이다.' 즉 마케팅의 직무는 제품에 대해 최적의 고객을 찾는 것이 아니라 고객에게 최적의 제품을 찾아 제공하는 것이다. 마케팅 개념이란, 조직의 목표를 성취하는 열쇠는 경쟁사보다 더 효과적으로 기업이 선정한 표적시장에게 월등한 고객가치를 창조·전달하고, 커뮤니케이션하는 것이다.

사회적 마케팅 중심 컨셉

사회적 마케팅 중심 컨셉(societal marketing concept)은 연구 범위가 고객에서 고객의 삶이 영위되는 사회와 공동체로 확장된 것이다. 즉 소비자욕구, 기업의 목표, 소비자와 사회의 장기적 이익(복리) 간에 균형을 맞춘 현명한 마케팅 의사결정을 내려야 한다. 즉 고객을 둘러싸고 있는 환경에 기업의 마케팅이 긍정적인 영향을 미치는 방향으로 전개되어야 한다는 것이다. 기업은 마케팅 전략을 수립함에 있어 기업의 이익, 소비자 욕구, 사회적 복리 사이에서 균형을 맞추어야 한다. 사회를 이해하려는 기업의 관심은 우리 기업의 신조(our credo)라는 형태로 문서화되는데, 기업신조는 정직, 존엄성, 이익보다 사람을 더 중시함 등을 강조한다.

도쿄돔 경기장 주변 또한 다양한 볼거리가 있다.

향후 마케팅 중심 컨셉은?

앞에서 살펴보았듯이 마케팅 중심 컨셉은 시간이 흐름에 따라 지속적으로 변화해 왔음을 알 수 있다. 왜냐하면 마케팅의 시작과 끝이 시장이고 시장이 지속적으로 변화하는 만큼 마케팅 또한 변화될 수 있기 때문이다.

사회적 마케팅 다음 단계는 정보 기술의 발달과 개인의 욕구가 더욱 다양화 되고 커짐에 따라 개인 중심의 개별 마케팅 중심 컨셉으로 개별화된, 맞춤화된 마케팅이 등장하게 될 것이다.

〈표 2-5〉는 마케팅의 변화에 따른 마케팅 컨셉의 변화 상황을 나타낸 것이다.

4. 고객지향적 마케팅 전략 설계

공급이 늘어나고 경쟁은 치열해지다 보니 어느새 시장은 전쟁터가 되어 버렸고 이제는 기업 중

표 2-5 마케팅 진화에 따른 중심 컨셉의 변화

구 분	내 용					
중심 컨셉	생산 중심	상품 중심	판매 중심	마케팅 중심	사회적 중심	개별 마케팅
대 상	기업 중심			고객 중심		
제품 개발	기업 중심			고객 중심		
중심 사고	안에서 밖으로 사고			밖에서 안으로의 사고		

마케팅 休知通

번아웃 신드롬(Burnout Syndrome)

오직 한가지 일에만 몰두하던 사람이 신체적, 정신적 피로를 호소하며 무기력증이나 자기 혐오, 직무 거부 등에 빠지는 현상으로 일과 삶에 보람을 느끼며 신나게 일하던 사람이 갑자기 의욕을 잃고 슬럼프에 빠지게 되는 현상이 마치 다 타버린 연료과 같다는 데에서 유래하였다.

발명왕 에디슨이 80세가 될 때까지도 원기왕성하게 연구를 할 수 있었던 비결을 묻는 질문에 "앉을 수 있는 곳에서는 앉고, 누울 수 있는 곳에서는 누워서 몸을 쉬었다"고 대답했다. 이처럼 사람들에게 휴식은 중요하다. 오늘날 모든 사람들이 바쁜 일상에서 한번쯤은 쉬고 싶어하는 것을 표현하는 것이다.

구단이나 스포츠 이벤트는 이러한 번아웃 신드롬에 있는 직장인이나 전문가들을 위한 특별한 날을 정하여 이벤트 행사를 개최한다.

심적이 아닌 고객지향적 마케팅 전략 설계만이 기본이 되었다.

전략이란 기업의 마케팅 목표를 달성하기 위한 종합적인 행동 계획으로, 기업의 성과를 증진시키기 위하여 한정된 자원을 할당하는 방식이다.

소비자와 시장을 충분히 이해하면, 마케팅 관리자는 고객지향적 마케팅 전략을 설계할 수 있다. 마케팅 관리(marketing management)란 목표시장을 선택하고 그들과 수익성 있는 관계를 구축하는 과정을 말한다. 마케팅 관리자의 목표는 탁월한 고객가치를 창출·전달·의사소통함으로써 목표고객을 찾아내고, 유인하고, 유지하고, 키워나가는 것이다.

성공적인 마케팅 전략을 설계하기 위해 마케팅 관리자는 전략 분야를 다음과 같이 정리할 수 있다. 어떤 고객을 대상으로 할 것인가(자사의 목표시장은 누구인가?), 어떠한 가치를 전달할 것인가? 어디서 싸울 것인가? 어떻게 싸울 것인가? 언제 싸울 것인가?

마라톤 경기의 시작과 끝(마케팅의 시작과 끝은 소비자이다)이 표시된 도로

마케팅 전략 설계의 핵심 개념을 보면 다음과 같다.

목표고객 선정

기업은 먼저 목표고객을 결정해야 한다. 목표고객의 선정은 전체시장을 동질적인 고객집단으로 세분화하는 작업(시장 세분화)과 그 가운데 특정 세분시장을 선택하는 작업(타깃 마케팅)을 통해 이루어진다. 어떤 사람은 가능한 한 많은 고객들을 찾아내고 수요를 증대시키는 것이 마케팅 관리라고 생각한다. 그러나 마케팅 관리자는 모든 고객을 충족시킬 수 없음을 안다. 모든 고객을 대상으로 노력한다면, 어떤 고객도 잘 충족시키지 못하는 결과를 낳을 수 있다. 따라서 기업은 자사가 잘 할 수 있는 고객만 선택하기를 원한다.

따라서 마케팅 관리자는 어떤 고객을 목표고객으로 삼을지, 그리고 고객 수요의 수준, 수요발생 시점, 수요의 성격을 결정해야 한다.

경쟁자는 누구인가?

고객지향적 마케팅 전략 설계에 있어서 경쟁자

의 개념을 정리하는 것이 중요하다. A태권도 도장의 경쟁자는 누구일까? 옆에 있는 도장이라고 생각할 수 있으나 태권도장은 더욱 다양한 시설인 사설학원, 놀이방, PC방, 오락실, 게임, 경기장 등과 경쟁한다. 과거에는 같은 업종에 종사하거나 같은 제품을 판매하는 회사를 경쟁사로 여겼으나, 현대에 들어서는 같은 시간대에, 같은 장소에서 소비하는 제품을 취급하는 회사나 제품은 모두 경쟁자이다.

즉 경쟁자에 대한 폭넓은 인식이 필요하다.

경쟁자에 대한 분석을 하기 위해서는

- 경쟁자의 수(현재의 경쟁도 — 폭넓은 의미의 경쟁자 숫자 파악)
- 경쟁자들이 취하는 마케팅 활동
- 경쟁자의 강점과 약점 파악
- 우리가 경쟁에서 피해야 할 부분은 어디이고 부딪혀야 할 부분은 어디인가?
- 잠재적 진입 기업(미래의 경쟁도)

경쟁 상황을 전략에 효과적으로 반영하기란 쉽지가 않다. 따라서 이상의 다섯 가지를 가지고 경쟁자를 파악하여야 하고 이를 통하여 우리 구단이나 연맹 그리고 기업이 가지고 있는 독특한 역량의 가치를 극대화할 수 있는 전략을 수립하여야 한다.

가치제안 선택

기업은 목표고객에게 무엇을 제공할 것인지도 결정해야 하는데, 이는 차별화 방안과 시장에서 자사 제품의 포지션을 선택하는 것을 포함한다. 기업의 가치제안(value proposition)은 소비자의 욕구를 충족시키기 위해 제공하겠다고 약속한 편익 혹은 가치의 집합을 말한다.

이러한 가치제안은 경쟁브랜드와 차별화시키는데, 이는 왜 고객이 경쟁사 브랜드가 아니라 자사 브랜드를 구매해야 하는지에 대한 답을 준다. 기업은 목표시장 내에서 최고의 경쟁우위를 제공하는 강력한 가치제안을 설계해야 한다.

0.001초 차이가 승부를 결정한다. 세계적인 스프린터 가운데는 100m를 10초 이내에 뛰는 선수가 많다. 하지만 금메달을 목에 걸려면 0.001초를 다투는 경쟁에서 이겨야만 최고의 선수가 될 수 있다. 마찬가지로 글로벌 경쟁에서 승리하려면 최상의 품질과 서비스 그리고 브랜드가 요구된다. 웬만한 품질로는 예선도 통과하지 못한다.

차별적 우위란 무엇인가?

고객지향적 마케팅 설계를 하기 위해서는 각 제품은 다른 제품과 차별적인 우위를 가지고 있어야 한다. 과연 차별적인 우위란 무엇일까? 차별적 우위를 갖는 것은 고객지향적 마케팅 전략 사례의 궁극적인 목표가 되므로 잘 살펴볼 필요가 있다.

우선 "우위"란 쉽게 말해 "좋다"는 뜻인데, 과연 누구에게 좋다는 것인지를 명확하게 이해해야 한다. 스포츠 구단이나 연맹 그리고 스포츠 제품을 생산하는 기업에서 기능적 또는 기술적으로 우월한 제품을 만들었다고 해서 그것이 반드시 소비자가 좋아하는 제품이라고 단정지을 수 없기 때문이다. 미국에는 메이저 스포츠의 130개 이상의 프로팀이 존재하는데 유독 사람들이 뉴욕 양키즈를 좋아하는 이유는 무엇일까? 지구상에 수없이 많은 축구팀이 있는데 왜 맨체스터 유나이티드의 경기에 열광할까? "우위"라는 것은 "소비자가 좋다"고

뉴욕 양키즈의 브랜드 가치는 어디서 나오는 것일까? 선수를 가지고 경기를 하는 기술은 한 기업만이 독점할 수 있는 것이 아닌데, 그런데 왜 수많은 구단들은 뉴욕 양키즈의 아성을 깨지 못하는 것일까? 양키즈 스타디움 로고 앞에선 저자

생각하는 것이다. 그러므로 좋은 제품을 생산하는 것 못지않게, 소비자가 좋은 제품이라고 생각하도록 만드는 것이 중요하다. 즉 제품 자체를 잘 만드는 것 못지않게, 이를 어떻게 인식(perception)시킬 것인가도 중요하다는 뜻이다.

차별이란 말이 무슨 뜻일까? 차별이란 단순히 "남들과 다른 것"이라는 뜻이 아니다. 보스턴 마라톤 대회가 다른 대회와 차별화된 것이 무엇일까? 코비 브라이언트는 다른 선수와 어떻게 차별화되는가? 제품이나 선수를 차별화하기 위해서 단순히 조금 차이를 둔다면 남들이 쉽게 흉내낼 수 있게 되고 차별적 특성은 사라져 버리고 만다.

보스턴 마라톤 대회는 역사가 115년이 넘었다. 이것을 어떻게 다른 마라톤 대회가 따라 할 수 있겠는가? 코비 브라이언트 선수는 마이클 조던의 후계자로 칭할 만큼 폭넓은 팬들을 가지고 있다. 이처럼 우위가 오랫동안 지속 유지될 수 있어야만 진정한 차별이며 그런 의미에서 "차별적 우위"란 지속될 수 있는 경쟁 우위(SCA: sustainable competitive advantage)라고 부른다.

그러므로 차별적 우위를 갖는다는 말은 "경쟁자가 도저히 쉽게 흉내낼 수 없는 점을 소비자가 좋다고 생각하게끔 만드는 것"이라고 볼 수 있다.

어디서 싸울 것인가?

기업이 새로운 사업을 전개하거나 기존 사업을 운영할 때 최대한 적은 비용을 투자하여 성공을 거둘 수 있다면? 많은 노력을 기울이지 않고 확고한 시장 지위를 확보하고, 유지할 수 있는 좋은 방법이 무엇일까? 즉 시장점유율을 향상시키며, 소비자에 대한 기업 이미지를 제고할 수 있는 방법이 중요하다. 한정된 예산과 조직을 가지고 더 효율적으로 경쟁사와의 싸움에서 이기는 전략을 수행하기 위해서는 시장 전체를 하나로 보고 접근할 것이 아니라, 자신에게 적합한 시장과 사업영역을 명확히 하고 접근해야 한다.

기업이 마케팅 전략을 수립하기 위해 현재 경쟁해야 하는 시장을 포함하여 기업의 외부환경을 분석하는 것이며, 다음으로 기업의 내부 자원이나 상대적 강점을 발견하고 이들 자원을 외부환경과 어떻게 결합시킬 것인지를 분석하는 것이다. 이를 위해서는 자신의 위치를 먼저 분석하는 것이 중요하다. 경쟁 전략의 대가인 하버드대학의 마이클 포터는 5가지 세력의 분석(five forces framework)을 통해서 기업의 매력도를 파악하였다.

또한 SWOT 분석을 통해서도 자신의 위치를 분석할 수 있다. 이러한 위치분석은 어디서 싸워야 하는가를 결정하는 데 도움을 준다. 마이클 포터의 5가지 세력 분석을 보면 다음과 같다.

(1) 신규 진입의 위협

신규 진입자의 위협은 말 그대로 산업 내에 새롭게 진출하는 업체로 인해 발생할 수 있는 기존 기업의 경쟁력 변화를 나타내는 것이다. 산업에 새로운 경쟁자가 진입할 가능성이 높으면 그 산업의 매력도는 떨어진다. 이러한 신규 진입의 정도는 해당 업계의 진입 장벽(규모의 경제, 제품 차별화, 소요 자본, 유통 경로 접근, 정부의 정책)이 얼마

나 높은가에 따라 결정되어진다. 곧 진입 장벽이 높을수록 산업의 매력도는 높고, 반대로 낮아지면 산업의 매력도는 떨어진다.

(2) 현재 경쟁 기업 간의 경쟁 강도

산업 내 경쟁자는 동일 산업 내에서 경쟁자들이 얼마나 치열하게 경재하고 있는지를 나타내고 있는 것이다. 산업의 성장률이 낮고 고정비의 비중이 높으며, 철수 장벽이 높을 때 산업의 경쟁은 치열해진다는 것을 기본 전제로 한다. 통상적으로 같은 산업에 종사하는 기업이 많고 또 비슷한 규모일 때는 경쟁이 치열할 수밖에 없다.

산업 내 경쟁자를 분석하는 요인들은

- 집중도(경쟁 기업수가 적고, 상대적 규모가 클수록 시장 지배력이 높아짐)
- 전략적 이해관계(목표, 비용구조, 전략이 유사할 시 경쟁 심화)
- 제품 차별성(동일 사업 내에서 차별화된 제품을 가진 기업에 대한 브랜드 충성도 높음)
- 과잉 생산 능력(공급이 수요를 초과할 시 가격 경쟁 심화)
- 원가 구성(원가가 낮을수록 가격 경쟁 심화)

(3) 대체 상품의 위협

대체 상품의 위협은 같은 산업은 아니지만 자신의 산업과 비슷한 제품이나 서비스가 등장함에 따라 경쟁 구도의 변화를 나타내는 것이다. 현재의 상품보다 가격이나 성능이 훨씬 뛰어난 대체 상품이 나올 경우 해당 산업은 완전히 망해 버릴 수 있다. 관람 스포츠의 경우 축구는 야구의 대체제가 축구가 될 수 있으며, 테니스의 대체제가 라켓볼이나 스쿼시가 될 수도 있다.

(4) 공급자의 교섭력

공급자의 교섭력은 공급자와의 관계에 따른 기업의 경쟁력 정도를 나타내는 것이다. 공급 제품이 차별화되어 있고, 구매자의 매출액에서 차지하는 비중이 크며, 공급자 교체시 많은 비용이 발생할 때 공급자가 교섭력을 가지게 된다.

| 그림 2-8 | 마이클 포터의 5가지 세력 분석

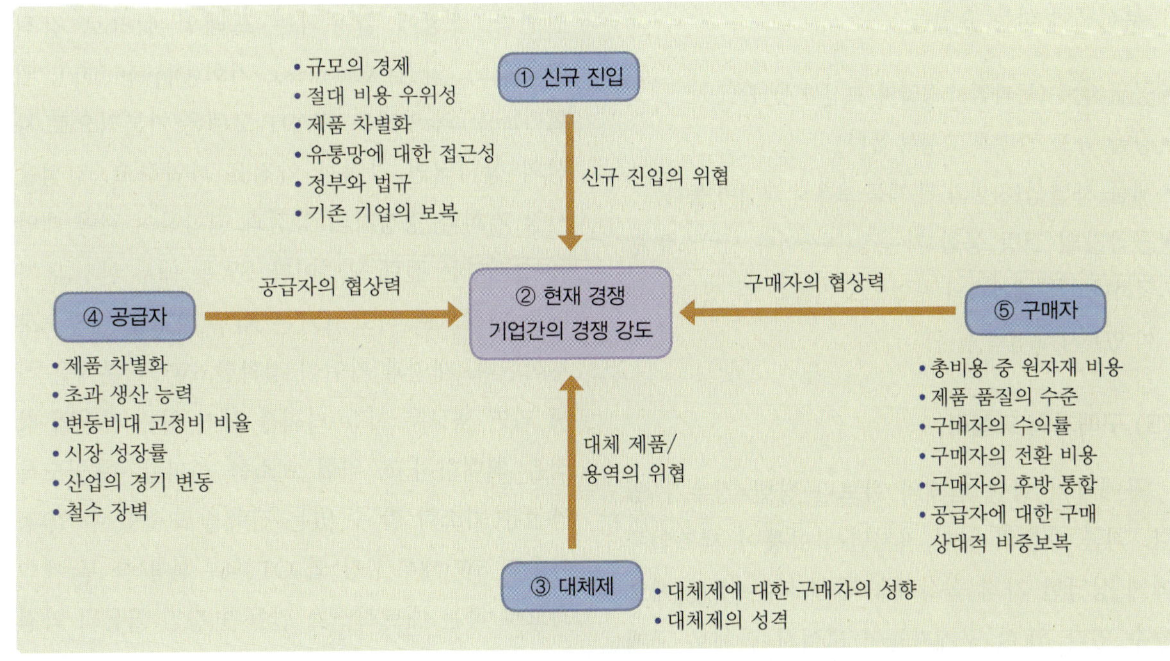

마케팅 休知通

고객 감동이란 무엇인가?

1. 고객을 잃는 데 10분이 걸리지만 그 고객이 다시 오는 데는 10년이 걸린다.(SERI)
2. 고객과 최초 접점에서 승부를 내는 데 걸리는 시간은 15초이다.(스칸디나비아항공)
3. 고객이 알고 있는 것보다 더 많이 알지 못하면 물건을 팔 수 없다. 왜냐하면 1인 10색의 시기는 고객이 변덕스럽게 변하기 때문이다.
4. The Whole Product(총체적 상품) 개념에서는 100 X 0 = 0, 100 – 1 = 0 이다. 고객은 회사의 최종 결과물에 의해서 그 회사를 평가할 뿐이다. 내부에서 어떤 일이 벌어지든지 신경 쓰지 않는다.(HP)
5. 고객소개와 방해에서 아주 만족한 고객은 한 명당 6-8명 소개하지만 아주 불만족한 고객은 한 명당 10명을 방해한다.(HP)
6. 고객이 만족하면 1회 더 구매하지만 매우 만족하면 6회 더 구매한다.(제록스)
7. 고객이 이탈하는 사유 1위는 고객접점에서 서비스 불량과 무관심이다. 이는 미국의 품질관리 협회의 통계에서 68%, 한국소비자 품질지수에서 73%를 차지하는 답이다.
8. 기존고객 유지와 신규 고객창출비용에 의하면 기존고객 유지는 1달러가 들지만 신규고객을 창출하는 데는 5달러가 든다.(멕켄지 컨설팅)
9. 불만 고객 91%가 한명당 방해하는 신규고객 수는 20명이며, 그 91%의 13%는 후에 걸어다니는 악성광고탑이 된다.(Mr. Good Man Report)

즉 원자재 공급자가 소수 기업에 의해 지배되는 경우(독점이나 과점) 혹은 자사가 속한 업계가 공급자에게 그다지 중요한 고객이 아닌 경우, 또 공급자가 공급하는 상품이 자사가 속한 업계에서 중요한 부품인 경우에는 공급자의 교섭력이 강해지고 해단 산업의 매력도는 떨어지게 된다.

분석해야 하는 요인들

- 공급자 수(독과점시 공급자 교섭력 높다)
- 공급 규모(클수록 교섭력 높다)
- 제품 차별성(차별화 된 제품 보유시 교섭력 높다)
- 공급자의 전방 통합 가능성(제품이나 서비스를 공급하다가 구매자측의 산업으로 진출할 수 있는 능력이 있을시 교섭력 높다)

(5) 구매자의 교섭력

구매자의 힘이 업계의 힘보다 강한 경우가 있다. 최근 유통의 힘이 커지면서 유통이 제조업체에게 상당한 가격 협상력을 갖게 되는 것을 예로 들수 있다. 또한 구매자들이 모여서 단체로 구매하는 경우나 차별화 되지 않은 상품을 다수가 판매하는 상황이라면 구매자의 힘, 교섭력이 커지고 해당 산업의 매력도는 떨어지게 된다.

(6) SWOT 분석

SWOT 분석이란 주로 경쟁대응 전략이나 사업전략 책정에 활용되는 프레임 워크로 강점(Strength), 약점(Weakness), 기회(Opportunity), 위협(Threat)의 약자로 SWOT 모델은 기본적으로 자신의 상대적인 강점과 약점을 파악하고, 강점을 시장 기회와 경쟁자의 약점과 결합하여 전략 대안을 설계하는 전략 모델이다. SW는 내부 환경과 자원을 대상으로 하고, OT는 외부 환경을 대상으로 분석한다. 개인과 기업이 정확한 SWOT 분석을 하게 되면 새로운 시장 기회를 잡기 위해 자신의 강점은 최대화하고, 위협 요소를 회피할 수 있도록 약점은 최소화 할 수 있는 전략을 도출할 수 있다. 아울러 SW(내부 환경)와 OT(외부 환경)를 두 개의 축으로 하는 매트릭스를 만들면 강점 활용과 약점

보안을 위한 네 가지 영역이 도출된다.

이러한 SWOT 분석을 토대로 스포츠 조직은 사업목표의 설정이나 경쟁대응 전략의 책정을 실시한다. 구체적으로는 ① 스포츠 조직의 강점에서 얻을 수 있는 비즈니스 기회는 무엇인가(공격 전략), ② 스포츠 조직의 강점으로 위협을 회피할 수 있는가 혹은 그 위협을 비즈니스 기회로 만들 수 있는가(차별화 전략), ③ 스포츠 조직의 약점 때문에 비즈니스 기회를 잃지 않기 위해서는 무엇이 필요한가(단계적 개선전략), ④ 외적 위협과 스포츠 조직의 약점이 합쳐져 최악의 사태를 초래하지 않기 위해서는 무엇이 필요한가(방어전략 또는 철퇴전략) 등의 전략과제와 방향성을 명확하게 할 필요가 있다. 이러한 분석은 SWOT 분석 모델을 통해 이뤄지는데 SWOT 분석은 마케팅 전략 수립시 활용하는 전략 모델이라고 할 수 있다.

- SO전략(강점-기회전략): 시장의 기회를 활용하기 위해 강점을 사용하는 전략을 선택
  시장 기회를 활용하여 공격적인 전략을 활용하여 시장에서 싸운다.
- ST전략(강점-위협전략): 시장의 위협을 회피하기 위해 강점을 사용하는 전략을 선택
  시장의 위협을 피하면서 단계적 접근 전략을 사용하여 시장에서 싸운다.
- WO전략(약점-기회전략): 약점을 극복함으로써 시장의 기회를 활용하는 전략을 선택
  약점에서 기회를 발견하여 차별화 전략으로 싸운다.
- WT전략(약점-위협전략): 시장의 위협을 회피하고 약점을 최소화 하는 전략을 선택
  시장의 위협은 피하고 방어는 최소화하는 방어 또는 후퇴 전략을 구사한다.

어떻게 싸울 것인가?

어디서 싸울 것인가가 결정되면 그 다음으로 고민해야 할 사항은 어떻게 싸울 것인가이다. 비즈니스에서 말하는 핵심 역량이 있어야 하는데 핵심 역량이란 해당 사업에서 성공하는 데 꼭 필요한 요소, 곧 그 기업만이 차별적으로 갖고 있는 능력을 말하며 핵심 역량이란 단순히 다른 기업에 비해서 그저 잘하는 수준이 아닌 탁월한 능력을 보이는 것을 말한다. 곧 다른 기업이 따라 올 수 없

| 그림 2-9 | SWOT 분석표

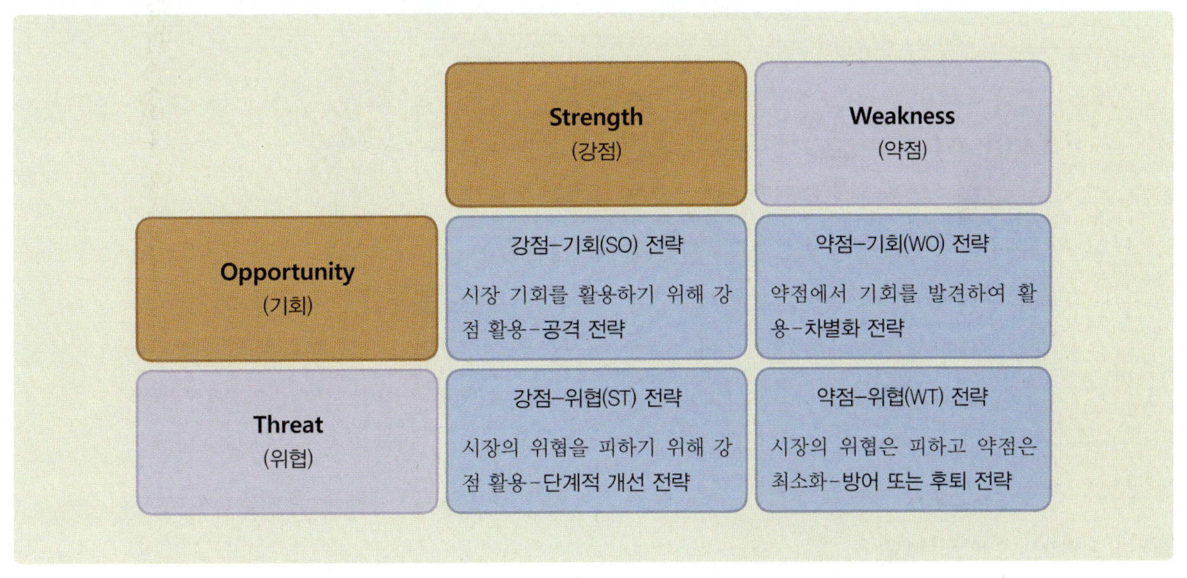

는 기업의 힘이라 할 수 있다.

핵심 역량에는 기술적인 부분과 관리적인 부분의 핵심 역량이 있다. 기술적인 부분은 남들이 갖지 못하는 특별한 자신 기업만의 특기 종목을 가지고 있는 것이며, 관리적인 부분의 핵심 역량은 어떻게 조직이나 직원을 잘 관리하느냐 이다.

언제 싸울 것인가?

언제 싸울 것인가는 먼저 치고 나갈 것인지를 살피고 상황에 따라서 시기를 결정하는 것이다. 시장 참여자의 성공 요인을 보면 선발 기업의 경우는 고객의 잠재 욕구를 명확하게 이해하고, 이를 통해 고객의 수용성을 받아들이고, 제품을 개발하고 대규모 광고와 시장성에 대한 정확한 예측을 통해서 경쟁 기업에 앞서 나가는 것이다.

후발 기업은 시장 개척자보다 더 큰 규모의 시장에 진입하고 다양한 상품을 가지고 있어야만 성공할 수가 있으며 틈새시장을 공략하는 것도 성공의 중요한 요인이 될 수 있다.

5. 통합적 마케팅 전략 수립과 프로그램 개발

기업의 통합 마케팅 전략은 목표고객이 누구이고, 제품이 무엇인지, 주변을 둘러싼 환경이 어떻게 되어 있는지 그리고 가치를 창출하기 위한 방법은 무엇인지를 알기 위해서 〈그림 2-10〉과 같이 소비자를 중심으로 한 주변 요소를 분석하여 보는 것이다.

마케팅 조사인 소비자 주변 마케팅 환경과 믹스를 둘러싼 소비자 분석을 통해서 얻은 데이터를 3C 곧 Customer(고객), Company(기업),

그림 2-10 마케팅 환경과 마케팅 믹스

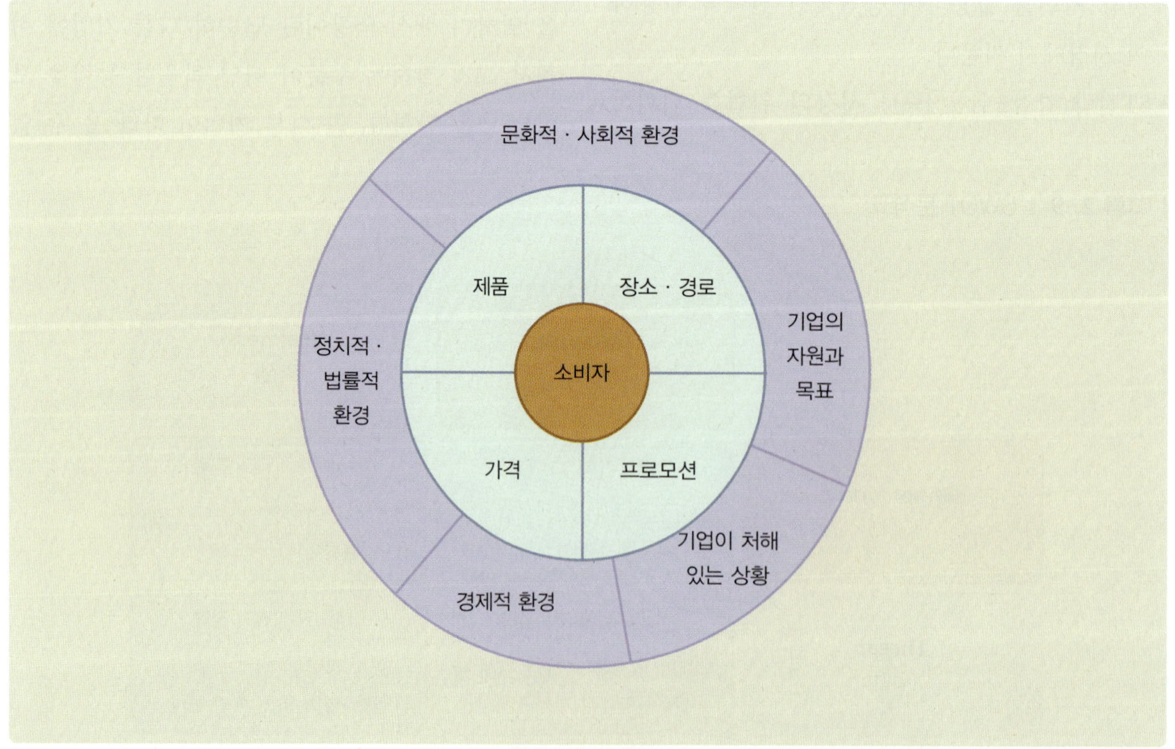

출처: E. J. 맥카시, 〈베이직 마케팅〉.

Competitor(경쟁사)를 중심으로 분석하게 된다. 이러한 분석을 통하여 도출한 정보를 근거로 거시적이고 미시적인 시장을 분석하는 것이다. 이렇게 하여 알게 된 정보를 바탕으로 자사의 역량과 경쟁 상황을 고려하여 최적의 STP(segmentation, Targeting, Positioning)와 4P(product, place, price, promotion)의 마케팅 믹스를 전개하는 것이 마케팅 전략의 핵심이다.

그런 다음 마케터는 목표고객에게 기업이 의도하는 가치를 실제로 전달하기 위한 통합적 마케팅 프로그램을 개발한다. 마케팅 프로그램은 마케팅 전략을 행동으로 전환시킴으로써 고객관계를 구축한다. 마케팅 프로그램은 마케팅 믹스로 구성되는데, 마케팅 믹스(Marketing mix)는 기업이 마케팅 전략을 실행하기 위해 사용하는 마케팅 도구들의 집합을 말한다.

이러한 통합적 마케팅 프로그램은 3C 분석, 6O 분석, 그리고 전략적 4P와 5M을 활용한 전략으로 구성할 수 있으며 구체적인 내용은 〈표 2-6〉과 같다.

주요한 마케팅 믹스 도구는 4개의 유형으로 분류되는데, 이를 마케팅의 4P인 제품(product), 가

표 2-6 | 마케팅 용어 설명

구분	내용	용어
3C	고객은 누구인가	Customer
	경쟁 상대는 누구인가	Competitors
	유통채널은 어떻게 선택할 것인가	Channels
6O (자사의 강점과 약점의 분석)	시장점유율은 어떤가	Occupants
	구매의 목적은 무엇인가	Objectives
	조직은 어떻게 구성할 것인가	Organization
	어떤 방법을 사용할 것인가	Operations
	기회는 충분한가	Occasions
	판로는 어떻게 마련할 것인가	Outlets
전략 4P	어떻게 조사할 것인가	Probing
	어느 부분을 공략할 것인가	Partitioning
	우선순위는 어떻게 할 것인가	Prioritizing
	차별화는 어떻게 할 것인가	positioning
전술 4P (전통적인 마케팅의 P)	어떤 상품 혹은 서비스로	Product
	어느 정도의 가격으로	Price
	어디서	Place
	어떤 식의 프로모션으로	Promotion
5M (광고, 프로모션의 M)	사명, 역할은 무엇인가	Mission
	투자는 어떻게 할 것인가	Money
	어떤 메시지를 전달할 것인가	Message
	어떤 미디어를 이용할 것인가	Media
	효과는 어떻게 측정할 것인가	Measurement
SWOT 분석	사업의 강점은 무엇인가	Strength
	사업의 약점은 무엇인가	Weakness
	사업 기회는 무엇이 있는가	Opportunity
	사업을 위협하는 요소는 무엇인가	Threat

출처: 필립 코틀러, 〈마케팅 관리를 기본으로 하여 재구성〉.

격(price), 유통(place), 촉진(promotion)이라고 부른다. 목표고객에게 가치제안을 전달하기 위해, 기업은 먼저 욕구를 충족시킬 시장 제품을 창출해야 하며(product), 그 제품을 적정가격으로 책정해야 하고(price), 어떤 유통 경로를 통해 목표소비자들이 제품을 구입해야 할지 결정해야 한다(place). 나아가 목표고객에게 제품의 존재를 알리고 그 장점을 설득시켜야 한다(promotion). 기업은 각 마케팅 믹스 도구를 잘 결합시켜 선택된 목표고객에게 기업이 의도한 가치를 알리고, 전달하는 통합적 마케팅 프로그램(integrated marketing program)을 개발해야 한다.

마케팅 전략 수립의 과정은 1단계는 마케팅 조사, 2단계는 3C 분석, 3단계는 STP 전략 수립 그리고 마지막 4단계는 마케팅 믹스 전략이다 이를 그림으로 구성하여 보면 〈그림 2-11〉과 같다.

6. 고객관계의 구축

고객관계관리

고객관계관리(CRM: Customer Relationship Management)는 현대 마케팅에서 가장 중요한 개념이다. 최근 들어 고객관계관리는 더 넓은 의미로 받아들여지고 있다. 이러한 관점에서 보면 고객관계관리는 탁월한 고객가치와 고객만족을 제공함으로써 수익성 있는 고객관계를 구축·유지하는 전반적 과정으로 정의된다. CRM은 고객의 획득, 유지, 육성 모두를 다룬다.

(1) 고객관계 구축의 근간: 고객가치와 고객만족

고객가치 고객을 획득·유지하는 것은 어려운 과업이다. 고객은 흔히 수많은 제품·서비스 대안

| 그림 2-11 | 마케팅 전략 수립 과정

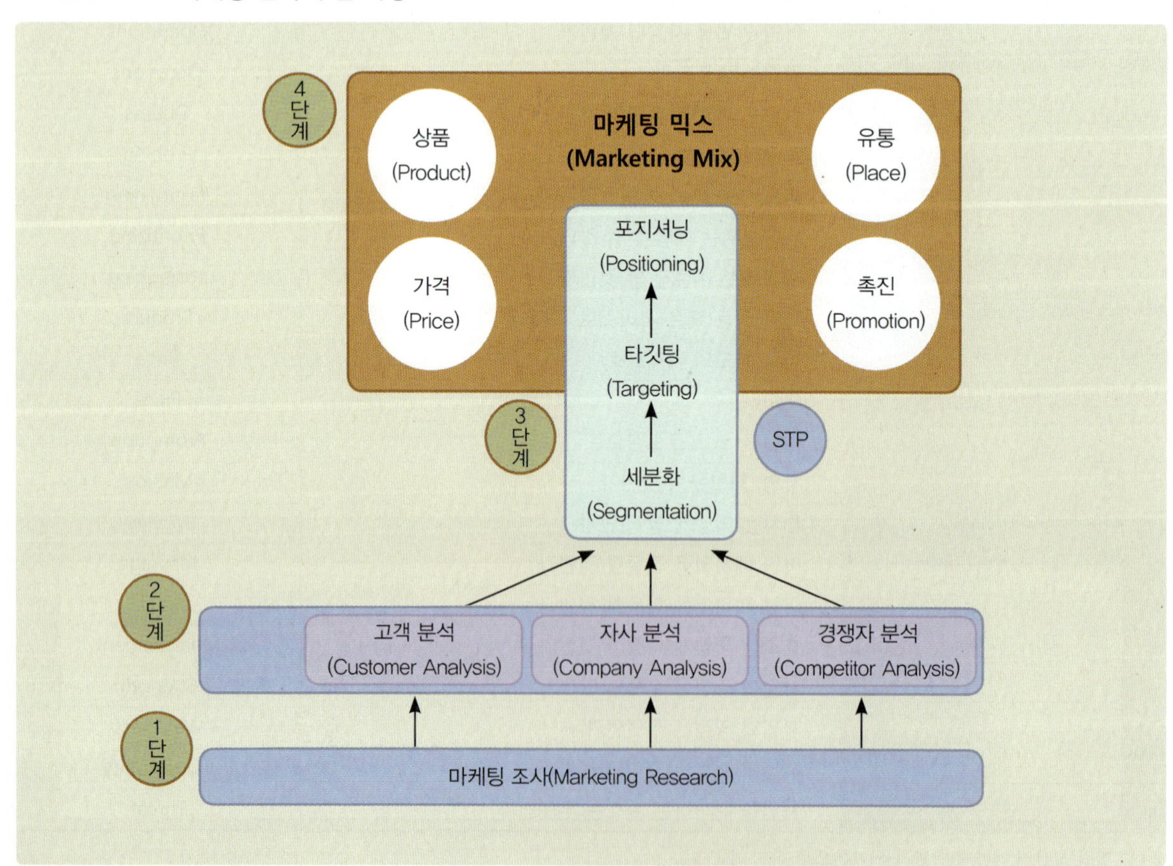

출처: 마케팅 무작정 따라 하기를 토대로 재구성.

마케팅 休知通

파레토의 80:20 법칙

투입량의 20%가 산출량의 80%를 만들어 낸다는 법칙이다. 조직 구성원의 20%가 80%의 일을 하고, 잘 나가는 상위 20%의 상품에서 전체 매출의 80%가 발생하고, 상위 20%의 고객에게서 전체 이익의 80%를 얻어내며, 20%의 부자가 전체 부의 80%를 소유하고 있고, 20%의 상습 범죄자가 전체 범죄의 80%를 저지르고, 경기장 입장 관중 20%가 80%의 전체 구단 매출을 차지하는 것으로 80과 20의 관계에 관한 법칙이다.

빌프레도 파레토(Vilfredo Pareto)가 개미를 관찰하다가 이 법칙을 처음 발견했다고 하는데, 개미 가운데 20%만 열심히 일한다는 것이었다. 그런데 재미있는 것은 열심히 일하는 개미들만 따로 모아놓았더니 그 가운에서도 또 20%는 열심히 일하고 나머지 80%는 게으름을 피운다는 것을 발견하였다.

구단이나 스포츠 소비자도 20%의 상위 소비자가 누구인지를 분석하고 이들을 관리하기 위한 프로모션이나 이벤트를 만들 필요가 있다.

들 중 하나를 선택한다. 고객들은 가장 높이 지각된 고객가치(Customer perceived value)를 제공하는 기업 제품을 구매하는데, 지각된 고객가치는 한 기업의 시장 제공물에서 얻게 될 모든 편익과 이를 위해 지불해야 할 모든 비용 간의 차이를 경쟁사의 제공물과 비교평가한 것으로 정의된다. 고객만족(customer satisfaction)은 제품의 지각된 성과(성능)가 구매자의 기대와 일치하는 정도를 말한다. 제품의 성과가 기대에 미치지 못하면 만족하지 못할 것이고, 지각된 성과가 기대와 일치하면 만족해 할 것이다. 만약 지각된 성과가 기대보다 높으면, 고객은 매우 만족하거나 감동할 것이다(delighted).

(2) 고객관계의 수준과 고객관계 구축의 도구

기업은 목표시장의 성격에 따라 여러 수준에서 고객관계를 구축할 수 있다. 이익기여도가 낮은 고객에게 기업은 기본적인 관계형성(basic relationship)만을 추구할 수 있는데, 이는 가장 낮은 수준의 고객관계이다. 반면에 마진율이 높은 소수의 핵심 고객을 대상으로 완벽한 파트너십(full partnership)을 형성할 수 있는데, 이는 가장 높은 수준의 고객관계이다.

오늘날 대부분의 선도 기업은 고객충성도 프로그램과 고객유지 프로그램을 개발하고 있다. 그들은 일관성 있게 높은 고객가치와 고객만족을 제공할 뿐 아니라 소비자와 더욱 강화된 유대관계를 구축하기 위해 다양한 마케팅 도구를 활용할 수 있다.

고객관계의 변화 양상

기업이 고객과의 관계를 형성하는 방식에서 급격한 변화가 일어나고 있다. 과거에는 모든 고객을 대상으로 대량 마케팅을 실시했으나, 최근 들어 신중하게 선택된 고객들을 대상으로 더 직접적이고, 지속적인 관계를 구축하고 있다. 다음은 기업이 고객과 관계를 구축하는 방식에서의 최근의 주요 추세이다.

(1) 신중하게 선택된 고객과의 관계형성

최근 들어 모든 고객에게 표준화된 방식으로 판매하는 순수한 의미의 대량 마케팅을 실행하는 기업은 많지 않다. 대부분은 모든 고객과 관계를 형성하기보다는 수익성이 높은 소수의 고객들을 대상으로 관계를 구축하려고 한다. 많은 기업이 고객 수익성분석을 통해 손실을 발생시키는 고객을 제거하고, 이익에 공헌하는 고객만을 목표로 삼는데, 이를 선별적 관계관리(selective relationship management)라고 한다. 기업은 이익에 기여하는 고객에게 매력적인 제안과 특별대우를 제공함으로써 이들을 자사고객으로 확보하고, 충성고객으로 만든다. 거래할 고객을 선택함에 있어 과거보다 더 선별적이듯이, 많은 기업이 선택된 고객과 더 깊고 지속성 있는 방식으로 거래관계를 구축하고 있다. 즉 기업은 단순히 신규고객을 유인하여 그들과 단기적 거래를 일으키는 전략을 수립하는 것에 머물지 않는다.

그들은 현 고객을 유지하고 수익성 있는 장기적 관계를 구축하기 위해 고객관계관리를 도입하는 것이다.

(2) 직접적인 거래관계 형성

많은 기업들이 고객과의 깊은 관계를 형성하려 노력할 뿐 아니라 더 직접적인 접촉방식을 통해 고객관계를 구축하고 있다. 이에 따라 다이렉트 마케팅이 인기를 끌고 있다. 이제 소비자가 점포를 직접 방문할 필요 없이 전화, 우편주문 카탈로그, 키오스크, 온라인 등의 직접 마케팅 도구를 이용해 구매할 수 있다. 산업재 구매자도 소모품에서 고가·첨단의 컴퓨터설비에 이르기까지 다양한 제품을 웹으로 구입하는 빈도가 늘고 있다.

테니스 스타 샤라포바를 활용한 태그호이어의 마케팅 활동

파트너 관계관리

기업은 고객가치의 창출과 강력한 고객관계 구축이 혼자만의 노력으로 실현될 수 없음을 인식한다. 따라서 기업은 다양한 마케팅 파트너들과 긴밀한 협력관계를 구축해야 한다. 마케터는 고객관계관리를 잘 해야 할 뿐 아니라 파트너 관계관리도 잘 해야 하는데, 파트너 관계관리란 더 나은 고객가치를 창출하기 위해 기업 내외부의 파트너들과 긴밀하게 공동 작업을 하는 것이다.

(1) 기업 내부 파트너

전통적으로 마케터는 고객을 이해하고 기업 내 여러 부서에 대한 고객의 욕구를 대변하는 역할을 맡아왔다. 즉 과거의 관행은 마케팅 활동은 마케팅 담당자가 영업은 고객지원 담당자가 수행하는 것이었다. 그러나 연결성의 시대에 사는 오늘날에 있어서는 마케팅이 고객과의 관계형성을 전담하지는 않는다.

기업은 각 부서가 고유 업무를 독립적으로 수행하도록 내버려두는 것이 아니라 고객가치를 창출한다는 공동의 목표를 중심으로 모든 부서를 상호 연결시키고 있다. 영업 및 마케팅 담당자에게 고객관계를 전담시키기보다는 여러 부서가 참여하는 복합적(cross-functional) 고객관계 팀을 도입하고 있다.

(2) 기업 외부 마케팅 파트너

기업이 원자재 공급업체, 경로 파트너, 때로는 경쟁사와 형성한 관계에도 변화가 생기고 있다. 기업 대부분이 다른 기업과의 파트너십에 상당히 의존하는 네트워크화된 기업형태를 띠게 된 것이다. 최근 들어 많은 기업이 공급망 관리로 공급망

마케팅 休知通

틈새 시장

시장의 빈틈을 틈새시장(niche market)이라고 한다. 통상적으로 가장 큰 수요를 보이는 분면(segment)에는 이미 많은 기업들이 경쟁하고 있으므로 후발 주자로서는 경쟁이 치열한 분면을 침투(비집고 들어가기)하기가 매우 어렵다. 따라서 후발 주자는 상대적으로 경쟁이 약하거나 아예 경쟁이 없는 작은 규모의 시장(틈새시장)을 개발 공략함으로써 성공적인 시장 진입을 도모할 수 있다.

예를 들면 축구, 야구, 농구 등 '달러박스'로 손꼽히는 종목만이 대세는 아니다. 근래에 피겨스케이팅, 테니스, 체조, 사이클 등 비인기종목도 스포츠 마케팅에 주요 타깃이 되고 있다.

국내기업 중 가장 먼저 이 틈새시장에 주목한 쪽은 현대카드와 현대캐피탈이다.

현대카드는 피겨·테니스 스타들의 라이벌전을 다룬 '슈퍼매치 시리즈', 현대캐피탈은 체조, 사이클 등 비인기 종목을 널리 부각시키는 '인비테이셔널 시리즈'를 통해 이미지제고 효과를 톡톡히 거두고 있다. 대중적인 인지도가 상대적으로 떨어지는 종목을 선택한 이유는 스타에 후원사가 묻히는 부작용을 막기 위해서다.

현대카드의 한 관계자는 "테니스 황제 페더러와 나달의 슈퍼매치3는 수십억원의 미디어 노출 효과를 거뒀다. 국내에서는 아직 틈새시장에 불과하지만 축구, 야구 등 메이저종목과 비교하면 비용 대비 효과는 상당하다"고 말했다.

의 모든 구성원과의 파트너십을 강화하고 있다. 그들은 고객관계 구축의 성공 여부가 자신들의 노력뿐 아니라 자사의 전체 공급망이 경쟁사의 공급망에 비해 얼마나 더 좋은 성과를 보이는가에 따라서도 결정됨을 인식한다. 따라서 부품공급업체와 유통업체 등의 거래 상대방을 단순히 거래고객으로 보는 것이 아니라 최종 고객가치를 전달하려는 공동의 파트너로 간주한다.

7. 고객에게서 기업가치 획득

마케팅 과정의 목표는 탁월한 고객가치의 창출과 전달을 통해 고객관계를 구축하는 과정에 관한 것이다. 그 과정의 마지막 단계는 그 대가로 기업가치를 획득하는 것인데, 이는 현재와 미래의 매출, 시장점유율, 이익 등으로 나타난다. 기업은 탁월한 고객가치의 창출로 매우 만족한 고객을 창출하게 되는데, 이들은 충성고객이 되어 더 많은 구매를 한다. 고객가치의 창출과 전달은 기업에게 장기적인 보상이 제공됨을 의미한다. 이제부터 고객가치 창출의 결과물인 고객충성도와 고객유지, 시장점유율과 고객점유율, 고객자산을 알아보자.

고객의 인지

20세기의 마케팅 핵심 용어가 니즈(needs)였다면 21세기 마케팅의 핵심은 원츠(wants)로 바뀌었다. 두 용어의 차이점은 니즈는 기능적인 필요(functional needs)라면 원츠는 심리적 욕망(mental wants)라 할 수 있다. 구단의 모자를 모으려는 청소년들이 많은데 왜 그들은 수집을 하는 것일까? 다시 말해 모자의 기능은 무엇일까? 머리를 가릴려고 사는 것도 아니고, 자신의 스타일을 만들려고 하는 것도 아니다. 기능적인 필요로만 보면 수요와 가격에 한계가 생기지만 심리적인 욕망에서 보면 수요나 가격의 한계가 사라져 버린다. 따라서 숫자 중심으로 마켓 사이즈, 니즈 중심으로 잠재 수요를 예측하는 시대는 지나가고 원츠의 세상에서는 얼마든지 수요를 창출할 수 있기 때문에 마케터는 고객의 구체적인 원츠를 파악할 필요가 있다.

스포츠 현장에서 고객은 끊임없이 변화, 참여, 자

스포츠를 통한 잠재 고객을 창출하는 것도 방법이다. 하프타임을 활용한 유소년 경기 (맨체스터 유나이티드)

유와 안전, 승리를 원한다. 최근 들어 스마트한 소비가 젊은층뿐만 아니라 노년층까지 확대가 되면서 구단이나 리그는 어떻게 고객들의 욕구를 구체적으로 파악할 것인지에 대하여 연구하여야 한다.

그렇게 하기 위해서는 고객인지 요인과 욕구 요인 그리고 그 안에 담겨진 구체적인 욕구의 의미를 파악할 수 있어야 한다.

〈표 2-7〉은 고객의 인지와 구체적인 욕구의 의미를 파악한 것이다.

Air Jordan 농구화는 23번까지 나온 세계에서 가장 많이 팔린 운동화 가운데 하나이다. Air Jordan을 신고 마이클 조던처럼 하늘을 날 수 있다는 원츠를 제공하였기 때문에 수많은 청소년 소비자들이 200달러 이상 가는 신발을 구입하는 것이다. 이처럼 브랜드는 사용하는 사람들로 하여금 긍지와 자부심을 갖게 만드는 것이다.

니즈의 관점에서만 생각한다면 답은 나오지 않지만 사람들 마음 속에 있는 고객의 인지를 파악한다면 구체적인 제품의 개발 방향이 나올 것이다.

고객충성도와 고객유지의 창출

훌륭한 고객관계관리는 고객감동을 낳는다. 감동한 고객은 충성고객이 되고 기업과 그 기업의 제품을 긍정적으로 구전한다. 많은 연구결과에 의하면 덜 만족한, 다소 만족한, 매우 만족한 고객의 충성도는 큰 차이를 보인다. 매우 만족함이라는 평가에서 조금만 떨어져도, 고객충성도의 상당한 감소를 초래한다. 따라서 고객관계관리의 목표는 단순히 고객만족을 만들어 내는 데 있는 것이 아니라 고객감동(customer delight)을 창출하는 데 있다.

기업은 점차 한 고객의 상실이 한 번의 매출손실 그 이상의 의미를 갖고 있음을 인식하고 있다. 이는 한 고객이 기업과 거래관계를 유지하는 기간에 걸쳐 발생시킬 누적구매(즉, 고객생애가치)를 상실하는 것을 의미하는 것이다.

기업은 고객관계 구축에 최우선 목표를 두어야 한다. 고객감동은 이성적 판단에 따른 제품선호가 아니라 제품과의 정서적 관계형성을 창출할 수 있다. 탁월한 고객서비스와 높은 고객충성도로 명성이 높은 L.L.빈(L.L. Bean)은 좋은 상품을 판매하고, 고객을 물건이 아니라 인간으로 대우하면 항상 그 이상의 대가를 얻을 것이라고 했다.

고객점유율 증대

훌륭한 고객관계관리는 우량고객의 유지를 통해 고객생애가치를 얻게 해줄 뿐만 아니라 고객점유율을 높이는 데 기여할 수 있다. 고객점유율(share of customer)이란 해당 제품범주에서 고객의 구매액 중 자사제품이 차지하는 비율을 말한다. 따라서 은행은 지갑점유율을, 슈퍼마켓과 레스토랑은 위점유율(share of stomach)을, 자동차 회사는 차고점유율을, 그리고 항공사는 여행점유율을 높이고 싶어 한다. 고객점유율을 높이기 위해 기업은 기존 고객들에게 품목에서 더 넓은 다양성을 제공하거나 기존 고객들에게 더 많은 제품과 서비스를 판매하기 위해 교차판매(cross-sell)와 상향판매(up-sell)를 유도할 수 있다.

한 고객이 스포츠 의류를 살펴보고 있다.

고객자산 구축

단순히 고객을 새로이 획득하는 것보다 이를 유지·육성하는 것이 상대적으로 중요하다. 한 마케팅 전문가는 그 중요성을 다음과 같이 표현한다. "당신 회사가 만들어 낼 수 있는 유일한 가치는 현재, 미래에 고객에게서 얻는 가치입니다. 고객 없이 사

표 2-7 고객 인지와 구체적인 욕구의 의미

고객 인지	욕구 요인	구체적인 욕구의 의미
변 화	다양성	나는 때때로 생활방식을 바꾸고 싶다.
	지식	나는 더 많이 알고 싶다.
	창조	나는 스스로를 향상시키는 어떤 것을 하고 싶다.
참 여	가족과 친구	나는 가족, 친구들과 함께 즐거운 시간을 보내고 싶다.
	소속	나는 다른 사람들처럼 되고 싶다.
	사회생활	나는 많은 사람들과 함께 생활하고 싶다.
자 유	자기주의	나는 다른 사람을 신경쓰지 않고 원하는 대로 살고 싶다.
	개성	나는 다른 사람들과 구별되고 싶다.
	자발적 고독	나는 다른 사람들로부터 멀어진 나만의 세상을 원한다.
안 정	휴식	나는 긴장을 풀고 쉬고 싶다.
	안전	나는 스스로가 안전하기를 바란다.
	건강	나는 몸과 마음이 건강하기를 바란다.
승 리	우수선수	나는 내가 응원하는 팀에 좋아하는 선수가 잘 하길 바란다.
	자긍심	나는 내가 좋아하는 팀에 대하여 늘 긍지와 자부심을 갖길 바란다.

출처: 이학식 외(2006), 〈소비자 행동〉.

온라인 마케팅은 새로운 마케팅 도구의 탄생을 알렸다.

업이 존재할 수 없는 것이지요." 기업은 수익성 있는 고객을 창출하는 것에 머무는 것이 아니라 그들을 평생 동안 소유함으로써 고객생애가치를 얻고 더 높은 구매점유율을 차지하고 싶어 한다.

(1) 고객자산의 정의

고객관계관리의 궁극적 목표는 높은 고객자산을 만들어 내는 것이다. 고객자산(customer equity)은 현 고객과 잠재 고객 각각에 할인된 고객생애가치를 합한 것을 말한다. 수익성 높은 고객이 기업에 더 높은 충성도를 보일수록, 그 기업의 고객자산은 증가한다. 고객자산은 현재의 매출 혹은 시장점유율보다 더 나은 기업성과 지표일 수 있다. 매출과 시장점유율은 과거의 기업성과를 반영하는 반면, 고객자산은 미래의 성과를 반영하기 때문이다.

(2) 올바른 고객과 올바른 관계의 구축

기업은 고객자산을 신중하게 관리해야 하며, 그들은 고객을 관리해야 할, 그리고 가치를 극대화해야 할 자산으로 보아야 한다. 그러나 고객 모두가, 그리고 충성고객조차도 좋은 투자대상은 아니다. 놀랍게도 일부 충성고객은 이익을 주지 않을 수 있고, 일부 비충성고객이 이익을 줄 수도 있는 것이다. 고객유형에 따라 서로 다른 고객관계 전략이 요구된다는 것이다. 따라서 올바른 고객을 선택하여 올바른 관계를 구축하는 것을 목표로 삼아야 한다.

8. 기업과 마케팅 변화

뉴욕 양키즈, 레알 마드리드, 애플, 소니 및 태크호이어(TAG Heuer)는 정체된 시장에서 두드러진 판매 성장을 이룩하였다는 공통점이 있다. 이런 성공적인 기업들은 자사 상표를 알리기 위해 분명한 비전으로 적절한 방향을 취했으며, 또한 제품 혁신, 광고, 마케팅의 또 다른 면모를 통해서 마케팅에 성공을 이룩하였다.

디지털 혁명은 정보시대를 창조하고 있다. 정보시대는 더 정확한 생산, 더 표적화된 커뮤니케이션 그리고 더 관련성이 고려된 가격결정 등을 하게끔 유도하고 있으며, 유통, 고객관리 및 수송, 선적 커뮤니케이션에서의 기술적 발전으로 기업들은 다른 국가에 진출하는 것이 더 용이하며, 소비자들도 다른 국가의 마케팅 기업들로부터 제품과 서비스를 쉽게 구입한다.

많은 국가들이 경쟁을 더욱 조장하고, 성장 기회를 주기 위해 업계 관련 법규를 완화하고 있다. 미국의 경우, 장거리 전화회사들이 현재 지역시장에서 경쟁하고 있으며, 지역 전화회사들도 이제는 장거리 통신서비스를 제공하고 있다.

고객들은 점차 고품질과 서비스 그리고 새로운 신제품을 기대하고 있다. 그들은 인터넷과 기타 원천으로부터 광범위하게 제품정보를 획득하

마케팅 休知通

마케팅과 영업의 관계

마케팅이 함포 사격이라면 영업은 보병이라 할 수 있다. 군사작전을 수행할 때 막강한 화력으로 적진을 초토화 시킨 후 보병을 투입해야 하는 것처럼 마케팅은 뒤에서 영업을 지원 사격하는 성격을 가진다. 보병은 가서 깃발만 꽂으면 되도록 만들어야 하는 것처럼 영업은 사겠다는 고객을 대응만 하면 되도록 만드는 사전 작업의 역할이 마케팅의 몫이다.

피터 드러커는 판매와 영업에 대하여 다음과 같이 언급하였다.

"마케팅의 목표는 판매(영업)를 불필요한 것으로 만드는 것이다. 마케팅의 목표는 고객을 잘 알고 이해하여 상품을 고객에게 최적화함으로써 파는 것이 아닌 저절로 팔리게 만드는 것이다.

스포츠 자체의 마케팅 목표는 "Grow th Sport" 이지만 이 목표를 달성하기 위해서는 각 구단의 활성화와 유소년 스포츠의 활성화 등 숫자를 늘리기 위한 전 방위 조직의 노력(영업)이 있어야 한다.

스포츠 용품을 판매하기 위해 주력하는 것보다는 스포츠 자체를 활성화시키고 참여하는 소비자를 늘리는 것이 바로 마케팅과 영업의 차이이다.

며 인터넷 등을 이용해 좀더 지적으로 쇼핑을 하고 있으며, 가치를 탐색하는 데 가격 감수성을 더 많이 보여주고 있다.

기업은 고객이 직접 주문하거나 전화나 온라인 주문에 따라 차별화된 제품을 생산하고 있으며, 소비자들이 스스로 제품을 디자인하도록 하고 있다.

9. 새로운 마케팅 추세

디지털 시대의 도래

기술혁신 붐은 디지털 시대의 도래를 창출했다. 스마트폰, 컴퓨터, 텔레커뮤니테이션, 정보, 수송, 기타 기술의 폭발적 성장은 기업이 고객들에게 가치를 제공하는 방식에 큰 영향을 미치고 있다.

사회 구성원은 그 어느 때보다 모든 측면에서 서로 밀접하게 연결(접속)되어 있다. 미국을 횡단 여행하는 데 몇 주에서 몇 달이 걸렸던 시절도 있었지만, 이제는 몇 시간 내, 며칠 내에 전 세계를 여행할 수 있다. 한때 전 세계에서 발생된 사건 뉴스를 접하는 데 며칠 혹은 몇 주가 걸렸지만, 이제는 위성방송을 통해 실시간으로 접한다. 먼 거리에 있는 사람과 연락하는 데 몇 주가 걸렸던 시절도 있었지만, 이제는 전화나 인터넷으로 바로 연락을 취할 수 있다. 오늘날 인터넷은 전 세계 모든 개인과 사업체를 서로, 그리고 정보와 연결시킨다. 인터넷은 장소와 시간에 상관없이 정보, 오락, 커뮤니케이션에 접속할 수 있게 한다. 기업은 인터넷을 활용하여 자사고객 및 마케팅 파트너와 더 긴밀한 관계를 구축한다. 그들은 전통적인 오프라인 시장(marketplace)에서 경쟁할 뿐 아니라 새로운 온라인 시장 공간(marketplaces)을 통해 거래를 창출하게 되었다.

유니세프에 후원금을 전달하는 금호타이어

| 미래를 위해 투자하는 기업과 공헌하는 기업 마케팅을 실천하는 TOMS SHOES

급속한 글로벌화

고객, 거래파트너와 관계를 재정립하고 있듯이, 마케터는 새로운 시각으로 그들을 둘러싼 세계와의 접속방식을 바라보고 있다. 더 가까워져 가는 지구촌시대에서 많은 기업이 전 세계 고객 및 마케팅 파트너와 접속되어 있다. 거의 모든 기업은 글로벌 경쟁에 참여하면서 자신들의 영역을 넓혀가고 있다.

미국의 메이저리그는 이제 한국의 야구팬들에게 익숙해져 있고, 영국의 프리미어 축구를 아시아 지역의 팬들은 밤을 새워가면서 경기자체를 즐기고 있으며, 유럽 리그 팀들이 아시아를 투어하며 경기를 하거나, 북미의 프로스포츠 팀이 유럽을 투어하면서 자국의 리그를 홍보하는 모습은 이미 스포츠 마케팅에서도 글로벌화가 되고 있다는 사실을 증명한다고 할 수 있다. 이러한 마케팅의 글로벌화는 더욱더 가속화 될 것이고 스포츠 마케팅은 더욱 심해질 것이다.

대의명분 마케팅 강화

기업의 존재 목적은 이윤추구에 있다. 하지만 최근 들어 '착한 기업', '착한 소비'라는 말이 새로운 화두로 떠오르고 있다. 기업의 사회적 책임에 대한 관심이 높아진 것이다.

전 세계에 걸쳐 진행되고 있는 소비자보호운동과 환경보호운동이 성숙단계에 이르면서, 이제 마케터는 그들의 착한 행위가 사회와 환경에 미치는 영향의 책임을 과거보다 더 많이 지도록 요구받고 있다. 많은 수익을 벌어들이고 있는 스포츠 스타들이나 구단들이 앞 다투어 사회활동을 하는 모습 또한 기업과 선수들의 윤리성은 물론이요, 이러한 것들이 마케팅으로까지 활용할 수 있는 범위에 있다고 할 수 있다.

기업이 특정 상품을 판매해 얻은 수익의 일정 부분을 사회 문제를 해결하기 위한 기부금으로 제공하는 마케팅 방식은 기금도 마련하면서 기업의 상품 판매도 촉진한다는 일석이조의 대의명분 마

마케팅 休知通

깔때기 이론 — 불멸의 세일즈 진리!

계약을 늘리는 방법

- 깔때기 제일 윗부분인 가망고객의 숫자를 늘려라.
- 윗부분에 있는 가망고객들이 최종 계약단계에 순조롭게 이를 수 있도록 유연하게 세일즈 프로세스(Sales Process)를 진행시켜라.
- 깔때기 내부(가망고객의 상태와 프로세스의 단계)를 정기적으로 재점검하라.
- 깔때기의 각도를 예리한 상태에서 좀더 완만하게 만들어라. 세부 프로세스에서 다음 단계로 진행시키는 확률을 올리기 위해서는 각 프로세스에 정통해야 하며, 많은 훈련과 반복이 요구된다.
- 복잡하게 생각하지 말고, 가망고객의 숫자를 늘리면 계약 체결건수가 늘어난다는 사실을 믿고 행동하라.

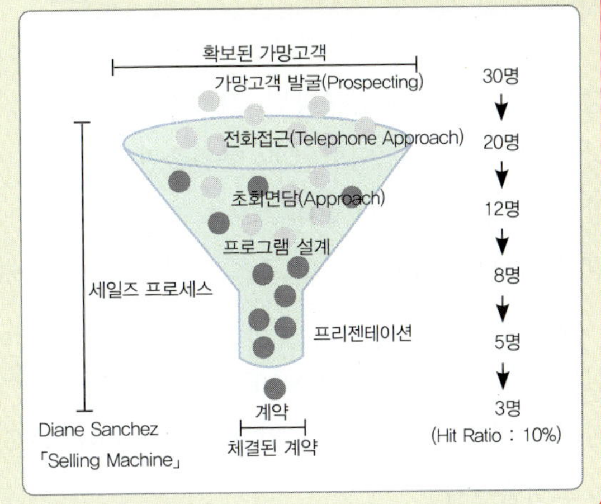

케팅이다. 1980년대 초 미국의 아메리칸 익스프레스가 비영리기구와 함께 펼친 자유의 여신상 복구 지원 캠페인이 최초의 사례다.

최근 공익연계 마케팅 사례로 대표적인 것은 세계적인 록그룹 U2의 리드싱어 보노가 2006년 출범시킨 레드다. 애플은 레드 브랜드를 단 아이팟 나노 한 대가 팔릴 때마다 10달러를 기부하고, 의류업체인 갭은 해당 제품 판매이익의 50%를 내놓았다. 이외에 NBA, MLB, LPGA는 미국의 암 예방 프로젝트인 핑크 리본 프로젝트를 벌이고 있는데, 이들 업체는 분홍색 리본을 단 제품이 팔릴 때마다 수익의 일정액을 유방암을 위한 연구 프로젝트에 기부하고 있다.

탐스 슈즈(TOMS SHOES)는 소비자가 신발을 한 켤레 구매하면, 신발을 신지 못하는 아이들에게 한 켤레를 기부된다는 사업방식을 적용했다. 탐스 슈즈는 이를 위해 '슈드랍(Shoe Drop)' 캠페인을 시작했다. '슈드랍(Shoe Drop)' 캠페인은 '원 포 원(one for one)'으로 한 켤레의 신발을 사면, 가난한 제3세계 아이 한 명에게 '새 신을 신고 뛰어볼 수 있는 기적'을 선사하게 된다고 적극 홍보했다. 또한 키이라 나이틀리, 리브 테일러, 스칼렛 요한슨, 매기 그레이스 등 최고의 패셔니스타들이 탐스 슈즈를 애용하면서 탐스 브랜드 인지도는 더욱 높아졌다. 이러한 탐스만의 독특한 선한 브랜드 철학에 소비자들은 열광했다. 탐스 슈즈는 독특한 제품과 브랜드 철학으로 불과 2년 만에 글로벌 스니커즈 브랜드로 자리매김하게 되었다.

참 | 고 | 문 | 헌

강상조(1994) 체육 연구방법. 21세기 교육사.

강신규 외(2004) 경영학원론. 형설출판사.

강호정, 이준엽(2005) 현대 스포츠 경영학. 학현사.

광고정보(1997.6) 특집: 스포츠 산업, 스포츠 마케팅. No. 195.

김도균(2003) SPORT BUSINESS. 오성출판사.

김도균 외(2004) FIFA WORLDCUP MARKETING. 오성출판사.

김병식(1999) 한국 스포츠산업의 현황과 전망. 천마.

김수잔(2010) 스포츠 마케팅의 이해. 두남.

김수잔, 양성국 역(1996) 스포츠 마케팅. 대경사.

김승식(2002) 2002년 월드컵 스포츠 마케팅 실제와 뒷이야기. 으뜸사.

김영석(1995) 정보화 사회와 뉴미디어. 나남.

김영석(2000) 스포츠와 미디어 그리고 마케팅. 신아출판사.

김영준(1998) 스포츠 마케팅의 이해. 이벤트박스.

김용만(2010) 스포츠마케팅 커뮤니케이션. 학현사.

김용만, 전호문, 박세혁(2009) 스포츠마케팅 제4판. 학현사.

김종, 김종환, 정희윤(2002) 스포츠 파이낸싱. 케이보스.

김종, 박영옥, 정희윤, 박진경, 김현석(2000) 21세기 스포츠 산업의 발전 전망. 한국체육학회, 40(1), 103.

김진영(1997) 스포츠 마케팅 커뮤니케이션 효과에 관한 연구. 석사학위논문. 중앙대학교

김치조(1996) 스포츠 마케팅. 태근문화사.

김화섭(2003) 스포츠 마케팅 전략. 백영사.

남동현(2003) 스포츠 마케팅론. 대경북스.

설민신(2002) 현대레저스포츠마케팅. 학문사.

신정훈(2005) e-좋은 스포츠 경영관리사.

안광회 외(2008) kotler의 마케팅 원리. 시그마프레스.

이병기(2009) 스포츠마케팅. 대경북스.

이훈영(2010) 이훈영 교수의 마케팅. 청람.

임운학(2010) 스포츠 마케팅. 시간의 물레.

장영광, 정기만(2007) 생활속의 경영학. 신영사.

조동성(2006) 21세기를 위한 경영학. 서울경제경영.

조효상(1993) 청소년의 스포츠화 선택에 대한 영향 요인. 석사 학위 논문. 단국대학교.

필립 코틀러 외(2006) 마케팅 관리론. PEARSON.

하라다 무네히코(2007) 스포츠 매니지먼트. 시간의 물레.

한광걸 외(2001) 스포츠의 사회학적 이해. 영남대학교.

함주한(2008) 마케팅 무작정 따라하기. 길벗.

홍성태(1998) 보이지 않는 뿌리. 박영사.

Brooks, C. M.(1994) Sports Marketing: Competitive Business Strategies for Sports. 188.

Grayson & Townley(1984) Sponsorship of Sport. Arts and Leisure. London: Sweet & Maxwell.

Hansen, H. & Gautheir, R.(1992) Marketing objective of professional and university sport organizations. Journal of Sport Management, 6(1), 27-37.

Jeffrey, D. J.(1997) Becoming a sports fan: Understand cognitive development and socialization in the development of fan loyalty

Unpublished doctor aldisseration, Ohio State University.

Lutz, R. J.(1983) "Affective and Cognitive Antecedents of Attitude Toward the Ad," Information Processing Research in Ad., Hillsdale, Lawrence Erlbaum, 37-48.

Madden, T. H., Allen, C. T. and Twwible, L. T.(1988) "Attitude Toward the Ad: an Assessment of Deverse Measurement In deiceds under Different Processing 'set'". Journal of Marketing Research, 25, 242-252.

Parks, B., Zanger, K.(1990) Sport and fitness management: career strategies and professional content Human Kinetics Publishers.

Shin, S. H. & Amine, L. S.(1994, November) Consumer nationalities determinant of country-of-origin preferences and willingness buy. Proceedings of Conference of Global Business, LasVegas.

Yankelovich, S. W.(1997) A Study of Corporate Advertising Effectiveness. 45-48.

Zeigler, E. F.(1987) Sports Management: Past, Present, Future, Journal of Sports management. January.

제 2 편
스포츠 소비자 행동의 이해

제 1 장 소비자 행동의 이해

제 2 장 스포츠 소비자 환경과 분류

제 3 장 스포츠 소비자 구매 행동 모델과 의사결정 과정

제 4 장 소비자 시장 공략을 위한 고객 설정과 전술적 접근

02

우리는 매일 매일의 생활 속에서 끊임없이 상표를 선택하고 기업은 소비자들이 자사 상표를 선택하도록 하기 위해 가능한 마케팅 노력을 동원하여 소비자를 설득하려고 노력하고 있으며, 소비자들은 기업들이 쏟아 붓는 마케팅 자극에 의식적 혹은 무의식적인 영향을 받는다. 오늘날의 스포츠 환경은 과거에는 상상할 수 없을 정도로 수많은 종류의 스포츠와 경쟁 상품에 둘러 싸여 있다. 그리고 변화된 소비자의 욕구는 스포츠 영역 간의 전쟁, IT 기술의 발달, 문화적이고 정치적인 요인 등에 의하여 많은 영향을 받는다.

오늘날 그 기업만이 제공할 수 있는 독특한 가치 없이 성공을 기대할 수는 없다. 초우량 기업의 조건을 저술한 Peter and Waterman은 혁신적인 초우량 기업의 특징으로서 "고객과의 밀착"을 주장하였다. 그들이 저술한 책의 내용을 보면 ① 초우량 기업은 고객으로부터 배우며 최고의 품질과 서비스와 신뢰를 제공한다. ② 혁신적인 기업의 대부분이 최선의 아이디어를 고객으로부터 얻고 있으며, 언제나 고객에게 열심히 귀를 기울이고 있었다는 것이다라고 하였으며, 필립 코틀러는 "갈대 같은 소비자 팬을 사로잡는 것은 스포츠 마케팅의 최대 화두이다"라고 하였다.

스포츠 마케팅의 목적은 경쟁사보다 표적 고객들의 1차적 욕구와 2차적 욕구를 충족시키고 만족시키는 것이다. 그런데 세분화, 표적화, 위치화를 바탕으로 한 전략을 구사한다 할지라도 어떤 기업도 시장 내의 모든 사람을 만족시킬 수는 없다. 왜냐하면 모든 사람이 스포츠, 선수, 유니폼, 상품, 그리고 웹사이트와 리그를 좋아하는 방법과 내용이 같지 않기 때문이다.

스포츠 소비자들은 제품이나 서비스를 구매하게 될 때 여러 가지 경로를 통해 배운 제품에 대한 지식을 가지고 내적 탐색을 하게 되고, 그리고 기억 속에 충분히 보유하지 못하고 있는 경우는 외적 탐색을 통해 의사결정을 하게 된다. 따라서 일반 마케팅이나 스포츠 마케팅의 기본적인 개념은 소비자가 어떠한 생각을 하고 있느냐? 구매에 미치는 영향이 무엇인가를 연구하는 것이 중요한데 그것은 소비자와 함께 시작해서 소비자와 함께 마무리를 짓는다 해도 과언이 아니다. 그만큼 스포츠에서 소비자가 차지하는 비중이 크다.

스포츠 시장의 상황적 요소에는 경쟁사 간의 치열한 경쟁, 가격 형성 범위, 장소나 유통체제 등이 있다. 프로스포츠의 전체 규모와 각 프로스포츠 리그의 경쟁력은 스포츠 소비자들의 구매의사결정에 많은 영향을 준다.

따라서 스포츠 마케팅 담당자는 소비자에게 높은 만족을 누리고 보다 많은 이익을 창출하기 위해서는 소비자 행동을 이해하여야 한다. 특히 최근 기업들의 마케팅 수단인 온라인의 twitter 이나 facebook 그리고 오프라인 상황을 통해 직접적인 소비자들의 목소리를 들으려 한다.

소비자 관리의 극치는 소비자와 1 대 1로 밀착하여 관리하는 것이다. 기존 유니폼을 파는 것이 아니라 엄선한 소비자를 대상으로 한 맞춤식의 유니폼을 하는 것으로서, 전반적인 소비자들의 욕구가 아니라 특정 고객이 원하는 바에 초점을 맞추는 것이다. 소비자를 밀착하여 관리한다는 것은 제품의 거래를 추구하는 것이 아니라 소비자와의 교제관계(relationship)를 추구한다. 해외 유명 구단은 이용자 수를 늘리는 데 급급하지 않는다. 대신 한번 팬이 되면 그 고객의 평생의 가치(lifetime value)를 의식하여 관리한다.

마케팅에 있어 경쟁이 심해지고, 광고비 등 마케팅 비용이 증대됨에 따라 소비자 밀착 관리의 중요성이 더욱 커지고 있고 넓이를 추구하기보다 깊이를 추구함으로써 마케팅의 효율을 높일 수 있다.

본 장에서는 스포츠 소비자 행동의 이해를 통해 어떻게 제품을 인식하고, 관심을 갖고, 소망을 갖고, 기억을 하는지 이해할 수 있도록 내용을 구성하였다.

제 1 장 소비자 행동의 이해

제 1 장 소비자 행동의 이해

1. 소비 행동

우리 모두는 소비자로서 매일 매일 여러 형태의 소비자 행동을 수행하고 있으며, 또한 어디에서나 그러한 현상을 목격할 수 있다. 많은 사람들은 제품의 구매 과정을 소비자 행동이라고 생각하지만 이것은 이 부분은 소비자 행동의 일부분에 불과하다. 소비자 행동은 의사결정자가 어떤 시점에서 제공물의 소비와 관련하여 내리는 의사결정들의 집합으로 정의될 수 있다. 이러한 정의는 몇 가지 핵심 요소들로 이루어져 있으며 〈그림 1-1〉과 같다.

소비자 행동을 구성하는 핵심 요소들은 기업의 마케팅 활동에 의해 영향을 받거나 혹은 이들이 수행하는 마케팅 활동에 영향을 미친다.

현대의 마케팅 전략은 충족되지 않은 소비자 욕구를 발견하여 이를 충족시켜야 한다는 마케팅 컨셉에 근거를 두고 있다.

소비라고 하는 현상은 사람들이 스스로 자신의 욕구나 동기를 실현하기 위해서 상품과 서비스 등을 합리적으로 선택하고 이용하는 행위를 지칭한다. 이러한 소비 행동은 합리적인 선택과 제품에 대한 만족이 성사 되었을 때 고객은 행복해 한다.

쿠리키(1996)는 소비 행동의 개념을 ① 소비 이외에 무엇인가를 충족시키기 위해서 행해지는 도구형 소비와 ② 소비하는 것 그 차체가 목적이나 즐거움이 되는 자기 목적형 소비로 구분하였다. 스포츠 활동에 참가하는 소비 행동이 체력 증진이나 다이어트를 목적으로 한다면 도구형 소비에 해당되기 때문에 목적 달성이 끝나면 곧바로 소비 행동은 종료되고 만다. 하지만 스포츠 활동 참가와 경쟁을 즐긴다면 자기 목적형 소비가 되고 여기에다가 타인과의 경험과 커뮤니케이션이 만들어지면서 클럽이나 단체가 만들어진다면 소비는 계속해서 이루어질 것이다.

이처럼 소비 행동도 제품을 어떠한 목적으로 소비하느냐에 따라 나눌 수 있는데 앞으로 소비 행동은 도구형 소비에서 자기 목적형 소비로 그리고 더 나아가서는 커뮤니케이션 소비 즉 포스트모던 소비로 이어지고 있다.

현대 스포츠 소비자의 특징

기업이 30년 가기가 어려운 이유는 무엇일까. 바로 소비자 시장의 환경 변화 때문이다. 소비자 시장이 변하고 있는데 그 중에는 기존 미디어의 힘이 약해지고 있다. 1990년대 TV, 신문, 라디오로 대변되는 기존 미디어는 마케팅의 유일한 도구로 TV가 독보적인 존재였고, 미디어 간의 경쟁도 없었기 때문에 50억원의 광고비를 투자하면 대부분 그 브랜드를 기억하게 만들었다. 하지만 현대에 와서는 하나의 브랜드를 인지시키는데 3천만 달러~8천만 달러(한국 시장), 1억 달러~2억 달러(미국 시장)이 소요된다고 한다. 왜냐하면 기존의 미디어만 가지고는 이제 소비자 시장을 공략하고 브랜드를 인지시킬 수 없기 때문이다.

현대에는 대부분의 기업이 마케팅 활동을 고려할 때 최우선 광고 매체는 TV나 신문이 아니라 대신 소비자 한명 한명을 1인 미디어로 보고 인터넷 광고 시장을 활용한 광고를 한다. 즉 대한민국에는 천만개의 미디어가 있다고 보는 것이다.

또한 기업 간의 경쟁도 급격하게 증가하여 시간이 가면 갈수록, 기업 간, 스포츠 간, 구단 간, 브랜드 간 경쟁의 정도는 더욱 치열해지고, 기술 격차는 점점 적어졌다. 이제는 모든 것이 조직화 되고 셋팅이 되어 더 이상 해로운 영역을 찾기도 어려워졌고, 시장이 된다 싶으면 대단위의 경쟁이 일어나게 되었다. 이처럼 경쟁이 치열할수록 특별한 능력이 없는 브랜드는 소비자에게 잊혀지게 되었으며, 소비자가 판단해야 할 브랜드의 숫자 또한 크게 늘어나게 되었다.

이러한 소비자 환경 변화의 핵심에는 정보의 소유와 가공이 과거와는 비교할 수 없을 정도로 증가했으며, 과거 TV, 신문, 라디오 등과 같은 대중언론이 정보를 독점적으로 소유하고 가공하고 생산하던 시대에서 1인 미디어 시대에 접어듦에 따라 정보에 대한 주도권이 언론에서 소비자로 기업에서 개인에게로 대거 이동하게 되었다. 이제 언론은 더 이상 정보를 소유하고 만들어 내는 근원지가 아니다.

뉴욕 마라톤 거리에서 응원하는 소비자 (이들은 왜 이런 글자를 적는가?)

일반 소비자가 더 정확하고, 더 많고, 더 생생한 정보를 소유하고 가공하고 생산하여 낸다. 스포츠 소비자들 중에는 기술자나 박사 등 다양한 분야의 전문가들이 자신의 전문가적 기질을 가지고 스포츠를 소비하기 때문에 스포츠 생산자보다 더 객관적이고 전문적인 견해와 소견을 가지고 있다. 이들이 만들어 낸 정보는 기존 미디어를 통해 전파되는 것이 아니라 그들이 사이버 상에 만들어 놓은 공간인 블로그, 미니홈피, 트위터, 페이스북 등

| 그림 1-1 | 소비자 행동의 정의에 포함된 핵심 구성 요소

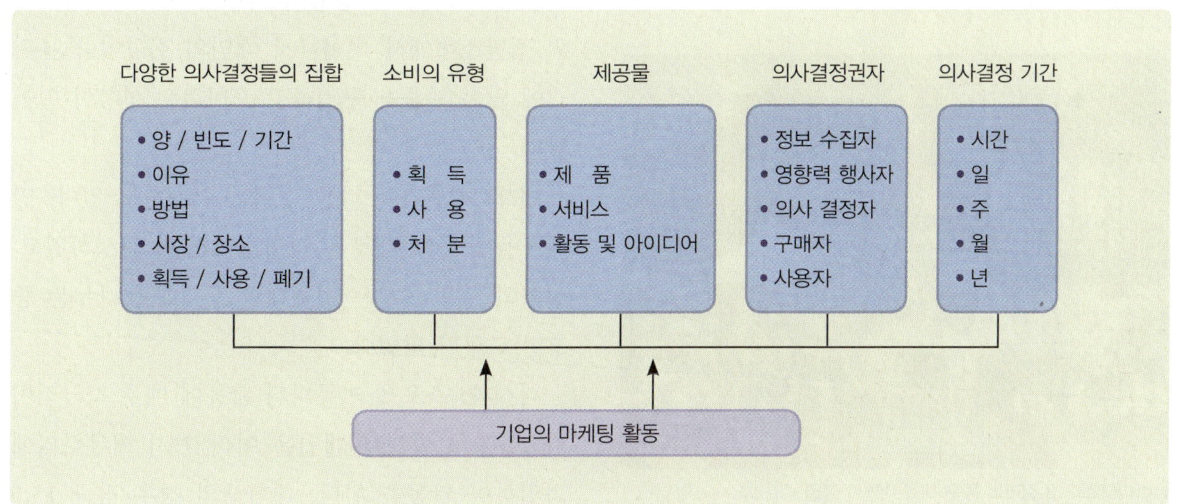

마케팅 休知通

무인도의 법칙

무인도에 표류한 사람들이 '생존'이라는 목표를 향해 서로 협조하듯이 아무리 이질적인 집단이더라도 공동 목표가 있으면 집단 간 갈등이 줄어든다.

미국의 심리학자 셰리프는 여름캠프 참가자들을 두 반으로 나눠 각각 '방울뱀'과 '독수리'란 반 이름을 지어줬다. 그러자 두 반 간에 경쟁 심리가 발동하면서 크고 작은 마찰이 발생했다. 하지만 인근으로 음식을 사러간 트럭이 구덩이에 빠지자 두 반은 순식간에 힘을 합쳐 트럭을 끌어냈다고 한다. 조직 간의 갈등을 일일이 중재할 수 없을 때 공동적인 목표를 제시한다면 이러한 문제를 해결할 수 있을 것이다.

이러한 무인도의 법칙은 종교 또는 스포츠 영화를 보면 알 수 있는데, 영화 "글로리더로드"를 보면 백인으로 구성되어 있던 농구팀에 흑인 선수가 들어오면서 팀은 분열되지만, "대학농구 우승"이라는 목표와 인간적인 배려를 통해서 학교, 선수, 감독 모두 성공하게 된다.

구단에서는 팬들이 하나되는 커뮤니티 공간을 만들어 주고 이들을 지원해 주는 이유도 이러한 것에 연유한 무인도의 법칙에 알맞은 사례라고 할 수 있다.

을 통해 세상에 소개되고 전파된다. 그리고 또 다른 소비자들이 그 개인 미디어에 접속하여 정보에 대한 반응을 하게 된다.

이처럼 현대는 모든 것들이 혼합하여 공존되는 세상이기 때문에 스포츠 마케터는 스포츠 소비 시장의 변화 특징을 잘 알고 대처하여야 하며 현대 스포츠 소비자 변화의 특징을 보면 다음과 같다.

첫째, 기존 질서를 과감히 부정한다. 과거에는 개인의 경험을 중요시 했다면 현재는 새롭고 창의적인 것, 신선한 것을 더 인정한다. 기업에서도 직책에 따른 의사결정이 아니라 누가 새로운 정보를 많이 가지고 있느냐에 따라 의사결정이 이루어지고, 과거의 것은 아름다운 것이 아니라 새로운 것,

아디다스 3:3 길거리 농구 대회 이벤트 장면

남과 다른 것이 더 높게 평가받는 사회가 되었다.

종목의 포지션에 있어서도 센터나 포워드처럼 자신의 위치에서 전문성을 갖는 것보다 올라운드 플레이어가 각광을 받는 시대가 되었다.

둘째, 소비자의 지적 수준이 높아지면서 다양성을 즐긴다. 패치워크(patchwork) 소비라 하여 과거의 체면을 버리고 효율성 위주의 소비로 변화 되었다. 명품을 추구하는 소비에서 자신에게 필요한 것이라면 저렴한 것도 착용하고, 음식이나, 운동도구에 있어서 불필요한 것들은 값비싼 것을 사용하지 아니하고 저렴한 것들을 소비하는 소비 패턴의 변화가 일어났다.

셋째, 개인주의 성향이 극대화 되었다. 과거처럼 집단소비에서 벗어나서 개인의 취향이나 분위기에 맞는 제품을 구입하고 소비하는 성향이 일어났다.

넷째, 예전과는 다른 언어를 사용하고 있다. 인터넷을 통하여 새로운 언어들이 많이 탄생하였고, 언어의 사용 여부는 신세대와 구세대를 나누는 중요한 도구가 되었다.

다섯째, 스포츠 커뮤니티 활동에 매우 적극적이다. 현대 사회에서 개인은 여러 가지 커뮤니티에 가입하여 활동을 한다. 대학생의 경우 평균 13.5

빙벽을 타고 있는 스포츠 소비자

개의 커뮤니티에 가입하여 활동을 하고 있으며, 스포츠 커뮤니티 활동에도 매우 적극적인 것으로 나타났다.

여섯째, 정보 통신의 발달에 따라 쌍방향의 원활한 의사소통을 통하여 상호 교류의 성향이 매우 높다. 이러한 의사소통은 외국에 비하여 한국이 더욱더 강하고 인터넷의 각종 활동에 적극적으로 참여한다.

이와 같이 현대의 소비자는 온라인과 오프라인, 디지털과 아나로그, 소비와 생산의 양면적인 소비를 하며, 스포슈머(Sports+Consumer=spocumer) 집단을 형성하여 소비를 하고 있다.

2. 스포츠 소비자 분류

스포츠 소비자 분류

소비자 행동을 분석하려면 올바른 소비자 분류가 선행되어야 한다.

스포츠 소비자는 스포츠라는 제품 혹은 서비스를 구매하고 획득하는 개인이나 단체를 말하는데 스포츠 제품은 다른 제품과는 상이한 독특한 특성이 있기 때문에 일반 소비자의 소비 형태와는 차이가 있다. 소비자는 RFM, 즉 최근 언제 구매하였는가?(recently), 얼마나 자주 구매하였는가(frequency), 얼마나 많이 구매하였는가(monetary)에 기준하여 분류한다. 기본적으로, 소비자 구매행동의 이유를 이해하는 것은 그리 쉽지만은 않다고

그림 1-2 스포츠 비즈니스 환경의 변화

인터넷혁명

경기 중심의 구 경제		소비자 중심의 신 경제
표준화된 경기 및 선수	**글로벌 경제** 신시장 초일류 기업의 역량 비교	소비자 중심의 솔루션
경기 중심	**상품화** 단축된 제품 라이프사이클 이익의 감소	스포츠 서비스 중심
게임개최 / 티켓판매	**경쟁** 소비자의 기대와 요구사항의 증대 소비자 선택 영역 확대 치열한 서비스 및 가격 경쟁	고객 요구사항을 기반으로한 선수 영입 / 판매
공정 자동화		지식 중심의 프로세스
수직 밸류 체인 통합	**기술** 상호 협력적인 매체를 이용한 정보 도달 영역 확장 모바일 커머스	협력 밸류 체인 통합

NFL 시카고 베어스 팬 가족들의 경기장 관람 가는 모습 (NFL시카고 베어스)

할 수 있다. 한 소비자 행동 분석가에 의하면 작은 것이든 큰 것이든 제품을 구매하는 소비자의 결정은 판매하는 기업에게 매우 중요한 부분이다. 그러나 세상의 어떤 사람도 인간의 뇌가 어떻게 그러한 결정을 하게 하는지 잘 알지 못한다. 종종 소비자 자신도 정확하게 무엇이 자신의 구매행동에 영향을 미치는지 모른다. 왜냐하면 구매결정은 무의식에서 일어나는 경우와 감성적으로 일어나는 경우가 있기 때문이다. 그리고 소비자는 "왜 그 물건을 구입했나요?"라는 단순한 질문에 대체로 그다지 신뢰성 있는 대답을 하지 못한다.

홍성태 교수는 소비자를 우선 기존 소비자와 잠재 소비자로 나누고 기존 소비자는 다시 현재 소비자와 과거 소비자로 나누었다. 현재 소비자란 지금의 주 소비자이고, 과거 소비자란 지금은 활발한 소비자는 아니지만 한때 주요한 소비자이었음을 의미한다. 또한 잠재 소비자는 신규 소비자와 미래 소비자로 나누었다. 신규 소비자는 처음 구매 후 일정 기간 동안 특별한 관심이 필요한 소비자이고, 미래 소비자란 아직까지 거래가 없으나 미래에 타깃이 될 만한 소비자를 일컫는다. 각각을 좀더 세분하여 설명하면 〈표 1-1〉과 같다.

한편 스포츠 소비자를 참여 형태와 빈도에 따라서 분류할 수 있다.

(1) 스포츠 참여 형태에 따른 분류

스포츠와 관련된 욕구는 주로 고차원적인 욕구에 해당하는 경우가 많다. 그래서 스포츠 참여 형태에 따라 참여 스포츠 소비자, 관람 스포츠 소비자, 매체 스포츠 소비자의 세 가지 형태로 나눌 수 있다.

표 1-1 소비자의 분류

소비자 분류			의 의	매출 기여도
기존 소비자	현재 소비자	귀빈 소비자	현재 거래가 활발한 소비자	S
		철새 소비자	잊어 버릴 만하면 다시 오는 소비자	A
		꼬리 소비자	점점 발길이 줄어드는 소비자	B
	과거 소비자	휴면 소비자	잠시, 겨울잠을 자는 소비자	B
		이별 소비자	뭔가 불만이 있어 가버린 소비자	C
		변심 소비자	다른 상표가 좋다고 가버린 소비자	C
잠재 소비자	신규 소비자	희망 소비자	앞으로 계속 올 것 같은 소비자	A
		유보 소비자	언젠가 꼭 올 것 같은 소비자	B
		혜성 소비자	한두 번 왔지만 다시는 안 올 소비자	C
	미래 소비자	미지 소비자	몰라서 안 오는 소비자	B
		오해 소비자	잘 못 알아서 안 오는 소비자	B
		주저 소비자	알지만, 망설이며 안 오는 소비자	B

출처: 홍성태, 〈보이지 않는 뿌리〉, p. 262.

❶ 참여 스포츠 소비자

현대 사회에서는 스트레스와 여러 가지 질병으로 건강의 중요성이 새롭게 인식되면서, 참여 스포츠 소비자는 건강 증진이나 스트레스 해소 등 여러 가지 개인 목적으로 스포츠 활동에 직접적으로 참여하는 소비자를 말한다.

❷ 관람 스포츠 소비자

관람 스포츠 소비자는 경기 관람을 주목적으로 하나 경기장에서 식·음료 및 팀 관련 제품을 구매하고 주차시설 및 부대시설을 이용하며, 경기 전후에 행해지는 팬서비스를 즐기고, 때로는 경품 제공을 기대하는 등 스포츠 경기를 소비의 일차적 대상으로 하는 주체이다.

스포츠를 관람하는 사람들은 선수들에게 자신을 투영시켜서 대리경험을 하려고 한다. 자신이 직접 할 수 있는 능력은 없지만 선수들의 멋진 플레이를 보면서 대신 성취감을 얻는 것이다. 결국, 대리경험을 통하여 자기실현욕구가 만족되고, 또한 특정 팀의 팬은 자기 자신을 팀과 동일시하면서 팀의 승리나 선수의 성공을 자신의 승리나 성공으로 생각해 자긍심을 느끼기도 하고 스스로의 자존감을 높이기도 한다.

Smith, Patterns, Williams(1981)는 스포츠 팬이란 매일 신문의 스포츠란을 매일 읽고, 매월 세 종류 이상의 스포츠 잡지를 구독하며, 주당 8 시간 이상 TV로 스포츠를 시청하고, 최소 월 1회 이상 유료 스포츠 경기를 관람하는 사람으로 규정하였다.

관람 스포츠 소비자는 특성과 소비 정도에 따라 스포츠 팬과 관중으로 분류할 수 있다.

❸ 매체 스포츠 소비자

공중파나 케이블 TV를 통한 스포츠 프로그램 시청자들은 스포츠를 매개로 프로그램을 편성하는 방송국과 광고주 입장에서는 중요한 매체 수용자일 뿐만 아니라 스포츠 단체에 있어서는 스포츠

| 텍사스 레인저스의 팬들을 모집하는 광고

를 활용한 마케팅의 중요한 간접 스포츠 소비자이다. 이처럼 참여 형태의 관점에서 매체 스포츠 소비자는 TV, 라디오, 신문, 잡지 그리고 인터넷 등 각종 매체를 통해서 스포츠를 접하는 소비자를 말한다. 매체 소비자의 중요성은 기업의 광고 또는 홍보에 있으며, 기업 광고에 있어서 스포츠 기술의 향상과 방송매체 기술의 발달은 가장 효과적인 광고를 할 수 있는 수단을 제공한다.

(2) 스포츠 참여 빈도에 따른 분류

스포츠 참여 빈도는 구단이나 연맹에게 차별화된 전략을 수립하는 데 중요한 근거 자료가 된다. 따라서 참여 빈도에 따른 빈도는 관람 스포츠와 참여 스포츠가 다르다. 왜냐하면 관람 스포츠에 참여하는 관중은 일단 경기장에 입장하면 특별한 경우를 제외하는 경기가 끝날 때까지 경기를 관람하지만, 참여 스포츠 소비자는 스포츠 활동의 강도가 제각기 차이가 있기 때문에 얼마나 참여할지는 아무도 예측할 수 없다.

Mullin(2000)은 스포츠 활동 참여 빈도에 따라서 스포츠 소비자를 스포츠 소비자, 비스포츠 소비자, 간접 스포츠 소비자로 분류하였다.

❶ 스포츠 소비자

구입하는 빈도에 따라서 소량 스포츠 소비자,

마케팅 休知通

청개구리 기법

사람들은 자신의 자유나 자존심이 위협받을 때 심리적으로 반발하게 되어 오히려 금지된 행동을 하려는 욕구를 느낀다.

1992년 소설 「즐거운 사라」의 작가인 연세대 마광수 교수와 그 책의 출판사 대표가 구속된 사건이 있었다. 이 사건은 사회에 큰 논란거리가 됐는데, 주목할 것은 「즐거운 사라」가 문제시되고 풀판이 금지되면서 책의 인기가 더욱 높아졌다는 사실이다. 수많은 사람들이 이 책을 구하려고 야단법석을 떨었던 것이다.

스포츠 선수들 가운데서는 악동의 이미지를 활용하여 이러한 악동의 이미지를 통해서 악발이로 때로는 악동의 이미지를 통해서 스타 선수로 발돋움 하는 경우도 있다. 이는 일반적으로 그렇지 않았던 선수였지만, 어떠한 계기를 통해서 심리적인 반발로 인해 악동의 이미지가 자신의 이미지로 동화되었다고 할 수 있겠다.

중간 스포츠 소비자, 다량 스포츠 소비자로 분류된다.

❷ 비스포츠 소비자

인지 정도에 따라 비스포츠 소비자, 왜곡 정보 비스포츠 소비자, 비인지 스포츠 소비자로 분류한다. 비인지 스포츠 소비자는 스포츠 제품에 대해서는 인지하고 있으나, 행동적으로 참여하지 않는 집단이며, 왜곡 정보 비스포츠 소비자는 스포츠 제품에 대해서 인지하고 직접 소비하기를 희망하지만 왜곡된 정보 때문에 직접 소비를 하지 못하는 집단을 의미한다. 비인지 스포츠 소비자는 스포츠 제품에 대해서 인지하기 못하기 때문에 행동적으로 참여하지 못하는 소비자 집단이다.

최고의 인기구단인 미국 메이저리그의 뉴욕 양키즈

❸ 간접 스포츠 소비자

직접적으로 스포츠 활동에는 참여하지 않지만 스포츠 제품을 구비하는 소비자이다.

(3) 스포츠 소비자 행동

스포츠팬의 독특한 행동으로서, 버깅(BIRGing: basking in reflected glory)과 코핑(CORFing: cutting off refleted failure)이란 말이 있다.

버깅이란 성공하고 있는 사람과의 관계를 돈독히 하려는 습성을 말하며, 코핑이란 실패하고 있는 사람과 멀리하려고 하는 습성을 말한다. 스포츠팬은 이 두 가지 습성을 현저하게 가지고 있다(Cialdini et al., 1976; Snyder et al, 1986). 자신이 좋아하는 팀이 승리를 했을 때는 주위 사람들에게 자신이 그 팀의 팬인 것을 어필하면서 팀의 승리를 이용해 자신의 이미지를 높이려고 한다. 역으로 팀이 패했을 때에는 그 팀의 팬인 것을 드러내지 않고 팀으로부터 멀어짐으로써 자신의 이미지가 저하되는 것을 방어한다.

SK 와이번스가 우승한 시즌에 자신이 인천지역에 거주한다면 그 팀의 팬이라고 말하는 사람이 많이 출현하는 현상이 이러한 팬의 특성을 잘 나타내 주는 것이다. 이처럼 손쉽게 존엄욕구를 만족시킬 수 있는 구매행위는 스포츠 이외의 상품에서는 잘 볼 수 없는 것이기도 하다.

(4) 스포츠 소비자의 가치 분류

오늘날 스포츠 소비자의 생활 수준이나 교육 수준 등은 과거에 비해 훨씬 높은데다 그 요구조건이 까다롭고 다양하며 세계적 초일류 기업으로부터 양질의 제품과 서비스를 제공받고 있기 때문에 제품과 서비스의 질에 대한 소비자의 기대 수준은 상당히 상승되어 있는 실정이다.

스포츠 제품이나 상업 스포츠 시설들은 아직도 이러한 소비자들의 욕구 수준의 변화에 수용 못하고 있는 실정이다. 한국소비자보호원의 조사에서도 스포츠 용품이나 스포츠 시설 서비스에 대한 소비자의 불만족 비율이 32.2%로 나타나 소비자의 불만이 적지않은 것으로 인식되고 있다. 특히 소비자 만족이 마케팅 관리자에게 있어서 중요한 이유는 그것이 소비자의 태도 변화, 반복 구매 행동, 그리고 소비자 불평 행동으로 나타나 다른 소비자의 선택 행동에 영향을 미치기 때문이다.

할리데이비슨의 라스베가스 매장

기업은 스포츠 소비자가 원하는 제품을 만들기 이전에 스포츠의 가치가 어디 있는지를 파악하여야 하고 그 가치에 따라 제품을 만들어 내야 한다. 스포츠 소비에 대한 가치군을 분류하여 보면 〈그림 1-3〉과 같이 8개 군(群)으로 나누어 볼 수 있다.

그림 1-3 | 스포츠 소비자의 가치군 분류

제품군	주요소비자	주요특성	소비자 가치
기능 민감군	- 스포츠 선수 - 아마추어선수	- 기록경기에 사용 - 부상방지에 노력	- 기록 단축을 통한 상위입상 - 피로누적 / 부상예방 - 경기력 향상에 최우선목적
가격 민감군	- 10~20대학생 층	- 주 수입원이 부모 - 비교구매 실시	- 구입 후 1년 이상의 사용 - 타제품과 비교하여 가격이 우수
디자인 민감군	- 10~20대학생층	- 유행에 아주 민감 - 개성이 강함	- 최신유행에 맞는 디자인 - 제품 컬러/ 디자인에 주목 - 톡톡 튀는 개성이 나타날 수 있는 모양
브랜드 민감군	- 주부 / 10- 20 대 - 30~40대 레저층	- 가격에 구애 받지 않음 - 주말에 레저활동실시	- 매니아 층 - 제품이 타 브랜드와 차별화 - 기능에 민감하지 않음
광고 민감군	- 10~20대학생층 - 10대 이하 아동 층	- 유명스타에 의해 좌우	- 유명 스타와 자신이 같아짐 - 제품을 통해 차별화 - 스포츠 스타의 착용 여부
구색 민감군	- 주부/ 30~50 성인층 - 20대 상류층	-소 품종 다량 구매 -제품에 대한 지식을 많이 가짐	-다양한 제품 구색(양질의 제품) - 제품의 전시 효과 선호
편의 추구군	- 주부 / 30-40대	-부대 시설, 휴식 공간, 편리한 동선 여유로운 공간 선호	-자유로운 시간대 선호 - 주차시설 과 교통이 편리한 곳
서비스 중시군	- 30-50대	-서비스 질, 매장 분위기 선호 - 사후 처리 문제의 편의성 - 회사 전체의 이미지를 선호함	-종업원의 친절한 서비스 기대 - 제품 교환, 환불의 유연성 - A/S 처리의 신속성

3. 소비자의 욕구와 거래

마케팅 환경의 급속한 변화는 마케팅 관리자가 소비자의 선택에 영향을 미칠 수 있는 요소들을 더욱 주의깊게 분석하도록 만들었다. 이러한 분석의 기초는 바로 마케팅 과정의 첫 단계인 소비자의 욕구와 거래가 이루어지는 시장을 이해하는 것이다. 소비자 및 시장과 관련된 다섯 가지 핵심 개념인 ① 본원적 욕구(need), 구체적 욕구(want), 수요(demand), ② 스포츠 제품(marketing Products: 제품, 서비스, 경험 등), ③ 가치(value)와 만족(satisfaction), ④ 교환(exchange)과 관계(relationships), ⑤ 시장(markets)을 알아보면 다음과 같다.

고객의 욕구를 계속 충족시키기 위한 삼성전자의 광고

소비자의 본원적 욕구와 수요

니즈와 원츠, 디맨즈의 발전 단계는 특정 상표에 대한 욕구로부터 출발하여 구매력까지의 상황을 표현하는 것이다.

(1) 욕구(needs)

마케팅의 근간이 되는 가장 기초적인 개념은 인간 욕구이다. 인간의 본원적 욕구(needs)란 결핍을 느끼는(지각하는) 상태를 말하는데, 인간의 본원적 욕구는 음식, 옷, 따뜻함과 안전을 원하는 생리적 욕구(physical needs)에서 소속감과 애정을 원하는 사회적 욕구(social needs), 지식과 자기표현을 추구하는 개인적 욕구(individual needs)에 이르기까지 다양하다. 마케팅 기업은 표적시장의 1차적 욕구, 2차적 욕구 및 수요를 이해하려 노력해야 한다. 1차적 욕구(needs)란 기본적인 인간의 요구사항을 나타낸다. 즉, 사람들은 생존하기 위해서 음식, 공기, 물, 의복 및 주거를 필요로 한다. 또한

표 1-2 넓은 의미의 소비자 욕구

구분	내용	
니즈 (Needs)	• 기본적인 욕구 차원으로 만족이 결핍됨을 느낀 상태의 1차적인 욕구 • 생리적인 차원의 의식주, 안전, 소속감, 존경 등에 대한 욕구 • 스포츠 활동에 참여 하고 싶고 운동을 하고 싶은 욕구	마케팅을 창조할 수 없다
원츠 (Wants)	• 생리적인 욕구가 충족된 상태에서, 테니스를 치고 싶다거나, 특정한 팀의 경기를 보고 싶다와 같이 차원이 한 단계 올라간 2차적인 욕구 • 기본적 니즈를 충족시킬 수 있는 구체적인 것에 대한 바람 • 나이키 Air Jordan 23, 슈퍼볼 게임 티켓을 구입하고 싶은 욕구	마케팅을 창조할 수 있다
수요 (Demands)	• "갖고 싶다"는 기분뿐 아니라 실제로 구입하겠다는 의사와 그것을 구입할 자금적으로 뒷받침이 되는 것 • 제품 구매에 대한 원츠	

마케팅 休知通

프레이밍 원칙

사람들은 항상 마음 속에 틀(Frame)을 지니고 다니다가 어떤 판단을 해야 할 때 즐겨 쓰는 틀을 꺼내 상황을 들여다보고 어떻게 할지 결정한다.

100달러짜리 시계를 60달러에, 1,000달러짜리 비디오 카메라를 960달러에 파는 곳이 있다고 했을 때 미국의 경영자들은 시계의 경우 90%, 비디오카메라는 50%가 거리가 멀어도 싼 곳을 찾아가 사겠다고 답했다고 한다. 그 이유는 이들이 '가격 프레임' 대신 '할인 프레임'으로 판단했기 때문이다.

스포츠 제품의 아울렛 매장을 통해서 제품을 구매하는 경기도에 거주하던 소비자가 어느날 서울 압구정동에서 새로운 스포츠 제품을 구매하였다면, 이는 전통적으로 지켜오던 "가격 및 할인 프레임"을 "패션 프레임"으로 판단했기 때문인 것이다.

사람들은 휴양(기분전환), 교육 그리고 여흥(오락)에 대해 강한 욕구를 가지고 있다. 이런 요구는 욕구를 충족시키는 특별한 목적물로 지향될 때 2차적 욕구(wants)가 된다. 2차적 욕구는 그 사람이 살고 있는 사회에 의해서 형성된다고 할 수 있다.

스포츠 마케터는 소비자들의 욕구를 끊임없이 관심을 가지고 관찰하고 분석하고 또 그것을 충족시켜야 한다. 스포츠 소비자의 욕구는 실용적인 욕구(function needs)로 인간의 기본적인 욕구로서 편리함을 추구하는 욕구를 말하며, 사회적 욕구(fashion needs)인 인정받고 사랑받고 존경받고 싶어하는 욕구가 있으며, 체험적 욕구(fun needs)로 즐거움과 쾌락을 추구하는 욕구가 있는데 스포츠를 통하여 오락적인 요소, 흥미적인 요소, 참여적인 요소를 만족시킬 수 있으며 이를 3F 만족이라고 한다.

(2) 욕구(wants)

수요는 특별한 제품에 대해 지불할 수 있는 능력에 의해 뒷받침되는 2차적 욕구이다. 즉 구체적(수단적) 욕구(wants)는 문화와 개인의 개성에 영향을 받아 형성된 욕구의 구체적 형태를 말하는데, 미국 소비자는 스포츠 관람에 대한 본원적 욕구가 발생되면 MLB, NBA, NFL 등의 구체적(수단적)인 팀과 선수에 대한 관람의 욕구가 생긴다. 이에 반해 한국 소비자는 관람에 대한 본원적 욕구가 발생되면 LG Twins, Lotte Giants, 서울 FC 등의 구체적 욕구가 생긴다. 구체적 욕구는 그 소비자가 속한 사회에 따라 다르게 형성되며, 본원적 욕구를 충족시킬 구체적 수단을 말한다.

마케팅 관리자들은 1차적 욕구를 창조하지 못한다. 1차적 욕구는 마케팅 관리자에 앞서 존재하기 때문이다. 사회에 존재하는 다른 영향력과 더불어

| 그림 1-4 | 니즈와 원츠, 디맨즈의 발전 단계

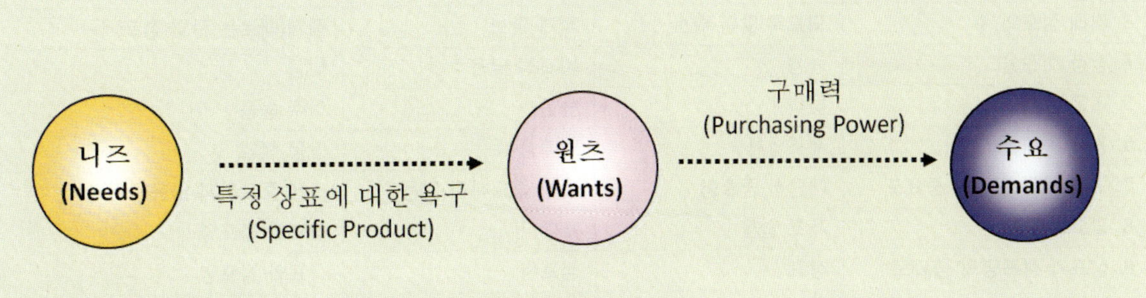

SWATCH시계의 스포티한 브랜드 이미지와 스포츠

마케팅 관리자들은 2차적 욕구에 영향을 미친다. 이러한 고객의 1차적·2차적 욕구를 이해하는 것은 간단한 문제가 아니다.

어떤 고객은 완전하게 의식하지 못하는 1차적 욕구를 가지고 있거나, 이러한 1차적 욕구를 분명하게 말할 수 없거나 어떤 해석이 요구되는 단어를 사용하기도 한다.

많은 부산의 야구팬들이 플레이오프에 진출한 롯데자이언츠 입장권을 구매하기 원하지만 그것을 구입할 수 있거나 구입할 의지가 있는 사람은 일부에 지나지 않고 한정되어 있기까지 하다, 그러므로 기업은 얼마나 많은 사람들이 그 제품을 원하고 또한 실제로 그 제품을 구입할 의지와 능력이 있는지 측정할 필요가 있는 것이다.

미국 메이저리그의 뉴욕 양키스는 구단주와 팬들이 가지는 가장 최대의 관심사가 우승이라는 사실을 알고 매년 오프 시즌 때 최고의 투자를 하고 최고의 선수들로 구성하기 위해서 노력한다. 그 구성이 곧 시장이 원하는 제품이라고 할 수 있는데, 그렇게 함으로써 뉴욕 양키스는 메이저리그

표 1-3 | 제품의 유형별 특징과 마케팅 요소

소비자용품의 특징과 마케팅 요소	상품의 분류		
	편의품	선매품	전문품
특징			
1. 소비자의 시간과 노력 투자	극히 적음	상당함	가까운 곳에서 잠깐 동안 살 수도 있고 먼 곳에서 오래 걸릴수 도 있음
2. 구매 계획에 할애하는 시간	극히 적음	상당함	오래 걸림
3. 욕구 충족에 소요하는 시간	즉각 적임	비교적 오랜 시간	비교적 오랜 시간
4. 가격과 품질 비교	없음	있음	없음
5. 가격	낮다	비싸다	비싸다
6. 구매 빈도는?	보통 빈번하다	빈번하지 않음	거의 빈번하지 않음
7. 중요도	중요하지 않음	때로는 대단히 중요함	일률적으로 볼 수 없음
전략적 요소			
1. 판매 경로의 길이	길다	짧다	아주 짧음
2. 소매상의 중요도	그다지 중요하지 않음	중요함	대단히 중요함
3. 거래 점포의 수	되도록 많이 확보	적게 확보	적게(때로는 단일 점포)
4. 상품 회전율	높음	비교적 낮음	낮음
5. 이윤폭	낮다	높음	아주 높음
6. 광고에 대한 책임	제조업체	소매상	공동 책임
7. 구매 시점 진열의 중요도	대단히 중요함	크게 중요하지 않음	크게 중요하지 않음
8. 광고의 활용	제조 업체	소매상	상표와 점포명
9. 상표와 점포명의 중요도	상표	점포명	상표와 점포명
10. 포장의 중요도	대단히 중요함	그다지 중요하지 않음	중요함

마케팅 休知通

리세셔니스타(Recessionista)

경기 침체를 의미하는 '리세션(Recessionon)과 최신 스타일을 선호하는 소비자 "패셔니스타(Fashionista)의 합성어, 패션과 디자인에 정통하면서도 저렴한 비용으로 의류와 악세서리 등을 구입하는 패션 알뜰족을 의미한다.

이러한 사례들을 스포츠 이벤트에서 경기 침체 속에서도 자신이 응원하는 팀의 유니폼과 각종 악세사리를 구매하며 자신의 방을 디스플레이하고 팀과 관련된 행사에 빠지지 않고 참석하면서도 모든 행사에 열정적으로 참여하는 팬들을 사례로 찾아볼 수 있을 것이다.

최고의 팀이며 야구팀 가치로는 최고의 위치에 있는 팀으로 포지셔닝할 수 있는 것이다. 즉 기업들은 표적시장을 신중하게 선정하고 적합한 마케팅 프로그램을 준비하는 경우 마케팅을 최상으로 수행하게 된다.

(3) 수요(demands)

수요(demands)는 구매력을 갖춘 구체적 욕구를 말한다. 구체적 욕구와 이를 충족시킬 구매력이 생기면 사람들은 가장 좋은 가치와 만족을 제공할 수 있는 편익을 갖춘 제품을 구입하기 원한다. 마케팅 역량이 탁월한 기업은 고객의 본원적 욕구, 구체적 욕구, 수요를 배우고 이해하기 위해 전력한다. 그들은 고객조사를 실시하고 수집된 고객자료를 분석한다. 조직의 전 구성원이 고객과 가까이 있기 위해 노력한다. 할리데이비슨(Harley-Davidson)의 회장은 정기적으로 할리 고객들과 함께 할리 모터사이클을 타고, 피드백과 아이디어를 얻는다.

스포츠 제품 시장에서의 고객 수요는 첫째, 스포츠 용품에 대한 수요, 둘째, 스포츠 시설에 대한 수요, 셋째, 스포츠 기술에 대한 수요, 넷째, 스포츠 행사에 대한 수요, 다섯째, 스포츠 정보에 관련된 수요로 나눌 수 있다.

스포츠 제품 시장에서의 고객 수요는 첫째, 스포츠 용품에 대한 수요, 둘째, 스포츠 시설에 대한 수요, 셋째, 스포츠 기술에 대한 수요, 넷째, 스포츠 행사에 대한 수요, 다섯째, 스포츠 정보에 관련된 수요로 나눌 수 있다.

스포츠 제품

스포츠 소비자의 욕구는 스포츠 제품을 통해 충족되는데, 스포츠 제품(sports market Products)은 고객의 욕구를 충족시키기 위해 시장에 제공되는 제품, 서비스, 정보, 경험의 조합을 말한다. 스포츠 시장은 제품을 생산하는 공급자와 이를 통해서 욕구를 충족시키는 수요자가 있는 시장으로 스포츠 제품과 서비스를 소비자의 욕구와 교환하는 것으로 다른 산업과는 다른 독특한 특성을 지니고 있다. 즉 스포츠 상품에 대한 충족되지 않은 욕구의 구매 또는 참여의도, 구매능력, 스폰서십 등을 갖

스포츠 구단의 용품은 고객과의 관계를 강화한다.

길거리에 행사시 임시로 설치된 스포츠 용품점의 모습

춘 개인이나 조직의 장소 또는 공간이라 할 수 있다. 많은 사람들이 모여 경기를 관람하는 경기장, 즐거움과 흥미, 활력, 스트레스 해소, 관광, 스포츠 용품, 스포츠 센터나 리조트 등이 스포츠 시장의 구체적인 제품이다.

스포츠 제품은 유형적 제품에 국한되는 것은 아니며, 판매를 위해 제공되는 무형적 활동이나 편익인 서비스도 포함한다. 예를 들어 스포츠클럽 활동, 은행, 항공사, 호텔, 경기 관람, 스포츠 용품 등의 서비스도 시장제품에 해당된다. 넓게 말하면, 스포츠 시장제품은 개인, 장소, 조직체, 정보, 아이디어 등의 대상물도 포함한다. 많은 판매자는 고객에게 제공될 구체적 제품에만 주의를 기울이고, 그 제품으로 고객이 얻게 될 편익과 경험의 중요성을 소홀히 여기는 실수를 범해서는 안된다.

고객가치와 만족

가치(Value)는 제품 또는 서비스의 실제 상품이 구매자에게 기쁨과 행복 그리고 만족을 전달했을 경우 나타나는 것이다. 구매자는 늘 최상의 가치를 제공한다고 생각하는 제품에 기초해 상이한 제품들 중에서 선택한다. 가치는 고객에 대해 지각된 무형적 및 유형적 이점과 비용을 반영한다. 가치는 고객가치 3요소(customer value triad)라고 하는 품질, 서비스, 가격(quality, service, price: QSP)의 결합으로 볼 수 있다. 스포츠 소비자 행동에 다른 요인들도 역시 중요한 역할을 수행하지만 가치는 품질과 서비스로 인해 증가하며 또한 가격으로 인해 감소된다. 마케팅은 고객가치를 확인·규명, 창조, 커뮤니케이션, 전달 및 조사하는 것이다.

만족이란 그 사람이 지각한 성능(결과)과 기대를

비교 평가한 결과를 반영한 것이다. 즉, 성과가 기대에 미치지 못하면 고객은 불만족해 하고 실망한다. 만약 성과가 기대를 충족시키면 고객은 만족하고, 성과가 기대를 초과하면 고객은 크게 만족하거나 기뻐한다. 스포츠 상품은 자신이 좋아하는 팀이나 선수의 성적과 비례하여 만족도가 다르며, 제품은 사용시 결과에 대한 성과에 따라 만족이 틀리다.

소비자는 자신의 욕구를 충족시킬 수 있는 수많은 제품 및 서비스 대안에 직면한다. 그러면 어떻게 수많은 시장제품들 가운데 특정 대안을 선택할까? 고객은 각 시장제품이 전달할 가치와 만족에 대한 기대를 형성하고, 이를 토대로 구매한다. 만족한 고객은 반복구매할 것이고, 다른 사람에게 자신의 긍정적 경험을 이야기 한다. 불만족한 고객은 경쟁사로 전환하고 자신의 부정적 경험을 다른 사람에게 전달한다. 따라서 마케터도 올바른 기대수준을 설정하는 데 주의를 기울여야 한다. 기대수준을 너무 낮게 설정하면 자사제품의 구매자를 쉽게 만족시킬 수 있지만 고객을 충분히 끌어들이지 못할 것이다. 이에 반해 고객의 기대수준을 너무 높이면, 구매자는 실망할 가능성이 높다. 고객가치와 고객만족은 고객관계를 구축, 관리하는 토대가 된다. 만족과 불만족한 고객의 행동을 보면 〈그림 1-5〉와 같다.

교환과 관계

교환(exchange)이란 거래 상대방에게서 자신이 원하는 대상물을 얻는 대가로 이에 상응하는 대상물을 제공하는 행위로 정의되고, 마케팅은 사람들이 교환관계를 통해 자신의 욕구를 충족시키고자 할 때 발생된다. 넓은 의미에서 보면 마케터는 시장제품에 대한 반응을 이끌어 내려 노력한다. 반응은 제품과 서비스의 구매 혹은 거래를 이끌어 내는 것 이상을 포함한다. 예를 들어, MVP를 선발하려는 리그의 이벤트에서 자신에게 투표를 해 주도록 유도하고, 구단의 회원 가입, 나이키가 소비자를 사회운동이 아이디어의 수용을 이끌어 내는 것도 반응이다. 마케팅은 목표청중과의 바람직한 교환관계를 구축, 유지하기 위해 취하는 활동으로 구성된다.

시 장

시장이라는 개념은 교환 및 관계라는 개념과 연결된다. 시장(Market)은 제품의 실제 구매자와 잠재 구매자의 집합을 말한다. 구매자는 교환관계를 통해 충족될 수 있는 특정 욕구가 있다. 마케팅은 수익성 있는 고객관계를 창출하기 위해 시장을

| 그림 1-5 | 만족한 고객과 불만족한 고객의 유형

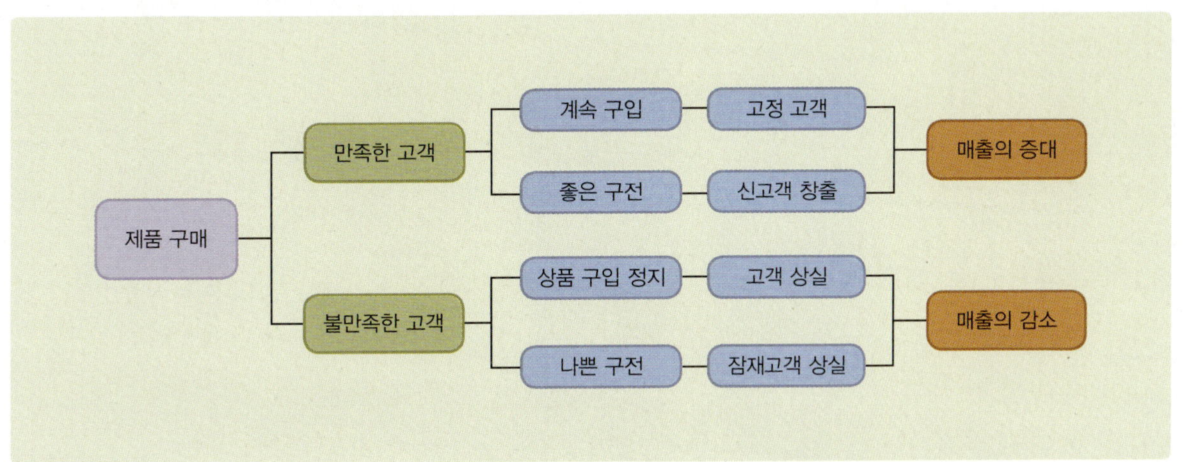

관리하는 것을 의미한다. 그러나 관계를 창출하기 위해 기업은 많은 노력을 해야 한다. 판매자는 구매자를 탐색하고, 이들의 욕구를 파악하고 좋은 시장제품을 설계하고, 이에 상응한 가격을 책정하고, 시장제품을 촉진하고, 적절한 점포를 선정하여 이를 유통시켜야 한다.

스포츠 시장은 크게 소비자(관중, 참여자, 구매자 등), 생산자(연맹, 구단, 기업 등), 정부(공공기관, 국민체육진흥공단), 단체(대한체육회, 국민생활체육 협의회), 대중 매체(TV, 신문, 광고 등)로 구분할 수 있는데 이것은 스포츠 소비자의 구매나 참여 목적을 기준으로 나눈 것으로 각 시장의 구체적인 소비자 행동 특성은 다르게 나타난다.

모든 시장은 어떠한 욕구나 목표를 충족시키려는 개인이나 조직으로 구성되며 이들의 수가 시장의 크기를 결정한다. 스포츠 시장에서 제품개발, 시장조사, 커뮤니케이션, 유통, 가격결정, 서비스 등의 활동은 핵심적인 마케팅 활동이다. 대체로 마케팅은 판매자가 수행하는 것으로 생각하지만 구매자도 마케팅을 수행한다.

스포츠 시장은 많은 구매자나 참여자들이 집합적으로 구성하는데, 이들의 인구 통계적 특성(소득, 연령, 직업, 거주지, 성별 등)이나 지리적 특성, 심리적 특성이 서로 다르기 때문에 특성 차이에서 기인하는 욕구나 필요에 따라 스포츠 소비자 행동 특성이 다르게 나타난다.

제 2 장 스포츠 소비자 환경과 분류

제 2 장

스포츠 소비자 환경과 분류

스포츠 마케팅 활동은 스포츠 산업 전반적으로 영향을 미치면서 서로 간의 주요한 관계를 맺고 있다. 스포츠 마케팅은 스포츠 조직과 그 주변에 있는 환경적인 요인들인 고객과 사회, 기업 등과 1차적인 관계를 맺고 있다. 스포츠 마케팅적인 환경은 거시적인 환경과 미시적인 환경, 내부 환경으로 나눌 수 있으며, 스포츠 마케팅은 스포츠 조직과 그 주변 환경에 지속적인 성장을 줄 수 있는 기여 활동이라고 할 수 있으며, 이러한 활동은 변화하는 주변 환경에 대해서 적절하게 반응하면서 실행해야 한다.

1. 거시적 환경

거시적 환경은 기업에게 기회와 위협을 동시에 제공하고 있으며 보다 넓고 광범위한 영향을 미치고 있는 거시적 환경의 틀 속에서 관리되지 않으면 안 된다. 따라서 거시적 환경 분석의 목적은 환경으로부터 기회와 위협요소를 발견하는데 있다. 기회의 발견은 변화하는 환경 가운데서 자신이 활용할 수 있는 특별한 기회를 발견하는 것이다. 거시적 환경은 이와 같이 중장기적인 기회와 위협의 발견을 가능하게 하여 줌으로써 스포츠 마케터에게 일종의 조기경보 시스템으로서의 역할을 수행한다. 스포츠 소비자 행동 예측에 있어서 거시적인 환경을 예측하기 어려운 부분이 있으며 소비자들의 선호도나 구매 행동 변화는 이끌어 스포츠 마케팅 믹스 변화에 영향을 미치고 있으며, 거시 환경에 있어서 하나의 요인 변화가 연쇄적으로 다른 영향을 주기도 한다.

물론 스포츠 마케팅에 있어서 이러한 거시적 환경요소가 장애적인 요소로만 작용하는 것이 아니라 적절한 변화에 따라서 순응하고 적응하여 새로운 제품을 개발하고 소비자들에 전달할 수 있다면 새로운 스포츠 마케팅의 전략을 제시할 수도 있을 것이다.

인구 통계

인구 통계학적인 특성은 스포츠 마케팅에 있어서 가장 중요한 부분이라고 할 수 있는데, '결국은 사람이다'라고 하는 것처럼 스포츠 마케팅뿐 아니라 모든 마케팅의 기본에는 사람을 생각하지 않을 수 없기 때문이다. 소비자를 구성하고 있는 가장 기본적인 단위가 사람이기도 할 뿐더러 스포츠 마케팅에 있어서 스포츠 용품은 사람이 구매하여 사용하기 때문이다. 스포츠 이벤트는 무형의 상품을 구매하여 즐기는 상품이기 때문에 각각의 상황에 따라서 적용해야 하는 대상이 다른 것이다.

인구수, 연령 구조, 가계 구조, 직업, 라이프스타일 등의 인구 통계학적 변화는 스포츠 마케팅에 있어서 대단히 중요한 역할을 한다. 스포츠 마케팅의 시스템을 정리하고, 전략을 수립하는 데 있

마케팅 休知通

시코노믹스(Chiconomics)

Chic(세련됨) + Economics(경제)의 합성어 경제 불황 속에서도 패션의 자존심을 지키려는 경향을 말한다.
경제 불황 속에서도 보유하고 있는 스포츠 프로퍼티를 재판매하려고 하지 않는 팬들에게서 찾아볼 수 있다. 예를 들면 미국의 야구팀인 보스턴 레드삭스의 경기장 특석 좌석을 보유하고 있는 팬이 경기가 침체하고 어려워도 그 좌석만큼은 재판매하지 않고 지키는 사례를 보면 알 수 있다. 일반적으로 MLB의 경기좌석은 2구좌당 1억원 이상한다.

어서 가장 많은 영향을 줄 수 있기 때문이다.

예를 들면 여성들의 사회 진출이 높아지면서 스포츠에 참여하는 여성 인구가 점차 늘어나고 있는 추세이다. 아름다운 몸매를 갖기 위해서 운동을 하는 여성뿐 아니라, 스포츠를 관람하고 즐기는 여성들까지 여성 스포츠 인구가 급격하게 늘어나고 있는 상황에서 스포츠 마케터들은 이러한 변화들에 맞추어서 스포츠 분야별로 각 인구 분포에 따른 스포츠 프로그램을 개발하고 스포츠 마케팅에 어떻게 적절하게 활용할 것인지를 고려해야 할 것이다.

경제적 환경

스포츠 마케팅의 여러 가지 거시적 환경 중에서 경제적 환경이 가장 예측하기 힘든 부분 중 하나이다. 특히 경제적인 환경은 스포츠 소비자들에게 직접적인 영향을 미치기 때문에 스포츠 마케터가 마케팅 계획을 세우는 데 많은 영향을 미친다고 할 수 있다. 이러한 환경은 스포츠 마케터가 조절할 수 없는 부분이기 때문에 더욱더 큰 영향을 줄 수 있다. 스포츠 마케팅에 있어서 거시적인 환경 요인은 소비자 간의 제품과 서비스 흐름에 연관관계가 있으며, 이러한 경제 활동의 흐름은 번영(Prosperity), 침체(Recession), 불황(Depression), 회복(Recovery)의 네 단계 비즈니스 사이클이 영속적으로 순환된다.

각각의 경제적 단계는 실업, 인플레이션 그리고 소비자의 소비 의도에 영향을 미치므로 스포츠 마케터는 마케팅 전략과 계획을 수립하고 실행하는 데 있어서 이러한 거시적인 경제 상황을 고려하여야 한다. 예를 들어 경제 활동이 침체기에 있으면 대부분의 소비자는 스포츠 용품이나, 스포츠 이벤트의 입장권을 구매하는 것에 대해서 망설이게 될 뿐 아니라 행동 자체를 꺼리게 된다. IMF가 좋은 사례이다. IMF를 시작으로 프로야구 전체 관람객이 50% 이하로 떨어졌었다. 전호문(2000)이 전국 8대 도시의 118개의 스포츠센터 회원을 상대로 조사한 바에 의하면 약 69.5%의 회원수가 IMF 기간 동안 줄어든 것을 볼 수 있었다.

스포츠 마케터가 고려해야 할 미시경제적 요인으로는 소비자의 수입 정도인데 이는 다시 총수입과 가처분 수입으로 구분할 수 있다. 소비자의 수입 정도와 관련하여 스포츠 마케터에게 시사한 바

IMF 기간 동안 프로스포츠 관람객의 감소

기술의 발전으로 인해 스포츠 인구가 증가하고 있다.

가 큰 것은 소비자가 가처분 수입으로 기본적인 생활을 영위하고 다른 스포츠 활동을 할 수 있는 여유분의 자금이 있음을 의미하기 때문이다.

스포츠 용품이나 스포츠 이벤트 입장권을 구매하는 행위 등은 생활의 필수품으로 인식하지 않기 때문에 결국 소비자들의 가처분 수입이 얼마나 되느냐는 스포츠 마케터들이 심각히 분석해야 할 환경적인 요인인 것이다. 이와 같이 경제적 환경은 스포츠 시장의 잠재력, 스포츠 소비자의 소비 성향과 구매 행동 및 생활방식 변화에 영향을 줌과 동시에 스포츠 마케팅에도 많은 영향을 미친다.

기술적 환경

현대 사회에서 있어서 기술은 급격하게 발전하고 있고 특히 한국은 IT 강국으로서 스포츠 전반에도 다양한 영향을 미치고 있다. 기술의 발전은 사람들의 생활방식에 많은 영향을 미치며, 특히 스포츠 인구를 증가시키는 데 큰 역할을 하였다고 볼 수 있다.

첫째, 기술의 발전은 노령 인구와 여성 인구의 여가를 즐기고 스포츠에 참여할 수 있는 기회와 공간을 마련하게 되었는데, 다양한 가전제품의 발전은 여성들의 가사 노동을 감소시켰고, 자동화 시스템으로 노동자들의 노동시간 감소는 여가시간의 증가로 확대 되었다.

이러한 기술발전에 맞추어서 여가시간을 확보한 사람들은 여가시간 활용을 위한 수단으로 다양한 스포츠를 즐기게 되는데, 여가를 즐기는 가장 대표적인 매개체가 스포츠임은 여러 조사를 통해서 우리는 알 수가 있다.

둘째, 기술의 발전은 시대의 흐름에 따라 변화된 스포츠 소비자들의 욕구를 충족시키는 스포츠 마케팅 활동에 영향을 미쳤다. 즉, 스포츠 소비자들이 스포츠를 좀더 새로운 방법으로 경험할 수 있도록 보다 개선된 상품의 개발을 가능하게 했다는 것이다. 기술 발달이 실내에서 운동을 하면서 실외에서 운동을 하는 기분을 느끼고자 하는 스포츠 소비들자의 욕구를 충족시키는 상품을 가능케 하였다.

셋째, 기술 발전이 스포츠 마케팅 활동 그 자체에 대한 것이다. 컴퓨터 기술과 네트워크의 발달은 스포츠 마케팅 관리자가 마케팅 의사결정을 좀더 쉽고 빠르게 할 수 있도록 하였고, 어느 특정한 주제에 대한 광범위한 지역의 스포츠 소비자들의 의견을 파악하기 위해서 과거에는 몇 달이 걸리던 조사가 인터넷을 활용해서 몇 시간 만에 해결할 수 있게 되었다. 이러한 결과로 스포츠 마케터들은 소비자들에게 조금 더 빠르게 스포츠 제품을 소비자에게 전달할 수 있는 계기가 마련되었고, 스포츠 마케터와 소비자와의 커뮤니케이션 과정을 앞당김으로써 제품이 빠르게 회전될 수 있는 기회를 마련하게 되었다. 이는 소비자들의 만족도를 금방 알아내고 제품의 문제점을 보완하면서 새로운 제품을 개발을 쉽게 할 수 있도록 하는 역할을 하기도 하였다.

사회 및 문화적 환경

사회, 문화적 환경이란 특정 사회의 기본적 가치관 인식 선호성 그리고 행동 등에 영향을 미치

마케팅 休知通

트레이딩 업 & 다운(Trading Up & Down)

레이딩 업 : 감성적인 만족을 위해 고품질의 고가 상품을 기꺼이 구매하려는 경향.

트레이딩 다운 : 실속을 위해서 저렴하고 양이 많은 제품을 구매하려는 경향.

트레이딩 업 & 다운은 한 사람에게서 동시에 일어난 소비 성향으로 자동차나 가전 패션 제품, 스포츠 용품 등을 구입할 때에는 비싼 가격임에도 망설임 없이 지갑을 여는 반면, 할인매장에 갔을 때에는 단돈 몇 백 원을 아끼기 위해 가격 비교를 하며 발품을 파는 사람들이 많다. 자신이 응원하는 팀의 경기 입장권을 구입할 때에는 100~200달러하는 비싼 가격임에도 망설임 없이 지갑을 여는 반면, 스포츠숍에서 스포츠 용품을 구매할 때는 단돈 몇 달러를 아끼기 위해서 여러 쇼핑몰을 돌아다니는 사람을 의미한다고 할 수 있다.

소비의 양극화 현상으로 평범한 수준의 품질과 중가 가격대의 제품은 점점 설 땅을 잃어가고 있다. 품질이건, 가격이건 차별화되어야만 살아남을 수 있다는 진실을 기업들은 다시 한번 기억해야 한다.

고 있는 모든 제도나 영향력을 말한다. 사람들은 특정 사회 속에서 성장하며 그 사회는 사람들에게 기본적인 신념이나 가치관을 만들어 준다. 사회 속에서 생활하는 사람들의 행동과 가치 기준은 그들이 속해 있는 사회가 가지고 있는 특수한 문화와 사람들이 상호 존중해 가면서 사는네 토대가 마련되는 철학, 규범, 관습, 등에 의해 영향을 받는다고 할 수 있다. 최근 들어 스포츠 마케팅 활동에 직접적으로 영향을 미치기 시작한 사회석 문화적 환경으로 사회적 관심을 들 수 가 있다. 주변의 환경 친화적인 스포츠 프로그램을 작성하고 실행하여 스포츠 마케팅을 실행하는 기업들에게 긍정적인 이미지를 심어 주어야 하고, 스포츠 자체로서 인정받을 수 있는 스포츠 이벤트로 이끌어 내는 역할을 하여야 한다.

정치 · 법률적 환경

스포츠 조직은 특정한 활동이나 제품 개발에 규제를 두는 법과 정치적 환경에 많은 영향을 받는데, 이러한 환경의 영향을 스포츠 조직의 마케팅 활동 범위를 제한하기도 하여 스포츠 제품을 개발하고 판매하는 모든 과정에 지속적으로 영향을 미친다.

골프장의 예를 들어보면, 과거에 골프가 사치적이며, 특권층만이 즐기는 운동이고 환경을 파괴하는 주범이라는 정치적 판단을 내렸을 때는 골프장 개발이 제한되었으며 골프장에 특소세가 부과되었는데, 이와 반대로 1998년 이후, 골프의 대중화 선언 이후로 각 지방자치 단체가 조세를 내리기도 히였다.

자연환경

기본적으로 자연환경이라 함은, 마케팅 관리자가 기업의 투입물로서 필요로 하거나 마케팅 활동에 의하여 영향을 받는 자연자원을 의미하는데, 마케터는 각종 심각한 환경문제에 적절히 대응하기 위하여 다음과 같은 네 가지 자연환경의 변화추

골프 대중화 선언 이후 골프인구는 꾸준한 증가 추세에 있다.

❙ 돔구장은 자연환경, 날씨 변화에 관계없이 스포츠 경기를 할 수 있도록 해준다.

세에 대해서 주의를 기울여야 한다. 첫째, 원자재의 부족에 대처하여야 한다. 둘째, 에너지 비용이 상승하고 있다. 셋째, 환경오염이 증가하고 있다. 넷째, 자연환경의 보존과 공해방지를 위한 정부의 규제와 간섭이 증대되고 있다(Kotler&Amstrong 2001). 자연환경은 최근 들어 비즈니스뿐 아니라 다방면에 주요 쟁점 중 하나로 스포츠 마케터 역시 자연환경과 관련된 주요 동향을 인식하고 능동적으로 대처해야 할 필요가 있다.

예를 들어 그 지역의 기후는 그 지역에서 발전하는 스포츠 형태를 결정하게 된다. 스포츠 마케터는 자연환경 또는 물리적 환경을 관람객과 스포츠 활동 참가자를 위해서 통제하기도 하는데 1997년 호주 오픈 테니스대회의 경우 무더위로 인해 테니스 코트의 천정을 닫고 인공적으로 환경을 통제하려 하였다.

또한, 한국의 프로야구에서는 장마 기간에 야구를 할 수 없는 환경이다. 따라서 비가 와도 야구 경기를 진행할 수 있도록, 그리고 프로야구의 발전 등 다양한 이유를 통해서 돔구장을 건설하고 있는 사례도 자연환경에 적응하여 새로운 방향을 모색하고 있는 모습이라고 할 수 있다.

2. 미시적 환경

미시적 환경에서 마케팅관리자는 고객의 욕구 충족을 위해서는 표적시장에만 초점을 둘 수 없으며 기업의 미시적 환경을 구성하고 있는 요소를 주시하여야 한다. 즉 기업의 내부에서 공급업자 중간상, 고객, 경쟁업자, 대중 등 미시적 환경요소의 변화를 주시하여 여기에 맞게 4P를 조정함으로써 고객의 욕구를 충족시킬 수 있으며 이를 통하여 표적고객과의 교환관계를 유지시킬 수 있다.

기업의 성공 여부는 고개의 욕구를 경쟁기업에 비하여 보다 효율적으로 충족시킬 수 있느냐에 달려 있다. 따라서 기업은 그들이 목표로 하고 있는 고객시장을 면밀하게 분석하여야 한다. 고객시장은 소비자시장, 산업시장, 재판매업자 시장, 정부시장, 국제시장으로 구분할 수 있다. 기업은 표적고객의 욕구에 따라 적응하는 것 이상의 노력을 경주하여야 한다. 대중이란 기업이 자신의 목적을 달성할 수 있는 능력에 실제적 혹은 잠재적 영향을 미치는 모든 집단을 말한다. 기업의 마케팅 환경에 포함되어 있는 대중에는 금융기관, 언론매체, 정부, 시민단체, 사회력을 가진 내부공중단체로 공기업능력의 실제기업은 표적시장을 대상으로 마케팅 계획을 수립할 수 있는 몇 단체와 마찬가지로 대중을 대상으로 마케팅 계획을 수립하여야 한다.

소비자

스포츠 조직과 스포츠 소비자는 여러 형태의 관계를 유지하면서 상호 보완하면서 존재한다. 즉, 소비자는 조직이 조직이념을 수행하고, 이윤을 창출할 수 있는 기회를 제공해 주고, 조직은 소비자의 욕구를 충족시키는 위해 노력한다. 이러한 관계가 진행되고 있는 과정에서도 소비자의 욕구 내용과 만족도는 지속적으로 변해 간다. 그래서 스

맨체스터 유나이티드 초청경기에서 공연하는 가수의 모습

포츠 조직은 소비자에게 지속적인 만족을 제공하기 위해서 마케팅 믹스를 변화시키게 되는데, 이런 측면에서 스포츠 소비자의 변화는 스포츠 마케팅 활동 변화에 영향을 준다고 할 수 있다.

공급자

스포츠 조직이 제품에 대한 가격 경쟁력을 갖기 위해서는 제품을 만들 때나 이벤트를 실시할 때 안전하고 경제적인 가격으로 공급받는 것이 매우 중요하다. 그렇기 때문에 스포츠 조직의 마케팅 관리자는 원료의 공급자가 원료를 적정한 가격으로 안정성 있게 공급해 주고, 대체 재료를 공급하는 데 영향을 미치는 요인들을 가볍게 생각해서는 안 된다.

유통업자

스포츠 조직이 스포츠 서비스나 개발된 스포츠 용품(축구공, 유니폼 등)을 소비자에게 접근시키기 위해서는 운송, 저장, 판매할 유통시스템이 필요하다. 이런 활동들을 스포츠 마케팅 관리자들에게 제공해 주는 사람들이 바로 유통업자들이며, 그들이 제공하는 서비스들과 유통가격은 스포츠 마케팅 활동의 경제성에 큰 영향을 미친다.

경쟁자

비슷한 스포츠 제품이나 스포츠 이벤트가 동시에 같은 기간에 제공될 경우 경쟁자라고 할 수 있으며, 경쟁자들이 갖고 있는 능력들은 스포츠 마케팅의 전략을 수립하는 데 영향을 미친다.

대 중

대중은 마케팅 전략상 스포츠 마케터가 표적시장으로 정해서 마케팅을 실행하는 소비자라고 할 수는 없지만, 스포츠 조직이 이미지 형성이나 소비자들의 구매 행동 등에 간접적인 영향을 미친다. 스포츠 마케팅 관리자는 마케팅 전략을 수립할 때 대중이 표적 소비자들에게 갖는 영향력을 고려해야 한다.

채권자

스포츠 마케팅 관리자가 필요한 자금을 좋은 조건으로 얻어 내는 능력은 경제적인 가격으로 실 좋은 원재료를 구입하는 것만큼이나 스포츠 조직의 성공에 중요한 영향을 미친다.

평소에 채권 관리자들과 좋은 관계를 유지하도록 노력할 필요가 있으며, 또한 스포츠 마케팅 담당자들은 채권자들(은행, 투자기관 등)과 관련된 정부의 정책이나 채권 현장의 변화나 동향에 항상 관심을 두고 변화에 적합한 조치를 시기에 맞게 취해야 할 필요가 있다.

정 부

정부의 정책이나 규제는 기업 내의 마케팅 전략에 많은 영향을 미친다. 특히 스포츠 마케팅 활동의 범위를 결정하는데 직접적인 영향을 미친다고

마케팅 休知通

경마장 효과

한번 판매가 이루어지면 고객의 심리 비용은 급격히 떨어진다. 이를 경마장 효과라고 하는데, 어떤 말에 내기를 걸어야 할지 결정해야 할 때는 심리 비용이 크지만 일단 말을 결정하여 내기를 걸고 나면 그 후부터는 괜히 자신이 내기를 건 말이 우승할 것이라는 묘한 확신이 드는 심리적인 안도감을 말한다.

이런 현상은 스포츠 토토에서도 나타난다. 스포츠 토토를 구매한 사람은 왠지 모르게 자신이 승리할 것이라고 정한 팀이 이길 것이고 자신이 배팅한 팀이 큰 점수차로 승리할 것 같은 느낌을 받는 것처럼, 상품을 구매한 고객 또한 자신의 판단과 선택이 옳았다고 느끼는 것을 말한다. 스포츠 팀도 마찬가지고 자기가 응원하는 팀과 선수가 최고이고 반드시 이길 것이라는 확신이 크다.

할 수 있다. 예를 들어 문화 체육 관광부가 스포츠 산업을 국가 기간산업으로 육성한다고 발표한 뒤에 스포츠 산업을 활성화 시키는 마케팅 활동은 정부로부터 행정적인 도움을 받을 수 있는 확률이 상대적으로 높아졌다고 볼 수 있다.

3. 내부 환경

스포츠 기업 내에서 수행되는 마케팅 활동은 마케팅 부서만의 노력으로는 성공하기 어렵다 조직 내 다른 부서나 조직원들의 협력 없이는 시장에서 경쟁력 있는 스포츠 마케팅 활동을 수행하기가 쉽지 않을 것이다. 물론 스포츠 마케팅 부서만의 노력으로 마케팅 활동을 수행할 수 있긴 하지만, 마케팅의 목적을 달성하기 위해서 조직 전체의 의지가 반영되고 노력이 투입된다면 조금 더 효율적인 스포츠 마케팅을 실행할 수 있을 것이다.

이렇게 스포츠 조직 내의 마케팅 활동은 다른 부서의 공식적인 또는 비공식적인 도움을 받아야 한다. 예를 들어, 프로축구 연맹의 스포츠 마케팅 관리자가 연맹의 이미지를 향상시키기 위해 시민과의 친밀감을 좀더 강화시키려는 마케팅 홍보 활동을 하고자 할 때, 마케팅 부서에서 홍보물과 도우미만을 활용해서는 실행하는 마케팅보다 스타 선수들을 활용하면 더욱 효과적일 것이다. 물론 선수들의 협조를 받기 위해서는 개개인별로 선수들과의 협의가 우선적으로 이루어져야 하며, 평소 타 부서와의 우호적인 관계가 결정적인 역할을 하기도 한다.

맨체스터 유나이티드의 스포츠 마케팅 활동

제 3 장 스포츠 소비자 구매 행동 모델과 의사결정 과정

제 3 장

스포츠 소비자 구매 행동 모델과 의사 결정 과정

1. 스포츠 소비자 구매 행동 유형

스포츠 소비자 행동이 일어나는 상황들은 소비자 특성이나 제품과 무관하게 특정의 장소나 시간에서 구매·사용 행동에 영향을 미치는 요인들로 구성된다. 소비자 행동에 영향을 미치는 상황은 다음과 같은 요소들로 구성되어진다.

(1) 물리적 환경

소비자 행동에 영향을 미치는 모든 형태의 비인적 요소를 말하는데, 경기장의 위치, 스포츠센터의 기구 조합, 실내 장식, 음향, 조명, 날씨, 냄새, 지도자 수준 등이 포함된다.

(2) 사회적 환경

스포츠 소비자 행동에 영향을 미치는 인적 요소를 의미하는데, 타인의 존재 여부, 그들의 특성이나 역할, 상호 작용 등이 이에 해당된다. 사회적 환경은 사람들 간의 직접적·사회적 상호 작용(팀이나 선수에 대해 친구와 이야기를 나누거나 판매원에게 질문하는 행위)과 간접적인 상호 작용(다른 사람들의 응원 행위, 구입 형태, 복장 등) 모두를 포함한다. 다른 사람들과 집단을 이루어 함께 응원하고 쇼핑하는 것은 더 많은 팀과 제품을 탐색하며 계획보다 더 많은 지출을 한다.

(3) 시 간

스포츠 소비자 행동은 다른 제품과 달리 계절과 시간과 관련된 요소에 의해서도 영향을 받는데 하루 중의 어느 때인가, 1년 중 어느 계절인가 혹은 시간 제약과 소요시간 등이 이에 해당 된다. 예를 들면 소비자들은 시간 압박을 받게 되면 외적 정보탐색 과정을 생각하고 기억에 주로 의존하며, 평가 대안의 수를 줄일 가능성이 높다.

(4) 과업 정의

스포츠 소비자가 특정 선수나 팀의 제품을 구매·소비하고 싶은 욕구를 발생시키는 것을 말하는데, 소비자의 특정 제품이나 상표에 대한 구매는 그 소비자가 결정한 과업의 특성에 따라 달라 질 수 있다. 예를 들면 자신이 직접 팀을 위해 구입하는 응원 도구나 유니폼과 타인을 위해 선물하기 위해 구매하는 것과는 다르듯이 어떠한 환경에 처해 있느냐에 따라 달라진다.

독일 월드컵 경기장 주변에 설치된 아디다스 행사장 이벤트에 참가한 소비자 모습

마케팅 休知通

케네디 스코어

스포츠 광으로 유명한 존 F 케네디 미국 대통령은 1960년 상원의원 시절 대통령 후보 출마 이후 민주당 후보 경선 TV정책 토론회에서 한 기자가 물었다. "당신은 야구에서 어떤 스코어가 가장 재미있다고 생각하십니까?" 스포츠에 얼마나 조예가 깊은지를 테스트하기 위해서 였는데 이때 케네디는 거침없이 8대 7이라고 대답을 하였다.

한 팀이 달아나면 따라 붙거나 역전시켜 점수를 뒤죽박죽으로 만드는 공방전을 만들어 마지막 순간까지 손에 땀을 쥐게 만드는 점수로 이는 점수가 많이 나지 않는 지루한 투수전도 아니고, 한 팀이 10점 이상을 내 승부가 뻔하지도 않는, 난타전과 역전극이 교묘히 연출해낸 상황이기 때문이다.

펠레 스코어

축구에서는 3대 2를 가리킬 때 펠레 스코어라고 한다. "축구는 한 골차 승부, 그 중에서도 3대 2 점수가 가장 흥미롭고 이상적"이라는 브라질 축구황제 펠레의 발언에서 유래되었다.

그러고 보면 케네디 스코어나 펠레 스코어에 큰 공통점이 있다. 시간제한이 아닌 보통 4시간 가량의 야구 경기에서 8대 7 총 15점을 내려면 17분마다 점수가 나오고, 90분 간의 축구경기에서 3대 2는 평균 18분 간격으로 골이 터지는 것이다.

바로 17-20분은 보는 사람들의 흥분도를 자극하는 시간이다. 사람들의 뇌의 집중력 한계가 보통 20분 정도라는 정신의학자들의 지적과 일맥상통하는 데 이러다 보니 케네디, 펠레 스코어가 날 경우 관중은 경기 내내 짜릿함을 만끽할 수밖에 없다는 얘기이다.

점수로 관중들을 즐겁게 할 수가 없기 때문에 미국의 메이저 스포츠나 국내 프로스포츠 경기를 보노라면 18-20분마다 관중들의 눈과 입 그리고 마음을 즐겁게 하는 이벤트가 벌어진다.

(5) 선행 상태

스포츠 참여나 관람의 행동이 일어나는 동안에 소비자가 경험하게 되는 생리적, 인지적 혹은 감정적 상태를 말한다. 소비자의 일시적인 감정과 기분이 구매 행동에 영향을 미치게 된다.

그러나 수많은 환경 요인들 중에서 인지적·감정적 반응과 행동에 영향을 미치는 중요한 환경 요인들은 상황에 따라 다르므로, 구체적인 상황 하에서 이들의 영향을 이해할 필요가 있다. 상황은 소비 상황, 구매 상황 그리고 커뮤니케이션 상황으로 분류된다.

(6) 소비 상황

소비자가 제품을 사용하는 과정에서 영향을 미치는 환경 내 사회적·물리적 요인들을 말한다. 가령 소비자는 농구연습을 하기 위해 실외에서 부담 없이 사용할 수 있는 저렴한 가격의 공을 구입하고, 시합을 하거나 친구들과의 실내 연습을 위해서는 Spalding의 최고급 가죽 공을 구매할 수 있는 것이다. 스포츠 소비 상황에서도 사용하는 연습용 스포츠 용품과 시합용 스포츠 용품이 다르듯이 마케터는 표적소비자들이 주로 어떤 상황에서 어떤 제품을 소비·사용하는지를 규명할 수 있다면 자사의 브랜드가 처한 상황에서 소비·사용될 수 있도록 포지셔닝 할 수 있다.

(7) 구매 상황

구매 상황은 스포츠 소비자가 제품을 구매하는 과정에서 영향을 미치는 환경 요인들을 말한다. 중요한 구매 상황은 경기장 환경, 점포 환경, 구매 목적, 구매 시점에서의 소비자의 기분 상태, 예기치 않은 사태 발생(재고 소진, 불량 제품, 사이즈 없

스포츠를 통한 소비는 나이와 상관없이, 프로그램에 따라 소비되어진다.

음, 월드 시리즈 참가) 등을 포함한다. 각 환경에 따라서 차이가 있기 때문에 마케터는 어떠한 상황이 벌어질지를 예측하고 미리 준비할 필요가 있다.

(8) 커뮤니케이션 상황

스포츠 소비자들이 인적·비인적 매체를 통해 제품정보에 노출되는 상황을 말한다. 이는 제품을 구입하려 매장에 들어갔을 때 판매원의 설명이나 서비스 상황의 대인 간 접촉이나 비인적 접촉인 점포 내 디스플레이나 음식점의 청결 상태로 구분할 수 있다. 커뮤니케이션 상황은 제품정보에 대한 주의, 이해 그리고 감정이 중요하다.

2. 소비자 행동 모델

소비자 행동

현대 사회의 소비자와 관련된 문제를 해결하기 위해서 우선 소비자를 정확히 이해하여야 한다. 소비자를 단순히 "재화와 서비스를 소비하는 자"라고만 정의하기에는 현대 사회에서의 소비자의 개념이 그렇게 단순하지만은 않다. 소비자는 재화와 서비스의 소비자인 동시에 또한 구매자이며, 그 주체가 개인일 수도 있으며, 여러 개인의 집단 집합체인 조직이 될 수도 있다. 다시 말해 현대의 소비자(들)는 어느 한 특징으로 규정지을 수 없는 다양한 특성을 지닌 이질적인 개인 혹은 집단으로 시장에 존재하고 있다.

학문으로서의 소비자 행동(consumer behavior)은 소비자의 제반 행동과 관련된 항목들에 대해

그림 3-1 | 소비자 행동 모델

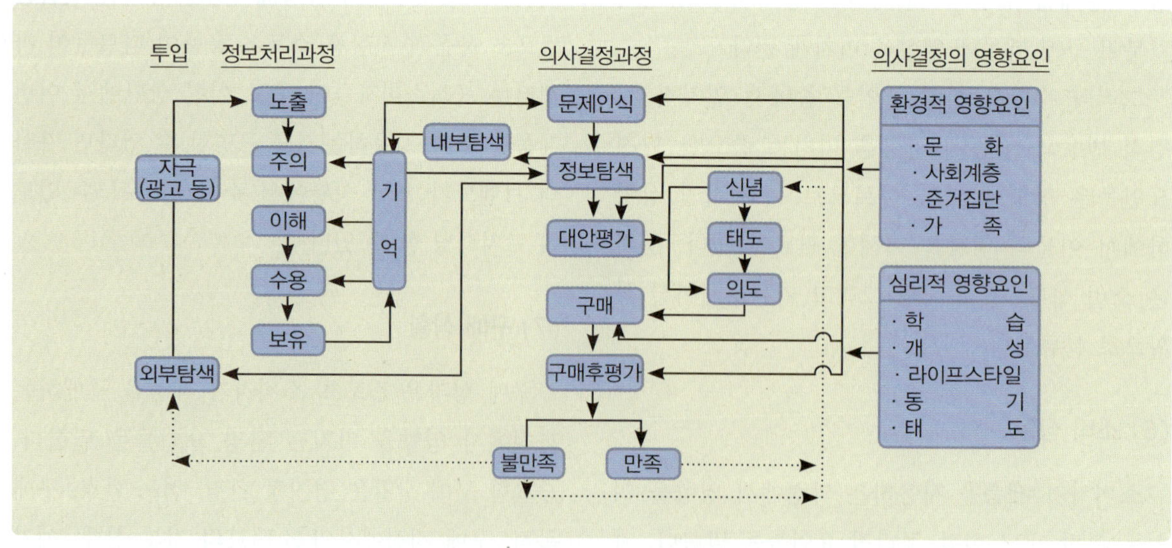

출처: James F. Engel, Roger D. Blackwell and Paul W. Miniard(1990), *Consumer Behavior*, 6th ed., Orlando,Florida: The Dryden Press Harcourt Brace College Publishers, p.482.

춘천 월드레저 총회 개막식 모습 – 전 세계 레저인이 함께한 레저 소비 축제

소비자들이 그들의 돈, 시간, 노력 등의 자원을 어떻게 사용하기로 결정하는가를 연구하는 분야이다. 소비자 행동을 분명히 이해하기 위해서 소비자의 의미와 행동에 대한 명확한 이해가 필요하며 이를 통하여 기업은 서브하는 시장의 소비자의 특성·선호를 파악하여 소비자에 부응하는 마케팅 전략의 수립 및 집행을 하게 된다.

사회가 점차 발전되어 감에 따라 한 사회에서 구매행위(buying behavior)가 갖는 의미는 더욱 중요해지게 되며 소비행위의 주체인 소비자(consumer)의 중요성 역시 증대하게 된다.

마케팅 담당자는 시장과 기업규모가 커짐에 따라 직접적으로 소비자와의 만남이 어려워졌으며, 경영자들은 점차적으로 소비자 조사나 연구에 더 많은 비용을 지출하고 있다. 마케팅 담당자들의 가장 큰 관심은 '소비자들이 마케팅 담당자들이 통제하는 여러 가지 다양한 자극에 어떻게 반응하는가'이며 여러 가지 제품의 특성, 가격, 광고 등에 소비자들이 어떻게 반응하느냐를 이해하는 기업은 경쟁자에 비해 차별적인 경쟁우위(differential competitive advantage)를 지니게 된다.

소비자들이 특정 제품이나 서비스를 왜 구매하는가의 배경에는 사회학, 심리학, 경제학적으로 매우 다양한 요인을 지니고 있어서 소비자의 행동분석 및 이해가 용이하지 않다.

소비자 행동을 설명하고자 하는 의도 하에 규범적이고(normative), 기술적인(descriptive) 모델이 많이 제시되었다.

초기의 기본적인 모델은 소비자 구매 행동 과정을 자극(stimulus) → 유기체(organism) → 반응(response)으로 설명하는 자극 반응 모델(Stimulus-Response Model)이 주종을 이루었으나, 이후 외적 자극에 대하여 정보처리 과정과 의사결정 과정을 결합하여 구매 행동으로 이어지는 유기적 관계를 반영한 행동과학적 접근법에 입각한 종합 모델이 제시되었다. 이 중 가장 대표적인 모델인 엥겔, 블랙웰, 미니아드(Engel, Blackwell & Miniard) 모델을 중심으로 소비자 의사결정 과정(consumer decision process)을 설명하면 〈그림 3-1〉과 같다.

그림에 나타난 이 모델은 의사결정 과정의 단계와 여러 가지 내생변수와 외생변수 사이의 상호관계를 명확히 하였고, 신념과 구매의도 단계가 보다 정확하게 변수들을 규정함은 물론 소비자 행동을 네 부분으로 나누어 모델화하고 있다. 즉, 여러 가지 자극이라는 투입 요인(input factors)이 있고, 이것이 소비자 내부의 인지과정에 들어가서 기억되는 정보처리 과정이 있으며, 구매의사결정이 5단계의 과정에 걸쳐 일어나는데 이러한 행동에 영향을 미치는 변수로서는 환경적 영향 요인과 심리적 특성 요인들이 있음을 보여주고 있다.

이 모델은 소비자가 어떠한 과정을 통해 정보를 입수하고 구매의사결정을 하며, 구매 후 평가결과 어떤 행동이 나오는가를 잘 설명해 주고 있을 뿐만 아니라, 이러한 행동에 영향을 미치는 외생변수로 사회·문화적인 환경 요인과 심리적인 요인을 제시하면서 행동과학적으로 소비자 행동을 분석하고 있다.

이상에서 알 수 있듯이 소비자의 구매의사결정은 당사자의 독특한 사회 문화적·개인적 및 심리적 요인들에 의해 크게 영향을 받는다는 것을 알 수 있다.

스포츠 소비자의 욕구

(1) 참여 스포츠로서 소비자의 욕구

골프 드라이버를 구입하는 것은 드라이버 자체가 아니라 멀리 그리고 정확하게 보내기 위해서 구입한다. 마치 화장품을 구입하는 것은 그 화장품 자체를 구입하는 것이 아니라 화장품을 사용하여 아름다워지는 것을 추구하는 것과 같은 이치이다.

결국, 소비자는 그 상품 자체가 아니라 상품으로부터 얻는 효용(benefit)을 추구하고 기대하는 것이다. 이러한 스포츠 소비자들의 욕구를 이해하기 위한 이론으로는 매슬로우의 5단계 욕구 계층설을 스포츠에 적용하여 보면 쉽게 이해할 수 있다.

〈그림 3-2〉를 보면 스포츠 자체를 즐기는 사람이 어떠한 목적을 가지고 하느냐에 따라 추구하는 가치가 달라지는 것을 볼 수 있다.

| 그림 3-2 | 매슬로의 욕구 계층설과 스포츠 참여의 욕구 계층설

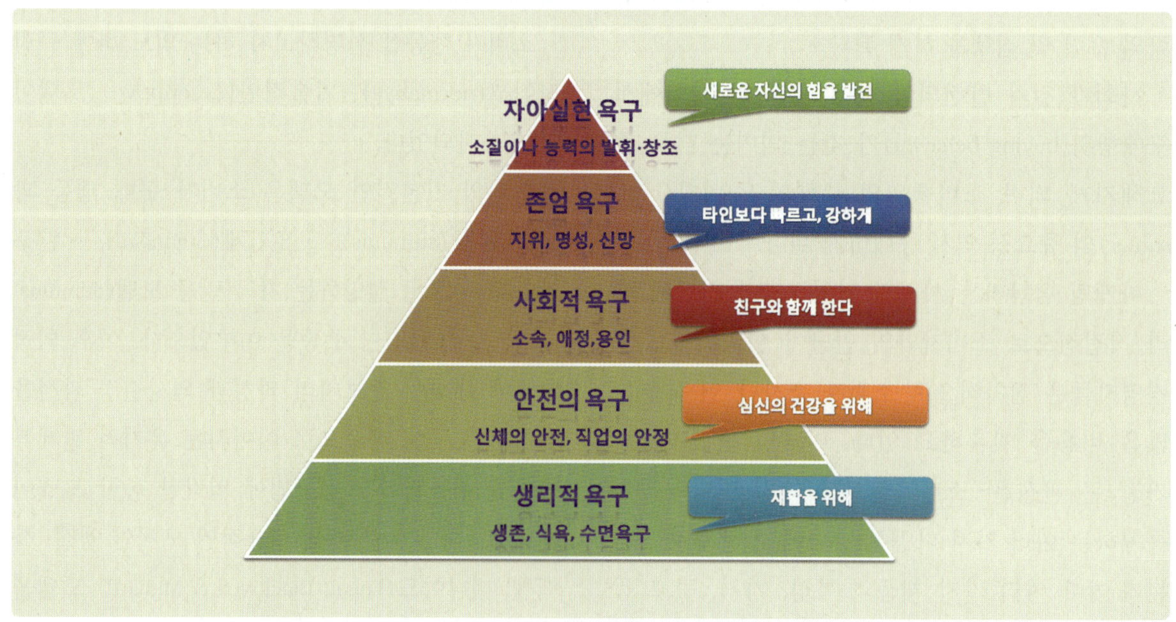

출처: 박찬규 외 5인, 〈스포츠 매니지먼트〉, p.49.

마케팅 休知通

3의 법칙

몇 명이 조직을 바꿀 수 있을까? 3은 군중 심리가 시작되어, 전체를 움직일 수 있는 수이다. "3명이 모이면 집단이라는 개념이 생기고, 이 집단의 행동은 사회적 규범이 되고, 그것은 어떤 목적을 갖는 것으로 인식된다. 3명의 행동에는 그럴 만한 이유가 있는 것으로 느끼게 된다"

2005년 지하철 천호역에서 한 남자가 열차와 플랫폼 사이에 몸이 낀 사고가 발생했다. 많은 사람들은 웅성거리며 지켜보고만 있었는데, 그 때 3명이 먼저 지하철을 밀기 시작했다. 그제서야 다른 사람들도 몰려들어 돕기 시작했다. 그 결과, 남자는 구출될 수 있었다.

어느 조직이나 팀에서도 마찬가지이다. 비전을 함께한 3명만 있을 수 있다면 그 조직은 바뀔 수 있다.

(2) 관람 스포츠로서 소비자의 욕구

관람 스포츠와 관련된 욕구는 참여 스포츠와 달리 경기장을 찾아야 하고 시간을 내야 하기 때문에 고차원적인 욕구에 해당하는 경우가 많다. 경기장을 찾는 이유는 크게 세 가지로 나눌 수 있는데 첫째, 경기 자체가 재미있어서 즉 선수들의 기술이나 팀워크를 보러 가는 것이다. 이 경우에는 진정 스포츠 관람을 통해 자신의 실력을 향상 시키려는 데 목적이 있다.

둘째, 내가 속해 있는 지역의 팀이니까, 내가 졸업한 학교니까, 내가 좋아하는 선수가 있으니까의 주관성과 연관된 소속 관계 때문에 경기장을 방문하는 경우이다. 팀의 이름에 지역 이름을 붙이고, 지역을 기반으로 팀을 구성하고 프랜차이즈 스타를 확보하는 것이 프로스포츠들이 하고 있는 마케팅 현상들이다. 이 경우는 소비자의 충성도가 꽤 높기 때문에 마케터는 이러한 소비자들을 잘 관리하고 분석할 필요가 있다.

셋째, 경기장 분위기가 좋아서 가는 경우이다. 경기장에 재미있는 이벤트가 벌어진다거나, 여자친구가 좋아해서 간다거나, 아니면 이벤트에 내가 좋아하는 가수나 엔터테인먼트가 나와서 가는 경우이다. 새로운 고객을 확보하는 데 가장 좋은 방법 중 하나이지만 분위기의 매력도가 떨어지면 소비자들을 바로 발길을 돌리기 때문에 마케터는 이를 잘 활용하여야 한다.

이처럼 경기장을 찾는 이유가 각기 다르기 때문에 스포츠 마케터는 팀의 관람객 구성을 분석할 필요가 있다.

3. 스포츠 소비자 행동의 관여도

스포츠 참여에 대한 관심은 스포츠 제품의 선택에 큰 영향을 미친다. 관여도는 구매 행동과 관련된 신리적 특성중 하나이며, 관여도는 주어진 상황에서 특정 대상에 대한 개인의 중요성 지각 정도, 관심도 혹은 주어진 상황에서 특정 대상에 대한 개인의 관련성 지각 정도를 말한다. 스포츠 소비자의 관여도 결정은 개인적 특성, 제품적 특성, 상황적 특성에 의하여 결정되어진다.

잠재 소비자를 위한 투자가 필요하다.

소비자의 경제적 상황 또한 제품 선택에 영향을 미친다.

스포츠 관여도 결정 요인

스포츠 소비자는 구매의사결정 과정에서 관여도 수준에 영향을 미침으로써 의사결정과 행동 반응의 변화를 유발시킨다.

(1) 개인적 특성 요인

스포츠 소비자의 스포츠에 대한 욕구나 충동, 지식은 관여도를 유발함과 동시에 그 정도에 따라 관여도 수준을 결정하며, 욕구와 동기가 활성화되지 않으면 관여도가 존재하지 않는다. 스포츠 제품이 소비자의 자아실현을 반영할 수 있는 특성을 가지고 있을 경우 높은 관여도 수준을 보이며 지속적이고 안정적인 성향을 보인다.

(2) 제품적 특성 요인

스포츠 소비자의 관여도는 구매나 소비 시점에서 제품에 대해 지각된 위험의 크기가 증가하든, 소비자 욕구와 가치를 만족시키는 제품일 때 또는 자신이 확신을 가지고 제품에 대한 결과를 예측 할 수 없을 때 선택 대안들 간에 차이가 많다고 인지할 때 등 스포츠 제품의 특성적 요인에 따라 증가한다.

(3) 상황적 특성 요인

시장의 상황적 특성은 스포츠 소비자의 개인적 특성과 상호 작용하여 관여도 수준을 결정하고 지속적이기보다는 단기적인 경우가 많은데, 일반적으로는 구매 행동과 관련하여 구매가 이루어지면서 약화된다. 스포츠 소비자의 개인적 특성 요인이나 제품적 특성 요인은 지속적 관여도의 형태를

표 3-1 고관여 vs 저관여 의사결정 과정

특 징	고관여	저관여
문제 인식	공통적	공통적
정보 탐색	• 탐색 동기가 높다 • 다양한 정보원을 이용(각종 매체나 준거집단)	• 탐색 동기가 낮다 • 광고에 수동적으로 노출 • 판매 시점 광고(point of purchase)의 영향을 많이 받는다
대안의 평가	• 까다로운 평가 절차 사용 • 평가 기준으로 여러 가지 사용 대안들을 잘 평가 • 신념, 태도, 구매의도 등이 강하게 형성되어 있음 • 보상적 평가 방식을 이용	• 제한된 평가 기준 사용 • 대안들을 서로 비슷한 것으로 인지 • 비보상적 평가 방식 사용 • 평가의 수단으로 구매하려 함
구 매	• 비교 쇼핑 • 의사결정을 통해 점포 선정 • 때로는 구매시 협상과 커뮤니케이션이 사용됨	• Self service 선호 • 종종 판촉 수단에 이끌려 구매함 • 구매 사용 후 제품 평가를 할 경우가 있음
구매 후 행동	• 자신이 한 구매에 대해 인정받으려 함 • 구매에 대하여 만족한 경우 • 상표 애호도가 형성되어 재구매 피해에 대하여 구재받으려 함	• 상표 애호도에 의해서가 아니라 타성에 젖어 똑같은 상표 재구매 • 불만족한 경우 다른 상표를 구매

출처: Thomas S. Roberton, Joan Zielinski, Scott Ward(1984).

보이나 상황적 특성 요인은 상황적 관여도의 형태를 보인다.

관여도를 증가시키는 요인

(1) 제품의 중요도

소비자의 자아 이미지가 제품과 연결될 때, 제품이 소비자의 가치에 연결된 상징적 이미지를 가질 때(애플의 아이패드를 소유할 때 앞서가는 이미지를 보여줄 수 있다), 제품이 고가일 때, 슈퍼볼을 관람하거나 월드시리즈 관람 자체가 스포츠에 대한 관심과 열정을 보여 주게 된다.

(2) 제품이 감성 소구를 가질 때

소비자들은 제품에서 단지 기능적인 편익만을 추구하려 하지 않는다. 종종 정서적 반응을 유발하는 편익을 찾기도 한다. 예를 들면 나이키의 마이클 조던화를 소유한 사람들은 기능적 편익을 넘어서 더욱 정서적인 반응을 보인다.

(3) 제품에 대한 지속적인 관심

스포츠 패션에 의식적인 소비자는 의류에 지속적인 관심을 갖고, 모자에 관심을 갖는 사람은 모자에 지속적인 관심을 갖는다.

(4) 제품의 구매가 상당한 위험을 수반할 때

제품의 구매가 재무적, 기술적, 사회적, 신체적 위험을 수반할 때 소비자들이 제품구매에 대한 관여도가 증가한다.

스포츠 소비 행동 관여도 분류

스포츠 소비자 관여도는 일반적인 분류로 행동적·인지적·감정적인 형태가 있으며, 수준에 따라서 고관여, 저관여가 있고, 시간에 따라서 지속적인 관여와 상황적인 관여가 있다.

마케터는 소비자의 마음을 꿰뚫어 보아야 한다

(1) 일반적인 관여도 분류

일반적으로 스포츠 관람과 스포츠 활동에 직접적으로 왜 참가하고 제품을 왜 구매하는가에 대한 일반적인 심리상태를 대상으로 분류하는 것이다.

행동적 관여도

스포츠 제품의 생산자나 소비자로서의 역할을 의미하며 경기장에 직접 출입하는 관중이나 스포츠를 직접 행하는 소비자의 관여도 수준을 의미한다.

인지적 관여도

실용적 동기에 의한 것으로 제품이나 서비스의 기능적 성과에 관심을 갖기 때문에 발생하는 관여도이다. 스포츠에 대한 정보와 지식의 습득과 관련된 것으로, 매체를 통해서 정보를 습득하거나 참여하는 관여도의 수준이다.

정서적 관여도

가치 표현적 동기에 의한 것으로 제품이나 서비

NIKE STUDIO – 자신만을 위한 티셔츠를 만들 수 있는 NIKE ID 공간

스를 사용함으로써 자기 이미지를 전달하는 데 관심을 갖기 때문에 발생하는 관여도이다. 즉 스포츠에 대한 행동적인 관여도나 인지적 관여도를 통해서 갖게 되는 좋은 감정 혹은 나쁜 감정적 태도로서의 관여도 수준이다.

(2) 수준에 따른 분류

소비자가 어떤 제품군을 선택할 상표를 결정하기 위하여 제품에 대한 정보를 탐색하고 평가할 때, 그 제품군에 대한 관여도가 높으면 낮은 경우에 비하여 보다 노력을 기울이며 신중해진다. 그러므로 높은 관여도를 나타내는 소비자는 정보를 적극적으로 구하며 구매에 있어서도 심도 있고 복잡한 의사결정 과정을 거치게 된다. 관여도 수준에 따라 고관여와 저관여로 구분된다.

고관여

관여도의 수준이 높은 것을 말하는 것으로 스포츠 소비자들은 보다 적극적인 정보 탐색, 신중한 선택과정 및 구매에 시간을 많이 할애하고, 구매 후에도 정보에 기초한 제품 평가를 수행함으로써 인지적인 평가에 기초하여 만족 판단을 수행할 가능성이 크다.

저관여

관여도의 수준이 낮은 것을 말하여 저관여 소비자는 소극적인 정보 탐색에 의한 구매 행동을 보인다. 대부분의 저관여 제품은 소비자의 관여가 낮기에 계산대 옆에 설치되거나 비치되어 판매가 이루어진다.

표 3-2 관여도에 따른 문제해결

관여도	구 분	내 용
고	포괄적 문제 해결	소비자가 상당한 시간과 노력을 투입하여 수집한 정보를 근거로 여러 대안들을 신중하게 평가하여 최종 선택을 하는 것
중	제한적 문제 해결	포괄적 문제 해결에 비해 상대적으로 적은 시간과 노력을 투입하는 경우
저	일상적 문제 해결	저렴한 가격의 볼, 기호품이나 일상적인 생활 용품 등을 대상으로 한 구매의사결정에 해당

(3) 시간에 따른 분류

관여도는 시간 혹은 기간 개념과 관련하여 지속적 관여도와 상황적 관여도로 나누어진다.

지속적 관여도

스포츠 활동에 지속적으로 참여하고 자신이 좋아하는 팀에 대하여 개인적인 관련성이 높은 경우에 발생하며, 구매와 관련 없이 계속적이며 평상시에도 관여도가 발생한다. 그러나 특정 제품에 대한 지속적 관여도의 수준은 시간의 경과에 따라 제품 사용에 대한 중요성 인식이 변할 수 있다. 이것은 나이와 사회적 수준이라는 시간적 상황의 변화에 따라 운동량과 관련하여 스포츠 종목을 변경하는 경우에 해당된다.

상황적 관여도

특별한 상황에 처했을 경우 발생하는 순간적인 것으로 구매 시점에 관여도가 발생하는 것을 의미한다. 예를 들면 월드컵 축구 결승전 입장권을 구매하려는 시점에서 경기장 폭력사건이나 경기장 테러사건이 발생되면 오랫동안 갈망해 왔던 경기 관람을 철회하는 경우이다. 반대로 월드컵의 분위기가 좋아지자 평소 좋아하지 않던 축구 경기를 관람하러 가는 경우도 예속한다.

스포츠 소비자는 제품을 구매하는 데 있어서 제품을 구매할 것인지 구매하지 않을 것인지 결정을 내리며, 구단이나 연맹은 스포츠 소비자가 무엇을, 어디서, 어떻게, 얼마나, 언제, 그리고 왜 구매하는지에 대한 구체적인 해답을 얻고자 소비자의 구매와 소비 행동을 연구한다. 마케터 역시 소비자가 무엇을, 어디서, 얼마나, 어떻게 구매하는지에 대해 알기 위하여, 실제 소비자 구매에 대해 연구하고 있다.

마케터에게 가장 핵심적인 질문은 어떻게 소비자들이 기업이 사용하는 다양한 마케팅 활동에 어떻게 반응하느냐의 문제인 것이다. 그 출발점은 구매자 행동의 자극-반응모형(stimulus-response model)이다. 마케팅 자극 및 다른 자극이 소비자의 '잠재의식'(black box)에 들어가서 어떠한 반응을 일으키는지 마케터는 분석하여야 하고 소비자의 블랙박스(black box)에 무엇이 들어 있는지 알아 내는 것이 중요한 과제이다.

스포츠 소비자 행동을 정확하게 분석하고 상황에 맞는 전략을 수립하면 확실한 성공이 보장된다. 그러나 소비자 행동을 정확하게 분석하고 진단한다는 것은 그리 쉬운 일이 아니다.

소비자 반응에 대해서도 제품 선택, 상표 선택, 판매상 선택, 구매 시기, 구매량과 같이 구체적으로 제시한 Kotler의 블랙박스 이론을 보면 〈그림 3-3〉과 같다.

관여도에 따른 문제해결 유형

소비자 행동은 소비자들이 적극적으로 정보를 탐

| 그림 3-3 | Kotler의 수정된 블랙박스 이론

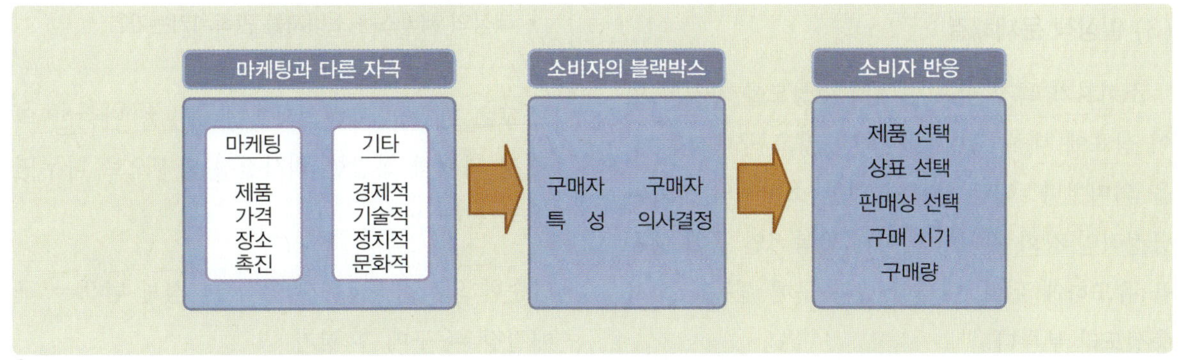

ㅣ 소비자의 관여도는 자신의 취미와 상관이 있다.

색하고, 관여도에 따라 신중하게 구매결정을 하는 문제해결 유형은 다음과 같이 세 가지로 나뉜다.

(1) 포괄적 문제해결

"행동하기 전에 생각한다"는 전통적인 인지 학습이론의 대표적인 예로서 신념→평가→행동의 전통적 정보처리과정에 따라 행동한다. 이 범주에서 의사결정은 매우 중요하므로 소비자는 적극적으로 정보를 탐색하고 평가 기준을 이용해 여러 상표들을 평가한 후 행동하게 된다.

(2) 제한적 문제해결

제한적 문제해결은 포괄적 문제해결에서 처럼 인지적 처리과정을 거치기는 하지만 복잡한 의사결정과는 달리 적극적인 정보 탐색이나 상표 평가를 하지 않는다는 점에서 수동적인 학습과정(신념→행동→평가)이라고 할 수 있다.

(3) 일상적 문제해결

소비자가 특정 상표에 대해 충성도를 가지고 있어 상표에 대해 깊이 생각하지 않고 구매하는 것을 의미한다. 해당 상표에 대한 소비자의 만족이 긍정적인 강화 자극이 되어서 반복적인 구매 행동을 유도하게 된다. 이러한 반복 구매 행동을 의사 충성도라 부른다.

4. 스포츠 소비자 구매의사결정 과정

스포츠 소비자 구매의사결정 과정

스포츠 소비자의 구매의사결정 과정은 일반적으로 다섯 단계 과정을 거친다(Dalrymple & Parsons 2000. Korler & Armstrong 2001). 마케터는 제품에 대해 학습하고 선택하며, 제품을 사용하고 처리하는데 있어 소비자들의 전반적인 경험, 즉 소비자의 구매의사결정 과정을 이해하여야 한다.

그래서 우리는 다음과 같은 질문을 던져 볼 수 있다.

- 누가 우리 제품과 서비스를 구매하는가?
- 왜 팀을 좋아하고 누가 가장 영향을 미치는가?
- 제품 구매 시기는 경기 전이 많은가? 경기 후가 많은가?
- 제품을 구입하기 위해 구매의사결정은 누가하는가?
- 구매의사결정은 왜하는가? 누가 무슨 역할을 담당하는가?
- 소비자가 구매하는 서비스의 종류는 무엇인가?
- 상품에 대한 소비자의 태도는 어떠한가?
- 어떤 부분이 제품 구매의사결정에 가장 중요한 역할을 하였는가?
- 소비자의 라이프 스타일이 의사결정에 영향을 주는가?
- 우리의 소비자는 어떠한 유형의 소비자인가?
- 제품의 종류나 양은 소비자가 제품을 구매하기에 어떠한가?
- 매장의 서비스는 소비자를 만족시키는가?

스포츠 제품의 구매의사결정 과정을 단순한 의사결정 과정과 복잡한 의사결정 과정으로 나누면 다음과 같다.

- 단순한 의사결정: 문제 인식 ⇒ 정보 탐색⇒ 구매결정 ⇒ 구매 후 평가

ㅣ김연아를 모델로 한 나이키 코리아 홈페이지 초기 화면

- 복잡한 의사결정: 문제 인식 ⇒ 정보 탐색 ⇒ 대안 평가 ⇒ 구매결정 ⇒ 구매 후 평가

복잡한 의사결정 과정에서는 정보 탐색과 대안 평가가 반드시 수반되지만 단순한 의사결정 과정에서는 정보 탐색과 대안 평가가 있기는 하지만 최소화 되는 경향이 있다. 구매 후 평가도 복잡한 의사결정 과정에서는 반드시 이루어지지만 단순한 의사결정 과정에서는 일어 날 수도 있고 그렇지 않을 수도 있다.

소비자 구매단계

소비자들은 모든 구매를 함에 있어 다섯 단계를 거치는데, 일상적인 소비를 할 때 종종 다섯 단계 중 일부를 건너 뛸 수도 있고 반대로 단계의 순서를 바꿀 때도 있다.

(1) 욕구 인식(needs recognition)

소비자가 제품을 구매하는 데 있어 첫 번째 단계는 욕구 인식에서 시작이 되는데 대게 이러한 욕구는 내적 자극이나 외적 자극에 의해서 발생된다. 내적인 자극은 인간의 정상적인 욕구, 즉 의식주와 관계되는 것에서부터 성욕, 탐욕, 과시욕이 있으며, 외적 자극은 광고나 친구의 추천, 제품의 디스플레이나 프로모션을 보고 받는 것을 말한다.

현재 사용하고 있는 스포츠 제품을 새것으로 교체하거나, 새로운 스포츠 제품을 구매해야 할 필요성을 느끼게 하는 상태는 문제가 발생한 상태이다. 이처럼 욕구 발생의 초기 단계는 문제에 대한 인식 단계이다.

ㅣ그림 3-4ㅣ스포츠 소비 영향 및 의사결정

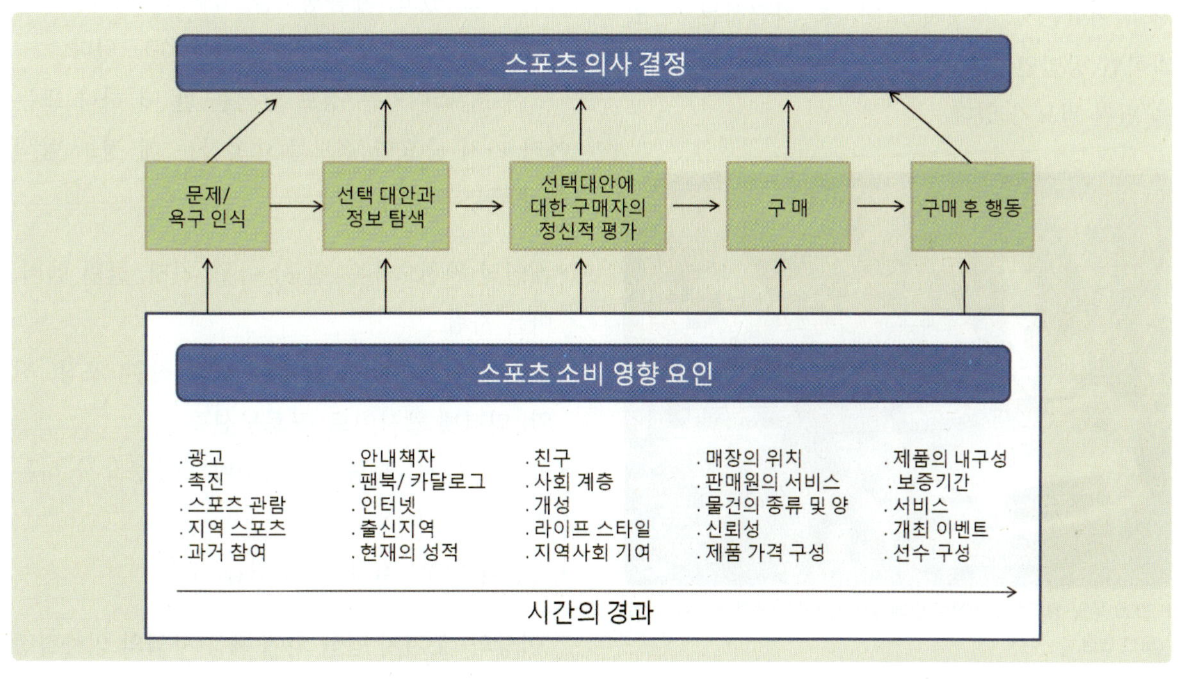

마케팅 休知通

시피족(Cippie)

Character Intelligence Professional 의 약어로 지적 개성을 강조하고 합리적인 행동을 지향하는 젊은 세대를 일컫는 말이다. 20대 위주의 젊은 신세대들로 소비 지향적으로 감각적인 문화에 반발하여, 불필요한 소비에 따르는 노력과 시간 비용을 줄여 내실을 쌓는 활동에 몰입한다.

합리적인 소비를 위해 인터넷을 뒤지고, 가격을 비교하고, 서비스를 비교하면서 합리적인 행동의 소비를 추구한다.

고급스러운 제품 대신 합리적인 가격대의 제품을 선호하며 팀의 성적과 상관없이 경기장을 찾오는 팬들을 의미한다.

때때로 스포츠 소비자들은 문제가 발생 했거나 혹은 욕구를 가지고 있음에도 불구하고 그것들을 문제로 지각하지 못하는 경우가 있다. 이러한 문제에 대한 지각은 혼자인 상태 보다는 비교 할 수 있는 상태 혹은 변화된 환경에 처할 때 효과적으로 나타난다. 그래서 마케터들은 어린 시절부터 소비자들에게 팀이나 브랜드를 인지시키는 활동을 한다. 이때 만들어진 이미지는 평생을 가기 때문이다.

스포츠 마케터들은 소비자들의 이러한 내적, 외적 욕구를 자극하려고 많은 마케팅 활동들을 계획한다. 이 단계에서 마케터는 어떠한 욕구나 문제가 일어나는지, 무엇이 소비자를 자극하는 데 효과적인 방법인지를 규명하고 이에 상응하는 전략을 펼칠 필요가 있다.

2006 독일 월드컵 경기장 주변에 설치된 현대자동차 on-site 프로모션 현장

(2) 선택한 대안에 대한 정보 탐색

문제를 인식하고 구매의사결정을 하고자 하는 스포츠 소비자는 도움이 될 만한 정보를 탐색하게 된다. 스포츠 소비자들이 탐색하는 정보의 내용을 자신의 욕구를 충족시켜 줄 수 있는 대안의 종류, 선택 대안을 평가하기 위한 기준, 각 대안의 평가 기준별 성과, 수준 등이다. 이러한 정보 탐색은 스포츠 소비자가 제품의 더 많은 정보를 탐색하고 싶어하는 구매자 결정 과정의 단계인데, 스포츠 소비자는 단순히 구매하려는 제품과 관련된 정보에 노출될 때마다 주의를 기울이는 강화된 주의를 가질 수도 있고, 제품정보를 적극적으로 찾고 수집하는 능동적 정보 탐색을 수행할 수도 있다.

스포츠 소비자는 정보 탐색을 할 때 하나 또는 여러 가지 중요한 정보를 이용하는 데 정보 탐색의 종류는 다음과 같다.

- 개인적 원천: 가족, 친구, 이웃, 친지, 클럽 멤버, 아는 사람
- 상업적 원천: 광고, 판매원, 매장 직원, 포장, 진열, 인터넷 웹사이트, 프로모션
- 공공적 원천: 대중 매체, 소비자가 중요시 하는 조직체
- 경험적 원천: 직접 사용, 취급, 조사

이상의 네 가지 탐색 외에 제품 구입의 의사결정

을 위해 탐색한 정보가 부족한 경우에는 추가적인 정보 탐색을 하게 된다. 즉 구입하고자 하는 대안적 상표가 적절치 않다고 생각되는 경우, 고려하고 있는 상표에 대한 정보가 불충분할 경우, 과거의 경험, 현재의 정보, 매체, 친구로부터 모순된 정보를 얻게 된 경우, 특별한 상표를 결정하는 것이 임박한 경우, 일차적으로 탐색한 제품의 성능과 관련된 정보가 기대와 일치하지 않는 경우 등이다.

〈그림 3-5〉는 스포츠 제품 구매시 정보 수집을 통해 스포츠 용품을 구매하는 소비자 의사결정과 관련된 일련의 집합을 보여준다.

각 정보 원천의 상대적 평가는 제품과 구매자에 따라 다르다. 일반적으로 소비자는 상업적 원천에서 가장 많은 정보를 획득한다. 그러나 가장 효과적인 원천은 개인적인 것이다. 상업적인 원천은 보통 구매자에게 정보를 제공하는 기능을 하지만 개인적 원천은 구매자를 위해 제품 구매를 정당화시키거나 제품 평가를 제공해 준다.

특히 스포츠 소비자는 시간적·공간적 상황과 개인적 상황에 의해 영향을 받으며 스포츠 소비자에게 사용 가능한 시간이 많을수록 외적 정보 탐색 노력은 증가할 것이고, 이용하려는 스포츠 시설이나 경기장에 얼마나 많은 사람들이 있는가 하는 문제도 정보 탐색의 상황적 특성이라 할 수 있다.

(3) 구매자의 대안 평가

스포츠 마케터와 기업은 소비자가 경쟁적인 기업 상표 정보를 어떻게 처리하며, 또한 최종적인 가치 판단을 어떻게 하는지 알아야 한다. 스포츠 소비자는 기억으로부터 회상하거나 내적, 외적 정보원을 통해서 선택대안을 평가하며 대안 평가는 제품을 평가하기 위해서 제품의 특징을 비교하는 평가 기준과 평가 방식의 결정을 의미한다.

소비자는 특정의 평가 과정을 거쳐 각 브랜드 대안에 대한 태도를 형성한다. 소비자가 어떻게 구매 대안을 평가하는지는 개인마다, 구체적 상황에 따라 달라진다. 경우에 따라 소비자는 신중한 계산과 논리적 사고를 동원하고 또 다른 경우에는 거의 평가하지 않거나 전혀 평가하지 않고 충동으로 구매하거나 감(intiution)에 의존한다.

이처럼 스포츠 제품 구매자의 관심을 끄는 속성은 제품마다 상황마다 지역마다 다르며 나음과 같

| 그림 3-5 | 소비자 의사결정에 관련된 일련의 집합

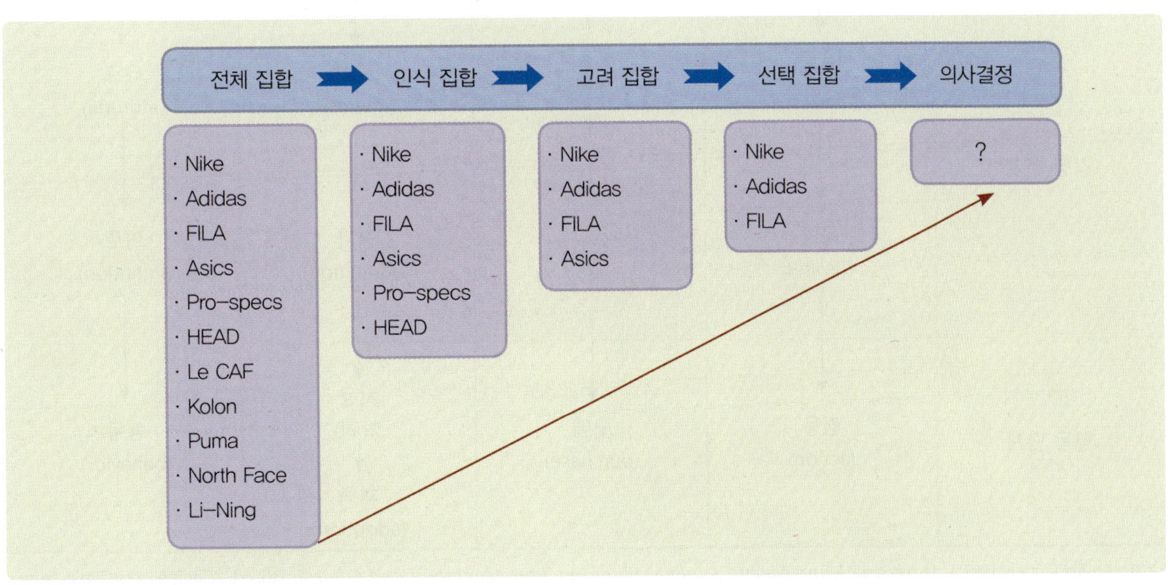

출처: 코틀러, 〈소비자 의사결정 과정〉 재편집.

은 기준으로 평가를 한다.

- 스포츠 용품: 내구성, 디자인, 본인에게 적합도, 다른 사람의 평가, 가격, 서비스, 브랜드 명
- 사진기: 사진의 선명성, 속도, 크기, 가격
- 경기장: 티켓 가격, 근접성, 판매 음식, 판매 상품, 조명, 의자, 음향, 실·내외 시설
- 호텔: 위치, 청결함, 분위기, 비용, 서비스

스포츠 소비자들은 자신이 바라는 이점을 전달해 주는 속성에 주의를 기울이기 때문에 이러한 소비자의 평가 요소를 잘 생각하여 제품을 구성하고 서비스를 제공할 필요가 있다

(4) 구매의사결정

평가 단계에서 스포츠 소비자는 각 브랜드의 순위를 매기고 구매의도를 형성한다. 일반적으로 소비자의 구매결정(purchase decision)은 가장 선호하는 제품과 브랜드를 구매하는 것이다. 또한 구매의도와 구매결정 사이에는 두 가지 요소가 개입된다. 첫 번째 요소는 타인의 태도이다. 스포츠 소비자에게 중요한 사람이 제일 싼 테니스 라켓을 구매해야 한다고 권유하면 소비자는 비싼 라켓을 구매할 확률은 감소한다. 두 번째 요소는 예기치 않은 상황요인이다. 소비자는 예상되는 구매결정의 다섯 가지 하위 구매 요소에 따라 결정을 하며 다음과 같다.

표 3-3 소비자의 구매준비 단계 모델의 종류

단계 \ 모델의 종류	AIDA 모델	효과계제 모델	이노베이션 채택모델	의사전달 모델
인지 단계	주의 (attention)	인지 (awareness) ↓ 지식 (know ledge)	인지 (awareness)	노출 (exposure) ↓ 수용 (reception) ↓ 인지 반응 (cognitive response)
감정 단계	관심 (interest) ↓ 욕망 (desire)	좋아함 (liking) ↓ 선호 (preference) 확신 (conviction)	관심 (interest) ↓ 평가 (evaluation)	태도 (attitude) ↓ 의도 (intention)
행동 단계	행동 (action)	구매 (purchase)	시용 (trial) ↓ 채택 (adoption)	행동 (behavior)

출처: Philip Kotler(1991), *Marketing Management: Analysis, Planning, Implementation and Control*, 7th ed., Englewood Cliffs, New Jersey.

A. 제품 결정(브랜드, 제품명)

B. 거래처 결정(백화점, 대리점, 인터넷, 경기장)

C. 수량(다량, 1개, 2개)

D. 구입 시기(경기 전, 경기 중, 경기 후, 주말, 연말)

E. 지급결정 방법(현금, 신용카드)

제품의 종류와 관여도에 따라 구매의사결정을 거의 하지 않는 경우도 있으며, 때로는 수개월 수년에 걸쳐서 구매의사결정을 하는 경우도 있다. 따라서 스포츠 마케터는 우리 제품의 관여도가 어느 정도인지 구매의사결정의 주요한 요인이 무엇인지를 분석할 필요가 있다.

(5) 구매 후 행동

스포츠 마케터의 책임은 소비자가 구매한 시점에서 끝나는 것이 아니다. 제품 구매 후 소비자는 만족 또는 불만족을 경험할 것이고, 또한 마케터의 관심의 대상이 되는 구매 후 행동(post-purchase behavior)이 이루어질 것이다.

스포츠 소비자는 구매한 스포츠 제품을 사용하면서 제품의 실제적인 성과나 성능이 기대 수준을 만족시키는지를 평가하고 대안 평가 단계에서 사용한 많은 선택 기준을 구매 후 평가의 기준으로 재활용한다. 이 같은 과정은 다른 단계로 피드백 되어 다음 구매에 영향을 미친다. 그러므로 마케터는 무엇이 구매한 제품에 만족/불만족 여부를 결정하는가? 해답은 제품에 대한 소비자의 구매 전 기대와 제품 사용 후 지각된 제품 성과 사이에 달려 있다. 만약 제품의 실제 성과가 기대에 미치지 못하면 소비자는 실망하게 되고 만약 제품이 기대를 충족시키면 소비자는 만족한다. 만약 제품이 기대보다 훨씬 나으면 소비자는 매우 기뻐할 것이다. 기대와 실제 성과의 차이가 클수록, 소비자의 불만족은 커질 것이다. 이것은 곧 판매자는 자사 브랜드가 보여 줄 수 있는 만큼만 약속해야 소비자가 만족한 것임을 나타내는 것이다.

소비자 만족은 후매후 무슨 행동을 하느냐가 중요하다. (NHL 경기장의 이벤트 모습)

5. 소비자 구매 단계 준비 모델

이제까지 스포츠 소비자의 욕구를 충족시키기 위해 구매자가 거치는 단계를 살펴보았다. 스포츠 소비자는 이 단계를 빠르게 또는 느리게 거칠 수도 있고, 어떤 단계는 생략될 수도 순서가 뒤바뀔 때도 있는데 스포츠 소비자가 제품을 구매할 때 어떻게 행동하는지 알아야 한다. 제품은 잠재 소비자에게 새롭게 인식되는 물건, 서비스, 또는 아이디어이다. 실제로 제품이 완전히 새로운 것이 아닐 수도 있다. 여기서 마케터가 관심을 두는 것은 소비자가 제품을 처음으로 학습하고 이를 수용할지 결정을 내리는 과정이다.

스포츠 소비자는 어떤 과정을 거쳐 제품을 선택하는지 또 기술의 발전이 고객의 상품 선택 과정을 어떻게 변화시켰는지 알아볼 필요가 있다.

수용 과정(adoption process)은 개인이 혁신 제품을 처음으로 학습하고 이를 수용할지를 결정 내리는 과정이다. 소비자는 제품을 수용하기까지

| 그림 3-6 | AIDMA에서 AISAS로 이동

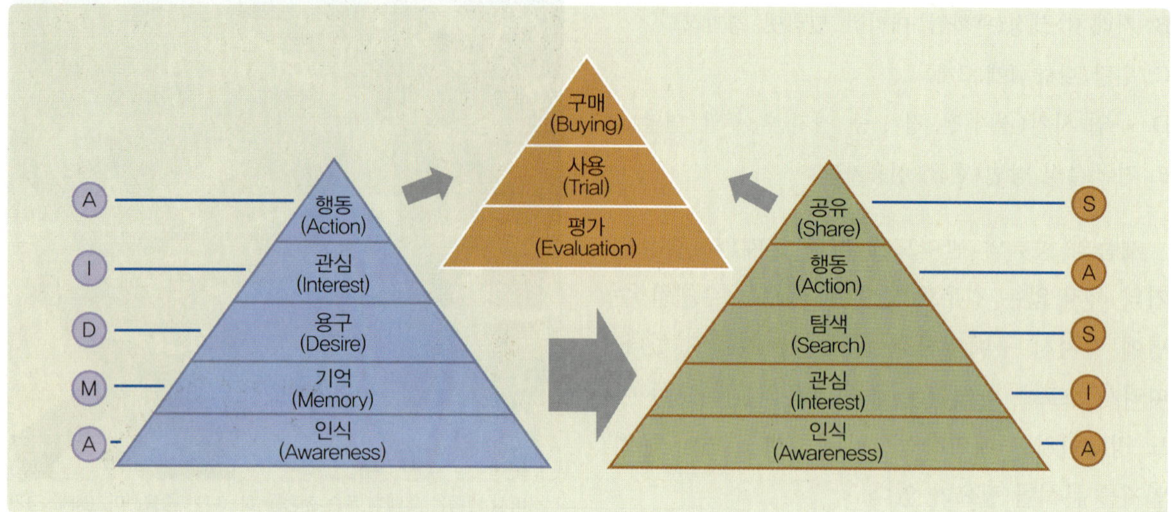

출처: 함주한, 〈마케팅 무작정 따라 하기〉 참조.

〈그림 3-6〉과 같이 단계를 거친다.

위의 모든 모델들은 구매자가 외부자극으로부터 지각반응(cognitive stage), 감성반응(affective stage), 행동반응(action stage)을 거친다는 것을 보여주고 있다. 이 모델은 각 단계별로 나타냈는데 소비자가 구매 활동을 하기 위해서 각각 모든 단계를 거쳐야 할 필요는 없으며 또한 각 단계의 차례를 꼭 밟아야 할 필요도 없다.

그러나 일반적으로 촉진담당자는 잠재 소비자가 어느 단계에 속해 있는가를 파악하고 소비자가 위치한 단계에서 다음 단계로 점점 이동하도록 메시지와 매체를 선정해야 한다.

이상과 같이 전통적인 소비자의 제품 선택 과정을 설명하는 모델이 AIDMA 였다.

- Awareness(인지): 소비자가 상품을 선택하기 위해서는 먼저 해당 상품이 고객의 주목을 끌 수 있어야 한다.
- Interest(관심): 주목에서 한걸음 더 나아가 관심과 흥미를 유도해 낸다.
- Desire(욕구): 구매의 욕구를 자극한다.
- Memory(기억): 해당 상품을 기억하게 한다.
- Action(행동): 실체 평가와 사용과 구매라는 행동으로 이어진다.

하지만 최근 들어 인터넷의 발달이 소비자의 제품 선택 과정을 변화시키는데 이 모델이 AIDMA에서 AISAS라고 함주한(2009)은 주장하였다. 소비자는 관심과 흥미를 유발하는 대상을 인터넷으로 검색(search)하고 구매 후에도 사용 경험을 블로그나 페이스북, 트위터를 통하여 공유(share)한다는 것이다. 인터넷이 소비자와 기업 세상을 완전하게 바꾸고 있기 때문에 ICE(internet changes everything) 상황 하에서 기업은 소비자의 탐색에 대비하여 상세하고도 구체적인 상품 정보를 제공할 수 있어야 하며 상품을 파는 것에 그치는 것이 아니라 구전 효과를 염두에 두고 지속적인 고객관리를 해야 할 것이다.

제 4 장 소비자 시장 공략을 위한 고객 설정과 전술적 접근

제 4 장

소비자 시장 공략을 위한 고객 설정과 전술적 접근

20세기적 성장 방식은 급격한 기술 혁신과 불황 이후 산업 재편, 사회니즈 변화 등 세 가지 요인이 융합된 것이라면, 21세기적 패러다임은 삶의 질을 중시하는 시대로, 다양한 신기술과 산업 간 융합이 가속화되고 시장세분화 추세도 심화되고 있다. 또한 산업 패러다임이 바뀌면서 정보통신(IT)과 에너지·환경(Green), 건강·의료 등이 신산업으로 부상하고, 새로운 소비자와 다양한 근로자도 등장하면서 '2S+4G'가 미래 소비를 이끌 트렌드로 제시됐다. 2S는 'Smart consumer'(똑똑한 소비자)와 'Slow Life'(여유와 행복 추구)를, 4G는 'Greenist'(친환경 소비)'와 'Grey'(60세 이상 고령 소비층), 'Girl'(여성 파워), 'Global D'(글로벌 디지털 세대)를 각각 의미한다.

북미와 유럽을 중심으로 발달한 관람 및 참여 스포츠, 아시아쪽을 중심으로 발달한 무도 스포츠는 단체와 조직의 비즈니스 노력을 통해 성장을 하고 있다.

그러나 성장하는 스포츠만큼 도전적인 다른 시장의 제품과 프로그램이 스포츠 시장을 위협하고 있다.

오늘날 변화하는 팬들은 이미 미국 선진 스포츠와 각종 이벤트 그리고 기업 제공의 서비스를 통해 스포츠에 대한 기대감이 높아지고 있으며, 새로운 장비와 신기술의 도입으로 인해 스포츠를 바라보는 시각과 각도가 과거와는 다른 수준이다.

시장 차원에서는 기존의 타깃과 동일한 고객이나 이와 유사한 고객층을 대상으로 마케팅 활동을 전개할 것인지, 아니면 새로운 고객층을 타깃으로 할 것인지를 정해야 한다.

제품 차원에서는 기존의 제품을 다룰 것인지 아니면 새로운 제품을 취급할 것인지를 정해야 한다. 하나의 제품으로 기업을 유지하기란 어렵고 특히 새로운 경쟁시대에서 안전한 위치를 유지하기란 어려운 일이다. 스포츠 시장의 경계가 무너지거나 혼탁해지는 상황에서 소비자 시장을 공략하기 위해 고객을 설정하고 전술적으로 접근하는 것은 그 무엇보다 중요한 과제이다.

1. 목표 고객 설정

스포츠 소비자들의 소비 패턴이 점차 양적 소비에서 질적 소비로 바뀌고, 스포츠 시장의 패러다임 역시 수요 창조에서 고객만족 중심으로 전환되어 스포츠 제품을 개발·생산·판매하는 회사는 이러한 패턴의 변화에 적응하여야 한다.

통계청은 최근 몇 년 사이 우리나라에서도 인구주택 총조사 등 각종 국가 통계자료를 상품 개발이나 마케팅 전략 수립에 활용해 대박 신화를 일구어낸 사례들이 늘고 있다며 국내 기업들의 대박상품 속에 숨겨진 통계 이야기를 소개했다. 통계를 이용한 대박상품이 늘고 있는 것은 통계를 바탕으로 급변하는 사회·경제 트렌드를 정확히 파악하고, 이를 반영해 미래의 고객들이 선호할 만한 상품과 서비스를 개발하려는 기업들이 늘고 있기 때문이라는 분석이다. 통계청은 "e-나라지표(http://www.index.go.kr), 통계정보시스템(ttp://kosis.nso.go.kr), 지리정보시스템(http://gis.nso.go.kr) 등 5개의 통계서비스시스템을 운영중"이며 "특히 통계정보시스템에는 기업에서 쉽게 활용할 수 있는 1억 1,503만 계열의 방대한 자료를 제공하고 있다"면서 기업의 의사결정에 근거자료로 활용해 달라고 홍보하고 있다.

일반적으로 스포츠 시장의 소비자는 이질적 욕구를 가진 다양한 소비자들의 집합으로 이루어져 있다. 따라서 전체 시장을 공략하기 위해서는 경제적인 투자가 많이 들어가기 때문에 시장세분화를 통하여 표적시장(Target Market)을 정하는 것이 중요하다.

각 종목이나 스포츠 이벤트 시장에서 스포츠를 좋아하는 사람과 직접 참여하는 사람, 대학 및 단체에 대해 스포츠 시장의 메커니즘을 규명하는 것이 중요하다. 어떤 유형의 소비자들이 있는지 파악하기 위해서는 시장에 속해 있는 것들을 분류하는 것이 필요하다. 소비나 구매 수준을 지표로 삼아 소비자, 이용자, 고객으로 분류할 수 있다.

스포츠 소비자란 자신의 욕구를 채우기 위해 서비스를 소비하는 사람으로 일반 사람들을 통틀어서 일컫는 말이다. 그리고 이 안에는 스포츠 상품 이용자와 고객도 포함되어 있다.

NFL 때로 팬은 이런 모습으로 경기장에 나타난다. (할로윈 데이 - 오클랜드 레이더스 경기장의 팬 모습)

이용자는 자신의 목적을 달성하기 위해 서비스를 이용하는 조직, 상품, 수련자, 지역, 학과, 대회, 상품 이벤트들의 분야별 시장을 일컫는다.

고객이란 정말로 팀이나 브랜드를 좋아해서 충성스럽게 이용하는 사람들을 말하는 것으로 단골손님이라고 표현할 수도 있을 것이다.

그림 4-1 | 소비자, 이용자, 고객

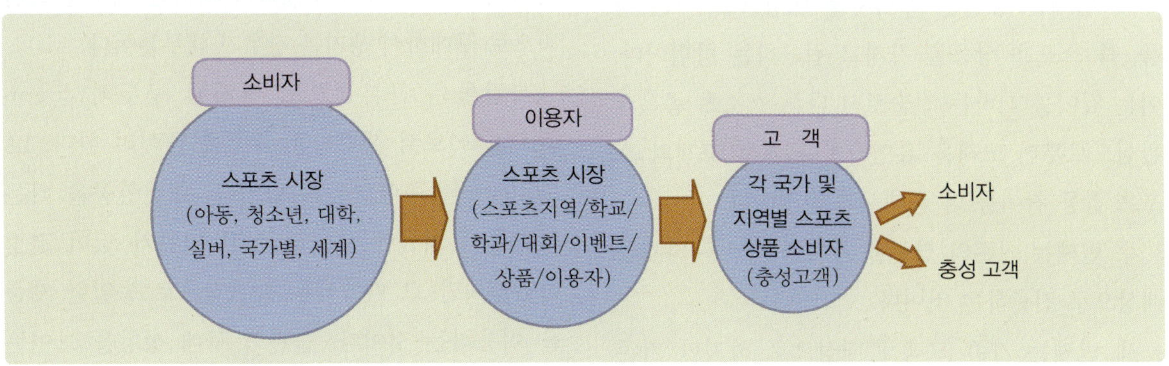

맨체스터 유나이티드 경기장 앞 기념 촬영을 하는 맨유의 팬들

중요한 것은 소비자들 가운데 충성스런 고객을 확보하는 것이 타겟이 될 수 있는데 그렇게 하기 위해서는 제품, 시장, 개발, 마케팅의 네 가지가 협력을 통하여 충성 고객을 확보할 수 있다.

시장 개발에 있어서 소비자의 중요성은 아무리 강조해도 지나치지 않다. 성공하는 유럽의 축구리그나 미국의 프로스포츠는 모든 의사결정의 초점을 고객에게 맞추고 있다.

고객의 욕구는 늘 변하기 때문에 마케터는 변하는 고객의 needs를 분석하고 시의적절한 마케팅 방법을 활용하여야 한다.

고객이야말로 성공과 실패를 좌우하는 심판자이기 때문이다. 하지만 고객이 중요하다고 해서 고객의 욕구에 끌려다녀서는 안 되고 이를 전략적으로 접근할 수 있어야 한다.

이러한 소비 성향에 따라 스포츠 시장에서 다음의 네 가지 방향의 전술을 생각해 볼 수 있다.

첫 번째는 동일한 소비자를 대상으로 기존 상품, 즉 스포츠 상품을 가지고 접근하는 방법이다. 이는 깊이를 더하는 전술로서 다른 스포츠 종목의 관심으로부터 고객을 유인하거나 기존 고객의 스포츠 활동 참여를 더 증대시키는 것이다.

두 번째는 기존의 상품을 가지고 새로운 타깃을 대상으로 진출하는 것이다.

세 번째는 기존 고객을 대상으로 하지만 기존 스포츠 상품의 새로운 용도를 찾아내거나 다른 면을 부각시켜 새로운 상황을 개발하는 방법이다.

네 번째는 새로운 제품이나 용도를 가지고 새로운 타깃을 대상으로 진출하는 방법이다. 물론 이 방법은 스포츠에 적용 범위가 크지는 않지만 그래도 전략적으로 고려해볼 사항이다.

2. 전술적 접근 방법

동일한 타깃 — 동일한 제품

스포츠라는 동일한 제품을 가지고 기존에 충성도 높게 스포츠 상품을 구매하거나 스포츠 이벤트에 참여하는 소비자들을 위한 전략은 기존 고객의 충성도 유지이다.

기존에 팀을 좋아하거나 스포츠 상품을 좋아하는 사람들에게는 스포츠 상품을 통해 느낄 수 있는 즐거움을 지속화시킬 수 있는 다양한 프로그램들이 만들어져야 한다. 따라서 다음과 같은 세 가지 방법을 사용할 수 있다.

(1) 충성도 높은 고객에게 새로운 의제를 설정하라

일정한 상표의 제품만을 고집하여 구매하려는 경향을 상표 충성심(brand royalty)이라 한다. 그런데 상표 충성심은 그 브랜드와 팀 선수에 대한 판단의 결과일 수도 있지만 구매할 때마다 새로운 결정을 하기 번거로워 한번 구매하기 시작한 제품을 습관적으로 구매하여 생기는 경우가 대부분이다.

사람들은 근본적으로 인지적 구두쇠(cognitive miser)로서 생각하는 과정을 줄이려 한다. LA Dodgers를 좋아하는 사람이나, 대한항공을 타는 사람들은 처음에는 물론 어떤 이유가 있어 결정하였겠지만 그 다음에는 습관적으로 동일한 제품을 이용하는 것이다. 습관적 구매 성향을 보이는

하버드대학 체육관 안에 설치된 전광판과 Track & Field Team 사무실 – 역사와 스포츠에 대한 애착이 느껴진다.

고객들 즉, 기존에 팀이나 선수 그리고 제품을 좋아하고 즐기는 소비자들을 대상으로 스포츠 상품을 구입하게 하는 것이다.

이렇게 하기 위해서 마케터는 의제설정이론(agenda setting theory) 방법을 사용한다. 이 방법은 홍보나 광고를 통해 특정 사안을 기획·보도함으로써 주목을 끌게 하는 것이다.

예를 들어 맨유는 젖병이나 기저귀 그리고 유아용품을 개발하고 판매하여 영아 시절부터 팀에 대한 인지를 하도록 부모를 설득하고 스포츠=건강=미래라는 의제를 설정하여 지속적으로 알리는 것이다.

침대회사 에이스는 "침대는 가구가 아닙니다"라는 의제를 던지고 나이키는 "Just Do it!"이라는 의제를 던짐으로써 다른 각도에서 침대를 보게 하고 스포츠를 단순히 보는 것이 아니라 참여하도록 유도하는 것이 그 예가 된다.

(2) 중간 촉매제를 활용하라

제품 자체가 좋아도 소비자들에게 받아들여지지 않는 경우가 흔하다. 고객들은 보수적인 사고방식이나 선입견, 제품의 가치를 올바르게 평가할 수 있는 전문적 식견의 부족 등이 걸림돌이 되는 것이다. 이러한 어려움에 직면해 있을 때 중간 촉매자를 활용하는 것이다. 중간 촉매재는 기업에 속한 유통구조의 한 부분은 아니지만 최종 소비자의 구매를 부추기는 매개 역할을 한다. 예를 들면 학교 스포츠의 경우 선생님, 교수, 선배, 친구, 학생회 활용을 고려해 볼 수 있다.

예를 들면 지금까지 대학 스포츠는 주로 '대학선수권', '체전' 등의 이름으로 모교 안의 운동장이 아닌, 대회 주최측이 지정하는 특정 운동장, 즉 중립적인 곳에서 경기가 치러지고는 했다. 물론 학교의 응원단이나 동문, 팬들은 그 곳까지 버스를 전세 내거나 개인적인 교통수단을 이용하여 응원을 해야만 했다. 그러나 그 비용부담이 상당히 크기 때문에 각 대학에서는 주요한 경기, 즉 팀이 4강전이나 결승전에 진출했을 때만 공식적으로 응원단을 파견하고는 했다.

하지만, U리그(대학축구연맹에서 개최하는 대회)는 지금까지 계속되어 왔던 이러한 관행을 아주 쉽게 깨트려 주는 역할을 해냈다. 지속적으로 열리는 리그 경기와 토너먼트를 적절히 섞어 학생들에게 1년 내내 모교의 경기를 관람할 수 있는 환경을 제공할 뿐만 아니라, 지자체 소유의 종합운동장, 또는 건설운동장 같은 중립지역이 아닌 전국 각지에 분포되어 있는 각 대학교의 운동장을 개최 장소로 지정하면서 모교를 열렬히 응원할 학생들에게 최고의 접근성까지 제공한 것이다.

새로 시장에 나온 뉴스포츠를 학교 선생님을 통

마케팅 休知通

레옹족(Leon)

40~50대의 남성들로 브랜드에 연연하지 않고 본인만의 스타일을 연출한다. 즉 자신을 가꾸고 다듬을 줄 아는 중년 남성들을 지칭하는 용어로 중년 남성들을 타깃으로 하는 일본의 남성 패션 잡지 <레옹>의 히트로 생겨난 신조어이다. 이들은 캐쥬얼에서 고급 슈트에 이르기까지 뛰어난 패션 감각을 자랑한다.

미국은 야구와 농구의 경우 이러한 레옹족인 많으며 스포츠 구단에 대한 문화, 용품, 경기 스타일, 역사 등 팀 전반에 대한 높은 관심과 상식을 가지고 있다. 깊은 연륜을 바탕으로 신중한 소비를 하며 자신의 삶을 가꾸는 데에 큰 관심을 가지고 있다.

해 학교 체육시간에 시범을 보이고 보급함으로써, 고정적 수요를 창출하고 새로운 스포츠에 길들이게 하는 것도 학교를 중간 촉매자로 활용하는 한 가지 방법이 될 것이다.

(3) 의무적인 소비를 창출하라

만약 다른 마케팅 전략이 무의미할 경우, 게임의 규칙을 바꾸는 전술을 생각해 볼 수 있다.

게임의 규칙을 바꾼다는 것은 마케팅 환경을 변화 시키는 것으로 구단이나 팀의 통상적인 통제 영역 밖의 조건과 영향력을 조작하여 강제적인 소비를 창출하는 것이다.

예컨데 리그에서 사용하는 볼이나 각종 장비 등이나 대학 선수권 대회나 중고등학교 대회시 사용되어지는 각종 스포츠 용품에 대한 소비를 의무화 시키는 것이다.

프로스포츠의 아성을 넘볼 정도로 대학 스포츠가 활성화되어 있는 미국과 달리 아직 한국의 대학 스포츠는 아직 미흡한 수준에 머물러 있다. 그 차이는 작지만 매우 크다. 바로 학생들과의 밀착성이다. 그러한 밀착성은 어디서 나오는 것일까?

미국에서 대학 스포츠는 하나의 즐기는 문화와 애착심을 갖게 하는 중요한 수단이다. 이러한 스포츠가 의무적인 것처럼 느끼게 그들을 격려하고 홍보한다.

예를 들면 어떤 대학의 경우 태권도 수련을 의무화된 제품 즉 대학 졸업 전에 이수해야 하는 필수 과목으로 대학에 등록하여 이 과목에 대한 수요를 유도하고 있다. 의무적인 소비를 창출하기 위해 법률적 환경을 변화시키거나 여론을 조성하는 것은 흥미로운 전술이다. 공인된 축구공이나 야구 배트, 천연 소재의 유니폼, 무공해 세재, 오토바이 헬멧, 에어백, 소화기 등이 바로 의무적인 소비를 창출해서 성공한 제품들이다.

그러나 어떤 형태로든 의무적인 소비를 창출하려면 정부나 리그 혹은 연맹의 입법 행위에 영향력을 행사해야 하므로 쉽지 않다. 일반적으로 변화에 대한 저항이 심하기 때문이다. 특히 기업이 그들의 권한 이상으로 강제적 소비를 창출하는 과정이 일반에게 알려지는 경우, 소비자의 반감이나 분노를 일으킬 위험이 도사리고 있다.

결국 기업이 추구하는 것은 제품의 자발적 구매 상황을 비자발적 구매 상황으로 전환하려는 것인데, 이것은 소비자 입장에서 보면 제품이 자유 선택의 시장으로부터 구매를 강요하는 통제된 시장으로 이전되는 것을 의미한다. 그러므로 의무적 소비 창출전술은 우선 법률이나 룰의 변화가 일반 대중에게 순수하게 이득이 될 때 유효하다.

제품이나 룰이 진정한 스포츠의 발전이나 이익을 제공할 수 있는 경우에는 위험을 감수한 채, 의무적인 소비로 법률적 환경을 변화시키는 전술을 고려해 볼 만하다.

새로운 고객을 통한 시장 기회는 모든 마케터의 숙제 (맨해튼의 메디슨 스퀘어 가든에 설치된 디스플레이)

이렇게 간단하지만 큰 원리는 소비자 시장을 공략하고 한 단계 발전시키는 계기가 될 뿐만 아니라 잠재적인 고객들을 양산하여 장기적으로 기업이나 스포츠 발전에 밑바탕이 된다.

새로운 타깃-동일한 제품

소비자 시장이 끊임없이 변하기 때문에 고객의 마인드도 이에 따라 변화한다. 새로운 세대들이 만들어지고 있고, 새로운 소비 개념이 등장하고 있고 동일한 소비를 하는 소비자들이 하나의 커뮤니티를 형성하면서 지금은 공간적 개념인 광장을 뛰어넘어 지역, 그리고 해외까지 아우르는 새로운 환경들이 만들어지고 있다.

새롭게 떠오르는 주요 시장으로 아동 시장, 신세대(N세대), 실버 시장, 여성 피트니스 시장 등을 생각해 볼 수 있다.

(1) 새로운 시장 기회를 인식하라

새롭게 떠오르는 시장에 대하여 스포츠에 대한 관심도 끊임없이 변화하므로 변화의 의미를 파악하고 새로운 시장 기회에 민감하게 대응함으로써 새로운 시장 기회를 창출할 수 있다. 대학생들의 최근 들어 새롭게 떠오르는 주요 시장으로 싱글족 시장, 소셜 미디어 시장, 가치 중심형 시장 등을 꼽을 수 있다. 섹스앤더시티, 프렌즈와 같은 미국 TV드라마에서 보여지는 화려한 싱글들이 누리는 삶이 동경의 대상이 되는가 하면, 쿨하면서 멋지게 살고자 하는 그들의 생활과 생각을 공감하는 이들이 늘고 있다.

또한 스마트폰을 이용한 소셜미디어 시장은 다른 시장과 달리 폭발적으로 성장하고 있으며, 각종 어플리케이션 및 새로운 제품들의 등장으로 최대 활황 시장으로 등장하고 있다.

최근의 소비자들은 실속형이면서 감성적인 소비를 중요시하는 소비의 양면화 현상과 다양화 현

마케팅 休知通

통크족(Tonk)

Two Only, No Kids의 약어로 자신들만의 오붓한 삶을 즐기려는 노인 세대를 일컫는 말로 50대 이상의 경제력 있는 장년 및 노년층 부부를 일컫는 말이다.

딩크족(Double Income, No Kids)처럼 정상적인 부부생활을 하면서도 의도적으로 자녀를 두지 않는 맞벌이 부부들로 경제 수준의 향상과 각종 연금 제도의 발달로 출현한 사람들이다.

이들은 애완견을 키우거나 자식에게 쏟을 정열을 다른곳에 쏟아 부으며 자신들만의 오붓한 시간을 보낸다. 스포츠 팬 중에는 통크족이 많이 있다.

상이 있다. "캠퍼스헤럴드"는 '2010 브랜드 선호도 조사 결과' 대학생들의 브랜드 선호나 소비는 감성에 섬세하게 부합하는 브랜드라고 발표하였다. 일방적인 프로모션이 아닌 대학생들과 긴밀한 연계를 중시하는 '양방향의 감성 마케팅'이 소비를 창출하는 데 중요한 역할을 하는 것이다. 그래서 그들의 감성을 자극할 수 있는 새로운 시장을 개척하는 것이 중요하다.

이처럼 새로운 시장의 기회는 타깃을 설정함으로써 만들어지고 그 타깃의 니즈가 무엇인지를 분석하는 것이 중요하다.

(2) 문호를 개방해 글로벌 시장으로 눈을 돌려라

기존 시장에서 더 이상의 성장을 기대할 수 없을 때 시장을 찾아 나서게 된다. 이때 가장 먼저 떠오르는 대상이 외국 시장이나 해외 시장이다.

맨체스터 유나이티드의 2009년 한국 투어 기자회견 모습

글로벌 마케팅이란 국내 제품을 가지고 해외 시장에서 마케팅 주도권을 가지고 사업을 영위하는 것을 의미한다.

우리 제품이 국내에서도 잘 팔렸으니, 외국에서도 잘 팔릴 것이라는 사고방식은 자신의 제품이 국내 시장에서 성공한 이유조차 제대로 이해하지 못한데서 발생한다.

중요한 것은 국내에서나 해외에서나 제품보다는 시장 위주가 되어야 한다는 점이다. 소비자 욕구에 대한 체계적이고 지속적인 평가는 외국으로 진출하는 경우 더욱 필수적이다. 따라서 글로벌 지역의 문화적 배경, 소득 수준, 즐기는 스포츠, 최근 국제 대회의 성적, 소비자들의 신체 조건까지도 파악한 후 마케팅 믹스를 조정해야 한다.

프리미어리그의 성공 비결 가운데 첫 손가락으로 꼽은 것은 '글로벌화를 통한 문호 개방'이다. 선수와 감독은 물론 심지어 구단주까지 국적을 불문하고 능력만 있으면 프리미어리그에서 활약할 수 있게 한 결과 경기 내용이 훨씬 재미있어지고 축구 기술도 크게 발전했다. 실제로 1992년만 해도 프리미어리그 그라운드에서 뛰던 외국인 선수 비중은 20.8%에 불과했다. 5명 중 1명꼴. 그러나 18년이 지난 2010년에는 무려 60.2%로 절반이 훨씬 넘는 외국인 선수가 프리미어리그를 주름잡고 있다.

이들 유명 외국선수의 맹활약으로 축구가 재미있어지고, 자기가 응원하는 팀이 좋은 성적을 내면서 팬의 발길이 다시 경기장으로 돌아섰다. 특히 외국인도 구단주가 될 수 있도록 함으로써 해외자본이 대거 프리미어리그로 유입되는 효과를 얻었다.

이처럼 동일한 제품을 가지고 글로벌 시장에서 문화적, 사회적, 지리적 장벽을 극복하고 성공하는 것은 그리 쉬운 일이 아니다. 글로벌화의 성공은 바로 장벽을 철저하게 분석하고 이를 극복했기에 가능하다.

(3) 정형적인 이미지를 벗어나라

고객에 대한 틀에 박힌 이미지를 벗어남으로써 제품의 포지셔닝이 달라지고 새로운 시장을 창출할 수 있다. 화장품은 여성들이 주요 타깃이지만 최근 각종 남성용 화장품들이 등장하고 있다. 에어로빅이 여성의 전유물이 아니라 이제는 남성을 타깃으로 한 시장으로 옮겨 가고 있다.

요가는 신체 활동에 도움이 될 뿐만 아니라 정신적인 건강과 치유에 더욱 크게 도움이 된다는 기존의 정형적 틀인 심신수련에서 더 한 단계 나가서 레크리에이션과 에듀케이션 그리고 Good life라는 개념을 도입하여 이에 맞는 프로그램과 전략을 개발하였다.

정형적 고객 이미지를 벗어난다는 것은 고객들로 하여금 제품을 다른 각도에서 스포츠를 다른 느낌으로 접근하고 생각해 보도록 하는 것을 의미한다. 그럼으로써 제품은 이제까지와는 다른 심리적 연관성을 갖게 된다. 제품의 이미지나 용도 인식에 있어서의 조그만 변경이 제품의 판매와 브랜드 가치를 높일 수 있는 것이다. 정글과 같은 무한 경쟁 구도 속에서 살아남기 위한 기업의 생존 및 지속 성장 전략 키워드는 바로 기존의 정형적인 이미지를 벗어나는 것이다.

에이서와 페라리가 결합한 노트북 홍보

동일한 타깃—새로운 제품

스포츠는 이제 단순 경쟁에서 벗어나 글로벌 경쟁, 소비자 경쟁, 콘텐츠 전쟁이 진행되고 있다. 스포츠라는 특징을 가지고 있는 제품을 가지고 새로운 제품을 만들어야 한다.

그러기 위해서는 다음과 같이 소비자에게 배우고, 고정 관념을 탈피하고, 비기능적 욕구를 자극시킬 필요가 있다.

(1) 소비자에게 배워라

소비자의 채워지지 않는 욕구를 발견하게 되는 곳은 사무실의 책상 위가 아니라, 바로 스포츠에 참여하고 관람하고 소비하는 사용 현장이다.

소비자들이 제조업자보다 제품에 대해 더 많이 아는 경우도 있다. 소비자의 발견이 거의 무시되지만 새로운 용도를 발견하기 위한 중요한 원천이라는 점을 잊어서는 안 된다.

민간요법이라는 것이 있다. 사람들의 경험과 지혜에서 나오는 치료법이다. 스포츠에 있어서도 민간요법이 있다. 소비자들이 경험과 지혜를 통해 원래의 용도가 아닌, 전혀 새로운 용도로 제품을 사용하는 것이다.

예를 들어서 바셀린의 경우 원래는 살갗이 트는 것을 방지하려는 용도로 만들어졌지만, 소비자들

마케팅 休知通

LID 신드롬

핵가족화에 따른 노년층의 고독을 일컫는 현상으로 Loss(상실), Isolation(소외), Depression(우울증)의 머릿글자를 의미하는 것으로, 자녀들은 분가해서 집을 떠나고 주위에 의지할 사람들도 하나 둘 세상을 떠나면서 상실에 따른 고독감을 느끼고, 대화할 상대를 잃은채 소외되기도 하는데 이런 상태가 계속되면 우울증에 빠지게 된다고 하는 데에서 유래되었다.

(미래를 경영하라)의 저자 톰 피터스는 여성과 노인이 미래의 트렌드를 주도할 것이라고 주장하였는데 이는 많은 경영자들이 동의하는 바이기도 하다. 따라서 기업 입장에서는 장기적인 관점에서 LID 신드롬을 염두에 둔 마케팅 전략에 관심을 가져야 할 것이다.

스포츠는 이러한 LID를 해소해 줄 수 있는 많은 요소들을 가지고 있다.

미국의 스포츠 구단인 San Francisco Giants는 "소외"라는 단어를 구단의 마케팅 중심의 키워드로 삼고 경기 가운데 이러한 사람들을 초대하는 이벤트를 개최하기도 한다.

은 이를 훨씬 더 다양하게 이용한다. 마라톤시 살과 살이 부딪히는 부위인 종아리나 겨드랑이에 발라 사용하며, 잘 지워지지 않는 여자들의 눈 화장을 깨끗하게 지우거나, 화상에도 효험을 보았고, 젤 형태의 바셀린은 부드러우므로 딱딱한 립크림 대신에 터진 입술에도 발랐다.

바셀린 회사는 소비자들이 가르쳐 준 새로운 용도를 조금도 주저하지 않고 소비자들에게 광고하고 용도에 알맞게 포장도 바꿨다. 이처럼 스포츠도 스포츠가 제공하는 것들에 대한 소비자들의 다양한 의견을 수렴하여 소비자들이 말하는 방법으로 모양을 바꾸는 것도 중요하다.

펩시에서 개발한 am 콜라

왜냐하면 스포츠가 제공하는 것들이 워낙 다양하기 때문에 스포츠라는 제품은 애당초 의도했던 것보다 다양한 기능과 용도를 갖고 있을 때가 많기 때문이다. 훌륭한 마케터라면 제품을 판매하는데 그칠 것이 아니라 판매 후까지 소비자들의 제품 사용 행동을 면밀히 관찰하는 행동을 할 필요가 있다.

(2) 고정 관념을 탈피하라

스포츠카 페라리의 디자인을 채용한 페라리원(Ferrari One) 넷북을 출시했다.

이는 페라리가 힘과 속도를 중시하는 스포츠카의 대명사로 불리듯이 에이서의 페라리원도 넷북 가운데 최강의 성능을 제공하는 이미지를 제공하는 것으로 노트북과 스포츠 카라의 결합이라는 고정 관념을 탈피한 제품을 만들어 판매하였다.

매일유업의 '바나나는 원래 하얗다'는 새로운 컨셉으로 2007년 연 매출 5,000억 원을 기록하며 화제를 모았다. 독특한 제품명, 바나나우유로서는 처음인 흰색, 기존 광고의 통념을 깨는 UCC광고 등 1위 제품 빙그레 '바나나우유(노란색)'에 도전하는 고정관념을 탈피한 역발상 마케팅이 성공의 비결이었다.

미국인들은 콜라를 무척 좋아하지만, 아침 식사 때는 마시지 않는다. 왜 그럴까? 실제 특별한 이유는 없다. 다만 아침에는 콜라를 마시지 않는다는 고정 관념이 있을 뿐이다. 아침에는 의례 커피를 마셔야 한다고 생각한다.

그러나 코크와 펩시는 이를 서서히 부숴가기 위해 펩시는 오전에 마시는 펩시 A.M.을 개발하여 캔을 따로 만들기까지 했다. 고정 관념을 탈피함으로써 새로운 시장 기회를 엿볼 수 있다. 이처럼 기업들은 고정 관념을 깨고 경쟁적으로 더 파격적인 아이디어를 내놓기 위해 사활을 걸고 있다. 새로운 역발상을 통해 고객의 관심을 끌고 판매로 연결 시켜야 하기 때문에 소비자의 머릿속에 새로운 상황을 각인 시킬 필요가 있는 것이다.

(3) 비기능적 욕구를 자극하라

마케팅의 키워드는 '니즈(needs)'에서 '원츠(wants)'로 전환되었다. 니즈를 충족시키는 '기능적 효용(functional utility)'뿐 아니라, 원츠를 충족시키는 '비기능적 욕구(non-functional wants), 감성적 욕구'에 집중하며, 소비자의 마인드 속에 독창적인 콘셉트와 스토리를 담아낼 수 있는 창의력과 이를 수익사업으로 확대시킬 수 있는 치밀한 전략이 동시에 필요한 시기다.

사람들은 누구나 기차여행의 낭만을 생각한다. 특히 미국인들은 서부를 개척하던 철도의 화려한 역사를 높이 평가한다. 이에 착안하여 기차역을 우아한 경기장으로 개조해 성공한 텍사스 휴스턴의 미닛 메이드 야구장은 추억의 경기장을 만들어 냈다.

새로운 상황을 찾아냄으로써 새로운 상품을 만들어 고객을 창출하는 것이다.

이와 같이 새로운 사용 환경을 만들기 위해서는 제품의 기능적 효용에서 한걸음 더 나아가 소비자의 비기능적 욕구에 눈을 돌려 보아야 한다.

새로운 타깃—새로운 제품

최근 프로스포츠 구단의 이름을 딴 화장품이 출시하고, 또 유명스포츠 스타의 이름을 내건 남성용 화장품이 출시되었다. 화장품은 일반적으로 예쁜 연예인 모델을 기용해야 잘 팔린다는 것이 업계의 '상식'이다. 화장품을 사용하면 연예인 모델처럼 예뻐질 수 있을 것 같다는 느낌을 줘야 소비자들이 구매를 하기 때문이다. 최근에는 아예 연예인 이름을 브랜드로 한 화장품을 출시하는 것이 유행이 되기까지 했다.

얼마 전 스포츠 스타를 화장품 모델로 기용하거나 선수를 브랜드화 하는 현상이 일반화되고 있다.

LG생활건강에서는 김연아 선수를 모델로 기용하고 있고, 남성 화장품 전문업체인 '쉐이버스체어서'는 박찬호 선수와 손잡고 'Park61'이라는 브랜드를 내놨다. 이미 해외에서는 유명 골프 선수나 축구 선수를 브랜드로 출시하는 것이 보편화된 상태인데, 국내에서도 이런 국제적 흐름을 좇아가고 있는 것이다.

2008년 월드컵 기간 동안 박지성 선수와 이청용 선수를 활용하여 '도시락' 브랜드로 대박을 터트린 바 있다.

이외에도 스포츠 구단과 연계해 적극적으로 마케팅을 펼치는 업체들도 있다. 나드리화장품은 롯

휴스턴 애스트로스 경기장 (기차 역사에 위치한 경기장)

사례 4-1 '박지성 김밥-이청용 도시락이 한판 승부를 펼친다.'

우리 축구 대표팀의 간판선수인 박지성과 이청용이 경기장 밖에서 자웅을 겨루고 있다. 각자 편의점 업계의 양대 라이벌 'GS25' 와 '훼미리마트' 의 PB(개별브랜드)상품 모델로 활동하기 때문이다.

25일 업계에 따르면 GS25는 지난 4월 일찌감치 박지성과 손잡고 삼각 김밥과 생수, 소시지, 아이스크림 등으로 구성된 '박지성 시리즈' 를 판매하고 있다. GS25측은 평소 박 선수의 털털한 취향을 고려해 맞춤 제작했다고 한다. 그래서 삼각 김밥(1000~1200원)은 기존 삼각 김밥보다 50%가량 양을 늘리고 내용물도 두 배 이상 더 넣어 크게 만들었다.

박지성 시리즈는 대표팀의 선전에 힘입어 출시 이후 지금까지 70억원 넘게 팔렸다. 일반 제품들에 비해 2배 정도 판매량이 많게 대박을 터뜨린 것이다. 한국 팀이 16강 진출을 확정지은 23일 나이지리아전 때 삼각 김밥은 수도권에서만 전주일 대비 122% 늘어난 4만개가량이 팔렸다.

박지성 삼각 김밥 대 이청용 도시락

박지성 상품	제　품	이청용 상품
GS25	업　체	훼미리마트
삼각 김밥 등 10종	제품군	도시락 등 7종
2010년 4월	출하시기	2010년 6월
최대 4만개(삼각 김밥)	하루 판매량	하루 8만 6,000여 개

김재호 GS25 상품기획팀장은 "12일 그리스 전에서 박지성 선수가 환상적인 쐐기 골을 넣자 박 선수의 사진과 영문 이름이 새겨져 있는 티셔츠와 함께 시리즈 상품이 금방 동이 났다"고 전했다.

편의점 업계 1위인 보광훼미리마트 역시 이에 질세라 '이청용 시리즈' 를 내세워 맞불을 놓고 있다.

지난 3일부터 '블루드래곤' 이라는 이름으로 도시락, 햄버거, 치킨 등 7종의 상품을 팔고 있는 것이다. 이청용 상품 역시 편의점의 대표상품들로 구성했다는게 업체의 설명. 이청용 도시락의 메뉴는 우리 대표팀이 화끈한 경기를 펼쳐 달라는 의미에서 불닭도시락(2,800원)을 골랐다.

현재 블루드래곤 역시 이청용 선수의 인지도에 힘입어 동종 제품보다 평균 30% 넘는 판매신장률을 보이고 있다. 판매량은 하루 평균 8만 6,000여 개 정도로, 나이지리아전 때에는 10만 6,000여 개가 팔려 신기록을 세우기도 했다.

장영생 보광훼미리마트 상품본부장은 "17일 아르헨티나전에서 전반 종료 직전 만회골을 터뜨리는 등 이청용 선수에 대한 소비자들의 인기가 상당하다"면서 "이번 월드컵을 계기로 이청용 선수를 내세워 맥주 및 안주류, 스낵 패키지 기획 상품, 응원용 폴리백 등 다양한 제품군을 선보일 계획"이라고 밝혔다.

서울 신문 2010.6.26, 류지영 기자 superryu@seoul.co.kr

데자이언츠 구단과 업무협약을 통해 라이센스 계약을 체결하고, 프로야구 구단 전용 화장품을 출시했다. 이 제품은 롯데자이언츠 홈구장인 부산 사직구장에서 팬들에게 직접 판매한다. 니베아 포맨은 두산 베어스와 공동으로 야구마케팅을 진행하고 있다. 구장을 주로 찾는 남성 고객을 타깃으로 '니베아 훈남을 찾아라' 등 다양한 이벤트를 통해 스포츠 마케팅을 펼치고 있다.

올랜도 매직과 클리브랜드 카발리어스의 2007년 NBA 중국 경기 포스터 NBA China

새로운 타깃으로 새로운 제품을 개발하여 성공하는 사례들이 스포츠 현장에는 많이 있다. 이와 같이 스포츠 스타 활용의 주요 원인은 연예인은 10대 위주의 팬을 확보하고 있는 반면, 스포츠 스타는 전 세대에 걸쳐 팬을 확보하고 있기 때문이다. 또 최근에는 여성 스포츠 스타들도 많이 나오고 있으며 스포츠 팬의 경우 '충성도'도 높아, 스포츠를 통해 새로운 고객층을 개발하기 용이한 측면이 있다.

이처럼 소비자를 대상으로 하는 마케팅에서는 새로운 타깃과 새로운 제품이 필요하다. 그러나 스포츠 자체를 새로운 제품으로 만든다는 것은 본질적인 면에서 어렵지만 제품 및 서비스를 전환하고, 위원회를 새롭게 구성하는 것이 중요하다.

(1) 제품의 핵심보다 주변 상품을 개발하라

대부분의 기업들은 1차적 수요, 즉 원래의 의도된 목적으로 소비자를 만족시키기 위한 사업을 한다. 그러나 종종 1차적 수요와 관련된 주(主)시장에서 파생된 부(副)시장이 존재하는데 그것이 주시장을 보완하고 심지어는 더 큰 기회를 제공하기도 한다.

제품 및 서비스의 용도나 의미를 바꾸어 시장의 타깃을 새롭게 할 수 있다. 축구를 가르치는 1차적인 수요, 원래 축구를 교육의 목적으로 소비자를 만족시키기 위한 것은 한계가 있다. 그러나 종종 1차적 수요와 관련된 주(主)시장에서 파생된 부(副)시장이 존재한다. 즉 축구가 가진 교육적인 가치로서 주말 체육으로서의 커리큘럼보다 서클 활동이나 과외 활동으로 주시장을 보완하면 이것이 더 큰 기회를 제공하게 된다.

선수나 경기라는 핵심 상품보다 주변 상품, 확장 상품을 더욱 확대하고 늘리는 것이 중요하다. 축구나 농구, 야구가 스포츠로서 갖는 가치뿐만

Ⅰ 국내에 개봉된 소림 축구 2002년 개봉 –소림사는 무술로 상품화를 이룸

아니라 다른 상품 가치로서 스포츠를 인식시키는 것이 중요하다.

무술적 전통이 강한 중국과 일본은 일찍이 소림사와 닌자공원 등을 관광상품화하였고, 또한 무술 관련 산업이 국제적으로 큰 인기를 끌면서 동양무술의 메카인 중국 및 일본의 관광산업 투자가 증대하고 있다. 어떻게 보면 소림사는 무술수련 기관으로서의 성장보다 주변 상품 개발(교육, 호텔, 라이센스 상품, 공연)을 통해 더욱 성장하였다.

(2) 시장을 전환하라

새로운 기술을 개발하는 데 상당한 노력과 비용이 필요하다. 그러므로 신기술로 만들어진 제품은 높은 가격과 제한된 용도에 걸맞게 산업재 시장에서 먼저 상품화되는 것이 일반적이다. 올림픽이 개최되거나 월드컵이 개최되면 가전제품 회사들은 보다 큰 화면과 선명한 화면 개발을 통해 새로운 제품을 출시하고 이를 판매한다.

그리고 각종 IT기술과 결합된 새로운 카메라 기술이나 방송 기술 등이 등장한다. 그리고 대회를 통해 이를 사용하고 홍보한 후 시장을 일반 시장으로 전환하여 나간다.

로켓을 발사하여 우주를 탐사하기 위해 드는 비용은 가히 천문학적이지만, 그 기술의 부산물은 일반 소비자 시장에서 더 큰 가치를 창출하고 있다. 즉 제품도 중요하지만 주변의 부산물로 만들어지는 서비스로 전환하는 것이 중요하다.

시장을 전환하는 것은 침체되고 있는 제품이나 서비스에 활력을 불어넣기 위한 강력한 전략이다. 시장 전환 전략을 받아들이는 조직은 경영자와 종업원의 사고체계를 변화시킬 수 있어야 한다. 즉 과거의 방식에 얽매이지 말고 새로운 자세로 출발하여야 한다. NBA와 MLB는 중국 시장에서 정규게임을 진행하고 프로모션을 한다. 대륙의 인구를 자신들의 팬들로 전환시키려는 의도이다. 시장 전환 전략을 수행할 때는 기술 중심이 아니라 시장 중심의 개념이 필요하다.

(3) 재창조하라

시장에 참여하기 위해 반드시 새로운 발명품을 들고 나와야 하는 것은 아니다. MLB와 관련된 구단의 모든 마케팅은 Bill Veeck(Owner of Cleveland Indians, St. Louis Browns, Chicago White Sox)가 구단주로 있던 시절 만들었던 대부분의 이벤트나 마케팅 활동을 리메이크 하여 만들어졌다. 즉 다른 구단의 마케팅 기법들을 새롭게 재창조한 것이다.

경기에서 벌어지는 이벤트나 각종 활동들을 세상에 전혀 새로운 것이 없다고 해도 과언이 아니다. 기존의 것들을 자신들의 구단 특징이나 분위기에 맞게 새롭게 변화시키고 재창조한 것이다.

기술적으로 우수하다고 해서 마케팅적으로 우수한 것은 아니다. 재창조를 늘 우리는 부끄러운 일로 생각해서는 안 되고 다만 불법적이고 비윤리적인 모방이 아니라 창의된 개선을 통해 새로운 용도를 첨가하고 이를 통해 새로운 고객을 창출하는 것이 중요하다. 모방을 중요한 전술의 가치로서 활용하는 것이 중요하다

시카고 컵스의 구단주인 Bill Veeck의 흉상

참 | 고 | 문 | 헌

강도원 외(2008) 서비스 마케팅 이론과 사례. 대진.

강신규 외(2004) 경영학원론. 형설출판사.

강호정, 이준엽(2005) 현대 스포츠 경영학. 학현사.

김동기, 이용학(1992) 소비자 행동 분석. 박영사.

김용만, 이계석, 서희정(2004) 프로농구구단의 서비스품질과 관람만족, 관람태도, 재관람의도에 관한 연구. 한국스포츠산업경영학회지, 9(4), 89-104.

김홍설(1999) 스포츠팬의 소비자 행동결정요인에 관한 연구. 서울대학교 대학원.

니콜라 게겐(2006) 소비자는 무엇으로 사는가. 지형.

로버트 B. 세틀(2003) 소비의 심리학. 세종서적.

문화체육관광부(2008) 스포츠마케팅 비즈니스 모델 연구. 문화체육관광부.

서원재 외(2009) 필립 코틀러의 스포츠 브랜드 마케팅 스포츠 팬을 잡아라. 지식의 날개.

신지용(2010) 현대소비자행동론. 탑북스.

안광호, 하영원, 이학식(2010) 소비자행동. 법문사.

유동근(2010) 통합마케팅. 한경사.

유필화(1994) 현대의 마케팅 과학. 법문사.

이승신(2010) 소비사회와 소비문화. 신정.

이학식 외(2009) 소비자행동 마케팅 전략적 접근. 법문사.

임종원, 김재일, 홍성태, 이유재(1995) 소비자 행동론. 경문사.

장영광, 정기만(2007) 생활속의 경영학. 신영사.

전국경제인연합회(2009) 스포츠 인프라 건설 활성화 방안. 전국경제인연합회.

전수환(2009) 에센스 경영학 제2판. 세경.

정연승(2010) 시장을 움직이는 49가지 마케팅의 법칙. 한스미디어.

정희윤(2008) 값 오른 입장료, 야구발전 시작. 스포츠동아(5월 29일 S15).

정희윤(2008) 마케팅 활성화를 통한 프로스포츠 저변확대. 한국 스포츠 비전 심포지엄.

정희윤(2009) 절호의 기회 맞은 프로야구. 스포츠비즈니스리뷰 통권 제67호, 11.

조동성(2006) 21세기를 위한 경영학. 서울경제경영.

조송현(2002) 참여스포츠의 서비스품질과 고객 애호도와의 관계. 서울대학교 대학원.

조우정, 김병원(2006) 스포츠이벤트 관광객들의 참여동기와 선택속성이 소비자 만족 및 재구매 행동에 미치는 영향. 한국체육과학회지, 15(2), 49-60.

청쥔이(2009) CEO를 위한 삼국지 경영 특강. 랜덤하우스.

톰 피터스(2009) 톰피터스의 미래를 경영하라. 21세기북스.

홍은균(1992) 현대소비자론. 석정.

홍성태(1998) 보이지 않는 뿌리. 박영사.

홍성태(2010) 마케팅의 시크릿 코드. 위즈덤 하우스.

Anton, J.(1996) Customer relationship management: Making hard decisions with soft numbers. Prentice-Hall.

Baba, J. A.(2003) An examination of the influence of personal values and ethnic identity on black students' sport consumption behavior. Unpublished doctorial dissertation. Ohio State University.

Baker, D. A., & Comproton, J. L.(2000) Quality, Satisfaction and Behavior Intention. Annals of Tourism Research, 27(3), 785-803.

Bizman, A., & Yinon, Y.(2002) "Engaging in Distancing Tactics Among Sport Fans: Effects on Self-Esteem and Emotional Responses." The Journal of Social Psychology, 142(3), 381-392.

Cronin, J. J., & Taylor, S. A.(1992) Measuring Service Quality: A Reexamination and extension. Journal of Marketing, 56(3), 55-68.

Fink, J. S., Trail, G. T., & Anderson, D. F.(2002) An Examination of Team Identification: Which Motives are Most Salient to its Existence?. International Sports Journal, Summer, 195-207.

Kotler, Philip(1991) Marketing Management: Analysis, Planning, Implementation, and Control, 7th ed., Englewood Cliffs, New Jersey: Prentice-Hall, Inc., 164.

Shin, S. H., & Amine, L. S.(1994, November) Consumer nationalities determinant of country-of-origin preferences and willingness buy. Proceedings of Conference of Global Business, LasVegas.

Tim Hurson(2009) THINK BETTER. K-Bbooks.

www.sericeo.org

제 3 편
스포츠 산업과 스포츠 마케팅의 이해

제 1 장 스포츠 산업

제 2 장 스포츠 마케팅의 역사와 변천 과정

제 3 장 스포츠 마케팅의 정의

스포츠의 시대가 왔다. 무력으로 경제로 문화로 지배하던 시대를 넘어 스포츠는 세계를 지배하는 하나의 도구가 되었다.

스포츠는 오늘날 국경을 넘어 전 세계가 공유하는 "만국 공통어"로서 이제는 각 국가적 차원에서 정책적으로 스포츠 산업을 개발하고 발전시켜 나가고 있다. 스포츠 산업 강대국이 국가 강대국이라는 공식이 만들어지고 있기 때문이다. 또한 기업의 입장에서 스포츠를 활용한 마케팅은 기업 홍보 및 브랜드 이미지를 확립하는 데 빼놓을 수 없을 만큼 효과적인 마케팅 수단으로 자리를 잡았다.

스포츠 산업은 스포츠가 하나의 거대한 비즈니스가 되면서 스포츠 마케팅 분야의 학문적인 연구가 선행되고 그 결과물로 탄생한 학문이라기보다는 시장의 원리와 구조 그리고 시대적 배경에 의하여 만들어진 결과물이라고 이야기할 수 있다.

이러한 스포츠 비즈니스의 성장은 사회의 변화와 인간 개인의 변화 그리고 스포츠 자체의 변화를 가져오게 되었다. 1960년대 스포츠 미디어 발달로 인한 참여에서 관람 스포츠로의 전환과 1970년대 후반 스폰서십 프로그램의 등장으로 스포츠의 상품화가 이루어졌으며, 1980년대 올림픽, 월드컵을 비롯한 대형 스포츠 이벤트의 성장, 1990년대 스포츠 용품의 과학화 2000년대 스포츠의 글로벌화, 2010년대 스포츠의 사회적 기여 및 참여로 발전하게 되었다.

이렇듯 스포츠는 단순히 볼거리를 제공하는 운동경기라는 개념에서 벗어나 그 자체를 사업화하고 광고매체로서 활용하며, 다른 부대사업 개척이 가능한 하나의 독자적 산업으로 자리를 구축해 나가고 있다. 스포츠 산업의 비중이 커짐에 따라 기업들은 스포츠 산업 분야에 많은 투자를 하고 있으며 스포츠를 통하여 커뮤니케이션 효과를 노리는 마케팅 활동들을 하고 있다.

우리나라는 스포츠를 통해 국위를 선양하고 강력한 정부 주도의 스포츠 정책으로 인해 단기간 내에 세계 10대 스포츠 엘리트 강대국에 속하게 되었으며, 정부는 국민 경제의 향상과 삶의 질 향상을 위해서는 엘리트 스포츠 강국에서 스포츠 산업 강국으로 육성해야 한다는 시대적인 사명을 띠고 스포츠 산업 비전을 만들었다.

스포츠 비즈니스의 다양한 전략 도구들, 즉 상품, 촉진, 유통, 가격 등과 관련된 다양한 요소들의 최적 배합으로 스포츠 소비자들의 요구와 기업들의 기대에 부응하여 끊임없이 변화시켜야 하고 커뮤니케이션 외에 마케팅의 다른 요소들과도 결합하여 긍정적인 상호간의 상승효과를 내도록 하여야 한다.

스포츠 마케팅은 스포츠 자체의 마케팅과 스포츠를 활용한 마케팅 그리고 선수 및 팀을 활용한 마케팅의 3가지로 크게 구분하였다. 스포츠 마케팅은 다른 마케팅과 달리 독특한 차이점들을 가지고 있다.

스포츠 마케팅은 스포츠 매니지먼트 시각으로 관람 스포츠와 참여 스포츠 산업의 경우보다 많은 관중이나 회원을 확보하려는 활동이고, 스포츠 제조업부분에서 스포츠 용품이나 브랜드의 가치를 극대화시키는 활동이며 스포츠 시설업에는 회원들이나 사용자들에게 질적인 서비스를 제공하는 활동이라 할 수 있다. 또한 스포츠 단체나 조직에서의 마케팅 활동은 스포츠 자체를 발전시키고 재원을 확보하기 위해 집행하는 마케팅 활동을 의미한다.

현재 스포츠 비즈니스는 지속적으로 발전하고 있으며, 그 과정에서 다양한 마케팅 모습으로 변모해 나가고 있다. 이러한 측면에서 우리는 왜 스포츠 마케팅이 많은 사람의 관심을 모으고 있는지, 스포츠가 가진 가치를 어떻게 확대하여 나가는지를 알아보도록 하였다.

그리고 스포츠 마케팅의 역사와 새롭게 변화되는 스포츠 산업을 이해할 수 있도록 내용을 구성하였다.

제 1 장 스포츠 산업

제 1 장

스포츠 산업

1. 스포츠 산업의 발전

스포츠 산업의 정의

스포츠 산업은 "스포츠 활동과 관련된 제품을 생산하고 소비하는 일련의 모든 활동"이라고 정의할 수 있으며, 이러한 생산과 소비는 스포츠 활동과 관련한 서비스업, 즉 스포츠 소비자의 욕구를 충족시키기 위해서 각종 재화나 서비스를 제공하는 스포츠 단체와 기업의 생산 활동이라고 정의할 수 있다. 따라서 스포츠 산업은 스포츠 활동에 필요한 용품과 설비 그리고 스포츠경기 이벤트 강습 등과 같은 유·무형의 재화나 서비스를 생산·유통시켜 고부가가치를 창출하는 산업이라 정의할 수 있다.

스포츠 산업은 스포츠와 관련된 용품시장을 발전시키고 스포츠 시설의 건설 및 운영하는 시장을 만들어 내며 관련 스포츠 스폰서십 시장과 마케팅 시장을 파생시킬 수 있다.

현재 전 세계의 공통된 스포츠 산업의 경향은 전체 산업의 구조 속에서 스포츠 산업이 차지하는 비중이 높아져 가고 있다는 점이다. 한국의 경우에도 스포츠 산업에 대한 규모나 내용에 대해서 정확한 보고 연구가 이루어지고 있다고 볼 수 없지만, 2008년 기준으로 국내 스포츠 산업의 규모는 연간 매출 규모 소비시장 규모를 기준으로 하여 산정할 때 26조 3,614억원으로 국내 총생산(GDP)의 2.57%를 차지하는 것으로 추정되고 있으며, 이는 2005년의 19조, 507억원보다 28% 이상 증가한 규모이다(2009, 체육백서).

이러한 증가 추세 속에서 스포츠 산업과 관련된 학문 또한 발달하게 되면서 스포츠 산업에 대한 다양한 정의와 평가도 함께 이루어지고 있다.

이상의 학자들의 스포츠 산업에 대한 정의가 약간씩 다르게 표현되고 있지만 산업에 대한 정의를 요약하여 보면 스포츠 산업은 관람과 참여 스포츠에 필요한 모든 제품과 시설, 서비스를 생산, 유통, 촉진, 판매하여 부가가치 창출을 통해 스포츠 소비자와 기업(스포츠 단체, 스포츠 용품 기업, 스포츠 시설, 스포츠 정보)의 이익을 창출하는 산업이라

스포츠 산업은 새롭게 성장해 나가고 있다. (나이키숍의 애플과 나이키 러닝화 제품)

고 정의할 수 있다. 스포츠 산업은 각 분야별로 시장이 점차 확대되면서 국민 건강과, 국가 경제의 척도가 되고, 고부가 가치를 창출하는 데 지대한 영향을 미친다.

스포츠 산업의 성장은 제품의 디자인까지 발전시켰다. (상하이 로렉스 마스터즈 테니스 대회의 상품 전시회)

현대 스포츠 산업의 성장 배경

스포츠 산업은 스포츠의 탄생과 동시에 발달되었다고 할 수 있으며, 과거 의례, 전투, 축제, 노동에서 분리되어 생업과 명확하게 구분되면서부터이다. 본격적으로 스포츠 산업이 주목을 받게 된 것은 19세기에 들어오면서 스포츠의 경쟁성을 통해 글로벌화가 되면서 스포츠 자체가 규정된 룰의 표준화와 통일된 규격에 맞는 스포츠 용품이 사용되어지면서 부터이다. 스포츠 자체가 개인 간, 팀 간, 국가 간의 경쟁이 시작되면서부터 좋은 경기장이 만들어지고, 경기력을 향상 시키고자 하는 스포츠 용품의 개발과 경기를 관람하는 스포츠 시

표 1-1 스포츠 산업에 대한 학자들의 정의

구 분	정 의
Loy, Mcpherson & Kenyon(1978)	• 스포츠 사업과 스포츠 관련사업으로 규정하고, 스포츠 용품 생산, 스포츠 의류제조, 스포츠 시설의 설계 및 시공, 스포츠 갬블 등을 포함
Mullin (1984)	• 스포츠 산업이란 스포츠, 스포츠 시설, 스포츠 장비에 주요한 초점을 두거나 깊은 의존성을 갖고 서비스 혹은 스포츠 서비스를 제공하는 조직 • 스포츠 산업이란 "스포츠, 스포츠 시설, 스포츠 장비나 용품 등을 제작, 판매하거나 스포츠 제품 혹은 서비스를 제공하는 산업
김창규 (1997)	• 스포츠 활동과 관련된 재화와 서비스를 제공하는 제조업이나 서비스업
한왕택 (1996)	• 스포츠 활동에 대응하는 재화와 서비스를 제공하는 산업
정상원·박기주 (1995)	• 수요측으로부터 스포츠라고 하는 축을 중심으로 넓어져 가는 특정 생활영역과 관련하여 소비자가 요구하는 각종 요구를 확실하게 제공하는 산업
박영옥 (1997)	• 스포츠 산업이란 스포츠 활동과 관련된 재화와 서비스의 상업적 생산 혹은 시장을 통한 수급을 위한 생산활동과 이를 유통시키기 위한 활동
김치조 (1999)	• 스포츠 산업이란 스포츠라는 서비스를 상품으로 하는 서비스 산업의 일종이라는 범위를 넘는 광의적 개념으로 보아 일반적 스포츠 서비스 산업 이외에 대중 오락에 관련된 영화, 음악, TV, 연극, 잡지 등을 포함한 오락산업과 여가산업을 총칭하는 문화산업의 일부까지도 포함
김종외 (1998)	• 스포츠를 '하는 사람들'과 '보는 사람들'의 두 가지 측면과 관련하여 발생하는 수요로 인하여 스포츠가 생산·판매된다고 파악 • 스포츠 산업이란 스포츠 및 그와 관련된 재화나 서비스를 생산 유통시켜 부가가치를 창출하는 산업
김도균 (2007)	• 스포츠로 인해 파생되는 모든 유형의 재화와 무형의 서비스를 생산, 유통, 판매, 촉진시킴으로써 부가가치를 창출하는 산업
김용만, 박세혁, 전호문 (2009)	• 스포츠와 관계된 모든 경제 활동으로서 스포츠 관련 활동에 참가한 스포츠 소비자를 만족시키기 위해 물질·공간·시설, 프로그램, 지도자, 용품, 스폰서, 광고 그리고 정보 서비스를 제공하는 산업
체육백서 (2009)	• 스포츠 활동에 필요한 용품과 설비 그리고 스포츠 경기 이벤트 강습 등과 같은 유·무형의 재화나 서비스를 생산·유통시켜 부가가치를 창출하는 산업
임운학 (2010)	• 스포츠와 관련된 재화와 서비스의 생산 단계에서부터 유통 단계에 이르기까지 고부가가치를 창출하는 개인 또는 조직 일체의 활동을 의미

마케팅 休知通

에고노믹스(Egonomics)

Egoist(이기주의) + Economics(경제의) 합성어, 자신의 요구를 기업에 당당하게 요구하는 자기본위적 소비자, 인터넷 카페, 블로그, 메신저 등을 통해 자신의 의견을 개진하고 단순한 소비자에게 기업의 파트너로 나아가는 신 소비주의.

이러한 현상은 최근의 인터넷 환경의 발전으로 더욱 더 발전된 모습을 볼 수 있는데, 스포츠 제품을 사용하고 사용기를 인터넷을 통해서 공유함으로써 소비자들에게 더 많은 정보를 제공하게 되고, 이를 통해서 스포츠 제품을 판매하는 기업들은 이러한 인터넷 유저들도 관리하여야 하는 상황에 놓이게 되었다.

설과 미디어가 등장하고, 경기를 관람하기 위한 수송의 발달로 인해 현대 스포츠 산업은 급격하게 성장을 하였다. 이러한 스포츠 산업의 성장 배경은 다음과 같다.

첫째, 근대 산업화에 따른 여가 시간의 증대는 사람들의 삶의 질 향상에 대한 라이프 스타일의 변화를 들 수 있다. 매슬로가 주장하는 저차원적인 욕구로부터 고차원적인 자아실현의 욕구가 강해지면서 스포츠 활동 참여가 증대되었다. 여기에는 미(美)의 추구나 자신에게 투자를 아끼지 않는 경향에서 기인하였다.

둘째, 핵가족화 되면서 간섭이나 통제를 받는 정도가 감소되었고, 가치관도 변화되어 적극적이고 활동적인 생활패턴으로 스포츠 관련 산업이 증대되었다.

셋째, 교통수단의 발달로 행동반경의 확대로 인해 사람들이 스포츠 활동에 더욱 쉽게 참여하고 적극적으로 관람할 수 있게 되었다.

넷째, 카메라의 등장과 미디어의 발달로 인해 참여 스포츠에서 관람 스포츠로 확대가 되면서 스포츠에 대한 관심이 증대되고 스포츠가 비즈니스로서 더욱 크게 확대가 되었다.

다섯째, 인터넷의 급속한 보급으로 인해 스포츠 정보의 획득이 훨씬 더 용이해졌고 스포츠와 관련된 각종 정보를 담은 콘텐츠의 개발은 스포츠 콘텐츠 산업이라는 또 다른 산업을 탄생시켰다.

여섯째, 최첨단 스포츠 시설의 개발 및 서비스 공간으로서의 스포츠 시설 설치건물 증가로 인한 스포츠 산업이 발달하였다.

일곱째, 프로스포츠의 출현으로 인한 기업 참여 확대 및 지역 시민들의 관람 스포츠로 참여가 확대되었다.

여덟째, On-Off Line 커뮤니티 형성 및 친교로서의 클럽 스포츠가 발달되고 이를 통한 교류가 커짐으로써 스포츠 산업이 급속도로 발달하게 되었다.

아홉째, 스포츠 산업 진흥법 재정을 통한 관련 산업 지원 및 확대 및 시설, 설치, 운영에 대한 인허가의 확대되면서 시설업으로서 스포츠가 성장하게 되었다.

열 번째, 지자체마다 스포츠 이벤트 유치 경쟁이 가열화 되고 스포츠 산업이 지역 브랜드 성장과 경제 성장에 기여한다는 인식이 커지면서 스포츠가 더욱 성장 발달하게 되었다.

스포츠 산업의 발달 배경 및 역할

(1) 스포츠 산업의 발달 배경

스포츠 산업은 각각의 스포츠 산업 활동을 통하여 스포츠 소비를 촉진시키고 소비자의 라이프스타일에 따라 다양한 선택을 하고, 공급자는 소비자의 욕구를 충족시키려는 상호 작용으로 인해 계속적으로 발전하고 있다.

스포츠 산업의 역할 이전에 그 중요성이 부각된 배경을 살펴보면 다음과 같다.

첫째, 스포츠는 세계적 보편성 및 주류문화로 편입되는 추세. 스포츠는 세계적 보편성을 갖고 참여율과 범위가 지속적으로 확장되고 있기 때문이다. 각국의 운동 참여율을 살펴보면, 핀란드 76%, 덴마크 62%, 영국 45%, 프랑스 43%, 독일 39%(EC 2004. The citizens of The European Union and Sport: 주1회 기준)이며, 우리나라의 참여 스포츠도 급속히 성장하여 세계 10위권 수준, 2006년 규칙적 체육활동 참여율 44.1%(체육과학연구원)이다. 이렇듯 스포츠 참여인구의 증가 및 다양화로 시장이 새롭게 형성되고 있으며, 건강 및 여가 문화로서의 스포츠 활동이 확산되고 있는 추세에 있다.

둘째, 스포츠 패러다임의 변화. 엘리트체육 중심에서 생활체육 중심으로 다시 스포츠 산업 중심으로 스포츠에 대한 패러다임이 변화하였기 때문이다. 스포츠 산업은 민간 활력과 자본을 통하여 정부공급의 한계를 보완하고 스포츠 니즈와 참여를 촉진시킨다. 또한, 참여 확대, 신서비스 창출, 소비수요 창출 등을 통하여 스포츠 저변을 고도화시키며, 엘리트 선수의 일자리 창출 등 스포츠의 성장 출구를 제공하기도 한다.

해외의 주요 국가에서는 국가는 스포츠 산업을 미래 성장잠재력이 큰 유망산업으로 신산업 창출을 위해 관심과 투자를 집중시키고 있다.

- 일본: 1990년 「스포츠 비전21」 수립 및 「스포츠 진흥기본계획(2000)」 발표
- 호주: 「게임플랜 2006: 스포츠 산업 전략계획」을 수립, 스포츠 산업 국제시장 점유율 및 브랜드 이미지 제고 추진 – 2004년 마케팅 지원기관 SKA(Sport Knowledge Australia) 설립
- 대만: 「2008년 국가발전 전략」에 스포츠/레저 산업 브랜드 마케팅 강화

스포츠 산업의 발전은 스포츠 산업을 고급화시켰다.

- 중국: 국가체육총국 직속의 전문연구인력 확보 – 베이징올림픽 이후 체육정책 목표를 전문체육에서 스포츠산업으로 전환

셋째, 스포츠 산업 선순환구조 정립. 스포츠의 보편화로 인해 세계가 단일시장으로 통합되는 경향을 가지고 있기 때문이다. 미국·유럽의 국제 마케팅·미디어그룹을 중심으로 글로벌 브랜드, 이벤트, 미디어, 마케팅 시장 독과점 현상이 심화되고 있으며, 세계시장 진입을 위해 핵심요소인 스포츠 활동을 중심으로 용품, 시설, 서비스 등 분야 간 가치사슬 선순환구조가 정립되고 있는 실정이며, 스포츠 산업을 미래 신성장 동력의 축으로 육성하고자 신서비스 창출, 산업환경 정비, 인프라 구축, 기술개발을 추진하고 있다.

넷째, 우리나라의 경우 세계 10위권 스포츠 강국으로 도약. 올림픽 등 각종 국제대회에서 세계 10위권 이내의 성과를 달성했으며, 월드컵과 올림픽의 성공개최와 2011년 대구 세계육상 선수권대회 등을 통하여 국가의 위상을 드높였기 때문이다.

(2) 스포츠 산업의 역할

이러한 스포츠 산업은 다음과 같은 역할을 한다.

대형 스포츠 이벤트의 개최는 국가 및 지역 도시의 브랜드 이미지에 발전을 준다.

첫째, 공익적 역할: 스포츠의 다양한 발전을 지원함을 목적으로 하는 공익적 역할은 스포츠 산업의 사업 수행에 있어서 윤리적 성격을 갖는다.

둘째, 문화적 역할: 스포츠 자체가 고유의 문화적 가치를 지니고 있어, 스포츠에는 교류, 경쟁, 만남, 기쁨 등의 요소가 있고 이러한 문화적 역할을 통해 인간성 향상 및 발전, 자기 개발, 사람들과의 교류를 증진 시키는 역할을 하고 있다.

셋째, 창조적 역할: 스포츠의 발달은 신기록 수립과 더불어 각종 스포츠 용품과 전자 제품의 발달에 창조적인 역할을 수행하여 왔다. 올림픽과 월드컵 같은 대형 이벤트는 기업들로 하여금 새로운 신제품을 개발하게 하고 이를 널리 알릴 수 있는 창조적인 기회이다.

넷째, 스포츠 진흥의 교두보 역할: 스포츠 산업은 스포츠 조직, 지도자, 시설, 프로그램 등 국민체육 진흥에 필요한 사업의 효율성과 부가가치를 증대시키는 생산 활동의 역할을 한다.

다섯째, 국가 발전 및 지역 경제 발전의 역할: 대형 스포츠 이벤트 개최는 국가 및 지역 브랜드 이미지 상승 및 지역 경제 발전의 역할을 한다. 올림픽과 월드컵을 개최한 도시와 국가는 선진국임을 입증하는 계기가 되었으며 스포츠 산업은 이러한 경제적인 역할을 한다.

스포츠 산업의 분류

스포츠 산업은 각 국가마다 분류체계를 달리 가지고 있다.

첫째, 스포츠 산업을 크게 하드 분야와 소프트 분야로 나누어서 분석하는 방법으로 하드 분야는 제조업, 스포츠 공간, 시설로 분류하고 소프트 분야는 스포츠 시설 관련, 정보 관련, 용품 관련으로

그림 1-1 스포츠 산업 정책 추진의 가치사슬의 선순환 구조

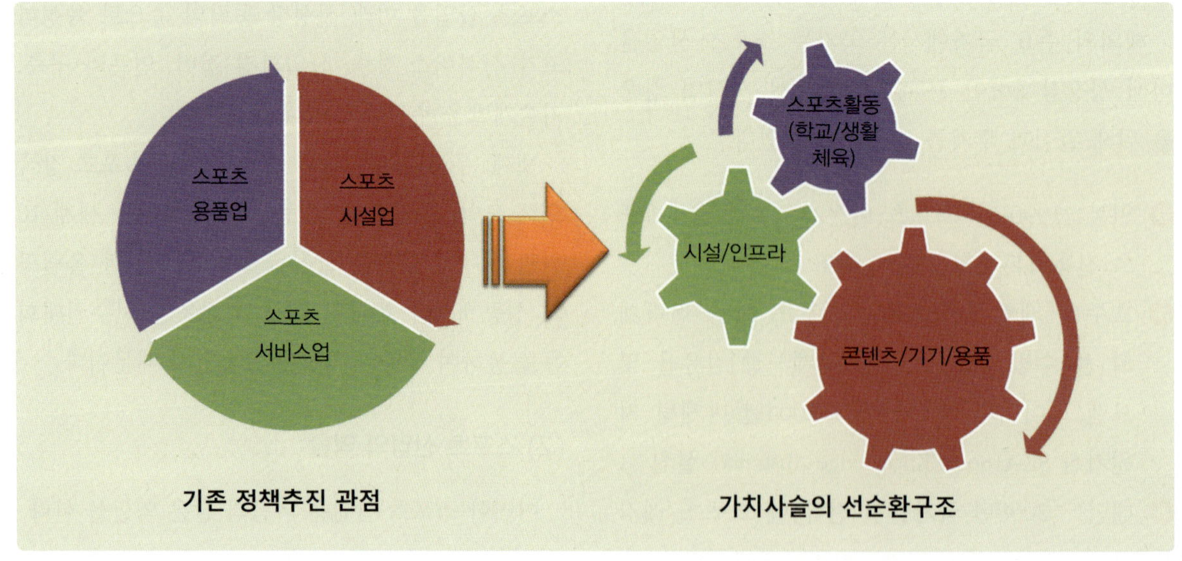

마케팅 休知通

헝그리 어댑터(Hungry Adopter)

쓰던 제품을 되팔고 그 돈으로 업그레이든 된 동종의 중고 제품을 주로 구입하는 사람. 기기를 업그레이드 한다고 해서 '업글러'라고도 한다.

2004년 하반기 동안 인터넷 경매 사이트 옥션에서 IT 기계를 사고 3개월 내에 다시 되판 회원이 2만명에 이르는데, 이들 대부분이 헝그리 어댑터로 추정하였다. 디지털 카메라 사용자 커뮤니티인 디시인사이드의 중고품 매매 게시판도 헝그리 어댑터들이 활동하는 대표적인 사이버 공간이다.

이러한 현상은 스포츠 동호인 그룹에서 그 사례를 찾아볼 수 있다. 사회인 야구 선수들이 새로운 글러브가 나왔을 때 그 글러브를 구매하기 위해서 기존의 사용했던 글러브를 되팔고 새로운 글러브를 구매하는 행동이 이러한 현상을 잘 보여주고 있다.

분류한다.

둘째, 간략하게 관람 스포츠와 참여 스포츠 산업의 두 가지로 분류하기도 한다.

셋째, 일본의 스포츠 산업은 스포츠 산업 관련 분야를 스포츠 관련 제반 시설, 서비스업, 스포츠 교습 서비스업, 광고업, 정보 산업, 매스컴업, 시설 건설업, 상해 금융, 배달, 렌탈, 수선, 회원권 판매 그리고 스포츠 관련 이벤트업 및 관광업 등으로 분류하였다.

넷째, Pitts, Fielding & Miller(1997)는 스포츠 산업을 그 제품과 구매자의 유형에 따라 〈표 1-2〉와 같이 세 가지 영역으로 구분하여 분류하였다.

다섯째, 체육백서(2009)에서 우리나라의 스포츠 산업을 두 가지로 분류할 수 있는데, 하나는 통계청에서 제공하고 있는 산업 분류에 의하여 스포츠 산업은 정보산업, 관광산업, 환경산업, 문화산업, 정보통신산업, 물류산업, 자동차 관련 전용부품 제조업 등과 같이 산업 분류의 필요성을 인정받고 있으며, 스포츠 산업은 운동 및 경기용품제조업, 운동 및 경기용품, 유통도소매 및 임대업, 경기 및 오락업으로 분류하였다.

다른 하나는 광범위한 스포츠 산업을 정책 대상으로 관리하기 적합하도록 3개 하위 산업 영역으로 나누었다. 이를 구체적으로 보면 제공된 재화나 서비스의 특징과 사업단위가 수행하는 경제 활동의 특성에 따라 스포츠 시설업, 스포츠 용품업,

| 표 1-2 | Pitts, Fielding & Miller 제품과 구매자의 유형에 따른 분류

구 분	의 미	종 류
스포츠 행위 부문	참여나 관람 제품으로서 소비자에게 제공된 제품	• 운동경기: 아마추어, 프로스포츠, 민간 비스포츠 사업 • 민간 비스포츠 사업 • 세금이 지원된 스포츠, 비영리 스포츠 조직 • 후원제가 지원된 스포츠 조직 • 스포츠 교육, 휘트니스-스포츠 회사
스포츠 제품생산 부문	스포츠 경기력 생산에 필요한 제품	• 준비제품: 장비, 의류 • 경기력 생산제품: 휘트니스 훈련자, 의료, 스포츠 시설
스포츠 촉진(promotion)부문	스포츠 제품을 촉진시키기 위하여 제공된 제품	• 촉진 거래제품, 촉진행사, 미디어 • 후원: 행사 후원, 팀 및 개인 후원, 서킷트 또는 리그 후원, 공동 후원 • 서포트 광고: 개인 서포트 광고, 팀 서포트 광고, 팀 서포트 광고

출처: B. G. Pitts, L. Fielding, & L. K. Miller(1994), Indudtry segmentation theory and the sport industry: Developing a sport industry segment model, Sport Marketin Quarterly,

스포츠는 다양한 산업군으로 형성된다. (래프팅을 즐기는 스포츠 소비자들)

스포츠 서비스업으로 분류하였다. 이를 배경으로 스포츠 산업정책의 대상을 직접 참여와 관련된 스포츠 시설업, 스포츠 용품업, 간접 스포츠 참여와 관련된 스포츠 서비스업으로 분류하였으며 〈그림 1-2〉와 같다.

스포츠 산업의 특성

스포츠 산업은 구성하고 있는 각 분야마다 서로 다른 산업 분류에 속하는 업종의 집합체로서 다음과 같은 특성이 있다.

첫째 스포츠 산업은 복합적인 산업 분류 구조를 가진 산업이라고 할 수 있다. C.G.클라크의 '경제 진보의 조건'에서 사용한 산업구조의 분류를 통해서 스포츠 용품 제조업은 2차 산업으로, 스포츠 시설업 중 스포츠 시설 운영업과 스포츠 용품 유통업, 스포츠 서비스업은 3차 산업으로 분류할 수 있다.

둘째, 공간·입지 중시형 산업이다 스포츠 참여 활동에는 적절한 장소와 입지조건이 선행되어야 한다. 스포츠 산업 분야의 서비스는 입지조건이나 시설에 대한 의존도가 높은데, 예를 들어 스키장 그리고 골프장 또는 스포츠 고객들이 즐기는 스포츠 관람 시설 또는 스포츠 레저 관련 시설은 얼마

| 그림 1-2 | 국내 스포츠 산업 분류

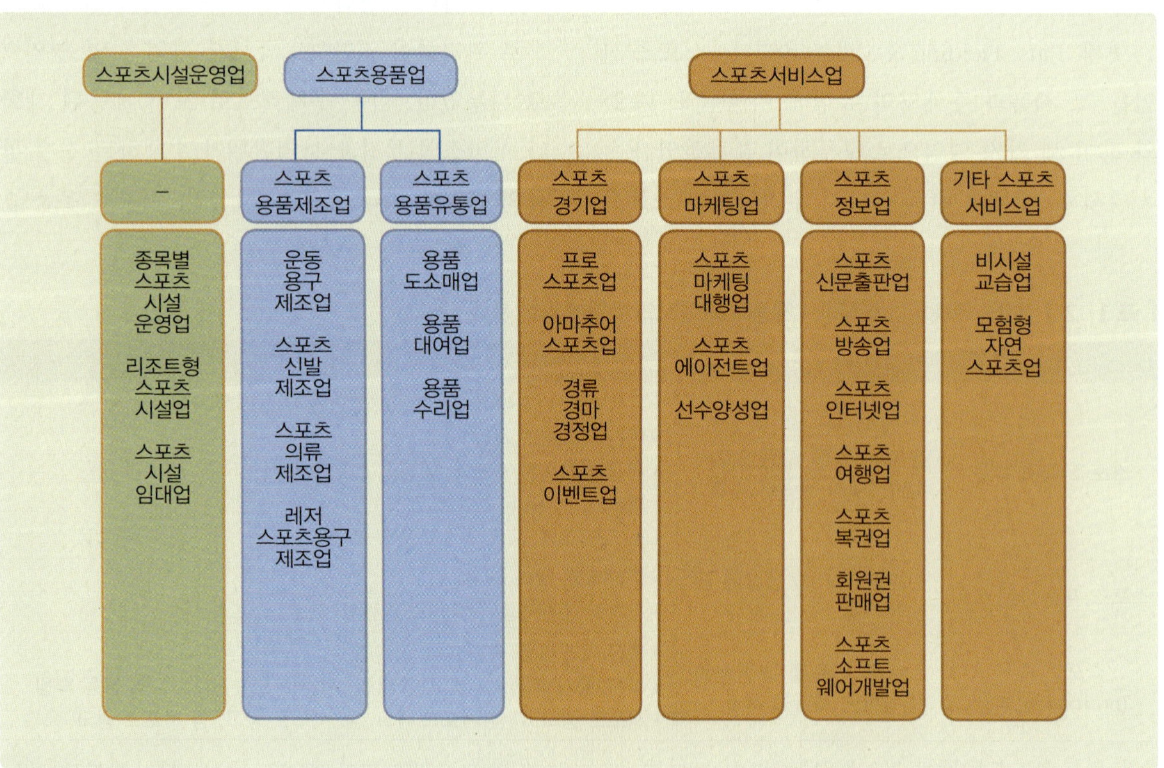

자료: 체육백서, 2009.

스포츠를 통해서 고객들은 즐거움을 얻는다. (NFL 경기에서 하이파이브 하는 팬들)

나 쉽게 접근할 수 있는 위치에 있으며 어느 정도의 규모나 시설을 갖추고 있느냐가 소비자들에게 있어 관심의 대상이 될 수 있다. 뿐만 아니라 해양 스포츠나 스키, 골프 등은 제한된 장소에서만 그 활동이 가능하기 때문에 공간의 입지 조건에 크게 의존하고 있다.

셋째, 시간 소비형 산업이다. 스포츠 산업은 산업의 발달에 따른 노동시간의 감소와 함께 발전해 왔으며 삶의 질 제고를 위한 여가 활동의 증대로 발전한 산업이라고 할 수 있다. 관람 스포츠와 참여 스포츠가 활성화되는 것은 체육 및 스포츠 활동에 소비하는 시간이 크게 늘어난 것이다.

넷째, 오락성이 중시되는 산업이다. 스포츠가 하나의 산업이 될 수 있었던 이유는 스포츠가 필요에 의해서라기보다는 재미와 관련된 오락이 존재하기 때문인 것이다. 대중들은 의식주가 해결되면, 그 외의 삶의 질적인 수준을 높이고 삶 속에서 여유를 찾는 스포츠 활동을 하게 된다. 스포츠를 관람하거나 직접하는 행위는 오락적인 마인드가 존재하기 때문인 것이다.

다섯째, 감동과 건강을 가져다주는 산업이다. 스포츠는 각본 없는 드라마라고 할 정도로, 감동으로 사람들의 눈과 귀로 전달된다. 영화나 연극같이 각본에 의해서 전달되는 감동과는 완전히 다른 감동을 전달한다. 이러한 감동을 전달할 수 있는 산업은 스포츠 산업뿐이다.

여섯째, 스포츠 산업은 성장잠재력과 고용효과가 큰 산업이다. 소득탄력성이 높은 선진국형 산업으로서 세계적으로도 문화산업 평균보다 높은 연평균 5.2%의 성장률을 전망하고 있으며, 국내 스포츠 서비스업(경기·시설·마케팅업/용품업 제외)은 11.5만개의 일자리를 제공하고 있는 것으로 나타났다.

국내 스포츠 산업 현황

국내 스포츠 산업의 시장 규모는 2008년 약 26조원으로 GDP 2.57% 수준이다. 국내 스포츠 산업

시장의 부문별 규모는 스포츠 서비스업 〉 스포츠 시설업 〉 스포츠 용품업 순이다.

구체적으로, 스포츠 용품업은 노동집약적 제조업 형태로 경쟁력이 취약한 실정이다. 브랜드 전문숍, 저가 홈쇼핑 등을 중심으로 유통구조가 형성되어 중소기업 제품의 시장접근에 제약이 있으며, 세계적인 브랜드의 부재로 글로벌 브랜드를 선호하는 추세이며, 중국 등 후발국의 급속한 추월로 세계시장에서 경쟁력이 상실되고 있는 실정이다.

스포츠 시설업은 국민의 운동참여 증가에 따라 빠르게 성장하고 있다. 특히 공공체육시설 설치 확대에 따라 민간시설의 운영이 다소 위축되었다.

스포츠 서비스업은 마케팅 등 상품화 전략과 경험 부족으로 IT 및 미디어 등 수요자 요구에 비해 콘텐츠 활용도는 저조한 실정이다. 프로스포츠는 800만 관중시대 호기를 맞고 있으나, 마케팅 및 경영마인드 부족으로 적자구조를 벗어나지 못하고 있는 상태이다.

우리나라 스포츠 산업의 SWOT를 분석하여 보면 다음 〈그림 1-3〉과 같다.

스포츠 산업은 공간, 입지 중시형 산업이다. (샌프란시스코 시내에 위치한 MLB AT&T 경기장)

스포츠 산업의 규모

국내 스포츠 산업의 규모는 연간 출하 매출 규모 소비 시장 규모로 산정되며, 국내 스포츠 산업 시장은 90년대 초반부터 급격히 상승하면서 지속적으로 증가 추세에 있다. 산업의 성장을 보여주는 가계 스포츠 관련 소비 또한 증가하는 추세이며, 이러한 추세는 앞으로 스포츠 소비의 증가와 더불어 스포츠 산업이 지속적으로 성장할 것임을 시사한다.

그림 1-3 | 한국 스포츠 산업의 SWOT 분석

Strength	Weakness
1. 스포츠 강대국 진입 및 프로선수의 해외진출 2. 국제대회 개최 및 지속적인 유치에 따른 스포츠 저변 확대 3. IT/BT 등 신기술의 고도화 4. 정부의 스포츠 산업 육성에 대한 강력한 의지 5. 스포츠 용품 업체의 기술개발 의지 확고	1. 스포츠 자원을 시장가치로 연계 못 함 2. IT 등 기술발전을 스포츠 용품 개발에 활용 못 함 3. 스포츠 산업체 자본 영세성 4. 스포츠의 미디어 가치 개발 여건 미성숙 5. 스포츠 관광의 비전 및 전략 미확보 6. 프로스포츠의 마케팅 여건 제약
Opportunity	**Threat**
1. 세계 스포츠 시장의 지속 고도 성장 2. 여가, 건강 등 삶의 질에 대한 가치 증가 3. 생활체육의 활성화에 따른 스포츠 참여도 증가 4. IT/BT 등 신기술 융합을 통한 신산업 창출 용이 5. 스포츠 융합 비즈니스 모델 창출 기대	1. 해외 프로스포츠와 마케팅 업계의 시장 선점 2. 국내 스포츠 용품의 시장 경쟁력 약화 3. 해외 브랜드의 맹목적 선호도 심화 4. 해외 관광 제품의 경쟁력 증가 5. 여타 엔터테인먼트 산업의 시설 투자 증가

출처: 문화체육관광부, 스포츠 산업 발전 전략 보고서 중 일부 자료.

| 표 1-3 | 한국 · 미국 · 일본의 스포츠 산업 규모

구분 \ 국가	한국(2008년)	미국(2005년)	일본(2008년)
GDP	1,2023조 9천억원	12조 4,872억달러	4조 4,530억달러
스포츠 산업	26조 3,614억원	2,130억달러	1,135억달러
GDP대비 스포츠 산업비율	2.57%	1.71%	2.54%
비고	-	레저스포츠 부문 제외	-

출처: 한국·미국·일본의 스포츠 산업 규모 비교, 〈체육백서〉, 2008.

| 표 1-4 | 연도별 스포츠 산업 하위 시장 규모

대분류		소분류	2005		2006		2007		2008	
			소계	합계	소계	합계	소계	합계	소계	합계
스포츠 시설업	시설 건설업	민간시설	1,673	7,848	8,095	8,095	5,287	5,287	1,237	1,237
		공공시설	6,175							
	시설 운영업	시설이용 및 강습료	48,317	71,395	58,605	83,135	59,450	84,820	94,141	94,141
		골프장 이용료	23,078		24,530		25,370			
소계			79,243		91,230		90,107		95,378	
스포츠 용품업	스포츠 용품 제조업	운동용품	5,808	18,037	6,815	21,545	6,915	21,890	7,148	22,862
		스포츠의류 및 신발	9,419		11,958		12,210		12,885	
		스포츠음료제조업	2,739		2,681		2,765		2,829	
	스포츠 용품 유통업	스포츠도소매업*	6,707	9,900	9,655	14,531	9,750	14,990	15,203	15,203
		스포츠용품 전자상거래*	3,193		4,876		5,240			
소계			27,937		35,985		36,880		38,066	
스포츠 서비스업	스포츠 경기업	경륜	17,566	73,241	15,895	73,007	17,735	81,460	16,773	97,863
		경마	51,548		53,140		59,293		6,869	
		경정	4,127		3,972		4,432		74,221	
		아마추어스포츠	3,899	3,899	5,486	5,486	4,521	4,521	4,665	4,665
		프로스포츠 - 팀스포츠	2,424	2,731	2,851	2,851	2,912	2,912	3,737	3,737
		프로스포츠 - 개인스포츠	307							
		스포츠 이벤트	125	125	278	278	310	310	1,147	1,147
	스포츠 마케팅업	스포츠마케팅대행업	231	421	238	436	266	487	2,125	2,723
		스포츠에이전트업	113		117		131		551	
		선수양성업	77		81		90		47	
		스포츠신문/출판업	2,180		2,022		2,256		1,170	
		스포츠방송업	531		900		1,004		1,271	
	스포츠 정보업	스포츠 복권 및 복표업	4,573	8,911	9,131	14,359	10,188	16,021	15,408	20,035
		회원권대행판매업	474		667		744		1,136	
		스포츠게임(인터넷게임)	1,047		1,379		1,539		-	
		음성정보서비스 및 온라인 스포츠정보	106		260		290		1,050	
소계				89,327		96,417		105,711		131,170
합계				196,507		223,632		232,698		263,614

주: 1) 2008년도 시장규모는 2008년 12월말 기준으로 작성되었음.
출처: 2009, 〈체육백서〉.

| 그림 1-4 |

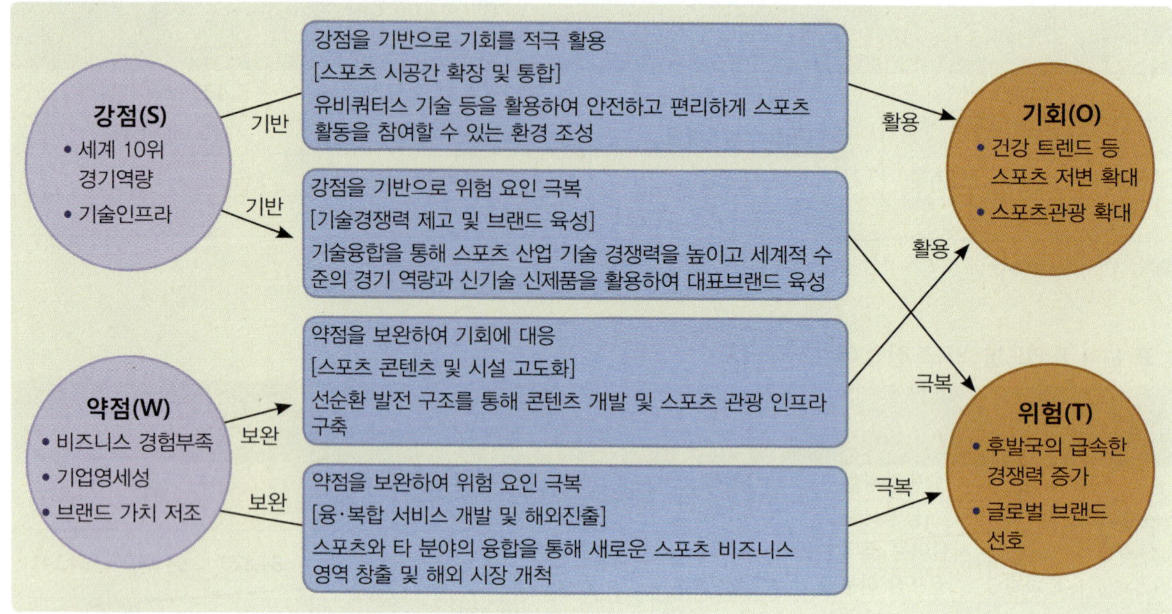

출처: 2009년 스포츠 산업 발전 전략 보고서 중, 문화체육관광부 자료.

〈표 1-3〉은 한국, 미국, 일본의 스포츠 산업 규모이다.

그리고 스포츠 산업이 국내 총생산 GDP에서 차지하는 비중은2.57%로 국내 타 산업(농림어업 1.4%, 광공업 1.7%보다)에 비해 큰 편이다. 스포츠 시설업은 2008년 기준 9조 5,378억원 규모로 전체 스포츠 산업 중 36.2%를 차지하고 있다.

국내 스포츠 용품업은 3조 8,066억원의 규모로 스포츠 산업의14.4%를 차지하고 있는데 비해 스포츠 서비스업은 13조 170억원으로 전체 스포츠 산업의 49.4%로 스포츠 산업 중 가장 큰 비중을 차지하고 있다. 스포츠 서비스업 중 스포츠 경기업은 경마, 경륜, 경정 등 경주산업이 9조 7,863억원이며 아마추어 스포츠는 4,665억원 프로스포츠가 3,737억원이다.

연도별 스포츠 산업 하위 시장 규모를 보면 〈표 1-4〉와 같다.

2. 스포츠 산업 발전 전략

문화 체육 관광부에서는 스포츠 산업 발전 전략으로 〈그림 1-4〉와 같이 구성을 하였다.

제 2 장 스포츠 마케팅의 역사와 변천 과정

제 2 장

스포츠 마케팅의 역사와 변천 과정

1. 스포츠 마케팅의 발생 및 변천 과정

고대 스포츠의 발전

고대 그리스에서 스포츠 제전은 신에 대한 숭배의 한 형태였으며, 올림피아에서 개최된 올림픽 경기는 고대 그리스세계에서 가장 오래된 종교적인 축제였다. 올림피아에서 열리는 경기에 참가하거나 경기를 관람하기 위해 많은 사람들이 올림피아를 방문하였다. 세계 최초로 BC 776년 올림피아에 건립된 스타디아라는 초창기 올림픽 스타디움은 기존의 제우스신에게 바쳐진 종교적인 성소를 확장하여 방문자용 숙소, 씨름과 권투 선수용 훈련 시설, 육상 트랙을 깔아 놓은 체육관인 종합스포츠 단지(sport complex)를 형성하였다. 50,000~60,000 명이 들어갈 수 있는 시설로 어떠한 형태의 관람객 통제 시설, 경기 종목, 선수 후원, 숙소, 매점, 상품 그리고 스폰서가 존재하고 있음을 추측을 통하여 추론해 볼 수 있다.

아테네의 올림픽 경기장은 기원전 331년에 50,000명의 관람객들을 수용할 수 있는 규모로 지어졌으며, 1896년 근대 올림픽 경기 개최를 위해 재건축되었다.

로마 제국은 당대를 지배한 그리스 제국의 스포츠 문화를 따라했으며, 지도자들은 스포츠를 시민통제의 수단으로 삼기 위해 노력하였다. 이러한 계획을 위해 대규모 원형 경기장과 대극장인 콜로세움이나 막시무스 원형 대 경기장 같은 대규모 스포츠 시설을 건립하였다. 로마인들은 그리스인의 건축 구조에 기초하여 원형 경기장을 축조하거나 고대 그리스인들이 만든 건물을 수리하거나 재건축하여 사용하였다.

AD 70년경에 시작되어 완공까지 10년이 걸린 로마의 콜로세움은 48m 높이의 원형 기둥과 78개 아치, 직경 188m×156m, 둘레 길이 527m로 50,000명을 수용할 수 있는 경기장이다. 방문객들은 경사로를 통해 좌석까지 입장할 수 있으며, 좌석은 성별과 지위에 따라 나뉘어져 있고, 가난한 사람들을 위해서는 네 번째 줄의 나무 벤치를 설치하였으며, 의원과 기사 계급을 위한 고급스런 좌석

고대 스포츠의 발상지 아테네 경기장

들은 대리석으로 만들어 그 좌석을 소유한 사람의 이름을 새겨 넣기도 하였다. 로마인들이 개발한 시스템에 의해 78개의 아치형 출입구에 번호가 적혀져 있고, 입장과 퇴장에 걸리는 시간이 15분 밖에 소요되지 않으며, 지금은 경기장에 남아 있지 않지만 관중과 선수 통제를 위한 음향 시설이나 기타 통제 시스템이 있었던 것으로 추측이 된다.

기원전 6세기에 건립된 막시무스 원형 경기장은 전차 경주와 기사단 행사를 위해 만들어졌으며, 선채로 관람할 수 있는 객석 공간의 범위가 150,000~300,000명이었을 것으로 추측한다. 스카이 박스와 황제, 의원, 기사, 심판, 상품을 수여하는 배심원, 여러 경기를 지원하고 재정적인 후원자들을 위해 특별이 제작된 좌석들이 있었다. 막시무스 경기장은 입장료를 무료로 하였으나, 국가의 허가를 받은 노점상들이 즉석 식품이나 간식거리늘을 판내하는 장소가 있었다고 한다.

*Room People*이라는 저서에서 로버트 B, 케브릭은 막시부스 대 경기장을 상점과 방, 계단, 회랑들이 미로처럼 뒤섞인 4층 건물로 묘사하고 있으며, 노점상, 창녀와 도박꾼, 소매치기, 여자들을 보호하는 경비원, 술취한 사람들로 북적거렸다고 묘사하였다.

이처럼 로마는 근대 프로스포츠와 비슷한 구조의 관람객, 소비자, 매점, 경기, 스폰서라는 공통점을 가지고 있으며 프로스포츠의 기원이 되었다고

로마 스포츠의 시작 콜로세움

표현해도 과언이 아니다.

중세 시대의 스포츠와 경기들은 시민축구(folk football), 매사냥, 사냥개를 이용한 사냥 등과 같은 활동과 마상창 시합과 궁술 시합 같은 것들이 있었다. 마상창 시합은 귀족 계층을 위한 것으로 당시로서는 가장 유명한 스포츠였다. 일반 서민들은 궁술 시합을 주로 했으며, 하층민들은 달리기, 뛰어넘기, 봉술 시합, 씨름과 같은 스포츠에 참가하였다. 실제적으로 종교는 오랜 세월 동안 스포츠에 중대한 영향을 미쳤다.

그리스인과 로마인 이외에도 아시아인, 북미 인디언, 유럽인 그리고 다른 집단의 사람들도 종교를 기반으로 하여 다양한 스포츠를 개발하여 실시하였다.

기독교 황제인 테오도시우스는 스포츠가 이단이라는 종교적인 이유로 올림픽 게임을 중단시키

표 2-1 각국별 스포츠 발전유형 분류

구 분	특 징	해당국가
지역사회 주도형	• 중앙정부보다 지방정부의 역할이 강하며 중앙정부는 주로 시설투자의 역할만 담당 • 학교체육보다는 각 지역에 자발적으로 형성된 클럽(club)이 스포츠 활동의 중심이 됨	• 영국, 독일 등 서구유럽국가
국가주도형	• 체육정책의 목적이 국가 방위역할과 연계 • 세계대회에서의 상위 성적 등 엘리트 체육발달 • 일본과 한국의 경우도 국가주도형이었으나 미국의 자유주의 성격이 많이 도입됨	• 러시아, 중국 등 사회주의 국가 • 아시아 국가
민간주도형	• 체육 및 스포츠 정책을 담당하는 국가기관이 없음 • 정부와 민간단체가 유기적 협조체제를 구축하고 있으며 프로스포츠가 스포츠의 대중화에 중요한 역할을 수행	• 미국

기도 하였다. 중세 시대에는 동정녀 마리아에게 경의를 표하는 경마 시합, 마상 시합 같은 행사를 지원해 주기도 하였다. 이처럼 교회와 국가는 때때로 스포츠를 장려하거나 반대로 금지시키기도 하면서 발달하였다.

시대가 바뀌고 경기장이 바뀌었어도 경기가 벌어지는 곳에서 펼쳐진 비즈니스의 형태는 과거나 현재가 비슷한 유형을 띄고 있다. 콜로세움이나 막시무스 원형 경기장처럼 현대도 좌석이 존재하고, 등급이 존재하고, 상인과 관람객들을 위한 상품, 행사를 운영하는 조직과 선수를 기르고 후원하는 스폰서 등이 존재하는 것이다.

2. 현대 스포츠의 발전

현대적인 스포츠의 발전은 초기 스포츠로 18~19 세기 영국을 중심으로 발생한 축구, 테니스와 미국을 중심으로 발달한 야구, 풋볼, 농구, 육상 경기 같은 경쟁적인 종목으로부터 시작을 하였으며 시대를 거치면서 조직이 확대되고 미디어가 발전하면서 비즈니스의 개념이 점차 확장되었다.

스포츠는 국가 또는 지역별로 서로 다른 특징을 보이며 발전하였는데, 스포츠가 국민건강과 건전한 오락차원에서 자발적으로 육성되기도 하였으며, 국가 방어를 위한 수단으로서 육성되기도 하였다.

각 국가의 스포츠 정책은 차이가 있으나 크게 '지역사회주도형', '국가주도형', '민간주도형'의 세 가지로 구분할 수 있다.

미국은 영국 스포츠로부터 많은 영향을 받았으며, 자유롭고 즐거운 활동의 하나로 여가 시간에 참여하는 각종 스포츠가 발전하면서부터 발전하기 시작하였다. 즉 자유주의의 근본인 자발적 참가와 실용주의적인 실천이 주류를 이루었으며, 미국 스포츠 활동에서의 특색은 인기 스포츠 종목(major sports)과 비인기 스포츠 종목(minor sports)이 각각 다른 방향의 관람과 참여 스포츠로 명확한 구분이 되면서 발전하였다.

미국 프로스포츠는 스포츠 마케팅의 시작이라고 할 수 있다. (샌프란시스코 AT&T Park앞의 기념품 매장)

지역에 따라서 다소의 차이는 있지만 풋볼, 농구, 야구, 육상 경기 등이 메이저 스포츠에 해당되었으며 메이저 스포츠 종목은 입장 수입, 경기장 매점 판매 수입 등으로 큰 돈이 벌리기 시작하였다.

1825년 최초로 건설된 경기장이 뉴욕에 지어진 유니언코스(Union Course)로 경마장이었는데 60,000명을 수용할 수 있는 공간으로 근대 스포츠 상업 시설의 효시가 되었으며, 야구가 1850년 인기를 누리면서 대중성 있는 스포츠로서 자리를 잡았다. 이처럼 스포츠 비즈니스라는 용어는 미국에서 먼저 시작이 되었는데 그 첫 번째 이유가 바로 스포츠의 상업화의 기반을 보면 대형 스포츠 경기장이 건립되면서부터이다. 경기장은 수익 창출을 확대하기 위해 넓은 공간에서 의자를 설치하고, 출입구를 만들고, 음식과 상품 판매를 위한 판매대를 설치하고 다른 등급의 입장권을 판매하는 비즈니스의 근원이 되었다.

최초의 야구장인 뉴욕 브루클린에 위치한 유니언 그라운즈(Union Grounds)는 1862년에 지어진 경기장으로 목재 건물로 외야에 울타리가 없고, 공짜 손님을 막기 위한 방벽만이 설치되었다. 그리고 필라델피아시는 1887년에 80,000달러를 들여 베이커 볼(Baker Ball)을 완성하여 야구 경기장으로 콘크리트와 철조 구조물로 지은 최초의 경기장 이었다.

미국 외의 국가로는 올림픽 게임대회 개최의 영향으로 발전하기 시작하였는데, 1896년 최초로 열린 올림픽 게임을 위해 그리스는 66,000명을 수용할 수 있는 경기장을 건설하였다.

미국의 Los Angels Memorial Coliseum 스타디움의 모습

1908년 영국에 건립된 화이트 시티(London's White City), 1932년과 1984년 올림픽을 개최한 Los Angels Memorial Coliseum 역시 1923년에 건립되었다.

대한민국은 1986년 서울 아시안 게임과 1988년 서울 올림픽 개최를 위해 건설한 올림픽 경기장이 들어서면서부터 스포츠 비즈니스의 초석이 되었다.

표 2-2 스포츠 시설의 변천 역사

시기		스포츠 시설의 기능	경기장 형태	경기장 사례	주요 스포츠 이벤트
고대·근대	고대 그리스	소통의 공간	U 자형	고대올림픽 경기장	고대 올림픽
	로마시대	스포츠 행사 및 공공행사	U자형+ 관람석구조물	전차 경기장	서커스, 승마, 전차경기
	기독교 사상시대	스포츠 행사 금지			
	르네상스 시대	스포츠 행사 부활	넓은 공간 활용		육상, 승마
	산업 혁명 시대	스포츠 근대화	직사각형	Victoria Ground	축구, 럭비
	근대 올림픽	올림픽 부활			근대 올림픽
현대	20세기 초반	대규모 관중수용	직사각형/둥근형	1908런던 올림픽 경기장, 영국 프로축구 경기장	올림픽 축구
	20세기 중반	편의시설 등장		Roma Olympic stadium	
	1980년대	시설안전, 상업시설		Bolton Reebok Stadium	스포츠 시설
	20세기 후반	복합시설의 등장		Amsterdam Arena Georgia Dome	스포츠 및 컨벤션 센터
	21세기	IT 기술의 결합		Memorial Stadium Arsenal Emirates	미식 축구, 축구

출처: 〈스포츠 비즈니스〉, 2010 가을호, 스포츠 시설과 테크놀러지 참조.

3. 비즈니스로 스포츠의 성장

미국은 현대 스포츠 비즈니스가 만들어진 시작한 나라인데 1890년부터 1910년까지를 초기 형성기라고 볼 수 있으며 비즈니스로 스포츠가 성장하게 된 이유는 대학 스포츠의 활성화와 비즈니스의 하드웨어인 스포츠 시설로 경기장이 건설되어지면서부터 시작되었다.

프로스포츠는 연고지에 따라 시설을 옮기기도 했으나 대학 스포츠 시설의 경우에는 이동은 할 수 없었고, 넓은 캠퍼스 부지에 좋은 위치를 잡아 경기장을 건설하였다. 1903년 Harvard대학이 최초로 23,000명 규모의 경기장을 건설하였고, 영원한 라이벌 대결로 유명한 Yale대학은 1912년 경기장을 건설하였다. Yale대학의 경기장은 아직까지도 대학 경기나 아마추어 경기 개최가 가능한 가장 오래된 경기장 중의 하나로 남아 있다.

프로스포츠에서는 Boston Fenway Park가 1912년, Chicago Wrigley Field는 1914년 건립한 경기장으로 아직도 그 당시 만들어졌던 하드웨어 시설(경기장 의자, 시설물, 운영 물품)을 그대로 사용하는 경기장이다.

이처럼 대형 스포츠 시설 설치가 본격화 되고 대학 스포츠의 활성화와 프로스포츠가 발전하면서 스포츠 마케팅은 구단의 수익 창출을 위한 과제로서 등장하게 되었다.

이러한 스포츠 비즈니스의 중심은 처음 시설이 설치되면서부터 시설을 중심으로 한 스포츠 마케팅이 이루어졌으며, 각종 규제들이 만들어지기 시작하였다.

1950년대까지만 해도 미국에서 스포츠는 단순히 흥미 위주, 관람 위주의 스포츠만으로 존재하였다. 케네디 대통령은 국민 전체의 체력육성을 위한 범국민적 운동은 'National Conference of Physical Fitness of Youth'를 발족하였고 모든 연령층의 특성에 맞는 Fitness 운동의 실행을 위한 대통령 직속기관인 'President's Council on Physical Fitness and Sport'를 탄생시킴으로써 순수한

| 경기장은 점점 다양한 용도로 변화하고 있다. (NFL 경기장에서 펼쳐지는 NHL 하키 경기인 Winter Classic, Chicago Wrigley Field)

스포츠가 국민들의 생활 속으로 파고들기 시작하였다.

이러한 정책은 스포츠 활동 참가에 필요한 각종 시설과 장비 그리고 스포츠를 즐김으로써 파생되는 프로스포츠 관람 및 팬의 개념들이 구체화 되고, 대중적으로 성장한 스포츠 시장을 공략하기 위한 각종 마케팅 전략들이 만들어지기 시작하였다.

이처럼 스포츠 정책이 미국에서 정착이 되기 시작하자 1970년대 이후 서유럽 선진국은 스포츠를 사회정책의 한 부분으로 포함시키는 정책을 펼치기 시작하였다. 영국정부는 사회보장 개념의 연장으로 '여가 박탈'(recreational deprivation)이 없도록 일반 국민의 스포츠 참여 보장을 사회정책의 주요한 목표로 설정하고, 당시 스포츠 정책은 엘리트 스포츠의 국제 경기력 향상을 도모하기 위하여 다른 비(非)정부 조직체들과의 긴밀한 협조를 추구하기도 했지만 엘리트 체육보다는 생활체육에 비중을 두었다.

1980년대 초에 불기 시작한 전 세계적인 대중여가 붐(boom)조성과 함께 스포츠 관련 제품과 서비스가 대중에 의해서 시장에서 본격적으로 소비되기 시작하였으며, 이때부터 국가의 역할이 점차 축소하여 엘리트 체육부문에서도 엘리트 선수의 육성과 경기인 수급이 정책적 결정이 아닌 시장원리에 의존하기 시작하였다.

개인과 기업의 참여가 늘어났으며, 스포츠 비즈니스 시장의 역할을 키워내는 것도 생활체육과 엘리트 체육 모두 시장논리의 지배를 적극적으로 수용하면서 부터이다.

생활체육 부문의 시장 확대는 곧 스포츠 제조업과 스포츠 시설업, 스포츠 교습업, 스포츠 여행업 등 다양한 스포츠 관련 민간 업체의 공급능력 확대를 가져왔고 동시에 이에 대한 일반인의 소비 증가를 유도하였다.

세 번째는 1980년대 말 사회주의 국가의 급작

미국의 스포츠는 생활체육에 비중을 둔 스포츠로 시작된다. (스포츠를 즐기는 아이들)

스런 붕괴는 냉전시대의 동(미국 vs 소련) 스포츠 대결이라는 세계 관심의 행사가 퇴조하고 프로스포츠가 급속히 성장하는 계기를 마련하게 되면서부터였다. 1992년 바르셀로나 올림픽에서 첫 선을 보인 미국 NBA의 Dream Team은 전 세계인이 지켜보는 올림픽에 프로스포츠의 참여를 알리고, NBA를 프로모션하는 직접적인 계기가 되었다.

그때까지 프로스포츠는 미국을 기원으로 성장 발전하였는데 미국 초기의 구단들은 현재와 같은 프랜차이즈 형태가 아니라 지방을 순회하며 경기를 하는 흥행단체와 유사한 형태였다.

초기에는 프로스포츠라는 확실한 정체성이 확립되어 있지 못하고, 확실한 자신의 지역이 없이 현금의 흐름에 따라 움직이는 유람 구단의 역할을 하여, 수입과 비즈니스가 규칙적이지 못하였다. 이러다 보니 초기 재정적으로 많은 어려움을 겪었으며, 이것을 해결하기 위해 구단주들은 주(州)정부의 지원에 의존을 하였다.

하지만 시간이 지나고 팀에 대한 인지도가 높아지고 경쟁 지역과 팀 간의 경기가 만들어지면서부터 경기장 입장 관중이 늘어나고 경제적인 어려움을 극복할 수 있는 계기가 만들어졌다. 그리고 각 팀의 경기장이 지역에 건설되고, 비즈니스를 위한 하드웨어(경기장 시설, 매점 수입, 입장 수입, 상품판매

수입)가 구축되면서부터 스포츠 마케팅은 판매를 위한 전략 중심으로 급속하게 발전하게 되었다.

4. 현대 스포츠 마케팅의 발전 역사

오늘날의 스포츠 마케팅은 점차 진화하여 이전과 같이 단순히 인기 있는 대회나 종목 그리고 기량이 뛰어난 선수를 지원하는 것에서 벗어나 점차 새로운 전략을 구사하고, 비인기 종목에 대한 투자 그리고 잠재 가능성 있는 선수에 대한 지원 등의 마케팅으로 바뀌고 있다.

스포츠가 있는 시장의 잠재력과 미래의 성장 가능성이 엄청나게 크다는 사실은 경기장에 찾아오는 입장객의 규모와 경기와 관련된 각종 스포츠 용품(경기 용품, 유니폼, 악세서리) 소비를 보면 알 수 있다. 그리고 새로운 상품이 개발되고 미디어를 통한 스포츠의 소비가 참여에서 관람 스포츠로 확장되면서부터 스포츠는 폭발적인 성장을 하게 되었다. 현대 스포츠 마케팅의 역사를 조직(스포츠 자체의 마케팅)과 기업(스포츠를 이용한 마케팅)으로 나누어서 살펴보면 다음과 같다.

스포츠 조직의 마케팅 역사

스포츠 마케팅의 발달은 스포츠에 오락적인 요소와 마케팅의 개념과 방법이 적용되면서 시작되었다.

서커스 흥행업자인 바넘(Barnum)이 언론매체 활용, 제품 제시(product presentation), 이벤트 흥행(event promotion), 구전 홍보용 시나리오 제작 등의 활동을 스포츠 비즈니스를 도입한 최초의 인물이다. 그뒤 보스톤 레드 스톡킹스(Boston

그림 2-1 스포츠 마케팅 인물 중심의 발달 역사

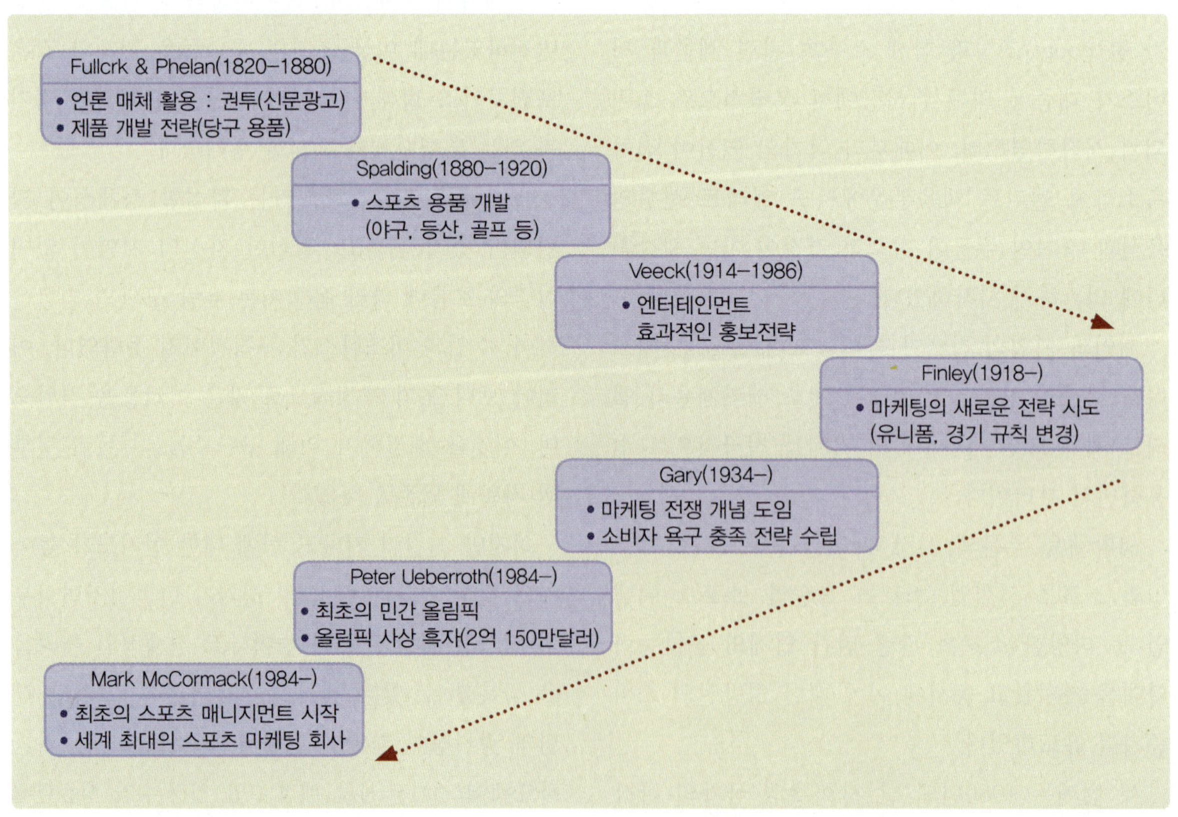

Red Stockings)와 시카고 화이트 스톡킹스(Chicago White Stockings)의 스팔딩(Spalding; 프로야구 선수이자 미국 내셔날 야구 리그(National Baseball League)의 창시자)에 의해 스포츠 마케팅의 현대화가 주도 되었다. 특히 "공인(official)"이라는 용어를 최초로 스포츠 용품에 활용한 사람이다. 그리고 Bill Veeck는 경기장에서 효과적 프로모션과 홍보전략을 이용함으로써 스포츠 마케팅에 크게 기여하였다. 그는 대형 선수수송 차량, 환대경영(hospitality management), 사파리(safaris)라 불리는 홍보방법들을 활용하여 효과적인 홍보전략의 모델을 보여주었다.

Veeck와 같은 시대의 또 다른 한 사람은 핀레이(Finley)라는 야구 흥행사이자 구단주였다. 그는 선수단 유니폼 형태를 바꾼 것과 다양한 색상을 도입하고 마스코트와 볼 걸(ball gill)의 이용 및 지명타자의 도입 등의 업적으로 스포츠 마케팅에 크게 기여하였다.

스포츠 마케팅 영역에 마케팅 전쟁(marketing warfare)의 개념을 도입한 게리 데이빗슨(Gary L. Davidson)이다. 마케팅 전쟁의 개념이란 선제품의 약점을 찾아 공략하는 마케팅 전략이다. 그는 혁신적인 노력과 적극적인 공격 경영을 통하여 시대의 변화에 대단히 민감한 스포츠 부문이 스포츠 소비자의 변화하는 욕구와 관심에 늘 민감하여야 한다는 교훈을 남겨주었다.

가장 부유하고 기업형인 다국적 조직인 FIFA나 IOC는 어떻게 만들어졌을까? FIFA의 마케팅적 성공과 FIFA 공식 후원사들의 돈이 없었다면 지금의 다국적 조직 FIFA와 IOC는 없었을 것이다. 두 기관 모두 사립 기관이었기 때문에 정부보조금이나 외부의 지원금을 받지 않고 엄격하게 대회 개최의 마케팅 수입을 통해서 얻어진 수익으로만 운영이 되었다.

ISL이란 회사는 스포츠 마케팅을 최초로 프로그

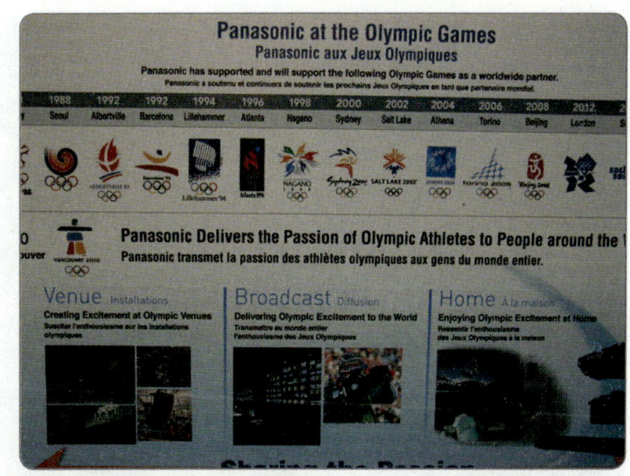

스포츠 마케팅의 발전은 올림픽과 함께 이어져 오고 있다.

램화 시키고 상업화 시킨 조직으로 Adidas(51%)와 Dentsu(일본의 광고 대행사, 49%)가 100%의 지분을 소유하고 초대 회장에는 Adidas의 아돌프 다슬러가 회장을 맡았다.

1974년 FIFA는 주앙 아벨란제가 회장으로 되면서 순수 대회 수익금으로만 의존하고 있는 FIFA에 ISL(International Sports, Culture & Leisure Marketing)을 조직하고 파트너십을 통하여 FIFA 월드컵을 상업적으로 만들어 가기 시작했으며, 그의 사업적인 수완을 바탕으로 FIFA의 모든 비즈니스 구조를 변화시켰다.

1978년 FIFA 월드컵에서 코카콜라가 파트너로 참여하고 ISL과 함께 FIFA는 엄청난 부와 명성을 축적하기 시작하였다. 그리고 1982년부터 IS4(Inter Soccer 4) 프로그램을 영국의 이벤트 대행업체인 웨스트나리사로부터 넘겨받아서 "IS4," "IS90," "IS94," "IS98"로 만들었다.

IS4의 프로그램의 기본적인 핵심은 세계의 가장 영향력 있는 다국적 기업을 중심으로 후원사로 참여하게 하고 최대한 권리를 부여한다는 것이다. 후원사로 참여하는 기업은 그 권리에 대해 과학적이고 체계적인 서비스를 철저하게 보호받는다. 이러한 IS4 프로그램은 IS98의 개선 및 개발로 인해서 많은 변화를 가져와 오늘날에 이르렀는데 FIFA의 마케팅 프로그램과 파트너십 계약서에 의거하

여가 시간의 증대는 스포츠 관람 시간 역시 증대시켰다. (NFL을 관람하는 팬들)

여 각각 하나의 독립적인 제품을 생산하는 회사를 선정하여 독점적 마케팅 권리를 부여한다는 것을 기본 원칙으로 하였다.

2002 한·일 FIFA 월드컵부터는 총 세 분류(Official Partner, Official Supplier, Official Licensee)로 구분하였다. 이를 통해 파트너와 스폰서의 개념을 정착시키면서 월드컵을 세계적인 스포츠 축제로 격상시켰다.

지금의 FIFA 월드컵 마케팅 프로그램은 1999년 만들어졌으며 1998년 프랑스 월드컵의 문제점을 보완하고 FIFA의 마케팅 파트너들에게 독점 권리를 부여하기 위해서 1999~2006 FIFA Partner 프로그램을 만들었고 그 프로그램을 유지하여 FIFA Marketing AG가 프로그램을 운영하고 있다.

1980년대 프로스포츠가 발전하기 시작하면서 프로스포츠는 미국을 넘어서 전 세계를 대상으로 마케팅 활동을 전개하였다.

스포츠 마케팅이 크게 발전한 것은 1984년 LA 올림픽부터라 할 수 있다. LA올림픽 조직위원장의 이름을 따서 일명 "피터 유베로스 매직"이라고 불리는 LA올림픽은 미 연방정부나 캘리포니아주의 한푼의 지원도 없이 2억 2,500만 달러의 순수익을 남기며 LA시와 기업들에게 효과적인 마케팅의 기회를 열어 주었다.

피터 유베로스는 공식 스폰서십의 확립, 공식 로고 및 마크의 머천다이징, 독점 방송권 판매방식에 의한 방송권료의 고액화 등에 스포츠 마케팅 기법을 도입하고, 과거올림픽에 200개가 넘었던 스폰서 참여 회사 숫자를 과감하게 줄이고 비용을 크게 올려 참여 기업에 대한 권한을 확대시킴으로써 철저한 마케팅 투자의 이익에 대한 효과를 보게 해 주었다. 이때로부터 스포츠는 순수한 감동의 세계를 넘어 막대한 수익을 가져다주는 황금알을 낳는 거위로 탈바꿈하기 시작했고 스포츠의 상업화를 가속시켜 나갔다.

이 대회의 마케팅 성공을 계기로 IOC는 TOP (The Olympic Program)을 통해 각 대회마다 TOP Ⅰ (1988년), Ⅱ, Ⅲ, Ⅳ, Ⅴ를 시행하면서 IOC와 개최국

조직위에 막대한 수익을 가져다 주었다. TOP 프로그램은 ISL에 의뢰하여 만들어졌으며 서울 올림픽은 IOC 스포츠 마케팅의 시초가 되었던 최초의 대회였고 개최지인 한국에게는 올림픽 마케팅 수입의 잉여금이 조성될 정도로 성공적이었으며 이 기금으로 국민체육진흥공단이 설립되었다. 그러나 TOP의 강력한 마케팅 프로그램이 너무 상업성이 지나친 나머지 IOC 위원장인 사마란치는 상업적인 올림픽의 대부라는 "사마추어리즘"이라고 불리기도 하였다.

IOC와 FIFA의 스포츠 마케팅 프로그램을 만들고 대행을 한 ISL은 이후 세계의 대형 스포츠 이벤트에 마케팅 권리를 확보함으로써 스포츠 마케팅의 비즈니스를 가속화 시켜 나갔지만 무리한 스폰서십(APT Tour와 미국 스포츠 시장의 CART; 자동차 경주의 초기 스폰서 비용의 과다 지출과 수입 저조) 참여로 2001년 회사가 도산하고 말았다.

스포츠 마케팅 발전 배경 및 역사

스포츠 마케팅의 역사는 기업의 참여와 함께 하면서 더욱더 발전하게 되었다. 스포츠 마케팅은 스폰서십이라는 형태로 기업의 참여를 통해 나타났는데 대학 스포츠에서 먼저 탄생하게 되었다. 1852년 Harvard와 Yale대학의 조정 경기가 벌어질 때 미국 뉴잉글랜드 철도회사가 선수들에게 무료로 철도 티켓을 제공한 것이 그 시초가 되었다고 한다.

1884년에 IOC 조직 후 1886년 처음 개최된 제1회 아테네올림픽은 자선가들의 기부금만으로 모자라 코닥의 도움을 받아 열렸다. 이후 1948년 런던올림픽에서 처음으로 TV 중계권이 3,000만 달러에 팔렸으며, 52년 헬싱키 올림픽부터 마케팅 프로그램이 도입되었다.

스포츠를 이용한 마케팅에 기업들이 관심을 갖게 된 배경은 다음과 같다.

첫째, 스포츠라는 만국 공통어는 사람들에게 가장 이해하기 쉬운 콘텐츠로서 존재하고, 스포츠를 통한 마케팅 활동 참여는 소비자들에게 가장 쉽게 메시지를 전달하고 이해하기 쉬운 방법의 마케팅 도구로서 활용이 가능하다는 것이다.

둘째, 여가 시간의 증가와 그에 따른 스포츠에 대한 관심의 증가도 스포츠를 이용한 마케팅 활동의 활성화에 일조했다. 즉 이러한 소비자의 추세가 기업들로 하여금 스포츠를 어느 정도 안정되고 단단한 소비자를 지닌 믿을 만한 촉진 수단으로 인식하게 하는 바탕이 된 것이다.

셋째, 술과 담배에 대한 TV광고의 금지는 상당한 양의 광고비를 스포츠를 이용한 마케팅 활동에 투자하게 만들어 재정적인 자립의 기회를 만들게 되었다. 언뜻 생각하면 술, 담배와 스포츠는 잘 조화되지 않는 관계인 것 같지만, 현대의 많은 미국의 소비자들은 운동장에 붙은 술, 담배광고를 자연스런 현상으로 받아들이고 있다.

넷째, 대형 스포츠 이벤트의 성공은 기업에서 스포츠를 이용한 마케팅 참여의 기폭제가 되었다. 84년 LA올림픽은 최초로 성공적인 스포츠를 이용한 마케팅의 시초가 되었으며, LA올림픽은 광범위한 홍보 활동과 성공적인 이미지를 만들고 이

글로벌 스포츠 마케팅은 스포츠를 통하여 언어와 문화의 장벽을 넘어간다. (2010 FIFA 월드컵 기아 팬페스트 장면)

를 통해 참여한 기업들에게 막대한 이익을 가져다 주면서 파트너의 참여가 기업 브랜드 효과와 연결된다는 공식을 만들어 냈다.

다섯째, 점차 글로벌화 되어 가는 마케팅 환경도 스포츠를 통한 마케팅의 성장에 빼놓을 수 없는 요소라 할 수 있다. 글로벌 시장에서 많은 다국적 기업들은 언어와 문화가 다른 소비자들에게 메시지를 전달하는 데 적지않은 어려움을 겪었다. 스포츠는 이러한 다국적 기업들이 언어와 문화장애를 효과적으로 극복할 수 있게 해주는 다리가 되었고, 이것이 바로 올림픽이나 그 밖의 많은 국제 경기들이 기업들의 전폭적인 지원을 받고 있는 이유이기도 하다.

여섯째, 스포츠가 지닌 경쟁, 팀웍, 도전, 승리, 감동, 커뮤니케이션의 기본적 가치가 사람들이 본원적으로 추구하고자 하는 자아실현의 목표와 연결되어 있어 스포츠를 이용한 마케팅의 효과는 더욱 크다 할 수 있다.

코카콜라는 1928년에 네덜란드 암스테르담 올림픽에 참가한 미국 선수단을 위해 1,000상자의 콜라를 제공했다. 이 덕분에 코카콜라는 미국에서 가장 인기 있는 청량음료로 급부상했다.

본격적인 올림픽 마케팅의 효시로 꼽히는 이 행사 이후 코카콜라는 국제올림픽위원회(IOC)와 2008년부터 2016년까지 장기 후원 계약을 체결했다. 이 계약은 경쟁사인 펩시콜라를 아예 올림픽에서 배제하면서 올림픽에서 만큼은 코카콜라 독주시대를 열었다. 특히 96년 미국 애틀랜타올림픽은 '코카콜라 올림픽'으로 불릴 만큼 코카콜라가 올림픽 유치에 주도적 역할을 했다. 그리고 FIFA 월드컵에도 역시 참여하여 월드컵 경기장 내 광고를 시작했으며, 월드컵 대회때마다 '월드컵 트로피 투어' 이벤트를 통해 브랜드 가치 1위를 유지하고 있다.

1992년 바르셀로나 올림픽, 시상대에 오른 마이클 조던은 상표를 가리기 위해서 미국 성조기를 어깨 둘렀다.

1964년 동경올림픽에 스폰서로 참가한 소니, 아식스, 미즈노 등이 세계적인 상표로 급부상하고, 1972년 뮌헨올림픽 후원업체였던 아디다스 또한 세계적인 상표와 기업이미지를 전 세계인에게 알리게 되었다. 현대적 의미의 스포츠 마케팅은 1984년 미국 LA올림픽을 기점으로 하여 본격적으로 도입되기 시작하면서 스포츠 비즈니스 세계에서 확고하게 자리잡기 시작했고, 그 후 스포츠 스폰서십 활동은 스포츠 이벤트와 불가분의 관계를 가지고 전 세계적으로 확대되기 시작하였다.

마케팅의 형태도 다양해지고 참여한 기업들에게는 단순 참여에서 판매까지 이어지는 마케팅 효과를 거두기 시작하였다.

나이키의 경우 올림픽에서 벌인 지나친 스타 마케팅 때문에 비난을 사는 역효과를 낳기도 했다. 1992년 바르셀로나올림픽에서 농구에서 금메달을 차지한 미국 선수들은 당시 미국 국가대표 선수의 공식 후원브랜드인 콜롬비아 상표가 붙은 유니폼을 입고 시상대에 오르는 것을 거부해 구설수에 올랐다. 당시 경기에 참가한 대다수 선수가 개인적으로 나이키의 후원을 받고 있었기 때문이다. 결국 이들은 미국 국기를 옷 위에 두르는 것으로 콜롬비아 상표를 교묘하게 가렸고, 이로 인해 지나친 상술이라는 비난을 받았다.

마크 맥코멕(Mark McCormack)은 IMG(International Marketing Grup)라는 스포츠 에이전트 회사를 설립한 장본인이다. 스포츠 선수의 초상권에 관심을 가지고 스포츠 스타의 계약을 대행하는 에이전트 업무를 새롭게 창안하고, 골프 선수인 아놀드 파머와의 최초의 매니지먼트 계약을 시작으로 선수 에이전트, 엔터테인먼트 에이전트, 스포츠 이벤트 대행, TV용 스포츠 프로그램 제작 배급, 모델 에이전시 분야까지 진출해 남미, 북미, 유럽, 아시아, 오세아니아 등 전 세계에 걸쳐 스포츠 마케팅 프랜차이즈를 완성한 회사가 되었다.

IMG는 철저하게 스포츠 프로퍼티 중심으로 선수를 선발하고 이를 활용한 마케팅을 펼침으로써 선수 마케팅의 새로운 역사를 만들어 냈다.

그리고 이러한 선수에게 후원하는 업체 역시 스포츠와 직접 관련이 있는 스포츠 용품업체 이외에 스포츠와 직접 관련이 없는 업체인 자동차, 해운, 금융, 식품, 주조, IT 등으로 확대가 되면서 다양한 분야에서 스포츠 마케팅을 실시하고 있다.

미국 내 기업의 2/3 이상이 마케팅의 수단으로 스포츠를 이용하고 있으며 미국 스포츠 시장의 규모는 자동차 산업보다 스포츠 산업이 크게 성장하고 있는 추세이다.

국내 스포츠 마케팅 발전의 역사

(1) 선수를 활용한 스포츠 마케팅

국내 프로스포츠 비즈니스의 개념이 없던 시절 최고의 인기를 구가하던 프로복싱의 김기수 선수 그는 1966년 한국 최초의 프로복싱 세계챔피언이 되면서 프로스포츠가 무엇인지를 우리나라에 처음 소개하였다.

그리고 프로레슬링은 1970년대 당시 최고의 프로스포츠로서 인기를 누렸으며 김일 선수를 핵심으로 하여 프로스포츠와 스타의 존재를 처음 알리게 되었다. 이후 아마추어 스포츠가 국위선양의

비인기종목의 대스타인 김연아는 지속적인 관리가 필요한 신세대 마케팅 스타이다.

도구로 활용되던 시절에는 농구의 신동파 선수나 탁구의 이에리사 선수도 최고의 스포츠 스타였다. 그 외에도 최초의 올림픽 금메달 리스트인 양정모 선수를 비롯하여 김원기, 김수녕, 유남규, 현정화, 황영조 선수 같은 올림픽의 스타들도 있었다.

그리고 해외 진출 선수로서 유럽 축구에서 활약을 펼쳤던 차범근, 허정무 선수 일본에서 활약하던 백인천, 장훈 같은 선수를 꼽을 수 있다.

이후에 1994년 최초의 메이저 리그인 LA 다저스에 입난한 박찬호 선수는 좋은 성적을 거두었고 박찬호 선수를 후원한 나이키, 삼보컴퓨터, 게토레이는 스포츠 마케팅의 대박을 터뜨렸다. 1998년 IMF의 영웅 박세리 선수는 US Open에서 우승함으로써 선수를 후원한 삼성물산은 유형, 무형의 엄청난 광고 효과를 거둠으로써 황금알을 낳는 거위로 비견되는 스포츠 마케팅의 무한한 가능성을 인식하는 계기가 되었다.

96년 박찬호 선수와 98년 박세리 선수가 해외에서 화려한 성적을 거두면서 국내 선수들의 해외 진출이 가속화되기 시작하였다.

일본 프로야구의 선동렬, 이승엽 선수, 영국 프리미어리그의 박지성, 이영표 선수, PGA의 최경주, 박지은, 양용은 선수 그리고 이종 격투기의 최홍만 선수 역시 각 분야의 최고 스타가 되었다. 이

마케팅 休知通

로하스족(Lohas)

자신의 건강과 행복뿐만 아니라 이웃과 후대까지 생각해 친 환경적이고 합리적인 소비를 하는 사람들을 가르킨다. 이러한 사람은 남성보다는 여성이 많고 개인적, 가족적 차원의 웰빙 문화를 사회적 차원의 친환경 운동으로 한단계 발전시켜 나간다.

가격이 비싸더라도 자신들의 가치에 부합하면 기꺼이 구매하고, 광고에 현혹되지 않고 상품을 비판적으로 보는 "심각한 소비자"를 지향한다.

스포츠는 Lohas에 가장 근접한 제품 가운데 하나로 환경의 개념을 포함하고 있는 제품이다. 경기장을 방문하면 자신의 팀의 승리를 운명처럼 생각하는 충성도 높은 팬을 의미하고 이들은 팀을 위해 기꺼이 희생한다.

후 해외진출 선수를 영웅으로 삼은 어린선수들의 등장으로 해외 시장을 한국 선수들이 점령하고 진출하는 계기가 되었다.

이때부터 국내에도 선수를 이용한 스포츠 마케팅이 본격적으로 도입되면서 많은 기업의 스폰서와 광고들이 이어졌다. 과거 선수가 광고에 출현하는 것이 고작이었다면 박찬호와 박세리 선수 이후의 스포츠 마케팅은 제품 개발부터 회사 설립

ㅣ국내 첫 프로스포츠인 프로야구의 대통령 시구 장면

및 참여, 스포츠 이벤트 기획 등이었다. 이들의 마케팅 파워로 인해 국민적 관심과 언론의 노출이 많아져서 선수를 스폰서 한 기업이나 광고출연 업체에게 큰 수익을 안겨주었다.

이후 많은 기업들이 선수 마케팅의 효과를 이해하여 본격적으로 선수를 이용한 스포츠 마케팅을 시작하는 계기를 마련해 주게 되었다.

2000년대 중반까지 스포츠 마케팅 선수들은 대부분의 해외 유명 리그에 진출한 축구나 야구, 골프를 중심으로 한 프로스포츠 스타였다면 2010년대 이후에는 스포츠 스타들은 아마추어 스포츠의 스타가 많다.

앞서 언급한 스타들과 2010년 대 이후 스타들의 차이점을 보면 다음과 같다.

첫째, 철저한 스포츠 마케팅 계획에 의해서 움직이고 만들어졌다는 점에 있다. 선수를 통한 수익 창출뿐만 아니라 훈련, 스케줄, 이미지 관리 등 선수가 최고의 자리에서 각광받을 수 있도록 도와준다. 팬과의 만남, 홈페이지 관리, 이미지 메이킹, 스캔들의 대처 등을 처리함으로써 모두가 좋아하는 스타로 만들어 가는 것이다.

둘째, 우리나라에서는 비인기 종목이지만 세계에서 최고 인기 종목 즉 선진 종목에서 나온 메달이라는 것이었다. 김연아는 동계올림픽의 꽃이라는 피겨스케이팅에서, 박태환 선수는 아시안게임과 하계올림픽에서 최고인기 종목인 수영에

서 나타난 스타였다. 두 종목 모두 이 선수들 이전에는 입상의 성적도 올리지 못하였기 때문에 우리에겐 비인기 종목이었지만 인기 종목으로 바뀌게 되었다.

셋째, 스포츠 마케팅은 시스템이다. 두 선수 모두 스포츠 마케팅에 의해서 더욱 높은 인기를 구가할 수 있었는데 두 선수에게는 "김연아 주식회사" "박태환 주식회사"로 불렸다는 점이었다. 그만큼 선수 한 명이 벤처 기업과 마찬가지로 막대한 수익을 창출하였으며, 두 선수에게는 이를 뒷받침하는 회사가 있었다.

김연아 선수의 경우 이전에는 세계최고의 스포츠 마케팅사인 IMG와 국내 스포츠 마케팅사인 IB스포츠의 소속이었다가 개인 회사인 올댓 스포츠로 2010년 독립하였다.

박태환 선수는 스피도, SK텔레콤 등의 스폰서 기업에서 전담팀을 편성하여 도움을 주었다.

미래의 스포츠 스타 역시 철저한 에이전시나 에이전트의 관리를 통한 스포츠 마케팅이 만들어 줄 것이다.

(2) 스포츠를 활용한 국내 기업들의 마케팅 역사

❶ 프로스포츠 마케팅과 대형 이벤트 마케팅의 시작

본격적으로 1980년대 들어 프로야구(1982), 프로축구(1983), 프로씨름, 프로농구, 프로배구 등의 프로스포츠의 출범과 더불어 각 지역을 연고로 하는 기업 참여의 프로 관람 스포츠가 출범하면서 국내 스포츠 마케팅이 본격적으로 펼쳐지게 되었다.

스포츠의 프로화는 스포츠 상업주의를 스포츠 마케팅으로 승화시키는 계기가 마련된 것이다. 그리고 국내 기업들이 본격적으로 스포츠 마케팅에 관심을 기울이기 시작한 것은 1986년 서울 아시안 게임과 1988년 서울올림픽 등 두 차례에 걸친 초대형 국제 스포츠 이벤트를 유치, 개최한 이후라 할 수 있다.

현대카드 수퍼매치의 한 장면

88 서울올림픽에서는 우리 기업들이 광고나 올림픽 휘장, 마스코트 사용 대가로 1천억원 이상을 투자한 것으로 추정된다. 88 서울올림픽 개최 이후 스포츠 마케팅은 질과 양적 측면에서 괄목할 만한 성장을 이룩하였다.

이렇게 국내 대기업들의 스포츠 후원뿐 아니라 다양한 스포츠 마케팅 활동에 지속적으로 참여함에 따라 국내의 전체 스포츠 마케팅 시장은 점차 커져가고 있다고 볼 수 있다.

1994년 히로시마 아시안 게임에서 아시안 게임 사상 최초로 제일기획이 국내에서 아시안 게임 로고와 마스코트를 제품에 붙일 수 있는 라이센싱 대행권을 따내면서 국내의 다른 대기업들이 스포츠를 이용한 마케팅에 참여하는 계기가 되는 촉매제 역할을 하였다. 이를 계기로 LG애드, 금강기획, 대한애드 등 국내 광고 대행사를 중심으로 스포츠 마케팅 사업이 본격적으로 추진되었으며 기업들의 스포츠 마케팅에 대한 인식도 변화되었다.

그리고 경기 가운데 선수의 중요성이 더욱 커지면서 선수 마케팅의 효과가 더욱더 극대화 되었다.

국내 프로스포츠 이벤트의 마케팅은 아직도 열악한 실정이다.

90년대 국내의 스포츠 마케팅의 특징은 스포츠 용품 기업을 중심으로 한 이벤트 마케팅이었다면 2000년대 이후에는 선수를 중심으로 한 선수 마케

김연아 선수는 각종 스포츠 이벤트 개최를 통해 선수와 기업 스포츠 마케팅 발전사례를 만들었다.

팅과 기업의 스폰서십 참여를 통한 스포츠를 활용한 마케팅이 대세가 되었다.

예를 들어 각종 프로스포츠 대회에는 타이틀 스폰서가 만들어지기 시작하면서 다양한 스포츠 마케팅이 전개됨에 따라 국내 전체 스포츠 마케팅의 시장 규모는 갈수록 증가하였다.

하지만 국내 스포츠 마케팅은 초기 단계에 불과하며 그 양적인 성장에 비해 다양한 마케팅 이론이나 실제적인 적용 사례는 미미한 수준이다.

1990년대 말에서 2000년대 초반에 기업들은 인기 종목인 축구, 야구, 골프, 농구의 스포츠 마케팅에 직접적으로 참여를 하였지만 시간이 흐를수록 비인기 종목 위주의 스포츠 마케팅을 통해(비용이 저렴) 기업의 사회 참여와 이익(올림픽이나 세계선수권 대회 지원 종목의 우승)을 통해 종목의 영역을 더욱더 확대시켜 나가고 있다.

2002년 SKT는 앰부시 마케팅이라는 매복 마케팅을 통해 축구와 응원이라는 키워드를 통해 기존의 월드컵 스폰서인 KT를 능가하는 마케팅의 모델로서 등장하기도 하였다

2002 FIFA 월드컵 이후 다양한 스포츠 이벤트를 통해서 스포츠 마케팅 회사들이 생겨났고, 스포츠 이벤트들이 개최되면서 소비자들의 눈높이는 높아져가고 있는 이런 양적인 성장 속에서도, 다양한 마케팅 이론이나 실질적으로 현장에서 활용될 수 있는 마케팅 기법들은 여전히 미비한 수준이다. 특히 프로스포츠뿐 아니라 스포츠 산업 전반에 현장에서 근무하고 있는 종사자들 역시 스포츠 산업이 고부가가치가 있는 가치 있는 사업으로 인식하지 못하고, 구태의연한 자세로 모기업의 후원을 통한다거나 단순한 인맥을 통한 스포츠 마케팅을 실행하고, 엘리트 스포츠와 단순한 생활 스포츠 산업만으로 된 사고방식에서 벗어나지 못하고 있다.

금융사들은 경쟁이 치열해지면서부터 2006년 월드컵을 기점으로 스포츠 마케팅에 참여하기 시작하였다. 국민은행과 하나은행 등 금융기업들이 참여하기 시작하였다

예를 들면 현대 캐피탈은 국민체육진흥공단과 "Super Match Sports Event" 개최를 통해 2007년부터 사이클 황제 랜스 암스트롱 초청을 통해 "뚜르드 코리아(Tour the Korea)를 개최하면서 비인기 종목이던 사이클의 관심을 불러일으키고, 세계적인 체조 스타를 초청하여 "현대 인비테이셔널 체조 갈라쇼"를 개최하여 리듬 체조와 체조의 관심을 키우고 신수지 선수라는 스타를 만들어 냈다.

그리고 피겨스케이트를 이용하여 "현대 카드 슈퍼스타 온 아이스 2008"을 통해 안도미키, 아사다 마오 등의 세계적인 피겨스케이트 선수를 통해 국내 피겨스케이트의 저변 확대와 김연아라는 세계적인 스타를 알리기도 하였다.

이외에도 로저 패더러와 피터 샘프라스를 초청

마케팅 休知通

보보스족(Bobos)

부르주아(bourgeoisie)와 보헤미안(bohemian)의 합성어로서 디지털 시대와 함께 부상한 엘리트 세대들로 경제적으로는 큰 소득을 올리면서도 사치하지 않고 히피족처럼 자유로움을 추구하고, 자신만의 독특한 소비 감각을 가지고 있다. 즉 부르주아의 물질적 실리와 보헤미안의 정신적 풍요를 동시에 누리는 새로운 상류 계급을 말한다.

미국 프로스포츠의 경우 보보스족들이 가장 많이 구입하는 상품 중의 하나가 Sky Box나 Suit Box가 기업 다음으로 많이 있다고 한다. 실제 소비의 실용성을 강조하는 이들을 위한 각종 네트워크와 소셜 모임들이 만들어지고 있다.

하여 테니스 대회를 개최 하는 등 스포츠를 이용한 마케팅을 통해 후발 주자로 출발한 현대카드가 기존 카드사를 앞서는 성과를 이룩하였다. 또한 최근 들어서 몇몇 프로구단들이 스포츠 마케팅 기법을 도입하고 새로운 시도를 하고 있지만 우리가 꿈꾸고 벤치마킹하고 싶어 하는 영국의 프로축구나 미국의 프로스포츠에 비해서는 아직도 먼발치의 꿈이라고 할 수 있다. 그러나 국내 스포츠 마케팅 종사자들도 이러한 현실을 파악하고 한국적으로 어울리는 한국적인 스포츠 마케팅을 만들어 소비자와 팬들을 만족시키고 있다.

❷ 스포츠 용품 업체의 판촉 스포츠 마케팅

스포츠 용품 제조기업들인 나이키, 아디다스, 필라, 아식스 등을 중심으로 한 판촉 활동들이 확대 되고 국내 스포츠 용품 업체들과 일반 기업들이 참여하면서 한국 시장에서도 판촉에서 프로모션으로 그리고 스포츠 마케팅으로 변화하기 시작하였다.

나이키 스포츠 코리아는 1992년 판촉팀을 국내 최초로 스포츠 마케팅 팀으로 이름을 변경하고 3 On 3 길거리 농구대회를 개최하면서부터 국내 최초로 스포츠 이벤트 마케팅의 장을 열었다. 초기에 550개팀이 참석하여 전국 5대 도시(서울, 부산, 대구, 광주, 대전)를 순회하면서 길거리 농구라는 이름으로 개최되었으며 1996년에는 3,300개팀(13,200명)이 참가하는 대형 스포츠 이벤트로 청소년들에게 폭발적인 인기를 끌었다.

이 대회의 특징은 단순하게 대회 개최가 아니라 대리점과 연계한 대리점 세일즈 프로모션인 동시에 나이키 농구를 더욱더 브랜드화 시키는 계기가 되었으며, 이 대회에 Coca-Cola가 국내 최초로 Corporate-Marketing(회사간 공동 마케팅)으로 참여하여 국내 시장에 파워에이드(스포츠 드링크) 음료를 소개하여 성공적인 마케팅 활동을 전개하였다.

나이키는 청소년을 대상으로한 농구 마케팅을 통해 길거리 농구를 청소년 문화로 만들었고, 함께 활약한 NBA의 마이클 조던을 비롯한 스타들은 청소년들의 영웅이 될 수 있었다.

이러한 농구 붐을 이용하여 나이키를 벤치마킹한 Reebok과 Adidas에서는 길거리 농구 대회를

아디다스는 3 on 3 길거리 농구 대회를 통해 농구 시장을 더욱 확대 발전시켰다.

1995년 시작하였고, Adidas 길거리 농구와 4:4 풋살(축구대회)이라는 이름으로 대회 개최를 통해 스포츠 이벤트 마케팅이 성장하는 기회를 마련하였다. 이후 나이키는 Free Style이라는 새로운 컨셉의 농구로 청소년들의 인기를 선도해 나갔다.

또한 나이키는 1994년 국내 최초의 메이저 리거가 된 박찬호 선수와 개인 계약을 통해 선수 마케팅의 시작을 알렸다. 박찬호 선수의 등번호인 61번을 따서 각종 제품(티셔츠, 신발, 모자, 자켓, 악세서리)을 개발하고, 광고를 실시하였으며, 어린이 야구 선수를 대상으로 한 P.H.R(Pitch, Hit, Run)이라는 이벤트를 개최하여 청소년들에게 박찬호 선수와 같이 되고 싶다는 "Dream"을 컨셉으로 한 마케팅 활동을 전개하였다.

나이키를 필두로 아디다스와 Reebok 그리고 FILA는 적극적인 스포츠 마케팅 활동을 전개하고 있다.

③ 글로벌 스포츠 마케팅

86 부산 아시안게임, 88올림픽을 치르면서 스포츠 마케팅에 눈뜨기 시작한 우리나라는 1990년대에 들어와서 국내 대기업을 중심으로 해외 스포츠 마케팅에도 관심을 갖기 시작했다.

OEM 방식보다 자사 브랜드 육성에 더 높은 비중을 두기 시작하면서 브랜드이미지 제고를 통해

기아자동차는 현대자동차와 함께 2010 FIFA 월드컵 기간 동안 많은 효과를 보았다.

해외시장을 공략하기 위한 방법으로 스포츠 마케팅을 적극 활용하기 시작했다. 이러한 우리나라 기업들 가운데 글로벌 스포츠 마케팅에 참여한 기업은 삼성, LG, 현대, 대우를 중심으로 한 대기업들이 시작이었다.

삼성전자는 86년 아시안게임 때부터 스포츠 마케팅에 참여하기 시작한 최초의 국내 기업이다. 삼성은 이건희 회장이 IOC위원으로 임명(1996년)된 이후 글로벌 스포츠 마케팅에 더욱 관심을 쏟게 되었으며, 98년 나가노 동계올림픽의 파트너가 되고, 98년 방콕 아시안게임 파트너 이후, 지금까지 올림픽과 아시안 게임의 파트너로서 글로벌 스포츠 마케팅을 펼치고 있다.

97년부터 삼성은 푸에르토리코에서 열린 FEI(국제승마연맹) 국제 승마대회를 협찬하면서 국제 승마인들에게 삼성을 알리는 데 주력했다. 특히 '작은 올림픽'이라고 불리는 국가대항 장애물 승마대회는 아예 대회이름을 삼성 내이션스컵(SNC)이라고 바꿔 독점 스폰서십을 따냈고, 영국에서는 명견 경진대회인 이른바 크루프츠(CRUFTS)를 주최해 애견가들의 관심을 불러일으켰다.

특히 삼성은 최근 시장잠재력이 큰 동유럽과 중국 등의 시장공략을 위해 스포츠 마케팅을 적극 활용하고, 헝가리의 부다페스트 국제 실내육상대회를 삼성컵 실내대회로 이름을 바꿔 대회를 개최했으며, 96년부터는 루마니아에서 삼성컵 축구대회를 개최하고, 동유럽 지역을 순회하면서 연인원 30여 만명이 참가하는 러닝페스티벌도 개최하고 있다.

2005년 4월 첼시와 공식 스폰서 계약을 체결하고 2010년까지 유니폼과 홈구장 광고판 등에 삼성 브랜드 마케팅을 실시하고 있다. 첼시는 영국 런던을 연고지로 다양한 팬을 보유하고 있으며 '프리미엄과 쿨'한 이미지를 보유한 명문 클럽으로 삼성이 추구하는 브랜드 이미지와 많은 유사점을

갖고 있어 파트너십에 이르게 되었다.

현대는 지난 91년과 94년 배구 월드리그에 스폰서로 참여한 뒤 97년에 그 액수를 두 배로 올렸으며, 독일의 명문 프로축구 팀인 함부르크 SV에 운영비를 지원하였다.

95년부터 중국연변 조선족 축구단에 매년 4억 원과 축구용품을 제공하고, 브라질 후루미넨스 축구 팀에도 매년 거액을 후원함으로써 현대자동차 로고를 선수들의 유니폼에 사용토록 하였다. 현대는 97년부터 세계 유도선수권대회의 타이틀 스폰서로 참여하면서 이 대회 마케팅 권리를 구입하면서 스포츠 마케팅 사업을 국내 최초로 시작했다.

현대자동차는 EURO 2000부터 유럽 시장에서의 브랜드 인지도 강화와 제품 판매를 위해 스폰서십 프로그램에 참여하였고 2002년 FIFA 월드컵 파트너를 계기로 축구를 하나의 마케팅 전략의 핵심으로 삼고 시장 공략을 위한 각종 프로모션 활동에 참여하였다.

LG전자는 영국 맨체스터에서 "액션 스포츠 챔피언십" 대회에 2003년부터 후원을 하고 2005년부터는 타이틀 스폰서십을 통해 최신 휴대폰과 각종 전자제품 전시를 통해 브랜드 이미지를 알리는 홍보 효과를 누렸다.

기아자동차는 2007년부터 호주 오픈 테니스 대회의 타이틀 스폰서로서 참여하기 시작하였으며, 2008년 EURO 2008에서는 경기기간 내내 독일, 스페인, 폴란드, 크로아티아 등 유럽 4개국 7개 도시에서 대규모 거리응원 축제인 "기아 팬 페스트(Kia Fan Fest)라는 행사를 통해 축구장에 미처 들어가지 못한 축구 팬들을 위해 거리응원을 할 수 있는 공간을 마련해 주면서 자연스럽게 브랜드를 노출시키는 스포츠 마케팅을 실시하였다.

LG는 해외 브랜드를 LG로 교체한 후 해외 스포츠 마케팅을 더욱 활성화하기 시작하였다.

LG는 97년 미국 플로리다에서 열린 미국 시니어 PGA골프대회를 스폰서하여 LG챔피언십대회로 만들었고, 이 대회에는 세계정상급 프로골퍼 80명이 참가해 국내외의 관심을 모았다. 또한 97년 3월에는 파키스탄 사람들이 즐겨하는 스포츠인 LG배 하키대회를 열었다.

스포츠는 재미와 상업성이 공존하는 양상을 띠게 되었다.

그리고 중동에서 가장 인기 있는 스포츠인 축구를 이용, LG컵 축구대회를 개최하여 현지에서 큰 호응을 얻었다. 영국에서는 인기 스포츠인 럭비 종목에 투자, 영국의 프로럭비 1위 팀인 리체스터 타이거 팀을 후원하였고, 중국에서는 만달 축구팀의 후원을 통해 선수들이 LG마크를 단 유니폼을 입고 뛰게 했다. 특히 LG전자는 국내기업으로서는 최초이자 유일하게 '98프랑스월드컵의 제품 스폰서십을 획득하여 마케팅 활동을 활발히 펼쳤다.

미디어와 스포츠 마케팅의 역사

TV를 통한 스포츠 경기 전달은 오늘을 살아가는 현대인들에게 삶의 여유로움과 즐거움을 제공하는 요소가 되었다.

스포츠와 TV의 만남은 스포츠 비즈니스 확장의 가장 큰 획을 긋은 사건 가운데 하나였다. 참여 스포츠, 선수 중심의 스포츠, 경기장 중심의 스포츠에서 보는 관람 스포츠 즉, 경기장 밖에서 보고 즐기는 스포츠로 발전시킨 것이다.

미디어는 스포츠에서의 가장 중요한 부분이라고 할 수 있다.

이러한 TV와 스포츠의 관계를 보면 대한민국 팀의 국가 간의 경기나 올림픽이나 월드컵 같은 대형 스포츠 이벤트가 열리는 날이면 지구촌은 남녀노소, 인종, 계급을 막론하고 경기결과를 놓고 이야기꽃을 피운다. TV를 통한 스포츠 이야기 전달은 어떠한 계층을 막론하고 누구든지 즐길 수 있는 보편적인 속성을 갖고 있기 때문에 대중매체인 TV와 대중문화로서 스포츠의 결합은 스포츠 비즈니스의 성장에 촉매제 역할을 하였다.

특히, 우리나라의 스포츠 마케팅은 미디어에 대한 의존도 상당히 높다는 점을 감안할 때 미디어와 스포츠 마케팅의 발전 단계를 함께 보는 것도 흥미롭다고 할 수 있다.

이처럼 오늘날의 스포츠는 대중매체와 불가분의 관계를 이루고 있으며 미디어를 통한 스포츠 마케팅의 발달을 역사적인 흐름 속에서 살펴보면 다음과 같다.

- 1830년대에 이미 미국에서 광고수익과 판매수익을 올릴 수 있는 신문이 발행되었으나 스포츠의 대중적 관심을 불러일으키기에는 역부족
- 제1차 세계대전을 겪으면서 야구의 월드시리즈가 전국으로 확대되고 광고수입이 신문 재정의 75%까지 오르면서 미국의 스포츠는 이른바 황금시대를 구가
- 1920년대 들어 라디오가 보급되면서 스포츠는 대중화에 박차를 가하게 됨
- 세계 최초의 TV방송은 1929년 영국에서 실험방송이라는 이름으로 처음 실시
- 1930년대에 들어서는 라디오 중계에 기업광고가 시작(포드자동차는 라디오 중계 방송사들(NBC, CBS)에게 월드시리즈 스폰서 비용으로 10만 달러 지불)
- 스포츠와 TV의 최초의 만남은 1936년 제12회 베를린올림픽
- 1960년대를 거치면서 TV중계가 본격화되기 시작하면서 기업의 후원행사와 기부금 등이 본격적으로 등장(미국의 스포츠 시장에 활성화되기 시작)
- 1970년대에 이르러 라디오를 통해 스포츠를 중

마케팅 休知通

Emotion(감성) Marketing

감성을 활용함으로 마케팅 커뮤니케이션에 있어 브랜드를 차별화하고 고객 로열티를 구축하는 마케팅 수단이다. 소비자의 감성적 욕구에 호소한다면 보다 더 호소할 수 있게 된다. 경쟁적 시장에서 지속적 로열티를 얻기 위해서는 제품이나 가격보다는 브랜드 자산 및 경험과 같은 감성적 가치에 기초해 고객과의 유대관계를 발전시켜야 한다는 주장이다.

• 스포츠 산업에서의 적용사례

(1) Hardwood Classics by LOTTE GIANTS

국내 프로야구의 부산을 연고로 하는 롯데 자이언츠는 유니폼을 이용한 감성 마케팅을 실행하였다. 롯데가 우승한 1984, 1992년을 떠올려 Again 1984, 1992라고 하여 당시의 유니폼을 입고 경기에 임했다. 더구나 입장료도 그 때의 가격으로 받아 팬들의 향수를 불러일으켰다. 또한 6월 6일과 25일에는 국군을 상징하는 밀리터리 유니폼을 입고 게임에 임해 국가를 위해 전사한 장병의 혼을 길이는 감성 마케팅을 하기도 하였다.

• 스포츠에서의 시사점

우선 스포츠는 그 자체만으로도 감성 마케팅을 한다는 생각이 든다. 타자가 친 볼이 담장을 넘길 때, 슈터의 손을 떠난 공이 링을 통과할 때, 키커의 발등으로부터 뻗어나간 공이 그물에 휘감기며 승리를 만들거나 자신에게 의미 있는 기록을 만들어 낼 때가 바로 경기장에서 감성의 순간이다. 마케터는 경기에서 벌어지는 모든 순간 순간에 감성 마케팅을 제공할 수 있는 기회를 만들어야 한다.

계하던 NBC와 CBS에서는 스포츠가 가장 큰 돈이 되는 프로그램으로 성장

- 1980년도에는 케이블TV사가 24시간 스포츠 방송만을 고집(주변의 우려를 샀던 ESPN은 오늘날 거대한 방송사로 성장하여 전 세계에 그들의 방송 네트워크를 펼치고 있다)
- 1984년 LA올림픽에서는 천문학적인 거액의 방송권료 수입을 올려 미디어에 의해 스포츠 마케팅이 급속하게 발전하는 계기 마련
- 1988년 서울올림픽 때부터 스스로가 계약권자가 되어 조직위에서는 총 방송권료의 60%만을 지불하기로 계약하는 등 미디어와 스포츠의 만남이 엄청난 이윤창출이라는 새로운 전기를 맞이함
- 1990년대 이후 스포츠 이벤트에서 방송이 차지하는 비중이 급증하면서 방송 중계권료가 천문학적인 수치에 이르러 IOC와 FIFA 그리고 NCAA와 프로스포츠리그의 재정향상에 크게 기여(2002한·일월드컵과 2006년 독일월드컵 중계권료는 22억 달러에 달하며 2000년 시드니올림픽과 2004년 아테네올림픽의 중계권료 합계도 26억 3,000만 달러)
- 1990년대 후반에는 미국의 CBS방송국이 미식축구 경기를 디지털 방송하여 스포츠 이벤트의 간접 소비자인 시청자들에게 보다 높은 부가가치를 제공하고 있다. 그리고 이제 미디어 기업은 스포츠이벤트를 하나의 뉴스 또는 방송거리로 취급하지 않고 직접 프로스포츠 팀을 운영하여 미디어와 스포츠가 창출하는 시너지 효과를 극대화

우리나라 스포츠가 미디어와 인연을 맺게 된 것은

- 1927년 경성라디오 방송국 개국하여 1928년 전국 조선야구 선수권 대회 중계
- 1948년 런던올림픽 대회때 국제 대회의 중계방송 시작
- 1956년 스포츠 뉴스 프로그램 신설
- 1957년 최초 TV 중계(전국 교교 축구 선수권 대회)

- 1960년 스포츠와 TV가 본격적으로 관계를 맺고 대회를 중계하기 시작
- 1963년 한국 최초의 신문인 일간 스포츠가 창간
- 1970년대 KBS(1961), TBC(1964), MBC(1969) 등 TV 3사가 스포츠 중계를 시작
- 1980년대 프로야구, 축구 슈퍼리그, 농구 점보씨리즈, 프로씨름의 출범으로 스포츠 중계가 정착과 더불어 상업화의 길에 들어섰다.
- 1985년 스포츠 서울 창간
- 1989년 스포츠 조선 창간

이처럼 본질적으로 상업성을 지향하는 미디어와 프로스포츠의 공통성으로 인해 둘의 결합은 상업적 인지도를 서로 높여주는 시너지 효과를 낳게 되었으며, 미디어의 가치가 얼마나 되느냐에 따라 스포츠의 가치가 매겨지는 시대가 되었다.

제 3 장 스포츠 마케팅의 정의

제 3 장

스포츠 마케팅의 정의

1. 스포츠 마케팅의 정의

스포츠 마케팅이란 단어는 1978년 광고 시대(Advertising age)라는 잡지에서 당시 스포츠를 하나의 촉진 수단으로 사용하던 소비자, 산업 제품 그리고 서비스 마케터들의 행위를 표현하기 위해서 처음 사용되었다.

스포츠 마케팅이란 단어를 어떻게 정의를 내릴 수가 있을까? 스포츠 마케팅하면 일반적으로 어떤 특정 경기의 주최를 후원하는 스폰서십, 방송 중계권 판매 및 휘장과 마스코트 사업 등으로만 인식할 수 있으며 대다수의 사람들이 이러한 종류의 수익 사업들만이 스포츠 마케팅 활동의 전부라는 그릇된 인식을 가지고 있었다.

스포츠 마케팅이란 스포츠를 매개로 하여 경제적인 고부가가치를 창출하는 일련의 활동이다. 즉, 스포츠 제품을 매개로 스포츠 소비자의 욕구를 충족시키고, 스포츠 관련 조직의 목적 달성을 위한 창조적인 교환 활동이라고 할 수 있다.

스포츠 마케팅은 지금까지 크게 두 가지 스포츠 자체의 마케팅(Marketing of Sport)과 스포츠를 활용한 마케팅(Marketing through the Sport)으로 나눈다.

스포츠 자체의 마케팅은 스포츠 단체나 연맹 그리고 리그가 어떻게 하면 자신들의 스포츠를 확장시켜 더 많은 사람들이 경기장을 찾고 자신의 팀들을 좋아할 수 있을까 고민하여 펼치는 계획, 조직, 실행, 통제하는 일련의 마케팅 활동이다. 시작은 스포츠 연맹이나 단체 구단의 Sport Management로부터 파생된 것으로 보면 된다. 스포츠 경기를 주관하는 경기 단체, 혹은 경기단체의 대행사의 입장에서 보면 스포츠 마케팅은 Grow the Sports로 보는 스포츠 자체의 발전이 곧 스포츠 마케팅이다.

스포츠를 통한/활용한 마케팅은 기업이 돈이나 물품 등을 제공해 선수·단체·대회를 지원하여 마케팅 커뮤니케이션의 여러 목표를 달성하기 위해 기획·조직·실행하는 모든 활동을 말한다. 즉 "어떻

| 그림 3-1 | 스포츠 마케팅의 교환 과정

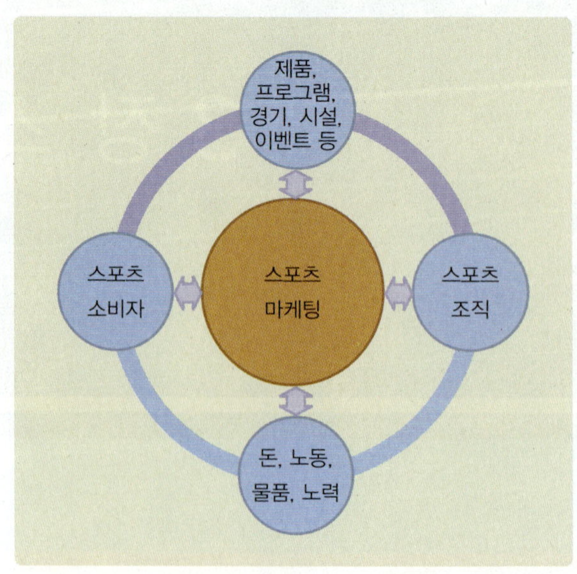

게 하면 스포츠를 활용해 장사를 잘 할까"를 기반으로 하여, 즉 스포츠를 하나의 상품으로 인식하고 스포츠를 하나의 판촉수단(Promotional Tool)으로 인식한다는 점에서 근본적인 차이가 있는 것이며, 후원이나 스폰서십이라고 표현하기도 하며, 기업의 활동과 직접적으로 관련이 없는 이벤트에 기업이 재정적, 기술적(=인적) 지원 제공을 통하여 그 제공의 대가로 상업적인 이익을 얻는 행위이다. 일반적으로 스포츠 마케팅이라고 한다면 스포츠를 통한/활용한 마케팅을 의미한다.

위의 두 가지를 설명하면 〈표 3-1〉과 같다.

이러한 이론적인 배경을 바탕으로 일반적으로 국내외 학자들이 정의한 스포츠 마케팅의 정의를 보면 〈표 3-2〉와 같다.

이러한 학자들의 다양한 정의를 바탕으로 하여 스포츠 마케팅의 정의를 내려 보면 "스포츠를 기반으로 한 모든 제품의 개발, 유통, 판매, 촉진, 서비스를 통하여 소비자의 욕구를 충족시키면서 스포츠 제품을 제공하는 측의 목적을 달성할 수 있도록 하는 커뮤니케이션 과정이다"라고 할 수 있다.

2. 스포츠 마케팅의 구성 요소 및 성장 요소

스포츠 마케팅의 가장 기본적인 구조는 스포츠 소비자가 돈을 제공하거나, 노동, 물품 등을 제공했을 경우, 스포츠 조직은 스포츠 이벤트 및 각종

표 3-1 스포츠 자체의 마케팅과 스포츠를 이용/활용한 마케팅

스포츠 마케팅	
Marketing of Sport	Marketing through the Sport
- 스포츠 경영학(스포츠 매니지먼트)의 시각 - 보다 많은 관중, 회원을 확보하는 것(관람 스포츠와 참여 스포츠 산업의 경우)에서부터 스포츠 용품이나 시설 및 프로그램 등을 판매하기 위해 행하는 마케팅 활동(스포츠 제조업 부분) 및 각종 스포츠 단체에 의해 집행되는 마케팅 활동	- 경영학 및 기업의 관점으로 스폰서십 활용의 시각 - 스포츠를 이용해 기업이나 제품에 대한 인지도와 이미지를 향상시키며 스포츠에 참여함으로써 사회적 책임의식을 보여주어 궁극적으로는 매출증대를 목적으로 하는 스포츠 스폰서십을 효과적으로 집행하는 제반 활동

표 3-2 스포츠 마케팅에 대한 학자들의 다양한 정의

학자명	정의 내용
Kotler & Amstrong(2001)	개인과 집단이 다른 사람과 더불어 제품과 가치를 창조하고 교환함으로써 그들이 필요로 하고 원하는 것을 획득하는 사회적 경영과정
Pitts, Stotlar(1996)	스포츠 소비자의 욕구를 충족시키고 스포츠 회사의 목표를 달성하기 위해 제품, 가격, 촉진 그리고 스포츠 제품을 분배하기 위한 활동을 계획하고 실행하는 과정
Shank	마케팅 원리와 과정을 스포츠 제품과 스포츠와 연계하여 비스포츠 제품의 마케팅에 적용하는 것
Mullin & Hardy & Sutton(2000)	스포츠 마케팅은 교환과정을 통해 스포츠 소비자들의 욕구와 기대를 충족시키는 데 목표를 둔 활동의 총합이다. 스포츠 마케팅은 크게 스포츠 소비자들에게 직접적으로 스포츠 제품이나 서비스를 마케팅하는 '스포츠의 마케팅'과, 스포츠 촉진을 통하여 다른 소비재 혹은 산업재 제품이나 서비스를 마케팅하는 '스포츠를 통한 마케팅'으로 구분할 수 있다.
Calleco, Stotlar(1990)	스포츠 마케팅의 정의를 마케팅의 정의에서 찾았다. 즉, 마케팅에 대한 정의는 제각기 다르지만 조화로운 일련의 활동에 의해서 첫째, 조직의 목표를 달성하고, 둘째, 고객의 욕구를 만족시켜 주기 위한 프로그램, 제품 그리고 서비스를 제공해 주는 과정으로 정의하였다. 이들의 정의는 '스포츠 마케팅'과 '마케팅'을 특별하게 구분하지 않고 단지 마케팅 개념을 스포츠 마케팅 개념에 적용한 것으로 보인다.
김병식(2000)	제품가격, 유통, 촉진, 홍보, 고객서비스의 적절한 혼합을 통해 생산자와 소비자 상호 간의 만족스러운 교환 관계를 활성화시키는 활동
박세혁, 전호문, 김용만(2000)	스포츠 제품을 매개로 스포츠 소비자의 욕구를 충족시키고, 스포츠 관련 조직의 목적 달성을 위한 창조적인 교환 활동

스포츠는 팬과 미디어 기업들을 하나로 묶어준다. (월드시리즈 우승을 축하하는 팬들)

프로그램 등을 통하여 소비자에게 즐거움을 제공한다. 이러한 교환 과정이 마케팅의 가장 기본적인 형태라고 한다며, 이러한 교환 과정에서 스포츠 프로그램이나 스포츠 조직의 활동 그리고 기업들의 홍보나 마케팅 활동이 추가된다. 이러한 추가활동에서 스포츠의 요소를 가미하는 것이 스포츠 마케팅의 가장 기본적인 형태라고 할 수 있다.

Schaaf(1995)는 스포츠 이벤트에서의 세 가지 구성 요소로 스포츠 경기라는 상품을 가지고 관중(팬), 스폰서(기업), 미디어(TV)로 구성된다고 하였다. 이러한 구성 요소는 각각 스포츠 마케팅에 영향을 미치고 상호 작용하면서 스포츠 마케팅의 삼각 모형으로 설명하고 있다.

이 모형에 따른 상호 작용을 보면 다음과 같다.

첫째, 스폰서(기업)들은 경기나 선수들을 활용하여 목표고객이나 관중을 통해 브랜드를 홍보하거나 마케팅을 하게 된다. 경기로 관중을 유인하는 방법을 고객들로부터 하여금 직접 관람하도록 만들거나 TV를 시청하게 하는 방법이다. 즉, 기업이 경기에 광고를 실어 내보내거나 경기장 보드에 노출시킴으로써 스폰서-스포츠 선수-관중-TV스포츠 시장에서의 고객 구조노출로 진전되는 것이다.

둘째, 관중(팬)은 경기장 참여를 통해 소비자의 역할을 하게 되는데, 관중들은 각각 경기장을 찾는 자기 자신만의 목적을 가지고 있고 참여 형태가 다르다.

셋째, 미디어인 TV는 경기장 중심의 이벤트를 경기장 밖으로 알리는 중요한 역할을 하고 경기장에서 보는 인원보다 경기장 밖 TV나 케이블, 인터넷을 통해 시청하는 사람들이 훨씬 더 많다.

이상과 같이 스포츠 마케팅은 삼각 편대를 통하여 Winning Game(이기는 경기)을 목표로 한 전술을 구사하고 있으며 이러한 스포츠 마케팅 활동은

그림 3-2 스포츠 마케팅의 상호 작용

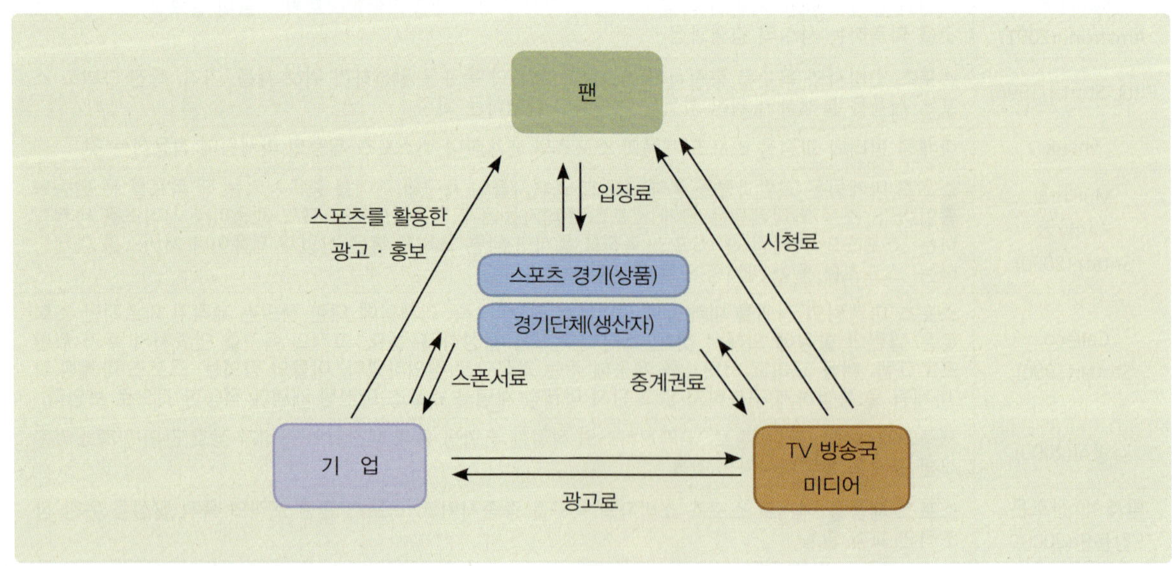

네 가지로 구성되어 진다.

1. 스포츠 제품을 매개로 한다: 스포츠 자체가 되거나 스포츠를 활용하여 만들어진 제품이 될 수 있으며 여기에는 선수, 경기, 스포츠 용품, 서비스, 장비 및 도구 등이 포함되어질 수 있다.

2. 스포츠 소비자의 욕구를 충족시켜 준다: 제품 사용을 통하여 만족을 얻는 것이다. 용품이라면 자신에게 적합하여 경기력을 향상 시킬 수 있어야 하고, 팀이라면 승리나 우승을 통해 팬들의 욕구를 충족시켜 줄 수 있어야 한다.

3. 스포츠 관련 조직의 목적을 충족시켜 준다: 스포츠 자체의 마케팅은 구단이나 연맹이 더욱더 활성화 되어 많은 팬들이 참여함으로써 수익을 창출하는 것이고, 스포츠를 활용한 마케팅은 참여한 기업이 마케팅 활동을 통하여 자사 브랜드 이미지를 확대시키고 인지도를 높이는 것이다. 선수를 활용한 마케팅은 선수 자체가 하나의 상품이 되어 선수 가치가 극대화 되고 이를 통해 인도우스먼트 기업이 더욱 많은 이익을 창출하는 것이다.

4. 창조적 교환 활동이어야 한다: 스포츠 이벤트 자체가 다른 이벤트와 차별성이 있어야 하며 다른 구단이나 연맹에서 하지 않는 창의적인 활동이 되어야 한다.

스포츠 마케팅의 성장 요소를 보면 〈그림 3-3〉과 같다.

3. 스포츠 마케팅의 유형

스포츠 마케팅은 일반적으로 두 가지 유형으로 나눠지지만, 본 저자는 세 가지 유형으로 나누고자 한다. 가장 일반적인 두 가지 유형은 스포츠 자체의 마케팅 즉 스포츠의 마케팅과 스포츠를 활용하 마케팅이고 여기에다가 최근 스포츠 마케팅의 경

표 3-3 스포츠 마케팅의 구성 요소

스포츠 마케팅의 구성요소			
스포츠 (구단, 연맹, 조직)	기업 스포츠 (기업 참여-피 스폰서)	대중매체 (TV)	스포츠 마케팅 (대행사)
• 재원확보 • TV 중계권 판매 • 라이센싱 • 머천다이징 • 스폰서십 • 경기장 광고 • 경기장 마케팅 • 티켓 세일즈 • 광고제원 • 인도스먼트 • 네이밍 라이트 • 프로스포츠 • 레저스포츠 • 생활체육 • 스포츠 스타 • 팀/클럽 • 연맹/협회	• 커뮤니케이션Tools • 기존광고 비용상승 • Zapping현상(TV) • 비용대비 효용 • 스포츠의 증폭효과 - 매체의 관심도 • 스포츠의 이미지 - 승리, 성취감, 경쟁 - 역동성, 활력, 젊음 - 매력, 정정당당함 • 세계성 - 올림픽, 월드컵 - 각종 세계선수권 • Life Style변화	• 스포츠에 대한 대중의 관심 증가 • 중요한 프로그램 및 기사 장르 • 스포츠 테마 증가 • 시청률(청취률, 열독률) 중시 • TV 중계방송의 스폰서 의존도 확대 • 인터넷 중계 • 스포츠 마케팅은 대중매체 없이 존재할 수 없음	• 기업 및 스포츠(단체)의 노하우 부족 • Coordinator역할 • IOC, FIFA, IAAF • IMG: Golf, Tennis, • IB 스포츠 • 제일기획 • 대웅기획 • 상암기획 • FC network • LG 애드 • 스포츠 플러스 • 세마 스포츠 마케팅 • 이노션 • 에이전트 • 조이포스 국내 라이센싱

스포츠 마케팅은 미디어와 함께 공존한다. (벤쿠버올림픽의 방송중계 모습)

향은 선수와 팀을 활용한 스포츠 마케팅의 형태가 발전하고 있기 때문 선수와 팀을 이용한 마케팅으로 나누고자 한다.

이를 종합적으로 설명하면 〈그림 3-4〉와 같다.

스포츠 자체의 마케팅 (Marketing of Sport)

일반적의 스포츠 마케팅이라고 지칭되는 스포츠 자체의 마케팅은 스포츠를 직접 제품화하여 판매 및 서비스하는 마케팅 활동이다. 각종 스포츠 협회, 프로스포츠 단체에 의해서 행해지는 마케팅 활동이며, 프로종목의 협회, 구단 운영 등의 형태로 나타날 수 있으며, 스포츠 자체의 마케팅은 마케팅 5P에서는 다음과 같이 설명할 수 있다.

1. 스포츠 제품: 스포츠의 마케팅에서 제품은 판매하고자 하는 스포츠 자체가 될 수 있다. 이러한 제품은 스포츠 조직에서 제공하는 모든 유형의 제품 및 서비스이다.
2. 유통: 스포츠 제품 자체를 유통하기 위해서 유통 경로를 구축하는 행위라고 할 수 있다. 스포츠 용품, 스포츠 제품을 그 하부 조직을 통해서 유통하거나 소비자에게 직접적으로 유통할 수 있도록 하는 것이다.
3. 촉진: 스포츠 제품에 대한 이미지나 특성을 언론 홍보, 광고, 대인 판매 등의 적절한 수단을 통하여 고객들에게 전달함으로써 스포츠 제품이나 서비스를 고객이 구매할 수 있도록 하는 활동이라고 할 수 있다.
4. 가격: 스포츠 조직이 제공하는 제품이나 서비스에 대한 가치를 규명하는 것.
5. PR: 스포츠 조직이나, 프로모션이 대중으로부터 호의를 얻고 관계를 유지하기 위한 노력

그림 3-3 스포츠 마케팅 성장 요소

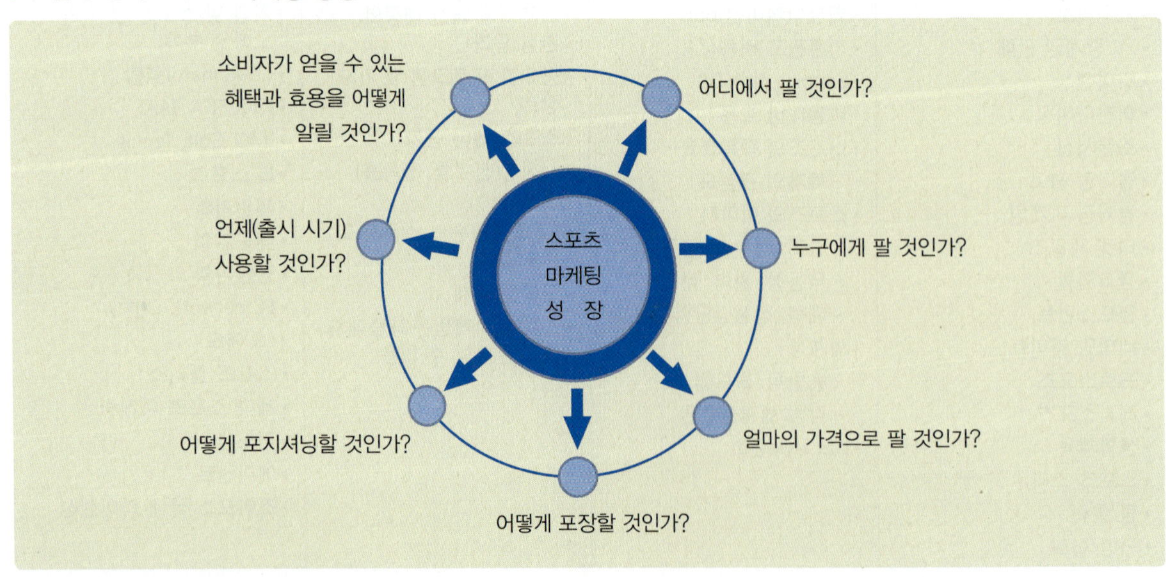

스포츠를 활용한 마케팅 (Marketing Through the Sport)

스포츠를 활용한 마케팅은 스포츠 마케팅의 가장 대표적인 케이스라고 할 수 있는데, 스포츠를 매개로 하는 모든 마케팅 활동을 스포츠를 활용한 마케팅이라고 할 수 있다.

스포츠를 이용하여 제품 판매나 기업의 이미지를 향상 시키려는 노력이며, 상업적 목적을 달성하기 위해서 특정 스포츠 활동을 지원하는 마케팅이다. 스폰서십을 포함한 다양한 마케팅 활동이 이에 해당한다. 간단하게 설명한다면, 스포츠를 활용한 마케팅은 기업 입장에 있어서 고객에게 있어서 가장 이해하기 쉽고 친근하게 다가갈 수 있기 때문에 기업에서 추구하는 마케팅 이미지와 소비자의 욕구가 잘 맞아 떨어지면, 가장 효과적인 마케팅 활동이라고 할 수 있다.

스포츠를 활용한 마케팅을 살펴보면 다음과 같다.

❶ 스포츠 이벤트 개최: 직접 사업은 각종 대회의 운영, 조직 및 대회 프로모션을 대행하여 대회 자체에 관심이 집중될 수 있도록 프로그램을 개발하거나, 수익성이 있는 새로운 스포츠 행사 및 대회를 개최하는 것이다.

❷ 라이센싱: 스포츠 조직, 선수 또는 스포츠 대회의 지명도를 활용하여 기존의 엠블럼 및 지칭, 대회명 등 로고를 활용하여 스포츠 제품을 개발하여 사업 활동을 하는 것이라고 할 수 있다.

| 그림 3-4 | 스포츠 마케팅 분류

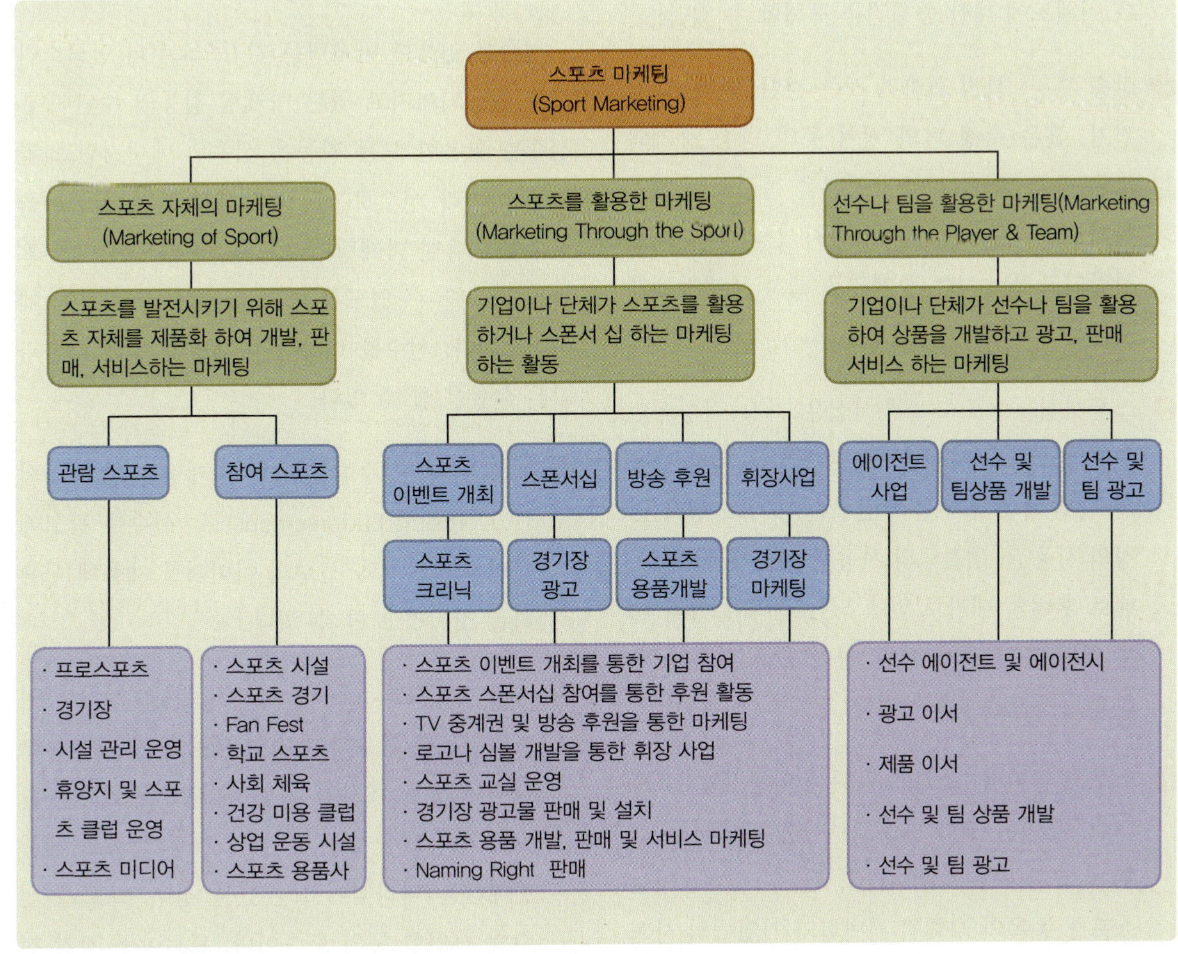

선수를 활용한 마케팅은 스포츠 마케팅의 대표적인 도구 중 하나이다. (축구 스타 데이비드 베컴의 광고 장면)

❸ 중계권 판매: 스포츠 이벤트에 대한 권리를 소유한 권리자가 대행사나 또는 직접적으로 스포츠 제품에 대한 방송 중계권을 판매할 수 있으며, 또는 방송국에서 적극적으로 나서서 스포츠 이벤트에 대한 중계권을 구해할 수 있다.

❹ 방송 후원: 특정 회사가 시즌 경기, 전체, 특정 경기, 혹은 특정 팀의 경기 등의 방송 중계와 모든 광고 또는 그 상당 부분을 독점하는 계약 형태로 이는 후원사와 방송사 간의 계약으로 성립되고 방송사는 중계권을 행사 주관자에게 지불하게 된다.

❺ 스폰서십: 스포츠 스폰서십은 가장 전형적인 형태의 스포츠 마케팅으로 후원사는 행사 비용의 전부 혹은 일부를 부담하는 대가로 행사 명칭의 사용권, 엠블럼의 사용권을 얻게 된다. 이벤트 후원의 대가로 얻게 되는 권리에 따라 대회 명칭 후원, 공식 후원, 공식 공급 후원, 상품화권자 등으로 나누어진다.

❻ 스포츠 클리닉: 스포츠 종목에 따른 유스 프로그램, 사회인 교육 프로그램등을 개발하는 스포츠 교육 프로그램이라고 할 수 있다. 이는 스포츠 종목의 사회적 저변화와 기업들의 사회공헌 마케팅 활동에 사용될 수 있다.

❼ 경기장 광고: 스포츠 마케팅에 있어서 경기장 광고는 경기장에서의 광고판을 판매하는 것이라고 할 수 있다. 이는 스포츠 이벤트가 기획된 이후 함께 기획한다고 할 수 있다. 경기장의 광고판의 숫자에 따라 스포츠 이벤트의 후원사 위치나, 숫자를 가늠할 수 있기 때문이다.

❽ 경기장 마케팅: 경기장 마케팅은 스포츠 경기장을 활용한 마케팅이라고 할 수 있다. 스포츠 경기장의 명칭을 판매하는 것이라고 할 수 있다.

선수를 이용한 마케팅(Marketing Through the Players & Team)

선수를 이용한 마케팅은 기업으로부터 인도스먼트로 활용되어지고 있는 마케팅 활동의 수단이다. 선수를 활용한 모든 활동은 선수의 매니지먼트 활동뿐 아니라 선수로부터 파생되는 모든 활동들을 선수를 이용한 마케팅이라고 할 수 있으며 이를 효과적으로 할 수 있도록 중간 역할을 하는 것이 에이전트이다. 선수를 이용한 마케팅을 통해 다음과 같은 활동을 할 수 있다.

❶ 광고 이서: 선수를 이용한 마케팅은 광고 이서(Advertising Endorsement)로 선수를 광고에 출연시키는 것과 선수의 이미지를 제품에 사용하는 것이라고 할 수 있다.

❷ 제품 이서(Products Endorsement): 선수의 인도스먼트를 활용하여 기업 제품을 홍보 활동으로서의 홍보 대사와 기업 세일즈 프로모션 활동에 활용되어지는 것이다. 가령 스포츠 제품 판매하는 대리점이 오픈했을 경우, 스포츠 선수의 사인회 등의 모습이나, 프로야구 경기 전

에 선수들이 팬들을 위해서 팬 사인회를 하는 행위들은 스포츠 선수를 이용한 마케팅이라고 할 수 있다.

3. 제품 개발: 선수를 이용하여 기업의 제품을 개발하여 판매하는 것이다.

가장 효과적인 스포츠 마케팅은 스포츠 자체의 마케팅과 스포츠를 활용한 마케팅 그리고 선수를 활용한 마케팅이 혼합적으로 활용되어질 때 가장 효과적이다.

올림픽이나 월드컵과 같은 대형 이벤트가 이런 경우인데 IOC와 FIFA는 올림픽 운동과 축구를 통해 스포츠 자체가 인류 사회 기여와 세계 평화 그리고 각 국가 간의 경쟁을 통한 하나의 메시지를 전달함으로써 브랜드를 더욱더 확장하고 자체를 강화하고, 여기에 참가한 국가나 기업은 선수를 통하여 국가 브랜드 가치를 높이고, 기업은 올림픽이나 월드컵을 활용하여 자사의 제품을 홍보하고 제품 판매를 극대화하며 브랜드 이미지를 확장하는 기회로 삼는다.

4. 스포츠 마케팅의 목적 및 특징

스포츠 마케팅의 목적

스포츠 마케팅의 가장 큰 목적은 스포츠를 통하거나 활용하여 기업 또는 조직의 수익을 극대화시키는 데 그 목적이 있다고 할 수 있다. 하지만 그 목적 이외에도 다양한 목적이 있는데 그 목적은 다음과 같다.

1. 스포츠 마케팅을 통해서 고객 및 소비자와의 커뮤니케이션: 소비자와 직접적인 고객 커뮤니케이션을 통해서 기업의 이미지를 스포츠 이미지와 함께 전달할 수 있다.

2. 고객과의 커뮤니케이션을 통해서 제품의 인지도를 향상 시키고, 이미지를 개선 및 유지, 강화: 기업은 스포츠 마케팅을 통해 현재 활동을 소비자에게 알리거나 새로운 활동 지역의 소비자들에게 기존 제품을 알릴 수 있고 제품에 대한 이미지를 더욱더 강화시킬 수 있다.

| 그림 3-5 | 스포츠 마케팅의 구성도

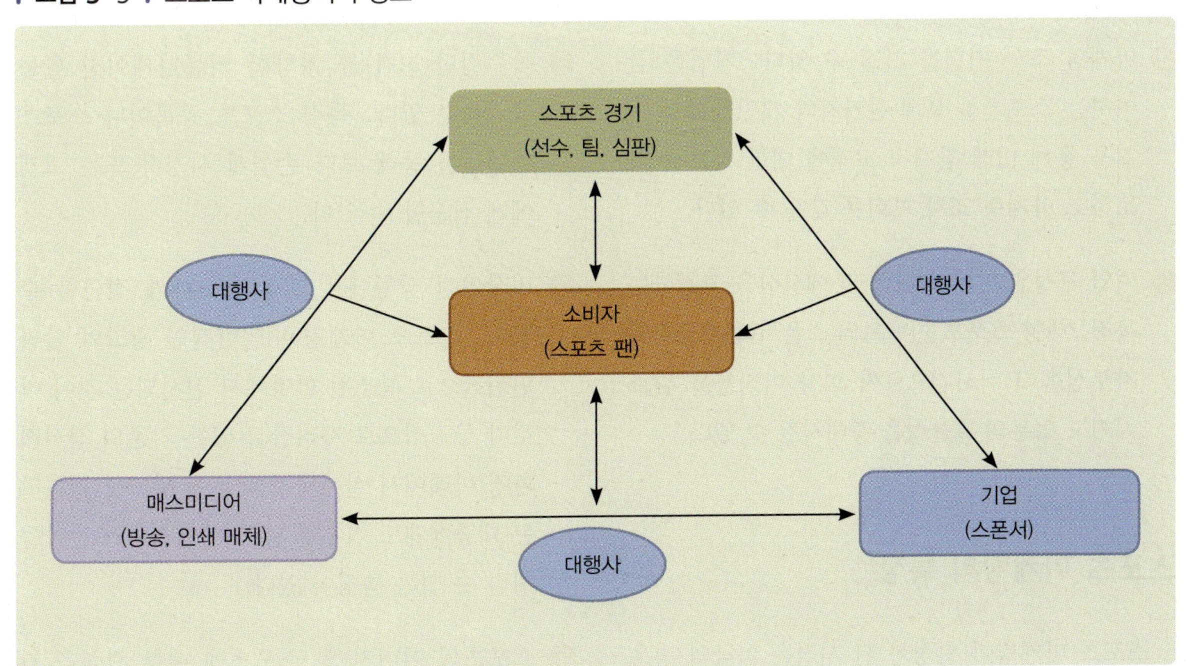

스포츠의 마케팅과 스포츠를 통한 마케팅

베컴 펩시

❸ 기업의 사회적 책임의식 또는 참여의식의 부각하는 목적으로 활용: 선수나 팀 그리고 스포츠 이벤트 지원을 통해 기업의 사회적 책임을 전달함과 동시에 사회 기여 및 대중에게 서비스하고 봉사할 수 있는 기회를 제공할 수 있다.

❹ 스포츠 마케팅 활동을 통해서 고객 또는 거래업체들에 대한 세일즈 네트워크 강화 및 접대의 기회를 제공: 스포츠 마케팅 참여는 고객 및 거래업체들에게 더욱 신뢰도를 부여할 수 있고 고객들에 대한 접대 기회와 프로모션 기회 확대를 할 수 있다.

❺ 마케팅 조사 기회를 가질 수 있다: 기업은 참여하는 스포츠를 통해 참가자와 개인정보를 수집을 통해 미래 잠재적 고객에 대한 정보를 확보하고 마케팅 조사 기회를 갖을 수 있다.

❻ 기업 구성원의 사기 진작 및 애사심을 고취하는 목적: 대형 스포츠 이벤트의 스폰서라는 긍지와 자부심을 고취시킴으로써 회사 이직률을 감소시키고 업무의 효율성을 증대시킬 수 있다.

스포츠 마케팅의 특징

스포츠 마케팅이 활성화 된 시점은 미국의 경우는 1980년대부터 한국은 1990년대 말부터이다. 소위 TV, 신문 등 전통적인 미디어들과 비교해 보면 가히 빠르게 발전했다고 볼 수 있다. 이렇게 스포츠 마케팅이 빠르게 변할 수 있었던 이유는 스포츠 마케팅만이 갖고 있는 확실한 특징이 있기 때문이다.

❶ 커뮤니케이션의 방법이 다양하다: 기존의 방송법 또는 언론법에 나타나 있는 프로그램과 명확한 구분, 광고의 표시 규정, 간접 광고의 금지, 시간별 광고 방송의 금지 등의 각종 규제를 피해서 커뮤니케이션 장벽을 빗겨 나갈 수 있다.

❷ 특수집단(고객)을 겨냥한 커뮤니케이션 활동을 할 수 있다: 특정 스포츠 종목이나 스포츠 이벤트를 통해 보다 손쉽게 시청자 또는 고객에게 접근할 수 있다.

❸ 비상업적 상황에서 대상 집단에게 접근할 수 있다: 스포츠 마케팅은 일반적인 광고와 달리 인위적으로 창조된 환경에서 실시되는 것이 아니라 긍정적으로 자리잡고 있는 기존의 정서적 환경 아래에서 실시되기 때문에 광고를 기피하는 대중에게도 거부감 없이 자연스럽게 받아들여질 수 있는 특징이 있다.

❹ 스포츠의 이미지 및 스포츠에 대한 관심을 기

스포츠는 상업화 되고 있다.

업 커뮤니케이션의 목적에 이용할 수 있다.

❺ 스포츠 마케팅에서 스폰서십이 제공하는 다양한 형태와 특성을 통해 경쟁에서 우위에 설 수 있다.

❻ 기업의 공익 추구적인 면을 강조함으로써 기업의 이미지를 향상시킬 수 있다.

❼ 스포츠는 글로벌 시장에 있어서 한나라의 문화, 사회는 물론 언어 장벽을 뛰어 넘은 엄청난 부대효과를 창출하는 수단(올림픽, FIFA 월드컵, 메가 스포츠 이벤트)으로 독특한 광고 노출의 효과를 갖는다.

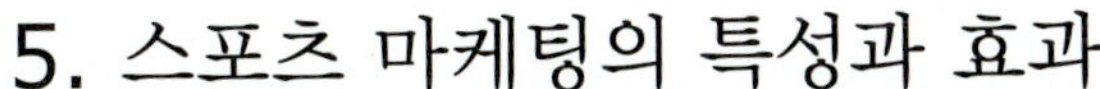

5. 스포츠 마케팅의 특성과 효과

스포츠 마케팅은 다른 마케팅들과 조금 다른 독특한 차이점을 가지고 있다. 그 내용을 보면 다음과 같다.

❶ 스포츠 이벤트 및 공식 대회 명칭과 선수 또는 경기장 시설물 등을 이용함으로써 독특한 이미지를 전달하고 기업의 이미지를 노출시키는 효과가 있다.

삼성전자는 영국의 첼시를 후원함으로써 좋은효과를 누렸다.

❷ 광고 효과가 높다. 스포츠 이벤트를 이용할 경우 TV 시청자들이 광고를 기피하려는 성향, 즉 재핑(Zapping: 광고를 시청하지 않기 위해서 TV 채널을 돌리는 일련의 행위)를 피할 수 있는 이유가 있고, 스포츠 인기를 이용하게 됨으로써 소비자들의 광고 수용도가 상당히 높다. 연구에 따르면 스포츠 프로그램과 비교할 때 광고 효율성이 훨씬 높은 것으로 나타났다.

❸ 스포츠 마케팅을 통해 기업명 또는 제품명 노출을 통해 참가자, 관람자, 시청자에게 직접적인 노출 효과를 볼수 있으며 이를 통해 제품 또는 브랜드에 대한 인지도를 증대시킬 수 있다.

❹ 기업과 제품에 대한 이미지를 강화시킬 수 있다

❺ 미디어를 활용한 시장과 스포츠 이벤트의 특성에 의한 어느 특정의 고객 접점 시장이나 세분 시장을 향하여 효과적으로 광고를 집행할 수 있다. 스포츠의 특성과 관련하여 그 특성을 비교적 정확하게 파악할 수 있으므로, 기업들은 스포츠 스폰서십을 이용하여 표적고객에게 도달하는 데 성공할 수 있는 것이다.

❻ 행사기간 중이나 행사장에서 제품에 대한 독점 판매 권한을 가질 수 있고 행사장 밖에서는 관

계자와 일반인에게 제품구매를 유도하는 판촉 활동의 기회를 가질 수 있다.

7 기업의 공익추구적인 면과 사회 기여도를 강조함으로써 기업의 이미지를 향상시킬 수 있다는 것이다. 이는 곧 스포츠의 긍정적인 이미지가 전이됨으로써 기업의 이미지 개선과 판매 증진에 큰 효과를 얻을 수 있기 때문이다.

8 공공 마케팅으로 활용하여 사회적 책임을 이행하는 기업이 될 수 있으며 사회 전체로 확산시켜 나갈 수 있다.

9 스포츠 마케팅 참여 자체가 굴뚝없는 공장과 같이 자연 친화적이고, 스포츠가 지닌 신선함, 도전, 열정, 팀웍, 승리 등과 같은 감동적인 요소를 전달하는 데 효과가 있다.

6. 스포츠 마케팅 컨셉의 발전 단계

스포츠 마케팅의 등장 배경을 경제 발전 단계를 통해서 살펴보면 〈그림 3-6〉과 같다.

스포츠 마케팅은 경기 및 스포츠 대회 개최로부터 출발하여 상품 개발과 판매 그리고 경기장을 활용한 마케팅을 통해 조직적인 성장을 하게 되었다. 이와 더불어 미디어와의 결합은 스포츠 마케팅의 발전에 기름을 붓는 역할을 하였으며 이 과정에서 에이전트가 등장하면서 다시 선수의 중요성이 크게 부각이 되면서 각종 스포츠 마케팅이 등장하게 되었다.

그러나 스포츠의 영역이 확대되고 각 연맹과 구단의 마케팅적 사고가 발전하고, 스포츠가 기업의 마케팅 도구로서 더욱 각광을 받으면서 스포츠는 거대한 비즈니스로서 성장을 하고 있다. 근대 스포츠로부터 스포츠 마케팅의 발전 컨셉을 살펴보면 다음과 같다.

선수 및 경기 중심 컨셉 (1850년대~1980년대까지)

선수 및 경기 중심 컨셉의 중요 요소는 "선수," "팀," "리그 개발 및 정착," "관련 상품 개발"이다. MLB를 시작으로 NBA, NFL, NHL의 창단이 이루어지고 스포츠 팀의 창단과 팀 간의 경쟁이 시작되면서 선수와 경기는 비즈니스를 운영하는 데 가장 중요한 컨셉이 되며, 구단 수입과 지출의 대부분이 경기 운영과 선수 관리에 들어갔다. 리그가 발전하

그림 3-6 경기로부터 글로벌 마케팅의 발달 방향

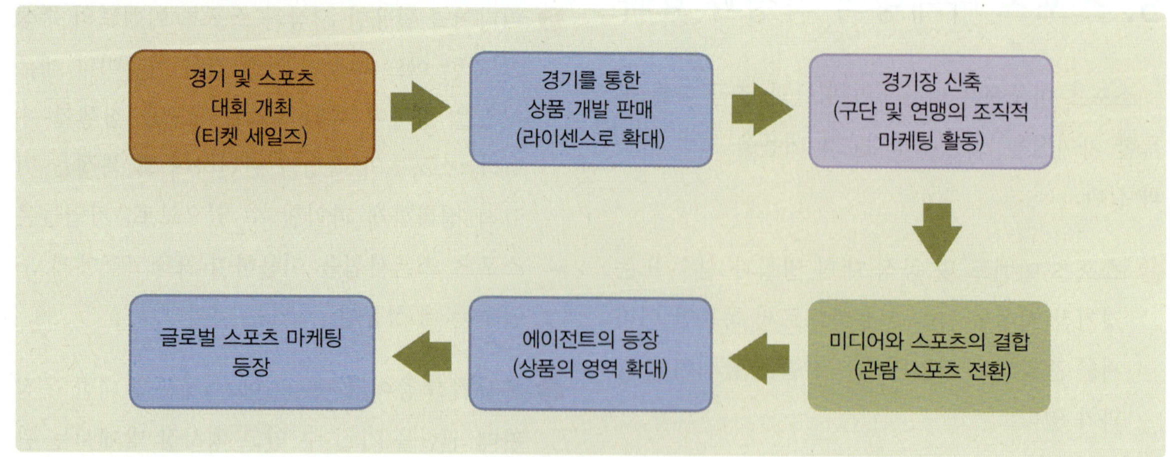

고 새로운 팀들이 만들어지면서 팀은 지역을 상징하고, 선수는 팀을 상징하는 상호 보완적인 시대였다. 그리고 각 시기마다 팀을 대표하는 선수들로 인해 많은 이야기 거리들이 만들어졌고, 선수와 팀의 성적은 관중의 입장과 비례하는 시대였다.

각 시대를 대표하는 선수와 지역을 대표하는 팀이 정착되고 구단이나 리그도 어디서 좋은 선수를 데려올까? 어떻게 스타 선수를 육성할까? 어떻게 하면 많은 관중을 유치할까? 그리고 이들에게 판매할 관련 상품을 개발할까 등이 목표가 되었다.

스포츠 이벤트 중심 컨셉 (1980년대 초반~1980년대 중반까지)

킬러 스포츠 이벤트(올림픽, 월드컵, 세계육상선수권 대회, F1 경주 대회, 국가별 대항경기, 골프-테니스의 메이저 대회 경기, 미국의 프로스포츠 리그(MLB, NBA, NFL, NHL), NCAA)는 스포츠 이벤트를 중심으로 하여 경기장의 프로모션을 늘리고 활발하게 이벤트 진행을 통하여 팬들을 경기장으로 불러모았다. 그리고 각종 이벤트를 개최하려는 국가와 도시의 경쟁이 치열해지면서 스포츠 이벤트를 통한 지역경제 활성화 현상이 두드러지게 나타났다. 그리고 기업은 킬러 스포츠 이벤트를 활용한 각종 프로모션 활동에 적극적으로 참여하면서, 참여 기업과 비참여 기업 간의 매출 격차가 더욱더 커지기 시작 하였다. 경기장에서는 색다른 이벤트가 개최되었으며 이러한 이벤트 개최는 막대한 수입을 가져다주었다.

시설 중심 컨셉 (1980년대 중반~1990년대 중반)

미국에선 경기장 즉 야구장을 '스타디움'(stadium)이라고 하기보다는 '볼 파크'(ball park)로 부른다. 스포츠 경기만을 즐기는 것이 아니라 복합적인 문화공간의 역할을 하기 때문에 시설은 구단 마케팅의 하나의 하드웨어 구실을 한다. 경기장에 전광판이 더욱 대형화 되면서 관중들에게 더욱 많은 정보를 제공하고, 좌석이 넓어져서 관람이 수월해지고, 각종 판매 시설 공간이 건립되면서 상품이 많이 늘어나고, 화장실과 휴식 공간이 넓어

| 그림 3-7 | 스포츠 마케팅의 성장 발달 컨셉

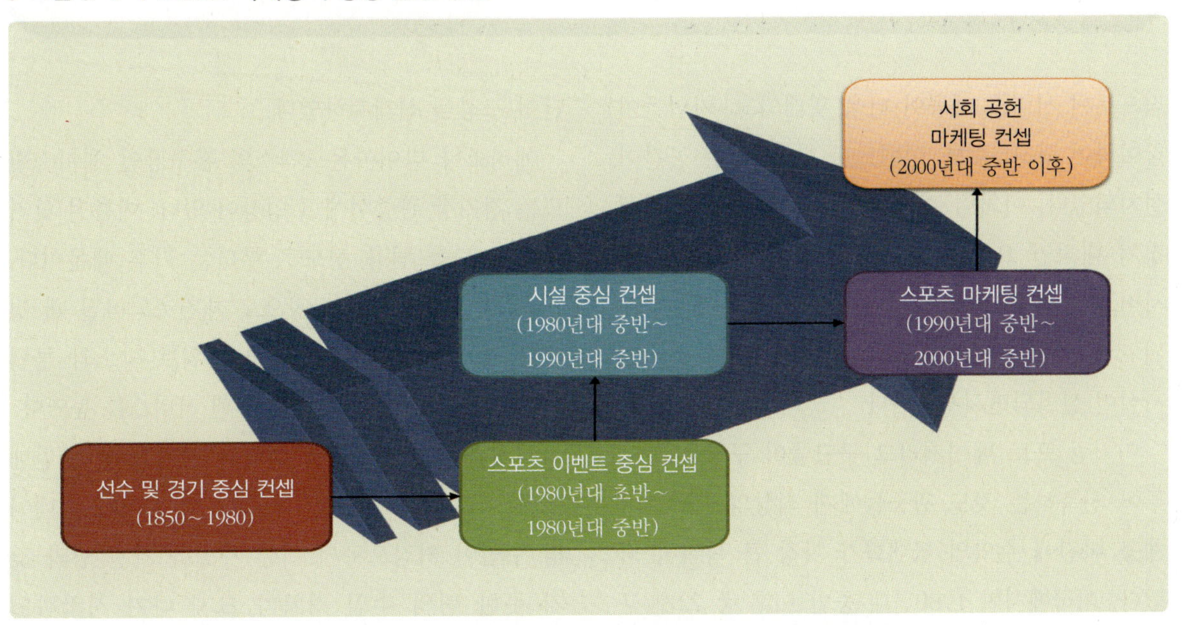

마케팅 休知通

Cause-Related (공익연계) Marketing & Societal / Social Marketing

기업의 브랜드가 자선 혹은 공익활동에 목적을 둔 모임과 연계해 상호 이익을 추구하는 전략적 포지셔닝 도구로 인식하는 것이다. 이는 브랜드 인지도 상승, 고객 충성도 증가, 판매 증진, 그리고 언론의 관심 증대라는 이득을 동시에 취할 수 있다. 사회 공공의 생각을 반영한 기업운영의 일환이다.

• 스포츠 산업에서의 적용사례

(1) BOSTON REDSOX's Curse Uniform in New Yankies Stadium

새 양키스타디움 공사 현장에 묻혔던 미국 프로야구 보스턴 레드삭스의 '저주받은 유니폼'이 경매에서 $175,000에 경매 낙찰되었다. 보스턴의 자선단체인 지미 펀드가 유니폼을 인터넷 경매 사이트인 이베이(eBAY)에 올려 1주일 간 경매하였다. 보스턴의 간판타자인 데이비드 오티스의 이름과 등번호가 새겨진 이 유니폼은 새 양키스스타디움 공사에 인부로 참여한 보스턴 팬이 저주를 담아 현장에 묻어놓은 것이다. 양키스는 야구장 밑에 유니폼이 묻혀 있다는 제보를 받고 5시간에 걸쳐 3m 깊이의 시멘트를 파낸 끝에 유니폼을 발굴한 뒤 세탁해 지미 펀드에 넘겼다. 500달러부터 시작된 경매에는 모두 282명이 입찰했으며, 지미 펀드는 경매 수익금을 모두 보스턴 지역 소아암 환자 치료를 위해 사용되었다고 한다.

(2) Human Right Now Concert and Award by REEBOK

스포츠 패션 브랜드 리복은 국제사면위원회의 "Human Right Now!" 투어 캠페인에 동참해 달라는 요청을 받고 스폰서로 참여하게 되었다. 1988년, 16개국에서 20회의 공연을 하였으면 이에 비용을 전액 후원자로 충당하였다. 인권보호 순회공연이 끝난 뒤에도 Human Rights Award를 제정하여 4명의 혁신적인 젊은이에게 10만 달러의 상금을 수여한다. 또한 100만 달러를 리복 인권재단(Reebok Human Rights Foundation)에 기부해 전 세계에서 인권을 위해 일하고 있는 단체에게 이 돈을 지원하고 있다.

• 스포츠에서의 시사점

스포츠는 공익성과 공정성을 내포하고 있어, 순수함을 자체적으로 내포하고 있다. 그 가운데 공익성을 강조할 필요성을 느끼고 많은 이들이 이에 동참했다. 하지만, 이와 반대로 음주운전, 폭행, 외도 등의 윤리적이지 못한 행위들을 하는 일부 선수와 이면계약, 방치운영, 승부조작 등의 도의적이지 못한 경영을 하는 구단들이 있어 그 공익성과 공정성을 모두 잃어 팬들의 외면을 받는 경우가 있다. 우선 책임감 있는 행동과 기본적인 관리를 하고 공익연계성 마케팅으로 질적인 발전을 꾀하는 전략을 세워야 한다고 생각한다.

짐으로써 서비스 제공이 더욱 확대되고, 기업들이 참여하여 광고, 홍보, 이벤트를 할 수 있는 공간이 설치되었다. 이처럼 경기장을 찾는 관중들을 위해 경기 내적인 요소뿐 아니라 다양한 볼거리와 팬 서비스 그리고 각종 상품과 음식거리를 제공하게 된 것은 바로 시설 중심으로 새로운 대형 스포츠 시설이 설치되면서부터이다.

이처럼 프로 메이저리그 구단들이 구장을 앞다투어 신축하는 것도 관중들에게 최상의 서비스를 제공 이전에 수익의 극대화가 가장 큰 목적이 되었다. 미국에서만 1980년대 중반 이후 총 22개 구단이 구장을 신개축하였다.

애리조나 다이아몬드백스의 홈구장인 체이스필드는 경기장 관중석에 수영장이 있다. 여름철 낮기온이 40도를 넘을 정도로 무더운 기후 때문이다. 기존 구장에서 신설 구장으로 재건축되어질 때 경기장 좌석수는 줄어들었지만 스위트 박스와 클럽 시트 등 고급좌석을 마련하고 팬 서비스를 높였다.

시설을 바꾼 후 입장 수입과 경기장 상품 판매 수입 그리고 경기장을 네이밍으로 판매하는 네이밍 수입이 커짐으로써 기존 시설을 가진 팀과 갖지 못한 팀의 수입 격차가 크게 나기 시작하였다. MLB의 경우 전체 수입 중 경기장 발생 수익은 51%를 차지하여 스폰서십이나 방송 중계권료보다 훨씬 높은 비중을 차지하고 있다. 이는 한국 프로야구의 경기장 수익 6%와 비교된다. 이처럼 경기장의 시설을 바꾼 이후에 매출과 영업이익이 크게 향상됐다.

스포츠 마케팅 중심 컨셉 (1990년대 중반~2000년대 중반)

이 시기는 스포츠팬들이 시간과 돈만 투자하면 언제, 어디서든지 다양한 스포츠를 즐길 수가 있게 되었다. 여기에다가 상대적으로 프로스포츠 리그 간, 구단 간, 선수 간, 기업 간의 경쟁이 치열해 짐에 따라 팬들의 기대감이 높아졌으며, 신기술, 개인주의 그리고 소비자들의 욕구 변화에 따라 스포츠 시장은 더욱 역동적으로 변한 시기였다.

이처럼 늘어난 스포츠 리그와 소비자 시장의 다양성을 공략하려는 구단이나 연맹 기업의 마케팅 전쟁은 각종 마케팅 조사와 팬 미팅 그리고 다양한 경로를 통해 소비자인 팬을 확보하고 만족시키려는 스포츠 마케팅이 핵심이 되었다.

소통 방식의 변화를 소비자와의 직접 참여 유도를 통한 쌍방 커뮤니케이션 방법으로 만들었다. 이 시기에는 구단들은 팬들의 의사결정 과정을 이해하고 그들과 팀을 연결시킬 수 있는 방법을 연구하게 되었다. 즉 스포츠 마케팅의 컨셉은 소통을 통한 커뮤니케이션을 통해 관계를 더욱 긴밀하게 하는 것이다. 이를 위해서 선수나 자신의 지역 팀을 활용하고 대회 후원을 통하여 기업을 참여시키고 각종 팬 마케팅을 통해 팀에 대한 충성도와 브랜드 인지도를 높이는 마케팅 활동 등이 주를 이루었다.

여기에다가 각 리그는 프랜차이즈를 통해 세계 시장으로 진출하는 글로벌 스포츠 마케팅을 전개

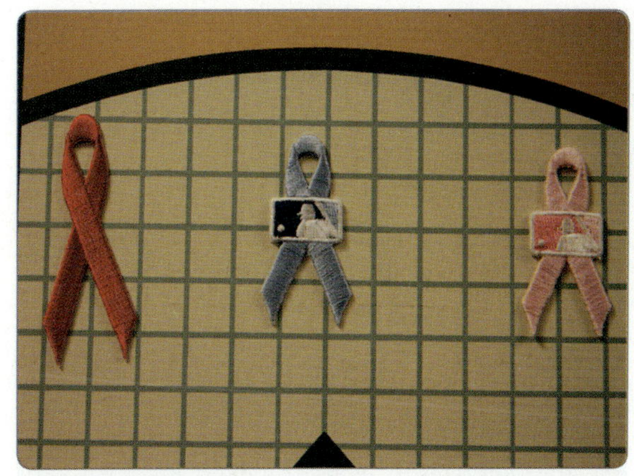
MLB의 사회 공헌 마케팅

하였다. NBA는 프로스포츠 최초로 1992년 바르셀로나 올림픽을 통해 전세계에 NBA 브랜드를 알리는 스포츠 마케팅을 전개하였으며, 2006년에는 "NBA Europe Live Tour"를 통해 유럽 시장을 공략하기 위해 유럽 프로젝트 투어를 유럽 명문 팀 간의 대결뿐만 아니라 토너먼트 형식을 통해 스페인, 러시아, 이탈리아, 프랑스 등지로 NBA 브랜드를 알리고 소비자들과 관계를 맺었다.

Fan Fest가 만들어져 월드컵이나 킬러 이벤트에 참석하지 못한 소비자들을 만족시키기 위한 공간이 도심의 중심지에 설치가 되기도 하였다.

즉 스포츠 비즈니스가 지닌 다양성을 활용한 스포츠 마케팅은 연맹이나 구단 기업의 마케팅 화두가 된 시기이다.

사회 공헌 마케팅 (2000년대 중반 이후~현재)

스포츠 마케팅의 영역이 스포츠의 영역을 넘어서는 단계로 기업의 사회적 책임과 맞물려 사회에 공헌하는 마케팅 활동으로 소외 계층과 유소년들을 후원하고 인류 공통 주제인 자연과 환경 그리고 에너지에 초점을 맞춘 마케팅 활동들이다

스포츠의 페어플레이 정신과 스포츠에 내제된 "우리"라는 가치, "희망과 꿈," "열정"과 "포부" 등

대한민국은 스포츠 산업의 발전과 함께 스포츠 강국으로도 발전하고 있다. (벤쿠버 동계올림픽에서의 모태범 선수의 시상식 장면)

의 긍정적인 내용을 컨셉으로 하여 대중을 즐겁게 만들고 그러한 것들을 각 경기나 선수들이 실천함으로써 스포츠의 사회 공헌 컨셉이 만들어진 것이다.

스포츠의 사회 공헌 컨셉은 2000년대부터 각종 스포츠 마케팅 활동에서 전개되었으나 2010년 이후 유소년 올림픽과 남아공 월드컵을 계기로 급속하게 발전하게 되었다.

2010 남아공 월드컵은 주최국이 상대적으로 저개발된 아프리카 국가인데다 월드컵이 가장 상업적이라는 부정적 이미지를 불식시키고 월드컵 참여 기업들이 현재의 교육환경 개선과 에이즈 확산 방지, 빈곤 퇴치 등의 목표를 전달하기 위한 컨셉으로 만들어졌다.

현대자동차는 아프리카 아동에게 100만개 축구공을 전달하는 "드림볼 프로젝트"를 전개한 것도 이러한 의미에서였다.

또한 LG전자는 남아공월드컵을 앞두고 아프리카 사람들과 문제 의식을 공유하고 이들의 기쁨과 아픔을 함께하는 기업이 되려는 의도로 아프리카 인종 갈등 해소의 상징 인물인 "미스터 신뢰"로 불리는 남아공 축구선수 메시 부스 후원 마케팅을 하였다. 그리고 남아프리카공화국 월드컵에 나이키는 소웨토 지역에 축구 트레이닝 센터를 건립하고 축구가 지역 사회에 지속 가능한 유산으로 자리매김하는 마케팅을 전개하였다.

코카콜라는 NASCA 자동차 경주에 재활용 수거함을 설치하였고, 스포츠 팬들에게 자원 재활용 운동에 동참할 것을 호소하였다. NFL, MLB, NHL NBA는 50여 개 팀이 재활용, 에너지 절감 및 효율성 증대, 수자원 절약, 대중 교통 이용하기 등의 다양한 그린 마케팅을 실시하였다. NBA는 시즌기간 중 한주 동안을 "NBA 환경 위크"로 정하고 선수들이 재활용 유니폼을 착용함으로써 환경 문제를 인식시키는 마케팅을 실시하였다.

나이키는 스포츠와 스토리를 결합한 사회 공헌 활동을 하는 데 아프리카 에이즈를 퇴치하기 위한 자선단체 레드(RED)와 손을 잡고 "끈을 묶고 세계를 구하자(Lace Up, Save Lives)"라는 모토 아래 영국 프리미어리그 소속 선수들을 활용하여 캠페인을 전개하였고, 자선단체 이름을 축구화 끈에 표기하여 판매된 수익을 다시 에이즈 퇴치에 사용하기도 하였다. 아디다스와 비자카드는 아프리카의 낙후된 환경 개선, 빈곤 퇴치 등과 연계한 활동을 펼쳤다.

미래의 마케팅 트렌드

미래의 마케팅은 이제 소비자 개개인과의 감성적인 커뮤니케이션으로부터 만들어진다고 할 수 있다. 즉 소셜 네트워킹 서비스(Social Network Service)로 소비자들과 소통하고 감성을 자극하는

마케팅 활동이다. 지난 2010 남아공월드컵 기간 중 가장 많이 본 광고는 나이키와 펩시콜라의 광고 였다. TV를 통해서가 아니라 바로 유투브나 기타 페이스북, 트위터을 통해서이다. 이 두 광고의 공통점은 축구 선수들이 등장한다. 하지만 소비자들이 선수에게 주목한 것이 아니라 “도저히 주목하지 않을 수 없는 스토리”를 구성해 소비자의 감성을 자극했기 때문이다.

월드컵 기간 LG전자가 펼친 흑백의 화합 사회 공헌 마케팅

참 | 고 | 문 | 헌

강상조(1994) 체육 연구방법. 21세기 교육사.

광고정보(1997.6) 특집: 스포츠 산업, 스포츠 마케팅. No. 195.

국민체육진흥공단(2008) 한국의 체육지표 2007. 체육과학연구원.

김종, 최재원(1997) 국내 스포츠 마케팅 현황 및 전망 고찰. 경희대학교 부설 한국체육과학연구소, 체육학 논문집, 제26집.

김도균(2001) 전략적인 현대 스포츠 경영. 금광.

김도균(2003) SPORT BUSINESS. 오성출판사.

김병식(1999) 한국 스포츠산업의 현황과 전망. 천마, 19, 96-101.

김수잔, 김일광(2010) 스포츠마케팅의 이해. 두남.

김수잔, 양성국 역(1996) 스포츠 마케팅. 대경사.

김승식(2002) 2002년 월드컵 스포츠 마케팅 실제와 뒷이야기. 으뜸사.

김영석(2000) 스포츠와 미디어 그리고 마케팅. 신아출판사.

김용만(2010) 스포츠마케팅 커뮤니케이션. 학현사.

김종, 박영옥, 정희윤, 박진경, 김현석(2000) 21세기 스포츠 산업의 발전 전망. 한국체육학회, 40(1), 103-114.

김진영(1997) 스포츠 마케팅 커뮤니케이션 효과에 관한 연구. 석사학위논문. 중앙대학교 대학원.

김치조(1996) 스포츠 마케팅. 태근문화사.

김화섭(2003) 스포츠 마케팅 전략. 백영사.

문화체육관광부(2008) 체육백서. 문화체육관광부.

문화체육관광부(2009) 체육백서. 문화체육관광부.

이동현(2006) 경영의 교양을 읽는다. 더난출판.

이중우 외(2007) 경영학 원론. 사이텍 미디어.

장영광(2009) 정기만 생활속의 경영학. 신영사.

정진홍(2010) 인문의 숲에서 경영을 만나다. 21세기 북스.

조동성(2006) 21세기를 위한 경영학. 서울경제경영.

조효상(1993) 청소년의 스포츠화 선택에 대한 영향 요인. 석사학위논문. 단국 대학교 대학원.

차대규(2001) 경영학 이야기. 형설출판사.

최만식(2009) 한국과 세계 스포츠산업 현황. 스포츠조선(3월 1일 A15).

한광걸 외(2001) 스포츠의 사회학적 이해. 영남대학교.

홍성태(1999) 보이지 않는 뿌리. 박영사.

Brooks, C. M.(1994) Sports Marketing: Competitive Business Strategies for Sports, 188.

Hansen, H., & Gautheir, R.(1992) Marketing objective of professional and university sport organizations. Journal of Sport Management,6(1), 27-37.

Jeffrey, D. J.(1997) Becoming a sports fan: Understand cognitive development and socialization in the development of fan loyalty Unpublished doctor aldisseration, Ohio State University.

Parks, B, Zanger, K.(1990) Sport and fitness management :career strategies and professional content Human Kinetics Publishers.

Shin, S. H., & Amine, L. S.(1994, November) Consumer nationalities determinant of country-of-origin preferences and willingness buy. Proceedings of Conference of Global Business,

LasVegas.

Yankelovich, S. W.(1997) A Study of Corporate Advertising Effectiveness, 45-48.

Zeigler, E. F.(1987) Sports Management: Past, Present, Future, Journal of Sports management. January.

www.sericeo.org

제 4 편

스포츠 마케팅의 프로퍼티 개발과 전략 수립

제 1 장　스포츠 프로퍼티 개발

제 2 장　스포츠 프로퍼티의 계획 및 프로세스

제 3 장　스포츠 프로퍼티의 관리 모델

제 4 장　스포츠 라이센싱(Licensing) 상품 개발

제 5 장　스포츠 프로퍼티 개발 사례

스포츠 시장이 성숙할수록 한정된 시장을 스포츠 조직끼리 서로 경쟁하는 모습이 심화되어 조직은 한층 더 어려운 경쟁에 노출되게 된다. 이러한 경쟁에서 살아남을 수 있는 방법은 무엇일까? 성공한 브랜드들이 공통적으로 가지고 있는 것은 무엇일까?

현대는 새로운 비즈니스, 새로운 제품 그리고 새로운 아이디어의 시대로 남들보다 앞서는 생각과 행동을 하여야만 시장을 리드해 나가고 경쟁에서 앞서 나갈 수 있다.

스포츠가 비스니스인 사람들에게 스포츠는 단순한 취미나 구경거리가 아니다. "스포츠 자체를 사업화하고 이를 통해 기업 목표나 제품의 이미지 업을 달성시켜 기업의 이윤을 창출하자"는 것이 바로 스포츠 마케팅이다. 스포츠 마케팅을 통하여 구단이나 연맹, 그리고 기업은 더욱더 많은 지적인 자본과 상품을 만들기 위해 부가가치의 사슬을 양적으로 질적으로 넓혀 가면서 통합해 나가고 있다.

스포츠 마케팅에 있어서 새로운 상품 개발은 기업들뿐만 아니라 구단, 연맹, 리그들의 빅 이슈라고 할 수 있다. 어떠한 상품을 통해서 고객들에게 어필하느냐의 문제는 마케팅이라는 것이 탄생했을 때부터 지금까지의 의문점이라고 할 수 있으며, 스포츠 마케팅 역시 다르지 않다고 할 수 있다. 스포츠 마케팅에서의 제품, 스포츠 이벤트, 선수, 팀, 리그 등 다양한 스포츠 마케팅의 프로퍼티는 하나의 상품을 통해서 성공과 실패를 가늠할 수 있을 정도로 중요한 문제가 되었다.

스포츠 프로퍼티(Property)라고 함은 흔히 스포츠 마케팅에서는 경기행사, 선수, 제품을 '프로퍼티'라고 통칭할 수 있으며 유 · 무형의 재산권 자산이라고 할 수 있다.

스포츠 마케팅에서의 상품은 스포츠 종목 그 자체, 경기단체가 만들어 내는 새로운 대회 및 관련 이벤트 또는 선수, 경기장 시설, 방송 중계권, 스포츠 스폰서십, 선수 스폰서십, 단체 및 구단 스폰서십, 상품화 사업, 대회운영, 시설운영 등을 들 수 있다. 또한, 선수를 활용한 마케팅에서 선수 매니지먼트, 상품화 사업, 선수에 대한 상업적 권리 등이 있을 수 있다.

제품 자체가 좋아도 시장에서 받아들여지지 않는 경우가 흔히 있다.

스포츠 프로퍼티를 개발하기 위해서는 사회적인 분위기를 이해하고, 시장을 세분화하는데, 인구통계학적 기준, 사회경제적 기준, 심리학적 기준, 지리적 기준, 소비자 행위 기준, 소비자 편익 기준을 분석하여야 한다. 또한 스포츠 프로퍼티의 목표시장이 어딘지를 소비자들의 특성에 따라서, 관련 기업들이나 소비자가 구매할 수 있는 스포츠 상품인지를 결정하고 실행하여야 한다. 특히 목표시장을 선정할 때, 각각의 잠재력을 지닌 세분시장을 시장의 규모, 시장의 접근 가능성 및 측정 가능성에 따라 평가를 할 수 있어야 한다.

이러한 스포츠 마케팅 프로퍼티를 성공적으로 실행하기 위해서는 조직들을 관리하고 정확한 전략을 짜야 할 필요가 있는데, 이러한 마케팅 계획은 마케팅 기능과 관련된 모든 요소들에 대한 개발, 분석, 조정 등을 계획하고 관리하는 내용 등을 포함하고 있어야 한다.

스포츠 연맹이나 구단 기업이나 마케팅 목표를 달성하고 이윤을 창출하기 위하여 여러 가지 마케팅 수단 및 기법을 적절하게 활용하여 계획, 조정, 관리 통제를 하는 체계화된 스포츠 마케팅의 관리를 실행하여야 한다.

이러한 스포츠 상품의 조직의 이념과 목표, 상황 분석, 스포츠 마케팅 연구와 정보관리 시스템, 스포츠 소비자 분석과 스포츠 산업의 경쟁자 분석, 스포츠 사업이나 제품의 사명 혹은 개요, 평가와 실행 등과 같은 스포츠 프로퍼티의 관리 과정을 통해서 스포츠 프로퍼티의 개발과 실행, 전략 수립에 대해서 이해를 할 수 있도록 내용을 구성하였다.

제 1 장 스포츠 프로퍼티 개발

제 1 장

스포츠 프로퍼티 개발

1. 스포츠 프로퍼티의 개념

국내에서 스포츠를 프로퍼티로 즉 하나의 상품으로 발전시킬 수 있었던 시기는 80년대와 90년대 스포츠 시설, 스포츠 센터, 리조트, 접근 도로 등 기본적인 하드웨어적 스포츠 기반 시설구축에 정진한 시기였으며, 2002 FIFA 월드컵을 전후하여, 스포츠 산업이 수익을 창출할 수 있는 하나의 상품으로써 인정을 받기 시작하면서 스포츠 프로퍼티에 대한 개발이 적극적으로 기업이나 연맹 리그 그리고 구단 차원에서 시작되었다.

NFL의 최고의 상품인 Super bowl

또한 최근 들어서 구단이나 연맹 리그의 프로퍼티 개발은 하나의 유·무형적 재산을 개발하여 수익을 창출하는 도구로서 인식되기 시작하였다.

일반적으로 프로퍼티(Property)의 의미는 유체 재산권과 무체 재산권으로 구분될 수 있으며, 유체는 동산·부동산을, 무체 재산권은 발명·고안·고객 흡인력을 갖고 있는 자산으로서, 일반적으로 지적재산권 또는 지적소유권이라고 해석된다.

이러한 일반적인 개념으로 보았을 때, 스포츠 마케팅에서의 "프로퍼티(Property)란 상품과 동일한 개념에 있어서의 지적소유권을 갖고 있는 모든 상품"으로 볼 수 있으며, 유체 재산권보다는 무체 재산권 즉, 지적재산권에 더욱 가까운 자산이라고 할 수 있다.

스포츠 프로퍼티의 개발 즉 스포츠 상품의 개발은 스포츠 마케팅에 있어서는 새로운 유·무형 자산의 개발을 한다고 할 수 있다.

첫째, 스포츠 프로퍼티란 스포츠를 통한 수익 발생을 위하여 스포츠 조직 또는 프로모터가 새로운 스포츠 이벤트를 기획하고 매니지먼트하는 작업이며, 이러한 행위 전체가 스포츠 자산에 포함되기 때문에 스포츠 프로퍼티라고 할 수 있다.

둘째, 스포츠 프로퍼티에서의 상품 개발의 다른 개념으로는 제조업의 중심적 업무로서 제품의 연구/개발과 시장 도입 활동을 의미한다.

스포츠 프로퍼티는 여러 가지의 개념을 포함하고 있으며, 프로퍼티의 개발은 스포츠 마케팅에 있어서 프로퍼티의 관리, 유통, 구매 활동과 판매 활동을 중요한 활동으로 보고 있으며, 제조업 부문에서는 상품기획 및 개발업무를 주요 업무로 보고 있다.

이러한 관점에서 스포츠 프로퍼티는 스포츠 조직의 스포츠 이벤트의 기획 및 운영, 방송 중계권의 가공 및 판매, 스포츠 제품의 기획 및 개발에 대한 자산, 스포츠 제품 및 상품 판매의 유통 활동과 밀접한 관계가 있다.

스포츠 메가 이벤트인 FIFA 월드컵이나 올림픽 등 대규모 경기뿐만 아니라 프로야구 리그와 같은 단일 스포츠 경기대회도 하나의 프로퍼티가 될 수 있으며, 기존에 존재하지 않았던 새로운 스포츠 이벤트를 개발하여 선보이는 경우에도 스포츠 프로퍼티가 될 수 있다. 그런 의미에서, 스포츠 프로퍼티는 스포츠 마케팅을 통해서 파생되는 모든 자산을 통칭하는 개념으로 이해될 수 있다.

2. 새로운 스포츠 프로퍼티 개발의 기준

새로운 프로퍼티를 개발한다는 것은 연맹이나 구단에게 기회와 동시에 위협을 제공해 준다. 따라서 기존에 있는 상품에 새로운 상품을 추가적으로 개발해야 할 때는 의사결정 지침으로써 다음의 기준을 검토하여 새로운 프로퍼티 개발 여부를 결정하여야 한다.

조직 목적과 일치성

새로운 스포츠 프로퍼티가 프로퍼티를 개발한 조직의 개발 목적과 일치하여야 한다. 새로운 상

새로운 프로퍼티의 지속적인 개발이 스포츠 마케팅을 발전시킬 수 있다.

품은 기업의 이미지, 자아의식, 연맹이나 구단 그리고 기업의 목적 등과 일치하여야 하는 것이다. 예를 들면 스포츠 이벤트에서 관람객의 숫자를 늘리겠다고 과다 횟수의 연예인을 동원한다거나, 지나치게 많은 사은품 행사나 경품 행사 등을 통해서 관람객을 모은다면 스포츠 프로퍼티를 통해서 수익 창출하는 데 있어서 역효과를 낼 수도 있다.

충분한 시장 수요 조사

프로퍼티 개발에 있어서 가장 우선시 되어야 할 부분은 충분한 시장이 있느냐의 문제이다.

스포츠 프로퍼티에서 상품으로서 가치가 있는지, 판매할 시장에서 경쟁력을 확보할 수 있는지의 여부를 판단하여야 한다. 가장 기본적인 검토 사항은 "충분한 수의 소비자가 실제로 우리 상품을 필요로 하고 있는가?"이다. 개발자는 잠재시장의 규모와 위치를 계획적으로 측정하여야 한다.

구매 가치 창출 여부

모든 상품이 그러하듯 스포츠 프로퍼티 역시 상품으로써의 구매 가치가 있는 제품이어야 한다. 즉 스포츠 프로퍼티를 체험하고 즐기기 위해 방문

마케팅 休知通

'샘 월튼'의 성공 10계

샘 월튼은 세계 초고의 부호 중 1명(1985년, 포브스 선정)이자, 미국 최대의 할인매장 월마트의 설립자이다.

1. 자신의 사업에 전념하라
2. 이익을 모든 동료들과 공유하고, 그들을 동반자로 대우하라
3. 당신의 동반자들에게 동기를 부여하라
4. 가능한 모든 정보를 당신의 동반자들에게 전달하라
5. 당신의 사업을 위해 동료들이 하는 모든 일에 감사하라
6. 성공을 자축하라
7. 모든 사원들의 말에 귀를 기울여라
8. 고객의 기대를 넘어서라
9. 비용을 경쟁자보다 더 낮게 통제하라
10. 시대의 흐름을 거슬러 올라가라

이러한 사례로 전 한화 이글스의 송진우 선수를 사례로 들면 그는 한국 프로야구 21년 동안 투수 관련 최고령 기록을 모두 보유하고 있으며, 탈삼진, 최다이닝 등의 한국 최고의 투수로 명성을 날렸다. 샘 월튼의 10계를 실천한 그가 최고의 선수 자리를 지키기 위해서 얼마나 많은 노력을 하였는지 알 수가 있다.

할 만한 가치를 잠재 소비자들에게 인식시켜야 한다. 상품을 만드는 주체가 생각하는 가치보다는 상품을 이용하는 측이 인정하는 가치가 존재해야 상품 개발의 의미가 있다.

즉 잠재 소비자나 기존 소비자들로 하여금 그 상품을 찾아오도록 구매동기를 창출할 수 있어야 한다. 스포츠 상품이 소비자에게 부여하는 구매동기라는 것은 일반 상품 소비자들이 갖는 구매동기와 마찬가지의 개념이다. 그 상품을 경험 하고자 하는 특성과 주제와 내용이 갖추어야 상품으로서의 생명이 있다.

프로퍼티로서 다양한 시장의 침투 여부

스포츠 프로퍼티는 다양한 시장에 침투할 수 있는 힘을 갖고 있어야 한다.

각 프로퍼티의 목표에 따라서 달라질 수 있겠지만, 프로퍼티가 생산되는 지역에서만 유통될 수 있는 제품, 국내에만 통용되거나, 국외에만 통용되거나, 또는 글로벌 시장에서 통용이 될 수 있는 스포츠 프로퍼티를 개발할 수 있어야 한다. 이처럼 스포츠 프로퍼티는 다양한 등급을 보유하고 있다고 할 수 있으며, 그 범위와 지역을 확대할 수 있는 힘을 갖고 있는 제품이 가치가 높은 프로퍼티라고 할 수 있다.

다양한 수요 발생 시기

스포츠를 즐기는 사람이 상품을 찾는 시간이 하루 중 시간대, 주중과 주말, 계절별로 특정 시간대나 요일, 계절에 몰리지 않고 꾸준히 찾아오는 상품이어야 한다. 비수기용 상품과 성수기용 상품이 이에 따라 구분될 수 있으며 성·비수기 구분이 없이 수요를 발생시키는 상품이 있을 수도 있다.

스포츠 조직에 적합한 상품

스포츠 프로퍼티를 개발하는 스포츠 조직에게 적합한 제품이어야 한다. 이는 스포츠 조직이 다음 단계의 프로퍼티 개발이나 유지 및 관리를 보

KBL은 농구의 발전을 위해서 어린이 농구 대회를 열고 있다.

다 손쉽게 하며, 다른 시장으로의 진출을 한다거나 새로운 프로그램을 적용할 수 있거나, 기존의 상품과 조화롭게 적용할 수 있는지에 대한 적합한 유형의 프로퍼티를 개발하여야 한다.

법률적인 문제점

스포츠 프로퍼티는 특허권, 표찰, 포장, 라이센싱, 기타 지방자치 단체의 법률, 리그나 연맹과의 중복성 및 계약 내용 등의 법적인 규제에 위반이 안 되도록 기본적인 사항을 고려하여야 한다. 이러한 사항을 사전에 준비하여 법률적인 문제가 발생되지 않도록 해야 한다.

환경과 사회적 기준

스포츠 프로퍼티를 개발한 연맹이나 구단은 새로운 상품이 경기장이나 환경 그리고 지역 주민에게 나쁜 영향을 미치지 않는지, 완성된 상품을 사용하는 데 있어서 위험이 따르거나 환경에 유해한 것이 아닌지, 지역 발전 및 스포츠와 구단 발전의 이미지에 적합한 것인지를 고려하여 만들어야 한다.

재무적 관점에서의 타당성

새로운 프로퍼티를 개발하거나 완성된 이후를 고려한다면 재무적인 사항을 검토하여야 한다.

첫째, 프로퍼티에 대한 자금 조달이 가능한가?

둘째, 새로운 프로퍼티가 환경적 안정성을 증대시킬 수 있는가?

셋째, 투자대비효과(ROI)가 적절한가?

3. 스포츠 프로퍼티의 유형

스포츠 프로퍼티의 유형으로는 스포츠 마케팅에서 파생되는 모든 자산의 상품이라고 볼 수 있는데, 스포츠 상품은 스포츠 이벤트, 스포츠 선수, 그리고 스포츠 제품 모든 면에서 관계가 있다고 할 수 있다. 이러한 스포츠 상품의 분류는 기본적인 스포츠 마케팅 개념을 토대로 살펴볼 때, 스포츠 자체를 이용한 마케팅에서 파생되는 상품인, 스포츠 종목 그 자체, 경기단체가 만들어 내는 새로운 대회 및 관련 이벤트 또는 선수, 경기장 시설 등을 들 수 있으며, 스포츠를 이용한 마케팅인 방송 중계권, 스포츠 스폰서십, 방송 협찬권리, 선수 스폰서십, 단체 및 구단 스폰서십, 상품화 사업, 대회운영, 시설운영 등을 들 수 있다. 또한 스포츠를 이용한 마케팅에서 파생되어진 스포츠 선수를 활용한 마케팅에서의 선수 매니지먼트, 상품화 사업, 선수에 대한 상업적 권리 등이 있을 수 있으며 〈그림 1-1〉과 같다.

이러한 프로퍼티는 다음과 같이 네 가지 유형으로 나눌 수 있다.

마케팅 休知通

유니버설 디자인(Universal Design)

젊고 건강한 사람뿐만 아니라, 아이·노인·장애인도 쉽게 사용할 수 있는 상품 디자인, 점자 지원, 음성안내 지원 기능이 더해진 ATM, 근력이 약한 노인을 위한 버튼만 누르면 열리는 냉장고 문 등이 그 것이다. 이러한 유니버설 디자인은 스포츠 프로퍼티를 개발하는 데 있어서 고객들에게 좀더 편안한 서비스를 제공하고, 프로퍼티의 가치를 부각시킬 수 있는 역할을 할 수 있다.

인천 문학 경기장의 사례를 통해서 부모들이 경기를 관람하는 동안 유아들을 맡길 수 있는 탁아소나, 아이들과 함께 놀이를 할 수 있는 공간을 제공하는 것들은 이러한 스포츠 프로퍼티의 기능을 강화시킬 수 있는 요인이 될 수 있다.

구매형태의 스포츠 프로퍼티

구매형태의 스포츠 프로퍼티는 스포츠 조직이 제공하는 스포츠 관련 제품을 의미한다고 할 수 있다. 이는 스포츠 프로퍼티가 갖고 있는 유·무형의 자산 중 유형의 자산에 가깝다고 할 수 있으며, 스포츠 머천다이징, 라이센싱 제품, 인터넷 콘텐츠, 모바일의 어플리케이션, 방송 중계 프로그램, 재가공된 하이라이트 프로그램 등이 이에 해당된다.

참가형 스포츠 프로퍼티

참가형 스포츠 프로퍼티는 스포츠의 두 가지 형태인 참가형과 관람형 중 하나이다.

이는 고객이 참여해서 스포츠를 직접 체험하게 하는 것으로 모든 서비스라고 할 수 있다. 스포츠 센터나 골프장 등과 같이 스포츠 시설을 이용하게 하는 서비스와 마라톤 경기나 인라인 경기와 같은 각종 경기 서비스, 각종 스포츠에 대한 교육 서비스 등이 모두 여기에 속한다.

참가형 스포츠 프로퍼티는 고객이 서비스에 직접 참여하기 때문에 고객이 서비스에 관여하는 정도가 매우 높고, 상품을 제공하는 조직과 고객 사이에 인간적인 접촉이 빈번히 일어난다. 따라서 고객과 직접 대면해서 상호 작용하는 직원들의 친절성이나 고객 응대 방식 등이 매우 중요하다. 예

| 그림 1-1 | 스포츠 프로퍼티를 중심으로 한 상품 개발 유형

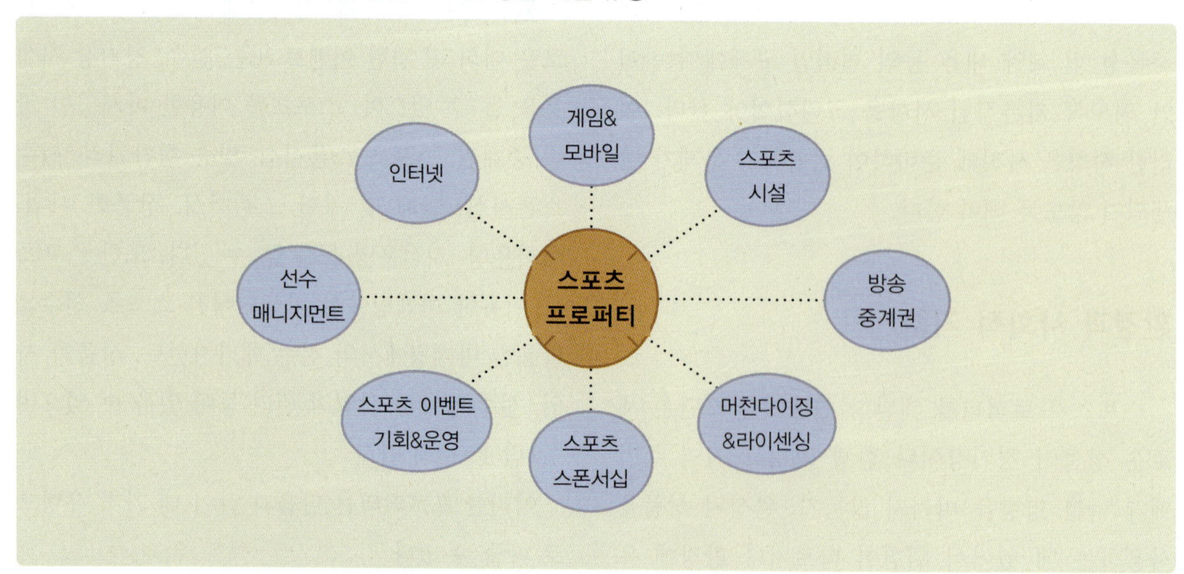

를 들어 아무리 시설을 잘 갖추어 놓아도 직원이 불친절하다면 고객에게 외면당할 수밖에 없는 것이다.

한편 고객의 요구가 다양해짐에 따라 다각적인 서비스 프로그램 등의 개발이 요구되어지는데, 고객들은 자신의 특성에 맞는 스포츠 프로그램을 이용하기를 원하기 때문에 단일 프로그램을 제공하는 곳보다 다양한 프로그램을 제공하는 조직이 경쟁력을 갖추게 된다.

참여할 수 있는 스포츠 제품은 다양하다고 할 수 있다. 뉴욕 마라톤에 참가한 저자

관람형 스포츠 프로퍼티

관람형 스포츠 프로퍼티는 각종 스포츠 경기 이벤트에 고객들이 참여하여 관람하는 제품이라고 할 수 있다. 관람형 스포츠 프로퍼티는 고객이 서비스에 관여하는 정도가 낮으며, 프로퍼티를 제공하는 조직과 고객 사이에 인간적인 접촉도 많지 않다. 그러나 관람객의 응원이 선수들의 경기력에 영향을 미치는 것을 볼 수 있듯이 관람객이 전체 서비스의 일부분에 큰 역할을 담당하고 있는 특성을 갖고 있다.

이러한 서비스의 경우에는 선수의 능력이나 팀의 경기력 등이 고객 만족에 가장 큰 영향을 미친다. 스포츠 스타들에 대한 관심이 높아지면서 특정 스포츠 선수들의 경기 참여가 관람객의 수에 커다란 변화를 가져온다.

예를 들면 최근 EPL의 시청률이 꾸준히 증가하고 있으면서도 맨체스터 유나이티드에 뛰고 있는 박지성 선수가 출전하는 경기와 그렇지 않은 경기의 시청률은 약 1%의 차이가 나기도 한다.

이로 인해서 스포츠 선수들의 프로퍼티화가 활발히 이루어지고 있는데, 경기를 홍보하기 위해서 특정 선수들이 홍보에 참여한다거나 그 선수들을 위한 홍보제품이나 관련 상품들을 만들어 판매하기도 한다. 또한 하프 타임 동안 팬 서비스 차원에서 선수들과 관람객들이 접할 수 있는 기회를 만들어 제공하기도 하는 다양한 차원에서의 팬 확보 수단이 활용되어지고 있다.

관람형 스포츠 프로퍼티에서의 서비스는 관람 시 제공되는 부대 서비스가 매우 다양한데, 친절한 경기 진행요원뿐 아니라, 경기의 흥을 돋우기 위한 치어리더, 경기 전에 들려주는 빠른 템포의 음악들이나 이벤트 등 서비스의 범위는 무한하게 여겨질 정도이다. 주목적인 경기 이외에도 제공되는 부대 서비스에 따라 고객의 스포츠 경기에 대한 감동의 정도가 결정되기도 한다.

표 1-1 프로퍼티의 유형

유 형	제공 용품	만족 요소
구매형	스포츠 용품 인터넷 컨텐츠	제품 구매 후 사용 및 활용을 통한 만족 요소
참가형	스포츠 활동 참가	프로그램 구매 후 스포츠 활동을 통한 만족도
관람형	프로 스포츠 방송 중계	입장권 또는 케이블 방송을 구매 통한 만족도
개발형	라이센싱 상품, 방송 상품	행사 전, 중, 후 제품 판매 가능

스포츠 관람형 프로퍼티의 예 (EPL 경기)

개발형 프로퍼티

개발형 프로퍼티는 기존의 상품이 아니라 이벤트나 행사를 통해 새롭게 개발되어지는 상품으로 라이센싱 상품이나 방송 상품 등이 있다. 경기 전, 중, 후로 만들어질 수 있으며 다른 프로퍼티보다 다양한 형태로 개발할 수 있다.

4. 스포츠 프로퍼티의 개발

스포츠 프로퍼티 즉 새로운 스포츠 상품을 개발할 때 소비자를 기다리는 것이 아니라 소비자 스스로 찾아오도록 만들어야 한다.

그러면 고객 흡인력이 있는 스포츠 프로퍼티는 무엇일까? 경쟁력을 갖추고 특화된 상품, 그러면서도 우리가 갖는 역사, 문화, 정치, 경제적 특성을 살린 스포츠 프로퍼티를 지역이나 관람객 및 참여자들의 특성까지도 고려하여 개발해야 할 것이다. 개발된 프로퍼티에 대해서 충분한 시장 조사와 가격 경쟁력을 갖출 수 있도록 충분한 시장 조사가 되어 있는 프로퍼티를 개발해야 하는 것이다.

스포츠 프로퍼티의 개발 과정

이러한 측면에서 새로운 스포츠 상품 개발 과정은 상품 개발 전략과 함께 시작되어야 한다. 새로운 상품 개발이란 연맹이나 구단과 기업의 목표와 마케팅 목표를 달성하는 데 필요한 새로운 상품이어야 할 것이다.

예를 들면 기업의 목표가 시장 점유율을 방어하는 것이거나 상품의 혁신자로서 기업의 지위를 유지하는 것이라면, 새로운 상품도 이러한 목표를 달성할 수 있도록 설계되어야 한다.

새로운 상품의 단계적 개발 과정에 의미 있는 지침을 제공하여야 한다. 새로운 상품 개발 자문을 전문으로 하고 있는 미국의 Booz Allen & Hamilton사의 내용을 토대로 스포츠 프로퍼티 개발 과정을 본다면 다음과 같이 9단계로 나눌 수 있다.

(1) 아이디어 창출

개발 분야 선정

우선 스포츠 상품 가운데 어느 분야를, 어느 종목을 개발해야 할지 1차 자료 조사를 통하여 선정하여야 한다. 예를 들면 프로스포츠 종목 가운데 어느 종목에 투자할 것인가? 어느 연령대를 대상으로 선정할 것인가?는 〈표 1-2〉와 같은 자료 조

그림 1-2 스포츠 프로퍼티의 개발 과정

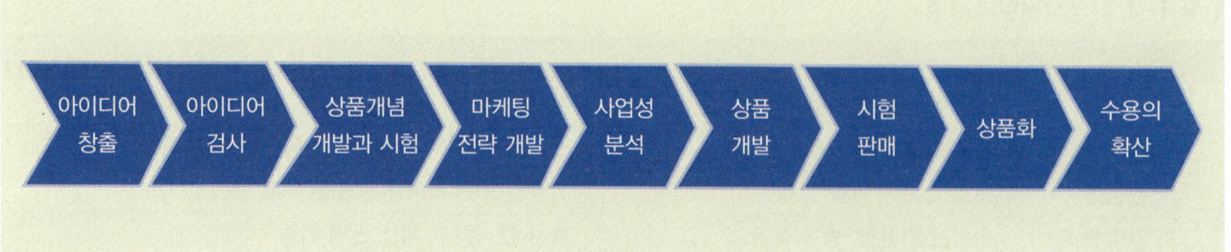

사를 통해 알 수 있다.

또한 프로스포츠가 프로퍼티별로 어울리는 업종이 어디인지도 〈표 1-4〉와 같은 분석을 통하여 선정할 수 있다.

이상과 같이 프로퍼티의 대상을 선정하고 다음 단계로 여기에 맞는 프로퍼티 아이디어를 창출해 낼 필요가 있다.

아이디어 창출

새로운 프로퍼티 개발의 첫 번째 단계는 새로운 상품에 대한 아이디어를 창출해 내는 것이다.

스포츠 조직은 프로퍼티 개발을 위해서 최대한 많은 아이디어를 만들어야 하고 그 안에서 상품을 개발할 수 있도록 해야 하며, 그러한 아이디어 역시 조직적이고 체계적이며, 논리적인 아이디어를 최대한 수집하여 이것이 조직의 마케팅 목표와 부합될 수 있도록 해야 한다.

특히 새로운 프로퍼티의 아이디어는 시장기회 탐색활동을 통해 발견된 소비자 욕구를 근간으로 하여 누가(who), 어떤 상용상황(usage situation)에서 어떤 편익(benefit)을 바라고 원하는지를 추적하는 과정에서 창출될 수 있다.

기업 내 실무부서의 일반적인 신상품 아이디어의 원천과 창출방법을 보면 〈표 1-5〉와 같다.

표 1-2 | 연령별 남녀 프로스포츠 선호도 (비율 : %)

스포츠	전체	10대남	10대여	20대남	20대여	30대남	30대여	40대남	40대여
프로야구	27.4	17.2	14.1	30.6	20.7	37.0	18.5	36.4	20.1
프로축구	30.9	36.6	22.8	33.6	14.9	34.7	18.5	39.8	21.9
프로농구	17.7	30.2	24.1	21.8	32.0	7.9	17.9	4.4	11.5

표 1-3 | 성별 프로스포츠 선호도 (비율 : %)

스포츠	전체	남성	여성	10대	20대	30대	40대
프로야구	65.6	72.5	50.9	74.3	64.0	63.0	63.0
프로축구	62.9	69.4	52.9	63.6	63.3	61.6	63.5
프로농구	63.3	67.5	55.5	70.5	66.1	60.4	56.6

표 1-4 | 프로스포츠 프로퍼티별 어울리는 업종 (비율 : %)

품 목	프로야구	프로축구	프로농구
음 료	26.0	23.6	27.2
의류(신발)	18.7	23.4	23.0
레저용품	17.9	13.6	13.4
컴퓨터 가전제품	8.3	7.6	7.2
이동통신제품	7.7	4.6	10.9
주 류	5.9	3.4	2.2
PC통신/인터넷	5.1	4.3	4.3
자동차	5.0	17.6	6.2
식 품	3.8	0.6	1.0
금 융	1.3	1.1	4.0
화장품	0.0	0.1	0.6

마케팅 休知通

스포츠와 혁신

높이뛰기 이야기: 1968년 멕시코올림픽에서 미국선수 딕 포스베리가 높이뛰기에서 2m24를 넘자 8만 관중은 경악을 했다. 왜냐하면, 그는 지금까지 듣지도 보지도 못한 동작으로 바를 넘어 우승했기 때문이다. 보통 선수들은 양쪽 발 사이에 바를 끼우듯이 뛰는 가위뛰기와 배부터 바를 넘는 벨리롤 오버 방식으로 바를 넘었기 때문이다. 하지만 포스베리는 배를 하늘로, 등을 지면으로 향하며 바를 뛰어넘는 새로운 방식으로 신기록을 수립한 것이다. 기존 높이뛰기의 상식을 뒤집은 새로운 방법은 그의 이름을 따서 '포스베리 플롭(배면뛰기)'이라고 불렸고 이제 이 방식은 정통으로 자리 잡았다.

수영복 이야기: 수영선수들은 물과의 마찰을 줄이기 위해서 계속 노력해 왔다. 그래서 점점 더 작은 수영복이 개발되었다. 하지만 1999년 호주의 접영 스타였던 마이클 클림은 환태평양 수영대회에서 처음으로 온몸을 감싼 전신수영복을 착용하고 경기에 출전했다. 다들 온 몸을 감싼 수영복의 효과를 의심했지만 마이클은 보기 좋게 우승을 했다. 이렇게 수영에서 출발한 전신 운동복은 이제 육상 단거리 종목 선수들까지 애용하고 있다.

크라우칭 스타트인: 크라우칭 스타트는 육상선수들이 엎드린 자세에서 스타트를 준비하는 출발자세로 지금은 너무나 당연한 방법이지만, 1880년대만 하더라도 모든 육상선수들이 스타트 라인에서 서서 출발했다. 남들이 한 번도 시도하지 않았던 이 방법은 1888년 미국 예일대학의 셰릴에 의해 처음으로 소개되었고, 1896년 제1회 올림픽대회 때 미국의 버그가 이 방법을 씀으로써 전 세계에 보급되었다.

스포츠에의 혁신사례를 통해서 기존의 틀을 넘어서는 과감한 시도들이 스포츠의 역사를 바꾼 것이다. 여러분 기업의 역사를 바꾸고 싶으신가요? 기존은 방식은 잠시 접어두고 생각의 포스베리 플롭을 한 번 시도해보시는 건 어떨까?

(2) 아이디어 검사

많은 새로운 상품의 아이디어가 창출되면 몇 차례의 선별 과정을 거쳐서 가능성 있는 아이디어를 추려내야 한다. 아이디어를 창출하는 목적은 유용한 아이디어를 가능한 한 많이 수집하는 것이고, 아이디어 심사의 목적은 가능한 한 빠른 시간 안에 좋은 아이디어는 골라내고 나쁜 아이디어는 버리는 것이다.

프로야구 올스타전의 모습

아이디어 심사의 목적은 신상품 개발과정에서 후순위 단계로 이행할수록 보다 많은 비용이 소요되기 때문에 이익을 올릴 가능성이 높은 새로운 상품 아이디어만 선택하여 후순위 단계로 이행하기 위한 것이다. 아이디어의 분석과 평가는 그 단계가 많을수록 아이디어의 성공과 실패에 대한 확신성이 높아지나 상대적으로 비용과 시간이 많이 소요된다.

일반적인 평가단계는 사내 전문가 및 관련자에 의한 사내 스크리닝(internal screening), 질적 평가(qualitative testing), 양적 스크리닝(quantitative screening), 제품 테스트(product test), 실험판매(test market), 시장도입 등으로 나누어 볼 수 있다. 사내 스크리닝이나 질적 평가만으로 아이디어를 평가하는 경우, 좋은 아이디어를 버리게 되는 오류를 범할 수 있어 기업 내 각 부문과 관련된 평가요소를 〈표 1-6〉과 같이 작성하게 된다.

(3) 상품 개념의 개발과 시험

세 번째 단계는 선택된 새로운 상품의 아이디어를 상품 개념으로 보다 정교화시키고 이것을 표적 고객들이 받아들일지 여부를 시험하는 단계이다. 이때 상품 아이디어, 상품 개념 그리고 상품 이미지를 구분하는 것이 중요하다. 상품 아이디어는 특정 기업이 시장에 제공할 수 있는 제품에 대한 어떤 아이디어를 말하고, 상품 개념은 상품 아이디어를 상품의 형태로 정교화시켜 소비자의 관점에서 의미 있는 상품인가를 파악하는 것이다. 그리고 상품 이미지는 소비자들이 실제적 혹은 잠재적 제품을 지각하는 방법을 말한다.

(4) 마케팅 전략 개발

마케팅 전략은 세 가지 부분으로 구성이 되는데, 표적시장에 계획하고 있는 제품 포지셔닝 그리고 판매량, 시상 점유율, 초기 수년 간의 이익 목표를 포함하여야 한다.

테니스 라켓 판매의 예를 들면 다음과 같다.

"이 테니스 라켓의 표직 시장은 동호인 테니스 대회에 출전하는 아마추어보다는 수준이 높고 프로보다는 수준이 낮은 동호인들을 위한 것이다. 이 테니스 라켓은 시장에 나와 있는 어떤 라켓보다도 가격이 저렴하고 상품의 질이 좋아서 오랫동안 사용할 수 있고, 칠 때 팔의 엘보를 보호할 수 있는 라켓으로 포지셔닝 될 것이다. 출시 첫해에는 200,000개를 판매하여 손실액이 1억원을 넘지 않도록 하겠고 2차년도에는 250,000개를 판매하여 5억원의 매출을 올리겠다." 이러한 마케팅 전략을 통하여 다음 단계의 마케팅 기획과 본 프로퍼티에 대한 사업성을 분석할 수 있다.

(5) 사업성 분석

새로운 상품 개념과 마케팅 전략을 결정한 이후에는 상품 개념의 사업 매력도를 평가하여야 한다. 사업성 분석이란 마케팅 관리자가 적절하다고 판단한 가격, 촉진 그리고 유통 등의 마케팅 노력의 투입으로 발생될 새로운 상품의 예상 매출액, 예상 비용, 예상 이익 등을 추정하여 기업이 설정한 새로운 상품 개발 목표를 달성할 수 있는지를

표 1-5 아이디어 창출 방법

구분	내용
기업 외부에서	환경 분석을 통한 시장기회 탐색 활동 - 정치, 경제, 사회적 환경 변화 팬이나 스포츠 소비자 조사를 통한 욕구 분석 - 스포츠 소비자 사용습관, 행태 분석 - 스포츠 프로퍼티 사용시의 불만점 발견 프로퍼티 분석 - 경쟁 프로퍼티의 문제점과 소비자 불만점 발견 - 보다나은 신상품으로 개발할 수 있는 아이디어 창출
기업 내부에서	사내 고객으로부터 - 팀 및 연맹의 운영 요원 , 영업사원, 마케터, 상품 담당자, 직접 상품을 생산하고 운반하는 공장 기술자나 물류 담당자 등 조사 - 기존 상품이나 서비스 관련된 전문 분야에서 상품의 문제점과 개선점 발견 - 직원들을 대상으로 한 신상품 아이디어 응모제도 - 브레인스토밍으로 참신한 아이디어를 창출 회사 거래처 직원이나 중간 상인을 통한 문제점 발견 - 이들은 고객의 욕구나 불만점을 잘 알고 있음 사내 연구소나 R&D 부문의 기술개발 능력에서 - 이 경우 기술은 고객의 잠재욕구를 창출할 수 있거나 고객의 욕구를 충족시켜 주는데 필요한 것이어야 함

판단하는 것을 말한다. 만일 예측 결과가 만족스러우면 상품 개발 단계로 이행하게 된다.

매출액을 추정하기 위해서는 유사한 상품의 과거 판매 실적을 검토하거나 시장의 의견을 들어 볼 수도 있다. 위험의 범위를 평가하기 위하여 최대 매출액과 최소 매출액을 모두 추정하여야 한다. 기업이 이미 진출한 상품 시장 내에서 새로운 상품을 개발하는 경우에는 과거 실적이 있기 때문에 매출액 추정이 비교적 용이하지만, 신규 시장에 진입하는 기업은 매출액 추정이 상당히 어려울 것이다.

예상 매출액을 추정한 후에는 마케팅 비용, 연구 개발 비용, 생산 비용, 회계 비용, 재무 비용 등의 비용을 모두 포함한 상품 비용과 이익을 추정하여야 한다. 새로운 상품이 기존의 상품과 유사할수록 비용의 추정이 용이할 것이다.

(6) 상품 개발

사업성 분석에서 상품 개념이 유망한 것으로 판단되면 연구 개발부나 기술부로 넘겨져서 실제 상품을 개발하는 단계로 이행한다. 연구 개발부에서는 확정된 상품 개념에 따라서 실물의 시상품을 개발한다. 이때 가장 중요한 것은 소비자의 욕구를 충족시킬 수 있고, 예산 범위 내에서 신속하게 생산할 수 있는 시상품을 만들어야 한다. 또한 시상품은 상품의 기능적 특성뿐만 아니라 상품 개념이 의도하고 있는 실리적 특성까지도 반영하여야 한다. 샘플 상품이나 프로퍼티에 대한 기획안이 만들어진다면 프로퍼티에 대한 상품이 안전하고 효과적으로 성능을 발휘하고 있는지, 또는 프로퍼티가 타당성이 있는지 시뮬레이션을 해본다.

(7) 시험 판매

스포츠 프로퍼티에서 시험 판매란 시상품의 기능 테스트와 소비자 테스트가 성공적으로 끝난 이후에는 표적시장에 출시하기에 앞서 소규모의 실제 시장에 시상품을 도입하여 소비자의 반응과 실제 매출 가능성을 조사하는 것이다.

시험 판매에서는 포지셔닝 전략, 유통, 가격, 상

표 1-6 스포츠 프로퍼티의 아이디어 평가

	평가 요소	가 중 치	점수(5점)척도	가중 평가치
전 략	조직 이미지와 일치성/기여도 중장기 계획과 부합성 법적 제약성 수익성			
기 술	프로퍼티 개발의 어려움 정도 개발 기간/개발비			
마케팅	타 프로퍼티와의 충돌 여부 제품의 수명정도 판매 능력 광고, 판촉능력 경쟁 상황 시장성 차별성 매출기여도			
생 산	생산인력 생산설비(신규투자 여부) 생산기술 원자재조달			

표와 포장 그리고 예산 수준 등의 상품과 마케팅 프로그램을 조사하여야 한다. 만일 제품이나 마케팅 프로그램의 수정이 필요하다면 다시 상품 개발 단계로 돌아가야 한다. 시험 마케팅을 어느 정도 수행할 것인가는 각 상품에 따라서 다르다.

시험 판매에는 많은 비용과 시간이 소요되기 때문에 단순한 상품 계열의 확장이거나 성공적인 경쟁 상품의 단순 모방인 경우에는 시험 판매를 거의하지 않거나 전혀 하지 않을 수도 있다. 그러나 상품이나 마케팅 프로그램에 확신을 갖지 못할 때에는 많은 시험 판매를 거쳐야 한다.

시험 판매 및 스포츠 프로퍼티에 대한 시뮬레이션에는 나이, 소득, 직업 등의 인구 통계적 특성에서 표적시장을 충분히 대표할 수 있는 지역이 선정되어야 한다.

(8) 상품화

시험 판매 결과는 새로운 상품을 본격적으로 시장에 출시할 것인가 여부를 결정할 수 있는 정보를 제공해 준다. 전국 시장에 새로운 상품을 본격적으로 도입하는 상용화에는 많은 투자가 따라야 한다. 즉 생산 시설을 만들거나 임차하여야 하며, 출시 초기에 광고나 촉진 활동에 막대한 자금을 투자하여야 한다. 따라서 새로운 상품을 출시하는 기업은 다음과 같은 몇 가지 사항에 대한 의사결정을 신중히 하여야 한다.

첫째, 도입 시기(introduction time)를 결정하여야 한다. 만일 신상품이 다른 기존 상품을 대처하는 것이라면 새로운 상품의 도입이 그 상품의 매출액을 잠식할 수 있기 때문에 기존 상품의 수명이 다할 때까지 새로운 상품의 도입을 연기할 수도 있으며, 새로운 상품을 더 많이 개량할 수 있는 여지가 있거나 불경기라면 그 상황이 종료될 때까지 도입을 연기할 수도 있다.

둘째, 새로운 상품을 출시할 지역을 결정하여야 한다. 즉 일정한 도시나 지역에만 한정하여 판매할 것인가, 그렇지 않으면 전국 시장을 상대로 판매할 것인가, 나아가서 세계 시장을 상대로 판매할 것인가 등을 결정하여야 한다.

스포츠 프로퍼티 개발과 전략 수립은 스포츠 마케팅의 핵심 이슈이다.

처음부터 자신 있게 전국 시장이나 세계시장을 상대로 판매할 수 있는 충분한 자본이나 능력이 있는 기업은 그리 많지 않다. 따라서 많은 기업들은 시간이 지남에 따라서 점치 시장을 확대해 나가는 것이 보통이다.

(9) 새로운 세품의 수용과 확산

연맹이나 구단 그리고 기업이 새로운 상품의 상용화를 최종적으로 확정하기 전에 소비자의 새로운 상품 수용 과정(new product adoption process)을 이해하는 일이 매우 중요하다. 새로운 상품은 소비자에게 생소하기 때문에 소비자들이 새로운 상품을 조기에 인식하고 구매를 시도하도록 하기 위해서는 새로운 상품 수용 과정에 대한 이해가 필요하다. 소비자는 최초로 새로운 상품이나 혁신에 노출되는 순간부터 최종 구매에 이를 때까지 여러 단계의 심리적 과정을 거치게 되는데 이러한 심리적 과정을 새로운 상품 수용 과정이라고 한다. 여기서 혁신(innovation)이란 상품, 서비스 또는 관념과 같이 인간이 새로운 것으로 지각하는 모든 것을 의미한다. 다시 말하면 수용 과정

마케팅 休知通

매스클루시버티(Massclusivity)

소수를 위해 맞춤 생산되는 고급제품 및 고급 서비스를 뜻하는 용어로 '대중(Mass)'과 특별함과 유일함을 의미하는 'Exclusivity'의 합성어.

리모라니어, 미국의 최고급 육로 여객 운송, 서비스기업으로 인터넷 서비스, 청정 산소, 넓은 좌석 등을 제공하는 초특급 고속버스 상품을 선보임.

소니는 명품 가전 "퀄리아"를 통해 1,600만원대의 홈시어터 프로젝터, 1,400만원대의 오디오 시스템을 출시하였다. 남들과 비슷해지려는 욕구에서 시작된 소비자들의 고급제품 선호 현상은 이제 차별화를 통한 자기표현의 수단으로 발전하고 있다. 기업들은 특정 제품군 내에서도 고급 시장은 더욱 세분화될 수 있다는 점에 주목할 필요가 있다.

고가품을 구매하는 고급 소비자들을 위한 맞춤형 사례라고 할 수 있는데, 푸마는 BMW의 미니 쿠퍼 운전자들을 대상으로 100만원 상당의 운전자 전용 운동화를 출시하였다.

나이키는 나이킹 런닝복을 출시하면서 고객들에게 인터넷을 통해서 직접 디자인을 할 수 있는 기회를 제공하여 고객들만의 독특한 디자인 제품을 보유할 수 있도록 하였다.

(adoption process)이란 혁신을 받아들이는 것과 관련된 개인의 의사결정 과정을 말하고, 반면에 확산(diffusions)은 일정 기간에 걸쳐 새로운 상품이나 혁신이 사회 시스템 내에 전달되는 과정을 말하는 것이다.

5. 스포츠 프로퍼티 기획 및 필요 요소

스포츠 프로퍼티의 기획은 포괄적이면서도 융통성이 있어야 한다. 안경모, 손정미(2002)는 프로퍼티를 기획하는 사람의 입장에서 기획은 중요한 가이드 역할을 하므로 프로퍼티에 영향을 미치는 요소, 즉 기상, 문화, 경제, 정치, 경쟁, 인구 통계와 같이 다양한 분야를 광범위하게 수용할 수 있어야 한다(안경모, 손정미, 2002).

스포츠 프로퍼티 기획을 세우는 데 있어서 기획 과정은 조직의 현재 위치를 평가하고 향후 추구하고 있는 조직의 위치와 이를 달성하는 데 필요한 방법을 결정하는 것이다. 다시 말해서 기획이란 목표 달성을 위한 수단과 방법을 말한다.

스포츠 프로퍼티 기획은

첫째, 프로퍼티의 목적이 무엇인가를 명확하게 하는 것이다. 즉 세일즈 프로모션(판매 촉진)을 목적으로 한 세일즈 스포츠 프로퍼티와 기업 및 지방 자치제, 단체가 소비자·주민과의 커뮤니케이션을 만들기 위한 것을 목적으로 하는 PR 프로퍼티로 나누어진다.

스포츠 프로퍼티가 성공하기 위해서는 확실하게 목적의식을 가지는 것이다. 무엇을 어떻게 전개하는가라고 하는 것이 선행되고, 중요한 목적이나 목표가 불명확한 대로 진행되어 버리면 이것은 실패의 원인이 된다.

상품개발을 하기까지는 다양한 과정을 거친다.

둘째, 프로퍼티의 개최 사명이 있으며 이는 다른 프로퍼티와 구별되는 특징이 있어야 한다.

이러한 사명은 일반적으로 다음과 같은 질문에 대한 답을 가지고 있어야 한다.

- 참가자(고객)는 누구인가?
- 고객들을 만족시킬 만한 요소들이 프로퍼티에 포함되어 있는가?
- 조직위원회가 달성하고자 하는 바는 무엇인가?
- 프로퍼티 개최를 통해 얻을 수 있는 수익 요소에는 어떠한 것들이 있는가?
- 지속성, 단발성의 목적을 달성할 수 있는 것인가?

세 번째, 목적을 달성하기 위한 프로그램의 구성이다. 어떠한 구성 내용으로 프로퍼티를 전개하여 갈 것인가 정해야 한다. 프로그램의 내용은 어디까지나, 프로퍼티의 목적과 효과, 비용에 대해 잘 검토하여 더욱 효율적인 것으로 해야 할 것이다.

네 번째, 프로퍼티를 실현하기 위해 행사장이나 제작물의 컨셉을 어떻게 할 것인가에 대한 기획을 세워야 한다.

기본적인 디자인 계획부터, 행사장의 동선, 각종 디스플레이의 위치, 포스터, 광고물, 판촉 도구, SP 광고물(DM, 옥외 광고, 행사장 내부 장식, POP) 등을 어떻게 행사의 내용과 목적을 표현하면서도 일관성 있게 알릴 수 있을까를 결정하고 여기에 따라서 제작되어지고 관리되어져야 한다.

다섯 번째, 이러한 스포츠 프로퍼티를 하나의 상품으로서 기획할 때 필요한 요소로 '발상 요소'와 '전개 요소'가 있다.

발상 요소는 스포츠 프로퍼티 기획 입안시에 반드시 생각해야 하는 것으로 '단순성', '화제성', '시의성', '독창성', '지역성' 등이 있다. 전개 요소는 기획의 골자를 결정하고 프로퍼티를 어떻게 끌고 가면 좋고, 누구나 즐길 수 있도록 하기 위해 어떻게 하면 좋을 것인가? 어느 부분에서 수익을 발생시킬 수 있는가?를 검토하는 기본 요소로 '수익성', '드라마성', 공감성' 참가성', '계속성', '안정성' 등이 있다. 또 발상 요소와 전개 요소의 양쪽을 포함하는 것으로 '의외성'이라든가 '전파성'이 있다.

(1) 단순성

단순할수록 기획의 목적이 선명하게 부각되기 때문이다. 스포츠 프로퍼티 기획을 하면서 지나치게 스포츠와 다른 요소들을 가미하거나 많은 프로그램 요소들을 가져간다면 참가하는 사람들에게 메시지를 전달하여 줄 수가 없을 것이다.

(2) 화제성

사람들을 모을 수 있는 가장 좋은 요소는 화제성이다. 이것이 없으면 사람들을 집객한다는 것은 어려운 일이기 때문에 기획자들은 필사적으로 화제성을 만들어 내려고 한다. 예를 들어서 올림픽에서의 성화 점화는 가장 비밀스럽게 지켜지다가 행사 당일날 공개되는 것을 원칙으로 하는데 이것 자체가 하나의 화제거리이기 때문에 언론이나 관람자들은 성화 점화 그리고 마지막 주자에 화제를 가지고 지켜본다.

이러한 화제는 매스컴을 통해서 만들어지기도 하고 아니면 자연스럽게 사람들 사이에서 만들어지기도 한다. 스포츠 프로퍼티 기획시 만장일치로 '이 정도면 화제성이 충분하다. 이걸로 하자'고 했던 기획이 전혀 전파를 타지 못하고 이것은 별로인데 하고 했던 것이 의외로 흥미를 유발시켜 TV와 라디오에서 다루어 기획자를 깜짝 놀라게 한 경우도 있다.

실제로 아시안 게임의 경우 북한 응원단은 매스컴이나 경기장에서 일반 시민과 관람객 그리고 자원 봉사자에게 늘 화제의 대상이다. 그들이 어떤 의상을 입고, 어떠한 응원 도구를 이용하고, 어

스포츠 프로퍼티에서는 안정성도 고려되어야 한다.

떠한 응원 방법을 하는지 등이 화제가 되어 일반인들이 아시안 게임에 흥미를 가지게 하는 하나의 도구가 되었다.

(3) 시의성

프로퍼티에서의 시의성은 신선한 감동을 만들어 낸다. 사람들이 무엇을 원하고 그것이 무엇인지를 찾아내어 그것에 딱 맞아 떨어지는 프로퍼티를 만들어 내면 그것이 시의성을 지닌 프로퍼티라고 말할 수 있다. 흡연에 대한 캠페인이 강한 요즘 담배를 많이 피는 연예인들이 대거 참여하여 흡연에 대한 단절을 선언하고 새로이 거듭나는 프로퍼티를 스포츠와 연결한다면 참여하거나 보는 사람들이 감동할 것이다.

(4) 지역성

우리나라도 이제는 지역마다 가지고 있는 고유한 특성을 활용하고 그 지역에 맞는 행사를 개최하려고 고민하고 있다. 지역에서 개최하는 행사가 얼마나 지역적인 상황과 잘 맞아 떨어지느냐 하는 것은 중요한 문제이다. 청도의 경우만 하더라도 소싸움을 통하여 소와 청도라는 이미지를 잘 고착시켰으며 실제로 소싸움을 위한 시의 지원이나 소를 판매하는 시장이 조성되어 있다. 또한 경주시가 일본인 관광객과 시민들을 대상으로 벚꽃이 활짝 피는 시기에 벚꽃 마라톤을 개최하는 것이나 테헤란 벨리에서 IT 관계자들을 대상으로 IT 마라톤을 개최하는 것은 지역이 갖고 있는 특성을 십분 활용하는 프로그램 중의 하나이다.

(5) 공감성

사실 공감과 감동이 없는 스포츠 프로퍼티는 일반 사람들의 사랑을 받을 수 없다. 앞으로의 마케팅은 “공감과 감동의 프로퍼티를 중심으로 전개하는가”를 최근 어느 학자가 주장한 적이 있다. 공감과 감동은 연출을 통해서만 일어날 수 있다. 그러므로 연출을 어떻게 하느냐에 따라 감동을 줄 수도 있고 반대로 반감을 살 수도 있다. 공감과 감동의 프로퍼티를 만드는 것은 풍부한 감수성과 섬세한 정서를 지닌 사람이나 그렇게 되려고 노력하는 사람만이 가능하다.

(6) 드라마성

스포츠 프로퍼티가 하나의 드라마를 만들기는 어렵다. 스포츠 자체가 사실이고 현장에서 만들어지는 것이기 때문에 드라마틱하게 만들기는 어렵고 긴장과 쾌감을 연출할 수 있도록 하면 된다. 실제 경험이나 조금 쉽게 참여할 수 있는 프로그램을 만듦으로써 참여자에게 즐거움과 만족을 선사하도록 하는 것이다. 지속적인 프로퍼티는 본인이 처음 참여하여 나타난 결과를 측적하고 교육이나 프로퍼티 참여 후에 나타난 결과를 대조함으로써 본인이 참가에 대한 만족과 기쁨을 느끼게 해 줄 수 있을 것이다.

마케팅 休知通

Color(색채) Marketing

컬러 아이덴티티를 확립하려는 목적으로 브랜드 혹은 제품 이미지의 제고를 위해 색을 활용하는 마케팅이다. 컬러 TV의 등장과 함께 발전하여 소비재 전 분야에 걸쳐 확산되었다. 색채를 전략적 수단으로 인식하고 사회심리학적, 문화적인 차원으로 접근하여 기업과 제품의 인지도를 상승시키고자 하는 것이다.

• 스포츠 산업에서의 적용사례

(1) POCARI SWEAT by Donga Otsuka

동아오츠카의 간판 브랜드인 이온음료 포카리스웨트는 경쟁업체의 남성지향적인 색체의 마케팅과 달리, 여성적 이미지를 활용한 감성적 컨셉으로 스포츠 음료 업계의 선두를 달리고 있다. 청명한 파란색 바탕과 깨끗한 흰색의 로고의 제품 패키지 컬러는 성공적인 컬러 마케팅 사례로 꼽힌다.

(2) USC TROJANS in LA, CA

미국 University of Southern California(USC)의 미식축구팀 USC 트로잔의 홈구장은 1923년에 완공된 Los Angeles Memorial Coliseum이다. 전통이 깊은 경기장을 유지하여 사용하면서 경기장 외벽 상단을 이용하여 팀 컬러인 Red&Yellow로 띠를 둘러 USC 트로잔의 홈구장임을 표현하였다.

• 스포츠에서의 시사점

스포츠는 귀로 전해져오는 느낌도 있지만, 눈으로 직접 보는 것에 초점이 맞춰져 있다. 그래서 스포츠와 미디어는 혼연일체의 관계가 된 것이다. 그렇기 때문에 색감은 필수적인 요소인 것이다. 그래서 컬러 아이덴티티가 정착된 기업이나 구단의 경우, 색상을 활용한 마케팅 활동을 보다 활발하게 할 수 있다. 나아가 연상 이미지로 고착될 수도 있음에 전략을 세우고 고객과의 커뮤니케이션으로 올바른 컬러를 정착시켜야 함에 다시 한 번 중요성을 강조한다.

(7) 참가성

참가형 스포츠 프로퍼티는 경기가 벌어지기 직전이나 중간 타임때 프로퍼티를 만들어 관중들이 직접 참여할 수 있는 기회, 선수와 함께 할 수 있는 기회를 제공함으로써 사람들에게 흥미를 제공할 수가 있다. 실제로 Global 스포츠 프로퍼티의 경우 경기장 주변에 사람들이 직접적으로 참여 할 수 있는 기회를 제공함으로써 사람들이 경기에 대한 흥미를 배가할 수 있고 단순히 보여주는 경기 그 이상의 의미를 제공해 준다.

최근에 스포츠 전, 중, 후로 참가성 프로퍼티가 많이 벌어지고 있고 실제로 관중 동원 및 참여에 효과가 커지면서 기업이나 단체들의 관심이 더욱 높아지고 있다.

(8) 계속성

단발성, 1회성 스포츠 프로퍼티가 아닌 지속적으로 개최할 수 있는 요소를 행사 전·후반에 제공하여야 한다는 것이다. 매년 같은 날짜나 같은 팀 그리고 빅리거끼리의 대결은 사람들에게 흥미를 제공하고 하나의 계속적이라는 공식을 성립시켜 사람들의 뇌리에 남겨줌으로써 프로퍼티에 대한 기대와 기다림을 갖게 해줄 것이다.

(9) 안전성

스포츠 프로퍼티는 언제 어디서 올지 모르는 위험을 가지고 있다. 천재지변이 될 수도 있고 경기장 시설이나 관중들의 난동, 예기치 못한 선수의 돌출 행동이나 기타 사건들이 될 수도 있다. 특히 참가형 프로퍼티의 안전성은 가장 중요하다고 할

베이징올림픽 Korea House 내부 모습: 스포츠 프로퍼티는 제공받는 모든 고객을 만족시킬 수 있어야 한다.

수 있다. 안전성이라는 것은 사람들에게 정신적, 신체적 불안감을 없게 하는 것으로 이를 위해 사전에 행사장에 대한 점검, 행사 요소에 대한 확인, 스텝들에 대한 교육과 참여자에 대한 안전 교육을 통해서 예방할 수가 있다.

(10) 의외성

어떤 현상이 당연히 일어날 수 있는 일과 장소에서 일어나면 아무도 흥미를 느끼지 않는 것이 당연하다. 의외성이란 일반적으로 일어날 수 없는 일이 일어날 수 없는 장소에서 일어났기 때문에 의식의 균형이 깨져서 나타나는 현상이다. 그것을 스포츠 프로퍼티에 의식적으로 계산적으로 만들어 발상하고 전개한다면 좋은 기획이 될 것이다.

해프닝이라는 것은 거의 모든 프로퍼티에서 일어날 수 있지만 여기서 말하는 의외성은 계산된 해프닝이다.

(11) 전파성

주최측이나 기업의 입장에서 볼 때 스포츠 프로퍼티는 하나의 커뮤니케이션의 도구이기 때문에 프로퍼티 자체가 대중들의 마음을 사로잡아 그 자체로 TV나 신문, 라디오 그리고 미디어를 통해 전파되어지는 것도 중요하지만 구전에 의한 효과도 상당히 효과적이기 때문에 참여자들이 구전으로 좋은 것들을 전파할 수 있도록 효과를 주어야 한다는 것이다. 프로퍼티의 효과를 높이기 위해서는 구전 효과를 기획 수립시 계산적으로 부가해야 한다. 전파성 그 자체가 기획의 성패를 결정하는 중요한 요소이므로 기획시 반드시 고려해야 한다.

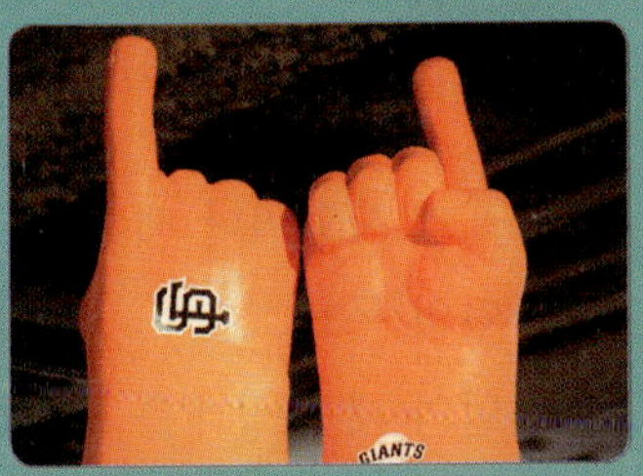

제 2 장 스포츠 프로퍼티의 계획 및 프로세스

제 2 장

스포츠 프로퍼티의 계획 및 프로세스

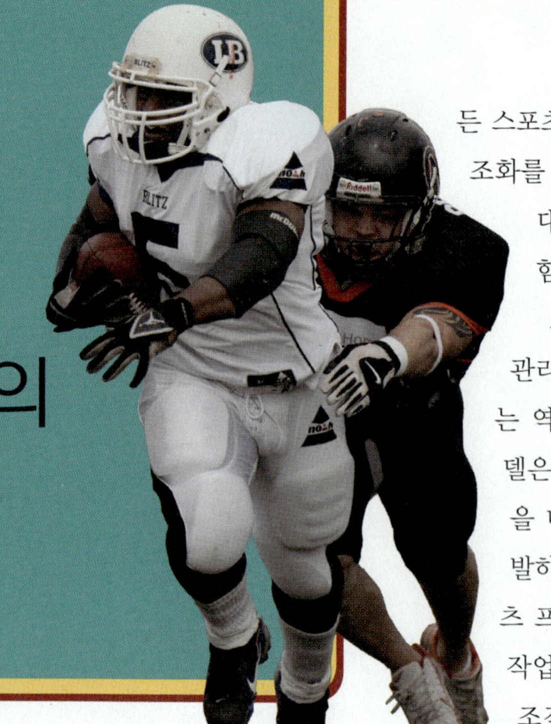

스포츠 프로퍼티의 개발 및 담당자는 프로퍼티를 관리하는 시스템을 개발하여야 하며 이 시스템은 스포츠 마케팅의 모든 구성 요소와 활동을 포함하고 있어야 한다. 이러한 프로세스를 통해서 스포츠 마케팅 활동을 운영하고 통제할 수 있어야 한다.

관리 시스템을 통해서 스포츠 조직의 마케팅 전략 목표를 구체적으로 설정하고, 인력을 구성하며, 조직 구조를 정비하고, 스포츠 마케팅 인력과 최고 경영진과 연결할 수 있는 능력을 조직하며, 모든 스포츠 마케팅 기능 및 다른 경영 기능과 조화를 이루도록 조정·통제하는 것 등에 대한 체계적인 절차와 방법 등을 포함하고 있어야 한다.

EPL 첼시구단의 삼성 mobile 스포츠 마케팅

조직 관리는 프로퍼티에서의 다른 관리 기능 영역과의 관계를 강화시켜주는 역할을 한다. 스포츠 마케팅 관리 모델은 마케팅 계획의 구성 요소 대부분을 나타내고 있으며, 관리 시스템을 개발하는 데 지침이 되는 것들이다. 스포츠 프로퍼티의 관리 계획은 모든 가능한 작업, 재정적 분석, 기업의 모든 기능을 조직화한다. 일반적인 스포츠 프로퍼티 계획의 개요는 다음과 같다.

- 스포츠 사업이나 제품의 사명 혹은 개요
- 사업의 목표
- 사업의 재정 상태를 포함한 전체 상황
- 소비자 시장 연구
- 경쟁 산업에 대한 연구
- 스포츠 마케팅 믹스 전략 및 목표: 제품, 가격, 장소, 촉진, PR
- 타임 스케줄에 대한 세부 계획
- 평가방법 시점과 방법에 대한 계획

스포츠 프로퍼티의 계획과 관리 과정의 모델은 Pits와 Stotlar가 제시한 스포츠 계획 관리 과정 모델을 통하여 알아보도록 하자.

1. 스포츠 프로퍼티의 계획

Pitts(1998)는 스포츠 마케팅 계획은 가장 먼저 스포츠 마케팅 활동이 지향해야 하는 가장 중요한 목표라고 설정하여, 그 목표를 현실화하고 실행하기 위해서 필요한 자원을 어떻게 분배할 것인지

마케팅 休知通

대조의 원칙(올가미집 만들기)

동일한 사물이라도 이전에 어떤 사건이 발생했느냐에 따라 그 사물에 대한 인식이 천향지차로 달라질 수 있다.

미국의 부동산 영업사원들은 시설은 최악인데도 가격은 높은 "올가미집"을 갖고 있다고 한다. 이들은 고객들에게 다 쓰러져가는 듯한 올가미집을 먼저 보여준 후 팔고자 하는 집으로 안내하는데, 그러면 고객들은 눈이 휘둥그레지면서 그 집을 훨씬 좋게 평가해서 살 마음을 갖게 된다고 한다.

스포츠 프로퍼티나 선수를 활용한 마케팅을 위해서 그 전에 선수나 이벤트가 소비자나 팬들에게 어떻게 인식되고 있었는지를 파악해볼 필요가 있다. 한번 그릇된 인식을 심어준 이벤트나 선수는 다시 회복하기에는 상당한 시간과 노력이 필요하다. 이에 반면 대조의 법칙에 따라서 이러한 프로퍼티의 경쟁 이벤트나 선수들은 조금 더 쉽게 마케팅 활동을 펼칠 수 있을 것이다.

그리고 수행 결과를 어떻게 조정하고 평가할 것인지에 대한 모든 구상을 포함하여야 한다. 또한 이러한 계획을 효율적으로 수행하기 위해서는 마케팅 관리 과정의 구체적인 단계와 연계하여 실행하여야 한다고 밝히고 있다.

이에 대해 여러 학자들(권호문, 김양구, 조우정, 나순복, 하지원, 1998; Cylkowski, 1996; Kotler, 1998; Schaaf, 1995)은 흔히 스포츠 경영자들이 스포츠 마케팅의 전략을 구상하는 데 있어서 계획 수립이 가지는 추상적인 특성과 끊임없이 변화하는 스포츠 소비자의 욕구에 맞추어 발 빠르게 대응해야 하는 실제 시장의 특성 때문에 일정한 시간 투입을 요하는 계획 수립에 대해 회의적 견해를 갖고 있다고 밝히고 있다.

스포츠 프로퍼티는 고객에게 만족을 주어야 할 관리가 필요하다.

일반적으로 스포츠 제품이나 서비스의 형식, 가장 효과적인 시장 공략, 전체적인 전략 등을 포함한 스포츠 마케팅 계획은 마케팅 관리 과정 속에서 실행되어야 한다(Schaaf, 1995).

스포츠 마케팅의 프로퍼티 계획을 수립함으로써 마케팅 실행과 운영을 효율적으로 진행할 수 있으며 마케팅 실행 과정 중에서 상황에 따라 대처하는 데 효과적일 수 있다고 주장하고 있다.

2. 스포츠 프로퍼티의 관리

스포츠 프로퍼티의 관리란 스포츠 프로퍼티를 소유한 기업이나 조직이 기업의 이익을 증진시키기 위해서 시장조사, 제품의 위치화 및 컨셉 설정, 가격 설정, 유통경로 분석, 촉진 등의 여러 가지 마케팅 활동 수단을 조정함으로써 마케팅 활동을 하는 것이다(김치조, 1993).

현대의 스포츠 마케팅 조직들은 마케팅 활동을 하는 데 있어서 여러 가지 환경 변화에 강력하고도 여러 가지 양상의 도전을 받고 있다. 스포츠 마케팅 조직들은 이런 영향들에 적절하게 대처하기 위해서 마케팅 전략을 사전에 치밀하게 계획해야 할 필요가 있다. 이러한 마케팅 계획은 마케팅 기

스포츠 프로퍼티에서의 프로모션 모습

능과 관련된 모든 요소들에 대한 개발, 분석, 조정 등을 계획하고 관리하는 내용 등을 포함하고 있어야 한다(Kotler, 1997).

스포츠 프로퍼티 관리는 소유한 프로퍼티의 시장 조사, 제품 포지셔닝, 가격 설정, 유통경로 분석 등 여러 가지 수단과 활동이 마케팅 목표 달성에 집중화될 수 있도록 관리하는 것을 의미한다. 이러한 마케팅 계획, 관리 과정의 목적은 첫째, 스포츠 기업이 추구하고자 하는 목적과 목표를 실현 가능한 선에서 결정하며, 둘째, 스포츠 기업의 사업 전략을 효과적으로 개발하여, 셋째, 선정된 전략에 대한 우선순위를 결정하며, 마지막으로 스포츠 기업의 성과를 향상시키기 위함이다.

스포츠 프로퍼티 조직의 이념과 목표

스포츠 프로퍼티 계획은 모든 조직원들이 조직의 마케팅 이념과 주변상황을 정확히 이해하고 실행하는 것에서 시작될 수 있어야 한다.

스포츠 마케터들은 전략과 전술을 실행하는 데 앞서서 조직의 목표를 정확하게 조직에게 전달하여야 한다. 이는 장기적인 목표를 실행함에 있어서 지침으로 활용할 수 있는 포괄적이고 구체적으로 제시할 수 있기 때문이다.

상황 분석

상황 분석이란 스포츠 조직의 과거, 현재, 미래를 분석하여 앞으로의 전략과 계획을 수립하는 데 있어서 실행하는 행위라고 할 수 있다. 이러한 분석은 조직이 현재 어떠한 위치에 있으며, 미래에는 어떻게 방향을 제시할 것인가에 대한 정확한 근거 자료를 제시하는 것이다. 이러한 상황 분석은 경쟁, 경제, 사회, 정치, 협동, 법률적 환경으로 구분할 수 있다.

스포츠 프로퍼티의 연구와 정보관리 시스템

스포츠 프로퍼티의 연구를 통해서 얻어지는 정보들은 스포츠 마케터들이 전략과 계획을 수립하는데 있어서 유용하며 의사결정을 하는 데 있어서 중요한 역할을 하게 된다. 이러한 연구는 스포츠 마케터에게 소비자와 커뮤니케이션 할 수 있는 방향을 제시할 뿐만 아니라 정확하고도 실질적인 정보를 제공함으로써 현실적이고 적절한 마케팅 계획을 수립할 수 있도록 역할을 하게 된다. 따라서 스포츠 마케팅 관리자는 이러한 정보들을 연구를 통해서 분석하고, 정보 활용의 계획을 세우며, 자료를 근거로 기초적인 전략을 수립하고 체계화면서 공식화하는 능력을 기르는 것이 필요하다. 또한 스포츠 마케팅 연구를 통해서 얻어진 정보는 저장 및 활용을 위해 체계적인 시스템 환경이 필요한데 이러한 정보 시스템을 스포츠 마케팅 관리 시스템이라고 할 수 있다.

스포츠 프로퍼티의 소비자 분석과 경쟁자 분석

스포츠 프로퍼티의 관리자들은 현재 자신이 판

마케팅 休知通

DIY(Do It Yourself) 시대

나이키 매장에 가면 운동화 스타일이 10만개가 넘는다. 왜냐하면 자신만의 운동화를 직접 제작해서 구입하기 때문이다. 자신만의 개성과 스타일이 중요해지는 시대가 오면서, 정성과 개성을 담아 스스로 만들어 사용하는 DIY(Do It Yourself) 이다. 가죽재질 30가지, 색깔 30가지, 글자 30가지(30X30X30=27,000)에서 나오는 자신만의 스타일을 통해 만들어지기 때문이다.

DIY는 다른 사람에게는 없는 자신만의 특별한 물건을 갖는 다는 의미를 넘어, 자신만의 차별화된 경쟁력을 부각시킬 수 있는 아이템으로 활용되고 있으며 패션, 인테리어, IT기기, 스포츠 제품 등 다양한 분야로 확대되고 있는 추세이다. 세상에서 단 하나뿐인 자신만의 운동화와 티셔츠를 저렴한 가격으로 간편하게 만들 수 있는 셀프 운동화는 많은 사람들에게 인기를 누리고 있다. '단하나 운동화'는 소비자들이 매장을 직접 방문하여 준비되어 있는 재료들과 도구들을 이용하여 자신만의 운동화를 디자인한다.

매하고 있는 스포츠 제품과 준비 중인 제품에 대한 소비자와 잠재적인 소비자에 관한 지식이 필요하며, 이러한 환경 속에서 현재의 경쟁자와 잠재적인 경쟁자를 분석하고 이해하고 있어야 한다.

이에 관리자들은 소비자들의 성향을 분석하는데 있어서 신속하게 변화무쌍하게 변화하는 정보를 수집하고 정리하여 새롭게 바라보는 시각을 가져야 한다. 이러한 시각은 소비자에 대한 정보는 스포츠 경쟁자와 함께 분석되어야만 더욱 효과적인 분석을 이끌어 낼 수 있으며, 이러한 분석을 통해서 현재 판매하고 있는 제품의 변화를 주고, 새로운 판매 계획 제품에 있어서는 변화를 적용할 수 있는 기회를 제공하게 된다.

스포츠 마케터는 소비자와 경쟁자를 함께 분석해야 한다.

3. 스포츠 프로퍼티의 관리 과정

스포츠 프로퍼티의 관리 과정

스포츠 프로퍼티의 관리는 일반적으로 네 가지 단계로 구성할 수 있다. 이를 살펴보면, 첫 번째로 프로퍼디의 존재하는 이유와 지향하는 방향을 명시한 정의, 두 번째로 사업을 하는 기업에서 여러 사업 분야 중 다른 분야와 구별되어 운영될 수 있는 단일적인 사업체를 구성하는 전략단위 사업의 결정, 세 번째로 현재 기업이 진행중이거나 준비중인 사업의 사업성을 과학적인 조사 방법에 의해 평가해 보는 사업 포트폴리오 평가(Business portfolio evaluation) 과정이며, 마지막으로 이를 바탕으로 신규 사업 계획을 수립하는 것이다(Kotler, 1988).

전략적 사업 단위에서의 프로퍼티 관리 과정

전략적 사업 단위에서의 프로퍼티 관리 과정을 살펴보면, 첫째, 기업단위와 마찬가지로 사명을 수립하고, 수립된 사명을 바탕으로 기업과 관련된 내·외부적인 상황을 분석하는 단계이다.

일본 소프트뱅크스의 경기장

둘째, 사명 설정, 내·외부 환경 분석의 단계가 끝나면, 계획에 대한 구체적인 목적과 목표를 설정하게 된다.

셋째, 설정된 목표에 대한 활동 전략이 수립되면 이 전략의 수행을 위한 세부적인 활동 프로그램을 구성해야 한다. 이는 제품의 판매와 촉진을 강화하기 위해 촉진 프로그램을 새로 만들거나 강화하고, 고객 서비스를 높이기 위해 판매와 촉진을 강화하기 위해서 촉진 프로그램을 새로 만들거나 강화하고, 고객 서비스를 높이기 위해 종업원 교육을 강화하고, 제품을 위치화시키고, 그 위치화에 따라 마케팅 세부 실행 계획을 작성하는 것 등이다.

넷째, 수립된 모든 계획을 실행하는 단계이다. 그리고 마지막으로 전략의 실행과 동시에 그 결과를 측정, 평가·통제하고 환경의 변화 동향에 따라 새로운 조정을 해야 한다.

스포츠 프로퍼티 시장에서 관리 과정

스포츠 프로퍼티 시장에서의 마케팅 관리는 소비자를 이해하는 관리 과정이라고 할 수 있다. 이는 소비자의 이해, 욕구, 행동 양식 등을 이해한다고 할 수 있는데, 이러한 관리는 스포츠 마케팅 시스템을 구축하고 필요한 정보를 구축하는 데 목적을 갖고 있다. 그 다음으로 세분시장을 조사하여 표적시장을 선정하는 것이라고 할 수 있다. 표적시장은 시장 세분화의 결과에 따라 나타난 여러 형태의 세분시장 가운데 스포츠 마케팅 조직이나 기업이 집중 공략하기로 결정한 특성 세분화 시장이라고 할 수 있다. 표적시장을 선정한 다음에는 그 시장에 맞도록 제품을 위치화시키고 최종적으로 통합적인 마케팅 믹스를 실행하고 운영한다.

통합적 스포츠 프로퍼티의 관리 과정

스포츠 프로퍼티의 관리 과정을 정리하면, 첫째 시장과 조직을 분석한다. 마케팅 계획은 해당 스포츠 조직의 현재 위치와 그 위치에서의 조직 간의 내외 환경의 상황을 이해하는 데서부터 시작되어야 한다. 이 분석에는 SWOT 방법을 활용할 수 있

그림 2-1 기업에서 스포츠 마케팅의 관리 모델

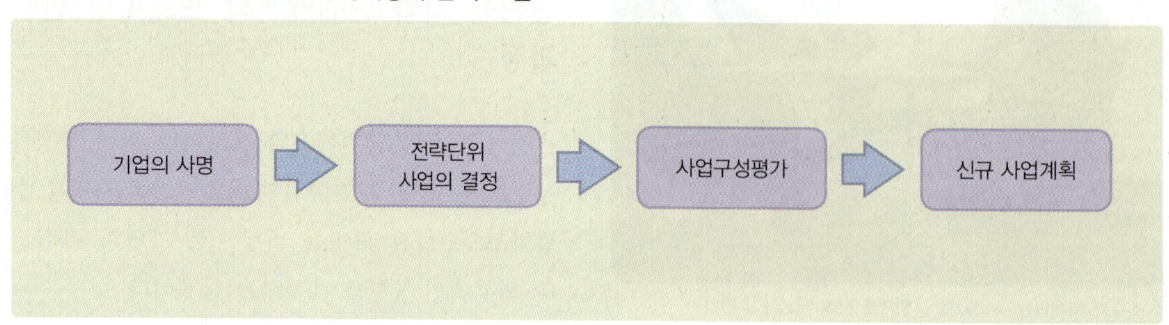

다. 이는 조직의 내·외부적 상황을 시장과의 관련성에 의거해 파악하는 방법으로 시장과 관련해서 조직이 내부적으로 갖는 약점과 강점은 무엇이며, 외부적으로 맞는 기회와 위협은 무엇인가를 분석해야 할 필요가 있다. 또 다른 방법으로는 스포츠 마케팅 정보 시스템이라고 할 수 있다. 과거에서부터 지금까지 스포츠 산업은 지속적으로 확대되어 왔으며 또한 관련된 요인들(제품, 소비자, 시장 등)이 다양화되면서 이제는 정보를 얼마만큼 효율적이고 체계적으로 관리할 수 있느냐가 스포츠 조직의 성공을 좌우한다고 할 수 있을 정도가 되었다. 이러한 측면에서 스포츠 마케팅 정보 시스템은 마케팅에 대한 의사결정을 좀더 빠르고 정확하며 치밀하게 운영 결정할 수 있도록 해준다.

둘째, 마케팅 목적과 목표에 관련된 비전을 명확하게 제시해 줄 수 있다. 시장과 관련하여 조직의 현재 위치에 대한 분석이 완료되었다면, 다음으로 마케팅 비전에 대한 평가가 뒤따라야 한다. 물론 그 비전이 얼마만큼 미래 지향적이며 실현 가능성이 있느냐를 고려해야 한다. 새로운 비전을 제시하여 성공한 세계적인 스포츠 기업인 나이키를 예를 들어보면, 나이키는 창업 초기 15년 동안 신발과 의류에 대한 디자인에 집중했다.

90년대 접어들면서 아이스하키를 포함한 장비 쪽에 눈을 돌렸으며, NBA를 비롯한 스포츠 선수들의 후원을 통해 마케팅 영역을 확장한 후, 1990년대 중반들어서 축구종목까지 영역을 확대하여 나이키의 브랜드 이미지와 영역을 더욱더 확장하여 세계 최고의 스포츠 브랜드 기업으로 성공하였다. 이러한 성공을 보면 기업의 마케팅에 대한 목적과 목표를 통해서 비전을 제시하는 것이 얼마나 중요한 것인가를 알 수 있다.

셋째, 스포츠 기업의 목적과 목표가 비전으로 설정되었다면 실용적이고 실행적인 마케팅 전략이 수립되어야 한다. 이 단계에서 먼저 지향하는 목적과 목표에 따라 시장을 세분화할 수 있는데, 시장 세분화는 인구 통계학적 정보, 지리적 정보, 심리학적 정보 등이 기초적으로 세분화되어야 한다. 시장 세분화와 함께 제품, 가격, 촉진, 시설과 유통, 홍보, 스폰서십 등에 대한 실행 계획 또한 수립되어야 한다. 이러한 실행 계획의 성공 여부는 정보 수집과 정보 분석에 많은 영향을 받기 때문에, 실행 계획을 수립할 때 스포츠 마케팅 정보 시스템을 적극적으로 활용하는 것이 중요하다.

넷째, 수립된 마케팅 계획에 필요한 자원을 배분한다. 효과적인 마케팅 계획은 마케팅 믹스의 요인들과 조화를 이룰 수 있도록 작성되어야 할 것이다. 이어 수립된 마케팅 계획을 성공적으로 실행하기 위해서는 계획된 마케팅 활동에 대한 조직 내부의 지지가 있어야 한다. 많은 마케팅 계획들이 실행 과정에서 효과적으로 나타내지 못한 경험들을 살펴보면, 그 계획 대한 조직 상부의 지지가 부족한 경우가 많다. 스포츠 조직 내의 마케터가 수립된 마케팅 계획에 따라 실행하고자 할 때, 인적 자원의 배치가 필요할 때도 있고 회사의 구조 변경이 필요할 때도 있을 것이며, 상당한 재원이 일시적으로 필요할 때도 있을 것이다. 마케팅 계획을 성공적으로 실행하기 위해 필요한 일련의 사항들은 조직 상부의 지지가 없이는 마케팅 담당자가 스스로가 실행하기가 사실상 어렵기 때문에,

네덜란드 아약스 경기장 숍과 박물관

스포츠 스타와 팬들과의 프로모션 활동

상부의 지지가 마케팅 실행 과정에 중요하다고 할 수 있다.

다섯째, 마케팅 활동에 대한 통제와 평가가 이루어져야 한다. 마케팅 활동 수행이 계획과 같이 실행되지 않을 때와 마케팅 환경 상황이 계획을 수립할 당시와 다를 때 대처할 수 있는 적절한 조치가 주어져야 할 것이다.

예를 들어 스포츠 팬들과 약속을 한 만큼의 상품의 질을 전달하지 못하고 있을 때는 소속되어 있는 스포츠 스타와 팬 개인들과의 개인적 관계를 향상시킬 수 있는 프로모션 활동을 수행하여 팬들이 부족하다고 느끼고 있는 점에 대한 대리 만족을 제공해야 할 것이다. 마케팅 활동 종료 후, 그에 대한 평가를 내릴 때 마케팅 활동의 효과성과 능률성에 대한 평가에 이어 주의깊게 고려해야 할 점은 마케팅 활동의 윤리적 문제이다. 우리는 소비자의 만족을 향상시키는 마케팅 목적을 수립할 때 보통 제품의 판매를 증가시키는 데 목적을 둔다고 생각한다. 그 결과 마케팅 활동 평가는 제품의 판매 현황과 지출된 재원을 제외한 이득에 대한 평가가 우선되는 경우가 있다. 그러나 그와 더불어 스포츠 구단에서 제공하는 서비스나 상품에 대해 갖는 소비자의 만족 수준 또한 평가되어야 할 것이다.

4. 스포츠 프로퍼티의 마케팅 구매 과정 관리

스포츠 프로퍼티 마케팅의 구매 과정 관리란 스포츠 프로퍼티나 서비스가 전달되어지는 절차 또는 생산 활동의 흐름을 의미한다. 스포츠 프로퍼티는 일반적으로 제조상품과 함께 서비스를 포함하는 제품이기 때문에 편리하게 구입할 수 있는 입장권이나 경기좌석 등의 일반적인 성격의 의미도 포함하고 있지만 핵심 활동은 소비자와 서비스 제공자 간의 상호 작용에 따른 일련의 과정이나 흐름의 형태로 제공된다. 따라서 마케팅 프로세스는 스포츠 서비스 제품 그 자체이기도 하며 동시에 서비스 전달 과정 즉, 유통의 성격을 가지고 있다.

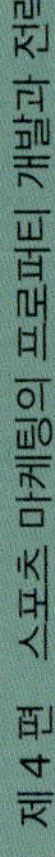

마케팅 休知通

색깔이 사람에게 미치는 영향

빨간색은 고객들이 오래 머무르기를 희망한다면 꼭 피해야 하는 색깔이다. 색깔이 사람의 심리에 미치는 영향을 다루는 색채 심리학에서는 빨간색이 사람들에게 시간을 길게 느끼도록 만든다고 한다. 이런 원리를 일부 비즈니스에서는 적용하고 있다.

패스트푸드 점이나 패밀리 레스토랑과 같이 손님의 회전율을 높여야 하는 곳에서는 의자나 내부 장식을 빨간색 계열로 꾸며 손님들이 오래 있었다는 생각을 갖게 함으로써 손님들이 머무르는 시간을 줄이고 있는 것이다.

각 국가의 유니폼 색깔을 보면 빨간색이 많은 이유도 색깔 자체가 상대방에게 혐오스러운 느낌을 주기 때문이다. 붉은 악마가 사람들과 상대 팀에게 더욱 강렬하게 비추어지는 이유도 붉은 색 자체가 주는 느낌 때문이다.

(1) 경기 관람 전 과정(대기 관리)

관람 스포츠 유형의 프로퍼티의 경우 스포츠 소비자가 경기를 관람하기 위해 경기장을 방문한 순간부터 시작되는데, 예를 들면 배정받는 관람석 자리에 앉기까지 소비자들은 대기 상태에 있게 된다. 스포츠 상품이 소멸성과 비분리성 특성을 동시에 갖기 때문에 소비자들은 종종 서비스를 받기 위해 기다려야 하는 것이다. 이러한 기다림을 관리하는 능력에 따라서 소비자의 만족도가 달라지는 것이다.

가장 이상적인 대기관리란 소비자들에게 대기에 처할 상황을 제공하지 않는 것이지만 현실상 불가능한 일이다. 그렇기 때문에 소비자들이 대기 중에 생길 수 있는 무료함이나 짜증을 달랠 수 있는 재미를 스포츠 조직은 제공하여만 한다.

스포츠 프로퍼티에서의 시설물 설치 작업 모습

경기장 입장시 입장객 수에 따라 과학적으로 입구를 확대시킬 수 있는 방안을 마련한다거나 또는 입장권 창구를 늘리거나 예약 시스템을 도입하는 것도 한 방법이 될 수 있는 것이다. 또한 입구에서 관람석까지의 거리가 길어 입장시 많은 시간이 소요되어도 그러한 느낌이 들지 않도록 집중을 분산시킬 수 있는 느낌을 제공하여야 한다.

(2) 관람 과정(MOT 관리)

MOT란 스웨덴 학자인 리처드 노먼이 처음으로 제창한 용어로 Moment of Truth, 즉 진실의 순간을 의미한다. 진실의 순간은 스포츠 소비자가 제품 판매원 또는 경기를 관람하는 동안에 제공되는 서비스의 품질을 평가하는 데 미치는 상황이다. 스포츠 소비자는 서비스가 제공되는 일정 시간 중, 어느 특정의 결정적인 순간에 제공된 서비스의 품질에 따라 전체 서비스 품질을 평가하는 경향이 있다. 그렇기 때문에 이 결정적인 순간은 서비스 제공자가 소비자에게 서비스의 품질을 제대로 보여줄 수 있는 기회로 지극히 짧은 순간이지만 고객의 서비스에 대한 인상을 결정짓는 중요한 시간이다.

MLB 뉴욕 메츠의 홈구장 Citi-field

경기 관람의 결정적인 순간들을 예로 들면, 경기 도중 소비자들에게 경기 진행 상황을 알려줄 때, 선수가 득점을 했을 때 소비자를 향해 취하는 선수의 제스처 등을 볼 수 있다.

이때 소비자들은 즐거운 경기 또는 재미없는 경기에 상관없이 만족 여부의 결정을 내린다. 이러한 이유 때문에 스포츠 조직은 이 순간을 파악하며 작은 노력으로 소비자의 만족을 극대화시켜 재방문할 수 있도록 하는 전략을 수립하여야 한다.

(3) 경기 관람 후 과정(피쉬본 다이어그램)

피쉬본 다이어그램은 잘못된 결과가 발생될 경우, 그 문제의 원인을 찾아서 해결 방안을 모색할 수 있는 것으로 인과 관계 도표라고도 불린다. 이는 기업이 소비자의 불만을 직접 추적하는 데 사용되는 것으로 특정 불만이 발생하는 상황을 포착하여 그 이유뿐 아니라 근본적인 원인도 밝혀내는 데 목적이 있다고 할 수 있다.

경기장 관람 입장 지연의 원인을 〈그림 2-2〉와 같이 피쉬본 다이어그램으로 분석하면 경기장을

그림 2-2 경기장 입장에 대한 피쉬본 다이어그램

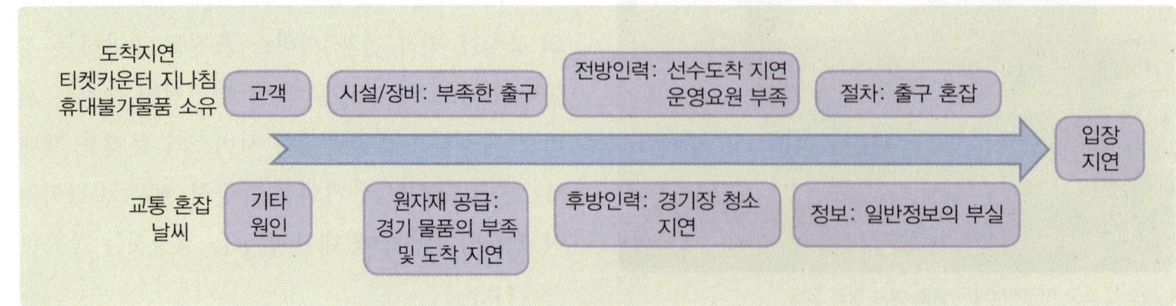

마케팅 休知通

Display (전시) Marketing & Visual Merchandising Marketing

매장 내에 제품 전시하는 것을 도구로 소매업에서 경쟁상대와의 우위를 점하기 위한 마케팅 기법이다. 매장 내에서 상품을 분류하여 배치하고, 판매원들은 상품에 대한 지식을 키워 고객에게 제안하기도 한다. 매장 내의 분위기를 컨셉을 잡고 변경하기도 하고, 고객을 위한 퍼포먼스나 이벤트를 열어 판매를 촉진하기도 한다.

• 스포츠 산업에서의 적용사례

(1) NIKE Town in Famous Cities

스포츠 업계의 최고 브랜드 NIKE는 매장 환경을 통한 입체적 마케팅을 구현하였다. 뉴욕의 나이키 타운은 '1960년대 학교 체육관'을 기본 개념으로 디자인하였고, 런던은 '마을 속의 마을'을 컨셉화하였다. 또한 각 종목을 대표하는 스타플레이어를 중심으로 공간을 만들어 이미지화하였고, 방문객이 만지면 과학 코너의 기구처럼 장치가 작동하는 공간도 마련했다. 매장 내의 파이프(PIPE) 기둥처럼 보이는 바로 이 쇠기둥이, 각 섹션 별로 나뉜 나이키 타운 내 상점들을 연결하는 엘리베이터이다. 손님들이 주문한 신발들이 차곡차곡 쌓여 운반된다.

(2) PETCO PARK of San Diego Padres

부지에 있는 건물을 유지한 상태로 경기장을 지어 구관이 명관이라는 것을 유지하고 신관으로 세련함을 더한 PETCO PARK는 전 세계의 멋진 야구장으로 손꼽힌다. 반지하 형태로 으슥한 곳에 위치한 머천다이징 스토어는 기존에 있던 건물 맨 아래 층에 있다. 높은 천장에는 배수관, 전기전선 등의 건물 골격이 너저분하게 있지만, 보다 매력적으로 보인다. 스토어를 통해 3루 외야의 그라운드를 철창 사이로 볼 수 있는 것은 또 다른 흥미 요소이다.

• 스포츠에서의 시사점

한국의 미를 자랑하는 인사동을 가면 한글로 쓰인 많은 간판을 볼 수 있다. 국내의 어떤 스포츠 용품 매장도 이태원의 매장과 크게 다르지 않다. 중국의 경우에는 붉은 색 계열의 상품들이 눈에 띄는 곳에 위치시켜, 매장 분위기를 색상으로 단순하게 변화시킨다. 이에 국내의 외국계 스포츠 브랜드는 한국의 문화를 강조한 디스플레이를 시도해보면 어떨까 생각이 든다.

입장하는 데 왜 시간이 지연되는가를 알 수 있다.

5. 스포츠 시설물 관리

스포츠 시설물의 개념

스포츠 프로퍼티에서의 스포츠 시설물이란 경기가 행해지거나 스포츠 소비자들이 스포츠를 행하는 장소를 의미한다. 스포츠 시설물은 건물, 부대시설, 장비, 기국, 조명, 배치, 색채 그리고 인공물 등 다양한 구성 요소로 형성된다. 농구장의 경우 체육관과 주차장, 코트, 선수 대기실, 관중석, 냉·난방 시설, 조명 등이 이러한 것들이라고 할 수 있다.

스포츠 시설물은 소비자에게 노출되어 있는 장소 및 설치 부품을 모두 포함한다. 시설물이 중요한 이유는 스포츠 소비자들이 스포츠를 관람하거나 참여시 주변 시설에 의해 소비자 만족이 커다란 영향을 받기 때문이다. 편안하게 이용할 수 있도록 스포츠 시설물을 갖추어 놓는다면 소비자들이 방문하게 되는 기본적인 충족 조건을 만족한

| 표 2-1 | 스포츠 시설 측면에서의 물적 증거 요소

스포츠 시설		기타 유형의 것
시설 외부	시설 내부	
시설물 외부디자인, 주차장, 주변 환경	시설물 내부디자인, 장비, 안내표지판, 시설물배치, 공기의 질, 온도, 음향	안내 브로셔, 스포츠 직원의 외모, 유니폼 등

참고: Bitner, M.(1992). "Servicecapes: The Impact of Physical Surrounding on Customers and Employees," *Journal of Marketing*, Vol. 19 March, p.48 수정.

셈이기 때문이다. 기본적인 시설물 구비는 스포츠 서비스 제품으로써의 수익을 발생시킬 수 있는 기본적인 조건이 될 수 있다. 이것은 제품을 판매하는 용품업에도 커다란 영향을 미친다.

스포츠 시설물의 구성 요소

시서물이 소비자의 스포츠 제품 평가 요인으로 작용하는 한, 스포츠 마케터들은 시설물의 구성 요소가 무엇이고, 각 요소를 어떻게 활용해야 할지를 알아야 한다.

비트너(Bitner)는 무형적인 서비스를 상품 판매 장소, 안내 표시, 종업원의 의상을 이용하여 유형화시킬 수 있다는 점을 발견하고 이를 물리적 증거라고 정의하였다. 서비스 기업의 물적 증거를 다시 물리적 시설이라고 표현하였고 이는 자연적 사회 환경과 대비되는 개념으로 인간이 만든 물리적 환경이라고 설명했다.

제 3 장 스포츠 프로퍼티의 관리 모델

제 3 장

스포츠 프로퍼티의 관리 모델

스포츠 시장의 환경 변화와 짧아지는 제품수명주기는 기업에서 새로운 기회이자 위협 요인이 되고 있다. 스포츠 산업 내 경쟁이 가열될수록 많은 비용을 들여 개발한 상품이나 서비스가 시장에서 성공할 확률은 계속적으로 감소한다. 그렇기 때문에 스포츠 프로퍼티의 개발 및 관리 그리고 전략 수립이 필요하다고 할 수 있다.

〈그림 3-1〉에서 보는 바와 같이 스포츠 프로퍼티를 실행하기 위한 과정에서는 마케팅 목표 설정 → 시장 기회 분석 → STP 전략 수립 → 마케팅 믹스 개발 → 마케팅 활동의 실행으로 이루어진다.

스포츠 마케팅 활동의 사명을 정확하고 명확하게 이해

1. 프로퍼티 목표 및 사명 수립

스포츠 조직의 마케팅 활동은 조직의 사명을 정확하고 명확하게 이해하는 것에서부터 출발해야 한다. 조직의 사명을 수립하는 것은 조직이 이 사회에 존재해야 할 이유와 가치 및 궁극적으로 지향하는 방향을 명시하는 것이다.

스포츠 프로퍼티에서의 마케팅 목표를 어떻게 설정하느냐에 따라 실제 전개되는 마케팅 활동에 영향을 준다. 기업 목표는 물론이고 마케팅 목표를 설정하기 위해서 스포츠 조직은 다음과 같은 질문들을 가져볼 필요가 있다.

- 우리의 고객은 누구이며, 그들의 욕구는 무엇인가?
- 우리가 그 욕구를 만족시키는 것이 가능한가? 가능하다면 어떻게 할 것인가
- 우리를 둘러싼 환경은 어떠한가?

스포츠 프로퍼티에서의 마케팅 부문은 프로퍼티 전체의 목표이기 때문에 일관성을 갖는 것이 중요하다. 세부적인 목표가 설정될 때 가능하다면 수치적인 것으로 기간이 명시되는 것이 바람직하다. 이는 조직 내부 구성원들의 목표의식을 고취시키고 효과적으로 통합시키는 역할을 하며, 조직의 장기적 발전에 대한 전망을 제시해 준다. 조직의 사명이 명시되면, 이에 따라 달성해야 할 구체적인 목표가 설정되어야 하는데, 이는 마케팅 활동에 대한 구체적인 지침과 실제적인 목표치를 설정해 주는 것이다.

2. 시장 기회 분석

시장 기회의 분석은 본격적인 프로퍼티를 마케팅에 관련된 일련의 정보를 수집하여 분석하는 것이다. 마케팅 정보는 마케팅 정보 시스템을 활용하거나 시장 조사, 환경 분석, 소비자 행동을 조사 분석함으로써 얻을 수 있다.

시장 조사 또는 마케팅 조사는 마케팅 의사결정에 도움을 주는 정보를 의사결정자에게 제공하기 위한 관련 자료를 수집, 분석하는 것을 말한다.

조사 문제의 정의 단계에서는 해결해야 할 마케팅 의사결정 문제가 무엇인지를 분명하게 정의한다.

1차 자료

1차 자료는 조사 문제와 직접적으로 연관이 되는 자료로서 조사자가 의도적으로 조사하는 자료이다. 1차 자료를 수집하는 방법에는 관찰법, 설문법, 실험법 등이 있다.

2차 자료

기본적으로는 다른 목적으로 수집되어 기업 내외에 산재해 있는 자료로서 새로운 시장 조사에 활용될 수 있는 자료를 2차 자료라고 한다. 이미 자료화되어 있어 수집이 용이하고 시간과 비용면에서 경제적이다. 예컨대 기업 내부 자료로 각종 재무제표, 시장 관련 자료가 있으며, 외부 자료는 정부가 발표하는 각종 통계 자료, 간행물 등이 있다.

환경 분석

프로퍼티가 수행해야 할 마케팅 활동에 영향을 미치는 각종 마케팅 환경 요인을 분석한다.

정치, 경제, 사회, 문화, 기술, 인구 통계학적 요인 등과 같은 거시적인 마케팅 환경 요인에 대한 분석과 소비자, 경쟁기업, 유통기관 등과 같은 미시적 환경 요인에 대한 분석같은 것이다.

환경을 분석할 때는 환경 요인을 통제 불가능 요인과 가능 요인으로 구분하는 것도 필요하다.

통제 불가능한 요인을 가능한 것으로 보아 시장

| 그림 3-1 | 스포츠 프로퍼티의 계획 및 관리 과정 모델

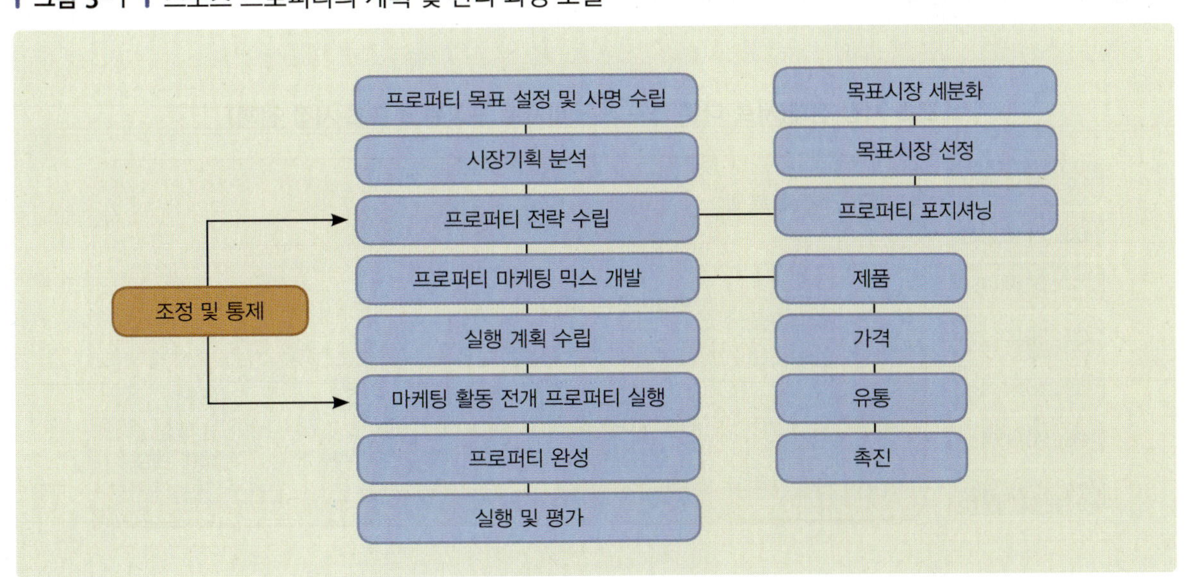

프로퍼티 개발을 위해서는 스포츠 시장에 대한 정확한 분석이 필요하다.

기회를 잘못 파악할 수도 있기 때문이다.

소비자 행동

결과론적으로 프로퍼티를 최종 구매하는 것은 결국 소비자이다. 소비자의 행동을 분석하는 것이 최종적인 시장 분석이며, 최종 마케팅의 대상은 고객인 것이다.

그들이 어떤 의사결정 과정을 갖는지를 이해하는 것이 스포츠 프로퍼티 마케팅의 핵심이 된다.

3. 프로퍼티 전략 수립

시장 세분화(market segmentation)

시장 세분화란 거대한 전체 시장을 소비자들이 지니고 있는 공통 특성에 따라 여러 개의 시장으로 나누는 것이라고 할 수 있다. 스포츠 시장은 다양한 연령, 라이프스타일 등을 가진 소비자를 그 필요와 욕구의 이질성에 따라 몇 개의 시장구분으로 나눈 다음, 이 소비자 집단의 필요와 욕구의 내용을 보다 정밀하게 파악하고, 그에 대해서 집중적으로 마케팅 활동을 전개하려는 것이다.

모든 스포츠 프로퍼티의 소비자가 동일한 취향을 갖고 있지는 않다. 만약 당신이 축구 경기 프로퍼티 상품의 마케팅 담당자로서 티켓 판매 홍보 프로그램을 계획한다면 60대 이상의 노령자를 위한 홍보 프로그램을 고려하지는 않을 것이다. 반대로, 노령자를 위한 골프 대회 기획자는 20, 30대 젊은 스포츠 소비자를 마케팅 목표 소비자로 인식하지 않는다. 이러한 이해관계 없이 과거에 주로 행해졌던 스포츠 상품의 마케팅은 모든 소비자를 동일하게 생각했기 때문에 각 소비자들의 독특한

그림 3-2 시장 세분화를 통한 목적별 소비자 분류

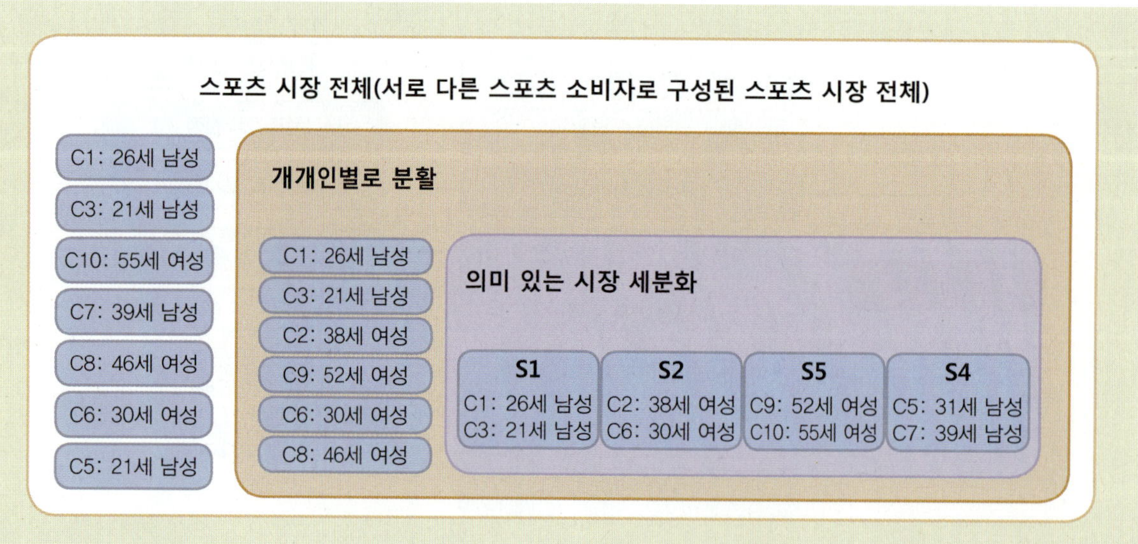

취향을 무시하며 마케팅 활동을 수행했다.

일반적인 마케터들뿐 아니라 스포츠 마케터들 또한 많은 시행착오를 거치면서 소비자들이 매우 개성이 강하고 독특한 취향을 지니며 이러한 특성을 지니는 소비자들을 기호에 따라 군집화 할 수 있음을 발견하였다.

즉 다양한 소비자의 욕구를 충족시킬 수 있도록 시장은 여러 개의 성향에 따라 소비자 집단으로 구성되기 때문에 성공적인 스포츠 마케팅을 위해서는 소비자 집단별로 그 특성을 정확히 알아야 한다.

예를 들어 야구 경기장에서 프로퍼티를 기획중이라고 생각해 보자. 일반적으로 야구장 관람객은 상당 부분 남성들이 차지하고 있으나 최근 들어 가족단위, 연인단위의 관람객들이 늘어나고 있는 추세이다. 관람객의 목표층을 넓히기 위해서 노력하면서 주요 관람객이 남성이라는 이유만으로 남성 고객들을 중점적인 대상으로 프로퍼티를 기획한다면 계속적으로 야구장을 방문하고자 하는 연인 관람객이나 가족 관람객들의 욕구를 만족시킬 수 없을 것이고 이는 곧 최근의 흐름을 무시한 처사라고 할 수 있을 것이다.

이렇듯 스포츠 시장 세분화에서는 목표시장을 선정하기 위해서 스포츠 소비자들을 특성에 맞게 분류하고, 분류한 집단에 대해서 차별화된 마케팅 믹스를 개발하여 소비자의 경기 관람이나 참여 및 용품 구매 만족을 극대화하는 데 그 목적이 있다.

스포츠 상품 마케팅 전략을 구성하면서 공통의 특성을 가지고 있는 소비자들을 어떻게 그룹화 할 수 있는지 살펴보자. 일반적으로 사용되는 시장 세분화의 기준은 6가지 방법이 있는데 인구 통계학적 기준, 사회 경제학적 기준, 심리학적 기준, 지리적 기준, 소비자 행위 기준 및 소비자 편익 기준으로 나눌 수 있다.

스포츠 시장 세분화에서 가장 보편적으로 이용되는 인구 통계학적 기준 (뉴욕 마라톤)

(1) 인구 통계학적 기준

스포츠 상품의 소비자 시장을 세분화하는 데 가장 보편적으로 사용되는 방법은 인구 통계학적 기준에 따른 시장 세분화이다. 인구 통계학적 기준은 나이, 성별, 인종, 그리고 가족 수명주기와 같은 다양한 요소를 포함한다.

(2) 사회 경제학적 기준

사회 경제학적 기준에 의한 시장 세분화는 소비자 행위 분석의 척도로 이용되기도 한다. 소비자는 다양한 사회 계층으로 구성되고 각 계층별로 소비자들은 유상한 소비 행태를 보인다.

비록 사람들이 사회 계층을 구분할 때 소득 수준을 기준으로 구분하는 경우가 많지만, 실제 이러한 계층 구분이 각 사회 계층의 소비 성향을 설명하기에는 한계를 지닌다. 이러한 한계를 보충하

다양한 계층이 스포츠를 즐길 수 있어야 한다. (테니스를 관람하고 있는 빌 게이츠)

기 위해 교육 수준이나 직업, 사회적 지위 구분이 이용된다. 일반적으로 교육 수준이 높을 경우 보다 많은 수입과 좋은 직업을 가지는 경향이 있을 수 있는데, 전통적인 사회 계층은 상류, 중류, 하류층으로 구분되어지지만, 일부 스포츠의 경우를 제외한 모든 스포츠는 사회 계층을 포용한다. 예를 들면 미국에서 폴로의 경우는 부자를 나타내는 스포츠인 반면 야구와 아메리칸 풋볼은 그들의 국민성과 민족성을 대변하는 스포츠이다. 그러나 경제가 발전하게 되면서 사회 계층과 스포츠의 관계가 점진적으로 변하게 되었다.

(3) 심리학적 기준

심리학적 기준에 따른 세분화는 라이프스타일 성향이나 개성 등에 따라 소비자들을 군집화하는 것이다. 심리학적 세분화는 인구 통계학적 또는 소비자 행위적 세분화보다 소비자의 각 세분시장에 대한 설명력이 높다고 할 수 있다.

소비자 행동 조사자인 Michael Solomon은 인구 통계학적 기준은 누가 상품을 구매하는지를 나타내지만, 심리학적 기준은 왜 소비자들이 그러한 결정을 내리는지에 대한 포괄적인 이해를 밝혀낸준다고 했다. 이러한 이유로, 많은 스포츠 마케터들은 시장을 세분화는 방법으로 심리학적 기준을 선호한다. 앞서, 소비자 행동에서 살펴본 바와 같이 스포츠 제품의 소비자들의 라이프스타일을 이해하기 위해 마케터들은 개인의 행동, 관심, 그리고 의견과 같은 문항들을 측정한다. 즉 각 세분시장에 속하는 소비자들은 그들의 활동(Activity), 관심(Interest), 의견(Opinion) 등에서 유사성을 지닐 뿐만 아니라 스포츠 상품이나 서비스에 대한 선호에 있어서도 유사한 경향이 있다고 본다.

심리학적 기준을 잘 이해하는 것은 스포츠 상품을 강하게 만들어 줄 수 있다.

(4) 지리적 기준

지리적 기준은 세분화에 있어 단순하지만 매우 강력한 방법이다. 특히 스포츠 마케팅 기업들에게 매우 중요하게 작용되는데 이는 스포츠 특성에 따른 홈 팀이나 구단의 영향력이 크기 때문이다. 대부분의 스포츠 팀들은 지리적 세분화 방법을 이용한다. 예를 들어 K-리그 구단들을 살펴보면 FC서울, 전남 드래곤즈, 수원 삼성 블루윙스 등 다양한 팀들이 특정 도시를 대표하는데, 각 팀이 대표하는 도시의 소비자에게 보다 많은 마케팅 영향력을 미칠 수 있다.

지리적 세분화는 지방별, 지역별, 국가별 그리고 국제 시장 세분에 있어 매우 유용하게 이용된다. 특히 글로벌적인 스포츠 상품들은 지대한 관심을 받고 있는데, 이는 국제 스포츠 프로퍼티를 통해 짧은 시간 동안 기업들의 제품과 상품을 알릴 수 있는 기회를 얻을 수 있기 때문이다.

기후 역시 지리적으로 시장을 세분화하는 데 매우 중요하게 작용된다. 기본적인 예로 캐나다는 겨울 스포츠의 강국으로서 NHL이 최고의 스포츠로 자리매김하고 있고, 스키, 스케이팅, 피겨스케이팅 등이 국가적인 스포츠로서 국민들이 즐기고 소비하는 데 있어서 수요가 많이 있다. 이는 기후적인 요소가 강하다고 할 수 있다.

(5) 소비자 행위 기준

스포츠 상품의 궁극적인 마케팅적 목적은 많은 스포츠 소비자들을 유치하고 이들을 유지하는 것이다. 행위적인 세분화는 이 궁극적인 목적을 만족시킬 수 있는 핵심 기준으로 여겨지는데, 이러한 행위적 기준에 따른 세분화는 소비자 세분화를 하는 기준으로 얼마나 많이, 자주 상품을 구매하는지 그리고 구매한 상품이나 서비스에 대한 로열티는 얼마나 높은지에 따라 소비자를 분류하기 때문이다. 예를 들어 특정 팀의 팬은 팀의 성적이 좋지 않을 때도 지속적으로 팀의 경기를 관람할 것이다.

(6) 소비자 편익 기준

소비자 편익에 따른 세분화는 상품이나 서비스가 특정 소비자 그룹에 미치는 영향을 분석하는 것이다. 다른 각도에서 살펴보면, 소비자 편익 세분화는 왜 소비자들이 상품을 구입하는지 또는 그 상품이 소비자들의 필요와 욕구를 어떻게 해결해 주는지에 따라 세분화를 하는 것이다. 어떤 의미에서 보면, 소비자 편익 세분화는 소비자의 욕구를 만족시킨다는 일반적인 마케팅 콘셉트와 일치한다. 대표적인 스포츠 용품업체인 나이키는 시장을 세분화하기 위해서 소비자 편익에 초점을 맞춘다. 어떤 소비자는 높은 실용성을 지닌 스포츠화를 선호하고 어떤 소비자는 패션 감각이 높은 스포츠화를 원하기 때문에 각 소비자의 편익에 맞춰 상품을 제조한다.

목표시장의 선정(Targeting)

마케팅 담당자는 스포츠 상품에 대한 소비자들의 특성에 따라 시장을 세분화하고 평가한 후에는 구분해 낸 세분 시장 가운데서 목표시장(Target Market)을 선정한다. 목표시장을 선정한다는 것

소비자의 편익과 행위에 따라서 제품을 생산해 낸다. (아이팟과 결합한 나이키 러닝화 제품)

은 스포츠 기업이 제품이나 관련 서비스를 구매할 만한 고객들이 누구인가를 찾아내는 것을 의미한다. 즉, 목표시장 선정은 스포츠 조직의 마케팅 목표를 가장 효과적으로 획득할 수 있는 세분시장을 선택하는 것이다. 스포츠 마케터들은 그들이 목표로 하고자 하는 소비자 세분시장을 선택할 때 체계적인 의사결정을 해야 한다. 특히 목표시장을 선정할 때, 각각의 잠재력을 지닌 세분시장을 시장의 규모, 시장의 접근 가능성 및 측정 가능성에 따라 평가를 할 수 있어야 한다.

(1) 목표시장의 크기

잠재 목표시장을 선정할 때 제일 먼저 고려해야 할 점이 시장의 크기이다. 스포츠 마케터는 현재의 시장 크기뿐만 아니라 향후 시장의 성장 가능성을 예측할 수 있어야한다. 시장 성장 가능성은 내적. 외적 환경 분석에 따라 가능하기도 하다. 시장의 크기를 고려할 때 마케터가 명심해야 할 점은 목표시장의 규모가 너무 작아서도 또는 너무 커서도 안 된다는 것이다.

만약 목표시장이 너무 크다면 이러한 시장은 일반적으로 대중적, 비차별화된 시장으로 발전하게 되는데 때로는 지나친 시장 규모가 지향하고자 하는 마케팅 목표와 일치되지 않는 경우가 발생하

마케팅 休知通

인포러스트족(Infolust)

Information(정보)과 Lust(욕망)의 합성어로 원하는 정보를 적극적으로 찾고 만들어 내서 이를 널리 공유하는 사람들을 일컫는다.

주로 관련 제품과 관련한 정보를 찾고 만들어 내며 실제 사용해 본 경험을 미니홈피나 블로그 등에 올려 공유하며 댓들 달기에도 매우 적극적이다.

이들의 제품 사용 후기는 다른 사람들의 구매결정에 큰 영향을 미치게 되므로 기업들은 이들의 의견에 신경을 쓰며 이것을 일부 마케팅에 활용하기도 한다. 스포츠 신상품을 개발하거나 스포츠 구단에 행사가 있을 시에 인포러스트족을 활용한 사전 마케팅 활동을 하면서 제품이나 스포츠 구단이 계획하는 행사의 문제점을 파악하고 긍정적인 이미지로 정착하여 시작하는 데 활용될 수 있다.

기 때문이다. 예를 들면 농구 관련 스포츠 상품 기획자는 모든 소비자를 목표시장으로 선택하지는 않을 것이다. 이들은 사회 계층, 라이프스타일 그리고 소비 행위에 매우 상이한 성향을 띠기 때문에 소비자의 필요와 욕구를 만족시키기 어렵기 때문이다. 반면 스포츠 마케터는 목표시장을 선정할 때 너무 작은 시장은 제외시켜야 할 필요도 있다.

(2) 목표시장 접근 가능성

스포츠 마케팅 시장의 크기 다음으로 고려해야 할 사항은 시장 접근 가능성이다. 접근성이란 목표시장에 마케팅 활동을 전달할 수 있는 가능성을 의미한다. 수익성이 확실히 보장된 시장일지라도 스포츠 마케터가 마케팅을 전달할 수 있는 수단을 가지고 있지 못하다면 과감히 이 잠재 목표 시장을 포기해야 한다. 이러한 측면은 두 가지 측면을 고려해야 하는데, 시장의 소비자와 스포츠 소비자가 접근할 수 있느냐의 문제이다. 스포츠 상품이 수익성은 보장되어 있지만 실제 마케팅을 수행할 시장에서는 수익성이 불분명하거나, 실제로 가능성은 있지만 이러한 스포츠 상품을 소비할 시장에 소비자들이 접근할 수 없다면 문제가 있다고 할 수 있다.

소비자의 편익을 이해하는 것은 스포츠 마케팅의 기본이다.

예를 들어, 스포츠 프로퍼티 상품을 실행하는데, 관람객들의 접근성이 떨어지거나 어렵다면, 스포츠 프로퍼티 기획자는 이러한 목표시장에 접근하기 위한 소비자들에 대한 배려를 하지 못한 것이다. 스포츠 제품 또한 마찬가지라고 할 수 있다.

나이키나 아디다스가 서울의 명동에 매장을 확대하고 각종 행사를 하는 것들은 그들이 목표로 삼고 있는 목표시장에 접근하기 위한 가장 간결하고 쉬운 방법이기 때문이다. 이러한 목표시장의 접근 방법은 전통적으로 TV, 잡지 그리고 신문 등과 같은 매스 미디어를 이용하는 것이다. 그러나 오늘날에는 인터넷과 같은 다양한 수단을 통하여 목표시장에 접근할 수 있게 되어 접근 가능성이 매우 높아졌다고 할 수 있다.

(3) 목표시장 측정 가능

목표시장 평가 요인의 마지막 항목은 잠재 시장

의 크기, 접근성 그리고 구매력을 파악할 수 있는가 여부이다. 시장 세분화에서도 많은 유용한 기준에도 불구하고 인구 통계학적 기준이 널리 이용되고 있는 이유가 바로 이 측정 가능성 때문이다. 아디다스가 명동에 매장을 확대하고 런칭 행사를 갖고 각종 글로벌 스포츠 브랜드들이 명동에 매장을 갖고 있는 것이 그러한 사례를 보여준다고 할 수 있다.

(4) 목표시장 선정

이상적인 목표시장의 수는 몇 개일까? 그 정답은 기업의 마케팅 목표와 소유하고 있는 자원의 정도에 따라 달라진다고 할 수 있다. 만약 스포츠 기업이 하나 이상의 목표시장을 통제할 수 있는 정도의 재정적 및 기타 자원요소를 소유하고 있다면, 우선순위에 입각해서 하나 이상의 목표시장을 선택할 수 있다. 반면 자원이 부족하다면 하나의 목표시장에 집중해야 할 것이다. 목표시장을 선택한 후에는 이 시장을 커버할 수 있는 전략을 모색하여야 하는데, 이때 이용될 수 있는 시장 커버리지 전략에는 세 가지가 있다.

무차별화 전략

세분 시장별 차이를 무시하고 전체 시장을 목표시장으로 선택할 때 이용되는 전략이다. 다양한 소비자의 욕구를 맞추기보다는 각 소비자의 특성을 공통점을 밝혀서 이에 따라 마케팅 전략을 수립한다. 무차별화 전략 마케팅의 경제적인 마케팅을 실현함으로써 마케팅 전체의 비용 절감을 가지고 올 수 있는 효과를 얻을 수 있기 때문이다. 특히 비차별화된 광고의 경우 일정 매체를 자주 이용함으로써 광고매체 비용의 할인 효과를 얻을 수 있다.

차별화 전략

여러 세분시장을 대상으로 마케팅 활동을 계획

스포츠 상품에서의 목표시장의 선정은 상품의 가치를 높이는 데 있어서 중요한 요소라고 할 수 있다

하는 기업에 적합한 차별화 전략은 두 개 혹은 그 이상의 세분시장을 목표로 삼되 동일한 마케팅 전략을 사용하는 것이 아니라 각각의 시장 특성에 적합한 상품이나 서비스를 선정해서 서로 다른 마케팅 프로그램을 전달하는 전략이다. 차별화 전략의 장점은 스포츠 소비자의 필요와 요구에 따라 상품과 서비스를 다양한 가격과 형태로 제공하여 보다 많은 소비자를 확보할 수 있다는 점이다. 그러나 차별화 전략을 취하게 되면 다양한 마케팅 프로그램을 제공해야 하기 때문에 마케팅 비용이 증가되는 단점이 있다. 따라서 수익 대비 비용의 철저한 분석에 따라 차별화 전략 채택 여부를 결정해야 한다.

집중화 전략

기업이 소유하고 있는 자원이 제한되어 있을 경우 기업에 알맞은 시장을 하나 혹은 몇 개를 선택해서 이 시장에만 집중화된 전략을 펼쳐 높은 시장 점유율을 확보하는 것이다. 집중화 전략을 취하게 되면 시장의 욕구와 필요를 경쟁자보다 잘 알 수 있기 때문에 시장 내 강력한 지위를 유지할 수 있으며 이를 기반으로 소비자 충성도를 높일 수 있다.

목표시장 선택이 결정되면 선택된 시장 특성에

마케팅 休知通

15:4 법칙(15:4 Rule)

미국의 작가인 제임스 보트킨(James Botkin)이 성공한 사람들의 시간 패턴을 분석하는 과정에서 발견한 법칙으로, 시작하기 전에 15분 동안 무엇을 할 것인지 생각하면 나중에 4시간을 절약할 수 있다는 법칙이다.

즉 "장작을 패는 데 쓸 수 있는 시간이 8시간이라면 나는 그 중 6시간을 도끼날 세우는 데 쓸 것이다" 링컨이 한 말이다. 이 말처럼 성공하는 사람은 먼저 큰 그림을 그리는 반면 실패하는 사람은 생각없이 바로 일에 착수한다.

새로운 프로퍼티의 개발도 준비가 중요하다. 무엇을 할 것인가 이전에 무엇을 준비할 것인가를 확인하고 준비하는 것이 성공의 첫 걸음인 것이다.

따라 가격정도, 품질, 사용법, 기능 등 다양한 면에서 어떤 위치를 차지해야 할 것인가, 어떤 포지셔닝을 할 것인가를 결정해야 한다.

포지셔닝(positioning)

제품 위치화(Positioning)이라고 불리는 포지셔닝은 세분화한 여러 세분시장에서 목표시장을 선정한 후, 선정된 목표시장 내 소비자들에게 자사의 상품이나 서비스의 위치를 인식시켜 주는 것이다. 그러나 스포츠 프로퍼티 시장 경쟁이 치열해질수록 소비자들의 마음 속에 특정 상품이나 서비스의 상대적 위치를 심어주는 것이 갈수록 힘들어지고 있기 때문에 경쟁 기업과 차별화될 수 있는 포지셔닝 방법을 고안해 내도록 해야 한다.

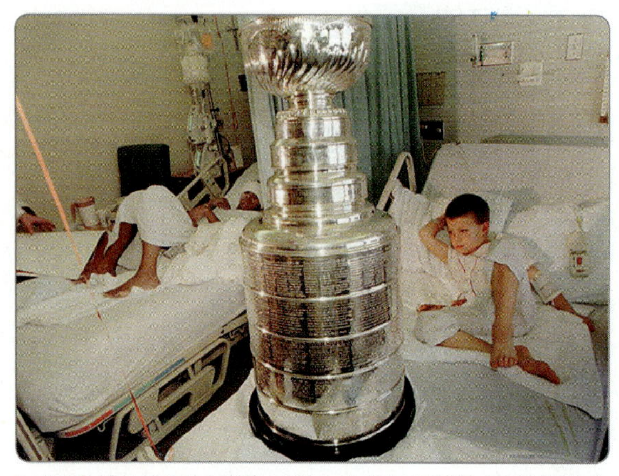

다양한 목표시장의 선정은 다양한 마케팅 타겟으로 포지셔닝할 수 있다. (NHL 스탠리컵 투어)

첫째, 포지셔닝은 시장 선정 단계에서 발견해 낸 목표시장의 영향을 받는다. 동일한 스포츠 상품일지라도 목표시장의 특성에 따라 다르게 포지셔닝된다. 예를 들어 과거 골프의 목표시장은 부유한 계층에 중년의 소비자 계층으로 이들을 위한 포지셔닝 전략이 수행되었지만 최근에는 새로운 시장 발굴에 따라 20~30대 소비자 계층을 목표시장으로 하는 기업들이 많아졌다. 이러한 기업들은 과거 마케팅 프로그램과는 상이한 전략을 취해야 젊은 소비자 계층의 흥미를 일으킬 수 있을 것이다.

둘째, 포지셔닝은 목표시장의 충분한 인지와 목표 소비자들이 스포츠 상품을 어떻게 생각하고 느끼는지에 대한 분석에서 시작된다. 종종 어디에 광고할지 또는 판매점의 어느 선반에 진열해야 하는지 등을 포지셔닝이라고 생각하기도 하는데, 포지셔닝의 초점은 소비자가 경쟁상품 대신 당신의 스포츠 상품을 어떻게 인지하느냐에 있다고 할 수 있다.

셋째, 포지셔닝은 모든 스포츠 상품에 적용된다. 즉, 스포츠 리그, 스포츠 팀 심지어는 개인 운동선수 모두가 스포츠 소비자에게 포지셔닝되어야 한다.

(1) 포지셔닝 방법

스포츠 상품과 서비스는 일반적으로 다음의 네 가지 차원에 기초해서 포지셔닝될 수 있는데, 첫째, 상품 및 서비스의 속성 둘째, 상품 및 서비스의 용도 셋째, 가격 대 품질 넷째, 경쟁자라고 할 수 있다. 첫째, 상품 및 서비스의 속성은 스포츠 상품 포지셔닝에 가장 많이 이용되는 속성으로 여러 속성 중에서 목표 세분시장의 소비자들이 가장 중요시 하는 속성을 효과적으로 소비자에게 전달하는 것이다. 시설업의 경우 "최고의 경기장," 용품업의 "뛰어난 상품" 관점에서 포지셔닝하는 것과 같은 방법이다. 둘째 방법인 상품 및 서비스의 용도 역시 포지셔닝에 이용된다. 스포츠 시설물을 예로 들면, 경기장에 있어 일반 경기장과 축구 전용 구장은 스포츠 소비자들에게 다르게 포지셔닝 될 것이다. 축구 전용 구장은 축구단이나 축구 팬에게 초점을 맞춰 포지셔닝을 하게 될 것이고 반면 일반 경기장은 다양한 스포츠 종목, 축구, 농구, 배구 등과 이에 입각한 스포츠 팬들에게 경기장을 포지셔닝할 수 있는 전략을 구사하도록 하는 것이다. 세 번째 가격대 품질 포지셔닝은 품질 대비 고가격 전략과 저가격 전략이 모두 취해질 수 있다. 목표시장의 성향을 파악하여 기업의 이익을 극대화 할 수 있는 전략을 취하도록 한다. 예를 들어, 호텔 내에 있는 스포츠 센터의 경우는 호텔 방문객의 사회적 지위를 고려해서 고가격 전략을 취하는 것이 좋을 것이며 반면 지역 시민단체 기관이나 학교에 속해 있는 스포츠 센터라면 저가격 전략을 취하여야 할 것이다. 네 번째 경쟁 상품에 따른 포지셔닝은 소비자의 지각 속에 자리잡고 있는 경쟁 상품과 자사의 상품을 비교함으로써 자사 상품의 혜택을 강조하는 방법이다. 예를 들면 운동복 생산업체가 자사 상품의 뛰어난 땀 흡수력을 간접적으로 경쟁 상품과 비교하여 이를 강조한다면 이는 경쟁사에 초점을 맞춘 포지셔닝이라고 할 수 있는 것이다.

기아자동차는 비치발리볼을 통하여 포지셔닝을 하고 있다.

그림 3-3 | 목표시장 선정과 세분화에 따른 전략

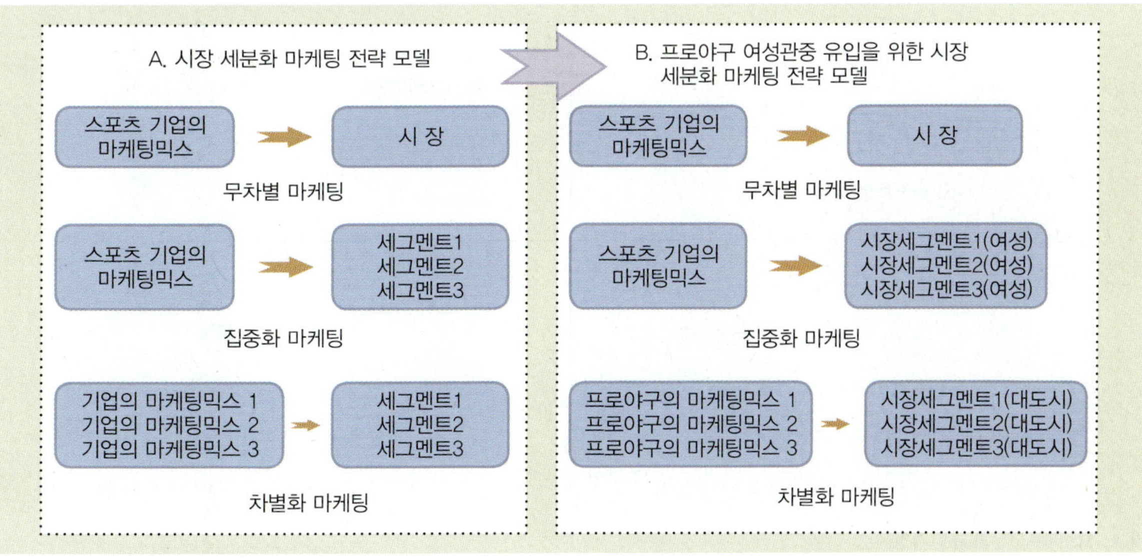

(2) 포지셔닝 맵

포지셔닝 전략에서 가장 유용하게 활용되는 방법 중에 하나인 포지셔닝 맵은 상품이나 서비스에 대해 소비자들이 지각하고 있는 점을 위치로 나타낸 심리적 표이다.

이러한 포지셔닝 맵을 이용하면 경쟁 상품과 자사 상품이 소비자에게 어떻게 지각되고 있는지를 쉽게 할 수 있다. 포지셔닝 맵은 상품의 속성에 따라 1차원에서 다차원까지 다양하게 작성될 수 있다.

1차원 포지셔닝 맵은 위치를 나타내거나 해석하기가 매우 쉬우나, 소비자들에게 영향을 미치는 상대적 속성에 따라 그 차원의 수가 정해지기 때문에 생각처럼 그림으로 나타내는게 항상 쉬운 것은 아니다. 실제로 세 가지 속성 또는 그 이상으로 포지셔닝 맵을 그릴 수 있으나 해석이 불가능한 경우가 많기 때문에 주로 2차원 포지셔닝 맵을 이용하는데 2차원 포지셔닝 맵의 경우에는 네 가지 속성 배합이 가능하다. 〈그림 3-4〉의 포지셔닝을 해석해 보면 미식축구에 비해 골프가 보다 포괄적인 연령대의 소비자들이 이용하거나 관람할 수 있는 스포츠로 인지되고 있다. 또한 소비자들은 가장 많은 기술을 요구하는 스포츠는 양궁이며 피겨스케이팅 선수들의 연령이 가장 낮을 것으로 인지하고 있다.

현대카드 수퍼매치 경기장 모습. 현대카드는 이러한 프로퍼티를 통해서 스포츠 프로퍼티에 있어서 새로운 포지셔닝을 하였다.

이러한 포지셔닝 맵은 자사 제품의 현 위치를 파악하고, 경쟁자 및 경쟁사의 상황을 파악할 수 있으며, 소비자가 가장 이상적으로 생각하는 제품의 속성 상태를 파악하고 마케팅 효과를 측정할 수 있다.

그림 3-4 2차원 포지셔닝 맵의 예

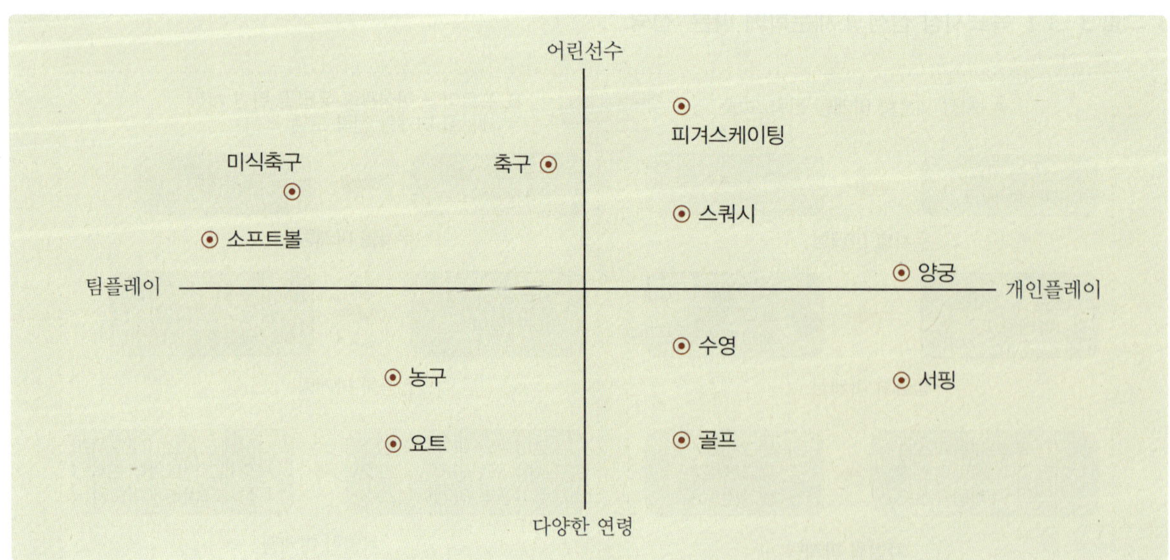

자료: Matthew D. Shank 수정.

4. 스포츠 프로퍼티 마케팅 믹스 개발

스포츠 프로퍼티의 STP 전략을 수립하려면 마케팅 믹스를 기초로 하여 마케팅 전략을 수립하여야 한다.

마케팅은 개개의 목적과 조직의 목적을 만족시키는 교환 관계를 창출하기 위하여 상품 및 서비스 개념, 가격, 촉진 등을 계획하고 수행하는 과정이라고 하는데 스포츠 마케팅 믹스는 소비자의 욕구를 효과적으로 충족시키기 위하여 조직이 조정·통제할 수 있는 수단을 말한다. 믹스의 종류에는 일반적으로 제품(Product), 가격(Price), 유통(Place), 촉진(Promotion) 등 네 가지 요소로 구성된다. 4Ps라고도 하며(5Ps 또는 7Ps를 주장하는 학자들도 있다) 서비스 마케팅 관점에서 7Ps를 주장하는 학자들은 참여자 또는 인적 자원(Participants or People), 시설물(Physical Surrounding), 생산과정(Process)을 추가한다. 서비스 마케팅에는 7Ps가 존재하며 대부분의 스포츠 제품이 서비스 제품이라는 점에서 이러한 이론이 제시될 수 있는 근거가 될 수 있다. 스포츠 마케팅 믹스(7Ps)의 각 요소에 대한 세부적 내용은 별개의 과정을 통해서 결정될 수 있지만, 개별적으로 볼 때 적절한 결정이 조직 전체적인 측면에서는 적절하지 못한 결정이 될 수 있다. 따라서 모든 요소들이 조화를 이룰 수 있도록 조직 전체적인 측면에서 적절하게 혼합되어 결정되어야 한다.

제품(Product)

제품은 인간의 기본적 욕구 또는 2차적 욕구를 충족시켜 줄 수 있도록 시장에 출시되어 소비의 대상이 되는 것을 의미한다.

관람객, 참가자 또는 스폰서들의 욕구를 만족시키기 위해 제공되는 물리적인 제품과 각종 서비스, 그리고 경기들을 의미한다고 할 수 있다. 예로 테니스 라켓, 농구화, 야구글러브, 수영복 등과 같은 물질적 제품뿐만 아니라, 수영강습이나 프로야구와 스포츠 프로그램이나 서비스를 포함한다.

스포츠 용품점에는 다양한 스포츠 관련 상품들을 구매할 수 있다.

스포츠 제품은 핵심 제품과 실제 제품, 확장 제품의 세 가지로 나눈다. 스포츠 마케터는 제품을 개발할 때 먼저 소비자들에서 제품의 어떤 핵심적 혜택을 제공할 수 있는지 파악해야 한다. 스포츠 제품의 개념을 보면 다음과 같다.

핵심 제품은 고객이 구입하는 근본적인 제품의 형상화된 모습으로 경기장을 찾는 고객은 경기를 구매하고, 음식을 구매하는 사람은 배부름을 구매하고, 응원 도구를 구매하는 사람은 즐거움과 승리를 구매한다.

실제 제품은 구매시 고객이 기대하는 속성, 편익, 서비스 등을 유형화시킨 것을 의미한다. 마케터는 핵심 제품을 실제 제품으로 전환시키는데, 이를 위해서는 제품과 다른 서비스의 특징, 디자인, 품질 수준, 브랜드 명, 패키징 등의 개발이 필요하다. 경기를 통해 구입하는 실제 제품은 주차 서비스, 매점, 티켓, 경기장 시설, 안내, A-보드 등이다.

확장 제품은 핵심 제품과 실제 제품을 추가적인 서비스와 혜택 등을 말하는데 스포츠 제품에 있어

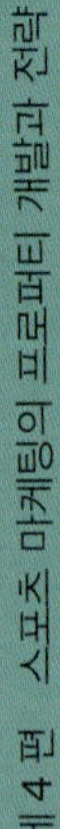

뉴욕의 NBA Store의 모습

서는 스폰서십, 라이센싱, 광고, TV 중계권 등이 있다.

가격(Price)

가격은 소비자들이 제품이나 서비스를 구매하고 지급하는 화폐 가치를 의미하는 것으로서 단순히 유형적 제품뿐만 아니라 이에 부가되는 여러 서비스나 제품을 구매함으로써 얻을 수 있는 효용과 가치를 포함시켜 결정된다.

스포츠 제품을 사용하기 위해서 테니스화를 구매한다고 하면 제품을 구매하기 위해서 지불하는 대가는 그 상품에 대한 가격이고 테니스 강습을 받기 위해서 지불하는 강습료 또한 그에 대한 가격이라고 할 수 있다. 이와 같은 가격을 기초로 스포츠 단체들은 투입 원가에 대한 보상과 이윤을 발생시키려고 한다.

스포츠 프로퍼티의 가격은 어떻게 정해야 하는 것일까? 가격 산정시 고려해야 할 요인들이 많이 있다. 그 중에서도 제품의 질은 중요한 기준이 된다. 희소가치가 있으면 비싸게, 없으면 싸게 가격을 책정한다. 경쟁사가 있느냐 없느냐 하는 것도 가격결정에 영향을 미치지만 더욱 중요한 것은 제품의 부가가치이다.

제품의 부가가치가 높으면 시장 경쟁력에서 앞설 수 있다. 가격은 전반적으로 기업의 내적 요소와 외적 요소로 많이 결정되는데, 내적 요소는 기업이 직접 통제 및 관리할 수 있는 요소로서, 기업이 추구하는 목표와 마케팅 믹스 및 투입원가이다.

외적 요소는 기업이 통제할 수 없는 요소로서 소비자의 수요, 경쟁자, 법적 문제, 거시적 경제 환경 등을 의미한다. 각 요인을 평가하여 적절한 상품 가격을 책정함으로써 기업은 합리적인 가격을 소비자에게 제시할 수 있다.

이러한 여러 가지 영향 요소 중에서 원가(Cost), 경쟁자(Competitor), 고객(Customer) 등은 3C라고 통칭되는 것으로 스포츠 상품의 가격결정에 기초될 수 있다고 할 수 있다.

가격은 일반적으로 상품과 화폐의 교환 비율을

의미하며 다른 교환 형태에서는 선수 수수료, 입장료, 등록금, 임대료, 이자, 비용 등 다른 명칭으로 사용되고 있음을 알 수 있다. 마케팅에서는 주로 상품과 화폐의 교환을 중심으로 가격이라는 명칭을 사용하고 있는데 교환 당사자 간에 가격이 결정되는 메커니즘에는 다음과 같은 것들이 있다.

첫째, 오늘날과 같이 대기업들이 대량 생산을 통해 많은 소비자들에 제품을 공급하는 구조에서는 기업이 가격을 결정하고 모든 소비자들에게 동일한 가격으로 제품을 판매하는 방식이 가장 일반적이다.

둘째, 경기장의 입장료와 같이 연맹이나 협회에서 서로 간의 협상을 통해 가격이 결정되기도 한다. 물론 산업재 분야의 경우에는 기업들 간의 원재료, 부품, 설비 등의 거래 또는 유통 경로에서 제조업체와 도·소매상 간의 거래에서는 협상을 통해 가격이 결정되는 것이 일반적이다.

셋째, 연맹이나 리그에서는 시즌이나 경기의 중요도에 따라 가격이 결정된다.

넷째, 선수의 능력이나 팀의 활약 여부에 따라서 가격이 결정되어지기도 한다. 또한 리그의 가치에 따라서 타이틀 스폰서의 가격이나 후원 금액이 틀려지기도 한다. 스포츠 상품은 일반적으로 용품 이외의 경기장 입장료나 선수 계약금, 연봉, 스카우트비, 그리고 타이틀 스폰서 금액들이 정해져 있는 것은 아니다.

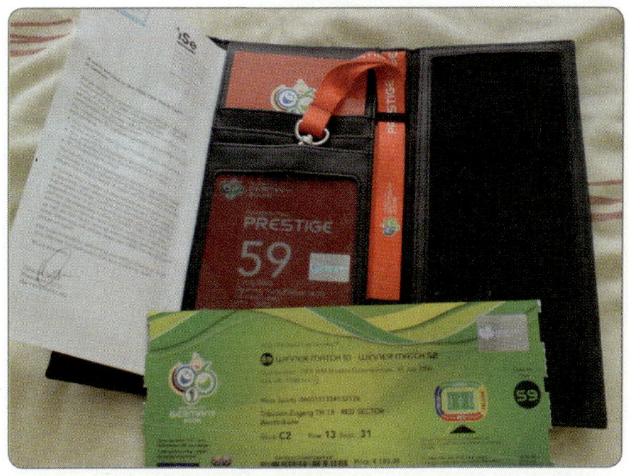

스포츠 제품의 가격은 다양한 측면에서 결정될 수 있다. (2006 FIFA World Cup의 Hospitality 입장권)

위에서 설명하고 있는 가격결정 메커니즘 중에서 어떤 방식으로 결정되든지 가격은 교환 당사자들 간에 상품의 가치를 나타내고 있으므로 사람들은 가격을 통해 상품의 가치를 판단하기도 한다. 특히 기업이 대량 생산한 상품을 구매할 때 소비자들은 가격을 상품의 가치를 나타내는 지표로 활용하기도 한다. '비싼 상품의 품질이 좋다'라든지 '어떤 상품이 좋은지 잘 모를 때는 비싼 상품을 사라' 등의 말 속에는 가격의 가치를 판단하는 기준이 된다는 뜻이 담겨져 있다.

유통(Place)

여러 관점에서 볼 때, 스포츠 제품의 유통 경로에 대한 의사결정은 마케터들에 있어 매우 중요한

표 3-1 스포츠 가격 유형 구분

일반 스포츠 용품	관람 스포츠	참여 스포츠	프로 스포츠
구입비 라이센싱비 수선비 원가비 서비스비 배달료	일반권 시즌권 단체권 타이틀 스폰서십비 공급업체 참가비	참가비 회원권 렌탈비 등급 상금(1, 2, 3 등) 기념품 주차비 기타 서비스비 식음료 구입비 소 프로퍼티 참가비	계약금 연봉 상금 포상금 리그 참가금 리그 가입비 샐러리캡

마케팅 休知通

오거스타 마스터즈 골프대회 입장권

공식 가격이 200달러도 안되지만 암시장에서 최고 1만 달러까지 간다. VIP 갤러리들을 위한 "오거스타 패키지"는 입장권, 호텔, 리무진 서비스 등을 포함하여 5만 달러 선이다.

티켓은 아무나 구입할 수 없고 4만명의 회원에게만 평생 구매 권한이 있으며, 회원이 되려면 회원이 사망하여 결원이 생겨야만 구매가 가능하게 된다.

이런일이 미국에선 실제 있었다.

지난 2001년 법원으로부터 오거스타 마스터즈 골프대회 입장권을 위조해 판매한 혐의로 지미 데이비스(50)가 30년 형의 중형에 처해졌다.

그런데 그가 만들어 판매한 입장권의 숫자는 고작 15장이었고 이 15장을 팔아 번돈은 2만 5천 달러로 징역 30년 형은 너무 가혹한 것이 아닌가 생각할 수 있다.

하지만 이렇게 중형이 선고된 배경엔 오거스타 마스터즈 골프 대회를 주관하는 오거스타 내셔널 클럽의 입김이 상당히 작용했으며 이 판결을 내렸다는 판사가 오거스타 회원이라는 중론이다. 이처럼 티켓은 대회의 권위를 높이는 도구가 되었다.

결정 중에 하나일 것이다. 왜냐하면 유통 경로는 오랜 기간에 걸쳐 구축될 뿐만 아니라 다른 마케팅 믹스 요소들에 비해 변경이 어렵기 때문이다. 뿐만 아니라 소비자들이 적시에 편리한 장소에 상품을 구입할 수 있도록 하는 것이 유통의 핵심이기 때문이다.

유통 경로는 '제품이나 서비스를 생산자로부터 최종 소비자에게 이동시키는 과정에 참여하는 기업과 개인들의 집합'으로 정의된다.

NHL 경기 입장권

유통 경로의 기본 흐름은 '생산자-도매업자-소매업자-최종 소비자' 형태를 띤다. 이러한 기본 흐름에 각 기업별 상품에 따라 유통 경로의 변형을 가져옴으로써 가장 합리적이고 효과적인 제품 전달 방법을 결정하게 되는 것이다. 기업의 뛰어난 상품 개발이나 창조적인 광고 제작이 중요한 것처럼 혁신적인 유통 경로 수립도 경쟁우위 확보의 핵심 요인이다.

스포츠 제품(예, 스포츠 의류, 장비 및 로고 상품 등)을 판매할 경우, 유통(distribution)에 대한 결정은 유통 경로, 재고 수준, 수송, 그리고 상점의 지리적 위치, 배치, 내부 장식, 접근편의성(예, 대중교통수단의 이용편의성, 개인버스의 운영, 주차장), 부대시설 및 외양과 관련 있다.

무형의 서비스인 스포츠 제품을 판매할 경우, 생산 장소가 바로 소비 장소이다. 이는 상품과 달리 제품이 생산된 후 어디에 보관되고 어디로 이동되는 것이 아니라는 것을 말한다. 즉, 장소에 대한 결정은 유통 경로, 재고 수준, 수송을 제외하며 상점보다는 경기의 개최지역, 시설의 지리적 위치,

배치, 내부 장식, 접근편의성, 부대시설 및 외양과 관련이 있다. 유통에 대한 결정은 입장권 판매 또한 방송 네트워크의 구축과 관련 있다.

스포츠 마케팅에 있어서 장소의 개념은 단순히 넓은 주차장을 확보하고 현대식 건물로 소비자에게 스포츠 프로그램을 제공한다는 차원에서 그치는 것이 아니라, 다양한 전달 방법을 활용하여 스포츠 제품이나 프로그램을 소비자의 상황에 적절하게 제공되는 방법을 포함한다.

일반적으로 스포츠 마케팅에 있어서 장소에 영향을 미치는 요인으로서 접근성, 매력성, 실용성 등의 세 가지가 있다.

접근성은 스포츠 소비자가 스포츠 제품을 얼마나 편리하고 용이하게 구매할 수 있는가 하는 지리적 위치와 관련된 요인이다. 지하철, 버스 등과 같은 대중교통 이용의 편리성, 교통비와 소요시간, 자가용 고객을 위한 충분한 주차 공간의 확보 여부, 그리고 쾌적하고 안전한 주변 환경의 조성 여부 등은 스포츠 소비자의 제품 및 서비스의 구매 결정에 결정적인 열쇄가 된다.

매력성은 경기장의 규모나 시설의 현대화와 건축미를 의미한다.

실용성은 스포츠 제품의 생산과 소비가 이루어지는 장소를 생산자(선수나 참가자)나 소비자(관중)가 얼마나 효율적으로 활용할 수 있는가를 의미한다. 예컨대 잠실종합운동장 메인스타디움의 경우 시설의 외양은 뛰어나나 축구 경기를 관람하기에는 효과적이지 못하다.

(1) 참여형 스포츠 프로퍼티의 경로

참여형 스포츠 프로퍼티의 유통 경로는 생산과 소비가 동시에 일어난 성격 때문에 스포츠 프로퍼티의 생산자와 소비자로만 구성되며 중간상이 존재하지 않는 경우가 많다. 즉, 스포츠 프로퍼티의 생산자가 중간상을 통하지 않고 고객에게 직접 서비스를 제공하게 된다. 예를 들어 스포츠 센터의 고객은 스포츠 센터를 직접 방문하여 시설들을 이용하게 된다.

럭비경기를 관람하고 있는 관중들 모습

대부분의 참여형 스포츠 프로퍼티는 한 장소에서 서비스를 제공하는 경우가 많지만 최근의 경향은 서비스를 성장시키고 확장하기 위해서 다른 장소로의 확장을 시도하고 있다.

이러한 전략을 복수점포 전략(Multi-Site Distribution Strategy)이라고 한다. 복수점포 전략을 실행할 때는 좋은 입지, 재정적 지원, 복수점포 관리, 품질의 통제 등에 대해 신중히 고려하여야 한다.

(2) 관람형 스포츠 프로퍼티의 유통 경로

관람형 스포츠 프로퍼티의 유통도 서비스의 성격을 주로 갖고 있기 때문에 고객에게 직접적으로 서비스를 제공하는 직적 유통 경로를 갖는 것이 일반적이다.

ㅣ 나스카를 체험하는 모습

예를 들어 경기 관람을 위해 고객은 경기장을 방문하여 입장권을 구매하고 경기를 관람하게 된다. 관람형 스포츠 프로퍼티는 직접적인 소비자의 접촉뿐 아니라 별도의 매체를 통해서도 접근이 가능한데 보통의 전자매체인 미디어들이 이러한 역할을 한다. 이러한 서비스들은 경기가 종료된 후에도 다양한 콘텐츠를 양산하여 제공하고 집안에서도 경기를 관람할 수 있도록 해준다.

입장권 판매와 경기 하이라이트의 제공 등이 대표적인 예라고 할 수 있는데, 예전에는 경기장에서 직접 판매를 중심으로 입장권 판매가 진행되었지만 최근에는 인터넷 입장권 판매 대행이나 전화를 통한 입장권 예매가 더욱더 활성화 되고 있는 추세이다.

이러한 입장권 판매 방식은 유통 경로를 더욱 투명하게 해주는 효과와 함께 체계적인 입장권 발권 시스템을 갖춤으로써 체계적인 유통 경로를 개척한다고 할 수 있다.

(3) 스포츠 프로퍼티의 유통 경로

스포츠 프로퍼티는 일반적인 프로퍼티의 유통 경로와 같은 형태의 유통 경로를 갖게 되는데, '생산자-도매업자-소매업자-최종 소비자'의 복잡한 유통 경로를 거치는 경우가 많다. 최근에는 인터넷을 통한 유통 구조의 변화를 통해서 직접적인 유통 경로가 늘어나고 있는 상황이며 도매업자와 소매업자가 통합되는 모습도 보이고 있다.

촉진(Promotion)

소비자들에게 스포츠 마케팅이 무엇인지에 대한 질문을 한다면 그들의 생각에 가장 먼저 떠오르는 것은 무엇일까? 영화 제리 맥과이어에 나오는 선수들의 매니저나, 박지성 선수가 광고하는 나이키나, 아디다스 광고에 나타나는 베컴의 모습 정도를 떠올릴 것이지만, 스포츠 마케팅은 일반적으로 생각하는 것 보다 훨씬 많은 곳에서 나타나

마케팅 休知通

하이테크와 하이터치

하이테크(high tech)는 상품에 최첨단 기술이 적용되는 것을 말하며, 하이터치(high touch)는 미적 가치를 강화하고 사용자 편의성(user interface)을 높이는 것을 말한다.

오늘날과 같은 감성시대에는 환상의 하이터치 전략이 하이테크보다도 우선 되어야 한다. 최근에는 상품의 기획 단계부터 디자이너가 참여하는 경우가 많아지고 있는데, 기술에 디자인을 맞추는 것이 아니라 디자인에 기술을 맞추는 것이다.

스포츠 현장에서는 경기장의 경우 단순한 경기 관람이 아니라 고객들과 직접 관련이 있는 Fan Zone이나 어린이 보호 시설, 흡연자를 위한 공간과 같은 하이터치를 강화하는 공간들이 만들어지고 있다.

고 있고 광고뿐 아닌 그 이상에서 활용되고 있다.

고객들에게 프로퍼티가 어디에서 팔리고 있는지를 알리고, 다른 프로퍼티와 비교하여 장점을 설득시키고, 기존의 구매성향을 바꾸는 업무는 마케팅 커뮤니케이션을 통하여 이루어진다. 이러한 목적을 달성하기 위하여 강구할 수 있는 수단은 크게 다섯 가지(PR, 광고, 홍보, 매인판매, 판매촉진)가 있다. 이들 다섯 가지 수단을 촉진 믹스 또는 커뮤니케이션 믹스라고 한다.

스포츠 마케팅은 좋은 상품이나 서비스, 합리적인 가격, 그리고 언제 어디서든지 소비자가 원할 때 상품을 접할 수 있도록 하는 것 등을 포함한다. 또한 이러한 각 마케팅 믹스 요소를 적절히 결합시키는 요인이 필요한데 이러한 것이 스포츠 촉진이라고 할 수 있다.

스포츠 촉진에서는 소비자들에게 메시지를 전달하는 방법인 스포츠 촉진 방법에는 전통적인 방법으로 광고, 홍보, 인적 판매, 판매촉진이 있다. 광고는 대가를 지불하고 프로퍼티와 관련된 각종 정보를 비인적 매체를 통해서 소비자에게 알리고 구매를 설득하는 형태의 촉진 활동이다. 홍보는 'Publicity'와 'Public Relations(PR)'라는 용어가 있는데 한국에서는 홍보가 PR라고 착각하는 사람이 많다. 한영사전을 보아도 '홍보'라는 단어는 Publicity와 Public Relations 활동 두 가지로 설명되어 있다. 그러나 Public Relation은 공중관계 혹은 대중관계로 표현하는 것이 바람직하다.

광고는 통제가 가능하나 홍보는 통제가 가능하지 않다. 그래서 홍보는 긍정적(positive publicity)일 수도 있고 부정적(negative publicity)일 수도 있다.

인적 판매는 판매원이 소비자를 직접 대면하여 프로퍼티에 대한 각종 정보를 제공하고 그들이 프로퍼티를 구매하도록 설득하는 일체의 활동이다. 판매촉진은 소비자의 프로퍼티 구매와 조직의 효율성을 자극할 목적으로 다른 마케팅 커뮤니케이션 도구(예, 세일, 할인쿠폰, 무료견본, 사은품, 추첨 등)를 지원하거나 수행되는 활동을 말한다.

실행 계획 수립

프로퍼티 전략의 수립 및 프로퍼티 마케팅 믹스가 개발이 완료된 후, 본 프로퍼티 실행을 위한 실

동계올림픽 개최도시 평창에서 벌어진 국내 후보 도시 평가 모습

2018 동계올림픽 개최도시의 마케팅 과정을 계획하고 실행 단계

행 계획을 수립하여야 한다. 실행 계획의 시뮬레이션을 통한 스포츠 프로퍼티의 표적시장에 대한 마케팅 조사가 끝나면 마케팅 담당자는 이를 토대로 스포츠 상품에 대한 실행 및 운영 계획을 세우게 된다. 이때의 실행 계획은 최종적인 마케팅 활동 실행을 위한 계획으로서, 표적시장에 대한 마케팅 목표를 조정하고, 새로운 제품이나 기존의 제품에서 변형된 제품개발을 결정하고, 이를 위한 조직과 시스템을 구축하며, 구체적인 실행전략과 마케팅 믹스 전략을 수립하는 것이다.

마케팅 활동 전개 및 프로퍼티 실행

실행 계획 수립의 첫 단계에서 마케팅 목표를 조정하는 것은 스포츠 마케팅 담당자가 개별 스포츠 제품과 서비스에 가장 적절한 표적시장을 공략했다고 하더라도 마케팅 전략의 처음 목표와 완전히 일치하기는 어렵기 때문이다.

다음으로 이러한 목표를 보다 집중적·효과적으로 달성하기 위하여 스포츠 기업의 조직과 시스템을 구축하고, 이러한 조직과 시스템에 기초한 구체적인 실행전략을 수립하게 된다. 여기에서 목표에 따른 구체적 실행전략은 크게 마케팅 활동의 경쟁전략을 선정하고, 운영을 지원하는 스포츠 마케팅 전략과 스포츠 제품을 소비자에게 가장 효과적으로 전달하고자 하는 마케팅 믹스 전략 등으로 구분할 수 있다.

스포츠 프로퍼티의 전략 수립이 목표를 달성하고자 하는 수단이라면, 마케팅 믹스는 이 전략을 수행하기 위한 구체적 전술이라고 할 수 있다.

스포츠 프로퍼티의 담당자가 해야 할 일은 경쟁 제품이나 상표들과 변별될 수 있는 자사의 제품과 상표만이 가질 수 있는 특성들을 가려내는 일이다. 이미 무수한 제품들에 의해 선점된 스포츠 시장에 진입하기 위해서는 제품 경쟁력을 갖추는 것은 필수이며, 이를 위해서는 제품의 편익과 관련된 기능적인 측면을 스포츠 소비자에게 효과적으로 전달하기 위한 경쟁 방법들까지 파악하는 것이 필수적이다.

스포츠 소비자는 자신의 욕구와 필요가 발생한 시간과 공간에 그것을 충족시킬 수 있는 적절한 제품과 서비스가 존재하기를 기대한다. 스포츠 제품이나 서비스에서의 접근 가능성이 용이할수록 스포츠 소비자의 측면에서 가치는 증폭되는 것이다.

실행 및 평가

마케팅 계획, 관리 과정의 마지막 단계는 표적시장에 대해 수립된 마케팅 계획을 실행하고 실행 과정 및 결과에 대하여 평가하는 것이다.

수립된 마케팅 실행 계획을 실행하는 단계에서 스포츠 마케팅 관리자는 마케팅 목표 달성을 위하여 성공적인 실행이 될 수 있도록 마케팅 활동을 지원하고, 통제하는 역할을 담당해야 한다. 또한, 평가 단계에서는 조직이 수행한 마케팅 활동 성과를 분석하고, 조직과 소비자 양자가 모두 최대한의 이익을 얻을 수 있도록 마케팅 활동이 분석되었는지 평가해야 한다.

스포츠 마케팅 계획의 효과를 고려해야 하며,

마케팅 관리 과정 중 의사결정, 계획 수립, 마케팅 전략의 적용 등 모든 요소들이 효과적으로 수행되었는지를 판단하고 냉철히 분석하여 향후, 마케팅 계획, 관리 과정에 자료로 활용할 수 있어야 한다.

일단 스포츠 제품이 만들어져서 스포츠 시장에 나가게 되면 스포츠 소비자에 의해 직접 소비되는 과정에서 제품과 그에 따른 사후 서비스에 대한 정도를 평가받게 된다. 소비자 평가는 향후 시장 경쟁에 직접 영향을 줄 수 있는 요소이기 때문에 스포츠 마케팅 관리자는 소비자의 사후 서비스에 대한 평가 또한 중요하게 생각하고 피드백해야 할 것이다.

5. 스포츠 프로퍼티의 관리의 예

스포츠 프로퍼티 관리자는 조직이나 단체가 소유하고 있는 스포츠 프로퍼티를 유지 및 보수 관리를 위해서 가이드라인을 작성하고, 이 가이드라인을 통해서 조직이나 단체가 소유하고 있는 프로퍼티를 보호하려고 한다. 이러한 사례는 올림픽이나, FIFA 월드컵에서 볼 수 있는데, 스포츠 프로퍼티를 소유한 단체가 프로퍼티를 보호하기 위해서 얼마나 많은 노력을 하고 있는지 볼 수 있다.

마크의 활용

(1) 마 크

Mark라 함은 Official Emblem, Official Mascots, Trophy 등의 이미지를 의미하고 이 마크는 공식 후원사 제품의 판매를 위해서 Premium 제품, 홍보물, 광고, 프로모션용으로 사용될 수 있다. 이러한 마크는 스포츠 이벤트 주최의 승인을 받아야지만 사용할 수 있을 정도로 무척 까다롭게 사용하여야 한다.

이는 스포츠 이벤트의 마크 권리를 보호하기 위

2002 월드컵에 활용된 Art 마크의 예

해서 이기도 하다. 종종 인기 있는 스포츠 이벤트의 마크를 올바르게 사용하지 못하여서 이벤트의 이미지를 훼손하거나 몇몇 공식 공급업체들은 이러한 문제점을 인식하지 못하고 종종 승인을 받지 않고 마크와 명칭을 사용하기도 한다. 스포츠 이벤트의 마크와 명칭의 승인은 대회의 이미지를 지키는 중요한 업무 중에 하나라고 할 수 있다.

2002 FIFA 월드컵 엠블럼

2006 FIFA 월드컵 엠블럼

Art 마크

Art 마크는 스포츠 이벤트의 공식 엠블럼을 예술적으로 변형한 것으로 말할 수 있으며 이 Art 마크는 여러 가지 다양한 곳에 사용이 될 수 있다. 공식 파트너의 홍보제품, 및 각종 발표 자료에 사용될 수 있으며 최소 사이즈와 최대 사이즈를 구분하여 활용하는 것이 좋다고 할 수 있다.

이러한 마크를 사용하기 위해서는 조직위원회, 공식 후원사, 개최도시에서는 대회 조직위원회의 승인을 받아야 하며 법적인 문제에 대해서 보호받을 수 있도록 하여야 한다.

(2) 엠블럼

엠블럼은 스포츠 이벤트의 공식 마크로 대회 이벤트를 공식적으로 알릴 수 있는 로고라고 할 수 있다. 국제대회라고 한다면 개최국의 문화와 전통적인 이미지를 담아서 제작한다. 이러한 대회의 공식 엠블럼은 심벌과 로고체로 구성되어지는데, 2002 FIFA 월드컵의 엠블럼을 예로 살펴보면 심벌의 중심 형상은 FIFA 월드컵 최초로 시도한 디자인으로 FIFA 월드컵 트로피를 형상화하고, 엠블럼의 전반적인 모양은 원형을 기조로 하여 이 원형은 아시아의 문화의 일부를 의미하여 우주, 태양, 세계, 인상을 상징하였다.

로고체 한가운데 있는 "00"은 무한대로 표기하여 영원한 화합과 협력을 의미 하였고, 개최국명인 한국과 일본은 개최국의 상징인 국기의 색상인 파란색과 빨간색으로 표기하였다. 이처럼 공식 엠블럼은 개최국의 이미지와 문화를 담아서 디자인한다.

(3) Composite Logo 합성 로고의 사용권

Composite Logo의 사용은 합성 로고라고 하여 스포츠 이벤트의 Mark 사용의 권리 중 하나로 세부적으로 갈라져 나올 수 있는 권리 중 하나라고 할 수 있다. 이 합성 로고를 사용하는 주체는 공식 파트너, 공급업체, 개최도시인데, 특히 공식 후원사들에게 있어서나 개최도시에 있어서 공식 후원사는 합성 로고를 다양한 매체 광고 가장 많이 사용하기 때문에 상당히 중요한 부분이라고 할 수 있으며 개최도시도 도시의 홍보를 위해서 항상 합성 로고를 사용할 수 있다. 이러한 합성 로고 또한 공식 파트너와 공급업체 간의 확실한 구분을 두었는데 마케팅 가이드라인에 따라서 사용 및 제작의 규칙이 적용될 수 있다.

(4) Mark 사용 가이드라인 활용 사례 – 2002 FIFA 월드컵 –

Mark Guideline이라고 하는 것은 FIFA 월드컵의 FIFA Marketing AG의 업무 중에서 가장 중요한 부분이라고 할 수가 있는데, 이러한 업무는 Mark Approval이라고 하는 시스템 속에서 FIFA의 공식 후원사, 양국 조직위원회, 개최도시 그리고 사용을 허가받은 몇 개의 단체들이 이러한 FIFA 월드컵 마크인 엠블럼, 마스코트, FIFA 트로피 등을 사용하기에 앞서 FIFA Marketing AG에 사용 승인 신청을 하게 된다.

이러한 경우 FIFA Marketing AG에서는 마크의 사용처가 분명한지, 정확하게 사용되고 있는지 FIFA 월드컵의 이미지에 훼손되지 않는 디자인이나 상품인지 등 마케팅 측면 및 마크의 마케팅적 보호를 위해서 승인업무 절차를 하는데, 이 업무를 하기 위해서는 각종 가이드라인이 필수적이다. 거의 모든 FIFA Marketing AG 직원들이 이러한 승인 관련 내용을 명확하게 이해하고 있는 실정인데, 그러한 이유는 FIFA 월드컵 마크의 오용을 방지하고 올바르게 사용하여서 FIFA와 FIFA 월드컵의 올바른 인식을 주기 위함에 있다.

Emblem(엠블럼)

엠블럼은 FIFA 월드컵을 기본적으로 상징하는 기호라고 할 수 있고, 이것을 정확하게 사용하는 것이야 말로 FIFA와 FIFA 마케팅에 있어서 중요한 문제라고 할 수 있다. 마크의 요용 방지는 FIFA 월드컵 전체의 이미지에 큰 영향을 미치기 때문인데 대회 공식 엠블럼과 공식 마스코트는 FIFA 월드컵 개최 2~3년 전에 발표되며 이것은 그래픽 심벌로 규정되어 있다.

공식 엠블럼은 개최국의 전통과 예술적 원칙들, 예를 들면 비대칭, 역동성과 조화에 입각해서 제작되어지는 일반적인 관례라고 할 수 있다.

대회와 연관성을 표방하거나 홍보할 수 있도록 공식 마크에 대한 사용 권한을 지닌 단체들은 매우 제한적으로 FIFA가 규정하고 있는 그 단체를 살펴보면 다음과 같다.

- FIFA
- 개최국의 조직위원회
- 공식 파트너(Partner)와 공식 제공업체(Supplier)
- 라이센시
- 개최도시
- 방송 파트너(방송권자)

코카콜라의 합성 로고

Avaya 합성 로고

버드와이저 합성 로고

현대해상의 합성 로고

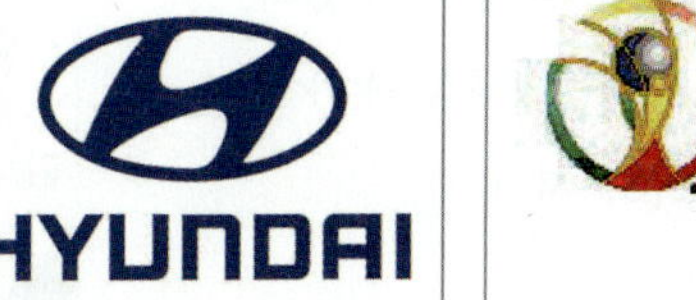

2006 독일 FIFA 월드컵의 현대자동차 합성 로고

개최도시의 합성 로고

일반 혹은 특별 미디어(설명 목적으로만 국한)

• 각국 축구 협회(공식 엠블럼으로만 국한)

상기 언급된 각 단체들은 공식 마크 사용은 공식 마크의 다양한 버전 사용 가능성과 같은 특정 조건에 의해 결정되며 FIFA와 FIFA Marketing AG는 대회가 원활하게 진행되기 위해서 이러한 조건들과 엄격한 가이드라인을 따라줄 것을 강조한다.

이러한 조건 속에서 상기의 단체 이외에 어떠한 단체나 개인도 공식 마크를 함부로 사용할 수가 없으며 사용할 경우 Ambush Marketing 및 지적 재산권 침해로 인해서 그에 상응하는 조치를 받게 된다. 그러므로 공식 마크는 FIFA Marketing의 승인을 통해서 일관성 있고 규정에 맞게 사용되도록 수정되어지고 가이드라인이 제시되어지는 것이다.

이러한 마크 가이드라인은 다양한 공식 마크의 법적인 지위를 보호하고, 동 품질의 제작을 보장하고 이를 통해 사용단체가 최대한 이득을 누릴 수 있도록 제작된다.

(가) 공식 마크는 사용 허가자의 상업적인 홍보와 공식 마크에 대한 상세한 설명만을 위해 사용될 수 있다.

(나) 사용 허가자 이외에는 어느 누구도 공식 마크가 사용되는 행사를 조직하는 데 관여할 수 없다.

(다) 사용 허가자는 가능한 한 합성 로고를 사용해야 하며 FIFA의 공식 파트너는 자유 승인을 받은 후에 자유롭게 마크를 사용할 수가 있다.

(라) 공식 마크의 각각의 사용은 FIFA Marketing AG의 사전 승인을 받아야 한다.

다음은 공식 마크의 설명과 올바른 사용법을 나타낸 것이다. 그러나 공식 마크 사용에 관한 포괄적인 조건들과 사용할 수 있는 버전 전부에 대한 자세한 내용은 FIFA Marketing의 가이드라인에 의거하여 승인을 받을 수가 있다.

심벌은 공식 엠블럼의 그래픽 요소로서 FIFA 월드컵 트로피의 링 디자인을 담고 있다. 주지할 사항은 다음 조건을 충족하는 경우에만 공식 로고 없이도 심벌의 단독사용이 가능하다.

(가) 심벌의 50% 이상이 식별 가능해야 하고

(나) 완전한 법적 통지가 심벌 근처에 표시되어야 하며

(다) 공식 엠블럼의 전체 버전이 동 페이지에 표시되어야 한다.

• 법적 통지(Legal Notice)가 없는 경우

예시

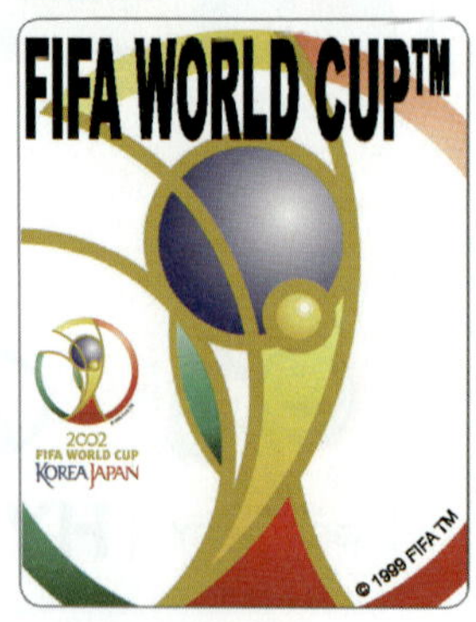

| 올바른 사용법

| 틀린 사용법

Legal Notice 1999 FIFA TM

- 심벌의 50% 이하가 표시되었을 경우
- 공식 엠블럼 전체 버전이 동 페이지에 표시되지 않았을 경우에는 엠블럼을 디자인으로 사용할 수가 없다.

또한 법적 통지(Legal Notice)는 공식 엠블럼의 핵심 부분이며 항시 분명하게 식별될 수 있어야 한다. 공식 엠블럼이 매우 작게 축소되어 사용될 경우에도, Legal Notice는 식별될 수 있게 확대되어야 했다. 이러한 법적 통지는 항상 정확히게 사용되어져야 함은 당연한 것이다.

로고타입은 단독으로 항상 엠블럼과 사용되어져야 하며 단독으로는 그 디자인이 사용되어질 수는 없다. 하지만 그냥 일반적인 디자인으로는 명칭을 사용할 수가 있다.

- 2002 FIFA 월드컵 한국/일본TM
- FIFA 월드컵 한국/일본TM

로고타입이 단독으로 혹은 타이틀의 부분으로 사용되는 경우, 2002 FIFA 월드컵의 공식 서체인 META체를 사용하여 인쇄되어야 한다. 텍스트의 일부인 경우, 텍스트와 동 글자체로 인쇄될 수 있다.

"TM"은 항시 대회 타이틀에 표시되어야 하며, 상기 타이틀은 완전하게 법적인 보호를 받는 유일한 대회 타이틀이며 FIFA Marketing AG는 대회 타이틀 무단 사용에 대해 고발조치할 수 있다. 공식 마크와 혼란을 일으킬 정도로 유사하거나 공식 마크를 모방해서 대회를 지칭하는 다른 어떠한 명칭도 허용될 수 없다. "TM"을 포함하고 상기 타이틀의 정확한 번역일 경우에 허용된다. 하지만 아래와 같은 경우를 예로 불법 명칭을 사용할 경우에는 사용이 불허되며 법적인 고발 조치를 받을 수 있다.

- World Cup
- Soccer World Cup / Football World Cup
- 2002 World Cup
- Korea 2002 / Japan 2002
- Soccer 2002 / Football 2002

일본어의 경우, W-Hai 혹은 W-cup 역시 허가되지 않은 표현이다. 공식 마크 보호가 더욱 어려워지고 있기 때문에 불법 마크가 대회와 관련되어 사용되지 못하도록 조치를 취하는 것은 무엇보다 중요하다.

다양한 버전

공식 엠블럼은 가능한 한 많은 응용을 할 수 있도록 다양한 버전들이 개발되었다(다양한 선명도, 엠블럼 색상, 단일 색상 등).

개최도시는 엠블럼을 합성 로고의 형태로 사용할 수 있으며 공식 엠블럼은 아래의 버전들 중 어느 것으로 대체될 수 있는데,

① 가능한 한, 우선적으로 컬러톤 버전을 사용하고, 불가능할 경우에는 선호순대로 사용해야 한다.

② 공식 엠블럼의 최소형 크기는 (세로형 버전의 심벌 지름인) 15mm 혹은 (가로형 버전에서 공식 엠블럼 전체의 총 너비인) 35mm이다.

③ 라인아트와 톤의 차이점은 라인아트 색상은 단조롭고 무늬가 없는 반면 톤 버전의 경우 심벌색상이 농도변화를 보여야 한다.

④ 어두운 단색 배경에는 백색글자를 사용할 가

다양한 버전

Ι 세로형

Ι 가로형

Ι 컬러(1순위)

Ι 컬러(라인아트-2순위)

Ι 검정 톤(3순위)

Ι 검정 톤(4순위)

Ι 최소형 (10과 15mm 사이의 너비 사용) 더 크게 사용할 수도 있음.

Ι 리버스 버전 (어두운 단색 배경에 사용)

FIFA 월드컵 엠블럼의 공간 여백

능성이 많으므로 색상을 반전시킨 리버스(reversed) 버전이 사용될 수 있다.

⑤ 어떤 방식으로도 공식 마크의 변경을 금지한다.

공백 영역

공식 엠블럼이 항시 눈에 띄도록 하기 위해서는 공백으로 둘러싸여야 한다. 공백의 넓이는 사방 심벌 지름의 삼분의 일(33%)이어야 한다. 공식 엠블럼이 여러 색상의 바탕(예를 들면 사진)에 표시되는 경우, 공식 엠블럼과 바탕이 적절하게 대비될 수 있도록 흰색 상자 안에 공식 엠블럼을 넣어야 한다. 공백 영역은 합성 로고에는 적용되지 않는다. 합성 로고 디자인은 바탕 종류와는 상관없이 그래픽의 우측에 혹은 그래픽의 남은 부분에 표시된다.

합성 로고(Composite Logo)

공식 마크의 사용 허가자는 프레임 내에 3부분으로 구성되고 개최도시에 맞게 고안된 합성 로고를 사용할 수 있다.

① 공식 엠블럼
② 사용 허가자의 로고(로고, 색상, 스크립트 등)
③ 공식 명칭

이러한 기회로 사용 허가자는 기존 고유 마크,

표 3-5 잘못된 사용의 예

로고가 짓눌린 경우	로고가 분할되었거나 재구성된 경우	로고타입과 엠블럼이 분리된 경우

다양한 배경	로고타입과 엠블럼이 분리된 경우
	2002 FIFA 월드컵 마케팅 비즈니스2002 FIFA 월드컵 마케팅 비즈니 스2002 FIFA 월드컵 마케 팅 비즈니스2002 FIFA 월드 컵 마케팅 비즈니스2002 FIFA 월드컵마케팅 비즈니 스2002 FIFA 월드컵 마케 팅 비즈니스2002 FIFA 월드 컵 마케팅 비즈니스2002 FIFA 월드컵 마케팅 비즈니 스2002 FIFA 월드컵 마케 팅 비즈니스 2002 FIFA 월드 컵 마케팅 비즈니스2002 FIFA 월드컵 마케팅 비즈니스 2002 FIFA 월드컵 마케팅 비즈니스2002 FIFA 월드컵 마

• 사용자의 로고

Official Designation

• 사용자의 로고

Official Designation

색상, 스크립트 등을 공식 마크와 함께 사용할 수 있다. 따라서 각 사용자는 그 도시에 맞게 대회와 보다 높은 연관성을 표방할 수 있다. 공식 명칭은 다음 목록에서 선택 가능하며 공식 파트너와 공식 공급업체의 경우에는 각 후원기업의 제품 카테고리의 따라서 변경이 있을 수 있다.

Official Partner

- Official [Category] Sponsor/Partner of the FIFA World Cup™
- Official [Category] FIFA Partner of the FIFA World Cup™
  - Official Sponsor/Partner of the FIFA World Cup™
  - Official FIFA Partner of the FIFA World Cup™
  - Official [Category] FIFA World CupTM Sponsor
  - Official FIFA World Cup™ Sponsor
- Official Supplier of/to the FIFA World Cup™
- Official Product(s) of the FIFA World Cup™

Official Supplier

- Official Supplier of/to the 2002 FIFA World Cup Korea/Japan™
- Official Supplier of/to the 2002 FIFA World Cup™
- Official Supplier of/to the FIFA World CupTM
- 2002 FIFA 월드컵™ 공식 [Category]

Host City (개최도시)

- 2002 FIFA World Cup Korea/JapanTM Host City(2002 FIFA 월드컵 한국/일본TM의 개최도시)
- Host City Korea(한국의 개최도시)
- City of the opening match(개막전 개최도시): 서울에만 적용

상기에 명확히 언급된 명칭의 정확한 번역인 경우에 한하여 공식 명칭은 어느 언어로든 사용될 수 있다. FIFA Marketing은 합성 로고를 개최도시 고유의 마크에 어떻게 적용할 수 있는지에 관한 대략적인 사례를 제공하고 있다. 사용자는 사용하고자 하는 로고와 색상, 로고, 스크립트 등을 적절한 상자 안에 적용함으로써 자체 그래픽을 지침에 따라서 제작하여 사용하기 전 FIFA Marketing의 승인을 받은 후에 사용할 수가 있다. 합성 로고의

사용은 비교적 탄력적이고 쉽게 그리고 때때로 신속하게 승인을 받을 수 있다. 사용 허가자의 합성 로고를 사용하여 다양하게 응용할 수가 있는데, 그 예는 다음과 같다.

- 명함
- 자체 사무실용 문구 용품 레터헤드, 봉투 등
- KOWOC/JAWOC 사용
- 사용 허가자가 제작하는 대회 관련 정보에 관한 브로셔(개최도시는 순수한 목적으로만 사용 가능함)
- 기념품에 사용 가능하며(개최도시는 사용 불가능)
- 제3자와 연관해서 사용은 불가능하다.
- FIFA Marketing의 승인을 받아야 한다.

공식 마스코트

사용 허가자는 공식 마스코트를 사용할 수가 있는데, 이 캐릭터들은 FIFA 월드컵과 함께 대회의 분위기를 특히 FIFA 월드컵 동안 축제 분위기를 확산하고 고조시키는데 기여한다. 어떠한 공식 마스코트를 사용할 경우에도 제작 이전에 FIFA Marketing에게 사전승인을 받아야 한다. 공식 마스코트는 합성 로고 형식으로 개최도시 기념품에만 표기될 수 있다. 공식 마스코트는 다른 캐릭터, 마크 혹은 심벌과 함께 사용되어서는 안된다.

FIFA 트로피

FIFA 트로피는 오직 FIFA와 FIFA의 공식 파트너

2002 FIFA 월드컵 마스코트

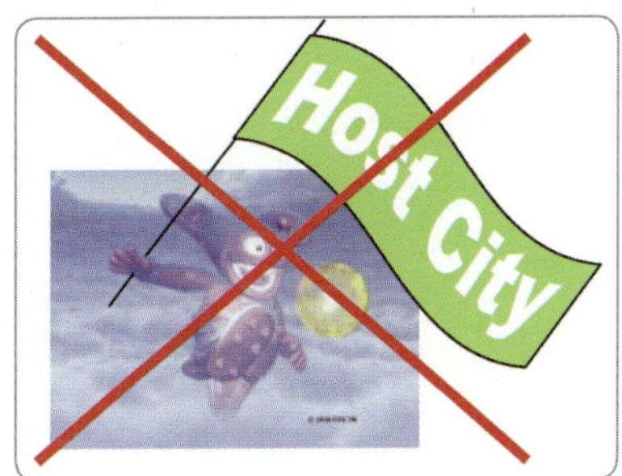

마스코트의 사용 금지의 예

만이 사용할 수가 있다. 이러한 FIFA 트로피는 마스코트의 이미지의 가이드라인과 함께 사용되어진다. 또한 규격은 100mm 이상을 사용할 수 있으나 최소 5mm를 사이즈 이상으로 축소가 불가능하다.

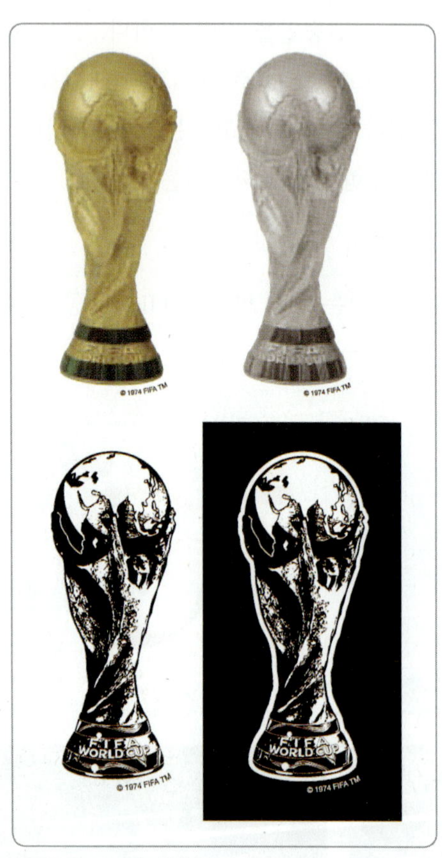

FIFA Trophy의 기본적인 모형

FIFA 트로피 또한 사용할 경우 1/8 의 공간만큼 이미지 여백을 두어야 한다. 이러한 공간적 여백을 두는 이유는 FIFA 트로피의 이미지를 보호하고 완벽한 이미지의 의미를 전달하기 위해서 이미지 주변에 공간의 여백을 두는 것이다.

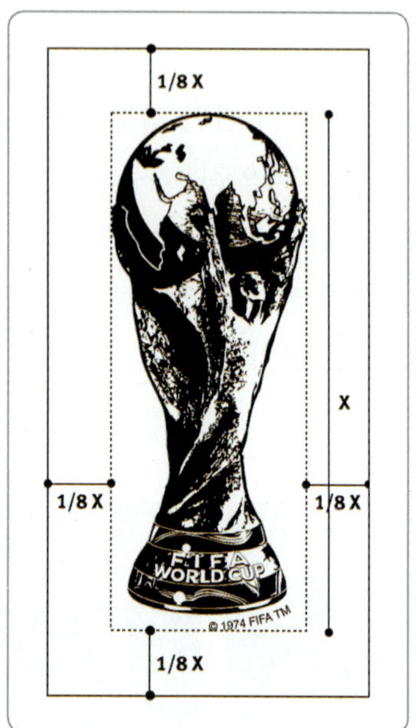

FIFA Trophy의 공간 여백

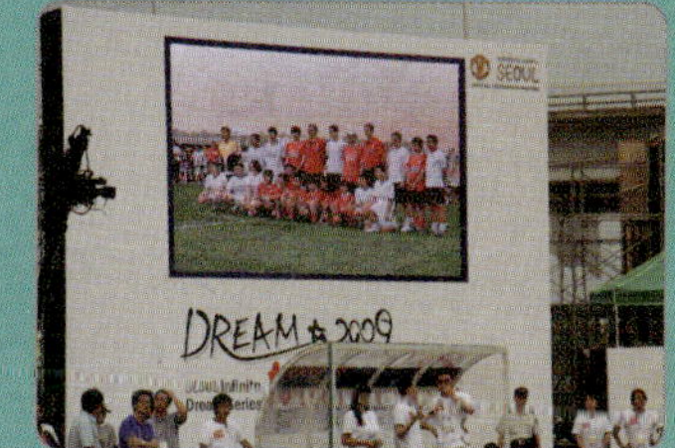

제 4 장 스포츠 라이센싱(Licensing) 상품 개발

제 4 장

스포츠 라이센싱 (Licensing) 상품 개발

스포츠에 대한 관심도가 지속적으로 높아지면서 스포츠 라이센싱 제품 시장이 급속도로 성장하고 있다. 즉 스포츠 단체의 재원 중에서 라이센싱 상품 판매 수입이 차지하는 비중이 더욱더 커지는 추세에 놓여 있다. 그러나 우리나라의 스포츠 구단의 경우 외국에 비하여 라이센스 상품 판매 수입이 차지하는 비율이 아직은 미비한 실정이지만 구단에서는 이를 이용한 재원의 확보 차원에서 라이센스에 대한 비중을 더욱더 높여 가고 있는 것이 현재의 실정이다.

미국 스포츠 라이센스 시장에서 라이센서를 제공하는 주요 라이센서로는

- Major League Baseball Properties
- National Football League Properties, Inc
- National Hockey League Enterprises
- National Basketball Association
- CLC(Collegiate Licensing Company)

등이 있다.

라이센서(Licensor)들은 각 프로리그 자체의 로고(Logo), 심벌 마크 디자인의 사용에 관한 라이센스 계약 체결과 라이센스 계약 이행 등에 관한 사항을 일괄 위임받아 시행하고 있다.

라이센서의 수입은 리그 자체의 수입과 구단의 수입으로 나뉘어서 주어지는데 라이센서 시장 규모면에서 미식축구와 프로농구 라이센스 제품 시장 규모가 크고 시장 성장면에서는 미식 프로축구와 프로하키 라이센스 제품 시장이 성장세를 보이고 있다고 한다.

라이센시(Licensee)는 라이센서와의 계약을 통해 프로리그 및 개별 구단의 로고, 심벌, 마크, 디자인 등의 사용 권리를 취득한 업체를 말하는데 대부분의 스포츠 라이센시는 유통업, 소매업, 제조업 등을 겸하고 있으며 이들은 직영 매장이나 백화점, 할인점, 스포츠 전문점 등의 소매 업체를 통해 제품을 판매하고 있다. NFL의 라이센서는 National Football League Properties, Inc.이다. 예를 들면 달라스 카우보이 구단에 라이센서 계약을 체결하여 라이센

라이센스들은 스포츠 프로퍼티를 통해서 다양한 제품들을 만들어 내고 있다. (2010 벤쿠버올림픽의 기념 주화 셋트)

시가 되려면 접촉 대상이 구단이 아니라 National Football League Properties, Inc.를 접촉해야 한다. 시장 규모가 1993년 이후 130억 달러 이상을 유지하고 있다.

기본적으로 라이센스를 판매하는 라이센서들은 큰 수익을 올린다. NFL, NBA, NHL, MLB 등은 그들의 부담은 최소화하면서 경기를 통한 엔터테인먼트의 제공이라는 주목적을 흐리지 않고 수익을 극대화하는 것이 그들의 마케팅 방법이다. 의류나, 모자, 유니폼 등을 제조하는 회사가 아니고 각 리그를 홍보하고 팬들을 새로 만들어 내고 유지 하고 확대시키는 것이 마케팅 목적이다. 상품을 판매하는 것이 수입원임은 분명하지만 가장 중요한 사업은 아니다.

그리고 몇몇 기업들은 미국 스포츠 라이센스 제품 시장에 진출할 수 있는 방안으로 현지의 라이센스 국내 판매권을 독점하는 형태나 미국 내 라이센스를 가지고 있는 라이센시에게 상품을 공급하는 방안을 모색하고 있다. 그러나 국내 업체들의 라이센스 획득은 사실상 어려울 뿐만 아니라 현지 마케팅 면에서 미국의 업체에게는 절대적으로 경쟁력이 없는 상태이다. 특히 경쟁이 치열한 스포츠 용품 시장에서 미국의 라이센시들은 항상 소비자의 기호나 유행 그리고 시장 변화에 발맞추어 제품을 개발하고 기본 디자인을 응용하거나 보다 세련된 제품을 개발하여 라이센서의 요구를 충족시키고 신규 수요를 창출하는 마케팅 활동을 통하여 지속적인 공급 및 판매를 통한 수익 구조가 이루어지도록 하고 있다.

박지성 선수를 활용한 맨유의 달력

1. 스포츠 프로퍼티에서의 라이센싱

스포츠 마케팅의 영역 중에서 라이센싱(Licensing)은 스폰서십, 방송 중계권 등과 달리 스포츠 이벤트의 주체인 리그, 팀 및 선수로 대별되는 스포츠 생산자들이 스포츠를 매개로 형성된 이미지를 제품 또는 서비스에 연관지어 이를 상품화한다는 데 특징이 있다. 다시 말하면, 일반적인 스포츠 마케팅은 스포츠 자체를 판매하는 것이지만 스포츠 라이센싱은 제품 또는 서비스에 스포츠의 이미지를 투영시켜 스포츠를 시장의 구체적인 매장으로까지 끌고와, 스포츠를 상품화하고 또 상품화된 스포츠를 판매한다는 점에서 스포츠 그 자체가 실물경제에 직접적이고 광범위한 파급 효과를 불러오므로 라이센싱 사업이 스포츠 마케팅으로서의 중요한 의의를 지닌다 하겠다.

특히 마케팅의 전개 주체를 기준으로 볼 때 라이센싱은 리그 또는 이벤트의 주최자가 주체가 되는 스포츠 자체의 마케팅(The marketing of sport)과 주로 기업이 현금, 물품, 노하우, 서비스 등을 스포츠 행사에 지원하고 소기의 목적을 달성하려는 스포츠를 활용한 마케팅(The marketing through

토론토 랩터스의 CI를 활용한 컵 케이크

sport)의 중간 형태라 할 수 있겠다.

그 이유는 스포츠 단체 또는 선수는 라이센싱에 있어 보유하고 있던 원초적 권리(스포츠 내재적 자산)를 라이센서(Licensor)로서 그 사용권을 일정한 계약의 형태로 양도함으로써 로열티 수입을 확보하고, 기업은 이러한 권리를 상품화(스포츠를 활용)하고 시장에 유통시킴으로써 보다 높은 부가가치를 창출할 수 있기 때문이다.

이때 선수, 구단 또는 경기단체가 로고, 엠블럼, 마스코트 등으로 이해되는 고유 상표(브랜드)와 선수의 초상권, 사인, 캐리커처 등을 지적재산권으로 인식하는 단계가 스포츠 관련 자산의 마케팅, 즉 스포츠 라이센싱을 위한 출발점이 된다 하겠다.

2. 라이센싱의 종류

라이센싱할 수 있는 자산은 다양한 분야에서 나올 수 있는데, 여러 타입의 자산들이 매매되고, 다른 방법으로 긴 세월에 걸쳐 상품화되었다. 그리고 라이센싱 비즈니스는 그만의 구성 요소와 표준을 가지고 여러 가지로 세분화 되었다. 그러나 각각 그 라이센싱 자산의 타입은 그 차이가 명백하지 않다. 그리고 또 자주 겹쳐진다. 모든 라이센싱 프로그램은 독특하지만, 경향과 유사점이 각각 있다. 각 라이센싱은 회사의 상표/브랜드, 캐릭터/엔터테인먼트, 패션, 스포츠, 아트 라이센싱의 다섯 가지로 구분해서 설명할 수 있다.

그림 4-1 | 스포츠 프로퍼티 사업의 이해도

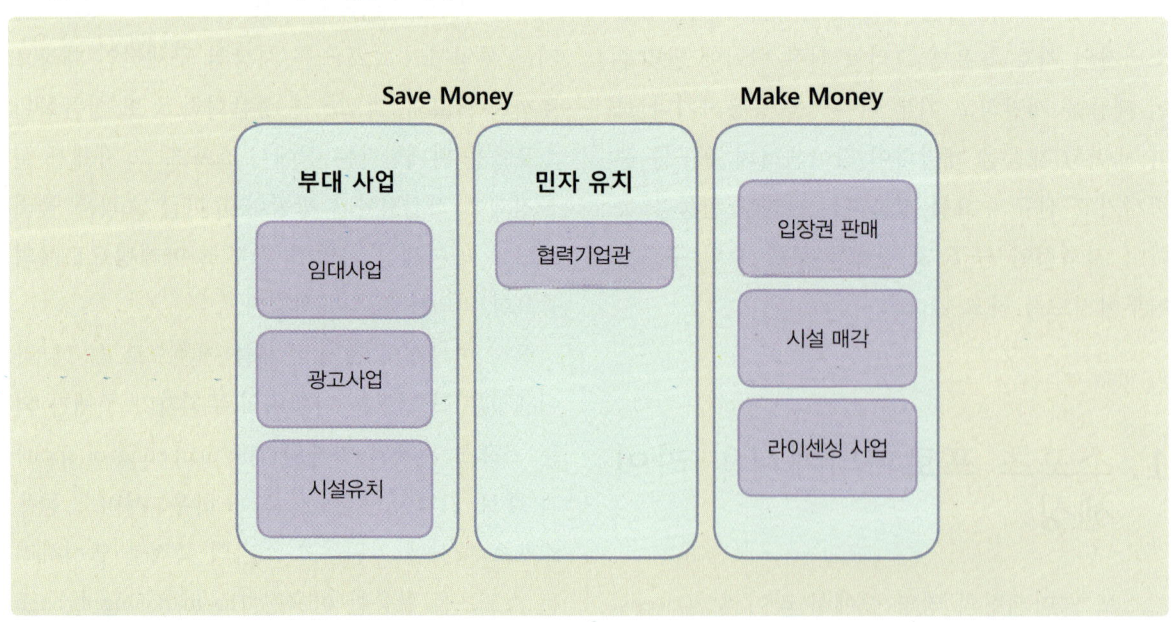

마케팅 休知通

Prosumer(프로슈머) Marketing

생산자(Producer)와 고객(Consumer)을 합성한 말이다. 기업이 신제품을 개발하기 위한 과정 중, 소비자의 욕구를 파악하는 단계가 중요시되고 있다. 이에 고객은 직접 욕구를 충족시키기 위해 개발을 요구하고 아이디어를 제안하면 기업이 수용하여 제품을 개발하는 것이다. 이는 고객의 만족도를 최대화할 수 있는 특징이 있다.

• 스포츠 산업에서의 적용사례

(1) Sports TOTO Products Planning Contest

스포츠 배팅 사업은 예측 불가능한 경기결과를 맞춰봄으로 경기를 관람하는 데 재미를 더하는 것이 주안점이다. 그 가운데 개인마다 경기를 보는 관점이 다르기 때문에 긴장되는 순간도 차이가 날 것이다. 자신이 기대하고 있던 스코어로 경기가 마감되었을 때는 왠지 모를 자부심이 생기기도 한다. 이에 배팅 상품을 직접 제안하여 상품화하는 것이다. 자신이 좋아하는 종목을 선택하고 방안을 마련하여 제안하여 당첨이 되면 경품을 주기도 한다.

• 스포츠에서의 시사점

팬이 경기를 방해하지 않는 선에서 팀의 입장에 가장 가까워질 수 있는 것이 스포츠 배팅의 또 다른 엔터테인 요소이다. 승패의 결과에 따라 내일이 달라지는 구단의 입장과 비교하여 경기를 관람할 때 감독마냥 지시하는 이유는 '자신의 돈'이 걸려 있기 때문이다. 이는 팬을 경기에 몰입시킬 수 있는 효과이다.

캐릭터와 엔터테인먼트 라이센싱

캐릭터와 엔터테인먼트 라이센싱은 매우 성공적인 비즈니스 모델로 성공하여 왔다. 이것은 라이센싱의 가장 수익이 높은 타입이다. 캐릭터와 엔터테인먼트 라이센싱의 메이저는 큰 영화 스튜디오와 방송사이다.

Disney, 워너 브라더스, Nickelodeon이나 fox 같은 이름들이 가장 영향력 있으며 이 회사들은 이미 성공한 라이센싱 프로그램인 곰돌이 푸우, 피넛북, 배트맨과 TV 프로그램인 루니툰, 심슨 가족, 세서미 스트리트, 영화를 기반으로 한 가장 성공적인 라이센싱 프로그램이었던 스타워즈 같은 캐릭터들을 라이센싱한다. 최근의 성공적인 새 엔터테인먼트 라이센싱 캐릭터는 닌텐도의 포켓몬으로 비디오 게임을 기반으로 하고 있다.

타이거우즈를 활용한 버블헤드 인형

회사의 상표와 브랜드 라이센싱

회사명, 로고 또는 브랜드가 라이센싱되어 상품화되는 것은 회사의 상표 또는 브랜드 라이센싱으로 구분되며 라이센싱에서 가장 빨리 성장하는 부분이다. 이 부분의 라이센싱은 막강한 전략과 마케팅으로 많은 수익을 올린다. 많은 회사들이 브랜드 부문을 강화하여 주요 비즈니스는 아니지만 라이센싱을 통해 회사의 브랜드나 상표를 보호하

대한민국 국가대표팀 유니폼 발표회

는 차원을 넘어 브랜드의 이미지 인지와 노출을 높일 뿐 아니라 제조가 아닌 방법으로 별도의 수익을 얻는다. 또한 회사의 브랜드와 브랜드 라이센싱을 통해 위험 요소나 비용 지출 없이 새로운 상품군에 진입할 수 있다.

패션 라이센싱

디자이너 또는 의상 브랜드가 옷 또는 다른 제품으로 라이센싱되는 것을 말한다. 이 부분은 전체 라이센싱 산업에서 2번째로 큰 부분을 차지한다. 이것은 크게 두 가지로 나눌 수 있는데, GAP 같은 의상 브랜드 이름과 Calvin Klein, Tommy Hilfiger, Donna Karan 같은 디자이너 이름으로 나눠진다. 패션 라이센싱의 최우선 사항은 브랜드의 확대 연장이다. 그것은 주로 디자이너에 의해 그들의 주된 의류 이외의 제품을 라이센싱하는 것을 말한다. 예를 들면 수입이 지난 3년에 걸쳐서 세 배로 증가했던 Calvin Klein은 이 수익의 90퍼센트 이상이 라이센싱으로 이루어졌다.

대부분의 회사가 그들의 브랜드를 아직도 중요하지 않은 부분으로 보고 라이센싱하는 동안, 그들의 일부는 그들의 중심 비즈니스 예를 들면 의류에서까지 브랜드를 라이센싱하기 시작했다. 또한 이 라이센싱은 제품생산과 관계없이 전략적인 차원에서 브랜드 확장이나 라이프 스타일의 제안 같은 것으로 발전될 수 있다.

특히 미국 내에서의 프로스포츠의 성공은 이 스포츠 라이센싱의 성장에 큰 도움이 되었다. NBA, NFL, MBL, NHL 같은 4대 메이저리그뿐 아니라 레슬링의 WWF, NASCAR 같은 자동차 경주 등도 라이센싱으로 높은 수익을 올렸으며 올림픽이나 월드컵 같은 국제 행사의 라이센싱 규모는 매우 크다.

아트 라이센싱

예술 라이센싱은 다른 부분에 비해 굉장히 적은 수요를 가진다. 박물관, 출판사, 순수미술 등이 포함되며 일부 아티스트들은 그들의 예술을 상업화하는데 적극적이다. 거의 모든 박물관은 그들의 미술품을 라이센싱하여 수익을 올리며 또한 이것은 그들에게 재정적인 도움뿐 아니라 그들의 작품을 알리고 홍보하는 것에도 큰 도움이 된다.

예술 라이센싱은 거대한 산업으로서의 엔터테인먼트 라이센싱이 가지지 못하는 면을 충족시킨다. 소비자는 원하는 스타일, 색과 디자인을 선택함으로써 자신의 감각을 만족시킬 수 있다. 오늘날 이 예술 라이센싱은 시대를 초월하는 가치로 인해 그 잠재력을 인정받고 있다. 이 부문은 아주 빨리 성장하며 또한 수익률도 매우 높다.

3. 스포츠 라이센싱의 개념

라이센싱은 상표 등록된 재산권을 가지고 있는 개인 또는 단체가 타인에게 대가를 받고 그 재산권을 사용할 수 있도록 상업적 권리를 부여하는 계약이다. 다시 말해서 라이센싱(licensing)이란 경제적 가치가 있는 특허권, 노하우(know-how), 상표권, 브랜드 이름 및 자산 등 소유권의 사용권을 허용함으로써 라이센서(licensor)가 어떤 형태의 대가를 받기 위하여 라이센시(licensee)에게 소유권의 사용권을 이용하도록 허가하는 것을 말한다(김용만, 1996). Krammer(1972)는 라이센싱은 라이센서에 의해서 제공되는 제조, 가공, 상표, 노하우, 기술 원조, 머천다이징(Merchandising), 지식 또는 기타 숙련을 라이센시가 사용할 목적으로 라이센서와 라이센시가 협약하는 기업 간 계약의 한 방법이라고 했다.

스포츠 분야의 라이센싱 사업은 유명한 팀과 스타선수를 동경하는 팬들이 많고, 이들이 동경하는 팀과 선수에 대한 우호적인 이미지가 구매 행위로 쉽게 이어지는 잠재성이 있기 때문에 시행되고 있다. 즉, 상품이나 서비스를 소비자가 우호적으로 보는 이미지와 연결시키는 것이 제품 및 서비스의 판매 증진에 도움이 된다는 것은 의심의 여지가 없다(Bereskin, 1992).

Sleight(1989)는 스포츠 마케팅에 있어서 라이센싱은 소비자가 구매할 것으로 판단되는 모든 상품(의류, 모자, 보석, 핀, 그리고 뱃지 등)의 선수, 팀, 이벤트 명, 그리고 로고를 부착하여 판매를 증진시키는 것이라 하였다. Schaaf(1995)는 팀, 선수,

리그, 기업 또는 어떤 저작권 소유자에게 비용을 지불하고 그 이미지를 활용하는 것이 라이센싱이라고 하였다. 다시 말하면 한정된 기간 동안 상품과 관련하여 다른 사람에게 소유권을 사용할 권리를 부여하는 것이며, 이벤트와 관련된 혜택을 극대화할 목적으로 상품이나 이벤트를 활용하기 위한 권리의 획득이라고 규정할 수 있다.

먼저 라이센싱을 통한 브랜드 전략이란 제품이나 서비스 혹은 프로모션에 상표나 상표명, 마크 등의 사용 권리를 조직에서 논을 받고 위임하는 전략을 말한다. 그리고 해외시장 진출수단으로서의 라이센싱이란 외국업자에게 제조공정이나 상표, 특허, 혹은 다른 유사한 아이템의 사용을 허락하는 계약을 통해 신규 시장에 진출하는

| 그림 4-2 | 스포츠 라이센싱의 개념

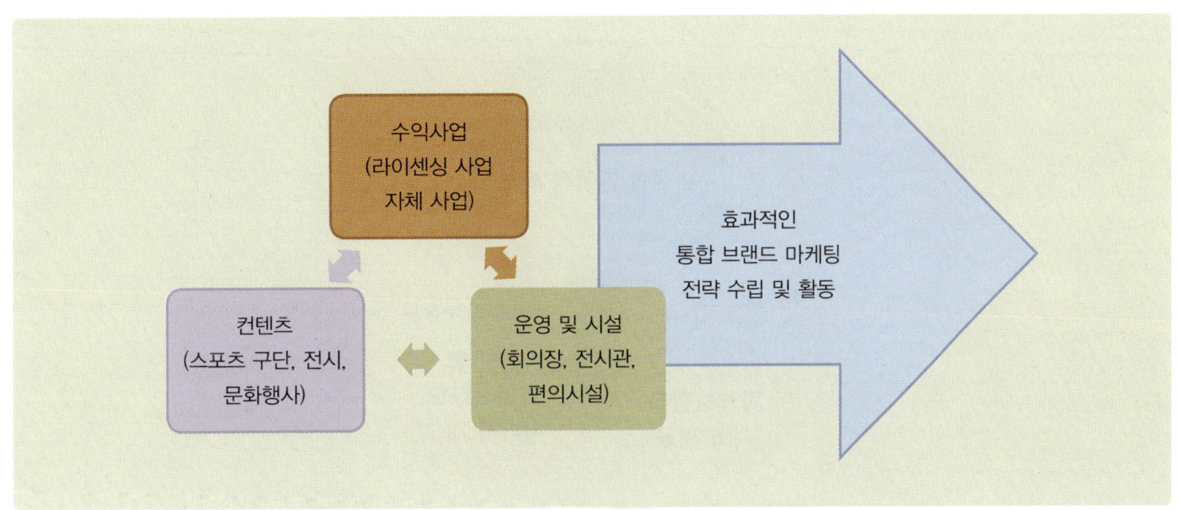

맨유의 라이선싱 권리를 활용한 마카오의 맨유 카페의 모습

계기를 만드는 것을 말한다(McColl-Kennedy, Kiel 외, 1992). 주로 이러한 목적으로 시행되는 라이선싱은 "지적자산을 소유권 이전이 아닌 사용권 허락을 통해 개발하고 이익을 추구하는 계약기법"(Sherman, 1991)이며 라이선서의 지적자산이란 라이선시가 대가를 지불하고 얻고자 하는 품목을 의미한다. 라이선싱 계약의 유형으로는 기술이전 라이선싱과 캐릭터 판매 라이선싱이 있다(Baghdikian, 1996). 전자는 산업개발이나 기술개발을 위한 라이선시를 찾을 때 발생하는 유형이고, 후자는 현재 상품이 출시되고 있지 않는 시장의 제조업자에게 상표권이나 저작권을 허가할 때 발생한다(Sherman, 1991).

4. 라이선싱 사업의 목적

스포츠 프로퍼티에 있어서 라이선싱 사업의 목적은 스포츠 프로퍼티의 가치를 상승시킴으로써 구단이나 조직에 재정의 안정적인 확보와 기업대상의 차별화된 마케팅 활용 기회를 제공하고, 국내외에서 동시에 프로퍼티에 대한 수익을 극대화시키는 데 그 목적이 있다.

라이선싱 개념도에서 살펴보았듯이, 프로퍼티 운영에서의 비용을 절감하는 부분과 수익을 발생시키는 부분 두 가지 분야로 나뉠 수 있다.

이러한 목적을 통해서 스포츠 프로퍼티의 브랜드 마케팅 일환으로 라이선싱 사업과 함께 프로퍼티 자체의 홍보를 동시에 극대화하는 것이며, 이러한 홍보 극대화는 단계적인 홍보 활동과 동시에 마케팅 커뮤니케이션 활동이 필수적으로 수행되어야 한다.

모든 프로퍼티의 가치 요소 및 라이선싱의 유관 사업을 종합적으로 고려하여 라이선싱 사업을 전개하여야 한다. 이러한 라이선싱 사업의 시작은 프로퍼티의 주변 환경을 정확하게 인지하고 파악한 후 사업별 마스터 플랜 및 라이선싱에 대한 세부 사업 계획을 세워야 한다.

그림 4-3 라이선싱 사업의 목적

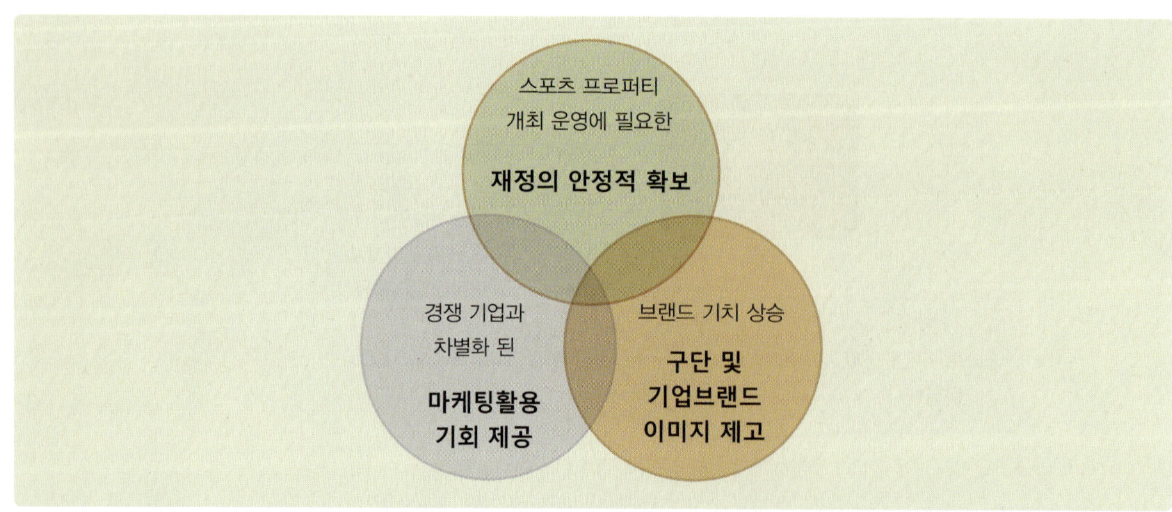

5. 스포츠 라이센싱의 특징

사업구조

라이센싱 사업은 소비자가 호감을 갖는 지적재산권을 소유한 조직과 이를 상업적으로 활용할 가치가 있다고 판단하는 라이센시가 있어야 시행될 수 있는 사업이다. 그리고 지적재산권을 소유한 스포츠 단체는 이를 이용한 라이센싱 사업의 목표가 분명해야 하고 그에 따라 라이센시를 선택해야 한다. 목표 설정과 라이센시 선택은 라이센싱 사업의 기초공사에 해당하기 때문에 가장 우선적으로 고려되어야 한다(Baghdikian, 1996). 또 설사 기초가 튼튼하다고 하더라도 조직의 의욕과 적절한 자원의 배치가 성패를 좌우할 수 있으며, 조직과 업자가 마음을 열고 정직하게 의사소통을 하고 인간적인 유대관계를 맺어야 한다. 그리고 이 모든 과정을 보호할 수 있는 법적인 뒷받침과 계약이 뒤따라야 사업이 성공할 수 있다. 라이센싱 사업의 기초(조직 목표와 업자 선정)도 중요하지만 지붕(법적인 뒷받침과 계약)도 그 못지않게 중요하게 취급되어야 한다.

스토어에 배치된 상품의 진열 모습

사업 성공 요건

(1) 협업체제 구축 및 가용자원의 확보

라이센싱 사업은 스포츠 단체와 라이센시가 권리의 교환을 통해 상호 이익을 추구하는 사업이다. 따라서 양자는 법적인 관점과 사업적인 관점에서 사업구조를 잘 이해하고 있어야 하며 사업시작을 위한 계약 단계에서도 상호 이익이 보장될 수 있게끔 충분한 조율이 있어야 한다(Baghdikian,

그림 4-4 KBO 라이센싱 사업 구조

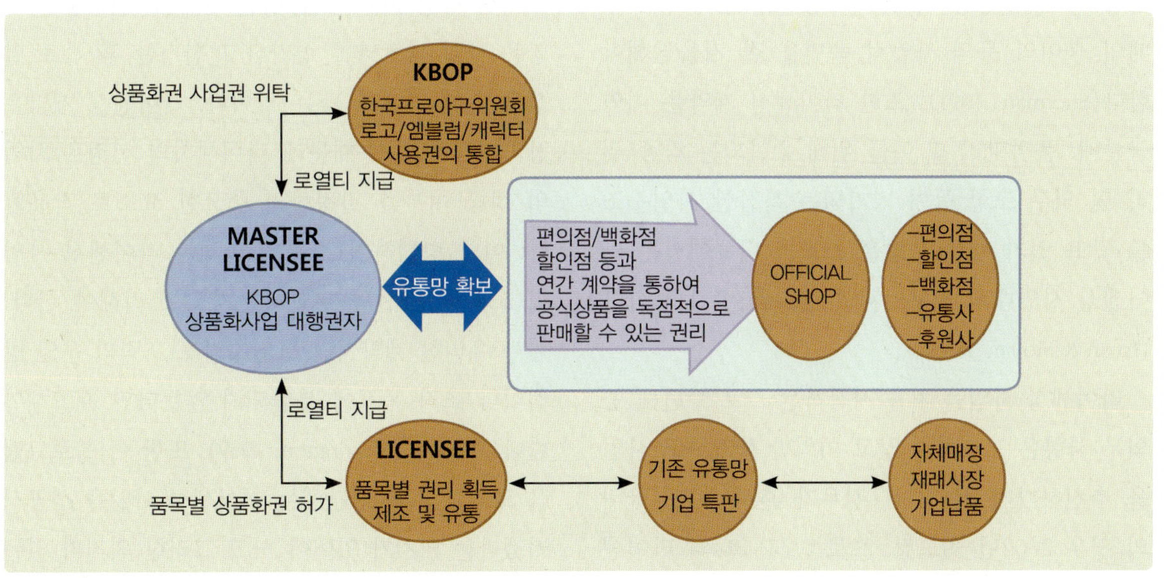

출처: 스포츠 마케팅 비즈니스 모델 연구 참조.

마케팅 休知通

Green (녹색) Marketing & Environment Marketing

인간 삶의 질을 향상시키기 위한 전반적인 기업 활동을 지칭한다. 고객의 욕구나 수요에만 맞춰 판매하는 전략이 아닌 방해 요인을 제거한 상품을 제조하여 판매하는 마케팅이다. 최근에는 환경적인 측면으로 부각되고 있다. 환경문제를 능동적으로 대응해 사회적 기여를 높이고 매출신장의 기회를 마련할 수 있다는 점이 기업의 측면에서 기회이다.

• 스포츠 산업에서의 적용사례

(1) Green Sports Campaign by KBO

한국야구위원회(KBO)는 2010년 시즌 동안 소속 8개 구단과 뜻을 모아 경기시간을 단축하고자 하는 캠페인을 펼쳤다. 정규시즌 동안 평균 3시간 08분(연장 포함 3시간 12분)의 경기시간을 기록하였다. 최근 5년간의 시즌과 비교를 할 경우, 2007년 3시간 19분에 비해 무려 11분의 시간을 단축하였다. 이는 경기의 긴장감을 더했고, 경기 중 발생하는 에너지 소비를 줄이는 효과로 나타났다.

(2) SK 와이번스 친환경 유니폼 개발 착용

• 스포츠에서의 시사점

스포츠 경기는 선수들의 땀만큼이나 많은 에너지를 소비해야 경기를 치룰 수 있다. 그 가운데 환경에너지를 이용하거나 환경 친화적인 운영방침으로 더불어 발전할 수 있는 시스템을 구축해야 한다.

1996). "사업에 참여하는 모든 업체에게 이익이 되는 거래"가 되어야 성공적인 라이센싱 계약(McCall & Warrington, 1989)이라고 할 정도로 이 사업에서는 협업이 강조된다. 또 이 사업의 성공을 위해서는 지적자산 관련 제반 법률문제에서부터 라이센싱을 통해 발생할 이익과 직영 시스템과 비교할 때의 불이익 등의 사업적 측면을 잘 저울질해야 한다(Sherman, 1991). 또한 라이센싱 계약은 이익금분배, 품질관리 및 이를 위해 수반되는 각종 권리 및 의무 조항 등이 명기되는 복잡한 사업구조를 갖고 있기 때문에 많은 스포츠 단체에서는 라이센싱 사업대행 전문업체의 협조를 받기도 한다(Irwin & Stotlar, 1993).

라이센싱 사업을 처음 시작하는 스포츠 단체 중 의무 사항은 고려하지 않고 이익만 생각하고 사업을 추진하다가 실패하는 경우가 흔히 있다. 국내의 경우 2002년 월드컵, 프로농구(KBL)의 라이센싱 사업이 각종 소송에 휘말린 것도 이 사업의 복잡한 구조와 권리 및 의무 조항을 소홀히 한데 원인이 있을 것이다. 이 사업의 실패를 방지하기 위해서는 사업적 문제, 법적 문제들을 문서화하여 기본원칙을 만들어 둘 필요가 있다(Baghdikian, 1996).

사업 측면에서 볼 때 제일 먼저 고려해야 할 사항은 사업 파트너를 평가하고 선정한 후 목표 달성을 위한 제휴를 맺는 일이다. 라이센싱 계약은 장기계약이 많기 때문에 라이센시의 선정은 사업의 성공 여부를 결정하는 중요한 요소로 작용한다. 이와 병행하여 스포츠 단체는 라이센싱 사업이 조직의 발전과 부합하는지도 고려해야 한다. 설사 유리한 계약처럼 보일지라도 조직의 운영 방침이나 조직 목표에 부합되지 않는다면 재고해야 한다(McCall & Warrington, 1989). 또한 이 프로그램을 도입할 스포츠 단체는 라이센싱 사업을 성공시키겠다는 의지가 있어야 하고 그러한 의지가 있는 조직이 시장 조사나 가격 책정, 이익률, 유통 비용

휴스턴 로케츠 라이센싱 제품 판매장의 모습

등의 재정적인 분석을 치밀하게 실시해 실패를 줄일 수 있다.

그리고 라이센싱 사업의 추진에는 전문 인력과 자본 등 가용자원의 뒷받침이 필요하다. 이 사업과 관련된 업무로는 계약 업무, 복제방지 업무 등에서부터 로열티 수수 업무에 이르기까지 매우 복잡한 일이 많다. 따라서 이 사업에 투입할 인적자원부터 확보되어야 하며 라이센싱 사업에 충분한 시간과 인력을 지원하지 않는 조직은 결국 실패할 가능성이 높다(Irwin & Stotlar, 1993).

(2) 원활한 커뮤니케이션

스포츠 조직과 라이센싱 업자 간의 원활한 의사소통은 이 사업에서 매우 중요하다. 의사소통은 조직 간 뿐만 아니라 조직 내에서도 원활해야 한다. 특히 라이센싱 사업을 담당하는 양 조직의 담당자는 호흡이 잘 맞아야 한다(McCall & Warrington, 1989). 그리고 양자의 우호적인 관계가 지속되려면 전반적인 프로모션 구상을 위한 장기계획도 서로 터놓고 상의할 수 있어야 한다. 문제가 될 것으로 예상되는 사안은 사업초기 단계에서 터놓고 거론되어야 협조체제를 통해 공동목표를 달성할 수 있다. 그리고 스포츠 조직의 전반적인 마케팅 전략과의 부합을 위해 라이센싱 사업의 진행상황은 조직 내부에도 수시로 전해져야 한다(Baghdikian, 1996).

(3) 보호장치의 뒷받침

라이센싱 사업은 시작되기 전에 이 사업을 보호할 수 있는 법률적인 뒷받침이 먼저 준비되어야

한다(Opie, 1990). 라이센싱 계약의 계약 기간이나 계약 조건 등을 정하기에 앞서 지적재산에 대한 보호장치가 먼저 마련되어야 한다. 지적재산에 대한 보호장치는 스포츠 로고 상품의 수요가 급증함에 따라 팀의 로고를 도용하거나 위조품 제조를 막기 위한 방안으로 작용한다(Irwin & Stotlar, 1993). 또한 특정 라이센싱 사업이 커지게 되면 복제품이 등장하게 되고 시장에는 비공인 제품이나 불량품이 공공연히 흘러 들어온다. 불량품은 지적재산 소유주의 수입을 감소시킬 뿐만 아니라 갖가지 문제를 발생시킨다(Cohen, 1992).

라이센싱 사업에 법적인 뒷받침이 필요한 또 다른 이유는 계약조항이 매우 복잡하기 때문이다. 일반적인 라이센싱 계약에는 사업영역과 독점권에 대한 조항, 권리의 양도 가능성, 도안과 디자인의 소유권, 상표권 및 저작권 침해의 준수의무, 라이센서의 감사권 등 권리에 관한 조항을 포함해 약 19가지 핵심조항이 포함된다. 또한 자산과 라이센서 제품에 대한 정의, 품질관리와 품질인정절차, 작업표준 등 제품에 관한 조항도 포함되어야 한다. 그리고 계약연장 및 해지 조건, 선금과 매출 로열티, 업자의 정산 및 재고체크 등 정산에 관한 사항도 필수적이다. 이외에도 책임 보험, 손해배상, 최소한의 광고 및 프로모션 보장, 업자가 관련되거나 소속된 조직의 유통에 대한 제한, 라이센서의 기술 및 프로모션의 협력 등의 조항이 포함된다. 이러한 조항들은 라이센싱 사업에서 반드시 체크해야 할 사항으로 법률전문가의 조언이 필요하다.

제 5 장 스포츠 프로퍼티 개발 사례

제 5 장

스포츠 프로퍼티 개발 사례

8. 머천다이징
9. 스포츠토토(toto) 연계 비즈니스
10. 이벤트 유치 권리 시행
11. 스포츠 이벤트 개최
12. 패키지 스폰서십
13. 카드사 제휴 비즈니스
14. 건강인증 프로그램
15. 유소년 스포츠 프로그램
16. 해외선수 전지훈련 프로그램
17. 진천 스포츠 상해 전문병원 운영
18. Naming Rights
19. Fund Raising

1. 대한체육회의 스포츠 프로퍼티 개발

스포츠 조직의 프로퍼티 개발은 성장과 발전을 위한 필수 요소이다. 스포츠 마케팅 프로퍼티 편을 통해서 스포츠 단체의 프로퍼티 개발 사례를 살펴볼 필요가 있다.

대한체육회는 2009년 신수익 마케팅 사업 아이템을 기초로 대한체육회 및 가맹경기단체의 마케팅 수익 모델의 스포츠 프로퍼티를 개발했었으며 일부는 개발되어 실행이 되고 있고 일부는 사장된 사례가 있다.

1. BI 개발 및 브랜드 개발
2. Proud of Korea House
3. 프리미어 매니지먼트
4. 스포츠 테마파크
5. 중계권 판매
6. 스포츠 이벤트 유치대행
7. E-스포츠 비즈니스

BI 개발 및 브랜드 개발

대한체육회의 브랜드를 통해서 한국 국가대표팀을 상징하고 한국의 브랜드 이미지를 홍보할 수 있는 도구로 활용로 활용하기 위한 브랜드 이미지를 개발하였다.

BI 및 브랜드 개발의 목적

BI의 노출을 통한 대한체육회의 브랜드 각인 및 국가대표의 상징적 이미지를 구축하여 기존의 국가대표를 대변하는 태극기와 함께 대한체육회의 새로운 BI를 통한 범국민적 관심 증대와 한국대표팀의 선전기원 등으로 대한올림픽위원회의 위상 강화로 상징적 의미를 부가하여 상품화 상품 개발로 발전시킬 필요가 있다.

Team Canada

1988년 캘거리 동계올림픽을 시작으로 Team Canada를 통해 국민적 호응을 얻고 있으며, Team Canada는 초기에 캐나다 아이스하키 대표팀의 명칭이였으나, 점차적으로 국가대표를 상징하는 브랜드로 자리 잡았다. 캐나다의 의류회사인 "Roots"

는 Team Canada를 브랜드화하여 각종 올림픽 제품을 제작 생산하여 판매하고 있다.

Proud of Korea House

일회성으로 끝나는 대형 스포츠 이벤트의 효과에 대한 문제점을 개선하기 위해 올림픽 기간에만 운영되는 코리아 하우스를 국내에 상설화하여 개발된 본회의 BI의 브랜드를 강화하고 긍정적인 포지셔닝을 도출하였다.

사업의 방법 및 내용

❶ 스타 팬미팅

- 주기적으로 스타들의 팬미팅 행사를 마련하여 정기적인 문화공연 형식의 이벤트를 제공
- 스타와의 만남을 통하여 올림픽 이후에도 국민들의 지속적인 관심 유도

❷ 스포츠 경매 (Sports Auction)

- 국가대표가 실제로 올림픽에서 사용하던 용품이나 애장품을 주기적으로 경매를 실시하여 그 수익의 50%는 자선단체에 기부, 50%는 스포츠 유망주의 후원 기금으로 사용

❸ 프레스 센터

- 국제대회 파견시 선수단 출정식, 해단식 등을 이용한 다양한 미디어 컨퍼런스 개최
- 국가대표의 기자회견 및 간담회 장소로 활용하여 미디어의 이목을 집중시킴

❹ 후원사 Hospitality(환대 프로그램) 공간

- 대한체육회 프로퍼티의 스폰서로 참여하는 기업이나 단체를 위한 라운지 공간 확보, 편의시설 제공

❺ 스폰서들의 프로모션 공간

- 스폰시로 침여하는 기업들이 프로모션을 할 수

캐나다의 대표팀의 상징 "Team Canada"

있게 마케팅 빌리지를 구성하여 자유로운 프로모션 권리를 부여

❻ 기 타

- 올림픽 박물관: 우리나라 올림픽 역사를 전시하여 교육·관광의 상품으로 개발
- 역대 올림픽 메달리스트들을 '명예의 전당'이라는 타이틀로 공간 마련
- 기념품숍: 다양한 머천다이징 물품을 전시 판매

프리미어 매니지먼트

국가대표 선수를 체계적으로 관리·지원하고, 유망주를 발굴하여 선수가 지닌 가치를 최대한으로 활용하여 선수의 초상권, 광고, 스폰서십 등을 통한 수익 창출을 한다.

운영 및 방법

❶ 국가대표 마케팅

국가대표로 활동하는 스타선수의 가치를 이용하여 선수를 이용한 수익을 만들어 냄과 동시에 대한체육회의 브랜드를 노출하여 국민적 관심을 높일 수 있는 마케팅 방안을 강구한다. 대한체육회의 김연아, 박태환 등 국가대표선수는 국가대표로서 활동하는 동안 대한체육회의 프로퍼티임을

강조, 스타선수를 이용하여 다양한 이벤트 개최 및 철저한 초상권 권리를 보장받아 그 수익의 일정 부분을 선수와 분배하여 수익을 창출하고 선수들의 경기력 향상에 일조한다.

❷ 유망주 발굴

유망주를 발굴하여 해외전지훈련, 선진기술 습득을 위한 유학 등을 통해 스타 플레이어로 개발한다. 〈그림 5-1〉과 같이 잠재적인 국가대표 유망주 및 국가대표 선수단을 스타 마케팅으로 활용하여 범국민적으로 친근한 이미지화하는 방법을 개발하려고 하였다.

❸ 사례: JOC 초상권 수익

JOC는 스타선수에게 연간 약 1천만 엔의 계약금을 주고 초상권을 확보한 뒤 스폰서 기업에게 독점적으로 이를 되파는 형태로 초상권 사업을 전개하는 사업을 하였으며, 아테네올림픽에서 사상 최다인 37개의 메달을 따낸 실적을 바탕으로 2005~2008년까지 스폰서 기업으로부터의 협찬금을 회사당 2억 엔에서 3억 엔으로 인상해 '골드플랜'을 가속화하겠다는 방침을 밝혔다. 이러한 사례를 통해서 국가대표 선수를 활용하여 후원사 및 초상권 사업 등의 수익 창출을 통해서 후원사들의 국가를 대표하는 브랜드임을 강조하여 강력한 브랜드 파워를 창출할 수 있도록 협조하였다.

스포츠 테마파크(in 태릉선수촌, 진천선수촌, 태백선수촌)

일반적으로 출입이 통제되고 있는 태릉선수촌과 2010년 완공된 진천선수촌을 일반 시민들에게 공개하여 스포츠를 테마로 한 놀이공간으로 리모델링하여 수준 높은 시설을 국민들에게 제공함으로써 국민 여가 스포츠 활동에 기여하고, 국민 건강증진에 기여한다.

(1) 건강 프로그램

오랜 기간 동안 축적되어 온 무형적 자산(Database)과 우수한 시설을 바탕으로 일반인들이 누릴 수 있는 건강 체험 프로그램들을 만들었다.

❶ 체력인증 테스트

일반인들이 태릉선수촌의 시설물과 과학적 측정 프로그램을 이용하여 개인의 체력을 측정하여 개인의 건강상태를 진단하고 개인별 개선 프로그램

| 그림 5-1 | 매니지먼트 프로세스

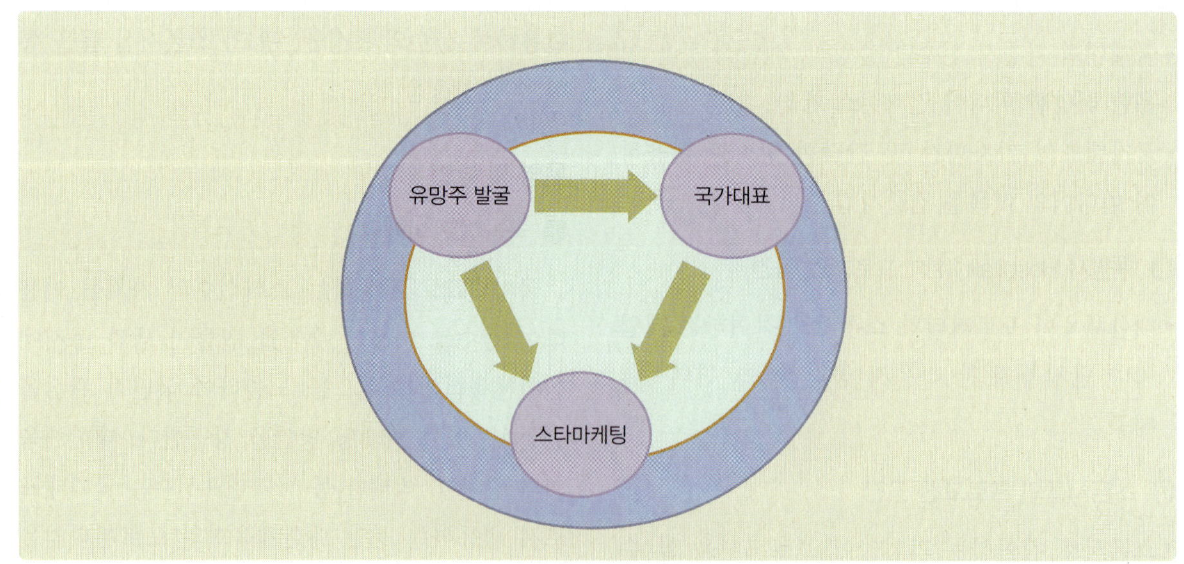

월트 디즈니월드의 스포츠 테마파크

을 시행하여 프로그램의 공신력을 높여 다양한 건강 자격증으로 활용, 국민 건강증진에 이바지한다.

❷ 데스티네이션(Destination) 다이어트 프로그램

일반인이 태릉선수촌에 입소하여 대표선수들의 훈련방식을 따라하는 다이어트 프로그램으로서 국가대표 전문 코치가 참여하는 과학적이고 전문적인 훈련과 식이요법을 제공하는 체류형 다이어트 프로그램이다.

(2) 놀이 프로그램

❶ 스포츠 체험 프로그램

일반적으로 체험하기 어려운 종목(봅슬레이, 컬링 등)을 체험하고 기술을 습득할 수 있는 프로그램이다.

❷ 관광 프로그램(Tour Experience)

스포츠를 테마로 한 선수촌 내 테마파크를 조성, 가족단위의 입장객을 유치하고 여행상품으로 개발하여 국가대표 선수단이 훈련하는 장소를 초등교육 프로그램에 활용할 수 있도록 시간대별로 공개하여 국민의 자긍심 고취 함양에 기여한다.

예 선수훈련 관람, 스포츠 어트랙션 이용, 스포츠 영어마을 등

중계권 판매

대한체육회가 주관하는 각종 대회의 중계권 및 프로대회 중계권을 판매하는 사업으로 미디어를 통한 다양한 콘텐츠의 제작·생산을 통해서 브랜드 파워 강화 및 수익 모델에 기여한다.

❶ 국제 이벤트

- 동·하계올림픽
- 아시안게임
- 유니버시아드
- 각종 연맹 선수권대회

❷ 국내 이벤트

- 전국체전
- 소년체전
- 각종 연맹 선수권대회

스포츠 이벤트 유치대행

올림픽, 아시안게임, 유니버시아드, 세계육상선수권대회 등 세계적인 스포츠 이벤트를 유치 운영한 노하우(Konw-how)를 바탕으로 대회 유치를 희망하는 국가 및 지자체에 유치 운영을 대행해 주는 신사업이다.

❶ 해외 스포츠 이벤트 사업

큰 규모의 국제 스포츠 이벤트의 유치를 희망하는 국가를 대상으로 대회 유치부터 대행까지 다수의 경험을 지닌 전문가 집단인 전문 컨설팅 조직이 참여한다.

❷ 국내 스포츠 이벤트 사업

국제이벤트, 메가 이벤트, 세계선수권대회, 각종 스포츠 이벤트 유치를 희망하는 지자체를 유치 단계부터 운영단계까지 컨설팅 및 대행해 주는 사업이다.

E-스포츠 비즈니스

PC, 콘솔, 모바일을 이용한 유·무선 게임 개발 회사와 함께 국가대표 선수 및 시설과 같은 유·무형의 프로퍼티를 게임에 등장시키는 새로운 영역의 신개념 비즈니스 모델이다.

❶ 운영 및 방법

라이센싱 및 콘텐츠 판매: 대한체육회의 유·무형의 프로퍼티를 게임에 제공하여 사용권에 대한 수익을 얻는 방법이다.

❷ 게임개발

- 게임 '태릉선수촌'(가칭): 태릉선수촌을 배경으로 올림픽 출전을 목표로 한 각 종목의 선수들이 등장 '훈련-국가대표선발전-올림픽' 과정으로 한 Role Playing 방식의 게임이다.

머천다이징

대한체육회의 브랜드를 대신하고 전 국민적인 사랑을 받을 수 있는 캐릭터 및 BI를 개발하여 머천다이징 및 라이센싱 사업으로 통한 수익을 창출한다.

❶ 운영 및 방법

국가대표 선수단 물품 판매: 대한체육회 국가대표 선수단이 실제로 사용하는 유니폼 및 용품들을 상품화하여 판매한다.

❷ 캐릭터 사업

만화, 애니메이션 등을 통해 대한체육회의 캐릭터를 노출시켜 인지도를 높이고 머천다이징 상품 판매를 촉진시킨다.

❸ 상품판매

무교동, 태릉국제스케이트장과 같은 대한체육회 소유의 건물뿐 아니라 쇼핑몰, 백화점, 로드숍 등 여러 채널에서 판매한다.

숍인숍(Shop in shop) 형태로 기존의 체육용품사, 멀티숍 등과 같은 숍에 입점하여 판매한다.

옥션, 지마켓과 같은 오픈마켓에 입점하여 위탁판매한다.

| 그림 5-2 | 게임 콘텐츠 개발 프로세스

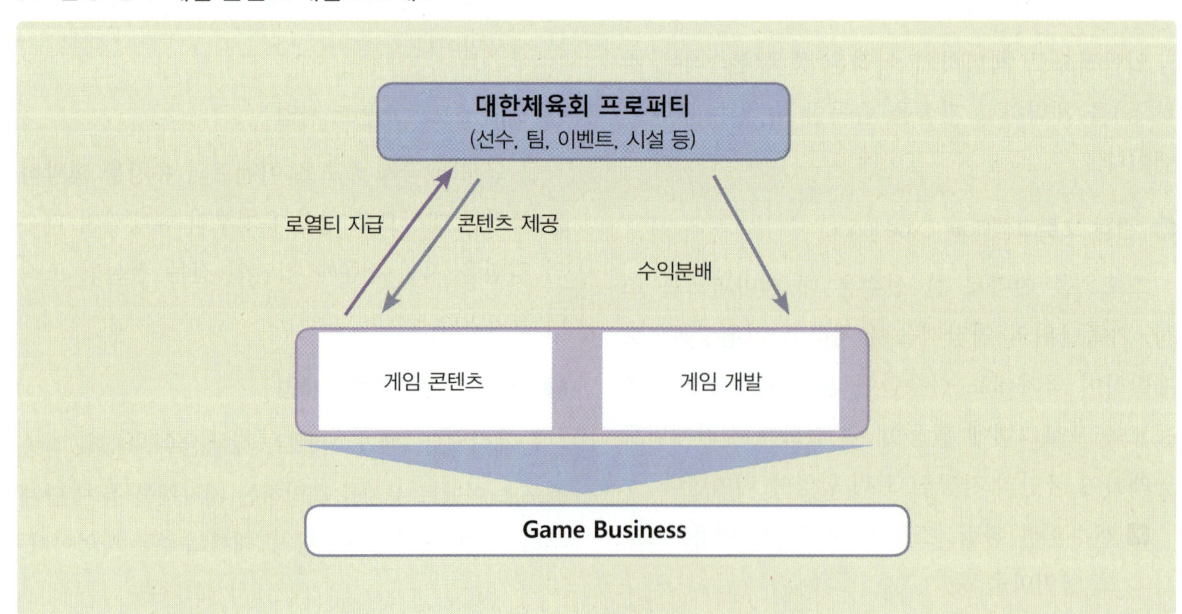

스포츠토토(toto) 연계 비즈니스

스포츠토토와 입장권을 하나로 합쳐 서로의 장점을 살린 새로운 게임을 만들어 참여자에게 흥미를 제공하여 양측의 수익을 증가시킬 수 있는 Win-Win 프로그램이다.

❶ 스크래치 티켓 (Scratch Ticket)

스포츠토토 구매자들에게 스크래치 티켓을 제공하여 대한체육회에서 인증하는 이벤트에서 일어날 수 있는 상황을 적어 놓고 경기장 방문을 유도하여 실제 상황과 동일한 상황이 발생되면 일정 금액을 경품으로 제공하는 게임이다.

스포츠토토 판매 프로세스

❷ One + One 원플러스 원

경기장 입장권에 토토 기능을 추가시켜 할인된 금액에 판매하는 방식이다. 게임 흥미를 높여 경기장 재방문을 유도한다.

이벤트 유치 권리 시행

전국체전, 소년체전을 Value up-grade 하여 각 지방·시·도에 유치를 신청할 수 있도록 제도적 장치 마련하여 대한체육회 보유의 스포츠 이벤트의 경쟁력을 강화하고, 각 스포츠 이벤트의 질적인 수준을 높이는 한편, 각 개최도시에게 이윤을 줄 수 있도록 제도적 장치를 마련하여 역사와 전통이 이어질 수 있는 수준 높은 스포츠 이벤트를 개최할 수 있도록 지원한다.

❶ 네이션스 게임

전국체전을 리모델링하여 유치를 통해 경제효과를 유발할 수 있는 대형 이벤트로 발전시킨다.

다양한 볼거리와 콘텐츠로 일반인의 참여를 보다 많이 유도하여 전 국민적인 스포츠 축제로 변화시킨다.

❷ 영파워 챌린지

기존의 소년체전을 리뉴얼하여 엘리트 선수의 경합 이외에도 전국의 일반 학생들이 참여함으로써 학교체육 활성화를 실현하고 이후 Nations Game으로의 자연스러운 관심을 유발시킨다.

스포츠 이벤트 개최

마케팅 이슈가 될 수 있는 선수나 아이템을 활용하여 대중의 관심을 끌 수 있는 이벤트를 개최 운영하여 대한체육회 및 선수들에게 긍정적인 이미지로 포지셔닝하여 지속적인 관심을 유발할 수 있도록 한다.

❶ 'Superstars on Ice'

김연아 선수가 각종 세계대회에서 우승을 하자 전국적으로 피겨스케이팅에 대한 관심이 고조되었다. 그동안 이슈가 되는 선수나 종목을 이용하여 이벤트 매치를 만들어 오던 현대카드는 김연아 선수 등 세계적인 피겨스케이트 선수들을 초청하여 이벤트를 열었다.

❷ 스포츠 복합문화 공연

스포츠뿐만이 아닌 복합 문화 공연 형태의 공연을 통해 국민적 관심을 증대시키고 스포츠를 이용한 다양한 영역과의 결합을 통해 신수익을 창출한다.

비보이 체조대회: 비보이 출신의 브레이크 댄서가 정식 체조종목에서 퍼포먼스를 선보이고 국가대표 체조선수가 브레이크 댄스 퍼포먼스를 하는 스포츠 형태의 복합문화 공연이다.

패키지 스폰서십

대한체육회가 가지고 있는 이벤트, 종목을 그룹으로 나누어 판매하는 방안은 다음과 같다.

❶ 이벤트별 패키지 스폰서

스폰서 그룹에 따라 이벤트의 수와 차등적인 스폰서십 가격으로 제공한다.

이벤트별 패키지 스폰서의 예시

그 룹	이벤트
A 그룹	올림픽
B 그룹	아시안게임, 소년체전
C 그룹	세계육상선수권대회, 전국체전
D 그룹	유니버시아드, 각 종목별 선수권대회

❷ 종목별 패키지 스폰서

스폰서 그룹에 따라 종목의 수와 차등적인 스폰서십 가격으로 제공한다.

종목별 패키지 스폰서의 예시

그 룹	종 목
A 그룹	축구, 핸드볼, 복싱
B 그룹	야구, 펜싱, 양궁
C 그룹	배구, 수영, 레슬링
D 그룹	농구, 유도, 체조, 테니스

카드사 제휴 비즈니스

신용카드사와 연계하여 대한체육회의 유·무형적 프로퍼티를 통해 베네핏을 제공하고 카드 사용료의 일부를 포인트 형식으로 적립하여 카드사로부터 수익을 얻는 방식이다.

❶ 대한체육회 제공 가능 베네핏

- 대한체육회 주관 대회 티켓 우선 예약권리(올림픽, 세계육상선수권대회 등)
- 가맹경기단체 경기 입장권 50% 할인
- Proud of Korea 이용권
- 국가대표 팬미팅 초청권
- 체력 인증 프로그램 연 1회 이용권
- 무교동 멀티 스페이스 식음료 이용권 1일 1회

❷ 롯데 자이언츠 신용카드

롯데카드는 자사의 프로퍼티를 이용하여 롯데 자이언츠 야구단의 팬을 위한 카드를 출시했다. 롯데카드의 혜택으로는 입장권 30% 할인, 롯데호텔 객실, 레스토랑 할인 등이 있다.

| 그림 5-3 | 스포츠토토 판매 프로세스

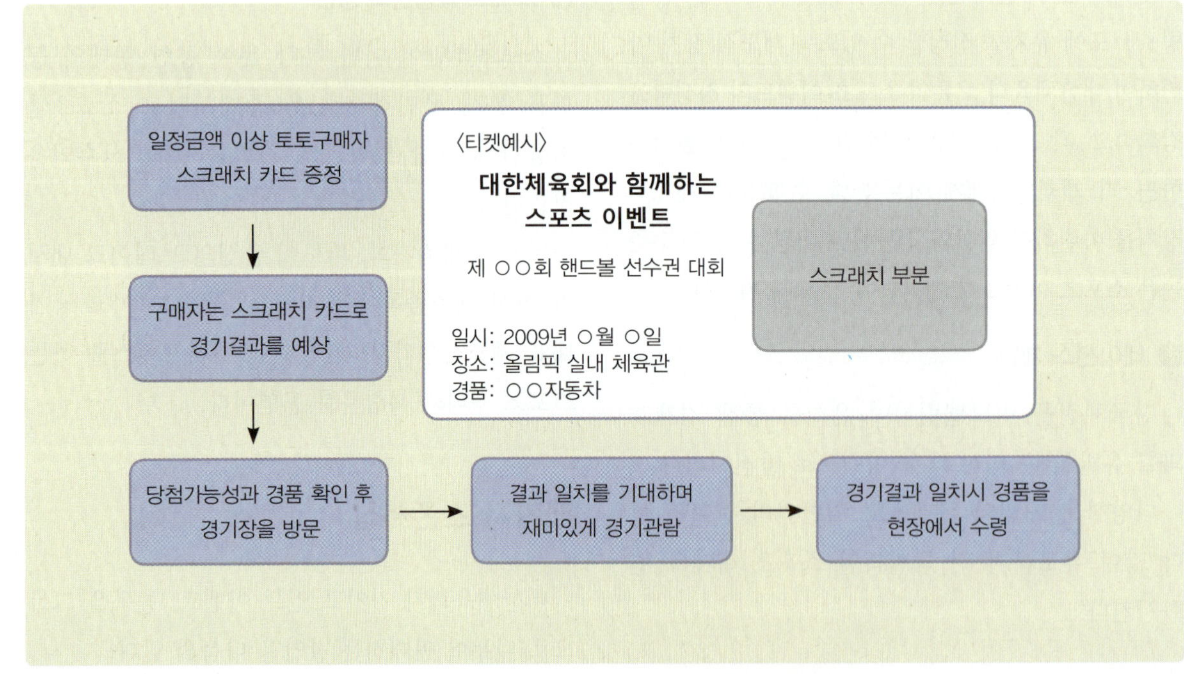

건강인증 프로그램

현대에 들어 성인병, 비만 등 운동량 부족과 잘못된 식습관으로 인한 건강장애가 사회적인 문제로 대두가 되고 있는 가운데 전 국민을 대상으로 국민체력인증제를 실시하여 건강한 대한민국을 만들기 위한 캠페인으로 영어인증 프로그램인 토익, 토플과 컴퓨터인증 프로그램인 MOS와 같이 공신력 있는 인증제로 만들어 개인의 건강을 업그레이드하기 위한 방안이다.

❶ 효과

- 학원체육 활성화
- 국민적 체육 관심증대
- 국민 건강 증진

❷ 과학적 체력테스트 시스템

- 체육과학연구소와 태릉·진천 선수촌을 이용하여 여러 테스트를 거쳐 전문가를 통한 퍼스널 건강 프로그램 구현

❸ 학교 · 기업의 위탁 프로그램

유소년 및 청소년들의 성인병을 막고 국가의 경쟁력을 높이기 위해 학교·기관·기업의 소속원들의 정기적·장기적 헬스케어 프로그램을 위탁 관리

유소년 스포츠 프로그램

유소년들의 건강을 증진시키고 잠재 스포츠 고객확보를 위한 방안이다.

❶ 캠프

- 대상: 일반 초중고 학생
- 일시: 주말, 방학
- 장소: 태릉, 진천, 태백 선수촌
- 프로그램: 국가대표가 직접 코치하며 다양한 종목을 체험하고 실력을 배양할 수 있는 재미위주의 프로그램

❷ 아카데미

- 대상: 엘리트, 일반 초중고 학생
- 일시: 수시 혹은 방학
- 장소: 태릉, 진천, 태백 선수촌
- 프로그램: 실력에 따라 1군, 2군, 3군으로 나누어 국가대표 혹은 국가대표 코치가 대표선수 훈련시스템을 적용 원포인트 레슨과 같이 실력을 향상 시킬 수 있는 교육위주의 프로그램

해외선수 전지훈련 프로그램

한국은 세계 스포츠 10대 강국으로서 선진기술 전달 해외의 엘리트 선수들이 비시즌 동안 기술연마를 위한 전지훈련을 통해 외화수입

코리아 스프링캠프

- 미국 메이저리그에 한국 프로야구단이 참가하는 것처럼 한국에 세계 국가대표 선수들을 타깃으로 캠프를 개최하며 훈련·모의시합·세미나 등 우수한 퀄리티의 훈련을 제공하여 선진 기술을 전수하고 수입을 창출하는 고부가가치 비즈니스이다.

진천 스포츠 상해 전문병원 운영

43년간 태릉선수촌에서 국가대표선수들의 상해를 치료 재활한 know-how를 활용한 스포츠 상해 전문병원을 운영하여 스포츠 의학을 통해 국가 경쟁력 향상 시킨다.

❶ 국가대표를 전담하여 치료 재활하는 전문 의료진이라는 대표성을 부각시키는 차별화전략으로 시장을 공략

❷ 국외 스포츠선수들에 대한 Promotion을 강화

하여 글로벌 의료마케팅 전략으로 시장의 다변화를 꾀함

❸ 스포츠 상해전문병원 운영을 국가대표선수들에 대한 의료 서비스 강화로 이어져 국내 스포츠 경쟁력 강화로 이어질 것임

❹ 국내 의료기술의 우수성을 해외에 널리 알릴 수 있는 계기가 됨

Naming Right(명명권)

무교동 스포츠회관, 태릉국제스케이트장과 같이 대한체육회가 가지고 있는 부동산 프로퍼티에 기업의 명칭 사용권을 판매하여 활발한 투자를 가능케 함, 장기적인 수입으로 재정적 어려움을 극복하고 재투자를 통한 수익 창출이 가능하다.

❶ 해외사례

세계 유수의 기업들이 스포츠 시설에 기업명 사용 권리를 일정기간 부여받아 홍보 마케팅 활동을 펼치고 있으며 기업의 권리사용 비용을 재투자하여 스포츠 시설을 건설하고 리모델링을 통해 팬들에게 질 높은 서비스와 콘텐츠를 제공한다.

❷ 국내 판매가능 시설

- 태릉선수촌, 진천선수촌, 태백선수촌, 태릉국제스케이트장, 무교동 체육회관
- 선수촌의 시설물들을 세부적으로 나누어 판매

Fund Raising

체육 기금 마련을 위한 자선모금형식의 기금마련행사로 체육선진국에서 흔히 올림픽과 같은 메가 이벤트 출전을 앞두고 재정확보를 위해 실시한다.

❶ 소액 기부

- 올림픽과 같은 중대한 이벤트를 앞두고 국민들의 소액 기부로 출전기금을 마련하는 것으로 선진국에서 흔히 있는 사례

❷ 프로암

- 이벤트 참여 스폰서들을 대상으로 본 행사 전에 프로선수와 함께 스포츠를 즐기는 후원사 프로그램

| 표 5-1 | Naming Right

구 장	기업명	기 간	금 액
닛산스타디움	닛산(자동차)	2005년 ~ 2009년	年 25억
뱅크원볼파크	뱅크원(은행)	1998년 ~ 2027년	年 26억
펩시센터	펩시콜라(음료)	1999년 ~ 2018년	年 40억
아지노모토스타디움	아지노모토(조미료)	2003년 ~ 2007년	年 25억

- Sixth Ring: "미국의 국가대표는 미국이 아니라 미국인 지원한다"라는 제창아래 미국의 국가대표의 올림픽 후원목적으로 한 서포터 조직으로 기부 금액에 따라 5개의 레벨로 나뉘어 차등적인 베네핏이 제공된다.

❸ Fund Raising Dinner

- 자선행사의 형태로 이벤트의 기금을 확보하기 위해 스포츠스타와 함께 만찬을 즐기고 다양한 Hospitality를 제공하는 만찬행사

2. 미국 프로스포츠 비즈니스의 다양성

미국은 모든 면에서 스포츠 천국이라 불릴 만큼 do & see 스포츠가 상호 공존하고 있다. 그런데 한국의 스포츠와 미국의 스포츠가 다른 점은 무엇일까?

미국에서 스포츠를 보면서 느낀 점은 바로 참여와 다양성에 있다.

어디를 가든 운동복에 이어폰을 끼고 달리는 사람이 널려 있고, 학교 체육관과 지역에 설치된 경기장에는 자리가 없을 정도로 많은 사람들이 운동을 하고 있다. 경기장을 가봐도 경기 자체를 즐기는 사람들이 모여서 자신들의 스트레스와 희망을 팀에다 던져 놓고 먹고 마시고 즐기면서 자기들만의 스포츠 대화로 경기장을 떠들썩하게 만든다.

풋볼, 농구, 야구, 하키 등의 4대 메이저 스포츠 외에도 크리켓, 럭비, 프로 레슬링, 골프, 나스카, 축구 그리고 대학연맹이 관리하는 스포츠를 비롯하여 청소년들이 참가하는 클럽 스포츠 등이 있다. 종목의 다양성을 비롯하여 상품의 다양성, 리그의 다양성, 선수의 다양성, 참여의 다양성이 있다.

미국의 스포츠 비즈니스는 이러한 다양성을 이용하여 소비자들인 팬들을 만족시키고 그들의 욕구를 충족시켜 나간다. 스포츠 팬들은 시간과 돈만 투자하면 언제 어디서든지 다양한 스포츠를 즐길 수 있다.

그러나 상대적으로 프로스포츠 리그 간, 구단 간, 선수 간의 경쟁이 치열해짐에 따라 팬들의 기대감이 높아졌으며, 신기술, 개인주의, 그리고 소비자들의 욕구 변화에 따라 스포츠 시장은 역동적으로 변해가고 있다. 이렇게 변해가는 소비자들을 잡기위한 스포츠 비즈니스가 성장 발전해 나가고 있다. 이러한 미국 스포츠 비즈니스가 변해가는 방향을 알아보면 다음과 같다.

➲ (變) 기존의 경기장을 넘어서라 – 야구장에서 하키가, 유럽에서 NBA가~

지금까지 미국의 프로스포츠는 각 지역별로 연고를 두고 리그를 운영해 왔다. 이제는 다른 나라로 리그를 확대해 나가고 기존 자신들의 경기장에서 경기를 하는 것이 아니라 전혀 다른 곳에서 색다른 이벤트를 기획한다는 것이다.

지난 2월 포브스가 발표한 세계 최고 스포츠를 보면 1위를 차지하고 있는 것이 바로 미국과 관련된 스포츠 팀과 선수들이었다. 그 이유는 바로 기존의 한계를 넘어서 경기가 펼쳐졌기 때문이다. 선수와 팀은 스포츠와 리그 자체를 글로벌 프랜차

위글리 필드에서 개최된 윈터 클래식의 모습

영국 런던 웸블리 스타디움에서 개최된 NFL 경기

이즈화 하여 시장을 확대해 나가고 있다.

글로벌 프랜차이즈의 선봉은 NBA로 'NBA EUROPE LIVE TOUR'로 명명한 대회를 통해 NBA 구단은 유럽지역에 NBA를 각인시켰다. NBA 유럽 라이브는 2006년부터 NBA가 야심차게 진행해 온 유럽 투어 프로젝트로, NBA와 유럽 명문 클럽 간의 대결뿐만 아니라 토너먼트 형식의 매치 등의 이벤트를 통해 스페인, 러시아, 이탈리아, 프랑스 등지에 자신들의 브랜드를 알리고 소비자들과 관계를 맺는다. 또한 NBA는 플레이오프 기간 동안에 유럽, 라틴 아메리카, 중동 및 아시아 지역에 매주 NBA.TV를 통해 시즌 내내 40개 이상의 라이브 경기를 인터넷 온라인으로 시청할 수 있는 서비스를 전 세계의 팬들에게 제공하였다.

이러한 투어는 지난 4년간 유럽 선수들의 지속적인 NBA 진출과 시범경기로 NBA는 어느 정도 유럽 지역에서 성공을 할 수 있었으며, 유로리그(Euroleague) 성장에도 큰 도움을 주었으며, 유로리그가 NBA의 마케팅 방식을 벤치마킹하기 시작하면서 NBA도 유럽에 성공적으로 정착할 수 있었다.

NHL(북미 아이스하키리그)은 'NHL Winter Classic'을 1월 1일날 개최하는데 이 경기는 실내 아이스 하키경기장에서 개최하는 것이 아니라 실외 경기장에서 개최하는 야외 경기이다.

본격적인 윈터 클래식은 2008년 버펄로의 랄프 월슨 스타디움에서 벌어진 게 첫 번째 경기로, 버펄로 세이버스-피츠버그 펭귄스전으로 경기장에 입장한 관중은 7만 1,217명으로 NHL 사상 최다 관중 신기록을 기록하였다.

2010년 시카고 컵스의 홈구장인 위글리필드에서 개최된 윈터 클래식에 표를 구입하겠다고 신청한 팬들이 30만 7,000명으로 집계되었으며, 추첨을 통해 입장권이 제공되었고, NHL 사상 최고의 시청률을 기록하였다. 이러한 윈터 클래식은 과거 실내 경기장이 없이 실외에서 경기했던 경험과 추억을 떠올리게 하는 경기로 야구장과 같은 실외 경기장에서 경기 개최를 통해 관중수도 늘리고 팬들에게 추억도 떠올리게 만든 이벤트를 통해 소비자들의 눈길을 사로잡았다.

미국 내 최대 인기 스포츠인 NFL(National Football League)은 지난 2007년부터 런던에서 정규 경기를 개최해 오고 있으며 2009년에는 세 경기를 런던에서 치루었다. 또한 NFL은 인터내셔널 시리즈를 중국으로 확대해 '차이나볼(China Bowl)'로 명명된 프리 시즌 경기를 개최할 계획을 가지고 있다.

메이저리그는 중국에서 샌디에이고 파드리스와 LA 다저스가 시범 경기를 갖고 야구 클리닉 행사까지 열었다.

2010년 2월 14일에 열린 올스타전은 텍사스 알링턴에 위치한 카우보이스 스타디움에서 개최되었는데 NBA측은 사상 최다 관중인 8만명이 참가하였다고 발표했다.

(多) 사업영역의 한계를 넘어선 수입 구조의 다변화

시장의 수입을 위해서라면 무엇이든 하는 구단 수입의 다변화이다. 1990년대까지만 하더라도, 미국 프로구단의 수입구조는 입장 관중 수입, 경기장 식·음료 판매, 라이센싱 및 머천다이징 상품 판매, 스폰서십, 방송 중계권료가 대부분을 차지하였다.

그런데 2000년대 이후 미국 프로스포츠의 수입

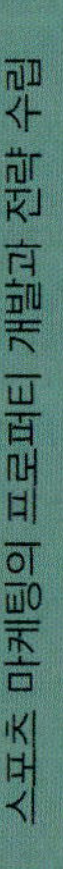

구조에 변화를 준 요소는 경기장의 스카이 박스와 같은 VIP석 확대와 PSL 좌석 라이선스의 일반화, 인터넷, 케이블, 자체 방송 중계권의 세분화를 통한 뉴미디어 영역 개발, 머천다이징을 통합 관리하는 NFL의 라이선스 통합, 구장 명칭사용권의 일반화, 구단 브랜드 가치 상승 등으로 확대가 되었다.

그런데 최근 들어서 각 구단마다 경기장을 꽉 채운다 해도 올릴 수 있는 수입의 한계가 있다는 사실을 깨닫고 창조적으로 비즈니스를 만들어 내고 통합 관리하는 조직을 두고 사업을 실시한다. 즉 티켓판매와 중계권료만 챙기는 평범한 구단보다는 좀더 다양성을 토대로 한 비즈니스 모델을 개발하고 사업영역을 확대해 나가는 것이다.

2004년에 설립된 펜웨이 스포츠 그룹의 사업포트폴리오를 보면 기존의 구단 사업 외에

1. 보스턴 컬리지 대학과 연계한 지역 마케팅과 야구 대회 개최를 통한 사업 개발
2. 엔터테인먼트 사업으로 지역 방송국인 NESN사의 지분을 확보하고, 보스턴지역 음악 콘서트 개최 및 서비스 제공
3. 나스카 카레이싱 팀인 아우시팀 지분 확보을 통한 수익 모델 확대
4. 펜웨이 파크 인근 지역 빌딩을 매입하고 관리하는 부동산 사업
5. 레드삭스 팬들에게 스프링캠프 방문과 원정경기투어 패키지로 판매하는 관광 사업
6. 야구 외에 PGA도이치뱅크 대회를 주최하고, LPGA 선수들의 에이전트 업무
7. 온라인 비즈니스를 통한 MLB.com 배너광고 판매 대행 및 던킨도너츠사와 리츠 칼튼 호텔의 마케팅 업무 대행한다.

이처럼 다양한 사업영역 확대를 통해 펜웨이 스포츠그룹은 사업적으로 큰 성과를 거두었다.

메이저리그의 미네소타 트윈스는 21달러짜리

다양한 수입원의 하나인 보스턴 펜웨이 파크 경기장 밖에 있는 스포츠 바

입장 티켓을 다우 존스 지수와 연동해 가격을 정한다. 입장권 가격이 전 주의 금요일 다우 존스 지수가 기준이 되어 판매가 되는데, 예를 들면 다우 존스가 6,000대에서 끝나면 21달러 티켓을 6달러에, 7,000대이면 7달러에 판매한다. 이를 통해 미네소타 구단은 팬들에게 경제적으로 더욱 긍정적인 관점을 가지도록 만들고 경제와 팀의 운명을 함께 가도록 함으로써 사업의 영역을 확대하였다.

(通) 팬들은 소통을 통해 참여를 원한다

소통으로 소비사인 팬들의 직집 참여를 유도하며 소통방식의 변화를 소비자와의 쌍방 커뮤니케이션 방법으로 만든다. 스포츠 소비자들과의 관계를 유지하기 위해서는 천문학적인 비용과 자원이 투자됨에도 불구하고 원하는 시장 점유율과 이익률을 달성하기 위해서는 지속적으로 그들의 참여를 높여 나가야만 한다.

스포츠 구단들은 팬들의 의사결정 과정을 이해하고 그들을 팀과 연결시킬 수 있는 방법을 연구하는 것은 성공을 위한 필수 작업이다.

NBA는 경기장에서 벌어지는 이벤트에 직접 참여하는 것을 비롯하여 자신들이 직접 NBA 올스타전 출전자 한명 한명을 온라인 투표를 비롯한 휴대폰 서비스를 통해 선발한다. 또한 NBA는 공식

NBA, NFL, NHL과 선수들이 함께 참여한 One Team 4 Haiti의 로고

사이트를 통해 20개국 언어 서비스를 통해 전 세계 팬들의 참가를 확대시켰다. 이러한 NBA 올스타전의 진화 속에는 바로 팬들과의 쌍방향 소통 영역을 확대시키고 있는 것이다.

(奉) 소비자인 지역을 위해 봉사하고 헌신하라

지역 사회 공헌을 통한 봉사와 서비스이다. 즉 자신들의 지역에 공헌하는 팀이라는 이미지가 결국은 지역 주민과 팬들의 유대를 강하게 만들기 때문이다.

모든 스포츠 소비자는 끊임없이 흔들리는 갈대와 같은 존재이다. 이러다 보니 흔들리는 그들의 생각과 몸을 붙잡는 것은 결국 그들의 마음 가운데 친밀하고 유대가 깊은 친구가 되는 것이다.

미국의 대부분 프로 구단들은 사업이다 보니 마케팅, TV중계료, 각종 스폰서십에 무게를 두고 있지만 봉사와 지역 사회 활동은 구단의 사회적인 책임으로 간주하고, 구단 조직 내에 지역 사회 관리팀을 두고 있다.

버드 셀리그 메이저리그 총재는 아이티 구호 활동 지원을 위해 100만 달러를 기부한다고 발표한 데 이어 메이저리그 선수노조(MLBPA)도 "선수들도 이런 활동에 동참하기 위해 100만 달러가 될 때까지 모금과 기부활동을 펴나가겠다"고 밝혔다.

선수협회는 또 미국 프로농구(NBA)와 미국 프로풋볼(NFL), 북미아이스하키(NHL) 등 다른 프로단체들과 함께 '원팀포아이티'(one team 4 Haiti) 구호를 내걸고 연대활동도 펴나가기로 했다. 뉴욕 메츠 구단은 경우 3명의 직원이 보이지 않게 많은 사회 활동과 각종 이벤트를 매년 꾸준히 실시하고 있고, 애리조나 다이아몬드백스는 2008년에만 250만 달러(30억원)를 지역의 여러 사회단체에 성금으로 기부했다.

팀이름 자체가 지역 프랜차이즈와 연결되어 있는 미국 스포츠 팀들의 지역을 위한 봉사와 공헌 프로그램은 갈수록 커지고 그 방법들이 다양해지고 있다.

(合) win-win 컨버전스 결합하라

리그와 팀의 이미지를 상승을 위해 상호 win-win 컨버전스하는 것이다. 스포츠 팬들의 관심사는 언제든지 다른 곳으로 이동할 수 있기 때문에 이들을 잡기 위해서는 색다른 것들을 제공하여야만 한다. 그들의 관심사가 어느 방향에 있는지, 그들이 미래에 좋아할 분야가 무엇인지를 알고 그것과 결합하는 것이다.

파이낸셜타임스에 따르면 프리미어리그와 NBA, 축구와 농구, 어떻게 보면 전혀 어울리지 않는 두 조직의 대표가 마케팅 및 상업적 제휴를 논의하기 위해 영국 런던에 모였다.

이들은 상호 win-win 할 수 있는 분야인 중계권 관련 분야, 신시장 개척 분야, 소비자 통합 분야, 사업 개발 분야 등 공통 부분에 대한 사업 확대를 위하여 뭉쳤다. 상호 해결해야 할 선결 과제가 있어서 어려움을 겪기도 하지만 향후에는 큰 시너지 효과를 발휘할 것으로 보인다.

수학문제 해답처럼 쉽게 보지마라

수학문제를 풀때 문제의 해답을 보면 쉽지만 그 답을 얻는 과정은 쉬운 것이 아니다. 우리가 마케팅에 대하여 이야기 하고 비즈니스에 대하여 이야기 할 때 미국의 프로스포츠를 보면 아주 단순하게 보이고 우리나라의 어느 팀이나 리그라도 쉽게 따라 할 수 있는 것처럼 말하는 사람들이 많이 있다. 그러나 이러한 하나하나의 비즈니스가 형성되는 과정을 결코 단순하게 생각해서는 안된다. 이는 많은 전문 지식과 경험을 필요로 하기 때문이다.

미국의 프로스포츠 역사는 100년 이상이고, 일본은 80년 그리고 우리나라는 프로스포츠는 28년이다. 역사 속에 만들어진 과정을 우리는 이해하고 받아 들여야 한다.

골프를 치든지, 야구를 하던지, 바둑을 두던지, 마케팅을 하던지 기본적으로 우선 정석을 배워야 한다. 우리 대한민국으로 프로스포츠는 어쩌면 정석이 없다는데 있는 것이 아니라, 정석을 제대로 배우지 않고 경기부터 하려는데 있다.

나이키의 창업자인 Bill Bowerman은 "If you have a body, you are an athlete"이란 말을 하였다. 나이키의 소비자는 운동을 하는 사람, 선수가 아니라 신체를 가진 모든 사람으로 규정하였다.

필립 코틀러는 "모든 스포츠 소비자는 끊임없이 흔들리는 존재다. 스포츠 관계자들은 팬들의 의사결정 과정을 이해하고 그들을 스포츠에 연결시킬 방법을 연구하는 것은 성공을 위한 필수적인 작업이다"라고 하였다.

프로스포츠의 기본인 소비자에 대하여 정석으로 배워야 한다. 소비자가 누구인지? 그들이 무엇을 원하는지? 언제 하고 싶은지? 어떤 선수, 어떤 경기, 어떤 이벤트를 보고싶어 하는지? 등 보다 더 세밀하고 면밀하게 검토하여야만 한다. 결과만 가지고 우리도 할 수 있다는 자신감보다는 그 성공의 과정 속에 숨겨진 의미와 노력을 찾아내는 것이 중요하다. 과정의 성공은 결국 결과의 성공을 가져 올 수 있기 때문이다.

창의적 전략 아이디어는 정석이 몸에 배고 난후에 자연스럽게 생겨나는 것이다. 미국의 프로스포츠가 우리에게 가르쳐준 창의성은 바로 이러한 정석과 경험을 통해 만들어진 것이기 때문에 우리는 그들의 창의성 이전에 정석을 찾아내고 배울 필요가 있다.

Bill Bowerman과 필립 코틀러가 말한 소비자가 누구인지 그리고 스포츠 소비자이 어떻게 의사결정을 하는지 깊게 연구하고 알아야 될 필요가 있다.

앞서 제시한 變, 多, 通, 奉, 合의 다섯 가지 비즈니스 정석을 이해하고 이 안에 숨겨진 인사이트를 배워야 한다.

참 | 고 | 문 | 헌

2002 월드컵 조직 위원회(2003) 2002 FIFA 월드컵 한국/일본TM 공식보고서.

Gil Fried(2008) 스포츠 시설 경영론. 대한미디어

경희 대학교 스포츠 산업 연구소(2009) KSC/KOC 및 가맹 경기 단체의 체육 선진화를 위한 재정 안정화 방안. 대한 체육회.

경희 대학교 마케팅 연구회(2000) 사례로 배우는 스포츠 마케팅. 한국 언론 간행회.

광고정보(1997.6) 특집: 스포츠 산업, 스포츠 마케팅. No.195.

국민체육 진흥공단(2004) 스포츠 시장을 지탱하는 스폰서와 에이전시. 산하 미디어.

권영경(2002) 월드컵 축구대회를 통한 향후 스포츠 마케팅 전략, 미간행 석사 학위 논문, 목원대학교 대학원.

김 종(2005) 프로스포츠 경영전략. 케이보스

김낙회, 김호 공역(1999) 스포츠마케팅. 나남출판.

김도균(2000) 스포츠 비즈니스. 오성출판사.

김도균(2008) 스포츠 이벤트 기획. 대한미디어.

김도균(2010) NCAA 노다지 비즈니스! 파이널 포. 스포츠 비즈니스 제70호.

김도균, 박병유(2004) FIFA World Cup 마케팅. 오성출판사.

김원제(2005) 스포츠 코리아. 한국학술정보.

김진호, 이면영, 김근영(1994) 현대 체육학 연구법. 보경문화사.

김화섭(2003) 스포츠 마케팅 전략. 백영사.

문상열(2010)구장의 휴식공간화. 스포츠 비즈니스 제71호.

문화체육관광부(2008) 스포츠마케팅 비즈니스 모델 연구. 문화체육관광부.

민승규(2002) 월드컵 이후 경제 사회 과제. 삼성 경제 연구소 보고서.

서승석(2002) 스포츠마케팅을 통한 스포츠이벤트 활성화 방안에 관한 연구. 석사학위연구논문. 경기대학교.

송해룡(2000) 디지털 시대의 스포츠 콘텐츠. 스포츠비즈니스. 5월호.

스포츠레저경영넷(2007) 위기의 K리그를 구하자

안광호, 한상만, 전성률(1999) 전략적 브랜드 관리. 학현사.

우창현(2010) 유비쿼터스 시대에 가상현실스포츠의 미래: 스크린 골프를 중심으로. 스포츠 비즈니스 제70호.

유의동(2010) 스포츠시설과 테크놀러지. 스포츠 비즈니스 제71호.

이종은(2001) 이벤트프로모션론. 도서출판글로벌.

장영렬, 이식혁(2002) 이벤트 기획 실무. 커뮤니케이션북스.

전국경제인연합회(2009) 스포츠 인프라 건설 활성화 방안. 전국경제인연합회.

정희윤(2008) 값 오른 입장료, 야구발전 시작. 스포츠동아(5월 29일 S15).

조달호(1998) 통합 마케팅의 신데렐라 '이벤트프로모션'. 월간마케팅, 7월호, 74-77.

최진우(1999) 2002년 월드컵 대회 스폰서쉽 구조 변화에 따른 대기업의 스포츠 마케팅 전략에 관한 제언적 고찰. 삼성경제 연구소.

최홍섭(2000) 여기는 시드니 "올림픽, 36억달러 남는 장사", 주간조선, 제1622호 2000.10.5.

최휘곤(2003) 2002년 월드컵축구대회가 한·일 양국에 미치는 경제적 파급 효과. 미간행 석사 학위 논문, 한양대학교 교육대학원.

톰 피터스(2009) 톰피터스의 미래를 경영하라. 21세기북스.

한국야구위원회(2009) 2008 프로야구 연감. 한국야구위원회.

한국프로축구연맹(2006) VISION PROJECT K. 한국프로축구연맹.

한왕택, 시양구(1997) 스포츠 이벤트의 현재와 비전. 태근문화사.

현대경영 연구소(2005) 이벤트의 힘. 승산서관.

홍재민(2010) 잉글랜드 축구 시장 개괄 및 교훈. 스포츠 비즈니스 제71호.

Analysis of professional soccer in the United States and England. Journal of Sport Behavior, 95.

Cawley, R.(1999) Sports commissions. Journal of Street & Smiths Sports business, 1(Oug.) 28.

CMR, a Taylor Nelson Sofres Co.; Outdoor Advertising Association of America; Publishers Information Bureau; Radio Advertising Bureau.

Deloitte(2009) Deloitte Football Money League 2009. Deloitte.

Hoffman, D., and Novak, T. P.(1995) "Marketing Hypermedia Computer-Mediated Environments: Conceptual Foundation," [WWW document]. URL http://www2000. ogsm. vanderbilt.edu/cmepaper.revision.july11./cmepaper. htm, 2-7.

Howard, D. R., & Crompton, J. L.(1995) Financing sport. Morgantown, WV: FitnessInformationTechnology.

International Olympic Committe(1996) Olympic Games broadcast analysis report.Lausanne, Switzwrland:Author.

International Olympic Committe(1999, Winter) Olympic marketing factfile. Lausanne, Switzwrland: Author.

International Olympic Committe(1997) Olympic marketing research analysis report: 1986 ~1996. Lausanne, Switzwrland: Author.

Jeffrey, D. J.(1997) Becoming a sports fan: Understand cognitive development and socialization in the development of fan loyalty Unpublished doctor aldisseration, Ohio State University.

McDaniel(1997) An investigation of Match-up Effects in Sponsorship Advertising The Implications of Consumer Advertising Schemas," American Marketing Association's Winter Educators'Conference, St. Petersberg.

www.koreabaseball.com

www.sericeo.org

제 5 편
스포츠 자체의 마케팅

제 1 장 스포츠 자체의 마케팅의 이해

제 2 장 스포츠 자체의 마케팅 전략적 계획수립

제 3 장 스포츠 조직들의 스포츠 마케팅 사례

세계에서 관람 스포츠로서 가장 인기 있는 스포츠는 무엇일까?

세계에서 가장 즐기는 사람이 많은 스포츠는 무엇일까? 세계에서 가장 가치가 있는 리그는 어디일까? 가장 브랜드 가치가 큰 구단은 어느 팀일까? 어디서 이런 차이가 나고 어디서 이런 가치가 나오는 것일까? 스포츠는 전쟁처럼 자신들의 브랜드 가치를 극대화시키고 수익을 높이기 위해 노력한다. 중요한 것은 스포츠는 살아있는 생명체처럼 날마다 성장하고 진보하기 때문이다.

스포츠 용품사의 광고 카피처럼 "스포츠는 살아있다" 살아있는 스포츠를 어느 방향으로 살려 나갈 것이냐 하는 것은 모든 구단이나 연맹이 가지고 있는 숙제이다.

연맹이나 구단은 스포츠 활동이나 경기를 사업화하고, 얼마나 효과적으로 판매하느냐 하는 것은 중요한 과제이다. 여기에는 스포츠 제품에 대한 고정 팬 확보, 입장 관중수입 제고, 관련 제품의 라이센싱 사업 활성화, TV 중계방송권 수입 극대, 스폰서와의 효율적인 협상, 다양한 후원사 확보를 통한 수익성의 제고가 기본 목적이 된다.

스포츠 자체의 마케팅(Marketing of Sport)은 스포츠 경기 자체를 하나의 제품으로 간주하여 각 연맹이나 단체 그리고 구단이 스포츠 자체인 경기 및 리그를 사업화하여 얼마나 효과적으로 판매하느냐에 초점이 맞추어져 있다. 경영학의 시각으로 관람 스포츠와 참여 스포츠에서 많은 관중이나 회원을 확보하기 위한 계획, 지휘, 조정, 통제 활동이고, 스포츠 제조업 분야에서 스포츠 용품이나 시설 및 교육 프로그램을 판매하기 위한 마케팅 활동이며, 각종 스포츠 단체가 재원을 확보하기 위해 집행하는 마케팅 활동을 의미한다.

또한 스포츠 자체를 사업화하는 것으로 스포츠 제품이나 서비스에 대한 마케팅을 의미한다. 회원모집, 스포츠 팀에 대한 팬 확보, 스포츠 시설, 용품, 의류, 프로그램의 판매 등이 여기에 해당한다. 따라서 소비자는 일반대중이 되며 제품화된 스포츠를 어떻게 소비자에게 판매할 것인가가 마케팅 활동의 목적이 된다. 즉 스포츠 자체의 마케팅이라고 하는 것은 스포츠가 갖고 있는 고유의 제품성을 활용하여 마케팅 활동을 하는 것으로 한마디로 요약하면 "Grow the Sport"이다.

오늘날과 같은 정보화 사회에서는 스포츠 소비자가 무엇을 원하고 있는지에 대한 정보를 누가 먼저 입수하는지가 스포츠 조직의 성패를 크게 좌우한다. 이러한 조직의 핵심은 사람이고 사람은 최대의 자원이다. 최근 스포츠 자체를 활용한 마케팅의 범위가 점점 넓어져가고 있는데, 여기에는 인적 관리로부터 조직 관리, 기획 관리와 같은 것이 있다.

각 구단이나 연맹 리그는 마케팅 기획을 통해서 스포츠를 다양한 방식으로 변형하여, 새로운 스포츠 마케팅을 창출해 내고 있다. 그러한 사례로 영국 프리미어리그의 프로팀들이 비시즌에는 아시아 투어를 통해서 리그를 알리고 MLB는 중국에서 대회를 개최하고, NBA는 유럽에서 그리고 NHL은 풋볼 경기장에서 자신들의 범위와 영역을 넘나드는 활동을 통해서 자신들의 가치를 더욱 극대화시켜 나가고 있다. 순수한 정통 스포츠 자체에 변화를 주어 새로운 스포츠 마케팅을 만들어 내고 그것을 고유의 스포츠 행사로 창출해냄으로써, 스포츠 자체를 활용한 마케팅의 범위가 점점 넓어지고 있는 것이다.

본장에서는 스포츠 자체를 활용한 마케팅의 이론적인 배경을 살펴보고, 스포츠 자체를 활용하여 스포츠 마케팅 활동을 펼치는 스포츠 단체들의 마케팅 사례를 이해할 수 있도록 내용을 구성하였다.

제 1 장 스포츠 자체의 마케팅의 이해

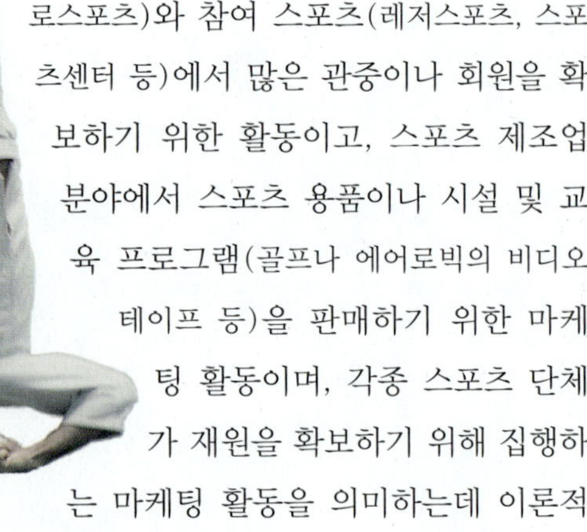

제 1 장

스포츠 자체의 마케팅의 이해

로스포츠)와 참여 스포츠(레저스포츠, 스포츠센터 등)에서 많은 관중이나 회원을 확보하기 위한 활동이고, 스포츠 제조업 분야에서 스포츠 용품이나 시설 및 교육 프로그램(골프나 에어로빅의 비디오 테이프 등)을 판매하기 위한 마케팅 활동이며, 각종 스포츠 단체가 재원을 확보하기 위해 집행하는 마케팅 활동을 의미하는데 이론적으로 본다면 다음과 같이 정의할 수 있다.

❶ 관람 스포츠나 참여 스포츠의 경우 보다 많은 관중이나 회원을 확보하는 것

❷ 스포츠 제조 부문에서 스포츠 용품이나 시설 및 프로그램 등을 판매하기 위한 마케팅 활동

❸ 각종 스포츠 협회나 프로스포츠 단체에 의해 집행되는 마케팅 활동

1. 스포츠 자체의 마케팅의 이해

스포츠 자체의 마케팅은 스포츠 자체를 제품화하여 마케팅 활동을 실행하는 것이다. 즉, 관람 스포츠나 참여 스포츠의 경우는 보다 많은 관중이나 회원을 확보하는 것이고, 스포츠 용품 제조업체에게는 용품이나 시설 및 프로그램 등을 판매하기 위해 행하는 마케팅 활동으로 각종 스포츠 단체에 집행되는 마케팅 활동을 의미한다.

스포츠 경영학의 시각으로 관람 스포츠(주로 프

MLB는 스포츠 자체 마케팅의 대표적인 사례들을 갖고 있다. (2009 메이저리그 올스타전 모습)

스포츠 자체의 마케팅은 스포츠 행사에 많은 관중과 회원을 확보하는 것으로부터 스포츠 용품이나 프로그램을 판매하기 위한 마케팅 활동까지를 포함한다고 볼 수 있다. 예를 들면, FIFA 월드컵의 마케팅 권리를 가지고 있는 FIFA와 개최국의 조직위원회는 FIFA 월드컵이라고 하는 제품을 가지고 마케팅 활동을 하여 수익 증대를 꾀하고, 이것을 활용하여 보다 즐겁고 매력적인 스포츠 제품을 개발하는 것부터 시작해서 관중에게 입장권을 판매하고 제품을 판매하는 모든 활동이 스포츠 마케팅인 것이다.

또한 스포츠 제품의 가치를 높이기 위해서 좋은 위치에서 최첨단의 편의시설 및 경기시설을 갖춘 경기장을 확보하고, 실력 있는 선수나 팀과 국가들의 참여를 유도하여 관람객에 관람의 즐거움과 함께 보다 높은 서비스를 제공하는 활동을 스포츠의 마케팅이라 한다.

스포츠 자체의 마케팅은 프로 팀에서도 많이 이

용되는데, 팀의 홈페이지를 만들어서 팀의 정보 및 경기 스케줄을 제공하거나, 이벤트 프로모션을 유치하여 관람객을 유치하거나, 팀 팬클럽을 창단하여 회원확보를 활성화 시키는 작업 등이 이에 해당한다고 볼 수 있다.

나이키나 아디다스의 경우에는 농구라는 스포츠를 하나의 제품으로 간주하여 3 on 3 길거리 농구 대회, Free Style, NBA 초청 선수 이벤트 및 각종 농구 관련 행사 개최를 통하여 청소년 농구 인구 자체를 늘리고, 농구하면 자신들의 브랜드가 떠오르도록 만듦으로써 농구화를 비롯한 농구 관련 제품에 대한 수요를 창출하는 것이다. 즉 스포츠 참여 자체를 활성화 시킴으로써 인지도를 높이는 "Grow the Sport"라 할 수 있다.

2. 스포츠 조직의 마케팅 준비

스포츠 자체 마케팅은 스포츠 종목 자체를 자산으로 하여 마케팅 활동을 펼치기 때문에 종목을 바탕으로 마케팅 관리를 잘하여야 한다.

근본적으로 우리가 알고 있던 스포츠 자체를 활용한 마케팅이라는 정의 이외는 어떠한 내용으로 준비를 해야 하는지 알 수 없었다.

스포츠 마케팅의 시초는 연맹이나 조직 그리고 구단의 스포츠 자체를 활성화 시키고 발전시켜 나가는 스포츠 자체의 마케팅으로부터 시작되었다. 그렇기 때문에 스포츠를 활용한 마케팅도 마찬가지만, 스포츠 자체의 마케팅을 잘한다는 것은 마케팅도 잘해야 하지만 관리도 잘해야 하는 것도 의미한다. 스포츠 자체의 마케팅 과정을 관리함에 있어 스포츠 조직은 세 가지 마케팅 관리 기능(marketing management function)이 필요하다.

여기에는 계획수립(planning), 실행(implementation), 통제(control)이다. 스포츠 조직은 먼저 스포츠 조직 전반의 전략계획을 개발한 다음 이를 각 운영부서, 마케팅 제품 이른바 경기, 브랜드별 마케팅 계획과 기타 기능별 계획으로 전환시켜야 한다.

스포츠 조직의 마케팅 계획은 마케팅 단계에서 조직의 목표와 자원을 기준으로 스포츠 마케팅 활동을 자세히 기획하여 완성하는 것으로서 마케팅 활동의 실행, 통제 및 평가의 근거가 된다.

수립된 계획과 실행 간의 일관성은 통제로 유지되는데, 통제는 마케팅 활동의 결과를 측정/평가

| 그림 1-1 | 스포츠 자체 마케팅의 원리

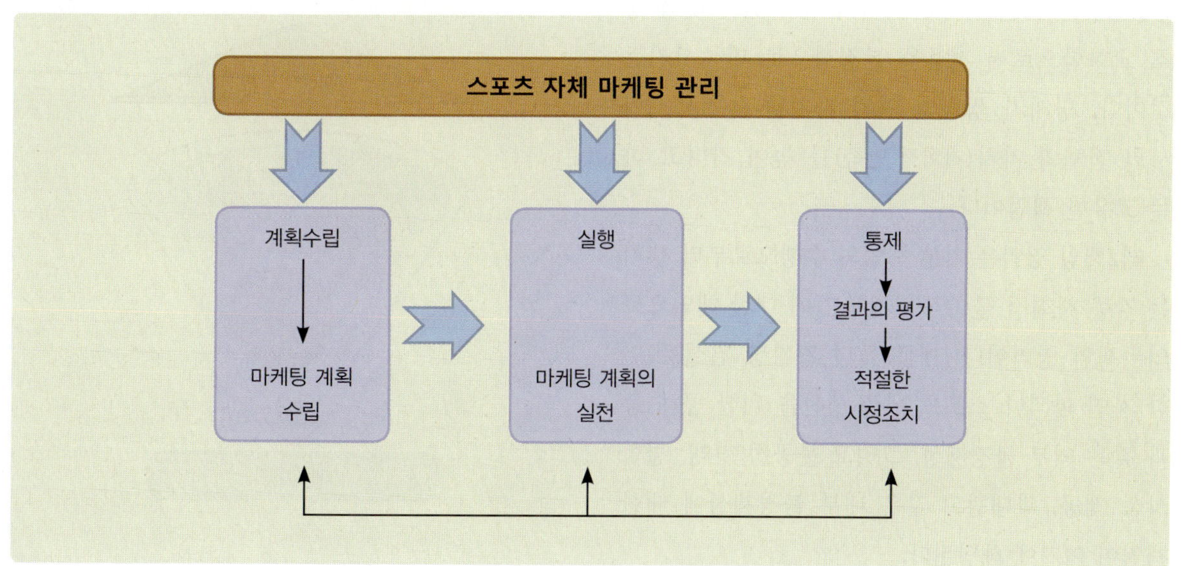

하고 필요한 수정조치를 취하는 것이다. 최종적으로 마케팅 분석은 계획수립, 실행, 통제에 필요한 정보와 평가를 제공하는 것이며 다음과 같다.

3. 스포츠 조직의 사회적 책임

스포츠 조직의 마케팅은 구단이나 연맹이 사회적 구성원으로서 가치를 교환 촉진시키는 것과 동시에 사회 전체의 복리를 향상시키는 데 있다. 따라서 스포츠 구단이나 기업은 스포츠 소비자를 시작으로 하는 사회 구성원 또는 더 나아가 지역 발전과 지역 주민을 위한 행복 만듦이로서의 역할을 해야 함과 동시에 문화 생산자 또는 스포츠 가치의 공급 주체로서 사회적 책임을 완수해야 하며 나아가서는 지구 환경에까지 참여해야 한다.

시마구치(2000)는 마케팅에 관련하는 사회적 책임은 다방면에 걸쳐 있지만 주로 기본책임, 의무책임, 지원책임이라는 세 개 영역으로 스포츠를 나누었으며, 모두 사회적 만족 추구의 중요한 테마가 된다고 하였다.

제1책임 영역은 스포츠 구단이나 조직의 사회적 존재 의의나 사회적 역할에 관련된 본질적인 책임으로, 구단과 팬 그리고 지역이 가치 있는 것을 상호 교화함으로써 제품을 본질적으로 만족시키는 것이다. 당사자 쌍방의 인지 가치를 높임으로써 사회 전체의 가치(사회적 만족)를 높여 간다고 하는 고유한 책임이다.

제2책임 영역은 기본 책임의 수행으로부터 생기는 각종 사회적 불이익(불경제성)에 대한 책임으로 의무책임 영역이다. 예를 들면 경기장 건설로 인한 자연 파괴나 스포츠 제품 생산을 위한 공해 등과 같은 외부 불경제성, 그리고 불공정 거래, 결함 상품 제공, 과대광고 같은 내부 불경제성에 대한 책임이 여기에 해당된다.

제3책임 영역은 메세나 활동이나 박애 및 1% 클럽 등의 문화, 예술 사회자원이나 경제지원 및 자원봉사 활동 등으로 대표되는 자주적인 사회공헌 활동이며, 스포츠 조직의 장기간 계속적인 존속 기반 만들기에 도움이 되는 지원책임 영역이다.

4. 스포츠 자체의 마케팅 관리

스포츠 자체의 마케팅 계획수립

모든 스포츠 조직은 스포츠 프로퍼티를 개발하기 위해서 계획을 세운다. 조직의 크기가 크든 작든, 단순하건 복잡하건, 영리조직이건 비영리조직이건 관계없이 계획을 세우고 수행한다.

스포츠 구단은 어떻게 팬들을 끌어 모을지에 대한 계획을 세우고 스포츠 협회는 협회 전체의 계획을 세운 후 이에 근거하여 각 부문의 세부계획을 수립하게 된다. 계획을 세우는 행위는 이러한 공식화된 조직뿐만 아니라 우리의 일상생활에서

| 그림 1-2 | 계획수립과 후속되는 관리 활동과의 관계

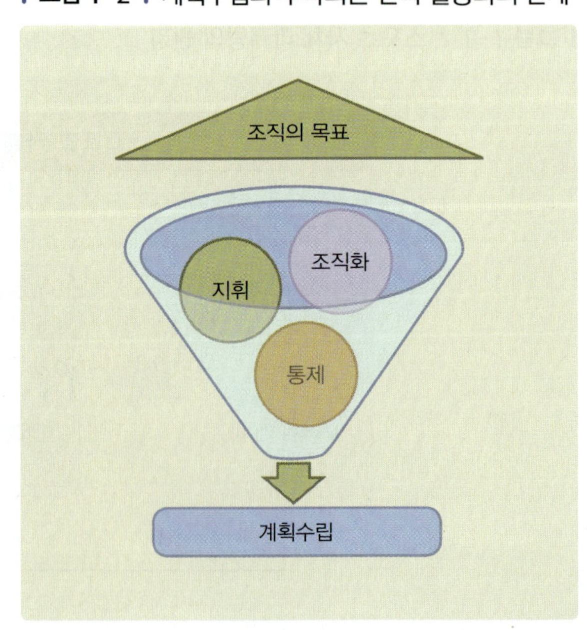

도 쉽게 볼 수 있다.

스포츠 조직에 있어서 계획수립(planning)이란 조직의 목표를 달성하기 위하여 언제 어디서 어떤 일을 어떻게 진행하고 운영할 것인가를 결정하는 과정을 말한다.

즉 미래에 예견되는 다양한 기회를 분석하고, 평가하고, 선택하는 과정을 통하여 조직의 목표를 달성할 수 있는 행동 계획을 능동적이며, 체계적으로 개발하는 것이다. 계획 활동의 결과물은 문서로 나타난다.

계획수립은 조직 활동, 지휘 활동, 통제 활동에 선행하는 관리 활동의 출발점이자 가장 근본적인 활동이다. 계획수립이 된 후에야 비로소 조직을 만들고 사람을 배치하는 조직화 활동, 과업성취를 위하여 조직 구성원을 고무하고 이끄는 지휘 활동, 목표 달성을 유도하고 그 여부를 확인하는 통제 활동이 이어지는 것이다.

이러한 관계는 〈그림 1-2〉에 잘 나타나 있다. 계획수립과 각 관리 활동이 이러한 관계에 있기 때문에 계획수립이 잘 되면, 이는 향후의 조직 활동에 강력한 토대가 된다.

스포츠 자체의 마케팅 계획수립 단계

스포츠 마케팅 계획수립은 〈그림 1-3〉에서 보는 바와 같이 크게 6단계로 이루어진다.

1단계: 조직의 목표를 기술

스포츠 자체의 마케팅 계획수립은 스포츠 조직의 관리 시스템이 어떻게 하면 조직의 목표를 달성할 것인지에 초점이 맞춰져 있기 때문에 계획수립 활동이 시작되기 전에 가장 먼저 조직의 목표가 분명하게 정리되어야 한다. 즉, 조직의 목표는 계획수립 활동의 첫 번째 시작인 것이다.

조직의 목표는 조직이 만들어질 때 이미 정해진다. 하지만 스포츠 조직이 구성될 때 갖는 기본적인 목표와 컨셉은 변함이 없지만 세부적인 목표가 따르게 된다. 1단계에서는 이러한 기본적인 목표를 확인하고 하부적인 목표를 결정한다.

2단계: 목표 달성을 위한 아이디어

스포츠 조직의 목표가 명확하게 기술되면 그 목표를 달성하는 데 기여할 수 있는 가능한 한 많은 아이디어를 찾아 나열한다. 이러한 아이디어

| 그림 1-3 | 스포츠 마케팅 계획수립의 단계

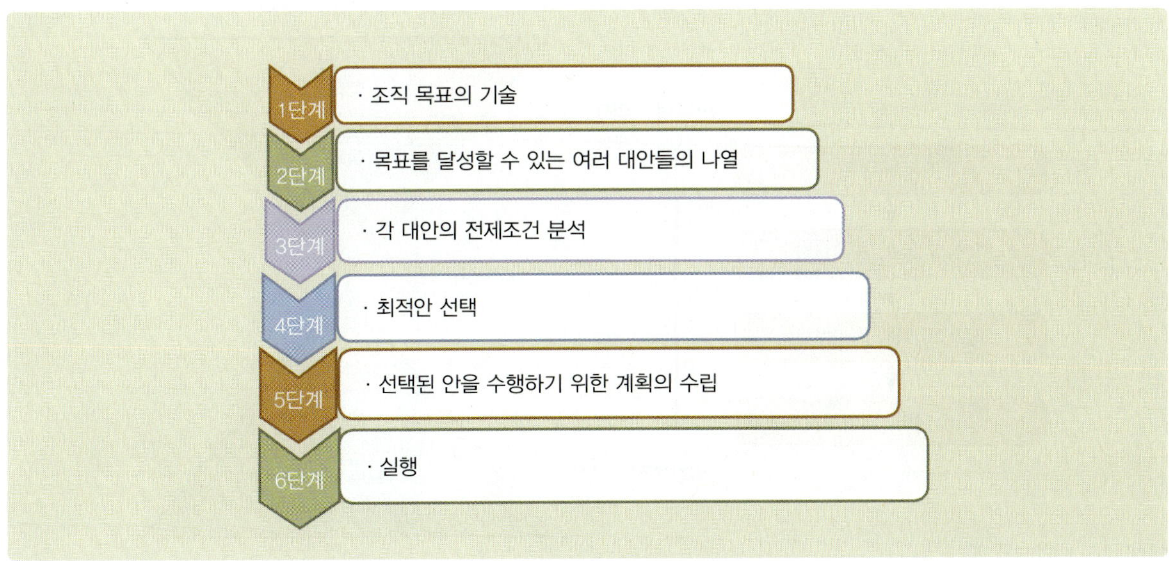

출처: 김도균, 〈현대적인 스포츠 경영〉 자료 보강하여 삽입.

나열은 마치 브레인스토밍을 하는 것과 마찬가지 형식이다.

3단계: 개별 아이디어의 분석

어떠한 아이디어가 조직의 성공적인 목표 달성에 기여할 것인가는 그 아이디어가 가지고 있는 전제조건이나 가정에 좌우한다. 아무리 훌륭한 아이디어라고 하더라도 전제조건이나 가정이 까다로우면 대안으로서의 효용 가치가 떨어진다.

예를 들어 조직의 목표가 이윤을 증대시키려는 것이며 이를 달성할 수 있는 A, B 두 가지의 대안이 있다고 가정하자. A안은 현재 진행 중인 이벤트의 관람객 및 참여 고객을 늘리는 방안이고 B안은 그 이벤트의 훨씬 더 크고 다양한 이벤트 방안이다. 이 두 가지 방안을 비교하였을 때 어떤 것이 실현 가능한지를 측정해야 한다. 두 가지 모두 좋은 방법이 될 수 있겠지만 현실적으로 가능하면서 성공 가능한 것이 무엇인지를 확인해야 한다.

4단계: 최적의 아이디어 선택

여러 가지 아이디어 회의를 통하여 각 아이디어의 전제 조건이 분석되면 최적대안 선정을 위한 의사결정을 해야 한다. 전제조건 중에는 실현 불가능하거나 타당성이 떨어지는 것들이 있다. 이러한 조건이 붙어 있는 대안부터 제외시키다 보면 실현 가능성이 높은 아이디어를 선택한다.

5단계: 아이디어 실행 계획수립

이러한 과정을 통해서 아이디어가 선택되면 이를 실행할 장단기 전략적·전술적 계획을 수립해야 한다.

6단계: 아이디어의 실행

계획이 아무리 잘 수립되어 있다 하더라도 중요한 것은 이를 실제로 실행하고 운영하는 것이다. 좋은 아이디어를 정확하게 실행하고 운영하면서 환경적인 변수에 잘 대응해야만 목표를 달성할 수 있다.

계층구조에 따른 계획의 유형

스포츠 자체의 마케팅 계획을 분류하는 방법에 따라 여러 가지로 나눌 수 있다.

계획수립의 시계(time horizon)에 따라 단기계획, 중기계획, 장기계획 등으로 나누고 범위에 따

| 그림 1-4 | 계획의 계층구조

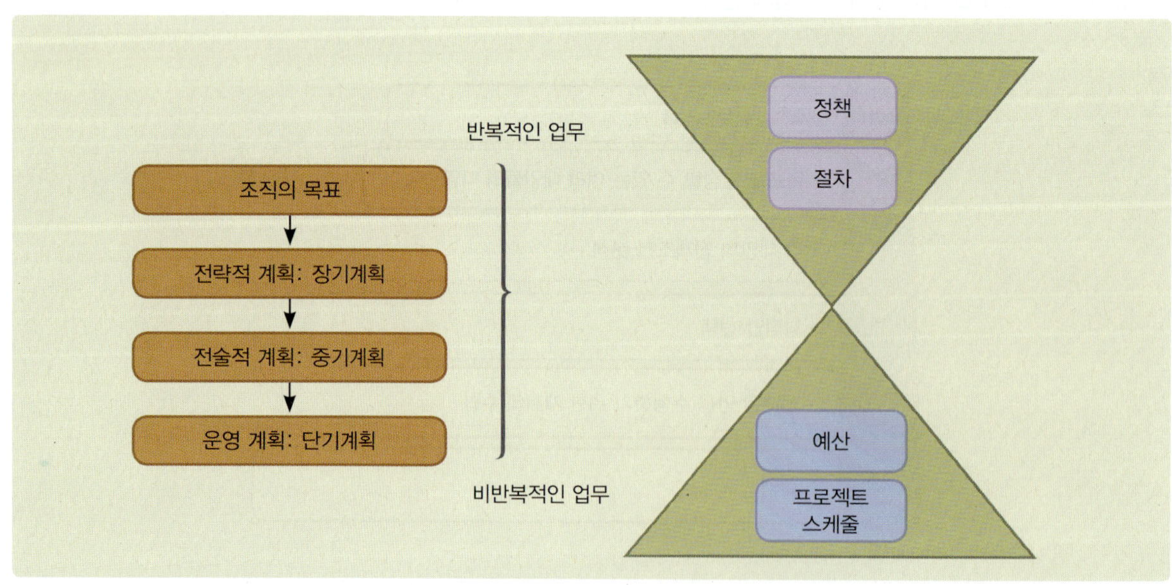

출처: 에센스 경영학을 토대로 하여 작성.

라 전략적 계획, 전술적 계획, 운영 계획으로 나눈다. 운영 계획은 다시 처리되는 업무가 반복 업무이면 정책 및 절차로 이어지고, 비반복적인 업무이면 예산 또는 프로젝트로 이어진다.

여러 가지 계획을 계층구조로 정리하면 〈그림 1-4〉와 같다.

(1) 단기계획, 중기계획과 장기계획

스포츠 조직은 미래의 시계(time horizon)상에 다양한 계획을 준비해야 한다. 특히 스포츠 마케팅과 관련된 조직이라면 일반적으로 장기적인 계획을 세울 필요가 있다.

단기계획은 1년 이하의 기간을 대상으로 하는 계획을 말하며 중기계획은 1~2년 간의 계획을, 장기계획은 3년 이상의 기간을 대상으로 하는 것이다.

최고경영자는 주로 장기계획 수립에 관여하며 하위단계로 내려갈수록 중기·단기계획을 수립한다. 각 시계상에 대한 계획을 수립할 때 주의할 것은 조직의 모든 계층에서 장기계획을 제대로 이해하고 있어야 한다는 점이다. 그래야 각 계층에 맞는 계획을 수립할 때 장기계획과 일관성 있는 계획을 수립할 수 있기 때문이다.

관리자를 연구하는 쟈크(E. Jaques)에 의하면, 사람마다 미래에 대하여 생각하고, 계획을 세우고 업무를 수행하는 시계상 능력이 다르다고 한다. 즉, 대부분의 사람들은 겨우 3개월 정도만의 시계를 갖고 있으며, 소수의 사람들은 1년 정도를 그리고 수백만명 중 한 명 정도만이 20년 이상을 내다볼 줄 안다고 한다. 이는 장기계획을 세우는 것이 얼마나 어려운지 결과적으로 최고경영자의 역할이 얼마나 중요하고도 어려운지를 시사한다.

(2) 전략적 계획, 전술적 계획과 운영 계획

계획을 그 범위에 따라 구분하면 전략적 계획과 전술적 계획, 운영 계획으로 나눌 수 있다. 전략적

재미있게 표현한 AT&T Park의 화장실 입구 모습

계획(strategic plan)은 장기적인 관점에서 조직이 나아갈 방향을 정하는 것이다. 최고경영자는 전략적 계획수립 단계에서 조직의 목표를 설정하고 이를 달성하기 위한 자원의 조달과 배분, 그리고 그 수행방안을 결정한다. 전략적 계획은 포괄적인 계획이다.

예를 들어, 한국 프로축구에서 안양을 연고지로 쓰고 있던 안양 LG가 많은 진통 끝에 서울로 연고지를 옮기고 FC 서울로 팀을 변경하고 가장 인기 있는 구단이 된 것과 같다.

전술적 계획(tactical plan)은 전략적 계획에 근거하여 작성하는 중기적 계획이다. 전략적 계획이 다소 추상적·장기적이며 최고경영자가 행하는 의사결정으로 외부환경의 중요성이 강조된다면 전술적 계획은 보다 구체적·중기적이며 중간관리자가 행하는 의사결정으로 내부 환경 의존적이라고 할 수 있다.

스포츠 마케팅 계획수립시에 고려 사항

계획은 환경적 제약 조건을 파악하고 이에 근거하여 수립되어야 한다. 한번 수립된 계획은 조직 전체뿐만 아니라 조직을 구성하는 각 단위의 부서, 그리고 최종적으로 개개인에 대해 가이드라인이 되기 때문이다. 계획수립시 설정하는 목표는 다음

마케팅 休知通

72: 1 법칙

자신이 결심한 사항을 72시간 내에 행동으로 옮기지 않으면, 단 1%도 성공할 가능성이 없다. 연구 결과에 따르면, 머릿속에서 떠오른 생각을 72시간 내에 행동으로 옮기지 않을 경우 이것이 실행되는 경우는 거의 없다.

이러한 법칙이 성립되기 위해서는

1. 우선순위를 설정하고 전략과 실행계획을 세워라.
2. 전략에 대해서 신중히 생각하라
3. 누구에게 도움을 요청할 수 있는가?
4. 여러분이 계획한 것과 비슷한 행동을 성공적으로 수행하고 실천한 사람이 누구인가?
5. 그 사람으로부터 지도를 받을 수 있는가?
6. 가장 효과적으로 행동할 수 있는 방법은 무엇인가?

행동으로 옮기는 일은 가장 중요하면서도 어려운 일이다. 결심을 즉시 행동으로 옮기는 습관을 통해 내 안에 잠자고 있는 열정 에너지를 분출해야 한다.

의 사항을 고려하여 설정되는 것이 바람직하다.

(1) 측정 가능한 구체적인 사항

추상적이고 애매모호한 목표는 없는 것과 마찬가지다. 세부적인 사항까지도 측정이 가능해야 한다. 조직의 위계상 위치에 따라 목표의 구체성 정도는 달라지지만 가야 할 곳이 어디이고 해야 할 것이 무엇인지에 대한 목표의 구체적인 사항을 파악하고 계획하여야 한다. 또한 하위부서로, 개인적인 차원으로 갈수록 보다 측정 가능하고 구체적이 되어야 한다. 스포츠 조직이나 많은 조직에서 계획수립시 놓치는 부분이 이 부분이다.

(2) 주변 환경 분석

스포츠 자체의 마케팅 계획은 주변의 환경 요소가 어떤지에 대한 구체적인 분석이 있어야 하며, 스포츠 자체의 마케팅 환경은 다음과 같은 부분을 분석하여야 한다.

(3) 측정 가능한 목표

구체적이고 측정 가능해야 성과평가의 기준이 되기 때문이다. 예를 들어 프로야구 관중 수를 올 시즌에는 전년도 대비 20% 상승, 팬 확보 10% 증가, 식음료 매출 15% 증가시키겠다는 목표를 통해서 구단 관계와 스태프는 이러한 목표가 수행될 수 있도록 계획을 세운다. 또한 프로야구 구단의

| 표 1-1 | 스포츠 자체 마케팅의 환경

거시적 환경 (통제 불가능 요소)	스포츠 마케팅 활동 수행에 영향을 미치는 사회 요인과 집단들	경제적 환경 인구 통계학적 환경 기술적 환경 정치, 법률적 환경
과업 환경 (통제 가능 또는 불가능 요소)	스포츠 연맹이나 구단 기업의 마케팅 활동에 직·간접적 관계를 맺으며 스포츠 마케팅 활동에 영향을 주고받는 집단들	연맹, 구단, 리그, 소비자, 공급자, 유통업자 , 경쟁자, 대중, 정부, 미디어, 세계적인 이벤트
내부 환경 (통제 가능 요소)	스포츠 자체 마케팅의 목적을 효과적으로 달성하는 데 관련될 수 있는 스포츠 기업 내의 부서와 사람들	선수, 감독, 인사(스카우트), 재정(스폰서십), 제품, 가격, 유통, 촉진,

출처: 프로스포츠 비즈니스 전략을 참조로 하여 재작성(문화 관광부).

마케팅 休知通

잠재적 상실감 원칙

사람들은 그 가치가 동일할 경우 무언가를 얻는다는 생각보다 잃는다는 생각에 더 큰 자극을 받는다.
흡연자들에게 담배를 끊지 않을 경우 단축될 수명에 대해 강조하는 것이 담배를 끊을 경우 얻게 될 혜택에 대해 언급하는 것보다 훨씬 효과가 크다. 또한 TV 홈쇼핑 프로그램에서 "100개 한정" "매진임박"등의 문구와 함께 초시계를 내보내년 소비자들의 잠재적 상실감을 자극 판매효과가 배가된다.
월드컵 프로모션의 경우 이번 기회에 참가하지 못하면 평생을 하지 못한다는 프로모션을 통해 소비자 참여를 유도한다.

경우 "올 시즌 20% 관중 증가"와 같이 기간이 명확하게 명시되어야 한다.

(4) 달성 가능한 목표

마지막으로 목표는 달성 가능성이 충분해야 한다. 앞선 프로구단이 매년 관중 증가율이 20% 이상을 넘은 적이 없었는데, 계획수립시 환경 조건의 변화(예를 들어 스타선수나 감독의 영입)가 없었음에도 불구하고 "관중 증가 목표 50%"와 같은 목표를 수립했다면 계획수립은 합리적이지 않다고 볼 수 있는 것이고, 설사 그러한 변화가 있었다고 하더라도 현실적으로 가능한 목표를 수립해야 한다.

스포츠 자체 마케팅 계획의 이점

(1) 집중도와 유연성의 향상

스포츠 조직의 계획수립은 조직과 조직 구성원의 집중도(Focus) 및 유연성(Flexibility)을 높여준다. 계획수립이 잘되면 미래에 해야 할 일이 분명하게 정해지기 때문에 조직의 역량이 분산되지 않고 집중도가 커진다. 계획수립이 잘된 조직에서는 어떤 것이 최선을 다하는 것인지 알며, 고객이 무엇을 필요로 하는지, 어떻게 하는 것이 그들에게 잘하는 것인지를 알고 있다.

한편 잘된 계획에는 미래의 환경변화에 따라 당초의 계획이 변동될 가능성에 대비한 내용도 담기게 된다. 유연성 있는 계획을 가진 조직은 환경변화에 대응하고 그 자신을 변화시킬 수 있는 능력을 갖추게 되는 것이다.

(2) 조직 구성원의 행동지침

제대로 구성된 스포츠 마케팅 계획은 조직 목표 달성을 위한 지침서로 활용될 수 있다. 이는 조직 구성원이 행동을 할 때 조직의 목표를 달성하는 방향으로 행동할 수 있도록 하나의 지침이 된다. 이는 구체적으로 다음과 같은 방식으로 이루어진다.

- 결과지향: 계획수립시 달성해야 할 성과를 사전에 결정하기 때문에 사람들이 결과지향의 행동을 하게 된다.
- 우선순위에 기초한 행동: 어떤 일에 우선적으로 관심을 가져야 하는지 지침을 제공한다.

스포츠 마케팅의 계획은 시작 단계부터 구체적이어야 한다. (상하이 마스터즈 경기 시작 전 모습)

스포츠 마케팅은 늘 환경의 통제에 유연해야 한다. (ACC Toronto Maple Leafs 경기 입장 모습)

- 이익지향: 모든 자원이 회상의 이익(Advantage)을 극대화하는 방향으로 사용되도록 한다.
- 변화지향: 계획수립시 미래의 기회와 문제점을 예측하고 이에 효과적으로 대응할 수 있도록 행동하게 해준다.

(3) 조정의 도움

조직 내에서는 많은 개인, 집단, 하부조직이 각기 다양한 업무를 동시에 수행한다. 이들이 자신의 목적을 추구하더라도 그 결과는 최종적으로 조직 전체의 목표를 달성하는 데 기여해야 한다. 계획이 잘 이루어지면 조직 구성원의 책임과 업무의 수행, 인적, 물적 자원의 효과적 활용, 문제와 위협의 인지를 도와준다.

조직 전체를 최상위로 볼 때 최상위 단계에서 목표가 정해지면 다음 하위 단계에서는 최상위 단계의 목표에 근거하여 목표를 수립한다.

전체 목표에 부합되도록 하위 단계의 목표를 정하는 이러한 계획수립 활동은 한편으로는 각 세부조직 간의 목표에도 조화가 이루어지도록 한다. 만일 하부 조직 간에 갈등이 발생할 때에는 전체 목표에 근거하여 조정이 이루어질 수 있다. 계획수립이 잘 되면 결국 조직 상하 간, 하부 조직 간의 조정을 사전에 하고 있는 셈이며 사후적인 갈등이 발생할 때에도 그 해결의 근거가 되는 것이다.

(4) 시간의 관리

계획수립이 제공하는 또 하나의 이점은 시간 관리를 돕는다는 점이다. 조직 구성원은 누구나 주어진 많은 책임이 있고 한편으로 큰 기회가 주어진다. 책임을 다하는 한편으로 기회를 적절히 활용하

| 그림 1-5 | 계획수립이 제공하는 이점

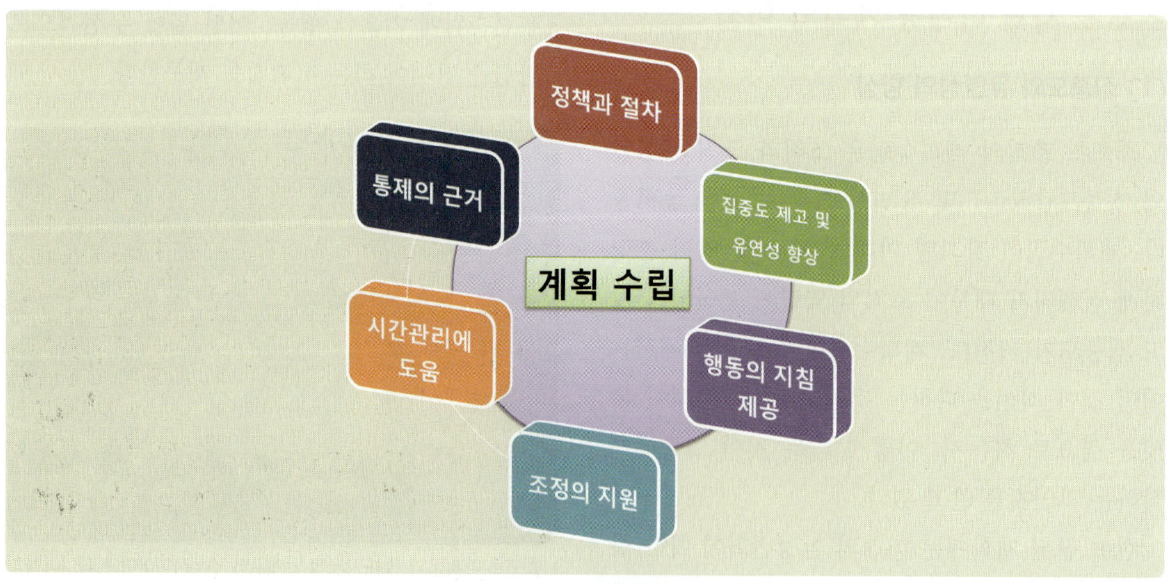

출처: 전수환, 〈에센스 경영학〉.

마케팅 休知通

베블런 효과(Veblen Effect)

제품의 가격이 오르는 데도 그 수요가 줄어들지 않는 현상, 미국의 경제학자 숀스턴 베블런의 저서「유한계급론」에서 유래하였다.

값비싼 귀금속류나 고각의 가전제품, 고급 자동차 등 사치품목은 경제 상황이 악화돼도 수요가 줄지 않는 경향이 있다. 자존감이 높고 교육 수준이 높은 젊은 세대를 중심으로 하이클래스적인 이미지를 얻기 위해 무리를 해서라도 고가품을 구입하려는 움직임이 나타나기 때문에 이러한 효과가 발생한다.

20세기 초 대공황의 위기 속에서도 베블런 효과는 존재했었고, 불황이라고 가격이 저렴한 중저가 시장만 바라볼 것이 아니라 하이클래스 시장을 들여다볼 필요도 있다

이러한 가격의 문제를 떠나서 미국 프로스포츠 시장에서 지속적인 경제 불황에서도 스포츠 구단에서 판매하는 시즌 입장권 판매가 항상 완료가 되는 현상을 보면 알 수 있다.

스포츠 구단에서 판매하는 시즌 입장권은 판매가격은 매년 조금씩 상승하지만 입장권을 구매하려는 고객들의 수요는 항상 넘쳐나서 시즌 입장권을 구매하지 못하는 팬들이 나타나고 있는 현상을 이러한 '베블런 효과'에 비교할 수 있다.

기 위해서는 제한된 시간을 적절히 분배해야 하는데 이는 결코 쉬운 일이 아니다. 예를 들어 시험공부를 할 때 과목별로 시간을 배정하는 데 어려움을 겪은 경험은 누구든지 있을 것이다. 시험공부를 해야 하는데 꼭 해야 할 다른 일이 생긴다면 어려움은 가중될 것이다. 계획수립이 잘 이루어지면 시간을 어떻게 배분하여 활용할 것인지 준비되어 있기 때문에 시간 관리를 용이하게 할 수 있다.

스포츠 마케팅의 기획은 시간의 관리도 중요하다. (상하이 로렉스 마스터즈 모습)

(5) 통제의 근거

스포츠 마케팅 계획의 통제 활동은 애초에 수립된 계획에 근거하여 이루어진다. 따라서 계획수립이 잘되면 성과의 측정 및 평가 활동, 그리고 이에 대한 보상/처벌 활동이 합리적으로 이루어진다. 성과가 계획에 미치지 못하면 통제과정에서 아래와 같은 내용을 수정할 필요가 있다.

❶ 목표를 달성할 수 있도록 행동을 수정
❷ 계획수립시 세웠던 목표를 수정
❸ 두 가지 사항 모두

이러한 측면에서 계획수립과 통제는 매우 밀접한 관계를 갖는다. 계획수립 없는 통제 활동은, 업

스포츠 마케팅의 계획에서 체계적인 시작과 완료가 필요하다.

무가 얼마나 잘 수행되었는지를 측정하고 업무수행 결과를 개선하기 위해서 무엇을 해야 하는지를 파악할 체계가 없는 셈이다. 또한 통제 활동 없는 계획수립은 당초 의도한 대로 업무수행이 잘 되었는지를 보장할 후속장치가 없는 것이나 마찬가지이다.

(6) 정책과 절차

대부분의 조직에서는 표준화된 어떤 계획을 설정해 놓고, 반복해서 업무를 수행할 때에는 이를 기초로 하는 경우가 많다. 이러한 계획을 표준계획(standard plan)이라고 하며 이에는 정책과 절차가 있다. 정책과 절차와 같은 표준계획은 언제 어떤 상황이 발생하더라도 사람들이 거기에 일관성 있게 따르도록 하는 하나의 방향타와 같은 역할을 한다.

정책(policy)은 특정한 상황에서 의사결정과 행동의 광범위한 가이드라인이 되는 표준계획이다. 정책의 한 예로 인사정책을 보자. 어느 스포츠 마케팅 회사 조직에서 신입사원 채용시, 출신대학이나 학교의 성적을 따지지 않고 자체의 시험성적과 면접만으로 채용하는 것을 인사정책으로 정했다고 하자. 이러한 정책이 결정되면 채용 담당 직원이 계획 바뀌더라도 일관성 있는 신입사원 선발정책을 유지할 수 있을 것이다.

절차(procedure) 또는 규칙(rule)은 특정한 상황에서 어떤 행동을 해야 하는지를 세세하게 규정한 것을 말한다. 절차나 규칙은 정책에 근거하여 보다 구체적인 행동방식이나 과정을 나타낸 것이다. 이러한 절차나 규칙은 통상 매뉴얼이나 핸드북 형태로 만들어져 있어서 업무현장에서 손쉽게 활용된다.

예를 들어 요즘 여러 회사에서 종종 문제가 되는 것 중의 하나는 직장 내 성희롱이다. 어느 회사가 성희롱에 대하여 남녀 간, 계층 간을 막론하고 엄중 처벌하도록 하는 정책을 수립했다고 하자. 이러한 회사의 정책에 근거하여 이 회사에서는 성희롱의 종류에 따라 각 사안을 어떤 과정으로 어떻게 처리하며, 어떤 징계를 할 것인가를 절차 또는 규칙으로 자세히 문서화해 놓게 되는 것이다.

(7) 예산과 프로젝트 진행표

정책과 절차 표준계획으로서 반복성을 갖는다면 예산과 프로젝트 스케줄은 일회성을 갖는 계획이다.

예산(budget)은 자원을 각종 활동이나 프로젝트, 프로그램에 배분하는 내용이 담긴 것이다. 예산은 제한적인 자원을 서로 사용하려고 하는 여러 부서 간에 적절히 배분해 주는 강력한 도구이다. 유능한 관리자는 조직이 필요로 하는 예산을 조달하여 지원해 줄 수 있는 관리자이다. 또한 유능한 관리자라면 책정된 범위 내의 예산만을 사용하면서 목표를 달성할 수 있어야 한다.

프로젝트 진행표(project schedule)는 특별한 과업 성취를 목적으로 수립되는 일회성 계획이다. 이때 과업은 비교적 큰 규모의 과업을 말한다. 새로운 성능을 가진 자동차 개발, 중국시장 전문 인력 집단 양성과 같은 것이 프로젝트라고 할 수 있으며, 이의 스케줄을 수립하는 것이 계획수립의 한 유형인 것이다. 이러한 프로젝트들은 반복되는

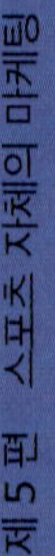

성격의 과업이 아니다. 프로젝트 스케줄에서는 과업의 구체적인 목표, 수행해야 할 활동의 내용과 시기, 자원 소요 내역 등이 포함된다. 좋은 프로젝트 스케줄에는 일의 우선순위가 잘 정해져 있다. 프로젝트에 참여하는 사람들은 각기 무슨 일을 해야 하는지 뿐만 아니라 어떤 순서로 해야 하는지도 나타나 있어서 전체 프로젝트가 제때에 마칠 수 있다.

스포츠 자체의 마케팅 계획수립 기법

스포츠 마케팅 계획수립은 스포츠 마케팅 운영 과정에서 성공의 핵심적인 요소라고 했다.

처음에 수립한 계획대로 활동이 이루어져 목표의 달성 가능성을 높이려면 사람들이 계획을 쉽게 이해할 수 있어야 하고 계획수립시 타당한 근거가 있어야 한다.

계획수립은 미래에 대한 예측을 근거로 이루어진다. 따라서 미래 환경의 불확실성이 커질수록 당초 계획수립시의 가정이나 예상, 의도 등이 빗나길 가능성이 기진다. 예상하지 못했던 문제나 사건들이 발생하는 것인데, 계획을 수정해야 할 경우도 생긴다.

계획수립에 이용되는 기법(technique, tool)으로는 상황대응 계획법, 시나리오 계획법과 같은 예측법, 벤치마킹, 참여적 계획수립법 등이 있다. 예측법은 미래에 대한 예측에 기반을 두고 있으며, 벤치마킹은 외부 조직에서, 참여적 계획수립법은 내부의 구성원으로부터 계획수립의 기초가 제공된다.

(1) 예측법

예측(forecasting)은 미래에 어떤 일이 발생할 것인지에 관한 가정을 만드는 과정이라고 할 수 있다. 모든 좋은 계획은 명시적이든 묵시적이든 예측이 포함되어 있다. 국내외를 막론하고 많은 기관들은 각종 예측을 하여 정기적으로 이를 발표한다.

예측은 전문가의 의견이나 정교한 계량모형에 근거하지만 당연히 오류가 포함될 수밖에 없다. 따라서 경영자는 계획수립시 외부의 예측자료를 있는 그대로 활용할 것이 아니라 하나의 자료로서 참고하여 자신의 계획수립 내용에는 자신의 예측 내용을 담아야 한다. 또한 당연히 계획수립시에는 미래가 예측된 대로 전개되었을 경우 조직에서는 어떻게 대응할 것인지도 담겨져야 한다.

상황대응 계획법

상황대응 계획법(contingency planning)은 환경 변화로 인하여 당초 계획이 부적절한 것으로 판단되었을 때 새로운 환경에 적절히 대응할 수 있도록 대안을 찾아 행동을 수정하는 과정이다. 이를 위해 조직을 둘러싼 환경이 당초 계획수립 시점과 달라지고 있는지의 여부를 수시로 확인해야 하며, 변화의 식별 시점은 빠를수록 좋다.

회사에 따라서는 이러한 일 —기존의 계획이 더 이상 바람직하지 않을 만큼 환경이 심각하게 변화했는지 파악하는 일— 을 자문단이나 관리자 중 일부에게 맡기기도 하고, 아예 계획수립 시점에서 최악의 상황에 대비한 계획을 별도로 준비하기도 한다.

시나리오 계획법

시나리오 계획법 또는 시나리오 플래닝(scenario

스포츠 마케팅 계획수립은 스포츠 마케팅 운영 과정의 핵심이다.

마케팅 休知通

프로젝트와 일반 업무의 차이점

프로젝트와 일반 업무는 크게 세 가지 관점에서 차이가 난다.

첫째, 일회성을 띤다. 일반 업무는 반복적인 상시성을 띠는 데 반해 프로젝트는 1회성으로 시작과 끝이 있다.

둘째, 고유의 목표가 분명하다. 목표를 달성하기 위해 필요한 인력이 한시적으로 구성되어 역할을 분담하고 한정된 자원을 합리적으로 분배 관리함으로써 중간 산출물과 최종 산출물을 도출하게 된다.

셋째, 불확실성이 존재한다. 고유한 목표를 제한된 시간 내에 완수해야 하지만 각종 변수가 발생할 수 있다. 이는 프로젝트가 반복되는 일이 아닌 독특한 과업이기 때문이며, 따라서 프로젝트의 성공 여부는 항시 불확실하다. 다만 위험에 대한 철저한 분석과 대응책을 마련함으로써 그 성공 가능성을 높일 뿐이다.

planning)은 미래에 전개될 여러 시나리오를 예측하고 각 시나리오에 대응되는 계획을 수립하는 것을 말한다. 상황대응 계획법이 상대적으로 단기간의 예측기법이라면 시나리오 계획법은 장기간의 예측기법이다. 다양한 시나리오를 준비하면 미래 환경변화에 유연하게 대응할 수 있다.

벤치마킹

벤치마킹(benchmarking)은 현재의 성과를 비교하고 미래에 취할 수 있는 행동을 식별하는 대외부적인 비교 기준을 활용하여 도움을 받는 것을 말한다.

벤치마킹의 목적은 다른 조직이 어떻게 잘하고 있는지를 파악하고 이를 자신에게 어떻게 이롭게 활용할 것인가 하는 것이다. 벤치마킹이 된 대상은 조직의 성격이나 크기에 관계없다. 같은 업종 내에서 경쟁자나 우량 스포츠 조직을 벤치마킹하기도 하지만 전혀 관계없는 이질적인 조직을 벤치마킹하기도 한다. 벤치마킹하는 내용의 범위도 인사정책이나 정보 시스템처럼 단일사안부터 전체적인 조직운영 방식까지 제한이 없다. 단지 우월한 성과를 보이고 있는 모든 사람이나 조직이 대상이 된다.

스포츠 마케팅 계획은 적절한 상황에 대처할 수 있어야 한다.

(2) 참여적 계획수립법

참여(participator)는 계획수립 과정에서 핵심적인 것이다. 참여적 계획수립법(participatory planing)이란 수립된 계획에 영향을 받고 또한 이를 수행해야 하는 사람들이 계획수립 과정에 참여하는 것을 말한다. 이러한 방법은 조직에 많은 효과와 이익을 가져다준다. 계획수립시 다양한 계층의 사람들이 많이 참여하면 활용 가능한 정보의 양이 많아지고 창조성이 향상된다. 또한 최종적으로 확정된 계획에 대한 이해도, 수용도, 몰입도 등을 높여준다.

따라서 계획수립시에는 다양한 분야의 사람들이 참여하여 공헌하게 함으로써 그들의 능력과 이점을 활용하고 책임감을 부여할 필요가 있다. 이는 최고경영자의 몫이라고 하는 전략적 의사결정의 경우도 예외가 아니다. 전략 계획수립에 보다 많은 단계의 사람들이 참여할수록 그리고 참여의 정도가 강할수록 조직의 목표를 달성하기 위한 조직 구성원의 몰입 정도가 커진다.

5. 스포츠 자체의 마케팅 실행 요소

스포츠 자체의 마케팅 요소 가운데 가장 핵심이 되는 요소는 4P 요소이다. 하지만 이것보다 더 중요한 것은 소비자 사이에서 Market을 얼마나 점유하느냐 이다. 이러한 마켓을 점유하려는 것은 과거 개최자 중심, 지역 중심으로 마케팅을 기획하고 같은 스포츠 업종 가운데 벌어지는 경쟁은 이제 한 단계 낮은 과거의 단계이다. 현대 시대에 와서 업종 간의 경쟁이 사라지면서 시장 점유율(market share)보다 얼마나 고객의 시간을 점유하고 있느냐 하는 시간 점유(time Share)가 더 중요한 과제가 되었다. 그렇게 하기 위해서는 소비자와 팬을 중심으로 직접 참여하는 문화를 만드는 것이 중요하다. 이처럼 변화하는 마케팅의 방향을 보면 〈그림 1-6〉과 같다.

스포츠 자체 마케팅의 실행

실제 마케팅 운영 계획(operational plan)은 전략적 계획을 실천하기 위한 구체적인 활동이 담긴 계획을 말한다. 주로 단기간에 이루어지는 계획으로서 그 기간이 1년 단위일 수도 있고 짧게는 1주 단위일 수도 있다. 운영 계획에는 조직이 실제 활동하는 데 필요한 계획이 담기게 된다. 운영 계획의 전형적인 예로는 다음과 같은 것들이 있다.

- 운영 계획: 스포츠 프로퍼티의 기본적인 운영 계획, 운영 기간, 디자인 등
- 예산 계획: 프로퍼티를 수행하기 위한 기본적인 예산 계획
- 마케팅 계획: 제품과 서비스의 판매, 물류에 관한 계획
- 인력 계획: 프로퍼티 운영을 위한 인력의 채용, 선발, 배치 등에 관한 계획

계획의 시계에 따라 구분된 계획과 범위에 따라 구분한 계획의 관계를 보면 〈표 1-2〉와 같다.

일부 스포츠 마케팅 전문가들은 4개의 마케팅 믹스를 추가하기도 한다. 즉 물리적 환경, 구매과정, 패케이징, 참가 등이다. 이러한 부가적인 믹스 요소가 스포츠 마케팅에 포함되는 과정을 표현하는 데 필요하다는 것을 느끼고 있다. 이러한 부가적인 변수들을 합쳐서 8P's라고 부른다. 이러한 스포츠 마케팅 믹스는 자동차의 엑셀레이터, 브레이크, 기어변속기, 핸들 등의 통제장치에 비유된다.

| 그림 1-6 | Market Share에서 Time Share를 위한 마케팅 계획이 중요

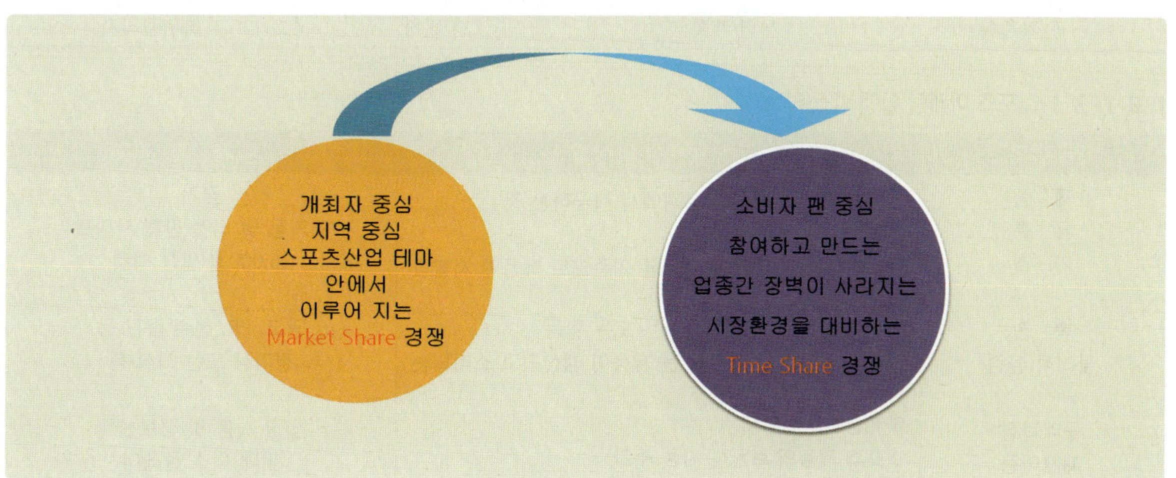

출처: 전수환, 〈에센스 경영학〉.

마케팅 休知通 

이모메이션(emomation)

이모메이션 이란 Emotion+Information의 약자로 사실적인 정보 외에 제품을 체험하는 동안 느낀 긍정적 또는 부정적 감정을 담은 스토리로 아무런 구애를 받지 않는 소비자의 목소리이다. 인터넷이나 모바일을 통해 급속히 전파되기 때문에 파급 효과가 폭발적이다.

또한 스포츠 구단이나 연맹이 만든 공식적인 웹 사이트 보다 블로그의 콘텐츠가 검색 엔진에 더 쉽게 노출 되며, 사람들은 그 콘텐츠를 더 신뢰한다. 그렇기 때문에 인터넷 모바일 시대에는 고객을 기다리지 말고 블로그나 SNS(social network service)를 통하여 고객을 적극적으로 찾아 나서야 한다.

그것들은 도로의 조건(시장)과 타운전수(경쟁)의 행동을 고려하여 사용되어야 한다. 자동차의 통제 장치와 같이 스포츠 마케팅 믹스는 목적지나 목표에 도달하기 위해서 끊임없이 조정되어야 한다.

(1) 제품(product)

제품은 스포츠 소비 고객의 욕구를 만족시키기 위해 연맹이나 구단 기업이 판매하고 제공하는 모든 것을 말한다. 제품 특성에 대한 의사결정은 유형적·무형적 측면의 확인과 잠재 고객에의 소구를 기초로 하여 결정된다. 여기에는 서비스가 제품에 동반된다. 물론 많은 사례에서와 같이 경기 관람이나 용품점에서 판매하는 것은 서비스이다.

예를 들면 스포츠 활동에 필요한 장비를 개발하여 판매하거나, 경기장에서 관람객이나 팬들에게 경기 자체를 제공하는 것과 제품을 판매하는 것, 그리고 본질적으로 서비스를 제공하는 판매하는 것이다. 그래서 제품 또는 서비스인 팀과 선수 그리고 보여지는 브랜드 이미지를 개발하고 선택하는 것은 대중에게 제품을 제시하는 데 있어서 매

| 표 1-2 |

계획의 구분		시간적 범위	관리자
시계에 따라	범위에 따라		
장기계획	전략적 계획	3~5년	최고경영자
중기계획	전술적 계획	1~2년	중간관리자
단기계획	운영 계획	1년 이하	하위관리자

| 표 1-3 | 스포츠 마케팅 실행 믹스(8P's)

마케팅 믹스	스포츠 마케팅 믹스 요소	사 례
제 품	연맹이나 구단 기업이 고객에서 제공하는 것	경기
유 통	유통의 채널 및 판매 채널	경기장 및 티켓 판매 사이트
가 격	구단이나 기업이 어떤 요소를 기준으로 제품에 지불하는 돈의 양	16,000원 입장 티켓
촉 진	제품 판매에 흥미를 자극하는 모든 활동	광고, PR, 선수 촉진 등
물리적 환경	판매가 발생하는 환경 또는 제품이 생산되고 소비되는 환경	경기장 또는 좌석 등
구매과정	마케팅& 정보탐색	입장 제품 및 정보선택
패케이징	스포츠 제품의 보완적 기능 추가	판매 디스 플레이
참 가	거래 또는 경험	구매자와 판매자

오클랜드 레이더스 경기장에 설치된 레이더스의 광고물

우 중요한 일이다.

스포츠 제품의 또 하나의 역할은 제품과 서비스의 정확한 수와 범위를 선택하고 개발하는 데 있다. 대부분의 연맹이나 구단 기업에서는 하나 이상의 제품을 제공한다. 구단에서는 폭넓은 범위의 제품을 제공할 것인가, 또는 경기 자체와 같은 제품을 제공할 것인가를 결정해야 한다.

관람석의 경우에는 위치 및 서비스의 수준(suit room, 일등석, 이등석, 일반석 사용)을 결정해야 하며, 구단 및 티켓 오퍼레이터는 유용한 경기 일정 수와 각 경기의 좌석을 어떻게 분할하고 제공할 것인지를 결정해야 한다.

(2) 가격(price)

가격은 제품이나 서비스를 받기 위해 고객이 지불해야 하는 돈의 총액이다. 가격을 설정하는 데 있어서 기업은 많은 요인을 고려해야 한다. 제품이나 서비스의 생산과 유통을 위한 실제적 비용, 기업의 이익률, 제품에 대한 현재의 수요, 경쟁자가 제공하는 유사제품 및 서비스의 가격 등을 고려해야 한다. 그와 동시에 가격전략은 제품 또는 서비스가 의도하고 있는 각각의 세분시장에 소구해야 될 것이다. 이는 스포츠 소비자가 지불할 금액에 상당하는 가치를 제공하는 제품이라고 인지해야만 하기 때문이다.

타산업의 제품처럼 스포츠 제품은 통상적으로 표준적인 가격범위가 있다. 그러나 필요할 때 판매를 자극시키기 위해서 할인가격이나 선전가격을 제시하는 수가 있다. 할인가격은 휴가 시즌이나 비수기 계절에 빈번히 제시된다. 그리고 명절이나 결승전과 같은 때는 높은 가격을 설정하기도 한다.

(3) 유통(입지 또는 전달과정=process of delivery)

유통은 스포츠 소비자 및 고객에게로 제품 또는 서비스를 전달하는 과정에 수반되는 모든 활

그림 1-7 스포츠 제품의 유통

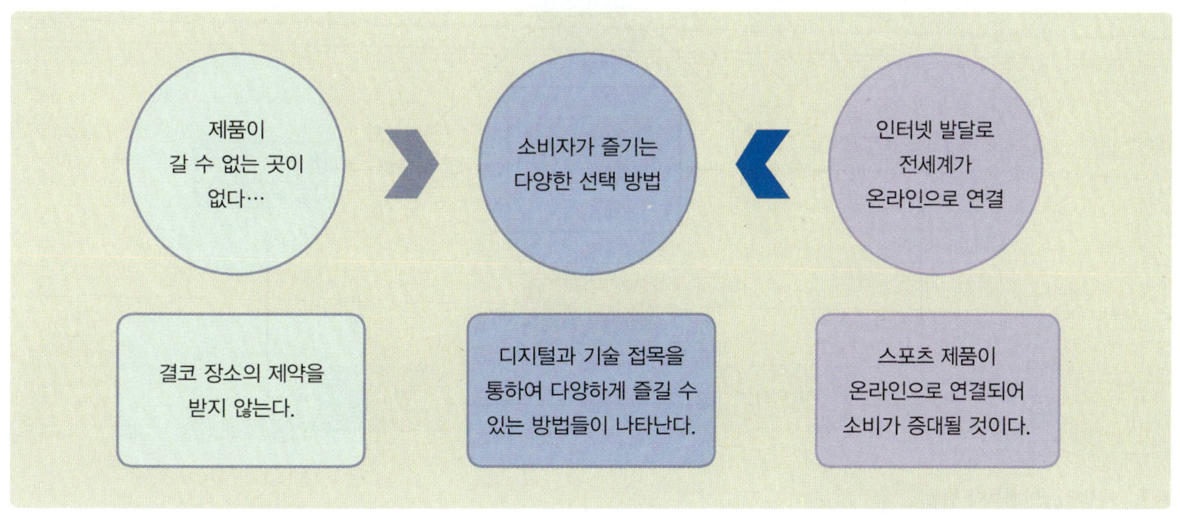

동을 말한다. 여기에는 유통 장소와 유통 채널 모두가 포함된다. 마케터는 제품이나 서비스를 판매할 방법과 장소를 결정해야 한다. 예를 들어 거대한 체인에 속해 있는 리조트는 몇 가지의 방법으로 고객에게 접근할 수 있다. 리조트의 마케팅 부서가 설립한 유통 채널을 통하여 여행객은 여러 방법으로 예약을 할 수 있다. 그 방법으로는 여행사나 투어 오퍼레이터를 이용하는 것, 리조트의 예약데스크나 그룹 내의 다른 리조트에 전화예약을 하는 것, 항공예약 시스템을 이용하는 것 등이 있다.

판매자는 고객을 유인할 가능성이 가장 큰 곳에 유통지점을 설치하려고 한다. 예를 들면 나이키는 아시아 시장 선점을 위해 중국, 한국, 일본 등을 먼저 유통 지점으로 선정하고, 대리점은 교외보다는 도심의 쇼핑센터에 지점을 위치시키려 한다. 예를 들면 경기장 입장 티켓을 구단의 판매소를 통하는 것보다 티켓 판매 전문점을 통해서 제품을 유통시키는 것이 더욱 비용이 절감된다고 판단한다면 구단 티켓 판매점을 줄이는 대신에 티켓 판매 전문점의 수를 증가시킬 것이다.

(4) 촉진(promotion)

고객에서 촉진은 아마도 마케팅 믹스에서 가장 가시적인 요소일 것이다. 촉진 활동은 제품과 서비스에 대한 관심을 자극하고 사람들에게 정보를 제공하며 구매에 대한 인센티브를 제공하여 제품 및 서비스를 구매하도록 소비자를 설득하는 것이다.

프로모션 과정은 발신자가 메시지를 소비자에게 부호화하여 전달하고 이 과정에서 만들어지는 공감대를 통하여 소비자의 반응인 잡음을 다시 피드백하여 발신자에게 다시 전달하는 하나의 과정으로 〈그림 1-8〉과 같다.

기업이 제품 및 자사를 촉진하는 방법은 무수히 많다. 촉진에는 잡지, 신문, TV, 라디오 광고판, 인터넷 등이 주로 사용된다. 또한 신문에서의 시사평, 고객 인터뷰, 독자의 평, 신문발표를 통한 자유로운 홍보 등도 있다.

판매원이 고객을 다루는 데 사용하는 몇 가지의 테크닉은 판매촉진의 한 유형이다. 즉 특별한 선물과 기념품, 선수 모형 제품, 브로슈어, 할인 입장권, 인쇄문구(편지), 사업가드, 회보, 다이렉트 메일, 기타의 판매촉진 제품은 스포츠 제품과 서

| 그림 1-8 | 프로모션 과정

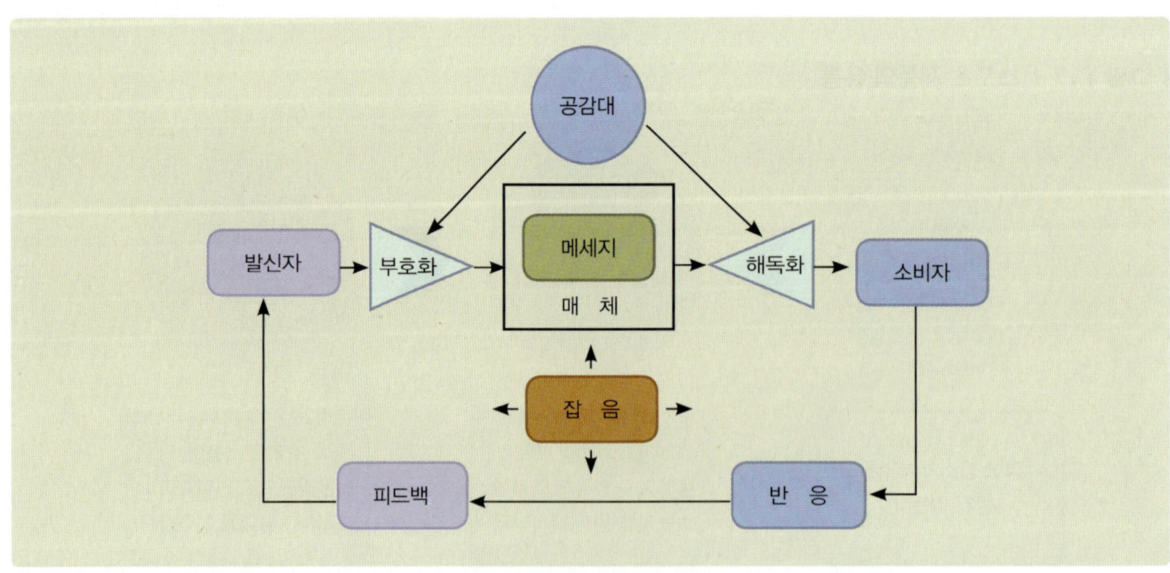

출처: 이경모, 〈이벤트학 원론〉.

골든 스테이트 워리어스의 홈구장인 ORACLE Stadium

디자인을 가지고 포장으로 제품화한 2010 밴쿠버 동계올림픽 제품

비스를 소비자에게 인식시키는 데 커다란 도움을 준다.

(5) 물리적 환경(physical environment)

물리적 환경은 스포츠 자체의 마케팅에 있어 매우 중요하다. 물리적 환경믹스는 특히 두 가지 측면에서 중요하다. 첫째는 판매가 발생하는 환경인 경기장으로서 중요하고, 둘째는 제품이 생산되고 소비되는 환경으로서 중요하다.

고객들은 즐겁고 안락한 환경 하에서 경기를 관람할 때 구매할 가능성이 더욱 크기 때문에 마케팅 전략은 제품과 서비스를 판매하는 물리적 환경을 고려하는 데 주안점을 두어야 한다. 경기장은 스포츠 관람 소비자에게 티켓을 구입하는데, 제품이 어떻게 보이고, 어떻게 느껴지고, 어떻게 운영되어지는가에 사람들은 많은 관심을 갖는다. 그들의 주의력은 주위환경보다 제품에 더 비중을 두게 된다. 그러나 경기 티켓을 구매할 때 스포츠 소비자들은 경기가 끝날 때까지 결과가 좋으리라고 확신할 수는 없다. 소비자의 기대와 감정은 경기의 구조, 환경, 결과 그리고 경기장의 구조, 의자 배치, 음향, 기온, 응원단 그리고 심지어는 냄새와 같은 요인에 의해서도 영향을 받는다.

스포츠 관람 산업에 있어 물리적 환경은 사업의 반복적 안전성을 위해서 특히 중요하다. 한 예로서 별로 매력 없고 안락치 못한 경기 시설로 꾸며진 경기장에서 경기를 관람한 고객은 다시 경기장을 찾을 것이다. 결론적으로 연맹이나 구단은 모든 가능한 방법을 동원하여 그들 제품의 물리적 환경을 향상시키는 데 심혈을 기울여야 한다.

(6) 구매과정(purchasing process)

구매과정에는 스포츠 제품 구매에 대한 사람들의 심리적 동기와 의사결정 방법이 고려되어야 한다. 사람들이 음악, 게임, 가구 대신에 왜 스포츠 제품에 그들의 돈을 소비하려고 하는가? 또 수백 가지나 되는 스포츠 제품 중에서 특정 제품을 왜 선택하는가? 또 수백 가지나 되는 스포츠 제품 중에서 특정 제품을 왜 선택하는가? 일부 사람들은 자신의 건강을 증진시키기 위해서, 지역과 팀에 대한 정체성을 갖기 위해서, 단순히 가족과 친구와 즐기기 위해 경기장을 찾기도 한다. 소비자인 팬과 고객들의 욕구와 욕망, 개인적 특성, 사회적·경제적 지위는 그들의 동기를 형성하는 데 도움을 준다. 그러므로 구매자의 동기를 파악할 수 있는 연맹이나 구단 기업은 그 동기에 알맞은 제품과 판매촉진을 조직화할 수가 있다.

잠재 고객에게 적절한 정보를 제공하는 것은 구매과정에 있어 결정적으로 중요하다. 고객은 구매하기 전에 스포츠 제품에 대한 정보의 근원, 그 정

LA Dodgers 구장에 설치된 팬클럽 모집 광고 모습

보에 접근할 수 있는 방법, 구매를 실행하는 방법 등을 알려고 한다. 스포츠 마케터는 구매과정을 촉진하는 방법으로서 이러한 정보를 고객에게 공급하도록 노력해야 한다.

구매과정에서 제품에 대한 정보는 연맹이나 구단 기업이 의도한 대로 항상 지각되고 해석되는 것이 아니다. 그러므로 때때로 연맹이나 구단 팀에 대한 오보라든가 부정적인 관념을 극복하는 것이 필요하다. 예를 들어 1980년대에 요트 산업은 유람선이 돈 많은 백만장자나 졸부를 위한 것이 아니라는 것을 대중에게 확신시켜 줌으로써 그 이후에 요트 판매가 급격히 증가하였다.

결국 마케터는 구매과정을 고려하는 데 있어서 고객은 구매하는 각각의 스포츠 제품에 대해서 동일하게 생각하지 않는다는 것을 인식해야 한다. 경기 관람이나 스포츠 이벤트 참가와 제품은 편의점에서 물건을 구입하는 것처럼 그다지 쉽사리 선택되어지는 것이 아니다. 이 구매과정 요소는 제품을 어떻게 시장에 내놓는가에 영향을 미친다.

(7) 패케이징(packaging)

대부분의 스포츠 제품은 각기 다른 공급자의 통제 하에 있는 많은 제품으로 구성되어진다. 그리하여 보완성이라는 스포츠 제품의 특성으로부터 패케이징에 대한 필요성이 일찍이 논의되어 왔다. 스포츠 자체의 마케팅에서 패케이징 변수는 하나하나의 제품을 다발로 묶어 '스포츠 패키지'의 형태로 만들어져 사용되고 있다.

패케이징은 스포츠 소비자의 욕구를 직접적으로 부응하도록 보완적 제품을 한데 묶음으로써 그들의 어떤 공통적 욕구에 대처할 수 있는 하나의 메커니즘을 연맹이나 구단 그리고 기업에게 제공한다. 그러한 과정에서 개별 스포츠 제품의 장점이 더욱 잘 소구되기도 한다.

월드컵 패키지 투어는 아마도 이러한 개념을 가장 잘 나타내는 예일 것이다. 이러한 투어는 수많은 개별적 경기 관람 제품을 하나의 포괄적이고 보완적인 패키지로 묶어준다. 적절하게 함께 묶었을 때 그 패키지는 편리성과 가치가 증가되고, 혼란과 경악의 가능성을 줄이면서 안전감과 안정감을 높이고 일련의 사람에게 스포츠 제품의 사회적인 혜택을 제공할 수 있게 된다. 이러한 혜택은 결국 패케이징이 보완적인 제품을 단일제품으로 묶음으로써 각 스포츠 제품의 소구점을 높이도록 조정되어온 방법으로 인한 결과이다.

(8) 참가(participation)

참가는 판매거래에 수반되는 모든 사람들이 관여하는 것을 말한다. 참가에는 판매자, 구매자, 기타 고객들이 관여한다. 판매자와 구매자의 밀접한 상호 작용과 구매자의 참가가 스포츠 제품 형성에 도움을 주기 때문에 이 '참가' 요소는 스포츠 산업에 있어서 매우 중요하다. 스포츠 관람 경험의 질(quality)은 경기를 관람하는 동안 구매자의 행동과 행위에 따라 달라진다. 또한 판매거래에 대한

마케팅 休知通

Just Do it!(실행하라)

행동이 없으면 제 아무리 좋은 계획이라도 허사가 된다.
좋은 생각이 떠오르거든 바로 실행하라. 꿈을 가졌거든 실행하라.
목표가 세워졌거든 행동을 옮겨라. 꼭 해보고 싶은 것이 있거든 행동으로 옮겨라.
생각하는 것을 실행에 옮기다 보면 실패도 있을 것이다.
많이 실패해 보아야 더 큰 실패를 방지할 수 있다. 실패가 두려워 아무 일도 못하면 더 이상 발전은 없다.
실패를 즐길 줄 알아야 한다. 복지부동은 실패에 대한 두려움의 소산이다. 행동을 시작하라 그것도 내일이면 늦는다.
스포츠 마케터의 기본은 실행이다.
혼다에는 실패와 제도가 있어 한 해 동안 가장 큰 실패를 한 사람에게 시상을 한다.
실패는 성공의 어머니이기 때문이다. 베이브 루스는 최고의 홈런왕이지만 가장 많은 삼진을 당한 선수 가운데 하나이다. 그가 삼진아웃이 두려워 배트를 휘두르지 않았다면 홈런왕도 되지 못하였을 것이다.
Impossible은 불가능의 단어이지만 I'mpossible는 가능의 단어이다. Change의 G를 C로 바꾸면 Chance가 된다. 점하나, 한단어의 차이가 성공과 실패를 결정한다.

구매자의 인식은 때때로 제품과 서비스를 다시 구매할 것인가의 여부를 결정한다. 특히 스포츠 사업에서는 반복적 구매가 이루어지기 때문에 참가는 마케팅 믹스에 지극히 중요한 부분이라 할 수 있다.

판매거래에 있어서 참가자의 태도와 행동은 고객의 경험을 향상시킬 수도 있고 파괴할 수도 있다. 경기장 운영요원에게 무례한 대우를 받거나 냉담한 서비스를 받는 입장객은 탑승이 즐겁지 못할 것이고, 아마도 그 팀에게 두 번 다시 예약하지 않을 것이다. 한편 경기 성적이 좋지 못해 낙심한 상태의 관람객은 아무리 서비스가 우수하다 하더라도 그 경기는 즐겁지 못할 것이다.

비록 참가는 통제하기 어려운 변수이지만 연맹이나 구단 기업은 종업원의 행동을 잘 관리하도록 노력해야 한다. 서비스와 운영 프로그램을 완전히 수료하게 하는 것과 진행요원이나 종업원에게 유니폼을 착용하도록 하는 것은 종업원을 관리하는 두 가지의 방법이다.

디즈니 대학으로 알려진 월트 디즈니의 훈련프로그램은 직원들을 공손하고 말쑥하고 행복하게 변화시킨 것으로 유명하다. 많은 연맹이나 구단 기업에서는 그들의 업무를 잘 수행한 대가로 자유여행이나 상여금 등을 제공한다. 이러한 것은 내부 마케팅(internal marketing)의 실제이다. 인센티브를 제공하는 목적은 종업원이 그 연맹이나 구단 기업에 대하여 좋은 감정을 갖고서 업무를 더욱 잘 수행하는 데 있다.

스포츠 관광에서는 매우 강렬하게 관광객의 선호, 기대, 행동 등이 그들의 관광경험을 형성한다. 관광객의 여행경험의 질에 영향을 미치는 요인 가운데는 여행객이 어디를 가기 원하는가, 그들이

경기장을 찾은 입장객 이들의 평가가 가장 정확한 평가이다.

무엇을 하기 원하는가, 어떠한 관광지를 좋아하는가? 등이 있다.

스포츠 관람산업에서 마케팅 및 경기장 관련 판매에 종사하는 사람은 특히 스포츠 소비자와 제품 사이의 이러한 상호 작용을 인식하고 그것을 조화시킬 필요가 있다. 고객이 경기 관람을 계획하고 여러 대안들 사이에서 선택하는 것을 도와야 하는 스포츠 마케터는 고객의 기대감을 충족시키기 위해 전문화된 기술을 개발해야 한다.

6. 스포츠 자체의 마케팅 통제 관리

스포츠 자체의 마케팅 통제 관리 의의

스포츠 자체의 마케팅 기본적인 목표란 "스포츠를 통하여 마케팅이 목표로 하고 있는 최종적인 결과를 도출해 내는 것"이다. 스포츠 마케팅 목표설정을 성공적으로 하기 위해서는 마케팅 기능의 수행에 있어서 고객 지향적인 목표 설정과 함께 고객의 특성 파악, 즉 교육 정도, 성별, 연령별, 직업별, 소득별, 소비지출별, 가족 구성별 등과 같은 기본적인 정보를 토대로 계획수립을 이끌어 내야 한다.

이러한 계획수립, 실행, 통제는 마치 동전의 양면과 같은 성격을 가지고 있다. 통제 관리기법은 매일 매일의 업무수행 과정에서 계획수립과 실행활동을 통합하는 매우 유용한 기법이다. 계획과 실행을 통제하고 측정하는 것을 목표관리(MBO: management by objectives)라고 하는데 이는 상급자와 하급자가 함께 목표를 설정하고 실행한 후 이를 평가하는 과정을 말한다. 즉 감독자(상급자, 리더)와 부하직원(하급자, 팀원)이 함께 목표를 설정하고 성취된 결과를 평가하는 일상적인 의사소통 과정이다.

MBO에서는 감독자와 부하직원이 다음의 내용을 공식적으로 합의한다.

감독자와 부하가 합의하는 내용

- 특정기간 동안 부하직원이 달성해야 할 목표

하프타임에 들어온 선수들을 코치가 지도하고 있다. 코치가 선수들보다 수영을 잘해서가 아니라 경기에 몰두한 선수들이 깨닫지 못한 문제점을 알려 주려는 것이다.

• 목표가 성취되어가는 과정에 대한 계획
• 목표가 달성되었는지를 평가할 때 판단할 성과 표준
• 성과를 평가하는 절차

목표 관리의 과정

실행 현장에서의 안전하고 정확한 실행은 목표 달성을 위한 최적의 도구이다. MBO의 과정은 〈그림 1-9〉와 같이 정리할 수 있다.

그림에서 보는 것처럼 상사와 부하는 먼저 계획 수립 단계에서 상사의 일방적 목표제시가 아닌 상사와 부하가 함께 공식적으로 목표를 설정하고, 업무를 수행할 일정, 업무수행 후 결과를 비교 평가할 표준도 설정한다.

스포츠 자체의 마케팅에 있어서 목표를 세울 때는 결과 지향적이므로 누가 보아도 달성 가능하고 구체적이며, 명료한 계획이어야 한다.

이는 마케팅 과정에서 관리통제 체계의 역할도 해야 하므로 누구든지 수긍이 가능한 스포츠 마케팅 목표를 설정하는 것이 성공 확률이 높다고 할 수 있다.

코헨은 스포츠 마케팅 목표를 설정할 때 충족되어야 할 기본 사항 10가지를 논하였는데, 일반적인 마케팅의 목표와 잘 부합된다.

❶ 적합성: 조직 전체의 목표에 부합되며, 전체 목표 달성에 보조적인 역할을 하여야 한다.
❷ 시간 측정성: 각각의 목표를 달성하는 특정 기일은 마케팅 목표 수립 과정에 중요하다.
❸ 타당성: 각각의 목표는 달성될 수 있어야 하며, 현실적이어야 한다.
❹ 수용성: 조직원들은 마케팅 목표를 신뢰하여야하며, 협동이나 공동 노력 없이 독자적으로 추진할 수 있어야 한다.
❺ 융통성: 목표는 상황, 환경의 변화에 따라 새롭게 적응하도록 유연성이 있어야 한다.
❻ 동기: 마케팅 목표는 직원이나 임원에게 자극적이어야 한다. 난관의 극복과 현실적인 목표는 합리적이고 적극적인 동기 부여를 제공한다.
❼ 이해력: 분명하고 명확한 이해는 임무 수행을 정확하게 하도록 유도한다. 이는 모든 조직원들이 목표를 이해하고 말할 수 있으며, 이것을 통해서 커뮤니케이션할 수 있도록 해야 하며, 이는 조직원들의 목표에 대한 성공의 확신을 준다.

| 그림 1-9 | MBO의 과정

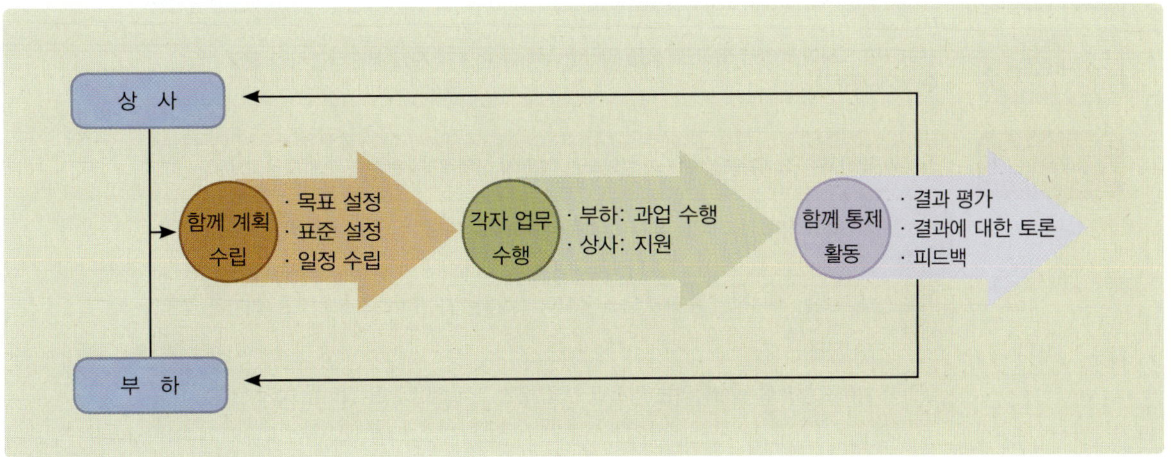

출처: 전수환, 〈에센스 경영학〉.

❽ 의지: 마케팅 프로그램에 직접적으로 참여하는 직원들은 설정된 목표에 대한 강한 의지를 보여주고, 이러한 분위기에서 목표 달성을 위한 협동은 직원들의 의지와 상호 보조를 이룰 것이다.

❾ 결합: 모든 조직과 조직원들이 함께 하는 목표이다. 하나의 목표에는 모든 부서의 통일된 생각과 의지가 반영되어야 한다.

통제 관리의 장단점: 찬반양론

MBO가 드러커(Drucker)에 의해 모습을 드러낸 이후 25년 동안 이 기법에 대해서는 찬반양론이 뜨겁게 전개되어 왔다. 이러한 찬반 논쟁은 역설적으로 MBO기법을 채택할 때 어떤 점에 관심(장점)을 기울여야 하고 어떤 점은 조심(단점)해야 하는지를 알게 해줌으로써 이 기법의 장점을 극대화할 수 있도록 해준 면도 있다.

MBO기법을 활용할 때 피해야 할 대표적인 문제점으로는 쉬운 목표를 설정하는 것, 서류작업을 과도하게 요구하는 것, 감독자가 부하에게 자신이 생각하고 있는 목표 수준을 단순히 말하는 것만으로 본래 의무를 다했다고 생각하는 것, 단기간의 목표만을 지나치게 강조하는 것 등이 있다. 이러한 점만 극복이 된다면 MBO는 〈그림 1-10〉과 같이 많은 이점을 준다.

7. 스포츠 자체 마케팅의 실행 평가

스포츠 마케팅 계획의 마지막 단계는 실행의 평가이다. 연맹이나 구단 기업은 마케팅 전술전개의 실행 결과를 공식적으로 평가하고 성취하기를 바라던 목표와 그 결과를 비교하게 된다. 평가는 연맹이나 구단 기업이 미래의 계획을 세우는 데 매우 중요한 것이다

스포츠 마케팅 계획 및 실행은 공식적인 평가가 이루어질 때, 그리고 어떤 측정기술이 사용되는지에 따라 상세히 설명된다. 최종결과는 목표와 잘 맞아떨어지지 않기 때문에 마케팅 계획은 또한 실행 기준으로 정의되기도 한다. 실행은 연맹이나

그림 1-10 | 목표 관리가 주는 이점

부하에게는	가장 중요한 과업을 수행하고 목표를 달성하기 위하여 노력해야 할 업무가 무엇인지 알 수 있게 해준다
상사에게는	부하와 합의하에 설정한 목표 달성을 위하여 부하를 어떻게 지원해야 하는지를 분명히 알 수 있게 해준다
조직에는	상사와 부하가 직접 얼굴을 맞대고 협의하기 때문에 상하 간의 관계형성에 도움을 준다
	부하는 자신에게 영향을 미치는 업무 의사결정에 직접 참여할 수 있는 제도화된 기회를 갖는다
	이로 인해 부하는 외부적인 통제에 의해 움직이기보다는 자신이 스스로 하려는 의지를 갖게 된다
	당연히 설정된 목표를 달성하려는 의지 또한 강해져 조직 전반에 큰 기여를 하게 된다

출처: 이학식 외, 〈소비자 행동〉.

구단 기업의 성공 여부를 결정하는 것으로, 목표로부터 성취한 정도를 말하는 것이다.

실행측정 방법

대부분의 연맹이나 구단 기업에 있어서 평가 기준의 기본은 경영상에 충분한 이윤이 발생하는가 하는 것이다. 그러므로 평가의 주된 초점은 재무수익 분석이다. 이러한 재무수익 분석은 구단의 경우는 경기장 관람 관람객 증가 및 경기장 매출 증가 그리고 구단 홈페이지 접속 및 경기 TV 중계 시청률 등 몇 가지 방법이 기업이 재무상의 성공을 위한 그림을 그려내는 데 이용되고 있다.

(1) 총 판매고

일부기업은 단순하게 평가의 기초로서 총 판매고를 이용한다. 그들은 일정 기간 동안의 총 판매고와 다른 동일 기간의 총 판매고를 비교한다. 시즌 기간 동안 얼마나 매출을 만들어 냈는지를 평가하는 것으로 티켓 판매, 라이센스 제품 판매, 식음료 판매, 주차 티켓 판매, 스폰서십 판매, 기타 구단과 관련된 모든 판매액을 산출하는 것이다.

총 판매고는 광범위하고 평이한 측정방법이지만 실체를 분명히 밝혀내지는 못한다. 이것은 판매의 증감을 나타내 주기는 하지만 기업이 목표를 달성했는지, 기업이 경쟁자와의 관계에서 어떻게 행동했는지, 얼마나 많은 이윤이 남았는지를 나타내지는 못한다. 또한 경영상의 어느 부분이 수익성이 있었고 마케팅 계획의 어느 부분이 효과적이었는지도 밝혀내지 못한다.

(2) 판매량의 변화

대부분 구단이나 연맹 기업의 스포츠 마케팅 목표는 금년도의 경기장 관중 입장객 증가, 연맹 및 구단 관련 제품판매 증가, 경기장 식음료 및 주차장 매출 증가, TV 시청률 증가 등 판매량의 변화는 전년도의 판매고와 측정할 수 있는 단위나 금액으로 비교될 수 있을 것이다. 판매량의 변화를 분석하는 것은 실제 판매량과 목표를 비교하는 것이고 그 격차를 설명하려는 것이다. 환언하면 목표가 분명할수록 측정이 더욱 용이하다. 예를 들면 구단에서 매주 각 경기의 입장객에 대하여 목표를 설정할 수 있다. 컴퓨터나 시스템의 도움으로 구단은 판매 결과를 얻을 수가 있고 변화량을 파악하기 위해 이전의 판매량과 비교할 수 있다.

(3) 시장점유율의 변화

시장점유율은 전체 스포츠 산업이나 리그 매출의 판매고와 기업의 판매고의 관계를 백분율로 나타낸 것이다. 시장점유율의 변화를 분석하는 데 있어서 구단은 일정 기간에 걸쳐서 리그 매출의 총 관람객 수와 자사의 관람객 수를 비교할 수 있다. 예를 들면 연간보고서에 의하면 롯데 자이언츠는 2009~2010년 연속으로 백만 관중 돌파로 리그 전체 입장객의 17.7%를 차지하고 지난해에 비하여 올해가 3% 증가했고, 그 비율은 구단의 매출액을 리그 전체의 매출액으로 나누고 100을 곱해서 결정되는 것이다.

시장점유율 변화분석은 전(全)산업의 업적과 관련지어 기업이 얼마나 잘 업무를 수행했는가를 결

경기장에 설치된 코카콜라 광고물 – 이 사진을 보면 마시고 싶다.

ㅣ 할로윈데이에 입장한 경기장 관중 – 마케팅 노력을 통해 고객을 변화 시킨다.

정하는 데 도움을 준다. 이것은 기업이 경쟁자보다 어떻게 잘하고 있는지를 파악토록 한다. 때때로 시장점유율 변화를 분석한 결과는 기업의 업무수행에 대해 전혀 다른 그림을 제공한다.

예를 들어 A구단의 매출이 어떤 해에 있어서는 감소했지만 같은 기간에 시장점유율은 오히려 증가할 수도 있을 것이다. 이것은 그 산업 분야가 매출에 있어서 하향세임에도 불구하고 이 기업이 경쟁기업의 시장점유율을 잠식하였거나 능가했음을 시사하는 것이다.

(4) 마케팅 비용과 수익성

연맹이나 구단의 재정적인 성공 모습은 발생한 총수익과 총지출비 간의 마진이 파악되어야 비로소 끝나는 것이다. 연맹이나 구단 기업은 판매고를 신장시킬 수 있지만 이익이 실제로 감소하는 지점에서 마케팅 비용이 증가할 수도 있다.

비생산적 요소가 변경 또는 재조직되거나 자금재 할당을 포기하도록 하기 위해서 비용-수익성 분석은 몇 가지 요소로 분해되어야 한다.

마케팅 관리자는 몇 가지 방법, 예를 들어 특정 표적시장, 판매 영역, 유통 채널 등에 대하여 시장세분화 분석을 실시한다. 이러한 형태의 분석계산 숫자는 소득계산서로부터 주의깊게 뽑아져야 한다. 이 과정은 시간을 요하지만 노력할 만한 가치는 충분히 있다.

(5) 효율성 비율

계획한 것의 실행을 측정하는 유용한 방법은 효율성 비율을 산정하는 것이다. 이것은 촉진과 유통 전략의 상대적 효율성을 결정하기 위한 통계학적 측정방법이다. 예를 들면 유용한 효율성 비율의 하나는 문의비용 비율이다(CPI: the Cost Per Inquiry). 이것은 분야나 부서 또는 팀으로부터 발생하는 평균비용이다. 광고의 CPI는 총비용을 문의횟수로 나눔으로써 산출된다. 2.36 CPI라는 것은 그 광고에 의해 발생된 문의 한 개당 소요되는 비용이 2.36달러라는 의미이다.

또한 마케팅 투자수익률(ROI: the Return On marketing Investment)은 마케팅에 투자한 금액 대비하여 발생된 수익의 총액을 의미한다.

효율성 비율에 대한 또 다른 예는 다음과 같다.

❶ 입장 티켓 판매원 1인당 1일 평균 판매 수요
❷ 팀이나 구단 라디오나 텔레비전 방송국 등의 언론이용 횟수
❸ 관람객을 통한 1경기 사용 비용 및 제품 판매 비율

추적평가

스포츠 마케팅 계획 및 실행에 있어서 재정적 문제를 측정한 이후에 연맹이나 구단 기업은 반드시 성공 혹은 실패의 원인을 규명하는 추적평가가 뒤따라야 한다. 여기에는 관람객이나 팬들의 기록, 조사, 관찰, 그리고 그 밖의 정보수집 도구를 통하여 이루어진다.

추적(follow-up)이라는 것은 비록 기업이 이익을 산출했지만 기업의 성공이 마케팅 전략보다는 다른 요인에 기인한다는 것을 지적하기도 한다.

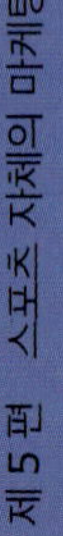

마케팅 休知通

제노비스 신드롬(Genovese Syndrome)

1964년 미국의 20대 여성 키티 제노비스가 정신이상자로부터 35분 동안 칼부림당해 살해됐는 데도 이를 지켜본 38명의 목격자들 가운데 단 한명도 나서서 말리거나 경찰에 신고하지 않았던 데서 유래된 말이다.

이는 개인이 혼자 있을 때보다는 군중 속에 있을 때 오히려 용기와 책임감이 더 희박해지는 현상으로, 조직 구성원들을 효과적으로 관리하기 위해서는 개개인에게 책임과 권한을 명확히 구분해 줄 필요가 있다. 두리뭉실하게 업무를 지시할 경우 책임감이 희박해져 내일이 아니라고 서로 미루다가 업무에 차질을 빚을 수도 있기 때문이다

연맹이나 구단 기업은 자사가 실수하지 않았음에도 불구하고 실패할 수 있다. 대형 스포츠 이벤트, 날씨, 법규 및 조세구조의 변화, 경쟁자와의 가격전쟁 등과 같은 외부 요인이 시장내부에 영향을 미칠 수 있다. 그러므로 연맹이나 구단 기업은 미래의 계획에 대한 기초 작업으로서 예측 불가능한 상황에서 발생했던 결과를 사용하지 않도록 하는 것이 중요하다.

이러한 추적단계에서 몇 가지 유용한 정보는 다음과 같다.

❶ 어떻게 마케팅 계획이 수행되었는가?
❷ 얼마나 효과적으로 마케팅 목표가 달성되었는가?
❸ 보고된 결과의 정확성과 신뢰성
❹ 계획실행에 소요된 자금의 계산 여부
❺ 마케팅 프로그램과 개선방법

연맹이나 구단 기업은 또한 다음 사항의 피드백을 통해서 고객에 대한 마케팅 계획의 효과를 평가할 수 있다.

❶ 경기 및 라이센스 제품에 대한 고객의 만족도
❷ 실제 경기 관람경험과 기대를 비교하면 어떠한가?

| 그림 1-11 | 올림픽과 월드컵의 가치 평가

▪ Philanthropy Image - Humane - Honorable - Respectful	▪ Competition Image - Exciting - Create Passion - Bring People together
"'Unite the World" Global Citizenship 지향	"Unite the Nation" National Patriotism 지향

올림픽: Universal, Traditional한 보편적 가치 중심
월드컵: Dynamic, Energetic한 또 다른 감성적 가치 보유

③ 경기 및 판매 제품의 재 구매 여부

평가가 완결되면 연맹이나 구단 기업은 다음에 무엇을 할 것인지를 결정해야 하는 것처럼 마케팅 사이클은 다시 시작되는 것이다. 마케팅 계획에 의해 윤곽이 잡힌 방법이 평탄하고 성공적이었다면 그 기업은 같은 길을 다시 한번 가려고 할 것이다.

여기에는 또한 몇 가지 다른 선택이 가능하다.

① 약간 변경된 동일한 계획의 지속
② 동일한 계획을 지속하면서 동시에 새로운 시장, 새로운 제품 및 서비스를 개발하는 것
③ 과거 계획을 포기하고 수집된 정보를 기초로 다시 시작함

만약 연맹이나 구단 기업이 마케팅 진행 평가와 통제를 잘 수행한다면 기업의 미래진로는 더욱 밝아지고 좋은 결과를 예상할 수 있을 것이다.

올림픽과 월드컵의 가치를 평가하여 보면 〈그림 1-11〉과 같다.

제 2 장 스포츠 자체의 마케팅 전략적 계획수립

제 2 장

스포츠 자체의 마케팅 전략적 계획수립

1. 스포츠 조직의 전략적 계획수립과 전략적 경영

스포츠 마케팅의 전략적 계획수립(Strategic Planning)은 조직 전체와 조직이 보유한 프로퍼티를 대상으로 장기적인 계획을 수립하는 것이다. 전략적 계획수립 과정에서는 조직과 프로퍼티를 단일체로 보고 조직의 목표를 달성하기 위하여 장기간에 걸쳐 조직이 어떤 일을 해야 하는지를 고려한다.

장기간이라는 기간은 통상 3~5년을 의미하지만 현실적으로 조직에서 장기적인 전략은 1년 이상부터 대상이 되는 경우도 있고 5년이 넘는 기간을 대상으로 하기도 한다.

한편 전략(Strategy)은 장기적인 목표를 달성하기 위하여 개발된 광범위하고 일반적인 계획이라고 정의할 수 있다. 즉 전략은 조직의 전 부문에 해당하는 목표를 포함하는 개념으로 전략적 계획수립의 결과물이다.

전략적 경영(strategic management) 또는 경영전략(strategic management)이란 조직이 적절한 전략을 수립하고 실행함으로써 효과와 이익을 얻는 과정을 말한다. 이때 적절한 전략이란 특정시기에 해당 조직과 프로퍼티에 가장 잘 부합되는 전략, 즉 '전략적 계획수립' 과정을 통해 수립된 '전략'에 근거하여 전개되는 경영을 말한다.

그렇다면 전략은 무엇을 근거로 하는 것일까? 전략의 시작은 어디이며, 수립된 전략은 구체적으로 어떻게 실행되는 것일까? 이에 대해서는 아래에서 설명하는 '조직의 방향 설정' 부문에서 자세하게 설명할 것이다.

일반적으로 전략적 경영은 〈그림 2-1〉에서 보는 바와 같이 5단계로 이루어진다. 조직의 방향(direction)은 조직에 영향을 미칠 수 있는 환경요인을 찾는 것이 주목적이다. 경영자는 환경 분석을 통하여 조직 내외에 어떤 일이 일어나고 있는

| 그림 2-1 | 전략적 경영의 단계

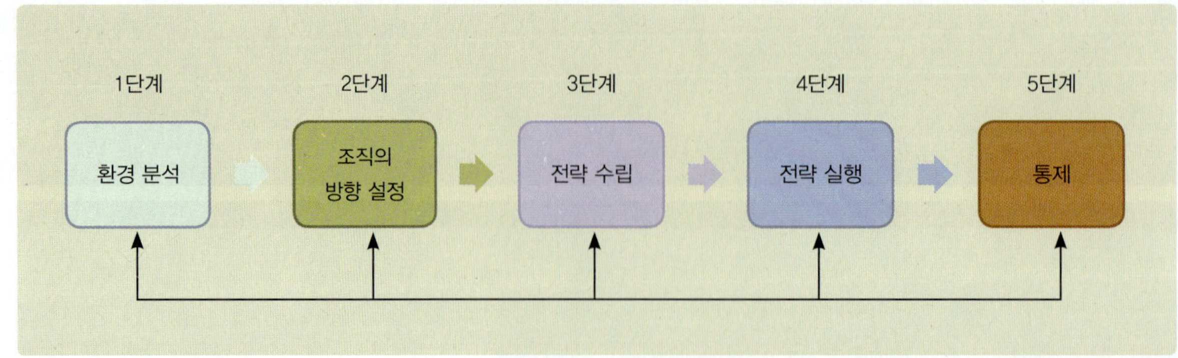

지 혹은 일어날 것인지를 분석하고 이를 조직의 방향 설정에 적절하게 반영하여야 한다.

환경 분석이 효율적으로 이루어지기 위해서는 스포츠 조직과 조직의 프로퍼티를 둘러싼 환경이 어떤 구조로 이루어져 있는지, 어떻게 분류되는지를 파악하는 것이 중요하다.

분석된 환경을 기반으로 하여 조직의 방향, 즉 조직의 미션, 비전 등을 설정하고 이를 달성하기 위한 전략을 수립하게 된다. 수립된 전략은 실행되고 그 결과는 통제되며 피드백된다.

2. 스포츠 조직의 방향 설정

스포츠 조직의 전략적 경영의 두 번째 단계는 환경 분석 결과에 근거하여 조직이 나아가야 할 방향을 설정하는 것이다. 조직이 나아가야 할 방향을 설정하는 체계는 〈그림 2-2〉와 같다. 그림에서 보듯이 가장 먼저 조직의 미션을 설정하고 이를 달성하기 위한 비전을 수립하며, 이를 수행할 전략을 수립하게 된다.

사명(Mission)

조직이 나아가야 할 방향을 정하는 것은 조직의 사명을 결정하는 것이다. 조직의 미션(Mission)이란 조직이 존재하는 목적(purpose)이나 이유, 존재 근거, 사명 또는 임무를 말한다. 미션은 50~100년을 바라보고 설정하게 되는데, 쉽게 바뀌지 않는다. 흔히 야간에 항해하는 배에 있어 별빛이나 등대, 나침반 등에 비유된다.

일반적으로 스포츠 조직의 사명은 팀의 승리(경기와 고객 만족)나 팬인 소비자에게 제공할 가치 있는 것에 대한 구단의 목표나 서비스의 유형, 고객에 대한 태도, 그리고 이것을 어떻게 하는 것이 가치 있는 것인지 등에 반영되어 나타난다.

사명은 사명선언서(mission statement)에 나타난다. 사명선언서는 스포츠 조직 내외의 다양한 사람들의 의견을 참고하여 경영자가 작성하는데, 조직이 실제적으로 취해야 할 임무나 사명이 기술·설명되어 있다.

스포츠 조직의 사명이 중요한 이유는 구단 관리자가 성공적인 조직 관리를 할 수 있도록 돕기 때

| 그림 2-2 | 조직의 방향 설정 위계: 미션-비전-전략

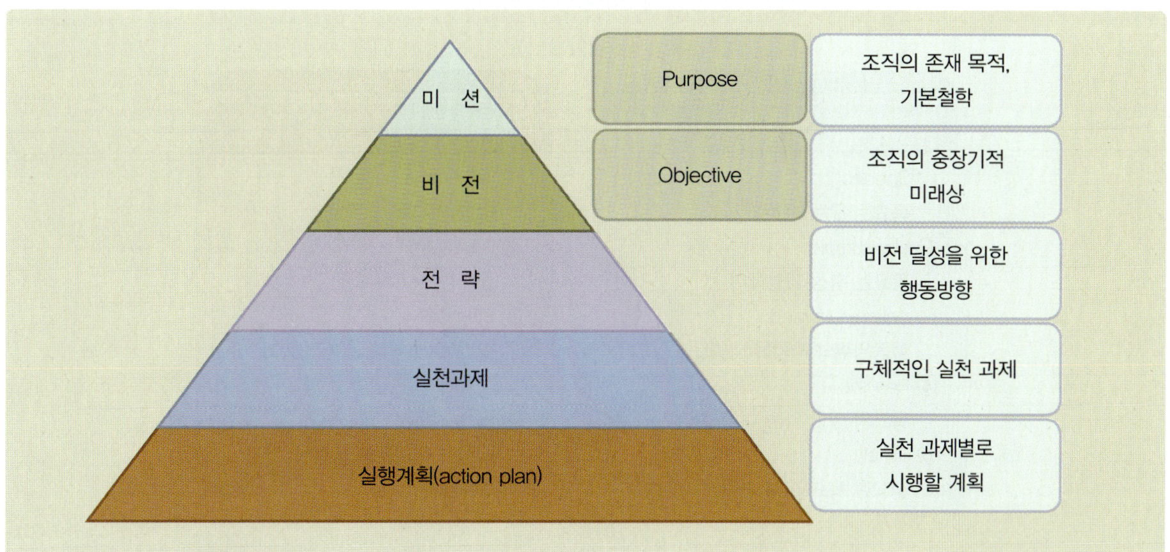

출처: 박찬규 외, 〈스포츠 매니지먼트〉.

문이다. 사명이 조직 관리의 성공 가능성을 높이는 것은 다음과 같은 이유 때문이다.

첫째, 커미셔너나 구단 경영자는 모든 선수와 조직원들이 사명에 초점을 맞추고 노력을 할 수 있도록 해준다.

둘째, 조직의 사명은 조직 내의 예산배분의 강력한 근거가 된다. 구단 경영자가 어떻게 예산을 배분할 것인가를 결정할 때 사명선언서는 일반적이지만 유용한 가이드라인이 되어준다.

셋째, 사명 선언서를 보면 스포츠 조직 내에서 어떤 업무영역이 중요한지, 그래서 어떤 과업이 중요한지를 알 수 있다.

비 전

비전(vision)은 스포츠 조직의 미션을 달성하기 위한 중장기의 전략 목표, 즉 이루고자 하는 미래상을 말한다. 조직이 전략을 통해 장기적으로 구현하고자 하는 바람직한 모습을 담는다. 비전은 용어에서도 알 수 있듯이 미션보다는 가시적(mission → visible)으로 설정한다. 통상 목표 달성기간은 5~10년으로 잡는다.

스포츠 조직의 목적/목표

미션이 스포츠 조직의 목적(purpose)을 말한다면 비전은 스포츠 조직의 목표(objective)를 말한다. 스포츠 조직이 존재하는 목적은 사명선언서에 표현되어 나타난다. 따라서 조직의 목표는 사명선언서로부터 자연스럽게 도출된다. 조직의 목표는 개방된 시스템으로서의 조직이 나아가야 하는 목표점(target)이 된다. 스포츠 조직의 목표에는 조직이 존재하는 목적이 자연스럽게 반영되어 있어야 하는 것이다.

남과 다르게 목표를 설정하는 방법에 고려해야 할 것은 SMART와 WISE이며 〈그림 2-3〉과 같다.

전략, 실천과제 및 실행계획의 수립

비전이 설정되면 이를 달성하기 위한 활동방향과 예산배분 결정이 이루어진다. 이것이 바로 전략이다. 전략이 수립되면 이를 구체적으로 실천하기 위한 실천과제를 결정하며, 이에 따라 실행계획(action plan) 또는 실천방향을 수립하는 것이다.

| 그림 2-3 | 남과 다르게 목표를 설정하는 방법의 SMART와 WISE

SMART	WISE
① Specific 목표는 구체적으로	① Will Power 강한 의지력
② Measurable 목표는 측정 가능해야	② Initiative 진취적 사고의 소유
③ Action-Oriented 행동위주의 사항을 나열	③ Stamina 한번에 하나씩, 끝까지 밀고 나가야
④ Realistic 목표의 실현 가능 여부 점검	④ Enthusiasm 긍정적 마음으로 열정을 가지고 해라
⑤ Timely 정확한 목표 달성 기간	

출처: 이종우의 강의 자료중.

마케팅 休知通

비전, 미션, 골이란

- 비전(vision)이란 비디오와 같이 앞으로의 모습(to be)을 보여주는 것으로, 어디로 가야 할 것인가에 대한 방향성을 알려 주는 것이다.
- 미션(mission)이란 비전을 달성하기 위해 해야 하는 일들(things to do)로 미션을 완수함으로써 비전을 완성하게 된다.
- 골(goal)이란 단기목표로서 미션보다 작은 개념으로 미션을 제대로 달성해가는 있는가의 척도가 된다.

전략적 계획수립의 최신 화두

스포츠 마케팅의 최신 화두는 무엇일까? 마케팅의 대부인 필립 코틀러 교수는 흔들리는 갈대와 같은 스포츠 소비자들을 어떻게 붙잡을 수 있을까라고 말하였으며, 브랜드 관리의 대가인 케빈 켈러 교수는 최신 화두로 다음의 다섯 가지를 꼽았다.

첫째, 스포츠 자체의 마케팅은 공공사업과의 연계성이다. 즉 좋은 기업임을 사람들에게 인식시키는 것이 중요하다. 지극히 과격한 NFL이 American Cancer Society(암 예방 단체)와 손을 잡고 10월 한달 내내 32개 팀이 매주 일요일 경기에 핑크 관련 제품을 착용하고 경기에 나선다. 이러한 제품에는 선수들의 유니폼, 글러브, 헬멧, 모자, 신발, 풋볼 공 등 다양한 제품들로 이러한 제품을 사용하고 난후 홈페이지에서 경매를 통하여 일반 소비자들에게 판매를 한다. 이는 홈페이지 방문 유도를 통하여 소비자들과 긍정적인 관계를 유지하려는 전략이다.

MLB는 5월 둘째주 수요일을 American Cancer Society와 손을 잡고 전국의 모든 야구장에 핑크빛 제품의 야구 배트를 비롯하여, 홈 플레이트, 베이스, 액세서리를 사용하여 이벤트를 펼친다. 그리고 자신의 이름을 야구 배트에 새겨 $79.99에 판매하고 수익금의 10%을 기부한다. 왜 스포츠 리그나 구단들은 이러한 마케팅을 하는 것일까? 좋은 구단은 단순하게 선수들이 잘하는 것이 아니라 그들이 기부하는 모든 것들이 아름답게 보이고 이를 통해 마케팅으로 연결할 수 있기 때문이다. 우리나라의 스포츠 구단들도 사회사업이나 지역 사업 참여에 적극적이다.

둘째, 온라인과 모바일 마케팅 참여이다. 이것은 단순하게 온라인으로 제품을 판매하는 것 이상의 의미를 갖는데 샌프란시스코 자이언츠는 트위터의 팔로워들을 경기가 있는 날 그룹 좌석으로 초대하여 파티를 열어주고 그들을 위한 이벤트를 실시하였다. 즉 온라인에서 활동하는 팬들을 오프라인으로 끌어내어 구단 서비스 마케팅에 동원한 것이다.

블로그나 홈페이지를 단순히 홍보용 매체로만 생각하면 안 되고 블로그에 올라 있는 네티즌들의 정보는 "감정이 실린 정보"라는 것에 주의하여야 한다.

셋째, 스포츠 소비자의 감성을 파악하는 것으로 소비자가 원하는 것이 과연 무엇일까를 찾아내는

스포츠 마케팅 계획에는 조직의 비전과 목적이 있어야 한다.

경기장 한편을 어린이 야구장으로 만든 것은 소비자의 감성을 파악한 것이다.

것이 중요하다. 하버드대학의 잘트먼 교수는 "말로 표현되는 니즈가 5퍼센트에 불과하다"고 주장하였다. 그래서 숫자에 의존하는 기존의 조사방식이 아니라 무의적인 마음 상태를 알아보는 새로운 방법들이 속속 개발되고 있다. 과거에는 무의식의 세계를 들여다보는 방식에 대해 비화학적이며 자료의 해석 또한 주관적이라고 비판하였다. 그러나 마케팅 조사의 목표가 시장에 대한 사실적 자료를 얻기보다는 궁극적으로 소비자의 마음을 들여다보는 통찰력(insight)을 얻으려는 데 있다는 관점에서 보면 새로운 접근 방법에 대한 각별한 관심이 요구된다.

넷째, 마케팅 활동의 ROI(return on investment)를 측정하는 시스템의 구축이다. 스포츠 마케팅 활동의 효과를 독립적으로 측정하는 것은 어려운 일이지만 홍보나 광고적인 측면에서 효과측정을 통한 소비자와 구단 관계자에게 전달은 중요한 요소가 되었다.

금호 타이어의 경우 스포츠 마케팅 활동을 통하여 세계 10위 이내의 타이어 회사로서 도약할 수 있었던 성장 배경이 스포츠 마케팅에 있었다는 사실은 이러한 ROI의 측정에 의하여 만들어진 객관적인 사실이다. 이러한 ROI 측정은 테스트 마케팅이나 전문가의 의견 등을 활용하여 직·간접적으로 마케팅의 효과를 측정하는 시스템을 개발할 필요가 있다.

다섯째, 고객 간의 커뮤니케이션을 관리하는 일로 커뮤니케이션의 도구로서 입소문으로 word of mouth(사람들의 입을 통해 전달되는 것)와 word of mouse(인터넷을 통해 전달되는 것) 두 가지로 나누어서 이야기 할 수 있다. 스포츠와 같이 감성적이고 주관적인 제품의 경우 인식의 단계가 아니라 구단에 팬이 되는 구입 단계의 시점이 가까울수록 TV나 매체 등의 역할보다는 주변의 추천이나 입소문이 더 결정적인 작용을 한다는 것이다. 그러므로 구단이 어떤 사업을 하든 입소문이 마케팅에서 제대로 효과를 발휘하도록 촉진하는 방법에 대하여 마케터는 고민하여야 한다.

| 그림 2-4 | 전략의 유형

전략 유형의 구분	전략 유형
조직 위계단계별 전략	전사적 전략, 사업 전략, 기능적 전략
성장 전략/축소 전략	성장 전략: 집중화 전략, 다각화 전략 축소 전략: 리스트럭처링, 다운사이징, 영업양도 전략, 현상유지 전략
경쟁력 강화 전략	전략적 제휴, e-비즈니스 전략

3. 전략의 유형

환경 분석의 결과에 근거하여 조직의 미션과 비전을 설정하였으면 이제 이를 달성하기 위한 전략을 수립하여야 한다. 구체적으로 어떤 전략을 수립할 것인가를 결정하기에 앞서 전략 수립이라는 활동을 어떻게 접근할 수 있는지를 알기 위해 전략의 유형을 살펴보면 〈그림 2-4〉와 같다.

전략의 수준: 조직 위계 단계별 전략

전략의 수준(level)에는 크게 전사적 전략, 사업 전략, 기능적 전략 등이 있다. 이러한 전략의 구분은 조직이 수립할 수 있는 전략을 조직의 위계단계에 따라 구분한 것이다.

(1) 전사적 전략

전사적 전략(corporate strategy) 또는 전략은 조직 전체의 장기적인 방향을 설정하는 전략이다. 어떤 시장 또는 어떤 사업군에 속하여 경쟁할 것인가를 결정하는 것이다. 전사적 전략의 목적은 전체의 자원 배분의 지침과 방향을 결정하는 것이다.

인수·합병, 새로운 사업영역 개발, 사업부의 분할 매도, 기타 사업영역을 넘나드는 조직 활동에 대한 자원의 배분이 이 전략의 중요한 내용이 된다. 특히 조직 활동이 국제화되면서 조직과의 전략적 제휴와 같은 국제적 사업운용 전략이 관심사가 되고 있다. 이러한 사례는 스포츠 조직의 사업 확장과 같은 것이라고 할 수 있다. 프로 구단이 경기장과 경기만을 갖고 마케팅하는 것이 아니라, 교육 사업이나, 여행 사업과 같은 다양한 분야로 진출하여 경쟁하는 전략이다. 맨유는 초기 팀 자체를 마케팅으로 시작하여, 스타디움 사업, 방송 사업, 출판 사업, 방송 사업으로 사업군을 확장하여 나갔다.

(2) 사업 전략

사업 전략(business strategy)은 단일의 사업단위 혹은 생산라인을 위한 전략이다. 사업 전략에서는 특정산업이나 특정시장 내에서 경쟁하기 위한 전략적 의도가 담긴다. 사업 전략에서는 주로 제품이나 서비스믹스 선정, 시설의 입지 선정, 신기술 도입 등과 같은 의사결정이 이루어진다.

조직에서 중요한 사업단위 또는 영역을 전략적 사업단위(SBU: strategic business unit)라고 하는데, SBU는 종종 단일 사업단위만을 가지고 있는 조직이나 복합적 사업단위를 갖고 있는 어느 한 분야를 지칭하는 데 사용되기도 한다. 어느 모 기업이 야구단을 운영하고 있다면, 그 기업의 스포츠 분야 전략적 사업은 야구단인 것이다. 기업은 이러한 야구단을 통해서 다른 복합적인 사업 분야로 진출할 구상과 전략을 갖게 될 것이다. 즉 야구단 운영에 있어서 선수 강화는 어느 포지션을 할 것이고, 경기장의 음식을 무엇을 추가할 것인가 등 하나의 사업 단위에서의 전략을 말하는 것이다.

(3) 기능적 전략

기능적 전략(functional strategy)은 사업 전략의 원활한 수행을 위하여 조직의 자원을 어떻게 사용할 것인지에 대한 가이드라인을 제공하는 것이다. 이 전략의 핵심은 제한된 자원을 어떻게 하면 효

스포츠 마케팅에서는 집중화가 필요하다. (비자카드는 다양한 마케팅과 함께 스포츠 마케팅에 집중하고 있다)

용이 극대화되도록 배분할 것인가 하는 것이다.

스포츠 조직의 기능분야는 앞에서 보는 바와 같이 크게 인적자원관리, 생산·운영관리, 마케팅 관리, 재무관리 등으로 정리할 수 있는데, 기능적 전략은 이러한 기능 분야에 대하여 전략을 수립하는 것이다. 예컨대 경쟁력을 갖춘 인재를 어떻게 선발·육성할 것인지(인적자원관리), 최신기술을 어떻게 도입할 것인지(생산·운영관리), 새로운 광고를 어떻게 제작할 것인지(마케팅 관리), 신주발행 규모를 얼마나 할 것인지(재무관리) 등의 계획을 수립할 수 있다.

성장/축소 전략

(1) 성장 전략

스포츠 조직이나 단체의 전사적 전략이나 사업 전략 차원에서 가장 일반적으로 활용되는 전략은 성장 전략이다. 성장 전략(growth strategy)은 현재의 영업 활동 범위와 크기를 키우는 전략으로 조직이 장기적인 경쟁에서 살아남기 위한 방편으로 10년 후에 혹은 20년 후에 조직을 어떻게 발전시켜 나갈 것인가 하는 데에 이용되어 왔다. 성장 전략으로는 집중화 성장 전략, 다각화 성장 전략 등이 채택된다.

❶ 집중화 성장 전략

집중화(concentration) 성장 전략은 동일 사업 영역 내에서 확장하는 것을 말한다. 사업의 수입을 위해서라면 사업 영역의 범위 안에서 수입의 다변화를 위한 확대이다. 예를 들면 2000년대 이후 경기장의 스카이 박스와 같은 VIP석 확대와 PSL(Personal seat license), Suit Room의 확대를 통하여 구단의 수입을 늘려 나가는 것이다. 또한 인터넷, 케이블, 자체 방송국 운영을 통한 뉴 미디어의 영역 확장과 머천다이징을 통합 관리하는 라이센스 사업의 통합 등 전체 사업의 영역을 확장시켜 성장해 나가는 것이다. 일반적인 기업인 코카콜라나 맥도날드 햄버거는 전 세계적으로 매우 강력한 집중화 성장 전략을 추구하는 대표적인 조직이다. EPL의 맨체스터 유나이티드나 MLB의 LA Dodgers 등이 대표적인 구단이고, 스포츠 용품 업체 중에는 나이키나 아디다스 퓨마 등이 대표적인 기업이다.

❷ 다각화 성장 전략

다각화(diversification) 성장 전략은 새로운 사업 영역에 진출하는 것을 말한다. 다각화 전략은 새로운 사업영역이 현재의 사업영역과 관련이 있는 관련다각화(related diversification) 전략과, 두 영역이 전혀 관계가 없는 비관련 다각화(unrelated diversification) 전략으로 나눌 수 있다.

관련 다각화는 축구라면 축구와 연관된 사업영역의 진출이고 비관련 다각화란 축구와 전혀 상관이 없는 엔터테인먼트나 나스카 사업 진출 부동산 사업 등이 비다각화 전략이다. 이러한 전략이 성공을 거두는 것을 전제할 경우, 전자는 조직의 핵심역량과 기존의 기술능력을 잘 활용할 수 있는 장점이 있는 반면 후자는 사업위험을 분산시키는 효과가 있다.

❸ 수직적 통합화 전략

수직적 통합화(vertical integration) 전략이란 제품의 생산과정 상이나 유통 경로 상에서 공급자나 수요자(분배업자)를 통합하는 전략을 말한다.

공급자를 통합하는 후방수직통합(backward vertical integration)과 수요자(분배업자)를 통합하는 전방수직통합(forward vertical integration)으로 나눈다.

한편, 통합화보다는 다른 형태지만 통합화가 제공하는 효율을 추구하는 다른 방안으로는 계열화가 있다. 통합화가 복수의 회사를 통합하여 하나의 회사로 합치는 것이라면 계열화는 법적으로 독립된

마케팅 休知通

해리의 법칙(Harry's Rule)

미국의 경영 컨설턴트인 해리가 기업의 인재 채용 형태를 다년간 분석하여 도출해낸 결과 사람들은 대부분 자신보다 못한 사람들을 고용하는 경향이 있다는 내용의 법칙이다.

역사상 위대한 리더들은 가기 부하들보다 뛰어나게 일을 잘한 사람들이 아니었다.

부하들의 재능이 자신보다 우수하다는 사실을 알았지만 그들을 내치기보다는 오히려 등용함으로써 큰일을 이룩할 수 있다.

역사상 위대한 감독이나 코치들은 선수시절 위대한 선수가 아니었다. 그들이 더 선수들을 잘 지도할 수 있는 이유는 감독이나 코치가 선수보다 경기를 잘해서가 아니라 시합에 몰두한 선수가 깨닫지 못하는 문제점을 알려 주기 때문이다.

쉬는 시간에 지쳐 들어온 선수들에게 감독과 코치들은 선수보다 경기를 잘 해서가 아니라 시합에 집중하다 보니 선수가 경기를 하면서 알지 못하는 부분과 고쳐야 할 점을 볼 수 있기 때문이다. 이 책도 마찬가지다. 실전에서 열심히 뛰고 있는 독자들에게 새로운 시각을 제공할 수 있기를 바란다.

회사가 매우 유기적인 관계를 맺는 것을 말한다.

❹ 성장 전략의 평가

성장과 효율성이 마치 동의어처럼 생각하는 경우가 있는데 이는 사실과 다르다. 성장 전략이 사전에 치밀하게 준비되고 목표 달성을 위한 관리 활동이 제대로 뒷받침될 때만이 이러한 등식이 성립된다. 조직규모를 키우면 조직의 탄력이 떨어져 환경변화에 제때 대응하지 못하는 경우가 많다. 다각화로 조직이 너무 복잡해져 관리의 집중도가 떨어지기도 한다. 연구들에 의하면 지나친 비관련 다각화는 경영의 효율성을 오히려 떨어뜨린다.

(2) 축소 또는 현상유지 전략

경영에 심각한 문제가 발생하거나 환경이 갑작스럽게 변화하는 등 정상적인 경영이 어려운 경우에는 조직은 조직의 생존을 위하여 축소 전략을 활용할 수 있다. 축소 전략에는 다음과 같은 것이 있다.

❶ 조직의 재편: 리스트럭처링

리스트럭처링(restructuring)은 주로 조직의 효율성을 높이고 성과를 개선하기 위하여 조직의 규모나 사업구조, 운용내용을 바꾸는 것을 말한다. 경영자의 입장에서 볼 때 리스트럭처링이 내키지 않을 수도 있다. 리스트럭처링을 한다는 것 자체가 자신의 경영실패를 인정하는 것일 수도 있기 때문이다. 그러나 근래 들어서 경쟁이 치열해지고 미래의 경영환경이 갈수록 불투명해지면서 경영이 매우 양호한 상태에서도 리스트럭처링을 행하는 기법이 나타나고 있다. 뉴욕 양키즈는 새로운 구단주가 등장하면서 조직 전체를 선수에 포커스를 맞추어서 선수 영입팀, 관리 팀·훈련 팀이 가장 중심적인 조직이 되고 주변에는 관리나 운영 팀이 서포트하게 하였다. 즉 조직을 어떠한 목적을 위해서 다시 개편하느냐에 따라 조직의 미래와 방향

ㅣ조직이 어디로 갈 것인가? 방향성과 규모의 유지와 축소는 중요한 전략이다.

성을 느낄 수 있다.

❷ 규모의 축소: 다운사우징

다운사우징(downsizing)은 리스트럭처링의 한 방법으로서 비용절감과 영업효율 제고를 기대하고 조직규모를 줄이는 것을 말한다. 가장 일반적인 다운사이징 방법은 인력을 줄이는 것이다. 스포츠 조직의 경우는 한 팀 전체를 없애 버리거나 조직에서 한두 명씩을 감축하는 것이다. 인력 조직의 감축 외에도 시설 감축이나 프로그램 감축 이벤트 감축 등이 있으며 이러한 다운사이징은 조직에 있어 관리의 효율성 측면에서는 효과적인 것이 될 수도 있지만 조직에 속해 있는 사람들 입장에서는 인력이 줄어듬으로써 업무량이 더욱 늘어나 효율성이 떨어지는 측면도 있다.

❸ 영업 양도 전략

영업 양도(divestiture)는 비용을 절감하고 영업효율성을 개선하며, 핵심 사업에 집중할 목적으로 사업의 일부를 매각하는 것이다. 경기장의 경우 구단이 경기장 내의 매점 관리부터, 좌석 관리 등 많은 부분에 신경을 써서 구단 운영에 문제가 생기는 경우 일부분을 전문 업체에게 의뢰하여 맡기는 것이다. 때론 지나친 경영 다각화로 비즈니스가 복잡해지고 문제가 발생되는 조직에서 많이 활용하는 전략으로 역시 리스트럭처링의 한 부문을 매각하는(sell-off) 방법도 있다.

❹ 현상유지 전략

현상유지 전략(stability strategy)은 새로운 사업진출에 따른 위험부담을 안거나 축소 전략으로 인한 내부반발 등을 야기하지 않기 위하여 현재의 시장 점유율을 유지하는 정도의 영업 활동을 하려는 안정 전략이다. 예산이 부족한 구단이나 리그 조직의 경우 성장보다는 현상 유지 방향으로 나가는 것이다. 조직이 지속적으로 동일한 상태를 유지한다는 것은 현실성이 떨어지는 것이기 때문에 이 전략은 성장이나 축소 전략의 수립시행 전에 활용할 수 있는 비교적 단기성 전략이라고 할 수 있다.

경쟁력 강화 전략

(1) 전략적 제휴

현대 스포츠 조직경영에서 두드러진 특징 중의 하나는 스포츠 조직 간의 제휴가 활발하다는 것이다. 전략적 제휴(strategic alliances)는 둘 이상의 스

| 그림 2-5 | 전략의 수준

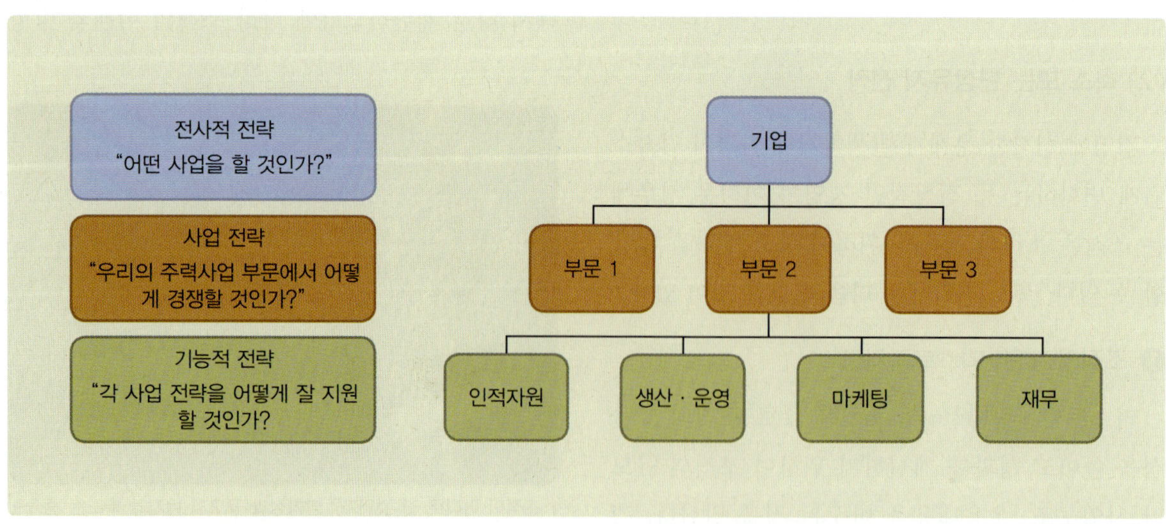

출처: 마케팅 무작정 따라 하기를 참조로 하여 작성.

마케팅 休知通

E-Business B2B, B2C 모형

e비즈니스 전략의 B2B(business to business)는 조직 간의 전자상거래를 말하는 것으로, 정보기술 및 인터넷 기반 기술을 이용하여 상거래를 하는 것이다.

B2C(business to customer)는 조직과 고객의 전자상거래를 말한다. B2C 비즈니스는 거래의 중간단계를 대폭 줄임으로써 조직과 소비자 모두에게 이익이 될 수 있는 모형이다. B2C에서 거래되는 대부분의 제품가격은 오프라인에서보다 저렴하다.

B2G(business to government)는 정부가 대형 구매처로 새롭게 인식되면서 전자상거래 보급을 주도하는 것으로 관심의 대상이 되고 있다.

포츠 조직이 서로 간의 이익을 도모하기 위하여 동반자 관계를 맺는 것을 말한다. 구단의 경우 은행이나 인근 지역의 기업들과 전략적 제휴를 맺고 함께 win-win하는 것이다.

(2) e-비즈니스 전략

정보화시대가 도래하고 인터넷이 일상화되면서 거의 모든 경영자는 "당신의 e-비즈니스 전략은 무엇인가?"라는 질문을 받는다고 한다. e-비즈니스(e-business) 전략이란 경쟁상의 우위를 점하기 위하여 인터넷을 활용하는 전략을 말한다.

스포츠 조직에서도 활발하게 벌어지고 있다. 온라인에서 발생하는 스포츠 콘텐츠의 교류는 스포츠 자체 마케팅뿐 아니라 스포츠를 이용한 마케팅에서도 중요한 요소로 작용하고 있다.

프로구단이나, 프로 선수들 그리고 스포츠 콘텐츠를 제공하고 있는 미디어까지도 e-비지니스 전략은 중요한 요소로 작용하고 있다.

4. 스포츠 마케팅에서의 전략의 결정

스포츠 조직이 경쟁에서 우위를 차지하기 위하여 활용될 수 있는 전략에는 어떤 것들이 있을까? 특정 상황에서는 어떤 전략을 구사해야 할까? 먼저 전략을 수립하는 과정에서 경쟁상의 우위를 점하기 위하여 고려해야 하는 변수로 다음과 같은 것들이 있다.

- 원가와 품질(입장권 또는 기념품과 같은 제품의 가격 및 품질, 또는 팀의 경기력)
- 새로운 아이디어를 제품화하여 시장에 내놓을 수 있는 지식(혁신능력)과 신속성(구단에서 새롭게 개발한 제품이나 팬 서비스, 이벤트, 인터넷을 활용한 전략 등)
- 진입장벽(새롭게 추구하고자 하는 비즈니스가 기존 비즈니스 시장 침투가 용이한가?)
- 자본(전략을 실행하기 위한 예산 확보가 되어 있는가? 없다면 마련할 수 있는 방법은?)

이러한 변수들을 복합적으로 고려한 많은 전략들이 개발되어 활용되고 있다. 여기에서는 〈그림 2-6〉과 같이 전사적 전략과 사업 전략으로 구분하여 각각의 전략에서 적용 가능한 대표적인 전략 몇 가지를 보기로 한다.

전사적 전략

(1) 포트폴리오 방법

단일제품이나 단일사업만을 영위하는 스포츠 구단 조직에서는 모든 자원을 한 사업 부분으로만 투입할 수 있기 때문에 자원 배분문제는 발생

| 표 2-1 | 삼성전자의 스포츠 마케팅 포트폴리오

구 분	League / Event	Team	Plyer / Endorser
월드와이드			
국내			
아시아			
북미		BMW Oracle Team (Vacht, US)	
유럽			
아프리카			

출처: 제일기획 발표자료.

하지 않는다. 그러나 사업영역이 두 개 이상 되면 상황은 달라진다. 각 사업영역의 성공적인 수행을 위하여 제한된 자원을 어떻게 배분할 것인가가 중요한 의사결정 문제가 된다. 이런 상황에서 활용할 수 있는 전략기법이 포트폴리오 방법이다. 포트폴리오(portfolio) 방법은 여러 대체적인 사업기회를 대상으로 최적의 투자조합을 구성하려는 방법이다. 스포츠 구단이나 연맹에서도 이 방법을 사용하여 볼 수 있으며 대표적인 방법으로 BCG 매트릭스를 활용하는 것과 GE 방법을 보면 다음과 같다.

| 그림 2-6 | 조직상의 전략 수준과 적용 전략

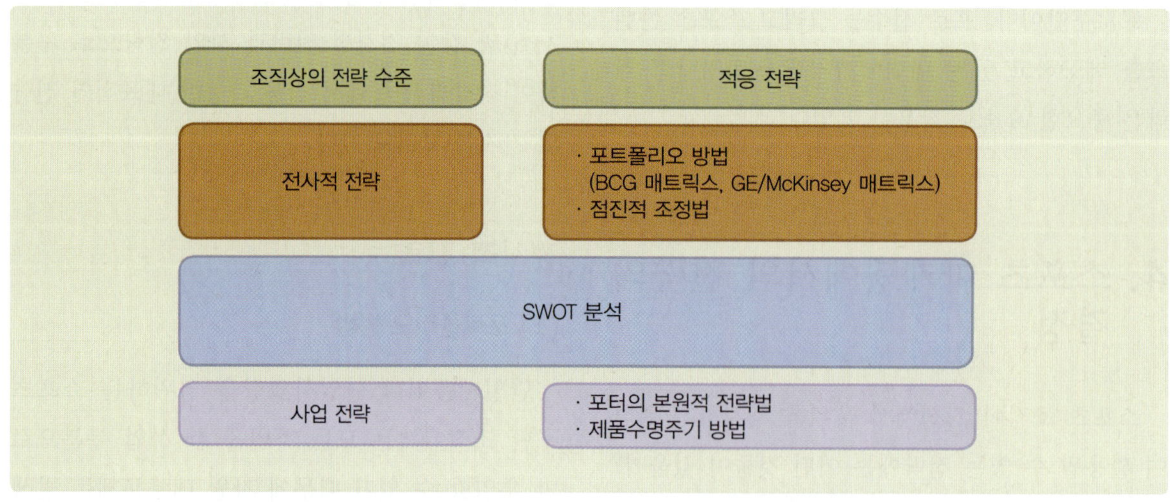

출처: 전수환, 〈에센스 경영학〉.

❶ BCG 매트릭스(BCG Growth-Share Matrix)

Boston Consulting Group에서 고안한 것으로 상대적 시장 점유율과 시장 성장률을 기초로 하여 만들어졌다. BCG 매트릭스의 기법을 이용할 경우, 현금흐름 과정에서 균형 포트폴리오를 만들 수 있다.

상대적 시장 점유율

상대적 시장 점유율(relative market share)은 산업 내에서 가장 큰 경쟁회사가 가지는 시장 점유율과 자사가 갖는 시장 점유율 간의 비율을 말한다. 상대적 시장 점유율은 전략 사업 단위가 경쟁사에 비해 시장에서 어느 정도의 위치를 차지하는지를 평가할 수 있다.

상대적 시장 점유율은 다음과 같은 공식에 의하여 평가할 수 있다.

$$\text{상대적 시장 점유율} = \frac{\text{자사의 시장 점유율}}{\text{시장 내 1위 기업의 시장 점유율(자사 제외)}} \times 100$$

시장 성장률

시장 성장률(industry growth rate)은 균형 포트폴리오를 수립하는 데 고려해야 할 외부 환경으로부터의 기회와 위협을 반영한다. 시장 성장률을 분석함으로써 급격히 성장하는 시장에서는 기업이 생산을 높임으로써 높은 이윤을 얻을 수 있는 기회가 존재하고, 수요가 정체된 산업에서는 유휴 설비의 존재로 수익률이 하락하게 되는 등의 기회와 위협을 평가할 수 있다.

각 셀의 수익, 현금흐름 전략

– 물음표(question mark)

고성장 산업이지만 상대적 점유율이 낮다. 이런 범주의 사업은 대부분 현금 유입액보다 더 많은 투자를 필요로 한다. 만약 투자를 계속하지 않으면 다른 기업에 열위에 서게 되어 결국 시장에서 도태될 수 있다. 그리고 투자를 하는 경우에도 단지 현재의 시장 점유율을 유지하는 정도에만 그칠 경우 시장 성장이 멈추게 되면 개(dog)로 바뀌게 된다. 따라서 공격적인 투자 전략을 취하거나 아니면 철수 전략을 취하는 것이 적절하다.

| 그림 2-7 | BCG 매트릭스

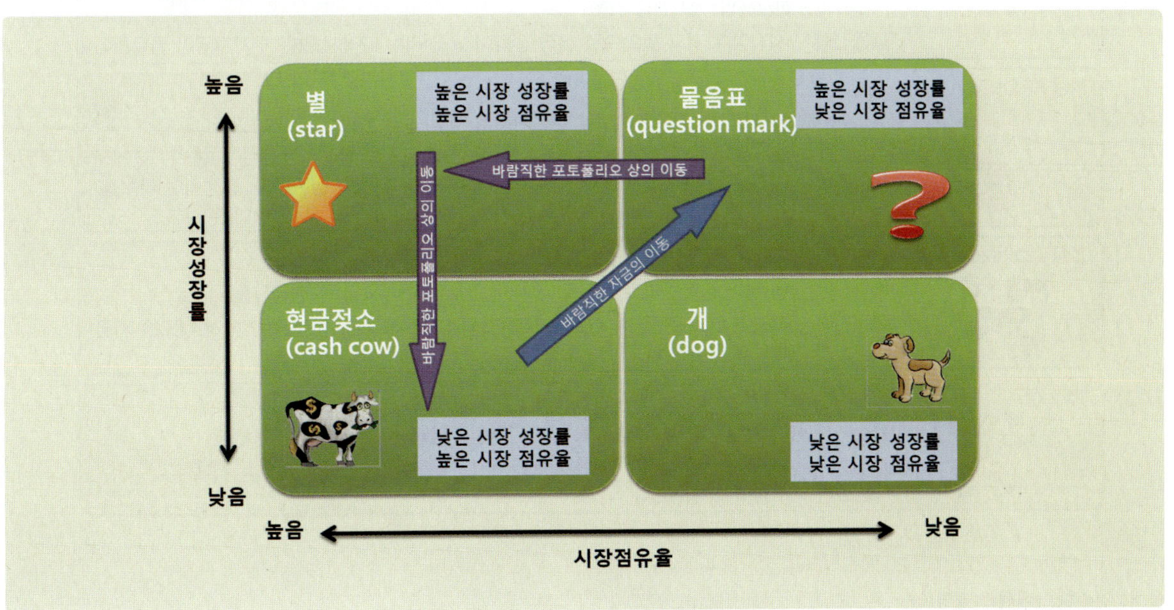

출처: 에센스 경영학을 토대로 재구성함.

– **별**(star)

고성장 분야이면서 동시에 시장 점유율도 높은 사업이다. 스타 사업부의 경우 현금의 유입량이 많고 성장을 위한 자금 소요량도 많이 요구되어 반드시 현금을 창출한다고 보기 어렵다. 그러나 시장 경쟁에서 우위를 유지하는 한 성장이 둔화되었을 때에는 재투자의 필요성은 줄어 들어 현금 창출의 원동력이 될 수 있다.

– **현금 젖소**(cash cow)

시장 점유율이 높은 반면, 시장의 성장률이 낮은 사업을 일컫는다. 이러한 사업부의 특징은 시장 점유율을 유지하기 위한 재투자를 훨씬 넘는 현금 유입이 가능하여 다각화된 기업에서 "돈줄" 역할을 담당한다.

– **개**(dog)

성장률도 시장 점유율도 낮은 사업을 가리킨다. 이런 경루 현금의 유입량은 적고 경기 변동 등 외부의 요인에 의해 이익률이 크게 좌우되는 사업으로 수확이나 철수 혹은 청산 등이 대안을 고려하는 것이 좋다.

아래의 그림에서 보듯이 시장성장률의 높고 낮음과 시장점유율의 높고 낮음을 대응시키면 크게 4개의 상황이 생긴다. 각 상황의 별칭과 특징, 그리고 스포츠 조직이 취해야 할 전략을 정리하면 〈그림 2-8〉과 같다.

바람직한 자금의 이동

별(star)은 현금유입이나 유출도 많기 때문에 결국 유입이나 유출도 동시에 적은 개와 마찬가지로 많은 현금 유출은 기대할 수 없다. 또한 물음표(question)는 일반적으로 막대한 투자를 필요로 한다. 이렇게 보면 다각화를 하였다 하더라도 호황이나 불황에 관계없이 실제로 현금을 창출할 수 있는 사업은 현금젖소(cash cow)뿐이다. 이를 위해서는 현금젖소(cash cow)에서 나온 자금을 물음표(question)에 투자하여 성장성이 높을 때는 별

| 그림 2-8 | BCG 매트릭스 각 상황의 특징과 대응전략

별(star)
상황 – 높은 시장성장률, 높은 시장점유율
특징 – 커지고 있는 시장에 효과적으로 침투해 있기 때문에 많은 수익을 내고 있다 (큰 현금유입≒큰 현금유출)
대응전략 – 시장이 커지고 있으므로 성장 전략이 요구되며, 따라서 많은 투자자금이 필요하다

물음표(question mark)

상황 – 높은 시장성장률, 낮은 시장점유율
특징 – 시장은 커지고 있으나 경쟁력이 떨어져 수익을 별로 올리지 못하고 있다 (현금유입<현금유출)
대응전략 – 시장이 성장하고는 있지만 추가적인 투자에는 위험이 상존한다. 경쟁력이 확보될 수 있는 부문에 집중투자하고 나머지는 과감한 철수를 고려해야 한다.

현금젖소(cash cow)

상황 – 낮은 시장성장률, 높은 시장점유율
특징 – 현금을 많이 벌어들이고 수익도 크게 내고 있다(현금유입>큰 현금유출)
대응전략 – 시장이 더 이상 커지지 않으므로 현상유지전략이 필요하다. 여기에서 나오는 자금으로 별이나 물음표에 투자한다.

개(dog)
상황 – 낮은 시장성장률, 낮은 시장점유율
특징 – 시장이 커질 가능성도 낮고 수익도 거의 나지 않는다. (작은 현금유입≒작은 현금유출)
대응전략 – 사업에서 철수한다.

출처: 전수환, 〈에센스 경영학〉.

(star)로 만들거나 또는 연구개발에 투자하여 직접 별(star)을 만드는 두 가지 방법 밖에 없다.

별(star) 사업에서는 시장 점유율 유지가 지상 과제이다. 시장 성장성이 둔화되었을 때 이것은 현금젖소(cash cow)가 되어야 한다.

바람직한 포트폴리오상의 이동

현금젖소(cash cow)의 자금을 이용하여 물음표(question) 사업을 별(star) 사업으로 육성하고 별(star)로 오랜 기간 머물다가 시장의 성장률 감소와 더불어 현금 젖소(cash cow)로 이동하는 것이 가장 이상적인 포트폴리오이다.

스포츠 조직의 입장에서 가장 바람직한 것은 물음표(QUESTION MARK)인 사업단위를 별(STAR), 현금젖소(CASH COW)의 단계로 이어지도록 관리하는 것이다. 즉 물음표인 사업단위를 개발하여 현금젖소에서 창출된 현금을 계속 투입, 시장 점유율을 높여 별로 유도해야 이러한 선순환이 이어질 수 있다.

❷ GE/McKinsey 매트릭스

포드폴리오를 이용한 전략수립 방법의 강점은 여러 사업(또는 제품)의 강약점을 비교할 수 있다는 점이다. 그러나 BCG 매트릭스 법은 이해와 적용은 쉽지만 하나의 제품 또는 시장(즉 사업단위) 각각을 대상으로 한다는 결점이 있다. 대부분이 스포츠 조직은 두 개 이상의 사업단위를 가지고 영업 활동을 하고 있다. GE/McKinsey 매트릭스는 〈그림 2-9〉에서 보는 바와 같이 사업경쟁력 정도(경쟁상의 위치)와 산업의 매력도를 대응시켜 전략을 수립하는 방법이다. Y축의 산업의 매력도에 영향을 미치는 요인은 시장크기, 시장성장률, 소요자본규모, 경쟁강도 등이다. X축의 사업경쟁력 정도 또는 경쟁상의 위치는 시장점유율, 기술적 우의의 정도, 제품이나 서비스의 품질, 원가, 가격경쟁력 등이 종합적으로 고려된다.

〈그림 2-9〉에서 보는 바와 같이 두 지표를 대응시켜 9개의 셀을 만들면, 각 사업단위는 해당 산업 내에서 우월한 사업, 물음표, 평균적인 사업, 수익창출사업, 실패한 사업으로 분류할 수 있게 된다. 우월한 사업과 물음표 사업에 대해서는 투자가 계속되는 전략이, 평균적인 사업과 수익창출 사업은 현상유지 전략이 수립되며, 실패한 사업은

그림 2-9 | GE 사업심사법의 기본체계

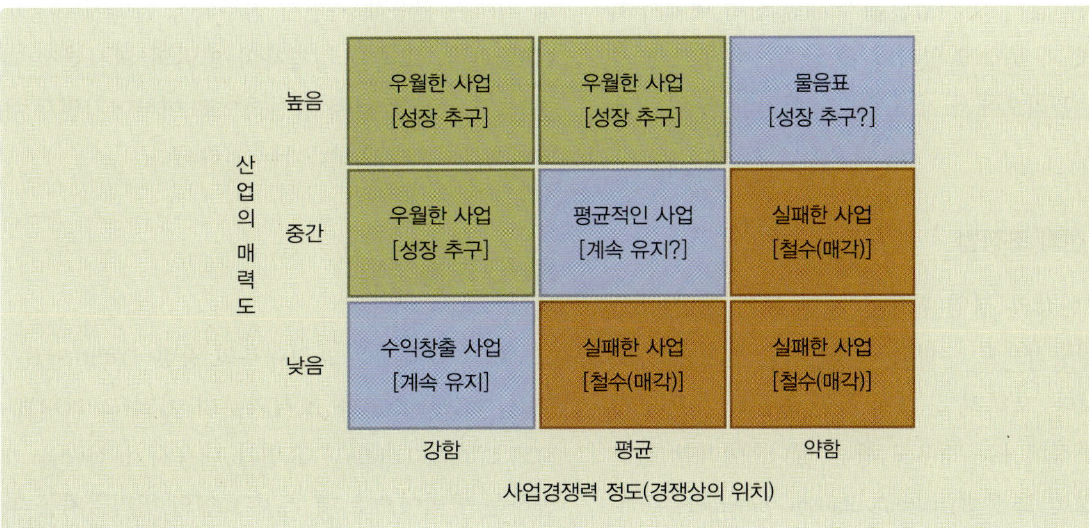

산업의 매력도	강함	평균	약함
높음	우월한 사업 [성장 추구]	우월한 사업 [성장 추구]	물음표 [성장 추구?]
중간	우월한 사업 [성장 추구]	평균적인 사업 [계속 유지?]	실패한 사업 [철수(매각)]
낮음	수익창출 사업 [계속 유지]	실패한 사업 [철수(매각)]	실패한 사업 [철수(매각)]

사업경쟁력 정도(경쟁상의 위치)

출처: 전수환, 〈에센스 경영학〉.

마케팅 休知通

Ambient(분위기) Marketing

'둘러싼'을 의미하는 뜻으로 주변을 매체화하고 다수를 분위기로 압도하는 방법이다. 소비자가 인식할 수 있게 전략을 세우는 것이 중요하다. 시각적인 요소를 이용하여 그리기 채색(Painting), 꾸미기(Decoration), 그리기(Drawing), 착시현상(Illusion), 전시(Exhibition) 등의 기법을 활용하여 소비자에게 표현한다.

• 스포츠 산업에서의 적용사례

(1) 36 Pieces's Mickey Mouses at California States

2010 MLB All-Star Game을 위해, 월트디즈니의 상징인 미키마우스 동상이 MLB 팀의 유니폼을 입었다. 이들의 신장은 7ft.가 넘었고 무게는 무려 1,000 Lb에 달한다고 한다. 30팀의 구단 유니폼을 입은 미키마우스 선수와 4명의 미키마우스는 올스타전 게임 의상을, 각각의 2명은 아메리칸 리그와 내셔날 리그의 유니폼을 입어 총 36개의 동상이 캘리포니아 주의 남부 전역의 명소에 각각 흩어졌다. 그리고 'Find Mickey Scavenger Hunt'의 미키 마우스 찾기 이벤트를 벌여 최초로 36개의 미키 마우스 동상과 함께 사진을 찍어 대회운영본부으로 보낸 사람에게 올스타전 경기 관람권을 경품으로 내걸었다.

(2) POWERHOUSE GYM at Construction Site

미국을 시작으로 독일, 중국, 인도 칠레 등의 나라에서 헬스클럽을 운영하는 회사이다. 이는 홍보를 위해 공사현장에서 가림막 형태의 옥외광고를 하였다. 거대한 거인이 건물을 짓는 연상을 준다. Cable Flyes를 당기는 모습 등을 실제 크레인과 적절하게 배치시켜 사람들의 시선을 빼앗는다. 상단에 기업의 로고를 적절한 색상과 시각에 한 번에 들어올 정도의 크기로 새겨 넣어 광고효과를 더했다.

• 스포츠에서의 시사점

스포츠는 경기자체의 예측불가능성의 특징으로 대중들에게 인기를 얻는다. 이와 동일하게 스포츠 경기나 관련 기업의 홍보활동을 할 때, 위 사례처럼 예측하기 힘들 정도의 기발함과 섬세함이 요구된다고 생각된다.

철수를 고려하게 된다.

GE를 이끌었던 CEO 잭 웰치(jack welch)는 전략 계획수립시 각 사업단위가 해당 산업 내에서 1, 2위를 하지 못하고 있거나 할 잠재력이 없으면 사업 포트폴리오에서 제외시키는 엄격한 룰을 적용하였다.

(2) 점진적 조정법

조직현장의 경영 활동을 보면 모든 전략이 한 번에 일괄적으로 수립되어 차근차근 실행되는 것은 아니다. 오히려 긴 시간 동안 조금씩 기존의 전략을 조정해가는 경우도 종종 있다. 이러한 전략을 점진적 조정법(incrementalism, emergent strategy)이라고 한다. 이 기법에 의하면 경영자는 장기적인 조직이 목표를 항상 염두에 두면서, 단기적으로 발생하는 문제점을 극복하는 과정에서 배우고 기회는 활용해 가면서 업무환경 변화에 대응하여야 한다. 그러한 경영자의 일련의 의사결정 과정이 긴 시간에 걸쳐 점진적으로 이루어지면서 유연성 있는 관리를 해나가는 전략이다.

SWOT 분석법

SWOT 분석법은 조직내부의 강점(STRENGTH)/약점(WEAKNESS)을 조직외부의 기회(OPPORTUNITY)/위협(THREAT) 요인과 대응시켜 전략을 개발하는 방법이으로 네 가지 요인의 머리글자를 따서 SWOT라고 부른다. 이 전략수립 방법은 전사적 차원에서도 활용할 수도 있고 사업단위 차원에서도 적용할 수 있다.

외부환경을 분석하면 조직이 활용할 수 있는 기회와 조직에 위협이 되는 요인을 파악할 수 있는데, 이를 조직 자신이 가지고 있는 강점과 약점에 대응시키는 것이다. 이렇게 하면 네 가지의 상황이 도출되며 각 상황에 적합한 전략을 구사할 수 있다.

사업 전략

(1) 포터의 본원적 전략

포터(M. Poter)에 의하면 사업단위의 전략적 의사결정은 다음 두 가지의 기본적인 요소에 의하여 결정된다.

- 시장의 범위: 목표로 하고 있는 시장의 범위가 넓은가, 좁은가?
- 경쟁우위의 원천: 경쟁우위의 원천은 어떤 것인가? 저가인가, 제품의 독창성인가?

이들 두 요소를 대응시키면 〈그림 2-10〉에서 보는 바와 같이 상황에 적합한 전략을 수립할 수 있다. 각각을 구체적으로 살펴보면 다음과 같다.

❶ 차별화 전략

차별화 전략(differentiation strategy)은 경쟁사와는 다른 독창적인 제품을 공급함으로써 경쟁우위를 확보하고자 하는 전략이다. 이 전략은 고객들이 경쟁제품을 기피하고 우리 제품에 대한 충성도를 갖게 하고자 시도한다. 이 전략이 성공하기 위해서는 연구개발, 기술, 마케팅 등 여러 분야에서 조직이 경쟁력을 확보하고 있어야 한다. 이 전략의 성공 여부는 고객들이 제품의 독창성과 품질에 대하여 지속적으로 우호적으로 인지하느냐에 달려 있다.

차별화 전략은 제품의 독창성을 무기로 넓은 시장범위를 대상으로 한다. 넓은 시장을 다시 작은 시장으로 세분화하여 각 시장에 적합한 제품을 공급해야 하기 때문에 —다양한 제품을 소량 생산해야 하기 때문에— 일반적으로 원가가 높을 수밖에 없는 특성이 있다.

소품종 제품을 대량 생산하는 원가우위 스포츠 조직에 비해서는 가격경쟁력이 떨어질 수밖에

| 그림 2-10 | 마이클 포터의 본원적 전략의 체계

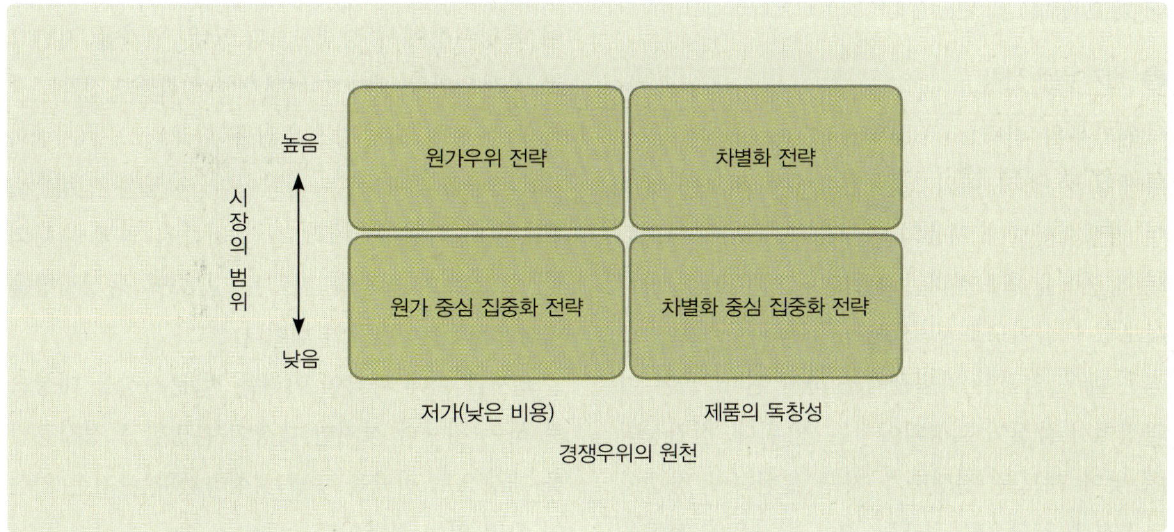

출처: 전수환, 〈에센스 경영학〉.

마케팅 休知通

PGA(미국 프로골프)의 4대 메이저 대회

마스터스, US오픈, 브리티시오픈, PGA챔피언십으로 대회 역사가 오래돼 권위를 인정받고 있으며 상금액도 보통 대회 3배 정도이다.

• 마스터스(Masters)

미국 오거스타내셔널(Augusta National, Inc.)이 주관하는 세계적인 프로골프 경기대회.

1930년 한 시즌에 US오픈·US아마추어·영국오픈 및 영국아마추어타이틀을 제패한 미국의 보비 존스가 창설한 대회로 장소가 매년 바뀌는 다른 메이저와는 달리 미국 조지아주의 오거스타내셔널GC 한군데에서 매년 열린다. 매년 4월 둘째주 개최되어 4대 경기 가운데 맨 처음 열린다.

• US 오픈(US Open)

1895년에 창설되었고, 72홀 스트로크 플레이로 매년 6월에 열리며, 이 대회의 특성은 가장 어려운 코스에서 열린다. 페어웨이의 넓이나 벙커의 수, 그린의 길이 등에 관하여 까다로운 조건이 붙어 있어 되도록 어려운 플레이로서 진정한 챔피언을 골라내려는 데 목적을 두고 있다.

• 영국오픈(British Open)

세계에서 역사가 가장 오래된 전통 있는 경기로서 1860년에 창설되었다. 영국인들은 세상에서 단 하나뿐인 오픈대회라는 자존심의 표현으로 흔히 '디오픈(The Open)'이라고 부르는 대회다.

• PGA챔피언십

1916년에 시작되어 메이저대회 중 가장 늦은 57년에 스트로크 플레이로 변경되었다.

US오픈이 전통 있는 코스를 중점적으로 찾아다니며 열리는 데 반하여, PGA챔피언십은 되도록 각 지방의 신(新)코스를 물색하여 매년 7월에 열린다.

없다. 이는 차별화 전략 자체가 가지는 특징에 기인한다. 그러나 최근에는 유연제조 시스템(FMS: Flexible Manufacturing System) 등과 같은 새로운 생산기법이 출현함에 따라 이러한 한계점도 극복되어 가고 있다.

❷ 원가우위 전략

원가우위 전략(cost leadership strategy)은 생산, 마케팅 등 조직 내의 모든 분야에서 원가를 낮추어 경쟁회사보다 제품의 가격을 저렴하게 함으로써 경쟁력을 확보하려는 전략이다. 원가가 경쟁력 확보의 핵심이므로 이 전략을 추구하는 스포츠 조직은 매우 엄격한 비용관리를 하게 된다. 물론 이 과정에서 품질이 희생되어서는 안 된다. 진입장벽이 낮아 새로운 경쟁자가 자꾸 출현하여 경쟁이 가격경쟁 양상으로 전개될 경우 원가우위 전략은 큰 힘을 발휘하게 된다. 원가가 낮을수록 가격을 많이 낮출 수 있기 때문이다.

❸ 집중화 전략

집중화 전략(focus strategy)은 시장을 세분화하여 특정시장에서 경쟁사보다 낮은 원가를 기반으로 경쟁우위를 점하거나(원가 중심 집중화 전략), 제품의 독창성으로 경쟁우위를 확보하고자(차별화 중심 집중화 전략)하는 전략이다. 시장은 연령, 소득, 지역, 직업 등 여러 가지 기준에 의해 세분화할 수 있으며 집중화 전략은 그 중에 특정시장을 대상으로 하는 전략인 셈이다.

크지만 실체 파악이 어려운 전체 시장을 대상으로 하는 것보다 작지만 대상이 분명한 특정시장만을 대상으로 전략을 수립 시행하겠다는 기본 인식이 깔려 있는 전략이다.

(2) 제품수명주기 방법

제품수명주기 PLC(product life cycle)이란 제품이나 서비스가 갖는 제품으로서의 가치(marketability)가 마치 생물의 생명과 같은 단계를 밟는다는 주장이다. 즉, 제품은 시장에 나타난 후 '도입기-성장기-성숙기-쇠퇴기'를 거쳐 시장에서 사라진다는 것이다. 제품수명주기 방법은 이러한 제품수명주기 이론을 전략수립에 적용하여 각 단계에 적합한 전략을 구사해야 한다는 일종의 동적(dynamic)인 사업 전략수립 방법이다.

❶ 도입기

도입기는 신제품이 처음으로 시장에 소개되어 구매의 대상이 되는 시기이므로 신제품이 제품으로서 본격적 수요를 불러일으키기까지에는 상당한 시간이 걸려 매출증가율은 극히 저조하다. 저조한 매출 실적과 초기의 과다한 광고비 지출 등 마케팅 비용 때문에 손실을 입거나 이익이 나더라도 소액에 불과한 것이 보통이다. 그만큼 사업위험도 크다고 할 수 있다.

경쟁자의 수는 적고 시장에 아직 신제품이 덜 알려져 있기 때문에 경영관리기능 중에서 마케팅

스포츠 마케팅에서는 다양한 상상력이 필요하다.

능력이 탁월해야 성공할 수 있다. 일반적으로 도입기에서는 제품의 가격이 높은 편이지만 그간 투여되었던 연구개발비, 높은 제조원가, 높은 광고비 지출 때문에 이윤폭은 낮은 경향이 있다. 이 시기의 마케팅 목표는 제품인지도를 높여 새로운 구매수요를 발굴하는 데 있다.

❷ 성장기

성장기에는 수요가 급증하기 시작하고 새로운 경쟁자들이 산입에 진출하기 시작함에 따라 유통경로가 확대되고 시장규모도 커지기 시작한다.

가격은 수요가 급격히 증가하는 한 처음 수준을 유지하거나 약간 하락하는 경향이 있다. 이 단계

| 그림 2-11 | 제품수명주기

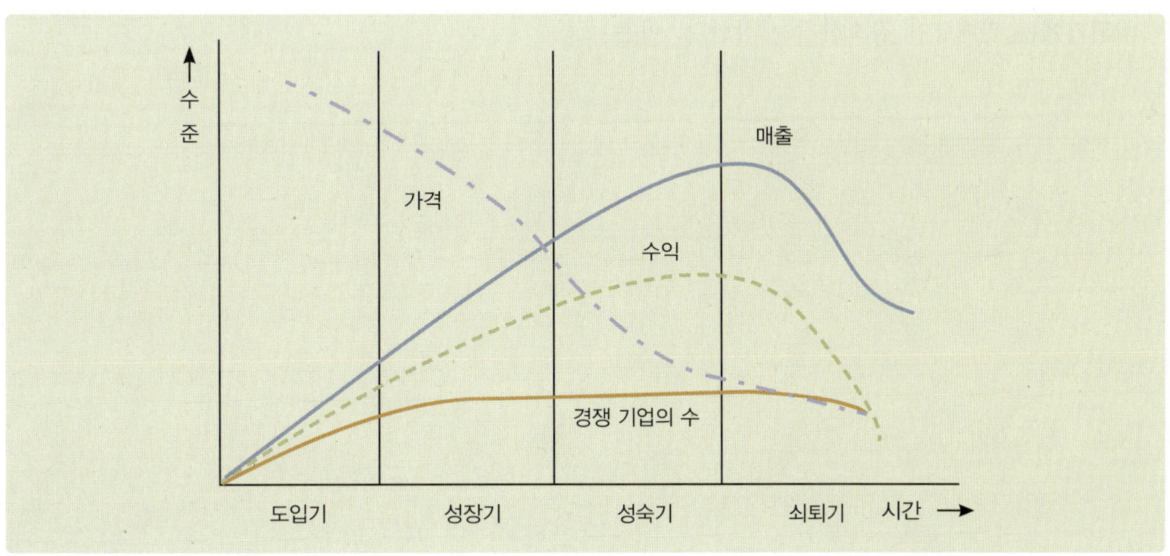

출처: 함주한, 〈마케팅 무작정 따라하기〉.

에서는 제품의 신뢰성, 제품차별화가 중요시된다. 매출이 증가함에 따라 조업도가 높아지고 대량 생산·유통체제, 경험곡선효과에 의해서 제조원가가 급속히 감소함에 따라 이윤은 증가한다. 결과적으로 수익성은 양호한 편이고 사업위험은 작다.

이 시기의 마케팅 목표는 시장 점유율 확대에 집중된다.

❸ 성숙기

성숙기에는 시장의 수요가 포화상태에 이르기 시작하므로 조직은 시장 점유율 확대를 위해 가격 인하 정책이나 판촉비 증가 등을 통해 격심한 경쟁을 벌이게 된다. 이에 따라 조직의 이윤은 감소하기 시작하고 유휴설비가 발생하게 된다. 서서히 사업위험이 커지는 단계이기도 하다.

원가절감을 하거나 철저한 생산관리를 통하여 약화된 수익성을 개선하는 것이 필요한 단계이며, 구매자의 수요변화에 부응하는 적절한 새로운 제품을 개발하기 위하여 연구개발비 지출을 증가시키게 된다. 이 시기에 경쟁력이 약한 스포츠 조직은 탈락하게 되며 경쟁적 우위를 굳게 확립한 스포츠 조직만이 그 산업에 남아 있게 된다.

❹ 쇠퇴기

쇠퇴기에는 판매량이 감소하기 시작한다. 이는 대체로 새로운 기술개발, 구매자의 기호변화, 새로운 경쟁자의 증가 등에 기인한다. 결과적으로 유휴생산시설이 증가하고 가격하락과 이윤감소의 현상이 초래된다. 따라서 많은 스포츠 조직이 당해 산업에서 철수하게 되며 남아 있는 스포츠 조직은 제품생산을 감소시키고 가격과 광고비를 낮추게 된다.

이 시기의 마케팅 목표는 지출을 최대한 억제하고 남아 있는 잔존 수요로부터 수확을 극대화하는 것이다.

❺ 제품수명주기 이론의 한계점

제품수명주기 이론은 그것이 주관적이라는 점과 산업전개의 대체적인 방향에 대해서 설명해줄 뿐이지 특정산업의 수명주기가 언제 시작해서 언제 다음의 단계로 넘어가는지에 대한 설명은 하지 못한다는 중대한 결점을 갖고 있다. 더구나 제품수명주기 형태는 조직의 마케팅 전략에 따라 변화할 수 있으므로 제품의 판매실적이 제품의 수명주기에 의해서 이루어지지 않는 측면도 있다. 즉 앞의 그림과 같은 S자 형이 한번 더 반복되는 S자 주기-재주기형 수명주기도 종종 발견되며 지속적으로 성장만 하는 경우도 있다.

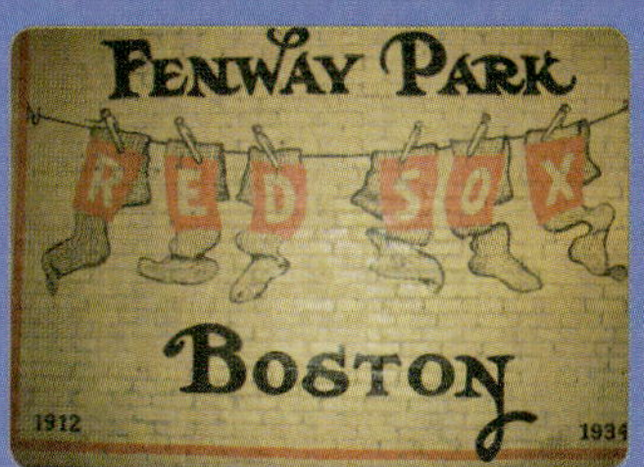

제 3 장 스포츠 조직들의 스포츠 마케팅 사례

제 3 장

스포츠 조직들의 스포츠 마케팅 사례

지금까지 스포츠 자체의 마케팅의 기본적인 마케팅 전략수립에 대해서 알아봤다. 이러한 내용들을 통해서 스포츠 조직들은 어떻게 마케팅 활동을 하고 있는지 알아볼 필요가 있다. 본 장에서는 글로벌 스포츠 조직과 국내 스포츠 조직들의 마케팅 활동 사례를 살펴보고 각 스포츠 조직들이 운영하고 있는 스포츠 자체 마케팅 활동을 살펴보고자 한다.

1. IOC 스포츠 그 이상을 위한 스포츠 마케팅!

올림픽 마케팅의 역사

올림픽 마케팅은 고대 올림픽의 참가선수가 개인으로부터 후원을 받은 것이 스포츠 마케팅의 기원이라 할 수 있다(IOC, 1998). 1924년 파리올림픽에서 근대 올림픽의 제창자인 쿠베르탱(프랑스, 1896-1925)에 의해 처음이자 마지막으로 경기장 광고를 허용한 것과 1928년 암스테르담올림픽에서 코카콜라사가 대량의 코카콜라를 수송, 미국 선수단에게 제공하여 미국 내에서 코카콜라 선풍을 일으킨 것이 근대 올림픽 마케팅의 효시라 할 수 있다.

현대 올림픽 마케팅의 효시라고 할 수 있는 사례는 1984년 LA올림픽에서 야구 커미셔너인 Peter V. Ueberroth를 대회 조직위원장으로 영입하여 미국이라는 거대 시장을 배경으로 마케팅을 전개한 결과 올림픽사상 최초로 2억 2천 5백만 달러의 흑자를 기록한 것이다. 여기에는 34개의 Official Sponsors(공식 후원업체), 64개의 Official Suppliers(공식 공급업체) 65개의 Licences(제품화권자)가 참여했으나 대부분 미국 내 회사에 국한되었다. 또한 TV중계권은 150개국에 판매되어 2억 8천 7백만 달러의 수입을 올렸다.

IOC는 LA올림픽의 성공을 계기로, 보다 전문적인 마케팅의 필요성을 느껴 4년 주기의 TOP을 개발, 세계적 스포츠 마케팅 회사인 ISL(International Sports & Leisure)과 97년 이후 Meridian이 대행으로 현재 TOP Ⅳ에 이르고 있으며 그 수익금이 비약적 증가를 보이고 있고, TV중계권료는 매 대회마다 50% 이상의 증가율을 보이고 있다. 1984년

세계 최고의 브랜드 가치를 가지고 있는 올림픽 오륜 마크

2004년 그리스 아테네올림픽 Panathinaiko Stadium(양궁, 마라톤 최종결승점) 앞에선 저자

LA의 올림픽이 상업적으로 성공을 거둔 이후 올림픽은 순수 아마추어 스포츠에서 황금 알을 낳는 고부가가치 사업으로 인식되었다.

1898년 제1회 아테네올림픽 이후 아마추어리즘은 올림픽정신의 근간이 되었으며 올림픽대회는 스포츠의 교육적 가치를 실현하는 장으로 활용되어 왔다. 또한 스포츠의 페어플레이 정신을 바탕으로 올림픽은 전 세계의 평화와 우의를 다지는데 큰 역할을 해왔다. 그러나 순수 아마추어들의 경쟁이 장인 올림픽대회가 TV, 인터넷 등의 미디어의 출현으로 상업화의 길로 접어들었으며, 이로 인해 올림픽정신의 본질보다는 올림픽의 경제적 가치가 크게 부각되었으며, 독일의 베를린올림픽이나, 중국의 북경올림픽과 같이 국가적 위상을 높이기 위한 수단으로 활용될 수 있기 때문이다.

그 결과 올림픽대회가 한 도시에서 개최되는 것임에도 불구하고 세계 각국의 열강들은 이러한 올림픽을 유치하기 위해 최대한 노력하고 있다. 한편 세계 각국의 주요 도시들이 올림픽유치에 총력을 기울이는 것은 올림픽이 스포츠뿐만 아니라 엔터테인먼트 산업 전체에서 지상최대의 축제이기 때문이다.

올림픽 역사상 가장 성공한 대회로 평가받고 있는 유베로스 조직위원장이 주도한 1984년 LA올림픽은 LA지역에 14억 달러의 경제적 효과가 발생했고, 7만 5,000명의 고용창출이 있었던 것으로 추정되었다. 또 서울올림픽은 26억 달러, 1996년 애틀랜타올림픽은 35억 달러, 2000년 시드니올림픽은 65억 달러의 경제적 효과가 발생한 것으로 추정되고 있다.

올림픽 마케팅의 발전

올림픽의 브랜드

올림픽 오륜기는 쿠베르탱에 의해 디자인되어졌고, 세계에서 가장 알려진 상징이라고 할 수 있다. 그것들만으로도 그들은 올림픽 브랜드의 기초를 형성했다. 올림픽의 오륜마크는 단순한 스포츠 이벤트 마크의 가치를 넘어서 이제는 가격으로 환산할 수 없을 정도로 가치 있는 브랜드가 되었다. 올림픽과 올림픽선수의 우수성의 정신 구현, 올림픽 브랜드의 생각, 인식 및 전 세계 사람들의 감정에 의해 그 가치를 증명하였으며, 올림픽 브랜드는 올림픽 그 자체라고 할 수 있다(2008, IOC Marketing Report).

올림픽 브랜드는 세 개의 본질적이고 필수적인 기둥으로 구성되었는데, 이념에 따라 고유의 스포츠를 설립한 것은 성공을 위한 노력; 세계적인 축제로 올림픽경기를 정의한 축하 커뮤니티; 특성 즉, 우리의 이해를 충족 및 포부, 보편적인 이념으로 구성된 긍정적인 인간의 가치로 나뉠 수 있다. 이러한 3개의 정의는 스포츠를 초월하고 강력하게 모든 연령대와 문화를 세계 각국의 사람들과 함께 반향하고, 강력한 감정에 호소함으로써 올림픽 브랜드를 지원한다(2008, IOC Marketing Report).

- 완벽함: 올림픽은 스포츠가 달성해야 하는 절정의 모습을 제공함으로써, 우리가 노력하는 것을 고무시키고, 일상 생활에서 최고가 되어

베이징올림픽에서 코카콜라의 마케팅 활동

야 한다.

- 우정: 올림픽은 인류가 다 다름에도 불구하고 정치, 경제, 종교, 인종 편견 및 부질 간 친교를 어떻게 극복할 수 있는지를 보여준다.
- 존경: 올림픽은 존경이라는 깊은 의미를 나타낸다. 그리고 인류 삶의 교훈으로, 자기 자신을 존중하고, 다른 사람들을 존중하고, 규칙을 존중하는 것이다.

2008 베이징올림픽 마케팅 리포트에 따르면 이러한 정신을 바탕으로 두고 있으며, 올림픽을 통한 수익 창출 프로그램의 목적은 올림픽운동의 독립적인 재정 안정성 확보, 장기적인 파트너십의 유지 및 영입, 전체 올림픽운동을 통한 수익의 형평성을 보장하기 위해서, 세계인에게 올림픽을 TV 디지털 미디어의 방송을 통하여 경험하게 하는 것, 글로벌 이미지와 이상적인 올림픽의 가치를 보호하기 위하여 라고 정의하고 있다.

올림픽 마케팅 사업에는 6대 주력 사업으로 분류되는데, TV 중계권 판매사업과 월드 와이드 스폰서 프로그램인(TOP) 스폰서십 프로그램, 입장권판매사업 이외에도 기념우표 및 기념주화 발행사업, 라이센싱 사업 등이 다양하게 운영되고 있다. 올림픽 마케팅이 비약적인 발전을 하게 된 시점이 1984년 LA올림픽 이후부터인 것은 분명하지만, 현재와 같이 체계적인 비즈니스 수익모델로 자리잡게 된 것은 우연이 아니다.

IOC의 마케팅 책임자들은 고객이 될 수 있는 세계의 글로벌 기업들의 눈높이에 맞춰 마케팅 원칙을 충실하게 지켜온 탁월한 사업가로 평가되고 있다. 이러한 마케팅 감각과 100년 이상 쌓아온 노하우가 올림픽을 지상 최대의 스포츠 비즈니스로 만들어낸 것이다.

올림픽 마케팅은 고대 올림픽에서도 시행되어 온 것이지만, 현대에 들어서 올림픽 마케팅이 과거에 비해 달라진 점이 있다면 조금 더 체계화되고 구체화되었으며, 시대의 흐름에 잘 맞춰져 있다고 할 수 있다. 1984년 LA올림픽을 기점으로 올림픽 마케팅 프로그램 수입은 크게 신장되었고, 수익 사업 목록도 과거보다 크게 늘어났다. 올림픽의 수익 사업은 개인이 특정선수를 후원했던 고대올림픽까지 거슬러 올라간다. 또한 올림픽경기에 필요한 재원조달은 큰 부담이 되기도 하였다. 이는 올림픽운동의 창시자 쿠베르탱 시절인 1924년 파리올림픽에서 처음이자 마지막으로 경기장 광고를 허용한 것으로 보아 알 수 있다. 올림픽의 최장기 스폰서인 코카콜라는 1928년 암스텔담올림픽에서 처음으로 마케팅 활동을 펼쳤다. 1952년 헬싱키 대회에서는 올림픽 경기장 내의 각종 사업권을 판매하였으며 11개국의 기업들로부터 기부받아 국제적인 마케팅을 처음 시도하였다.

1960년 로마올림픽대회는 유럽 18개국에 TV로 생중계되었고, 미국 및 캐나다, 일본에는 1시간 늦게 방영됨으로써 TV를 통한 올림픽 중계 시대가 열렸다. 또한 스폰서, 공급업체 프로그램에는 중요한 기술 분야를 후원한 46개사를 포함하여 치약, 비누, 지도 등을 협찬한 광범위한 스폰서/공급업체 프로그램을 시행하였다. 라이센싱 사업을 대행하는 광고대행사가 첫 등장한 대회는 1972년 뮌헨 올림픽이었으며 올림픽 엠블럼 사용권이 판매

올림픽 후원사들과 마케팅 프로그램은 20년을 걸쳐서 체계화 되었다. (2008 베이징올림픽 후원사들이 들어간 Composite Backdrop)

되었고, 각종 라이센싱 및 광고계약이 체결되었다. 또한 이 대회에서 처음으로 '왈디'라는 공식 마스코트가 등장하였다.

올림픽의 실질적인 수익 창출 모델은 1984년 LA 올림픽에서 처음 이뤄졌다고 할 수 있는데, 대회조직위원회는 스폰서십 프로그램을 공식 스폰서(34개사), 공급업자(64개사), 라이센시(65개사)로 구분하고, 각 분야별 권리 및 독점권을 부여하여 스폰서십 유치의 획기적인 전환점을 이룩한 대회였다. 그러나 다국적 기업 및 큰 회사들이 많이 참여했지만 올림픽경기의 마케팅은 이때까지도 개최국과 북미지역에 한정되었다. 하지만 그에 대한 수익은 올림픽사상 최초로 2억 2천 5백만 달러의 흑자였으며, TV 중계권은 150개국에 판매되어 2억 8천 7백만 달러의 수입을 올렸다.

88 서울올림픽은 IOC주도하에 9개 분야로 구분된 TOP프로그램이 서울, 캘거리 조직위원회, NOC와 함께 처음 시행하였으며 IOC가 정한 9개 범주(월드와이드) 이외의 제품 분야는 개최국 조직위원회에서 독자적으로 시행할 수 있었다. 또한 IOC에서 개최국 조직위원회와 NOC가 연계한 마케팅 프로그램을 전개할 것을 주문하였으며 소수의 스폰서에게 많은 혜택을 준다는 방침을 결정하였다. 한편 1998년 나가노 동계올림픽은 기술제공 스폰서와 올림픽운동의 파트너십에 대한 표준을 마련한 대회였으며 180개국에서 이 대회를 시청했고, 동계올림픽으로서는 처음으로 호주대륙에 방영하였다. 또한 실시간 정보를 제공한 이 대회 공식 웹사이트는 6억 4,600만회가 접속하였다(Olympic marketing guide, 1999). 시드니올림픽은 모든 경기내용과 대회 운영상황이 인터넷으로 실시간 서비스되었으며 인터넷을 통해 올림픽경기의 생중계도 함께 이루어졌다. 시드니올림픽의 공식 사이트인 www.olympic.org 방문자가 98년 나가노 하계올림픽 때보다 10배가 넘는 65억명에 이르렀다(최홍섭, 2000).

올림픽 마케팅의 구조

마케팅 측면에서 올림픽의 획기적인 전환점은 1980년대 이후로써 국제올림픽위원회(IOC)는 다음과 같은 기본 목표를 설정하며 올림픽 마케팅의 가이드라인을 제시한 것이라고 할 수 있다.

- 올림픽운동의 전개에 필요한 재원확보를 통해 전 세계에 올림픽정신을 선파한다.
- 지속적이고 장기적인 마케팅 프로그램을 개발한다.
- 사업수입은 조직위원회, 국가올림픽위원회(NOC), 각 종목 세계연맹 등에 공평하게 분배한다.
- 세계인구가 올림픽경기를 지상파 TV를 통해 무료로 즐길 수 있게 한다.
- 올림픽경기와 IOC자산을 허락 없이 상업적으로 이용할 수 없도록 한다.
- 올림픽정신을 진흥할 수 있는 마케팅 파트너를 확보한다.

IOC는 전체 올림픽으로 들어오는 수입의 8% 정도를 차지하고 나머지 92%는 올림픽 개최국 조직

IOC는 올림픽을 발전시키기 위해 다양한 마케팅 활동을 펼치고 있다. (2008 베이징올림픽 기단 중 IOC가 운영하였던 Olympic Club)

위원회, NOC, 각종 국제연맹 등을 지원하는 데 사용한다(2008, IOC Marketing Report).

올림픽 마케팅 사업은 올림픽에 관한 모든 권리를 소유하고 있는 IOC가 주관하게 된다. 또 IOC의 마케팅 정책은 총회에서 채택하여 집행위원회가 관장하고 있다. 1983년부터 올림픽 마케팅 정책은 재정위원회에서 상정한 안을 기본으로 하고 있다. 이 위원회는 IOC의 재정적 기반이 취약할 때 안정적인 재원확보를 목적으로 결성되었다.

1997년말 이 위원회는 IOC의 기본이념을 유지하며 시장의 변화를 따라가기 위해 또 한번의 변신을 꾀하며 IOC의 마케팅 부서가 해야 할 사업을 다음과 같이 정리하였다(Olympic marketing fact file, 1999).

- The Olympic Partner(TOP) 프로그램과 같은 새로운 프로그램의 개발
- 올림픽경기 방영권협상의 지원과 가능한 많은 사람의 무료시청을 지향하는 IOC정책과의 병행
- 조직위원회의 독자적 마케팅 프로그램과 IOC프로그램과의 조화
- 각국 올림픽위원회에 대한 마케팅 교육 및 지역 마케팅 방안의 개발
- 올림픽 브랜드가치 제고 프로그램의 시행 및 감독

한편 IOC는 메리디안(Medidian), TWI, Allsport, SRi, SMS 등을 IOC 마케팅 사업의 주요 협력업체로 두고 있다. 2006년 IOC Television & Marketing Service로 명칭을 변경하면서 100% IOC 출자회사로 전환되어 오늘에 이르고 있다.

올림픽에서의 오륜마크와 함께 개최 올림픽의 브랜드 및 미디어 가치에는 세계굴지의 기업들

그림 3-1 IOC의 마케팅 조직도

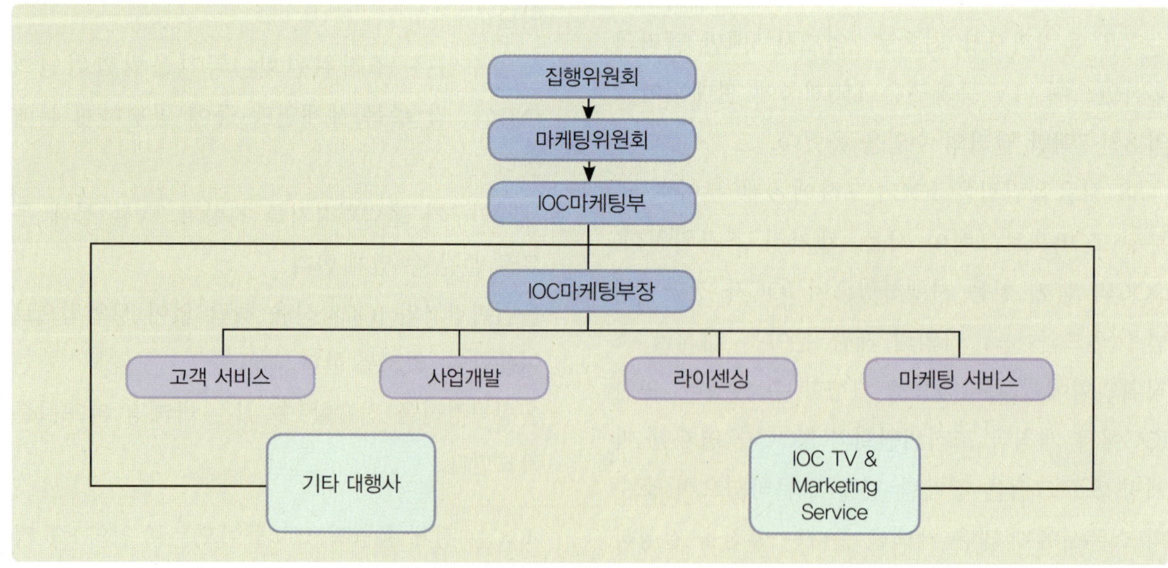

출처: 최진우(2000), 〈올림픽의 경제학〉, 삼성경제연구소.

올림픽은 전 세계가 방영하고 싶어 하는 스포츠 콘텐츠 중의 하나이다.

이 4,500만 달러 이상의 비용을 지불하고 TOP 프로그램에 참여할 뿐만 아니라, 세계 각국의 방송사가 올림픽경기를 앞다투어 방영하는 것은 그만한 가치가 있다고 생각하기 때문이다. 이들로부터 IOC가 엄청난 자금을 조달하여 지상최대의 축제를 펼칠 수 있는 것은 올림픽이라는 브랜드가 지닌 자산 가치 때문이라고 할 수 있다.

IOC가 보유하고 있는 자산 목록에는 오륜마크, 올림픽 방송 중계권, 올림픽 성화, 역대 올림픽 포스터/엠블럼/마스코트/메달 사용권 등이 있다. 이러한 권리들의 가치는 1996년 IOC 및 SRi가 5개 대륙 9개국에서 실시했던 조사결과에 잘 나타나 있다. 이 조사에서 밝혀진 바로는 다른 어떤 스포츠 이벤트보다 올림픽에 대한 이미지가 가장 높게 나왔고, 오륜마크에 대한 인지도가 93%, 또 올림픽경기의 TV시청률은 94%나 되는 것으로 나타났다. 그뿐만 아니라 응답자 중 79%는 올림픽경기가 세계평화에 기여한다고 했으며, 96%는 다른 어떤 종목보다도 재미있고 특별한 경기로 올림픽을 인식하고 있는 것으로 나타났다. IOC마케팅 사업의 주 수입원인 TV방영권과 TOP프로그램 스폰서십 비용이 천문학적인 숫자를 기록할 수 있는 이유가 바로 여기에 있다.

TOP(The Olympic Partner) 프로그램

올림픽의 마케팅 사업수입 중 중계권 다음으로 큰 비중을 차지하는 수입원이 바로 스폰서십 수입이다. 올림픽과 관련한 스폰서십에는 TOP으로 불리는 최고수준의 월드와이드 스폰서와 올림픽 개최국 조직위원회(OCOG)가 관장하는 지역스폰서, 각국 올림픽위원회(NOC)가 관장하는 프로그램에 참여하는 스폰서 등으로 구분된다.

표 3-1 IOC 올림픽 자산 보유기관

분 류	IOC	NOC	OCOG	비 고
올림픽 심벌	•			
역대포스터, 마스코트, 엠블럼	•			
방송이미지	•			
NOC 마크		•		
올림픽 성화	•		•	
올림픽 성화봉송	•		•	
올림픽 모토	•			
OCOG마크, 마스코트, 프로그램 공식포스터			•	
올림픽 메달			•	
개최도시 Designation/이미지			•	
NOC Designation		•		
월드와이드 Designation	•			

출처: 최진우(2000), 〈올림픽의 경제학〉, 삼성경제연구소.

베이징올림픽 후원사의 계약 체결 모습

IOC의 입장에서 보면 TOP프로그램은 IOC, NOCs, OCOGs의 장기적 재원을 확보 가능하게 하고, 전 세계에 올림픽이념을 전파하는데 파트너의 마케팅파워를 적극 활용할 수 있다는 데 그 장점이 있다.

TOP Ⅰ부터 TOP Ⅲ까지는 ISL이 IOC를 대신하여 동 사업을 추진해 왔으나, 이후 ISL에서 메르디안(Merdian)으로 IOC의 마케팅 권리 대행사가 변경되었다.

메르디안은 주식은 50%를 IOC가 소유하고 있고, 실제 모든 권한도 IOC가 행사하고 있다. 실제로는 IOC 소속의 마케팅 부서라고 할 수 있다. 이 회사는 2006년 IOC TV & Marketing Service라는 회사로 변경되어서 IOC의 마케팅 부서 역할을 대신하고 있다.

올림픽 방송 중계권

2008 베이징올림픽에서는 220개의 방송국을 통해서 43억명의 시청자가 올림픽을 시청하였고, 5,000시간이 넘는 HD 방송이 제작되어서 양질의 방송을 제공할 수 있었으며, 61,700시간 동안 2008 베이징올림픽 경기가 제공되었고, 6,000명 이상의 중계진과 1,000개 이상의 카메라, 575대의 디지털 비디오테이프 녹음기, 350편 방송 예고편 등이 있었다(2008. IOC Marketing Report).

이러한 통계를 지역적으로 살펴보면, 북미지역의 경우 개막식은 32억명의 시청자가 미국의 마이클 펠프스가 금메달을 따는 경기는 약 30억 명의 시청자가 시청한 것으로 나타났다.

NBC의 웹 사이트인 nbcolympics.com의 경우도 130억페이지 뷰 및 53억명의 개인별 사용자가 약 76억개의 비디오 영상을 10억시간 동안 시청한 것으로 나타났다.

표 3-2 IOC산하 마케팅 협력업체

IOC협력업체	사업분야
IOC Television & Marketing Service	TOP 프로그램의 운영, 대회 마케팅 사업의 운영, 각국 NOC마케팅 사업과 연계
TWI(Trans World Int.)	올림픽 TV자료실(OTAB)의 운영
Allsport	올림픽 사진자료실(OPAB)의 운영
Sri	IOC 관련 마케팅 리서치
SMS	IOC 관련 방송 조사 자료분석

출처: 최진우(2000), 〈올림픽의 경제학〉, 삼성경제연구소.

(1) 올림픽 방송 중계권 개요

올림픽 TV방송 중계권은 올림픽조직위원회(Organizing Committee for the Olympic Games: OCOG)와 협의하여 국제올림픽위원회(International Olympic Games: IOC)에 의해 할당된다. 올림픽 헌장에 진술된 것처럼 기본적으로 IOC의 미디어 정책은 전 세계에 올림픽을 최대로 방영하고 노출 시키는 것이다. 즉, 올림픽 헌장 규칙 59조에 따르면 "올림픽의 경우 다른 매체와 가능한 가장 폭넓은 시청자로 가장 완전한 뉴스 시청범위를 보증하기 위해 모든 필요한 조치는 IOC 집행위원에 의해 결정되어 OCOG에 의해 이행되어야 한다"(International Olympic Committee, 1999, p. 40. 재인용). 따라서 올림픽 TV 방송권료는 각국 비용을 통해 가장 폭넓은 시청범위를 보증할 수 있는 방송사에게만 판매되어진다. 이로 인해 IOC는 방송사가 모집단의 제한된 부분에만 도달할 수 있었기 때문에 올림픽 TV 방송권료를 더 많이 제안하는 쪽으로 판매되었다. 더욱이 IOC는 후원사들에게 광고시간을 판매하고 교환 거래를 조정함으로써 올림픽 방송권료를 지불할 수 없는 국가들을 돕는 역할을 하고 있다. 결과적으로 이 역할은 올림픽 방송 시간에 비올림픽 후원사의 광고를 방지함으로써 올림픽 후원사들의 권리를 보호해 주는 역할도 하고 있다.

올림픽은 전 세계인이 함께 보는 스포츠 이벤트라고 할 수 있다. (베이징올림픽 폐막식에서의 차기 개최지인 런던올림픽 조직위원회의 퍼포먼스 모습)

위에서 볼 수 있듯이 동계·하계올림픽을 방영하는 국가수는 연도가 지남에 따라 점점 더 늘어나는 것을 알 수 있다. 이는 IOC가 각국에게 올림픽운동을 전개하기 위해 더 많이 노출하기 위해서 노력하고 있을 뿐만 아니라 각국에서도 최고의 경기력을 내포하고 있는 올림픽을 노출하고 알리기 위함이다.

(2) 올림픽의 방송 중계권료

IOC에게 있어서 방송 중계권료는 수입의 70~80%를 차지할 정도로 중요한 수입원이라고 할 수 있다. 이렇게 IOC의 자산이 상승한 이유는 주동·하계올림픽 TV 중계권료와 올림픽 마케팅 스폰서(TOP Partnership) 비용이 상승했기 때문이다.

표 3-3 | TOP 프로그램 수입의 변화 (단위:백만 달러)

구 분	TOP I 1988(캘거리) 1988(서울)	TOP II 1992(알베르빌) 1992(바르셀로나)	TOP III 1994(릴리함메르) 1996/(애틀랜타)	TOP IV 1998(나가노) 2000(시드니)	TOP V 2002(솔트레이크) 2004(아테네)	TOP V 2006(토리노) 2008(베이징)
스폰서 수	9	12	10	11	11	12
올림픽 참가국수	159	169	197	199	202	205
스폰서십 총수입	96	172	279	579	663	866
KOC의 수입	30만	50만	54만 3천	116만		

출처: Olympic Marketing Fact File, 2008 Edition.

1995년 IOC 위원장 Juan Antonio Samaranch와 부위원장 Richard W. Pound가 개시한 장기간 방송 전략은 IOC와 올림픽 마케팅 프로그램을 새로운 수준으로 이끌었다. 1995년 6월 이후 IOC는 2008년을 통해 미국, 호주, 중앙·남 아프리카, 중동, 유럽 방송사들과 함께 TV 방송권료에서 51억 달러 이상의 합의에 이끌어냈다.

세계적인 경기 침체에도 불구하고 FIFA와 함께 IOC의 재정 자산은 2001년에 1억 500만 달러(한화 약 1,300억원)에서 2008년말 약 4억 2,200만 달러(한화 약 5,800억원)로 증가하였다.

IOC의 수입 가운데 TV 중계권이 차지하는 비중은 거의 70~80%에 차지하는데, IOC가 공개한 2004년 아테네올림픽과 2008년 베이징올림픽의 손익계산서를 들여다보면 2004년에 총 벌어들인 돈이 18억 달러였고 2008년에는 24억 달러였다. 이 가운데 방송 중계권료 수입이 2004년에 14억 9,000만 달러였고 2008년에는 17억 3,000만 달러였다.

가장 최근에 체결된 2010년 밴쿠버 동계올림픽과 2012년 런던 하계올림픽 TV 중계권료는 미국 NBC가 총 22억 1,000만 달러, 유럽연합(EU)이 7억4,600만 달러, 일본의 '저팬 컨소시엄'이 2억 2,000만 달러를 지불했다. 주요국 중계권료만 합쳐도 30억 달러를 넘어섰다.

이러한 IOC의 수입 증가와 더불어 방송권 소유주들과 관련하여 IOC의 장기간 마케팅 전략은 다음과 같다(International Olympic Committee, 1999).

❶ 시장에서 동요를 피하는 반면, 올림픽운동과 미래 개최도시를 위한 일련의 재정적인 총액을 보장하는 것이다.

❷ 후원사·방송사·올림픽 가족 간의 더욱 강력한 유대관계를 맺는 것이다. 함께 일하고 있는 이

| 표 3-4 | 하계 · 동계올림픽 방영 국가수

하계올림픽			동계올림픽		
연도	국가	참여 국가 수	연도	국가	참여 국가 수
1936	베를린	1	1956	콜티나	22
1948	런던	1	1960	스쿼우 밸리	27
1952	헬싱키	2	1964	레이크 플라시드	30
1956	멜보른	1	1968	그레노블	32
1960	로마	21	1972	삿보로	41
1964	도쿄	40	1976	인스브루크	38
1968	멕시코시	n/a	1980	레이크 플라시드	40
1972	뮌헨	98	1984	사라예보	100
1976	몬트리올	124	1988	캘거리	64
1980	모스코	111	1992	알버트빌	86
1984	로스앤젤레스	156	1994	릴레함메르	120
1988	서울	160	1998	나가노	160
1992	바로셀로나	192	2002	솔트레이크시	160
1996	아틀란타	214	2006	토리노	200
2000	시드니	220	2010	밴쿠버	
2004	아테네	220	* 1980년 이전은 음성 시청 범위 포함		

출처: International Olympic Committe(2008). *Olympic marketing fact file.*

| 표 3-5 | 하계 · 동계올림픽의 전 세계 TV 수입

하계올림픽의 전 세계 TV 수입			동계올림픽의 전 세계 TV 수입		
연도	개최 도시	수입액(백만 달러)	연도	개최 도시	수입액(백만 달러)
1980	모스크바	101	1980	레이크 플라시드	21
1984	로스앤젤레스	287	1984	사라예보	103
1988	서울	403	1988	칼가리	325
1992	바로셀로나	636	1992	알버트빌	292
1996	애틀랜타	895	1994	릴레함메르	353
2000	시드니	1,322.5	1998	나가노	513
2004	아테네	1,476.5	2002	솔트레이크시	748
			2006	토리노	833

*추정하기 위해 협상된 방송권료
출처: International Olympic Committe(1999, Winter). *Olympic marketing fact file.* Lausanne, Switzerland: Author. p. 45.

들은 올림픽을 초월하는 집회를 촉진시킬 수 있고 전체 올림픽운동을 지원한다.

❸ 조직자들이 언제나 심오한 경험과 기술 축적을 끌어들여 후원자의 지속적인 유산과 한 올림픽에서 다음 올림픽으로 방송 지원을 강화시키는 것이다.

❹ 장기간 방송권료 비교를 성취하는 것인데, 이는 추가 올림픽 프로그램을 제공하기 위해 이윤을 공유하는 합의와 위인을 내포한다. 이는 올림픽의 전 세계 시청범위 향상을 보장하고 세계에 올림픽정신 묘안과 올림픽운동을 촉진시키는 것이다.

1998~2002년 TV 수입은 OCOG에 60%, 올림픽운동에 40%로 분배된다. 2004~향후 TV 수입은 OCOG에 49%, 올림픽운동에 51%로 분배되었다(International Olympic Committe, 1999). 이러한 협정은 세계 스포츠에 재정을 돕는 데 새로운 자극을 주고 수입 공유와 프로그램 작성에 대비하는 동반자 관계를 갱신하는 재정적인 근거를 세시할

| 그림 3-2 | 올림픽 연도별 TV 수입 성장

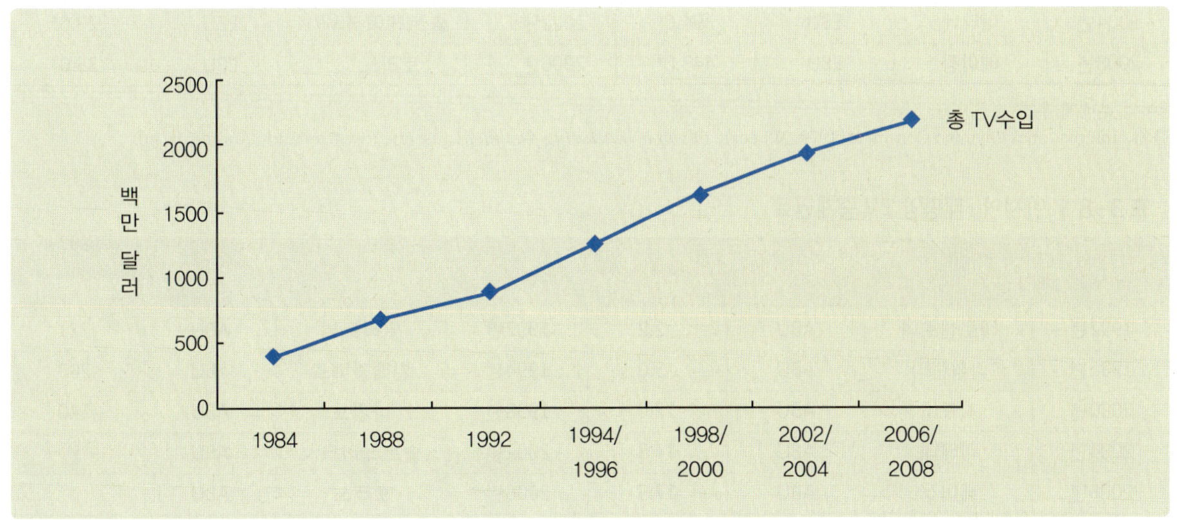

자료: International Olympic Committe(1999, Winter). *Olympic marketing fact file.* Lausanne, Switzerland: Author. p. 43.

| 표 3-6 | 미국의 TV 중계권료

하계올림픽		방송사	중계권료 (백만 달러)	동계올림픽		방송사	중계권료 (백만 달러)
1976년	몬트리올	ABC	25.0	1976년	인스브루크	ABC	10.0
1980년	모스코바	NBC	72.3	1980년	레이크프라시드	ABC	15.5
1984년	로스앤젤레스	ABC	225.6	1984년	사라예보	ABC	91.6
1988년	서울	NBC	300.0	1988년	캘거리	ABC	309.0
1992년	바로셀로나	NBC	401.0	1992년	알버트빌	CBS	243.0
1996년	아틀란타	NBC	456.0*	1994년	릴레함메르	CBS	295.0
2000년	시드니	NBC	705.0	2002년	솔트레이크시	CBS	375.0
2004년	아테네	NBC	793.5	2006년	토리노	NBC	45.0*
2008년	베이징	NBC	893.0*	2010년	밴쿠버	NBC	613.0*

*이익 분배제 추가

출처: International Olympic Committe(1999, Winter). *Olympic marketing fact file*. Lausanne, Switzwrland: Author. p. 45.

| 표 3-7 | 유럽 TV 중계권료

하계올림픽		방송사	중계권료 (백만 달러)	동계올림픽		방송사	중계권료 (백만 달러)
1960년	로마	EBU	0.7	1960년	스쿼우 밸리	EBU	n/a
1964년	동경	EBU	n/a	1964년	인스크루크	EBU	0.3
1968년	멕스코	EBU	1.0	1968년	그레노블	EBU	0.5
1972년	뮌헨	EBU	2.0	1972년	삿보로	EBU	1.4
1976년	몬트리올	EBU	6.6	1976년	인스브루크	EBU	1.2
1980년	모스코	EBU	7.1	1980년	레이크 플라시드	EBU	4.0
1984년	로스앤젤레스	EBU	22.0	1984년	사라예보	EBU	5.6
1988년	서울	EBU	30.2	1988년	캘거리	EBU	6.9
1992년	바로셀로나	EBU	94.5	1992년	알버트빌	EBU	20.3
1996년	아틀란타	EBU	247.5	1996년	릴레함메르	EBU	26.3
2000년	시드니	EBU	350.0*	1998년	나가노	EBU	72.0
2004년	아테네	EBU	394.0*	2002년	솔트레이크시	EBU	120.0*
2008년	베이징	EBU	443.0*	2006년	토리노	EBU	135.0*

*이익 분배제 추가

출처: International Olympic Committe(1999, Winter). *Olympic marketing fact file*. Lausanne, Switzwrland: Author. p. 46.

| 표 3-8 | 아시아 - 태평양 TV 중계권료

하계올림픽		방송사	중계권료 (백만달러)	동계올림픽		방송사	중계권료 (백만달러)
1992년	바로셀로나	ABU	2.2	1992년	알버트빌	ABU	.221
1996년	아틀란타	ABU	5.0	1994년	릴레함메르	ABU	.200
2000년	시드니	ABU	12.0	1998년	나가노	ABU	.540
2004년	아테네	ABU	14.5	2002년	솔트레이크시	ABU	-
2008년	베이징	ABU	17.5	2006년	토리노	ABU	-

출처: International Olympic Committe(1999, Winter). *Olympic marketing fact file*. Lausanne, Switzwrland: Author. p. 49.

| 그림 3-3 | 올림픽과 FIFA 월드컵의 비교

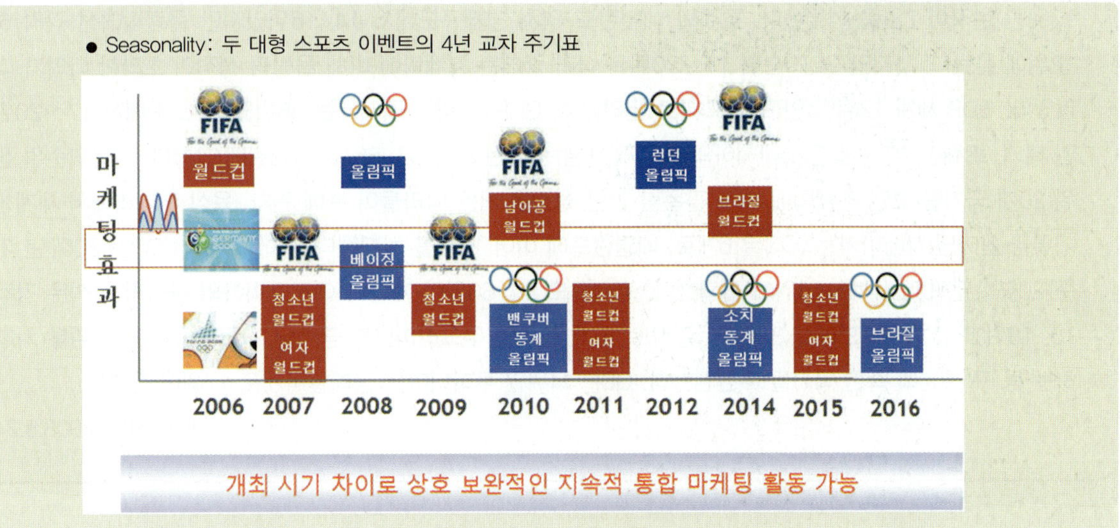

것이다.

아래는 하계·동계올림픽의 전 세계 TV 수입, 미국 중계권료, 유럽 중계권료, 호주 중계권료, 일본 중계권료, 캐나다 중계권료, 뉴질랜드 중계권료, 아시아-태평양 중계권료, 중앙·남 아프리카 중계권료, 아랍 연방 중계권료를 나타낸다.

위에서 살펴볼 수 있듯이 각국의 올림픽 방송 중계권료를 보면 알 수 있듯이 하계 올림픽의 중계권료는 올림픽 주기마다 계속 상승 가도를 달리고 있다. 이러한 사실은 IOC가 올림픽 소비자의 욕구를 잘 파악하여 올림픽 마케팅을 잘 전개하기도 하였다고 할 수 있으며, 올림픽이 FIFA 월드컵과 함께 전 세계적으로 얼마만큼 인기가 있는 스포츠 이벤트인지를 증명한다고 볼 수 있다.

사례 3-1 올림픽 성적도 국가경제력?

GDP 상위 10개국 중 9개국이 20위 안에 들어
경제력 대비 성적 한 · 러 '괄목' 印 · 멕시코 '초라'

체력은 국력이라 했던가. 2008 베이징올림픽에서 경제력이 강한 나라들의 성적표는 어떻게 나왔을까. 2007년 기준 국내총생산(GDP) 순위 1위인 미국은 1996년 애틀랜타올림픽 이후 4회 연속 1위를 노렸으나 중국에 밀려나고 말았다. 금 · 은 · 동을 합한 메달 합계에서는 110개로, 1위를 유지하는 데 성공했다. 중국은 GDP 순위 4위로 경제 규모에서 미국의 25%선에 불과하지만 개최국 이점을 살려 금메달 51개로, 36개에 그친 미국의 추격을 뿌리쳤다.

GDP 상위 10개국 가운데 메달 순위 23위에 그친 브라질을 뺀 나머지 9개국은 올림픽 순위 20강에 들었다. 일본(GDP 순위 2위)이 8위에 오른 것을 비롯, 독일(〃 3위) 5위, 영국(〃 5위) 4위, 프랑스(〃 6위) 10위, 이탈리아(〃 7위) 9위, 스페인(〃 8위) 14위, 캐나다(〃 9위)는 19위를 차지했다. 스포츠에서도 경제력이 뒷받침돼야 한다는 사실을 여실히 보여주는 대목이다.

한국과 러시아는 경제력에 비해 빼어난 실력을 보여준 경우다. 경제력에서 11위인 러시아는 3위, 경제력

13위인 한국이 7위를 기록했다. 호주와 네덜란드 역시 경제규모에서 14, 16위였지만 올림픽에선 각각 6, 12위에 올랐다. 하지만 GDP 순위 11~20위권 나라 중에는 경제력에 비해 올림픽 성적이 초라한 나라가 더 많았다. GDP 세계 12위인 인도가 50위로 밀려났고, GDP 15위인 멕시코는 36위였다. GDP에서 17~20위인 터키, 스웨덴, 벨기에, 인도네시아의 올림픽 메달 순위는 각각 37, 56, 46, 42위에 그쳤다. 올림픽순위 상위 20개 국가를 보면 경제력에 비해 괄목할 만한 성적을 거둔 나라들이 눈에 띈다. 육상 단거리에서 세계신기록을 쏟아낸 자메이카는 금메달 6개로, 네덜란드에 이어 13위를 차지했다. 자메이카의 GDP는 2007년 기준 206억 달러로, 세계 116위에 불과했다. 경제규모 84, 80위인 케냐와 에티오피아의 올림픽 성적은 각각 15, 18위였다. 경제규모에선 3201억 달러로 세계 35위인 우크라이나도 금메달 7개로 올림픽 11위를 차지하는 등 구 소련에 속한 국가들도 선전했다. GDP 44위인 루마니아는 금메달 4개로 17위에 올랐다.

세계 일보, 2008.8.24

표 3-9 GDP 상위 20개국 올림픽 성적 (단위: 달러)

국 가	GDP규모	올림픽 순위
미 국	13조 8,400억	2
일 본	4조 3,840억	8
독 일	3조 3,220억	5
중 국	3조 2,510억	1
영 국	2조 7,730억	4
프랑스	2조 5,600억	10
이탈리아	2조 1,050억	9
스페인	1조 4,390억	14
캐나다	1조 4,320억	19
브라질	1조 3,140억	23
러시아	1조 2,860억	3
인 도	1조 990억	50
한 국	9,571억	7
호 주	9,088억	6
멕시코	8,934억	36
네덜란드	7,687억	12
터 키	6,334억	37
스웨덴	4,553억	56
벨기에	4,536억	46
인도네시아	4,329억	42

출처: CIA 2008 World Fact Book, IOC.

2. FIFA 지구상 최고 브랜드 마케팅!

지구상 최고의 스포츠 이벤트이며, 지구촌 최대의 축제 FIFA 월드컵! 이 기간에는 모든 기업들과 지구상의 모든 사람들이 선수들의 행동, 공의 움직임 하나하나에 웃고, 울며, 기뻐하고 슬퍼한다.

FIFA(세계축구연맹)을 떠올리면 항상 함께 떠오르게 되는 FIFA 월드컵은 항상 떠오르게 되는 스포츠 이벤트이다.

FIFA 월드컵은 올림픽과 함께 세계 스포츠 이벤트에 있어서 가장 큰 핵심 이벤트이며 FIFA 월드컵의 마케팅을 빼놓고서는 스포츠 자체의 마케팅도 스포츠를 활용한 마케팅, 선수를 활용한 마케팅도 논할 수 없을 정도로 FIFA 월드컵의 마케팅은 스포츠 마케팅에 있어서 가장 표본이 되면서 매 대회마다 진보된 마케팅 가이드라인을 제시한다.

FIFA는 그들이 소유하고 있는 FIFA 월드컵이라는 축구대회 콘텐츠를 통해서 세계적으로 가장 강력하고 흡인력 있는 독점적인 콘텐츠를 창조해냈다고 할 수 있다.

FIFA 월드컵의 탄생

FIFA 월드컵은 횟수를 거듭할수록 상업적인 잠재력을 들어낸다. 그러나 FIFA 월드컵이 하나의 거대한 제품이 되는 계기가 마련된 이면에는 아벨란제 FIFA회장의 취임과 이를 둘러싼 국제 축구의 정치적 역학관계가 있었다.

아벨란제의 전임자인 영국의 귀족 스탠리경이 월드컵의 상업적 가치를 몰랐던 것은 아니지만, 비즈니스맨이기보다는 교육자에 가까웠고 FIFA 월드컵은 어디까지나 교육적 측면이 강조되어야 한다고 믿고 있었다. 심지어 그는 1973년 올림픽

FIFA기

위원회에서 정치선전 국가주의 상업적 압력으로부터 국제 스포츠를 보호할 국제기구 창설을 제안하기도 하였다. 스탠리경이 FIFA 월드컵의 본래의 교육적 정신을 설파하고 다니는 사이 아벨란제와 그의 지지자들은 전 세계의 축구협회를 상대로 FIFA가 개혁되어야 한다는 선거 캠페인을 펼치고 있었다.

축구가 인기 있는 이유

1. 규칙이 너무나 간단하여 누구나 쉽게 참여할 수 있다(축구 규칙 18조)
2. 별다른 장비나 도구가 필요 없이 공 하나면 어디서든 가능하다.
3. 축구 안에는 인간 신체 동작의 기본과 다양함이 잘 반영되어 있다.
4. 스포츠의 생물학적 기회의 균등을 보장하는 스포츠로, 필요한 절대적인 체형, 유리한 체형이 존재하지 않는다.
5. 축구를 금지하는 나라는 지구상에서 단 하나의 나라도 없이 인기가 있다.
6. 한 사람의 힘이 아니라 협동이 절대적으로 필요한 스포츠이다.

아벨란제는 FIFA가 명실상부한 국제기구가 되고 월드컵이 인류의 축제가 되어야 한다고 주장하였으나 실은 이러한 주장의 배경에는 축구에 있어

2006 독일 월드컵 Adidas Ball park에 참가한 저자

서의 유럽 헤게모니를 비판한 지극히 정치적인 이유가 있었던 것이다. 결국, 유럽을 제외한 남미와 아프리카, 아시아 축구 연대에 성공한 아벨란제는 제3세계 파워의 상징처럼 세계 축구계의 권좌를 장악했다.

'축구의 세계화'라는 목표 아래 아벨란제를 권좌에 올려놓았지만 그의 공약을 실현하기 위해서는 많은 것들이 필요했고 이를 위해서 그는 새로운 재정적인 파트너를 구해야 했다. 영국에서 스포츠 스폰서십 관련 활동을 하던 페트릭 넬리와 그의 주선으로 아벨란제의 강력한 파트너가 된 아디다스 회장 호스트 다슬러, 이들은 우선 코카콜라를 FIFA의 후원사로 끌어들이는 데 성공하였고 이로써 세계 축구에 있어서 진정한 아벨란제 시대가 개막될 수 있었다.

FIFA는 단지 돈 때문에 코카콜라를 끌어들인 것이 아니었다. 코카콜라와 같은 세계적인 기업을 끌어들임으로써 이전까지 스포츠 마피아 집단으로 인식되던 FIFA의 이미지를 향상할 수 있었을 뿐만 아니라, 스폰서십을 희망하는 기업들에게 '코카콜라와 같이 유망한 세계적 기업만이 FIFA의 스폰서십을 획득할 수 있다는 기준을 제시할 수 있었다. 코카콜라의 FIFA 후원은 스포츠 기구가 존경받을 만한 국제기구가 되는 역할을 하게 되었으며, 이를 통해서 FIFA는 자신들이 갖고 있는 콘텐츠의 상업적인 발판을 마련하고, 정치, 경제적인 하나의 모델을 제시하게 된다.

FIFA는 매우 정치적이랄 수 있는 청소년 월드컵을 개최한다. 이는 아프리카와 아시아 같은 축구 변방의 나라들에게도 국제적인 경기에서 뛰어 볼 수 있는 기회를 마련해 주기 위해서였다.

이 계획은 성공을 거두었고 아프리카의 나이지리아 같은 나라는 브라질과 영국을 이기며 두각을 나타내기도 하였다. 이미 성숙한 프로리그의 현격한 차이를 어찌해 볼 수 없는 FIFA 월드컵과는 달리 FIFA 청소년 월드컵에서는 아프리카나 아시아의 국가들이 유럽이나 남미의 강호들을 누르는 이변이 종종 일어날 수 있었다.

이것은 아프리카와 아시아에 새로운 축구 붐업의 기회가 되었고 이로써 유럽을 제외한 제3세계 축구 연대를 통해 자신의 입지를 강화하고자 했던 아벨란제의 계획은 성공하게 된다. 그러나 이러한 정치역학 이면에는 기업가적 정신이 뒷받침돼 있었고 코카콜라로부터의 강력한 재정적 후원은 이러한 기획을 가능한 일로 만들었던 것이다.

ISL을 통해서 만들어진 마케팅 프로그램의 특징은 종목별 배타적 마케팅 권리를 포괄적으로 판매하는 것이었다. 종목별 배타권이라면, FIFA를 후원하는 많은 기업 중에 음료수와 관련된 기업은 코카콜라 밖에는 없는 것이다. 또한 이들 기업은 경기장 광고판 설치뿐만 아니라, 로고 사용권 등 종합적인 마케팅 프로그램 전체를 구입하게 된다.

이런 방식은 거대한 글로벌 기업이 아니면 FIFA의 마케팅 프로그램에 참여 할 엄두를 낼 수 없게 만들었다. 아벨란제가 회장이 되고 처음 열린 78년 아르헨티나 대회에서 넬리는 코카콜라, 질레트, 세이코 등 6개의 메이저 회사를 스폰서로 끌어들였을 뿐이다.

아돌프 다슬러는 1980년대 초 넬리의 마케팅 기법을 이어받아 ISL(International Sports and Leisure)

을 설립하였다. ISL은 설립된 지 수개월밖에 안 되어서 '83년 중에 FIFA, UEFA와 부분적이지만 IOC의 마케팅 대리권을 획득하게 되었고, 이후 ISL은 다슬러의 세계 스포츠 마케팅의 독점적 장악을 실현하는 아성으로 급속히 성장하게 된다.

FIFA 월드컵 마케팅의 가치

FIFA 월드컵의 성공 뒤에는 FIFA의 마케팅적 성공과 FIFA 공식 후원사들의 돈이 없었다면 성공하지 못했을 것이다. FIFA는 사립 기관이었기 때문에 정부보조금이나 외부의 지원금을 받지 않았다.

그렇기 때문에 스포츠의 자체 마케팅을 할 수밖에 없는 상황이었고, 이러한 상황에서 FIFA는 FIFA가 독점하는 것을 원칙으로 모든 상업적인 수단을 모색하고 새로운 FIFA 월드컵 준비하려는 의지를 가지고 있었다.

FIFA는 마케팅 대행사인 ISL을 이용하여 상업적인 FIFA 월드컵을 만들어 가기 시작했다. 1978년 FIFA 월드컵은 코카콜라의 파트너십을 시작으로 ISL과 함께 FIFA는 엄청난 부와 명성을 축적하기 시작한다. 이러한 부의 축적에는 ISL이 만든 마케팅 프로그램을 구입해서 독점적인 마케팅 권리를 확보하고 활용하는 공식 파트너와 후원사들이 있기 때문이다.

ISL의 마케팅 프로그램에 의해서 공식 후원사들은 점차적으로 FIFA 월드컵에서 많은 마케팅 권리를 부여받고 마케팅 프로모션을 하였고, 지금까지도 FIFA 월드컵을 통해서 단지 전 세계인이 즐기는 주요 스포츠로 그치지 않고 정치, 경제, 사회 등 여러 방면으로 공식 후원사들에게 브랜드 이미지를 강화시킬 수 있는 마케팅 도구로 자리 잡았다.

대표적인 예로, 코카콜라는 국제축구연맹(FIFA)

FIFA 월드컵의 시작이 되었던 1986년 멕시코 월드컵의 대회 장면

의 후원사일 뿐만 아니라 세계 여러 유명 축구팀 및 협회를 지원하고 있는데, FIFA 월드컵의 공식 후원사로 2006년까지의 장기 계약 및 AFC와 2005년까지 계약을 맺고 각종 대회의 음료를 지원하고 있다. 코카콜라의 모든 음료제품은 각 대회의 공식 음료로서 선수 및 관계자에게 지원되고, 코카콜라사는 대회 휘장과 공식명칭을 사용하여 경기 입장권을 활용한 프로모션 등 대회 관련 각종 마케팅 활동을 전개할 수 있는 권리를 갖고 마케팅에 활용한다.

코카콜라는 음료 및 스포츠 음료를 생산·판매하는 기업이므로 스포츠 이벤트를 통해서 제품을 홍보하고 스포츠 음료의 발전을 가져다 준 계기가 되었으며, 이러한 기업적인 특성으로 인해서 코카콜라는 거의 전 세계적인 스포츠 이벤트를 후원하는 업체가 되었다.

아디다스는 스포츠 제조업체로 유명한 기업이며 FIFA의 오랜 후원 업체이기도 하다. 이는 아디다스 회장이기도 했던 아돌프 다슬러 아디다스 회장이 ISL을 설립하면서부터 이어졌지만 그 이후에도 세계 유명 팀을 지원하고 FIFA 월드컵을 후원하면서 나이키와 함께 스포츠 용품업체의 양대 산맥으로 소비자들에게 인정받고 있다.

2002 FIFA 월드컵에 공식 후원금 이외에 약 4천만 유로(4백 70억원)를 마케팅 비용에 투자하면서

FIFA 월드컵의 스포츠 마케팅에 있어서 항상 진보된 모습을 보인다. (2006 FIFA 월드컵의 Composite Tower 모습)

매출의 증대를 꾀하려 하였고 이러한 마케팅 성공으로 대회의 공식 공인구인 피버노바가 없어서 판매를 하지 못할 정도의 판매고를 올린 것을 보면 알 수 있다.

또한 아디다스는 FIFA와 함께 앞으로 10만개의 공을 유소년 축구 활성화에 기여한다는 계획까지 가지고 있으니, 기업의 이미지에 맞추어 상업적인 목적뿐만 아니라 사회적으로도 인정받으려고 하는 기업의 스포츠 마케팅의 활용은 폭넓다고 할 수 있다.

또한 현대 자동차의 경우 미디어 노출을 보았을 때, 2006 독일 FIFA 월드컵에서의 경기장 내 A보드 노출은 경기당 평균 12분 51초로, 총 13시간 42분 24초였다. 2006 FIFA 월드컵은 총 214개국에 중계됐고, 연 340억명이 시청한 것으로 조사 되었으며, 이를 광고단가로 계산해보면 약 90억 달러(9조원) 이상의 광고 효과를 본 것으로 나타났다.

현대자동차는 FIFA의 후원사가 되기 위해서 4년간 1000억원 정도의 후원 비용을 지불하고 협찬으로는 자동차 2,500대 정도 투입하여, 큰 효과를 보았다고 자평하고 있다. 독일의 프랑크푸르트 지는 2006월드컵을 통해 제일 큰 효과를 본 업체를 현대자동차로 꼽기도 했다.

이러한 공식 후원사들의 예로 보았을 때 기업은 기업의 생산 제품과 기업의 이미지를 향상시키기 위한 연계 방안을 꾸준히 발전시켜 나가고 있다. 기업은 그들이 의도하는 이미지 전달 수단으로 FIFA 월드컵 스폰서십을 다양하게 이용하고 있으며, 실제로 가장 빠른 지름길로서 인식하기 시작한 것이다.

특히 일반인의 관심이 많은 FIFA 월드컵이야 말로 그들 기업이나 제품의 인지도 또는 의도를 보다 자연스럽게 이벤트와 연결하여 전달할 수 있기 때문에 시간이 지날수록 그 선호도는 높아지고 있는 추세이다. 그러나 유의해야 할 것은 이미지만을 위한 무차별적인 계획은 오히려 이미지 훼손 및 이미지의 정체성을 잃어버리기 쉽다는 것이다.

FIFA 월드컵이 기업의 브랜드 이미지를 증진시키는 확고한 방법 중에 하나인 것은 분명하다. FIFA 월드컵 스폰서십은 보다 넓은 시장에 대한 캠페인이 가능한데 특정 매체나 정치가, 금융기관, 노동자, 일반인, 주식 투자자 등 다양한 계층에 정확하게 파고들 수 있는 마케팅 도구인 것이다.

그렇기 때문에 FIFA 월드컵 시즌만 접어들면, 한국을 비롯한 전 세계의 많은 기업들이 앰부시 마케팅을 할 정도이며, 2010 FIFA 월드컵을 통해서 앰부시 마케팅으로 법적인 문제를 야기한 사례만도 3,000건에 이른다고 하였다. 이것은 FIFA 월드컵이 갖고 있는 마케팅적 가치가 얼마나 대단한 것인가를 보여주는 사례라고 할 수 있다.

FIFA 월드컵과 미디어

모든 스포츠가 그러하지만 FIFA 월드컵 또한 미디어와 상당한 공생관계를 유지하는 스포츠 이벤트라고 할 수 있다. 어찌보면 방송사들과 가깝게 협력하면서도 가장 큰소리를 낼 수 있는 스포츠 조직 중에 하나가 FIFA 월드컵이라고 할 수 있을 것이다. 물론 FIFA 월드컵이 미디어의 도움을 받지 않았다면, FIFA 월드컵이 지금처럼 국제적인 규모의 대형 이벤트가 될 수 없었을 것이다. 미디어를 통한 폭넓은 보도 행위가 공식 후원사를 끌어들이는 가장 중요한 요인이 되었다.

FIFA 월드컵 스폰서십은 광고나 PR, 판매 촉진 등의 마케팅 믹스 요소들과는 다른 뚜렷한 특징이 있다. 축구대회라는 특성 자체가 소비자들과 친근한 유대관계를 맺게 해주는 역할을 하기 때문이다. 축구라는 종목 자체가 가지고 있는 서민적인 형태가 이런 친근한 유대관계를 만드는 그 바탕이며, 세계 유명 선수들의 성공담 또한 그들을 좇아가려고 하는 어린선수 및 소비자들의 관심사이기 때문에 경계심이 없다고 할 수 있다.

따라서 소비자들은 FIFA 월드컵을 통해서 제품의 메시지를 보다 쉽고 정확하게 전달받을 수 있는 분위기가 조성되어 있는 것이다. FIFA는 FIFA 월드컵 스폰서십을 통해서 스포츠의 에너지, 흥분, 감정 등의 요소들과 소비자들의 제품이나 기업의 판매 요소 등에 대한 경험들이 결합된 형태를 만들어 낸다.

더욱이 가장 박진감 있고 골의 쾌감을 맛보게 하는 축구야 말로 모든 이가 함께 할 수 있는 스포츠라는 점에서 FIFA는 이러한 부분을 최대한 이용하는 것이다.

FIFA 월드컵의 공식 후원사로 참여할 때 상승되는 브랜드 인지도나 매출의 증감은 수치로 나타내기 힘들지만 98 프랑스월드컵의 TV 시청자는 세계에서 단일 이벤트로는 가장 많은 연인원 331억 명에 달하며 TV 방영 시간은 196개국에서 29,714 시간이나 방영되었다.

이러한 효과는 FIFA 월드컵의 가치를 더욱 상승 시켰고, 이러한 가치 상승은 마케팅 믹스 요소들 중에서 스포츠 스폰서십의 효과적인 창출로 이어질 수 있었다. 관람객과 사람들의 라이프스타일과 둘러 싸여진 환경 속에서 제품들을 노출시키는 유일한 마케팅 요소라고 할 수 있다. 이러한 미디어를 통한 FIFA 월드컵의 노출은 소비자들이 즐기는 프로그램을 방해한다고 할 수도 있지만 더욱더 FIFA 월드컵과 후원사들을 친근하게 맺을 수 있는 유대 관계를 맺게 하여 FIFA 월드컵의 성공뿐 아니라 FIFA 월드컵을 후원하는 기업들에게도 긍정적인 효과를 얻게 할 수 있는 것이다.

FIFA 월드컵은 TV 방송을 만나면서 세계 최고의 스포츠 이벤트가 되었다. (2006 FIFA 월드컵의 TV 중계 카메라 모습)

FIFA 월드컵에서의 미디어의 역할은 이러한 사람들의 라이프스타일과 최상의 상태에서 공존할 수 있는 마케팅 전략을 할 수 있도록 기업들을 도와주는 역할을 하고 있는 것이다.

FIFA 월드컵을 후원하는 후원사의 입장에서 FIFA 월드컵에서 미디어의 매체 역할로서 중요한 점은 메시지를 확대 전달하며, 메시지를 목적으로 소비자를 표적화(Target)시킬 수 있으며, 또한 후원 기업 자체의 차별 등을 부각시키는 역할이다.

사례 3-2 세계화 · 상업화 가장 앞선 분야 '축구'

독일 월드컵 팬들을 위한 코카콜라의 팬클럽 Bike를 이용한 광고

한 달 동안 세계인의 이목을 사로잡았던 2010 남아공 월드컵이 막을 내렸지만 여운은 남아 있다. 갈수록 뜨거워지는 축구 열기는 어디에서 비롯된 것일까.

월드컵을 지구촌 최대의 빅 이벤트로 키운 국제축구연맹(FIFA)의 마케팅 전략은 무엇인가. FIFA는 올해 매출 33억 달러(4조원)에 순이익은 11억 달러(1조 3,000억원)를 거두게 된다.

현금 자산도 10억 달러에 달한다. 이익률을 보면 기업도 이런 기업이 없다. 공 하나에 울고 웃는 축구에 세계적인 기업들이 홍보비 쓰기를 주저하지 않는다. 이번 남아공 월드컵에서 코카콜라가 투입한 마케팅 비용만 6억 달러에 달한다.

외신 보도에 따르면 코카콜라는 1억 2,400만 달러를 FIFA와 스폰서십 체결에, 나머지 4억 7,500만 달러는 순수 마케팅 비용에 썼다. 대회 시작 3년 전인 2007년에 마케팅 전문가 6명을 남아공에 파견해 월드컵 마케팅 준비에 들어갔던 코카콜라다.

축구는 이제 단순히 스포츠 중 하나가 아니다. 민족주의가 강하게 스며든 그라운드의 전쟁이자 현대 마케팅이 어떻게 진화되는지를 보여주는 신천지다. 축구계의 실력자는 곧 정치적 파워를 행사하게 되고, 뛰어난 축구 선수들은 어떤 연예인 못지않은 현대의 스타다.

이렇게 축구가 급성장한 것은 다른 어떤 분야보다 세계화와 상업화에서 앞섰기 때문이다. 미국 예일대의 온라인 저널인 '예일 글로벌'에 최근 실린 칼럼은 바로 이 점을 지적했다. 예일 글로벌 칼럼은 "축구만큼 세계화된 스포츠는 없다"고 규정했다.

또 "세계화로 구단의 경쟁력을 키우고 축구 경기의 수준을 높여 온 사례는 국제 노동시장에도 적용할 만하다"며 축구의 발전과 세계화에서 성공 사례를 다른 분야도 배울 만하다고 제안했다.

축구 선수들 노동시장에는 장벽 없어

몇몇 사례만 봐도 축구가 어떻게 세계화에 앞섰고 상업화에 성공했는지 알 수 있다. 가령 잉글랜드의 프리미어리그에서 뛰고 있는 한국의 박지성 선수나 코트디부아르 출신의 드록바 선수와 달리 뛰어난 능력을 갖춘 카메룬의 의사와 나이지리아의 엔지니어가 영국 · 스페인 · 이탈리아에서 자유롭게 진료하거나 기술력을 발휘하지 못하는 게 현실이다. 공공 부문에서도 아직은 멀었다. 노동시장의 국제 장벽은 엄존하고 기득권을 지키려는 보이지 않는 벽도 있다.

그러나 축구 선수들의 노동시장에는 장벽이 없다. 능력 있는 선수는 국적이나 인종에 상관없이 최우수 팀에서 뛸 수 있다. 선수들은 더 많은 연봉을 제공하는 팀을 선택해 국경을 넘나들며 자유롭게 활동한다.

지난 5월 유럽축구연맹(UEFA) 챔피언스리그에서 45년 만에 우승한 이탈리아 인터밀란의 경우 결승전 선발 선수 중 이탈리아 출신은 한 명도 없었다. 영국 · 스페인 · 이탈리아 · 독일 · 프랑스 등 유럽의 메이저 리그에서 뛰고 있는 2,600여 명의 선수 중 800여 명이 외국인이다.

축구 선수의 '근로조건'에 제한이나 규제가 처음부터 없었던 것은 아니다. 1995년 장 마르크 보스만이라는 벨기에 선수가 각 구단마다 외국인 선수를 2~3명만 채용할 수 있게 한 규정에 대해 '노동의 자유'를 보장한 유럽연합(EU)의 법을 위반했다며 이의를 제기한 것이 변화의 시작이었다. 그의 주장이 받아들여지면서 선수들의 국제적 이동이 활발해졌고 축구의 세계화는 빠른 속도로 진행됐다.

Nude 페인팅으로 월드컵 기간 홍보와 돈을 동시에 벌어들이는 길거리 프로모션의 모습

능력 있는 선수들이 우수한 팀으로 몰리자 팀의 전력도 좋아졌다. 우수 선수들이 몰려들어 함께 뛰면서 경쟁하자 축구의 수준 자체가 달라졌다. 개인기와 기술, 작전과 전략이 개발되면서 팬들은 축구에 더욱 열광하게 됐고 축구 팬 자체가 급증했다.

지금 FIFA가 돈을 벌면서 위세를 부리는 권력체가 된 배경이기도 하다. 시장이 성장하자 여유 있는 팀들은 뛰어난 선수들을 속속 영입했다. 구단과 선수들도 더 부유해졌다.

팬들의 만족도가 높아지면서 대기업들이 거액을 들고 앞다퉈 스폰서로 나섰다. 세계화의 성과다. 한번 산업화의 길로 들어서자 축구 업계(구단)는 장기 투자에 나서게 된다. 실제로 세계적인 명문 구단은 장래를 보면서 아프리카와 남미 등지로 재목을 찾아 나선다.

유럽 구단들은 자질이 보이면 꼬마 선수를 발굴, 성인이 될 때까지 번서 '장학금'을 제공하며 입도선매도 한다. 우수 인력을 미리 확보하겠다는 장기 발전 전략이다. 이렇게 선수층을 두텁게 하니 '축구 경제'는 성숙해질 수밖에 없다.

한국 경제 신문 한경비즈니스, 2010.07.21

3. UEFA의 FIFA를 넘어서는 스포츠 마케팅!

1953년 프랑스에서 열린 국제축구연맹 특별총회에서 각 대륙별 축구연맹 설립을 승인함으로써 1954년 6월 15일 스위스 바젤에서 설립되었다. 이후 1955년부터는 이사회에서 단독으로 여러 의결과 법안을 상정할 수 있게 되었으며, 기구가 커짐에 따라 1963년 기술위원회, 1968년 심판진위원회 등 여러 전문 분야를 담당하는 소위원회를 창설하였다.

현재 스위스 니온(Nyon)에 위치한 유럽축구연맹(UEFA-Union of European Football Association) 본부에서 게르하드 아이그너 유럽축구연맹 대표와

UEFA 챔피언스리그의 우승 트로피의 모습

유로 2004의 조직위원장이었던 길베르토 마다일이 주축이 되어 운영되고 있다.

UEFA는 초창기부터 유럽에 문호를 개방하여 국가 간의 축구 리그의 경쟁을 유도함으로써 축구의 활성화에 힘썼고, 1955년 유럽 각국 리그의 우승 클럽들만 모아 시합하는 유럽클럽선수권대회(European Champion Clubs' Cup)와 유럽 각국에서 수시로 개최되던 산업박람회의 행사의 하나인 각 도시친선대항전(Inter-Cities' Fairs Cup)을 만들었다.

이어 1960년에는 유러피언 네이션스컵(the European Nations' Cup)과 유럽과 남아메리카의 양 대륙을 대표하는 챔피언 클럽 간의 대회인 유럽-남미컵(European/South American Cup)을 개최하였고, 1960년에는 각국의 주요 대회 우승팀끼리 모여 시합을 펼치는 유럽연맹컵 위너스컵(The UEFA Cup Winners' Cup)을 개최하였다.

1956년에는 FIFA로부터 1948년부터 계속된 국제청소년대회(International Youth Tournament)의 운영을 넘겨받았으며, 1968년에는 유러피언 네이션스컵의 명칭을 유럽축구선수권대회(European Football Championship)로 바꾸었다. 이어 1971년부터 각 도시 친선대항전의 명칭을 UEFA컵으로 바꾸었으며, 1973년부터는 유러피언컵(지금의 챔피언스리그로, 얼마 전까지는 챔피언스컵이라고 하였다)과 위너스컵(현재 UEFA컵으로 통합되었다)의 우승팀끼리 맞붙는 UEFA 슈퍼컵을 개최하였다.

1992년 유럽클럽선수권대회의 명칭을 UEFA Champions League로 바꾸었으며, 이 대회는 현재 세계에서 가장 수준 높은 대회 가운데 하나로 꼽힌다. UEFA는 유럽 내에서 가장 영향력 있는 스포츠 이벤트를 개최하고 운영함으로써 축구계에서 FIFA와 함께 가장 강력한 영향력을 가지고 있는 스포츠 조직단체라고 할 수 있다. UEFA의 영향력은 세계 축구의 모든 흐름이 유럽의 축구를 중심으로 이루어지는 성향도 무시할 순 없지만 FIFA 역시 UEFA의 영향력을 견제할 만큼 커다란 성장세를 보여주고 있다. 몇몇의 축구계 전문가들은 FIFA보다는 UEFA가 영향력이 더 강하다고 할 때도 있다.

유럽 시장을 공략하는 또 하나의 마케팅

유럽축구선수권대회는 올림픽, 월드컵과 더불어 세계 3대 스포츠 행사 중에 하나이며, 유럽축구연맹(UEFA)의 자료에 의하면 유로 2004의 수익은 약 8억 유로, 한화로 1조 2,000억원 규모였으며 유로 2008은 약 14억 유로, 한화로 약 2조원의 경제효과를 보여줄 것으로 기대하고 있다. 유로 2008 대회 자체가 최고의 광고효과를 주는 것이기 때문에 각국의 글로벌 기업들은 유럽축구선수권대회를 통해서 고객들과의 커뮤니케이션을 원활하게 구축할 수 있는 계기를 마련하고 이를 통해서 브랜드 인지도를 상승하는 것은 물론이며 이것을 자사 제품의 매출을 상승시키는 계기로 마련하고자 하는 것이다. 또한 시장 개척 공략에도 활용할 수 있는 것이다.

예로 현대자동차를 들 수 있는데 현대차는 2000년 유럽축구선수권대회를 시작으로 유럽 시장 진출을 시작하였으며, FIFA의 마케팅 파트너가 되면서 2002 FIFA 월드컵을 시작으로 일본 시장까

지 진출할 수 있는 계기를 마련하였다. 특히 유로 2000은 현대자동차가 유럽 축구 시장에서 브랜드 인지도를 높이는 계기가 되었다. 특히, 유로 2004 대회 당시 스포츠 마케팅 전문 조사기관인 "Sports Marketing Surveys(SMS)"사에 따르면 유로 2004의 공식 후원사인 현대자동차의 브랜드는 유로 2004 경기당 평균 18분 이상 TV 중계방송 중에 선명하게 나타나 다른 유로 2004의 후원사 즉, 마스터카드, 맥도널드 등 다른 후원사보다도 가장 큰 광고 효과를 본 것으로 알려지고 있다. 특히 현대자동차 브랜드는 그리스·포르투갈 간의 결승전에서는 후원사 중에서는 가장 많은 60초 간 TV화면에 나홀로 노출되는 혜택을 누림으로써 브랜드 이미지를 높이는 데 톡톡히 재미를 봤다고 분석하기도 하였다. 결승전이 벌어진 기간 동안 총 1,540초 간 스폰서 브랜드들이 TV화면에 노출되어 광고효과는 수조원에 이를 것으로 추산된다.

유럽축구선수권대회(European Football Championship)

UEFA 유럽피언 챔피언십은 50년 전 처음 대회를 창설할 당시 만해도 창설하는 것 자체가 예상했던 것보다 훨씬 힘들기는 했지만, 이제 가장 큰 성공을 거두는 대회로 거듭났으며, 세계에서 FIFA 월드컵과 함께 세계 최고의 축구 이벤트로 자리매김하고 있다.

이 대회가 창설되던 당시에 이미 다른 대륙에서는 국가 대항 챔피언십이 시작된 상태였고, 유럽에서도 국가 간 대항전에 대한 개념이 1950년대를 지나면서 결실을 거두기 시작하고 있었다. 유럽 대륙에서 국가 대항전이 상대적으로 늦게 시작되게 된 이유는 각 유럽 국가 축구협회들 사이에서 벌어지는 이해관계 때문이었다. 그러한 이유 중에 하나가 유럽의 국가 대항전이 생기면 FIFA 월드컵

2009 로마에서 펼쳐진 2009 UEFA 챔피언스리그의 조추첨

의 위치가 위협을 받을 수 있다는 두려움이 있었기 때문이다.

1954년 UEFA가 생겼을 때, 유럽피언 챔피언십에 추진력을 더한 것은 프랑스의 유력 스포츠 신문 레퀴프(L'Equipe)였다. 레퀴프는 국가 대항전을 주중 저녁에 홈 앤드 어웨이 방식으로 치를 것을 제안하였다. 또한 오늘날의 형태와 비슷한 토너먼트의 개념을 더한 것은 첫 UEFA 사무총장이자 전 프랑스 축구협회 사무총장이었던 프랑스 출신의 앙리 들로네였다. 들로네는 이미 1927년에 오스트리아의 사무관 후고 마이슬과, FIFA 월드컵과 함께 개최되는 유럽피언 챔피언십을 창설하는 것을 골자로 하는 제안서를 제출한 적이 있었다.

1954년 바젤에 UEFA 기구를 설립한 이후 모든 유럽의 축구협회에 위와 같은 대회를 열 것에 대해 의견을 제시하였고, 그리고 직면한 많은 문제들을 조사하기 위한 세 명으로 구성된 위원회를 조직해 신임했다. 들로네는 이 대회가 수많은 경기를 치르지 않을 것을 주장했다. 또한 월드컵을 방해하지도 않을 것이라 주장했으며, 참가국이 같은 조에서 항상 같은 나라를 만나지 않을 것을 주장했다.

UEFA를 창설하는데, 영향력 있는 역할을 했던 들로네에게 있어서 네이션스컵(유럽선수권대회)은 FIFA의 FIFA 월드컵처럼 UEFA에게 필수적인 대회였다. 1954년 바젤 회의 이후 그가 고안한 생각

UEFA 챔피언스리그의 3회 우승에 빛나는 레알 마드리드, 옛 영광을 위하여 갈락티고2 계획을 실행하면서 호날두를 영입했다 호날두의 입단식 장면

은 유럽의 모든 협회들에게 열린 대회였다. 그의 생각은 이 쉽지 않은 대회를 검토할 세 위원들로 구성된 위원회를 위임하는 것이었다. 이 위원회는 대회로 인해 시합이 무한적으로 급증하지 않고 월드컵에 방해되지 않으며, 참여 팀들은 같은 조의 같은 상대와 시합을 하도록 강요되지 않게 관리하는 역할을 하였다.

1955년 앙리 들로네가 사망한 후, 그의 아들 피에르는 프랑스 언론사에 들어가 유럽피언 네이션스컵의 창설을 이끌었으며, 그 결과 피에르 들로네는 유럽피언 네이션스컵 조직위원회 위원장으로 임명되었고, 그의 아버지가 그렇게 원하던 대회가 꽃을 피우는 것을 가까이에서 지켜볼 수 있었다. 모든 조건이 합의 된 후 챔피언십 대회가 설립되었다. 그리고, 새로운 대회의 이름은 유럽 축구에 엄청난 공헌을 한 앙리 들로네를 기리기 위해 앙리 들로네 컵이라고 지어졌다.

유럽 클럽 선수권대회(UEFA Champions League)

전 세계 10억명의 인구가 본다는 챔피언스리그 결승전은 클럽 대항전으로는 최고의 대회라고 할 수 있다.

UEFA 챔피언스리그는 1955년 3월 2일 비엔나에서 유럽축구연맹의 첫 회의가 열리고 한 달 뒤에 시작되었지만 재미있는 사실은 "유러피언컵" 창설의 주체는 UEFA가 아니었다는 점이다. 유럽축구연맹 창립 당시 회원국들은 국가대표 팀 간의 대항전에 더 큰 관심을 보였던 반면, 프랑스의 스포츠 일간지 '레퀴프'와 당시 편집자였던 가브리엘 아노는 유럽 전역을 망라한 클럽 대항전을 구상하고 있었다. 아노는 동료인 자크 페랑과 함께 수요일 야간경기로 치러지는 토너먼트를 기획했다. 레퀴프가 고안한 이 대회는 참가 팀 자격을 각국 리그의 우승팀으로 제한하지는 않았으나, 많은 팬들이 좋아할 만한 팀들을 위주로 초청 클럽 명단을 작성했다. 16개 클럽의 대표자들이 1955년 4월 2일부터 이틀 동안 모임을 가졌고, 레퀴프가 제안한 대회규정은 만장일치로 승인됐다.

리스본에서 열린 사상 최초의 유러피언컵 경기에서 스포르팅 클루베 데 포르투갈이 유고슬라비아의 FK 파르티잔과 맞붙어 3-3으로 비겼다. 베오그라드에서 열린 2차전에서는 파르티잔이 5-2 승리를 거둬 다음 라운드에 진출했다.

레알 마드리드는 대회 창립 이후 5연패를 달성하며 유러피언컵을 독점하다시피 했다. 이후 아약스나 바이에른 뮌헨 등 다른 클럽들도 각각 3연패의 기쁨을 나눠 가졌다. 그러나 어느 클럽도 장기간 독점을 계속할 수 없었다. 아약스는 1970년대 초반에 3연패를 기록한 이후 4번째 타이틀을 따낼 때까지 22년의 세월을 기다려야 했고, 마드리드는 1998년에 이르러서야 32년만에 우승컵을 되찾았으며, 바이에른은 2001년 밀라노에서 승부차기로 승리를 거둬 26년만에 4승을 기록하였다.

1977년과 1984년 사이에 완전히 다른 멤버로 4번 우승컵을 차지한 잉글랜드의 리버풀은 따로 언

사례 3-3 〈챔스결승 맨유-첼시〉 결승전 경제적 파급효과는 4,300억원

챔피언스리그의 경제적 파급효과가 2억 1,000만 파운드(4,300억원)에 이를 것으로 추산됐다.

영국 언론 '타임스'는 21일 오전(이하 한국시간) 유럽축구연맹(UEFA) 챔피언스리그 2007~2008시즌 결승전이 가져올 경제적 파급효과에 대한 연구 결과를 전했다. 잉글랜드 프리미어리그의 맨체스터 유나이티드와 첼시는 22일 오전 러시아 모스크바 루즈니키 스타디움에서 불꽃 튀는 맞대결을 펼친다. '코벤트리대학 국제스포츠비즈니스센터'의 사이먼 채드윅 교수는 "단일 경기로는 축구 역사상 가장 풍성한 경기"라고 이번 결승전을 평가했다.

프리미어리그 우승 후 우승 트로피를 들어 올리고 있는 박지성 선수의 모습

일단 우승팀은 상금 등으로 8,500만 파운드(1,740억원)가량을 수령하고, 준우승팀 역시 최소한 3000만 파운드(610억원)를 벌어들인다. 그는 "단순한 유럽클럽축구대항전 최종전이 아니다. 경기를 앞두고 슈퍼마켓으로 음료와 간식거리를 사려가는 수백만명의 사람들, 대형 스크린이 설치된 술집에 모일 사람들, 모스크바를 찾을 5만명의 관중들까지 고려한다면 클럽이 나눠 갖는 돈 외에 경제적 파급효과는 훨씬 더 크다"고 말했다.

사이먼 채드윅 교수는 이번 결승전의 경제적인 파급효과가 2억 1,000만 파운드(4,300억원)에 이를 것으로 보인다고 밝혔다. 이 연구 결과에 따르면 결승전 개최 도시 모스크바도 돈방석에 앉는다. 모스크바를 찾아온 관중들과 주요 인사들, TV 중계진들은 숙박비와 식비로 3,500만 파운드(720억원) 정도를 지출할 것으로 전망됐다.

양 팀의 연고지인 맨체스터나 런던 역시 우승이 확정되면 우승 축하 분위기 속에 1,000만 파운드(200억원)의 경제적 효과를 볼 것으로 알려졌다. '새인즈베리 금융'의 연구결과도 채드윅 교수의 연구 결과를 뒷받침한다. 이들은 루즈니키 스타디움을 찾을 5만명의 팬들이 1인당 평균 624파운드(128만원)를 지출할 것으로 예상했다.

호텔 이틀 숙박료는 320파운드(65만원) 정도, 공항과 경기장 간 택시비로는 80파운드(16만원), 식비로 최소 120파운드(24만원)를 예상했다. 새인즈베리 금융은 5만 관중이 지출할 총 금액을 티켓 값을 제외하고 4,000만 파운드(800억원) 이상으로 추산했다.

2008.5.21

급할 만한 위대한 업적을 쌓은 셈이다. '레즈'는 AC 밀란과의 2005년 결승전에서 3-0으로 뒤져 있다가 승부차기 끝에 대회 역사상 가장 극적인 역전승을 거두며 유럽 무대에 화려하게 복귀하였다.

레알 마드리드는 UFEA 챔피언스 리그에서 3회 우승을 기록한 가장 성공적인 팀이다. 마드리드는

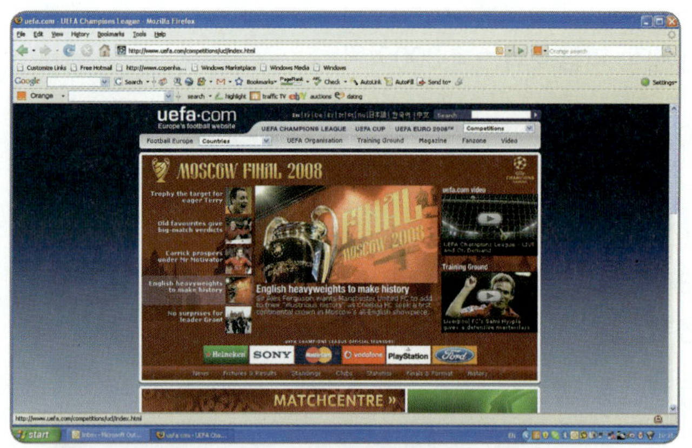

인터넷을 활용한 UEFA의 대회 프로모션 활동

또한 통산 9회 우승으로 최다 우승 기록을 갖고 있으며 AC 밀란이 6승, 리버풀이 5승, 바이에른과 아약스가 각각 4승으로 그 뒤를 좇고 있다. 마드리드는 결승전에 12번 출전해 최다 기록을 갖고 있다. 밀란은 지난 2002-03시즌 3차 예선 라운드부터 대회에 참가해 결승전에서 승부차기 끝에 유벤투스를 꺾고 우승하기까지 19경기에 달하는 대장정을 거쳐야 했다.

이 대회의 형식상 가장 큰 전환점은 1992-93시즌이었다. 이전 시즌 시범적으로 조별 라운드가 도입된 뒤 조별 라운드와 전통적인 토너먼트를 혼합한 방식의 UEFA 챔피언스리그가 정식 출범했다. 조별 라운드가 도입되면서 참가 팀 수도 8팀에서 32팀으로 늘어났고 유럽 전역에서 화요일과 수요일에 경기가 열리게 됐다.

UEFA CUP

UEFA 컵은 스위스의 에른스트 톰멘, 이탈리아의 오토리노 바라지(두 사람 모두 나중에 FIFA 부회장을 역임), 그리고 나중에 FIFA 회장이 된 잉글랜드의 스탠리 루스가 무역 박람회가 자주 열리는 도시 대표팀들에 의한 대회였다. 1955년 국제 박람회가 열리는 도시의 클럽 간의 경쟁으로부터 유래하여 인터내셔널 인터시티즈 페어스컵 이라는 이름으로 시작된 페어스컵은 71-72시즌 UEFA 컵이란 이름으로 재탄생하였다. 당시 개칭은 무역 박람회와의 연결고리가 완전히 끊어졌음을 의미했고, 그 이후로 UEFA가 독자적으로 대회를 운영하게 됐다.

1999-2000시즌부터 UEFA 컵 위너스컵이 폐지되면서 자국 컵대회 우승팀들도 UEFA 컵에 나설 수 있게 되었으며 또한, UEFA 챔피언스리그 3차 예선 라운드에서 탈락한 클럽들과 조별 라운드에서 3위를 차지한 8개 팀들에게도 UEFA 컵에 도전할 수 있는 기회가 주어졌다.

UEFA 컵에는 페어플레이 리그 상위권 3팀과 UEFA 인터토토컵에서 우승한 3팀, 그리고 특정 국가의 리그 컵 우승 팀들도 참가하게 됐다. 2004-05 시즌에는 사상 최초로 조별 라운드가 도입됐다. 황색 대리석 받침 위에 놓인 15킬로그램짜리 은제 트로피는 1972년 결승전을 위해 밀라노의 베르토니 보석상에서 설계 제작됐으며 2만 3천 유로의 비용이 들었다. UEFA 컵에는 손잡이가 없지만 그 아름다움은 바로 단순함에 있다. 대리석 받침 바로 위에는 공을 다투는 것처럼 보이는 선수들이 새겨져 있다. 실제로 그 선수들은 UEFA 로고로 장식돼 있는 8각형의 우승 컵을 떠받치고 있다.

UEFA와 미디어

UEFA 유럽축구선수권대회의 시청자 수치는 FIFA 월드컵에 이어 세계 스포츠 이벤트 2위이다. 제12회 대회였던 UEFA 유로 2004는 각종 기록들을 경신했다. TV 시청자 숫자는 총 79억명에 달했으며, 총 31경기의 경기당 생방송 시청자는 1억 5천 3백만명가량이었다. 결승전은 2억 7천 9백만명이 시청했으며, 유로 2000의 결승전 시청자 수치보다 무려 157%가 상승했다. 미국에서는 4억 4천 6백만명, 아프리카에서는 9억 8천 6백만명, 아시

마케팅 休知通

Behind(배후) Marketing

판매자의 입장에서는 소비자가 상업을 위한 활동으로 인식하지 못하는 정도의 은밀한 접근으로 구매를 유도하거나 홍보를 하는 수단이다. 음악, 동선, 온도, 향기, 색상, 시간, 조명 등의 요인들을 적절하게 선택 및 조절하여 소비자의 심리를 자극하는 데 그 주안점이 있다. 변화한 환경에 노출된 소비자들은 구매 욕구가 발생되고 브랜드를 인지하게 된다.

• 스포츠 산업에서의 적용사례

(1) Football Club SEOUL by GS Sports Team

서울을 연고로 하고 있는 F.C. Seoul은 국내에서 최초로 팀명에 모기업 명을 포함시키지 않았다. 2004년 연고를 서울로 이전하면서 구단 공식명칭을 연고 지향적으로 변경하여 발표하였다. 그 결과, GS를 모기업 형태로 하고 있지만, 타 구단에 비해 의존도가 떨어지는 대신 지차제의 후원을 등에 업었다.

• 스포츠에서의 시사점

프로스포츠 구단 운영의 구조적인 문제 개선이 우선되어야겠지만 변화의 시작을 팀명에 두는 것도 좋은 방안으로 생각된다. FC 서울 외에도 일본의 우레와 레즈가 좋은 사례이다. 팀명에 직접적으로 드러내지 않음으로 팬을 스포츠 팀 자체로 집중시킬 수 있고, 그 안에서 자연스러운 마케팅이 발생하도록 해야 한다. 국내 프로스포츠는 종목마다 차이는 있지만, 많게는 30년, 적게는 10여 년이 넘어가는 시점에서 지역연고를 강화하고 전통을 세워야만 지속적인 스포츠 산업 활동을 전개할 수 있을 것이다.

아에서는 약 11억명이 각각 대회를 시청했다.

포르투갈에서 개최한 유로 2004의 경우 234개의 채널에서 총 28,378시간을 중계에 할애하였으며, 이는 UEFA 유로 2000의 수치보다 165%가 상승한 수치이기도 하다. 이러한 수치상으로만 봐도 유럽축구선수권대회의 미디어를 활용한 강력한 힘을 알 수 있을 것이다.

UEFA는 다른 측면에서 본다면 FIFA 월드컵 보다 훨씬 빨리 미디어를 통해서 발전해 나갔다고 할 수도 있겠다. 이는 세계 축구의 흐름이 남미와 유럽 양쪽으로 이루어졌고, 1960년대부터의 세계 프로축구는 유럽 프로축구의 인기와 함께 자연스럽게 UEFA와 미디어의 관계는 상당히 원만하였을 것이다.

과거 1960년대에는 유럽선수권대회 본선의 영상이 오직 카메라 3대만으로 전달됐었다. 하지만 이제 2008년 빈의 에른스트 하펠 스타디온에서 치러질 UEFA 유로 2008 결승전에서는 27대가 넘는 카메라가 동원돼 정교하고 섬세한 작업이 진행되었다. 시청자들은 최고화질의 컬러영상을 다양한 각도와 속도에 맞춰 시청하였다. 몇 십 년 사이에 미디어의 발전을 알 수 있는 대목이라고 할 수 있다. 유로 역사상 최초로 UEFA는 2008 유로대회를 방송의 주체로써 UEFA 유로 2008의 TV영상 송신을 담당하여 직접 TV신호를 제작하여 공급하였다.

맨유의 경기를 관람하고 난 저자

4. 맨체스터 유나이티드의 스포츠 마케팅 — 우리의 경쟁사는 지구 밖에 있다

영국에서는 어느 축구장에 가든지 축구경기가 진행되는 동안 경기와 관계없이 '맨유(Manchester United, 약칭 Man Utd)를 싫어하면 일어나!(Stand up if you hate Man U!)'라는 노래 소리를 자주 들을 수 있다. 이들은 맨체스터 유나이티드 구단을 싫어하는 영국의 대다수 비 맨체스터 유나이티드 구단의 팬들일 수 있지만 이는 경기장 안팎에서 좋은 성적을 내는 맨유 구단에 대한 질투 섞인 보이지 않는 칭찬이다.

맨유는 스포츠 비즈니스로 재미를 가장 많이 보고 있는 구단이라고 할 수 있다. 맨유의 성공은 축구를 다른 구단보다 월등히 잘 한다기보다는 맨유라는 브랜드를 잘 활용하면서 경영을 했기 때문에 이러한 성공을 이룰 수 있었다.

영국의 Financial Times지의 1998년판 영국 500대 기업에 맨유 구단은 289위를 차지했다. 이는 주식시장의 가치로 £435.8million로서 다른 어느 구단보다 월등히 앞선 숫자이다. 맨유는 더 이상 영국 축구에서의 최고 구단이 아니라 영국에서 가장 빠르게 성장하고 있는 기업이다. 이는 구단의 경영을 축구단의 경영이 아니라 한 기업체를 경영하는 전략으로 운영했기 때문이다. 즉, 강력한 브랜드를 키워가며 열심히 마케팅을 한 결과라고 하겠다. 불과 30년이라는 시간 안에, 맨유는 아스널(Arsenal), 리버풀(Liverpool)과 같은 다른 영국의 축구 브랜드들과 겨루는 것에서 세계축구의 최고의 브랜드로 성장했다. 맨유는 2008년 포브스가 산정한 자산 가치 1조 8,000억원, 특히 연간 수입에서 입장료 등 경기장에서 얻는 수익은 40% 선이고, TV중계료 등 미디어 수익이 30%, 스폰서십이나 캐릭터 등 제품판매 수익이 30%에 달하는 최고의 가치를 가진 프로축구 구단으로 선정되었다. 맨유는 2005-06시즌 2,997억원의 수입을 올렸다. 전 시즌과 비교해 5% 정도 늘었다. 맨유는 2006-07시즌에 챔피언스리그 4강까지 진출했고 프리미어리그에서 우승을 차지하면서 이러한 수익 창출은 더욱 늘어났다.

맨유의 경기장 밖에서의 성공은 맨유라고 하는 브랜드가 존재하기 때문이다. 구단은 이 브랜드를 끊임없이 키워왔다. 물론 맨유는 브랜드를 PR할 수 있는 여러 가지 자산을 가지고 있다. 보비 찰튼(Bobby Charlton), 조지 베스트(George Best), 에릭 칸토나(Eric Cantona)와 같은 카리스마를 지닌 왕년의 선수들이나, 라이언 긱스(Ryan Giggs), 데이비드 베컴(David Beckham)과 같은 신세대 스타

들은 팬들을 끌어들이는 데 공헌했다. 그러나 무엇보다도 중요한 것은 맨유가 타 구단들보다 먼저 그들 자신의 브랜드를 이해했기 때문이다.

맨유의 인기는 강력한 리그의 영향도 있겠지만, 위에 언급한 스타 선수들이다. 맨유는 이를 인식하고 그동안 선수를 영입하고 발굴하는 데 총력을 기울여 왔다. 특히, 유소년 축구클럽을 통해 어린 선수를 육성해서 맨유의 고객충성도를 높여 왔는데, 라이언 긱스, 폴 스콜스, 게리 네빌 등 맨 유선수의 70%가 어릴적부터 이 유소년 클럽에 몸을 담아 왔기 때문에 맨유 선수들은 비교적 다른 팀으로 이적을 하지 않고 꾸준한 맨유맨이 되어, "나는 맨유 소속이다"라는데 굉장한 자부심을 느끼고 있다. 이러한 여건들이 전통성과 정통성을 부여하는 맨유의 마케팅 전략을 성공시키는 하나의 핵심 축이라고 할 수 있다.

70년대와 80년대의 영국 축구는 관중 폭동 등으로 말미암은 아명 높은 훌리건 이미지로 인해 많은 소비자를 끌어들일 수 없었는데, 이러한 부정적 이미지는 관중석의 안전 관리, 전 경기장의 좌석제 등으로 조금이나마 해결될 수 있었다.

1993년도 루퍼트 머독의 BSkyB의 영국 축구 생

맨유 마스코트인 프레디

중계권 구입은 영국 축구의 이미지 쇄신에 일조를 했다. 그간 맨유 리그 4회, FA Cup 3회, 유러피언컵, 위너스컵, 유럽피언 슈퍼컵, 리그컵을 우승하면서 서포터들을 확실하게 끌어들였다.

이 시기에 맨유 어린이 팬들을 새로운 시장 공략 그룹으로 개발하였고, 구단은 축구의 10세 이하의 소비자들이 일단 선호 브랜드(팀)를 결정하면, 다른 브랜드로의 전환은 거의 불가능하다는 것을 일찍 깨달았다. 구단의 경기장의 일부 좌석을 가족석으로 바꾸었고, 맨체스터 지역의 초등학교에 "Manchester United Football in the Community"라는 프로그램을 만들어 보다 많은 접촉을

| 그림 3-4 | Man U가 내걸고 있는 축구 비즈니스 비전

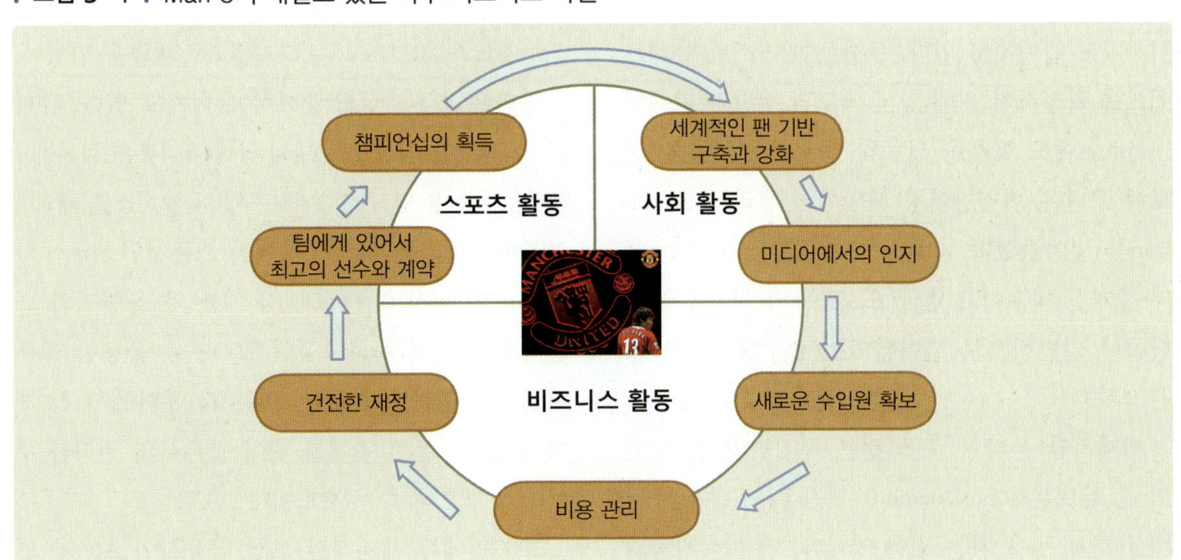

맨유 매년 투어 경기를 통해서 전 세계를 상대로 마케팅 활동을 하고 있다. (2007년 일본 투어 경기 중)

가질 수 있도록 노력하였고 구단은 또한 맨유 브랜드를 다시 런칭하고 재포지셔닝하였다.

구단은 새로운 구단 휘장, 구단 색깔 그리고 구단 활자체를 정하는 등의 CI 작업을 완료했다. 구단 휘장에 그려진 붉은 악마는 어린이 층에게는 너무 무섭게 생겼다는 이유로 'Fred the Red'라는 귀여운 도깨비를 구단의 마스코트로 만들었다. 이 Fred의 만화 그림은 구단의 공식 기념품점인 메가스토어의 입구에 걸려 있다. 이러한 팬들의 관심과 성원을 유지하기 위해 구단은 맨유를 팬들과 가깝게 하려는 노력을 계속했다. 구단의 올드 트래포트 경기장의 메가스토어와 수퍼스토어는 800가지가 넘는 구단 관련 제품을 접할 수 있으며, 구단의 로고가 달린 피자, 맥주, 포도주는 물론 샴페인까지도 판매하고 있다. 구단은 메가스토어 네트워크를 확장하기 위해 영국 최고의 장난감 가게인 Hamleys에도 제품을 납품하기 시작했다. 1997년도에 구단은 머천다이징 사업에서 무려 ￡28million를 벌어들였다. 이는 1996의 ￡18.7million에서 증가한 액수이고 영국 프로축구리그의 많은 구단들이 일반적으로 벌어들이는 총수입보다도 많은 액수다.

세계적인 온라인 축구 전문 매거진인 골 닷컴의 존 듀어든(John Duerden) 편집장은 "맨유는 골대를 향해 공을 차는 것이 아니다. 맨유는 관중의 마음을 향해 공을 찬다"라고 말했다. 맨유 구단의 마케팅 기법이 어떤 목적을 중심으로 두고 있는지 알 수 있는 대목이다.

맨유 관광사업 또한 확장했다. 올드 트래포트 투어'다. 이 경기장 투어 제품은 테마파크 형식으로 꾸며진 홈구장 올드 트래포트의 경기장 투어 프로그램이다. 맨유의 모든 것을 볼 수 있는 독특한 제품으로 관중 7만 6,000명을 수용할 수 있는 영국 최대의 구장인 올드 트래포트 구석구석을 카메라에 담는 것에서 시작돼 선수들이 경기 전후 옷을 갈아입고 대기하는 드레싱룸으로 둘러본다. 이어 마치 경기에 나가는 선수들처럼 두 줄로 서서 믹스트존에서 그라운드로 이동한다. 말 그대로 '맨유 선수'가 돼 보는 생생한 체험의 현장이다. 이 투어 프로그램의 가격은 한화로 1인당 2만원선, 연평균 관광객이 25만명이니 이 수입만도 50억원에 달한다.

구단은 또한 올드 트래포트 경기장 옆에 110개의 객실을 가진 호텔건설 사업에 ￡500,000를 투자함과 동시에 호텔 경영권의 25%를 획득했다. 호텔은 경기장이나 경기를 보러 온 국내외의 관람객들이 이용하리라고 보고 있다. 최근에는 전국의 맨유 팬들을 위해 예금통장과 신용카드도 만들었다. 1997년 9월에는, 위성방송국인 BSkyB와 Granada와 MU TV라는 디지털 TV 채널을 열었다.

구단은 스폰서십도 중요하게 여기고 있다. 유니폼 스폰서인 엄브로(구단의 공식 유니폼은 물론이고 훈련용품 등을 만드는 대가로 구단에 보너스를 제외하고 ￡58million를 지불)와 타이틀 스폰서인 Sharp(약 ￡50million에서 ￡60million을 지불)와 올림픽의 스폰서십 패키지 프로그램인 "TOP"을 응용한 스폰서십 라인제를 구축했다. 이는 각 분야에서 한 개 회사와만 스폰서 관계를 맺어 스폰서의 권리를 부여하고 보호해 주는 제도이다.

2007년에는 세계적인 보험 금융사인 AIG와 연

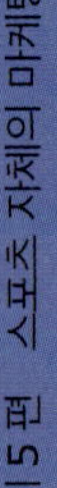

간 약 2,080만 유로(약 280억원)로 계약을 하면서 유니폼 스폰서십에서도 가장 많은 후원을 받은 축구 클럽이 되었다.

사업 분야가 중복되지 않는 이들 스폰서 회사로는 상기회사 외에 Sun Micro-systems, Lotus, Carling 그리고 Allsports 등이 있다. 맨유는 이 스폰서십제를 구단의 자금원으로서 만이 아니라 서포터들에게 보다 많은 것들을 제공해 주려는 구단의 노력이라고 말하고 있다. 영국 내에서의 성공을 바탕으로 맨유는 세계 시장에도 눈을 돌렸다. 이들의 계획은 진취적이며 세계 지향적이다. 구단의 덴마크, 노르웨이, 스웨덴 국가대표 영입은 스칸디나비아 지역의 팬층을 키우기 위한 계획의 일환이었다. 또한 스칸디나비아, 홍콩 등 해외 친선 경기도 벌여 이들에게도 맨유를 경험하게 하고 있다.

맨유는 Manchester United International이라는 회사를 설립해서 해외 머천다이징 사업을 개발하고 중동과 동남아시아에 합작 형태로 메가스토어를 확장할 계획을 가지고 있으며, 이미 더블린, 싱가포르, 홍콩 그리고 시드니에 지점을 열었다. 1997~1998시즌 초에는 ManUtd.com이라는 인터넷 홈페이지를 개설해서 메가스토어의 제품들을 인터넷을 통해 구입할 수 있게 함으로써 해외 팬들에게도 제품 구입의 기회를 주었으며, 또한 120년의 구단 역사에 대한 정보도 제공하고 있다. 구단의 공식 잡지인 *Manchester United* 는 이미 매월 150,000부을 판매하고 있으며, 이는 스칸디나비아, 태국(20,000부 판매), 중국 그리고 말레이시아 언어로 각각 번역, 판매되고 있다. 올해 2월에는 Granada 방송사와 Malaysia, Singapore 그리고 Indonesia 등지에 유선방송을 열어, 영국의 Man U TV와 차별화된, 실제 경기를 볼 수 있는 채널로서, 각 경기마다 수신료를 따로 받는 유료채널(Pay-Per-View channel)을 계획하고 있으며, 이러한 방송 영역을 확장해서 세계 200지점의 서포터 클럽의 회원들을 겨냥할 계획을 가지고 있다.

이러한 이유 때문에 맨유는 다소 실력이 미흡하더라도 일단 맨유의 유니폼을 입히고 타 구단에 대여함으로써 투자를 보전하고 신흥시장의 수많은 팬들을 맨유 팬으로 끌어들이는 전략을 구사하는데, 수년 전 입단한 중국의 덩팡저우가 그런 사례라고 할 수 있다. 물론 한국의 박지성 선수 역시 입단 초기에는 그러한 우려의 목소리를 들었지만 지금은 전략적 판단에 의해 발탁된 사례라고 모두가 인정하고 있고, 박지성 선수의 맨유 입단으로 밤을 새워 맨유의 경기를 보는 국내 팬들이 많아졌고 MBC-ESPN이 EPL의 방송 중계권을 100억원에 구매하는 결정적인 역할을 하기도 하였다.

맨유는 전략적이고 체계적인 경영을 바탕으로 구단의 강점을 계속적으로 개발하고 이용했다. 축구단의 성공은 물론 좋은 성적이 가져다준다. 이러한 성적을 전략적으로 활용하여 구단의 Profit과 연결시키지 못하면 경영면에서는 실패하게 된다. 그러나 맨유는 일찍이 그들 자신들의 브랜드의 자산 가치를 이해하고 이를 강력한 브랜드로 만들기 위해 장기적인 노력을 하였다. 그로인해, 맨유의 브랜드는 서포터들을 끄는 궁극적인 역할을 하였으며, 서포터들의 증가와 이들의 구매력으로 구단의 수입은 증가 했고, 그 수입으로 인해 다시 좋은 선수를 영입하는 데에는 물론이고 구단의 경영과 마케팅에도 재투자가 가능했다. 구단은 또한 서포터들과 항상 가까이 지내 그들의 요구를 계속적으로 충족시켰다.

맨유의 이러한 마케팅 활동이 우리 한국 축구에 시사한 점은 일찍이 Brand Power의 중요성을 인식하고 최신 경영기법을 동원하여 일개 축구단을 최고의 기업으로 일궈놓은 구단의 경영 마인드이다. 이것이 바로 세계 프로스포츠가 움직이고 있는 방향이고, 우리나라의 프로스포츠가 지향해야 할 방향이기도 하다.

사례 3-4 맨유는 전통 · 인기 · 추억 · 스토리를 만들어 판다

10년간 흑자…불황에도 매출 20% 늘어 팬 80%가 해외에…캐릭터 등
수익 다변화선수 영입비용 · 연봉이 지출 절반 안 넘게

지난 10일 맨체스터 유나이티드와 맨체스터 시티의 경기를 관람하기 위해 올드트래포드를 찾은 100여 명의 손님들은 벌어진 입을 다물지 못했다. 금호타이어 해외딜러인 이들은 데이비드 길 맨유 CEO와 전설적인 축구영웅 보비 찰튼경이 앞에 나타나자 환호성을 질렀다. 맨유 관계자들은 경기 시작 전에는 외부 인사를 좀처럼 만나지 않는다. 하지만 파트너사인 금호타이어가 해외딜러를 초청하자 감동을 주겠다며 CEO와 축구영웅까지 동원한 것이다.

맨유 기념품 매장 메가스토어는 각국에서 온 관광객들로 북적거린다. 열쇠고리부터 축구공까지 다양한 제품이 있지만 가장 인기 있는 것은 선수들의 유니폼. 상의 한 벌에 57파운드나 하는 고가이지만 관광객들 손에는 5~6벌씩 들려져 있다. 우크라이나에서 왔다는 그레고리 아추코프 씨는 "유니폼이 비싸기는 하지만 맨유 인기를 생각하면 충분한 가치가 있다"고 말했다.

맨유는 2009년 5월 16일 영국 프리미어리그 3년 연속 우승을 확정지으면서 최고의 경기력을 지닌 구단임을 입증했다. 하지만 맨유를 단순히 '축구 잘하는 구단'으로만 특징지우기에는 이 팀의 또 다른 능력이 너무 돋보인다. 그것은 다름 아니라 글로벌 기업도 혀를 내두르는 '맨유식 경영'. 축구 팬들의 시선이 '축구 클럽 맨유'에 집중된다면 글로벌 위기를 헤쳐나가는 기업과 경영자들 시선은 '기업 맨유'에 쏠려 있다.

맨유식 경영은 △영국을 넘어 파트너사와 세계시장을 공략하는 '윈윈경영' △쓴 돈이 아깝지 않게 하고 해외 팬까지 감동시키는 '고객 중심' 경영 △인기와 추억 · 스토리를 제품으로 만드는 노하우 △유망선수를 길러내는 인재경영 시스템 등 여러 가지가 있다. 맨유 경영은 축구 실력과 결합돼 경쟁구단을 제치고 맨유를 세계 최고의 명문구단으로 태어나게 했다. 축구 실력이나 스타플레이어만을 뜯어보면 스페인 FC바르셀로나나 영국 리버풀처럼 맨유만한 팀이 여럿 있다. 그러나 이들은 인기와 명성에 비해 경영성과는 맨유에 미치지 못한다. 포브스가 지난달 발표한 '축구 클럽의 브랜드 가치' 순위에서 1위를 차지한 맨유의 가치는 18억 7,000만 달러였는데 2위 레알 마드리드는 그보다 한참 뒤떨어진 12억 5,300만 달러에 그쳤다. 맨유는 또 10년 이상 흑자를 지속할 정도로 불황을 모른다. 경기침체 와중에도 지난해 매출액은 전년보다 20% 정도 성장했을 것으로 영국 언론은 추산한다.

파트너와 해외 마케팅하는 '윈-윈' 경영

지난 1월 영국 맨체스터에서는 데이비드 길 맨유 CEO가 AIG, 나이키, 금호타이어 등 파트너사에 신년 경영계획을 설명했다. 특히 이 자리에는 맨유 경영진뿐 아니라 알렉스 퍼거슨 감독까지 참여해 파트너사를 감동시켰다. 맨유가 파트너사를 어떻게 생각하는지 보여주는 대목이다. 맨유는 해외 팬이 많기로 유명하다. 특히 3억명으로 추산되는 팬 중 절반 정도는 아시아인이다. 알리 에지 맨유 이사는 "맨유가 해외 팬이 많은 글로벌 구단으로 발돋움할 수 있었던 데는 '파트너와의 협조'를 통한 해외 마케팅이 큰 역할을 했다"고 설명했다.

축구는 스포츠 마케팅으로서의 활용 가치가 큰 종목이다. 맨체스터 유나이티드와 토튼햄의 경기 시작 전 모습

맨유는 세계 시장을 공략할 때 파트너를 적극 활용한다. 단순히 돈을 받고 경기장에 광고판을 내거는 수준이 아니라 한발 더 나아가 파트너사와 다양한 이벤트 · 프로젝트를 벌인다. 이를 통해 파트너사는 자사 브랜드를 홍보하고 맨유는 세계 시장을 공략하는 윈윈효과를 거둔다.

예를 들어 맨유는 금호타이어의 협조 아래 2007년 한국에서 친선경기를 벌여 선풍적인 인기를 끌었다. 맨유는 2009년 7월에도 금호타이어를 타이틀 스폰서로 활용해 '금호타이어컵 맨유 코리아 투어 2009'를 진행했다.

이한섭 금호타이어 전무는 "맨유와 파트너를 유지하기 위해 들어가는 돈이 적지 않은 게 사실"이라며 "하지만 세계적 홍보효과나 우리를 파트너로 적극 배려하는 점 등을 통해 쓴 돈이 아깝지 않게 해준다"고 설명했다. 금호타이어의 경우 지난 2007년 맨 유 한국투어 타이틀 스폰서로 참여해 200억원 이상의 광고효과를 거둔 것으로 평가하고 있다. 또 금호타이어는 지난해 3월 맨유가 지정한 빅매치 데이를 통해서도 수백 억원의 광고효과를 얻은 것으로 추산하고 있다.

인기와 스토리를 제품으로 만들어 수익다변화

맨유 경영의 강점 중 하나는 입장 수입에만 의존하지 않는 '수익 다변화'이다. 맨유가 입장료 등 경기장에서 얻는 수입은 40% 정도에 그친다. 30% 정도는 TV 등 미디어에서, 30%는 파트너십과 캐릭터 제품에서 얻는다. 한마디로 맨유에는 입장권만이 제품이 아니라는 얘기다. 맨유는 전통, 인기, 추억, 스토리 등을 제품으로 만들어 팔 수 있는 능력을 갖고 있다. 대표적인 것이 12파운드(약 2만 3,000원)를 내면 이용할 수 있는 올드 트래포드 투어. 이 투어에 참여하면 박물관과 올드 트래포드를 돌며 맨유의 숨결을 느끼게 된다.

해외 팬들 '언어'까지 생각하는 '감동경영'

맨체스터시 인구는 40만명에 그치는 데도 7만 6,000여 석 규모 올드 트래포드 입장권은 항상 매진이다. 맨유에 대한 지역 주민의 사랑이 워낙 뜨겁기도 하지만 멀리서 맨유 경기를 보러 오는 해외 팬들이 없이는 불가능한 일이다. 맨유의 팬은 약 3억명으로 추산되는데 이 중 80%는 해외 팬들이다. 맨유는 해외 팬을 늘리기 위해 다양한 마케팅 전략을 사용하고 있다. 그 중 하나가 팬들의 언어까지 고려한 '고객중심 경영'이다. 맨 유는 세계 팬을 위해 영어뿐 아니라 스페인어, 독일어, 한국어, 중국어, 일본어 등으로 홈페이지를 만들어 운영하고 있다.

탁월한 인재경영

맨유하면 빼놓을 수 없는 것이 인재경영이다. 맨유의 최고 스타인 호날두는 최근 이적설이 떠돌고 있는데 그의 이적료로 거론되는 돈은 7,000만 유로(약 1190억원)를 넘는다. 지난 2003년 맨유가 포르투갈에서 호날두를 데려올 때 이적료로 낸 돈은 1,224만파운드(약 234억원)에 그쳤다. 한마디로 얘기하면 유망주를 싸게 데려와 세계 최고의 스타로 만들었다는 얘기로, 이는 맨유의 인재경영 방식을 단적으로 보여준다. 이미 몸값이 천정부지로 올라간 스타플레이어를 끌어오는 데 의존하기보다는 소질 있는 청소년을 유소년팀에서 꾸준히 가르쳐 스타로 만드는 방식을 택하고 있다. 프로축구 클럽은 스타선수들을 영입하는 데 막대한 돈을 쓰다 보니 지속적으로 수익을 내기 어렵다. 하지만 맨유는 10년 이상 이익을 내고 있을 정도로 안정적 경영구조를 인정받고 있는데 그 비결 중 하나는 스카우트 비용과 연봉이 전체 지출의 절반을 크게 넘지 않도록 조정하는 것. 이런 구조를 위해서는 유소년을 키우는 게 필수적이다.

데이비드 길 단장

데이비드 길 사장 “몸값 비싼 스타보다 끊임없이 유망주 발굴”

“맨체스터 유나이티드의 뛰어난 경기력과 이를 뒷받침하는 마케팅 · 브랜드 전략이 오늘을 있게 했습니다.” 세계 최고의 명문구단 맨체스터 유나이티드(맨유)를 이끌고 있는 데이비드 길 최고경영자(CEO)가 생각하는 구단의 성공 비결이다. 길 단장은 “맨유의 본분은 ‘축구’라는 것은 한시도 잊어본 적이 없다”며 “축구에서 번 돈을 다시 축구에 투자할 수 있는 경영 시스템이 갖춰져 있다”고 강조했다. 맨유는 전 세계에서 가장 많은 팬을 보유하고 있다. 그 비결을 묻자 길 단장은 “어린 시절에 형성된 이미지는 평생을 가기 때문에 어린이들에게 맨유의 이미지를 형성시키는 데 주력했다”며 “해외 팬을 겨냥한 다양한 마케팅 전략도 충성도 높은 팬을 늘리는 데 큰 도움이 됐다”고 설명했다. 그라운드에서 축구팀 맨유를 책임지는 사람이 명장 알렉스 퍼거슨 감독이라면 ‘기업 맨유’를 책임지고 있는 사람은 길 단장이다.

컨설팅 업체인 프라이스워터하우스쿠퍼스(PWC) 등을 거치며 기업금융계에서 잔뼈가 굵었고 1997년 맨유의 재정담당으로 합류했다. 2005년 CEO에 등극한 후로는 철저한 자금관리와 탁월한 비즈니스 수완으로 ‘대박’ 스폰서십을 터뜨리며 맨유의 황금기를 이끌고 있다. 길 CEO는 맨유의 강점으로 인재경영을 꼽는 데 주저하지 않았다.

길 단장은 “맨유는 이미 명성을 얻은 스타플레이어를 영입하기보다 유망주를 발굴한다”며 “맨유 선수의 70%는 맨유의 유소년 클럽부터 활동해 온 선수”라고 역설했다. 그는 또 “국적과 인종에 얽매이지 않고 적극적으로 전 세계 인재를 영입하는 것도 맨유가 강한 이유 중 하나”라고 덧붙였다. 길 CEO는 맨유의 이미지를 지키기 위해 파트너까지 신경쓰고 있다고 강조했다. 그는 “맨유가 다른 경쟁자들과 차별화될 수 있는 특성 중 하나는 맨유라는 이름에 녹아 있는 전통과 유산을 철저히 지키는 것”이라며 “맨유가 보유한 자산으로부터 끌어낼 수 있는 이득을 최대화하기 위해 파트너십도 활용하지만 아무나 (파트너십에) 접근할 수 있도록 하지는 않는다”고 설명했다.

매일 경제, 2009년 5월 18일

5. NHL의 북미 4대 스포츠에서 살아남는 스포츠 마케팅

NHL의 시작은 미국 메이저리그와 함께 오랜 역사와 전통을 가진 프로 리그라고 할 수 있지만 인기와 흥행면에서는 북미 4대 스포츠 중 가장 낮은 인기와 흥행을 기록하고 있다. NHL은 1907년 북아메리카아이스하키연합(National Hockey Association)과 태평양 연안 아이스하키연합(Pacific Coast Hockey Association)이 탄생하여 1914년 양 리그의 챔피언이 플레이오프를 통해 우승자를 가린 것이 시초였다. 이후 제1차 세계대전으로 중단되었다가 전후인 1917년 미국·캐나다 팀인 몬트리올 캐나디언스, 몬트리올 원더러스, 오타와 세너터스, 퀘벡 불도그스 4개팀이 정식으로 연맹을 결성하였다.

1926년에는 미국에서 스포츠의 급성장을 타고 큰 도시에 뉴욕 레인저스, 디트로이트 쿠거스, 시카고 블랙 호크스 등 구단이 창단되면서 10개 팀으로 확대되었다. 이 시기에 오프사이드, 페널티 샷(penalty shot) 등 새로운 규정이 생기면서 리그가 점차 체계를 갖추기 시작하였고, 1940년에 TV 중계를 처음으로 시작하였다. 특히 수비 중심의 경기에서, 속도감 있고 화려한 스틱기술을 사용한 공격 중심의 경기내용으로 변화하면서 큰 인기를 끌었고 1940년대부터 1960년대까지 황금기를 맞았다. 한때 6팀으로 축소되기도 하였으나 건실한 리그 운영으로 1967년 12개 구단, 1979년 21개 구단으로 늘어났고 2008년 현재 30개 구단이 있다.

이 우승 컵인 스탠리컵은 북아메리카 프로스포츠 역사상 가장 오래된 트로피로, 1892년 캐나다 총독인 프레더릭 아서 스탠리 경(卿)이 캐나다의 아마추어 아이스하키 우승 팀에게 수여하기 위하여 제정하였다. 원래 이름은 도미니언 하키 챌린지컵(Dominion Hockey Challenge Cup)이었으나 나중에 스탠리 경의 이름을 땄다.

원래의 우승 컵은 많이 낡아서 1969년부터 토론토에 있는 아이스하키 명예의 전당에 보관하고 있다. 매 시즌 승리한 팀과 선수의 이름을 컵 주위에 두른 은띠에 새겨 넣는 전통이 있는데, 1939년부터는 이름을 새길 공간이 부족하면 위쪽의 가장 오래된 띠를 떼어내 따로 보관하고 아래쪽에 새로운 띠를 붙여 새기게 하였다. 스탠리컵을 통한 이벤트는 캐나다와 미국 프로 스포츠 중에서 하나의 큰 이벤트 중에 하나인데 가장 역사가 오래되었고 전통적이라는 이 트로피의 상징성 때문에 자국에 대한 애착이 강한 캐나다와 미국인들의 인기를 받고 있다. 미국에게 슈퍼볼이 있다면 캐나다에는 스탠리컵이 있다고 말할 수 있으며, 스탠리컵에서 우승한 팀의 연고지는 우승 후 진품 스탠리컵을

우승 팀과 함께 대회 이후 투어 프로모션을 통해서 NHL을 홍보한다. (NHL의 우승 컵인 스탠리컵)

NHL의 플레이오프 경기 모습

가지고 시가행진을 할 수 있으며 FIFA 트로피 투어와 비슷한 투어 행사를 갖는다. 또한 독특한 것은 우승 팀 선수 개개인이 하루 간 트로피를 소장할 수 있다는 점이다. 이를 통해서 미디어에 노출시키고 선수들을 통해서 개별적인 팬들을 통해서 더욱더 긍지를 가질 수 있도록 한다.

1893~1894년 시즌에 캐나다 아마추어 아이스하키연합의 우승 팀인 몬트리올 아마추어 애슬레틱 협회가 최초로 수상하였는데, 이때에는 아마추어팀 들도 경쟁에 참여하였다. 1917년 미국·캐나다 4개 팀이 처음으로 NHL을 결성한 이후에는 NHL 플레이오프전 우승 팀에게 수여하고 있다. 1926년 이전까지는 몇 개의 리그가 스탠리컵을 나누어 사용하였으나 1926~1927년 시즌부터 NHL이 독점으로 사용하게 되었다.

특히, 캐나다는 질적인 면에서도, 오늘날의 NHL을 이끌어가는 핵심이라고 할 만하다. 2007년 1월 현재, NHL의 상위 50여 최다득점자들을 국가별로 재분류해 최다배출국 순위를 매기면 캐나다 50%, 러시아 14%, 스웨덴 10%, 미국 8%, 체코 6%, 핀랜드 6%, 기타 국가들 6% 즉, 득점랭킹 상위 50위 선수들 중 25명이 캐나다 출신자들이다. 명백하게 질적으로 캐나다 출신들이 오늘날 NHL에서 차지하는 위상을 보여주고 있는 모습 중에 하나는 NHL 올스타 게임에 출전하는 총 42명의 선수들중 26명이 캐나다 출신이라는 사실을 볼 때 (이 비율은 무려 62%나 된다) 더욱 분명해진다고 할 수 있다.

한편, NHL에 소속된 총 30개의 클럽팀들 중, 6개 팀이 캐나다에 프랜차이즈를 두고 있는 팀들인데(Montreal Canadians, Ottawa Senators, Toronto Maple Leafs, Vancouver Canucks, Calgary Flames, Edmonton Oilers), 메이저리그 야구가 1팀(Toronto Blue Jays), NBA 농구가 1팀(Toronto Raptors)의 캐나다 프랜차이즈클럽을 보유하고 있다. 캐나다 출신 선수들이 이처럼, 북미 4대 스포츠중 하나인 아이스하키 무대를 주름잡게 된 데는, 미국과 인접한다는 지리적 유리함 이외에도 여러 가지 원인이 있을 것이다. 특히 연중 얼음이 어는 기간이 긴 캐나다 북부지역들은, 태생적으로 스포츠로서 아이스하키에 대해 천혜의 자연조건을 제공하고 있다. 아이스링크를 유지하는 비용이, 다른 어느 프로스포츠에 비해 못지않다는 사실을 감안할 때, 특히 눈에 띄는 대목이며, 다른 북유럽이나 동유럽 출신 선수들이 NHL에 공헌하는 바를 생각할 때, 공통점을 가진다고 할 수 있다. 다시 말해, 한국에서는 아이스하키를 하려고 할 때 아이스링크를 찾아 헤매거나, 한겨울 강물이 얼었을 때 며칠 간 말고는 불가능한 반면, 겨울 중 상당기간 동안 얼어붙은 강 위에서 손쉽게 게임을 하면, 자연적으로 기량이 늘어나 프로팀으로 진출하는 것이다.

이러한 지리적/기후적 이점 이외에도, 캐나다 전국적으로 잘 발달된 유소년 및 프로 하위 리그들이, 아이스하키 선수 공급원으로서 역할을 확실히 해내고 있다.

시드니 크로스비를 탄생시킨 캐나다 퀘벡주의 청소년 하키리그 QMJHL(Quebec Major Junior Hockey League)를 비롯해서, NHL의 하위 리그 격인 WHL(World Hockky League)의 본부가 캐나다에 소재하고 있다. 이외, 캐나다 내 각 주별로 별도의 세미프로리그가 운영되고 있으며, 그 하위의 동호인 리그까지 다양한 단계에 걸쳐서 하키리그가 성행하고 있고, 여기에 더해, 여자하키까지 덩달아서 발전함으로써 하키강국으로서의 면모를 과시하고 있다(캐나다는 2002, 2006 동계올림픽 여자하키 부문 연속 패권국이다). 하키경기장, 즉 아이스링크를 운용하는 데는, 막대한 금액의 전기료가 소요된다.

특히 요즘같이 유가가 치솟는 상황에서는, 전기공급의 상당 부분이 석유에너지에서 비롯된다는 사실을 감안할 때, 더욱 높은 비용이 소요된다고 할 것이다. 그럼에도 불구하고 캐나다 내 웬만한 규모의 대학들은 모두 아이스링크를 보유하고 있으며, 규모가 큰 중고교(이 곳에서는 중학교와 고등학교를 묶어 6년제 secondary school이라고 한다)도 다목적으로 쓰일 수 있는 아이스링크 시설을 갖추고 있다.

즉 평소에는 다른 체육 활동을 위한 실내체육관으로 쓰다가, 필요시 아이스링크로 전환할 수 있는 실내시설을 가지고 있다는 것인데, 이로 인해, 동네 빙판에서 아이스하키를 시작한 어린 유망주들이 학교체육을 거치면서 계속 링크에 머물 수 있으며, 지속적인 개인기량을 향상시킬 수 있는 것이다. 현재의 NHL은 각 구단별로 82경기의 정규시즌을 마치면 플레이오프가 2개월간 벌어지는데, 이스턴 콘퍼런스(Eastern Conference)와 웨스턴 콘퍼런스(Western Conference)에서 각각 상위 8개 팀(지구 우승 팀 3팀, 상위 팀 5팀)씩 총 16개 팀이 올라 처음부터 7전 4선승제의 라운드를 3회 실시한다. 각 콘퍼런스에서 우승한 2팀은 챔피언결정전인 스탠리컵에서 7전 4선승제로 우승팀을 결정한다.

NHL의 마케팅 전략

NHL은 상대적으로 야구에 비해서 경쟁자가 많

2008 NHL 스탠리컵 경기 모습

다고 할 수 있는데, 그것은 북미의 4대 스포츠 중 하나인 NFL, NBA가 같은 시기에 경기를 한다는 것이다. 이와 같은 경쟁자 리그와 함께 시즌을 치러내야 하니 NHL이 북미 프로스포츠 중에서 가장 낮은 인기와 흥행을 기록하는 것도 무리는 아닐 것이다. 하지만 상대적으로 낮은 인기도가 우리가 생각하는 관중들이 없거나 그런 것은 절대 아니다. NHL 역시 캐나다를 중심으로 해서 연간 시즌권은 항상 매진이며 라이벌 경기 및 특정 도시의 경기는 시즌 전 경기가 매진을 기록할 정도로 인기를 달리고 있기 때문이다. 상대적으로 NHL은 계절적인 영향을 많이 받는 종목이다 보니 NFL과 NBA의 글로벌적인 부분에서 밀리고 있다고 볼 수 있다. 사실 개인적인 입장에서 NHL이 북미 스포츠 시장과 글로벌 시장에서는 약한 것은 사실이지만 내부적으로 캐나다를 중심으로 한 도시들은 NHL의 인기가 강세를 보이고 있으므로 그렇게 어려운 사정만은 아니라고 할 수 있겠다. 하지만 NHL이 좇아가는 경쟁자들은 MLB, NFL, NBA뿐 아니라 이제는 MLS의 추적까지 받고 있는 상황이다. MLS는 최근 베컴과 같은 슈퍼스타가 이적해 오면서 미국 내에서 새로운 스포츠 비즈니스의 대상이 되어가고 있다.

이러한 NHL의 위기는 2004~2005년 시즌부터

NHL 경기장에 First Guest로 초대되어 환대 받는 저자

얘기가 될 수 있다. 노사간 대치로 인해서 직장이 폐쇄되는 사건이었다. 이 사건은 구단이 선수들의 연봉을 구단 수입과 연계하자는샐러리 캡도입을 주장하자 선수노조가 결사반대, 결국구단 측이직장 폐쇄를 단행하면서 불거졌다.

NHL의 2002-2003시즌은 2억 7300만 달러(약 2,823억원), 2003-2004시즌엔 2억 2,400만 달러(약 2316억원)의 적자에 허덕여 왔지만 선수들은 전체 수익의 75%를 가져갔다"며 반드시 샐러리캡을 도입해야 한다"고 주장하였지만 NHL측은 구단당 4,250만 달러(약 436억원), 선수노조측은 구단당 4,900만 달러(약 503억원)의 연봉 상한에 대한 주장을 굽히지 않아 결국 시즌 취소로 이어졌다.

미국 프로스포츠 사상 최초이며 NHL 100여 년 역사의 오점으로 기록된 이 사건으로 팬들은 실망과 분노를 감추지 못하였고, NFL, MLB, NBA와 함께 미국 프로 4대 스포츠 가운데 하나인 NHL은 이로써 사상 최초로 노사 간 대치로 시즌 전체가 취소되는 불명예를 안게 됐다. 1893년 시작돼 1919년 독감으로 인해 취소된 것을 제외하고 단 한 차례도 거르지 않고 치러지던 스탠리컵(챔피언 결정전)도 86년만에 무산됐다.

그리고 300일이 지난 후 NHL과 NHL 선수노조는 6년 동안 효력을 발휘하는 새로운 노사협약(collective bargaining agreement)에 합의하였다. 미국 케이블 방송사인 ESPN에 의하면 2005-06시즌 각 팀은 최대 3,950만 달러에서 최소 2,200만 달러의 샐러리 내에서 팀을 꾸려나갈 수 있게 됐다. 또한 선수가 팀 전체 샐러리의 20%를 넘을 수 없는 조항도 포함됐다. 최저연봉도 17만 5천 달러에서 4십만 달러로 상향조정되는 등의 조항으로 합의하여 NHL의 시즌을 재개하였다.

NHL은 시즌 개막 전부터 시즌 내내 모든 링크의 바닥에 "Thank You! FAN!"이라는 로고를 새기면서 새로운 모습으로 팬들에게 다가가 위해서 많은 노력을 하였다.

미디어적인 측면에서 NHL은 MLB를 추구하는 성향을 보이고 있다. 2006년 로이터통신에 따르면 유튜브(Youtube.com)와 NHL의 경기 동영상을 자사 사이트를 통해 방송하였고, 유튜브 이용자들은 2006-2007시즌이 계속되는 동안 매일 2~5분 분량의 NHL 경기 동영상을 볼 수 있다. 이것은 비디오 스트리밍 서비스로 큰 성과를 올린 'MLB 따라하기'에 비유되었다.

새롭게 시즌을 시작한 NHL의 인기가 하락하였고, '메인스트림 스포츠'에서 존재 가치를 상실한 상태였고, 한때 공중파 방송 FOX를 비롯해 케이블채널 ESPN 등이 NHL 경기를 중계했지만 시청률이 기대에 못미치면서 모두 철수하였고, Versus라는 케이블 네트워크가 NHL 경기를 독점 중계하

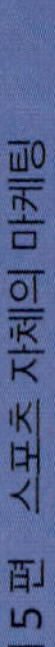

였지만 각 지역 SO(유선방송)에서 이 채널을 방영하지 않는 경우가 많아 막대한 손해를 보았다. 이러한 NHL의 인기 하락은 지난 2005년 직장폐쇄 이후 눈에 띌 정도였기 때문이다. 이와 같은 상황을 반전시키기 위해 야심차게 추진한 결과물이 비디오 스트리밍 서비스다. 이미 MLB.com이 시행해 엄청난 성공을 거둔 것을 따라하겠다는 복안이다. 그러나 모든 경기를 라이브로 중계하는 MLB.com과 달리 NHL은 새로운 방식을 도입하였다.

이른바 유저가 직접 제작해 올리는 콘텐츠로 국내에도 널리 알려진 UCC 기반의 동영상 전문 사이트 '유투브닷컴(youtube.com)'과 제휴해 수익을 공유한다는 것이다. 경기를 치른 다음날 동영상을 홈페이지에 올려 수익을 올려보겠다는 것이었다. 하지만 이러한 것도 비판의 여론이 있었는데, 언제 어디서나 야구경기를 보고 싶어하는 야구 팬들과 달리 하키 팬들은 직접 링크를 찾아 열정적인 경기장면을 목격하기를 원한다는 점에서도 새로운 사업의 성공 전망은 어둡기는 하였다. 일반적으로 하키 팬들은 야구 팬들에 비해 젊고 소득이 많은 것으로 알려져 있다. 그러나 이들의 수는 날로 감소하고 있으며 NHL은 떨어지는 인기를 만회할 특별한 방안을 위해서 개발한 모델이고 얼마 되지 않았으니 계속적으로 지켜봐야 할 문제이다.

이러한 온라인 활동과 함께 오프라인 이벤트를 통한 이벤트가 활발하게 벌어지고 있는데, 이른바 실내경기인 하키 경기를 야외에서 하는 것이다. 2003년 처음 개최된 이 야외 경기는 2003년 캐나다 애드먼튼 커먼웰스 스타디움에서 열린 경기가 열렸고, 현지날씨가 영하 18℃ 이하로 떨어질 만큼 혹한이었지만 유료관중 5만 7,167명이 경기를 관람하였다. 2008년 1월 1일에는 피츠버그와 버팔로와의 경기를 두 번째로 개최하였다. 7만 2천여 명의 팬들은 이러한 이벤트에 열광하였고, 미국의 NBC와 캐나다의 CBC, RDS가 생중계를 하였다.

6. NBA의 글로벌을 넘어서는 스포츠 마케팅

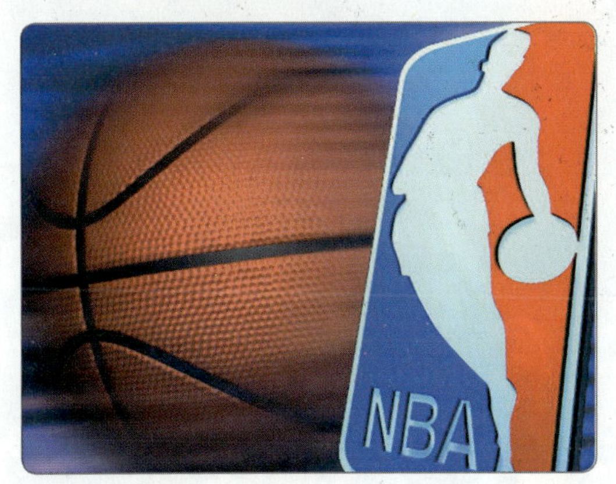

매년 정규시즌, 올스타, 플레이오프, 파이널 등 NBA의 주요 행사가 열릴 때면 데이비드 스턴 총재는 직접 기자회견을 열어 리그 내 중요한 사안들에 대해 설명하고 해명하는 시간을 갖는데 데이비스 스턴 총재는 2008 NBA 파이널 2차전이 열린 날 TD 뱅크노스 가든을 찾아 기자들과 리그의 정책과 상황을 놓고 논의하였다. 가장 많은 이야기는 NBA의 인기와 마케팅에 대한 문제였다. 이 중 NBA의 중국 시장에 대해 가장 많은 대화를 하였는데, NBA는 1985년부터 예의주시 해왔다고 밝혔다. 85년은 NBA가 처음으로 중국과 교류한 시점으로, 당시 뉴델리 아시안게임 이후 리빌딩에 돌입했던 중국 국가대표 팀이 미국에 초대되어 NBA 구단들과 교류전을 가졌다.

중국과 미국 NBA와의 교류는 야오밍의 NBA 진출 이후 더욱더 활발해졌는데, 그 이후 NBA의 중국과 아시아 시장에 대한 관심은 점점 높아지고 있다. 단순히 중국에 NBA 중계권을 더 팔고, 제품을 파는데 그치지 않으며, 2008 베이징올림픽 농구경기가 열리는 올림픽 경기장 사업에 적극 참여해 왔고, 지금도 프로젝트를 진행중이다.

또한 NBA는 유럽 무대를 지속적으로 프로모션을 하고 있는데, 일부에서는 NBA 리그에 유럽 구

단을 합류시키는 것도 고려하고 있다. NBA는 지속적인 유럽 내에서의 NBA의 시범 경기를 통해서 NBA를 프로모션하고 있다. 수준급 유럽 선수들이 NBA에 데뷔하면서 유럽에 큰 임팩트를 남겼으며, 특히 스페인의 경우에는 자국의 NBA 선수들을 보면서 동질감을 느꼈고, 우리 스포츠가 갖고 있는 매력 중 하나이다. 이러한 NBA의 행보는 마이클 조던의 은퇴 이후 NBA 인기의 하향세에 대한 대처 방법이라고 할 수 있다. 물론 NBA는 이러한 부분을 우려하면서도 2007년 샌안토니오 스퍼스와 클리블랜드 캐벌리어스와의 파이널 기간 중의 낮은 시청률에 대해서도 데이비드 스턴 총재는 "농구를 보는 방법이 대단히 다양해졌다"며 굳이 TV 시청률에 연연하지 않겠다는 입장을 보인 바 있다. 올해도 그는 TV 시청률에 대해선 전혀 걱정하지 않는다고 말했다. "NBA 팬들은 TV나 인터넷 등 우리의 게임에 접근하는 방법이 대단히 많은 편이다. 우리는 어떤 방법으로든 우리의 게임에 더 쉽게 다가설 수 있도록 노력하고 있다. 그게 우리가 할 일이다"라고 스턴 총재는 말하였다. 이러한 문제에서 살펴볼 수 있듯이 NBA는 마이클 조던 은퇴 이후의 그들의 당면한 문제에 대해서 고심하고 있다.

NBA의 글로벌 전략

SMCMG(Sports management Consulting and Marketing Group)은 NBA의 글로벌적인 발전을 위해서 마케팅적인 컨설팅을 하면서 두 가지를 제안하였는데, 농구라고 하는 스포츠를 세계적으로 성장시키는 것, 축구와 같은 세계적인 인기를 위해서 성장의 기회를 갖고 그 가치는 여전히 존재하는 것, NBA의 브랜드를 확장시키는 것, 이 분야의 도전은 NBA가 직면한 많은 전략적 선택을 평가하고 우선순위로 결정하는 것이었다.

이러한 제안의 초점에는 남자 농구가 있었고, NBA가 있었다. NBA는 수십년 동안 프로농구를 진행시키고 있는데, BAA(Basketball Association of America)는 11개 인가 프랜차이즈 구단을 가지고 1946년에 창설되었다.

처음 2년 동안 BAA는 경쟁자인 NBL(National Basketball League)과 대학선수를 확보하기 위한 경쟁 때문에 손실을 발생시킨다. 1년 후에 BAA와 NBL의 두 조직은 합병을 결정하게 되고, 이것이 NBA(National Basketball Association)의 시작이 되었다. 1984년 데이비드 스턴(David Stern)이 NBA의 4대 커미셔너로 지명되었다. NBA는 23개 프랜차이즈 구단으로 구성되었다. 그 후 20년 동안 선수 연봉과 텔레비전 계약과 스폰서 거래 규모의 극적인 증가가 발생하였다. 2002년 12월에는 30번째 구단이 NBA에 가입하기 위해서 3억 달러라고 하는 천문학적인 금액을 지불하기도 하였다.

NBA의 본사는 뉴욕에 있으며, 이외에 마이애미, 토론토, 멕시코 시티, 바르셀로나, 파리, 도쿄, 홍콩, 베이징, 상하이, 대만에 사무소를 가지고 있다. 현재 NBA는 글로벌 스포츠 브랜드로 인식되고 있다. 실제로 지구상의 많은 지역에서 스포츠 자체와 우수한 NBA 선수들 간의 관계가 종종 이루어진다. 예를 들면 마이클 조던의 브랜드가 들어간 제품을 전 세계의 청소년들이 입고 사용하고 있다는 것이다. 우선 NBA의 이러한 연락 사무소가 있다는 점에 NBA의 세계화를 살펴볼 수가 있는데, 지리적으로 가까운 남미 지역에 사무소가 있다는 점에 주목할 필요가 있다. NBA는 미국의 프로스포츠가 아니라 북미의 프로스포츠라고 할 수 있는데, 토론토 랩터스(Toronto Raptors)가 NBA에 있다는 점이다. 물론 단 하나의 캐나다 팀이 존재하고 있지만 이는 NBA의 세계화의 정책에 맞춰서 지속적으로 존재해야 하는 팀일 것이다. 지리적으로 볼 때, NBA는 새로운 프로 구단을 구상하고 있을 수 있는데, 멕시코를 기반으로 하는 구단을 만들 생각이라면 멕시코 팀을 하나 NBA에 가입시키는 것이다.

NBA의 최고 글로벌 프로젝트는 제3의 디비전인 NBA Europe을 만드는 것이다. 세계 농구계를 선도하는 유럽의 몇몇 팀을 묶어서 프로 구단을 창설하는 것이며 그러한 이유로 많은 연락 사무소가 유럽에 존재하고 시범 경기 역시 진행되고 있다고 할 수 있다.

NBA 세계화의 사례

NBA 세계화의 사례에는 몇 가지를 주목해 볼 수 있는데, 축구에서 보면 세계 유명 구단들의 투어를 볼 수가 있다. 맨체스터 유나이티드의 아시아 투어라던가, AC 밀란의 경우가 그러하다. 10년 이상 NBA와 NBA 팀들은 영국, 프랑스, 이스라엘,

2009 NBA FINAL의 치어리더

등에서 시범 경기를 가졌다. 2004년 야오밍의 휴스턴 로케츠와 세크라멘토 킹스는 북경과 상하이에서 시범경기를 하였다. 이와 같은 경기가 NBA는 NBA의 브랜드와 아시아 마케팅을 위해서 기회가 존재한다고 판단하였고, 후원사들에게도 긍정적인 기회를 제공한다고 할 수 있다. 이러한 사례는 메이저리그 야구에서도 볼 수 있는데, 세계적으로도 유명한 뉴욕 양키즈(New York Yankees)는 템파베이 데빌 레이즈(Tampabay Devil Rays)와 메이저리그 개막전을 일본 도쿄에서 가졌다. 이는 뉴욕 양키즈의 히데키 마쓰이 선수가 포함되어 있기 때문에 일본 내에서 친숙한 프로모션을 할 수 있는 의의도 있었겠지만, MLB의 세계화를 위한 발판을 마련하였다고 볼 수 있다. MLB 후원사들에 대한 일본 시장의 공략과 일본 기업들의 미국 내 시장 공략 등 양 조건을 충분하게 만족시킬

Toyota Center 펜 페스트 에리어에 설치된 야오밍 선수의 브로마이드 사진과 함께한 저자

수 있는 기회를 제공하였다고 할 수 있다. NBA는 2008년 오프시즌 동안에 유럽에서의 시범경기를 개최하였다. 이러한 NBA의 행보는 NBA의 브랜드를 세계적으로 알릴 수 있으면 마케팅적인 기회와 수익에 대한 기회를 대폭적으로 넓히는 기회라고 할 수 있다.

또 한 가지의 세계화의 사례라고 할 수 있는 것은 외인 용병들의 증가라고 할 수 있다. NBA 내에서 뛰는 외국인 선수들의 비율은 갈수록 높아지고 있는데 그것은 〈표 3-10〉을 보면 알 수 있다.

〈표 3-10〉을 살펴보면 30년 사이에 상당히 많은 수의 외국인 선수들이 뛰고 있다고 볼 수 있다. NBA는 이러한 선수들의 증가가 NBA의 상업적인 이익과 국제적으로 프로모션을 하기 위해서 많은 비즈니스 기회를 제공한다고 판단하고 있다.

가장 대표적인 사건은 중국의 야오밍이 휴스턴 로케츠에 입단한 사건이라고 할 수 있다. NBA의 글로벌한 스포츠 마케팅을 분명하게 보여주는 사건이기도 하지만, 이는 NBA를 중국 내에 알리는 문제뿐 아니라 미국과 중국 간의 정치적인 문제까지도 해결하는 하나의 이슈가 되기도 하였다. 이는 우리가 박찬호 선수가 메이저리그를 진출하여 매일 TV 앞에서 그의 활동에 열성적으로 응원하고 기쁨을 누렸던 것과 마찬가지의 기분을 중국인들에게 전달했을 것이다.

야오밍의 NBA 진출로 인해서 휴스턴 로케츠의 원정경기 평균 관중수는 8.3%의 증가세를 보였다. 이는 2002/03년도 NBA의 원정경기 관중수가 0.5% 감소했다는 것을 알게 되면 야오밍의 NBA 진출로 인해서 휴스턴 로케츠와 그 팀과 함께 했던 홈팀의 이익이 얼마만큼 수익으로 되돌아 왔는지를 알 수 있다. 이는 다국적 선수들이 NBA에 진출하는 것이 얼마나 큰 영향을 주는지를 보여주는 대목이라고 할 수 있다. 이미 많은 스포츠 에이전트와 NBA 구단들은 차세대 NBA 스타를 발굴하기 위해서 미국 내뿐 아니라 밖을 샅샅이 뒤지고 있다. 또 하나의 전략은 제품판매를 세계화하는 것이다. NBA는 NBA 라이센스 제품을 6개 대륙 100

표 3-10 NBA의 외국인 선수 비율

연 도	선수인원
1973~74	2개국 2명
1983~84	7개국 8명
1993~94	19개국 24명
1998~99	27개국 38명
2003~04	34개국 73명

마케팅 休知通

공격시간 제한 24초의 유래

농구 경기를 박진감 있게 하는 핵심 요소 중 하나는 공격시간을 24초로 정한 것이었다.

1953-54년 시즌 NBA는 빈사 상태로 관중이 줄고 많은 팀이 파산 위기에 빠져 있을 때, "대니 비아손"은 시러큐스 내셔널 팀(필라델피아 76ers의 전신팀)을 단돈 1,000달러에 인수하였다.

시즌이 끝난 뒤 공격시간에 제한을 두면 골을 더 많이 들어갈 것이고 그러면 관중들이 더 많이 찾아올 것이라는 마케팅적 발상에서 만들어졌다.

한 게임에 평균 120개의 슛이 나온다는 통계에 따라, 게임시간 48분(2880초)을 120으로 나눈 24초가 제한시간이라는 답이 나왔다.

이 제도가 채택이 된 이후 평균 득점이 14점이나 늘었고, 관중도 급증하였으며, 비아손은 룰을 바꾼 이후 시러큐스 팀은 우승하였고, 농구의 중흥을 이룬 전환점으로 비아손은 NBA의 발전을 만든 역사적인 인물로 평가받고 있다.

개국 이상의 팬들에게 제공하고 판매하고 있다. NBA의 30억 달러 제품 매출 중 20%는 미국 밖의 해외로부터 발생한다. 의류, 스포츠 용품, 트레이딩 스포츠 카드, 학용품, 출판, 홈비디오, 홈 장식

NBA의 마케팅 파트너인 기아자동차와 함께 마케팅 활동을 펼치고 있는 NBA

품, 전자게임, 장난감과 게임, 수집용품, 전화 카드, 수집을 위한 한정판 제품까지 다양한 제품을 판매한다. NBA는 이러한 NBA 제품에 관련하여 경기에 대한 TV 광고뿐 아니라 제품에 대한 TV 광고 또한 다양하게 한다. 예를 들면 NBA의 팀 모자에 대한 광고만을 전문적으로 하거나 팀 유니폼에 대한 광고를 전문적으로 하는 행위가 NBA의 제품 판매의 범위와 판매량이 얼만큼 되는지를 짐작할 수 있다.

2003년 NBA와 리복 간의 마케팅 파트너십은 처음으로 의류에 관한 라이센스 권리를 통합하는 특징이 있었다. 아디다스가 리복을 합병하면서 지금은 아디다스가 그 권리를 5년간 행사하고 있으며, NBA와 관련된 모든 유니폼, 반바지, 모자, 연습 의류 관련된 악세사리를 디자인하여 판매하고 있다.

이러한 마케팅 활동을 통해서 2004년 NBA는 약 7개의 월드와이드 마케팅 파트너를 갖고 있다. 아디다스, 버드와이저, 코카콜라, 게토레이, 레고, 나이키, 리복을 갖고 있으며 이와 같은 마케팅 파트너는 NBA의 브랜드를 통해서 자사의 브랜드를 마케팅 하였다. 최근에는 한국의 기아자동차가 마케팅 파트너가 되어서 북미 내의 NBA의 구단과 NBA를 통한 마케팅 활동을 하고 있다. 이러한 마

마케팅 休知通

De(역, 逆) Marketing

기업들이 자사 제품에 대한 고객의 구매를 의도적으로 줄이거나 사회적 통념으로 제한하면서 적절한 수요를 창출하는 마케팅이다. 주로 주류, 담배 등의 기호식품이나 복권 등의 반(反)사회적인 사업을 하는 기업들이 사회적 책무를 강화함으로 기업의 이미지를 긍정적으로 유도하기 위함이다.

• 스포츠 산업에서의 적용사례

(1) Sports Betting by SPORTS TOTO

국민체육진흥기금 조성을 위해 운영하는 국가정책 사업으로 스포츠토토가 사업의 수탁업자이다. 스포츠토토는 공식온라인 발매 사이트 'Betman'을 통해 판매를 하고 있다. 이 가운데 투표권이 있는 만 20세 이상만 구입 가능, 회차당 1인 10만원 한도, 1일 최대 6회차 등의 제한적인 수요를 강조한다. 이는 건전하고 즐거운 스포츠 배팅문화를 창조하고자 하는 의도의 일환이다.

• 스포츠에서의 시사점

국내에서의 배팅문화는 예전 사행성이 있는 복권사업의 일환으로 보는 시각이 여전히 존재한다. 그 때문에 법적 공방도 일어나는 상황이다. 건전한 스포츠 배팅문화를 선도하기 위한 방안들이 속속히 나오고는 있지만, 여전히 편협한 시각은 바뀌지 않고 있다. 스포츠 경기가 있는 날이면 경기장 앞에서 배팅체험과 제품을 주는 프로모션을 하고 있다. 현장의 직원들은 체험을 하는 고객과의 아이커넥션도 부족하고 형식적인 멘트만을 하고 예상점수가 적힌 종이를 건네준다. 받은 사람은 배팅에 대한 문화를 이해하기보다는, 동전으로 은박지를 벗기듯이 예상점수가 맞길 바라는 마음뿐일 것이다.

케팅 활동은 NBA와 마케팅 파트너 사이에 윈윈 전략을 맺게 해주는 역할을 한다.

또한 국가별 마케팅 파트너를 통해서 마케팅 활동도 또한 다양하게 하고 있는데 2007년 NBA의 중국 내 마케팅 파트너는 아디다스, 코카콜라, DHL, 게토레이, 맥도널드, 레노버, Mengniu, 모토로라, 스팔딩, 소후, 도요다가 마케팅 파트너가 되어서 중국 내의 NBA 관련한 마케팅 활동을 하였다. 멕시코의 Telcel(무선통신)을 통해서 각 글로벌 NBA의 마케팅 활동을 다양하게 펼치고 있다.

NBA의 중국에서의 활동

NBA의 Media의 전략

NBA라고 하는 브랜드의 세계화 전략 앞에서 선두에 있는 것은 세계적인 선수들과 그들의 경기뿐만이 아니다. 그들의 경기와 선수들의 생활을 전달해 주는 미디어가 없다면 이러한 성과를 보여줄 수 없을 것이다.

NBA는 1987년 NBA 올스타 게임을 위해서 7개국을 대표하는 기자들에게 31개의 언론 신임장을 발행하였으나 2004년에는 41개국으로부터 325개의 신임장을 발행하였다. 2004년의 NBA의 TV 방영은 42개국의 언어로 212개국에 방영되었고, 중국에서는 3억 1,400만명이 시청하는 스포츠가 되었다. 가장 대표적으로 NBA를 발전시켰던 미디어의 역할에는 인터넷의 힘이 가장 크다. 북미 프로스포츠의 가장 큰 특징 중에 하나는 각 협회와 구단의 홈페이지를 협회가 전체적으로 관리한다는 점이다. NBA.COM을 2003-04시즌에 방문한 인원은 3억 1,500만명으로 나타났고 이 숫자의 절반은 북미 외의 다른 나라에서 접속이 되었다. 이러한 숫자는 다른 타 프로스포츠 사이트에 비해서 압도적으로 많은 숫자였다. 글로벌 공식 웹사이트를 제작하여 제공한 협회가 NBA이기 때문이다. NBA가 보유하고 있는 국제 웹사이트는 〈표 3-11〉과 같다.

이러한 전 세계적으로 제공하는 인터넷 정보는 지속적으로 NBA에 대한 관심으로 이어지고 있으며 이러한 관심과 인기를 발판으로 해서 미디어 대한 비즈니스 모델도 개발할 수 있는 것이다. NBA의 국제 방송 중계권료도 비즈니스에 한몫을 크게 하고 있다. 예를 들면 NBA-TV England와 NBA-TV China처럼 독자적인 방송국을 갖는 방법과 ESPN을 통한 해외 방송 중계권료 수수료를 받는 방법이 그것이다. 이 두 가지 방법 모두 NBA에게 방송 중계권으로 안정적인 수익을 가져다주고 있으며, 인터넷 방송 또한 Yahoo와 같은 제3의 포털 사이트를 통하여 경기에 대한 인터넷 생방송 권리를 판매한다거나, NBA의 이름 하에서 자신들의 방송국을 갖고 있다는 것이다.

7. MLB의 스포츠 마케팅 — 세계를 향해 치고 던지고 달려라!

MLB의 마케팅

MLB(Major League Baseball)은 미국 프로야구의 아메리칸리그(American League)와 내셔널리그(National League)를 지칭하는 말로, 빅리그(Big League)라고도 불린다. 아메리칸리그 소속 14개 팀, 내셔널리그 소속 16개 팀으로 이루어져 있으며 각각 동부지구, 중부지구, 서구지구로 나뉘어 정규 시즌을 치르는 미국 프로야구 경기다. 미국에서는 야구가 국기라고 할 정도로 엄청난 국민적 사랑을 받으면서 성장하고 있으며 야구는 미국인들에게 생활이자 곧 인생이라고 할 수 있다. 미국

| 표 3-11 | NBA Global의 사이트 주소

국 가	사이트 주소
브라질	http://www.nba.com/brasil/
캐나다	http://www.nba.com/canada/
중 국	http://china.nba.com
스페인	http://www.nba.com/espanol/
프랑스	http://www.nba.com/france/
독 일	http://www.nba.com/germany/
이탈리아	http://www.nba-sportitalia.com/nba/
일 본	http://www.nba.com/japan/
홍 콩	http://hongkong.nba.com/
영 국	http://www.nba.com/uk/
대 만	http://taiwan.nba.com/

출처: NBA.COM.

메이저리그에서 활동하고 있는 추신수 선수

대통령인 링컨조차도 암살당하면서 남겼던 유언이 "야구는 끝나지 않았다"였다. 그의 유언의 의미가 어떻게 해석되고 어떠한 의미를 부여하는지를 떠나서 야구라고 하는 종목이 미국인들에게 주는 영향력이 어떠한지 알 수 있는 대목이다.

이러한 영향력을 바탕으로 미국 야구는 성장하였다고 볼 수 있다. 이러한 배경 속에서는 1860년대 미국 전 지역에 걸쳐 대중적인 운동으로 자리 잡았던 미국의 프로야구는 1869년 최초의 프로구단 신시내티 레드스타킹스(Cincinnati Red Stockings)가 창단되면서 시작되었고, 1875년에는 세인트루이스와 루이스빌(Louisville) 등의 야구클럽 대표단의 모임에서 현재의 내셔널리그인 프로야구클럽 내셔널리그가 창설되었다. 이러한 영향으로 야구의 인기가 상승하게 되었고, 1882년에는 내셔널리그에 대항하는 아메리칸 어소시에이션(American Association)이라는 새로운 리그가 창설되어 내셔널리그와 경쟁하기 시작하였다. 이를 전신으로 1901년에는 아메리칸리그가 창설되어 오늘날과 같은 내셔널리그 및 아메리칸리그의 양대 리그체제를 갖추게 되었다.

양 리그의 우승 팀 간에 월드시리즈가 처음으로 벌어진 시기는 1903년이며, 월드시리즈의 도입은 리그제의 도입과 더불어, 프로야구를 전 국민적인 열광과 관심을 모으는 미국 최고의 인기스포츠로 자리를 굳히게 되었다. 1933년에는 꿈의 실현이라 하는 올스타전이 최초로 열렸고, 모든 미국의 메이저리그 선수들이 이름을 남기고 싶어 하며, 가문의 명예라고 생각하는 야구 명예의 전당은 1939년에 설립되어 타이 코브(Ty Cobb), 베이브 루스(Babe Ruth) 등 5명이 최초로 헌액되었다.

1975년부터 정식으로 채택된 FA(Free Agent)제도는 메이저리그의 경우 경력이 6년 이상 되는 선수에 한하여 자기 마음대로 구단을 선택하여 계약할 수 있도록 한 자유계약제도로서, 1980년대에 채택된 연봉상한선 폐지, 1953년 결성된 선수노조와 더불어 선수들의 권리 증진과 연봉의 폭등을 가져오게 하였다. 또한 1981, 1994, 1995년에는 구단과 노사 양측 간의 협상결렬로 파업에 들어가 경기가 취소되는 사태가 벌어지기도 하였다.

1995년에는 신생 팀들의 창단으로 지구 개편이 이루어져 리그별 3개의 지구로 확대 개편되었고, 포스트시즌 진출방식에도 NFL(National Football League: 북아메리카프로미식축구리그)의 와일드카드 제도를 도입하였다. 1997년에는 다른 리그의 다른 지구의 팀들과 경기를 벌이는 인터리그 방식을 도입하여 흥행을 이끌기 위한 노력을 하였고, 1998년에는 애리조나 다이아몬드백스, 탬파베이 데블레이스가 합류하였으며 밀워키 브루어스가 내셔널리그로 이동하는 등 현재의 체제로 개편하였다. MLB는 정규시즌은 팀당 162게임을 치루며, 경기방식은 같은 지구의 팀과는 12차전을, 소속된 리그의 지구가 다른 팀과는 11차전을 갖는다. 여기

에 인터리그 경기를 덧붙이게 되는데, 다른 리그의 다른 지구의 팀들과(서부 지구 팀들이 동부 팀들과 대결) 3~4경기를 갖게 된다. 정규시즌이 끝나면 각 리그별로 월드시리즈 진출 팀을 가리기 위한 포스트시즌에 들어간다. 포스트시즌에는 각 지구별 우승 팀과 지구별 2위 팀들 가운데 승률이 가장 좋은 팀이 와일드카드로 진출하여 5전 3선승제의 디비전시리즈를 갖는다. 디비전시리즈에서 승리한 두 팀은 다시 7전 4선승제의 리그 챔피언십시리즈를 치르게 되는데, 여기에서 승리한 각 리그의 최종 승자가 월드시리즈에 진출하게 되는 구조를 갖고 있다.

MLB의 마케팅 전략

1994년 시즌의 파업과 마이클 조던(Michael Jordan)을 앞세운 NBA(National Basketball Association: 미국프로농구협회)의 열기로 잠시 위기를 맞았지만 그것을 그렇게 오래 가지 않았다. 마크 맥과이어(Mark Mcgwire)가 베이브 루스 이후 한 시즌 최다 홈런의 기록을 세우는 시즌이 되었기 때문이다. 더욱이 이 기록은 시카고 컵스 소속이었던 새미 소사(Sammy Sosa)와 함께 엎치락 뒷치락하는 경쟁 구도가 그려지면서 전 세계인의 이목을 집중시켰다. 박찬호가 메이저리그에 진출하던 시기에 생소하게만 여겨지고 박찬호의 LA 다저스 밖에 모르던 MLB란 존재를 각인 시켜준 일대의 사건이라고 할 수 있다. 이러한 홈런 레이스 경쟁과 중남미, 아시아계 선수들의 진출과 활약으로 다시 흥행에 성공하게 되면서 MLB는 국경을 초월한 범세계적인 스포츠로 자리잡아 가고 있다. 1990년대에 들어서 MLB 사무국은 리그를 축소하기로 계획하고 2002년 시즌 전, 재정이 빈약한 내셔널리그 동부지구의 몬트리올 엑스포스와 아메리칸리그 중부지구의 미네소타 트윈스를 퇴출하였다.

베리본즈의 홈런 장면

또한 각 리그별 3개의 지구로 나뉘는데, 같은 리그 내에 팀끼리 경기를 치른다. NL만 해도 16개 팀으로 국내 프로팀 수의 두 배나 되기에 리그를 벗어나 경기를 한다는 것은 거의 불가능하였고, 서로 다른 리그의 팀들이 경기를 할 수 있는 경우는 시범경기와 월드시리즈로 페넌트레이스를 시작하기 전 컨디션 점검하는 차원에서 경기를 할 때와 리그챔피언십 통해 올라온 양 리그 챔피언이 붙을 때로 나뉜다.

시범경기는 정식 경기로 인정이 되지 않고, 선수들의 변동이 유동적이라 흥미가 떨어지고, 또한 팀이 월드시리즈에 올라간다는 것은 쉽지 않은 행보일 것이다. 90년대 중반부터 관중수가 격감했고, 다른 스포츠(NFL, NBA, NHL)에 밀려 고전하자, MLB사무국에서는 1997년 6~7월 처음으로 '인터리그'라는 것을 도입하였다.

인터리그(Inter League)란 용어에서 볼 수 있듯이 리그 간 경기이다. 첫해 모험 속에 감행한 마케팅으로 38% 이상 관중이 증가하였다. 처음 인터리그는 같은 지구, 즉 AL 서부지구 vs NL 서부지구, 중부지구 vs 중부지구끼리 경기가 열렸으나 지금은 좀더 확대되어 랜덤하게 열리고 있다. 또한 비슷한 주 내의 경기는 명칭을 지어 흥미를 유발시켰다.

그러한 예로 다음과 같을 수 있는데, LA 다저스

vs LA 에인절스의 "The Free way series," 플로리다 말린스 vs 탬파베이 데블레이스 "The Citrus series," 뉴욕 메츠 vs 뉴욕 양키즈 "Subway series," 샌프란시스코 자이언츠 vs 오클랜드 A's "The Bay Bridge series," 시카고 컵스 vs 시카고 화이트삭스 "The Crosstown series," 휴스턴 애스트로스 vs 텍사스 레인저스 "Lone Star series" 이러한 부분까지 의미를 부여하여 팬들에 대한 관여도를 높이고, 다시 경기장으로 찾아오도록 만든다. 인터리그의 승자는 마치 자기 연고지의 주인인듯 인정을 받을 것이고, 패자는 다음 경기를 고대하며 라이벌 의식을 키울 것이다. 단순히 리그의 경계선을 허문 것이 아니라 체계적인 시스템으로 팬들을 만족시키고, 창의적 마인드로서 MLB를 보는 팬들과 경기자체의 질을 높이면서 메이저리그 팬들의 관심도를 높이면서 세계화의 하나의 초석으로 발판을 마련하였다고 볼 수 있다.

인터넷 비즈니스를 통한 메이저리그의 세계화

미국 메이저리그 야구 팀들은 별도로 인터넷 홈페이지를 운영하지 않으며, 대신 돈을 공동으로 출자, MLB.com이란 사이트를 만들어 모든 것을 통합 관리하는데, 특정 팀에 대한 정보나 통계, 경기 결과, 뉴스, 라디오 및 TV중계, 심지어 티켓 구입도 MLB.com으로 들어가 자신이 원하는 팀을 찾아서 들어가면 된다. 일종의 통합 마케팅을 하고 있는 것이다.

이러한 MLB.com을 그저 수많은 인터넷 웹사이트 중의 하나로 치부해서는 안 되는데 이 사이트는 2003년 매출액만 무려 2억 3,500만 달러(약 2,350억원)에 달하는 어마어마한 인터넷 사이트이기 때문이다. 그렇다고 운이 좋아서, 높은 야구 인기에 편승해 그냥 얻어지는 수익도 아니다. MLB.com을 직접 운영하는 회사는 메이저리그 야구 어드밴스드 미디어그룹(Major League Baseball Advanced Media)이다. 이 회사가 설립된 것은 지난 2000년으로 당시 따로따로 운영되던 클럽 인터넷 홈페이지를 통합 관리하자는 아이디어에 따라 30개 메이저리그 구단들이 공동 출자하는 형식으로 만들어졌다. 각 구단들은 이 회사를 설립하는 데 400만 달러(약 40억원)를 투자하였고, 이 금액은 총 30개 구단이 각자 400만 달러씩을 걷어 총 1억 2,000만 달러(약 1,200억원)의 자본금을 가졌고 대신 구단들은 이렇게 돈을 내는 대신 이 회사 주식의 3%를 소유하게 되었다. 이렇게 처음부터 시작이 달랐던 사이트였으며 설립과 동시에 폭발적인 성장으로 수입 지출을 맞춰서 흑자로 구조로 전환했다는 점이다.

설립 2년만인 2002년에 수지가 균형이 맞더니 2003년부터는 흑자로 전환되었고, 매출 규모도 매년 최소 30% 이상의 고속 성장을 통해서, 2001년 3,600만 달러(360억원)에 불과했던 매출은 지난해 1억 3,500만 달러(약 1,350억원)으로 껑충뛴데 이어 2003년에는 2억 3,500만 달러(2,350억원)의 매출을 기록하였다.

이처럼 MBL가 인터넷 사이트를 통해서 엄청난 돈을 벌 수 있게 된 것은 이 인터넷 사이트에 들어가면 메이저리그 야구의 모든 것을 접하고 입장권까지 살 수 있는 원스톱 서비스가 가능하기 때문이다. 야구 팬들은 경기 결과를 실시간으로 볼 수 있고, 라디오 중계는 물론 인터넷을 통해 TV까지 시청이 가능하다. 특히 2001년부터 인터넷을 통해 경기의 실시간 중계 서비스가 시작되면서부터 인터넷 접속자가 폭발적으로 늘기 시작했다.

또한, 각 팀 사이트에 들어가면 각종 액세서리나 유니폼도 구입할 수 있으며, 또한 모든 경기장의 입장권을 사이트를 통해서 직접 구할 수 있다는 것도 큰 장점 중의 하나이다.

실제 MLB.com은 지난 2001년엔 인터넷 사이트를 통해 약 180만장의 입장권을 판매하였고 2003년도엔 입장권 판매숫자가 1,800만장을 훌쩍 뛰어넘었다. 이 수치는 연간 티켓을 제외한 나머지 티켓의 절반에 해당하는 수치다. 얼마나 많은 사람들이 MLB.com을 통해 야구장 입장권을 구매하는지 쉽게 알 수 있는 대목이다.

아직은 메이저리그엔 다양한 외국인 선수들이 활동하고 있지만 여전히 MLB.com의 방문자의 90% 이상은 미국인들인 것으로 나타나고 있다. 미국 이외에서 접속하는 사람들은 대부분 일본인과 한국인들이라고 평가되고 있다. 물론 메이저리그에 라틴 아메리카 선수들이 그렇게 많아도 아직까진 라틴 아메리카에서 이 사이트에 접속하는 비율은 현저히 낮다는 평가를 받고 있다. 하지만 여전히 스포츠 사이트가 인터넷을 통해 어떻게 돈을 벌 수 있는지를 잘 보여주고 있다고 할 수 있다.

사례 3-5 한-미 프로야구 PS 풍경 비교. 선수들 환경 차이

미국 – 원정팀 가족용 편의시설까지 갖춰
한국 – 원정 클럽하우스 없어 찬밥 신세

메이저리그들은 딴 건 아무것도 신경쓸 것이 없다. 오로지 야구만 잘 하면 된다. 심지어 가족까지 옆에다 모셔 놓는다. 빅리그 대부분의 구장에는 홈팀은 물론 원정 팀 클럽하우스 옆에도 작은 방이 하나씩 딸려 있다. 그 곳엔 원정을 따라온 가족들이 쉴 수 있도록 온갖 편의시설들이 갖춰져 있다. 클럽하우스는 대부분 한가운데 큰 광장에 커다란 소파 서너 개가 놓여 있고, 주변에 라커가 둘러싼 구조다. 양키즈타디움이나 리글리필드, 펜웨이파크 등 오래된 구장은 한국 클럽하우스 만큼 좁고 불편하지만 대신 '선통'이라는 이름으로 이 모든게 커버된다.

클럽하우스에서 더그아웃으로 통하는 통로 주변에는 온갖 먹을거리가 웬만한 편의점 수준으로 비치돼 있다. 주된 품목은 해바라기씨, 풍선껌, 초콜릿 등이다. 클럽하우스는 샤워실, 식탁, 웨이트트레이닝 룸과 한 공간으로 통하게 돼 있어 모든게 이 안에서 다 해결된다. 팀의 프랜차이즈 스타들은 제일 구석진 조용한 자리에 라커 두 개를 터서 사용하는 특별대우를 받기도 한다.

한국은 홈팀의 경우 차이는 있을망정 대체로 안락한 휴식 공간이 확보된다. 그러나 원정 클럽하우스는 없거나, 유명무실한 경우가 대부분이다. 아이러니컬하게도 국내 최대 규모인 잠실구장이 제일 열악하다. 1, 3루를 두산과 LG가 나눠쓰는 바람에 남는 공간이 없어서다. 잠실구장에 원정온 팀들은 지금도 땅바닥에 널린 옷과 장비를 타넘어 다니며 식사를 한다.

한-미 프로야구 PS 풍경 비교. 야구장 비용

메이저리그에선 포스트시즌이 한창이다. 한국도 두산과 한화의 플레이오프가 열기를 내뿜고 있다. 두 나라의 야구 중계를 지켜보는 한국 팬은 미국 야구장과 한국 야구장의 '그림 차이', 야구 열기 등을 뚜렷하게 실감하는 때이기도 하다. 이참에 미국 구장과 한국 구장의 시설과 규모 차이, 관람 비용, 서로 다른 취재 환경, 선수들의 여건 등을 집중 조명해 본다. 메이저리그 포스트시즌을 현지에서 취재중인 본지 민훈기 해설위원이 내셔널리그의 대표적 개폐식 돔구장인 애리조나 다이아몬드백스의 체이스필드 이곳저곳을 생생한 화보로 전해 왔다. 국내에서 관중 수용 규모가 가장 작은 대전 구장과의 차이점을 조목조목 짚어보자.

ㅣ 야외 풀장까지 갖춘 애리조나 체이스필드 구장

ㅣ 대전구장 전경

ㅣ 더그아웃

ㅣ 불펜

ㅣ 더그아웃

ㅣ 불펜

ㅣ 화장실

ㅣ 기념품 매장

ㅣ 화장실

ㅣ 기념품 매장

ㅣ 매점

ㅣ 기자석

ㅣ 매점

ㅣ 기자석

4인 가족 야구장 비용

한국 10만원 미국 20만원 1인당 입장료 비교해보니… 1만원 vs 14달러(1만 3천원)

10월 어느 날, 플레이오프가 열리는 대전구장을 찾았다. 아내와 초등학교 다니는 아들과 딸, 넷이서 야구장 나들이를 했다. 모처럼만에 가족과 함께 하는 시간이다. 매표소에서 표를 샀다. 어른 1만원, 초등학생 1,000원, 총 2만 2,000원이 들었다. 일반석에 자리를 잡았다.

배도 출출한 김에 매점에 가서 우동과 자장면을 먹었다. 세 그릇을 시켜서 나눠먹었더니 1만 500원. 배도 부르겠다, 경기시작과 함께 목이 터져라 응원을 했다. 그랬더니 5회가 지나 슬슬 출출해진다. 다시 매점으로 가 치킨 한 마리를 주문했다. 음료수도 추가, 지갑에서 1만 4,000원이 나갔다. 닭다리 하나를 뜯으면서 다시 목청을 가다듬었다. 이날 따라 경기는 흥미만점이었다. 그러다 응원하던 팀이 승리하며 경기가 끝났다. 아이들이 흥분이 가시지 않은 듯 기념품을 사달라고 한다. 매장에 들러 홈팀 기념품을 하나씩 샀다. 5만원이 들었다. 이렇게 대전구장 나들이에 들어간 비용은 총 9만 6,500원. 모처럼 가진 가족 화합의 나들이 비용치고는 괜찮았다. 보통 포스트시즌에 야구장을 찾으면 10만원 정도의 예산이 든다. 4인 가족 기준이다.

그렇다면 메이저리그 구장은 어떨까. 입장료가 싼 애리조나 체이스필드의 예를 들어보자. 야구장에 들어가기 전 먼저 10달러 정도의 주차료를 낸다. 입장료는 1인당 14달러 정도. 4인 가족이니 56달러다. 핫도그나 팝콘, 맥주 등을 먹으면 1인당 약 15달러 정도를 생각해야 한다. '주전부리' 용으로 60달러가 들어간다. 경기가 끝난 뒤 기념품 매장을 찾는 건 보너스 시간. 25달러면 마음에 드는 것 하나쯤은 고를 수 있다. 이렇게 든 총 비용은 150달러 안팎, 우리 돈으로 14만 원 정도다. 하지만 구장별로 입장료가 천차만별이라 평균으로 보면 20만원 정도는 예상해야 한다.

한-미 프로야구 PS 풍경 비교, 취재 환경 차이

○○신문 기자인데 감독님 좀 뵙고 싶은데요…
빅리그 "라커 출입 허용," 국내선 "못 들어갑니다"
미국은 "홍보팀에 신청하세요," 한국은 "더그아웃에 그냥 가세요"

한국이나 미국이나 일단 취재허가증을 받았다면 해당 기자는 그라운드로 내려갈 수 있다. 그러나 메이저리그에선 외야쪽으로 나갈 수 없으며 잔디 부분을 밟아서도 안 된다. 따로 구획이 설정돼 있는 것은 아니지만 잔디와 흙의 경계선이 바로 취재허용 구역을 양분해 준다. 한국에선 몇 년 전까지만 해도 배팅케이지 바로 뒤에서 기자와 코치 혹은 선수가 이런저런 얘기를 주고받는 일이 흔했지만 지금은 달라졌다. 잔디를 밟지 말라고 강요하진 않지만 제한구역이 갈수록 넓어지고 있는 상황이다.

미국에선 경기 전 감독과 장시간 인터뷰를 하려면 구단 홍보팀에 따로 신청해야 한다. 한국 경우엔 '사랑방' 취재문화가 보편화돼 있다. 경기 전 감독이 덕아웃에 나와 자리를 잡으면 취재진이 주위를 둘러싸 앉고 이것저것 농담과 야구 얘기를 섞어가며 환담을 나눈다.

한국과 미국의 가장 큰 차이점은 라커 개방 여부다. 메이저리그에선 특정 시간대에 기자가 라커를 마음대로 드나들 수 있다. 대개 경기 개시 1시간 전까지 출입이 허용되는데 신분증만 보여주면 라커에 들어가서 원하는 선수를 대상으로 질문할 수 있다.

반면 한국은 라커를 '선수들만의 공간' 으로 인식하는 경향이 강하다. 8개 구단이 공히 기자의 출입을 금하고 있다. 때문에 훈련을 마친 선수가 라커에 들어가 나오지 않으면 얼굴 대하기가 무척 힘들다. 경기 후 취재 여건은 한국이 비교적 자유로운 편이다. 미국에선 경기 후 공식 인터뷰 장소 외에선 감독 및 선수를 접촉하는 게 사실상 불가능하다. 전체적으로 한국과 미국의 취재 환경을 살펴보면, 유연성은 한국측이 더 많은 것처럼 보인다. 그러나 공식 절차만 따르면 오히려 미국쪽이 선수들과 더 많은 얘기를 나눌 수 있는 환경이다.

LA 다저스의 홈구장 다저스타디움 기자실에 국내 신문사 중 유일하게 스포츠조선의 기자석이 있다. 본지 민훈기 해설위원을 비롯한 미국 특파원들이 이 자리에서 국내 독자들을 위한 생생한 기사를 작성한다.

민훈기 스포츠조선 해설위원, 스포츠 조선, 2007.10.16.

8. NFL의 스포츠 마케팅 — 미국 상징을 넘어서 세계의 상징으로

2010년의 평균 시청자 수는 약 9,800만명.

슈퍼볼은 전 세계를 통틀어서 생중계되는 최대의 스포츠 이벤트

미국 TV 방송국 역사상 시청자 수 랭킹에서 톱 10을 독점

다채널화가 진행되고 있는 미국에서 시청률은 16년 연속으로 40% 이상

30초의 광고(2007년)가 평균 약 260만 달러

'경기가 개최되는 날을 국민적인 공휴일로 하자' 라든지 '경기가 개최된 다음날인 일요일은(회사를 쉴 수 있도록) 학교 참관일로 하자' 라든지 등의 캠페인이 있음.

1990년대 걸프전에서 이라크에 파병된 병사들에게 부시 대통령은 병사들에게 경기를 볼 수 있도록 지시하고 휴식을 취하도록 함.

위의 내용은 NFL의 결승전인 슈퍼볼에서 벌어지는 현상들이다. 이렇게 NFL과 슈퍼볼은 스포츠 이벤트와 스포츠 마케팅에서 꿈꾸는 모든 것들을 이뤄내고 있다.

NFL(National Football League)의 역사는 1920년 오하이오주 캔턴에서부터 시작된다. 당시에는 미국프로미식축구협회라는 이름으로 시작하였고 1922년에 지금의 이름으로 바뀌었다. 그 후 40여 년간 지속되어오던 NFL은 1966년에 설립된 AFL(American Football League: 아메리칸풋볼리그)의 강한 도전을 받는다. 1970년 AFL과 함께 NFL이라는 이름 아래 26개 구단으로 연맹을 결성하였고, 1980년대 중반에는 28개 구단이 참여하였으며 이후 한동안 31개 구단이 참여하다가 휴스턴 텍슨스의 창단으로 2002년부터 32개 구단이 되었다.

스포츠 마케터라면 누구나 한번은 슈퍼볼의 마케팅 사례를 공부했을 것이고 광고비가 얼마이며, 입장권 가격은 얼마까지 치솟았다는 식의 내용을 들어봤을 것이다. 그 속에 그들이 추구하고자 하는 NFL의 마케팅의 모델을 살펴볼 필요가 있다.

NFL의 스포츠 마케팅

기본적으로 NFL이 미국 내 시장에서 지금의 위치를 차지할 수 있게 된 이유는 무엇일까?

그 이유가 무엇인지 우리는 한번 알아보자.

MLB는 2007년에 과거 최대인 60억 7,500만 달러의 수익을 기록했지만, NFL의 수익은(2007-08년 시즌) MLB를 훌쩍 뛰어넘은 70억 달러 이상으로 추산되고 있다. NFL의 1경기 평균 관중 수는 6만 8,773명으로, 이것은 MLB의 2배 이상이다. 게다가, TV 시청률에서는 다른 스포츠가 근접조차도 하지 못하고 있다. 이러한 배경 등으로, NFL에 속한 각 구단의 경제 가치는 다른 프로스포츠의 팀들보다 높이 평가되고 있다. 경제지인 포브스가 추산한 각 구단의 자산 가치(2007년)에서 보면, NFL의 각 구단의 평균이 9억 5,700만 달러인 것에 대해서, MLB는 4억 3,100만 달러, NBA가 3억 7,200만 달러, NHL이 2억 달러이다.

미국의 4대 프로스포츠는 전미 각지에 거의 같은 수의 프랜차이즈를 가지고 있고, 구단 수도 거의 비슷하다. 경기 수를 보면, NFL의 경우에는 다른 스포츠보다도 압도적으로 적다. NFL은 연간 단 16경기만을 한다. 한편, MLB는 연간 162경기이고,

마케팅 休知通

미국인들이 풋볼에 열광하는 이유

1. 미국에만 존재하는 유일한 지구상의 스포츠로 미국을 상징한다.
2. 최소 6점에서 최대 8점까지 대량 득점을 할 수 있어 극적인 반전 드라마가 심심찮게 연출되는 경기 방식
3. 비가 오건 눈이 오건 경기가 취소되지 않는다.
4. 전략이 무궁무진하므로 팀워크 정신은 물론 국민의 전략 훈련에도 좋기 때문이다.
5. 박진감과 완전한 몸싸움을 벌이는 남성적인 스포츠이다.
6. 슈퍼볼은 단 한번으로 승부를 결정하는 흥미진진한 경기이다.

NBA와 NHL은 81경기이다. 경기 수만으로 보면, 압도적으로 불리한 NFL이 수익력에서 다른 스포츠를 능가하고 있는 이유는 무엇일까?

NFL의 스포츠 마케팅 모델

NFL의 경영 사상을 한마디로 축약하면, 'League Think(리그 전체의 공존공영)'이다. NFL은 구단 간의 경영 격차를 철저하게 배제하고, 프랜차이즈의 마켓 규모의 대소가 승부에 결정적인 요소로 작용하지 않게 하는 등의 철학을 일관되게 추진하고 있다. 구단의 전력 격차가 적어지면, 그만큼 흥미진진한 경기가 늘어나고, 장기적으로 리그를 번영으로 이끌 것이라는 생각이다. 그렇게 하기 위해서 어떠한 마케팅 모델 시스템을 구축했는지를 한번 살펴볼 필요가 있다.

NFL에서는 TV 방영권 수입이나 라이센스 수입, 세계 혹은 전미 규모의 스폰서십 수입 등은 일단 리그 기구에 귀속되어서, 32개 전 구단에게 균등 분배되고 있다. 그 중에서도 특히 거액인 것이 TV 방영권이다. NFL은 2006년부터 지상파로는 CBS, FOX, NBC, 그리고 케이블 방송국인 ESPN과 총액 204억 달러 —연평균 약 30억 달러에 이르는 계약을 체결하였다. 게다가, 홈 팀에 의한 티켓 수입의 34%도 리그가 일단 가진 후에 전 구단에게 분배하고 있다.

미국의 스포츠 에코노미스트인 앤드류 짐발리스트의 계산에 따르면, 이러한 강력한 수익 분배 제도에 의해서, 2006년에 NFL의 각 구단은 평균 수입인 2억 400만 달러 중에서 약 1억 3,000만 달러는 리그로부터 받은 분배금이라고 한다. 평균적으로 NFL의 각 구단이 올린 수익 중에서 약 65% 이상은 리그로부터 받은 분배금인 셈이다. 또한, 구단의 선수 연봉 총액에 상한과 하한을 정한 샐러리 캡 제도로 갖추고 있다(리그의 총 수입에 일정 비율을 곱해서, 구단 수인 32로 나눈다). 예를 들면, 2006년 시즌의 샐러리 캡 상한은 1억 200만 달러로, 2007년에는 1억 900만 달러였다. 수익 분배 제도와 샐러리 캡은 NFL을 떠받치고 있는 양 기둥이라고 할 수 있다. 이 두 기둥은 서로 유기적으로 운영되었을 때에 비로소 효과가 있는 것으로, 한쪽만을 운영해서는 큰 효과를 볼 수 없다. 구단 간

San Francisco 49ers와 Saints의 경기를 관람하면서

ㅣ 슈퍼볼 경기의 한 장면 각팀의 평준화를 위해서 노력하고 있다.

에 큰 수입 격차가 있는 상태에서는 실효적인 샐러리 캡을 운영할 수 없기 때문이다. 예를 들면, 수입이 2억 달러인 팀 X와 5,000만 달러인 팀 Y가 있다고 가정했을 때에, 이론적으로 샐러리 캡을 5,000만 달러 이상으로 설정하는 것은 불가능하다. 하지만, 수익 분배 제도로, 구단 X와 Y의 수입이 1억 5,000만 달러와 1억 달러가 되면, 샐러리 캡을 7,000만 달러로 설정할 수 있고, 또한 전력 균형을 더욱더 가능하게끔 샐러리 캡을 탄력적으로 운영할 수 있을 정도로 연봉 총액의 상위 3팀과 하위 3팀의 격차는 1.47배로 MLB의 50% 이하 수준이다.

사실은 구단의 전력에서 가장 상관 관계가 높은 팩터는 연봉 총액이라고 말해지고 있다. 하지만, NFL은 강력한 수익 분배와 샐러리 캡 제도에 의해서, 전력 불균형의 요인이 되는 연봉 총액 격차가 확대되는 것을 방지하고 있다. 이러한 전력 격차의 요인을 해결하기 위해서 전년도 우승 팀을 비롯한 강호 팀에게 불리한 경기 일정을 배당하기도 한다.

'슈퍼볼'

NFL 안에서 뿐만이 아니라 전미 프로스포츠의 최고 빅 이벤트라고 할 수 있는 '슈퍼볼'(Super Bowl)은 NFL(National Football League: 북아메리카 프로미식축구리그) 초기의 명감독인 빈스 롬바르디(Vince Lombardi)의 이름을 딴 '롬바르디컵'이라는 이름도 가지고 있다. 단일 이벤트 종목 가운데 슈퍼볼을 능가할 것은 없다. 왜냐하면 월드컵은 1개월, 올림픽은 16일인 데 반하여 슈퍼볼은 단판 승부로 결정되어지기 때문이다.

1966년에 설립된 AFL(American Football League: 아메리칸풋볼리그)과 그보다 먼저 설립된 NFL이 통합하여 1967년부터 시작되었으며 2010년까지 44회를 맞이하였다. 처음에는 'AFL-NFL 세계선수권대회'라고 하였으나 AFL에 소속된 캔자스시티 치프스 팀의 구단주 레이머 헌트의 제안으로 슈퍼볼이라 하게 되었다. 이후 NFL의 조직구성 개편에 따라 두 컨퍼런스의 우승 팀이 챔피언을 가리는 경기를 벌이고 있다. 2002년까지 NFL에 소속된 팀들은 12월 말에 총 16경기의 정규 시즌을 마친 후 NFL 산하의 NFC(National Football Conference: 내셔널 컨퍼런스)와 AFC(American Football Conference: 아메리칸 컨퍼런스)에서 각각 3개 지구의 우승 팀과, 우승 팀을 제외한 컨퍼런스 내 상위 3개 팀이 와일드카드로 플레이오프에 진출하여 경기를 벌였다. 그러나 2002년 시즌부터는 컨퍼런스별로 8개 지구로 조직이 개편됨에 따라 정규 시즌에서 14경기를 치른 뒤 각 컨퍼런스에 속한 4개 지구의 우승 팀과, 우승 팀을 제외한 컨퍼런스 내 상위 2개 팀이 와일드카드로 플레이오프

에 진출한다. 이후 각 컨퍼런스에서 토너먼트를 거쳐 우승이 결정된 2팀은 슈퍼볼에서 단 한 경기로 챔피언을 가린다.

첫 대회에서는 그린베이 패커스가 빈스 롬바르디의 지휘 아래 우승하였다. 최다 우승 팀은 6회 정상에 오른 피츠버그 스틸러스이다. 경기가 열리는 매년 1월 마지막 일요일을 슈퍼선데이(Super Sunday)라고 부르며, 매년 시청률 70% 이상을 기록한다.

슈퍼볼에서 우승한 피츠버그 팀의 모습

(1) 슈퍼볼 및 NFL시즌 일정

NFL의 시즌은 9월 첫째주 일요일에 시작돼 정규시즌 17주 동안 16경기를 치른다. 그 해의 챔피언을 뽑는 게임인 슈퍼볼은 1월말 혹은 2월 첫째주 일요일에 벌어진다.

장소는 NFL에서 보통 제3의 장소를 올림픽 개최지처럼 미리 정한다. NFL은 AFC와 NFC, 이렇게 두 개의 컨퍼런스로 나누어 있다 마치 메이저리그의 아메리칸리그, 내셔널리그를 연상케 한다. 그러나 메이저리그리그와는 다소 다르다. 메이저리그는 인디리그 외에는 양 리그가 정규시즌에 만날 기회가 없지만 NFL은 명목상 컨퍼런스가 나누어져 있을 뿐이다. AFC 소속 팀들은 합병된 전신 AFL 팀들이 주축이다. 컨퍼런스별로는 각각 4개 지구가 있다. 동부, 서부, 남부, 북부 등이다. 포스트시즌에는 컨퍼런스별로 6개 팀이 진출한다. 지구우승 4팀과 와일드카드 2개 팀 등 6개 팀이다. 포스트시즌 진행방식은 가장 승률이 높은 2개 팀은 1라운드를 쉬고 2라운드부터 시작한다. 와일드카드 팀은 같은 와일드카드 팀을 만나는 경우를 제외하고는 홈경기의 이점을 전혀 살릴 수 없다. 와일드카드로서 포스트시즌에 진출했을 때의 한계라고 할 수 있다. 따라서 보통 1라운드를 와일드카드 플레이오프, 2라운드를 디비저널 플레이오프, 3라운드가 챔피언십 경기며 이를 통과하면 컨퍼런스 최종주자 두 팀이 벌이는 슈퍼볼이다. 챔피언결정전이 끝나고 슈퍼볼 사이에는 1주일의 휴식 기간이 있다. 또한 NFL에도 여타의 프로스포츠가 그렇듯 올스타전이 있는데, 그 게임의 명칭은 프로볼(Pro Bowl)이다. 프로볼은 슈퍼볼이 끝난 뒤 하와이에서 벌어지게 된다. 프로볼은 미국 메이저 종목 가운데 유일하게 올스타게임을 시즌 중간에 벌이지 않고 시즌 후에 연다.

삼성전자의 NFL 활용 광고

경제전문지 포브스가 분석한 슈퍼볼의 브랜드 가치는 3억 7,900만 달러(약 3,573억원). 하계올림픽(1억 7,600만 달러), FIFA 월드컵(1억 3,000만 달러)과 비교해 보면, 세계 최고의 단일 스포츠 이벤트라고 할 수 있으며, 30초짜리 광고 하나의 가격이 270만 달러(약 25억원)를 하기도 하였다. 2007년 슈퍼볼엔 모두 48회 광고가 나갔고, 한국의 현대자동차의 광고가 3·4쿼터에 한 번씩 전파를 탔고, 이러한 광고를 통해서 현대자동차 자체적인 분석으로 43%의 브랜드 인지도가 있었음을 밝히

마케팅 休知通

변기 괴담

미국에서 추수 감사절을 제외하고 가장 많은 음식이 미국인 입속으로 들어가는데 가장 인기 있는 것은 피자, 닭날개로 무려 4억 5천만개가 먹어 치워지고 감자 칩과 맥주 청량음료 소비도 역시 막대하다.

보통 미식축구 경기의 중간 휴식 시간은 15분이지만 슈퍼볼은 그 두 배인 30분이다. 광고를 위해서 조금이라도 시간을 벌기 위한 상업적인 전략이다. 그러나 이 시간에 많은 사람들은 화장실에 앉아 있기 일쑤이다. 투입되는 음식량이 많은 만큼 "산출량"도 많기 때문이다.

1억 가까운 시청자가 동시에 변기에 물을 내리는 상황을 생각해 보자. 이때 하수구로 쏟아지는 물의 양은 가공할 만하다. AFP의 보도에 의하면 이때 흘러나오는 물은 나이아가라 폭포에서 39분간 떨어지는 양이라고 한다. 이때 낡은 시설을 갖춘 지역에서는 쉬는 시간을 피해서 화장실을 갈 것을 권하기도 한다.

기도 하였다.

삼성전자는 2005년부터 한국기업으로는 최초로 미국 NFL을 후원,' 'NFL 공식 HDTV'로 선정되어 지속적인 마케팅 활동을 펼치고 있다. 특히 삼성은 NFL 후원을 통해 미국 내 NFL 31개 경기장 실내와 현장 감독 부스네 기존 구형 TV를 삼성 HDTV(일명 '보르도 플러스' TV)로 교체하였고, NFL 후원을 통해 'NFL 공식 HDTV', 'NFL 공식 홈 시어터'라는 명칭과 각종 판촉행사에 NFL 로고와 슈퍼볼(Super Bowl) 로고 등을 사용하여 마케팅 활동을 할 수 있다.

2006년 시즌에는 삼성은 시즌기간에 NFL의 명 쿼터백 출신 부머 어사이즌(Boomer Esiason), 명예의 전당에 헌액된 댄 마리노(Dan Marino), 트로이 애이크맨(Troy Aikman), 스티브 영(Steve Young) 등 과거 NFL을 주름잡았던 4명의 스타를 슬림형 TV, LCD TV, DLP TV, 플라즈마 TV 등 삼성의 각 TV 제품군과 연결, 광고·프로모션 등에 활용하는 등 NFL을 소재로 활용한 과감한 마케팅 활동을 하였다.

슈퍼볼은 기업들과 협회에게 마케팅 최고의 기회이다. (슈퍼볼 경기장의 프로모션 모습)

(2) 입장권

슈퍼볼의 입장권 판매는 사무국의 추첨을 통해 일반인에게 판매한다. 구입 당첨은 로또에 당첨되는 것과 같이 큰 행운이다. 왜냐하면 전체 판매의 10%만을 일반인에게 판매하기 때문이고 이러다 보니 암시장에서 입장권은 몇 백만원이 되기도 한다.

2011 카우보이 스타디움에서 벌어지는 슈퍼볼은 관중석이 10만석 이상으로 입장권 가격이 평균 1,000달러로 계산하기만 해도 1억 달러가 넘는다.

(3) 슈퍼볼 광고비

2009년에는 슈퍼볼의 광고 30초짜리 광고를 위해 기업들은 무려 300만 달러를 지출하였고 2010년도에는 평균적으로 260만 달러는 지출하였다. 이런 이유로 중계했던 CBS는 2010년도 광고료 수입만 약 1억 5,000만 달러를 올렸다. 이와 같이 슈퍼볼 중계시의 광고료가 상상을 뛰어넘는 이유는 슈퍼볼의 시청률이 그만큼 높고 그 말은 곧 슈퍼볼의 시청자 수가 굉장히 많다는 이야기이다. 2010년 슈퍼볼에서는 미국 내 시청률이 40.7%였고, 슈퍼볼이 벌어지던 당시 미국 가구 가운데 61%가 슈퍼볼을 지켜봤던 것으로 나타났다. 또한 슈퍼볼 시청의 백미인 마지막 18분 간 시청률은 42.4%였다. 이는 미국 전체의 1년 간의 시청률 중 최고치이다. 이를 인구수로 환산하면 미국 국민 중 약 1억 3천명이 슈퍼볼을 지켜봤다는 소리이다. 또한 잠정 집계한 전 세계의 슈퍼볼 시청자는 7억 5천만 명으로 실로 대단하다고 할 수 있다.

이처럼 시청률이 높다보니 광고비는 30초당 최고 가격을 기록하고 있으며, 슈퍼볼에 맞춰 CF를 공개해 집중 조명을 받고 슈퍼볼이 끝난 다음에는 역대 베스트 10을 선정하여 발표하기도 한다.

(4) 슈퍼볼의 경제적인 효과

스포츠 마케팅 리서치 전문가들은 보통 슈퍼볼 개최지는 3~4억 달러의 경제적 효과를 본다고 평가한다. 일종의 슈퍼볼 붐업 현상으로 경기 1주일 전부터 기자들을 비롯한 대회 관계자와 여행객들 20여 만명이 지역에 몰려들어 개최 지역 숙박시설이 동이나고 가격도 천정부지로 솟아 오르며 요식업, 기념품 판매, 지역 관광 수입 등이 부수적으로 일어난다.

슈퍼볼은 미 증시에도 큰 영향을 미치는데 NFC 소속이 이기면 그해 증권시장이 호황이고, AFC 소속이 이기면 약세장이 된다는 슈퍼볼 징크스까지 거론될 정도로 큰 관심을 모으는 스포츠이다.

(5) 슈퍼볼 지역 유치

슈퍼볼 개최 자체가 지역 발전과 브랜드 이미지라는 인식이 강하여 시들마다 적극적인 유치전에 나선다. 까다로운 절차를 거쳐 구단주 회의에서 32개의 구단들이 3분의 2 찬성으로 결정하는 개최

NFL을 벤치마킹하여 새롭게 생긴 란제리볼 경기

지는 비밀투표로 이루어진다.

슈퍼볼 개최가 2월초 추운 겨울에 벌어지기 때문에 날씨가 개최지에 크게 고려되어 44차례의 슈퍼볼이 벌어지는 동안 26차례가 온화한 지역 마이애미(10회), 루이지애나(9회), LA(7회) 등으로 집중이 되었다. 추운 지역은 모두 돔구장 개최가 많았다.

개최지 결정은 3~5년 전에 결정이 되며, 역대 홈팀이 슈퍼볼 결승전에 오른 적은 단 한번도 없었다.

NFL의 글로벌 전략

1980년대가 되면서 미식축구는 미국에서 가장 있기 있는 스포츠라는 것은 누구도 부인하지 않았다. 그래서 NFL은 전 세계적인 스포츠로 만들기 위해 세계로 눈을 돌리기 시작했다. 매해 프리시즌 첫 게임인 아메리칸 볼을 1986년 런던에서 시합했다. 그 후, 동경, 베를린, 바르셀로나 등 세계 각지에서 아메리칸 볼을 개최하였다.

미식축구의 세계화를 1980년대부터 추진해 온 NFL은 1991년 NFL 유럽리그를 출범시켰다. 처음에는 어려움이 많았지만 체제가 잡히면서 NFL의 마이너리그 역할과 함께 하나의 인기 있는 리그로 자리잡고 있다.

마케팅 休知通

풋볼 지수

미국인의 가장 대중적인 스포츠인 풋볼 경기에 관한 기초 지식과 문화적 배경을 묻는 10개 문항으로 구성돼 점수를 산출한다. 미국 사회에서 교육을 받고 자란 보통 사람이라면 평균 8~9 점은 쉽게 획득할 수 있으며, 이 지수를 통해 이민자나 방문자의 현지화 정도를 가늠할 수 있다.

자 한번 나도 풋볼 지수가 몇 점이나 되는지 확인하여 보자

1. 한 팀의 플레이어는 몇 명인가? (1) 7명 (2) 9명 (3) 11명 (4) 13명
2. 하인스 워드의 소속팀은 어디인가? (1) 카우보이 (2) 차저스 (3) 스틸러스 (4) 레이더스
3. 공격권은 몇 번 주어지는가?(1) 1번 (2) 2번 (3) 3번 (4) 4번
4. 퍼스트다운(first down)의 의미를 아는가? (1) 안다 (2) 모른다
5. 필드골의 점수는 몇 점인가? (1) 1점 (2) 3점 (3) 6점 (4) 7점
6. 프로선수 이름을 3명이상 아는가? (1) 안다 (2) 모른다
7. 풋볼 비디오 게임을 해 본적이 있는가? (1) 예 (2) 아니오
8. 올해 슈퍼볼이 열리는 주는? (1) 플로리다 (2) 텍사스 (3) 뉴욕 (4) 캘리포니아
9. 세이프티는 몇 점인가? (1) 1점 (2) 2점 (3) 4점 (4) 6점
10. 경기장에서 풋볼을 관람한 적이 있는가? (1) 있다 (2) 없다

정답: 1(3)/2(3)/3(4)/5(2)/8(1)/9(2)

현재 리그에는 암스테르담 어드마이럴스(Amstredam Admamyrals), 스코트랜드 클레이모어스(Scottland Claymores), 바르셀로나 드래곤스(Barcelona Dragons), 라인 화이어(Rhein Fire), 프랑크푸르트 갤럭시(Frankfurt Galaxy), 베를린 썬더(Berlin Thunder) 6개의 팀이 있다.

9. NCAA 3월의 광란과 스포츠 마케팅

세계 모든 스포츠 중에 대학 스포츠가 프로스포츠를 능가할 정도로 많은 수입을 올린다면 믿을 수 있겠는가? 바로 미국대학연맹(National Collegiate Athletic Association: NCAA)이 개최하는 농구 토너먼트가 그것이다. 각 지역을 대표하는 65개 대학이 승부를 벌여 챔피언을 가리는 대학 농구 경기가 열리는 기간 동안 팬들의 광적인 주목을 받다 보니 토너먼트가 개최되는 동안을 '3월의 광란(March Madness)'이라 표현한다.

미국 스포츠 팬들에게 세 가지 소원을 말하라고 하면 슈퍼볼 관람, 월드시리즈 관람, 그리고 자기가 졸업한 대학이 NCAA 결승전에 올라가는 우승하는 경기 관람이라고 한다.

월드시리즈, NBA 파이널, NHL 스탠리컵은 모두 7전 4선승제로 플레이오프 기간을 포함하면 지루하기 그지없고 그나마 자기 지역 팀이 결승전에 올라가지 못할 경우 팬들의 관심은 자연히 떨어진다. 하지만 NCAA 토너먼트는 단판 승부이기 때

문에 한 경기 한 경기가 그야말로 긴장과 흥분의 연속으로 큰 관심을 끈다. 특히 파이널 포는(final four: 4강전의 준결승전 2경기와 결승전 1경기) 총 세 경기를 의미한다.

이처럼 단판의 대학 스포츠가 인기를 끄는 이유는 무엇일까? 프로스포츠의 노련미보다 대학생들의 순수함, 열정 즉 땀과 눈물이 범벅이 되어 자신의 고향과 대학을 위하여 몸을 사리지 않는 파이팅이 있기 때문이다.

버클리 대학의 풋볼을 관람할 때 6만명의 관중들 중 Cal 로고가 들어가지 않은 티셔츠를 입지 않은 사람은 기자와 경찰 밖에 없었다. 여기에다가 제품의 디자인이 아기자기하고 질도 좋아 그 팀의 열성팬이라면 그냥 지나칠 수 없도록 잘 만들어져있다. 관련 제품의 판매는 대학 스포츠 팀의 재정 상태를 더욱 굳건하게 만들고, 결과적으로 더 좋은 팀으로 거듭날 수 있는 밑거름이 된다. 또한 미국 내에 있는 1,200여 개의 대학이 가입되어 있는 NCAA는 재학생 및 졸업생을 비롯하여 지역 팬 이라는 개념이 더욱더 강해 약 1억명의 지역 프랜차이즈와는 또 다른 계층의 고정 팬들을 가지고 있다.

NCAA는 농구를 포함해 대학 간 치뤄지는 모든 공식 스포츠 종목을 관할한다.

NCAA 조직 구조

미국 스포츠가 세계적인 스포츠 조직으로서 활동을 하고 리딩해 나갈 수 있는 힘은 어디에 있는 것일까? 바로 대학 스포츠 조직이라는 압도적인 하드웨어의 구축에 있다. 스포츠 활동을 중요시하고 체력 단련을 통해 팀워크와 조직력 그리고 질서를 가르치는 미국의 스포츠 활동은 각 대학마다 학생들이 직접 무료로 이용 가능한 레크리에이션 센터와 각종 스포츠 시설들을 갖춰 놓고 있다. 학생들과 교직원 그리고 주변 지역 주민들은 언제든지 대학에 설치된 대형 체육관에서 풋볼, 피트니스, 농구, 수영, 테니스, 스쿼시, 야구 등 다양한 운동을 즐길 수 있다.

UC Berkeley 마칭 밴드 / AT&T Park에서 응원하는 UC Berkeley 마칭 밴드

이러한 스포츠 시설의 원천은 바로 NCAA로부터 만들어진 거대한 조직의 일부로서 움직이기에 대학 시설은 의무적으로 그리고 조직적으로 설치 운영되어진다.

미국 내에서 대학 스포츠의 관한 모든 사항을 의결하고 결정하는 입법 기관으로서 역할을 하는 것이 NCAA로 1906년 창립이 되었다. 오랜 역사를 지니고 대학의 스포츠를 총괄하여 진행하고 운영하다 보니 미국 내에 있는 대학 대부분이 이 조직에 회원으로 가입이 되어 있으며, 약 1,200여 개 이상이 회원국을 거느린 미국 내에서도 가장 영향력이 있는 거대한 스포츠 조직으로 존재한다.

NCAA는 1956년부터 대학 스포츠 활동의 효율성을 높이기 위해 University Division과 College Division으로 나누어 운영을 하고 각 대학에 재정적인 지원을 해오고 있다.

각 Division은 업무의 자율성을 높이는 방향으로 조직의 구조적 변화를 꾀하고 있으며, 각 Division은 이사회(Board of Director) 또는 각 대학총장 심의협의회(Presidents Council)라고 불리는 감독기관을 가지고 있으며, 각 학교의 총장, 최고 경

NCAA Division I 대학 팀의 모습들

영자, 대학 스포츠 담당자로 구성된 경영심의회(Management Council)를 가지고 있다.

NCAA는 다른 조직과 달리 회원 학교들이 내규 작성에 직접 참여하고 NCAA 사무국은 회원들이 만들어 놓은 규정을 집행하는 역할을 할 뿐이다.

사무국에는 250여 명의 직원들이 일을 하고 있으며, 이 사무국은 1972년부터 3개의 Division으로 나누어서 여러 종목의 스포츠 대회를 개최하고 있다. 각 디비전에는 또 수십 개의 컨퍼런스가 있고 각 컨퍼런스는 10개 정도의 대학으로 구성되어지며 삼각형 모양처럼 큰 조직에서 작은 조직으로 세분화되어 운영이 되어지며 우리가 아는 프로선수 대부분이 Division에 속한 선수들이라고 보면 된다. 이러한 Division의 자격을 보면 다음과 같다.

(1) Division I

Division I 의 회원이 되려면 적어도 남자 7개 팀, 여자 7개 팀의 종목을 학교가 운영하여야 한다. 그리고 이 중에서 최소한 2개 팀 이상은 개인 스포츠 종목이 아닌 팀 스포츠 종목으로 운영되어 여기에 속한 모든 선수들에게는 장학금을 지원하여야 한다.

그리고 전체 경기의 50% 이상을 Division I 의 학교와 경기를 하여야 하며, 최소한 매 경기마다 홈경기 기준으로 1만 5,000명 이상의 관람객을 유지하여야 한다.

Division I 의 학교는 I -A와 I -AA로 나누어지는데 이것은 풋볼 팀의 운영과 크기에 따라 구분이 되어진다. 미국에서 최고 랭킹에 속한 대학들과 유명한 대학이 대부분 Division I 에 소속되어 있으며, 캔자스, 미주리, 오클라호마, 텍사스 4개 州지역을 아우르는 빅12 컨퍼런스에 속해 있다. Division I 에 속한 대학들의 경우 최소 15,000명 이상을 수용하는 구장을 갖추고 있어야 한다.

Division I 에 속한 대학의 경우 프로농구 팀을 초월하는 인기를 구가한다. 빅 매치의 경우 생방송으로 전국에 중계가 되며, 매년 3월 개최되는 NCAA토너먼트 결승전은 미국 전체 스포츠 중에서 슈퍼볼에 이어 2위의 시청률을 기록하고 있다. 마이클 조던이 공동 구단주로 있는 NBA 밥캣츠는 열광적인 농구열기로 유명한 샬럿을 연고지로 두고도 인기가 없다. 그 이유는 형편 없는 팀 성적도 있겠지만 지역에 노스캐롤라이나 대학이나 듀크 같은 명문대학 팀이 많이 있기 때문이다. 이미 충성심이 깊은 대학팀이 있는 가운데 아무리 NBA라 하더라도 별 매력이 느껴지지 않는 것이다.

(2) Division II

Division Ⅱ의 회원이 되려면 적어도 남자 5개 팀, 여자 5개 팀을 운영하고 모든 선수들을 지원하여야 한다. 그리고 Division Ⅰ과 마찬가지로 2개 팀 이상의 팀 스포츠를 운영하여야 하며, Division Ⅱ는 전체 경기 중 Division Ⅱ 팀, Division Ⅰ-A, Division Ⅰ-AA팀과 최소한 50% 이상의 경기를 하여야만 한다. 그리고 경기마다 관중 동원에 대한 기준은 없다.

그러나 Division Ⅱ 대학도 Division Ⅰ 대학 못지 않은 훌륭한 시스템을 갖추고 있으며, 체육부라는 조직이 있어 선수운영, 마케팅, 스폰서십, 경기력 향상 등 기본 업무부터 대외적인 업무까지 다양한 일들을 처리한다. Division Ⅱ에 속한 팀들은 경기를 하기 위해 5,000명 정도 수용할 수 있는 구장을 갖추고 있어야 한다.

(3) Division III

Division Ⅲ의 회원이 되려면 적어도 남자 5개 팀, 여자 5개 팀을 운영하고 선수들을 지원할 필요는 없다. 그리고 5개 팀 스포츠 운영에 대한 제한은 없다.

Division Ⅰ, Ⅱ, Ⅲ의 실력 차이는 크게 난다. Division Ⅰ의 선수들 중 명문대학의 주전 선수들은 NBA나 WNBA 드래프트를 충분히 바라볼 수 있을 정도로 실력이 대단하다. 그러나 Division Ⅱ에서 활약하는 선수들은 장학금을 받는 것으로 만족하고 대부분이 프로진출을 생각하지 않는다. 워낙 잘하는 선수가 많기 때문이다. 또 공부도 열심히 하고 있기 때문에 자기의 적성에 따라 얼마든지 진로를 결정할 수 있다.

만약 Division Ⅱ의 선수가 실력이 탁월하다면 Division Ⅰ 대학으로 전학을 가기 때문에 더더욱 프로선수가 나오기 어렵다. 이러다 보니 Fox나 ESPN같은 스포츠 전문채널에서도 Division Ⅱ의 경기소식은 뉴스로 다루지 않는다. 대학경기 전문채널 ESPNU를 보유했음에도 불구하고 디비전1의 각 종목 명문 팀들만 담당하기에도 벅차다.

단적인 예로 디비전1 팀들은 매 시즌 시작에 앞서 지역의 디비전2 대학을 초청해서 연습경기를 치르곤 한다. 가끔 디비전2 팀이 이겨서 전국뉴스에 보도되는 경우가 있지만, 그만큼 희박한 확률이라는 뜻이다.

NCAA의 주요 비즈니스 수입원

NCAA는 다른 미국의 아마추어스포츠 조직과 마찬가지로 정부로부터 재정적인 지원을 받지 않고 자립적으로 운영이 되어진다.

NCAA는 선수가 특정 기업이나 스폰서로부터 금전적인 지원을 받는 것을 엄격하게 금지하고 있다. 특유의 아마추어정신을 유지하기 위한 수단이다. 뛰어난 고등학생 선수를 선발하는 과정에서도 장학금 이외의 지원을 할 수 없다. 미시건대학은 94년 NBA 드래프트 1순위 크리스 웨버를 입학시키는 과정에서 많은 뒷돈을 지불했던 것이 나중에 들통나 엄정한 징계를 받기도 했다. 그러나 NCAA도 엄연한 사업이다. NCAA를 비롯한 각 대학의 비즈니스 모델은 이미 프로농구를 뺨칠 정도로 잘 발달되어 있다.

농구, 미식축구 등 23개 종목에 걸쳐 1천 200여 개 대학에서 연간 5만 4천여 명의 선수가 출전하는 NCAA 대회는 경기장을 찾는 관중만 연간 1억

로고 하나만으로도 큰돈을 만들어 내는 각 대학 팀의 로고로 만들어 진 풋볼 헬멧 로고

명이 넘고 미국 전체 성인의 76%를 팬으로 보유한 충성도가 높은 소비자를 가지고 있는 킬러 콘텐츠 중의 하나이다. NCAA 최고의 인기 종목은 미식축구와 남자 농구다. 미식축구는 농구처럼 별도의 챔피언 결정전이 없어 농구 결승전이 NCAA 최고의 경기가 된다. '3월의 광란'이 시작되면 NCAA를 통해 마케팅을 하려는 기업들 간 경쟁이 치열해진다. 기업들은 거액의 돈을 들여 스폰서 자리를 노린다.

NCAA 비즈니스의 주된 수입원은 TV 중계권 판매와 대회 개최 수입인 파이널 포 개최 수입, 입장 수입과 경기장 판매 수입 그리고, NCAA 로고와 마크를 사용할 수 있는 라이센스 사업 수익에서 나온다.

NCAA의 연간 매출액은 지난 2009~2010년 7,100만 달러로 TV 중계권이 63,898만 달러, 대회 개최 수입이 7,338만 달러로 지난해에 비하여 8% 가량 수입이 증가하였다. 이는 미국 내 프로스포츠 리그들이 막대한 수입 감소를 겪는 것과는 대조적인 수치로 애교심과 애향심을 기반으로 하기 때문이다. 그 중에서 수입의 90% 이상이 TV 중계권수입으로 주관 방송사인 CBS는 2003년부터 2013년까지 11년 계약 중계권료로 60억 달러(6조 6,000억원)를 NCAA에게 지불하였다. 그런데 CBS는 이미 광고수입만으로도 중계권료 이상의 수입을 올렸고, Direct-T(케이블)에 별도로 판매하였으며, cbssports.com을 통해 온라인 중계로 수입을 올리고 있다.

이는 미국 NBC가 2010년 밴쿠버 동계올림픽과 2012년 런던 하계올림픽 등 두 대회를 독점으로 중계권료인 22억 1,000만 달러보다 높은 금액이다.

다음의 수입원은 마케팅 사업으로 NCAA 로고와 마크를 단독으로 사용할 수 있는 공식 후원 기업들의 스폰서십에 있다. NCAA 후원 기업은 메인 스폰서인 'Corporate Champions'와 서브 스폰서인 'Corporate Partners' 두 가지로 나뉜다. 메인 스폰서로는(3개 기업) AT&T, 코카콜라, 닛산자동차 등이 참여하여 5천만 달러 이상의 금액을 내며, 서브 스폰서로는(7개 기업) 엔터프라이즈, 하트 포드, 허쉬 초콜릿, 로에스, 스테이트팜 보험사, 크래프트, LG전자 등이 참여한다. 서브 스폰서 기업들은 현금과 현물 포함하여 3천만 달러 이상의 막대한 후원금을 내고 NCAA 로고, 마크 등을 자사 제품 등에 활용하는 독점적 권한을 부여받는다.

이것이 바로 스포츠 용품회사와의 스폰서십이다. 대학마다 나이키, 아디다스 등 굵직한 회사와 거대한 계약을 맺고 용품을 지급받고 있다. 단순히 용품만 대주는 수준이 아니다. 기업에서는 지원한 대학의 로고와 색깔을 이용해서 제품을 만들 수 있는 머천다이징 권리(Merchandising Right)를 획득해 더 큰 돈을 벌어들인다. 최근 마이클 조던의 둘째 아들 마커스 조던이 소속팀과 계약을 맺은 아디다스 농구화 대신 에어조던을 고집해 화제가 됐다. 만약 조던의 소속팀 센트럴 플로리다 대학이 노스캐롤라이나처럼 조던브랜드의 후원을 받았다면 아무 문제가 없는 상황이었다. 이와 같이 대학선수는 경기 중 팀과 계약을 맺은 용품 외에는 다른 용품을 사용할 수 없도록 되어 있다. 제품개발의 종류도 다양하다. 각종 유니폼과 티셔츠는 기본이며 여성용과 아동용도 있다. 머그잔, 시

계, 응원기, 점퍼 등 다소 고가의 제품도 판매되고 있다.

NCAA 토너먼트 방식 및 참가 팀 수의 변화

1939년 토너먼트를 처음 시작할 때는 8개 팀이 참가하였으나 시대를 거치면서 참가 팀이 계속 늘어나서 올해까지는 65개 팀이 참가하였고, 앞으로는 68개 팀이 참가할 예정이다.

이처럼 참가 팀 수가 계속해서 늘어나는 것은 대회에 대한 인지도와 지역 팀들의 강력한 요구가 있기 때문이다. NCAA 사무국은 이를 고려하여 팀 수를 계속 늘려 나가고 있다.

3월 중순경에 경기를 시작하여 16강이 확정되면 이를 '스위트 식스틴(sweet sixteen)'이라고 부르고, 8강은 '엘리트 에이트(elite eight)', 4강을 '파이널 포(final four)'라고 부른다.

일종의 영어 라임(RHYME)을 토너먼트와 연결시켜 팬들의 흥미를 유발시키는 브랜드 전략으로 각 단계별로 특별한 이름을 붙임으로써 대회 자체를 브랜드화해 그 가치를 높이는 것이다. 대회 자체 브랜드의 가치가 높아지면 그만큼 팬들의 관심이 집중되고 이에 따른 각종 경제적인 이득이 수반되기 때문이다.

파이널 포에 일단 오르기만 하면 슈퍼볼 진출 팀이나 메이저리그 월드시리즈 진출 팀에 버금갈 정도로 주목을 받으며, 파이널 포가 열리는 동안에는 대학 스포츠보다 한 차원 높은 프로농구(NBA)경기까지 잠시 경기를 중단할 정도로 파이널 포를 피해

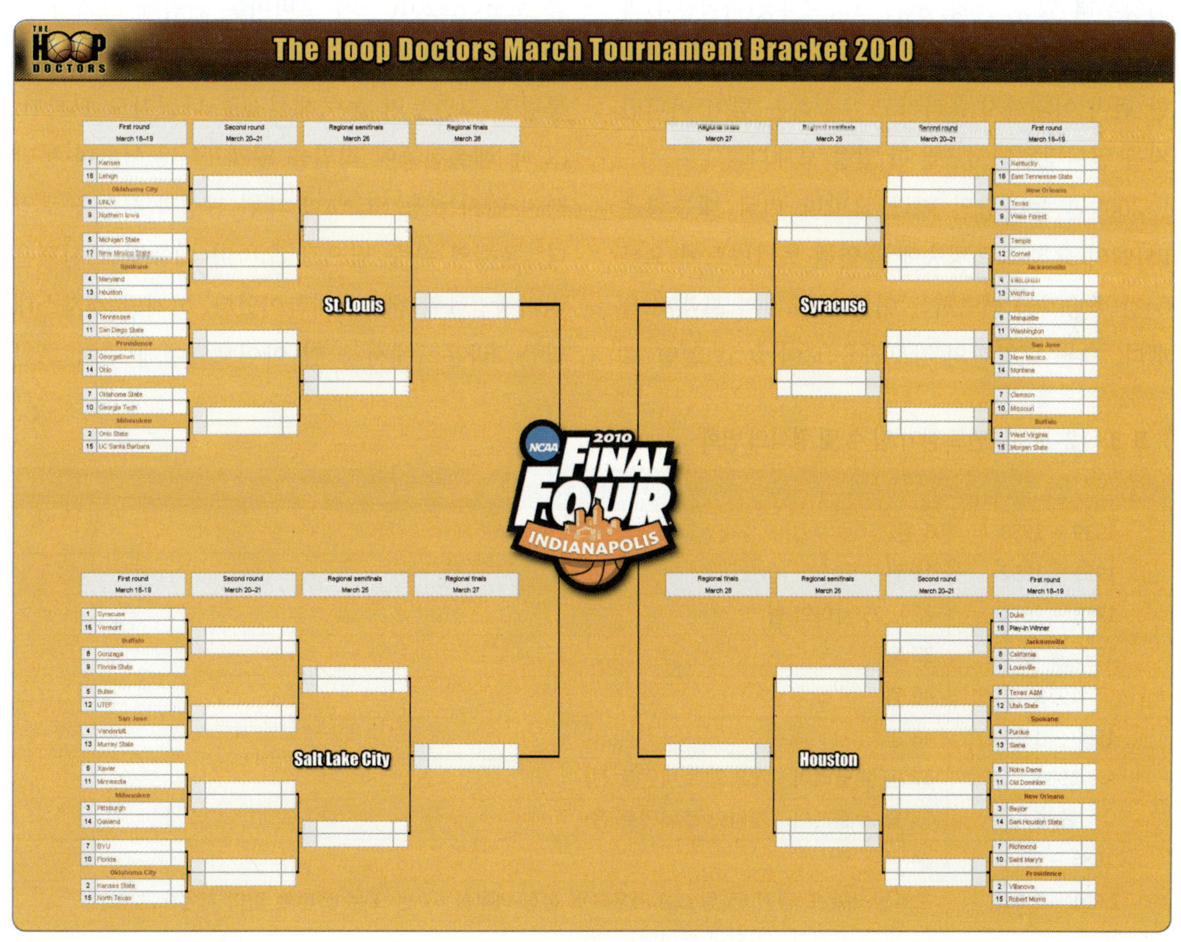

2010 NCAA 64 강 대진표

가면서 경기 일정을 조정한다. 이처럼 토너먼트에 참가하고자 하는 대학 팀들의 열기가 강하고 단지 출전하는 것만으로도 학교 브랜드가 올라가고 대학 랭킹도 올라간다고 하니 여기에다가 목숨을 거는 대학들이 한둘이 아니다. 지난 2005~2006년 2년 연속 우승을 차지한 University of Florida는 명문대학으로서 더욱 랭킹이 올라가게 되었다. 올해 우승한 DUKE대학은 통산 4번의 우승을 차지할 정도로 명문대학 반열에 올라가 있다.

2009년 오바마 대통령이 브래킷에 직접 괄호를 치는 모습

오바마 대통령도 참여하는 광란의 브래킷

1억여 명의 팬들은 자신만의 브래킷(bracket·토너먼트 전체 대진과 결과를 그린 사다리 그리기)으로 64강부터 32강, 16강, 8강, 그리고 4강(파이널 4)과 결승에 진출할 팀에 괄호를 쳐가면서 자신이 예상한 팀이 어디까지 올라가고 우승하는 팀이 어디인지를 알아맞히면서 3월 한 달을 보낸다.

2009년 농구광인 버락 오바마 미국 대통령은 ESPN의 요청으로 방송에 출연해 토너먼트에 오른 64강의 승자를 예측하는 이른바 '오바마 브래킷'을 했다. 그는 백악관의 참모진을 모아 놓고 열띤 토론을 펼쳐서 브래킷의 '파이널 4'에 진출할 팀으로 루이빌 노스캐롤라이나 멤피스 피츠버그를 꼽았다. 그런데 기가 막히게도 그가 예상한 노스캐롤라이나 대학이 우승을 함으로써 사람들은 놀라움을 금치 못하면서 대통령의 브래킷에 대하여 찬사를 보냈다. 2010년에 오바마는 관람에 그치지 않고 CBS중계진과 함께 해설까지 하면서 "내가 대통령을 그만두면 농구해설자로 나설지도 모른다. 그 때 해설진들이 직업을 잃게 될 것"이라며 농담까지 던지는 등 NCAA에 대한 관심과 사랑을 보였다. 올해의 우승 팀으로 오바마 대통령의 선택은 전미랭킹 1위 캔자스대학이었다. 하지만 캔자스대학은 2라운드에서 노던 아이오와에게 져서 초반

표 3-12 토너먼트 참가 팀 수 및 형식의 변화

연 도	참가 팀수
1939 ~ 1950	8 팀
1951 ~ 1952	16 팀
1953 ~ 1974	22 ~ 25 사이의 팀
1975 ~ 1978	32 팀
1979	40 팀
1980 ~ 1982	48 팀
1983	52 팀 (4 플레이 - 게임의 토너먼트 전)
1984	53 팀 (5 플레이 - 게임의 토너먼트 전)
1985 ~ 2000	64 팀
2,001 ~ 2,010	오프닝 라운드 경기 65 팀 (과) 라운드로 결정 여부를 64 번 또는 65번째 팀이 처음으로 경기
2011 ~ Future	68 팀 (4 플레이 - 게임의 토너먼트 전)

2005~2011년까지의 Final Four logo

탈락을 했다. 그의 예언이 실패로 끝나자 사람들은 실망을 금치 못하였다. 이처럼 위로는 대통령으로부터 아래로는 일반 서민에 이르기까지 참여하는 브래킷은 말 그대로 농구에 대한 지식을 바탕으로 하는 배팅 게임으로 자리잡았다.

야후닷컴을 비롯한 가종 배팅사들은 64강 브래킷을 받아 전 경기 승패를 맞힌 팬들에게 제품과 상금을 내걸고, 야후는 100만 달러를 주는 이벤트를 개최하고 있다.

대학 농구 팀 간의 경기가 이처럼 큰 관심을 갖는 동안 NCAA 미국대학연맹은 대회만 개최하고 수백 배 이상의 수입을 올리는 말 그대로 맨땅에서 노다지를 캐는 비즈니스를 한다.

파이널 포(final four)

(1) 파이널 포의 역사

파이널 포라는 단어는 네 개의 팀들이 우승 결정전 토너먼트에 남는다는 데서 비롯되었다.

이것들이 토너먼트의 네 지역들의 우승 팀들과 토너먼트의 마지막 주말에 남는 유일한 팀들 간의 경기를 의미하는 말이다. 파이널 포라는 표현은 인디애나에서 매년 벌어졌던 고등학교 농구 토너먼트를 설명하기 위해 사용했다는 주장도 있다. 하지만 트레이드 마크가 있는 그 단어가 NCAA는 파이널 포라는 단어로 알려지기 시작한 것은 Cleveland의 스포츠 기자인 Ed Chay가 1975년의

표 3-13 파이널 포, 개최 도시 및 우승 팀 현황

연 도	개최 경기장 및 개최도시	우승 팀
2003	New Orleans, Louisiana	Syracuse
2004	San Antonio, Texas	Connecticut
2005	Edward Jones Dome, St. Louis	Michigan State
2006	Indianapolis, Indiana	Florida
2007	Miller Park Wisconsin	Florida
2008	Alamodome, San Antonio, Texas	Kansas
2009	Ford Field, Detroit, Michigan	North Carolina
2010	Lucas Oil Stadium, Indianapolis, Indiana	Duke

기사에서 Marquette대학이 1974년 토너먼트에서 파이널 포이었다고 말한 데서 비롯되었다. NCAA가 1978년부터 이 단어를 공식적으로 사용하기 시작했고 그것은 몇 년 후에 트레이드 마크로 변모하기 시작하였다.

NCAA 남자 토너먼트에서는 모든 위치가 중립적이다. 어떤 경우에는 팀이 자기의 주나 도시와 가까운 데서 운좋게 경기를 할 수도 있으나 공식적으로는 팀들은 토너먼트 게임들을 파이널 포전에 홈 경기장에서 하는 것이 금지되어 있다.

각 지역의 우승자들은 마지막 4팀 즉 준결승전은 토요일, 국제 결승전은 월요일에 한다. 4팀이 벌이는 경기에 각 시드별로 팀이 배정되고 그 가운데 승리한 한 팀씩 파이널 포에 진출을 하는데 이때 시드 배정은 토너먼트가 시작하기 전에 순위가 매겨진다.

파이널 포에 참가팀은 보통 경기가 개최되고 난 후 세 번째 주에는 결정이 되어지는데 전통적으로 남자 토너먼트를 위해 토요일과 월요일 경기가 개최되고 여자 토너먼트는 일요일과 화요일에 준결승전과 결승전인 마지막 파이널 포(결승전)가 개최된다.

역대 파이널 포의 개최 도시 현황과 우승 팀을 보면 〈표 3-13〉과 같다.

최근 들어서 파이널 포라는 단어는 다른 예선 토너먼트들의 마지막 네 개 팀 간의 경기를 가리키는데 쓰인다. 파이널 포를 쓰는 토너먼트들은 유럽리그나 유럽 국가들의 국제적 농구 대회, 그리고 지금은 존재하지 않는 유럽 하키리그 등에서 사용되어졌다.

(2) 파이널 포 개최지 결정

'파이널 포'가 열리는 도시 선정 작업도 올림픽 개최지 선정과 맞먹을 정도로 치열하다. NCAA는 64강전부터 8강전은 각 지역에서 치르다가 4강전 2경기와 결승전 경기는 1개 도시를 별도로 지정해 치름으로써 대회의 이미지 효과를 극대화한다. '파이널 포' 개최도시는 NCAA가 신청을 받아 선정한다. '파이널 포'와 관련된 관중은 경기장당 7만 2,000여 명이 입장할 수 있어 '파이널 포'의 3경기 관람자 수만 21만 6,000명이었다.

파이널 포는 지난 2008년 11월 18일 남자 농구 위원회 위원장과 South eastern의 Mike Slive가 2012~2016년까지 개최도시를 결정하여 발표하였다.

각 도시들은 4강전을 유치하기 위하여 치열한 유치 경쟁을 펼친다. 올림픽처럼 'Final Four' 특수를 한껏 누릴 수 있기 때문이다.

(3) 파이널 포의 제품 가치

'Final Four'부터는 한개 도시에 모여 세 경기를 치른다. 비록 세 경기이지만 파이널 포가 개최되는 지역에 미국의 수많은 농구 팬들이 찾아오기 때문에 막대한 수익을 올린다.

표 3-14 향후 파이널 포 개최 예정지

대회 개최 날짜	개최 지역	대회 장소
April 2/4, 2011	Houston, TX	Reliant Stadium
March 31/April 2, 2012	New Orleans, LA	Louisiana Super dome
April 6/8, 2013	Atlanta, GA	Georgia Dome
April 5/7, 2014	North Texas(Arlington/ Dallas/ Fort Worth)	Cowboys Stadium
April 4/6, 2015	Indianapolis, IN	Lucas Oil Stadium
April 2/4, 2016	Houston, TX	Reliant Stadium

2만명에 가까운 관중들이 모두 경기당 3만 5천원이 넘는 표를 사서 들어온다. 대부분이 자신이 응원하는 대학의 티셔츠나 유니폼을 입고 관람한다. 또 그들이 경기 내내 먹고 마시는 간식과 타고 온 자가용의 주차비용까지 합치면 천문학적인 수준의 돈이 지역에 뿌려진다.

역이나 공항에서부터 거리의 가로등까지 온통 '파이널 포'의 로고로 도배되어지고 호텔이나 백화점 그리고 경기장 근처에는 경기를 보러 온 사람들과 쇼핑객들로 차고 넘친다. 즉 경기를 보러 오는 수십 만명의 관중들은 관광과 쇼핑으로 지역 경제를 활성화시키고 지역은 경제적인 특수 효과를 올린다.

아울러 경기가 열리는 도심과 경기장 주변에는 스폰서 기업들이 로고를 농구공으로 친숙하게 표현한 대형 옥외광고와 건물 외벽광고, 버스광고 등을 설치해 축제 분위기를 돋운다.

재주는 학생인 선수들이 부리고 돈은 방송국과 NCAA가 챙기는 게 바로 미국의 대학 농구이다. 올해는 NCAA 남자농구에서 DUKE 대학교는 인디애나폴리스 루카스 오일 스타디움에서 열린 버틀러대와의 토너먼트 결승전에서 61-59로 승리를 거두며 통산 4번째 우승을 차지하며 막을 내렸다. 대회가 열렸던 Lucas Oil Stadium은 원래 풋볼 경기장인데 대회가 개최되는 동안에는 풋볼 경기장이 농구장으로 변모하여 좌석수를 7만 1,000석으로 늘리고, 대회 입장 수입을 비롯한 각종 부가가치 수입이 더욱더 커졌다.

2010년 파이널 포에 진출한 각 대학 팀 선수 중 대표 선수들

〈표 3-15〉에서 보는 것처럼 파이널 포의 제품가치는 메이저리그의 월드시리즈를 능가하고 슈퍼볼과 올림픽 다음으로 인기가 높음을 알 수 있다.

이러다 보니 CBS는 30초당 광고비로 120만 달러를 받는데 이는 슈퍼볼(30초당 260만 달러)보다는 못 미치지만 NBA 파이널, 월드시리즈의 30초당 40만 달러 광고비의 3배 이상 가는 금액으로 그 인기를 가늠해 볼 수 있다.

'파이널 포'를 유치하면 해당 도시는 막대한 경제 효과를 기대할 수 있다. 지난해 파이널 포가 개최되었던 디트로이트는 미식축구 경기장인 라이언스의 홈구장의 결승전에 포드필드를 가득 메운 관중은 7만 3,000여 명으로 미국 대학농구 사상 최다 관중이었다. 미국 자동차업계 빅3의 추락으로 경제난을 겪고 있는 디트로이트로서는 대학농구 4강전 개최로 때 아닌 경제 특수를 누렸다. 수십만 명의 관중이 지역을 찾아와 관광 특수를 맞

표 3-15 스포츠 이벤트 별 제품 가치

순위	스포츠 이벤트 명	제품 가치	경기 방식
1 위	NFL 슈퍼볼	3억 7,900만 달러	단판 승부
2 위	하계올림픽	1억 7,600만 달러	16일간 종목별 경기
3 위	NCAA 파이널 포	8,200만 달러	단판 승부- 3일
4 위	MLB 월드시리즈	5,600만 달러	7전 4선승제
5 위	NBA 결승전	4,700만 달러	7전 4선승제

출처: 2009년 포브스지.

는다. 4강에 진출한 대학 재학생과 수천명에 이르는 미디어 종사자가 1주일 동안 이 곳에서 머물며 쓴 돈은 디트로이트 경제를 활성화시키는 계기를 마련하였다. 여기에다가 대회가 열렸던 기간이 4월 2~4일로 미국의 부활절 휴가 기간과 맞물려 3,000만~5,000만 달러의 경제효과를 누린 것으로 보고하고 있다.

아울러 4강에 오른 대학들은 미국 내에서 전반적인 인지도가 상승하고 학교 브랜드 가치가 올라가며 대학의 티셔츠·모자·기념품 판매 수입이 급증하고 학교 브랜드도 제고돼 입학 지원율이 올라가 경제적 사회적으로 학교와 지역 사회에 큰 도움을 주는 부수적인 이득도 얻는다.

LG전자는 지난해 9월 한국 기업 최초로 NCAA와 공식 후원 계약을 맺었다. LG전자는 후원 후 처음 열린 이번 대회에서 미국 최초 일반인 대상 3D 경기 생중계를 실시하였으며, CBS 방송의 경기 중계에 LG 브랜드가 반복 노출된 것을 비롯해, 파이널 포 로고와 경기 이미지 등을 활용한 포로모션으로 미국 내 주요 유통망이 대거 참여하는 등 바람을 일으켰다.

파이널 포가 개최된 루카스 오일 스타디움에 제품 체험 존에 3D TV를 대거 설치해 주관 방송사인 CBS의 3D 생중계 영상을 방송함으로써, 농구 팬들에게 손에 잡힐 듯한 실감영상으로 경기장의 흥분을 생생하게 전달하였다.

NCAA 스포츠 마케팅을 통해 4천만여 명의 농구 팬들에게 3D TV와 LG 브랜드를 집중적으로 노출시켜 5천만 달러가 넘는 홍보 효과를 거뒀다고 평가했다.

NCAA 성공 비결

이와 같은 노다지 비즈니스의 비결은 어디에 있을까?

Bush_NCAA 백악관에 초청받은 우승 대학 팀들의 선수와 연설하는 부시 대통령

첫째는 소비시점의 경험을 제공한다. 경기를 관람하는 사람들에게 즐거운 체험과 적극적인 경험의 장을 만들어 주는 것이다. 이것이 바로 참여하는 사람들의 적극성으로 애교심과 애향심을 적절하게 잘 배합하고 파이널 포 개최지와의 적절한 소비 경험을 제공하는 것이다.

그리고 NCAA는 중계권료 및 입장료 등 수입을 통해 만들어지는 돈을 NCAA에 속해 있는 학교에 스포츠 팀별로 골고루 나눠준다.

즉 자신이 사용하는 돈이 바로 자신의 학교와 운동부 등에 쓰이는 원리를 팬들이 이해하기 때문에 이를 더욱더 극대화시켜 나간다.

둘째는 바로 축제 비즈니스이다. 파이널 포의 경기들이 각 학교의 홈도 원정도 아닌 중립 지역에서 열기기 때문에 경기하는 학교의 학생과 동문, 지역 팬들, 밴드부, 치어리더, 그리고 마스코트까지 남녀노소가 가릴 것 없이 다양한 관중들이 총 출동하여 말 그대로 축제 분위기를 만들고 지역 경제까지 활성화시킨다.

이처럼 학교동문(애교심)-지역(애향심)-기업(애사심)의 세 가지 축제 연결 비즈니스는 NCAA의 수입으로 든든한 기반이 되는 접착제를 잘 활용하는 것이다. 양 팀의 응원단은 골대 뒤에 앉아 응원을 할 수 있도록 배치를 한다.

셋째는 바로 신데렐라 비즈니스로 토너먼트의 가장 큰 매력은 단판에 모든 것이 결정된다는 점이다. 한번 패하면 그대로 탈락하는 Knock Down Tournament 방식으로 한 경기 한 경기가 결승전을 방불케 하는 전쟁으로 선수들은 전력을 다해 경기에 임하게 되고 그만큼 팽팽한 접전, 이변이 속출한다. 해마다 강팀을 꺾는 신데렐라 팀이 등장해 팬들의 관심을 높이는 것도 토너먼트의 매력이다.

승자는 다음 라운드로, 패자는 집으로 향한다. 이러다 보니 단판 승부를 통해 신데렐라가 만들어지고 강팀이 승리한다는 보장이 없다. 예측하기 어려운 한방은 바로 스포츠가 가져다주는 묘미이다. 초기에 우승 팀을 예측하는 브래킷은 신데렐라의 출현을 기대하게 만드는 묘한 매력이 숨겨져 있다.

넷째는 철저한 지역을 이용하는 현지화 제품 전략이다. 파이널 포를 보기 위해 재학생과 졸업생 이외에도 지역 주민까지 가세해 응원 열기가 개최지역을 뜨겁게 달군다. 수만명의 사람들이 바로 파이널 포를 향해 자가용, 기차, 버스나 비행기 등으로 이동하는 상황 속에서 호텔, 백화점, 그리고 기념품 기게 등은 발 빠르게 지역과 팀에 맞는 제품을 개발하여 판매를 한다. 경기가 벌어지는 경기장에는 참가하는 팀들을 위해 특별 제작된 소속 팀의 기념품(모자, 티셔츠, 유니폼, 응원도구, 기타 용품)으로 만반의 준비를 갖추어 참가한 소비자들의 호주머니를 유혹한다. 이러한 제품 전략은 지역 경제에 특수한 효과를 가져다준다.

다섯째는 파이널 포의 열기가 고스란히 NBA의 인기로 연결되어진다. NBA의 스타들은 이미 NCAA 토너먼트에서 좋은 성적을 이끌었던 검증된 선수들이 대부분이고 팬들은 NBA 소속팀 못지않게 출신 대학 이름도 중요하게 생각한다. 바로 NCAA와 NBA는 상업적인 동반자인 동시에 경쟁자인 셈이다. 우리나라도 이처럼 대학 스포츠가 인기리에 정착하여 프로스포츠를 능가하는 시기가 오기를 기대해 본다.

10. 자동차 마케팅의 새로운 중심 나스카(NASCAR)

NASCAR

고정 팬은 7,500만명(연 수입 7만 달러 이상 중산층 22% 차지, 40% 여성), 경기당 평균 관중 17만명, 경기당 TV 시청자 3,000만명, 전 세계 150여 개국 중계, 8년간 48억 8,000만 달러(1년 6억 1,000만 달러)의 중계권료, 연간 600만 달러 이상의 상금 이것이 스포츠 마케팅의 또 하나의 중심이라고 할 수 있는 나스카(NASCAR)가 가지고 있는 마케팅 숫자들이다. (공식 사이트: www.nascar.com)

NASCAR 대회 참가 차량은 최근 3년 내 미국에서 생산된 강철 차체의 세단형 자동차로 제한된다. 개막전은 보통 플로리다 주에 위치한 데이토나 경주장에서 열린다. NASCAR 대회는 크게 그랜드 내셔널 시리즈(Grand National Series)와 투어링 시리즈(Touring Series), 주간 시리즈 등 13개 경주로 구분이 되는데 가장 큰 대표적인 경주는 2003년까지 담배회사의 후원을 받은 윈스턴컵 시리즈였고, 2004년부터 2007년까지는 통신회사인 넥스텔사의 후원을 받아 넥스텔컵 시리즈(NEXTEL Cup)라 불렀으나, 2008년부터는 넥스텔과 합병한 스프린트의 후원을 받아 스프린트컵 시리즈라 부르고 있다(공식 사이트: www.nascar.com).

NASCAR(The National Association for Stock Car Auto Racing, 나스카)란 전미 스톡 자동차 경주 협회로써 미국에서 스톡 자동차 경주 대회를 주최하는 가장 큰 공인 단체이다. 일반적으로 NASCAR라 하면 공인된 자동차 경주 대회로 NASCAR RACING SERIES, NASCAR INTERNATIONAL SERIES, NASCAR REGIONAL AND LOCAL SERIES로 구성되어 있다.

나스카 경기 장면

NASCAR RACING SERIES는 스프린트컵 시리즈(Sprint Cup Series), 네이션와이드 시리즈(Nationwide Series), 크래프트맨 트럭 시리즈(Craftsman Truck Series)로 구성되어 있으며, NASCAR INTERNATIONAL SERIES는 NASCAR는 Canadian Tire Series, Mexico Series로 구성되어 있다.

스프린트컵 시리즈(Sprint Cup Series)는 미국 28개 도시에서 매년 2월부터 11월까지 약 9개월 동안 총 36전이 개최된다. 경주는 거의 대부분 타원형 경주장에서 한다. 타원형 경주장은 시계 반대 방향으로 주행하는 것이 보통인데, 관중의 입장에서는 전체 경주 상황을 한 눈에 살필 수 있고 언제든지 추월과 접촉이 다반사로 일어나 박진감 넘치는 경주를 관람할 수 있다.

미국의 38개 주, 캐나다, 그리고 멕시코에서 100개 이상의 경주로, 1,500개 이상의 자동차 경주 대회를 공인하고 있을 정도로 북미 자동차 경주 시장을 이끌어 가고 있다.

미국 동남부의 지역 오락 행사로 시작한 나스카는 현재 미국 내에서 시청률 기준으로 전미 풋볼리그(NFL) 다음으로 인기 있는 상업 스포츠로 성장하였고, 국제적으로는 150개국에 중계 방송되고 있다. 또한 7,500만명의 팬이 연간 20억 달러 이상의 공인 제품을 구매하고 있을 정도로 전체 스포츠 팬들 중에서 브랜드 충성도가 가장 높은 것으로 평가받고 있다. 이 때문에 포춘지 선정 500대 기업 대부분이 나스카를 후원하고 있다.

나스카는 미국 기업들의 마케팅 향연장이며, 모든 마케팅 기법이 동원된다고 할 수 있다. 마케팅 조사 전문회사 '랜더 어소시에이트'와 PBS가 공동 발표한 '2005년 미국 내 브랜드 파워'에서 나스카는 구글, 아이팟을 제치고 2위를 차지하였다.

나스카의 TV 시청률은 미국 프로스포츠 중 NFL에 이어 시청률 2위 기록하고 있고, 기업 스폰서십은 1시즌 스폰서십 규모 1조 4,340억원 규모이며, 미국 프로스포츠 중 가장 많은 기업(포춘 400대 기업 중 106개)이 스폰서 참여하고 있다. 나스카 로고 사용하는 브랜드는 3,500개 이상이고, 라이센스 제품 판매 규모 연간 2조원(21억 달러) 수준이다.

나스카는 미국에서 가장 빠르게 성장하고 있는 스포츠이자 문화이고 산업이다. (나스카 우승 팀의 환호 모습)

스폰서인 듀폰은 나스카 출전 차량에 메인 스폰서로 참여하며 2,000만 달러(약 192억원)를 지불하였고, 조건은 단순히 보닛과 타이어 부근에 로고를 붙이는 것이다. '움직이는 광고판'인 차 한 대에 달라붙는 스폰서 비가 2,500만 달러에 이른다.

삼성전자는 2002년부터 "SAMSUNG/Radio Shack 500" 타이틀 스폰서로 참여하면서, 스폰서십비용으로는 250만 달러를 지불하면서 스폰서십 광고효과는 2,500만 달러로 추정되고 있다.

나스카의 스폰서십 비중이 높은 이유는 나스카를 후원하는 기업들의 마케팅 대상이 구매력이 있는 중산층이라는 것이다. 그 이유라고 할 수 있는 것이

첫째, '친근함'이다. 나스카는 미국인들의 삶이라고 할 수 있는 자동차를 활용하여 스포츠 이벤트화하였다는 점에서 NFL과 함께 미국인의 민족성과 국민성을 대변하는 스포츠라고 할 수 있다. 이러한 스포츠 이벤트는 미국인들이 함께 모여서 즐길 수 있는 또 다른 스포츠 이벤트인 셈이다. 더욱이 나스카의 특징인 일반 대중에게 판매되고 있는 자동차를 활용하여 경주대회를 한다는 점이 더욱 친근함을 더하고 있는 것이다.

둘째, '클린 스포츠'다. 나스카 선수들의 깨끗함은 많은 팬들에게 귀감이 되고 있다. 스포츠 선수들의 약물이나, 폭력 등에 대해서 상당히 부정적인 북미의 프로스포츠 팬들은 나스카 드라이버들의 깨끗한 이미지를 상당히 긍정적으로 바라보고 있는 것이다.

나스카의 깨끗한 이미지는 협회로부터의 드라이버의 교육에서부터 나온다고 할 수 있다. 이러한 부분은 다른 타 스포츠 협회에서도 벤치마킹이 필요하다고 할 수 있으며, 이러한 선수들의 깨끗한 이미지는 팬들의 충성도를 더욱 높이는 영향력을 발휘한다고 할 수 있다.

셋째, '마이너리티 프로그램'이다. 이 프로그램은 나스카의 지역 프로그램으로 나스카가 흑인, 히스패닉, 여성, 아이들을 위해 개발한 프로그램으로 팬들에게 큰 호응을 얻고 있다.

거칠고 남성적인 이미지의 1, 2세대 드라이버들이 사라지면서 '스타 기질'을 갖춘 차세대 드라이버들의 등장도 한몫을 하였다고 할 수 있다.

나스카 팬들의 71%가 나스카 광고 스폰서의 제품을 구매하는 것으로 나타났다. 이것은 골프(47%), 테니스(52%), NBA와 MLB(36~38%)와 비교하면 큰 차이다. 또 40%의 나스카 팬들은 자신의 좋아하는 팀이 스폰서를 바꾼다면 기꺼이 새로운 스폰서의 제품을 사겠다고 답하고 있을 만큼

나스카를 즐기는 팬들의 충성도는 높다고 할 수 있다. 나스카 성공의 또 다른 비결은 시즌이 1년 내내라고 할 정도로 연중 레이스가 벌어진다는 점이다. 야구, 농구, 미식축구, 아이스하키가 모두 특정 시즌에만 치러지는 반면 나스카는 지속적으로 레이스가 펼쳐진다. 1년에 36번의 레이스가 있으니 1달에 세 번꼴이라고 할 수 있다.

나스카를 단순한 '튜닝 카 경주'로 생각했다면 큰 오산이다. 나스카는 미국에서 가장 빠르게 성장하고 있는 스포츠이자 문화이고 산업이라고 할 수 있으며, 오직 미국에서만 열리는 이 레이스에 7,500만명이 열광한다. 이 중 40%는 여성이다. 대회가 열리는 도시마다 30만명이 찾아와 '자동차 도시'를 형성한다. 캠핑카만 3만대가 모여 든다. 나스카는 미국 전역을 돌아다니며 1년에 36차례 벌어진다. 미국을 대표하는 코드가 되고 있다고 해도 과언이 아니다.

사례 3-6 애니콜 휴대폰 있는 분, 먼저 입장하세요

미국 '삼성 500 나스카' 가보니 하루 20만 찾는 개조차 경주

단독 후원 마케팅 효과 톡톡

5일(현지시간) 오후 관중의 뜨거운 열기 속에서 '삼성 500 나스카(NASCAR · 미국 개조차 경주대회)'가 열린 미국 텍사스주 포트워스의 '텍사스 모터스피드웨이' 경기장. 경기 종반인 305바퀴째를 돌 무렵, 검은색 24번 듀폰 시보레가 쏜살같이 선두로 치고 나가자 관중 속에서 "와"하는 함성이 쏟아졌다. 막판 숨 막히는 추격전이 벌어졌으나 결국 0.54초 차이로 24번 시보레가 마지막 334바퀴를 돌아 결승선을 통과했다. 20만명의 관중석 사이에서 "제프, 제프"라는 환호성이 터졌다. 2007년 이후 48번째 출전 끝에 우승컵을 거머쥔 제프 고든은 "이제야 제자리를 찾게 됐다"며 기뻐했다.

삼성 500 나스카'가 열린 미국 텍사스주 포트워스의 '텍사스 모터스피드웨이' 경기장에 삼성 로고가 선명하게 찍혀 있다.

미국 제2의 인기 스포츠 나스카: 1948년 출범한 나스카는 '포뮬러 1(F-1)'과 함께 세계 최대 규모를 자랑하는 개조차 경주대회다. 미국 인구의 26%인 8,000만명이 열성 팬일 정도로 대중화돼 있다. 매년 경기장을 직접 찾는 숫자도 하루 최대 20만명에 달해 미식축구에 이어 미국 최고의 인기 스포츠다. 삼성전자 후원으로 열린 이날 대회는 1.5마일(2.4㎞) 트랙을 334바퀴 돌아 500마일(약 800㎞)을 완주하도록 돼 있다.

나스카가 폭발적 인기를 얻게 된 건 단순한 자동차 경기 차원을 넘어 흥겨운 축제로 발전했기 때문이다. 이날도 과거 최고 인기 밴드였던 '포리너'가 경기 전 행사에 출연해 왕년의 히트 곡을 선사했다. 또 미 전역에서 캠핑카를 몰고 온 관람객들은 180만평에 달하는 경기장 부지에 며칠씩 머무르며 바비큐 파티를 연다. 미식축구나 프로야구에선 볼 수 없는 나스카 특유의 풍경이다.

기발한 스포츠 마케팅: 이 같은 인기를 바탕으로 나스카 후원사들은 스포츠 마케팅 효과를 톡톡히 보고 있다. 삼성전자 역시 경기장 안에 대형 로고를 설치해 큰 홍보효과를 거뒀다는 게 이 회사 관계자의 설명이다. 또 올해부터는 관람객들이 몰리는 입장 시간에는 한참 기다려야 한다는 점에 착안해 새로운 홍보 전략도 시작했다. 즉 출입구 한쪽에 '삼성 패스트라인'이라는 별도의 통로를 마련한 뒤 삼성 휴대전화를 제시하는 관람객들은 기다리지 않게 즉각 들여보낸 것이다. 삼성전자 관계자는 "어느 종목보다 나스카 팬들은 스폰서 회사 제품에 대한 충성도가 높아 이들은 다른 회사 제품 대신 삼성 휴대전화를 고를 가능성이 훨씬 크다"고 말했다. 손대일 삼성전자 통신부문 미국 법인장은 "가장 미국적 이벤트인 나스카 후원을 통해 삼성이 외국 회사가 아닌 현지 기업이라는 인식을 심어줄 수 있다"고 말했다.

포트워스(미 텍사스 주)=남정호 특파원, 중앙일보, 2009.4.9.

참 | 고 | 문 | 헌

강관보(2005) 스포츠산업의 지역경제 파급효과: 제주도사례를 중심으로. 목포대학교 스포츠산업전문가 초청 세미나 및 포럼 자료집.

김낙회, 김 호 공역(1999) 스포츠마케팅. 나남출판.

김도균(2000) 스포츠 비즈니스. 오성출판사.

김도균(2001) 전략적인 현대 스포츠 경영. 금광 출판사.

김도균(2008) 스포츠 이벤트 기획. 대한미디어.

김병식(1997) 스포츠 마케팅. 대한미디어.

김승식(2002) 2002년 월드컵 스포츠 마케팅 실제와 뒷이야기. 으뜸사.

김제희(2003) 2002년 한·일 월드컵 축구대회가 국내 스포츠 산업 발전에 미친 영향. 미간행 석사학위 논문, 청주 대학교 교육대학원.

김종(2010) 국내 프로스포츠 구단 경영수지 현황. 스포츠 비즈니스 제69호.

김현희(2002) 월드컵 후원 스포츠조직의 스폰서십 효과. 미간행 석사학위 논문. 경희대학교 체육대학원.

김희진(2001) IMC 시대의 이벤트 기획론. 커뮤니케이션북스.

대구경북연구원(2004) 세계육상선수권대회 개최의 타당성 분석.

민승규(2002) 월드컵 이후 경제 사회 과제. 삼성경제 연구소 보고서.

박근우(2002) 관람자 관여도에 따른 프로농구단의 운영전략이 구단 이미지에 미치는 영향. 석사학위논문. 한국체육대학교 사회체육대학원.

박인규(1996) 아틀란타 올림픽 마케팅 전략. 대한체육회.

박찬규, 주성택, 최종필, 정연길, 정현성, 김정호 공역(2007) 스포츠 매니지 먼트. 대한 미디어.

배동렬(1998) 월드컵 스포츠 스폰서십 마케팅. 마케팅 V.

설민신(1999) 2002년 월드컵 대회 스폰서십 구조변화에 따른 대스포츠조직의 스포츠 마케팅 전략에 관한 제언적 고찰. 한국 사회체육학회.

송석록(2002) 스포츠 스폰서십. 신일상사.

송한성(2000) 올림픽과 프로야구 관중수. 스포츠 비즈니스, 27호.

송해룡(2000) 디지털 시대의 스포츠 콘텐츠. 스포츠비즈니스. 5월호.

안광호, 한상만, 전성률(1999) 전략적 브랜드 관리. 학현사.

위성식, 이상원(1993) 체육·스포츠경영관리론. 법문사.

유정현(1998) 2002년 한일 월드컵 축구대회가 국내 스포츠마케팅에 미치는 영향. 사회 체육 연구 제7집(별쇄본).

윤훈현(1997) 마케팅 전략수립을 위한 기초 소비자 행동론. 시그마 프레스의 관계. 한국체육학회지, 36(2), 351.

이경모(2002) 이벤트 학원론. 백산출판사.

이세호(1997) 스포츠 팀 운영이 스포츠조직 이미지에 미치는 영향. 한국체육학회지.

이소현(1998) 월드컵 축구대회의 마케팅 실태조사. 미간행 석사학위 논문, 용인대학교 체육대학원.

전수환(2009) 에센스 경영학.

정진홍(2010) 인문의 숲에서 경영을 만나다. 21세기 북스.

최진우(1999) 2002년 월드컵 대회 스폰서십 구조 변화에 따른 대스포츠조직의 스포츠 마케팅 전략에 관한 제언적 고찰. 삼성경제 연구소.

최진우(2000) 올림픽의 경제학. 삼성경제연구소.

최홍섭(2000) 여기는 시드니 "올림픽, 36억달러 남는 장사." 주간조선. 제1622호 2000.10.5.

한광걸 외(2001) 스포츠의 사회학적 이해. 영남대학교.

한국레저산업연구소(2009) 2008 레저백서. 한국레저산업연구소.

한영주(2001) 월드컵 개최의 해외사례와 시사점. 도시정보, 234(1).

함주한(2008) 마케팅 무작정 따라하기. 길벗.

허광일(1998) 스포츠조직의 스포츠 팀을 통한 마케팅이 소비자 행동에 미치는 영향. 석사 학위 논문. 한양 대학교대학원.

홍성태(1998) 보이지 않는 뿌리. 박영사.

황의룡(2006) 일본의 공공사회체육시설 지정관리자 제도에 관한 연구. 한국체육과학회지 15(2), 285-295.

Arker, David A. and Myers, John G.(1987) Advertising Management, 3rd ed., Prentice-Hall.

Cawley, R.(1999) Sports commissions. Journal of Street & Smiths Sports business, 1(Oug.) 28.

Fredline, E. and Faulkner, Bill(1998) Resident reactions to a major tourist event: The Goldcost Indy Car race, Festival Management & Event Tourism Vol.5.

Jacob, J. & Robert, W. C.(1998) Brand Royalty: Measurand Management, N.Y: Wiley.

Jeffrey, D. J.(1997) Becoming a sports fan: Understand cognitive development and socialization in the development of fan loyalty Unpublished doctor aldisseration, Ohio State University.

Ludwig, S., & Karabetsos, J. D.(1999) Objectives and evaluation processes utilized by sponsors of the 1996 Olympic games. Sport Marketing Quarterly, 8. 11-19.

Masteralexis(1998) Sports agency. In L. P. Master alexis, C. B. A. Barr, & M. A. Hums(Eds.). Principles and practice of sport management (pp. 243~274) Gaithersburg, Maryland: Aspen Publichers, Inc.

McCarthy, E. Jerome(1993) Basic Marketing: a Managerial Approach. Irwin.

McDaniel(1997) An investigation of Match-up Effects in Sponsorship Advertising The Implications of Consumer Advertising Schemas", American Marketing Association's Winter Educators' Conference, St. Petersberg.

NAOC(1999) The XVIII Olympic Winter Games Official Report I Planning and Support.

NPD Group, Street &Smith's Sports Business Journal research.

Schaaf, P.(1995) Sports marketing: It's not just a game anymore .Amherst, NewYork: Prometheus Books.

Webster, Frederick E.(1997) Marketing Communication: Modern Promotional. John wiely & Sons, Inc. New York, 137-141.

www.esports.pe.kr

www.sericeo.org

제 6 편
스포츠를 활용한 마케팅

제 1 장 스포츠를 활용한 마케팅의 이해

제 2 장 스포츠를 활용한 마케팅의 판매 촉진

제 3 장 스포츠를 활용한 광고 및 홍보

제 4 장 스포츠 스폰서십

제 5 장 스포츠 스폰서십의 효과 분석

제 6 장 네이밍 마케팅

21세기에는 어떤 변화들이 밀려오고 어떤 비즈니스가 유망사업으로 떠오를 것인가? 이는 기업들이 알고자 하고 찾고자 하는 방향이다. 소비자들의 심리는 변덕스럽기만 해도 사회 변화의 큰 흐름에서 완전히 벗어나는 일은 많지 않다.

스포츠는 다른 제품과는 달리 스포츠 자체로 지닌 건강미, 명랑함, 아름다움, 활동적이고 역동적인 감각, 단순 명쾌한 이미지하에서 강력한 커뮤니케이션 도구가 되고 있다. 21세기를 선도할 지식 산업의 한 영역으로 인식되어 발전을 거듭하고 있다. 일반적으로 스포츠는 팀이나 선수, 기업을 중심으로 텔레비전 등의 매스미디어, 스포츠 단체, 광고 회사, 스포츠 프로덕션이 유기적으로 연합하여 하나의 마케팅 도구를 만들고 효과를 창출해 낸다.

올림픽, FIFA 월드컵, 아시안게임, 세계국제 육상 선수권대회, CJ 마구마구 프로야구, IBK 배구 대회, 그리고 지상파와 글로벌 방송, 후원사 마케팅 활동, 지상에 존재하는 무수한 스포츠 이벤트들은 이제 후원사들 없이 대회를 치러낸다는 것 자체가 불가능할 정도가 되었다.

그만큼 스포츠 자체의 마케팅도 중요하게 되었지만, 스포츠를 활용한 마케팅도 중요하게 되었다. 스포츠 마케팅의 잠재력은 무궁무진하다. 통계에 따르면 미국 프로야구 여름 시즌에만 경기장에서 2천만 개의 핫도그가 팔리며, 미식축구 한 경기가 방송되는 동안 스포츠 바에서 팔려나가는 맥주는 1백 50만 잔이라고 한다. 단순하고 편협하게 인식되어지고 있던 스포츠 이벤트의 광고나, 스폰서십, 방송 중계권을 스포츠를 활용한 마케팅으로 정확하게 규정하게 되면서, 스포츠를 활용한 기업들의 마케팅 기법들이 다양화되어 가고 있다.

스포츠를 활용한 마케팅은 "욕구에 일치한 소비자에게 스포츠를 활용하여 접촉 기회, 판매 기회를 어떻게 확대시켜 나가고 브랜드 인지도를 어떻게 높여 나갈 것인가?라는 문제로 하는 관리 통제 활동, 즉 모든 관리적 마케팅(Managerial marketing)을 기본으로 하는 것이지만, 스포츠를 활용한 마케팅에서는 기업이 스포츠를 바탕으로 기업과 조직의 목적을 달성하려고 하는 것이라고 할 수 있다. 이러한 스포츠에 대한 기업의 참여는 스포츠의 상업화와 상품화를 가져왔으며, 스포츠를 통한 소비 창출과 킬러 콘텐츠의 등장 그리고 다양하고 고급화된 마케팅 방법을 통해 기업은 효과를 더욱더 극대화시켜 나가고 있다.

스포츠를 활용한 마케팅은 기업의 입장에서 보면 프로모션이나 브랜드 이미지 그리고 제품 판매 극대화를 위한 마케팅의 한 분야이다. 스포츠를 활용한 마케팅은 몇 가지 요소로 구성되어 있고, 판매 이상의 활동으로 광고와 홍보 관련 분야와 프로모션 등 다양한 분야로 스포츠 마케팅이라는 용어가 사용되어지기 때문에 조직 관리자나 마케터는 스포츠 마케팅의 역할을 조정하고 관리할 필요가 있다. 또한 스포츠를 활용한 마케팅은 스포츠 자체의 마케팅과 함께 이루어지는 마케팅이라고 볼 수 있으며, 스포츠 자체의 마케팅이 좀더 성공적으로 수행될 수 있도록 도움을 준다는 측면에서 함께 수행되어진다.

스폰서십의 형태로 참여하는 기업은 기업의 커뮤니케이션 목적을 달성하기 위하여 자금이나 그에 상응하는 물품과 서비스를 제공하고 기업에 대한 브랜드 호의도를 높이고 제품 판매를 높이는 전략을 추구한다. 따라서 기업들은 스폰서십을 어떻게 구분하고 있으며, 어떤 식으로 권리를 세분화하는지, 스폰서십을 하면서 어떤 효과를 기대하고 있는지, 그리고 후원을 통해서 과연 스포츠는 무엇을 얻고, 후원사는 무엇을 얻는지, 어떻게 분석하고 있으며 그 후의 그들의 목표는 무엇인지, 그리고 왜 스포츠 이벤트 마케팅이 상업적인 모습을 보이며, 새로운 공공활동은 무엇을 하고 있는지 스포츠를 활용한 마케팅의 이론과 사례를 통해서 알 수 있을 것이다.

본장에서는 스포츠를 활용한 마케팅의 이론적인 배경과 실무적인 내용, 그리고 사례를 통해서 스포츠를 활용한 마케팅의 다양한 분야에 대해서 이해할 수 있도록 내용을 구성하였다.

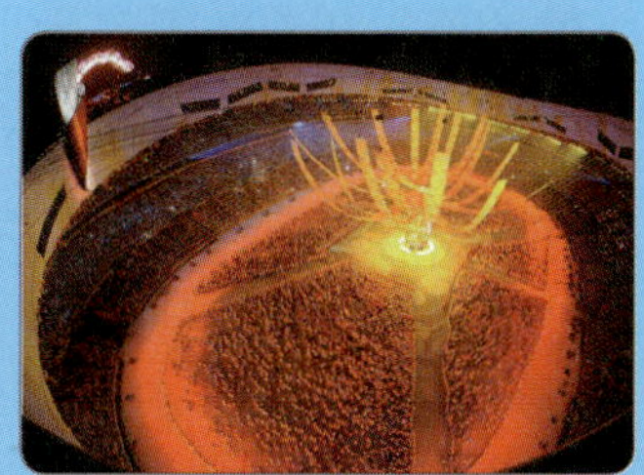

제 1 장 스포츠를 활용한 마케팅의 이해

제 1 장
스포츠를 활용한 마케팅의 이해

1. 스포츠를 활용한 마케팅의 개념

스포츠를 활용한 마케팅의 정의를 한다면, '스포츠 마케팅'이라는 상위개념에서 '스포츠 이벤트 자체의 프로모션'과 '스포츠 이벤트를 통한 마케팅 활동'과 같이 두 가지 개념으로 나누어진다. 스포츠를 활용한 마케팅은 스포츠와 사업, 매스컴 등을 관련지어 생각하면 당연히 스포츠와 아마추어 스포츠 팀들을 광고매체로 활용하는 것이 대표적인 예라고 할 수 있으며, "욕구에 일치한 스포츠의 기회를 어떻게 사람들에게 제공해 갈 것인가?"라는 것을 문제로 하는 관리통제 활동, 즉 모든 관리적 마케팅(managerial marketing)을 기본으로 하는 것이다.

스포츠를 활용한 마케팅이란 어떤 특정 경기 주최를 후원하는 기업 후원권 판매(corporate sponsorship), 방송 중계권 판매 및 휘장과 마스코트 사업 등이다.

스포츠 산업이 전문화되고 특성화(specification) 되어감에 따라 이에 대한 마케팅의 전문성에도 중대한 문제로 인식되고 있다. 즉 모든 경우에 적용될 수 있는 일반 마케팅 이론들을 스포츠를 마케팅에 활용하거나, 스포츠 제품의 특성에 따른 새로운 마케팅 이론들을 개발할 필요성이 대두되고 있는 것이다. 스포츠를 활용한 마케팅은 일반 경영 마케팅과 같이 원론적 입장과 관리론적 입장을 갖는다.

즉, 스포츠 산업의 사회·경제적 측면과 일반적 원리를 고려한 스포츠 마케팅 원론과 개별 경제적 마케팅 활동을 통해 원리의 실제적 적용을 강조한 스포츠 마케팅 관리론이 그 두 가지 입장이다. 스포츠를 활용한 마케팅 관리는 "스포츠 생산자가 스포츠 제품이나 서비스를 통하여 스포츠 소비자의 욕구를 만족시킬 수 있도록 상호 교환을 조장하는 아이디어, 재화 및 서비스의 개념, 가격 설정, 촉진 및 유통 경로를 계획하고 실행하는 경영

2008 베이징올림픽에서 미국과 중국 남자 농구 대표팀들의 식전 경기 모습

마케팅 休知通

배리본즈의 73번째 홈런볼

2001년 야구 시즌의 마지막 경기에서 샌프란시스코 자이언츠의 논란 덩어리 강타자 배리 본즈가 73번째 홈런을 터트렸다. 이로서 본즈는 메이저리그 단일 시즌 최다 홈런 기록을 경신했다. 그러나 볼이 본즈의 베트를 떠난뒤 광란과 소란이 이어졌다. 소란은 법정까지 이어졌는데 놀랍게도 법률 논쟁의 주인공은 본즈가 아니라 무명이던 두 명의 팬이 맡았다.

그 중 한 명인 알렉스 포포브는 본즈의 홈런볼을 순간적으로 잡았다. 그러나 우측 관중석에서 열광한 팬과 가죽 글러브가 뒤엉키는 난투극이 벌어지면서 곧바로 볼을 놓쳐버린 그 공을 패트릭 하야시가 잡았다. 역사의 소중한 한 순간을 거머쥔 행운의 관람자였다.

당시의 야구공은 몇 달러면 스포츠 용품점에서 쉽게 살 수 있는 물건이라고 쉽게 생각할지 모르지만, 스포츠 수집품의 세계를 주시하는 사람이라면 본즈의 최다 홈런 기록을 세운 볼이 수십만 달러의 가치를 가진 것이라는 것을 알고 있다.

언론 매체는 그 공은 백만 달러 볼이라 불렸고 포보브는 자신이 먼저 그 공을 소유하였지만 놓쳐 버렸고, 하야시는 잃어 버리면 끝이고 찾은 사람이 임자라는 논리로 두 사람이 맞닥트렸다. 급기야 포포브가 하야시를 상대로 소송을 냈고 두 사람은 각자 그 공에 대해 정당한 소유권을 주장하였다.

패트릭 매카시 판사에게는 빅 리그 심판이라면 한번쯤 맞닥뜨리게 되는 그런 힘든 결정이 주어졌다. 그런 상황에서 본즈가 타협안을 제시하였다. 본즈의 제안을 받아들인 맥카시 판사는 이 공을 경매에 부쳐 수익을 포포브와 하야시에게 공평하게 나눠졌다.

과정"이다. 이러한 개념은 스포츠 사업의 경제적 측면과 실제적 측면을 고려한 미시적 입장이다.

스포츠 마케팅 관리자는 사회·경제적 차원에서 스포츠 소비자의 장기적 복지증진을 마케팅 사명으로, 개별 경제적 측면에서는 스포츠 소비자의 욕구 충족과 수익 획득을 마케팅 목적·목표로 설정해야 한다. 그리고 이 사명이나 목적·목표에 따라 스포츠 산업의 개별 경제적 측면에서 스포츠 제품이나 서비스의 개념, 가격설정, 촉진 및 유통 경로를 계획하고 실행해야 한다. 스포츠 마케팅은 소비자가 일반 대중인 "스포츠 자체의 마케팅"과 소비자가 주로 기업인 "스포츠를 활용한 마케팅"을 원론적 관리론적 마케팅 입장에서 스포츠 산업에 적용하는 것이다.

스포츠 마케팅이 제품으로 취급되고 있는 이유는 소비자에 의하여 구매되는 다른 일반 제품과는 근본적으로 다르기 때문이다. 그 원인은 운동에 참여하는 수요자인 고객이나 운동을 제품으로 제공하는 공급자 모두가 스포츠 활동의 다양성, 행사의 복잡성, 그리고 결과를 예측할 수 없는 불확실성(uncertainty)으로 인하여 성과(outcome)를 예측할 수 없다는 점에 기인하고 있다(Parks & Zanger, 1990).

스포츠 마케팅 제품인 스포츠는 이와 같은 특수성 때문에 독특한 경영과 마케팅 기법을 지향해야 한다. 스포츠를 활용한 마케팅 과정은 스포츠와 연관된 시설·프로그램·서비스로 구성된 제품을 수요자에게 공급하는 것에서 이를 활용하는 것이 포함되어진다.

Mullin(1993)은 스포츠 마케팅이란 "교환과정을 통해서 스포츠 소비자의 필요와 욕구에 부합시키기 위하여 계획되고 수행되는 모든 활동으로 구성된다"고 규정하고 있다. 이러한 정의는 매우 포괄적이어서 다소 애매하지만 스포츠 마케팅은 두 가지 주요한 취지로 전개되어지고 있다. 첫째는 스포츠 소비자에게 직접적으로 행하는 스포츠 제품이나 서비스의 마케팅을 말하며, 둘째는 소비자에게 어떤 기업의 제품 및 서비스를 전달하기 위한 판매촉진 매체로서 스포츠를 이용하는 마케팅 즉 스포

마케팅 休知通

보고 마케팅(BOOGO Marketing)

물건을 하나 사면 하나는 덤으로 준다(Buy One, Get one Free)의 뜻의 신조어로 기업들이 고객을 한 사람이라도 더 유치하기 위해서 채택하는 마케팅 전략이다.

던킨도너츠는 커피 메뉴의 판매 확대를 위해 커피 주문 고객에게 도너츠 1개를 덤으로 주는 전략을 구사해 커피 매출이 10% 상승하는 효과를 거두었고, 갈비집에서 갈비를 먹으면 냉면이나 된장찌개를 공짜로 제공하는 것도 대표적인 보고 마케팅이다. 이러한 사례는 스포츠를 활용한 마케팅에서 일반적으로 스포츠숍에서 제품을 하나 더 구해하면 하나를 더 덤으로 일반적인 사례와 함께, 여성 관람객은 무료 입장, 통신사와의 제휴를 통한 할인 서비스 등이 이러한 보고 마케팅의 사례라고 할 수 있다.

츠 스폰서링(sport sponsoring)을 지적할 수 있다.

스포츠 마케팅에 관련된 이 두 가지 내용 중 전자를 스포츠 마케팅, 후자를 스포츠를 활용한 마케팅으로 구분하여 정의하였다. 스포츠 마케팅이란 어떤 기업이 스포츠 이벤트의 스폰서가 된다든지, 기타의 형태로 관련을 맺는 것에 의해 그 기업의 특정 제품이나 기업 자체의 프로모터를 행하는 행위이다. 예를 들면 골프 대회나 테니스 대회에 스폰서십이라는 명목으로(운영비나 상금 등의 지출에 대해서) 재정적인 지원을 하거나 올림픽에 참가하는 국가대표 팀에 유니폼을 제공한다든지, 원정경기의 비용을 지불하는 경우도 있다.

스포츠 마케팅의 내용은 대개의 경우 광고 또는 그 외의 판매 촉진 활동이나 PR 활동 등을 통해 일반인들에게 알려지게 된다. 이외에 스폰서 기업은 스포츠 행사나 이벤트 등의 경기장에 회사 광고물을 내걸어 회사명이나 제품명을 노출하는 경우가 있다. 또한 자동차 경주에서 해당기업이 스폰서임을 알리기 위해 자동차에 자신들의 제품이나 기업명을 부착하는 것이 그 예이다. 이처럼 기업의 스포츠를 이용하는 마케팅 활동은 매스미디어의 발달과 더불어 급속도로 발전을 하고 있으며, 행사나 이벤트가 벌어지는 어느 곳이나 행사와 연관된, 참가자와 관계된 회사의 제품 및 상표가 걸려 있다. 이는 단지 광고적인 차원에서 스폰서십을 하는 회사는 광고하는 데만 이용되는 것이 아니라, 행사를 더욱더 질적으로 고급화시키고 제품이나 참가자에 대한 서비스를 더욱 극대화할 수 있는 경비의 제공 원천이 되어 기업과 소비자가 동시에 서로의 이익을 추구할 수 있는 계기로 발전되어가고 있다.

나이키의 휴먼 레이스

2. 스포츠가 만들어 내는 경제학

스포츠는 이제 하나의 사업적인 측면으로 자리를 잡아가고 있으며, 2009년 벌어진 축구 국가대표팀의 한·일전은 50억원의 수입을 만들어 내며 스포츠가 왜 돈이 되는지를 알려준 한판의 "돈 잔치"였다.

산업이라면 생산자가 있고 생산되는 제품이 있고 소비자가 있다. 하나의 제품을 통하여 큰 부가

가치를 창출해 낼 수 있는 것은 축구라는 스포츠 자체가 주는 무게감과 국가 대항전이라는특수한 상황 그리고 여기에 국민들의 관심의 집중이 어우러져서 만들어 낸 하나의 작품에서 비롯된 것이라 할 수 있다. 경기를 자세히 살펴보면 여러 가지 경영학적인 측면에서 해석을 해 볼 수 있는데 축구 경기에서 경제적인 부가 가치는 어떠한 형태로 나타났는지 정확하게 예측을 할 수는 없지만 경기 내적인 측면과 외적인 측면을 통하여 창출이 되었다고 볼 수 있다. 한·일전을 통하여 축구가 만들어 내는 경제학적인 측면을 살펴보면 스포츠를 활용한 기업 측면을 이해할 수 있을 것이다.

스포츠 제품은 계속해서 이슈화를 만들어내야 한다. (스포츠 스타들의 인터뷰 장면)

무엇이 제품인가?

우선 게임이라는 경기 자체가 제품이다. 이번 경기에서 경기 규칙이나 축구공의 구질이나 골대 크기, 경기장 규격들은 전혀 변하지 않는 것이었다. 양팀 선수와 감독 그리고 미디어들은 최선을 다해 경기라는 제품을 생산해 냈으며, 제품은 전후반 45분 총 90분의 시간 동안 마지막까지 어느 누구도 예측할 수 없는 상황이었지만 막판 골은 한국의 승리로 멋진 제품을 생산하게 되었으며 선수의 한 골은 제품으로서의 가치를 극대화시킬 수 있는 요소가 되었기 때문이다. 월드컵 축구에서 우리의 가슴을 감동시켰던 주인공이 화려하게 자신의 진가를 드러내 보이고 보는 사람들에게 다시금 감동을 가져다 준 한 골의 가치는 제품의 특징인 극적인 기쁨을 갖게 하였다. 승부의 세계는 홈 경기의 이점이 60% 이상 먹고 들어가는 것처럼 최대한 홈의 이점을 살린 제품이었다.

제품을 누가 생산하는가?

제품의 생산자는 한국의 선수들과 일본 선수들 그리고 심판, 감독, 코치, TV이다. 이들은 생산자인 동시에 노동을 제공한 노동자이기도 하다. 생산 기술이 발달하면 할수록 좋은 제품이 나오는 것처럼 좋은 선수, 훌륭한 선수에게서는 좋은 제품이 생산되기 마련이다.

한·일전에서 양국은 한치도 밀리지 않는 경기를 펼쳤지만 스타일만큼은 딴판이었다. 일본은 테크닉에서 한 수 위에 섰지만 한국은 스피드와 체력을 바탕으로 일본을 괴롭혔다.

투입된 자본은 무엇인가?

그것은 상암경기장, 경기장의 각종 시설물(골대, 축구공, 잔디, 좌석) 경기 진행 요원 그리고 미디어 등이 투입된 자본이다. 65,000여 석의 좌식은 입장료 수입을 발생시킬 수 있는 훌륭한 자본이고 경기장의 시설은 선수들이 좋은 실력을 보이기에 잘 만들고 가꾸어졌고 부대시설들을 통하여 주차나 식음료 등의 부대적인 수입들이 들어왔다. 또한 카메라는 선수들의 움직임과 스폰서 기업들의 광고판을 잘 잡아내어 노출시켰으며, MBC와 SBS는 시청자들이 이해하기 쉽도록 해설자를 잘 고용하여 전달하였다.

제품의 수요자는 누구인가?

상암경기장에 몰린 관중들과 팬, 그리고 TV 시청자, 중계방송을 담당하는 방송국 그리고 스폰서로 나선 기업체들이다. 이번 대회 가장 큰 스폰서는 타이틀을 스폰서한 현대자동차이다. 이번 제품

2009 발렌타인 챔피언십에서 원포인트 골프 레슨을 하는 모습

의 수요자는 경기장에 모인 65,000여 명의 관중들이었으며 이 관중들은 경기자체와 경기장 시설 그리고 제품과 관련된 주변 요소들을 소비하였다.

기업은 누구이고 역할은 무엇인가?

기업은 대한축구협회와 일본축구협회이다. 기업적인 측면에서 이번 행사는 크게 남는 장사가 되었다. 특히 이번 한·일전 경기에서 한국이 홈 경기에서 승리함으로써 축구 열기를 그대로 프로축구 경기로 이어 갈 수 있어서 부대 효과는 더욱 크다고 할 수 있다. 한·일전 승리는 '영원한 라이벌' 일본을 꺾었다는 의미 외에 주춤하고 있는 프로축구의 열기를 되살릴 수 있는 기폭제 역할을 했다는 점에서 또 다른 의미를 찾을 수 있다.

수입은 어떠한가?

이번 대회의 수입 내역서를 보면 TV 중계료로 국내에서는 4억 2천만원, 일본에서는 약 3억 8천만원이 들어 오는데, MBC, SBS와는 합계 4억원, KBS위성TV와는 2천만원에 계약했다. 이 금액은 얼마 전 한·일전에서 3사 합쳐 3억원을 받은 것에 비해 40% 인상된 금액을 타결은 본 것이며 독일의 스포츠 마케팅사 UFA를 통해 판매한 일본 내 중계권료(도쿄TV, NHK위성TV)는 수수료를 빼고 35만 달러(추정액 약 3억 8천만원)가 들어온다.

여기에다가 타이틀 스폰서로부터 3억원, 티켓판매에서 성인 2만원, 군경학생 1만원으로 가격 책정된 입장티켓이 다 팔려 제세금을 제외하고 약 9억원의 수입이 생겼다. A보드 판매수입으로 공식 후원사들에게 제공하는 무료광고를 제외한 판매용 A보드 13개를 축구 스포츠토토 등에 평균 1천5백만원씩 약 2억원에 팔았다. 총 22억원이 축구협회가 예상한 수입내역서이다.

이번 대회에서 가장 크게 덕을 본 것은 대한축구협회이다. 월드컵 열기에 편승한 전 국민들의 축구에 대한 관심과 한·일전의 승리는 TV 중계수입 증가, 타이틀 스폰서 수입발생, 입장 관중 증가로 상품 가치를 더욱 빛냈다. 패배보다 승리가 빛어낸 값어치가 더욱 큰 것은 스포츠라는 제품의 특징이다.

3. 스포츠를 활용한 마케팅의 계획

스포츠를 활용한 마케팅은 기업의 입장에서는 프로모션이나 브랜드 이미지 그리고 제품 판매 극대화를 위한 의사결정으로 인해 만들어진 마케팅의 한 분야이다. 스포츠를 활용한 마케팅 노력을 통해 기업들은 자사의 브랜드와 제품을 선전하고 판매해야 한다.

스포츠를 활용한 마케팅은 몇 가지 요소로 구성되어있고, 판매 이상의 활동으로 광고와 홍보 관련 분야와 프로모션 등 다양한 분야로 스포츠 마케팅이라는 용어가 사용되어지기 때문에 조직 관리자나 마케터는 스포츠 마케팅의 역할을 조정하고 관리할 필요가 있다.

예를 들어 스포츠를 활용한 마케팅을 제품과 서비스를 판매하여 이윤을 낳는 것뿐만 아니라 자사 고객을 위해 슈퍼볼 입장권을 얻는다거나 또는 US Open 골프 토너먼트에서 후원을 통해 기업의 임

직원이나 고객들을 환대하는 것일 수도 있고, 선수와 함께 프리 이벤트에 참가하거나, 선수들을 제품 런칭쇼에 초대하거나, 쇼핑몰의 성대한 개장 이벤트에 참석시킬 수도 있고, Andre Agassi 또는 Steffi Graff와 테니스를 즐길 수 있도록 주선할 수도 있다. 스포츠를 활용한 마케팅은 지역 사회와 대회 개최 관계 이상의 많은 것들을 아이디어를 통해 활용하고 만들어 낼 수 있다.

스포츠를 활용한 마케팅은 복합적인 기능이며 또한 스포츠 마케팅은 더욱 복합적인데 그 이유는 스포츠는 스포츠 제품만이 갖는 독특한 의미와 고객과의 관계를 통해 만들어지는 특징을 가지고 있기 때문이다.

스포츠를 활용한 마케팅의 주요 요소들은 마케팅 믹스(marketing mix)라고 부르는 마케팅에 관여하며, 마케팅 믹스는 제품, 가격, 장소, 프로모션으로 구성되어 있으며, 마케터는 이러한 믹스 요인을 잘 활용하여 참여 여부를 결정할 필요가 있다.

스포츠 자체의 독특한 특성에서 어떠한 요인들을 마케팅 도구로서 활용할 것인지 마케팅 의사결정을 하여야 한다. 이러한 의사결정에는 현재와 미래에 스포츠 제품의 마케팅, 프로모션 판매에서 어떠한 부분을 활용할 것인지? 다른 프로모션과 어떻게 차별화시킬 수 있는지? 회사의 이미지와 적합한지? 시기적으로 맞는지? 여러 가지 상황을 가지고 고려하여 결정하여야 한다.

기업이 사회적으로 책임성 있는 스포츠를 활용한 마케팅 계획을 개발하는 방법 즉 스포츠 제품의 배치와 프로모션, 판매에 관해서 나열하여 보았다.

또한 스포츠 마케팅 계획을 실행하는 데 있어서 조직의 임무와 시장의 유동성을 고려하여 다양한 방법의 마케팅적 기술이 필요하며, 스포츠 마케터가 직면하는 문제들을 단계적으로 올바르게 인식하고 이를 적절하게 활용하는 방법들이 필요하다. 〈그림 1-2〉는 스포츠를 활용한 마케팅 계획의 단계적인 실행 방안을 도표화하여 만들어진 것이다.

스포츠를 활용한 마케팅 계획의 목적

스포츠 마케팅 계획의 목적을 분류하고 계획을 조직의 임무와 핵심 가치에 연결시키는 것을 포함한다. 마케팅과 프로모션, 판매를 하기 전 스포츠 마케팅 담당자는 마케팅, 프로모션 판매 프로그램을 개발하는 이유와 그 실행 방법에 대한 방향 설정을 해주는 목적을 수립하여야 한다.

목적 수립에는 스포츠 경영자들이 조직의 임무 설명에 설명된 핵심 가치를 조사하는 것을 포함한

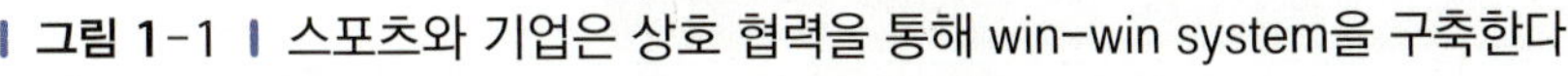
| 그림 1-1 | 스포츠와 기업은 상호 협력을 통해 win-win system을 구축한다

다. 조직이 임무 설명을 가지고 있지 않다면 핵심 가치를 밝히는 내용을 작성해야 한다.

조직의 모든 사람들이 핵심 가치 작성 과정에 참여하여 모든 사람이 그 임무를 수행하고 그 핵심 가치에 따라 행동하도록 하는 것이 중요하다. 왜냐하면 조직의 임무 설명이 중요한 이유는 그것이 개인의 마음 속에 참고할 원칙의 근간, 기준, 지침이 되어 스스로 통제할 수 있도록 하여 조직에 관한 불변의 핵심이 되기 때문이다.

조직의 임무 설명, 핵심 가치와 일관되며 거기서 파생된 스포츠 마케팅 계획은 마케팅, 프로모션, 판매가 사회적인 책임성을 가지고 행해지는지 확인하기 위해 꼭 필요하다.

스포츠 제품의 분석

마케팅 담당자는 스포츠 제품을 분석하고 만질 수 있는 제품인지 아니면 경기 또는 스포츠 이벤트, 서비스인지 결정한다. 스포츠 제품은 삼차원이다(Pitts, Fieding, & Miller, 1994). 그 삼차원은 만질 수 있는 제품, 지원 서비스, 그리고 경기 또는 시합 자체로 이루어진다. 제품은 의류(예를 들어 신발, 에어로빅 의류)와 장비(예를 들어 자동차와 부품, 경마에서 사용되는 마구, 산악자전거)와 같은 만질 수 있는 아이템을 포함한다. 서비스는 스포츠에 부수적이지만 그 운영에서 꼭 필요한 활동이나 프로그램을 포함한다(예를 들어 경기 심판, 트레이너, 스포

| 그림 1-2 | 스포츠를 활용한 마케팅 계획

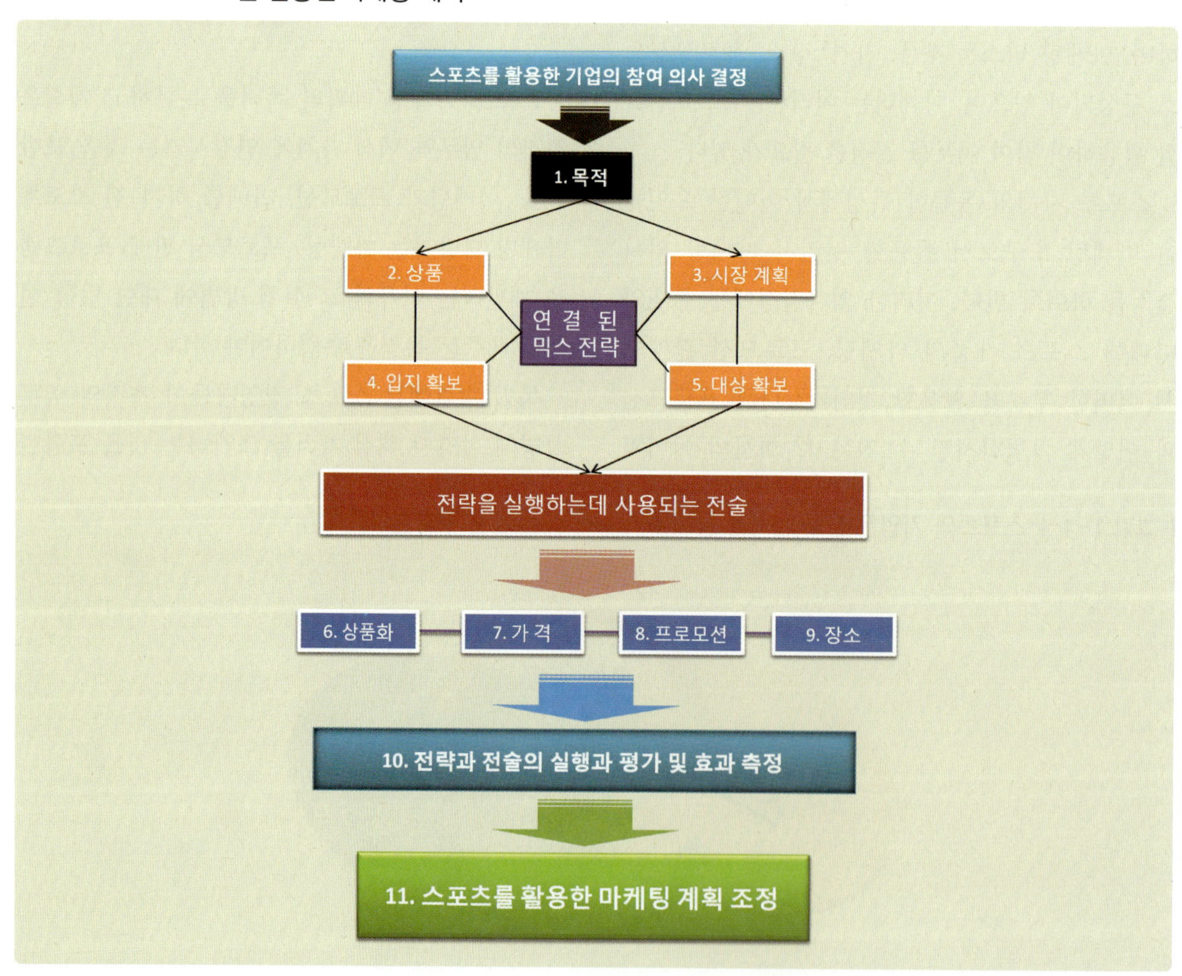

출처: 전략적인 현대 스포츠 경영을 토대로 재작성.

츠 심리학자). 경기 또는 이벤트 자체는 스포츠의 핵심 제품의 역할을 하게 된다.

새로운 시장 계획

스포츠 시장에서의 시장의 계획은 스포츠 마케팅의 현재와 미래의 시장 상황을 분석하고 계획하고 그것들을 예측하는 것이다. 스포츠 시장의 상황을 판단하기 위해 마케팅 노력에 영향을 주는 내·외부의 요인들을 조사할 필요가 있다. 예를 들어 메이저리그 야구에 영향을 주는 내부 요인들로는 선수, 구단주, 팀 경영진, 직원들이 있다. 미디어, 기업 후원, 광고주, 관중, 연방정부는 메이저리그 야구에 영향을 주는 외부 요인이 될 수 있다.

새로운 스포츠 마케팅 시장 상황에 대한 스포츠를 활용한 마케팅 계획을 세우기 위해서는 과거의 시장 상황을 분석하는 것이 중요하다. 예를 들어 과거에 미디어가 야구에 어떠한 영향을 주었는가? 미래에는 미디어가 야구에 어떠한 영향을 줄 것인가?

과거에 야구 산업에 대해 지역과 연맹은 어떠한 조치를 취했으며 미래에는 어떠한 조치를 취할 것인가? 광고주들과 후원 기업은 과거에 야구 구단주들과 어떠한 관계를 가졌으며 각 당사자는 어떠한 혜택을 이끌어 낼 것인가? 광고주와 후원 기업들이 야구 구단주에 가지는 관계는 미래에 어떻게 변할 것인가?

과거의 시장 상황을 평가하여 성공적인 또는 실패한 마케팅 노력들과 관련된 요인들을 밝힐 수 있다.

스포츠 제품의 입지 확보

스포츠 제품의 입지 확보는 소비자의 마음에 영향을 주기 위해 하는 것이다. 입지 확보의 목적은 제품의 독특한 이미지를 만들어 스포츠 제품을 경쟁하는 다른 제품과 차별화하기 위함이다. 이미지

파업을 통해 위기를 가져왔던 NHL은 이후 팬들의 관심을 갖기 위해서 더 많은 노력을 하고 있다. (NHL 피츠버그 펭귄스의 경기 모습)

는 로고, 심벌, 또는 TV와 라디오 방송, 공공 봉사 발표, 광고, 보도 자료, 뉴스 기사, 특종 기사와 같은 메시지를 통해 전달될 수 있다. 예를 들어 2005년 Nike는 여성 스포츠 참여에 대한 새로운 TV 광고를 개발했다. 이 광고는 여학생과 여성 스포츠 참가자, 관중, 자원자들의 관심을 끌 수 있는 독특한 이미지를 전달했다.

스포츠를 활용한 마케팅은 스포츠 제품의 독특하고 사회적인 책임성 있는 이미지를 만드는 정직한 커뮤니케이션의 수단으로 보는 것은 시장에서 스포츠 제품의 입지를 확보하는 최선의 수단이다. 스포츠 시장은 다음과 같은 여섯 가지로 구분된다. 즉 참가자와 관중, 자원자로 구성된 일차 시장과 후원자, 광고주, 선전에 선수를 이용하여 광고하는 제품과 특허 제품으로 구성된 이차 시장이다. 1차 시장의 구성원은 다음과 같다.

- 참가자: 선수, 코치, 심판
- 관중: 스타디움 관중, TV 시청자, 라디오 청취자, 신문 또는 잡지 독자
- 자원자: 스포츠 이벤트의 사회자, 통계 담당자, 팀 감독

2차 스포츠를 활용한 마케팅 시장은 다음과 같다.

선수, 코치, 심판 등 경기를 치루는 구성원은 1차 시장에 속한다.

- 선수의 제품 광고 이서 또는 특허 제품: 스포츠 선수와 유명 인사 또는 독특한 심벌, 로고, 트레이드마크를 이용하여 소비자들이 그 제품을 인기 있고 유명한 것으로 생각하도록 한다.
- 광고주: 스포츠 선수 및 스포츠 이벤트를 이용하여 그 제품을 많은 관중들에게 광고한다(예를 들어 스타디움 깃발과 사인, TV와 라디오 광고, FIFA 월드컵을 활용하여 광고를 하는 후원사).
- 기업 후원자: 스포츠를 이용하여 그 제품에 대한 긍정적이고 독특한 이미지를 많은 관중들에게 전달하는 시장을 의미한다(예를 들어 스포츠 이벤트의 타이틀 스폰서를 하는 기업, 스포츠 이벤트를 후원하는 후원사 기업들).

스포츠 소비자 대상 확보

스포츠 마케팅 담당자는 시장을 분석하여 소비자를 겨냥하는데 대상 확보 과정으로 볼 수 있다. 이것은 공통된 특징에 따라 소비자를 분류하는 것을 포함한다. 스포츠 마케팅 제품을 선택하기 위해 마케팅 담당자는 제품과 소비자에 대한 정보를 얻어야 한다. 소비자에서 나오는 정보 유형을 보면 〈그림 1-3〉과 같다.

일단 목표 시장의 대상이 규정되면 마케팅 담당자는 그들에게 다가갈 전략을 개발할 수 있다. 성공의 열쇠는 제품에 대해 목표가 되는 청중에게 호소할 수 있는 이미지를 전달하는 것이다. 즉 목표 시장이 되는 대상의 특성을 지침으로 사용하여 참여하려는 시장을 어떻게 분류하고, 선택한 스포츠 제품에 대한 목표 시장이 되는 대상을 어떻게 밝힐 것인지 알아야 한다.

여기서의 스포츠 제품은 스포츠를 이용하여 만들어지게 되는 다양한 패키지 제품이고, 스폰서를 통해 제품을 어떻게 개발하고 구단을 이용하여 어떻게 광고하고 프로모션할 것인가가 바로 제품이라 할 수 있다. 이 과정은 선택한 대상이 스포츠

그림 1-3 소비자에게서 나오는 정보의 유형

제품을 구매하도록 장려하기 위한 최선의 방법을 동원해 제품을 제시하는 행동까지 포함한다. 소비자들은 다양하기 때문에 제품을 다양한 방법으로 제시하는 것이 필요에 스포츠를 활용한 마케팅이 필요하다.

기업 입장에서 스폰서십 대상의 구단을 선택하는 경우 내부와 외부 이미지를 고려하여 선택하는데 이미지 차원에서 고려 사항은 다음과 같다.

스포츠 제품의 가격

스포츠를 활용한 마케팅에서 스포츠 제품의 가격 결정은 전체적인 대회 운영의 비용의 운영을 알아볼 수 있기 때문에 가격결정은 매우 중요하다.

스포츠를 활용한 마케팅에서의 스포츠 제품의 가격은 스포츠 이벤트의 타당성을 엿볼 수가 있으며, 이것은 후원사가 스포츠를 활용한 마케팅 활동을 할 경우, 얻어지는 결과에도 영향을 미칠 수 있기 때문이다. 스포츠 제품의 가격이 높은 이벤트를 후원사는 기업들의 가치는 여러 가지 측면으로 생각할 수 있는데, FIFA 월드컵의 경우 이벤트의 제품 가격이 높기 때문에 후원사의 효과가 높은 반면, 인기가 없는 이벤트가 가격을 높여서 스포츠 마케팅 활동을 하려는 제품은 소위 장사가 되지 않는 스포츠 이벤트 제품이 될 수가 있기 때문이다.

이러한 스포츠 제품의 가격은 곧 스포츠 프로퍼티의 가치로 연결될 수가 있는데, 스포츠 조직 또는 이벤트는 주로 입장권, 스타디움 간판, 제품과 서비스에 대한 점수판 광고를 거래하는데, 이러한 것들이 가치가 높은 것인지, 미디어의 효과가 높은지 등에 대한 가치를 평가할 수 있다.

예를 들어 테니스 토너먼트의 마케팅 담당자는 특정 테니스볼이 새겨진 입장권, 접대용 음식과 음료수에 대한 스타디움 간판, 선수와 심판을 나르는 도구 사용에 대한 득점 게시판 광고를 후원

스포츠 제품의 판매 장소 역시 스포츠 마케팅의 중요한 부분이다. (페블비치에서 열린 US 오픈 PGA 골프 대회)

기업과 거래할 수 있는 것이다.

제품의 가치는 제품 외에 또 다른 요인에 의해 결정될 수 있다. 각 소비자들은 태도와 선호도, 신념을 가지고 쓸 수 있는 특정한 양의 돈을 가지고 있다.

가격 외에 이러한 요인들은 사람들이 제품의 가치를 결정하는 데 영향을 미친다. 제품의 가치가 각 소비자마다 다르므로 가능한 다양한 소비자들에게 호소할 수 있는 가격결정 전략을 세우는 것이 중요하다. 예를 들어 스포츠 프랜차이즈는 시즌 입장권 소유 기업, 자선 단체, 단체 입장권 구매자, 비시즌 입장권 구매자, 가족 입장권 구매자들에 대해 각기 다른 가격들을 설정하고 있다.

소비자들은 가격과 가치를 같은 것으로 여기는 경향이 있다. 그래서 새로운 스포츠 프랜차이즈들은 경쟁 제품(다른 스포츠 이벤트, 영화, 연극, 다른 엔터테인먼트)보다 낮은 가격을 매기기보다는 비슷한 가격을 입장권에 매기려 한다. 소비자들은 낮은 가격은 낮은 품질과 같은 것으로 여길 수 있다.

리드 타임(기획에서 제품화까지 소요 시간)은 스포츠 가격결정에서 중요한 개념이다. NBA 농구 경기보다 메이저리그 야구에는 더 많은 당일 판매 또는 walk-up 판매가 있는데 그 이유는 농구보다 낮은 가격에 이용할 수 있는 경기와 좌석이 많기 때문이다.

WBC 국가대표 선수들의 기자회견

스포츠 제품의 프로모션

스포츠를 활용한 마케팅에서의 프로모션은 가장 핵심 제품이라고 할 수 있다.

즉, 스포츠 제품의 이미지를 활용하여 목표하는 시장 고객에게 전달하는 것이다. 스포츠 제품의 프로모션은 제품의 바람직한 이미지를 선택하여 겨냥하는 대상에게 가장 잘 전달할 수 있는 복합적인 활동을 포함한다. 프로모션 전략을 구성하는 요소들은 광고, 선전, 프로모션, 홍보(지역 관계와 미디어 관계를 포함), 개인적인 판매를 포함한다.

스포츠 제품의 장소와 유통

스포츠를 활용한 마케팅에서 장소는 스포츠를 활용한 마케팅이 발생하는 모든 장소를 분석하는 것이다. 장소는 스포츠 제품의 위치(스타디움, 경기장), 제품을 처음 유통시키기 시작하는 포인트(스타디움의 입장권 판매, 무료 전화 통화에 의한 판매), 겨냥하는 시장의 지리적인 위치(세계, 국가, 지역, 주, 지역 사회, 도시)를 말한다.

스포츠는 소비자에게 유통되는 방식에서 독특하다. 스타디움 또는 경기장의 스포츠 이벤트에 오는 관중들에 대해 스포츠의 프로덕션과 소비가 같은 장소에서 동시에 이루어진다. 스포츠 제품은 또한 출판 미디어(신문, 잡지)를 통해 유통된다. 그러나 스포츠 제품은 대부분의 국가 또 세계적으로 볼 때 대부분 전자 미디어(TV, 라디오, 1-900 시청자 전화 참가 프로, 월드 와이드 웹, 동전을 넣고 보는 TV)를 통해 유통된다. 입장권 판매가 스포츠 마케팅에서 중요하다. 입장권 판매 시스템의 목적은 구매자들이 쉽고 빠르며 편리하게 구매하도록 하

그림 1-4 | 스폰서십 선택을 위한 프로스포츠 구단의 내부와 외부 이미지 평가 요소

구분	이미지	평가 요소
내 부	인적자원 이미지	• 기업주 이미지가 좋은 구단 • 우수한 선수가 많이 가는 구단 • 선수와 구단 관계가 원만한 구단
	성적 이미지	• 우승 횟수 및 신기록 제조 횟수 • 선수 훈련 · 개발에 노력(투자)하는 구단 • 신뢰할 만한(정직해 보이는) 회사
	성과 이미지	• 장래 발전 및 우승 가능성이 높은 구단 • 해외 경쟁력이 있는 구단 • 안정성(재무구조 등)이 높은 구단
외 부	마케팅 이미지	• 고객 서비스를 잘 하는 구단 • 광고 및 PR을 잘 하는 구단 • 마크나 로고가 잘 기억나는 구단
	사회공헌 이미지	• 공익사업(이익환원)에 힘쓰는 구단 • 환경보호에 노력하는 구단 • 국가발전에 이바지하는 구단
	종합 이미지	• 기업컬러(문화)가 뚜렷한 구단 • 친근감(호감)을 주는 구단 • 친구나 주변에 권할 만한 구단

마케팅 休知通

긴 꼬리 마케팅(Long Tail Marketing)

온라인 업체들이 오프라인에서 주목받지 못했던 제품들을 소량 구매 고객들을 대상으로 판매하는 전략, 이들의 구매 패턴이 동물의 긴 꼬리처럼 이러졌다고 해서 붙혀진 이름.

인터넷 서점 아마존의 주 수입원은 20% 베스트셀러가 아니라 동네 서점에서 구하기 힘들었던, 그리고 소수의 사람들이 구입했던 80%의 책이다. 애플의 인터넷 사이트인 iTunes에서도 현재 히트하는 앨범이 아닌 비인기 앨범, 지나간 앨범, 희귀 앨범에서 나오는 수익이 무시할 수 없는 규모이다.

20%의 고객이 매출의 80%를 커버한다는 20/80의 법칙에서 벗어나 80%의 고객들이 새로운 사업의 원천이 될 수 있다.

는 것이다. 스포츠 조직이 사용하는 방법 중에는 Ticket Master와 같은 외부 회사, 지방 은행의 입장권 판매소, 쇼핑몰, 잡화 상점, 입장권 판매원과 장비를 지역 사회의 여러 장소로 옮길 수 있는 이동 차량 장비, 연장된 운영 시간을 가지는 현장 스타디움과 경기장 입장권 판매, 무료 전화 통화에 의한 판매, 백화점 진열이 있다.

스포츠 마케팅 기획의 기대

마케팅 기획이 조직의 임무를 달성하는 데 도움을 준다는 기대에 어느 정도까지 부응했는지 평가하는 것이다. 이 평가를 하려면 마케팅 기획에 대한 피드백(조직 내부와 외부로부터)을 얻어야 한다. 그리고 그 피드백을 분석하고 평가해야 한다.

조직이 그 핵심 가치에 따라 행동하면서 임무를 수행하도록 하는데 있어 마케팅 기획이 어느 정도까지 도움을 줄 것인가 결정하는 데 평가의 초점을 두어야 한다. 예를 들어 Reebok은 "모든 지역 사회와 긍정적인 관계를 구축하는 것"이라는 핵심 가치에 근거하여 "여학생과 성인 여성에게 호소하도록 그 제품을 다양화하는 것"을 임무로 설정할 수 있다.

Reebok의 TV 광고에 대해 여학생과 성인 여성의 피드백 획득을 통해 마케팅 기획의 이 요소에 대한 평가를 할 수 있을 것이다. 이 평가를 통해 TV 광고가 임무를 수행했으며 그래서 핵심 가치와 일관된 방법으로 임무가 수행되었다고 결론 내릴 수 있다.

마케팅 기획의 목적을 조직의 임무, 핵심 가치와 연결시키는 것은 그 기획이 사회적으로 책임성을 가진다는 사실을 보증해 준다. 조직의 임무, 핵심 가치와 연결된 마케팅 기획을 개발하는 스포츠 마케팅 담당자는 미래를 바라보는 사람이다.

Covey(1989)에 의하면 "반응적인 사람들은 감정, 상황, 상태, 환경에 의해 좌우된다. 미래를 바라보는 사람은 가치에 의해 좌우된다. 즉 선택되고 내면화된 가치들을 신중하게 생각한다. 미래를 바라보는 스포츠 마케팅 담당자는 그 행동이 사회적으로 책임성이 있으므로 마케팅 기획의 기대를 달성하여 조직의 임무를 달성하도록 도울 것이다.

사회적인 윤리와 책임성

스포츠를 활용한 마케팅에서의 사회적인 윤리 책임은 스포츠를 프로퍼티 제공하는 조직과 이를 활용하는 후원사 간의 모두에게 중요한 것이다. 이것은 이미지를 완성하기 때문에 선언과 핵심 가치에서 파생되고 또 일관된 스포츠 마케팅 기획은 마케팅과 프로모션, 판매가 사회적인 책임성을 가지고 행해지는지 확인할 필요가 있다.

스포츠 제품에 대한 독특하고 사회적인 책임성 있는 이미지를 만드는 정직한 커뮤니케이션의 수

❙ 미국 NFL Football 경기 모습

단으로 마케팅을 보는 것이 시장에서 스포츠 제품의 입지를 확보하는 가장 좋은 방법이다. 미래를 바라보는 스포츠 마케팅 담당자는 그 행동이 사회적으로 책임성을 가지고 있으므로 마케팅 기획의 기대를 달성하여 조직의 임무를 달성하는 데 도움을 줄 것이다.

4. 스포츠를 활용한 마케팅의 도전

스포츠 산업의 많은 분야에서 스포츠를 활용하는 마케팅 담당자들은 스포츠 프로퍼티를 통해서 조금 더 확률 높은 스포츠 마케팅을 하고, 이에 따른 브랜드 이미지의 상승과 함께 제품 판매를 늘리고 수입을 낳도록 하는 목표까지 갖고 있다.

스포츠를 활용한 마케팅을 통해서 후원사 제품의 판매를 증가시키려는 이러한 부담이 스포츠 마케팅 담당자에게는 하나의 도전이 되는 것이다. 스포츠 마케팅 담당자가 소비자로 하여금 그들의 제품을 사도록 설득하는 데 참여하기 때문에 그들은 물건을 팔려는 노력에서 그 제품을 과장하거나 허위로 제시할 위험이 있다.

현재와 미래에서 스포츠 마케팅 담당자들은 이러한 위험을 인식하고 그들의 마케팅 전략이 조직의 핵심 가치와 일관되면서 제품에 대한 정직한 이미지와 메시지를 전달하도록 해야 한다.

❙ **표 1-1** ❙ 스포츠 스폰서십의 성장

구 분	1960~1970년	1980년대	1990년대	2000년대	2010년 이후
인 식	자선 / 감정호소 수단	마케팅 기법으로 인식	소비자와 밀착하는 마케팅	매출, 인지도, 기업 이미지, 직원의 충성도 향상 등 종합적 마케팅으로 인정	브랜드 이미지 향상 및 최고의 마케팅 도구로 인식
예 산	기부 예산 사용	마케팅 예산 사용	세분화된 타겟을 향한 효율적인 사업 구축기법으로 예산 증대	광고, 홍보 예산과 별도로 인정, 사업계획 시 별도예산 배정 계속 증가	별도 예산 측정
사업 측면	전체 경영과 연관 거의 없음	특정 고객 수단의 마케팅 수단 활용	경영에 결정적 요소 중 하나	경영에 필수 요소이며, 마케팅 툴로서 확고한 자리확보	마케팅의 필수 요소
커뮤니케이션	현장 광고에 회사 로고 사용 국한	광고, SP, PR과 연계	종합적 프로모션으로 선전 전개	광고, SP, PR을 포함한 종합적 커뮤니케이션 수단 정착	ATL/BTL 동시 활용
범 위	매우 좁았음	사회 공익, 예술, 컨벤션 등으로까지 확대	광고 이상의 효과를 거둘 수 있는 수단으로 확대	광고, 홍보, PR의 Niche를 충실히 Cover 함 별도의 독립 범위도 형성	기업 광고 차원에서 사회 공헌 및 봉사 차원으로 확대

출처: 스포츠 마케팅 활용을 통한 경기 단체 및 사회 활성화 전략에 관한 연구 내용을 토대로 작성.

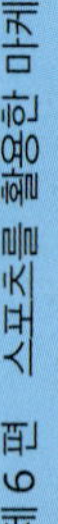

스포츠를 활용한 마케팅 담당자들은 그 제품을 사회적인 책임성을 가지고 다양한 소비자들에게 팔 방법을 알 필요가 있다. 또한 그들은 다양한 대상과 적절하고 또 다양한 문화에서 받아들일 수 있는 커뮤니케이션 기술을 개발할 필요가 있다. 스포츠 마케팅 담당자들은 자국과 다른 나라 안에서 그 문화의 경계를 넘어 이해하고 또 이해될 수 있도록 세계를 보는 여러 시각에 적응할 필요가 있다.

현대자동차는 FIFA가 주최하는 스포츠 이벤트에서 다양한 프로모션 활동을 하고 있다.

5. 스포츠를 활용한 마케팅의 발전

스포츠를 활용한 마케팅(Marketing through Sports)은 스포츠를 매개로 커뮤니케이션 효과를 극대화하려는 기업이 스포츠 단체, 팀, 선수 그리고 스포츠 대회 및 스포츠 시설업자 등과 같은 스포츠 주관자와 긴밀한 유대관계를 통해 상호 이익 발생을 꾀하기 위한 활동이다.

스포츠 경기를 하나의 미디어 틀로 인식하여 기업이 스포츠 경기의 후원 등을 통해 그 기업의 이미지 제고, 제품의 광고·판촉활동 등을 어떻게 할 것인가에 초점을 두고 있다.

다시 말해 전자의 경우는 스포츠 경기나 대회의 주최측에서 그 경기나 대회를 얼마나 가치를 높여 수익을 올리느냐에 초점을 두고 있고, 후자의 경우는 기업들이 스포츠 경기나 대회의 후원을 통해 자사제품의 판매나 이미지 제고를 얼마나 효율적으로 얻어내는가에 초점을 두고 있다. 그러나 최근 스포츠 경기나 대회의 개최가 기업들의 후원과 동시에 이루어지는 것이 일반적인 형태이므로 서로 간에 완벽하게 보완적이라고 할 수 있다. 결과적으로 앞에서 언급했던 "스포츠를 파는 마케팅"과 "스포츠로 파는 마케팅"이 두 가지가 동시에 이루어져야만 진정한 스포츠 마케팅이라고 할 수 있는 것이다.

스포츠를 활용한 마케팅을 예를 들면 2010 FIFA 월드컵에서 현대자동차는 자사의 자동차를 대회에 지원함으로써 자동차 분야에 있어서 마케팅적 활동을 진행할 수 있었고, 아프리카 및 유럽 시장 내에 진출할 수 있는 초석을 마련하는 계기가 되기도 하였다. 이러한 효과를 통해서 미개척 시장을 개발하고 유럽 시장에서는 다른 브랜드 자동차 엄체들과의 경쟁을 통한 이미지 마케팅에 성공적인 성과를 거두었다는 평가를 받고 있다.

스포츠를 활용한 그리고 활용한 마케팅의 장점에는 첫째, 스포츠는 독특한 광고 노출 효과를 가진다. 즉 경기대회의 이름에 스폰서 이름을 넣거나(발렌타인 PGA 골프 대회, 슬림 대회, KIA 자동차 호주오픈 테니스 대회) 경기장에 광고판을 설치하는 것 등은 경기나 선수가 방송 보도될 때의 광고 효과를 노리는 것이다.

둘째, 표적시장이나 세분시장을 목표로 한 광고를 효과적으로 집행할 수 있다.

예를 들어 미국에서 풋볼은 성인 남자, 우리나라의 프로농구는 중·고등학생이 많이 관람한다. 따라서 표적시장이 스포츠에 따라 자동적으로 구분되므로 기업은 이를 적절히 활용하여 원하는 시

| 기업들의 공익 마케팅 프로그램은 다양한 종목에서 활용되어지고 있다.

간에 광고할 수 있다.

셋째, 광고 수용성이 높다. 일반 방송 프로그램 중간광고에 나오는 광고가 시청자들에게 쉬는 시간을 제공(채널 회피 현상이 일어날 수 있다)하는 측면이 있는 것과 달리 운동경기 중에는 경기장에 놓인 광고탑이나 혹은 선수들 복장이나 용품에 새겨진 광고는 피할 수 없는 것이다.

넷째, 스포츠는 대중 마케팅의 훌륭한 촉진 수단이다. 즉 비용면에서 효율적이다. 현재 TV 방송사와 최고 시청률을 보이는 프로그램에 들어가는 1회(15초)의 광고비는 1천만원 이상이다. 농구 경기 중계가 1시간 정도 진행된다고 할 때 이 가격으로 치면 약 24억여 원이나 된다. 농구 한 종목 운영하는 비용이 연간 20억 정도 된다는 점을 감안하면 굉장히 효율적임을 알 수 있다.

금호타이어가 2006~2010년까지 맨유라는 스포츠 클럽을 활용한 마케팅은 245억원, 전체 R.O.I는 2천억원이 넘는다. 금호타이어 초청 맨체스터 유나이티드 초청 경기대회만의 효과도 약 300억원 가까운 효과를 보았다.

2000년부터 FIFA의 마케팅 후원사가 된 현대자동차는 2010년 FIFA 남아공 월드컵에서 얻은 효과는 약 20조원에 가깝다. 전체 투자비용이라고 할 수 있는 후원비용은 약 5천억원인 데 비해서 광고효과는 약 40배에 가깝다고 할 수 있다.

어린이를 초청하는 프로모션 활동을 하여 공익 추구 및 잠재 고객에 대한 수요를 확대할 수 있다.

다섯째, 기업의 공익 추구적인 면을 강조함으로써 기업의 이미지를 향상시킬 수 있다.

1982년 프로야구 출범 이후 프로구단들은 대부분 적자 운영을 하고 있다. 그러나 이러한 외형상의 적자에도 불굴하고 야구를 통해서 얻을 수 있는 기업 이미지나 제품 홍보의 대가가 이러한 외

| 그림 1-5 | 스포츠를 활용한 마케팅의 장점

형상의 적자를 메우고도 남을 정도로 효과가 있다는 측면도 있기 때문에 기업들이 이렇게 운영하고 있는 것이다.

기업이 후원제와 같은 스포츠에 의한 마케팅에 관심을 두는 것은 스포츠가 소비자들을 위해 긍정적 이미지를 만들기 때문이다. 대중의 여가 시간 증가로 인한 스포츠에 대한 관심의 증대는 레저와 같은 참여 스포츠와 같은 관람 스포츠의 증가로 이어졌으며 이에 따라 스포츠에 참여하는 후원사들에 대하여 긍정적으로 인식하게 되었다. 따라서 스포츠에서 선의의 경쟁은 사업에서 높게 평가되어지고 스포츠는 건강한 생활 방식과 관계가 있으며 이것은 기업에게 좋은 점이 될 수 있다.

6. 스포츠를 활용한 마케팅의 종류

스포츠를 활용한 마케팅의 종류에서 이것을 경영학의 마케팅 및 기업의 관점으로 그들 입장에서 볼 때 스포츠 마케팅은 엄밀하게 스포츠 스폰서십에 가깝다고 할 수 있다. 스포츠 스폰서십은 기업이 현금이나 물품 또는 노하우, 조직적 서비스를 제공함으로써 스포츠 스타, 팀, 연맹 및 협회, 스포츠 행사를 지원하여 마케팅 커뮤니케이션의 여러 가지 목표를 달성할 목적으로 기획, 조직, 실행, 통제하는 모든 활동이라고 정의할 수 있다. 스포츠 후원은 상업적 목적을 달성하기 위한 목적으로 스포츠 활동에 재정적 혹은 이에 상응하는 지원을 제공하는 것이라고 정의될 수 있다. 스포츠를 활용한 마케팅이 기업에 의해 이용되는 이유로는 다음과 같은 점을 들 수 있다.

❶ 독특한 광고 노출 효과: 타이틀 스폰서, 유니폼에 상표 부착 등

K-리그 올스타전에서 타이틀 스폰서를 맡았던 삼성 하우젠

❷ 특정 표적시장을 목표로 하는 프로모션 전개에 유리

❸ 소비자들의 높은 광고 수요성 ─ 많은 대중에게 도달: 높은 스포츠 중계, 보도 시청률

❹ 공익추구의 측면을 강조함으로써 기업 이미지의 향상에 유리

❺ 대중매체의 효과 감소 등이 그것이다.

스포츠를 활용한 마케팅에는 스폰서십을 포함한 다양한 활동이 포함되는데 이러한 활동은 크게 직접사업과 간접사업으로 구분된다.

직접사업

(1) 방송후원(Media Sponsorship)

특정 후원회사가 시즌 경기 전체(예, 면도기 회사 질레트의 미국 프로야구 메이저리그 전방송 스폰서 등), 특정 경기(UA항공사의 하와이안 골프 토너먼트

방송 후원 등) 또는 특정 팀의 경기(연세대학과 고려대학의 농구경기: 가상적임) 등의 방송 중계의 모든 광고 혹은 그 상당 부분을 독점 지불하는 계약의 형태이다. 이는 주로 후원사와 방송사의 계약체결이다(Broadcasting Sponsorship).

농구 팀을 후원하고 있는 삼성전자 애니콜

(2) 이벤트 후원(Event sponsorship)

이벤트 후원의 후원회사는 그 행사의 전체 비용 혹은 상당 비용을 지불하고 그 행사를 후원한다. 이에는 대회 명칭 후원(title sponsorship), 공식 후원(official sponsorship), 공식 공급(official supply), 그리고 공식 제품화권(official license) 등이 있다.

(3) 팀 후원(Team Sponsorship)

스포츠 단체, 팀 및 선수 후원으로 특정 기업이 제품을 각종 경기에 활용하거나 후원업체임을 명시하는 대가로 상당 비용을 후원하는 형태이다.

(4) 매체 제품화(media merchandising)

스포츠 단체나 대회의 경기장 안의 광고판, 스코어보드, 인쇄물(프로그램, 연감, 경기기록집 등) 비행선이나 대형 풍선 등에 특정 기업들이 광고를 하도록 하여 수입을 얻는 것이다. 경품을 제공하여 기업을 홍보하는 경품 후원 등도 한 예이다.

| 그림 1-6 | 스포츠를 활용한 마케팅 활동

출처: 삼성경제연구소, 스폰서십 활동 사례 연구.

간접사업

광고나 제품판매를 위해 운동 선수, 팀, 단체 등이 가지고 있는 이미지를 이용하는 것으로 광고 이서와 제품 이서가 있다.

(1) 광고 이서(Advertising Endorsement)

여러 가지 스포츠와 그 선수들은 각자의 독특한 이미지를 갖고 있다. 따라서 특정 제품을 광고하는데 이러한 이미지를 이용할 필요가 있다. 스포츠가 소비자들의 구매 행동 과정의 최초단계인 제품에 대한 인식 혹은 주의(attention)를 끌기에 가장 적합할 경우가 있는 것이다. 이러한 경우에 기업은 특정 선수, 팀, 단체를 자사 제품의 광고에 등장시켜 적절한 효과를 얻을 수 있다. 이를 광고 이서라 한다. 운동선수, 팀, 스포츠 단체 혹은 스포츠 분위기를 제품 광고에 이용하면 광고의 홍수시대에 효과적인 방법으로 제품이나 회사에 대한 인식의 기회를 소비자에게 제공할 수 있는 것이다. 스포츠를 활용한 광고의 장점은 전달되는 제품의 메세지의 신뢰성을 높여 준다는 것이다. 소비자는 자기 이미지와 자기가 좋아하는 특정 선수의 이미지를 동일시하는 경향이 있다. 즉 특정 선수를 이용, 광고를 하면 소비자는 광고하는 제품의 이미지와 자신의 이미지를 동일시하려 할 것이다. 따라서 자기 이미지와 제품 이미지의 통합이 일어나고 그 제품에 대한 신뢰도가 높아질 것은 당연하다. 또한 이러한 제품 이미지 광고로 제품에 대한 소비자들의 호감적 태도를 유지하여 구매 후 이탈(post-purchase dissonance)을 방지하거나 새로운 제품의 위치화 혹은 부정적 이미지를 개선하여 기존 제품을 재 포지셔닝시킬 수 있다.

(2) 제품 이서 (Product Endorsement)

제품 이서는 운동 선수, 팀 및 스포츠 단체를 언

독일 월드컵 올리버 칸을 이용한 광고 조형물

론 매체를 통한 제품 광고에 이용하는 대신에 그들의 이름, 사인, 로고, 심벌, 얼굴 사진 등을 제품에 부착하여 판매하는 것이다. 운동 선수를 이용할 때는 그 선수의 현재 성적, 이미지, 스포츠 팬들의 인구 통계적 분포 등이 조사되어야 한다. 예를 들면, 테니스와 골프는 고소득층, 야구는 노동자 계층과 중소득층, 농구는 청소년과 젊은 사람들(보통 15세~35세), 축구는 노동자 계층과 여성 등이 선호하는 경향이 있다. 제품 이서의 장점은 세분시장을 겨냥하거나 대중시장을 겨냥(올림픽위원회 로고 사용)하는 등의 기업의 시장 선택이 자유롭다는 것이다.

스포츠를 활용한 간접사업을 이서(Endorsement)라 한다. 이서는 일반 기업이 기업 광고와 제품 판매에 운동 선수, 팀, 스포츠 단체 및 스포츠 분위기 등을 이용하는 것이다. 물론 스포츠 행사의 상징을 제품에 부착하여 판매할 수 있다는 의미에서 행사 후원은 행사 자체를 기업이 직접 후원한다는 점에서 기업과 행사 주최자와의 직접적인 사업의 형태이고, 광고 이서나 제품 이서는 기업 광고나 제품 판매에 특정 선수, 팀, 혹은 스포츠 단체를 이용하여 간접적으로 스포츠를 이용하여 간접적으로 스포츠를 활용한다는 의미에서 기업의 간접사업 형태에 포함시킬 수 있다. TV시청이나 라디오 청취 프로그램 외의 광고 방송이 나오면 채널을 바꾼다든가 TV, 라디오를 꺼버리는 경우가 많다. 이를 방지하는 한 가지 방법은 특정한 제품이

디드로 효과(Diderot Effect)

한 제품의 업그레이드가 그것을 둘러싼 다른 제품들의 연속적인 업그레이드까지 촉발하는 현상을 의미한다. 우연히 선물받은 샴페인에 격을 맞추기 위해서 예정하지도 않았던 샴페인 글라스를 사고, 큰맘먹고 산 명품백 때문에 명품 구두까지 사게 되는 현상, 새 DVD 플레이어가 멀쩡한 브라운관 TV를 몰아내고 새 넥타이가 고급 양복의 구매로 이어지는것도 디드로 효과 때문이라고 할 수 있다.

이러한 현상은 한국 프로야구 경기장의 시설문제에서 나타날 수 있는데, 인천 문학경기장의 좋은 시설과 팬들의 높아진 욕구를 충족시키기 위해서 부산 사직구장에 임시로 스카이박스를 설치한다거나, 잠실경기장에 테이블 좌석수가 늘어난다거나, 기아 타이거즈의 경기장 신축 등은 팬들과 주변의 높아진 수준에 맞추기 위해서 발생되어진 현상이라고 할 수 있다.

나 회사의 로고와 이름을 중계방송되는 경기에 출전하는 운동 선수에 부착하는 것이다. 이러한 광고 효과는 선수를 후원함으로써 가능하다.

흔히 이야기하는 스포츠 마케팅은 바로 이 스포츠 스폰서십을 지칭하는 것으로, 기업의 입장에서 볼 때 스포츠 스폰서십은 광고 또는 판매 촉진의 성격이 강하다는 특징이 있으며, 스포츠를 이용해 실시되는 것인 만큼 광고에 비해 상대적으로 짧고 간단한 메시지만을 소비자에게 전달한다는 한계점도 있다. 즉, 스포츠 스폰서십은 전통적인 커뮤니케이션 도구를 대체할 수 있는 새로운 도구라기보다 보충적으로 함께 할 도구인 것이다.

7. 스포츠를 활용한 마케팅 커뮤니케이션

스포츠를 활용한 커뮤니케이션 과정

(1) 거시적 모형

스포츠를 활용한 커뮤니케이션 과정은 9가지 요소로 구성된다. 발신자(sender)와 수신자(reciver)는 커뮤니케이션의 당사자들이다. 메시지(message)와 미디어(media)는 주요 커뮤니케이션의 도구를 나타낸다. 부호화(encoding), 해석(decoding), 반응(response) 그리고 피드백(feedback) 등 네 가지 요소는 주요 커뮤니케이션 기능을 나타낸다.

메시지가 효과적이기 위해서는 발신자의 부호화 과정과 수신자에 의해 해석과정이 조화를 이루어야 한다. 메시지가 잘 전달되기 위해서는 수신자에게 익숙한 단어와 상징으로 메시지가 구성되는 것이 좋다. 따라서 발신자의 경험영역과 수신자의 경험영역이 많이 겹쳐질수록 메시지는 더 효과적이 된다. 결국 좋은 마케팅 커뮤니케이션을 만들기 위해서는 청중이 어떤 사람들이고, 원하는 반응이 무엇인지를 알아야 한다.

(2) 미시적 모형

스포츠를 활용한 마케팅 커뮤니케이션의 미시적 모형은 커뮤니케이션에 대한 소비자들의 반응

스포츠 마케팅의 대표적인 후원 기업인 코카콜라 (베이징올림픽)

| 그림 1-7 | 스포츠를 활용한 커뮤니케이션 과정

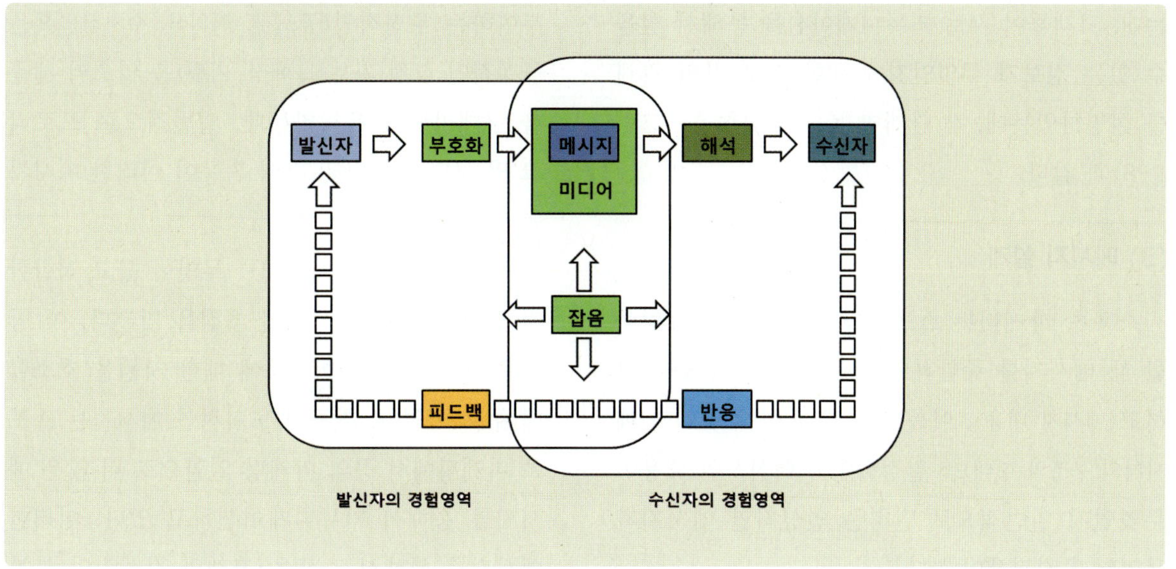

출처: 2009, 〈에센스 경영학〉.

(response)에 초점을 맞춘다. 네 가지 전통적인 반응 계층 모형(response hierarchy model)들이 그림에 요약되어 있다.

모든 모형들이 구매자들이 인지적, 감정적 그리고 행동적 단계의 순서를 거치는 것을 가정하고 있다. 그러나 이러한 '알고 느끼고 행동하는' 순서는 관여도가 높고, 제품 차별화가 큰 월드컵이나 수퍼볼 입장권과 같은 제품에 적합한 과정이며, 일반 시즌 입장 티켓을 구매하거나 비인기 종목을 구매할 때는 〈표 1-2〉와 같은 반응 과정을 거치게 된다.

스포츠를 활용한 커뮤니케이션 개발

(1) 목표 고객의 확인

스포츠 마케팅 관리자는 마케팅 커뮤니케이션 계획시에 스포츠 마케팅의 대상자 목표 고객(Target Customer)을 누구로 할 것인지 명확히할 필요가 있다. 즉, 목표 고객은 스포츠 이벤트를 참여할 수 있는 잠재적인 고객과 현재의 스포츠 팬과 같이 구매에 영향을 미치는 고객이 될 수 있으며, 개인뿐만 아니라 집단과 조직 구매자까지 확대될 수 있다.

(2) 스포츠를 활용한 커뮤니케이션 목표 결정

목표 고객으로 선정되면, 스포츠 마케팅 관리자는 이 고객들에게 어떤 반응을 받을 수 있도록 할 것인지에 대한 구체적이면서 핵심적인 메시지가 무엇인지 결정해야 한다.

이를 위해 마케팅 담당자는 목표 고객이 지금 의사결정에 어느 단계에 있고, 어떤 단계로 이동 중인지를 알고 있어야 한다.

목표 고객이 어느 단계에 있는지는 래비지와 슈타이너(Lavidge & Steiner)의 효과 계층 모형(hier-

| 표 1-2 | 제품에 따른 반응 과정 비교

과 정	적절한 제품	제품의 예
인지 -> 감정 -> 행동	관여도가 높고, 제품 차별화가 큰 제품	월드컵, 수퍼볼, F1 입장권
행동 -> 감정 -> 인지	관여도가 높고, 제품 차별화가 낮은 제품	프로스포츠 일반 시즌 입장권
인지 -> 행동 -> 감정	관여도가 낮고, 제품 차별화가 낮은 제품	비인기 종목

archy-of-effects model)이 가장 일반적으로 사용되는데, 고객들이 서로 커뮤니케이션을 통해서 얻을 수 있는 정보가 무엇인지에 대한 서로 간의 관계를 설명하였는데, 각 단계별 목표의 결정은 〈그림 1-8〉과 같다.

(3) 메시지 설계

스포츠 마케터는 스포츠를 활용하여 마케팅을 할 때 메시지를 종합적으로 구성할 때, 무엇을 말하고(메시지 내용), 이를 어떻게 표현할 것인가(메시지의 구조와 형태)를 결정하면서 핵심적인 내용이 무엇인지 일반적으로 말하는 인상적인 메시지가 무엇인지 결정해야 한다.

❶ 메시지 내용

- 이성적 소구(Rational Appeal): 고객 자신의 이익과 관련이 있는 것으로, 스포츠 제품의 품질, 경제적인 가능성, 물질적인 가치, 제품의 성능 등을 보여주는 메시지가 이에 해당된다. 스포츠 산업에서 비싼 항목을 구입하는 소비자에게 주로 사용하는 방법이다.
- 감성적 소구(Emotional Appeal): 구매할 동기를 부여하는 부정적인(공포감, 죄의식, 수치심) 혹은 긍정적인 감정(자부심, 애정, 기쁨)을 일으켜 제품을 구매하도록 유도하는데, 일반적으로 프로리그 및 구단의 입장권 판매 활동이 이러한 메시지를 활용한다.
- 도덕적 소구(Moral Appeal): 무엇이 옳고 적합한지에 관한 청중의 생각에 초점을 맞춘다. 이 방법은 명분 있는 사회운동에 대한 자원을 호소할 때 주로 쓰인다. 최근의 도덕적인 메시지는 스포츠 마케팅에서 공익 마케팅 일환으로 더 많은 메시지를 통해서 커뮤니케이션하고 있다. 이러한 메시지를 통해서 스포츠 고객의 감성적인 부분을 자극한다고 할 수 있다.

❷ 메시지 구조

- 스포츠 마케팅에서의 메시지의 구조는 결론까지 제시할 것인가? 아니면 결론은 소비자의 판단에 맡길 것인가? 또는 스포츠 제품의 강조점을 광고 첫머리에 할 것인가? 혹은 끝에 가서 할 것인가? 두 가지 부분을 강조한다. 이벤트에 대한 정보를

| 그림 1-8 | 효과 계층 모형에 따른 커뮤니케이션 목표 설정

영 역	단 계	커뮤니케이션 기본방향	적절한 촉진믹스
인 지	인지(awareness) ↓ 지식(knowledge)	소비자들에게 제품에 대한 정보와 지식을 제공한다.	주로 광고
감 정	↓ 호감(liking) ↓ 선호(preference) ↓ 확신(conviction)	소비자들이 제품에 대한 가지고 있는 태도와 느낌을 바꾸는데 역점을 둔다.	광고, 공중관계, 인적판매
행 동	↓ 구매(purchase)	소비자들의 구매욕을 자극한다.	판매촉진, 인적판매

출처: 이학신 외, 〈소비자 행동〉.

정확하게 전달할 것인가? 아니면 정보를 주되 감성적인 부분을 자극하는 식의 상상력을 동원하게 해서 고객에게 이러한 구매결정의 판단을 맡길 것인가? 결과적으로 모두 고객에게 제품 구입을 맡기는 결과이지만 이러한 결과물에 따라서 얻어지는 이벤트에 대한 이미지는 다르다고 할 수 있다.

- 일면적 주장(One-Sided Agrement): 단점을 받아들이면서 장점을 언급하는 것을 제안할 것인가? 이러한 주장 역시, 메시지를 전달하 데 있어서 소비자들이 부각된 장점만 인식할 수 있는 확률이 있다.

❸ 메시지 형태

스포츠 마케팅에서의 메시지의 형태는 미디어의 형태에 따라 달라진다. 만약 잡지 광고라며, 헤드라인, 카피무구, 일러스트, 색깔 등을 적절하게 선택해야 할 것이다. TV 광고라면 스포츠 스타 선수를 활용한 비주얼적인 광고 활용을 통해서 마케팅 및 프로모션 메시지를 결정할 것이다.

(4) 미디어의 선정

스포츠를 활용한 마케팅에 있어서 미디어의 선정은 그 스포츠 메시지를 어떻게 전달하느냐의 문제보다 방식의 문제이며, 이는 곧 이 방식이 그 스포츠 프로퍼티나 이벤트에 적합한지 적합하지 아니한지의 문제까지도 적용받을 수 있다.

❶ 개인적인 채널(Personal Channel)

대면접촉, 전화, 우편, 이메일 혹은 인터넷 채팅 등 사람과 직접 커뮤니케이션을 하는 채널로 구전 효과(Word-of-Mouth Influence)도 포함한다. 고객의 반응을 빨리 그리고 정확하게 파악할 수 있으며 고객반응에 따라 메시지 내용 변경이 가능하다. 또한 목표 고객에 선택이 가능했지만, 최근의 Social Network를 통한 마케팅은 점차 일방적으로 전달되는 비개인적 채널과 유사한 형태를 보이면서 불필요한 정보를 많이 전달하여 개인적 채널의 메시지 전달이 점점 쉽지 않아지고 있다.

❷ 비개인적인 채널(Nonpersonal Channel)

개인적 접촉이나 피드백이 없는 신문, TV, 라디오 등의 대중매체이다. 짧은 시간 동안 똑같은 메시지를 많은 사람들에게 정확히 전달할 수 있으나 일방적 커뮤니케이션이고, 고객의 주의를 끄는 힘이 약하고 고객반응도 늦으며 정확하지 않다. 정확한 고객을 통한 커뮤니케이션 메시지의 파급 효과는 크기 때문에 순간적인 반응이 폭발력이 강할 수도 있다.

(5) 메시지 원천의 선정

케만(Herbert Kelman)은 메시지 원천(광고 모델)의 특성을 신뢰성(credibility), 매력(attractiveness), 권력(power)으로 구분하였다.

각각의 특성은 다음과 같이 각기 다른 프로세스를 통해 소비자의 태도나 행동을 결정하게 된다.

❶ 정보원천의 신뢰성

스포츠 제품을 구매하는 고객들은 자신들이 신뢰하고 있거나, 비고객층이라고 해도 이른바 슈퍼스타를 활용한 마케팅에서 스타선수가 신뢰성이 있다고 판단하기 때문에, 신뢰성(credibility) 있는 모델이 전달하는 메시지는 정확하다고 생각한다.

그렇기 때문에, 이들의 의견을 수용하는 과정에서 내면화(internalization)가 일어나게 된다. 스포츠 마케팅 관리자는 신뢰성을 높이기 위해 전문가나 기업의 최고경영자 등을 광고 모델로 많이 활용한다. 신뢰성이 낮은 사람이 전달하는 메시지는 시간이 지난 다음에 그 효과가 나타나는 수면 효과(sleeper effect)가 나타나기도 한다.

❷ 정보원천의 매력

스포츠를 활용한 마케팅에서의 스포츠 이벤트

비치발리볼 대회를 활용하는 기아자동차의 마케팅 활동

의 메인 슈퍼스타나, 프로퍼티에서의 스포츠 광고 모델이 갖고 있는 매력(attractiveness)은 스포츠 고객에 대한 유사성, 친근감, 호감을 포함하는 개념으로, 유사성(Similarity)이란 메시지 원천과 수용자가 얼마나 닮았는가를 나타내며, 친근감(familiarity)은 모델이 얼마나 익숙한 사람인가를, 호감(likability)은 모델의 외모나 행동 등을 얼마나 좋아하는가를 표현하는 개념이다.

스포츠 커뮤니케이션에서의 스포츠 스타의 매력은 동일화(identification) 과정을 거쳐 소비자들을 설득시키는 효과를 갖고 있는데, 즉 소비자들은 자신들이 매력 있다고 생각하고 신뢰하고 있는 스포츠 스타와의 특별한 관계를 추구하기 때문에 이들의 태도나 선호, 행동 등을 수용하게 되는 것이다.

스포츠 마케팅 관리자는 매력적인 모습을 가진 모델로 유명인이나 일반인 모델을 많이 활용한다. 그러나 유명인 모델의 경우 광고 모델이 브랜드보다 더 강조되어 브랜드의 정보 전달을 방해하는 음영효과(Overshadowing Effect)가 발생될 수 있으며, 해당 모델이 지나치게 많은 제품 광고에 중복 출연하면 광고 메시지들 간에 간섭현상(Interference Effect)이 발생하여 특정 제품의 메시지에 대한 기억을 방해할 수 있다.

❸ 정보원천의 권력

정보원천이 권력을 갖고 있으면, 순응화(compliance) 과정을 통해 메시지의 수용도가 높아진다. 순응화란 메시지의 수신자가 모델의 권력에 압도되어 그가 전달하는 메시지를 수용하는 현상이다. 그러나 광고에서 권력을 적용하는 것은 쉽지 않기 때문에 대변인(spokesman)으로서 권위적인 사람을 모델로 기용하는 간접적인 방법을 사용하고 있다.

효과적인 스포츠를 활용의 아이덴티티 개발

(1) 사전조사 및 분석

효과적인 스포츠를 활용한 아이덴티티의 사전

| 그림 1-9 | 메시지 원천의 속성과 수용자 처리 모형

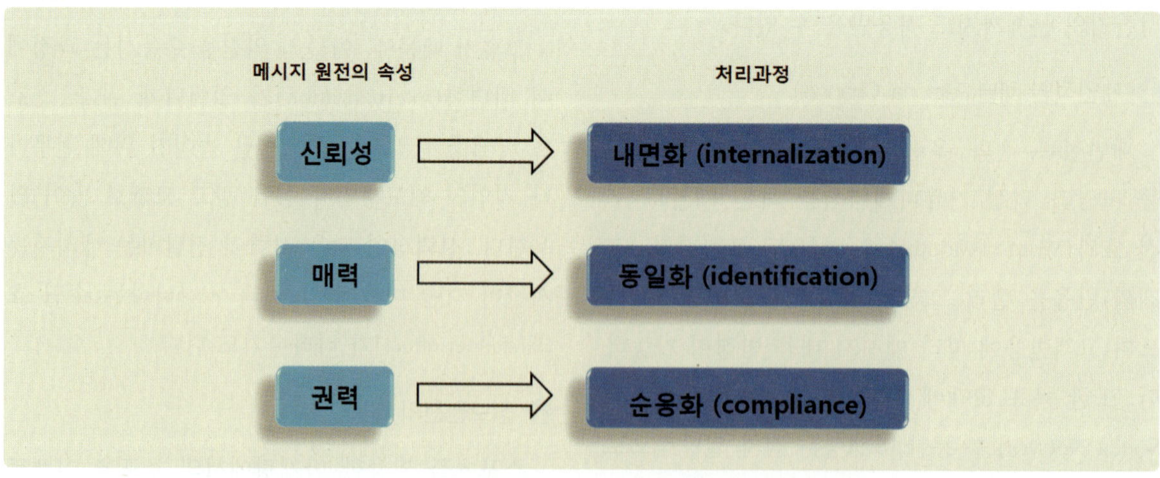

출처: 이학신 외, 〈소비자 행동〉.

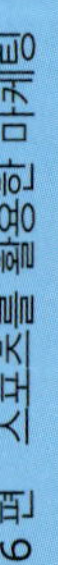

ㅣ 세계에서 가장 브랜드 가치가 큰 코카콜라의 Visual Identity를 활용한 각종 상품 개발의 예

조사와 분석은 경영 측면·디자인 시스템 측면으로 나누어서 실시한다. 경영 측면에서는 구단이나 리그, 기업의 창업이념이나 경영방침, 기업의 문제점이나 향후 시장전망 등을 확인하고, 기업 이미지 측면에서는 고객이 느끼는 기업의 실체와 호감도·불만족도를 조사하며, 디자인 시스템 측면에서는 기존에 사용하던 시각디자인물의 효율성·일관성 등을 경쟁사와 비교 분석하여야 한다.

New Identity의 구축 단계

사전조사 및 분석 단계를 거쳐 회사명, 경영철학, 기업 슬로건 등에 대한 검토와 함께 대안을 마련하고 콘셉트를 확정한다.

Basic System의 결정 단계

콘셉트를 적용한 심벌·로고·컬러 등의 기본 시스템을 개발한다.

Application System의 개발 단계

Basic System에 의한 적용 범위를 결정하고, 대상 아이템에 적합한 응용 시스템을 개발한다.

대외공표 단계

창립 기념일 또는 우승 기념일 등 특정일을 기점으로 대외에 발표하고, 새로운 CI를 VI(시각적 통일)는 물론이고 BI(행동적 통일)까지 확산시켜 시행해 나간다.

(2) CI 도입시 유의사항과 사례

CI의 효과를 극대화시키기 위한 유의사항과 사례를 요약하면 다음과 같다.

기업의 경영철학과 목표를 최대한 반영하라

기업이 고객에 대해 관심이 많은 만큼 고객도 기업에 대해 관심을 갖는다. CI의 의미는 기업의 우호적 특징을 명확히 전달하고, 그것을 대상고객에게 전달하고자 하는 데 있다.

기업과 제품의 Identity에 충실 하라

사명과 상표는 가장 중요한 마케팅 요소이다. 기업이 CI를 도입할 때, 기업의 실상과 고객이 원하는 제품의 가치를 얼마나 반영하고 있는지가 무엇보다도 중요하다.

◆ 경쟁사를 모방하지 마라

상표권·특허권을 의식해야 하는 것은 물론이거니와, 기업 이미지와 제품의 개성이 고객들에게 우호적인 이미지로 신선하게 자리잡도록 유도해야 한다.

◆ 협력업체나 자회사에도 도움이 되게 하라

기업이 CI를 도입하게 되는 경우 중 흡수·합병이 중요한 계기임을 앞에서 언급했다. 그런데 CI가 협력업체나 자회사에 역효과를 내거나 불이익을 안겨주게 된다면 곤란할 것이다. 오히려 모기업의 이미지 우산 아래 연관되어 기억될 수 있도록 포괄적인 동질성을 창조해 낼 수 있어야 한다.

◆ CI의 적용은 정확히 하라

CI가 일단 이루어지면 장기적인 커뮤니케이션 전략이 진행되고, 세부 사항이 가이드라인으로 활용되어 통합적 차원에서 상호 보완하며 효율성을 높여주게 된다. 그러므로 CI의 적용은 기업 전 구성원의 생각·행동은 물론 모든 시각물에 정확히 적용될 때에만 효과를 극대화시킬 수 있는 것이다.

◆ 기업의 이미지를 존중하라

CI의 궁극적인 목표는 기업 이미지를 제고하는 일이다. 기업에 대한 우호적인 이미지는 고객이 그 기업이 좋은 제품을 생산하는 회사로 믿게 하고, 돌발사태가 생겼을 때도 기업의 편에서 이해하도록 유도하는 역할을 한다. CI 도입과 적용에서 가장 중요한 점은 늘 기업의 이미지를 존중해야 한다는 사실을 잊지 않는 일이다.

| 보스턴 레드 삭스의 CI

(3) CI(Corporate Identity) 개발

최근에는 연맹이나 구단에서도 CI의 중요성에 대한 인식이 높아가고 있다. 여기서는 기업의 광고실무자가 알아야 할 CI의 기본 의미와 도입 과정 및 적용사례를 설명한다.

◆ CI의 정의

"기업이 어떤 이미지를 갖기를 원하는가?"라는 물음에 대한 대답으로 가장 먼저 떠올릴 수 있는 것이 CI이다. 기업의 목표가 제품이나 서비스를 일방적으로 생산해 내는 것이 아니라 고객이 원하는 것을 만들어 내는 것일 때, CI는 고객과의 관계를 우호적인 이미지로 유지해 나가는 연결고리가 된다. 즉 CI는 기업이 환경변화에 적절히 대처해 나가고 유지해 가기 위한, 전략적 경영으로서의 기업 이미지 통합작업이자 적극적인 마케팅 활동이라고 할 수 있다.

◆ CI의 활용

- 구단이나 기업에 대한 호의적인 이미지를 관리한다.
- 구단이나 기업문화를 알리는 방법으로 활용한다.
- 타사와의 차별화 방법으로 활용한다.
- 경영전략의 결정에 기여한다.

(4) CI의 구성

CI는 보통 다음 세 가지로 구성된다.

◆ VI(Visual Identity: 시각적 통일)

구단이나 리그, 기업의 목표나 방향, 역할 등을

NBA와 NHL 각 팀의 CI 디자인

시각화하여 내외에 전달하는 수단을 개발하는 작업이다.

BI(Behavior Identity: 행동적 통일)

구단이나 리그, 기업의 주체성 확립과 목표 달성을 위해, 기업 구성원의 인식 공감대를 형성시키는 제도적·정신적·행동적 개혁운동이다.

MI(Mind Identity: 이념적 통일)

새로운 시대에 대응하고 기업의 목표를 달성하기 위해서, 구단이나 리그, 기업의 철학과 경영이념을 재확인하여 기업 구성원에게 주지시키고 소비자들의 구심력을 강화하는 것이다. 일반적으로 기업의 경영철학, 경영방침, 세부지침 등으로 체계화된다.

CI에 있어서 이와 같은 세 가지 구성 요소는 기업 MI(Mind Identity) 커뮤니케이션 활동을 통해 소비자에게 VI(Visual Identity)로 전달하고 소비자는 행동으로 기업에 피드백(Feedback)하는 순환 과정을 거친다. 이의 연결고리는 BI(Behavior Identity)가 된다.

(5) CI의 도입과정

CI의 도입은 시기 결정이 중요하다. CI를 통한 기업 이미지를 최대한 높이기 위해서는 대외 공표 단계로부터 역산하여 도입 시기를 결정해야 한다.

도입 시기

기업이 CI를 도입하는 시기는 각각 다를 수 있으나 대개 다음과 같은 경우에 도입을 추진하게 된다.

- **구단이나 리그 명 또는 사명 변경**

회사명보다 자사의 제품이 더 많이 알려져 있기 때문에 제품명을 회사명으로 쓰게 된 경우나, 그룹명 또는 회사명을 시대적인 변화에 맞게 수정할 경우, 새로 기업을 흡수·합병하게 된 경우를 가리킨다.

• **국제화 전략을 위해**

고유 브랜드 수출로 해외시장을 개척하거나 글로벌 마케팅 전략이 절실해졌을 때, 영문으로 변경하거나 누구나 쉽게 이해할 수 있는 이미지를 관리할 필요가 생긴 때 등이다.

• **경영진의 교체나 사업 내용의 다각화**

새로운 감독이나 구단주 등 경영진이 구성되어 기업의 경영환경에 커다란 변화가 생겼거나, 기업의 영역이 넓어지거나 다각화 되었을 때 등이다.

• **경쟁전략으로서의 도입**

경쟁사에서 CI를 도입했거나, 시대감각에 맞게 이미지를 개선시켜 경쟁력을 높이고자 할 때이다.

스포츠 픽토그램(pictogram) 개발

픽토그램은 올림픽이나 아시안 게임에서 각 종목을 상징하기 위하여 만든 SI(sports identity)로서 각 조직위원회는 대회의 특성에 맞게 픽토그램을 개발하고 이를 사용한다. 픽토그램은 하나의 상징으로 종목을 나타내는 것이 있고, 기타 다른 사인물을 나타내기도 한다.

대한체육회와 2008 베이징올림픽의 일부 종목의 픽토그램을 보면 다음과 같다.

대한체육회와 2008 베이징올림픽에서 사용하는 픽토그램

제 2 장 스포츠를 활용한 마케팅의 판매 촉진

제 2 장

스포츠를 활용한 마케팅의 판매 촉진

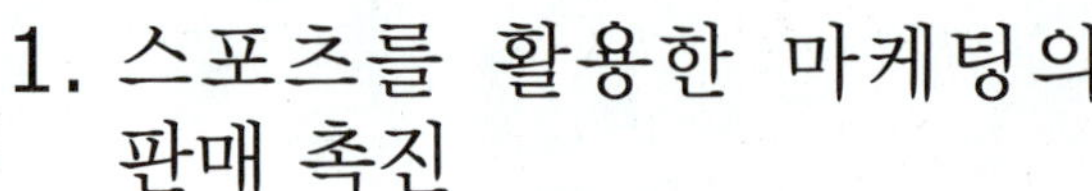

1. 스포츠를 활용한 마케팅의 판매 촉진

마케팅이라고 할 때 가장 먼저 떠오르는 P는 프로모션(promotion)이다. 프로모션이라는 기업의 판매 촉진 활동은 마케팅의 작은 정의라 할 수 있을 만큼 마케팅에 가장 가까이에 있다. 3P는 제품(product)을 만들고, 가격(price)을 결정하고, 유통 경로(place)를 설정하는 고객을 만나기 위한 준비 단계인데 반해 프로모션은 고객과 직접 대응하여 구매를 유도하는 과정으로 고객과의 관계를 형성하는 과정이기 때문이다. 프로모션은 말 그대로 촉진을 목표로 하므로 단기간의 영업성과를 도모하는 영업 촉진까지도 포함하는 광의의 의미로 사용될 수 있다.

일반적으로 기업의 촉진(promotion) 활동은 광고, 판매 촉진, 대중 관계, 인적 판매, 다이렉트 마케팅의 다섯 가지 커뮤니케이션 수단에 의해 이루어지는데, 이들은 촉진 믹스(promotion mix) 혹은 마케팅 커뮤니케이션 믹스(marketing communication mix)라고 한다.

각 촉진도구들은 스포츠를 활용해서 소비자와 커뮤니케이션을 하게 되는데 구체적인 수단을 가지고 있다. 일반적인 커뮤니케이션의 수단을 통해서 살펴보면 광고는 방송, 인쇄, 인터넷, 옥외광고 등을 포함하며, 판매 촉진은 할인, 쿠폰, 진열 등을 포함한다.

인적 판매는 판매설명회, 트레이드 쇼 등을 통해 판매하는 것이고, 대중 관계는 보도자료, 후원, 특별 이벤트 등의 내용을 공중에게 전달하고, 다이렉트 마케팅은 카탈로그, 전화, 인터넷 등을 포함한다. 이러한 다섯 가지의 마케팅 커뮤니케이션 믹스가 스포츠를 활용할 때 가장 잘 표현할 수 있으며 어떠한 방법이나 수단을 선택하느냐 하는 것이 중요하다.

일반 커뮤니케이션 매체와 촉진 믹스가 다양화됨에 따라 소비자들은 하루에 3,000개 이상의 무수히 많은 광고 메시지에 노출되게 되었고, 이러한 상황은 메시지 간 충돌을 야기시켜 소비자들이 각각의 메시지를 구별하지 못하게 하고 있다. 따라서 명확하고, 일관성 있는 메시지를 전달하기 위해 기업들은 스포츠를 활용하여 마케팅 커뮤니케이션 채널을 정교하게 통합· 조정하며, 이것을

독일 월드컵에서 현대자동차는 스폰서십을 통해 Fan Fest에서 입장권 티켓을 제공하는 이벤트를 펼치고 있다

통합 마케팅 커뮤니케이션(IMC: integrated marketing communication)이라고 하며, 더 나아가서는 레버리징(Leveraging) 마케팅이라고 칭할 수 있다.

2. 스포츠를 활용한 ATL과 BTL 마케팅

스포츠 소비자들은 이제 일방적으로 광고 업체가 만들어서 보내는 메시지를 들으려 하지 않고 직접 나서서 참여하면서 새로운 것을 접해보고 싶어 하는 참여형 스포츠 소비자들이 늘어나고 있다. 네티즌들의 참여가 두드러지는 현대 사회에서 스포츠 소비자는 on-off 라인을 넘어서 커뮤니티를 형성하고 막강한 오피니언 리더의 역할을 하고 있다.

이와 같이 비즈니스 환경이 급변하고 소비자들의 성향 변화가 심한 상황에서 소비자 시장을 공략하기 위한 각종 판매 촉진 활농의 변화가 일어나고 있다.

일반적인 판매 촉진 활동은 ATL과 BTL의 두 가지 유형으로 나눌 수가 있는데, 일반적인 매스미디어를 통한 마케팅 활동을 ATL(above the line)이라고 하는데 대부분 일정한 틀이 마련되어 있는 4대 매체를 포함하여 케이블, TV, 극장, 지하철, 버스 등 거의 모든 매체를 통해 활용하는 마케팅 활동으로서 비용 규모와 콘텐츠의 경쟁으로 이루어지는 시장 즉 전형적인 매체를 통한 마케팅 활동이다. 하지만 최근 들어서 직접적인 광고에 대한 제약이나 견제가 과거보다 심해지고 있기 때문에 새로운 영역을 개척하기 위한 노력이 활발해지면서 그 대안으로 BTL이 주목을 받고 있다. BTL(blow the line)은 미디어를 매개로 하지 않고 고객이 직접 체험할 수 있도록 하는 광고의 형태를 말하며, 보다 적극적인 커뮤니케이션의 시도를 의미한다. 또한 일정한 틀이 없는 상태에서 전반적인 호감도와 신뢰도를 올리고자 하는 활동을 BTL이라고 하며, 스포츠 이벤트, 전시, 협찬행사, CRM, PPL, 공익사업, 구전 마케팅, 강연, 간담회 등이 있다.

최근 들어 BTL이 관심을 모으는 이유는 우선 스포츠 소비자들이 세분화 되고 있으며, 주요 매체를 중심으로 다양한 고객층을 겨냥하는 ATL과는 달리 타깃 고객층을 세분화해서 잡고 이들에게 어필할 수 있는 커뮤니케이션 방식으로 접근하는 것이 BTL의 특징이다. 이와 더불어 고객들이 능동적으로 참여와 경험을 즐기게 되면서 고객에게 기회를 제공하는 BTL이 고객들에게 크게 어필하고 있기 때문이다.

| 그림 2-1 | 판매 촉진의 의미변화

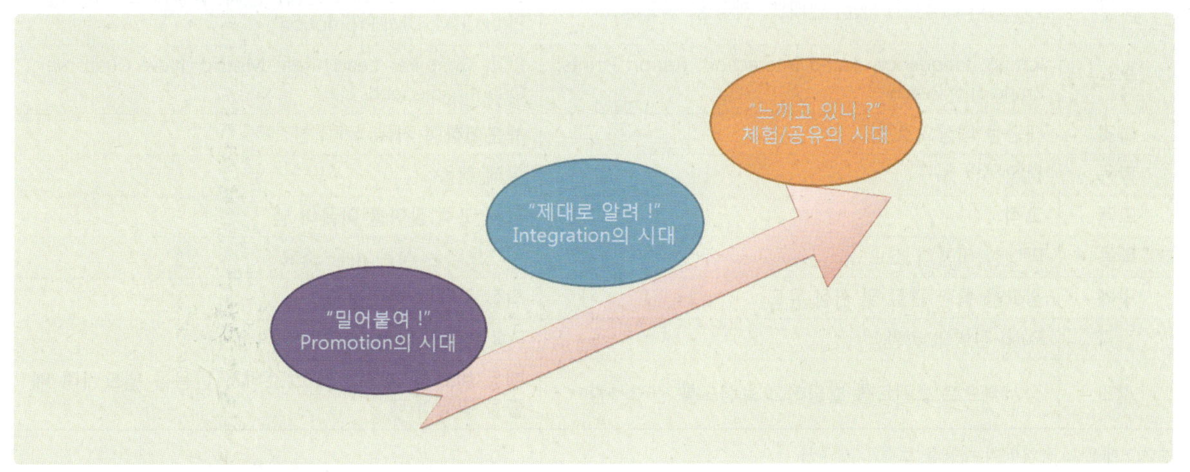

BTL의 성공 사례는 월드컵에 스폰서로 참여한 현대자동차, 앰부시 마케팅의 SK텔레콤, 맨유의 스폰서로 참여하는 서울시와 금호 타이어 등을 들 수 있다. 그러나 BTL이 현대 사회에서 대세라고 보기에는 어렵고 지난 수십 년에 걸쳐서 ATL의 광고 효과가 과거에 비해 다소 영향력이 줄었다고 하지만 지금도 그 영향력은 대단히 크다고 할 수 있다. 따라서 무엇보다 중요한 것은 통합 커뮤니케이션(IIMC)이 대두되면서 ATL과 BTL이 서로 다른 영역에서 다뤄지는 것이 아니라 하나의 목표를 위한 통합된 스포츠 마케팅 전략으로 인식되고 있는 추세이며 〈표 2-1〉과 같이 서로 다른 차이점을 가지고 있다.

3. 스포츠 판매 촉진의 종류

스포츠 소비자 판매 촉진

(1) 쿠 폰

일반적인 마케팅에서 쿠폰(coupon)이란 명시된 제품을 구매할 때 구매자에게 할인을 한다는 증빙서이다. 쿠폰은 신제품 초기구매를 촉진하거나 성숙한 브랜드의 판매를 자극할 수 있다. 경기장에서 사용할 수 있는 티켓이나, 경기 후에 티켓을 가지고 스포츠 마케팅을 활용한 기업에게서 활용할 수 있는 티켓 등이다.

(2) 샘 플

샘플(sample)은 경기장에서 소비자에게 무료로 나누어 주는 제품을 말한다. 이 제품들을 통해서 스포츠를 활용하여 마케팅을 하는 기업들은 샘플의 신제품을 소개하거나 기존 제품에 새로운 자극을 만들어 내는데 가장 효과적으로 활용하고 있다. 각 구단은 Fan Fest Area를 만들어서 구단 선수와 경기에 대한 소개들을 하는 것이 하나의 샘플이라 할 수 있다.

(3) 현금 환불/리베이트

스포츠 경기나 제품에서 리베이트란 미국 MLB나 NBA의 경우 지난 시즌 티켓 구매자에게 다음 시즌 티켓 구매에 대한 우선권을 주고 할인이나 기타 혜택을 제공하는 사례라 할 수 있다. 현금 환불 혹은 리베이트는 구매 이후에 가격을 할인해

| 표 2-1 | ATL과 BTL의 차이점

구분	ATL	BTL
도구	TV, 라디오, 잡지, 신문, 인터넷, 케이블, 옥외광고	스포츠 이벤트, 스포서십, 전시, 다이렉트, 이메일, PPL, CRM, DM, Promotion
목표	Rating, Frequency, Brand Interaction, Ration Points, Brand Lift, Reach	ROI, Cost Per Lead, Real Metric, New Customer, Quantifiable lead
타깃	대중을 대상으로 함	세분화하여 커뮤니케이션
활동	감정적인 소구	실제 행동
고객	고객	잠재 고객 참여를 이끌어 냄
비용	막대한 비용이 소요	ATL 보다는 적은 비용 소요
구매	광고를 통한 관찰 및 관심 유도	직접 구매에 이르게 함
전략	Push 전략의 일환	Pull 전략의 일환
결과	정서적으로 브랜드를 빌딩하고 브랜드를 인지시킴	행동 변화를 이끌어 내고 소비자 반응을 일으키며 매출을 이끌어 냄

출처: 에센스 경영학의 내용을 토대로 재구성.

휴스턴 로케츠 경기장에서 프로모션하는 Bank of Texas

주는 것으로 소비자가 구매 증서를 제조업체에 보내면 구매액의 일부를 되돌려 주는 것이다. 구매하는 장소가 아니라 구매가 성사된 다음에 가격할인이 제공된다는 점을 제외하면 쿠폰과 유사하다.

(4) 가격 패키지

가격 패키지(price package)는 포장에 할인가격을 인쇄하여 지접가격 할인 혜택을 제공하는 것이다. 가격 패키지는 단기적인 매출을 자극할 때 쿠폰보다 훨씬 더 효과적일 수 있다. 스포츠 마케팅에서의 일반적인 스포츠 패키지는 입장권 판매에 활용한다. 구단에서는 특정 팀과의 경기의 프로모션 활성화를 위해서 팀 패키지라던가, 입장권 판매량을 높이고, 관람객의 숫자를 늘리기 위해서 이러한 패키지 제품을 내놓는다. 이러한 패키지 제품의 활성화는 스포츠를 활용한 마케팅을 하는 기업들에게 더 많은 마케팅 활동 기회를 제공할 수도 있다.

(5) 프리미엄

프리미엄(premium)은 제품의 구매를 유도하기 위한 인센티브로, 무료 또는 낮은 비용으로 제공되는 제품이다. 프리미엄은 포장 안(in-pack)에 포함되거나, 포장 밖(out-pack)에 따로 준비되거나 또는 메일로 전달될 수도 있는데 경기장 밖에서 나누어는 샘플과 같은 의미로 활용되고 있고, 프리미엄이 다른 용도로 활용되는 것은 스포츠 이벤트의 초청을 한 기업이 초청자들에게 나누어주기 위해서 만든 제품 또한 스포츠 마케팅에서는 프리미엄이라고 칭한다.

(6) 광고 판촉물

광고 판촉물(advertising specialty)은 광고주의 이름, 로고 메시지를 함께 찍어 고객에게 선물로 주는 유용한 물건이다. 전형적인 아이템은 티셔츠, 펜, 머그잔, 캘린더, 열쇠고리, 마우스 패드 등이다. 일종의 라이센스 상품이라 할 수 있으며 구단 매출의 큰 부분을 차지한다.

(7) 단골고객보상

단골고객보상(patronage rewards)은 회사의 제품이나 서비스의 정기적인 사용자에게 제공되는 현금이나 다른 형태의 보상이다. 스포츠 구단에서 제공하는 입장권 구매에 따른 마일리지 프로그램이나 팬 활동을 많이 할수록 얻어지는 포인트에 대해서 팬들이나 고객에게 일정한 선물이나 보상을 해주는 경우가 이에 해당된다.

(8) 구매시점 판촉

구매시점 판촉(point-of-purchase promotion)은 구매시점에서 제공되는 진열이나 시연을 포함한다. 매장의 통로에 진열된 제품, 촉진용 입간판, 음식의 무료시식 등이 이에 해당한다고 할 수 있는 이러한 형태의 시점 판촉은 스포츠 이벤트 이전의 사전 이벤트 활동을 한다거나, 리그의 관람객의 숫자를 늘리기 위해서 여성이나 아이 관람객은 무료입장을 한시적으로 허용하는 것이라거나, 프로야구 개막전 시점에서 아주 저렴한 입장권을 판매하여 구단의 인기도를 높이는 데 활용할 수 있다.

경기 중간 맥도날드의 햄버거가 낙하산을 타고 내려와 팬들에게 전달하는 이벤트

(9) 콘테스트의 추첨

콘테스트(contest)는 소비자에게 신청서를 제출할 것을 요구하고, 심사단이 신청서를 평가하여 가장 우수한 것을 선정한다. 신제품의 상표명을 공모하여 당첨자를 선정하는 것이 이에 해당한다. 반면에 추첨(sweepstakes)은 누구든지 참여할 수 있으며 운에 의해서 결정되는 것이다. 야구 경기의 경우 경기 중간 중간마다 여러 가지 이벤트 및 퀴즈를 통해 입장권을 활용하여 제공하는 추첨 등이 있다.

(10) 결합촉진

결합촉진(tie-in)은 둘 혹은 그 이상의 브랜드나 기업들이 연합으로 쿠폰, 리베이트, 콘테스트를 제공하여 고객 흡인력을 높이는 것을 말한다. 스포츠 구단에 기업이 참여하여 상호 win-wn 전략으로 소비자에게 제공하는 결합형 촉진을 말한다. 티켓이나 기타 스포츠 이벤트 등이다.

중간상 판매 촉진

제조회사는 최종고객보다 소매상이나 도매상을 대상으로 판촉비용을 더 많이 쓴다. 중간상 판촉도구는 재판매업자가 자사제품을 취급하고, 진열공간을 제공하고, 소매광고를 통하여 자사 제품을 촉진하고, 제품을 고객에게 적극적으로 판매하도록 설득시키기 위해 사용되는 것이다.

(1) 현금할인

중간상이 제품을 현금으로 구매하거나 대금을 조기 상환시 판매대금 일부를 할인해 주는 제도이다.

(2) 물량비례 할인

한정된 기간을 정하고 그 기간 중에 중간상이 구입하는 물량에 대한 누적판매량 혹은 주문량에 따라 할인을 해주는 것이다.

(3) 광고공제

광고공제(advertising allowance)는 소매상이 제품을 광고하기 위해 지출한 금액을 상환해 주는 것이다.

(4) 진열공제

진열공제(display allowance)는 소매상이 특별한 진열을 해준 것을 보상하는 것이다.

(5) 무료 제품

무료 제품(free goods)는 제조업체가 중간상에게 특정 제품을 무료로 제공하여 중간상이 팔 수 있거나 자사제품 구매고객에게 사은품으로 제공할 수 있게 하는 것을 말한다.

스포츠 판매 촉진믹스의 성격

(1) 스포츠 판매 촉진믹스의 성격

❶ 인적 판매(personal selling)

인적 판매 판매원이 직접 고객과 대면하여 자사의 제품이나 서비스를 구입하도록 권유하는 커뮤니케이션 활동을 말하며, 판매원 판매라고도 한다.

인적 판매는 소비자의 구매과 정상 선호(preference), 확신(conviction), 구매(purchase)를 구축함에 있어 가장 효과적인 도구이다. 이 방식에서는 둘 또는 그 이상의 사람 사이에 개인적인 상호 작용이 일어나기 때문에, 각 사람은 다른 사람의 요구와 특징을 관찰할 수 있고, 신속하게 이에 적응할 수 있다.

고객의 반응에 맞추어 즉석에서 커뮤니케이션할 수 있는 융통성이 있으나 비용이 많이 든다는 단점도 있다.

❷ 판매 촉진(sales promotion)

판매 촉진은 쿠폰, 콘테스트, 가격할인, 프리미엄 등 다양한 종류의 촉진도구를 포함하는데, 고객의 주의를 끌고, 구매를 유도할 수 있는 강력한 동기를 제공한다. 판매 촉진의 효과는 단기적이므로 장기적은 브랜드 선호도나 고객지원 관계를 구축함에 있어서 광고나 인적 판매만큼 효과적이지 못한다.

❸ 광 고

광고는 단위노출당 저비용으로 지역적으로 분산되어 있는 다수의 소비자에게 도달될 수 있고, 판매자가 같은 메시지를 여러 차례 반복할 수 있게 해준다. 그러나 광고는 빨리 많은 사람에 도달될 수 있지만, 비대면적이고, 회사의 영업사원만큼 고객을 직접적으로 설득할 수 없다. 대부분의 경우 광고는 청중과의 일방적인 커뮤니케이션만을 수행하고, 청중은 관심을 기울이거나 반응해야 한다고 느끼지 않는다.

❹ 대중 관계(public relations)

대중 관계는 매우 신뢰성이 높다. 뉴스거리, 특집기사, 후원, 이벤트는 광고보다 더 진실되고 신뢰성이 있는 것으로 청중에게 인식된다. 대중 관계는 광고나 판매 사원을 기피하는 고객에게 도

2011 NBA Jam session의 자원 봉사자를 모집하는 판매 촉진 활동

달될 수 있다. 왜냐하면 메시지가 판매 지향적인 커뮤니케이션이라기보다는 뉴스로 받아들여지기 때문이다.

❺ 다이렉트 마케팅(direct marketing)

다이렉트 마케팅(direct marketing promotion)은 정밀하게 표적화된 각 소비자와의 직접적인 연결(direct connection)로 구성되며, 이는 고객에게서 즉각적인 반응을 확보하고, 지속적인 고객 관계를 발전시키기 위한 것이다. 다이렉트 마케팅은 주로 일대일의 상호 작용 방식을 기반으로 고객과 직접 커뮤니케이션을 정밀하게 규정된, 세분화된 고객층의 필요에 맞추고, 더 나아가 구매자 개개인의 필요에 맞춘다.

효과적인 다이렉트 마케팅을 위해서는 우수한 고객 데이터베이스(customer database)가 필요하다. 고객 데이터베이스는 고객 메일링 리스트와는 달리 고객의 인구 통계적 정보(나이, 수입, 가족 사항, 생일 등), 심리 분석적 정보(라이프스타일, 관심사, 의견 등), 구매 행동(구매 선호도나 과거 구매실적, 빈도, 금전적 가치)를 포함한다. 이러한 고객 데이터베이스를 통하여 기업은 가망고객을 찾고, 고객들과 더욱 강력한 고객 관계를 구축하는 것이 가능해진다.

다이렉트 마케팅은 언제, 어디서나 카탈로그나

전화 마케팅을 통해 소비자와 상담하는 모습

웹 사이트를 통해서 접근이 가능하기 때문에, 고객들에게 시간과 공간을 뛰어넘는 편리함을 제공한다.

또한 판매자에게 다이렉트 마케팅은 고객 관계 구축을 위한 강력한 도구이다. 데이터베이스 마케팅을 이용하여 마케터는 소그룹, 개인 고객을 공략할 수 있고, 개인화된 커뮤니케이션으로 제공물의 판매를 촉진할 수도 있다. 다이렉트 마케팅의 형태는 직접우편, 카달로그 마케팅, 전화 마케팅, 텔레비전 마케팅, 온라인 마케팅, 인적 판매 등으로 나누어진다.

- 직접우편 마케팅

직접우편 마케팅(direct-meil marketing)이란 개인에게 하나의 제안, 공지, 상기 또는 기타 품목을 보내는 것을 말한다. 직접우편이 인기가 있는 이유는 목표 시장 선택이 가능하고, 개인화할 수 있으며, 유연하며, 조기 검증과 반응 측정이 가능하기 때문이다. 1,000명에게 도달하는 비용(CPM)이 대중 매체보다 비싸지만 도달된 사람들은 구매가능성이 더 높다.

- 카탈로그 마케팅

카탈로그 마케팅(catalog marketing)에서 회사는 전체 제품 카탈로그, 전문품 카탈로그 혹은 사업체 카탈로그를 보통 인쇄물뿐만 아니라 CD, 비디오 또는 온라인으로도 발송할 수 있다. 웹(web)에 기반한 카탈로그는 인쇄 카탈로그와 비교하여 제작, 인쇄, 배송비용을 절약할 수 있으며, 실시간 판매가 가능하며, 수시로 제품과 제품의 특징을 추가하거나 제거할 수 있다는 장점을 갖는다.

- 전화 마케팅

전화 마케팅(telephone marketing)은 전화로 목표 소비자층에 제품정보를 제공한 후 제품판매를 유도하거나, 고객이 TV·라디오 광고나 우편광고를 보고 수신자부담 전화번호를 이용하여 주문을 하는 소매 유형이다. 텔레마케팅은 크게 수신텔레마케팅과 발신텔레마케팅으로 나누어진다. 수신텔레마케팅은 신문이나 잡지에 광고를 내고 무료 전화인 080서비스를 이용하도록 유도한 다음 전화를 걸어온 고객들을 실구매자로 연결시키는 방법이다. 발신텔레마케팅은 기업이 구매 가능성이 높은 잠재 고객에게 먼저 전화를 걸어 고객의 구매를 유도하는 것보다 적극적인 방식을 말한다.

- 텔레비전 마케팅

텔레비전 마케팅(television marketing)은 TV 광고를 통해 제품구매를 유도하는 소매방식으로 크게 직접반응 텔레비전 광고를 이용한 주문방식과 홈쇼핑 채널을 이용한 주문방식으로 나누어진다. 직접반응 텔레비전(DRTV: directive-response television) 광고는 60초에서 120초짜리 텔레비전 특별광고를 내보낸다. 광고에서 제품은 설득력 있게 묘사되고, 고객이 주문할 수 있는 수신자부담 전화번호나 웹 사이트가 공지된다.

- 온라인 마케팅

온라인 마케팅(on-line marketing)은 다이렉트 마케팅 가운데 가장 빠르게 성장하는 형태이다. 인터넷과 새로운 정보기술은 마케터에게 고객을 위한 가치를 창출하고 고객과의 관계를 구축하기 위한, 완전히 새로운 방식을 제공해 왔다. 편리함, 속도, 가격, 제품정보, 서비스에 대한 고객의 생각을 근본적으로 바꾸고 있다.

4. 스포츠 판매 촉진믹스 전략

일반 마케팅 관리자뿐만 아니라 기업이 스포츠를 활용하여 마케팅을 실시할 때 푸쉬 전략(push strategy) 혹은 풀 전략(pull strategy) 가운데 하나를 선택할 수 있다.

푸쉬 전략(Push strategy)

스포츠 마케팅에서의 푸쉬 전략은 스포츠 제품 소유자가 대행사 및 고객에게 직접적이면서 적극적으로 판매를 시도하는 전략이라고 할 수 있다.

따라서 프로퍼티 소유자가 이러한 전략을 활용하면 인적 판매와 중간적인 대상으로 하는 중간상 촉진(trade promotion)의 비중이 커진다. 이 전략은 브랜드 충성도가 낮고, 스포츠 이벤트의 인지도 낮은 제품에 있어서 가능하다. 이런 사례는 지방 지치단체에서 일방적으로 입장권을 강매하는 상황을 예로 들 수 있을 것이다.

풀 전략(Pull strategy)

풀 전략은 스포츠 이벤트 프로퍼티 소유자나, 스포츠를 활용하여 마케팅 활동을 펼치는 후원사나 기업이 직접적으로 고객에게 자신들의 프로퍼티를 소개함으로써 직접적으로 판매할 수 있도록 하는 전략이다. 이 전략을 쓰면 광고와 최종소비자를 대상으로 하는 소비자 촉진(consumer promotion)의 비중이 커지게 된다.

이 전략은 브랜드 충성도가 높고 고관여이고, 사람들이 브랜드 차이를 알고 있고, 사람들이 점포에서 가기 전에 브랜드를 선택할 경우 적절하다. 일반적으로 스포츠 제품 중 킬러 콘텐츠 제품은 풀 전략을 하면 스포츠 용품이나 티켓 판매 등이 수월해지고 구단의 메시지를 쉽게 전달할 수 있다.

푸쉬와 풀 전략

푸쉬와 풀 전략이 함께 공존하는 뉴욕 나이키 타운의 외관은 반 아치형의 단순하면서도 강한 기하학적 이미지를 보여주는 1960년대 학교 체육관을 떠올리는 컨셉으로 디자인을 하였다.

나이키 타운의 내부에 들어가면 매장은 마치 잘 정돈된 스포츠 센터같은 레이아웃으로 구성이 되어 있다. 각층에는 테니스, 골프, 런닝, 축구, 농구

| 그림 2-2 | 푸쉬 전략과 풀 전략

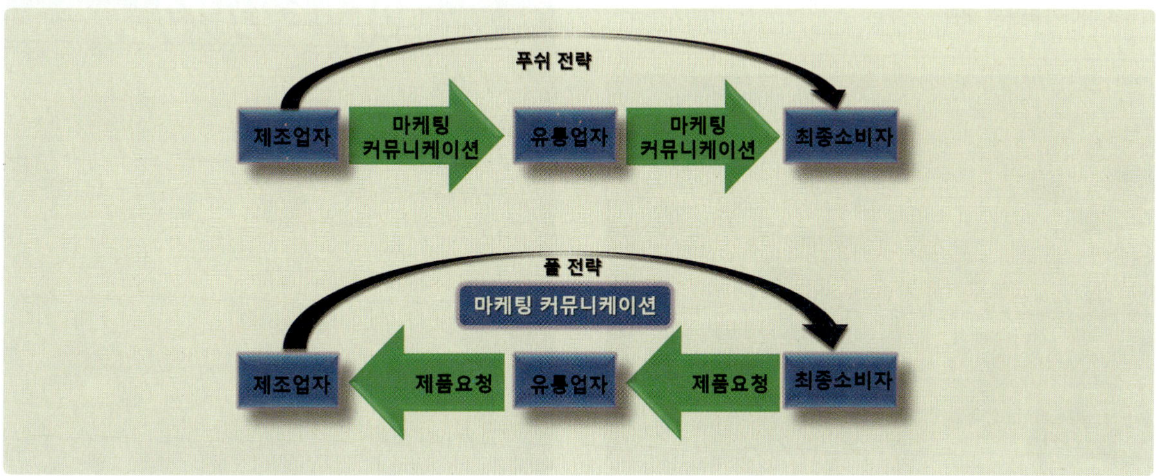

출처: 필립 코틀러, 〈마케팅 원리〉를 참조로 하여 재구성.

각종 축구화로 전시된 나이키 매장 (영국)

뉴욕 나이키 타운의 외관

뉴베이징올림픽 개최시 도심의 나이키 매장의 디스 플레이 모습

베를린의 나이키 매장 (32개 참가팀의 런닝화 전시)

를 비롯한 여성과 아동 매장이 테마별로 되어 있으며, 골프 코너에는 골프화에서 골프웨어까지 모든 코너가 하나의 토털화되어 한 집단을 이루고 있다.

마이클 조던이나 로저 페더러, 루니 같은 스포츠 스타를 이미지화함으로써 고객들로 하여금 이들과 브랜드를 공유하면서 동일한 그룹에 속해 있다는 동질감을 느끼도록 도와준다. 여기에다가 디스플레이도 단순한 상품 전시가 아니라, 마치 과학 코너의 기구처럼 방문객이 만지면 조명이 켜지거나 음악이 나오는 식으로 다양하게 되어 있으며, 제품을 실어나르는 투명 유리관은 제품들이 각층과 공간을 이동하는 모습을 보도록 만들어져 있다.

다른 한켠에는 Nike ID 센터가 있어 자신이 원하는 신발과 티셔츠를 원단, 컬러, 디자인까지 직접 설계하여 제작토록 하는 곳이 있어 컴퓨터 가까이에 직원들이 돕고 있다.

일주일에 한두 번은 나이키 플러스에 가입된 커뮤니티들이 매장 입구에 모여 단체로 달리기 모임을 하고, 제품을 구입하기도 한다. 이처럼 각각의 스포츠를 대표하는 플레이어를 중심으로 흥미로운 공간을 구성하고 어린아이부터 어른에 이르는 다양한 고객들의 흥미를 유도하여 다양한 상품들을 체계적으로 구분하고, 소비자들이 직접 제작 참여하는 등 소비자들이 이 곳에 들어서면 제품을 구매하면 안 될 정도의 분위기를 만든다.

5. 스포츠 판매 촉진믹스 전략 설계시 고려사항

스포츠를 활용하려는 기업은 촉진믹스 전략을 설계할 때, 제품과 시장의 유형, 제품수명주기를 포함한 많은 요인을 고려한다.

제품과 시장 유형

스포츠를 적용시켜 현장에 적용하는 각 촉진믹스의 효과는 그 제품이 소비재냐 산업재냐에 따라

| 그림 2-3 | 제품에 따른 촉진믹스의 상대적 중요성

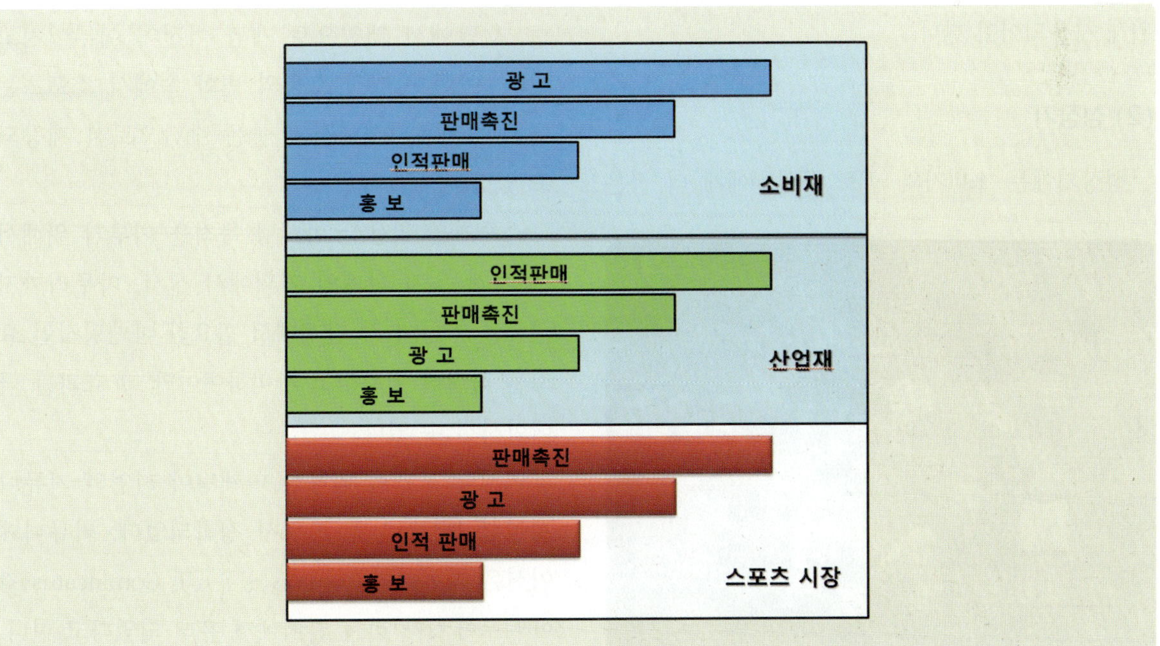

출처: 함주한, 〈마케팅 무작정 따라하기〉.

다르다. 일반적으로 소비재 기업은 광고에 치중을 하고, 그 다음에 판매 촉진, 인적 판매, 홍보의 순으로 힘을 기울인다. 반면 산업재 기업은 인적판매가 가장 중요하며, 그 다음이 판매 촉진, 광고, 홍보의 순이다. 대체로 인적 판매는 복잡하고 값이 비싸며, 위험부담이 따르는 제품을 소수의 큰 고객들로 이루어져 있는 시장에 팔 때 효과적이다.

스포츠 제품은 판매 촉진이 가장 중요하며, 그 다음 순서로 광고, 인적 판매, 홍보의 순이다.

제품수명주기(PLC-product life cycle)

각 촉진도구의 효과는 스포츠 제품수명주기에 따라 다르다. 왜냐하면 각 단계에서의 마케팅 커뮤니케이션의 역할이 서로 다르기 때문이다.

(1) 도입기

도입기에는 광고와 대중관계가 높은 인지도를 확보하는 데 적합하고, 판매 촉진은 제품의 조기 구매를 촉진하는 데 유용하다. 인적 판매는 유통경로 구성원이 자사제품을 취급하도록 유도하기 위해 사용되어야 한다.

(2) 성장기

성장기에는 소비자와 경로 구성원에게 더 적은 인센티브를 제공해도 충분하기 때문에 판매 촉진의 비중이 감소되는 반면, 광고와 대중 관계의 강력한 영향력은 계속된다.

스포츠 이벤트에서의 커뮤니케이션

(3) 성숙기

성숙기에는 판매 촉진이 다시 광고에 비해 상대적으로 중요해진다. 구매자는 제품을 잘 알고 있기 때문에, 광고는 단지 소비자로 하여금 자사제품을 상기시키기 위해 필요하다.

(4) 쇠퇴기

쇠퇴기에는 제품에 대한 상기 수준에서 광고가 유지되고, 대중 관계는 줄어들며, 영업사원은 제품에 약간의 관심만을 기울인다. 그러나 판매 촉진은 강력하게 유지된다.

6. 커뮤니케이션

우리가 몸담고 있는 사회는 정보화 사회로 그 특성상 다양성이 추구되고 대중화에서 탈대중화로, 집단에서 개인으로 개념 이전이 이루어지고 있다. 이런 시대적 흐름의 변화 속에서 스포츠는 대중과 커뮤니케이션의 좋은 수단으로서 제공되고 있다.

스포츠를 활용한 마케팅 목적을 이루기 위해서는 설계 초기 단계인 기획에서 실시, 마무리까지 신중을 기하여 각 단계에서 필요한 마케팅적인 요소를 적절히 첨부하고 가미하여야만 그 효과를 극대화시킬 수 있다.

이제 스포츠를 활용한 마케팅이 기업의 커뮤니케이션 툴(Tool, 도구)로서 정착되었다. 커뮤니케이션은 라틴어의 Commis(공유) 및 Comincatus(같이 나누어 갖다)라는 단어에서 유래 되었다고 한다. 현대의 커뮤니케이션이란 쉽게 이야기 하면 서로의 존재를 인식하고 서로가 발신하는 정보를 나누어 공유하는 행위"라고 할 수 있다. 정보가 지닌 의미를 전달하고 이해시키는 것을 커뮤니케이션이라 하는데, 커뮤니케이션의 기초는 대화와 몸짓(action)이며, 그것의 요소는 설득과 공감이다.

해롤드 D. 로스웰은 그의 저서인 *The Structure and Function of in Society*에서 다음과 같이 커뮤니케이션 과정을 이야기 하였다. "누가(Who) 무엇을(What) 어떤 채널을 통해서(in which channel) 누구에게(to whom) 어떤 효과를 가지고(with what effect) 대화 또는 몸짓을 하는 과정"이라고 정의하면서 효과를 특히 강조하였다.

커뮤니케이션의 효과성

현대 기업의 생존은 얼마나 우수한 제품을 개발하느냐 하는 것도 중요하지만 소비자인 고객과의 긴밀한 커뮤니케이션을 통해 기업의 이미지를 잘 관리하고 전달할 수 있느냐 하는 것도 중요하다. 다시 말하면 기업이 망하는 것은 제품 생산이 중단되어서 망하는 것이 아니라 고객과의 커뮤니케이션이 단절되고 거기에서 더 이상의 이윤이 창출되지 않기 때문이다. 이런 측면에서 커뮤니케이션의 효과성은 양적인 측면뿐만 아니라 기업의 공공이미지 제고와 매출 극대라는 양면성을 가지고 있으며, 소비재 시장과 산업재 시장에 따라 다음과 같은 차이가 있다.

즉 소비재 성격이 강할수록 광고의 비중이나 역할이 중시되며, 산업재 성격이 강할수록 인적 판매가 효율적인 커뮤니케이션 수단이 된다.

산업재는 그 제품의 구매자가 생산이나 재판매를 목적으로 하기 때문에 합리적 동기에 의해 구매 하는 경향이 있고 소비재 제품은 구매자가 최종 소비자이므로 감성적 동기가 구매 행동에 중요한 영향을 미친다.

스포츠는 산업재와 소비재의 두 가지 요소를 지니고 있기 때문에 때로는 광고나 인적 판매를 해야 하고 판매 촉진이나 홍보를 해야 한다. 스포츠 커뮤니케이션의 목적은 스포츠를 통해 인지도 및 이해도 향상과 제품에 대한 상기율을 제고시키는 과정에 스포츠 팀이나 선수의 명성으로 목표 고객에게 설득될 수 있는 것이다.

소비자가 구매 행동으로 유인되기까지의 심리적 변화 과정에 따라 커뮤니케이션 수단의 유용성이 다르다.

- 광고는 적은 비용을 가지고 아주 효율적으로 많은 사람들에게 전달한다.
- 사람들에게 전달되는 구전과 인적 판매는 관심을 높이고 욕망을 불어 넣는 데 효율적이다.
- 인적 판매 및 판촉은 구매 행동을 촉구하는 데 효율적이다.

| 그림 2-4 | 커뮤케이션의 효과성

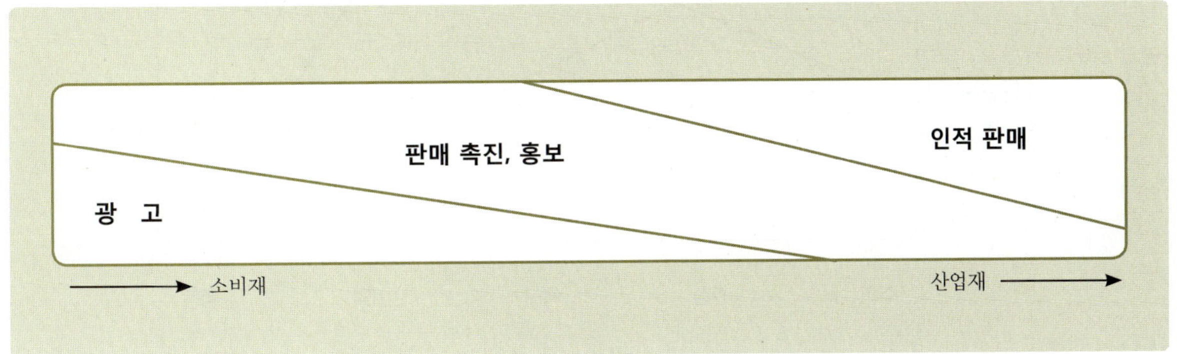

커뮤니케이션 수단으로서의 스포츠

고도의 정보화 사회에서 기업들은 커뮤니케이션 활동에 더욱 주목하고 있으며 그 수단으로서 스포츠를 활용하고 있다. 현대의 스포츠는 매스미디어와 불가분의 관계를 형성하며, 산업 복합체의 특성을 내재하는 방향으로 발전되어 가고 있기 때문에 스포츠는 신문, 라디오, 텔레비전에서 중요한 커뮤니케이션 행위 요소인 기사 또는 프로그램의 소재로서 정착되고 소비되어 오고 있다.

특히 인터넷과 케이블텔레비전, 위성방송 등은 미디어 스포츠의 중요성을 프로그램 편성과 관련하여 강조하면서 새롭게 발견된 프로그램 장르로서 스포츠를 간주하도록 하고 있다.

우리나라에서 스포츠의 상품화가 본격적으로 시작된 시기는 "일간 스포츠"가 창간된 1960년대 말 이후로 볼 수 있다. 그 이전에도 스포츠가 등장하긴 했지만(주로 권투, 레슬링에 치중) 대중 매체를 통하여 시청자에게 특정한 프로그램 편성으로 등장하여 목적 집단을 목표로 삼게 된 것은 1970년대를 거치면서 였다고 볼 수 있다. 그러한 측면에서 스포츠가 광고나 커뮤니케이션의 형태로서 이

| AT&T Park에 설치된 at&t 회사 Wi-Fi 광고 보드

용이 되고 있다.

다양한 스포츠 커뮤니케이션의 형태는 다음과 같이

- 선수들의 유니폼에다가 자사의 광고를 판매
- 경기장 주변의 A-보드나 현수막
- 스포츠 용품 및 경기장 사용기기 그 자체
- 경기장 근처에 설치된 행사장 또는 시설물
- 프로그램 책자 및 포스터
- 경기장 설치 광고물
- 입장권 등

스포츠를 통한 커뮤니케이션은 소비자에게 무

| 그림 2-5 | 소비자가 구매 행동으로 유인되기까지의 심리적 변화 과정

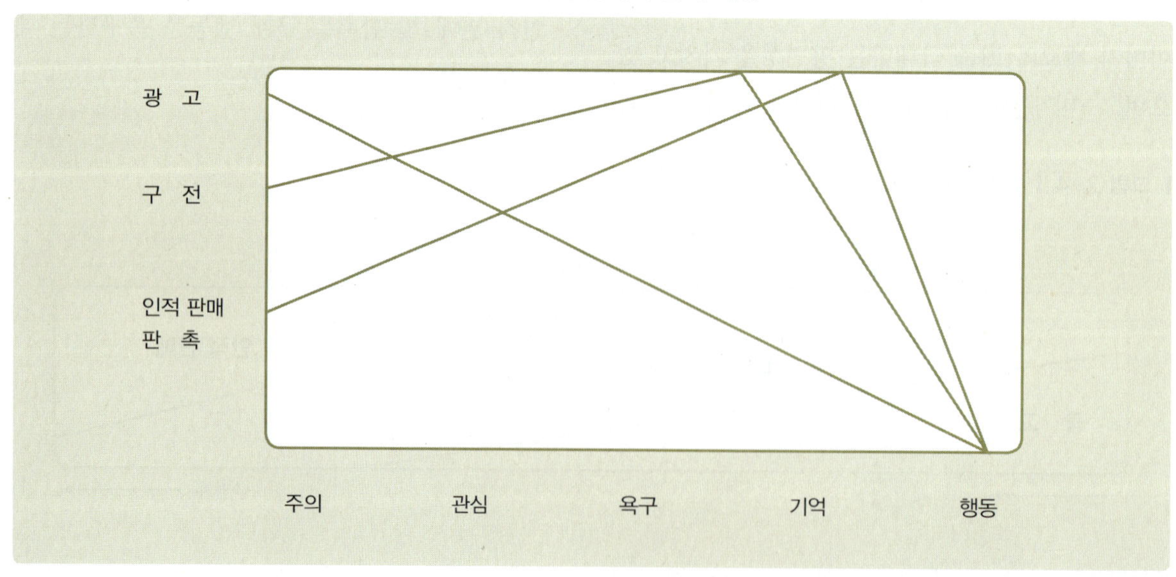

의식 중 자연스럽게 인지할 수 있도록 하고 있으며, 직접적으로 장시간 동안 소비자를 붙들어 놓을 수 있다는 장점이 있다.

스포츠를 이슈로 한 커뮤니케이션

스포츠는 경기를 관전하는 팬들에게 극적인 생동감을 가져다 주는데 극적인 것은 어느 순간에라도 일어날 수가 있다. TV를 통해서 중계가 되는 스포츠 경기는 경기장에서는 팬들이 환호하며, 심판은 경기 규칙을 준수하도록 통제하며, 감독은 전략과 전술로서 지휘하고, 선수는 자신과 팀을 위해 몸을 사르지 않고 최선을 다한다. 이런 모습은 보는 사람들에게 커다란 구경거리를 제시하고 역동적이고 극적인 요소는 마케팅 전문가로 하여금 사람들의 관심과 흥미를 유발하기 위한 각종 아이디어를 만들어 낸다.

반복 실시하는 스포츠 커뮤니케이션

하루에 사람이 의식적이건 무의식적이건 접하는 광고 건수가 500건 이상이 되는데 그 중에서 인지하는 것은 불과 몇 개가 되지 않는다고 한다. 이렇게 기존의 매스미디어로는 충분하고 진실된 정보를 전달할 수 없을 뿐만 아니라 세분화 되어가는 작은 시장을 모두 상대할 수가 없다. 따라서 표현의 충분성과 실체가 있는 커뮤니케이션의 도구로서 또는 원하는 대상과 작은 시장에서의 접근이 쉬운 작은 매체로서의 스포츠가 주목을 받게 되었다. 각 업종 또는 기업별로 독창적인 유형이나 프로그램을 개발한 후 고객들의 반응이 좋아서 계속 연례화하는 경우 또는 처음부터 누적 효과 등을 고려하여 장기적인 캠페인으로 기획되는 이벤트들이 있다. 최근 기업의 이미지 또는 기업 PR적인 장기, 지속적인 프로모션 등이 많이 등장하

Staple Center 내에 있는 코카콜라 식음료 판매장의 모습

고 있으며 점차 단발적인 프로그램에서 매년 부족한 점을 보강하여 고객의 기하는 프로그램으로 만들려는 노력 등이 엿보이는 것으로 장기적인 캠페인성이다.

넷 스포츠 커뮤니케이션

이제는 얼마나 많이 알고 있느냐보다 어디서 어떻게 알 수 있느냐가 중요해졌으며 쏟아져 나오는 무수한 정보를 개인이 다 알 수 없기에 정보를 선택하고 관리할 수 있는 능력이 더 강조될 수밖에 없는 시대가 되었다.

TV, 신문, 잡지는 물론이고 심지어 철물점 간판에도 디지털이 들어갈 정도로 한국 사회는 급격하게 디지털 사회로 바뀌고 있다. 개발 초기 단순 문서작성과 계산에만 사용됐던 컴퓨터는 인터넷이란 날개를 달면서 본격적인 사회 변화를 주도하고 있다. 디지털이 가져온 사회는 정보화 사회로서 디지털의 핵심은 정보의 분리이고 그것은 무한한 정보의 복원과 가공을 가능하게 한다. 넷 커뮤니케이션은 일반적인 커뮤니케이션과 다른 점은 정보가 양방향으로 흐른다는 사실이다. 인터넷은 공중파 방송이 일방적으로 쏟아 붓는 것과는 달리 실시간 채팅을 통해 시청자가 자신의 의견을 바로 개진하고 그에 대한 답변을 들을 수 있게 했다.

Ⅰ 인터넷을 통한 스포츠 콘텐츠의 참여는 스포츠 산업의 확대를 가져왔다

인터넷 환경에서 자란 세대는 자신의 생각을 적극적으로 발표하고 대화를 나누는 일에 익숙해진다. 이러한 커뮤니케이션의 혁명은 정치·경제·사회 분야뿐만 아니라 스포츠 분야에도 예외 없이 적용되고 있다.

인터넷을 통해 기업이나 제품을 홍보하고 광고하는데 특히 컴퓨터를 이용하는 정보통신업계가 더욱 효과적인데 이 이유는 스포츠 팬들의 타깃과 컴퓨터를 생활화하고 있는 타깃 층이 비슷하기 때문이다. 사이버 공간에 몰아치는 스포츠 열풍은 이제 경기장 안에서 뿐만 아니라 넷 안에서 활발하게 활동을 하고 있으며 스포츠 산업에도 혁명적인 변화를 불러일으켰다.

인터넷의 성격상 많은 네티즌을 끌어 모을 수 있는 풍부한 콘텐츠를 제공하지 못하면 자연스럽게 도태되는 것이 현실이며 스포츠와 더불어 이들의 경쟁은 치열하다.

각종 인터넷 포털 사이트에서 시즌개막에 맞춰 프로스포츠를 해설 중계와 프로스포츠의 통계 데이터베이스, 환타지 게임 등 다양한 콘텐츠를 구축하고 스포츠 소비자를 모으고 있다. 다음과 Naver를 중심으로 인해서 스포츠 인터넷 방송까지도 앞 다투어 나가고 있다.

Daum은 대한 축구협회의 공식 후원사로 나서면서 대표팀의 경기를 인터넷 중계를 하고 있고, 이승엽 선수가 출전하는 일본 프로야구를 중계한다. 네이버는 한국 프로야구와 MLB 및 게임 스포츠를 중계 하면서 다양한 사용자들의 입맛을 맞추고 있다.

한국야구정보시스템(KBIS)은 프로야구 데이터베이스를 이용해 경기 애니메이션과 함께 타자의 시즌기록, 투수 대 타자 상대기록, 볼카운트별 기록, 주자상황 등을 함께 제공하고 있다. 또한 네이버는 MLB 사이트를 통해서 해외 진출 선수들의 소식과 메이저리그 속보는 외국의 스포츠전문 사이트들과 비교해도 손색이 없을 정도로 구색을 잘 갖췄다.

제 3 장 스포츠를 활용한 광고 및 홍보

제 3 장

스포츠를 활용한 광고 및 홍보

스포츠를 활용한 마케팅에서 중요한 것은 광고와 홍보이다. 광고란 불특정 다수에게 제품 또는 필요 욕구를 자극함으로써 그에 대한 구매 행동을 촉진시키거나 혹은 광고주 자신에 대한 일반적인 신뢰도를 높이기 위해서 행사는 유료 커뮤니케이션 활동이라 할 수 있다.

스포츠 광고는 제품, 서비스, 아이디어 등의 판매를 촉진시키는 것을 기본적인 목표로 하고 있으며, 자신들의 스포츠 이벤트나 팀 선수에 대한 정보를 소비자에게 제공하고 고객들로 하여금 매출을 창출하게 하고 수요를 자극함과 동시에 신뢰도와 충성도를 형성 유지시켜 주는 활동이라 할 수 있다.

스포츠 홍보란 스포츠 기업을 포함한 각종 스포츠 센터 등이 사회적 환경을 이루고 있는 공중(public)과의 원활한 관계를 유지하고자 노력하는 여러 가지 다양한 노력이라 할 수 있다. 오늘날 매일매일 일어나는 스포츠 보도를 통해서 나타나 이슈가 되는 문제들은 스포츠 기업, 스포츠 단체 등이 공중과의 문제를 해결하기 위해서 효과적인 커뮤니케이션의 수단으로서 나타나는 것이라 할 수 있다.

스포츠 광고와 홍보를 비교하여 보면 〈표 3-1〉과 같다.

| 표 3-1 | 스포스 광고와 홍보의 비교

구 분	비 용	고객 신뢰성	기업 통제력
광 고	유 료	낮 음	높 음
홍 보	무 료	높 음	낮 음

출처: 안광호 외, 〈전략적 브랜드 관리〉.

1. 스포츠를 활용한 광고

스포츠 신문이나 방송은 물론이고 지하철 안에서나 옥외 광고 혹은 인터넷 광고를 통해서 우리는 스포츠 선수가 광고하는 용품이나 기타 제품에 대한 광고를 접하면서 살고 있다. 물론 스포츠 광고가 아니더라도 우리는 수많은 광고에 노출되어 있고 지속적으로 접하여 살고 있다.

스포츠 이벤트 광고는 이벤트 인지도 향상 및 성공을 위해서 마지막으로 차후의 스폰서십 영입을 용이하게 하기 위해서 해야 하는 수단으로 판매 촉진 기술 중에서 가장 흔하면서도 가장 고전적인 방법 중의 하나가 바로 광고이다.

스포츠를 활용하는 마케팅 관리자는 광고 프로그램을 개발할 때 광고 목표의 설정, 광고 예산의 결정, 스포츠 광고 전략의 개발, 광고 캠페인의 평가 등의 네 가지 의사결정을 내려야 한다.

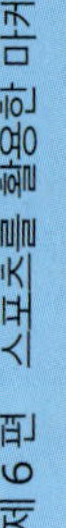

스포츠 광고 목표 설정

스포츠 광고 목표(advertising objective)는 크게 매출 목표와 커뮤니케이션 목표로 나누어진다. 스포츠 광고의 목표에는 제품, 서비스, 아이디어 등의 판매를 촉진시키는 것이 기본적인 목표라 할 수 있으며, 구단이나 리그 그리고 기업에 대한 정보를 소비자에게 제공하고 고객들로 하여금 매출을 창출 하게끔 하고 수요를 자극한다. 광고의 목표는 크게 정보를 제공하고, 대중을 설득하며, 구단이나 제품, 기업에 대하여 상기시키는 세 가지 목표를 가지고 있다.

스포츠 광고의 궁극적인 목표는 매출 증대를 목표로 보는 관점과 커뮤니케이션 효과의 창출을 광고 목표로 보는 관점이 서로 대립되어 있다.

그러나 촉진믹스(광고, 공중관계, 판매 촉진, 인적 판매, 다이렉트 마케팅) 중 하나에 불과한 광고가 매출증대에 결정적 역할을 하는 데 한계가 있다는 점과 광고가 매출에 미치는 효과는 상당한 기간이 지나서 발생한다는 점(이월효과; carryover effect)을 인정함에 따라 광고 목표를 커뮤니케이션 효과의 창출로 보는 관점이 보다 지지되고 있는 경향이 있다.

광고 목표는 주요 목적에 따라 정보전달형, 설득형, 상기형 등으로 구분될 수 있다.

마라톤을 하면서도 다음 대회를 광고하는 소비자

(1) 정보전달형 광고(informative advertising)

신제품이나 기존 제품의 새로운 특성에 대한 인지(awareness)와 지식(knowledge)을 만들어 내기 위한 광고이다.

그림 3-1 주요 광고 관련 의사결정

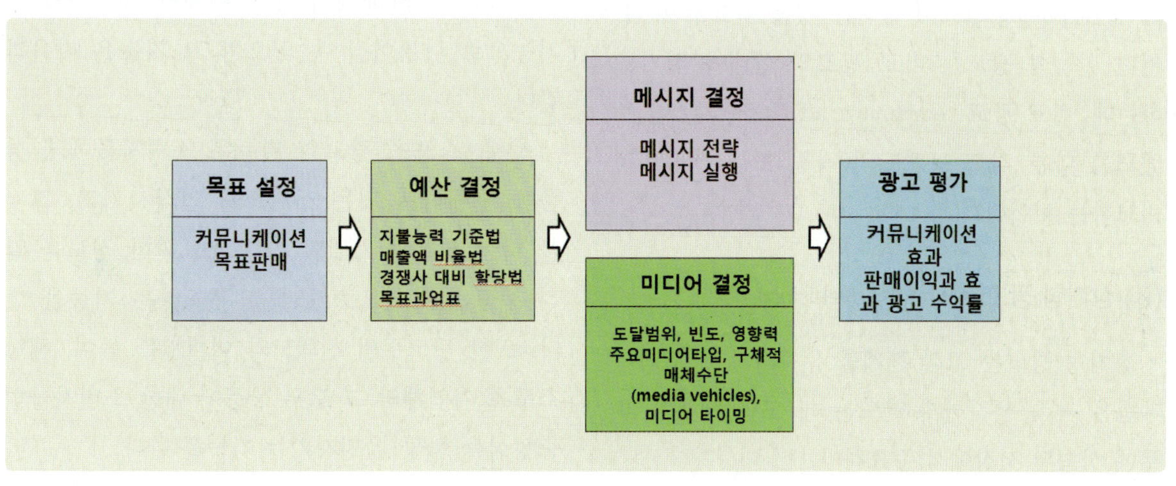

마케팅 休知通

TPO 마케팅(Time Place Occasion Marketing)

소비자들은 본인의 라이프스타일에 맞춰 상품에 대한 구입결정을 내린다. 이러한 소비 트렌드 변화에 따라 소비자에게 꼭맞는 맞춤 마케팅 기법인 'TPO 마케팅'이 인기를 얻고 있다. 따라서 광고나 마케팅은 적절한 시간과 적절한 장소 그리고 적절한 상황에 맞게 전개되어야 한다.

'TPO 마케팅'은 시간(Time)·장소(Place)·상황(Occasion)의 영문 머릿글자를 딴 이름으로 말 그대로 시간과 상황에 따라 고객들의 니즈에 딱 맞는 차별화된 제품을 개발하고 또 그것을 제품의 속성을 알리는 마케팅 기법이다. 장소나 상황에 따른 제품 구입이나 패션 스타일 연출법 등이 있으며 더욱 진화된 형태로 발전하고 있다.

- 구매가 빈번한 시간을 공략하라! 연애도 마케팅도 타이밍이 필수!

직장인들이 가장 피로한 때는 언제일까? 흔히 저녁시간이라고 생각할 수 있지만, 점심 식사 후 오후 3시경이 급격히 피로가 몰려드는 시간이다.

롯데칠성 음료는 '거리 카페'(Street Cafe)라는 컨셉으로, 도심 오피스타운과 주요 번화가에서 커피에 대한 니즈가 가장 많은 시간대인 점심시간과 오후 3시 무렵 시음회를 실시했다.

- 구매가 빈번해지는 장소를 공략해라! 고객을 찾아가고, 미리 가서 기다려라!

갈 수 없다면 부르라! 스타벅스 코리아의 회의, 세미나 등 다소 큰 모임을 준비할 때 매우 유용한 케이터링 서비스를 실시한다.

스타벅스만의 분위기를 살린 케이터링 서비스는 커피와 케익, 쿠키 등을 50만원 이상 구매할 경우 지정된 시간과 장소로 스타벅스의 직원들이 커피 머신과 컵을 함께 세팅해 준다. 사무실이나 집에서도 스타벅스의 분위기까지 함께 느낄 수 있도록 고객이 있는 곳으로 찾아가는 마케팅으로 인기가 많다.

- 소비자가 있는 곳이라면 집이 아니라 산으로도 찾아간다. 본격적인 가을 단풍철을 맞아 아웃도어 업체 K2는 등산로 입구에 입점한 매장을 중심으로 가을 산행 안전 캠페인을 진행한다. 인파가 많이 몰리는 도봉산과 북한산, 청계산 입구에 부스를 차리고 등산화 무료 살균과 청소 및 정비 서비스를 제공하며 등산객들의 안전산행에 도움을 준다.

이처럼 TPO는 시간과 장소 상황에 맞게 전개되는 마케팅 광고 활동이다.

(2) 설득형 광고(persuasive advertising)

설득형 광고는 제품이나 서비스에 대한 호감(liking), 선호(preference), 확신(conviction), 그리고 구매(purchase)를 유발하는 것을 목표로 한다. 어떤 설득형 광고는 비교 광고의 형태를 뛰기도 하는데, 비교 광고(comparative advertising)는 한 브랜드를 다른 경쟁 브랜드와 직접 또는 간접으로 비교하는 것이다.

(3) 상기형 광고(reminder advertising)

상기형 광고는 고객 관계를 유지시키고, 고객이 제품을 계속 생각하게 만드는 데 도움을 주기 때문에 성숙된 시장에서 중요하다.

스포츠 광고의 기능

스포츠 광고의 기능은 크게 마케팅 기능, 커뮤니케이션 기능, 교육적 기능, 경제적 기능, 사회적 기능으로 나누어질 수 있으며 그 기능은 다음과 같다.

첫째, 스포츠 광고의 기능은 소비자들에게 상품을 구매하게 되는 서비스를 인식시키고, 그것을 다른 상품과 차별화시켜 그에 관한 정보를 알려 주고 궁극적으로 구매를 유도하는 기능을 한다. 또한 광고주의 신뢰도와 이미지를 높여, 해당 스포츠 기업체와 그 모든 상품에 대한 소비자들의 충성심을 형성·유지시키는 기능을 한다.

둘째, 커뮤니케이션 기능으로는 광고의 정보 제공 기능을 말한다. 광고는 마케팅 기능에서와 같은 설득적인 기능을 주로 의미하지만, 소비자나 대중들에게 상품이나 서비스 이용에 필요한 여러 가지 정보를 제공하는 기능을 말한다.

셋째, 스포츠 광고는 상품과 소비생활에 관한 교육적 기능을 한다. 오늘날 우리들은 주로 광고를 통하여 여러 가지 상품에 관한 지식과 그 사용 방법은 물론 보다 좋은 상품을 보다 싸고 쉽게 살 수 있는 방법과 불량품을 샀을 경우 그에 대한 보상을 어떻게 받을 수 있는지 등을 배우게 된다. 따라서 광고는 사실상 소비자 교육 기능의 일부를 담당하기도 한다.

넷째, 경제적 기능이다. 스포츠 광고는 상품의 유효 수요를 창출하여 경제 성장에 기여하여, 유용한 상품에 관한 정보를 다수의 소비자들에게 동시에 알림으로써 상품의 효율적 유통을 촉진시킨다. 또한 상품의 내량 생산을 가능하게 하는 동시에 그것을 촉진시켜, 결과적으로 상품의 소비자 가격을 낮추는 한편 품질개선과 향상에도 적지않게 이바지한다.

다섯째, 광고의 문화적·사회적 기능을 들 수 있다. 우선 생각해 볼 수 있는 것은 현대에 와서 광고는 하나의 문화라 하는 것이다.

오클랜드 레이더스(NFL) 남자 화장실에 설치된 광고들–꼭 볼 수밖에 없는 효과적인 광고 위치

이러한 기능 속에서 스포츠 광고는 소비자의 생활 수준을 높이는 역할을 하기도 한다. 즉, 스포츠 제품 광고는 기본적으로 제품의 판매를 목적으로 하므로 소비자의 구매 욕구를 자극해야만 한다. 그 결과 소비자는 현재보다는 많은 소비 창출을 하게 되고, 그로 인해서 소비자의 생활 수준은 향상될 수 있기 때문이다.

스포츠 광고는 또한 언론 기관의 재정을 뒷받침해 줌으로써 언론의 경제적 안정을 촉진시켜 결과

그림 3-2 | 광고의 목표 설정

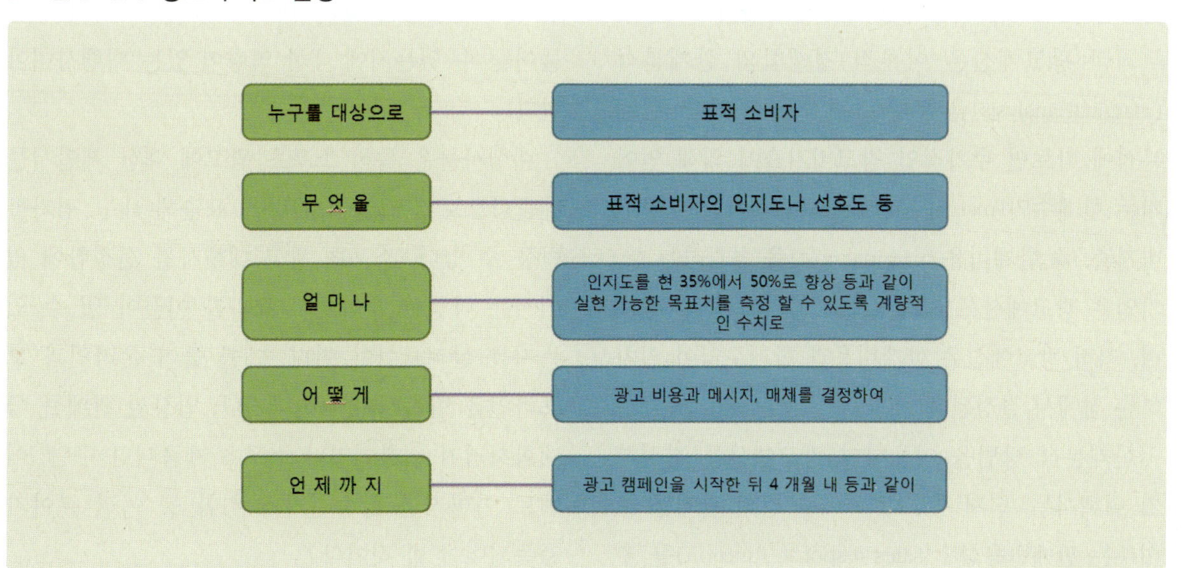

우리나라 최고의 광고 기획사인 제일기획의 2010년 신입생 채용 광고

적으로 매스미디어의 건전한 발전에 기여하기도 한다. 물론 이러한 현상에 대해 광고 수입에 대한 언론의 의존성이 매스미디어의 상업화 혹은 메시지 왜곡의 가능성을 내포하고 있다는 비판도 있다.

스포츠 광고예산 설정

스포츠 광고예산의 설정은 마케팅으로 활용되어지는 비중에 있어서 많은 부분을 차지한다. 광고는 곧 입장권 판매 및 스폰서십 세일즈에 영향을 미칠 수 있기 때문에 스포츠 광고는 어떠한 기간 내에서 얼마만큼의 예산을 적절하게 배분하여 활용할 것인지를 결정하는 것이 중요하다.

최적 광고예산은 이론적 경제학의 한계분석(marginal analysis)을 토대로 결정될 수 있다. 한계분석에 따르면 추가적인 광고비지출에 의해 얻어지는 한계수익(marginal revenue)이 추가적인 광고비지출, 즉 한계비용(marginal cost)을 초과하는 한, 기업은 광고예산을 지속적으로 증가시킬 수 있으며, 최적 광고예산은 한계비용과 한계수익이 일치하는 점에서 결정된다.

한계분석 방법을 이용하여 광고예산을 결정하기 위해서는, 먼저 광고비와 매출 간의 관계를 보여주는 판매반응함수(sales response function)를 추정해야 한다. 판매반응함수란 광고에 대한 판매반응을 수학적 함수로 표현한 것을 말한다.

총 예산을 관리하는 예산 관련 부서를 비롯하여 각 담당자들의 운영계획을 통해서 적절하게 광고계획을 설정하고 예산을 설정하여 최소 비용으로 최대의 효과를 이끌어 내는 것이 이벤트 광고 담당자의 역할이라고 할 수 있다.

광고 대행사 결정

스포츠 광고를 실행함에 있어서 담당자 또는 총괄 책임자는 스포츠 광고만을 할 것인지 아니면 전체 마케팅 부분까지 관여시킬 것인지에 대해서 결정할 필요가 있다. 대부분의 스포츠 조직에서는 광고 담당자가 별도로 있으며 이러한 광고 담당자는 광고를 기획하고 실행할 수 있는 능력이 있는 것이 아니라 관리하는 역할을 하고 있다. 또한 대부분의 대행사들이 가지고 있는 대행의 역할은 보통 마케팅, 이벤트 프로모션 등의 역할 등을 할 수도 있기 때문에 총괄 책임자는 그 스포츠 제품이나 이벤트의 역할과 목표에 맞추어서 대행사 역할 및 선정을 결정하는 데 주의가 요구된다.

대행사는 스포츠 관련 광고를 얼마나 많이 경험하고 그것들을 효과적인 메시지와 이미지로 만들어줄 수 있는지에 대한 역량이 있는 대행사여야 한다.

대행사들은 특히 스포츠 광고에 대한 제안서를 제출함으로써 그들의 역량을 표출해 내고 평가를 받을 수 있다. 스포츠 광고 대행사를 선정함에 있어서는 다양한 분야에서 효과를 이끌어 낼 수 있는지를 살펴보아야 한다. 예를 들어 온라인과 오프라인을 만족시켜야 한다거나, 입장권 판매를 극대화시키기 위함이거나 스포츠 제품이나 구단, 이벤트 이미지를 상승시키기 위함 등 여러 분야가 충족되어야 할 것이다.

소비자의 공감을 불러일으켰던 하나은행의 Power of Innovation 광고 (하나은행)

메시지 결정

효과적이고 기억에 남을 수 있는 광고 내용을 고안하는 것은 재능, 창의력, 상상력을 요구한다. 광고 제작자들은 창조적인 아이디어를 활용하여 스포츠 광고의 메시지를 만들 수 있는 능력을 가지고 있다.

이를 위해서 메시지 개발의 배경을 보면 다음과 같다.

- 왜 광고를 하는가?
- 광고를 통해서 무엇을 얻어야 하는가?
- 광고 대상자의 정의: 고객의 나이, 사회 집단, 그것들을 이해하고 정의할 수 있는 어떤 것.
- 약속: 스포츠 광고 판매를 위해서 무엇을 해야 하는가?

이처럼 효과적인 광고 메시지를 개발하는 첫 번째 단계는 메시지 개발 배경을 알아보고 두 번째 단계는 메시지 전략을 기획하는 것이다.

메시지 전략의 개발은 광고 소구로 사용될 수 있는 고객 혜택을 확인하는 것에서 시작한다. 다음 단계로 설득력 있는 크리에이티브 개념(creative concept) 혹은 빅 아이디어(big idea)를 개발하는데, 이는 독특하면서 기억할 만한 방법으로 메시지 전략에 활기를 불어넣는 것을 말한다.

크리에이티브 개념의 정립 방법은 다음과 같다.

(1) USP(unique selling proposition) 접근방식

경쟁사에게 없는 우리만의 독특함을 크리에이티브 개념으로 한다.

예 하나은행: '앞서기 위해선 달라야 한다', 국산품 사용을 강조하는 '프로 스펙스의 이순신 장군, 유관순 광고'

(2) 상표 이미지

상표와 독특함보다 상표의 개성을 심어주는 방법

예 리복(여성 참여의 이미지), 나이키(에어조던), FILA(스포츠 패션)

(3) 보편주의 접근방식

친밀감 있고 현실감 있게 실제 생활에서 크리에이티브를 만드는 방법

예 참여 형태의 광고 제작(아디다스의 + 10)

메시지 실행

(1) 생활의 단면(slice of life)

이 스타일은 정상적인 상황에서 제품을 사용하는 전형적인 사람을 보여준다.

(2) 생활양식(lifestyle)

어떤 제품이 특정한 생활양식과 잘 조화를 이룬

ㅣ 기업은 스포츠 팀을 활용한 광고를 통해서 광고 효율성이 높다. (맨유를 활용한 버드와이저 광고)

다는 것을 보여준다.

(3) 제품 후원자에 의한 실연과 후원(testimonial evidence and endorsement)

이 스타일은 스포츠 스타나 제품 전문가 혹은 평범한 소비자가 제품의 성능이나 편익에 대하여 증언한다.

(4) 상징적인 인물(personality symbol)

마리아 샤라포바, 르브론 제임스 같이 제품을 잘 상징하는 실제 또는 가상인물을 통해 메시지를 전달한다.

(5) 음악(musical)

이 스타일은 사람들이나 만화 캐릭터가 제품을 노래하는 것을 보여준다.

2. 광고 미디어 타이밍 및 선택

미디어 도구(media vehicles)란 일반적인 미디어의 구체적 프로그램이나 잡지명, 인터넷 사이트 명을 말하는 것으로, 목표 고객에게 전달하려는 광고를 어느 프로그램에 삽입할 것인지, 이용할 것인지를 말한다. 미디어 기획자는 도구별 CPM(cost per money)을 계산하여 상대적으로 비용이 적은 도구를 선택해야 한다.

미디어 타이밍 결정

스포츠 커뮤니케이션을 진행하고 운영하는 담당자는 이벤트 및 시즌 전에 전체의 모든 커뮤니케이션 도구를 어떻게 활용할 것인가에 대한 일정을 결정해야 한다. 만약 제품의 매출이 계절적 패턴을 가지고 있다면 이를 충분히 고려하여야 할 것이다. 또한 광고주는 광고의 패턴을 선택해야 한다. 신제품을 출시할 때 광고주는 연속형, 집중형, 파동형 가운데 선택할 수 있다.

(1) 연속형

연속형(Continuity)은 정해진 기간 동안 고르게 노출 일정을 계획하는 것을 의미한다. 일반적으로 광고주들은 시장이 확대되거나, 구매빈도가 높은 품목인 경우이거나, 구매자 범주가 좁게 정의된 경우에 이 방법을 사용한다.

(2) 집중형

집중형(Concentration)은 한 기간에 광고비를 모두 지출하는 것을 말하는데, 단일 판매기간이나 휴가기간의 제품에 적합하다.

(3) 파동형

파동형(Pulsing)은 주기적으로 낮은 수준의 광고 활동과 높은 수준의 광고 활동을 여러 차례 하는 것을 말한다. 파동형 광고 스케줄을 이용하여 배경은 짧은 기간 동안 인지율을 구축하기 위해 광고를 집중적으로 집행하고, 그 효과가 다음 기간에도 이월될 수 있기를 기대하는 것이다.

미디어 선택

스포츠 광고예산을 사용하여 집행하고자 할 때 미디어의 선택은 중요하다. 현대 사회에서는 미디어 선택의 폭이 다양해지고 소비자 시장의 타깃이 분열되어 있다. 따라서 어디에 광고를 할 것인가는 표적시장 부분의 철저한 지식을 토대로 해야 한다.

광고미디어를 선정하는 과정의 주요 단계는 첫 번째는 도달범위(reach), 빈도(frequency), 영향력(impact)을 결정짓는 것, 두 번째는 주요 미디어 유형(media type)을 선정하여야 한다.

(1) 도달범위, 빈도, 영향력의 결정

❶ 도달범위(reach)

도달범위란 주어진 기간 동안 광고 캠페인에 노출될 목표 고객의 비율이다.

→ 목표 소비자 100만명 가운데 50만명이 광고를 보았다면 이 광고의 접촉 범위는 50% 곧 50만명이 된다.

❷ 노출 빈도(frequency)

표적시장에 있는 사람에게 메시지가 몇 번이나 노출되었느냐 하는 평균적인 횟수이다.

→ 광고가 200만명의 시청자 가운데 100만명에게는 1번, 60만명에게는 2번, 나머지 40만명에게는 3번 노출되었다면 접촉 빈도는 다음과 같이 계산한다.

❸ 영향력(impact)

영향력은 주어진 미디어를 통한 메시지 노출의 질적 가치이다. 즉 광고가 노출이 될 때 고객에게 어느 정도의 영향을 주었는가를 평가하는 것이다.

→ TV 경우 짧은 시간이지만 시각과 청각에 자극을 줄 수 있으며, 신문의 경우에는 시각적 자극, 라디오의 경우에는 청각적 자극에만 호소할 수 있다. 때로은 반복과 보관이 간편한 신문의 영향력이 더 높을 수도 있다.

ESPN 스포츠 바에서 경기를 시청하는 스포츠 소비자들

❹ 비용(cost)

광고비용으로 집행할 수 있는 예산이 얼마나 되는가이다.

→ 전체 예산뿐만 아니라 1,000명에게 메시지가 도달하는 데 필요한 비용(CPT: cost per thousand)도 살펴볼 필요가 있다. 1,000만원을 들여서 TV 광고를 하여 목표 고객 100만명에게 노출되었다면 CPT는 다음과 같이 계산한다.

$$\frac{(100\text{만명} \times 1) + (60\text{만명} \times 2) + (40\text{만명} \times 3)}{200\text{만명}}$$

$$= \frac{304\text{만명}}{200\text{만명}} = 1.7$$

(2) 주요 미디어 유형(media type)의 선정

미디어 기획자는 도달범위, 빈도, 그리고 영향력을 전달할 주요 미디어 유형별 수용능력을 알아야 한다. 미디어 기획자는 다음 네 가지 주요 변수들을 고려하여 미디어를 선정하여야 한다.

❶ 목표 청중의 미디어 습관

목표 청중에 따라 효과적인 미디어는 달라진다. 10대들에게 라디오, 텔레비전, 인터넷이 효과적인 미디어이다.

❷ 제　품

미디어는 유형별로 시연, 시각화, 설명, 신뢰성 그리고 색상 등에 있어서 서로 다른 잠재력을 가진다.

❸ 메시지

메시지에 따라 다른 미디어를 선정해야 하는데, 만약 다음날 세일을 알리는 메시지는 라디오, TV, 또는 신문이 적당할 것이다.

❹ 비　용

TV는 신문이나 라디오보다 비싸다. 중요한 것은 CPM(cost per mille; 1,000번 노출당 비용)이다.

❺ 광고매체별 특성

TV, 라디오, 신문, 잡지의 4대 매체와 DM, 옥외광고, 인터넷 광고의 장단점을 소개한다. 이는 효과적인 매체계획 수립을 위한 미디어 믹스(Media Mix)의 기본이라고 할 수 있으며, 효율적인 광고 예산 집행을 위해 실무자라면 반드시 알아야 할 사항이다.

가) TV

4대 매체 가운데 가장 강력하며 효과적인 것은 역시 TV이다. 그러나 많은 예산이 필요하고, 세분화전략에 입각하여 집행하기 어려운 점 등을 고려해서 다른 매체와 상호 보완하는 것이 좋다.

장점

- 전국을 동시에 커버할 수 있다.
- 프로그램의 고정 시청자에게 정기적인 접촉이 가능하다.
- 컬러·특수효과 등을 이용한 정보전달이 용이하다.
- 필요할 때 대량광고가 가능하다.
- 광고의 주목률이 높다.
- 유명 모델을 활용함으로써 친근감을 줄 수 있다.

단점

- 광고료와 제작비가 비싸다.

스포츠 일러스트레이티드 – NCAA를 주제로 한 잡지표지

- 광고가 순간적으로 노출되며, 시청률에 따라 효과가 크게 좌우된다.
- 신문에 비해 속보면에서 떨어지며, 대량광고가 아니면 잊어버리기 쉽다.
- 광고표현의 규제가 심하다.
- 시청자의 속성에 맞게 구분해서 노출하기가 힘들다.
- 광고 효과의 측정이 어렵다.

나) 라디오

라디오는 적은 예산으로 TV의 장점을 취하거나 보완할 수 있는 매체이다. 최근에는 자동차 소유의 보편화나, 개인생활을 즐기는 생활패턴 변화 등에 힘입어 기업의 선호도가 높아지고 있다.

장점

- 시간과 장소에 제한이 없다.
- 프로그램별로 대상층을 세분화할 수 있을 뿐 아니라, 지역적으로도 세분화가 가능하다.
- 제작이 용이하며, 광고료도 저렴하다.

샌프란시스코 유니언 스퀘어 광장에 설치된 나이키 타운의 옥외 광고

- 광고소재 교체가 용이하고, 속보성이 뛰어나다.
- 청각에 소구하는 이미지 광고시 효과가 뛰어나다.

단점

- 지속적으로 반복하지 않으면 잊어버리기 쉽다.
- 시간대나 프로그램의 영향을 많이 받는다.
- 청각에만 의존하므로 정보전달에 한계가 있다.
- 자동차용 라디오 등, 수동적인 청취경향으로 집중도가 떨어진다.

다) 신 분

신문은 이성적 판단을 요구하는 제품광고에 많이 활용된다. 높은 신뢰도와 함께 TV 다음으로 선호되는 매체이다.

장점

- 전국, 또는 특정 지역을 구분하여 사용할 수 있다.
- 속보성이 뛰어나며 능동적인 광고를 할 수 있다.
- 오피니언 리더를 포함하여, 영향력 있는 독자들에게 정보전달이 용이하고 설득적이다.
- 광고의 절차가 간편하며, 제작료도 TV에 비해 저렴하다.
- 신문의 권위 효과에 의지할 수 있다.

단점

- 매체의 수명은 1일이고, 광고접촉이 짧은 시간에 이루어지므로 반복적으로 노출해야 효과가 있다.
- TV에 비해 주목률이 낮고, 전시 효과가 적다.
- 지면의 선정에 따라 광고 효과가 영향을 받는다.

라) 잡 지

잡지는 속보성이 그다지 필요하지 않은 제품, 특히 화장품·패션 등 여성용품에 관한 한 매우 영향력 있는 매체이다. 독자층을 고려해서 고객 세

그림 3-3 | 주요 미디어 유형의 특징

미디어	장점	단점
TV	우수한 대량 마케팅 커버리지: 단위 노출당 적은 비용 ; 시각 및 동작의 결합 ; 감각에 호소	높은 절대비용 ; 높은 광고혼잡 ; 잠깐 시간동안의 노출 ; 낮은 청중 선별력
신문	유연성, 적시성 ; 지역시장 커버리지에 좋음 ; 넓은 수용성 ; 높은 신뢰성	짧은 수명 ; 낮은 재생품질 ; 낮은 독자회람 가능성
직접우편	높은 청중 선별력 ; 유연성 ; 같은 미디어 내에서 광고경쟁이 없은 ; 개별화 가능함	상대적으로 높은 단위 노출당 비용 ; 스펨 메일 이미지
잡지	높은 지리적 및 인구통계학적 선별력 ; 신뢰와 권위 ; 고품질의 재생 ; 긴 수명과 우수한 독자회람 가능성	광고구매 시점과 광고게재 시점 간의 긴 간격 ; 높은 비용 ; 게재 위치가 보장되지 않음
라디오	우수한 지역적 수용성 ; 높은 지리적 및 인구통계학적 선별력 ; 낮은 비용	청각으로 제한됨, 짧은 노출기간 ; 낮은 주의 유발력 ; 분화된(Fragmented) 청중
옥외	유연성 ; 높은 반복노출 ; 낮은 비용 ; 낮은 메시지 경쟁 ; 우수한 위치 선택 가능성	낮은 청중 선발력 ; 크리에이티브의 제한
인터넷	높은 선별력 ; 적은 비용 ; 즉시성 ; 상호작용 가능성	인구통계학적 측면에서의 청중 불균형 ; 상대적으로 작은 영향력 ; 청중이 노출을 통재함

출처: 함주한, 〈마케팅 무작정 따라하기〉.

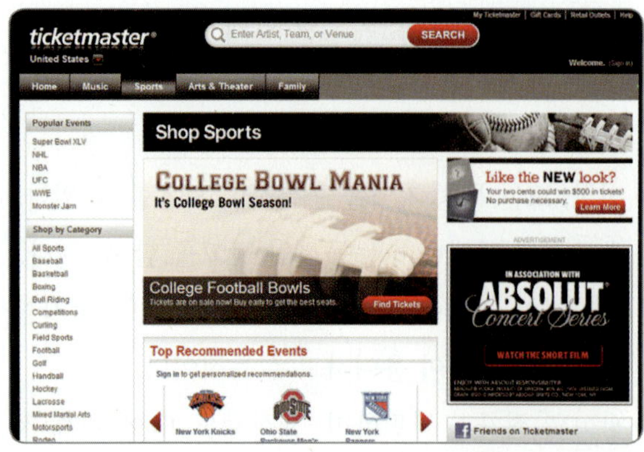

미국의 최대 티켓 판매 사이트인 www.ticketmaster.com 초기 화면

분화 전략에 적합하도록 활용해야 한다.

장점

- 고정독자가 많고 독자층별로 세분화된 광고가 가능하다.
- 회독률이 높고, 장기간 능동적으로 보여진다.
- 컬러 또는 자세한 설명으로 제품 지식과 정보의 전달에 유리하다.
- 광고에 대한 신뢰성과 관심이 높은 편이다.
- 편집과 협조하는 광고도 가능하며, 보존성을 살릴 수 있다.

단점

- 신문 등에 비해 속보성이 떨어진다.
- 많은 양의 광고에 묻혀, 눈에 잘 띄지 않을 수도 있다.
- 잡지 자체의 신회도가 광고에 영향을 미친다.

마) DM

DM은 최근 이용범위가 날로 증가하는 매체로서 개인화되어 가는 사회에서 특히 효과적이다.

장점

- 광고 전달대상을 명확히 할 수 있다.
- 비용이 저렴함에도 많은 정보전달이 가능하다.
- 단시간에 집행할 수 있고, 비교적 제한이 덜하다.

단점

- 대상 선정을 위한 명단 작성이 쉽지 않다.
- 읽히기 전에 버려질 수 있다.
- 자칫하면 기업의 신뢰도가 떨어질 수 있다.

바) 옥외광고

옥외광고는 4대 매체에 대한 보조매체로 많이 활용하고 있으며, 대중적인 소비재 광고의 경우에는 장소에 따라 예산대비 효율성이 높은 매체이다.

장점

- 지역 위주 광고에 적합하다.
- 기업 이미지 등을 네온의 색채를 이용해서 전달하므로 인상적이다.
- 장기간 지속적인 효과를 기대할 수 있다.
- 4대 매체 광고를 보완할 수 있다.

단점

- 좋은 장소의 확보가 어렵고 비용이 많이 든다.
- 다양한 정보를 제공하기 어렵고, 광고 수용태도가 수동적으로 이루어진다.
- 짧은 시간에 광고를 접촉하므로 효과를 기대하기 어렵다.

사) 인터넷 광고

인터넷을 이용한 광고는 인터넷이라는 매체의 장점을 활용한 광고를 통해서 소비자와 기업 사이의 의사소통을 쌍방향, 개인대 개인, 그리고 낮은 비용으로 해결할 수 있는 새로운 수단으로 제시되고 있다. 소비자를 대상으로 한 인터넷의 활용은 크게 두 가지로 볼 수 있는데, 하나는 인터넷을 활용해 물건이나 서비스를 판매하는 '판매채널'로서 또 하나는 소비자와 기업을 연결하는 '인터렉티브 미디어'로서의 활용이다. 후자는 소비자와 기업 간에 1대1의 강도 높은 커뮤니케이션을 확립하고 그 속에서 개인의 살아 있는 정보를 수집, 분석해 광고주에게 제공하는 새로운 유통정보 서비스를 의미한다. 광고 방법으로는 웹 사이트의 광고주 사이트에 링크를 설정한 화상을 게재하는 배너 광고와 메일 매거진(mail magazine)에 광고주 웹 사이트의 선전을 게재하는 메일 광고 등이 있으며, 스플래쉬 스크린(splash screen), 스폿 리싱(spot leasing), URL(Uniform Resource Locator), 채팅룸(chatting rooms) 등이 있다.

장점

- 적은 비용으로 많은 소비자를 만날 수 있다.
- 고객의 반응을 바로 파악할 수 있다.
- 최소 비용으로 언제나 수정이 가능하다.
- 광고주나 소비자가 상호 커뮤니케이션이 가능하다.
- 광고 효과나 빈도 측정이 가능하다.
- 4대 매체 광고를 보완할 수 있다.

단점

- 한정적이다.
- 신뢰도가 낮다.
- 노출도가 작고 속도가 느리면 보지를 않는다.

아) 랩핑 광고(Wrapping Advertising)

대형 스포츠 이벤트 개최시 도심의 주요 건물이나, 버스, 지하철역의 벽면에 회사의 광고를 집어넣는다. 이처럼 건물 벽면에 광고물을 부착하는 것을 랩핑(wripping)이라고 하며, 음식물을 랩으로 감싸 보관하듯 랩핑 광고는 매체에 광고물을 붙이거나 감싸서 만드는 광고물이다. 초기 광고는 택배 회사 차량이나 각종 기업의 탑차, 학원 차 등에 이용되었으나 2002년 한·일 월드컵 때 월드컵의 홍보 수단으로 대형 건물과 지하철 역 등을 활용하면서 국내에 본격적으로 도입이 되었다, 2002년 삼성동에 무역센터 유리창에 1,600여 장의 필름을 부착해 만든 빌딩랩은 크기(52mX130m)로 화제를 모았고 기네스북에 올랐다.

사람들이 가장 많이 다니는 지하철역도 랩핑의 장소로 천장, 벽, 바닥을 활용하여 화려하게 치장을 하였다.

장점

기업들이 이처럼 랩핑 광고를 선호하는 이유는 비용과 노출이다.

월드컵 전후에 설치된 삼성동 무역센터 KT의 랩핑

노출이 잘되기 위해서는 소비자들이 밀집해 있는 장소에서 광고가 필요한데, 대부분 그런 곳들은 광고비가 비싸며 비용이 증가하기 마련이다. 랩핑 광고는 다른 광고에 비하여 상대적으로 저렴한 비용으로 많은 소비자들을 접촉이 가능하며 효과적으로 광고 메시지를 전달할 수 있다.

높은 노출 빈도를 기록하는 것은 결국 이동성과 시인성이 좋다는 것으로 설명된다. 랩핑 마케팅은 시간과 장소에 크게 구애받지 않으면서 원하는 장소에서 원하는 기간에 광고를 함으로써 광고의 효과를 극대화시킬 수 있다.

단점

랩핑 마케팅의 실행 과정은 그리 쉽지가 않은데 그 이유는 마케팅 자체가 희소성에 가치를 두고 있으며, 누구나 쉽게 모방할 수 있다는 단점이 있다.

이상 TV, 라디오, 신문, 잡지의 4대 매체와 DM, 옥외 광고, 인터넷 광고, 랩핑 광고의 장단점을 소개하였다. 기업의 실정에 맞는 미디어 믹스에 따라 매체를 결정하면 된다.

3. 광고 평가

스포츠를 활용한 광고가 소비자들의 인지, 선호, 태도 등에 어떤 영향을 끼치는가를 측정하는 것으로 개별 광고는 집행 전후에 평가될 수 있다.

광고 전 측정 방법

(1) 직접평가

소비자들에게 몇 개의 광고를 보여주거나 들려주고, 그들로 하여금 광고들을 평가하게 하는 방법

(2) 포트폴리오 테스트

여러 개의 광고를 원하는 만큼 충분한 기간 동안 보여주거나 들려주고, 광고에 대한 기억, 특징 및 이해 정도를 측정하는 방법

(3) 실험실 테스트

실험실에 특수한 장비를 써서 생리적 반응(혈압, 땀 등)을 측정하는 방법으로 광고의 주의 정도는 측정할 수 있지만 제품에 대한 태도, 믿음, 구매의도 등에 대한 영향은 알 수는 없다.

광고 후 측정 방법

(1) 기억 테스트

광고주와 제품에 대한 기억 정도를 측정한다.

(2) 식별 테스트

특정 신문이나 잡지를 읽은 소비자를 대상으로, 어떤 광고를 보았는지, 본 기억이 있는 신 광고는 어느 회사의 어느 제품에 관한 광고였는지, 그 광고를 어느 정도 읽었는가? 등을 질문하여 자사 광고에 대한 식별 정도를 측정한다. 광고 인지도와 광고 선호도를 동시 측정하는 방법이다.

어떻게 보는가? 효과가 있는가? 광고의 평가는 소비자들에게 전적으로 달려 있다.

판매 효과 측정

광고 및 광고 이외의 변수와 판매량과의 관계를 모델화하여 측정하거나 시장에서의 실험, 즉 광고한 시장과 광고 시장에서 광고비 지출을 달리하여 광고 효과를 측정한다.

사례 2-1 '스타, 이런 면도 있네' 축구 광고의 세계를 본다

축구를 소재로 한 광고는 스타를 통한 대리만족을 꿈꾸는 팬들의 이목을 잡는 데 유용한 수단이다. 때문에 스타를 이용한 축구 광고는 예전부터 이뤄져 왔다. 때로는 화려한 기술과 역동적인 경기 장면을 통해 팬들에게 감동을 주기도 하고, 경기장 안에서는 볼 수 없었던 스타들의 익살스러운 모습으로 웃음을 주기도 한다.

나이키의 축구 광고의 Players vs Devil의 광고

예전에는 단순히 한 국가를 위한 광고가 제작되기도 했지만, 최근에는 유투브(You Tube) 같은 인터넷 동영상 사이트의 발달로 전세계 어디에서든지 팬들이 지켜볼 수 있게 됐다. 가장 최근 이슈가 되었던 것은 글로벌 스포츠 용품업체 나이키가 제작한 '라이트 더 퓨처(Write the future, 미래를 쓰다)' 라는 광고다.

2010 남아공 월드컵을 앞두고 제작된 이 광고에는 디디에 드록바(33, 첼시), 파비오 칸나바로(37, 알 알리), 프랑크 리베리(27, 바이에른 뮌헨), 웨인 루니(25, 맨체스터 유나이티드), 호나우지뉴(30, AC밀란), 크리스티아누 호날두(25, 레알 마드리드) 등 세계 정상급 스타들이 총출동했다. 월드컵 무대에서 각자의 포지션에서 제 역할을 하면서 결과에 따라 다가올 미래를 상상한다는 것이 광고의 주된 내용이다. 루니가 리베리에게 공을 빼앗긴 뒤 온갖 비난 속에 경기장 관리인으로 전락해 리베리의 성공을 지켜보는 상상늘 하는 상면이 웃음을 자아낸다.

세계에 동시 송출된 광고에서는 아쉽게도 한국 선수들이 호나우지뉴의 개인기를 막는 역할에 그치지만, 따로 제작된 한국판에서는 기성용(21, 셀틱)의 모습이 능상한나. 나이키는 월드깁 이전에 잉글랜드 프리미어리그 아스날에 입단하는 한 신인선수의 1인칭 시점에서 성장 과정을 담은 '테이크 잇 투 더 넥스트 레벨(Take It to the next level, 다음 단계를 향해)' 광고를 제작, 큰 반향을 불러일으키기도 했다. 영국 출신의 유명 영화감독 가이 리치(42)가 제작했던 이 광고는 지난해 칸 광고제에서 수상하기도 했다. 잉글랜드축구협회(The FA)는 일반인들의 생활 축구 참가를 독려하기 위해 이 광고를 패러디한 '홧에버 유어 레벨(What-ever your level, 네 수준이 무엇이든)' 이라는 광고를 제작해 화제를 불러일으킨 바 있다.

오래 전이지만 호나우두(33, 코린치안스), 에릭 칸토나(44), 파올로 말디니(42), 패트릭 클루이베르트(34), 호르헤 캄포스(44) 등이 악마와 승부를 겨룬다는 내용의 나이키 광고도 유명하다. 경쟁사인 아디다스도 2006 독일 월드컵을 앞두고 '임파스블 이즈 낫싱(Impossible is nothing, 불가능은 없다)' 는 캠페인 속에 멕시코 출신의 두 소년이 지네딘 지단(38), 카카(28, 레알 마드리드), 프랭크 램파드(32, 첼시), 프란츠 베켄바워(65), 아르연 로번(27, 바이에른 뮌헨), 차두리(30, 셀틱) 등과 팀을 이뤄 경기를 하는 '+10' 이라는 광고를 제작해 좋은 반응을 얻었다.

세계 최고의 축구 스타 반열에 오른 리오넬 메시(23, FC바르셀로나)는 "내 이야기를 들어 볼래?" 로 시작하는 아디다스 광고를 통해 성장장애를 극복하고 축구 선수로 올라섰던 일화를 소개해 큰 감동을 선사했다. 이 밖에 2000년대 초반 맨체스터 유나이티드(잉글랜드)와 레알 마드리드(스페인) 선수단을 출연시켜 광고를 제작한 미국 음료제조업체 '펩시'의 광고나 피터 쉴튼(61), 보비 찰튼(73), 테리 부쳐(52), 브라이언 롭슨(53) 등 전 잉글랜드대표 선수들을 전면에 내세운 덴마크 맥주업체 칼스버그의 광고도 팬들의 사랑을 받았다.

유럽 외에도 축구 마케팅이 활발한 일본에서는 미우라 가즈요시(43, 요코하마FC), 나카타 히데토시(33), 나카무라 슌스케(32. 요코하마 F. 마리노스) 등을 활용한 광고가 주목을 받은 바 있다. 한국에서는 남아공 월드컵을 앞두고 KT에서 제작한 황선홍 밴드 시리즈나 2002 한·일 월드컵 전 국가대표팀을 모델로 한 나이키 광고 등이 주목을 받았지만, 대부분 대표팀 선전을 기원하는 메시지나 선수 개인을 내세워 상품을 홍보하는 수준에 그치고 있다.

뉴시스 박상경 기자, 2010.09.11 07:11

4. 대중 관계(PR)

스포츠를 활용하여 마케팅하는 기업은 고객, 공급업자, 딜러들과 건설적인 관계를 가져야 할 뿐만 아니라 수많은 이해 관계에 있는 소비자와도 관계를 가져야 한다. PR은 말그대로 (P)할 것은 피하고 (R)알릴 것은 알리는 것이며, 단어 뜻 그대로 대중(public)과 관계(relation)를 형성하는 것이다. 대중이란 회사의 목표 달성 능력에 실재적 또는 잠재적 관심이 있거나, 영향력을 행사할 수 있는 집단을 말한다. 대중 관계(PR: public relation)는 회사의 이미지나 그 개별 제품들을 촉진하거나 보호하기 위해 설계된 다양한 프로그램들로, 기업이 고객, 주주, 직원, 지역 사회, 정부 기관 등 이해 관계에 있는 조직이나 단체, 구성원들에게 기업의 비전과 미션 및 목표 혹은 새로운 제품의 정보나 회사의 경영 이념 교체 등을 전달하고 기억시킴으로써 호의적인 관계를 형성하는 것으로 광고와 홍보를 포함하는 광의의 개념이다. 프로모션 안에서 홍보는 어떤 구체적인 사항을 알리는데, 광고는 왜 사야 하는지에 대해 초점을 맞추고 있으며 PR과 홍보의 관계는 〈그림 3-4〉와 같다.

| 그림 3-4 | PR과 홍보의 관계

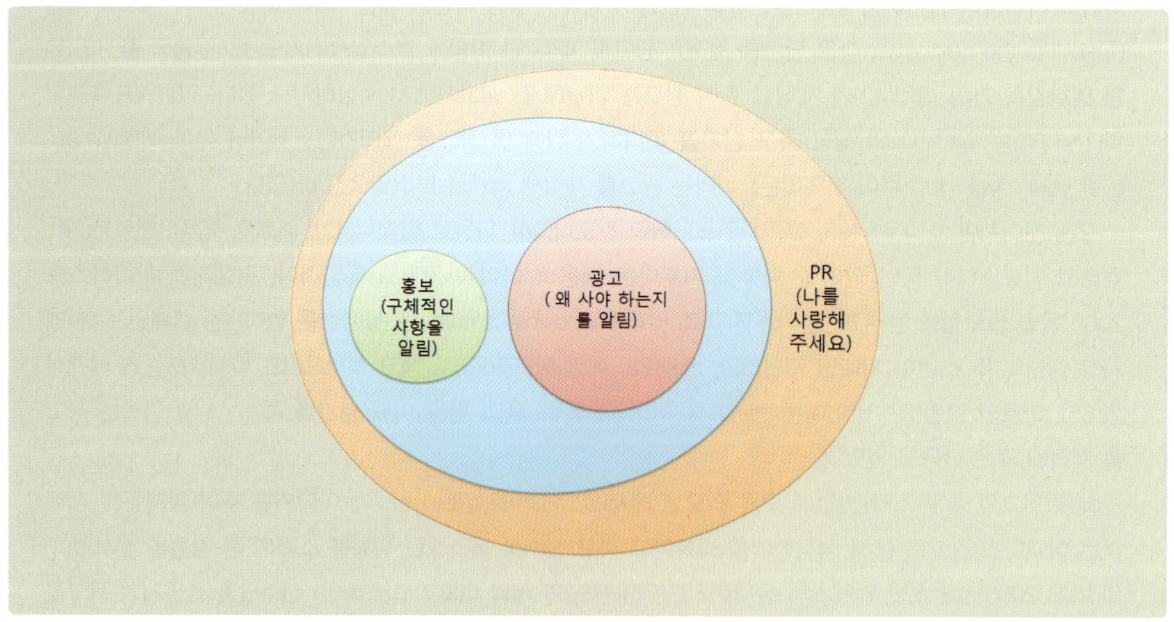

출처: 함주한, 〈마케팅 무작정 따라하기〉 참조로 하여 작성.

PR

제품 광고가 물건을 팔기 위한 것이라면, 기업 PR은 기업이라는 조직체를 알리기 위한 것이다. 기업의 PR 활동이란 신문· 방송 등의 언론과 고객 및 대중을 상대로, 자사의 이미지를 높여가기 위한 커뮤니케이션 활동 전반이다. 그러므로 넓은 의미에서 광고·프로모션 활동도 PR의 일부로 볼 수 있으나 여기서는 광고·마케팅 등의 프로모션을 제외한 PR 영역만을 살펴보고자 한다.

(1) PR 활동의 목표

기업 PR 활동의 목표는 대중과의 관계에서 신뢰성을 높여 나가며, 상호 의존적인 커뮤니케이션 관계를 유지하여 기업과 대중 상호 간에 이익이 되고자 하는 것이다.

(2) PR업무 영역

대언론 업무

PR의 핵심이라고 할 수 있는 신문·방송에 관한 업무로서, 뉴스릴리스 및 기자회견, 기자간담회 등을 다룬다. 연맹이나 구단 내의 선수 이적, 신제품 발매라든지 새로운 기술의 개발 등 뉴스성이 있는 기사는 물론이고, 자사에 불리한 사건(예: 선수 개인의 문제 발생 —음주, 마약 등)이 발생했을 때 특히 PR의 중요성이 부각된다. 평소에 기자들의 리스트를 준비하여 개인적인 업무 채널을 유지시켜 나가는 일이 중요하며, 마케터의 시각에서 상황을 판단하는 능력이 요구된다.

News Release, News Letter, Press Kit

구단이나 연맹, 기업, 단체 등이 기업 PR을 위해 유용하고 이득이 되는 정보를 매스컴에 제공하기 위해 배포하는, 발표 내용을 인쇄한 통신, 문서. 배경 자료와 사진 자료를 모은 것을 프레스 킷이

밴쿠버 동계올림픽 기자들을 위한 뉴스 데스크 –각종 경기 관련 정보를 가르쳐 주고 Press Kit를 나누어 준다.

라 부른다. 속보성은 없지만 제품과 관련된 화제를 제공하고 기획기사 등으로 게재되는 것을 노려 정기적으로 배포하는 통신은 뉴스레터라고 한다.

사내 · 외보 발간

연맹이나 구단의 사내보와 사외보 발간 업무는 기업 내 조직 간의 상호 커뮤니케이션은 물론이고, 고객과의 대외적인 대화 채널로서 유지되는 중요한 일이다. 판촉지, 연차 보고서 등도 포함된다.

홍보업무

대상에 따른 PR 영상물 등의 홍보물 제작이나 회사 소개 책자, 브로셔 발간, 소비자 상담업무 등이 포함된다.

스포츠 이벤트

스포츠 이벤트란 주최자인 연맹이나 구단 기업이, 특정 목적에 의해 특정 기간에 특정 장소에서 치밀한 계획 하에 대상 고객과 함께 공감하며 쌍방 커뮤니케이션을 하는 행위이다.

마케팅 측면에서는 팔리지 않는 시대의 파는 장치로서 '이벤' 또는 '사건'을 일으키는 행위로, 구단이나 연맹 기업의 이미지 제고와 PR을 위해서 실시하는 박람회·전시회·세미나·스포츠 행사 등을 가리킨다.

구단이나 연맹 기업이 스포츠 이벤트를 실시하

LA Triathlon 대회 결승점에 골인하는 주자들

는 가장 큰 이유는 고객과의 직접적인 접촉과 교감을 통해 기업의 메시지를 전달할 수 있으며, 판매 촉진 효과나 구전 효과 등을 기대할 수 있기 때문이다.

PR의 대상

(1) 기업의 조직원

기업의 조직원의 내부 마케팅의 대상으로 매우 중요한 PR의 대상이다.

(2) 주주와 투자자

이들을 위한 대중 관계(PR)를 IR(investors relations)이라고 한다.

(3) 유통 경로 구성원과 고객집단

대중 관계 가운데 가장 중요한 대상이다.

(4) 언론기관(press)

언론기관은 실질적인 기업 대중 관계 활동에서 가장 큰 비중을 차지하는 대상이다.

(5) 정부 및 공공기관

정부의 규제나 공공기관 등의 평가가 제품의 생산비용이나 시장성공에 결정적 요소가 될 수 있으므로 정부와 공공기관 등도 주요한 대중 관계의 대상이다.

PR의 주요 수단

(1) 언론보도

언론매체에 기사거리를 제공하는 활동으로, 스포츠 이벤트나 신제품 출시 그리고 회사와 관련된 내용을 기사화 하여 모든 언론사에 동일하게 제공한다. 제공된 정보가 기사화되면 그 내용에 노출된 소비자가 부여하는 신뢰도로 인하여 PR 효과는 매우 크게 나타난다.

(2) 회 견

구단이나 기업은 획기적인 신제품이나 신기술의 개발을 알리거나 선수의 영입 및 은퇴 및 전략적 제휴 등을 알리기 위해서 회견을 이용한다.

(3) 특별 행사

구단이나 기업의 PR 담당자는 스포츠 이벤트, 제품 런칭쇼, 전람회, 음악회를 직접 개회하거나 스폰서십을 통해 대중의 주의를 끌 수 있다.

(4) 공공 캠페인 활용

스포츠 브랜드 기업이나 연맹은 건전한 사회 운동과 관련된 캠페인을 주도하거나 후원하는 방법에 의해 호의적인 기업 이미지를 구축할 수 있다.

(5) 간행물 발행

구단, 연맹 그리고 기업은 팬북이나 사보, 연간 보고서 등의 간행물 발행을 통해 소비자들에게 소식을 알리고 PR의 수단으로서 활용하고 있다. 가

World Baseball Classic 출전 야구 국가대표 팀의 유니폼 런칭 이벤트 및 프레스 컨퍼런스가 개최된 신라호텔

장 오래된 역사를 가지고 있으며 지금도 광범위하게 사용된다.

PR의 원칙

- PR 활동 속에서 무슨 메시지를 담을 것인가, 소비자와 팬, 주주들의 반응은 어떨까, 과연 효과가 있을까에 대한 구체적인 대답을 결정한 뒤 실시한다.
- 연맹이나 구단 기업의 호의도를 높이고 자신들의 조직을 지지해 줄 메시지를 전달해야 한다.
- 업계의 다른 기업 PR을 참고한 뒤 차별화할 수 있는 내용과 방법을 찾아 실행한다.
- 구단이나 연맹의 선도적 역할과 미래에 대한 희망과 가능성을 소비자와 고객에게 알려야 한다.
- 스포츠 관련 경제·언론·정계 등의 실력자나 오피니언 리더를 중요하게 다루어야 하고 평상시에 긴밀한 관계 유지를 통해 연맹이나 구단 관련한 내용이 긍정적으로 나갈 수 있도록 노력해야 한다.

홍보의 조건

홍보의 첫걸음은 뉴스가 될 만한 요소를 발굴하는 것부터, 사람들이 새로운 지식을 가르쳐 줄 수 있는 관심 있는 뉴스거리가 되기 위한 요소로는 최신성, 희소성, 갈등성, 유명성, 공익성, 객관성, 예측성 등이 있다.

(1) 최신성

아무리 좋은 기사거리라도 지난 이야기이면 아무런 소용이 없다. 뉴스에서 가장 중요한 요소는 최신성으로 현재에 대한 이야기를 전해줄 수 있어야 한다.

(2) 희소성

개가 사람을 물면 뉴스가 안되지만 사람이 개를 물면 뉴스가 되듯이 홍보의 내용은 언제나 그렇듯 희귀하여 가치가 있는 희소성이 있어야 한다. 발생하기 어려운 특이한 사건은 그만큼 뉴스로서 가치가 크고 높다.

마케팅 休知通

PR 기사문을 쓰는 원칙

누가, 언제, 어디서, 무엇을 왜, 어떻게라는 원칙에 따라 사실을 정확하고 간결하게 쓰는게 생명이지요.
훌륭한 문체를 재치 있게 압축해서 사실을 있는 그대로 전하는게 생명이지요.
그 다음에는 그 일이 사회와 스포츠계에 어떠한 영향을 미칠 것인지를 자세히 알려 주고 해야지요. 물론 글을 부드럽게 하는 유머와 풍자같은 것을 섞어 보는게 좋지요.
소녀가 다시 묻는다.
기사문을 쓰는 원칙이 없나요?
첫째, 무엇을 쓰든 짧게 써라. 그러면 읽힐 것이다.
둘째, 분명하게 써라. 그러면 이해 될 것이다.
셋째, 그림같이 써라. 그러면 기억 속에 오래 남을 것이다.

출처: 〈세상을 감동시킨 위대한 글벌레들 2〉 중에서.

(3) 갈등성

스포츠에서 가장 사람들에게 어필하는 것이 바로 갈등성인 경쟁성이다. 큰 싸움 큰 경기 일수록 싸움의 경쟁성은 사람들의 관심사이다. 전쟁이나 테러 등의 뉴스가 사람들의 관심을 끄는 이유도 이 때문이다.

(4) 유명성

유명한 선수나 팀일수록 뉴스 가치가 높다. 유명 선수가 유니폼을 잊어버려 다른 번호를 달고 운동을 했다거나, 다리를 다쳐서 경기에 출전하지 못했다거나 하는 것 자체가 유명인이기에 뉴스거리와 가치가 되는 것이다

(5) 공익성

공공의 이익, 지역이나 국가와 관련된 기사는 공공의 관심 사항이므로 뉴스화하기가 쉽다.

(6) 객관성

선수 및 팀의 성적이나 통계자료, 지표 같은 숫자로 객관화된 정보는 편파성 논란으로부터 자유로울 수 있다.

(7) 예측성

선수나 팀은 늘 미래의 성적에 대하여 불확실하므로 사람들은 미래의 성적에 대한 관심이 높다. 따라서 향후의 예측과 전망에 관한 내용은 기사로서의 가치를 지닌다.

Coca-Cola
OFFICIAL SPONSOR
官方赞助商
SHANGHAI
ROLEX
MASTERS

LG

Ucla

Coca-Cola
classic
refresh
your
game

제 4 장 스포츠 스폰서십

제 4 장
스포츠 스폰서십

전체적인 스포츠를 활용한 마케팅을 알기 위해서는 스포츠 마케팅의 대표적인 예라고 할 수 있는 스포츠 스폰서십에 대해서 우선적으로 알아볼 필요가 있다. 스포츠를 활용한 마케팅의 전반적인 모든 것이 포함되어져 있는 스포츠 스폰서십은 미국 미시건 대학의 크리스틴 브룩스 교수에 의하면 "기업의 입장에서 보면 스포츠 마케팅이라고 불리는 것은 스폰서십이라고 바꾸어 말해야 한다고"라고 말했다. 스포츠 마케팅이라는 것은 보통의 비즈니스 마케팅과 달리 감동이나 환상적인 감정을 취급하며 체험과 감동을 파는 것이다. 기업이 스포츠와 관계할 때에는 먼저 그 제품을 명확히 해야 할 것이다(공진성·김동수, 1995).

그러나 브룩스 교수의 주장인 스포츠 스폰서십이 기업의 입장에서 스포츠를 활용한 마케팅이라고 할 수는 없을 것이다. 스포츠를 활용한 마케팅의 방법에는 스폰서십 외에도 다양한 방법들이 존재하기 때문이다.

기업들은 자사의 마케팅 컨셉과 맞다고 판단되는 스포츠 이벤트를 후원한다.

1. 스포츠 스폰서십의 정의

스폰서십의 사전적 의미는 1931년 간행된 영국의 옥스퍼드 사전에 처음으로 나오는데, "기업체나 기업인이 상업적인 제품에 대한 광고적인 소재를 끌어내기 위해 방송 프로그램에 비용을 지불하는 것"이라고 정의하고 있다. 이는 미국적 상업주의에 영향을 받은 최초의 정의였다. 스폰서십은 기업이 그들의 이미지의 강화 또는 그들의 제품의 브랜드의 인지도 증대하기 위함이며, 또 증대하기 위서비스의 직접적인 매출 성장을 꾀하여 기업의 성장을 목적으로 자신들의 기업의 이미지에 맞는 이벤트를 통하여 재정적으로 후원하는 것을 의미한다. 스폰서십은 여러 가지 형태로 나뉘어 볼 수 있는데 지속적인 스폰서십과 일회성으로 끝나는 스폰서십으로 나누어질 수 있다.

Otker(1988)는 "스폰서십은 특정 마케팅 목적을 위해서 이벤트나 그룹, 팀 등과의 관련성을 이용하고 구매하는 것을 의미한다"고 하였다.

Sleight(1989)는 "스폰서십을 재화와 용역을 제공하는 자와 그 대가로 상업적 이익을 위해 사용할 수 있는 권리를 부여하거나 제휴를 하게 하는 개인이나 이벤트, 조직과의 사업적 관계"라고 규정하였다.

영국관광위원회는(The English Tourist Board, 1980) 스폰서가 후원을 받는 양자 사이의 상호 이익을 추구하면서 설정된 목적에 접근하는 사업적인 협정이라고 스폰서십을 규정하고 있다.

우리나라에서의 스폰서십은 후원이라고도 불리고 있으며 이에 참여하는 기업은 스폰서 또는 후원자라고 불리고 있다. 스폰서십을 정의하자면, 이는 조직의 정상적인 활동과 직접 관련이 없는 이벤트나 활동에 조직이 재정적, 인적, 물적 지원을 제공하여 그 제휴를 통해서 상업적인 이익을 얻기 위한 행위이다.

이러한 정의들은 스폰서십이 사업적이 요소와 결합된 사업적 협정이라고 분명히 기술하고 있으며, 지출에 대한 반대 급부적인 요소를 설정하고 있다는 점을 명시하고 있다. 스폰서십의 정의가 이처럼 학자들마다 다른 의견을 보이고 있긴 하지만, 상업적 이익이 그 목적이나 중심에 있으므로, 자선이나 후원과는 구분되어야 하며 차이가 있는 것이다.

Menaghan(1984)은 유사한 의견을 제시하였는데 스폰서십이란 "스폰서십 활동과 관련이 있는 이용 가능한 상업적 잠재력의 접근에 대한 보답으로 현금이나 물품 등으로 보상하는 것"이라고 하였다.

즉 스폰서십은 상업적인 목적을 위해 돈이 투자되어진다는 점에서 기부에 대한 답례로 사회의 이익 이외에 어떠한 기대도 가지지 않는 수순한 형태의 자선적 수여와는 구별된다.

스포츠 스폰서십은 스폰서십의 한 부분으로서 흥행뿐만 아니라 스폰서십의 방법까지도 포함한다. 박현종(1996)은 "스포츠 마케팅의 개념 중 스포츠를 활용한 마케팅을 경영학의 마케팅 및 기업

2009 SWATCH-FIVB 비치발리볼 대회

의 입장에서 볼 때 엄밀하게 스포츠 스폰서십이라고 해야 한다"고 하였다.

스포츠 스폰서십은 "기업이 현금이나 물품 또는 노하우나 조직적 서비스를 제공함으로써 운동선수나 팀, 연맹, 협회, 스포츠 행사를 지원하여 마케팅 커뮤니케이션의 여러 가지 목표를 달성할 목적으로 기획, 조직, 실행, 통제하는 모든 활동"이라고 정의하고 있다.

따라서 스포츠 스폰서십을 "기업이 상업적 목적을 달성하기 위한 목적으로 어떤 활동에 재정적 혹은 이에 상응하는 지원을 제공하는 것"이라고 정의하고 있으며, 따라서 스포츠 후원은 "기업이 상업적 목적을 달성하기 위한 목적으로 스포츠 활동에 재정적 혹은 이에 상응하는 재정적 혹은 이에 상응하는 자원을 제공하는 것"이라고 정의될 수 있다.

한편 넓은 의미에서 스포츠 스폰서십은 스폰서의 상업적인 이익에 사용될 수 있는 권리와의 결부에 대한 대가로 스포츠 이벤트나 스포츠 선수 혹은 스포츠 조직에 재정적이나 제품 또는 기술적인 지식과 같은 물품지원을 제공하는 것을 포함하고 있다. 스포츠에 참여하는 사람들 모두가 개인의 여가를 선용하고 자기를 발전시키는 장소라 생각하므로 스포츠는 대부분 건전하며, 즐거움을 느끼는 긍정적인 이미지를 갖고 있다. 따라서 이러

한국 외환은행이 후원한 골프대회

한 이미지를 기업들은 자신들의 이미지에 녹여 대중들에게 인식시키려 하는 것이다.

〈그림 4-1〉은 스포츠 마케팅의 흐름도로서 스포츠 행사와 기업에서 행해지는 스포츠 스폰서십이 어떻게 팬, 즉 소비자들에게 전달되는가를 잘 나타내주고 있다. 스포츠 스폰서십을 정리하면 "스포츠 스폰서십은 스폰서를 제공하는 회사가 스포츠나 스포츠 선수와의 제휴를 통해서 재화 및 재정적 혹은 특별한 이점을 제공해 주고 스포츠나 스포츠 선수들을 광고하는, 특히 TV 광고의 목적으로 이용할 수 있도록 하는 것"이다.

2. 스포츠 스폰서십과 스포츠 커뮤니케이션

스포츠 스폰서십은 관점에 따라 여러 가지 수단으로 활용되고 있다.

Brooks(1994)는 스폰서십을 마케팅 도구와 과정이라고 하였고, Mullin(1993)은 촉진 라이센싱의 한 부분이라고 하였다. Pitts와 Stolar(1996)는 기업의 마케팅 도구라고도 하였다. 기업이 스포츠 이벤트의 스폰서십에 참여하는 가장 기본적은 목적은 고객과의 커뮤니케이션 효과를 높이기 위함이다.

달리 말하면 스포츠를 이용해서 자신의 브랜드에 대한 제품을 촉진매체로 활용하려고 하는 기대가 크고, 또한 다른 매체와 결합해서 활용하여 효과를 극대화시키기 위해서 스포츠 이벤트에 대한 스폰서십 즉 후원을 하는 목적이라고 할 수 있다. 이러한 기업의 스포츠 이벤트에 대한 후원은 다양한 방식으로 참여하고 꾸준하게 증가하고 있다.

전통적인 고객와의 커뮤니케이션 방법은 광고, 대인판매, 프로모션 그리고 홍보 등을 들 수 있다. Mullin(1993)은 커뮤니케이션 믹스로서 제시하면

그림 4-1 스포츠 마케팅의 흐름도

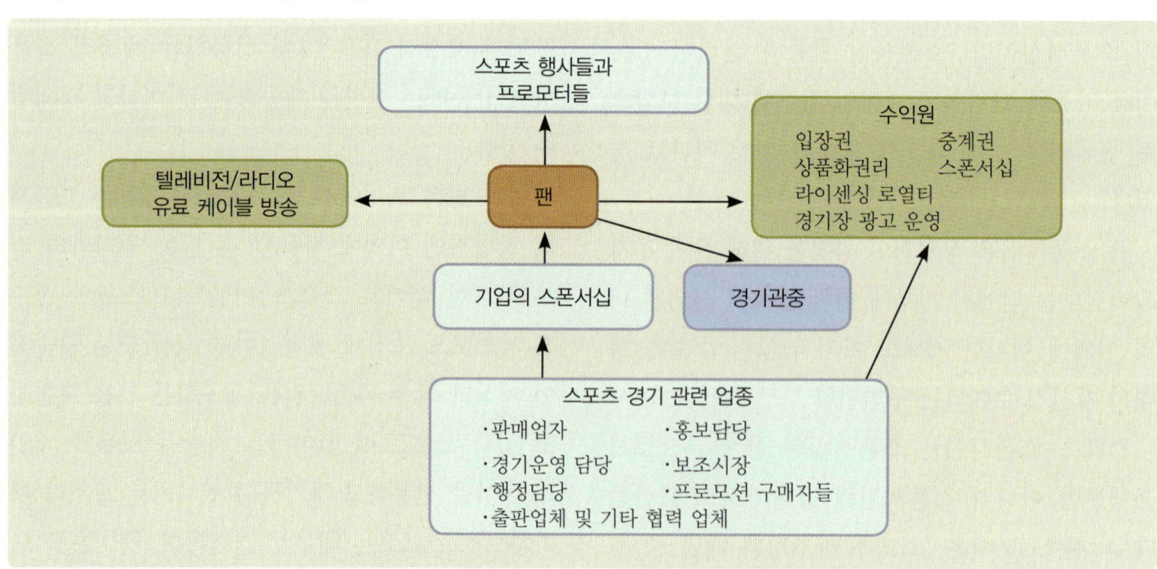

출처: Phil Scharf 저, 김낙회·김호 공역(1999), *Sports Marketing: It's Not Just a Game Anymore*. p.58.

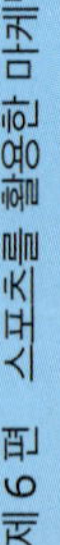

서, 스폰서십은 조직체의 이름이나 제품을 이벤트나 사회적인 관심사에 직접 연관시키기 위하여 제공하는 조직체의 여러 가지 재원 규정이며, 그 조직체는 마케팅 목적을 지원하거나 용이하게 하고 또 촉진 목적을 달성하게 한다고 하였다.

Copeland와 Frisby(1996)는 많은 기업들이 스포츠 스폰서십을 마케팅하고 있다고 하였다. 그것은 스포츠 스폰서십에 대한 기업의 참여가 투자 이상의 효과를 발생시키고 있기 때문이다.

최혜란(1996)은 시장 경제를 구성하는 모든 요소가 급속하게 성장하고 있는 곳이 바로 스폰서십 시장이며, 오늘날처럼 다양한 유형의 소비자들이 공존하는 사회에서 스폰서십은 가장 적절한 커뮤니케이션 수단이라고 하였다.

스포츠 커뮤니케이션은 시장 목표가 뚜렷해야 할 필요가 있다.

스포츠 커뮤니케이션의 중요성은 스폰서십이 특정한 목표 집단을 대상으로 하는 기업의 새로운 전략적 커뮤니케이션 행위로서 작용하고 있음을 통해서 알 수 있다. 프로스포츠의 활성화는 스포츠 스폰서십 시장을 확대시켜 TV는 물론 각종 매체 노출을 통해서 기업의 판매 전략을 가능케 하는 계기가 되었다. 기업의 스포츠 이벤트 활용한 마케팅 전략은 인쇄 매체나 전파 매체에 의한 광고활동 이외에 스포츠에 사용되는 로고와 마스코트 등을 독점적으로 사용할 권리를 획득함으로써 기업의 홍보와 촉진을 향상시키려는 데 집중되

표 4-1 각 학자들의 스폰서십의 정의

학 자	스폰서십의 정의
Meenaghan (1984)	- 상업적 목표를 달성하기 위한 상업적 조직에 의한 활동으로 재정이나 물품에 대해 지원하는 것. 광고, 판매 촉진, 인적 판매, PR 등의 전통적 커뮤니케이션 믹스 안에서 두려는데 초점
Gardner & Shuman(1987)	- 스폰서십을 기업의 판매량의 증가, 기업의 명성과 제품의 이미지 향상, 제품인지도를 증가시키는 것과 같은 다양한 기업의 목표를 달성하기 위하여 이벤트나 대의명분에 투자하는 것
Gross, Taylor & Shiman(1987)	- 스폰서십의 상업적 성격 강조: 자선이나 찬조와 구별
Otker(1988)	- 특정한 마케팅 커뮤니케이션의 목적을 위하여 이벤트, 팀, 그룹과의 연관을 구매하고 이 연관을 이용하는 것
Sandler & Shani (1989)	- 이벤트나 활동에 직접적인 제휴를 위한 교환으로 조직에 의해 이벤트나 그 활동에 직접적으로 공급되는 재원에 대한 규정
Mullin, Hardy & Sutton(1993)	- 스폰서십을 커뮤니케이션 믹스로서 제시하면서, 스폰서십은 조직체의 이름이나 제품을 이벤트나 사회적인 관심사에 직접 연관시키기 위하여 제공하는 조직체의 여러 가지 재원 규정이며, 그 조직체는 마케팅 목적을 지원하거나 용이하게 하고 또 촉진 목적을 달성하게 한다.
Ukman(1995)	- 기업이 상업적으로 중요한 반대급부를 획득하기 위하여 현금 또는 이에 상응하는 금액을 지불하는 것
박현종(1996)	- 스폰서십을 기업이 현금이나 물품 또는 노하우나 조직적 서비스를 제공함으로써 운동 선수나 팀, 연맹, 협회, 스포츠 행사를 지원하여 마케팅 커뮤니케이션의 여러 가지 목표를 달성할 목적으로 기획, 조직, 실행, 통제하는 모든 활동

마케팅 休知通

Card(카드) Marketing

휴대폰만큼 필수가 된 신용카드의 고객을 더 확보하겠다는 양적 확장을 위한 전략과 카드사용 능력이 여유가 있게 뒷받침되는 상위고객을 유치하고자 하는 질적인 성장을 이야기한다. 카드사의 미래 수익에 기여할 수 있는 가망고객을 발견하여 이들을 위한 프로모션을 하여 고정 고객화시키는 것이다.

• 스포츠 산업에서의 적용사례

(1) NBA, EPL with SHINHAN Card

신한카드사는 EPL의 맨체스터 유나이티드 카드를 판매하여 출시 1년 만에 60만명을 넘어섰다. 카드사 제휴카드의 경우 항공사 마일리지 카드나 대형 유통업체 카드를 제외하고는 5,000~1만장 정도가 나가는 것이 일반적인 상황에서 맨유카드의 실적은 이례적인 것으로 업계는 평가하고 있다. 또한, NBA 마니아를 공략한 NBA 카드를 선보였다. NBA와 제휴를 맺고 미국 현지에서 무료로 경기를 관람할 수 있는 특전을 주고 좋아하는 팀을 선정하여 카드 겉면에 직접 택할 수 있게 하여 만족도를 높였다.

(2) Super Match Series by HYUNDAI Card

현대카드는 스포츠 경기를 주제로 슈퍼매치를 개최한다. 테니스, 피겨스케이팅, 스노우보드 등의 비인기 종목이지만 영향력이 있는 종목으로 대회를 연다. 2005년, '테니스요정' 마리아 샤라포바와 '흑진주' 비너스 윌리엄스의 슈퍼매치 I 을 시작으로 최고의 테니스 선수와 라이벌 매치를 선보였다. 또한 김연아를 비롯하여 유명 피겨스케이팅 선수들의 갈라쇼를 고객 및 관람객에게 내보이기도 했다. 광화문 광장을 이용한 슈퍼매치 IX '스노우보드 씨티점프'는 새로운 시도로 호평을 받은 이벤트였다. 현대카드를 사용하는 고객은 할인혜택과 기타 혜택의 기회가 제공된다.

• 스포츠에서의 시사점

현금 형태의 소비문화가 급속도로 변화되는 사회로 인해 1990년대부터 카드사용률이 높아졌다. 이에 카드를 사용하면서 또 다른 유·무형의 서비스를 받는 마케팅이 생겨났고, 카드사는 다양한 수요를 충족시키기 위해 여러 가지 전략을 내세운다. 그 가운데 경기 관람 형태 서비스가 주를 이루고 있다. 차후에는 스포츠를 보는 것보다는 체험하게 되는 여건을 직접적으로 서비스할 수 있는 카드 마케팅 시스템이 개발되길 기대한다.

고 있다. 이러한 전략은 다국적 기업들이 중심이 되고 소수의 대기업들이 전 세계에 걸쳐서 단일한 방법으로 광고될 세계적 상표를 위해 스포츠 이벤트를 그들의 세계주의(Globalism) 확립에 필요한 효과적인 전략으로 활용하면 더욱 확대되고 있다.

커뮤니케이션 도구로서 스폰서십은 기업에 있어서 스폰서십은 전통적인 커뮤니케이션 수단과 무관하게 독립적인 기능을 발휘하는 것이 아닌 상호 보완적인 관계에서 기업의 커뮤니케이션 목표를 달성하는 하나의 수단에 불과하다. 스폰서십은 일반적으로 스폰서의 이름 또는 상표만의 짧은 메시지로 전달하여 각인시킬 뿐이고 제품에 대한 구체적인 메시지는 전통적인 수단을 통해서 전달된다. 다만 전통적인 방법을 통해서 얻을 수 없는 효과를 스폰서십을 통해서 획득할 수 있다는 점에서 스폰서십의 가치가 높이 평가되고 있다는 것이다.

3. 스포츠 스폰서십의 배경

많은 기업들이 스포츠 스폰서십을 통해서 자사 제품과 브랜드를 거부감 없이 커뮤니케이션하고 있고 이러한 현상들은 매출과 연결되어서 새로운 제품의 이미지를 만들어 내고 있다. 결과적으로 이러한 스포츠 스폰서십의 활동을 통해서 순환 구조 형식의 마케팅 프로모션 형식을 보이고 있는 것이다. 대중은 스포츠 이벤트를 관람하면서 자신도 모르고 스포츠 이벤트를 후원하는 기업들과 친근하게 되고 자연스럽게 후원사의 제품을 구매하면서 서로 간의 신뢰를 갖추게 된다. 이러한 신뢰 구조는 후원사의 매출로 연결이 되고 이러한 매출은 새로운 브랜드 이미지를 창출해 내면서 새로운 스포츠 이벤트에 대한 후원으로 이어지게 된다.

만약 이러한 스포츠 이벤트의 순환구조가 발생되지 않는 스포츠 이벤트 후원에 효과가 없었다면 이러한 현상도 발생되지는 않았을 것이다.

스포츠 프로그램은 다른 일반 프로그램과 비교할 때 광고 효율성이 높은 것으로 나타났으면 스포츠 프로그램에 대한 시청자들의 관심 증대와 스포츠 경기의 국제화가 가속화됨에 따라 스포츠 프로그램 광고의 효율성은 높아지고 있다. 그 이유 중의 하나는 스포츠 이벤트를 이용할 경우 매체 수용자들의 광고 기피현상을 차단할 수 있다는 장점이 있기 때문이다. 많은 TV 시청자들은 적극적으로 광고를 회피하고 있다(Lin, 1994).

이러한 광고 회피 현상 중에 하나가 재핑(Zapping)과 지핑(Zipping)인데, 재핑 현상은 광고의 시청을 회피하기 위해서 현재 시청하고 있는 TV 채널을 다른 채널로 돌리거나 자리를 드는 행위를 말한다. 지핑 현상은 비디오와 VCR로 프로그램을 녹화하여 시청하는 경우 광고가 나타나면 빠르게 앞으로 돌려서 광고를 건너뛴 후 프로그램만 시청하는 현상을 말한다.

이러한 현상은 다양한 TV 방송의 콘텐츠와 TV 수상기의 발전으로 그 이유를 찾을 수가 있는데 다양한 TV 채널의 선택권을 가진 시청자들에게 광고가 보이는 지루함과 귀찮음은 익히 알 수 있을 것이다.

특히 VCR의 보급은 지핑 현상을 증가시키는 결과를 초래하였고, 이러한 지핑 현상이 높아짐에 따라서 기업들의 새로운 광고 방법을 찾아야만 했으며, 그러한 대안으로 스포츠 이벤트를 찾게 된 것이다. 스포츠 이벤트가 주는 새로운 방식의 고객과의 커뮤니케이션은 상당히 긍정적으로 다가왔으면 기업들의 대안으로 만족할 만한 역할을 하고 있다. 더욱이, 스포츠 이벤트는 재핑과 지핑의 구애를 받지 않고 자연스럽게 고객에서 자신의 브랜드를 알리고 제품을 알릴 수 있으며, 기업의 로고가 노출되고 스포츠 장면을 활용하면서 자연스럽게 기업의 이미지까지 연결시키면서 각인시킬 수 있는 장점까지고 갖고 있었다. 이러한 활용을 하는 것이 결국 스포츠 스폰서십이라고 할 수 있는 것이다. 스포츠 스폰서십은 스포츠 단체나 기업 그리고 TV 방송국의 결속을 강화하여 모두에게 유익을 제공하고 있고, 스포츠라는 제품이 가지고 있는 주체적 입장의 스포츠 단체들은 기업과 TV 방송국과 상호 이익을 주고받을 수 있는 스포츠 스폰서십에 더 많은 관심을 갖고 있다.

스포츠 스폰서십은 일반 마케팅 프로그램과 다르게 광고 효율성이 높다. (베이징올림픽에서의 마이클 펠프스 오메가 프로모션 장면)

스포츠 스폰서십의 동향

오늘날의 스포츠 이벤트는 지구촌 세계인을 하나로 묶을 수 있을 만큼 대단한 위세를 떨치고 있다. 이러한 스포츠 이벤트의 성향은 글로벌 기업

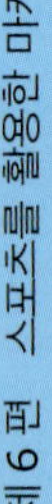

베이징올림픽의 후원사들의 스폰서십 활동

들의 마케팅 타깃으로 충분한 조건을 갖추고 있다. 이러한 환경 속에서 스포츠 이벤트를 통한 기업들의 스폰서십의 관심은 더욱더 높아져 가고 있는 것이 사실이다.

기업이 스포츠 이벤트에 관심을 갖는 이유는 첫째, 스포츠 이벤트의 질적, 양적으로 확대되어지고 있다. 이 의미는 예전의 스포츠 이벤트가 국내외를 막론하고 자국 내의 스포츠 이벤트만을 통해서 만족하는 데 그치지 않고 미디어를 통하고 세계인을 목표로 하는 스포츠 이벤트가 목표와 목적이 바뀌면서 질적·양적으로 확대되었기 때문이다.

둘째, 다국적 기업은 이러한 스포츠 이벤트의 목적과 목표에 따라서 그 스포츠 이벤트가 추구하는 방향과 자신들의 마케팅 시장에 대한 목표가 맞는다면 시장 개척을 위해서 지리적 환경의 제약을 뛰어 넘기 위해서 효과적인 수단으로 제시되고 있기 때문이다.

셋째, TV를 비롯한 미디어 기술의 발전은 스포츠 이벤트의 스폰서십 동향을 가장 많이 바뀌게 한 장본인이라고 할 수 있다. 이러한 미디어의 발전은 영상산업의 발전으로 수많은 카메라와 다양한 영상 매체의 방법으로 스포츠 이벤트를 표현하고 대중들에게 전달하는 역할을 하고 있다.

넷째, 스포츠 이벤트의 스포츠 마케팅을 위해서 다양하고 독자적인 방법의 마케팅 기술이 발달하게 되면서 스폰서십을 하는 기업들에게 더 많은 마케팅 기회를 제공하고 있다는 점이며,

다섯째로, 이러한 다양한 마케팅 기회를 통해서 기업들은 고객들에게 긍정적인 이미지로 접근하고 있는 동향을 보이고 있다.

여섯째로 이러한 글로벌 기업들의 스포츠 스폰서십 후원인 글로벌 기업들의 이러한 진출은 다른 측면에서 스포츠 산업을 전반적으로 발전시켜 나가는 역할을 하게 되면서 점차 스포츠 이벤트를 역으로 더 커지게 하는 효과를 보여주고 있다.

일곱째, 스포츠 스폰서십이라고 하는 것이 이제는 특별한 것이 아니라 기본적인 마케팅 도구로 인식받아가고 있기 때문에 스포츠 이벤트를 후원하는 마케팅이 이제는 특별한 마케팅 기술이 아니라는 점이다.

4. 스포츠 스폰서십의 구조

스폰서십이 발전함에 따라서 스포츠 스폰서십은 상호 관계 구조에 의해서 보통 이루어진다. 기업과 스포츠 마케터, 스포츠 단체, 그리고 그 안의 마케팅 프로그램에 의해서 이루어진다고 볼 수 있다. 이러한 마케팅 커뮤니케이션 효과를 극대화시키기 위해서 각종, 홍보, 촉진 활동이 발생하게 되는데, 스포츠 스폰서십의 구조가 어떻게 이루어지느냐에 따라서 스포츠 이벤트의 성과나 스폰서십을 실행하는 스폰서에게 효과를 어떻게 전달할 수 있는지의 내용이 달라질 수 있다.

스포츠 단체와 스폰서와의 관계

스포츠 단체라 함은 협회와 스포츠 마케팅 대행사와 같은 스포츠 마케팅 회사를 지칭할 수 있는데, 그들과 스폰서와의 관계는 스포츠 이벤트

마케팅 休知通

Giveaways (경품) Marketing & Present Marketing

유·무형의 제품을 내방객에게 선물하여 충성도를 상승시키고자 하는 마케팅의 일환이다. 불특정 다수를 대상으로 사람의 유동이 많은 길거리나 공공장소에서 시행하기도 하며, 공동의 목적을 가진 대상이 모인 장소에서 연령, 성별 등의 요인에 따라 특정 대상에게만 주는 경우도 있다.

• 스포츠 산업에서의 적용사례

(1) Throwing All-Star Game Souvenirs at Red Carpet Event

올스타전 참가 선수들과 팬들의 만남의 시간으로 올스타전을 후원하는 Chevrolet 차량을 타고 가족들과 함께 레드 카펫을 팬들 사이로 지나가는 것이다. 이때 선수들은 일정량의 선물을 준비하고 있고, 자신을 향해 환호하는 팬들과 어린아이들에게 던져준다. 소프트볼, 목걸이, 게임 카드 등의 giveaways를 선물한다.

• 스포츠에서의 시사점

경품을 주는 것에만 급급하다보면 선물이 아닌 짐이 되는 경우가 발생한다. 경품 마케팅을 실시할 때는 팬의 입장에서 '무료로 주는 것이니깐 무엇을 받던지 어때?'라는 생각이 들게 하기보다는 '이렇게 좋은 것을 받아도 되나?' 싶을 생각이 들도록 해야 그 효과가 지속되고 전파된다.

를 얼마만큼 성공적으로 이끌어 낼 수 있는지, 후원 기업을 통해서 후원금액을 받고 스포츠 이벤트를 성공적으로 이끌어서 기업들의 고객들과의 커뮤니케이션 효과를 얻기 위해서 협력하여 준다. 이러한 효과를 극대화하기 위해서 스포츠 단체는 후원사의 마케팅 활동에 최대한 협조하여야 하며, 스포츠 이벤트의 마케팅 프로그램 안에서 최고의 효과를 볼 수 있도록 하여야 한다.

스폰서십의 구성 요소

(1) 스포츠 단체 및 이벤트

스포츠 스폰서십을 구성하기 위해서 스포츠 이벤트를 소유하고 있는 스포츠 협회 또는 스포츠 마케팅 회사가 있을 수 있다. 이들에게 스포츠 이벤트를 가장 효과적이고 성공적으로 만들 수 있는 것은 안정적인 재원이라고 할 수 있으며, 이들은 이러한 스폰서십을 통해서 충분한 재원을 마련하기 위해서 그들이 소유하고 있는 이벤트에 대한 가치를 증명해야 하는 의무가 있다. 예를 들면 FIFA는 FIFA 월드컵을 비롯하여 FIFA가 직접 개최하는 수많은 이벤트를 소유하고 있고, 이를 통해서 글로벌 기업들은 상상을 초월하는 금액을 FIFA에게 지불하고 있다. 여전히 몇몇 기업들의 후원금액만을 알고 있을 뿐 얼마를 보유하고 있는지 모를 정도로 FIFA는 충분한 재원을 확보하고 있다.

| 나스카 선수들을 후원하는 펩시콜라

(2) 후원사

후원사 즉, 스폰서는 스포츠 이벤트를 기본적으로 활용하여 마케팅 도구로 활용하는 기업들이며, 이를 위해서 스포츠 단체나 마케팅 회사에 후원금액이라는 명목하에 일정액을 지불하는 단체라고 할 수 있다. 이들은 스포츠 이벤트를 활용하여 고객들과 커뮤니케이션을 긍정적으로 이끌어 내고 새로운 프로모션을 계속해서 만들어 내려고 한다. 이러한 이유 때문에 후원사들은 스포츠 이벤트를 통해서 후원하는 후원 비용뿐만 아니라 이를 활용하는 프로모션 비용까지 증가하고 있다. 삼성전자의 경우 2000년 시드니올림픽에 약 5,000만 달러의 후원 비용을 지불하였고, 이를 활용한 마케팅 비용으로 약 1억 3,000만 달러를 지출하였다. 결과적으로 1억 8,000만 달러의 비용이 지출된 셈이라고 할 수 있다.

(3) 대중 매체

대중 매체는 정보화 시대로 지칭되는 오늘날 그 영향력이 나날이 증대되어 가고 있다. 스포츠 스폰서십에서 기업이 기대하는 것은 매체노출 효과일 것이다. 대중 매체가 스포츠에 미치는 영향은 매우 크다고 할 수 있고, 스포츠의 대중 매체의 의존도는 날도 증대되고 있다. 일반적으로 대중 매체의 경우 시청률, 점유율 혹은 구독률에 절대적 가치를 두고 경쟁에서 살아남기 위해서 일반 대중이 선호하는 주제만을 주로 다루는 경향이 있다.

스포츠는 이러한 주체 가운데 가장 선호도가 높은 프로그램 및 기사의 핵심 분야 중 하나로 평가되는 중요한 위치로 발전하였다. 대중 매체는 인쇄매체와 전파 매체로 구분할 수 있으며, 인쇄 매체는 스포츠를 활용하고 대신 스포츠 단체에 스포츠 이벤트에 대한 홍보 효과를 제공한다. 전파 매체는 공중파와 지상파로 구분이 되는데 일반적으로 중계권료를 지불하고 스포츠 이벤트를 중계한다.

삼성전자는 10년 넘게 올림픽을 후원하고 있다. (2002년, 2008년 하계올림픽)

(4) 대 중

대중은 일반적으로 스포츠 이벤트를 참여하고 즐기는 고객이라고 할 수 있다. Schaaf(1995)는 대중을 이벤트에 직접적으로 참여하는 신체적 참여와 라디오와 TV를 통한 전자 매체 참여로 구분하였다. 대중이 근본적으로 존재해야만 스포츠 이벤트라고 하는 제품이 존재할 수 있으며, 이들을 대상으로 마케팅 활동을 하는 후원사도 존재할 수 있는 것이다. 기본적으로 스포츠 이벤트를 운영하고 개최하는 단체와 마케터 그리고 후원사는 모든 운영에 관하여 이 부분을 염두에 둔 운영을 해야 한다.

스포츠 스폰서십의 구조

스포츠 스폰서십에서 마케팅 구조라고 함은 스포츠를 주최하는 단체와 스폰서 그리고 미디어가 기본적으로 구성이 되며 이와 함께 스포츠 마케팅 대행사가 존재할 수도 있다.

(1) 삼각구조

스포츠 이벤트의 마케팅 구조가 삼각관계로 이루어진다는 것은 기본적으로 스포츠 이벤트를 주최하는 단체가 마케팅 활동을 직접 운영하는 형태라고 할 수 있다. 이러한 구조는 스포츠 이벤트의 자체가 고객들을 이끌어 낼 수 있는 강력한 스포츠 이벤트만 가능한 일이거나 자금력이 풍부한 스포츠 단체가 주로 할 수 있는 구조라고 할 수 있다.

예를 FIFA가 주최하는 FIFA 월드컵이 이러한 케이스라고 할 수 있는데 2001년 마케팅 파트너사인 ISL이 파산하고 난 후에 FIFA Marketing이라고 하는 자회사를 설립함으로써 FIFA 월드컵 마케팅을 직접적으로 운영하고 관리하는 것이 이러한 예라고 할 수 있다.

(2) 사각구조

스포츠 스폰서십의 사각구조는 스포츠 이벤트에 대한 기본적으로 지명도가 떨어지는 이벤트를 주최할 경우 마케팅 대행사를 활용하여 스포츠 이벤트를 이끌어갈 경우를 말할 수 있다. 일반적으로 스포츠 이벤트 초기에 이러한 모습을 볼 수가 있는데, 이러한 경우 스포츠 이벤트에 대한 경기 운영에 관련한 사항은 스포츠 주최자가 담당하고 후원사를 모집하거나 마케팅 활동에 대해서는 마케팅 대행사가 담당하여 일을 이원화하는 경우라고 할 수 있다. 이러한 경우 후원에 대한 수익을 직접으로 스포츠 단체가 모두 가져갈 수 있는 것이 아니고 스포츠 마케팅 대행사에게 수수료를 지불해야 하기 때문에 마케팅 대행계약을 맺을 경우에 수수료율을 어떻게 정하는지에 대한 문제도 중요하다고 할 수 있다. 물론 이러한 구조를 통해서 스포츠 단체는 마케팅 대행사의 체계적인 관리를 통해서 성공적인 이벤트로 이끌어 내면서 이벤트의 효과를 높일 수 있는 장점이 있다. 하지만 최근의 경우에는 스포츠 이벤트 단체가 스포츠 마케팅 대행사가 모든 권리를 위임한다거나, 초기 대회는 마케팅 대행사에게 일임하다가 후일에는 스포츠 단체가 직접 마케팅을 운영하는 경우도 있을 수 있다.

5. 스포츠 스폰서십의 기여도

스포츠 단체

스포츠 단체는 스폰서십 즉 기업의 후원을 통해서 재정적인 자립도를 키울 수 있으며 차기 스포츠 이벤트를 좀더 확장하고 질적인 향상을 가져갈 수 있도록 기여한다. 이러한 질적인 향상은 스폰서십 프로그램의 질적인 수준을 높이게 되면서 후원하는 기업들에게 더욱더 많은 비용을 후원받을 수 있는 계기를 마련하게 된다.

기 업

기업에게 스포츠 스폰서십은 마케팅 활동의 수단을 제공하게 된다. 이러한 기회를 활용하여 기업은 고객들과 스포츠 이벤트를 통해서 커뮤니케이션을 하게 되고 이러한 활동의 폭이 넓어질수록 커뮤니케이션 믹스와 결합하여 너욱너 근 효과를 볼 수 있도록 하여준다.

대중 매체

대중 매체, 미디어는 스포츠 스폰서십에 있어서 가장 중요한 역할을 한다고 할 수 있으며, 지금의 스포츠 스폰서십을 성장시킨 원동력이라고 할 수

스포츠 단체는 다양한 프로모션을 통해 조직의 이벤트를 프로모션한다.

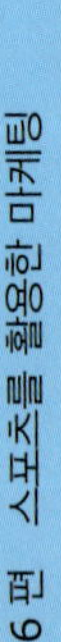

I 3 대기업의 스폰서십 참여 현황

있다. 물론 미디어는 질적으로나 양적으로 수준이 높은 스포츠 이벤트 콘텐츠를 확보함으로써 고객들에게 수준 있는 콘텐츠를 제공하게 되고, 이것은 고객들, 대중들의 관심으로 이어지면서 기업들의 광고를 이끌어 낼 수 있으며, 이는 다시 순환하여 스포츠 이벤트 스폰서십을 발전할 수 있도록 도와주는 역할을 한다. 이러한 효과로 인해서 미디어는 스포츠 이벤트의 방송 중계권을 독점적으로 구매하여 대중에게 제공하여 대중의 관심을 집중할 수 있도록 노력하고 있다.

대 중

대중들은 스포츠 이벤트를 통해서 즐기면서 그 안에 있는 스포츠 이벤트와 후원사들과 커뮤니케이션을 하게 된다. 스포츠 이벤트와 스포츠 스폰서십의 가장 큰 성공의 척도는 대중들의 관심이라고 할 수 있으며, 이러한 관심과 호응은 스포츠 전체적인 스포츠 이벤트를 질적으로 양적으로 향상시킬 수 있는 역할을 한다.

6. 스포츠 스폰서십의 6가지 특성

스포츠 스폰서십을 설명하는 데 있어서 중요한 요인들은 Gray(1996) 스폰서십을 6P's로 설명하면서 그 6가지로 플랫폼(Platform), 공동협력(Partnership), 존재감(Presence), 선호(Preference), 구매(Purchase), 그리고 보호(Protection)이라고 할 수 있다. 이러한 특성을 통해서 스포츠 스폰서십 프로그램의 성공적인 활동을 보장할 수 있다.

플랫폼

스폰서십은 마케팅 커뮤니케이션을 위한 일종의 기법일 수도 있고, 발판이나 기틀일 수 있다. 다시 말하면 플랫폼은 커뮤니케이션 활동에서 하나의 도구로써 뿐만 아니라 기본이 되는 매우 중요한 기능을 담당하는 것을 의미한다. 결론적으로 어느 방향으로 갈 것인지를 결정하는 포지셔닝의 문제라고도 할 수 있을 것이다. 기차역의 플랫폼과 마찬가지로 우리는 목적하는 플랫폼에 있을 때

마케팅 休知通

란체스터 법칙(Lanchester's Law)

영국의 항공학자였던 란체스터가 제1, 2차 세계대전의 공중전 결과를 분석해 얻어낸 것으로 세월이 흐르면서 기업들 간의 경쟁 원리를 설명하는 이론으로 자리잡았다.

예를 들어 A 국가의 전투기는 5대, B 국가의 전투기는 3대로 전투를 벌인다면 전투력 차이는 A국 전투기가 2대라 생각할 수 있지만 란체스터 법칙은 그렇지 않다.

곧 제곱의 법칙이 작용하여 5의 제곱인 25에서 3의 제곱인 9을 뺀 16, 곧 4대의 전력차이가 난다는 것이다. 란체스터 법칙은 강자가 싸움에서 유리한 정도가 아닌 압도적인 우위를 가질 수 있다는 것을 설명한다.

따라서 약한 기업이 강한 기업을 이기려면 적이 강하니까 그 적을 둘로 나눠 한 부분만 집중 공략하거나, 나누지 않더라도 적의 약한 부분에 병력을 집중하면 약자도 강자를 이길 수 있는 것이다.

가고 싶은 지역으로 이동할 수 있다.

이와 마찬가지로 스폰서십은 커뮤니케이션을 위한 목적할 뿐만 아니라 자신의 경쟁사들과 차별화할 수 있는 플랫폼으로서의 그 목적을 갖고 있다.

다시 말해서 스폰서십은 점점 경쟁이 심화되는 세계 시장 속에서, 표적 고객에게 접근하여 밀착할 수 있는 기회를 제공한다. 결과적은 기업은 고객과의 커뮤니케이션을 통해서 기업과 제품을 효과적으로 홍보할 수 있는 기회를 얻을 수 있을 뿐만 아니라 경쟁업체와의 차별화를 꾀할 수 있다.

공동협력

파트너십은 스포츠 단체와 기업이 상호 이익의 교환이라는 기본적 입장을 초월해 서로의 욕구를 최대로 만족시키기 위해 동반자적인 관계를 형성하는 것을 의미한다. 스포츠 스폰서십 패키지를 창출할 때, 스포츠 단체는 먼저 잠재적인 스폰서의 사업성과 상표, 기업의 목표를 분석해야 한다.

스폰서십 참여를 희망하는 기업의 특성과 기대에 상응하는 스폰서십 기회를 제공해야 한다. 많

| 그림 4-2 | 스포츠 스폰서십의 6가지 특성(6p's)

NFL을 후원하는 삼성전자

은 기업을 참여시키는 것보다는 소수의 우량기업에게만 기회를 제공하려는 스포츠 단체의 기본적인 입장은 스폰서들에게 참여 효과를 극대화하기 위함이다. 그리고 권위와 명성이 있는 스포츠 이벤트에 참여하고자 하는 기업의 성향이 맞물려 스포츠 스폰서십 시장은 급성장하고 있다. 그럼에도 불구하고 스포츠 스폰서십 효과를 반감시킬 수 있는 요소들이 잠재해 있기 때문에 소극적 개념인 상호 이익의 교환에 양자가 만족하면 자칫 이익을 감소시키는 결과를 초래할 수 있다. 그렇게 때문에 스포츠 단체와 스폰서는 상호 동반자적인 의식을 가지고 상대의 발전이 자신의 가치를 극대화시킬 수 있다는 점을 알고 서로 협력하여 관계를 구축해야 한다.

존재감

세 번째 편재(Presence)는 사전적 의미는 어떤 장소에 존재함이라는 의미를 가지고 있는 것처럼 소비자가 제품 선택에 있어서 어느 곳에서나 쉽게 접할 수 있어야 한다. 스폰서십의 편재는 풀뿌리 마케팅과 어느 정도 유사성을 가지고 있다.

후원사는 스폰서십을 진행하면서 많은 소비자에게 자사의 제품이 선택되기를 희망한다. 예를 들면 코카콜라는 스포츠 스폰서십을 후원하면서 특히 올림픽이나 월드컵과 같은 이벤트를 후원하면서 더 많은 소비자에게 쉽게 접근할 수 있기를 바란다.

선 호

선호(Preference)는 스포츠 스폰서십의 상표 인지도 향상과 상표 선호도 강화를 위한 하나의 수단 역할을 한다. 스포츠 스폰서십은 이미 그 효과가 널리 알려져 있다. 스포츠 스폰서십은 마케팅 전략 차원에서 보다 정교하게 활용되어질 수 있다. 한 기업이 기업 인지도를 창출하고자 할 때 어떤 경우에는 수천에서 수백만 달러를 들여도 안 되는 경우가 있다. 기업이 막대한 자금이나 물자를 투여하는 이유는 자산의 상표를 경쟁 상표와 차별화하기 위한 것이다. 스폰서십의 기대 효과 중의 하나는 대중의 스포츠에 대한 좋은 감정이 공식 스폰서의 이미지로 전이되는 것이다. 다시 말해서 대중이 선호하는 스포츠 이벤트나 팀을 재정적으로 지원해 주는 기업에 대한 제품은 긍정적인 이미지를 구축할 수 있다는 것이다. 이러한 측면에서 볼 때, 스포츠 스폰서십은 기업 이미지나 선호도를 제고시킬 수 있는 좋은 수단임을 알 수 있다.

구 매

구매(Purchase)는 스폰서가 활용할 수 있는 권리 중의 하나는 소매 단계에서 스포츠 이벤트의 자산을 활용하여 판매 증진을 꾀하는 것이다. 매체권과 광고의 가치, 독점성, 경기장 광고, 환대, 제품 증정 그리고 시음회 혹은 전시관 운영 등과 같은 기회들은 스포츠 스폰서십과 관련된 회사의 목표를 실현할 수 있는 가치 있는 요소들이다. 경기장에 입장하는 관중들은 경기장 안이나 주변에 설치되어 있는 스폰서 제품에 쉽게 접근할 수 있다. 그리고 TV를 비롯한 각종 매체를 통해서 알게 된 기업이나 제품의 인지도와 신뢰도는 스폰서 제품의 구매를 촉발시킨다.

보 호

보호(Protection)는 스폰서십 프로그램에서 반드시 포함되어야 하는 내용 중에 하나로 스포츠 이벤트에서 공식 후원사의 마케팅 권리를 보호해줘야 한다. 국제 스포츠 이벤트에서 공식 스폰서들은 조직위원회에게 지불하는 후원 비용이 천문학적인 금액으로 상상을 초월하고 있다. FIFA 월드컵에 현대자동차가 후원하는 비용이 약 5천만 달러를 넘어서고 있는 것으로 알려져 있다. 이러한 공식 후원사들은 막대한 후원비용을 지불하는 이유는 그들이 이벤트를 통해서 기대하는 것이 많다는 것을 의미하고 그만큼 효과가 있다고 할 수 있는 것이다. 그러한 효과가 발생하기 위해서 조직위원회와 마케팅 대행사는 이러한 효과를 극대화 시켜주기 위해서 마케팅 보호 프로그램을 제공하여야 한다.

코카콜라와 함께하는 FIFA 트로피 투어 프로그램에 참가한 저자

그 중의 하나가 독점적인 권한을 행사할 수 있는 독점적인 마케팅 권리를 부여하고 있고 이러한 독점성 프로그램 속에서 매복 마케팅(Ambush Marketing) 활동으로부터 보호해야 하는 것이다. 매복 마케팅(Ambush Marketing)은 공식 후원사가 아니면서 후원사인척 하는 마케팅 활동을 하여 공식 후원사보다 기대 이상의 효과를 얻어 내는 마케팅 방법이며, 이러한 마케팅 활동이 공식 후원사에게 심각한 마케팅 피해를 주고 있기 때문에 조직위원회와 마케팅 대행사는 이러한 문제에서 공식 후원사를 보호해줘야 할 의무가 있는 것이다.

코카콜라는 IOC와의 협상을 통해서 공식 후원사의 경기 도중 방영되는 광고 방송에 대해서 다른 광고주들의 개입을 거부할 수 있는 거부권을 인정하여 계약서에 새로운 조항을 기입하고 독점성을 더욱 강화하고 인정하였다. 또한 FIFA 월드컵 역시 경기장 주변의 2~3Km를 독점 마케팅 지역으로 지정하여 그 지역 안에서는 후원사 이외에 어떠한 경쟁 후원사들은 마케팅 활동을 할 수 없게끔 하여 후원사들의 마케팅 활동을 보호하고 있다.

이러한 활동은 엄청난 후원 비용을 내는 후원사들에게 조직위원회와 마케팅 대행사가 후원을 극대화하기 위한 배려이며, 스폰서십 효과를 극대화하여 스포츠 이벤트의 가치를 높이기 위한 전략적인 행위라고 할 수 있다.

ㅣ 르브론 제임스를 후원하는 나이키 lebron-james-nike-wallpaper-2 (1)

7. 스포츠 스폰서십의 대상 및 투자원칙

스포츠 스폰서십 즉 기업들이 후원을 할 경우 대상을 선택하여 후원을 하게 되는데, 이러한 대상은 기업들의 고객과의 커뮤니케이션의 목표와 방향성에 따라서 달라질 수 있다. 스폰서십의 내용에는 선수의 개인을 후원하는 것과, 팀을 후원하는 것, 경기를 자체를 후원하는 것으로 구분되어질 수 있는데, 후원 기업의 목표와 방향에 따라서 달라질 수 있는 것이다.

선수 개인

선수 개인에 대한 스폰서십은 유망한 선수나 인기 있는 스타선수를 후원하는 것으로 골프나, 스키와 같은 개인종목을 후원하는 성격과 축구, 야구, 농구 그리고 아이스하키 같은 단체 종목의 선수를 후원하는 경우가 있다. 이러한 선수 개인을 후원하는 경우에는 각 선수들의 기록과 성적에 대한 것뿐 아니라 그 선수들의 스타성과 대중적인 인기 사회적 규범적으로 인정받을 수 있는 선수인가를 확인해 볼 필요가 있다.

선수의 이미지와 기업의 브랜드 이미지와 연결될 수 있기 때문에 기업의 후원 담당자는 선수를 후원할 때 선수의 성적뿐 아니라 선수 개인의 인성에 대해서도 확인을 해볼 필요가 있다. 이러한 예로 기업들은 천문학적인 금액을 선수들에게 쏟아붇기도 하는데 나이키골프와 후원 계약을 한 미셸 위는 연간 500만 달러(약 46억원), '골프 황제' 타이거 우즈(미국)는 5년 간 2억 달러(약 1,865억원)를 받는 것으로 알려져 있고, NBA(미프로농구) 스타 르브론 제임스(클리블랜드)는 나이키와 7년 간 9,000만 달러(약 839억원)에 계약돼 있기도 하다. 한국의 박지성은 나이키 코리아와 2019년까지 약 120억원의 후원금으로 용품 계약을 맺기도 하였다.

팀

팀에 대한 스폰서십은 단체 종목의 팀을 대상으로 하는 것이다. 비자카드는 미국 올림픽과의 파트너십 프로그램을 고안해서 카드가 사용될 때 마다 은행을 통해서 올림픽 팀에 기부될 수 있도록 하였다. 비자카드 사용자는 청구서와 함께 올림픽에 기부한 내용을 알 수 있게 내용사용 정도에 따라 올림픽 프리미엄을 받을 수 있는 기회도 가질 수 있게 하였다. 그 결과 올림픽 스폰서에 대한 회상률(Recall Rate) 조사에서 1위를 차지하였고, 응답자의 59%가 비자카드가 올림픽 공식 스폰서이기 때문에 사용한다고 답을 하였다.

잉글랜드 프로축구의 첼시는 에미레이트 항공과 2001시즌부터 4년 간 3,600만 달러에 스폰서십 계약을 체결하였다(일간 스포츠, 2001).

이벤트, 경기대회

이벤트와 경기대회의 스폰서십 프로그램은 일정기간 동안 지속되면서 정기적으로 개최되는 것과 일회적인 이벤트의 두 종류가 있다. 전자는 프로축구, 프로야구, 프로농구와 같은 정규 리그로서 1년에 걸쳐 진행되는 것과 단기간 내에 거행되는 경기대회가 있다. 후자는 1~2번에 걸쳐 거행되는 특별 초청경기를 말하는 것으로 예를 들면, 최근에 열렸던 금호타이어 초청 맨체스터 유나이티드 초청 경기나, 타이틀 스폰서가 참여하여 진행되는 짧은 이벤트 등을 지칭할 수 있다. 이러한 스포츠 이벤트에 후원을 하기 위해서는 지역적인 선택과 고객의 범위적인 선택을 효과적으로 선택하여 후원을 하여야 적절한 스포츠 이벤트 후원을 할 수 있다.

스포츠 협회

스포츠 협회를 후원하는 경우에는 각종 스포츠 협회와 단체 등을 후원함으로써 그 스포츠 단체에서 개최하는 마케팅 권리를 활용할 수 있는 경우를 의미한다. 이러한 예로 FIFA의 경우에는 코카콜라, 아디다스, 현대자동차 등이 마케팅 파트너로서의 권리를 가지고 FIFA가 개최하는 모든 대회의 마케팅 권리를 행사하고 있다. 이러한 스포츠 협회에 대한 후원은 다른 후원의 기간보다는 장기적인 측면에서 후원을 진행하고 있으며, 역시 이러한 장기적인 후원이 효과로 나타날 수 있다. 현대자동차의 경우 역시 2000년부터 FIFA의 파트너로 계약을 맺고 지금까지도 계속적인 후원 활동을 해오고 있다.

기업 스폰서십 투자원칙

최근 들어서 기업들의 스폰서십 투자 원칙이 바뀌어 가고 있다.

첫 번째는 다른 기업이 주목하지 않는 종목에 주목한다. 스폰서십의 영역이나 범위가 점점 커지고 기업 간의 차별성이 떨어지면서 다른 기업들이 관심을 갖기 보다는 무관심한 종목이나 선수에게 투자함으로써 효과를 극대화시켜 나가고 있다.

첼시의 아시아 투어를 후원하는 삼성전자와 아디다스

두 번째는 기업 이미지에 맞는 종목을 선정한다. 아무리 노출 효과가 좋더라도 기업이 스폰서십에 과감하지 않는 이유는 종목과 기업의 이미지 일치성이다. 과거 나이키는 씨름단으로부터 스폰서십에 대한 요구가 많이 있었다. 씨름은 다른 종목에 비하여 유니폼 스폰서시 노출 효과가 크기 때문에 브랜드 인지도를 높일 수 있는 기회가 많다. 하지만 나이키는 노출이 중요한 것이 아니라 브랜드 이미지가 더 중요하다고 판단하여 스폰서십에 참여 하지 않았다.

세 번째는 고객 로열티(royalty) 극대화 방안을 고려한다. 기업은 과연 스폰서시 고객이 가져가는 로열티는 무엇인지를 고려한다. 즉 기업의 프로모션으로 연계할 수 있는 방법을 생각하고, 이것을 극대화하는 스폰서십에 참여한다. 현대캐피탈은

FIS(세계스키연맹)을 후원하는 LG 전자

단순하게 스폰서십이 아니라 고객의 참여와 고객의 가치를 극대화하는 스폰서십을 통해 고객을 초대하고 그들을 위한 가치를 극대화시킨다.

네 번째는 단독(메인) 스폰서를 통해 홍보 효과를 극대화하려 한다. 너무 많은 스폰서는 오히려 다른 기업의 마케팅 활동과 함께 혼란을 줄 수 있으므로 단독 스폰서십 참여를 한다.

다섯 번째는 사회공헌 차원을 고려한다. 기업의 사회 참여는 일반적인 기업 마케팅의 최종 도구가 된다. 이러한 기업 차원의 스폰서십 투자 원칙을 통해 기업은 다음과 같은 마케팅 포인트를 노린다.

8. 스폰서십의 지역적 범위

스폰서십의 지역적 범위라고 함은 마케팅적인 권리를 행사할 수 있는 영역을 의미한다. 권리를 행사할 수 있는 영역이 넓을수록 후원사의 활동 영역이 넓어질 수 있어, 소비자에게 도달할 수 있는 범위가 넓어질 수 있기 때문에 그만큼 효과도 증대될 수 있기 때문이다.

물론 이러한 범위가 넓을수록 후원사가 지출해야하는 프로모션이나 기타 비용들은 더 많다고 할 수 있다. 스폰서십의 지역적 의미가 갖는 것은 보통 두 가지로 해석될 수 있는데, 스포츠 이벤트의 세계적인 명성과 권위라고 할 수 있다. 세계적인 스포츠 이벤트 대회는 그 명성과 가치에 있어서도 권위를 자랑할 수 있으며, 소규모 대회는 그러한 가치가 없다고 할 수 있다. 또한 지역의 범위가 넓을수록 후원 비용이 높아진다는 점이다. 세계적

그림 4-3 | 스폰서십의 투자 포인트

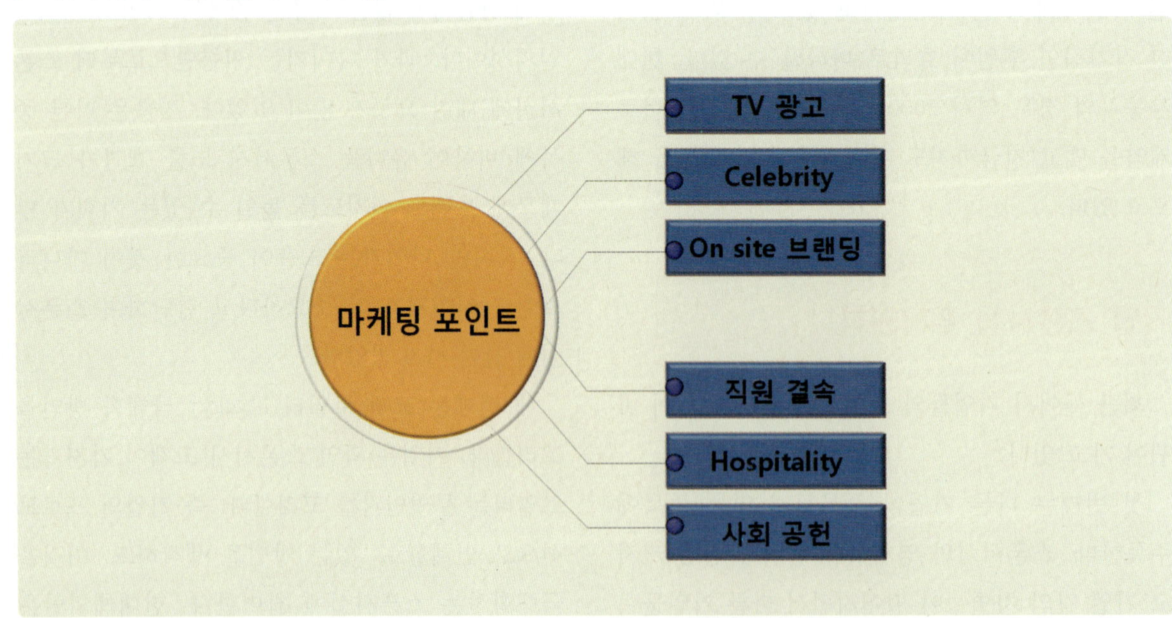

으로 명성이 있고 후원의 가치가 있는 대회일수록 후원 비용은 높아진다. 물론 이러한 대회를 통해서 후원사가 얻을 수 있는 노출의 효과와 마케팅의 기회는 훨씬 높다고 할 수 있는 것이다.

작은 규모의 스포츠 이벤트 즉 하나의 국가에 제한적인 마케팅 활동을 할 수 있는 권리와 전 세계를 상대로 마케팅 활동을 할 수 있는 권리는 효과와 노출적인 측면에서 엄청난 차이가 있는 것은 사실이며 이러한 효과 측면에서 따라서 후원 비용이 높아지는 것은 당연하다고 할 수 있다.

국제대회

국제대회의 후원은 스폰서십의 수준에 따라서 차이가 날 수 있겠지만, 글로벌 후원사인 경우에는 결과적으로 다국적 기업들이거나 글로벌 기업을 지향하는 기업들만이 참여할 수 있는 기회를 가질 수 있다고 볼 수 있다. 기본적으로 국제대회의 스폰서십은 후원 비용이 비싸다고 할 수 있다. 그 효과와 함께 비용이 많이 들어간다고 볼 수 있으며, 이러한 국제대회의 스폰서십은 목표 타깃과 지역적인 범위를 적절하게 선택하지 못한다면 후원의 효과를 얻을 수 없을 수도 있다. 그렇기 때문에 국제대회를 후원하는 기업은 차별화된 모교 시장 전략을 수립한 기업만이 많은 비용을 들여서 마케팅 활동을 할 수 있는 것이다.

이러한 국제 스포츠 이벤트는 세계선수권대회나 올림픽과 FIFA 월드컵과 같은 대회를 통한 스포츠 이벤트 후원이라고 할 수 있다.

대륙별 대회

대륙별 대회는 같은 대륙에 속해 있는 국가 간에 펼치는 스포츠 이벤트라고 할 수 있으며, 예를 들어서 아시안게임이나 유럽 축구 선수권 대회 등

글로벌 이벤트의 대표적인 후원사인 코카콜라

이 대륙적 스포츠 이벤트라고 할 수 있다. 이러한 대륙별 대회 역시 국제 스포츠 이벤트와 마찬가지로 조직위원회의 마케팅 계획이나 성향에 따라서 세계적으로 마케팅을 할 수 있는 권리를 부여할 수도 있고 하지 않을 수도 있다. 일례로 아시안게임의 경우에는 아시아 지역에 한정되어지는 관심으로 인해서 월드와이드 마케팅 권리가 있어도 그다지 큰 의미가 없을 수 있지만, 유럽 축구 선수권 대회는 전 세계적으로 관심 있는 작은 FIFA 월드컵이라고 불릴 만큼 인기가 있는 스포츠 이벤트이기 때문에 월드와이드 마케팅 권리 부여가 가능할 수 있다.

국내대회

국내대회는 국내에서 벌어지는 각종 스포츠 이벤트를 지칭할 수 있다. 국내에서 이루어지는 프로리그나 전국체전이나, 작은 소규모 스포츠 이벤트를 지칭할 수 있다. 하지만 이러한 스포츠 이벤

마케팅 休知通

학습(경험)효과(learning curve effect)

학습 효과는 경험 교과(experience curve effect)라고도 하는데 이는 반복된 생산작업을 통하여 효율성이 증가하는 것을 말한다. 학습 효과를 통해 생산성이 높아지고 궁극적으로 비용절감(cost down)이 가능해지는데 이 같은 학습 교화는 공정이 복잡할수록 또는 부품수가 많을수록 증가된다. 대표적인 예로 많은 인력이 투입되는 경기 운영 등은 많은 시간이 흐를수록 경험 효과에 의하여 더욱 쉽게 운영할 수 있다.

트는 지역에 따라서 인기와 열기를 볼 수가 있다. 예를 들어서 미국의 MLB는 미국 내에서도 인기가 많지만, 전 세계적으로도 인기가 많다고 할 수 있다. 역시 이러한 규모에 따라서 스폰서십 내용도 달라질 수 있으며, 이러한 MLB의 경우에는 방송중계권 역시 세계적으로 판매하고 있다. 이렇게 자국 리그의 경쟁력이 있다면 국제 스포츠 이벤트에 못지않게 수입을 이끌어 낼 수 있다.

전국체전을 후원하는 농협 후원사

9. 후원사의 마케팅 권리

스포츠 이벤트의 규모와 그에 대한 인기도나 마케팅의 권리에 따라서 후원의 비용에는 차이가 있을 수 있으며, 후원사에게 제공하는 권리는 그 내용에 따라서 다를 수 있다. 하지만 일반적으로 후원사에게 제공하는 마케팅 권리는 다음과 같다고 할 수 있다. 하지만 이러한 마케팅 권리는 스포츠 단체가 주최하는 스포츠 이벤트의 내용과 지역적인 범위에 따라서 달라질 수 있으며, 선별되어서 권리가 제공될 수 있다.

명칭 및 마크 사용권

(1) 공식 명칭 사용 권리(Official Designation)

공식 후원사에게 제공될 수 있는 명칭은 공식 스폰서, 공식 협찬사, 또는 공식 파트너 등의 명칭을 부여할 수 있으며 이러한 명칭 사용 권리는 스포츠 단체가 부여할 수 있는 권리에 따라 달라질 수 있으며, 공식 명칭 사용 권리는 보통 지칭하는 후원사의 명칭과 함께 대회의 공식 명칭을 사용할 수 있는 권리를 의미한다. 이러한 후원사의 마케팅 부문은 독점 부문으로 선점할 수 있으며, 예를 들어 '2006 FIFA 월드컵 자동차 부문 공식 파트너 현대자동차'나 '올림픽 월드와이드 무선통신 부분 파트너' 삼성전자 등의 명칭을 사용할 수 있게 된다.

(2) 마크 사용권리(Mark)

마크라고 함은 보통의 스포츠 이벤트를 대표하는 엠블럼(Emblem), 로고(Logo), 마스코트(Mascots)등을 의미한다. 이러한 마크 사용권리는 보통 명칭 사용권리와 함께 사용되지만 국제적인 이벤트에서는 종종 마크와 명칭 사용권리를 구분하여 마케팅 권리를 부여하고 있기도 하다. 예를 들어, 공식 명칭은 사용할 수 있으나, 마크를 사용할 수 있는 권리는 없을 수 있으며, 있다 하더라도 제한적으로 사용할 수 있는 권리를 부여한다거나 마크를 변형하여 사용할 수 있는 권리를 별도로 부여할 수 있다.

펩시콜라 브랜드 로고 변천 모습

예를 들면 최고의 마케팅 권리를 부여받을 수 있는 공식 파트너는 공식 명칭 사용권리, 마크의 사용권리뿐 아니라 마크를 변형하여 사용할 수 있는 권리를 가질 수 있지만 협찬사(Suppliers)와 같은 후원사에게는 명칭 사용권리와 변형되지 않은 한정된 마크만 사용할 수 있는 권리를 부여할 수 있다. 이러한 권리는 마스코트에도 동일한 권리를

표 4-2 후원사의 마케팅 권리의 예

권 리	권 리
명칭 및 마크 사용 권리 (Official Designation)	(1) 명칭 사용 권리(Designation) (2) 마크 사용 권리(Mark) (3) 제품, 서비스의 독점성 인정(Sole & Exclusive Right)
마케팅 권리 (Marketing Activities)	(4) 광고 보드 권리(Advertising Boards) (5) 배번표(Bids)(6) 사인물 권리(Signage) (7) 전광판 광고(Giant Screen) (8) Commercial Display(프로모션 권리)
미디어 권리 (Media Right)	(9) TV 중계방송의 활용 (10) TV SPOT 광고 권리 (11) On Screen Credit 권리 (12) 가상 광고 권리(경기 전후반 및 경기 종료 후) (13) Commercial for Air Time(경기중 TV 광고)
입장권(Ticket)	(14) VIP 입장권 (15) SKY BOX, Prestige Seat 제공 (16) 입장권 구매 권리
출판 인쇄물 활용 권리	(17) 모든 인쇄, 출판물 브랜드 노출 권리 (18) 출입카드와 주차증(Accreditation & Parking Pass)
라이센싱 제품 권리	(19) 라이센싱 제품 제작 배포 권리
접대 환대 프로그램 (Hospitality)	(20) VIP 접대 권리(Hospitality) (21) 시상식 수여 권리
기타 서비스(Service)	(22) 결과보고서(Final Report) (23) 마케팅 보호 프로그램(Ambush Marketing Program) (24) 기타 권리(특별한 마케팅 권리 부여)

적용할 수도 있다.

(3) 제품, 서비스의 독점성 인정(Sole & Exclusive Right)

스포츠 이벤트를 주최하는 단체는 스폰서십 프로그램에서 후원사를 제외한 다른 경쟁사가 참여할 수 없도록 마케팅 권리를 독점적인 권리를 부여하고 행사할 수 있도록 해줘야 한다. 이러한 후원사와 스포츠 이벤트 사이에서의 독점성 관계는 상당히 중요한 계약 권리 내용 중에 하나라고 할 수 있다. 이러한 독점성 문제는 스포츠 이벤트의 스폰서십 프로그램을 가장 돋보이게 할 수 있는 내용이라고 할 수 있으며, 그 이벤트의 가치를 의미한다고 할 수 있다.

| 선수들의 배번호표

스포츠 이벤트를 주관하는 조직위원회는 후원사로부터 비싼 후원 비용을 받는 만큼 그 이상의 효과를 후원사가 얻을 수 있도록 경쟁사의 접근을 철저하게 차단해 주어야 하며, 이러한 이유는 혹시라도 경쟁사가 그 스포츠 이벤트를 통하여 공식 후원사로 착각하는 매복 마케팅에 대해서 철저하게 보호해줘야 한다.

| 그림 4-4 | 2002년 월드컵 경기장의 A-보드 설치 위치도

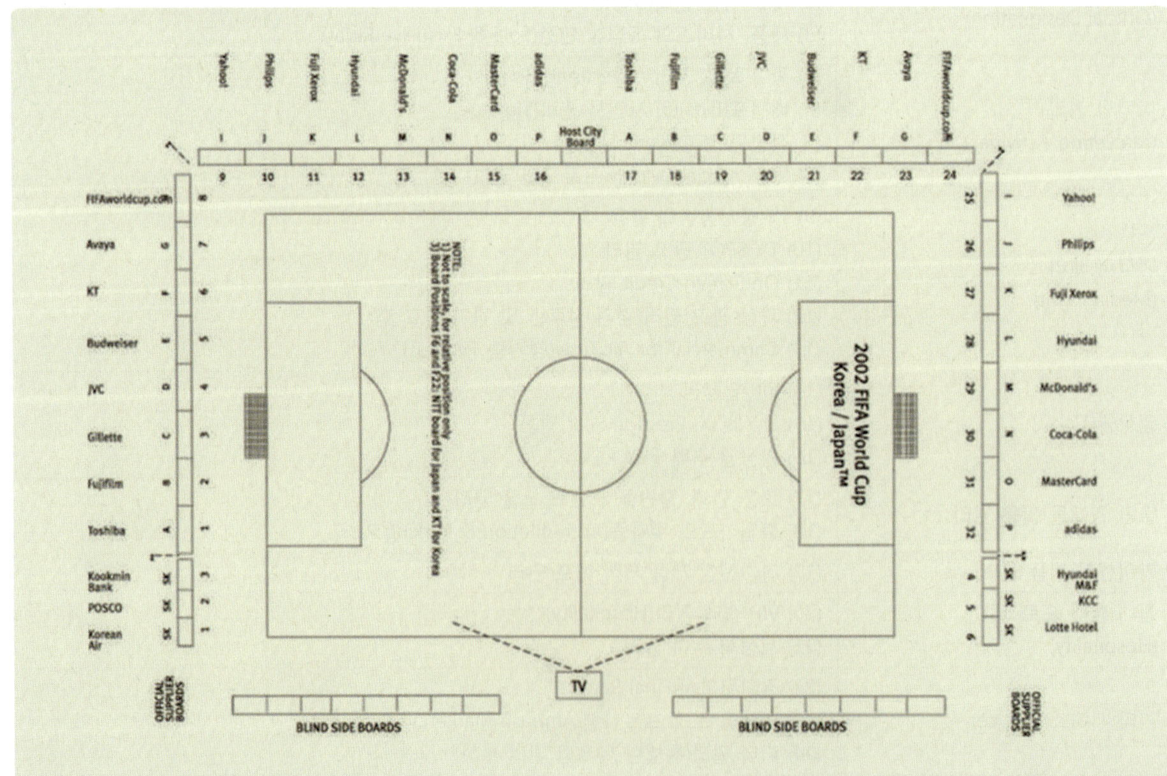

Marketing Activities(마케팅 활동 권리)

(1) 광고 보드 권리(Advertising boards)

경기장 내 각종 보드를 활용한 권리를 부여할 수 있다. 이러한 광고 보드 권리는 마케팅 권리의 내용에 따라서 위치별, 내용에 따라서 달라질 수 있다. 예를 들어서 스포츠 이벤트의 내용에 따라서 보드의 사이즈를 구별한다거나. 후원사의 브랜드만을 허용할 수 있다거나, 제품의 브랜드도 허용할 수 있다거나 하는 권리 내용인 것이다. 스포츠 이벤트 마케팅 담당자는 이러한 권리를 부여함에 있어서 어떠한 후원사별로 위치별로 구분하여 적절하게 배분할 수 있는 마케팅 프로그램을 계획하여야 한다.

(2) 배번호표(Bids)

배번호표의 경우는 구기 종목이 아닌 주로 트랙 스포츠 종목에 활용할 수 있는 마케팅 권리로서 육상종목이나, 그 외 선수의 번호표가 필요한 종목에 활용될 수 있다. 이러한 배번호표 역시 인기 있는 종목이나 미디어에 집중적으로 흥미를 받는 종목에 후원사의 배번호표를 배정한다거나 하는 방식의 프로그램을 짜야 할 필요가 있다. 예를 들면 아시안게임의 경우 가장 큰 후원사로 참여하고 있는 삼성전자는 가장 인기 있는 종목인 마라톤과 육상 종목에 배번호표를 부여받고 그것을 미디어 노출에 활용하고 있다.

현대자동차의 Good Will ball Show

(3) 사인물 권리(Signage)

사인물 권리는 일반적으로 스포츠 이벤트에 제작되어지는 모든 장치 장식물에 후원사의 브랜드

그림 4-5 FIFA 월드컵 경기장의 A-보드 설치 광고 사이즈

를 삽입하여 공식행사, 환영파티, 인터뷰 백드롭, 경기장 데코레이션 등의 작업을 통해서 후원사의 브랜드 사이즈를 구분하여 디자인에 삽입하여 활용할 수 있는 권리를 가질 수 있다.

(4) 전광판 광고(Giant Screen)

전광판 광고 역시 경기장 주변의 광고를 통해서 후원사 브랜드의 인지도를 높일 수 있는 권리라고 할 수 있다. 이러한 전광판 광고 역시 후원사의 등급에 따라서 내용이 달라질 수 있는데, 후원사의 등급에 따라서 전광판의 광고의 시간이 달라질 수 있는데 보통의 경우에는 높은 등급의 후원사에게는 30초, 그 다음 등급의 후원사에게는 15초 정도의 광고시간을 부여받을 수 있다.

(5) 홍보 부스(Commercial Display)

홍보 부스는 후원사가 스포츠 이벤트가 있는 장소에서 후원사의 브랜드를 알리거나 제품의 홍보 또는 판매할 수 있는 권리를 의미한다. 국제적으로 명성이 있는 스포츠 이벤트에는 보통 홍보 부스 공간을 제한적으로 제공하고 별도의 비용에 대해서는 후원사가 부담하도록 하고 있다. 또한 작은 스포츠 이벤트의 경우에는 이러한 홍보 부스에 대해서 천막의 텐트를 활용하여 공간을 제공받을 수 있도록 서비스하고 있다. 이러한 홍보 부스는 명성이 있는 국제적 스포츠 이벤트이거나 관람객이 많은 스포츠 이벤트일수록 공간에 대해서 차별적인 제공을 통해서 후원사의 권리를 구분할 수도 있다.

사례 4-1 길거리 응원 권리(Fan Arena – Public Viewing)

공공장소에서의 마케팅 권리라고 함은 CCTV 권리와 동일한 개념의 마케팅 권리라고 할 수 있는데, 2002 FIFA 월드컵에서의 단체 관람 속에서 FIFA가 간과한 사실 즉, Ambush 마케팅을 통해서 새롭게 정의된 마케팅 권리라고 할 수 있다. 그 전까지만 해도 공공장소에 단체로 방송 중계 및 이벤트를 벌이는 것은 경기가 중계되기 전후를 의미했지만, 이제는 경기를 함께 지켜보고, 그러한 장소들을 제공하면서 함께 마케팅 활동을 할 수 있는 권리역시 마케팅 권리로 지정하여서 후원사들이 스포츠 이벤트와 관련되어진 모든 권리를 행사할 수 있도록 하였다. 2006 독일 월드컵에서 처음 등장한 이 권리는 Fan Arena라는 이름 하에 진행되었으며, 그 내용을 정리하면 아래와 같다.

Fan Arena의 모습

개 요

월드컵 기간 중 12개 개최 도시에서 FIFA 및 개최 도시 주관 길거리 응원 지역을 구성하여 공식 후원사 참여 기회 부여(Screen 방송 송출사: ARD)

Fan Arena 구성

- Official Public Viewing Area (OPVA): Screen 설치와 12개 후원사 브랜딩 적용
- Fan area (FA): PV 구역 옆에 위치하여 일반인 대상 각종 행사 진행

후원 구조 및 구조

- Level 1 (TOP Partner): FIFA/LOC/개최도시에 의해 3~4개사만 지정
- Level 2 (HC Sponsor): 개최도시가 영입 및 지정 (FIFA Partner 또는 비경쟁사)

표 4-3 FIFA에서 정한 Fan Arena 후원사별 권리

Level	TOP Partner	HC sponsor
Designation	"Partner of Fan Arena"	"Local supporter of Fan Arena"
P.V. 마케팅 지역	World wide	참여 개최 도시
로고 사용	O	X
Stage 활용 및 기타 이벤트 개최	O	X
현지 media 공동 프로모션	O	제한적 가능
활동 구역	OPVA + FA	FA
Giant Screen 광고	30초 광고 12회 방영	30초 광고 8회 방영
브랜딩	OPVA내 추가 브랜딩 -. Screen 위,아래 브랜딩 (8-10m2) -. 양 옆에 Banner 설치(30-40m2)	-
기타	-. 개최 도시 행사 우선적 참여권 -. 각종 광고 및 자체 행사에 logo 활용 가능 -. P.V. 공식 책자에 광고 게재 -. H.C. 구역에 우선 선점 권	-
후원금액	1.1 million EURO	개최 도시 자체 확정
Media value	5-8 million EURO	

출처: FIFA 내부자료.

표 4-4 각 개최 도시별 P.V.(Public Viewing) 구역 위치

FIFA Host City	PV Area (No. of Persons)
Berlin	Brandenburg Gate/Strasse des 17. Juni/Zoo (40,000)
Cologne	Roncalliplatz (8,000 -20,000) or docks/banks of river
Frankfurt	'Floating Football Arena' on Main river between Obermainbrücke and Alter Brücke (30-40,000)
Gelsenkirchen	Glückauf-Kampfbahn, Schalke district (20-25,000)
Dortmund	Friedensplatz (40,000)
Hamburg	Heiligengeistfeld (50,000)
Hannover	Waterloo Platz (20,000)
Kaiserslautern	Stiftsplatz (10,000)
Leipzig	Augustusplatz (12,000)
Munich	Olympic Park, Coubertinplatz (40,000)
Nuremberg	Volksfestplatz on Bayernstraße (30-40,000)
Stuttgart	Schlossplatz (40,000)

출처: FIFAM 내부자료(FAN FEST Host City Sponsor Rights).

미디어 권리(Media Right)

(1) TV 중계방송의 활용

TV 중계방송을 활용하는 경우에는 프로그램을 계획하기에 따라서 달라질 수 있는데, 보통의 경우에는 TV SPOT 광고를 활용하고 있다. TV spot 광고라 함은 대회의 고지성 광고를 할 경우 마지막의 아나운서의 멘트와 함께 "이 대회는 OOO 후원사 협찬입니다"라는 식의 멘트와 후원사 브랜드가 노출되는 방식이 있다. 두 번째는 스포츠 이벤트를 방영하는 시간의 중간 광고 시간에 Air-Time을 방송 광고를 할 수 있는 권리를 제공하는 것이다. 실제로 이러한 광고 권리는 한국에서는 어려운 부분이 있지만 해외의 스포츠 이벤트에서는 적극적으로 활용할 수 있는 마케팅 권리라고 할 수 있다. 또 하나로 활용할 수 있는 권리로 On-Screen Credits라고 하는 방송 중간에 후원사 로고를 삽입하는 권리를 말한다. 이러한 권리는 보통 구기 종목에서 점수 상황을 나타낼 때 잠시 후원사 로고를 노출한다거나, 육상 종목의 경우 시계 회사의 브랜드가 성적과 함께 후원사 브랜드를 노출한다는 형식을 띨 수 있다.

(2) TV SPOT 광고 권리

TV SPOT 광고는 스포츠 이벤트의 중계 권리를 갖고 있는 방송사가 대회의 홍보와 프로모션을 위해서 방송할 경우, 마지막 광고 화면을 후원사나 방송광고회사의 브랜드로 대체하는 경우를 말한다. 이는 자막, 멘트, 브랜딩으로 구분되어서 이루어지며, 일반적으로 자막과 브랜딩, 멘트가 한꺼번에 이루어진다.

(3) On Screen Credit 권리

On Screen Credit은 경기 방송중 점수가 표시될 때 후원사의 브랜딩이 노출되는 권리를 의미한다.

올림픽 방송 중계 시스템

우리말로 한다면 "경기중 토막광고" 정도의 의미를 가질 수 있을 것이다.

유럽축구 대회나, FIFA 월드컵의 모습에서 볼 수 있으며 아직 국내에는 이러한 활동을 한 사례는 없다. 이러한 마케팅 활동은 스포츠 이벤트 주관사와 마케팅 대행사, 방송사, 시스템 운영사, 후원사 등의 유기적인 협조가 있어야만 가능한 부분이다.

(4) 가상광고 권리(경기 전, 후반 및 경기 종료 후)

가상광고 권리는 경기장에서 이루어지는 광고가 아니라 TV 중계방송중에 광고가 송출되는 것이다. 일반적으로 경기가 중단되고 방송 광고가 나갈 수 있는 상황에서 방송 광고가 송출된다.

(5) Commercial for Air Time(경기중 TV 광고)

경기중 TV 광고는 방송 중계권을 보유한 방송사가 스포츠 이벤트 후원사에게 경기중 방송 광고를 할 수 있는 우선 권리를 제공하는 것이다.

입장권

(1) VIP 입장권

입장권은 인쇄물 광고에 후원사의 브랜드를 삽입할 수 있는 권리뿐 아니라, 대형 스포츠 이벤트에는 입장권만큼이나 중요한 사항도 없을 수 있는

데, 프로모션으로 활용하기 위해서 입장권을 활용할 수 있는 후원사에게 권리에 상응하는 입장권을 경기별, 종목별로 구분하여 제공하여 줄 필요가 있으며, 1등석, 2등석, 3등석 또는 VIP 입장권까지 선별하여 제공하여야 한다.

스포츠 이벤트 단체는 입장권을 제공함에 있어서 입장권 판매 정책을 펼치기 이전에 후원사를 위한 입장권 제공 정책을 결정해야 한다. 입장권을 제공하는 수량을 결정하고 그에 따른 VVIP 입장권, VIP 입장권의 제공 수량, 그리고 일반적으로 제공하는 1등석 입장권(2등석, 3등석 입장권은 일반적으로 자주 제공하지 않는다)을 결정해야 한다.

이러한 입장권의 관리는 스포츠 단체의 별도의 단체를 통해서 입장권 관리가 이루어져야 하며, 입장권을 관리하고 판매할 때는 후원사에게 제공되는 입장권의 구역을 보호하여 가장 좋은 좌석을 후원사에게 배치할 수 있도록 계획을 세워야 한다.

(2) SKY BOX, Prestige Seat 제공

SKY BOX, Prestige Seat 입장권은 1, 2등급의 입장권과는 달리 실내가 있는 장소에서 스포츠 이벤트를 즐길 수 있는 입장권을 말한다. 이는 아주 소수의 인원만 참석할 수 있으며, 일종의 선택받은 사람들만 입장할 수 있는 것이다.

(3) 입장권 구매 권리

입장권 구매 권리는 스포츠 이벤트 단체가 입장권을 제공해 주는 권리 이외에 제공하는 구매권리로서 후원사가 제공받는 입장권이 부족하거나, 프로모션용으로 더 많은 입장권을 구매하고자 할 때, 입장권은 할인된 가격으로 제공받을 수 있도록 하는 권리다.

이러한 입장권 구매 권리를 실행하기 위해서는 입장권 판매 정책을 정하기 이전에 후원사들에게 입장권 구매 의향을 확인하여야 하며, 후원사로

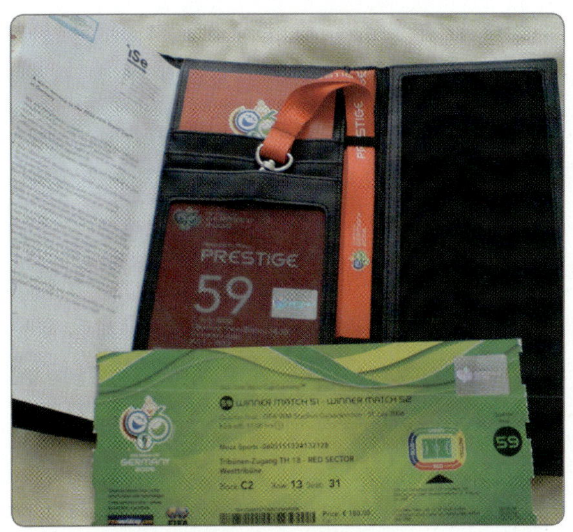

2006 독일 월드컵 경기의 결승전 입장권

하여금 입장권 정책의 내용을 전달할 수 있어야 한다.

출판 인쇄물 활용 권리

(1) 모든 인쇄, 출판물의 브랜드 노출 권리

스포츠 이벤트 후원사는 모든 인쇄, 출판물에 대해서 후원사를 위한 브랜드 노출을 할 수 있도록 최선의 노력을 기울여야 한다.

(2) 출입카드와 주차증(Accreditation & Parking Pass)

출입카드와 주차증은 스포츠 이벤트에 있어서 입장권만큼이나 중요한 부분이다.

출입카드와 주차증은 후원사들의 마케팅 활동을 위해서 제공해 주는 서비스 권리라고 할 수 있다. 출입카드의 경우에는 후원사가 경기장에서 마케팅 활동을 위해서 경기장 내외를 오고갈 수 있도록 구역을 정하여서 그 적절하고 합리적인 수량을 제공하여야 한다.

이는 출입카드는 후원사의 행사 및 VIP를 위해서 제작되는 것이고, 주차증은 VIP의 차량들을 위한 것이기 때문에 입장권보다 주차증을 더 구하기

가 어려울 수가 있다. 그러므로 대회 운영자는 주차증에 대한 신중한 계획이 필요하다.

주차증의 경우에는 스포츠 이벤트가 흥행에 성공한다면 입장권보다 더 구하기가 어렵다고 할 정도로 VIP 고객 및 Hospitality 프로그램을 운영할 때 절대적으로 조심스럽게 운영하여야 할 부분이라고 할 수 있다. 주차증은 후원사의 마케팅 활동을 원활하게 운영할 수 있도록 하여주고, VIP 및 의전 활동을 원활하게 할 수 있도록 주차 구역을 정확하게 파악하여 제공해 주어야 한다.

라이센싱 권리

라이센싱 제품 제작배포 권리

라이센스 제품 제작배포 권리는 스포츠 이벤트의 후원사가 독점적인 제품의 카테고리에 대해서 라이센스 제품을 제작하고 이에 따른 배포 및 독점적인 제작 권리를 부여하는 것이다.

| 스포츠 이벤트의 출입카드 (부산 아시안 게임 AD)

이는 스포츠 이벤트 단체가 동일한 제품의 이벤트 프로모션용 라이센스 제품을 다른 후원사와 중복하게 제작할 수 없도록 관리하여, 마케팅 활동에 지장을 받지 않도록 하는 것이다.

접대 환대 프로그램(Hospitality)

(1) VIP 접대 권리(Hospitality)

Hospitality 권리 또한 스포츠 이벤트에 있어서 중요한 내용이라고 할 수 있는데, 스포츠 이벤트를 후원하는 최고 결정권자에게 제대로 된 Hospitality 활동을 한다는 것은 다음 대회에서도 긍정적으로 후원을 보장받을 수 있는 기회가 될 수 있기 때문이다.

이러한 스포츠 단체는 스포츠 이벤트 내에서 다양한 행사에 초청을 통해서 후원사의 결정권자와의 유대관계를 돈독하게 할 수 있는 역할을 하게 된다.

(2) 시상식 수여 권리

시상식을 수여할 수 있는 권리는 스포츠 이벤트의 세부 종목에서 순위를 가리는 경쟁 경기에서의 메달을 시상하거나 수여하는 행사에 스포츠 이벤트의 후원사의 CEO 및 초청 VIP가 행사에 참여할 수 있는 권리를 부여하는 것이다. 이러한 권리는 참여 후원사의 CEO 및 VIP의 인지도 및 명성을 높일 수 있는 기회가 될 수 있다.

기타 서비스

(1) 결과 보고서(Final Report)

대회 결과보고서는 일반적으로 두 가지 형태를 갖고 있는데, 첫 번째는 순수한 대회 결과 보고서이고, 나머지 하나는 후원사의 효과분석 보고서이다. 대회의 결과 보고서는 단순하게 대회가 어떻

서울 국제 비치발리볼 대회 우승팀에게 시상을 수여하는 관계자

게 운영되었으며, 온라인·오프라인을 통해서 사람과 접촉하기 위해서 다양한 시도를 했다는 것을 알리기 위한 것이고, 분석 보고서는 대회 후원사의 브랜드 인지도 및 브랜드 가치를 대회 전 대회 후의 형태로 분석하여 보고하는 것이다. 이는 진문 분석회사에 맡겨서 보고서를 작성한다. 이를 통해서 후원사는 차기 이벤트의 대회 후원을 진행할 것인지 아닌지를 결정할 수 있다.

(2) 마케팅 보호 프로그램(Ambush Marketing Program)

마케팅 보호 프로그램은 공식 후원사가 아닌 경쟁 업체가 매복 마케팅 활동을 할 경우에 대해서 스포츠 이벤트 단체가 개발하여 운영하는 프로그램이라고 할 수 있다. 이러한 마케팅 프로그램은 국가적인 이벤트일 경우에는 국가의 도움을 받아서 운영되어지며, 이러한 마케팅 보호 프로그램은 스포츠 이벤트를 주최하는 협회와 이를 주관하는 조직위원회 등과의 계약 관계에서도 알 수 있으며, 스포츠 이벤트 중에서 가장 강력한 마케팅 보호 프로그램을 활용하는 곳은 FIFA라고 할 수 있다. FIFA는 이러한 마케팅 보호 프로그램을 활용하기 위해서 실제로 경기장 주변 2Km 안에는 후원사 이외의 어떠한 경쟁사의 브랜드가 설치되시 않도록 대회 조직위원회와 계약을 맺었으며, 이를 위반하고 협조하지 않을 경우에 대하여 강력한 계약 위반 사례를 적용하기도 한다.

(3) 기타 권리

기타 마케팅 권리에는 후원사가 스포츠 이벤트를 후원할 때 1업종 1종목의 후원사가 참여할 수 있기 때문에 가능한 특별한 마케팅 권리를 의미할 수 있다. 이러한 마케팅 권리는 후원사가 생산하는 제품의 내용을 통해서 알 수 있는데, 예를 들어 코카콜라가 스포츠 이벤트의 후원사로 참여한다면 식음료 매점의 모든 음료는 코카콜라 제품이어야 하며, 맥주의 경우에도 마찬가지라고 할 수 있다. 또한 VIK(Value In Kind)라고 하는 후원사의 제품을 스포츠 단체나 이벤트에게 제공할 수 있는 권리를 부여하는 권리도 있다.

Fuji Xerox 의 2002년 부산아시안게임 VIK 제공 계획

VIK Supports Plan
(14th Asian Games BUSAN 2002)

Slogan : New Vision, New Asia

2002 Busan Asian Games Fujii Xerox support Team

Participating Nations of BUSAN Asian Games
42 Countries

One Asia Global BUSAN

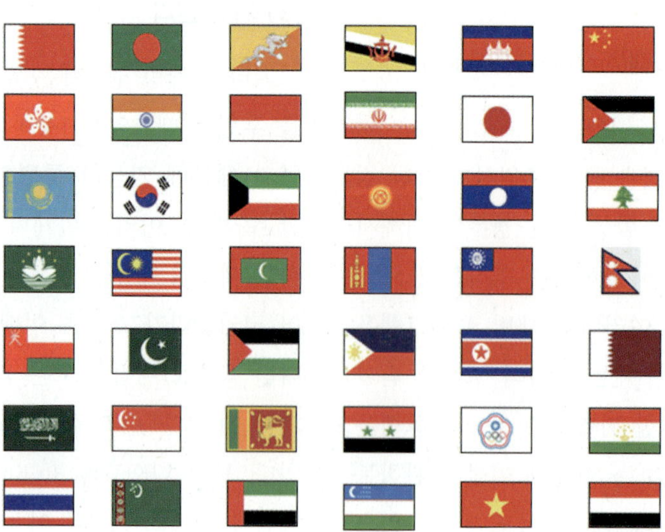

2002 BUSAN Asian Games in KOREA

Official Partner

Scale of Busan Asian Games

1. Competition Period
   September 29, 2002 ~ October 14, 2002 (16 days)

2. Venues (32)
   BUSAN area & Utilize stadiums in Changwon, Masan, Yangsan, etc.

3. Organizing
   The 14th Busan Asian Games Organizing Committee (BAGOC)

4. Competition items: 38 Athletics,
   Swimming, Archery, Badminton, Baseball, Basketball, ... Others

5. Participations
   11,000+ athletes, staff, media personnel from the 42 OCA.

6. Fuji Xerox Korea Support
   Equipment 1755units, FXK CE 50, OPCOS CE 70 people

Location of BUSAN

✓ Distance from Seoul to Busan : 450 Km
4.5H by Express Train or Highway
1.0H by Aircraft (Kimpo to Kimhae)

✓ City Population : 4.0M

✓ FXK Busan Branch : 20 people

✓ FXK Service Center : 1CM/7 CE's

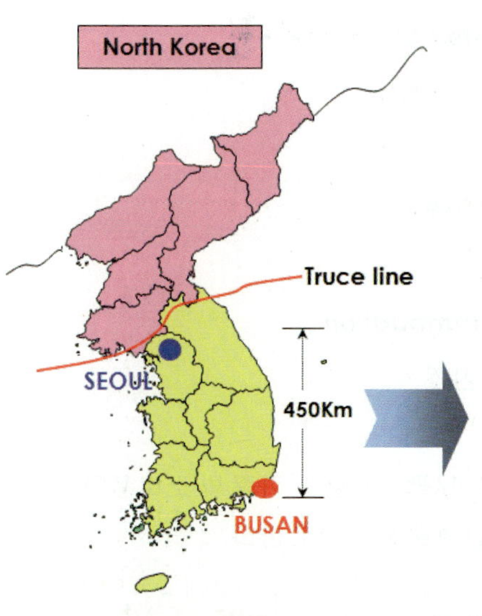

2002 BUSAN Asian Games in KOREA

Official Partner

Organization of FXK WC & AG Support Team

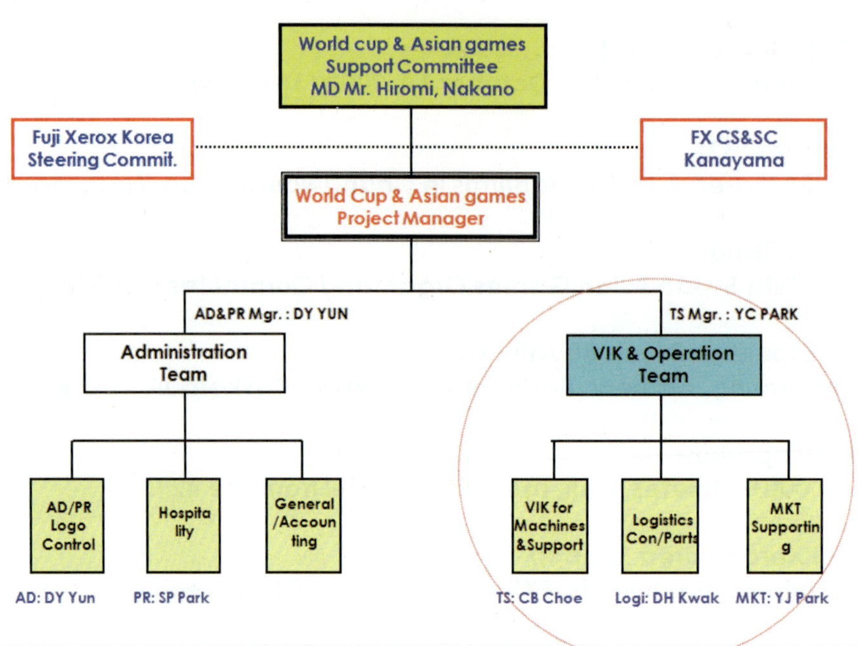

기본 계약 내용

1. VIK Value는 US$ 0,000,000 상당의 장비/Service 일체 제공
   - Copier : 250 units (Not fixed)
   - BW Printer : 1200 units (Not fixed)
   - Color Printer : 40 units (Not fixed)
   - Fax : 380 units (Not fixed)
   - 관련된 부품/소비품/ 용지/SVC
   - 운영에 필요한 Office/warehouse/Accommodation
   - VIK products 및 세부Value는 VIK Plan 참조

2. 상기 이외의 유상으로 판매 되는 복사기/복합기/팩스/칼라 기종 및 소비품의 가격은 정부 조달 가격 및 대고객 공급가로 공급함을 원칙으로 한다.

   - 단기 임대의 경우는 계약 사항에 의거 일체 제공 (Rate card)

2002 BUSAN Asian Games in KOREA

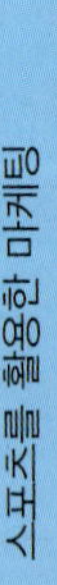

Official Partner

VIK의 Products의 일반 주의 사항

1. **VIK Products Order는 설치 요구 7일 전(Working day)까지 Fuji Xerox Korea에 제공하도록 한다. (BAGOC → SMK →FXK 본사)**
2. **설치 요청서를 받은 FXK는 납기를 준수하며, 연기의 이유에 대해서는 사전 협의를 한다. (FXK → SMK →BAGOC)**
3. **Service Call/ Paper/ 소모품 Order /기계의 이동은 FXK 부산 Service Center로 한다.**
4. **제공된 모든 기계/소비품/용지에 대해서는 대회종류 후 제공 후 제공 Value를 계산 하기에 정확한 출하 수량을 관리한다.**
5. **납품된 모든 제품/상품의 인수증은 반드시 일자/수령자의 확인 수령을 받아 둔다.**
6. **대회 시작 전까지의 일반적인 VIK 기계의 Service는 Normal working hour 09:00 –17:30로 한다. (토요일 09:00-12:30)**
7. **기타 진행상의 문제에 대해서는 BAGOC/SMK/FXK가 협의하여 개선 한다.**

VIK Products 설치 전 준비 사항

1. 설치 요청 주문서에 설치요청 기종, 대수, 부속 장치(Options) 설치장소, 주소, 담당자, 설치예정일, Tel, Fax번호 등을 기재하여 주문하여 주십시오.

2. 설치 장소의 준비
   - 설치 사무실의 구분 작업이 종료 되어 있을 것.
   - 전원 공사가 종료 되어 있을 것.
   - Network 공사, IP address, 사용부서 명칭 등이 완료되어 있을 것.
   - 전산 장비 (PC)가 설치 되어 있을 것.
   - 사용 담당자의 교육 및 인수 인계가 현장에서 가능할 것.

3. 설치 후(인수증 Sign후의 기계 책임)
   - 인수증에 확인 후 사용종료, Fuji Xerox Korea에서 인도 할 때까지의 보관, 기타 도난/분실 사고에 대해서는 인수 담당자에게 있으니 최종 인도 시 까지는 관리에 주의를 요합니다.

2002 BUSAN Asian Games in KOREA

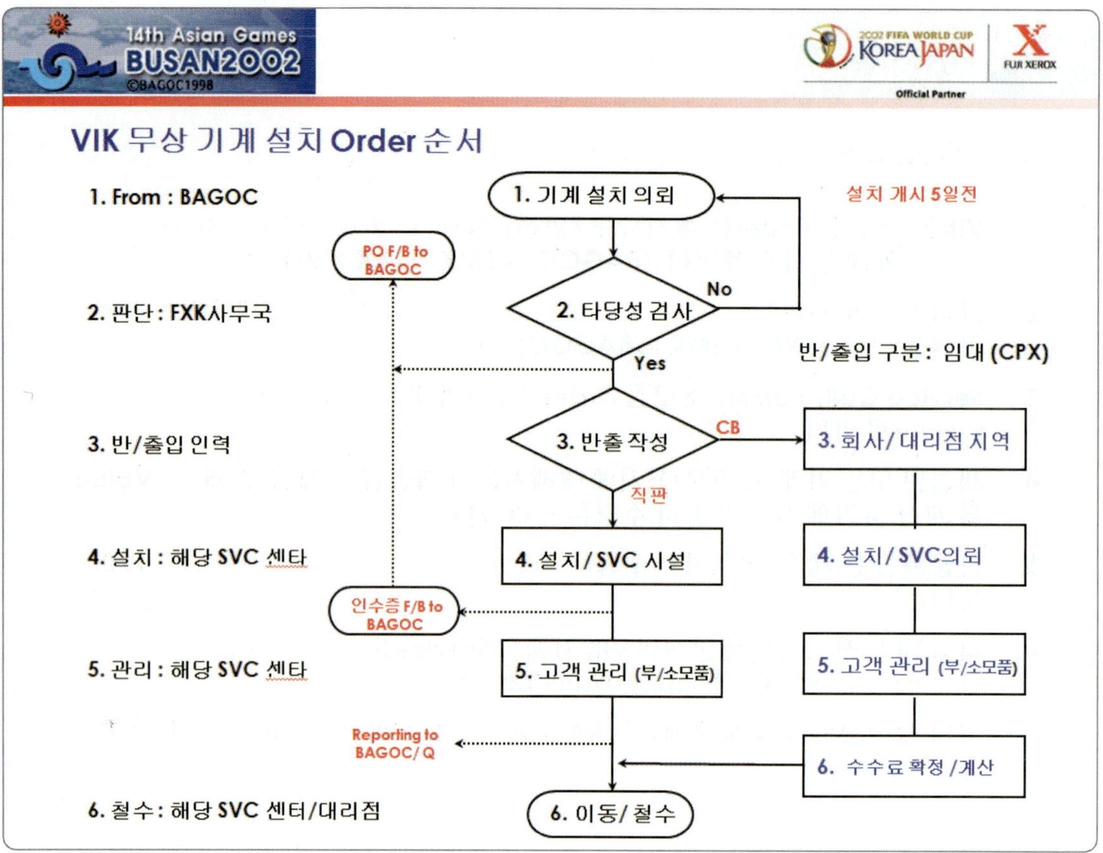
14th Asian Games
BUSAN2002
©BAGOC1998
2002 FIFA WORLD CUP KOREA JAPAN
FUJI XEROX
Official Partner
VIK 무상 기계 설치 Order 순서
1. From : BAGOC
2. 판단 : FXK사무국
3. 반/출입 인력
4. 설치 : 해당 SVC 센타
5. 관리 : 해당 SVC 센타
6. 철수 : 해당 SVC 센터/대리점
PO F/B to BAGOC
인수증 F/B to BAGOC
Reporting to BAGOC/Q
1. 기계 설치 의뢰
2. 타당성 검사
No
Yes
3. 반출 작성
CB
직판
4. 설치/SVC 시설
5. 고객 관리 (부/소모품)
6. 이동/철수
설치 개시 5일전
반/출입 구분: 임대 (CPX)
3. 회사/대리점 지역
4. 설치/SVC의뢰
5. 고객 관리 (부/소모품)
6. 수수료 확정/계산

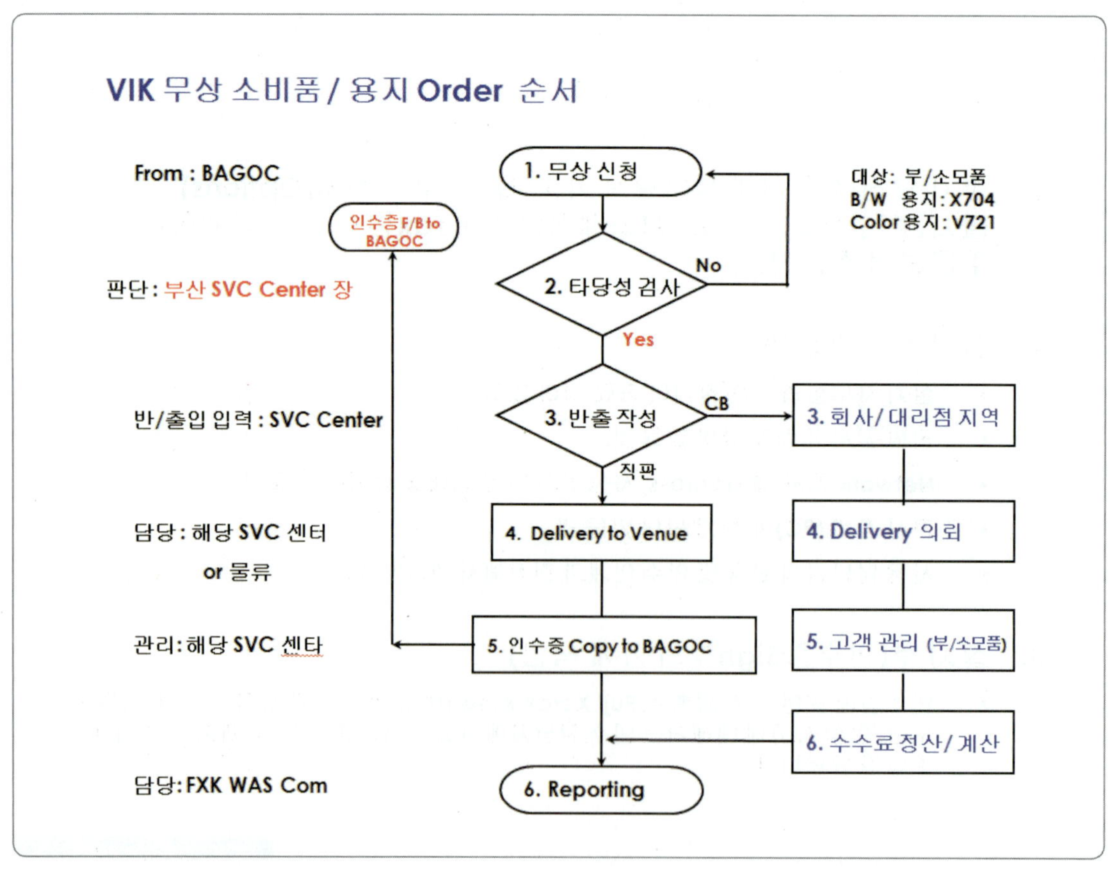
VIK 무상 소비품/용지 Order 순서
From : BAGOC
판단 : 부산 SVC Center 장
반/출입 입력 : SVC Center
담당 : 해당 SVC 센터
or 물류
관리 : 해당 SVC 센타
담당 : FXK WAS Com
인수증 F/B to BAGOC
1. 무상 신청
2. 타당성 검사
No
Yes
3. 반출 작성
CB
직판
4. Delivery to Venue
5. 인수증 Copy to BAGOC
6. Reporting
대상: 부/소모품
B/W 용지: X704
Color 용지: V721
3. 회사/대리점 지역
4. Delivery 의뢰
5. 고객 관리 (부/소모품)
6. 수수료 정산/계산

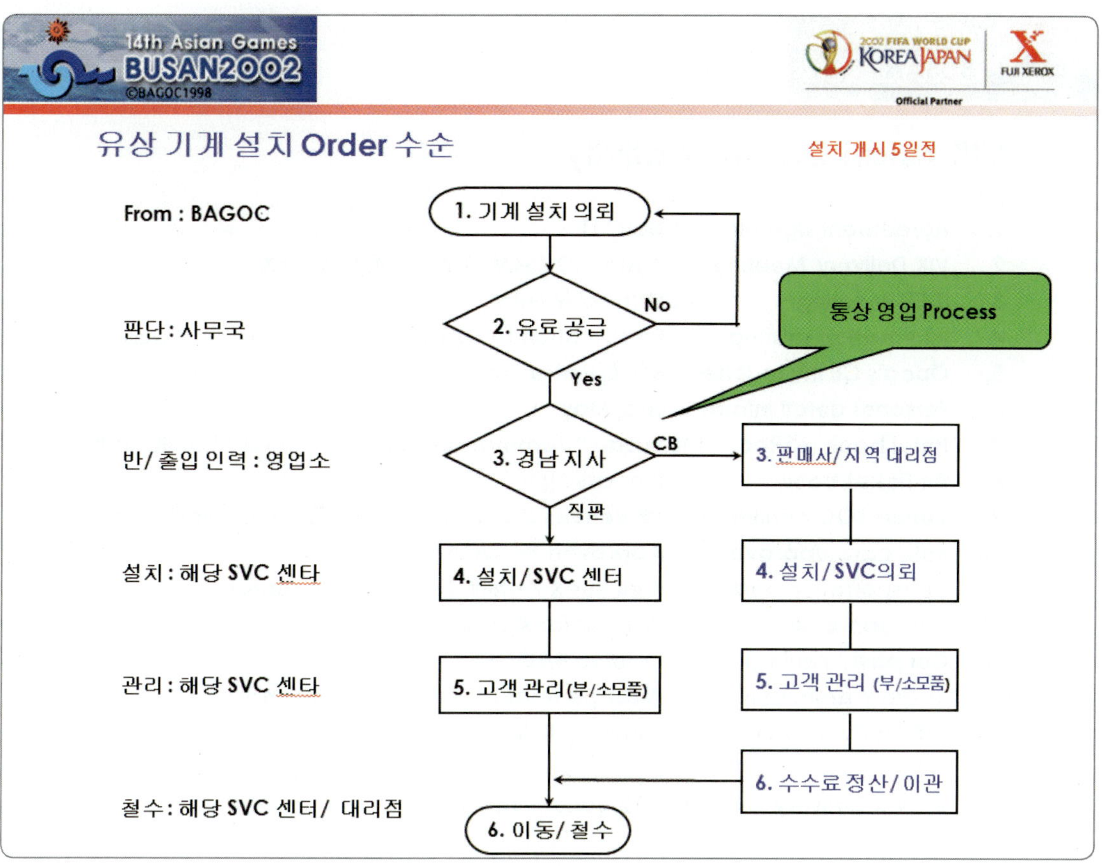

VIK Delivery Agreement

	2002 BUSAN AG Plan	1998 BKK AG Act
1.VIK Agreement	US $ 0 M	US $ 0 M
2.VIK Products	1,755 units	1,811 units
3.Plan Copy/Printer Volume	20,000K P/V	20,000K PV
4.Service person from Opco's	64 CE's/One wave	156 CE's/ Two wave
5.Service person from FXK	50 FXK CE's	128 THFX CE's
6.Number of Sports	38 Category	36 + 2 Demo
7.Competition Venue	35 Venues	62 Venues
8.Asian Games period	2002. 9.29 – 10. 14	1998. 12.06 – 12.20
9.Organizing Committee	BAGOC	BAGOC
10.Participating Nations & Ath	42C/11,000+	41C/7,000+

2002 BUSAN Asian Games in KOREA

Official Partner

VIK Asian Games Activity

1. Agreement sign off : Nov '01
2. VIK Delivery Meeting : 7/Mar '02 ($4M, 1,755units) with FX
3. IT FTT Meeting : 2times/ Month
4. Information sharing : Presentation to Opco's TS Mgr W/S (E/Apr at Sydney)
5. Opco's CE Invite letter : 64CE/6 Mgr (Early/may)
6. Personal detail inform : End/May
7. Hotel book (65Room/2): Busan "Commodore Hotel" (prepay: $200K/ June)
8. Air Ticket book : Processing
9. Venue SOC confirm : 19 Venues (20m^2) Tel , Desk, Elect, cabinet, etc.
10. Rate card approval : Approved by OCA
11. Transportation arrange : Mini Bus x 7 units, Car x 5 units Rental
12. Visa approval : Waiting for Application form
13. Car pass/ Parking : Input to BAGOC
14. Busan Warehouse : Arrange near by Yangsan (1,500m^2)
15. VIK Products delivery : 46units (20/May)
16. FESPIC games support : ??? (10/26 ~ 11/1)
17. 2nd VIK Delivery Meeting : 12/June with FX

Service Support Plan (24H/14H : Am/Pm Shift)

1. Support Wave : One wave (27/Sep to 15/Oct : 18N/19Days)
2. Require # of CE's : 106 CE's
3. Am Shift : 08:30 to18:30 (10Hours)
4. Pm Shift : 12:30 to 22:30 (10Hours)
5. Mid Night 119 : 22:30 to 08:30 (10Hours, 2CE's x 6 teams)
6. Others : Call center – SOC in Commodore Hotel

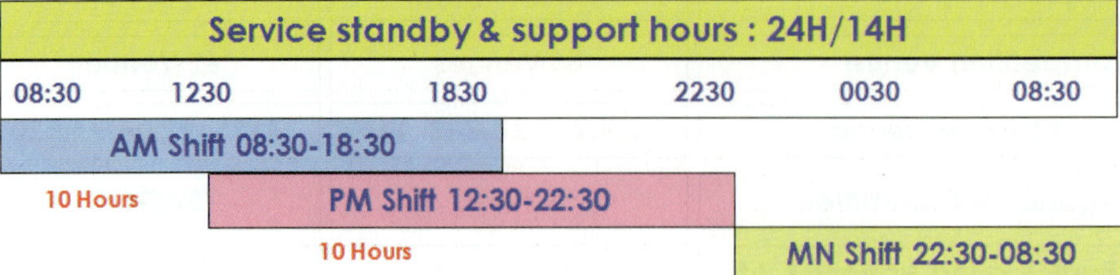

2002 BUSAN Asian Games in KOREA

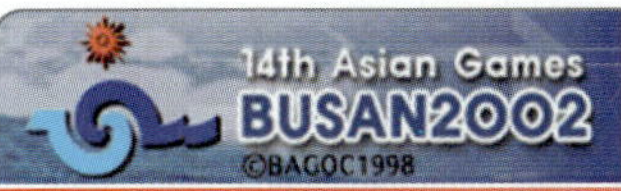

Official Partner

VIK Delivery Products Details

Category	Model	Number of VIK Units	Group Total	Nickname	UI display	Manual/ Others
Copier	V-255 2T	9	141	Bueno	Back lit Korean	Hard
	DC235	67		Hana	LCD Korean	Hard
	DC285	0		Hana	LCD Korean	Hard
	DC605/705	65		Ocean 2	LCD Korean	E-doc K/E
Multi Function	DC235 CF	24	692	Hana	LCD Korean	Hard
	DC285 CP	199		Hana	LCD Korean	Hard
	DC285 CF	0		Hana	LCD Korean	Hard
	FM-2000	357		S/S OEM	LCD Korean	Korean uni
	DC235 CPF	33		Hana	LCD Korean	Hard
	DC285 CPF	10		Hana	LCD Korean	Hard
	DC400CPF	5		Louise	LCD Korean	Hard
	DPC621 C&P	11		Tsubaki	LCD English	Hard
	DC605/705CP	53		Ocean 2	LCD Korean	E-doc K/E
Printer	K2065S	872	922	Shimoda	LCD English	Korean uni
	DPC621 P	50		Tsubaki	LCD English	Hard
Grand Total		1755	1755			

Require number of Opco's CE

(The Number of CE's allocation discussed with TJ, Kanayama & FXAP)

Group	Opcos	Require CE's	Manager	Require Level	Duty	Others
FXAP	FXAP		3	Manager	SOC/Venue	RTS: 2, AP SOP: 1
	FXA	3		Com/Product	Venue CE	
	FXNZ	3		Com/Product	Venue CE	
	TFX	7		Com/Product	Venue CE	
	AG	8		Com/Product	Venue CE	
	PFX	7		Com/Product	Venue CE	
	FXS	0		Com/Product	Venue CE	
	FXM	6		Com/Product	Venue CE	
	THFX	12		Com/Product	Venue CE	
FX	FX	12	3	Manager	CE / SOC	FX
GCO	FXCL	2		Com/Product	Venue CE	
	FXSL	1		Com/Product	Venue CE	
	FXHK	3		Com/Product	Venue CE	
Total		64	6	70		Total: 70

2002 BUSAN Asian Games in KOREA

Official Partner

Foreign CE's Invite Process

Mile Post	Mar	Apr	May	Jun	Jul	Aug	Sep	Oct
Issue the official letter	▼ TO : FXAP, FX, GCO							
Explanation of Details for AG			▼ TS Mgr Work Shop					
Conform the # of CE's & name			▼ 3W/May : Name & support Products					
Personal Details of each CE				▽ 1W/Jun: Details personal data, Passport & VISA Check ◄····►		▽		
VISA & require documents				▽ 1W/Jun: Inform the require documents				
Apply for AD Card				▽ Application form ◄····►	▽ Form Return			
Issue of Trip & Service guidance					▽ 1st Draft	▽ 2nd Draft	▽ Final	
Each Opco's contact window			▽ ◄····	········	········	········	····►	▽
Air ticket booking and arrange			▽ Pre-Booking		▽ Name input	▽ Send to Opco's		
Others				▽ Discuss for B/ Trip process with FXAP	▽	▽	▽	

Asian Games Support plan

Mile Post	12	01	02	03	04	05	06	07	08	09	10
FXAP & FXK Support Meeting	▼			▼			▽			▽	
FXK & BAGOC Meeting				▼ VIK sign up	▼ 1st VIK RPT			▽ 2nd VIK RPT		▽ Final RPT	
VIK for Products Demand Survey	◄····► VIK Prices setup		◄····► 1st Survey		◄····► 2nd Survey			◄····► Final			
VIK for SVC support planning		◄····► 1st S/ Manpower		◄····► SVC Planning		▼ Opco's CE	◄····► Semi Final plan		◄····► Fixed	▽	
VIK for Delivery & Logistics Survey		◄····► 1st Survey & Venue Conf			◄····► 2nd Survey			◄····► Final		◄····► Deliver	
MC delivery & partly SVC		◄····► Pre- install & SVC							◄····► Delivery & Install pick		
Marketing event						▽ ◄····	····	Logo Guidance by FXAP	····	····	····►
FXK Busan AG Office		◄····► Supporting by Busan office					▽ Office Open	◄····►		▼ SOC Open ◄····►	
Others				▼ Hotel survey	◄····► Air ticket & Hotel Book	▽				▽ Foreign CE's Pick up	
Communication Support : Korean, English or Japanese											

2002 BUSAN Asian Games in KOREA

Official Partner

Fuji Korea VIK Survey & Issue 사전 토의 내용

No	Issue	협의 대상 팀	비고
1	VIK Products demand survey (2차) 공급 기계 종류/ 대수 등 요구의 변화에 따른 현상 파악	물자부/ 정통부/ 기타 관련 팀	VIK Meeting 시 Up date
2	대회 기간 중 숙박 관련 Hotel 예약 준비: 70 Rooms Service Operation Office 운영 사무실 용도 70 평	숙박 사업단 기타 관련 팀	
3	Air ticket booking Process 70여명의 동남 아시아 엔지니어	숙박 사업단 기타 관련 팀	
4	해외 엔지니어 지원에 따른 VISA 준비 서류 지원 요원 신원 보장	숙박 사업단 기타 관련 팀	
5	대회 기간 중 엔지니어 이동에 따른 차량 임대 협의 승합차 : 7대, 승용차 : 4대	숙박 사업단 기타 관련 팀	
6	각 주요Venue별 FXK 사무실/창고 확보의 건 (전화/ 캐비닛/ 의자/ 책상) 각 주요 Venue 20 개 장소 : 5-10평 정도 (엔지니어 대기/소모품/부품 / Tool 보관)	시설부/ 기타 관련 팀	
7	FXK VIK Delivery 차량 운행의 건	휘장 사업부/ 대한 통운	
8	FXK 물류 창고 확보의 건 (약 400평)	휘장 사업부/ 대한 통운	약 00 만원 정도의 추가 비용 발생
9	AD card printer 관련 Printer/용지/Bar code/기계 종류/운영 방법	등록부 기타 관련 팀	
10	AD Card 발급 준비 계획/ 신청서	등록부	
11	Service 차량 운행 Pass/ Parking Pass	수송부	
12	통합 예약 센터 FXK products Rate card 운영의 건		
12	파트너 지원 요원 대한 유니폼 지급 관련	물자부	
13	경기장 내 통신장비 운영 주파수 (파워텔/ PDA/ Hand phone)	통신부/ 안전부	
14	전산 장비 운영 자원봉사자 교육	통신부/ 안전부	
15	VIK 기계 영문 Display 요구 사항	운영부	
16	기타		

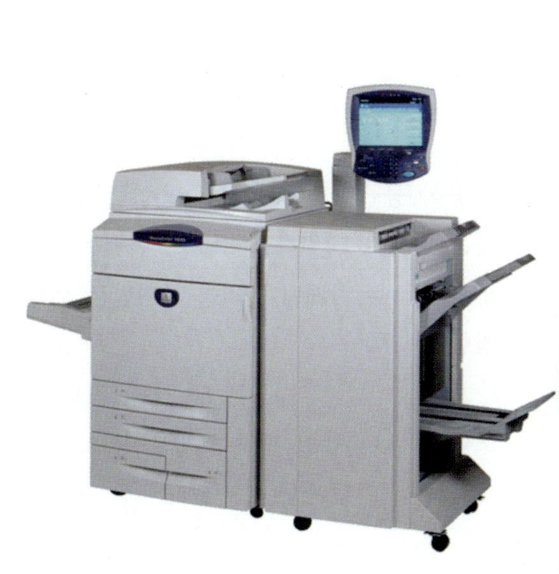

THE DOCUMENT COMPANY
FUJI XEROX

2002 BUSAN Asian Games in KOREA

10. 후원사의 유형

스포츠 스폰서십은 가장 유명한 형태로 유럽만 보더라도 스폰서 권리비용만 연간 10조 6천억(2007년 기준)을 넘는다. 그 권리를 충분히 활용하기 위해서는 상당히 많은 추가적인 비용과 적절한 전략이 요구된다. 모든 브랜드의 권리를 보호하고 제대로 활용하기 위해서는 각사에 적합하고 이상적인 스폰서십이 필요하다. 후원사의 유형은 참여하는 후원사의 형태에 따라서 몇 가지로 분류될 수 있으며, 어떤 형태로 후원에 참여하느냐에 따라서 후원사의 명칭은 타이틀 스폰서, 공식 파트너 또는 스폰서, 협찬사, 공급업체, 공식 제품화권자 등으로 구분할 수 있으며, 또한 스폰서십의 후원 분야에 따른 유형을 구분할 수 있는데, 그러한 형태를 알아보자.

타이틀 스폰서

타이틀 스폰서는 일반적으로 단일종목의 스포츠 이벤트에 대한 전체적인 마케팅 권리를 부여받는 스폰서라고 할 수 있으며 스포츠 이벤트의 명칭 앞에 타이틀 스폰서의 기업명이 노출되어서 미디어에 대한 노출 효과가 크다고 할 수 있다. 많은 스포츠 이벤트가 타이틀 스폰서십 프로그램을 통해서 재정적인 재원을 마련하고 있으며, 이러한 예는 골프 또는 테니스, 축구의 친선경기 등에 이러한 예를 살펴볼 수 있는데, LPGA의 맥도널드 챔피언십 이라던지 삼성 PAVV 프로야구 등을 예로 찾아 볼 수 있으며, 타이틀 스폰서의 권리를 취득하고 싶지만 스포츠 이벤트의 마케팅 프로그램의 가이드라인 상 대회 명칭 앞에 붙지 못할 경우에는 Presenting Partner의 권리를 취득하여 브랜드를 노출할 수 있는 권리를 획득한다.

ING 생명이 타이틀 스폰서로 참여한 뉴욕 마라톤 대회

공식 파트너

공식 파트너 또는 스폰서는 현금의 비율을 높게 하여 후원하는 기업들에게 보통 받게 되는 후원사 명칭이라고 할 수 있다. 하지만 이러한 공식 파트너의 대한 이미지는 사실상 스포츠 이벤트의 실제적인 상황에 따라서 달라질 수 있으며, VIK(Value In Kind; 협찬물품)의 비율에 따라서 달라질 수 있으며, 그 VIK의 협찬 금액의 양에 따라서 파트너 또는 공급업체 등으로 구분되어질 수도 있다.

공식 공급업체

공식 공급업체는 물자나 용역 등을 현금 대신 높은 비율로 지원하고 스포츠 이벤트의 주최자로부터 일정한 마케팅 권리를 부여받는 후원사를 지칭할 수 있다.

보통 이러한 후원사는 IT 업체, 정보통신 업체, 보험 회사, 컴퓨터 관련 업체 등이 이러한 공급업체로 권리를 부여받을 수 있다.

공식 제품화권자

공식 제품화권자는 일정한 금액을 지불하고 스포츠 이벤트의 마크를 사용하여 특정 제품을 생산, 제조, 판매할 수 있는 권리를 얻는 기업들이 부여받는다. 이러한 공식 제품화권자는 국내와 해외로 구분하여 판매할 수 있는 권리를 부여 받을 수 있다.

유니폼/구단 스폰서십(Shirt/Team Sponsorship)

유니폼 스폰서십(이벤트 자체보다는 구단을 브랜드와 연관시키는 것)으로 오랫동안 점점 많은 인기를 얻어오고 있는 스포츠 스폰서십의 유형이라고 할 수 있다.

스포츠 단체는 스포츠를 과도하게 상업화한다는 이유로 오랫동안 경기장 내 유니폼 스폰서십을 금지했었지만 미디어가 정립된 지금, 이 스폰서십은 유럽의 큰 축구구단의 수백만 파운드에 달하는 거래부터 아마추어 대회의 키트(장비)비용 후원에 이르기까지 광범위하게 활용되고 있다. 이러한 팀의 스폰서십의 권리 범위는 일반적으로 아래와 같다(2009, SMS Report).

스폰서십 권리의 범위(The Range of Sponsorship Rights)

- 유니폼/레플리카
- 단체 hospitality 시설물
- 경기/시즌 티켓
- 구단 사진을 활용한 프로모션
- 인터뷰 백드롭
- 선수를 활용한 프로모션
- 홈구장 보드광고
- 구단 공식 웹사이트
- 경기장 주위에 브랜드 표시
- 미디어에 제공되는 팀 관련 자료(선수 출입구, 음식제공지역, 스코어보드 등)
- 단체 행사를 위한 경기장 사용

체시 클럽의 공식제품 판매 매장의 매대에 설치된 제품의 모습

- 교체 선수보드
- 구단 메일링 리스트 사용

선수의 이용(The Use of Personalities)

한 개인을 스폰서하는 것은 가장 위험하면서도 잠재적으로는 가장 투자할 만한 가치가 있는 것으로 생각되어져 왔고, 위험성이 명백하지만, 한번 성공하면 큰 성공을 거둘 수 있기 때문에 많은 스타선수들을 활용하고 있다. 선수의 물의를 일으키는 행동이나 부상은 역 홍보 효과를 불러일으키거나 노출 효과를 떨어뜨릴 수 있는 반면 선수보증광고(Endorsement)의 이점은 스포츠 팬들이 팀이나 경기보다는 선수들 개개인에 더 관심을 둔다는 것이다(2001, Driving Business Through Sport).

이벤트 스폰서십(Event Sponsorship)

이벤트 스폰서십의 가장 큰 이점은 다양한 브랜드 속에서 독자적으로, 목표한 스포츠 자체의 독점적 소유권을 확보할 수 있다는 점이다.

축구를 예로 들면, 국내 경기에서는 TV 중계를 통해 A보드광고, 방송 스폰서십, 구장 스폰서십, 구단의 유니폼 스폰서십 그리고 공식 공급업체들을 통해 브랜드를 노출할 수 있다. 구장에 직접 찾

부산 지역에서 개최된 아디다스의 길거리 농구대회 예선전 모습

아온 관람객에게는 매점, 제품 판매점, 경기티켓, 경기 당일 스폰서, 볼 스폰서뿐 아니라 공식적인 프로그램을 통해 브랜드를 노출할 수 있는 기회가 많이 있다(2001, Driving Business Through Sport).

구장 스폰서십(Venue Sponsorship)

구장 스폰서십은 유럽에서 최근에 새롭게 부각되는 분야로서 구단주는 새로운 경기장 건설에 필요한 자금을 조달하고, 대신에 후원사는 경기장과 연계하여 후원사 브랜드를 노출시키고 있다. 기존 경기장 시설물을 이용하여 후원사 브랜드 명을 변경하여 노출하는 것이 새로운 인지도를 갖게 하는 데에 많은 시간이 소요되기 때문에 주로 새롭게 건설되는 경기장을 많이 선호하고 있다.

구장 스폰서십의 강점은 상대적으로 장기 계약이 가능하고, 스포츠 팬들과의 관계를 밀접하게 만들 수 있으며, TV, 라디오, 신문에 자주 후원사 브랜드를 노출시킬 수 있다는 점이다.

또한 경기장 안내판, 지역 교통 표시판, 색깔이 있는 관람객 좌석에 브랜드나 로고의 노출이 가능하고 클럽 홈페이지, 단체접대, 판촉권리, 용품권리, 선수들을 활용한 프로모션 등과 연계한 스폰서십 활동을 할 수 있다(2001, Driving Business Through Sport).

기술 스폰서십(Technology Sponsorship)

기술 스폰서십은 시간 측정이나 점수 기록 등에 대한 권리를 갖는 것으로 화면자막으로 혹은 화면상에 스폰서 브랜드가 노출된다. 동계올림픽의 Omega나 윔블던의 Rolex 등이 이에 속한다. 기술 스폰서십은 많은 잠재력을 갖고 있다. 인터넷 사용의 증가와 인터넷·TV 기술의 발전으로 그러한 스폰서들의 노출이 더욱 커질 것이며, 상호 작용적인 요소로 인해 스폰서들의 기술적인 전문성을 보여줄 기회도 더욱 많아질 것이다. 기술 스폰서십은 이제 단순히 기술적인 측면을 넘어서, hospitality나 웹 사이트 운영, 쌍방향 방송 들을 통해

마케팅 休知通

멋진 광고 – "Mean Wanted"

다음은 1914년 세계 최초로 남극 대륙 횡단에 나섰던 어니스트 섀클턴(Ernest Shackleton)이 27명의 대원들을 모집한 광고이다. 광고를 보면 자원하고 싶은 마음이 절로 드는데 그 내용을 보면 다음과 같다.

"사람을 찾습니다. 위험한 여정이고 보잘 것 없는 임금과 살을 에는 추위와 길고 긴 어둠의 시간 속에 상존하는 위험과, 무사 귀환을 장담할 수 없지만 성공할 때는 명예와 인정을 얻을 수 있습니다.

Mean Wanted: for Hazardous Journey. Small wages, bitter cold, long months of complete darkness, constant danger, safe return doubtful. Honor and recgnition in case of success."- Sir Ernest Shackleton-

어니스트 섀클턴은 「섀클턴의 파워 리더십」이란 책으로 소개될 만큼 탁월한 리더십을 보여주었다. 그의 남극 횡단계획은 결국 성공하지 못했지만 성공보다 더 위대한 실패로 기억되고 있다.

새로운 스폰서십의 가능성을 보여줄 수 있다(2001, Driving Business Through Sport).

방송 스폰서십(Broadcast Sponsorship)

유럽 상업방송의 규제가 완화되면서 스포츠 프로그램의 방송 스폰서십이 허용되었다. 공식대회 권리를 갖지 않는 방송 후원사가 적은 비용으로 대회 스폰서보다 더 큰 인지도를 얻게 되면서 방송 스폰서십이 전 스폰서 산업에 큰 변화를 가져오고 있다. 방송 스폰서십은 다음과 같은 이점을 가지고 있다.

브랜드 노출량이 일정하게 보장되고, 노출은 좀 더 창조적인 형태로 다루어지며, 공식대회 후원사들보다 비용이 적게 든다. 또한 이벤트 스폰서십보다 최초상기도(top of mind awareness)가 높으며, 미디어가 브랜드 이미지에 대한 태도를 바꿀 수 있다.

스포츠 이벤트에는 다양한 화면을 전하기 위한 여러 대의 카메라가 동원된다.

방송 스폰서십이 갖는 또 다른 형태는 매복 마케팅(Ambush Marketing)으로 이벤트 스폰서십처럼 현장에서의 판촉·PR·용품·접대 등의 활동이 불가능하다. 주요 공식대회 후원사들은 첫 번째 옵션으로 방송 스폰서십 패키지를 갖도록 지속적인 요구를 하기 때문에 앞으로 이러한 방송 스폰서십의 권리도 자연스럽게 변화될 것으로 전망되고 있다.

11. 스포츠 단체의 후원사 선정

스폰서십 프로그램의 가치 강조

스포츠 스폰서십 참여 프로그램의 가치의 부각과 강조는 스포츠 단체만이 할 수 있으며, 스포츠 스폰서십 프로그램은 기업들의 흥미를 유발할 수 있는 높은 가치를 지니고 있어야 하다. 따라서 스포츠 단체가 스폰서십 프로그램을 기업에게 판매하고자 할 경우 잠재적 후원 대상 기업에 접근하

스포츠 이벤트의 가치가 있어야 후원사들도 스폰서십에 참여한다.

려면 스폰서십 프로그램의 자산의 가치적 측면을 증명하여야만 한다.

첫째, 대회의 마크와 명칭 등 후원사가 마케팅적으로 활용할 수 있는 가치 있는 것들에 대해서 공식적으로 등록되어 법적으로 보호받을 수 있다는 것을 확신시켜 줘야 한다.

둘째, 스폰서의 독점적인 마케팅 권한을 보장하고 다른 경쟁사의 마케팅이나 활동으로부터 통제할 수 있는 프로그램을 가지고 있다는 점을 강조한다.

셋째, 마크나 혹은 로고 또는 마스코트, 캐릭터 등을 후원사가 사용할 수 있도록 보장하여 준다.

넷째, 후원사를 리드할 수 있는 스포츠 스폰서십에 대한 전문성을 갖추고 있다는 점을 강조한다. 교섭중인 스폰서와 동일한 사업적 전문 용어를 구사하는 전문가가 일을 추진하므로 파트너십의 효과성을 높일 수 있다는 점을 확신시켜 준다.

다섯째, 각 제품의 영역이나 프로그램의 시장 가치를 조사하여 기초 자료에 근거한 기대 효과를 제시한다.

여섯째, 독점성을 높여주기 위해서 제품 영역별

| 그림 4-6 | 스포츠 스폰서십에 참여하는 이유

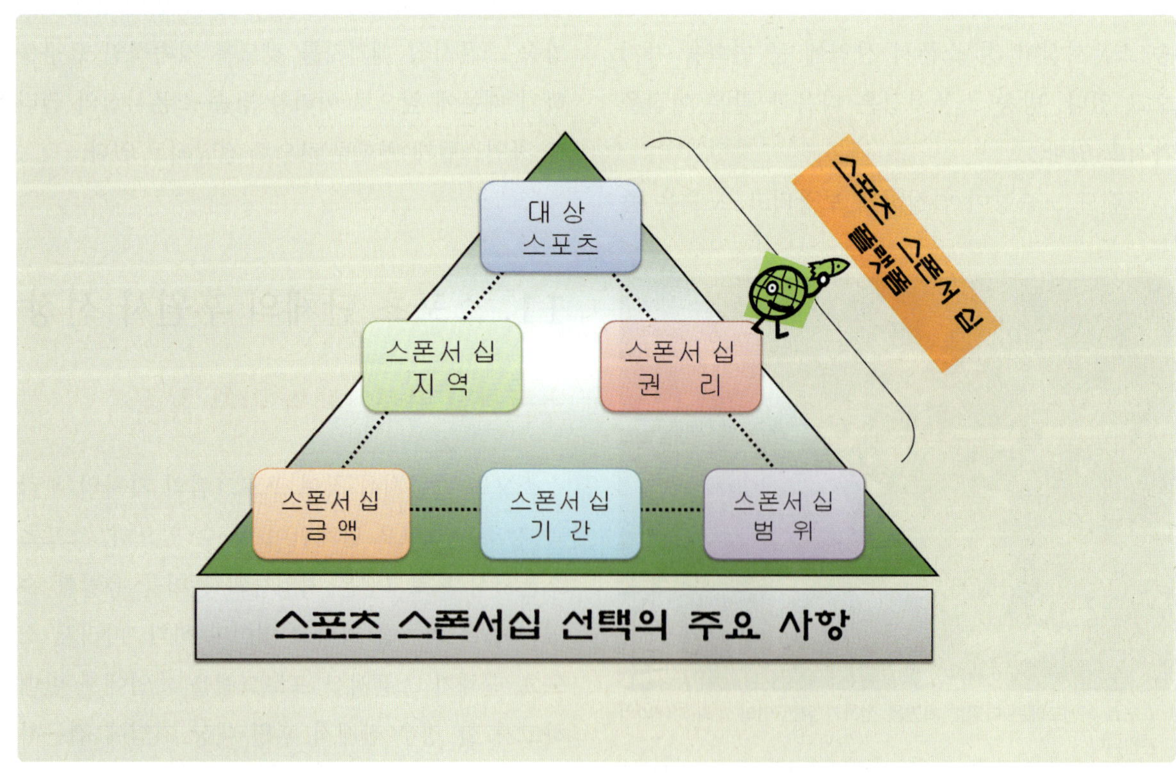

마케팅 休知通

블루오션 전략

고객을 사이에 두고 경쟁사와 피 터지게 싸우는 시장(bloody market)에서 어떻게 승리할 것인가가 주요 관점이다. 하지만 경쟁에서 승리할 수 있는 최선의 방법은 아예 경쟁을 하지 않는 것이다. 손자병법에서는 이를 "부전이승(不戰而承)" 즉 싸우지 않고 이기는 것으로 표현했고 비즈니스에서는 "블루오션 전략"이라고 한다.

프랑스 유럽 경영 대학원의 김위찬, 르네마보안의 "블루오션 전략"에서 경쟁이 치열한 기존 시장, 곧 혈투가 벌어지는 레드오션(red ocean)에서 벗어나 누구의 손도 미치지 않는 미지의 세계 새로운 시장, 블루오션으로 나가라고 했다.

10년에 걸쳐 108개 기업을 연구한 결과, 새로 출시된 제품의 86%가 기존 제품 계열을 확장한 레드오션 제품이었고, 나머지 14%만이 새로운 블루오션 제품이었다고 한다. 그런데 이 14%의 블루오션 제품이 전체 매출액의 38%, 전체 이익의 61%를 차지하고 있다고 설명함으로써 블루오션 전략의 중요성을 강조하였다.

스포츠 시장의 블루오션은 어디인가? 이익 창출의 요소가 무엇인가를 마케터는 판단하고 참여하여야 한다.

로 한 기업에게만 권리를 부여한다.

일곱째, 후원사들이 의심을 갖지 않도록 제품 영역별로 스폰서십 혜택 및 조건을 일목요연하게 작성하여 제시한다.

여덟째, 잠재적 스폰서의 인지된 욕구를 충족시켜 주기 위해 제품이나 프로그램의 특성에 따라 분류하여 제시하여야 한다. 예를 들면 후원 기업이 이러한 특별한 프로젝트에 흥미를 갖는가에 대한 전반적인 사항 등을 이해하기 쉽도록 하나의 스폰서 패키지로 포장하여야 한다.

아홉째, 대회의 이미지는 매우 긍정적이고 역동적이어서 기업이 목표로 하는 것을 달성할 수 있다는 점을 강조한다. 즉 매체의 노출이 크며, 기업이 목표하고 있는 소비자층의 타깃과 부합한다던지, 기본적인 고객과의 커뮤니케이션 도구 등이라는 점을 강조하여야 한다.

열 번째, 후원기업들과의 적절한 모임을 계획하여야 한다. 이러한 모임은 공식 행사 또는 마케팅 워크샵, 경기장 투어 등을 통해서 이루어진다.

열한 번째, 관련 법적 요건을 준수하여 후원사와 맺은 스폰서십 프로그램을 계약에 입각하여 준수하여야 한다.

후원사 선택의 기준

후원사를 선택하는 기준에 있어서는 권위와 명성을 자랑하는 스포츠 이벤트나 단체는 기업이 아무리 많은 비용을 제공한다 하더라도 스포츠 이벤트의 이미지를 실추시킬 확률이 있는 기업에게는 스폰서십 제안을 하지 않는다. 최근에 이러한 현상 때문에 술과 담배를 주로 생산하는 기업들은 스포츠 스폰서십에 쉽게 참여하지 못하는 경우가

골프는 금융권 기업들이 가장 많이 활용하는 마케팅 도구이다.

많이 있다.

사회적 평판이 좋지 않은 기업과 스폰서십 계약을 체결하게 되면 스포츠 이벤트의 전체적인 이미지가 떨어지게 되고 이러한 이미지의 하락은 다른 후원사를 영입하는 데도 어려우며, 대회 흥행에 문제가 될 수도 있기 때문이다. 이러한 문제로 인하여 후원사가 참여를 하거나 스포츠 단체가 선택을 할 경우에 고려하여야 할 문제가 스포츠 이벤트를 통해서 얻을 수 있는 이미지와 효과의 정도라고 할 수 있다.

스포츠 이벤트를 후원하는 기업들이 이미지적으로 원하는 효과는 고객과 커뮤니케이션을 함으로써 고객들에게 긍정적인 이미지를 도출해 내기를 원하고 있는 것이다.

일례로 최근에 신지애를 후원하는 미래에셋의 경우는 신지애가 LPGA로 진출하면서 글로벌한 이미지를 갖기 시작했으며, 미래에셋의 글로벌 시장 진출에 발맞추어서 스폰서십이 이루어졌다고 할 수 있다. LPGA에서의 제2의 박세리라 불리는 신지애의 성적이 박세리 수준만큼의 성적이 나온다면 미래에셋의 스폰서십 효과는 예상하지 못할 만큼 효과적이라고 할 수 있다.

이렇게 기업들의 긍정적인 이미지를 도출해 내기 위한 기대와 그 결과를 통해서 스폰서십을 판단하여야 하는데, 그 효과의 정도를 판다하는 기준은 첫째, 스포츠 이벤트를 참여할 수 있는 인구통계학적 기준은 어떠한가(타깃과 일치하는가?) 둘째, 스포츠 이벤트를 통해 노출되는 미디어 효과는 어느 정도이며 범위가 어디인가? 셋째, 대회의 이미지와 기업의 이미지가 일치하며 스폰서십을 통하여 이미지업이 가능한가? 넷째, 기존의 대회 이미지는 어떠한가? 다섯째, 스폰서십을 통해서 후원사의 제품 구매에 어떠한 영향을 미칠 수 있는가? 등의 이미지 기대 효과 정도의 내용을 판단하여서 참여할 것인지를 확인해 봐야 한다.

스포츠 이벤트의 가치를 확대면 후원사도 늘어날 수 있다. 2003년부터 시작한 피스컵은 그 가치를 키워 2009년부터는 해외에서 개최하고 있다.

그림 4-7 | 스포츠 스폰서십에 참여하는 이유

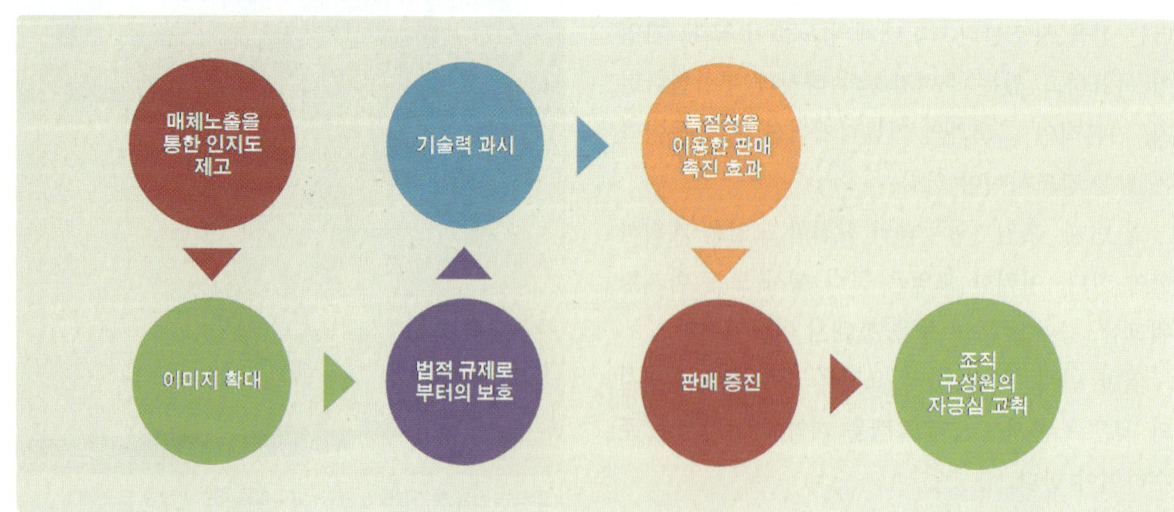

12. 스포츠 스폰서십에 참여하는 이유

일반적으로 기업들이 스포츠 스폰서십에 막대한 비용을 지출하고 있고 이러한 스포츠 이벤트에 참여하고 있는 이유는 스포츠 이벤트의 효과를 정확하게 이해하고 있기 때문일 것이다. 만약 기업들이 스포츠 이벤트의 효과를 인정하지 못하거나 효과를 이해하거나 판단하지 못했다면 기업들은 스포츠 이벤트의 후원을 하지 않을 것이기 때문이다.

기업들이 스폰서십 프로그램에 참여하는 이유는 고객과의 커뮤니케이션을 통해서 긍정적으로 브랜드를 포지셔닝하고 이러한 포지셔닝을 통해서 제품의 구매로 연결되기를 희망하기 때문이다. 제품의 구매와 연결되지 않더라도 그 목적이 긍정적인 포지셔닝으로 이끌어 낼 수 있다면 기업들은 그것만으로도 스폰서십 프로그램에 참여하게 된다. 이러한 효과를 기대하는 부분이 어떤 것이 있는지 알아보면 다음과 같다.

매체노출을 통한 인지도 제고

업종별로 하나씩 참여할 수 있는 공식 후원사 기업에게 제공되는 혜택은 제도적인 보호 속에서 이루어지는 매체노출이다. 예를 들어 2002 FIFA 월드컵의 광고 보드는 전 세계의 방송을 통해서 한 화면에 최소 2~4개의 보드가 노출될 수 있기 때문이 이러한 노출을 통하고 각종 인쇄매체를 통해서 브랜드의 인지도 상승 효과를 볼 수가 있다.

이미지 확대

전 세계 국가들이 대부분 참여하는 권위 있는 스포츠 대회를 공식적으로 후원하고 있다는 것을 강조하면 기업의 위상이 높아질 수 있다. 대회 조직위원회는 각 후원사에게 제품 독점, 로고와 명칭의 사용, 공중 관계와 촉진 기회의 제공, 기록에 대한 접근, 대회 관련 제품의 취급, 입장권과 의전, 광고 선택권, 결과 보고서 등 뿐 아니라 차기 대회의 후원사 참여의 권리까지 부여하고 있다. 이러한 이미지를 포지셔닝함으로써 긍정적인 이미지로 후원사의 브랜드를 바꿔 나가며, 이러한 긍정적인 이미지는 기업의 이미지를 제고할 수 있다.

페라리는 자동차 경주를 통해서 자사 브랜드의 가치를 상승시키고 있다.

기업의 이미지는 해당 기업의 이름과 연상되어 지는 이미지(Gatewood,Gowan & Lautenschalger, 1993)라고 할 수 있다. Ferrand와 Pages(1996)는 기업의 이미지는 고객들과의 상호 관계에 의해 이미 인지된 이미지이며, 전환 이미지는 기업의 의사결정자가 희망 또는 선호하는 이미지이며 그리고 확산 이미지는 응집력 있는 기업의 메시지 세트로 전환되는 데 영향을 미치는 이미지를 말한다. 이러한 기업 이미지는 권위 있는 스포츠 이벤트나 유명 선수와 관련을 시킬 경우 그들에 대한 대중들의 선호도가 긍정적으로 전이되어 이미지를 제고 시킬 수 있다.

법적 규제로부터의 자유

미국을 비롯한 유럽 일부 국가에서는 담배와 주

기업은 가치 있는 프로퍼티와 동일한 이미지를 갖기 위해서 노력한다.

류 업종의 TV 광고를 제한하는 법적 규제가 있다. 스포츠 스폰서서십 프로그램에는 이들 업종의 접근을 차단하는 규정이 없기 때문에 각종 법적 규제로부터 보다 자유로울 수 있다. 예를 들면 맥주회사인 버드와이저는 1993년도에만 9,000만 달러를 자동차 경주대회의 스폰서십 비용으로 지출하였고, 2002 FIFA 월드컵의 후원사로 참여하였다. 제한적이긴 하지만 술과 담배회사는 법적으로 광고를 하는 데 제약을 받고 있다. 그래서 접근이 허용되는 이벤트에 집중적으로 막대한 비용을 들여 스폰서로 참여하고 있다. 하지만 인간의 건강에 해를 끼치는 담배나 술의 스포츠 스폰서십에 대한 찬반 논쟁은 여전히 뜨겁다.

기술력 과시

국제 스포츠 이벤트는 스포츠의 기량을 겨루는 것뿐만 아니라 분야별 기업의 기술력을 결집시킨 경쟁의 장이라고도 할 수 있다. 뿐만 아니라 대회의 성공적인 개최를 위해서는 전산, 통신, 영상 관련 분야가 총 동원되어야 한다. 예를 들면, 올림픽에서 IBM은 수많은 올림픽 데이터를 처리하는 장비와 기술을 제공해 왔고, 마쯔시다는 주경기장 등의 대형 스크린, 국제방송 센터에 필요한 중계용 카메라 및 모니터를 공급해 왔으며, 삼성전자는 올림픽 운영에 필요한 휴대폰, 무전기 등 첨단 무선 통신장비를 공급했다. 이들이 엄청난 장비와 기술을 제공하면서 기대하는 효과는 올림픽을 통해서 조직위원회와 고객들에게 자사의 기술력을 과시함으로써 이미지를 제고하고 이를 매출로 연결하는 것을 목표로 하고 있는 것이다.

독점성을 활용한 판매 촉진 효과

공식 후원사에게는 경기장 주변에서 독점적 행사를 개최할 수 있는 권리를 제공받을 수 있다. 이러한 후원사의 권리를 활용하여 판매 촉진 활동을 함으로써 시장에 침투할 수 있는 기회를 얻는다. 스포츠 대회의 후원사는 대개 1업종에 1기업만 선정하므로 후원사는 같은 범주에 속한 다른 경쟁사보다 촉진 활동에서 우위를 점할 수 있다. 대회의 장점을 기업의 이미지와 관련시켜 촉진 활동을 할 수 있기 때문이다.

공공에 대한 인식이나 긍정적인 이미지는 이벤트에 참여하는 후원사에 대한 독점성 보장 정도에 따라 다른 효과를 나타낸다. 그래서 스포츠 대회의 조직위원회와 후원사들은 독점적 효과를 저해하는 매복 마케팅을 통제하기 위한 프로그램을 개발하고 있다. 매복 마케팅은 공식 후원사인척 하는 마케팅 활동이기 때문에 이 기준이 몹시 모호하기 때문에 효과적으로 구분하여 공식 후원사의 마케팅 활동을 보호하여야 한다. 역설적으로 보자면 그 스포츠 이벤트의 마케팅적 효과가 있기 때문에 매복 마케팅도 있다고 볼 수 있는 것이다.

판매 증진

스포츠 스폰서십을 통해서 기대되는 궁극적인 목표는 판매 증진이라고 할 수 있다. 후원사들이 스포츠 이벤트에 후원을 하고 있는 가장 근본적인

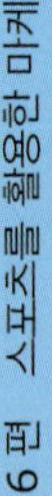

마케팅 休知通

Attack(공격) Marketing

시장에 진입을 꾀하는 2위가 1위와 경쟁할 때 주로 사용하는 전략이다. 정면 공격 전략(Frontal Attack)은 시장 리더를 넘어서도록 하는 것이다. 1위 기업과 유사한 방법을 기본으로 소비자를 끌어들일 수 있는 전략을 구사하여 시장점유율을 빼앗아 올 수 있다. 하지만, 특화된 전략이 아니면 이미 충성심 높은 고객들에게 어필하기는 쉽지 않다. 또한 측면 공격(Flank Attack)이 있다. 충족되지 않는 욕구를 파악하여 제품의 표준을 변화시키는 방법이다. 제품의 본질은 크게 다르지 않지만, 설명을 달리하여 소비자 자신들도 모르고 있던 심리적인 욕구를 자극하는 것이다. 이외에도 우월한 기술력으로 신제품을 만들어 반열에 오르는 도약(Leapfrog Attack) 전략이 IT산업 분야와 결합하여 활용되고, 순차적으로 시장을 확대시키는 공격 마케팅도 있다.

• 스포츠 산업에서의 적용사례

(1) Manchester City vs Manchester United

영국의 산업도시 맨체스터에는 2개의 축구팀이 연고되어 있다. 맨체스터 유나이티드는 전례 없는 성적을 거둬 세계적인 팀이 되었고, 맨체스터 시티는 그 아성에 도전하려고 한다. 맨체스터 시티의 구단주, 셰이크 만수르는 현재(2010년 말) 재산 규모가 200억 파운드에 달하는 것으로 알려졌다. 한화로 무려 36조원에 이르는 액수다. 막대한 자본력을 토대로 대형 선수영입을 하여 유나이티드를 넘어서는 공격 전략을 실행하고 있다.

(2) Sports Statistics Company, Sports2i

스포츠는 IT와 융합하여 기술적으로 진일보 발전했다. 그 가운데 분석시스템을 적용하여 팀과 팀에게는 경기력 향상을 도모하여 보다 낳은 경기를 펼칠 수 있게 하고, 팬에게는 정보를 제공하는 것이 스포츠 분석이다. 기존의 구단이나 미디어 자체적으로 해왔지만, 조사 수준에 불과한 실정을 분석을 하는 시스템으로 도약시킨 것이다.

• 스포츠에서의 시사점

스포츠 산업으로의 투자는 최초부터 최종까지 어떻게 관리하느냐에 따라 성패가 좌우된다고 한다. 정면이든 측면이든 공격을 하는 것을 중요시하는 것은 물론이지만, 공격 후에 'How to Manage' 관리 방법에 대해 철저한 전략을 세워야만 한다

이유라고 할 수 있다. 판매 증진의 기회는 현장 판매와 촉진 효과에 의한 판매 증진 두 가지를 찾아볼 수 있다.

보통으로 국제 스포츠 이벤트를 후원하는 다국적 기업들은 현장 판매의 의미보다는 이미지를 제고하여 그 제고된 이미지가 판매 증진으로 연결되길 바라고 그 제품의 점유율이 높아지길 기대한다. 실제적으로 미국 소비자들의 38%는 코카콜라가 올림픽 스폰서 기업이 때문에 마신다고 하였으며, 3M은 1988년 서울올림픽을 후원하면서 매출이 35%나 증가하는 효과를 보았다.

조직 구성원의 자긍심 고취

국제적인 스포츠 이벤트에 특정 기업이 후원사로 참여할 수 있다는 것은 그 기업이 국제적으로 인정받고 있다는 것을 의미할 수 있다. 즉 기술력, 기업 혹은 제품의 국제적인 이미지 그리고 기업 신뢰도 등 국제 사회에서 매우 좋은 평판을 얻게 되는 것이다. 더욱이 협상 우선권을 가지고 있는 이전대회의 후원사가 대회의 후원을 포기하였을 경우에 얻을 수 있는 기회이기 때문에 이러한 기회를 획득하기는 보통 어려운 점이 아니라고 할

수 있다. 그렇기 때문에 이러한 스포츠 이벤트에 후원을 할 수 있다는 것은 조직원들에게 큰 자긍심을 줄 수 있는 부분이라고 할 수 있다.

세계적인 운송업체 UPS는 바르셀로나올림픽을 후원한 후 조직 구성원들의 자긍심에 대한 조사를 하였는데 "회사를 자랑스럽게 생각한다"라고 응답한 직원에 전에 비해서 16%나 증가하는 조사가 나오기도 하였다. 이러한 측면에 있어서 기업들의 스포츠 이벤트에 대한 후원이나 광고 등은 조직원들에 대한 회사에 대한 자부심과 자긍심을 갖게 할 수 있는 수단이라고 할 수 있다.

13. 스포츠 이벤트 스폰서십에 참여 결정 기준

기업의 스포츠 스폰서십 참여 결정은 후원사의 스포츠 이벤트에 대한 확신에 근거한다. 즉 후원사는 스폰서십이 자사의 입지를 강화해 주는 효율적인 촉진 방법이라는 확신을 가져야 한다. 실제적으로 기업의 올림픽 후원에 대하여 성공적으로 인식하고 있다고 95%가 인지하고 있고, 87%가 후원사가 산업의 주도적 역할을 한다고 인식하고 있다. 이러한 후원사로 참여하기 이전에 기업의 마케팅 담당자는 스포츠 이벤트에 참여하기 위해서 일반적으로 고려해야 할 사항들은 다음과 같다.

기본적인 실행 가능성

기업이 스포츠 스폰서십에 참여하는 기준은 기본적으로 기업의 마케팅 목표와 목적에 맞게 실행이 가능한 부분이 있어야 한다. 기업의 마케팅 담당자는 실로 다양한 시각과 판단의 기준에서 상황을 판단하고 기준을 마련해서 스폰서십 참여를 결정하여야 한다.

삼성전자를 방문한 김연아 선수

이러한 부분은 스포츠 스폰서십의 비용과 규모가 기업이 가지고 있는 마케팅 예산과 맞아야 하는 부분도 있다.

이러한 마케팅 예산과 기업의 목적이 부합된다면 기업은 스포츠 이벤트에 참여하기 위해서 주변의 여론 및 계약상 등의 논란의 여지가 있는지의 상황을 판단하여야 한다. 또한 이러한 상황을 판단하면서 마케팅 담당자는 스폰서십 참여에 대한 상황이 적절한 타이밍인지를 판단하여야 한다. 예를 들면 어느 시장에 처음으로 참여하기 위해서 그 국가에 개최하는 스포츠 이벤트의 후원사로 참여하기로 결정하는 것을 판단하는 식의 상황이 그렇다고 할 수 있다.

또한 이러한 문제에서 다른 커뮤니케이션 전략과 부합할 수 있는지의 여부와 이러한 스포츠 스폰서십을 제안한 스포츠 마케팅 대행사나 조직의 경로에 대해서 신뢰할 수 있는지의 여부를 확인해야한다. 또한 이러한 상황은 경쟁 업체가 현재 스포츠 스폰서십을 어떻게 진행하고 있는지의 상황도 살펴봐야 할 것이다. 예를 들면 현대자동차가 올림픽 후원사로 참여하기 위해서 다른 자동차 경쟁 업체들과 경쟁하는 것과 소니사와 삼성전자가 FIFA의 마케팅 파트너가 되기 위해서 경쟁하는 것이라고 할 수 있다. 이러한 상황에서 마케팅 담당자는 법률적으로 주변 경제적으로, 사회적·문화적 상황 등의 외부적 환경적 요소에 부합할 수 있는지 판단도 하여야 한다.

스폰서십 참여 목적에 대한 부합 요소가 있는가?

(1) 인지도 향상 측면

기업의 마케팅 담당자는 미디에 대한 브랜드 노출로 인해서 브랜드 인지도가 상승할 수 있는 가능 부분이 얼마만큼 있는지에 대해서 판단하여야 한다. 스포츠 이벤트에서의 방송 중계권 협상을 할 수 있는지의 여부를 판단해 보아야 한다. 경기 방송 중계중 광고를 할 수 있는지에 대한 여부도 판단해야 한다. 또한 미디어 지역 커버리지, 각 지역별 방송 시청률, 방송매체, 중계시간, 생중계 여부 등을 확인하여야 하며, 이러한 상황에서 스포츠 이벤트 경기장 안팎의 브랜드 노출도 및 디스플레이의 범위 및 스포츠 이벤트 가치에 대한 선호도, 규모, 지역, 관람객 수, 전통, 운영조직의 명성, 사회공헌, 기존의 마케팅 성과 등의 내용을 파악하고 상황을 판단하여야 한다.

(2) 이미지 제고 측면

기업의 마케팅 담당자는 자사의 기업 브랜드 이미지가 갖고 있는 이미지가 소비자들이 추구하는 라이프스타일과 목표가 일치하는지 판단하여야 한다. 자사 제품의 브랜드가 시장 내에서 프로퍼티의 선도적인 입지 구축 정도를 확인하여야 하고 자사의 제품이 경쟁 업체의 제품과 기술력 및 이미지에 대해서 이길 수 있는 가능성이 있는지의 여부와 이러한 후원을 통해서 경쟁사와의 차별화가 가능한지의 여부를 파악하여야 한다.

(3) 목표시장 접근 측면

기업의 마케팅 담당자는 브랜드가 스포츠 이벤트의 후원을 통해서 목표 소비자층의 속성과 제품의 자산 가치가 소비자의 제품구매 속성과 일치하는지 확인하여야 한다. 이러한 후원을 통해서 마케팅 담당자는 스포츠 이벤트와 자사 제품과의 이미지가 자연스럽게 떠올 수 있도록 자연스러운 파트너십 관계로 인식될 가능성이 있는지 확인해야 한다.

홍명보 선수에게 렉서스를 제공하는 도요다 자동차 홍명보의 이미지를 활용하여 같은 수준의 이미지를 얻기 위한 마케팅 활동이라고 할 수 있다

또한 스포츠 이벤트를 활용하여 가능한 마케팅 활동을 할 경우 목표 소비자층의 라이프스타일에 대한 적합도 및 이러한 스포츠 이벤트 후원을 통해서 사회적 책임감 또는 사회에 환원하고 있다는 이미지를 증명할 수 있는 기회가 될 수 있는가를 판단해야 한다.

(4) 판매 증진 측면

기업의 마케팅 담당자는 브랜드 이미지뿐 아니라 자사 제품의 매출 증진을 위해서 활용할 수 있는 권리가 있는지를 확인해 보아야 한다. 특히 자사 제품을 현장에서 판매할 수 있는 기회가 있는지, 이러한 제품을 독점적으로 판매할 수 있는지에 대한 여부를 확인해 봐야 한다. 이러한 권리 행사 여부를 확인한 후에 이러한 활동을 원활하게 할 수 있는지에 대해서 스포츠 이벤트 개최 지역의 시설 상태를 확인하여야 한다. 또한 다른 후원사들과 공동 마케팅을 할 수 있는지에 대한 여부

나이키의 명동주변의 지하철 입구 광고

를 확인해 봐야 한다. 이는 자사의 브랜드의 이미지와 맞아 떨어질 수 있는 타후원사가 있는지에 대한 확인도 필요하다고 할 수 있는데, 예를 들어 나이키와 코카콜라가 공동으로 마케팅 활동을 하는 모습과, 글로벌 브랜드와 다른 국내 작은 기업이 공동으로 마케팅하는 모습은 왠지 어색할 수 있기 때문이다. 이러한 마케팅 활동은 소위 비슷한 위치의 기업들끼리 가능할 수 있도록 하여야 한다.

(5) 관계 구축 측면

또한 마케팅 담당자는 자사 내의 관계를 구축할 수 있는 부분에 대해서 고려를 하여야 한다. 이는 고객이나 자사의 직원들을 상대로 입장권이나 공동 프로모션을 할 수 있는 기회의 가능성이 얼마나 있는지에 대해서도 확인을 하여야 하며, 자사가 가지고 있는 관계사와 유통 구조 속에 있는 기업들에게 어떠한 영향을 미칠 수 있는지에 대해서도 고려하여야 한다. 이러한 영향을 통해서 자사 직원들의 사기 진작과 자긍심 고취 등에 도움을 줄 수 있는지에 대한 여부를 확인하여야 한다.

계약상 적합도

마지막으로 스포츠 이벤트에 참여하기 위해서 계약적인 부분을 살펴보아야 한다. 총 계약기간은 어떠한지 이 기간 동안 마케팅 활동은 어느 범위까지 할 수 있는지에 대해서 고려하여야 한다. 총 마케팅 권리의 항목도 고려하여야 한다. 스포츠 단체가 후원사에 부여하는 마케팅 권리의 항목이 어떠한지를 최종적으로 판단하여야 한다.

이러한 계약 문제는 스포츠 마케팅에 있어서 가장 중요한 부분이라고 할 수 있으며, 담당자는 스포츠 이벤트에 마케팅적인 독점권을 가질 수 있는지, 마케팅 프로모션으로 활용할 수 있는 범위가 어디까지인지를 확인해 보아야 한다. 예를 들면 프로모션 활동을 하는 범위가 지역적인 범위가 어디인지, 홍보만 할 수 있는지, 판매도 같이 할 수 있는지, 타후원사 및 경쟁사의 보호 프로그램은 어떠한지 등도 확인하여야 한다.

마케팅 休知通

스포츠 스폰서십 제안서에 포함되어야 할 내용

스폰서십 제안서를 작성할 때 내용에 들어가야 할 사항은 다음과 같다.

스포츠 단체에 대한 소개
- 활동이나 이벤트에 대한 간단한 설명
- 간략한 역사
- 스포츠 단체의 목적과 목표

이벤트에 대한 설명
- 날짜, 요일, 시간, 장소
- 과거 참석자 수와 고객 목표에 대한 설명
- 내용, 주제
- 이벤트를 연출하기 위한 조직의 능력 및 경험

잠재 스폰서의 이미지 및 목표 시장과의 적합성
- 어떻게 스폰서의 이미지와 그 이벤트가 적합할 수 있는가?
- 왜 스폰서들이 그 이벤트와 연결하려 하는가?

언론 및 프로모션 계획
- 예정 혹은 확정된 언론 보도 범위 서술
- 이벤트를 어떻게 촉진시킬 것인지 설명
- 스폰서십 투자
- 투자 기회와 범위와 크기

스폰서십의 이익
- 인지도 향상
- 이미지 강화
- 제품 사용 혹은 판매 기회
- 접대 기회

영향력 측정
- 스폰서의 이익을 측정하고 평가할 방법

추가 지원 자료
- 신문 기사 발췌 자료, 사진,
- 이전 이벤트의 스폰서에게서 온 만족을 나타낸 편지
- 지난 이벤트 프로그램
- 비디오 자료, 소개 책자

14. 스포츠 이벤트 대행사의 선정

스포츠 이벤트는 스포츠 이벤트를 유치하고 기획한 조직에서 모든 행사를 주관하고 운영할 수도 있지만, 이것보다는 실제로 전문적인 집단을 활용하여 대회를 운영하는 경우가 더욱 많다.

FIFA 월드컵의 경우에는 FIFA Marketing AG라고 전문 마케팅 대행사가 있고 IOC의 경우에는 마케팅과 미디어를 전문적으로 대행하는 IOC TV & Marketing Service라고 하는 각 조직에 속해 있는 업체들이 있다. 또한 국내에는 대한축구협회(KFA)의 마케팅을 대행사는 F.C Network가 있다. 그 외에도 각 분야에서 다양하고 많은 업체들이 스포츠 이벤트를 대행 운영을 하고 있다.

후원사를 영입하고 모집하는 행위뿐 아니라 입장권, 인력 운영 등 어느 이벤트도 마찬가지겠지만 각 조직들은 이러한 각 분야에서의 대행사를 선정하여 이벤트의 질적인 수준을 향상시키고 홍보 및 대회 수익의 극대화를 위해서 노력한다.

대행사를 선정하는 가장 기본적인 이유는 이벤트를 주최하는 측의 역량이 부족해서라기보다는 후원사를 모집할 수 있는 인력과 기본적인 투자를 대행사에 맡김으로써, 전문적인 인력을 통해서 합리적으로 대회를 운영하고 관리하기 위함이다.

스포츠 단체는 대행사를 선정하는 이유와 목적이 분명해야 하며, 이러한 대행 활동을 통해서 서로에게 얻을 수 있는 것들이 무엇인지를 각 조직원들이 명확하게 이해하여야 한다. 예를 들어, 공공기관의 경우 기관의 성격상 대회를 운영하거나 마케팅 활동을 하는 데 있어서 제약을 받을 수 있고, 국제 스포츠 이벤트를 유치하였을 때의 유치 대회의 성격 및 대회의 실질적인 주관단체와의 계약의 내용에 따라서 대행사를 선정할 수 있는 범위가 달라질 수 있기 때문에 이러한 이해 관계를 명확하게 이해하고 대행사를 선정하는 업무를 추진하여야 한다.

예를 들어서 스포츠 이벤트를 유치하거나 기획했던 조직이 후원사를 추진할 수 있는 실질적인 여력이 없다고 판단이 되었다면 이벤트의 질적인 수준을 향상시키고, 이벤트를 통한 수익의 극대화를 위해서 각각의 대행사를 선정할 필요가 있을 것이다. 대행사에는 마케팅 대행사, 입장권 판매 및 운영 대행사, 라이센스 판매 대행사, 프로모션 운영 대행사 등이 있으며, 통상 이러한 대행사들은 마케팅 총괄 대행사 또는 조직의 마케팅 팀의 전체적인 기획과 운영계획 아래서 이루어진다.

마케팅 대행사의 선정

마케팅 대행사를 선정함에 있어서는 앞에서도 언급했듯이, 대행사를 통해서 기본적으로 대회를 성공적으로 이끌어서 수익을 극대화하는데 그 목적이 있다고 할 수 있다.

최근에는 기업의 '사회적 공헌' 혹은 '사회적 책임'이라는 명분만으로 기업의 마케팅 활동의 적극적 참여를 이끌어 내기에는 한계가 있고, 해당 스포츠 이벤트에 대한 가치에 대한 국민과 기업의 관심과 인식 수준을 정확하게 판단하기 어렵기 때문에 후원 대행사를 통해서 그러한 홍보 및 관심을 이끌어야 한다. 또한, 실질적으로 외부적인 입장에서는 대회의 성공과 국가적 이익들의 공공성을 목적으로 하겠지만 내부적으로 대회의 수익 극대화를 위함이므로, 종합적인 관점에서 수요자 맞춤형 마케팅 전략 수립 등이 요구되므로 마케팅 분야에 전문성과 노하우, 풍부한 경험이 있는 대행사 선정이 필요하다.

대행사 선정 분야

대행사를 선정함에 있어서 각 부분의 대행사를 선정하여야 한다는, 스포츠 이벤트의 경우 가장 크게 대회 마케팅을 책임지는 마케팅 대행사, 입장권

| 표 4-5 | 대행사의 선정 단계

업무 목록	주요 내용	비 고
(1단계) 컨설팅 역할 ↓ 통합 마케팅 로드맵 수립	스포츠 이벤트의 기본계획 수립시 포함되어야 할 마케팅적 요소 도입 * 대회장 내 광고 설치 장소, 기업관 유치, 전시장 내 영업시설 배치 등 수익성 창출 기반이 되는 스포츠 이벤트의 브랜드가 지니고 있는 가치 설정	기본계획 및 세부계획 수립 전에 반영
(2단계) 대행사 역할 ↓ 마케팅 사업일괄 대행	- 마케팅 사업 마스터 플랜 수립 - 마케팅 사업자에게 제공할 수 있는 모든 권리와 혜택 발굴 - 마케팅 사업자(공식 후원자·공식 공급업자·공식 제품화권자) 유치 - 마케팅 사업 가능업종 및 대상기업 리스트 작성. - 사업자 선정을 위한 각종 설명회 개최 등 - 마케팅 사용자 관리 - 마케팅 사업의 원활한 추진을 위한 제반 사업 - 마케팅 권리를 활용한 다양한 제품 개발·판매지도 등 - 마케팅 권리를 활용한 시설유치사업 등	
기타	- 새로운 수익 사업에 대한 다양한 콘텐츠 개발 등	

출처: 여수 엑스포 라이센스 업체 선정 자료를 토대로 재구성.

| 표 4-6 | 대행사 선정 대안별 비교

구분	일반경쟁	제한경쟁
장점	- 참여 업체에게 균등한 기회를 제공 - 계약의 투명성 확보가 용이	- 재무상태 등 객관적인 사항으로 자격 기준을 제한하는 것으로 계약 이행의 부실을 방지 가능 - 용역 수행의 질적 측면을 확보 가능
단점	- 사업자 선정에 있어 장기간 소요가 예상, 검증되지 않은 업체가 선정될 우려	· 제한 기준이 모호한 경우에는 논란의 소지 우려

출처: 여수 엑스포 라이센스 업체 선정 자료를 토대로 재구성.

판매 및 운영을 담당하는 입장권 판매 대행사, 홍보를 담당하는 홍보 대행사로 구분할 수 있다.

(1) 마케팅 대행사

마케팅 대행사는 스포츠 이벤트의 전반적인 수익 활동을 담당할 수 있는 대행사라고 할 수 있다. 기본적으로 브랜드 문제 해결을 위한 통합적 마케팅 전략을 제공해 주는 역할이라고 할 수 있으며, 각 분야에 대해서 광고(Advertising): TV(케이블 포함), 인쇄물(신문·잡지 외), 라디오 등, Research& Branding: 브랜드 가치 측정, 진단 및 관리, 국내외 마케팅 조사, 콘텐츠(Content Marketing): 스포츠, 문화 등을 통한 체험 마케팅, 프로모션(Promotion): 진시/온·오프라인 이벤트 개최/홍보 등, 공동마케팅: 스폰서십 프로그램 개발/실행, 공동마케팅사 개발/기획 등의 업무를 담당하는 기업이라고 할 수 있다.

스포츠 이벤트에서의 마케팅 대행사의 역할은 후원사를 영입하고 관리하며, 기타 마케팅 활동(라이센싱, 머천다이징)을 관리하고 수익을 극대화할 수 있도록 조직과 협력하는 업체이다.

마케팅 대행사는 대회의 브랜드(엠블럼, 마스코트 등)을 개발하거나 사전에 스포츠 이벤트 단체에 의해서 개발된 브랜드를 활용하여 수익 사업으로 이끌어 내는 역할을 한다.

유·무형의 상업적 권리를 제품 판촉 및 광고 등에 활용할 수 있도록 그 대행권을 부여받고 활용할 수 있는 권리를 갖게 된다. 이러한 권리를 통해서 마케팅 대행사는 마케팅 프로그램을 기획 개발하고, 스폰서십 프로그램을 개발하여 후원사를 영입하는 역할을 한다.

마케팅 프로그램은 스폰서십 프로그램과 입장권 판매 기획, 홍보에 많은 영향을 받기 때문에 각 대행사를 관리하는 마케팅 담당자는 이러한 모든 프로그램을 숙지하여 각 대행사가 유기적으로 협조할 수 있는 역할을 하여야 한다. 또한

| 표 4-7 | 후원사 선정 시기에 대한 비교

구분	브랜드 강화전략 수립 후 마케팅 사업 추진(선후개념)	브랜드 강화 활동과 동시에 마케팅 사업 추진(병행개념)
장점	- 이벤트에 대한 브랜드가 어떤 가치를 지니는지에 대한 개념 설정 후 이를 토대로 기업 유치를 할 경우 통합 마케팅적 관점에서는 바람직 - 순차적이고 체계적인 마케팅 활동이 가능하므로 효율적	- 기업의 적극적인 참여를 위한 다양한 혜택 및 권리 개발시 필요한 사항을 브랜드 강화 활동으로 피드백이 가능하므로 시너지 효과 창출 기대 - 사전 준비를 통해 시행착오를 방지하고 수요자에 부합하는 전략 수립 가능
단점	- 스포츠 이벤트와 기업과 같이 제품을 생산하는 것이 아니며 콘텐츠 및 마스터플랜 자체의 사업 및 마케팅 사업 지연될 우려가 있음 - 타킷 대상이 너무 포괄적이어서 실제 유치대상인 기업에게 직접적인 참여 유인으로 작용하지 못할 가능성	- 박람회에 대한 인지도 및 관심이 부족한 초기단계에는 기업이 관망하는 태도를 취하는 경향이 있어 참여 의지가 낮을 가능성이 있음

출처: 여수 엑스포 라이센스 업체 선정 자료를 토대로 재구성.

마케팅 대행사는 이러한 브랜드를 통해서 새로운 수익 사업 모델을 개발하여 기존 일반적인 수익 모델 이외에 수익 사업을 개발하는 데 그 역량을 발휘해야 한다.

(2) 입장권 판매 대행사

입장권 판매 대행사는 입장권을 효율적으로 판매할 수 있도록 대회 장소를 조사하여 입장권 판매기획을 하고 스포츠 이벤트 주관사에게 효율적인 입장권 판매를 위한 내용을 보고하고 협조하는 업체라고 할 수 있다.

(3) 홍보 대행사

스포츠 이벤트는 불확실성인 제품을 판매하는 이벤트이기 때문에 사전에 대회를 고지할 때 긍정적인 이미지로 포장되어야 할 경우가 많이 있다. 간혹 부정적인 이미지가 전달될 경우 이러한 이미지를 해소하기 위하고 위기를 극복하기 위해서 간간히 전문 홍보 대행사를 활용하여 미디어를 관리하여 대중적으로 긍정적인 이미지를 유지할 수 있도록 한다.

대행사의 선정

대행사를 선정하는 방식에는 기본적으로 스포츠 이벤트 단체에 경쟁 공고로 하되 참여 업체의 전문성, 업무수행 능력, 재무상태 등 참가자의 자격을 제한할 것인지 여부의 검토가 필요하다.

참여 업체에게 균등한 기회를 부여하는 측면에서는 일반경쟁 공고가 바람직할 수도 있으나, 미검증 업체 선정 가능성 및 계약 이행 부실 우려, 대회의 공신력(정부주관 대규모 국제행사) 등을 고려하여 객관적 검증이 용이한 사항으로 자격 기준을 제한하는 '제한경쟁'으로 추진하는 편이 효과적이다.

대행사를 선정할 경우 대행사 참가 자격을 선정할 경우 일반적으로 통상, 제안 공고일 현재 마케팅 대행업을 하고 있는 법인(사업자 등록증)으로, 「국가를 당사자로 하는 계약에 관한 법률 시행령」 제12조 및 동법 시행규칙 제14조 자격요건에 의한 유자격자, 제안 설명회에 참가한 업체이며, 마케팅 사업에의 참여의향 및 참여의지 확인, 업체에 대한 참여 동기 부여를 제공한다.

또한 이러한 대행사를 선정함에 있어서 이행보

표 4-8 마케팅 대행사 선정 사례

구 분	선정기준	비 고
2001한국 방문의해	총 계약목표액 제시: 30억원 수수료 배분방안(안) 제시 (한국관광공사: 대행사 = 7: 3) 최소마케팅 이행 보증금(안): 2억원 - 마케팅 사업의 성실한 수행 및 최소한의 수익금 보장을 위해 납부 ⇒ (최종) 수수료는 마케팅 사업 총수익금의 12% 지급 (부가가치세 별도)	모집(일간지 광고→참가신청서류 접수→1차 심사(서류심사)→사전 설명회 개최→2차 심사(프리젠테이션) * 1차 심사(서류심사): 사업기획서 및 회사소개서 * 2차 심사는 1차 심사통과업체(3개) 대상으로 실시
2003대구 U하계대회	· 조직위원회 예정가격(120억원) 이상 제시한 업체 중 제공대가 최고액을 제시한 업체를 선정 → 기본제시금액까지는 수수료 9%를 지급, 초과금액에 대해서는 조직위와 대행사가 64:36의 비율로 분배	참가신청서 교부 및 접수→마케팅 사업 설명회 개최→입찰 *참가자격: 공고일 현재 각종 국제스포츠 마케팅 대행사로 관련 분야에 사업등록을 필하고 사업실적이 있는 자
2007국제 사이클 대회	스폰서 대상기업 현황(현 광고주) 스폰서 확보예상 규모(최저확보금액 포함) 스폰서 유치 수수료 산정 및 비율 등	*참가자격: 종합광고기획사, 스포츠 마케팅 대행사 등 *CJ 미디어(유치금액의 20%)

증금 제도를 실시하여 정확하고 명확한 대행사업자의 의지를 확인할 경우도 있다.

이행 보증금 제도란 사업 참여의 의지를 확인하고, 신의 성실한 사업 수행을 담보로 사업 참여 및 사업 계획 이행을 약속하는 금액이라고 할 수 있다. 최소 이행 기준은 사업 제안서에 제시한 최저 확보 가능 금액 10%를 이벤트 주관사에 보증금으로 납부한다. 납부하는 방식은 현금 또는 보증 보험증권 등을 제출하는 방식을 채택한다. 만약, 대행사 목표 금액을 달성하지 못할 경우에는 이러한 보증 금액은 단체에게 귀속된다.

이러한 검토 계획을 통해서 선정 시기를 결정하는데, 이러한 선정 시기에도 대안별에 따라 다를 수 있는데, 스포츠 이벤트의 브랜드를 강화하는 활동을 한 후에 하거나, 마케팅 대행사가 이러한 활동까지 같이 하는 방안이 있을 수 있다.

이러한 대행사를 선정하는 방법에는 대행사에게 첫 번째(안)은 재원조성 목표액(휘장 사업 수익금)을 설정하지 않고, 참여 업체가 제시하게 하는 방안으로 결정한다. 마케팅 사업의 상업적 가치 및 박람회가 지닌 브랜드 가치 등을 고려하여 참여하므로 시장규모 및 동향 등에 대한 파악은 가능하나, 참여 업체가 제시한 금액의 적정성 등에 대한 평가가 어려움이 있을 수 있다.

두 번째(안)은 스포츠 이벤트에 대한 유치실사 보고서에서 제시된 목표 금액(휘장 사업 수익금)을 그대로 활용하는 방안이 있을 수 있다.

대행(유치) 수수료(후원사 유치대가로 지급) 관련: 참여 업체가 제시하게 하되, 협상을 통해 조정 가능하도록 하며, 수수료는 참여 업체가 조성한 재원에 대한 기여도(전략수립, 기업 유치를 위한 프로그램 개발 및 협상 등)를 나타내는 것으로 일관된 기준이 없어 대부분 계약 체결시 계약자와 협의하여 정하는 것이 일반적이라고 할 수 있다.

일반적으로 '2001 한국방문의해'시 마케팅 사업 수익금의 12%(부가가치세 별도), 1998 방콕 아시아

표 4-9 사업제안서 평가의 평가항목 및 배점(예)

구 분	평가항목	세부 사항	배 점	비 고
사업수행능력 (70점)	사업기획 타당성 (25)	사업 목표 및 내용 이해도, 적정성	25	상대평가
		사업기획의 실현가능성(사업자 유치 가능성, 과업지연시 대책 등)		
		사업수행 조직체계 및 투입인력 적정성 확보		
		추진 전략의 창의성 및 적극성		
	수행주체의 전문성 (20)	· 최근 3년간 국제 행사(경기대회) 마케팅 대행 참여 실적	10	절대평가
		· 총괄책임자의 경력	7	
		· 실무책임자의 해당분야 경력	3	
	재무구조 (20)	· 최근 2년간 평균 자기자본비율	5	절대평가
		· 최근 2년간 평균 유동비율	10	
		· 최근 2년간 평균매출액	5	
	제안사항(5)	· 브랜드를 활용한 새로운 수익사업 제시	5	상대평가
수익금 적정성 (30점)		· 총 재원조성 목표액 및 대행수수료 · 최저 확보 가능 금액	30	상대평가
가점분야 (2.5)		* 외국주관 행사 참여실적	1	
		* 올림픽, FIFA 월드컵의 마케팅 분야 참여 실적	1	
		* 기타 국제행사 마케팅분야 참여실적	0.5	
총계			100	

마케팅 休知通

Co (공동) Marketing & Symbiotic Marketing

2업체 이상의 기업이 4p(판매전략, 가격책정, 판촉, 유통) 등의 마케팅 활동을 공동으로 전개하는 것이다. 유·무형의 자산을 공동으로 활용하여 상호 이득을 취할 수 있다. 제품과 제품을 결합시켜 새로운 제품을 만들기도 하고 산업과 산업의 융합으로 효율성을 높여 효과를 극대화한다. 또한, 광고 및 판촉 경비를 절감할 수 있고 시장의 정보를 공유한다는 장점이 있다.

• 스포츠 산업에서의 적용사례

(1) DOOSAN BEARS with Seoul Metro

두산 베어스는 홈구장을 찾는 팬이 이용하는 교통수단인 메트로과 공동 마케팅을 실시했다. 야구단은 2호선 종합운동장 역사에 포토존을 설치하고 화보형태의 일정표 및 홍보 포스터를 게시하였다. 메트로는 경기 중 전광판을 이용하여 '끼어들지 맙시다.' 캠페인 광고를 상영하고 직원 및 사장님을 초청하여 시구의 기회를 제공했다.

(2) NIKE Plus with APPLE

나이키와 애플은 나이키 플러스 센서와 아이팟을 이용해 자신의 운동 페이스나 시간, 칼로리, 이동 거리 등을 기록할 수 있는 제품을 만들었다. 신발에 감압을 측정할 수 있는 수신기를 넣어 자신의 운동량과 운동거리를 측정할 수 있는 제품이다. 사용자가 자신의 신발 깔창 아래에 엄지손가락만한 센서를 집어넣은 뒤 운동을 하면 센서가 움직임을 파악한다. 수신기에 이동거리와 운동량을 전송한다. 운동을 하다 아이팟을 통해 음악을 들을 수 있으며 버튼을 누르면 현재 자신이 얼마나 운동을 했는지 확인할 수 있다.

• 스포츠에서의 시사점

공동의 마케팅 대상을 정하여 함께 활동하는 것이다. 위에 언급한 나이키와 애플의 경우, 달리는 운동을 하면서 음악을 듣고자 하는 사람을 Targeting한 것이다. 즉, 수요 집단을 보다 세분화하여 교집합에 속해 있는 그룹을 공동 마케팅으로 공략하는 것이다. 국내는 영국처럼 거의 모든 국민이 축구만을 좋아하는 것도 아니고, 캐나다처럼 아이스하키 한 종목에 빠져 있지 않다. 즉, 어느 특정한 스포츠 종목의 관람을 원하는 팬보다는 다양한 스포츠 종목을 관전하길 희망하는 팬을 위한 공동 마케팅을 실현하면 어떤 효과가 있을지가 궁금해진다.

경기대회(총수입금의 15%), 2002 부산아시안게임(총수입금의 18%) 등으로 결정되었으며, '09베를린 세계 육상선수권대회의 마케팅 대행사(스폰서십·홍보·라이센싱·광고 등)인 일본 덴츠사(Dentsu)는 연 30억원을 대행료로 수임하고, 휘장 사업 유치 금액의 10%를 지급받음(FIFA 월드컵, 올림픽의 경우는 27% 수준), 광고대행 수수료(정찰제): 광고회사가 광고 대행시 광고회사가 매체사에 지불하는 비용의 17.65% 수준이라고 할 수 있다.

이러한 검토 단계를 거쳐서 대행사를 선정하는 절차를 진행할 수 있는데, 그 절차에는 일반적으로 아래와 같은 순서를 통해서 활용하는 방법을 활용한다.

대행사 선정의 일반적 순서

사업자 선정 공고 → 제안서 접수 → 1차 서류심사 → 2차 프리젠테이션 심사 → 우선협상대상자 선정 → 계약 체결 대행사 선정의 일반적 순서

대행사의 선정은 2단계 심사를 거쳐 평가하며 내용은 제출된 기본 서류와 사업제안서를 종합적으로 검토하여 선정하는 것이 일반적이라고 할 수 있다.

• 1차 심사: 기본 서류와 사업제안서
• 2차 심사: 사업제안서 세부 내용(프리젠테이션 방식으로 설명)

1차 심사에서는 일반적으로 서류심사로 절대적인 평가를 실시한다. 기본서류와 사업제안서를 제출한 모든 업체들을 대상으로 스포츠 이벤트 단체의 기준(수행주체의 전문성, 최근 3년 간 국제행사 마케팅 대행사 참여 실적, 총괄 책임자의 경력, 실무자의 해당 분야 경력), 재정상태 건실도(최근 2년 간 평균 자본비율, 최근 2년 간 평균 유동비율, 최근 2년 간 평균매출액)에 사업제안서 등에 따라서 심사를 한다. 이러한 과정을 통해서 3~5개의 업체를 선정한다.

2차 심사에서는 PT를 수행하는데 각 업체들이 스포츠 이벤트 대해서 성공적으로 대행할 수 있는 제안서에 대한 설명할 수 있는 기회를 부여하여 이를 객관적으로 평가할 수 있는 기회를 부여하는 것이다. 이러한 2차 심사에서의 평가 기준이라고 할 수 있는 것은 사업기획의 실현 가능성(마케팅 사업 및 후원사 유치방안, 사후관리 등), 총 재원조성 목표액 및 수수료율, 최저확보 가능금액 적정성, 사업목표, 내용 이해도, 적정성, 추진 전략의 창의성 및 적극성 등을 기준으로 평가할 수 있다. 실제로 이러한 합리적인 기준을 제시해야 하는 명확한 이유는 대행사가 자신이 최고의 후원금을 유치하고 사업을 이끈다는 계획에만 너무 치우쳐져서 그것들이 실제로 실현되지 못하였을 경우에 스포츠 이벤트 주최에 미치는 악영향이 크기 때문이다. 이러한 상황을 최소화하기 위해서라도 스포츠 이벤트 주최는 대행사가 시행하는 유치금액과 사업에 너무 초점을 맞추지 말고 실현 가능성과 합리적인지 여부를 파악하여야 할 필요가 있다.

마케팅 대행사를 선정 및 평가하는 데 있어서 대행업체들의 기본적으로 제시하는 사항에서 금액적인 사항뿐 아니라 아래와 같은 평가 항목안에 이 대회의 마케팅을 총괄 책임하는 자의 최근의 경력, 실무진의 경력, 그 조직의 실적 등을 토대로 평가되어야 한다.

| 그림 4-8 | 스폰서십을 통한 발전 단계

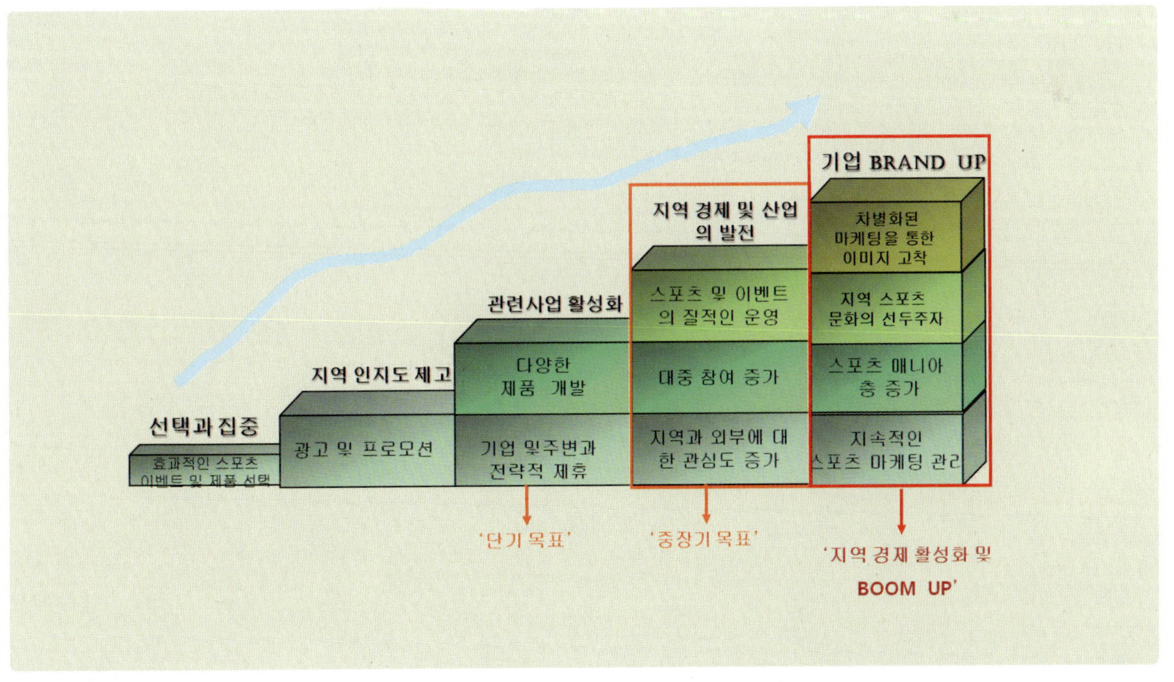

출처: 스포츠 이벤트 기획.

15. 성공적인 스폰서십 전략

기업들의 스포츠를 활용한 스폰서십 전략을 보면 다음과 같다

첫째, 로컬 마케팅 위주에서 글로벌 확장 위주의 전략이 필요하다. 스포츠 자체가 갖는 글로벌 마케팅 도구로서의 역할과 위치를 활용하면 로컬에서 글로벌 마케팅의 도구로서 활용할 수 있는 범위와 가치가 커진다.

둘째, 차별적인 아이디어로 틈새 시장을 공략할 수 있어야 한다. 스포츠에서도 틈새는 많이 있다. 인기에서 비인기 종목, 특정 선수에서 일반 선수, 특정 이벤트에서 일반 이벤트 등 찾아 보면 많은 틈새들이 존재하기 때문에 이를 찾아낼 수 있는 노력이 필요하다.

셋째, 성적 인기 위주에서 스토리 위주의 콘텐츠가 효과적이다. 소비자들이 쉽게 기억하는 것은 스토리 마케팅이다. 구단의 스토리, 제품의 스토리, 그리고 경기의 스토리를 활용한 콘텐츠 개발이 중요하다.

넷째, 브랜드 연관성과 관련된 선수나 경기 이벤트가 대상이 되어야 한다. 단순한 노출이 아니라 브랜드와 연계할 수 있는 것이 효과적이다.

다섯째, 장기적인 투자이다. 스포츠에서 선수를 하나 키우고 팀을 하나 키우는 데는 많은 시간과 예산이 필요하다. 단기적인 투자보다는 장기적인 투자를 하는 것이 바람직하다.

제 5 장 스포츠 스폰서십의 효과 분석

제 5 장 스포츠 스폰서십의 효과 분석

스포츠 이벤트를 후원하고 난 후에 후원사들은 스포츠 이벤트의 효과가 어느 정도인가를 측정하고 가늠하여 볼 필요가 있다.

마케팅 담당자는 스포츠 스폰서십 효과 측정에 대한 방법적인 문제를 선택하고, 여러 가지 스폰서십 효과 측정 방법을 통해서 효과를 밝혀내야 하는데, 스포츠 스폰서십의 효과를 측정하는 것 자체가 많은 어려운 점이 있으며, 실질적인 스폰서십 효과 분석과 측정하는 규정된 방법이 없다 보니 어떠한 것이 명확하게 스폰서십의 효과를 측정하였다고 할 수는 없다.

많은 후원사들이 ROI(Return of Investment) 및 스폰서 효과 등과 관련한 방법론을 제시하고 있으며, 코카콜라는 1996년부터 ROI에 대해서 관심을 갖고 스포츠 스폰서십 후원을 통한 정서적·심층적 측면의 정성 조사도 ROI 분석을 하기 시작하였고, 1990 FIFA 월드컵을 후원하기 시작한 마스터카드도 회원매출, 브랜드 노출, 정성적 지표의 세 가지 측면에서 조사에 대한 ROI를 조사하고 있다. 보다폰(Vodafone) 역시 2002년부터 F1 Ferrari팀 Main Sponsor 브랜드 노출(Media Value), 소비자 인지(고객과의 브랜드 커뮤니케이션의 여부), 임직원의 이해도(내부 조사), Hospitality(고객들의 Hospitality 만족도) 효과 등 네 가지 항목을 측정하고 있다.

이러한 효과 분석들 또한 여전히 많은 환경적 변수로 인해 스폰서 효과 측정이라는 것이 물론 정확하다고 하기에는 다소 무리가 있을 수도 있지만, 이러한 효과 분석들이 기본적으로 다른 조사를 통해서 효과를 판단할 수 있으며, 또한 다양한 방법을 통해 상대적 비교가 가능하기 때문에 어느 정도 비교 분석은 가능하다고 할 수 있다.

예를 들어서 미디어 노출 및 광고비에 근거한 산출 방식은 이러한 상대적 비교가 그것인데, 미디어 가치를 금액적으로 환산하는 것이 아무래도 적지않은 무리가 있을 수 있지만, 기본적으로 그만한 가치를 내재하고 있다는 것을 볼 때 효과는 충분하다고 할 수 있다.

1. 브랜드 자산 가치의 평가

스포츠 스폰서십의 목적을 기본적으로 따져볼 때 가장 중요한 포지셔닝으로 생각하는 것 중에 하나가 브랜드 이미지를 상승하고 그에 따른 매출을 증가시키는 것이라고 할 수 있는데, 이런 입장에서 봤을 때 스폰서십에서 브랜드 자산의 가치라는 것을 평가하지 않을 수 없다. 이런 측면에서 세계적인 광고대행사 영 앤 루비컴(Y&R; Young & Rubicam)사가 450개의 다국적 브랜드와 24개 국가의 8,000개가 넘는 지역 브랜드의 브랜드 자산을 평가했던 '브랜드 자산 평가자(Brand Asset Valuator)' 프로그램을 살펴보도록 하자, 이 업체의 브랜드 자산 평가에 대한 내용을 살펴보면 아래와 같다.

| 그림 5-1 | 스포츠 스폰서십 효과 산출 흐름도

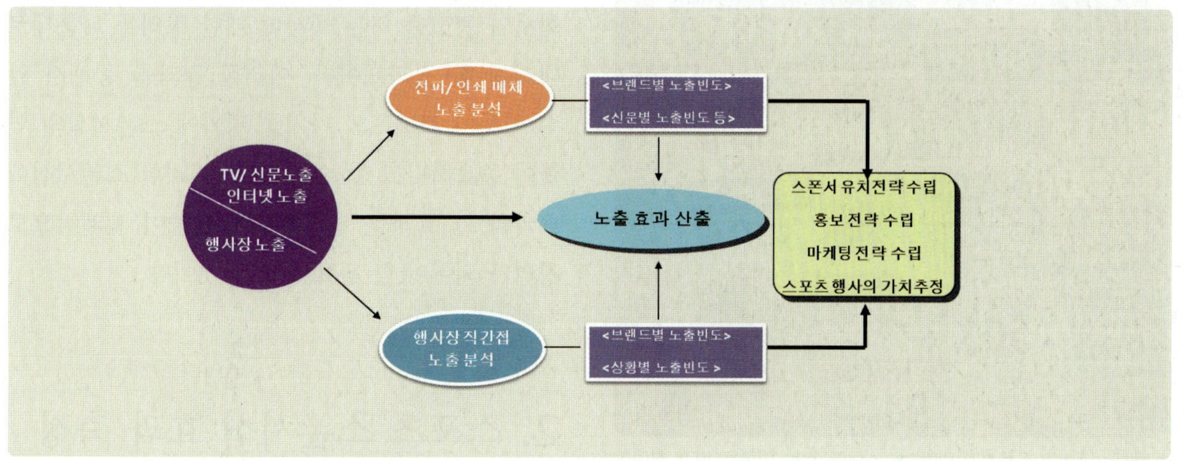

- 차별성(Differentiation): 특정 브랜드가 시장에서 얼마나 분명한 차이를 나타내는가에 대한 평가.
- 적합성(Relevance): 그 브랜드는 응답자 개인과 어떤 관계가 있는가를 평가. 이 브랜드는 당신에게 의미 있는 브랜드인가? 이 브랜드는 개인적으로 잘 어울리며 적절한가?
- 존중(Esteem): 그 브랜드는 존중되고 있으며, 해당 제품군에서 최고로 인정받고 있는가에 대한 평가. 이는 소비자가 인식하고 있는 제품의 질과 인기가 상승하고 있는 브랜드 범위와 밀접한 관계가 있다.
- 지식구조(Knowledge): 그 브랜드가 무엇을 나타내는가에 대한 이해의 평가.

이러한 위의 브랜드 평가에 대한 기준에 따라서 브랜드를 평가하는 방향에는, 차별성+적합성=브랜드의 강도라는 측면을 살펴보면, 차별성은 Y&R 모델에서 첫 번째로 나오는 요소이다.

브랜드들은 그들의 경쟁 브랜드들과 차별되는 요인들을 보유하고 있는데, 이것이 브랜드의 강도(세기)를 나타내는 하나의 기준으로 적용된다. 만약 차별화될 수 있는 포인트가 하나도 없다면, 브랜드의 가치는 낮아질 것이다. Y&R 모델은 강력한 브랜드가 되고자 하는 새로운 브랜드는 실질적인 차별성을 개발하는 노력부터 시작해야 한다는 가설에 기초한다. 역으로, 차별성을 잃는 것은 강한 브랜드가 그 힘을 잃어간다는 첫 번째 신호이다. 차별성은 앞서가는 것이다.

| 표 5-1 | 후원을 하는 회사와 광고를 하는 회사의 비교

후원을 하는 회사	광고를 하는 회사
좋은 회사	물건을 판다
인간적인 모습을 보여줌	이기적이고, 그들의 유일한 목적은 돈
유익하고, 사람들을 도와줌	이익을 늘리기 위해 노력함
아마추어 스포츠를 지원함	내가 꼭 원하지 않는 물건도 사게 하려고 노력함
운동선수들에게 도움을 줄 뿐만 아니라 판매도 증가시킴	판매를 늘리기 위해 노력함
앞서 나가기 위해 노력함, 관심을 가짐	사람들을 진심으로 대하지 않음
Rich한 인상	오직 제품을 팔기 위해 노력함
이미지·여론에 관심이 있음	

출처: Sponsorship and Advertising, A Comparison of Consumer Perceptions, 2001-Tony Meenaghan.

배번호표마다 스폰서가 있다. (보스턴에 있는 이현우 씨가 참여한 마라톤 대회 번호표의 모습)

적합성은 그 다음에 나오는 요인이다. 어떤 브랜드가 세분화된 목표시장에서 의미 있는 관계를 형성하지 못한다면 대부분의 고객 집단을 매료시키지 못할 것이다. 페라리와 재규어와 같은 브랜드는 차별성은 매우 높지만 적합성은 극도로 낮다.

이 자동차 브랜드들의 제품들은 일상적으로 사용하기에는 실용적이지 못하고, 또한 너무 비싸기 때문에 소수의 사람들만이 신중하게 구매를 고려하기 때문에, 적합성과 가정 보급률(그 브랜드를 사는 가정의 비율) 간에는 큰 관계가 있다.

또한, 이러한 브랜드에서도 스폰서십과 광고에 대한 소비자 인식(perception)은 다르게 나타난다. 스폰서십은 이로운·호의적인 이미지로 소비자의 방어심리를 낮춰 기존의 이미지를 더욱 이롭고 호의적인 이미지로 바뀌게 한다. 반면에 광고는 상업적인 이미지를 보여줌으로써 소비자의 방어심리를 높인다. 〈표 5-1〉은 소비자에게 스폰서십을 하는 회사와 광고를 하는 회사에 대한 정의를 나름대로 내리게 한 결과표이다. 이러한 결과를 통해서 알 수 있듯이 브랜드의 가치를 평가에 스폰서십의 역할이 중요하다고 할 수 있으며, 이러한 스폰서십에 효과와 그 효과를 측정하는 방법들이 체계적으로 정리가 되어야 할 필요가 있을 것이다.

2. 스포츠 스폰서십 효과 측정

오늘날의 광고주, 브랜드 및 광고권 소유주(협회), 방송매체 바이어, 그리고 방송사들은 치열한 글로벌 마케팅 경쟁시대에 도입하면서 마케팅 관련 및 스폰서 투자 효과를 극대화되기를 원하고 있는 실정이다. 이런 스폰서십 시장이 넓어지고 스포츠 마케팅 시장이 넓어지면서, 좀더 명확하고 신뢰도 있는 투자대비효과(ROI) 기준에 대한 필요가 증가하고 있는 실정이다.

이러한 스폰서십 투자에 대한 효과 측정은 방대한 글로벌 플랫폼의 전략적 파트너십을 통해 철저한 증빙자료를 바탕으로 한 효과 분석 데이터뿐만 아니라, 스폰서십의 전체적인 임펙트 및 영향에 대한 이해도를 제공하고, 이를 바탕으로 한 컨설팅 서비스도 제공하는 데 그 목적을 플랫폼이라 할 수 있다. 스폰서십 효과의 측정은 글로벌 스폰서십 시장의 정보를 제공하면서, 스폰서십과 브랜드화된 콘텐츠 프로그램 공간에서 사용될 플랫폼

표 5-2 스폰서십과 광고의 심리적 차이점

구 분	스폰서십	광 고
호 의	이타력	이기적
포커스	간접적/잠재적	직접적/강제적
설득의도	숨어 있음	드러남
방어심리	낮은 경계심	높은 경계심

출처: Sponsorship and Advertising, A Comparison of Consumer Perceptions, 2001-Tony Meenaghan.

은 최고의 효과적이고 실질적인 마케팅 솔루션을 위한 정보와 컨설팅 서비스를 제공하는 것이다.

스포츠 미디어에서 광고가 필요할 때 스폰서십이 대체할 수 없듯이, 스폰서십이 필요할 때 광고가 그 자리를 대신할 수 없다. 스폰서십이 제공하는 이점은 측정된 미디어를 통해 얻는 것과는 상당히 다르다. 광고는 특정 목적을 위해 구입된 공간(면)이나 방송시간을 통해 이루어지는 기업의 직접 프로모션 활동이다.

광고는 양적인 미디어로서, CPM(특정 광고 1회를 천명에게 알리는 데 필요한 광고 비용) 기준으로 그 효과가 평가된다. 반면에 스폰서십은 스폰서 제공자(스폰서 비용을 받는 자)와 제휴하여 기업을 프로모션하는 것이며, 질적인 미디어라 할 수 있다.

인도 타이어 제조 회사인 MRF에서 수행된 5년 연구 프로젝트는 스폰서십의 성과가 광고를 뛰어넘는 몇몇 분야를 잘 보여주고 있다. 연구 기간 동안 MRF는 여디 커뮤니케이션이 없는 상태에서의 스폰서십 효과를 테스트하기 위해 다른 커뮤니케이션 기회는 거의 제공하지 않고 오로지 스포츠 스폰서십에 모든 마케팅 비용을 할애했다.

맨유는 홈페이지 운영 광고를 통해 고객과 브랜드에 대한 공유를 함께한다

MRF는 매년 3,450명의 자동차 소유자를 대상으로 '기업 이미지', '브랜드 선호도', '브랜드 인지도'와 '제품 이미지'의 변화에 대해 조사했다. 조사는 전통적인 제품 광고에만 집중하고 스폰서십은 거의 하지 않는 두 개의 메이저 경쟁사의 결과를 비교해 주고 있다. 조사 결과, 4개의 조사 분야 중 3개 부문에서 스폰서십이 광고보다 더 긍정적인 장기적 효과를 나타냈고, '제품 이미지'만이 스폰서십보다 광고에 의해서 더 크게 영향을 받는 것으로 나타났다(2007, IEG Reports).

| 그림 5-2 | 스포츠 스폰서십 효과 측정

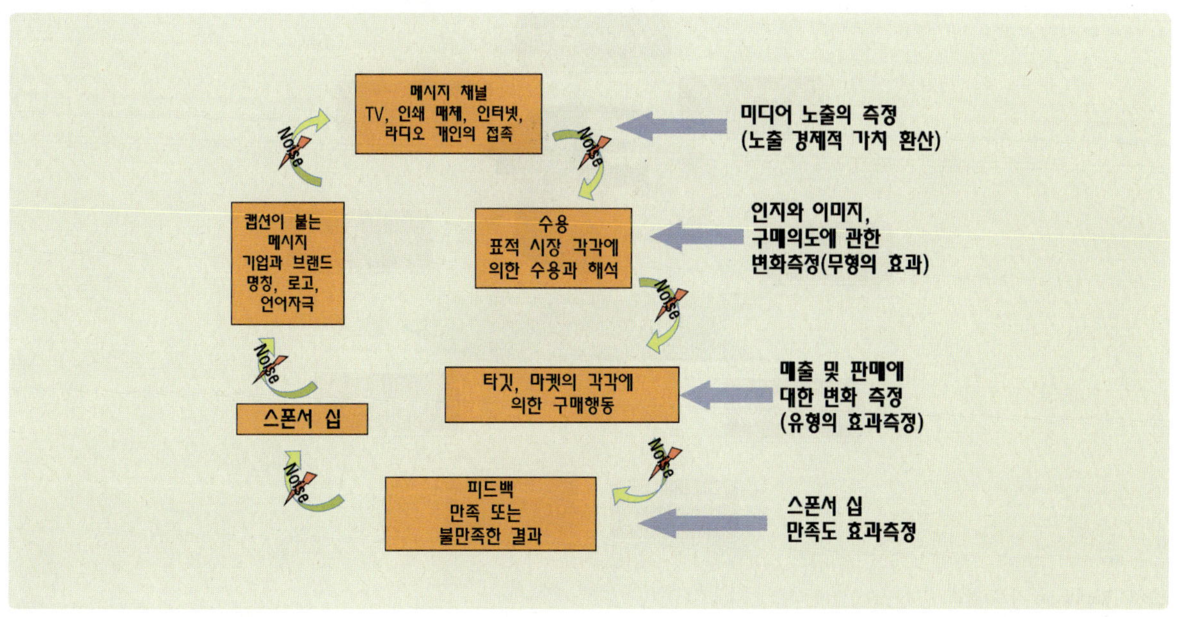

3. 실시간 시청률 데이터 분석 (Live Rating)

스포츠 스폰서십의 효과를 분석하는 데 있어서 최근에는 다양한 방법들이 활용되고 있으며, AGN 닐슨미디어 리서치 클라이언트 서비스 같은 경우에는 실시간으로 시청률을 분석하여, 필요한 클라이언트에게 제공할 수 있다. AGB닐슨미디어 리서치의 시청률 데이터 제공 방식도 시대 흐름에 맞추어 더 이상 과거가 기준이 아닌 리얼타임으로 정보 서비스를 제공하는 Live Rating을 도입하고 있다. Live Rating 이란 "Any time, any place, real-time minute by minute audience data"이라고 정의내릴 수 있는데, 결론적으로 Live Rating이란 언제 어디서든, 분단위 시청률 자료를 실시간으로 볼 수 있는 환경을 제공하는 시청률 데이터의 새로운 개념이라고 할 수 있다.

Live Rating은 LAN이나 CDMA 방식의 TVM5(디지털 피플 미터기)를 통해 패널들의 TV시청 데이터를 수집한다. 이러한 데이터는 AGB닐슨미디어 리서치의 자체 분석 프로그램을 통해 분석, 가공된 후 Live Rating 홈페이지를 통해 인터넷으로 제공되고 있다.

Live Rating의 장점은 웹 상에서 실시간으로 시청률 분석이 가능하다는 점이다. 기존의 시청률 분석 소프트웨어를 갖춘 데스크탑 없이도 Live Rating 홈페이지에서 간단한 분석 조건만 지정해 주면 누구나 쉽게 시청률 데이터를 분석할 수 있다.

가구, 개인, 성, 연령 등의 기본적인 인구통계학적 변수를 고려한 분석이 가능하며, 또한 분석하고 싶은 채널과 프로그램을 설정하고 시간대를 지정하면 해당 프로그램의 동영상을 모니터링하면서 실시간 분단위 시청률과 점유율 그래프를 살펴볼 수 있도록 구성되어 있다. 채널별 비교도 가능하기 때문에 해당 관계자들은 시청자의 채널 유입 및 시청 행태를 빠르고 신속하게 파악할 수 있으며, 이를 이용하여 트렌드 분석 및 다양한 활용이 가능하다.

이렇게 Live Rating 시스템은 언제 어디서든 인터넷 접속만 하면 접근 가능하기 때문에 인터넷

| 그림 5-3 | 미디어 노출 분석 이유

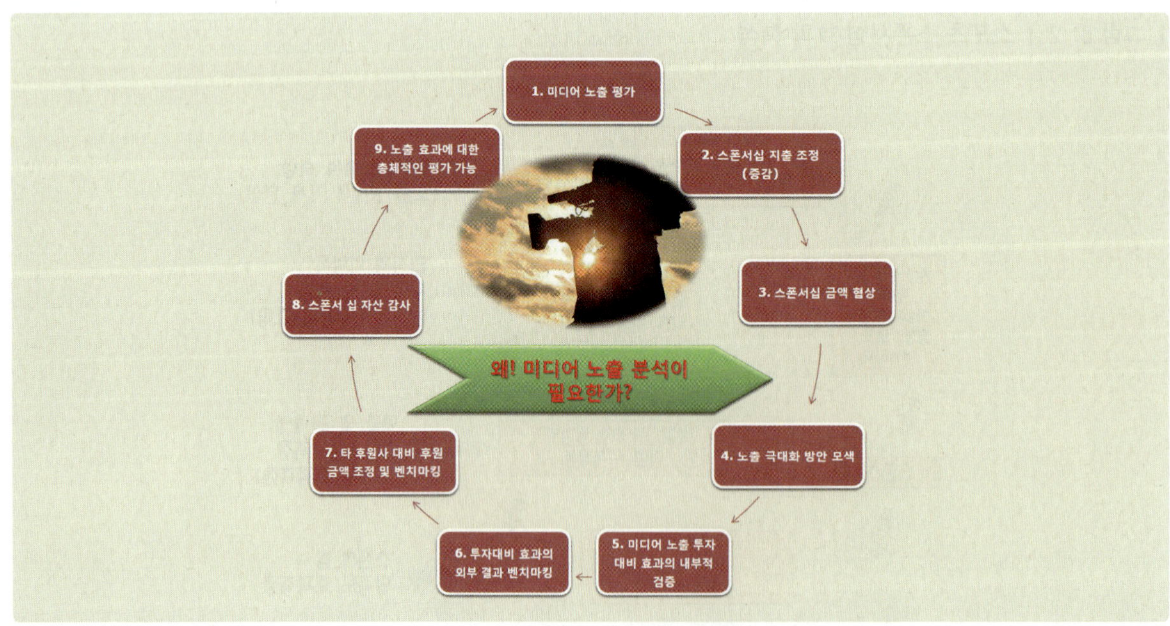

출처: Repucom 자료 참조.

이 가능한 모바일이나 PDA 등을 통해서도 정보를 제공받을 수 있다. 특히 생방송 중계의 경우 Live Rating의 장점이 극대화된다고 할 수 있는데, 2006년 월드컵 당시 토고전을 제외한 나머지 스위스, 프랑스전의 경우 새벽 4시경에 경기가 시작되었다. 그러나 서두에서 밝혔듯이 기존의 시청률 데이터는 '새벽 2시에서 다음날 새벽 2시까지' 패널 가정에서 수집된 TV시청 데이터를 종합하여 나가기 때문에 월드컵 경기의 시청률은 다음날 새벽 2시까지의 시청률 데이터와 함께 다음날 아침이 되어야 시청률 분석 데이터가 제공된다. 하지만 이러한 시청률 데이터가 Live Rating의 형태로 경기가 진행되는 동안 공개된다면, 시청자의 반응을 다이나믹하게 살펴볼 수 있을 것이다. 이때의 시청률 수치는 단순히 숫자가 아닌 의미를 지닌 데이터로서 활용가치를 높일 수 있다.

Live Rating은 2008년 8월, 베이징올림픽을 기점으로 AGB닐슨미디어 리서치가 국내 최초로 선보였다. Live Rating의 개념은 해외에서 먼저 소개된 바 있으나 웹 상에서 실시간으로 제공되는 방식은 우리나라에서 최초로 시도하는 것이다. 이러한 발전적인 정보제공 형식이 온·오프라인 연계를 통해 시청률 데이터의 질적 향상과 더불어 방송 광고계에도 긍정적 변화를 가져올 것으로 예상해 본다.

4. 미디어 노출 효과의 측정

스포츠 스폰서십 효과를 측정하는 데 있어서 소비자 조사법과 미디어 노출량 조사법으로 구분할 수 있는데, 소비자 조사법은 미디어 노출량 조사법에 근거하여 산출된 효과들은 결국 일반 화폐가치와는 다른 개념을 띄게 되는데, 이에 대한 보완으로 전통적인 소비자 조사 방식이 효율적이다. 단, 소비자 조사 방식으로는 기본적인 스포츠 이

| 그림 5-4 | 레이싱카의 노출 효과 데이터 산출 자료

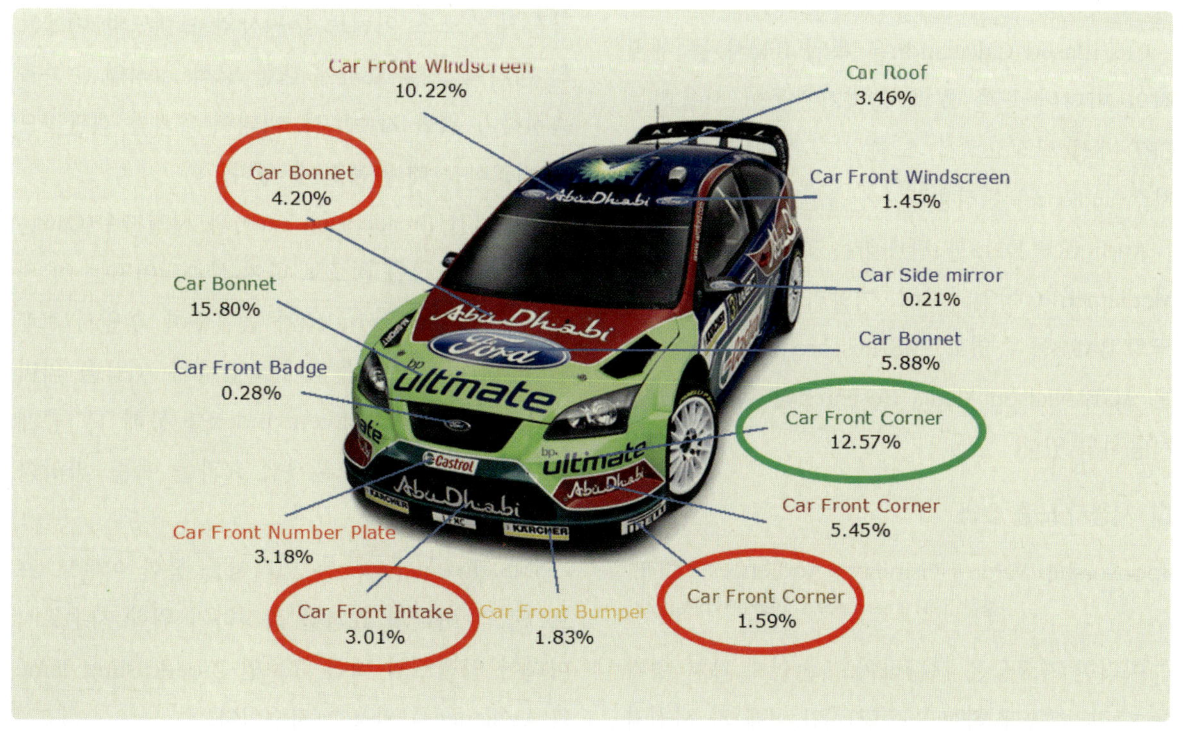

출처: Repucom 자료 참조.

벤트의 가치의 비교나 경쟁 스포츠 이벤트와의 비교가 어렵기에 마케팅 전략 수립을 위한 기초 자료로서의 활용도가 있다고 할 수 있다.

기본적으로 소비자 조사를 통해서는, 스폰서에 대한 인지률을 측정하게 되고, 이를 통한 태도와 이미지 변화 및 구매 의향 등을 분석하게 된다. 아울러 인지하게 된 경로, 인식 수준, 선호도, 속성 및 이미지 조사 등 또한 함께 조사되기에 스폰서십의 효과에 대한 파악 외에도 많은 마케팅 자료를 얻게 되는 이점이 있다. 이러한 소비자 조사는 정기적으로 1년에 한두 차례씩 시행하면서 자료를 축적시키는 것이 중요하다.

미디어 노출량에 따른 조사법은 노출 효과 측정 기준에 의해서 CPT 방식과 방송시간대 광고단가를 이용하여 노출 효과를 산출하는 방식이 있다. CPT(Cost-per Thousand, CPM) 방식은 시청자 수와 노출시간에 근거한 객관적인 미디어 노출 효과를 산출하는 방식으로 아래에서 광고단가를 활용한 산출 방식과 비교하여 자세하게 살펴볼 수 있는 방식이다.

CPT Based Calculation은 독일 IFM사 등 세계적인 미디어 노출 효과 분석기관들이 사용하는 CPT 계산 방식으로서, 노출(시간/형태)과 TV시청자수(audience)를 적용하여 산출한다.

Audience Data를 판매하는 회사는 프랑스의 Mediametrie, 독일의 GfK, 이탈리아의 Auditel, 영국의 BARB들이 있고 SMS Research & Consulting은 AGB Nielsen Media Research의 측정 자료를 사용하고 있다.

시청자 노출 효과

Sponsorship Value = Visibility × Audiences × CPT

출처: IMR (International Marketing Reports)

이러한 자료들은 객관적이고 손쉽게 가치 평가를 측정, 가능케 하는 노출량(시간/형태)과 시청자 수, CPT를 사용할 수 있으며 광고 효과 분석은 동일 방송사, 동일 시간대, 동일 프로그램이라 하더라도 시청률과 시청자수는 차이가 있기 때문에 각각에 맞는 구체적이고 정확한 효과 분석이 가능하다는 장점이 있다.

광고 효과 분석

Sponsorship Value = Visibility × Advertising Spot Rates

출처: IMR (International Marketing Reports)

이러한 분석은 노출된 양(시간)만을 파악하고 이미 어느 정도의 가치가 있다고 책정해 놓은 광고비를 적용하기 때문에, 동시간대 시청률과 시청자수를 배제하고 시간대 광고단가만을 적용하여 부정확한 정보를 전달할 수 있으므로 오류를 범할 수 있다.

SMS – Sponsor Index & Event Index

SMS(Sports Marketing Survey)사 사용하는 방법으로, SMS-Sponsor Index와 SMS-Event Index는 각각의 스포츠 이벤트 후원사의 브랜드와 이벤트의 미디어 노출 효과에 대한 양적·질적인 수준을 측정하기 위한 지수로서, 미디어 효과를 객관적으로 비교하는 데 활용할 수 있다.

방송시간(Broadcasting Time)과 시청자수(Cumulated Audience)를 척도로 하여 산출되어지는 이 지수는 SMS-Event Index가 높을수록 후원사(브랜드)가 더 많은 사람들에게 노출될 수 있음을 의미한다. 따라서 SMS-Event Index를 통해 TV 중계를 통한 스폰서의 스폰서십 효과를 예측, 파악할 수 있다.

SMS-Event Index는 미디어를 통한 이벤트 프로그램의 미디어 효과를 측정하기 위한 지수로서 미디어 임팩트의 핵심 요소인 Broadcasting Time과 Audience를 활용한 지수이다.

SMS－Event Index

$$= \frac{\text{Broadcasting Time} \times \text{Audience(Million)}}{1,000}$$

SMS-Sponsor Index는 미디어를 통한 스폰서 브랜드의 노출 효과를 측정하기 위한 지수로서 미디어 임팩트의 두 핵심 요소인 Visibility와 Audience를 활용한 지수라고 할 수 있다.

SMS－Sponsor Index

$$= \frac{\text{Visibility} \times \text{Audience(Million)}}{1,000}$$

Visibility: 브랜드 노출로서 초단위로 분석되며 완전 노출(Full Exposure)과 부분 노출(Particial Exposure)로 구분된다. 이러한 조사 방법을 통해서 나온 결과물은 SI와 EI가 클수록 스폰서십 효과가 크다고 볼 수 있는 것이다.

SMS사의 스포츠 스폰서십 분석 방법(2009.8, SMS Reports)의 사례를 통하여 내용을 살펴보면 다음과 같다.

2007년 KPGA대회

SMS-Event Index의 비교: SMS-Event Index는 이벤트의 중계방송에 대한 양덕·질적 수준을 지수 지수화한 것으로서 방송시간(Broadcasting Time)과 시청자수(Cumulated Audience)를 척도로 하여 산출된다.

SMS-Event Index가 높을수록 스폰서(브랜드)가 더 많은 사람들에게 노출될 수 있음을 의미한다. 따라서 SMS-Event Index를 통해 TV 중계를 통한 스폰서의 스폰서십 효과를 예측, 파악할 수 있다.

표 5-3 2007년 KPGA대회 SMS-Event Index 비교

대회명	중계시간(분)	중계횟수(회)	AMR 합(백민명)	SMS Event Index
2007 토마토 저축은행 오픈	2,160	22	0.444	2.256
제26회 GS칼텍스 매경 오픈	2,273	23	0.577	3.015
XCANVAS OPEN 2007	1,908	20	0.438	2.162
SK telecom 오픈 2007	1,601	17	0.508	2.040
SBS 금호아시아나 오픈	1,720	17	0.465	2.224
SBS 에이스 저축은행 몽베르 오픈	2,298	21	0.215	1.709
SBS 연우 헤브랜드 오픈	2,109	20	0.147	1.025
SBS 삼능 애플시티 오픈	565	5	0.063	0.430
SBS 코리아 골프 아트빌리지	1,582	15	0.105	0.754
SBS 레이크힐스 오픈	1,294	11	0.121	0.969
SBS 메리츠 솔모로 오픈	2,388	18	0.118	1.048
SBS 삼성 베네스트 오픈	1,948	19	0.799	3.587
SBS 에덴벨리 스키 리조트 오픈	1,928	15	0.158	1.302
코오롱 하나은행 제50회 한국 오픈	1,894	16	0.523	2.306
제23회 신한동해 오픈	1,674	16	0.709	4.033
SBS 금강산 아난티 NH농협 오픈	1,899	22	0.604	2.250
SBS 하나투어 챔피언십	2,110	23	0.497	2.024
동부화재 프로미배	200	2	0.148	0.887
합계	31,551	304	6.638	평균: 1.890

출처: 2009, SMS Report.

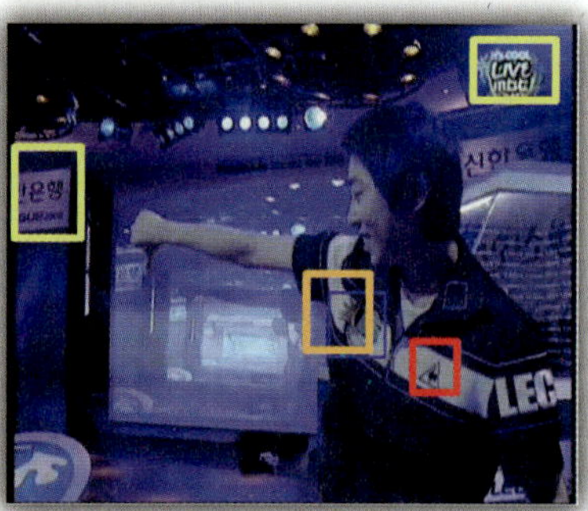

I 미디어 노출은 각기 다른 위치와 크기 각도 색깔의 성향을 보인다.

〈표 5-3〉은 2007년에 개최된 KPGA대회의 중계시간 및 개인 시청자수를 분석하여 얻어진 SMS-Event Index이다(SMS Report, 2009).

시청자률 분석 기준

- 분석지역: 한국
- 분석기간: 2007년 4월~2007년 12월
- 분석채널: 1. 지상파 — KBS2, MBC, SBS
  2. 케이블 — SBS Golf, J Golf
- 중계시간: 생방송, 녹화방송, 재방송 및 하이라이트 중계시간 포함
- AMR 합(Cumulated Audience): 중계방송별 평균 개인 시청자수의 합(개인 4세 이상, 중복 포함)

※시청률 자료: AGB Nielsen Media Research

SMS-Event Index

$$= \frac{Broadcasting\ Time^{*} \times Audience(Million)}{1,000}$$

중계시간에서는 '메리츠 솔로몬 오픈', '에이스 저축은행 몽베르 오픈' 등이 가장 많은 중계시간을 나타내고 있다. Event Index를 비교해 보면, 신한동해 오픈이 4,033으로 1위이다. 신한동해 오

I 그림 5-5 I Repucom사의 노출 효과 분석방법

스크린 중앙이 스크린 주변보다 노출 효과가 높다	Location of Exposure On-Screen	Multiple Exposures On-Screen	브랜드가 복수로 노출될수록 노출 효과가 높다.
스크린 차지율(%)에 따른 사이즈가 클수록 노출 효과가 높다.	Size of Exposure On-Screen	Duration of Exposure On-Screen	노출 지속 시간이 길수록, 노출 효과는 높다.

출처: 2009, Repucom Report.

폰이 상대적으로 시청자 수가 월등히 많아 SMS-Event Index가 높게 나온다.

그만큼 스폰서(브랜드)를 알릴 기회가 많다고 볼 수 있다. 물론 방송시간 기준과는 달리 브랜드의 노출시간을 고려한다면 S(Sponsor Index)를 통해 스폰서의 브랜드 효과를 살펴볼 수 있다.

Repucom사의 방식

Repucom사에의 스폰서십 측정 방식은 미디어 노출량을 분석할시 사용하고 있는 100% 미디어 노출량 측정과 RBA(Repucom Brand Analysis) value를 사용한다.

RBA 미디어 밸류 측정은 100% 미디어 노출량 분석은 일단 화면에 노출되는 모든 브랜드를 동일한 노출량으로 간주하여 이에 동시간대 해당 매체의 광고 단가를 곱하는 값이다. 하지만, 이러한 경우 일반 광고와는 달리 스포츠 스폰서십에 의한 브랜딩 노출은 화면상의 위치, 크기, 시간, 복수노출, 지속시간 등에 따라 그 영향력이 다르다는 점을 간과하여 지니치게 과대 평가된다는 오류를 갖고 있는데, 이를 보완하고 있는 것이 RBA 값이라고 할 수 있다.

결국 같은 미디어 노출에도 스폰서에 따라, 프로퍼티에 따라, 각기 다른 퀄리티가 구분되어야 하고, 이것을 구분하여 분석하는 것이 기본적인 Repucom사의 방식이라고 할 수 있다.

이렇게 각기 다른 퀄리티를 가진 노출의 기준을 정하고, 그 퀄리티의 분명한 기준을 만들기 위해, Repucom사는 15년 동안 Neuron Network(인간의 시각에 의한 자극이 뇌에 얼마나 큰 영향을 미치는지 연구하는 학문)의 선두주자인 프랑스의 CNRS LAB에서 분사한 Spikenet Technology(Repucom 자회사)에서 개발한 이미지 추적 소프트웨어, RadiusS™를 통해 〈그림 5-5〉와 같은 주요 4요소에 대한 노출 가중치가 감안되고, 생체학적으로 특화된 정밀한 노출 측정 및 분석을 실시하였다.

이러한 방식은 생체학적으로 인간의 시각이 느끼는 보다 정확한 미디어 광고 노출의 성질, 특징 및 퀄리티의 측정 및 분석, 이에 대한 근거 자료 제공, 그리고 마지막으로 동일한 측정 기준으로 인한 타후원사 패키지와의 벤치마킹 비교도 가능해졌다고 할 수 있으며, 다양한 방식의 스폰서십 효과 측정 방식의 방법을 제안하였다.

RBA값은 화면 상에 나타나는 브랜딩의 위치, 크기, 시간, 복수노출 등에 따라 가중치를 산정하여 측정하는 것이다. 상황에 따라 다르기는 하지만, 일반 광고단가 산정방식으로 환산된 값의 75~80% 정도에 해당되는 낮은 값을 띄게 되는데, 이와 같이 필수적인 노출효과 가중치가 부여된 분석 자료와 30초 TV 광고 단가를 감안한 값이 바로 RBA Media Value 이다.

〈표 5-4〉의 데이터를 보면 알 수 있듯이, RBA 데이터는 미디어 가치와 RBA%(노출 효율도)의 산출뿐만 아니라, 그 근거 자료가 되는 여러 가중치 데이터들도 한 눈에 확인이 가능하며, 이런 관련

표 5-4 스폰서십 데이터 분석의 샘플

SAMPLE										
프로퍼티	노출회수	노출시간	평균노출 시간	평균노출 사이즈(%)	100% 미디어 단가	RBA 미디어 가치	시청률감안 RBA 미디어 가치	RBA %	스크린 위치 A	스크린 위치 B
SAMPLE	59	207	3	2.76	KRW 67,758,138	KRW 20,401,975	KRW 8,259,643,863	30.11	153	98

출처: 2009, Repucom Report 자료중.

데이터들을 통해 해당 노출에 대한 좀더 심층 있고, 다각적인 분석이 가능해졌다.

이러한 분석에 있어서는 모든 프로퍼티를 대상으로 아래와 같은 9가지의 노출 효과 데이터를 산출하는 데 그 내용은 아래와 같다.

- 100% 미디어 단가: 노출 지속 시간에 초당 미디어 광고 단가를 곱한 값
- 노출 회수: 프로퍼티가 스크린에 노출된 회수
- 노출 시간: 프로퍼티의 노출이 지속된 시간
- 평균 노출 시간: 프로퍼티가 평균적으로 노출 지속된 시간
- 평균 노출 사이즈(%): 노출된 프로퍼티의 평균 사이즈(스크린 대비 프로퍼티 노출이 차지하는 백분율)
- 스크린위치 A, B: 각 프로퍼티 노출 위치 표기(A=스크린 중앙 50%, B=스크린 주변 50%)
- A+B합: 모든 노출 회수의 총합
- RBA%: 각 프로퍼티 노출의 가중치를 적용해 해당 노출의 효율도를 측정한 값(효율도가 높을수록, 전체 노출 효과가 높다)
- RBA 미디어 가치: 위 RBA%를 바탕으로 100% 미디어 단가 금액을 적용해, 노출 효과 가치 측정의 정확도를 극대화시킨 값
- 시청률 감안 RBA 미디어 가치: 시청률을 기준으로 CPT 값과 RBA%를 적용하여 산출한 RBA미디어 가치
- 위치에 따른 측정 방식: 각 위치에 따른 비교 방식은 주변에 있는 브랜드보다는 중앙에 있는 브랜드가 50% 이상 가치가 있는 것으로 측정하여 가치를 환산한다. 시청자의 80%가 중앙의 노출 브랜드에 집중한다는 RBA의 분석에 따른 것이다.
- 노출 크기에 따른 측정: 노출 크기에 따른 측정은 말 그대로 화면상의 노출 크기에 따라서 그 노출량을 측정한다.

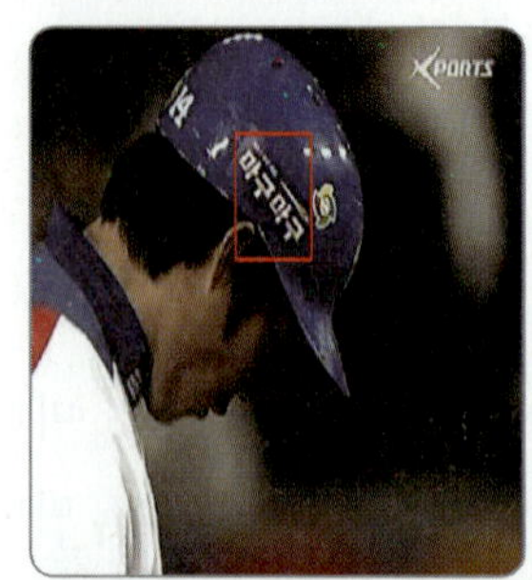
0.9% 노출

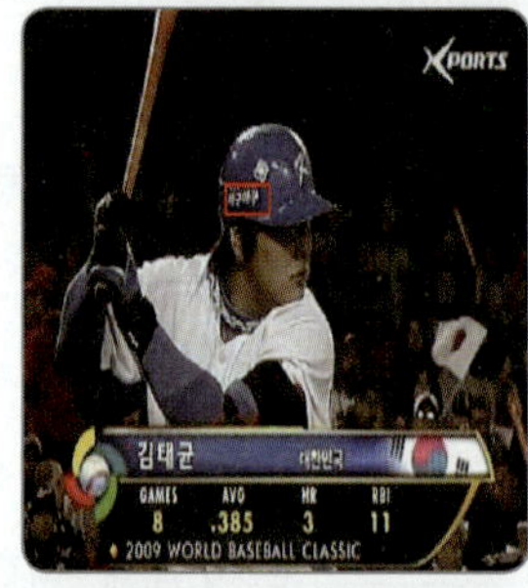

5.1% 노출

18.1% 노출

- 노출 시간에 따른 측정: 노출 시간이 지속됨에 따라서 추가적으로 노출 효과와 임팩트가 강해진다고 할 수 있다.

노출 시간에 따른 측정

• 동시에 같은 브랜드가 나올 경우

RBA 측정 방식의 장점은 RBA%라는 개념, 즉 노출의 효율성과 타브랜딩 노출과의 비교를 통해 스폰서십 패키지 개발에 활용할 수 있다는 점뿐만 아니라, 후원사의 브랜딩의 노출을 위한 도구, 예를 들면 LED 보드와 롤링 보드, A-Board의 효과까지도 측정할 수 있기 때문에, RBA%(효율성) 수치와 RBA 값(금액으로 환산) 수치를 모두 고려하여 판단한다면 유용한 자료가 될 것이다.

두 가지 브랜드가 동시에 노출될 경우

Samsung의 ROI의 분석 방법

스폰서십 효과 분석을 하는 데 있어서 기업들은 ROI(Return of Investment)에 대해서 지속적으로 연구를 하였다. 일반적으로 SMS, Repucom사에서 해오던 대행적인 행위보다는 삼성은 실질적으로 투자한 비용이 얼마만큼 이익으로 돌아 왔는지 측정하기를 원하였고, 그 때문에 SER이라고 하는 방법으로 삼성만의 방법을 개발했다. 삼성이 이러한 방법을 채택한 이유에는 미디어의 노출 효과와 판매 증가에 따른 이익만으로는 스포츠 스폰서십에 투자하는 실질적인 설명을 하는 데 있어서 한계가 있기 때문이었다.

이러한 기업들의 ROI 분석에 대한 사례는 코카콜라부터 시작되었는데, 코카콜라는 올림픽과 FIFA 월드컵에서 다양한 마케팅 리서치를 통해서 1996년부터 정서적·심리적인 조사를 하였고, 마스터카드 역시 1990년대부터 FIFA 월드컵을 후원하면서 회원 매출, 브랜드 노출, 정성적 지표라는 세 가지 부분을 조사하여 ROI의 지표로 삼았다. 또한 Vodafone은 2002년 F1 Ferrari팀의 Main Sponsor로 참여하면서 브랜드 노출(Media 노출 효

| 그림 5-6 | 삼성전자의 ROI 분석 기준표

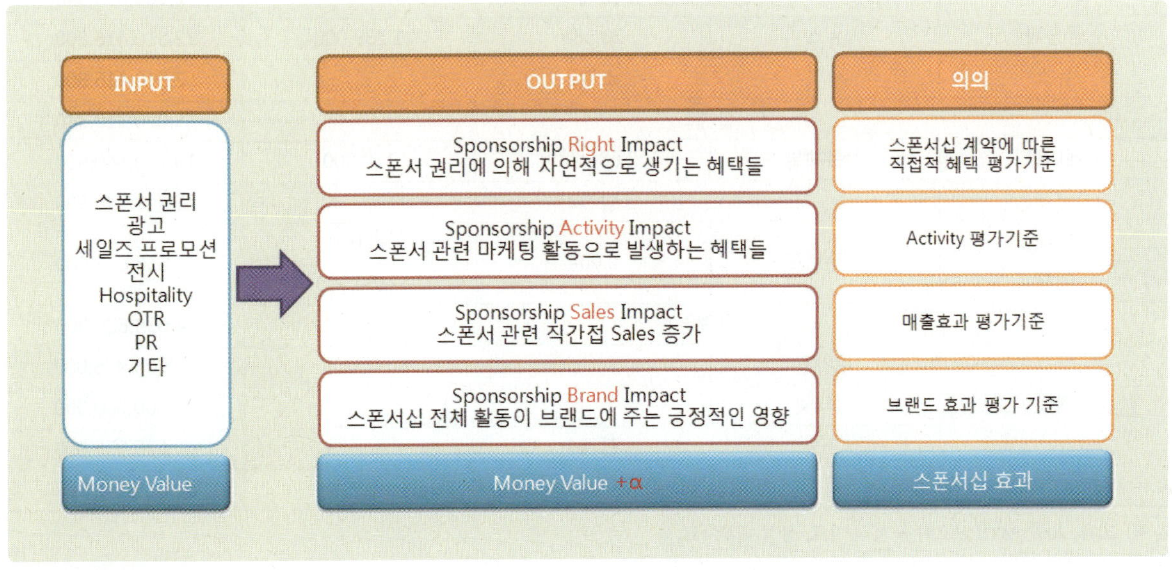

출처: 2008, 삼성 내부자료.

과), 소비자 인식(브랜드 커뮤니케이션 여부), 임직원의 이해도(내부조사를 통한 인지도), Hospitality 효과(각 부문에 대한 Hospitality 만족도) 등의 네 가지 부분을 측정하여서 ROI를 분석하였다.

삼성이 이러한 분석을 시작할 수 있었던 계기는 영국 프로축구 팀인 첼시 후원이라고 할 수 있는데, 삼성의 첼시 FC의 후원은 삼성 휴대폰의 인지도 및 판매량을 27.5%에서 38.2%라는 경이적인 수치로 끌어올리는 데 큰 공헌을 하였다. 실제로 2004년도 유럽 내 삼성 휴대폰의 판매량은 1,660만대였지만 2005년도 2,600만대로 증가하였고, 영국 내 판매량은 290만대에서 500만대로 2배 가까이 증가하였다. 하지만 이러한 양적인 증가만으로는 스포츠 스폰서십의 실질적인 효과를 증명하기엔 어려움이 있다고 판단하여 실질적인 ROI를 분석하게 된 것이다.

삼성의 ROI 측정 방법은 아래와 같으며, 이러한 분석에 대한 목표는 스폰서십의 질적인 접근과 그에 따른 효과를 분석하는 것이라고 할 수 있다.

$$\text{SER} = \frac{\text{스폰서십 활동의 총 혜택} - \text{스폰서십 총 비용}}{\text{스폰서십 총 비용}}$$

(SER= Sponsorship Effectiveness Rate, 삼성 내부자료, 2008)

이러한 삼성의 분석 기준을 통해서 아래의 사례를 살펴보면 스폰서십에 관한 이해가 더욱 쉽게 될 수 있을 듯하다.

기존의 방법으로 단순한 미디어의 노출 효과를 측정하면 미디어 노출에 대한 분석은 가능하지만 실제적으로 스폰서십에 투자한 금액 및 이를 통한 프로모션 효과 분석은 이루어지지 않기 때문이다. 하지만 SER 방식은 스폰서십을 후원한 후 스폰서십을 통한 마케팅 활동 비용까지 계산하여 실제적인 스폰서십의 효과에 대해서 이해하기 조금 더 용이할 수 있을 것이다.

표 5-5 단순 미디어 노출 측정 방법(양적 접근)

구 분	항 목	노출시간(건수)	단가(원)	노출금액(원)
공중파	정규시즌	11,775	1,539,000	1,266,904,800
중계	포스트시즌	11,538	1,539,000	1,242,988,740
	소계1			2,509,893,540
공중파	뉴스	20,385	1,539,000	2,510,416,800
뉴스	소계2			2,510,416,800
합계1				5,020,310,340
케이블	전문채널	2,686,285	110,000	19,710,640,950
중계	합계2			19,710,640,950
인쇄	신문보도	2,004	30,000	4,658,635,000
매체			~150,000	
합계3				4,658,625,000
기타	무가지			325,975,000
	인터넷			300,000,000
	합계4			625,975,000
총계(합계1~4)				30,015,551,290

출처: 2008, 2007 PAVV 프로야구 분석 자료, 삼성 내부자료.

| 표 5-6 | 전 방위적 효과 분석(질적 접근)

SER 평가 구분	2007 Value(원)
총투자 비용(후원금+마케팅 비용) (Sponsorship Investments)	-6,061,399
현물지원 확보 (Sponsorship Value In Kind and Property Revenue)	78,720
- KBO 제공 무상 입장권/AD/기타 스폰서용 제공 VIK 권리 - 매출상승 효과(TangibleBusinessOperatingProfit)	0
정량적 가치(Tangible Marketing Value) - 매체 노출 효과 (TV, Print, On-line 등), 현장 프로모션 노출, 초청행사 등	3,012,964
정성적 가치(IntangibleMarketingValue) - 정성적 가치, 10개 항목의 평균점(Prestige, Networking Opportunities, etc)	8,743,620
광고 지원 효과 (Advertising Support Impact)	83,250
총효과(TotalReturn)	8,458,964
Final SER	96.60%
100원 투자할 경우 획득할 수 있는 효과	196.6원

출처: 2007, PAVV 프로야구 분석 자료, 삼성 내부자료.

부록 1 양용은 선수의 PGA 우승 경제적인 효과 사례 분석

(국민체육진흥공단 용역 보고 자료 중 일부 발췌)

양용은, 메이저 우승 1조 988억원의 경제적 효과

아시아 최초로 PGA 투어 메이저 대회인 PGA 챔피언십을 제패한 양용은(37)의 우승이 1조원이 넘는 경제적인 효과를 지녔다는 흥미로운 연구 결과가 나왔다. 국민체육진흥공단 스포츠 산업 본부는 김도균 경희대 체육대학원 교수에게 의뢰한 결과 양용은의 우승이 약 1조 988억원의 경제적 효과가 있는 것으로 조사됐다고 10일 밝혔다.

국민체육진흥공단에 따르면 양용은의 우승은 상금과 5년간 메이저 대회 출전권 확보 등 선수 개인의 가치 증대 비용(1,500억원)을 비롯해 후원 기업의 매출 및 브랜드 이미지 증가(2,584억원, 골프 산업 매출 증가(600억원) 등의 직접적인 효과가 있는 것으로 나타났다.

양용은 선수의 우승을 기념한 테일러메이드 홈페이지 모습

이 밖에도 국가 브랜드 상승(1,300억원), 국민의 일체감 조성 및 자부심 증가(200억원), 제주도 홍보(224억원) 등 간접적 효과를 더해 약 1조 988억원의 경제적 효과가 있는 것으로 조사됐다.

김 교수는 양용은의 우승이 타이거 우즈를 꺾고 거둔 우승이라는 점에서 미국 스포츠 전문 채널 폭스 스포츠의 "스포츠 역사상 3대이변 선정 보도를 비롯해 CBS스포츠, 스포츠 일러스트, USA투데이, NBC, 뉴욕타임즈, ESPN, AP통신, 로이터 등 유명 미디어 및 주요 외신에서 대서 특필되어져 세계로 전파된 점 등을 들어, "단군이래 최대의 개인 노출"로 높게 평가했다.

또한 개인의 가치 증대 및 후원 기업 이미지 증대 효과 등은 신문 및 TV, 인터넷 등의 미디어에 노출된 정도를 언론 매체 광고비와 연동해 산출했다고 밝혔다. 이와 함께 국가 브랜드 상승 효과 등은 2002 한·일 월드컵 축구나 LPGA 투어 우승 등 타 사례와 비교했다고 덧붙였다.

골프뉴스(2010년 11월 28일)

양용은 선수 PGA 챔피언십 우승 경제적 효과 분석

1. 분석 개요

- 양용은 선수의 PGA 우승 경제적 효과 분석

2. 분석 방법

• 계량 분석과 정성적인 분석의 축적 방법을 통하여 경제적 효과를 분석해야 하나 미디어 노출 사례 및

Web 관련 조사 및 미디어 노출 조사를 통하여 금액을 예측함

- 광고비와의 연동 방식을 통하여 금액 측정이 이루어짐
- PGA 우승의 직접적 효과는 인지도 제고, 이미지 Up 부분을 중점으로 하였음

3. 분석의 한계

- 직접적인 노출의 범위 및 금액 산정에 있어서 계량화된 객관적인 자료 인용을 하지 못함
- 미디어 노출의 광고 단가에 대한 적용이 각 매체마다 차이가 있으므로 대략적인 금액 합산을 통해 이루어져 정확한 금액 산정에 어려움
- 양용은 선수 관련 제품의 직접 시용 기회 및 매출 관련 증가 및 제품 평가 기회 및 고객들을 위한 접대 기회 부분의 산출하지 못함.
- 노출에 대한 기준: 양용은을 통한 한국 국가 브랜드 노출, 선수들의 유니폼 노출, 우승 관련 기사 노출 등으로 분석하였으며 그 외에는 하지 못함.
- 이미지 제고에 대한 구체적인 금액은 산정하지 못하였으며 대략적인 금액으로 산정하여 한계가 있음
- 단기간에 이루어진 효과 분석의 한계를 극복하지 못함

효과 구분		내 역	산출근거	금 액
직접적 효과	골프 관련	• 골프인기 확산을 통한 골프 산업 증대(한인들 골프 열풍 및 골프 대중화에 기여) • PGA 우승 '양용은 신드롬' • 박세리 이후 10년만에 '제2의 골프붐' 조성	추정 불가	?
	골프 관련 매출	• 양용은 선수 골프 클럽 매출 상승(최종 라운드 18번홀 위기 상황서 꺼내 들었던 테일러메이드 레스큐 TP 하이브리드 클럽 인기 및 캐디백 인기) • 골프 의류(데상트의 르꼬끄) 매출 상승	배드민턴 이용대 올림픽 금메달 약 10억 효과 골프산업은 약 5배 이상 가치 있을 것으로 추정	50억
	스폰서 기업매출 및 브랜드 이미지	• 아시아나 항공과 3년간 스폰서십 계약을 체결 • 우승 세레모니 혹은 우승컵을 들고 찍은 사진들 속에 등장하는 팔찌도 덩달아 시선 • 테일러메이드: 양용은 선수의 골프백을 들어올리는 우승 세레머니 많은 눈길 • 데상트의 르꼬끄 골프: 양용은의 우승 효과로 최소 25%~30% 매출 상승을 예상 양용은을 내세운 매장 광고 및 우승 티셔츠, 사인볼을 제작해 판매 계획 브랜드 홍보 효과 엄청날 것으로 기대 양용은의 우승을 계기로 그가 입었던 티셔츠의 판매량이 평소보다 10배 이상, 대회당시 착용한 벨트 제품은 매진 르꼬끄의 닭 모양 로고가 경기 내내 전 세계 TV에 노출돼 세계적으로 2,000억 원 이상 홍보 효과를 누린 것으로 데상트측은 추정 * 양용은 선수 우승 기념 이벤트 • 한우전문기업 '다하누', 영월 온라인 쇼핑몰 다하누촌, 참나무 장작구이 전문점 '군삼겹', 안경전문점 글라스박스, 제주시 한라산골프장 등	데상트 추정 홍보 효과 약 2,000억원 테일러메이드는 현재 준비중이며, 그 이상으로 추정됨	2,000억 +α

	국내 미디어 노출	• 국내 Web site 우승 관련 기사 노출(각 포털마다 인기 검색어 상위 랭크) • SBS: 우승의 순간 및 시상식까지 한국선수 최초의 메이저 대회 정복 순간을 상세히 전달 '특집 SBS골프 양용은, PGA챔언십 우승'을 긴급 편성 방송 • 포털 노출: 검색 결과 17일부터 20일까지 포털에 게재된 양용은 관련 뉴스는 3,592 건이 검색 되었으며, 국내의 모든 신문 및 방송의 톱기사로서 양용은의 우승소식을 전한 것으로 나타남 • 국내의 모든 언론들은 양용은 선수가 우승한 이후에도 지속적으로 양용은 선수 관련 소식들을 게재하고 있음	신문: 조·중·동 1면 전단광고비 약 6천만원, 기타 신문사 포함 약 30억원 방송: 지상파 3사의 30초당 광고비 약 700~1,000만원이며, 케이블 방송 포함 약 60억원 포털: 네이버 메인화면 브랜딩보드 광고 단가 12시간 6~7천만원이며, 다음, 야후, 네이트 등 포털 기사의 가치는 약 40억원 추정	130억
직접적 효과	해외 미디어 노출	• 해외 Web site(google, yahoo 및 기타 웹사이트 우승 관련 노출) • FOX 스포츠: 양용은의 PGA챔피언십 우승을 역대 스포츠 사상 세 번째로 큰 이변으로 보도 • CBS 스포츠: '빅뱅 포 양(Big Bang For Yang)'이라는 제목으로 전체면 톱기사에 양용은의 소식 보도 • 시청률 조사기관인 닐슨 레이팅에 따르면 CBS가 중계한 USPGA챔피언십 최종일 시청률은 7.5%, 점유율은 17%를 기록(2002년 이후 최고 시청률) • 스포츠일러스트: '사상 최대의 이변'이라는 제목하에 "우즈가 충격적인 역전패를 당하며 무너졌다. 무명의 양용은이 우즈를 3타차로 제치고 메이저대회 우승을 거머쥐었다"고 양용은의 우승 소식을 인터넷판 톱기사 보도 • USA 투데이: 'Yang tames Tiger, wins PGA(양용은이 호랑이를 길들이다'란 제하의 기사를 주요 뉴스로 다루며 극적인 역전 드라마와 같은 경기내용과 올 시즌 메이저 무관에 그친 우즈에 대한 이야기 보도 • NBC 방송: "양용은은 이글 칩샷을 앞세워 메이저 대회를 제패한 최초의 아시안이 됐다"는 부제목으로 보도 및 방송 중계 • 뉴욕 타임즈: "타이거 우즈가 36홀(즉 2라운드) 이후 선두로 나선 메이저 대회에서 8번 모두 우승했지만, 양용은이 그의 연승 행진에 제동을 걸었다"면서 "벨트와 신발을 포함해 머리부터 발 끝까지 흰색으로 차려 입은 양용은은 14번홀(파4)에서 터진 이글 샷 이후 우즈를 앞질렀다"면서 경기 상보를 곁들여 장문의 기사 보도 • ESPN: 포효하는 양용은의 모습을 머릿기사 사진으로 올린 ESPN. 우사인 볼트의 세계신기록 수립 뉴스는 오른쪽에 뉴스박스에 기사 제목으로 보도 • AP통신: 기사 첫 머리에 "최근 수년간 메이저 대회에는 헤살꾼(spoiler·짓궂게 방해하는 사람)들이 있었는데 양용은이 그 가운데 가장 큰 대형사고를 쳤다"며 양용은이 최강 우즈를 꺾고 파란을 연출한 우승 소식에 큰 의미를 보도 • 폭스스포츠: "PGA챔피언십에서 '골프 황제' 타이거 우즈(미국)를 물리친 양용은(37, 테일러메이드)의 '깜짝 우승'이 역대 스포츠 역사를 통틀어 세 번째로 큰 이변이었다"고 보도 • 골프전문방송인 골프채널: 웹사이트는 초기 화면에 '최고의 놀라움(the biggest suprise of all)'이라는 제목 아래 양용은이 구개 숙인 우즈를 뒤에 두고 두팔을 벌려 환호하고 있는 사진 보도 • xxxCNN: "세계랭킹 1위 우즈가 양용은이라는 한국 출신 선수에게 무릎을 꿇었다"고 리포트 • 미국프로골프(PGA): 홈페이지는 '마침내 일이 터졌다(It finally happened)'는 제목으로 양용은 관련 기사 보도 • 영국의 텔레그래프: "(아시아의 복싱영웅인) 매니 파퀴아오가 무하마드 알리를 15회에 KO시킨 것과 유사하다"며 양용은의 우승 소식을 높이 평가하며 보도	공중파(CBS Sports), 케이블 TV(Fox Sports) 노출효과 USD 4억 달러 이상 추정 (example) 2009호주오픈 150개국 4억 3,000명 시청 우승자 나달 미디어 노출효과 8,400억원 인쇄 매체 노출 USD 1억 달러 이상추정 + 기타 미국 주요 언론 미디어 노출 효과는 그 이상으로 추정됨 total: 4억 달러 이상 추정	

<table>
<tr><td rowspan="2">직접적 효과</td><td>해외 미디어 노출</td><td>• 이탈리아의 일 메사제로 신문이 18일 양용은 선수의 PGA 챔피언십 우승 소식을 이례적으로 자세히 보도
• 일본 언론들도 스포츠면 톱으로 보도
• 비즈니스위크는 “양용은의 PGA챔피언십 우승은 한국 골프 중흥을 이끌 것이다 고 보도
• 보스턴 헤럴드는 “양용은은 골프세계에 희망의 빛을 비췄다고 보도
• 로이터는 “양용은은 한국에 영감을 불러일으켰다”라는 제하의 기사로 대서특필 보도
• 주요 외신들은 단 하나도 빠지지 않고 양용은의 우승소식을 전체면 톱기사로 앞다퉈 보도</td><td></td><td>5억 달러</td></tr>
<tr><td>선수의 상금 및 가치 증대</td><td>• 타이거 우즈 잡는 바람의 아들 이미지 만듦
• 아시아 최초 메이저 챔피언 양용은 신분 급상승
• 아시아 랭킹 1위 자리 차지
• 세계 골프랭킹이 110위에서 34위로 수직 상승
• 양용은 우승, 스포츠 역사상 3대 이변으로 선수 가치 상승
• 우승상금 135만 달러(약 16억 7천만원)를 받아 시즌 누적 상금이 335만 달러를 돌파
• 향후 유·무형으로 얻을 수 있는 경제적인 가치는 1,000만 달러(약 125억원)를 넘어설 전망·(최경주 선수는 스폰서와 각종 CF 등으로 연간 100억원 이상 수입)
• PGA 챔피언십 우승상금 약 17억 등 브랜드 가치 치솟음.
• 4대 메이저 대회에 5년 간 출전권 획득
• 미국대표와 인터내셔널대표팀이 격돌하는 프레지던츠컵 출전권 획득
• 최고선수들만 출전하는 WGC대회 출전 가능성 높임
• 각종 대회 초청에 따른 몸값 상승(이벤트 대회에 출전할 경우 최소 30만 달러에서 100만 달러)
• 27일 바클레이스 대회로 시작되는 플레이오프대회 진출권 획득</td><td>양용은 선수 경제적 가치 약 1000만 달러 + 시즌 상금 + 4대 메이저 대회 5년간 출전권 + 스포츠 역사상 3대 이변으로 선수가치 상승 등으로 약 1,000억원 추정</td><td>1,000억원</td></tr>
<tr><td rowspan="4">무형적인 직접적 효과</td><td>전 국민의 일체감 조성</td><td>• 경제적으로 어려운 상황에 빠진 한국인에게 희망을 준 쾌거
• 최강의 전력을 갖춘 한국 골프 브랜드를 세계에 알리는 계기
• 우승 세리머니를 펼쳤는데 그의 골프백 아래에 새겨진 선명한 태극기
• 최종 라운드 ‘백의 민족’ 컨셉트 흰색 의상도 엄청난 홍보 효과</td><td>월드컵의 약 50분의 1 추정</td><td>50억</td></tr>
<tr><td>국내 산업의 연쇄적인 발달</td><td>• 양용은 선수의 우승으로 국내의 방송, 광고, 인터넷, 레저, 건강, 문화산업, 등 관련 산업뿐 만이 아닌 전 산업으로의 연쇄적인 파급 효과 기대</td><td>추측</td><td>약 100억원</td></tr>
<tr><td>국가 이미지 개선 및 국가 브랜드 상승</td><td>• 한국 스포츠 선수와 골프에 대한 기사가 미국과 전 세계에서 동시에 비중 있게 다뤄진 것은 처음 있는 일
• 골프 한국의 위상, 그것은 국력 신장의 반영
• 세계로 뻗어가는 더 큰 대한민국의 상징이며 '할 수 있다'는 정신을 보여줌
• 골프백에 새겨진 태극기 이미지 제공</td><td>최소 월드컵의 1/2 수준으로 예상</td><td>175억</td></tr>
<tr><td>기타</td><td>• 올림픽 정식종목으로 채택하기로 결정한 직후이기에 그 값어치가 더욱 높게 평가</td><td>추정불가</td><td></td></tr>
<tr><td>선전 효과</td><td>제주도 홍보 효과</td><td>• 제주 서귀포시는 우승한 양용은 선수를 기념하기 위한 사업을 추진발표
- 서귀포시는 양용은 선수를 서귀포 상징인물로 추진하겠다고 발표
- 우승 기념 공원 조성
• 제주특별자치도는 제주의 아들임을 공고히 하며 선수와 제주의 이미지를 연결시킴 — 타이거 우즈를 꺾고 우승을 차지한 직후 도청사 건물의 가로 전광판에 축하 글귀</td><td>골프 대회 2억
기념공원 40억 + 조각상 2억, 장학재단설립 30억, 전광판 광고 4,500만원, 전세계에 제주도 이미지홍보 효과 50억</td><td>124억 4,500만원</td></tr>
</table>

선전 효과	제주도 홍보 효과	- 제주시 광양로터리의 대형 LED 전광판에는 양 선수가 우승에 감격스러워 어퍼컷 세리머니를 하는 사진과 우승 트로피를 번쩍 들어올리는 사진을 바탕으로 그가 '제주의 아들'임을 강조하는 큼직한 글씨를 박은 화면을 띄움 • 시는 "양용은 선수을 지원하고 시를 대표하는 인물로 육성시켜 나갈 방침"이라며 "PGA제패를 기념하기 위해 양용은 공원, 양용은 장학회 등 여러 가지 방안을 놓고 검토 중" • 해외 언론 '양용은 신드롬', 제주 전 세계에 각인 • PGA 챔피언십을 생중계한 미국의 CBS는 최종 4라운드 중계 도중 "양용은은 한국의 남쪽 섬 제주 출신으로 현재 바람이 많이 부는데 그 덕인지 바람을 뚫고 흔들리지 않는 샷을 하고 있다"고 설명하며 제주를 소개 • CNN, ESPN, 야후스포츠, PGA 투어닷컴 등 미국의 굵직한 언론은 물론 영국과 일본 등 전 세계 언론들이 양용은의 일궈낸 기적에 찬사를 보내며 그의 고향 제주를 주목, 제주는 돈으로 비교할 수 없는 홍보효과		
총 합계			약 8,629억 4,500만원	

4. 전체적인 평가

PGA는 최고의 골프 대회이며 특히 타이거 우즈와의 1:1 맞대결 자체가 빅 이벤트였다. 모두가 예상한 타이거 우즈의 일방적인 승리를 뒤엎은 이변의 우승은 가히 세계 스포츠의 뉴스거리가 되었다. 타이거 우즈를 2번이나 잡는 타이거 우즈의 킬러로 새롭게 등장하였다.

미국의 폭스스포츠는 양용은의 PGA챔피언십 우승을 역대 스포츠 사상 세 번째로 큰 이변으로 보도했으며, 이번 대회를 통해 양용은 선수는 4 대 메이저 대회를 5년 동안 출전할 수 있는 기회를 획득하였다.

이를 통해 경제적인 파급 효과와 전 세계 언론 노출, 브랜드 가치 등은 지급보다 몇 백배 이상 기대를 할 수 있으며, 선수의 개인 가치 상승 및 대한민국 국가 브랜드를 노출은 그 가치가 더욱더 크다 할 수 있다.

이를 통해서 전체적인 평가를 해 보면

- 선수 개인 노출이 전세계 언론 노출로 이어짐(88올림픽, 1998년 박세리, 2002 월드컵, 2008 베이징올림픽, WBC 우승 이후 개인으로서는 단군이후 개인의 세계 최대의 노출을 기록)
- 아시아 최초의 메이저 대회인 PGA 우승 효과(타이거 우즈와 1:1 대결을 통해 이긴 양용은의 이미지가 우즈 효과로 인해 더욱 커짐)
- 선수 개인의 직접적인 효과보다 양용은의 이미지와 한국 국가 브랜드 이미지 효과가 더욱 크게 나타남
- 미국의 주요 신문과 방송은 양용은의 PGA 챔피언십 우승 소식을 긴급 주요 뉴스로 전함(AP, NBC, 뉴욕타임스 등)
- 골프 황제 '타이거 우즈'를 누른 아시아인 최초로 메이저 대회를 제패한 '한국의 섬소년' 양용은의 이미지
- 경제난 속에 국가의 희망으로 떠올라 국민에게 희망 메시지 제공
- 제주시가 바빠지고 양용은 공원 조성 및 각종 이벤트를 통한 도시 브랜드 효과
- 전체적인 효과까지 더한다면 더 큰 금액일 것임

5. 경제적인 효과 분석의 한계점

- 미디어 노출 부분에 대한 정확한 금액 산정이 어려움(해외 언론 및 공중파, 케이블의 시청률에 따른)
- 인쇄 매체 및 브랜드 노출에 대한 금액 산정의 한계
- 국가 브랜드 노출에 대한 금액 산정의 한계

*** 추가적으로 정확한 자료 산출을 위해서는 전 세계적으로 각 매체의 노출 금액을 산정한 정확한 미디어 노출 분석 효과 금액 산출을 통하여 이루어져야 한다.

부록 2 KIA 타이거즈 우승의 경제적인 효과 사례 분석

(국민체육진흥공단 용역 보고 자료 중 일부 발췌)

제목: 2009 한국프로야구 Korean Series KIA 타이거즈 우승의 경제적 파급 효과 분석

1. 연구 목적 및 연구의 필요성

연구 목적

2009 한국프로야구 Korean Series(10월 16일~10월 24일)의 우승팀 KIA 타이거즈가 지역 경제 및 기타 관련 산업에 미치는 직·간접적인 경제적 파급 효과를 측정하고 이를 통해 프로스포츠 팀이 스포츠 산업과 지역 경제의 발전, 부가적인 효과에 미치는 영향을 분석하는 데 있다.

연구의 필요성

단기적인 코리안 시리즈에서 우승팀인 KIA 타이거즈 우승의 경제적 효과를 분석하여 봄으로써 향후 프로팀과 프로스포츠에 대한 투자와 스폰서십 효과를 통해 팀과 참여 기업 그리고 지역 스포츠가 스포츠 산업 전반에 미치는 경제적인 파급 효과 분석은 미래 스포츠 투자에 대한 방향을 결정하고 제시하는 자

료로 활용할 수 있는 근거 자료를 마련 하고자 본 연구가 필요하다.

프로스포츠 팀과 코리안 시리즈를 통한 프로스포츠의 활성화와 이와 관련된 스포츠시설, 서비스, 미디어, 용품 및 프로스포츠 산업과 연관된 발전방향과 부가가치를 극대화시킬 수 있는 자료로 활용된다.

2. 연구 내용 및 연구의 필요성

연구 내용

(1) Korean Series 우승팀 기아의 직접적인 효과

- 미디어매체의 노출 측정을 통한 광고 효과(TV시청률, 라디오, 인쇄매체의 노출: 조·중·동아일보 외 기타신문, 스포츠신문, 무가지, 지방지, 스포츠잡지 및 야구잡지의 기사게재 수), 인터넷 및 모바일 콘텐츠의 조회건수 등)
- 경기장 직접 매출(경기장 입장료, 경기장 매점 판매수입, 주차장 사용료, 구단의 제품 판매 수입 등)을 통한 효과 측정
- TV 중계권료와 경기 시작 전후의 광고와 공수교체의 시간을 통한 광고 효과 분석
- 기아 우승에 따른 직접 수입(우승상금, 모기업 보너스, 입장 수익금, 선수들의 가치 증대 등) 증가 효과
- 팀 이미지 제고와 모기업과 관련된 산업의 매출량 분석

(2) Korean Series 기아우승에서 파생되는 간접효과

- 우승팀 기아구단과 모기업의 가치 측정
- Korean Series와 관련된 스폰서의 가치 측정
- 기아우승으로 인한 광주지역의 경제 효과 측정 및 분석
- Korean Series경기를 통한 간접 매출(스포츠토토)
- Korean Series의 홈 앤 어웨이 방식의 경기로 인한 이동 중 비용

(3) Korean Series의 부가효과

- 돔구장 건설
- 우승팀 기아의 모기업 관련 직·간접 투자 및 매출 증대 효과

(4) 연구의 제한점

- 단기간에 이루어진 효과 분석의 한계를 미디어 및 언론에 나타난 근거자료를 통하여 산정하였으며 자료의 정확성을 검증하지 못함
- 직접적인 노출의 범위 및 금액 산정에 있어서 계량화 된 객관적인 자료를 인용하지 못하였으며 이를 검증하지 못함

- 미디어 노출의 광고 단가에 대한 적용이 각 매체마다 차이가 있고, 대략적인 금액 합산을 통해 이루어져 정확한 금액 산정에 어려움
- 이미지 제고에 대한 구체적인 금액은 산정은 학자가 가지고 있는 주관적인 데이터와 추측을 통하여 대략적인 금액을 산정하여 그 한계가 있음
- 시간마다 지역마다 노출되는 미디어의 노출량을 지속적으로 산정하지 못하였으며, 특히 7차전의 누적 금액에 대한 노출의 전체적인 합계 분석에는 한계가 있음
- 기아 타이거즈의 모그룹인 기아자동차의 매출 증가량이 신차 출시기간과 겹쳐 한국시리즈의 파급 효과로만 산출근거 자료로 보기 어려움

(5) 연구 일정: 2009년 10월 16일~11월 9일(25일간)

- Korean Series일정(10월 16일, 1차전~10월 24일, 7차전)
- Korean Series의 경기를 직접 참관, 조사하여 기존의 데이터와 연관하여 연구의 결과의 정확성과 신뢰를 바탕으로 연구결과의 질을 높임.

3. 연구 내용 및 결과

직접 효과

(1) 미디어 직접 노출

가. 전파매체(지상파, 케이블 TV, 인터넷, 라디오, 모바일 노출)

❶ 지상파

지상파 → 한국시리즈: TNS 미디어 코리아 집계 결과 지상파 5개 채널의 한국시리즈 평균 13.47%를

지상파를 통한 노출은 스폰서 노출과 TV 중계권료 및 기아 브랜드 노출 효과로 세분하여 산출

구 분	전국(%)	수도권(%)	시청률 평균(%)	경기시간
1차전(SBS)	14.1	14.1	14.1	3시간 51분
2차전(MBC)	9.1	8.9	9.0	3시간 16분
3차전(KBS)	12.3	12.5	12.4	3시간 25분
4차전(SBS)	13.4	13.8	13.6	3시간 43분
5차전(MBC)	13.1	12.6	12.9	3시간 47분
6차전(KBS)	16.8	16.4	16.6	4시간 16분
7차전(SBS)	15.5	15.8	15.7	4시간 57분
합 계			13.47%	27시간 15분

* 출처: TNS 미디어 코리아(시청률조사 전문 업체).

* KBS1, 2, MBC, SBS, EBS 5개 채널의 프로그램별 가구 시청률. 모집단(서울, 경기, 인천, 부산, 대구, 광주, 대전) TV 보유가구의 지상파 시청가구 케이블 TV가입가구 모두 포함.

기록, 총 경기시간 27시간 15분, 경기당 평균 3시간 53분을 기록

② 케이블TV 시청률: (10월 16일 ~ 10월 26일)

녹화방송: KBS N SPORTS, MBC ESPN, SBS SPORTS, XPORTS 반복 중계

회당 1,000만원 × 총 44회 방송 = 4억 4천만원

③ 인터넷 중계: 네이버 중계 (최대 접속인원 8만명: 1~7차전까지 접속률 최대)

1회당 - 5천만원 = 7회 × 5천만원 = 3억 5천만원

④ 인터넷 기사: 10월 16일~10월 26일(네이버, 다음, 네이트, 야후, 구글 및 기타 노출)

검색어 - 한국시리즈 → 38,872건 기사 검색

1회 노출(10만원~50만원) 평균 10만원으로 분석(중복성 포함)

38, 872건 × 10만원 = 38억 8,720만원

⑤ 라디오 중계: 원음방송 라디오, KNN라디오, KBS2라디오, SBS라디오 중계

7회 × 1천만원 × 4개 방송 = 2억 8천만원

⑥ 모바일: 프로야구 독점 중계 유원미디어 발표 1%를 상회하는 이례적인 시청률 기록(평균 0.5%임)

7 회 × 1천만원 = 7천만원

나. 인쇄매체(10월 16일~10월 26일)

번 호	인쇄매체 종류	관련기사 수	단 가	금 액
1	조선, 중앙, 동아일보 외 기타신문	조선(16건), 중앙(24건), 동아(21건) 외 320건	400만원~500만원 (450만원)	1,714,500,000원
2	스포츠 신문	일간스포츠 외 6 (240건)	400만원~500만원 (450만원)	1,080,000,000원
3	무가지	Focus 외 6(140건)	100만원	140,000,000원
4	지방지	광주일보 외 8(180건)	300만원	540,000,000원
5	기타잡지	스포츠 및 야구 잡지 (70건)	100만원	70,000,000원
합 계				3,544,500,000원

* 조·중·동아일보 외 기타: 경향, 문화, 한겨레, 한국일보
* 스포츠신문: 일간, 월드, 서울, 조선, 칸, 투데이 스포츠
* 무가지: Focus, 노컷뉴스, Metro, 스포츠한국, City, AM7, Evening
* 지방지: 광주일보, 광주매일, 전남일보, 전남매일, 광남일보, 남도일보, 전광일보, 호남신문, 일간호남
* 기타잡지: 스포츠 On, Baseball, 미디어 2.0, 스포츠2.0 등

(2) 한국 시리즈 스폰서 브랜드 노출

가. 경기장 브랜드 노출

❶ 광주 무등 경기장 (한국시리즈 1 · 2차전)

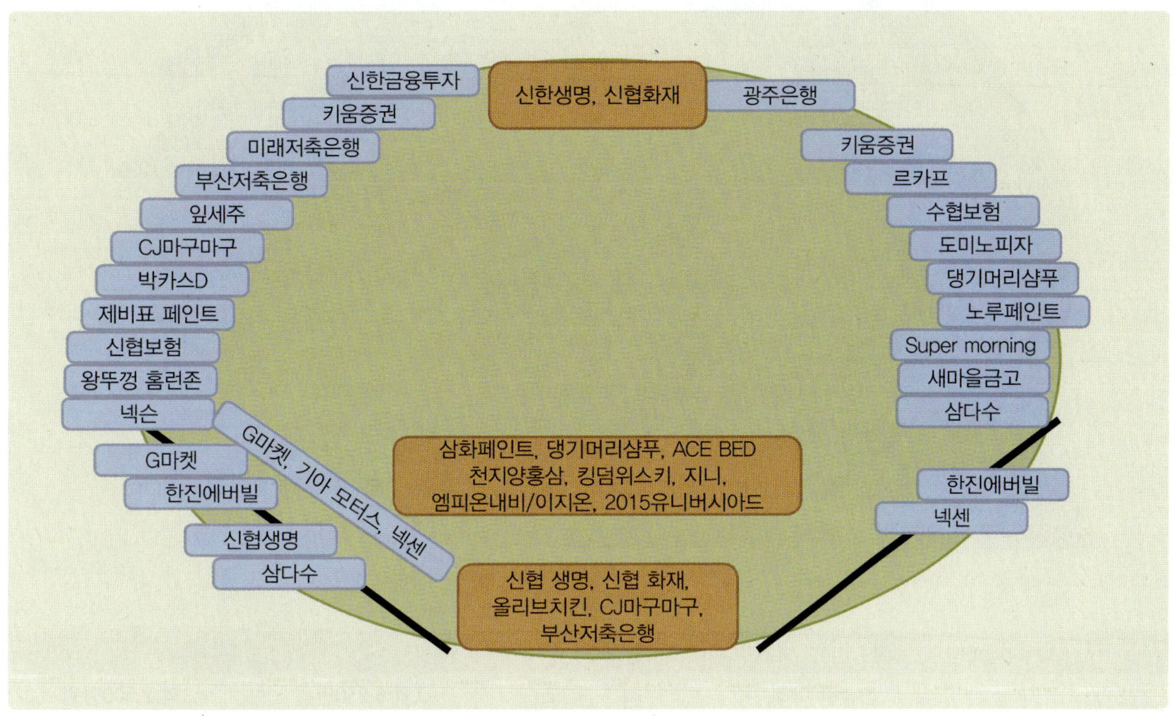

번 호	광고위치	광고 수량	단 가	금 액
1	전광판 아래	2	1억 6,250만원	3억 2,500만원
2	1·3루 펜스 광고(외야)	21	4,100만원	8억 6,100만원
3	1·3루 펜스 광고(내야)	6	6,050만원	3억 6,300만원
4	1·3루 덕아웃 광고(내야)	3	1억 1천만원	3억 3,000만원
5	중앙 A-Board (회전)	5	2억 8천만원	10억 4,000만원
6	중앙 A-Board 위(고정 및 회전)	8	1억원	8억원
7	덕아웃 벽 광고	7	1억원	7억원
총 계	한국시리즈 1·2차전	52	2일	88억 3,800만원

❷ 인천 문학 야구장 (한국시리즈 3 · 4차전)

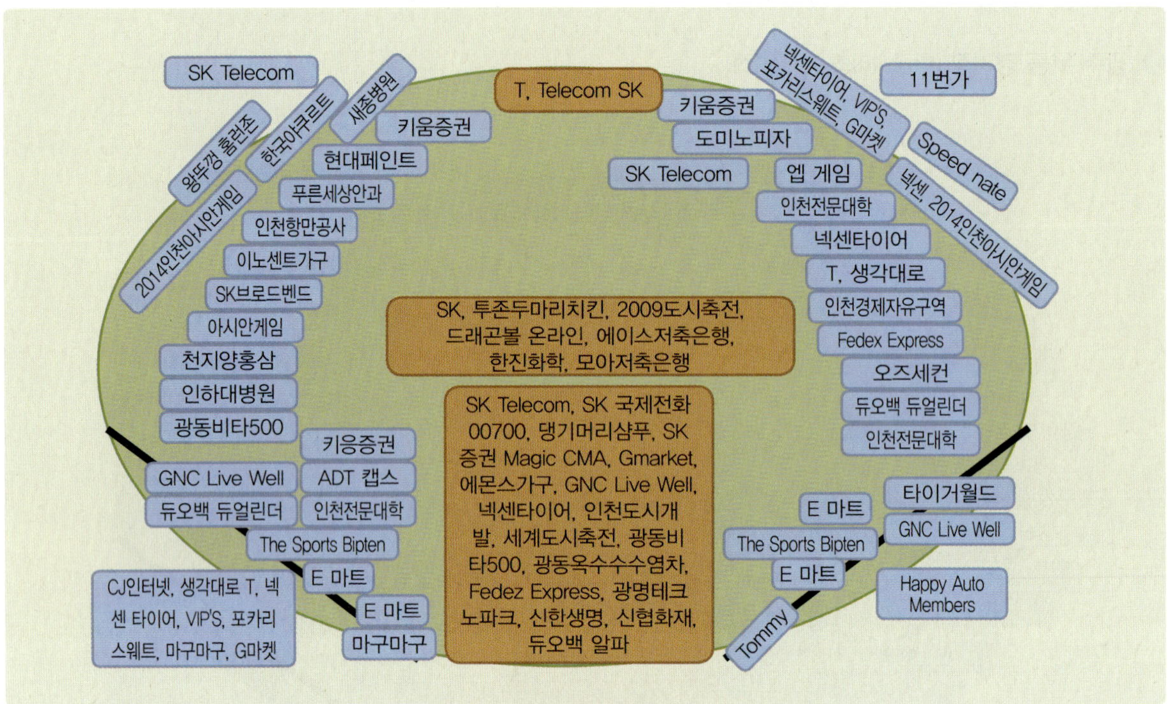

번 호	광고위치	광고 수량	단 가	금 액
1	전광판 아래	2	1억 6,250만원	3억 2,500만원
2	전광판 양옆 대형 광고	2	2억원	4억원
3	1·3루 펜스 광고(외야)	22	4,100만원	9억 200만원
4	1·3루 펜스 광고(내야)	15	6,050만원	9억 750만원
5	1·3루 덕아웃 광고(내야)	1	1억 1천만원	1억 1천만원
6	중앙 A-Board (회전)	17	2억 8천만원	47억 6,000만원
7	중앙 A-Board 위(고정 및 회전)	7	1억원	7억원
8	덕아웃 벽 광고	7	1억원	7억원
9	1·3루 내·외야 사이광고	7	2,500만원	1억 7,500만원
총 계	한국시리즈 3·4차전	61	2일	179억 5,900만원

❸ 서울 잠실 야구장 (한국시리즈 5 · 6 · 7차전)

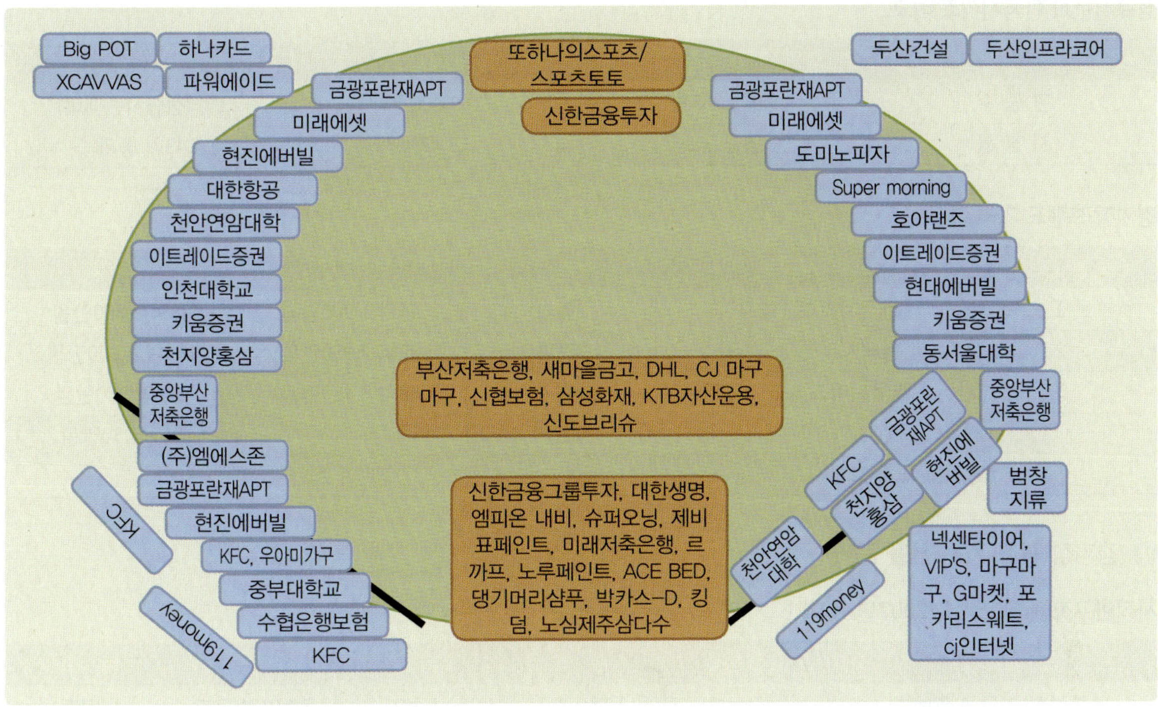

번 호	광고위치	광고 수량	단 가	금 액
1	전광판 아래	2	1억 6,250만원	3억 2,500만원
2	전광판 양옆 대형 광고	4	2억원	8억원
3	1·3루 펜스 광고(외야)	18	4,100만원	7억 3,800만원
4	1·3루 펜스 광고(내야)	13	6,050만원	7억 8,650만원
5	1·3루 덕아웃 광고(내야)	3	1억 1천만원	3억 3,000만원
6	중앙 A-Board (회전)	13	2억 8천만원	36억 4,000만원
7	중앙 A-Board 위 (고정 및 회전)	8	1억원	8억원
8	덕아웃 벽 광고	7	1억원	7억원
9	1·3루 내·외야 사이광고	3	2,500만원	7,500만원
10	관중석 광고	2	2,000만원	4,000만원
총 계	한국시리즈 5·6·7차전	73	3일	247억 350만원

➲ 한국시리즈 1~7차전까지의 경기장 광고 총액: 515억 50만원

(경기장 광고물에 대한 광고 단가는 1년간 금액이므로 연간 대비하여 1/2 산정)

- 산정 근거: 미디어 노출 효과가 시즌 게임의 3배 이상 효과이며 집중도가 높음
- 기아의 12년만의 한국시리즈 진출과 SK의 3년 연속 코리안 시리즈 진출
- 한국시리즈의 7차전까지의 경기의 스토리라인
- 한국시리즈의 미디어 노출 효과가 정규시즌 게임의 3배 이상 효과이며 집중도가 높음

- 한국시리즈 전 경기 매진과 시청률이 정규시즌의 4.49배 증가

정규시즌과 한국시리즈 비교

구 분	정규 시즌	한국시리즈	비 고
관 중 수	5,925,285명	169,400명	2.9% (정규시즌대비)
시 청 률	평균 3%	13.47%	4.49배 증가

경기장 브랜드 가격 측정

번 호	한국시리즈	경기 수	단 가	금 액
1	한국시리즈 1·2차전	2경기	44억 1,900만원	88억 3,800만원
2	한국시리즈 3·4차전	2경기	89억 7,950만원	179억 5,900만원
3	한국시리즈 5·6·7차전	3경기	82억 3,450만원	247억 350만원
합 계		7경기		515억 50만원
광고물 노출 효과		257억 75만원		

경기장 광고 가치 산출 근거

사직야구장 매체 조건표(2007년 예시)

매체명		표출방식	규 격	수 량	시즌 광고료	비 고
본부석 하단 A-Board		Flex	1.5m×1m	3구좌	7천만원/구좌	회전형
A-Board 상단		Flex	1.2m×0.45m	5구좌	3천만원/구좌	회전형
A-Board 상단		Flex	1.2m×0.45m	1면	1.2억원/면	고정형
외야 펜스	3루측	Painted	6.7m×1.5m	6면	2천만원/면	
	1루측	Painted	1.2m×0.45m	6면	1천5백만원/면	
내야 펜스	3루측	Painted	6.3m×1m	4면	5백만원/면	
	1루측	Painted	6.3m×1m	4면	5백만원/면	

잠실야구장 매체 조건표(2007년 예시)

매체명	표출방식	규 격	수 량	시즌 광고료
주전광판 CF	경기시작전: 2분 3회종료후: 15초 5회종료후: 15초	15m×10m	3구좌	2천 5백만원/구좌
주전광판 하단광고 (Tri-Vision)	1타석(공수전환 포함) 광고화면 변경	15m×10m	2면	5천만원/면
덕아웃 하단광고	비조명Flex	8m×1m	2면	1억 1천만원/면
내야 전광판 하단광고	비조명Flex	8.8m×1.7m	2면	5백만원/면
내야석 스티커 광고	실크인쇄	사각형: 17cm×10cm 원형: 지름15cm	20522매	2천원/매
중앙매표소	LED1면 내부조명Flex 2면	3color LED: 5.3m×1.2 내부조명Flex: 2m×1.2m	1식	4천만원/식
제 1매표소		3color LED: 5m×1.2 내부조명Flex: 1.8m×1.2m	1식	3천만원/식
Green-Zone 흡연대	내부조명Flex	140cm×80cm: 9식 125cm×70cm: 1식	10식	5백만원/식

경기장 주요 매체의 종류

구 분	매체 명	규격(M)	광고료	특 성	비 고
축구	A 보드	5.5×1×20면 10개 구장	300,000,000	1개 광고 20기보드 동시노출	정규시즌
	LED 보드	1구좌	300,000,000		서 울
야구	외야 펜스	6.2×2 외	17,000,000~65,000,000	잠실야구장 기준	정규 외 시즌
	내야 펜스	6.2×1 외	11,000,000~110,000,000		
	본부석	0.9×0.7 외	45,000,000~280,000,000		
	LED	15×10 외	5,000,000~25,000,000		
농 구	A-보드	2.98×0.80×5면	200,000,000	10개 경기장 1개 광고 5기 보드 동시노출	

- 각 자치단체에서 광고판매 기준으로 제시
- 경기장 광고 위치에 따라 판매 기준과 연관해 평균 및 최대값으로 측정.

나. TV 중계광고 스폰서 브랜드 노출

TV 중계광고 스폰서 브랜드 노출 효과:

17,575,000원×500회=8,787,500,000원×3배 효과=263억 6,250만원

총 광고 수: 남양 아이 엠 마더 외 148건, 노출횟수 500회

광고 편성시간대 광고단가 평균(원/15초): 8,787,500원/15초

광고 1회당 30초 기준: 8,787,500원×30초=17,575,000원

TV광고 가치 산출 근거

- 한국광고방송공사의 광고요금/편성표 기준-www.Kobaco.co.kr 출처
- 한국시리즈 경기 시간대 방송시간에서의 광고요금 현황
- 시간대별, 방송시간, 광고단가의 차이가 있어 평균값으로 측정

2009.10.16 SBS TV "한국시리즈 1차전" 광고요금

구 분	시 간	SBS 프로그램	기본단가(원/15초)
저 녁	6시	한국 프로야구 한국시리즈 1차전 (KIA VS SK)	6,060,000원
	7시		8,970,000원
	8시		9,540,000원
			9,540,000원
			8,910,000원
			10,965,000원
	9시		11,415,000원
평균단가			9,342,857원

2009.10.17 MBC TV "한국시리즈 2차전" 광고요금

구 분	시 간	MBC 프로그램	기본단가(원/15초)
오 후	2시	한국 프로야구 한국시리즈 2차전 (KIA VS SK)	5,940,000원
	3시		5,940,000원
	4시		5,940,000원
			8,160,000원
	5시		9,150,000원
			8,580,000원
	6시		11,265,000원
평균단가			7,853,571원

2009.10.19 KBS TV "한국시리즈 3차전" 광고요금

구 분	시 간	KBS 프로그램	기본단가(원/15초)
저 녁	6시	한국 프로야구 한국시리즈 3차전 (KIA VS SK)	4,320,000원
	7시		6,075,000원
	8시		9,120,000원
			9,120,000원
			10,125,000원
			10,530,000원
	9시		11,955,000원
평균단가			8,749,285원

2009.10.20 SBS TV "한국시리즈 4차전" 광고요금

구 분	시 간	SBS 프로그램	기본단가(원/15초)
저 녁	6시	한국 프로야구 한국시리즈 4차전 (KIA VS SK)	6,060,000원
	7시		8,970,000원
	8시		9,540,000원
			9,540,000원
			8,910,000원
			13,200,000원
	9시		13,200,000원
평균단가			9,917,142원

2009.10.22 MBC TV "한국시리즈 5차전" 광고요금

구 분	시 간	MBC 프로그램	기본단가(원/15초)
저 녁	6시	한국 프로야구 한국시리즈 5차전 (KIA VS SK)	2,550,000원
	6시		7,140,000원
	7시		12,630,000원
	8시		12,630,000원
	8시		13,200,000원
	9시		11,355,000원
	9시		13,485,000원
평균단가			8,768,571원

2009.10.23 KBS TV "한국시리즈 6차전" 광고요금

구 분	시 간	KBS 프로그램	기본단가(원/15초)
저 녁	6시	한국 프로야구 한국시리즈 6차전 (KIA VS SK)	6,885,000원
	7시		6,885,000원
	8시		9,120,000원
			9,120,000원
			10,125,000원
			10,635,000원
	9시		11,925,000원
평균단가			9,242,142원

2009.10.24 SBS TV "한국시리즈 7차전" 광고요금

구 분	시 간	SBS 프로그램	기본단가(원/15초)
오 후	2시	한국 프로야구 한국시리즈 7차전 (KIA VS SK)	6,795,000원
	3시		6,795,000원
	4시		6,795,000원
			6,900,000원
	5시		7,905,000원
	6시		9,120,000원
	7시		10,605,000원
평균단가			7,845,000원

한국시리즈 1차전~7차전 TV광고 현황

번 호	광고주	노출횟수
1	남양 아이엠 마더	2
2	삼성 SENS	2
3	11번가	4
4	곡성멜론클러스터사업단	1
5	교보 AXA 손해보험	1
6	굿모닝 프레지던트	4
7	귀뚜라미 보일러	1
8	금호 휴 그린	2
9	남양 카페라떼	1
10	네티오피아골드빈수프리머	2
11	넥센타이어	1
12	농심 뚝배기	1
13	농심 쌀국수	5
14	닌텐도	1
15	다나한RG II	2
16	다시다 산들애	1

번 호	광고주	노출횟수
17	대성 S 라인 콘덴싱	2
18	대우 마티즈	1
19	대우증권 다이렉트	6
20	대진침대	2
21	동서식품 맥심	4
22	동서식품 Maxim TOP	19
23	두산	10
24	둘리대리운전	1
25	둘코락스	2
26	딤채	1
27	라네즈	1
28	라쎄티	2
29	로체	20
30	롯데리아	3
31	롯데백화점	4
32	롯데제과(빼빼로)	2

33	리챔(동원)	1
34	맥도널드	3
35	미샤옴므	2
36	미쉐린	1
37	미장센	3
38	베지밀	1
39	불가리스(남양)	3
40	삼성	1
41	삼성 PAVV	8
42	삼성 VLUU	3
43	삼성증권 POP	3
44	삼성투신운용	1
45	삼성화재 super V	12
46	삼성TheAPT카드	1
47	삼양	1
48	삼진제약 개보린	1
49	생각대로 T	16
50	쇼때문이다 SHOW	4
51	슈퍼오닝	1
52	스타벅스커피	3
53	신신파스 제약	1
54	신한 BNP 파리바자산운용	1
55	신한금융그룹	6
56	신한금융투자	5
57	신한카드	20
58	쌍용자동차	2
59	아주캐피탈	10
60	안산문화복합돔	2
61	알리안츠 생명	2
62	야쿠르트(쿠퍼스)	3
63	영종하는 도시	2
64	오뚜기라면	4
65	오케이아웃도어	5
66	오페라의 유령	1
67	올림푸스	3
68	우미건설	1
69	웅진케이스	2
70	위스톰	5
71	인사돌(동국제약)	1
72	인터파크	2
73	일동제약(아로나민)	1
74	일동후디스	1
75	정우개발	1
76	제 90회 전국체육대회	3
77	천지암 홍삼	11
78	청정원 고추장	3
79	츄파춥스	1
80	키움증권	8
81	투싼	3
82	투싼(현대)	1
83	파리바게트	1
84	페레로 로쉐	3
85	페레로 로쉐(초콜릿)	1
86	포스코건설	4
87	폴리덴트	1
88	푸르지오	2
89	프렌치 까페	1
90	피겨그랑프리 1차 대회	4
91	하이마트	3
92	한국마사회 (공익광고)	1
93	한국야쿠르트	1
94	한국주택금융공사	2
95	핫썬치킨	1
96	해찬들 고추장	1
97	현대 모비스	14
98	현대자동차그룹	6
99	현대증권	3
100	현대카드	8
101	현대카드·캐피탈	8
102	현대해상 하이카	7
103	호반 베르디움	1
104	훼라민 Q 동국제약	1
105	ACE BED	1
106	Actz(피죤)	2
107	AIA 생명	4
108	Anycall	1
109	BC 카드 TOP	6
110	Canon	6
111	citi bank	1
112	DC Plus-롯데카드	2
113	Ever rich	3
114	Fedex Express	3

115	FIFAU-17청소년 월드컵	1
116	Garden5	1
117	Hill state	7
118	IBK 기업은행	2
119	IOPE	1
120	KCC 창호	1
121	Kia 모닝	12
122	KIA타이거즈팀 히스토리 광고	1
123	Korail	1
124	LG CYON	4
125	LG Telecom OZ	3
126	LH	2
127	LIG 손해보험	7
128	LIG건설	3
129	LO비데	1
130	M 현대카드	2
131	NATE	5
132	ns 농수산 홈쇼핑 (ns.e.shop)	1

133	OK!SK	4
134	Persil(파워젤) Henkel	1
135	QOOK	2
136	Qook&show	1
137	S.C 제일은행	2
138	SHOW 때문이다	4
139	SK broadband	2
140	SK Telecom	9
141	SKY ST.Dupon	4
142	Sony	1
143	SPRIS	1
144	T-만의 햅틱	7
145	The face shop	3
146	TOYOTA	1
147	W	3
148	Wii	1
149	XCANVAS	5

- 한국시리즈 1차전~7차전까지의 광고 수와 노출횟수

  KBS, MBC, SBS의 중계 광고를 분석하여 수치화시킨 자료임.

(3) 경기장 직접 매출

가. 경기장 관중 수입

한국 시리즈 관중 수 집계 (KBO의 공식 내용)

구 분	관중 수(명)	경기장	금 액
1차전	13,400	광주 무등경기장	231,217,000원
2차전	13,400	광주 무등경기장	231,217,000원
3차전	27,800	인천 문학경기장	479,689,000원
4차전	27,800	인천 문학경기장	479,689,000원
5차전	29,000	잠실야구장	500,395,000원
6차전	29,000	잠실야구장	500,395,000원
7차전	29,000	잠실야구장	500,395,000원
합 계	169,400		2,922,997,000원

- 포스트 시즌: 16경기, 관중(41만 262명), 수입(70억 4,803만원)

  포스트 시즌 수입(7억 4,803만원)/16경기의 관중 수(41만 262명) = 17,255원(경기당 1인 입장료)

- 한국시리즈: 7경기 관중 수(169,400명), 경기당 1인 입장료(17,255원)

7경기 관중 수(169,400명) × 경기당 1인 입장료(17,255원) = 2,922,997,000원
=〉 한국시리즈 입장수입 = 2,922,997,000원

: 한국시리즈의 경기만을 가지고 측정한 정확한 자료가 없고 포스트시즌의 자료로 포스트시즌의 전체 경기와 한국시리즈의 관중 수로 비례 산정수익을 측정함.

- 경기장 매점/식음료 판매의 객단가(13,000원)는 입장료 이외의 경기장에서의 지출 금액을 산정한 금액이므로 입장료와 중복되지는 않는다.

나. 경기장 주차장 수입

구 분	경기장	보유 주차장 수	주차비	금 액
1차전	광주 무등경기장	420대	주차비 무료	
2차전	광주 무등경기장	420대		
3차전	인천 문학경기장	3,130대		
4차전	인천 문학경기장	3,130대		
5차전	잠실야구장	2,000대	4,000원	8,000,000원
6차전	잠실야구장	2,000대	4,000원	8,000,000원
7차전	잠실야구장	2,000대	4,000원	8,000,000원
합 계		6,000대		24,000,000원

* 유료 주차시설인 잠실구장 만원

다. 경기장 매점 /식음료 및 이동에 따른 지출

작년 한국시리즈 대비 약 15~25% 상승

GS25시: 맥주, 오징어, 스낵, 음료 등 매출 상승(10분당 판매량 약 35만원)

KFC치킨: 만원 팩 세트, 패밀리 팩 세트(19,800원) 판매 호황(분당 약3마리 매출)

버거킹: 햄버거 세트(평균 5천원), 만원 팩 세트 판매(분당 약3개 매출)

도미노 피자: 회전율 약 15분에 6판

- 경기장 입장 관중: 1인 기준 약 1만 3천원 추정(치킨, 햄버거, 음료, 맥주, 족발, 피자, 쥐포, 오징어, 스낵류, 김밥 등)
- 매점의 10분당 판매율로는 경기시작 전과 경기 중, 경기 후의 판매율이 큰 차이를 보이고, 경기장 주위의 노점판매금액이 파악 안됨. 경기장 내 객단가로 추산하는 것이 정확도가 높음
- 경기장 이동에 따른 지출(버스, 지하철, 택시, 자가용으로 이동)
- 이상을 종합하고 한양대학교 김종 교수(프로야구 관람에서 입장료 이외에 사용하는 금액을 근거로 하여 산정) - **1인 최소 1만원 이상으로 추정하여 13,000원 산정**

경기장 및 이동 지출

구 장	경 기	관중 수(명)	객단가	금 액
광주 무등경기장	1차전	13,400	13.000원	174,200,000원
	2차전	13,400	13.000원	174,200,000원
인천 문학경기장	3차전	27,800	13.000원	361,400,000원
	4차전	27,800	13.000원	361,400,000원
서울 잠실야구장	5차전	29,000	13.000원	377,000,000원
	6차전	29,000	13.000원	377,000,000원
	7차전	29,000	13.000원	377,000,000원
합 계		169,400		2,202,200,000원

라. 경기장 용품판매

- 작년 한국시리즈 대비 약 20~25% 상승, 정규시즌 대비 약 30% 증가
- 주요 품목: 모자, 유니폼, 응원스틱, 글러브, 응원 타월, 기념 T셔츠 등으로 파악됨
- 응원스틱은 객단가 2천원으로 관중의 70%로 적용함
- 한국시리즈 기간 중 경기 당일 판매 금액은 약 200만원
- 경기장 용품 매장의 직접 인터뷰한 내용을 바탕으로 작성함

경기장	주요 품목	경기 수	증가량	금 액
광주 무등경기장	글러브, 유니폼, 응원스틱 등	2경기	40% 증가	4,152만원
인천 문학경기장	모자, 유니폼, 응원스틱	2경기	20% 증가	8,184만원
서울 잠실야구장	모자, 유니폼, 응원스틱	3경기	20% 증가	1억 2,580만원
합 계				2억 4,916만원

- 1인당 용품 판매 단가 1,471원(7차전 관중 169,400 기준)

(4) 한국시리즈 TV 중계권료

- 한국시리즈에 대한 공식적인 중계권료는 없음.
- TV 광고료(KBS, MBC, SBS)로 대체함.

(5) 우승에 따른 직접 수입

가. 우승상금, 모기업 보너스, MVP 상금

직접 수입	내 용	금 액
입장수익금	정규시즌 우승금	약 8억 4,000만원
	포스트시즌 배당금	약 16억 8,000만원
우승보너스	KIA 우승 보너스	5억원
	모그룹 보너스	약 10억원 추정(12년만의 우승으로 더 많아 질것으로 예상됨)

MVP	MVP 순금 트로피, 상금	2,000만원
총 액		40억 4,000만원(실제 금액은 더 많을 것으로 예상됨)

- KBO에서 보도된 객관적인 자료로 측정
- 비공식적인 보너스, 행사로 인한 부수입으로 실제금액은 더 많을 것으로 예상됨.

나. 감독 및 선수 연봉 증가

번 호	주요 선수	2009년 연봉	인상률	2010년 예상 연봉
1	조범현 (감독)	2억	50% 이상	최소 3억원 최대 4억원
2	김상현	5,200만원	최대 연봉의 300 %인상	2억 800만원
3	나지완	3,800만원	최대 1억원	1억원
4	최희섭	2억원	예년 연봉으로 협상 가능성	3억 5,000만원
5	양현종	3,500만원	100% 인상	7,000만원
6	곽정철	2,500만원	100% 인상	5,000만원
7	안치홍	2,000만원	100% 인상	4,000만원
8	김상훈(FA)	1억 5,000만원	100% 인상	3억원
총 계	8명			6억 9,800만원

- 2009년 KIA 타이거즈 선수 총 연봉: 36억 2,400만원
  - 현재 연봉인상이 예상된 금액으로만 6억 9,800만원
- 2010년 KIA 타이거즈 선수 총 연봉: 43억 2,200만원(증가율 약 17% 증가)
  연봉 협상 시즌에는 총 연봉 인상이 17% 이상으로 예상됨.
- 우승으로 인한 구단과 모기업의 가치가 증가됨에 따라 전체적인 연봉이 10%~20% 상승할 가능성이 있음.

다. TV 출연

- 기아선수 드림팀2 출연예정
- 이종범 — 무릎팍 도사
- 이용규 VIP영화 시사회 참석 등

- 일반적으로 예능 프로그램의 게스트로 참가하는 경우 통상적으로 500만원 정도임.
- 기아팀의 주전급 선수들의 단체 촬영의 경우는 정확한 수치는 없으나 인원에 비례하여 4,000만원으로 예상됨.
  → 500만원+4,000만원=4,500만원

(6) KIA 브랜드 노출 효과

가. 선수 유니폼에 의한 노출

- 헬맷: 포르테
- 상의 왼쪽 어깨: 쏘울
- 상의 오른쪽 어깨: 로체
- 유니폼 스폰서: ZETT
- 포수 가슴보호장비: 광주은행

* 노출은 부위별로 차이가 있으나 헬멧과 포수 가슴 보호 장비 등의 노출 효과 높음.
경기당 노출 단가 5억원(노출 시간 대비 평균) ×7 경기 = 35억원

나. TV광고에 의한 노출

구 장	경 기	광고 횟수	단 가	금 액
광주 무등경기장	1차전 2차전	로체(5회) 모닝(2회)	8,787,500원/15초	123,025,000원
인천 문학경기장	3차전 4차전	로체(6회) 모닝(4회)	8,787,500원/15초	175,750,000원
서울 잠실야구장	5차전 6차전 7차전	로체(9회) 모닝(7회)	8,787,500원/15초	281,200,000원
합 계		33회	579,975,000원 × 23배 = 133억 3,942만 5천원	

- 광고의 시간 기준은 30초.
- TV광고와 유니폼 스폰서 광고의 중복으로 인해 파급 효과는 수치 이상으로 예상됨.
- 유니폼 노출은 최대 스폰서 금액의 최대 23배까지 경제적 가치가 있음(ISL보고자료).

참고자료

ISL(스포츠 마케팅)의 보도 자료에 의하면 선수 유니폼의 스폰서 노출은 2009년 한국시리즈를 통해 TV 중계와 경기장에서의 노출, 팬들의 선수 유니폼의 착용으로 분석한 결과 최대 스폰서 금액의 23배 효과가 있을 것으로 측정하였다.

종목별 스포츠 중계의 시청률 비교

	한국시리즈	프로야구	프로축구	프로농구	프로배구	골 프	기 타
평균시청률	13.47%	3%	2.5%	1.5%	1% 미만	1% 미만	1% 미만

* 기아의 우승과 TV 광고의 매칭이 다른 어느 스포츠 프로나 경기보다 연관성이 크고, 집중도가 더 큰 것으로 나타났다.
따라서 1차전부터 7차전까지의 경기에 대한 집중도와 광고의 연관성에 대하여 ISL의 보도자료를 대입하여 최대 스폰서 금액의 23배를 적용하여 산출하였다.

4. 간접 효과

구단의 가치 증대

- 구단 가치 증가 354억원
- 2009년 포브스 코리아 발표 기아 타이거즈 구단 경제적 가치 885억원(국내 4위)

(스타디움 431억, 스포츠 345억, 브랜드 57억, 연고지 52억)으로 발표

→ 2008년 관중 수 — 367,794(경기당 평균: 5,838명),

2009년 관중 수 — 582,005(경기당 평균: 8,818명)

- 2008년과 2009년의 홈구장 관중 증가률이 58%

2010년의 기아의 관중 동원률은 2009년과 비슷한 수치로 증가 할 것으로 예상되며 광주의 돔구장 건설에 대한 기대효과, 2009년 시즌의 우승의 기대효과(12년만의 우승)가 2010년 시즌에 미치는 팬들의 기대효과, 기아 타이거즈의 모기업브랜드 가치상승 효과와 2009년의 코리아시리즈 우승의 선수들에 대한 기대효과(이종범, 김상현MVP, 안치홍, 나지완, 이용규 등)가 높은 수준의 경기를 만들 것으로 예상되고 SK와의 라이벌구도가 만들어짐으로써 스포츠 경기의 가치가 증가할 것으로 예상됨.

→ 위의 기대효과를 종합해 보면 2010년의 구단의 가치가 40% 증가할 것으로 예상됨.

* 885억원 × 40% 증가 = 1,239억원(354억원 증가)

- 한국시리즈 우승으로 인한 코나미컵 아시아시리즈 진출(11월 11일~16일 도쿄돔)

: 현재 KBO와 협의중이며 약 3억원으로 예상됨.

모기업 가치 증대

(1) 기아차 기업 이미지 – 사회 공헌과 브랜드 이미지 상승

- 2009년 한국시리즈 이후 누리꾼이 가장 선호하는 야구팀

맥스무비(10월26일~10월28일): '가장 선호하는 야구팀'에 대한 설문조사 결과

1위: 36.5% — 기아 타이거즈

2위: 14.4% — 두산 베어스

3위: 13.8% — 롯데 자이언츠

4위: LG 트윈스

5위: 삼성 라이온즈, 6위: 한화 이글스, 7위: SK 와이번스, 8위: 히어로즈

(2) 기아차 매출 증대

- 기아자동차의 국내자동차 판매 점유율이 31%(2007년 9% 증가)

광주시장 점유율: 7월에 최고 38%

2009년 3분기(7월 1일~9월 30일)에는 4조 5,093억원의 매출

- 기아자동차의 매출 증대(국내자동차 판매율 31%, 2009년 3분기 당기순이익 4,020억원)

: 기아자동차 3분기 판매 수: 387,060대 → 당기순이익 4,020억원

당기순이익 4,020억원 / 387,060대 = 1,038,598원

* 기아자동차 10월의 판매 14만 9,591대

기아차 1대의 순이익: 1,038,598원

=> 14만 9,591대 × 1,038,598원 = 1,553억 6,491만 3,418원

(약 1,553억 6,500만원)

산출근거

기아자동차 2009년 10월 판매실적

구 분	2009년 10월	2008년 10월	전년동월대비
내 수	36,017	33,609	7.2% 증가
수 출	113,574	105,764	7.4% 증가
총 계	149,591	139,373	7.3% 증가

기아자동차 2009년 판매실적

		내 수	수 출			계
			국내생산	해외생산	계	
2009년	1월	22,056	36,532	16,309	52,841	74,897
	2월	27,307	49,306	18,507	67,813	95,120
	3월	30,043	55,078	26,532	81,610	111,653
	4월	29,010	59,911	28,570	88,481	117,491
	5월	38,102	52,036	31,534	83,570	121,672
	6월	46,006	65,305	32,106	97,411	143,417
	7월	34,811	58,190	33,802	91,992	126,803
	8월	25,184	38,188	33,708	71,896	97,080
	9월	39,006	85,025	39,146	124,171	163,177
	10월	36,017	72,432	41,142	113,574	149,591
	11월	-	-	-	-	-
	12월	-	-	-	-	-
	계	327,542	572,003	301,356	873,359	1,200,901

(3) 기아차 주식 상승

- 증권정보 제공업체인 앤트앤가이드
- 2009년 10월의 주식 차트(10월 27일 기준)

기아차(000270) 9.80%, 현대차(코스피 005380) 14.15%

올해 상승률: 기아차(173.31%), 현대차(180.58%)

주식 상승과 우승은 기아차 매출로 편입하여 해석

스폰서 가치 증대

(1) 주식 상승

→ 증권정보 제공업체인 앤트앤가이드 발표 한국시리즈 기간 중 현대차 14.15%, 현대모비스 2.48%, 한국타이어 13.30%, 넥센타이어 17.06% 상승 전체 주식 상승가 10% 적용하여 720억원 산출

(2) 타이틀 스폰서 마구마구

→ 한국시리즈 최종일 최대 3만 7천명 접속(평균 3만명 유지): 2008년 4분기 월매출 20억, 전년도 포스트 시즌에 비해 20% 증가

* 'CJ 마구마구'에 대한 측정 = 24억+타이틀 스폰서 효과 100억 = 124억원
* 24억(2008년 4분기 월 매출의 20억원, 2009년 증가량 20% 대입 산출)
  → 20억 × 20% 증가 = 24억원
* CJ 마구마구 35억원으로 2009년 타이틀 스폰서 계약
  - TV 시청률 증가(2008년 대비 30% 증가)
  - 프로야구 관중 수 증가(약 20% 증가)
  - 마구마구의 매출 증가(20% 증가)
    : 마구마구의 2009년 매출 200억원(프로야구 게임의 독점적 계약으로 200억)
  - 인기 온라인게임의 이익은 30%~40%로 평균 35%를 대입하여 산출
    → 200억 × 35% = 70억원
* 마구마구의 매출이익 70억 + TV 시청률 증가, 프로야구 관중 수 증가의 가치(30억원) = 100억원

(3) 모바일 야구게임/CJ마구마구

→ '모바일 마구마구' 출시 전 사전 예약 5천건 이상: 건당 판매금액 — 3,000원
직접 매출 효과 5,000건 × 3,000원 = 1,500만원 × 10배(상승 효과) = 1억 5천만원

광주지역 경제 효과

(1) 광주지역 경제의 30%를 차지하는 기아자동차 우승기념 이벤트

→ 롯데·신세계·현대 백화점 및 대형 마트 등 기아 우승기념 이벤트 실시 "유명브랜드 축하 쇼핑찬스," "기아 타이거즈 V10 축하제품전"

→ 광주은행 한국시리즈 우승 이벤트: '플러스다모아적금' — 기아가 우승하면 0.3% 추가금리 제공, 가입고객 4만 5,000여 명 가입, 잔액 1,620억원 추가적립에 따른 계약액 3,580억원 — 약 5억원의 추가 이자 지급(마케팅 효과를 감안하면 감수할 수 있는 금액: 광주은행)

→ 현대·기아차그룹 계열사인 HMC투자증권은 한국시리즈 우승과 광주지점 예탁자산 2,000억원 돌파 기념 특별행사

→ KIA 타이거즈 우승 기념행사 — 광주 무등경기장(11월 9일) 5,000명 입장가능(무료)

(2) 광주지역 야구용품 매출 증대

→ 무등 경기장 앞 SM스포츠는 지난해 같은 기간과 비교 30~40% 이상 매출 신장(130~140개씩 꾸준히 판매, 유니폼 의뢰 제작 매달 3~4개씩)

(3) 광주 시민과 호남 지역민들의 자긍심 고취와 일체감 조성

→ 기아의 우승으로 인해 광주와 그 주변의 시민들에게 승리의 희망과 호남지역의 시민이라는 자긍심을 부여하고 지역의 단결을 통하여 지역의 일체감을 조성하는 계기가 되었다.

(4) 광주시 야구장 신축 계획도 우승을 계기로 급물살

→ 기아의 우승으로 인해 광주와 그 주변의 시민들에게 승리의 희망과 호남지역의 시민이라는 자긍심을 부여하고 지역의 단결을 통하여 지역의 일체감을 조성하는 계기가 되었다.

경기 간접 매출

(1) 경기장 간접 매출

→ 경기장 주변 상점의 매출 증가(한국시리즈 경기시 평소 매출의 30% 증가)

(2) 스포츠토토

→ 포스트시즌 16경기 평균 6만명(총 113만 3,366명 참여)

* 스포츠토토 발표: 한국시리즈 경기당 객 단가 평균 8,580원

총액: 1경기 평균 6만명×7경기×8,580원=36억 360만원

이동 비용

경기가 열리는 구장까지의 이동에 따른 경제적 파급 효과

한국시리즈 구장까지의 이동 비용

1~2차전 광주구장→ SK 팬들 광주로 이동

3~4차전 인천구장→ 기아 팬들 인천으로 이동

5~7차전 잠실구장→ SK, 기아 팬 잠실경기장까지 이동

* 네이버, 다음의 블로그 카페: 원정응원단 모집 1인당 회비: 3만원. 100명 내, 총 7경기

→ 100명×7경기×3만원=2,100만원

5. 부가 효과

돔구장 건설

→ 포스코 건설과 MOU 체결 그린벨트지역 해제, 돔구장 건설 비용 4,000억원 예정

: 돔 구장 건설로 인한 지역의 경제적 발전 요소

- 약 4,000억원 이상의 건설비용 투입으로 인한 광주시 경제의 발전
- 건설 산업의 인력이 필요함에 따라 일자리 창출
- 돔구장(스포츠 산업시설)에 연관된 복합적인 산업의 발전
- 돔구장의 건설로 인한 광주를 중심으로 한 교통의 발달
- 그린벨트지역 해제로 인한 돔구장 주변의 부동산 가치 증가

* 돔구장의 가치 100억원(완공 후의 가치는 훨씬 더 많을 것으로 측정됨)

* 위의 요소들을 단기적으로 효과를 측정 약 2.5%의 가치를 나타냄.

- 돔구장 건설이 착공이 되면 가치는 더 증가할 것으로 예상됨.

→ 4000억원 × 2.5% = 100억원

모기업 관련

→ 기아차 임직원 애사심과 자긍심 고취

기아 우승을 통한 기아차 이미지 제고와 V10우승 마케팅 전개

기아자동차(직원 수: 38,000명) 임직원의 기아 우승 가치를 10만원으로 측정.

* 38,000명 × 10만원 = 38억원

6. 결 론

이상의 연구 결과를 바탕으로 다음과 같은 최종적인 금액을 산정하였다.

한국시리즈 경제 효과 분석자료

효과 구분		내역 및 산출근거	금 액
직접 효과	미디어 직접노출	① 전파 매체 노출: 지상파, 케이블 TV, 인터넷, 라디오, 모바일 노출 등 ② 인쇄 매체 노출: 조·중·동 일보 외 기타 신문, 스포츠 신문, 무가지, 지방지, 스포츠 잡지 및 야구 잡지	① 50억 2,720만원 ② 35억 4,450만원
	스폰서 노출	① 경기장 브랜드 노출: 1차전~7차전 ② TV 중계광고 브랜드 노출: 남양유업 외 148건, 노출횟수 500회→87억 8,750만원	① 257억 75만원 ② 263억 6,250만원

직접 효과	경기장 직접 매출	① 경기장 관중수입: 관중 169,400명→29억 2,299만 7천원 ② 주차장 수입: 3개구장(1차전~7차전) 870대→2,400만원 ③ 경기장 매점/식음료판매: 총 관중 169,400명, 객 단가 13,000원→22억 220만원 ④ 경기장 용품판매: 1차전~7차전(광주, 인천, 잠실구장)→2억 4,916만원	53억 9,835만 7,000원
	우승에 따른 직접 수입	① 입장수익금: 정규시즌 우승금(8억 4,000만원), 포스트시즌 배당금(16억 8,000만원) ② 우승보너스: KIA우승보너스(5억원), 모그룹 보너스(10억원) ③ MVP: 순금트로피, 상금(2,000만원) ④ 선수가치증대: 2009년 총연봉(36억 2,400만원), 2010년 예상 총연봉(43억 2,200만원) 6억 9,800만원 이상 인상예정 ⑤ TV출연: 드림팀2, 무릎팍도사 등(4,500만원)	47억 8,300만원
	기아 브랜드 노출 효과	① 선수 유니폼에 의한 노출: 포르테, 쏘울, 로체, ZETT, 광주은행 ② TV광고에 의한 노출: 1차전~7차전 — 총 33회(로체, 모닝)→5억 7,997만 5천원	① 35억원 ② 133억 3,942만 5,000원
간접 효과	구단의 가치 증대	2008년 구단가치(681억)보다 30% 증가, 2009년 국내4위(885억원)→204억원 증가	354억원
	모기업 가치 증대	① 기아기업 이미지 상승 — 가장 선호하는 야구팀 1위(무비맥스 제공) ② 기아차 매출증대: 국내자동차 판매점유율 31%, 2009년 3분기 당기순이익(4,020억원) ③ 기아차 주식상승: 2009년 10월 27일 기준: 기아차(000270) 9.80%, 올해상승률(173.31%) — 앤트앤가이드	1,553억 6,550만원
	스폰서 가치증대	① 주식상승: 현대차 14.15%, 현대모비스 2.48%, 한국타이어 13.30%, 넥센타이어 17.06% 상승 — 앤트앤가이드 ② 타이틀 스펀서 마구마구: 한국시리즈 최종일 최대 3만 7천명 접속(평균 3만명 유지) ③ 모바일 야구게임→'모바일 마구마구' 출시 전 사전 예약 5천건 이상	① 720억원 ② 124억원 ③ 1억 5,000만원
	광주지역 경제효과	① 광주지역 경제의 30%를 차지하는 기아자동차 우승기념 이벤트 ② 광주지역 야구용품 매출 증대→작년대비 30%~40% 증가(2008년: 1억 7천만원) ③ 광주 시민과 호남 지역민들의 자긍심 고취와 일체감 소성	2억 3,800만원
	경기 간접 매출	① 경기장 간접 매출→경기장 주변 상점(평소보다 30%증가) ② 스포츠토토→포스트시즌 16경기 평균 6만명(총 113만 3,366명 참여) 1총액: 1경기 평균 6만명×7경기×8580원=36억 360만원	① 10억원 ② 36억 360만원
	이동 비용	경기가 열리는 구장까지의 이동에 따른 경제적 파급 효과	2,100만원
부가 효과	돔구장 건설	포스코 건설과 MOU 체결 그린벨트지역 해제, 돔구장 건설 비용 4,000억원 예정	100억원
	모기업 관련	기아차 임직원 애사심과 자긍심 고취 기아 우승을 통한 기아차 이미지 제고와 V10우승 마케팅 전개	38억원
총계			3,816억 3,383만 2,000원

이상의 금액을 바탕으로

2009 한국 프로야구 Korean Series의 효과가 단지 경기를 관람하는 입장수익에 그치는 것이 아니라 그 이외의 스포츠 산업과 연계된 분야에서 경제적 가치의 파급 효과를 나타낸 것으로 분석되었다.

프로스포츠 경기는 총체적인 스포츠 산업 분야의 최정점으로 경기를 만들어 내는 구단 관련자와 경기를 할 수 있게 하는 스포츠 시설, 스포츠 경기를 관람하기 위하여 팬들의 보나 나은 서비스 제공을 위한 스포츠 서비스, 경기를 하기 위해 필요한 용품을 만들어 내는 스포츠 용품업이 동시다발적으로 참여하는 거대 산업이라고 볼 수 있다.

상기의 연구와 같이 한 개 팀의 우승 파급 효과 분석은 경기장에서 나타나는 직접적인 매출 수입과 경기 이외에 나타나는 미디어 중계를 통한 간접적인 수입이 큰 비율로 나타났다. 기아 타이거즈 구단의 가치 상승뿐 아니라 전라도 지역 주민의 자긍심을 크게 고취시키고 지역 분위기 상승 및 경제에 미치는 효과가 큰 것으로 나타났다. 여기에다가 기아 타이거즈를 후원하는 모기업인 기아자동차의 경제적인 파급 효과가 기업의 브랜드 이미지 및 주가 상승과 직접적인 매출의 연계성으로 이어졌다. 특히 대회 타이틀 스폰서인 CJ의 마구마구는 첫 대회 스폰서십 참여를 통해 경제적인 효과를 크게 거두었다.

또한 대회 기간 경기장 광고 스폰서 기업, TV 중계시 광고 기업의 효과가 큰 것으로 나타나 향후 킬러 스포츠 이벤트 스폰서십 참여 기업에 대한 기준을 제시하는 계기가 될 것이다. 프로스포츠가 가져다주는 경제적인 효과는 단순하게 우승으로만 나타나는 것이 아니라 상기와 같이 복합적이고 단계적인 파급 효과를 통해 주변 스포츠 산업과 지역 스포츠 산업을 활성화시키는 계기를 마련하게 된다.

따라서 스포츠 경기만이 아닌 복합적인 스포츠 산업의 요소를 잘 고려하여 고부가가치의 산업으로 발전시켜 국제 경쟁력과 지역 경쟁력 나가서 지역 주민과 기업의 가치를 더욱더 극대화시키는 계기로 만들어야 할 것이다.

제 6 장 네이밍 마케팅

제 6 장

네이밍 마케팅

1. 네이밍 마케팅(Naming Marketing)

"이름 속에 돈이 숨어 있다"

네이밍 마케팅은 이른바, 명칭 사용권이라고 불리는 스포츠 마케팅의 한 분야이다.

네이밍 마케팅의 종류는 팀을 활용한 명칭 마케팅과 시설을 활용한 명칭 마케팅 두 가지로 구분이 된다. 일반적으로 경기장에 경기장의 명칭 사용권리를 기업에게 판매하는 네이밍 라이트(Naming Right) 권리가 일반적이지만, 팀에게도 활용되는 사례가 있다.

Naming Right을 활용한 요코하마 경기장

한국에서는 히어로즈가 처음 시도하여 우리담배와 넥센타이어를 통해서 지속적으로 네이밍 마케팅을 활용하고 있으나, 미국을 비롯한 해외에서는 다양한 방법으로 네이밍 마케팅이 활용되고 있다.

2. 경기장 명칭 사용권(Naming Rights)

경기장 명칭 사용권은 스포츠 마케팅의 권리 중에 하나로 스폰서십이라고 할 수 있다. 보통 기업이 스포츠 경기장을 건설한 후에 자사의 브랜드 명을 사용하기로 하고 경기장을 기부하는 방법, 일정액을 기부하면서 계약된 기간까지 해당 스포츠 경기장의 명칭을 기업의 브랜드 명으로 사용하는 방법, 경기장뿐만 아니라 부속 시설에 대해서도 브랜드를 부착하여 알리는 방법 등을 통해서 기업과 스포츠 경기장의 실질적인 주인인 지자체가 상호 간에 전략적으로 성공할 수 있도록 하는 것이다. 한국에서는 아직도 어느 기업도 시도하지 못하고 있지만, 머지않아 이 마케팅 툴을 활용하는 모습을 볼 수 있을 것이다. 이러한 마케팅 기법이 가장 활발하게 이루어지고 있는 곳은 미국과 일본이다.

이러한 사례를 살펴보면 그 시작은 1973년 미국 프로미식축구(NFL)의 버팔로 빌스의 홈구장으로 '리치 스타디움'으로 명명되면서 사용된 것이 그 시초이며 1980년부터 미국에서 급격하게 성장하여 현재에는 프로스포츠뿐만 아니라 대학과 고교의 스포츠 시설, 예술 센터까지 명칭 사용권이 도입되고 있다(2006, 일간 스포츠). 월간 스포츠 비즈니스(2006)에 따르면 북미의 경기장 사용권 계약

샌프란시스코 자이언트의 홈구장인 AT&T PARK

은 총 70건이며, 그 외 유럽과 오세아니아 주는 22건의 경기장 명칭 사용권 계약을 맺고 있다.

한국의 경우에는 2001년 프로축구 포항 스틸러스와 SK 와이번스가 명칭 사용권 매입에 대하여 의견이 있었고, 2003년도에도 수원 월드컵 경기장에 대한 명칭 사용권의 협의가 있었으나 당사자들 간의 이해 부족으로 무산된 사례가 있다.

이러한 경기장 명칭 사용권이 발달한 곳은 미국 시장으로 이미 미국 시장은 NFL, MLB, NBA, NHL을 통해서 경기장 명칭 사용권 개념이 일반화가 되어 있는 실정이다.

미국의 대다수의 지방자치 단체들은 새로운 공공시설을 건설하는 경우, 재산세와 소비세를 끌어올려 새로운 과세에 의하여 건설비용을 제공받는 것이 일반적이었나, 명칭 사용권이 등장함으로 인해서 건설비용과 운영비용의 일부를 보조하는 것이 가능하게 되었으며, 이를 통한 공공시설의 안정적 수입 확보 및 재정 부담의 경감을 통하여 시설을 경영 안정을 도모하고 있다. 명칭 사용권의 판매 계약은 경기장 소유주인 지방자치 단체와 스포츠라는 유·무형의 제품과 서비스를 고객에게 판매하는 프로구단, 그 서비스를 구매하고 획득하는 팬, 그리고 구장 명칭을 매입하는 민간 기업에게 큰 이익을 가져다준다(2003, 백철민). 명칭 사용권이라는 새로운 수입원이 등장하면서 경기장 건설비용과 운영비용의 보조가 가능하며 미국의 경우 대다수의 지방자치 단체들이 명칭 사용권을 이용하여 공공시설의 안정 수입을 확보하고 재정 부담을 줄여나가고 있다. 이러한 방식의 자본 조달 방식은 영국과 독일 등의 유럽 각국에 파급되는 효과를 낳게 되었다.

예로 2006 FIFA 독일 월드컵 개회식과 개막전이

열렸던 뮌헨 스타디움의 경우가 이러한 예라고 할 수 있는데, 총 공사비 3,260억원이 투입되었으나, 뮌헨을 연고로 하는 바이엘 레버쿠젠과 뮌헨 등 2개의 프로구단이 경기장 사용을 조건으로 건설비용을 부담하였으며, 알리안츠사가 이 구단들에게 15년간 약 1,200억원을 지불하는 조건으로 경기장 명칭 사용권을 획득하게 되었다. 이렇게 기업의 입장에서는 미디어와 시민들에게 친숙한 경기장 명칭 사용권리를 자사의 이름을 사용함으로써 신규 고객 창출과 기존 고객의 충성도를 높일 수 있는 효과를 얻을 수 있다. 실질적으로 이러한 명칭 사용 권리는 매복 마케팅에서도 보호받을 수 있기 때문에 자사의 권리를 보호할 수 있는 이점도 있다.

경기장 명칭을 매복 마케팅할 수는 없기 때문이다. 이러한 마케팅 활동은 여러 미디어를 통해서 노출됨으로써 고객들에게 명칭 사용권을 사용하는 기업들의 공신력과 신뢰감을 높일 수 있다.

한국의 경우에는 최초 스포츠 경기장을 건립할 때 지역의 명칭을 보통 사용하기 때문에 상암 월드컵 경기장, 잠실야구장, 사직야구장, 구덕운동장 등으로 사용되고 기업명이 사용되지 않아 거부감을 느낄 수가 있을 것이다. 하지만 이러한 경기장 사용비용이 국민들의 세금으로 충당된다는 점에서 명칭 사용권의 도입으로 인해서 경기장 관리비용 및 보수 자금에 대해서 재정적 안정을 꾀할 수 있다. 이러한 경기장의 미디어에 지속적으로 노출될 경우에 얻어질 수 있는 마케팅 효과를 기업들이 인지하여 도입할 수 있다면 한국의 스포츠 마케팅이 발전할 수 있는 또 하나의 계기가 될 수 있을 것이다.

올림픽이 단발성 이벤트이긴 하지만 올림픽 경기장의 구장 명칭 사용권 판매는 성공할 가능성이 충분하다고 할 수 있다. 기업 입장에서 볼 때 자신의 브랜드를 최단시간에 전 세계 수십억명의 시청자에게 알릴 수 있는 기회가 될 뿐만 아니라 구단 성적하락으로 인한 이미지 동반실추의 위험부담도 없기 때문이다. 또 단기 이벤트이기 때문에 가격부담이 덜 하다는 장점도 작용할 것이다. 단, 경기장 내 광고금지라는 IOC규정의 포괄적인 해석이 걸림돌이 될 수는 있겠지만 신규 수입원개발에 전력하고 있는 IOC, NOC의 입장도 10년 후면 바뀔 가능성이 농후하다.

3. 명칭 사용권 사업의 현황

명칭 사용권 사업은 원래 프로구단이 입주할 신설경기장에 기업이름을 20~30년간 붙여주는 대가로 연간 약 100만 달러의 돈을 받는 일종의 스폰서십 계약이라고 할 수 있다.

대표적인 사례로 미국 볼티모어 레이번스의 구장명칭 사용권을 포함한 구장 광고권을 인터넷 전문회사인 PSINet사가 계약기간 20년 이상의 장기계약에 총 계약금액 1억 5,000만 달러에 계약하는 것 등을 들 수 있다. 스폰서십 패키지로 계약될 예정인 그 거래에는 구장명칭 사용권만 양도하는 것이 아니라 TV 및 라디오, 인쇄물 등의 광고권과 구장정면을 커버하는 회전식 펜스 광고권이 포함되며, NFL(북미프로미식축구리그)공식 스폰서의 독점권을 침해하지 않는 범위 내에서 프로모션 권리도 포함되어 있다. 미국의 경우 수익성이 가장 높은 사업 중에 하나로 보고 있으며, 많은 미국의 스포츠 마케팅 대행사에서 눈독을 들이고 있다. Prosevr와 ISI, Envision 등의 3개사가 시장을 3분화하여 치열한 경쟁을 벌이고 있다. 경쟁의 열기로 보여주는 단적인 예로는 이 사업의 하나 때문에 대행사 간의 기업 합병이 단행되고, 심지어는 경영진의 이동까지 일어나고 있다. 그런 와중에서 구장의 명칭의 실제권리를 갖고 있는 구장 소유주(혹은 운영자)들은 이 사업이 설사 복잡하다 치더

Minute Maid 휴스톤 애스트로스의 홈구장 전광판 모습

라도 대행사들이 그렇게 많은 수수료를 받을 만큼 고도의 서비스를 하는지에 회의적인 입장을 보이고 있지만, 역시 큰 수입이 보장되는 만큼 대행사와 실소유주와의 입장 차이도 상당히 커 보인다고 할 수 있다.

구장의 명칭 사용 권리를 구입하는 사람들은 주로 대기업에서 구입하고 있으며, 기업에서 이것을 하는 순수한 이유는 순전히 매체 노출 효과 때문이라고 볼 수 있다. 이 사업이 처음 시작되었을 때는 말 그대로 구장 이름의 사용권만 거래되었지만 지금은 여러 가지 마케팅 권리와 함께 패키지 형태로 거래되고 있다. 구장 명칭 사용권의 판매 사업은 매우 복잡한 사업으로 간주되고 있는 그 구조가 복잡해질수록 대행사에게는 유리한 사업 중의 하나이다.

대행사들이 눈에 불을 켜고 이 사업에 뛰어드는 이유는 타사업과 달리 한번 성사시키면 꾸준히 수수료를 받을 수 있기 때문이다. 즉, 대행사들이 구장 명칭 사용권을 팔기만 하면 계약 기간내내 가만히 앉아서 돈을 벌 수 있는 스포츠 마케팅의 대박 사업이라고 할 수 있다. 예로 PSINet사와 볼티모어 구장의 거래를 성사시킨 ProServ는 계약이 만료되는 2019년까지 레이번스 구단으로부터 통상 3%~8% 수수료를 받게 되기 때문이다.

물론 경기장 명칭 사용권의 마케팅이 문제가 없는 것은 아니다. 프로스포츠의 엄청난 발전으로 인해서 특히 미국의 경우 오랜 전통과 역사를 통해서 이미지를 갖고 있는 경기장의 이름을 하루아침에 스포츠의 상업적인 측면 때문에 바뀐다는 부분이 스포츠의 상업화의 폐단으로 작용할 수도 있다. 하지만 이러한 상황에서도 경기장 명칭 사용권 사업은 지속적으로 발전할 것으로 보이고 〈표

TOYOTA Center의 홈구장인 휴스턴 로케츠의 경기장 앞에선 저자

6-1〉~〈표 6-5〉에서도 알 수 있듯이 2000년대를 중심으로 금융사를 비롯한 다양한 계열의 기업들이 공격적인 마케팅으로 구장의 명칭 사용권을 계속해서 후원하고 있기 때문에 더욱더 전망은 밝다고 할 수 있으며, 구단과 지방자치 단체의 안정적인 재정 보장을 위해서 발전적인 모델이 개발해야 될 것이다.

4. 경기장 명칭 사용권에 대한 각 단체의 역할

지방자치 단체의 역할

한국에는 아직까지 이러한 명칭 사용권을 활용하는 마케팅이 전무한 실정에서 각 지방자치 단체와 구단 기업에서의 역할이 필요하다고 판단되어지는데, 지방자치 단체의 경우에는 경기장의 모든 소유가 지방자치 단체로 되어 있으며, 대부분의 경기장이 입장수입의 10%~25%를 사용료로 받고 있다. 또한, 매점 임대 사업, 광고료, 전광판 사용료, 경기장 사용료, 연습구장 사용료, 중계료 등을 통해서 수입을 올리고 있으나, 인건비, 청소료, 공공요금, 기타 운영비를 통해서 관리비에 많은 지출을 하고 있다.

이러한 지출이 상대적으로 많아지면서 지방자치 단체의 경기장 관리는 몇몇 도시의 경기장을 제외하고는 적자를 면하지 못하고 있는 실정이다. 미국에서는 이러한 문제를 해결하기 위해서 명칭 사용권을 도입하였고, 2000년대 들어서 미국과 유럽에서도 이러한 방법을 도입하여 마케팅 활동을 하고 있다.

지금까지의 프로스포츠는 연고지를 중심으로 해당 지자체와 구단이 쌍방 협의를 통해 경기장 사용료를 책정하고 있기 때문에 시설 개보수를 하는데 시민의 세금 외에 다른 수익금을 사용하기 매우 어려운 형편이었다. 전국 체육대회나 세계대회 유치를 통해 많은 스포츠 경기장이 건설되었지만 적은 예산으로 이를 유지하기에는 상당히 무리가 있다. 따라서 지자체가 관리하는 많은 경기장에 대한 새로운 파트너십 형성이 필요하다.

일본의 사례를 보면 한국과 같은 형식으로 경기장을 처음 건설할 때는 국가나 지방자치 단체가 소유하게 되어 있었으나 경기장 운영의 새로운 수입을 창출하기 위해 기업에게 구장 명칭 사용권을 판매하여 효율적인 경기장 관리 운영을 가져왔다. 반면, 한국의 경우에는 명칭 사용권 자체가 시도만 이루어졌을 뿐 적극적인 태도가 부족하여 이루어지지 않고 있다. 아직 국내 프로야구 및 프로스포츠 시장이 미국과 일본에 비해 열악한 것은 사실이지만 점진적으로 발전하고 있는 추세이므로, 각 지방자치 단체와 구단들은 적극적으로 이러한 문제에 대해서 검토하여야 할 것이다.

프로스포츠 구단 및 기업의 역할

프로구단 및 기업이 가지고 있는 중요한 마케팅 자산인 브랜드는 스포츠 스폰서십의 타이틀로써 스폰서십 주체, 선수 스폰서십을 통해서 대중에게 다양한 방식으로 노출시켜 기업의 현재 고객뿐 아

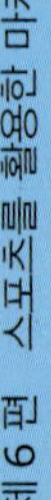

니라 미래의 고객들에게 지속적으로 포지셔닝해야 할 필요가 있다.

경기장 명칭 사용 권리는 국내 스포츠 마케팅 분야에서 새로운 영역이라고 할 수 있으며, Al Ries와 Jack Trout가 제시한 마케팅 불변의 법칙 중 선도자의 법칙, 영역의 법칙, 기억의 법칙, 인식의 법칙, 독점의 법칙 등을 자연스럽게 따를 수 있는 매우 유용한 마케팅 기법이라고 할 수 있다. 이러한 마케팅 전략 방안으로 경기장 명칭 사용권을 마케팅으로 활용하면서 스포츠 마케팅의 선도자 역할을 한다면 프로스포츠에 발전에 기여한다는 인식을 주게 됨으로써 지금 한창 인기를 끌고 있는 프로야구나 프로축구 팬들에게 긍정적인 이미지로 재 포지셔닝 될 것이다.

5. 경기장 명칭 사용권의 사례

명칭 사용권이 가장 활발하게 이루어지고 있는 미국의 경우를 살펴보면 다음과 같을 수 있다. 다음의 표를 통해서 각 프로스포츠 리그별(MLB, NFL, NBA, NHL) 경기장의 명칭 사용권 사례를 볼 수 있는데, 야구의 경우에는 2007년 명칭 사용권은 총 19개 경기장이 계약을 맺고 있으며, 평균 계약금은 약 22억 7천만원 정도가 나타났다. 이러한 후원사별로는 금융 8개사, 제조, 통신, 4개사, 보험 2개사, 건설, 전력 생산 1개사로 나타났다.

NFL의 경우에는 총 19개 경기장에서 이러한 사례를 살펴볼 수 있으며, 최고 계약금액은 Reliant Stadium으로 약 93억원, 최저 계약금액은 5억 7천만원 선으로 볼 수 있다. 이러한 비용한 MLB의 경기장 사례에 비해서 다소 높은 금액으로 형성되고 있으며, 후원사의 계열별로는 금융 7곳, 제조 3곳, 통신 2곳, 에너지, 교육, 유통, 방송, 미디어, 건설 1곳으로 나타나져 있다.

엔터테인먼트 시설과 어우러진 일본 요미우리 자이언츠의 홈구장인 도쿄돔

NBA의 경우에는 총 13개 경기장이 계약을 맺고 있으며, 최고 계약금액은 Toyota Center로 약 46억원이며, 최저 계약금액은 약 7억원으로 Quicken Loans Arena로 나타났다. 총 13개 경기장에서 이러한 사례를 살펴볼 수 있으며, MLB와 NFL에 비해서 상대적으로 낮은 금액을 알 수 있는데 이러한 이유는 NBA의 상대적인 인기 수준이 MLB와 NFL에 뒤지기 때문일 것이다.

NHL의 경기장의 경우에는 19개 경기장이 이러한 계약을 맺고 있으며, NHL의 인기가 MLB, NFL, NBA에 비해 낮기 때문에 금액이 약간 낮다. 하지만 〈표 6-1〉~〈표 6-5〉와 같이 NBA, NHL을 함께 경기하는 복합 경기장의 경우에는 NBA나 NHL의 경기장 명칭 사용권 금액보다는 약간 높은 것을 볼 수 있어서, 경기장 명칭 사용권의 계약 금액의 수준을 알 수 있게 한다. 종목의 인기와 얼마나 많은 경기가 치러지느냐의 척도도 중요하게 작용하는 요소라고 할 수 있을 것이다.

이러한 명칭 사용권을 후원사는 기업들의 대부분이 금융사로 25개의 금융사가 후원하고 있었으며, 이러한 이유는 금융사의 신뢰가 스포츠의 신뢰도와 함께 하여 이미지를 연결할 수 있는 이점이 있기 때문이며, 그 다음 제조업의 경우에는 기업이 그 지역을 연고와 기반으로 하여 투자를 하는 경우가 있으며, 항공사의 경우에는 빠른 스피드와 Air의 이미지가 많은 농구와 하키 경기장이 많은 명칭 사용권 계약을 하는 것으로 보인다.

이러한 경기장 명칭 사용권은 각 종목과 건립 연도, 해당 종목의 지역적 인기, 기업의 성격 등 여러 환경적 요인이 작용되어서 후원할 수 있다.

| 표 6-1 | MLB의 경기장에 대한 명칭 사용권 계약 내용 (단위: $)

경기장 명칭	홈 팀	후원사	계열	연평균 금액	계약 연도	만기 연도	계약 기간
Citifield	New York Mets	Citigroup Inc.	금융	1,861,000	2009	2029	20
Minute Maid Park	Houston Astros	Coca Cola	제조	558,300	2000	2030	30
Huntington Park	Columbus Clippers	Hungtington Brancshares	금융	428,907	2006	2032	26
Cisco Field	Oakland A's	Cisco	통신	372,200	2006	2036	30
U.S. Cellualar Field	Chicago White Sox	U.S Cellular	통신	316,370	2005	2025	20
Qualcomm Stadium	San diego Padres	Quallcomm Incorporated	통신	83,745	1996	2026	20
Great American Ball Park	Cincinnati Reds	Great Americn Insurance.	보험	232,650	2003	2033	30
Ameriquest Field	Texas Rangers	Ameriquest Capital Corp.	금융	232,650	2004	2034	30
Citizens Bank Park	Philadelphia Phil-lies	Citizen Bank	금융	214,015	2003	2028	25
Bank one Ball Park	Arizona Diamond-backs	Bank One	금융	204,710	1998	2028	30
Commercial Park	Detroit Tigers	Comerica	금융	204,710	2000	2030	30
Miller Park	Milwaukee Brew-ers	Miller Brewing	제조	195,405	2000	2020	20
At & T Park	San Fransisco Gi-ants	SBC Communications	통신	195,405	2000	2024	24
Safeco Field	Seattle mariners	Safeco Corp.	보험	186,100	1999	2019	20
PNC Park	Pittsburgh Pirates	PNC Bank	금융	186,100	2000	2020	20
Tropicana Field	Tampa Bay Devil Rays	Tropicana	제조	139,575	1996	2026	30
Jacobs Field	Cleveland Indians	Richard Jacobs	건설	64,669	1996	2016	20
Coors Field	Colorado Rokies	Coors Brewings	제조	100,486	1995	2015	20
Angel Stadium of Anahaim	Anahaim Angels of LA	Edison International	전력	232,625	1998	2018	20

출처: 이태용, 조송현(2008), 국내 프로스포츠 구장의 명칭 사용권 도입에 관한 고찰.

| 표 6-2 | NFL 경기장 명칭 사용권 예

(단위: $)

경기장 명칭	홈 팀	후원사	계 열	연평균금액	계약연도	만기연도	계약기간
Reliant Stadium	Houston Texans	Reilant Engergy	에너지	930,500	2000	2032	32
University of Phoenix Stadium	Arizona Cardinals	University of Phoneix	교육	718,811	2006	2026	20
Fedex Field	Washington Redskins	Federal Corp.	유통	707,180	1998	2025	27
Bank of America Stadium	Carolina Panthers	Bank of America	금융	651,350	2004	2024	20
Lincoln Financial Field	Philadelphia Eagles	Lincoln Financial Corp.	금융	623,435	2001	2022	21
Invesco Field at Mile high	Denver Broncos	Invesco Funds	금융	558,300	2001	2021	20
Lucas Oil Stadium	Indianapolis Colts	Lucas Oil Co.	정유	558,300	2008	2028	20
M&T Bank Stadium	Baltimore Ravens	M&T Bank	금융	465,250	2001	2018	17
LP Field	Tennessee Titans	Louisiana Pacific Corp.	건설	279,150	2006	2016	10
Heinz Field	Pittsburg Steelers	H.J. Heinz	제조	269,845	2001	2021	20
Edward Jones Stadium	St. Louis Rams	Edward Jones	금융	246,582	1999	2013	12
Raymond James Stadium	Tampa Bay Buccaneers	Raymond James Financial	금융	236,259	2002	2015	13
Ford Field	Detroit Lions	Ford Motor Co.	제조	186,100	2002	2022	20
Monster Park	Sna Fransisco 49ers	Monster Cable	방송	139,575	2003	2007	4
TCF Bank Stadium	Minnesota Golden Gopers Football	TCF Financial Corp.	금융	130,270	2009	2034	25
Brights House Networks Stadium	UCF Golden Knight	Brights House Networks	미디어	93,050	2007	2022	15
Qualcomm Stadium	San diego Chargers	Qualcomm	통신	83,745	1997	2017	20
Alltel Stadium	Jacksonville Jaguars	Alltel Corp.	통신	57,691	1997	2007	10
Gillette Stadium	New England Patriots	Gillette	제조	N/A	2002	2017	15

출처: 이태용, 조송현(2008), 국내 프로스포츠 구장의 명칭 사용권 도입에 관한 고찰.

| 표 6-3 | NBA 경기장의 명칭 사용권 사례

(단위: $)

경기장 명칭	홈팀	후원사	계열	연평균 금액	계약연도	만기연도	계약기간
Toyota Center	Houston Rockets	Toyota Motors Corp.	제조	465,250	2003	2023	20
Fedex Forum	Menphis Grizzles	Federal Corp.	유통	418,725	2003	2023	20
Oracle Arena	Golden State Worriors	Oracle Corp.	IT	279,150	2006	2016	10
SBC Center	San Antonio Spurs	SBC Communications	통신	195,405	2002	2022	20
American Airlines Arenas	Miami Heat	America Airlines	항공	195,405	1999	2019	20
Conseco Fieldhouse	Indiana Pacers Fever	Conseco	보험	186,100	1999	2019	20
Amway Arena	Orlando Magic	Amway	제조	139,575	2006	2010	4
Energy Solution Arena	Utah Jazz	Energy Solution	정유	120,965	2006	2016	10
Target Cneter	Minnesota Tmberwolves	Target	제조	117,243	2005	2020	15
Key Arena	Seattle Supersonics	Key Corp.	금융	83,050	1985	2010	25
US Airways Center	Phoneix Suns	US Airways	항공	80,643	2006	2019	13
Arco Arena	Sacramento Kings	Atlantic Richfeild	정유	69,787	1995	2007	12
Quicken Loans Arena	Cleveland Cav.	Gund	제조	65,135	2004	2014	10

출처: 이태용, 조송현(2008), 국내 프로스포츠 구장의 명칭 사용권 도입에 관한 고찰.

| 표 6-4 | NHL 경기장의 명칭 사용권 사례

(단위: $)

경기장 명칭	홈 팀	후원사	계열	연평균금액	계약연도	만기연도	계약기간
RBC Center	Carolina Hurricanes	RBC Centural Banks	금융	372,200	2002	2022	20
Gaylord Entertaim-net Center	Nashville Predators	Gaylord Entertaimnet	방송	372,200	2006	2018	12
Bell Center	Montreal Canadiens	Bell Canada	통신	297,760	2003	2023	20
HP Pavllion	Sna Jose Sharks	Hewlett-Packard	제조	288,455	2002	2016	14
Jobing.com Arena	Phoenix Coyotes	Jobing.com	IT	279,150	2006	2016	10
Xcel Engergy Center	Minnesota Wild	Xcel Engergy	에너지	279,150	2004	2024	20
Bank Atlantic Center	Florida Panthers	Bank Atlantic	금융	251,235	2006	2016	10
St. Pete Times Forum	Tampa Bay Lightings	St.PeteTimes	신문	195,405	2002	2014	12
Honda Center	Anaheim Ducks	Honda	제조	186,100	2006	2021	15
Mellon Arena	Pittsburgh Penguins	Mellon Financial	금융	167,490	1999	2009	10
Scotiabank Place	Ottawa Senators	Scotiabank	금융	120,965	2006	2021	15
Pengrowth Saddledome	Calgary Flames	Pengrowth Mgmt.	방송	93,050	1999	2016	20

General Motors Place	Vancouver Canucks	General Motors	제조	78,568	2004	2024	20
HSBC Arena	Buffalo Sabres	HSBC Bank	금융	74,440	1999	2026	27
Scottrade Center	St. Louis Blues	Scottrade	금융				
Nationwide Arena	Columbus Bluejackets	Nationwide Insurance	보험				
Rexall Place	Edmonton Oliers	Kalz Group	미디어				

출처: 이태용, 조송현(2008), 국내 프로스포츠 구장의 명칭 사용권 도입에 관한 고찰.

| 표 6-5 | NBA/NHL 복합 경기장의 명칭 사용권 사례

(단위: $)

경기장 명칭	홈팀(농구/하키)	후원사	계 열	연평균 금액	계약연도	만기연도	계약기간
Phillips Arena	Atlanta Hawks/ Atlanta Thrashers	Royal Phillips Electronic	에너지	865,365	1999	2019	22
American Airlines Center	Dallas Mavericks Dallas Stars	America Airlines	항공	604,825	2001	2031	30
Staple Center	LA Lakers, Clippers/ Kings	Staples	제조	539,690	1999	2019	20
Pepsi Center	Denver Nuggets Colorado Avalanche	Pepsi Co.	제조	316,370	1999	2019	20
Verizon Center	Washington Wizard Mystics Capitals	Verizon Business	IT	204,710	2004	2017	13
TD Bank North Garden	Boston Celtics Bruins	TD Banknorth	금융	186,100	2005	2010	5
Air Canada Center	Toronto Raptor Maple Leafs	Air Canada	항공	186,100	1999	2019	20
United Center	Chicago Bulls Black hawks	United Airlines	항공	167,490	2004	2014	10
Continetal Airlines Arena	New Jersey Nets/ Devils	Continental Airlines	항공	130,270	1999	2011	12
Wachovia Center	Philadelphia 76ers/ Flyers	Wachovia	항공	106,077	2002	2023	21

출처: 이태용, 조송현(2008), 국내 프로스포츠 구장의 명칭 사용권 도입에 관한 고찰.

| Golden State Warriors의 홈구장인 오라클 아레나

| LA Lakers 홈구장인 STALPLE Center의 모습

참 | 고 | 문 | 헌

김낙회, 김호 공역(1999) 스포츠마케팅. 나남 출판.

김도균(2000) 스포츠 비즈니스. 오성출판사.

김도균, 박병유(2004) FIFA World Cup 마케팅. 오성출판사.

김수잔, 양성국 역(1996) 스포츠 마케팅. 대경사.

김철주(1999) IOC Business. 스포츠 비즈니스, 6월호, 24-31.

김화섭(1999) 재미있는 스포츠 돈버는 마케팅. 살림출판사.

김희진(2001) IMC 시대의 이벤트 기획론. 커뮤니케이션북스.

민승규(2002) 월드컵 이후 경제 사회 과제. 삼성경제 연구소 보고서.

박문석(2002) 황금 거위를 잡아라. 신유.

박인규(1996) 아틀란타 올림픽 마케팅 전략. 대한체육회, 32(5), 50-55.

박진권, 김홍백(2002) 특정 스포츠이벤트 유치가 지역 관광활성화에 미치는 영향. 한국 여가레크리에이션학회지.

박찬규, 주성택, 최종필, 정연길, 정현성, 김정호 공역(2007) 스포츠 매니지먼트. 대한 미디어.

박현종, 박영옥(1998) 스포츠마케팅의 활용을 통한 경기단체 및 사회 활성화 전략에 관한 연구. 한국체육과학 연구원.

박홍식(2004) 스포츠와 지방도시: 강릉시의 스포츠이벤트 축구대회를 중심으로.

삼성경제연구소(2010) 국제스포츠이벤트와 국가브랜드. 삼성경제연구소.

송석록(2002) 스포츠 스폰서십. 신일 상사.

신문왕(2008) 세상을 감동시킨 위대한 글벌레들 2, 뜨인 돌 어린이.

안광호, 한상만, 전성률(1999) 전략적 브랜드 관리. 학현사.

월간 스포츠비즈니스(1998.11) 스폰서십 효과측정.

유의동(2004) 지역경제 활성화를 위한 프로스포츠 활용방안. 체육과학연구원.

윤영원(2006) 스포츠이벤트의 핵심. 서울: 태근문화사.

윤유식(2007) 스포츠이벤트 참가동기에 따른 만족도 및 행사개최지 매력성에 관한 연구. 한국스포츠산업경영학회지.

윤훈현(1997) 마케팅전략 수립을 위한 기초 소비자행동론. 시그마프레스의 관계. 한국체육학회지,

이경모(2002) 이벤트학 원론. 백산출판사.

이진희(2003) 장소 마케팅. 대왕사.

정상원(1995) 체육·스포츠 경영관리론. 도서출판 대강.

정연승(2010) 시장을 움직이는 49가지 마케팅의 법칙. 한스 미디어.

조달호(1994) 창조적인 이벤트 전략. 한국 이벤트 개발원.

최진우(2000) 올림픽의 경제학. 삼성경제연구소.

함주한(2009) 마케팅 무작정 따라하기. 길벗.

허수영(2010) 삼성전자의 스포츠마케팅. 스포츠비즈니스 제71호.

홍성태(1998) 보이지 않는 뿌리. 박영사.

Bennett, P. D.(1993) Dictionary of marketing terms. Chicago: American Marketing Association.

Brooks, C. M.(1994) Sports Marketing: Competitive Business Strategies for Sports,

Cawley, R.(1999) Sports commissions. Journal of Street & Smiths Sports business.

Webster, Frederick E.(1997) Marketing Communication: Modern Promotional. John wiely & Sons, Inc. New York, 137-141.

Jacob, J. & Robert W. C.(1998) Brand Royalty: Measur and Management, N.Y: Wiley.

Ludwig, S., & Karabetsos, J. D.(1999) Objectives and evaluation processes utilized by sponsors of the 1996 Olympic games. Sport Marketing Quarterly, 8. 11-19.

NAOC(1999) The XVIII Olympic Winter Games Official Report I Planning and Support.

NPD Group, Street &Smith's SportsBusiness Journal research.

Olympic marketing fact file(2006) IOC.

Olympic marketing newsletter(2000/9) IOC.

Plunkett Research, Ltd.(2009) Plunkett's Sports Industry Almanac 2010.

Schaaf, P.(1995) Sports marketing: It's not just a game anymore. Amherst, NewYork: Prometheus Books.

SportBusiness Group(2008) sport business in numbers 2008. Sport Business Group.

Team Marketing Report(1996) chicago, IL: TMR publishing.

Tokyo Dome Group(2009) Business Report 2009. Tokyo Dome Group.

wikipedia(2009) Nippon Professional Baseball from http://en.wikipedia.org/wiki /Nip pon_Professional_Baseball.

www.esports.pe.kr

www.sericeo.org

www.olympic.org

www.usoc.org

www.olympics.org.uk

www.ibsports.com

www.imgworld.com

www.octagon.com

www.dentsu.com

제 7 편
선수를 활용한 마케팅

제 1 장 스포츠 마케팅에서의 선수

제 2 장 선수를 활용한 스포츠 마케팅

제 3 장 스포츠 에이전트

제 4 장 스포츠 에이전시

QUIET
BUICK
07

현대는 광고시대! 어떻게 효과적으로 브랜드와 제품의 이미지를 극대화시킬 수 있는가?

스포츠 스타를 통한 제품의 이미지 개발은 스포츠가 모든 사람에게 미치는 효과가 광범위하고 극대화되어 있기 때문이다. 이러다 보니 스포츠 시장에서 시작된 전쟁의 가장 큰 타깃은 구단이나 기업 입장에서 보면 선수이다. 움직이는 광고물인 선수는 이제 하나의 광고 개체요, 수단으로서 가장 각광받는 매체이다.

스포츠 마케팅이 활발하게 전개되면서 스타선수들의 탄생에 기업들이 힘을 쏟고 있다. 스타선수가 부각이 되면 자연스레 기업과 제품의 이미지가 높아지기 때문이다.

마리아 샤라포바는 열한 살 때 IMG와 계약을 맺어 체계적인 관리 아래 제품을 개발하고 이미지를 개발하면서 신체적인 매력뿐만 아니라 할리우드 스타와 같은 매력, 흥미로운 스토리라인 그리고 프로선수인 경기력까지 갖춘 완벽한 하나의 브랜드가 되었다.

선수는 하나의 제품이고 선수는 제품을 대표하는 주자이면서 광고의 주요 모델이다. 따라서 스포츠 브랜드 기업들은 마케팅의 핵심을 선수라 보고 스타급 선수들을 보유하려고 한다.

선수의 상품성은 선수 그 자신의 몫이기도 하지만 선수를 관리하는 팀이자 매니저 그리고 후원하는 회사이다. 선수의 상품성 개발을 위한 각종 마케팅 전략과 선수 이미지 개발 그리고 경기력 향상을 통해 선수 자체의 브랜드가 강화되면 그 몫은 고스란히 후원한 기업과 선수에게 돌아온다. 이처럼 스포츠 스타는 상품이 한 가지가 히트 치면 신드롬을 만들어 내고, 회사는 이러한 선수의 신드롬을 이용하여 광고, 홍보, 프로모션을 한다. 선수의 연봉 규모와 인도스먼트 규모가 커짐으로써 단순하게 계약만을 전담하는 에이전트가 아니라 스폰서십 관리와 투자 그리고 트레이닝을 위한 각종 에이전트가 등장하게 되었다.

"Show me the money!!!"

영화 '제리 맥과이어'에서 톰 크루즈가 스포츠 에이전트로 출연한 영화에서 나오는 명대사 중 하나이다. 영화 속의 제리(톰 크루즈)는 엄청나게 유명한 스포츠 에이전트로 어느 날 갑자기 미친 듯이 제안서를 하나 쓰게 되었다. 그 제안서는 '수많은 고객들을 관리하기보다는 몇몇의 소수 회원을 더 알차게 관리하자'라는 인간과 인간 사이의 신의와 매너에 관련된 제안서였고, 그 제안서를 돌린 뒤 제리는 회사에서 해고당한다. 그리고 그에게 남은 고객이라고는 한때 반짝 잘나갔지만 지금은 너무 몸을 사리느냐고 제대로 된 플레이도 못하면서 혼자서만 내가 최고라고 우기는 독불장군 풋볼선수가 남았고, 제리는 자신의 회사에 유일한 선수를 위해서 그와 마음을 맞추기 위해서 최선의 노력을 다하고, 이러한 여러 가지 경험과 상황에서 제리와 로드는 단순한 고객과 에이전트로서의 관계라기보다는 보다 더 깊은 감정을 가진 채 서로를 의지하는 '친구'가 되기 시작한다. 선수의 성공으로 돈을 벌려는 에이전트의 모습이던 제리가 점차 선수의 단순한 인기가 아니라 그를 인간적으로 채워주는 감정을 전해주려는 에이전트로 바뀐다.

이처럼 선수를 활용한 마케팅이란 말 그대로 스포츠 프로퍼티에 선수 또는 팀을 활용하여 프로모션, PR, 광고, 홍보 활동을 하는 일련의 스포츠 프로모션 행위를 말한다. 선수를 활용한 마케팅은 일반적으로 스포츠를 활용한 마케팅에 포함되어 있지만, 본편에서는 선수를 활용한 마케팅의 규모가 빠르게 성장하고 시장에서 차지하는 비중과 가치가 높아짐에 따라서 별도로 다루었다.

선수나 팀을 활용한 마케팅은 일반적으로 선수와 에이전트, 그리고 스포츠 선수를 활용하여 프로모션하려고 하는 프로퍼티나 기업으로 구성되어진다.

본장에서는 선수를 활용한 마케팅에 참여하는 에이전트의 역사와 역할 그리고 에이전시의 발전 방향 등 선수를 활용한 마케팅의 유형과 범위를 이해할 수 있도록 내용을 구성하였다.

제 1 장 스포츠 마케팅에서의 선수

제 1 장

스포츠 마케팅에서의 선수

에서 매스미디어의 주목을 받는 선수는 엔터테인먼트에서까지도 존재가치를 인정받는 하나의 차별화된 상품으로 인정을 받는다.

소비자인 고객과 팬들은 상품 하나하나에 집중하고 관심을 갖고 지켜보고 있으며, 선수나 팀의 경기를 보고 즐기기 위해서 경기장을 찾아가며, 아낌없이 입장권을 구매하고, 경기장 내에 있는 시설을 즐기며 선수나 팀에게 수익을 발생할 수 있는 행동을 하게 된다.

이러한 소비자와 고객들의 행동 밑바탕에는 다양한 브랜드 이미지가 심어져 있기 때문이지만, 이미지의 시작은 선수나 팀이 고객의 마음에 함께 했기 때문이다. 스포츠 매니지먼트가 수행되기 위해서는 팀은 인기가 있어야 하며, 선수는 스타성을 갖추고 있어야 한다. 스타선수의 가치는 팀 이상의 가치를 갖고 있으며, 실제로 스타선수가 창출하는 경제적 파급 효과가 선수를 스폰서 한 기업과 조직 내에만 머무르는 것이 아니라, 국가 경

1. 선수의 가치

어떤 스포츠 팀을 머릿속에 떠올렸을 때 그 팀의 무엇이 연상되는가? 는 그 팀의 스타선수와 연결할 수 있는 것이다. 선수를 활용한 마케팅에서는 말 그대로 선수 자체가 마케팅의 수단이 되기 때문에 핵심적인 요소라 할 수 있다. 프로스포츠

| 그림 1-1 | 스포츠 스타의 가치 확장

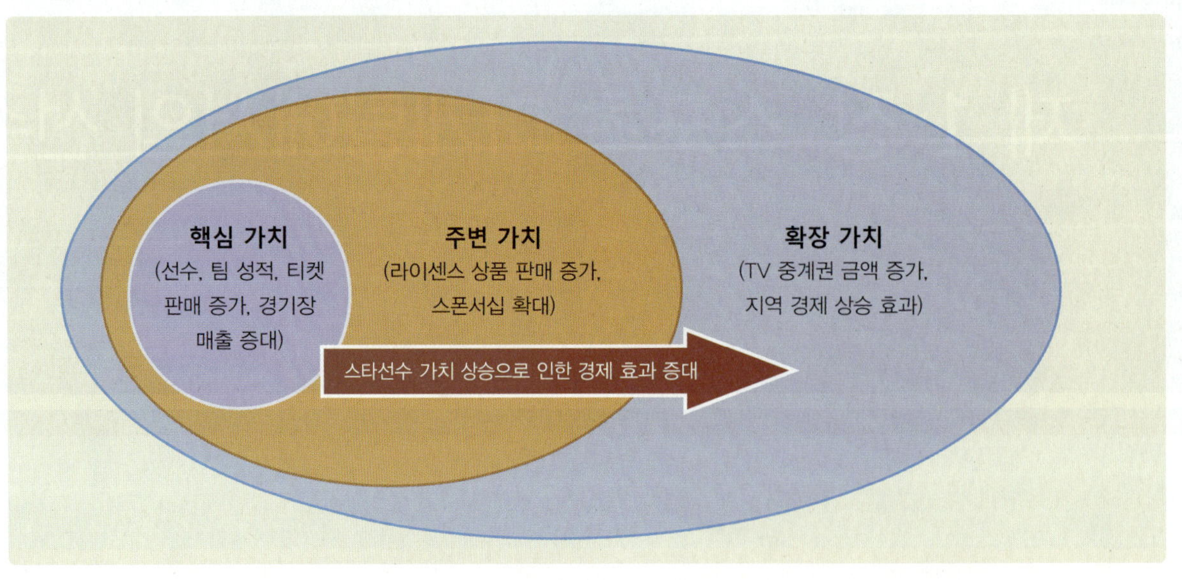

제에도 영향을 미칠 만큼 크다 할 수 있다.

예를 들면 화려한 스타플레이어들이 즐비한 스페인의 레알 마드리드를 생각하면 일반적으로 호나우도, 카카의 스타플레이어와 호세 뮤리뉴와 같이 스타감독을 떠올리게 되는 것이다. 이러한 선수들을 떠올리게 된다면, 그 팀은 화려하고, 멋진 경기를 펼칠 것이라는 기대를 갖는 팀이 되며, 감독의 이미지와 함께 강팀의 이미지, 세계 최고 팀 중에 하나라는 이미지를 얻게 되는 것이다. 그만큼 스타플레이어가 갖고 있는 이미지가 팀에 연결되는 역할은 중요하다.

유니폼 판매율을 높이기 위해서 호나우도에게 팀의 전통적인 스타선수에게만 부여하는 등번호를 부여했다는 점으로도 스타선수의 가치를 상품화하는 것으로 볼 수 있다.

스타선수의 가치는 여타 다른 마케팅 활동에도 영향을 미친다고 할 수 있는데, 예를 들면 미국의 프로스포츠에서 카드 트레이딩(Card Trading)은 스타선수를 발굴·육성하면서, 팀의 프로모션 활동에도 큰 역할을 하고 있다고 할 수 있다.

또한 스타플레이어를 이용한 버블헤드 인형(머리를 크게 하여 흔들리게 만든 인형)을 경기당 관람객에게 선착순 배포하는 등의 프로모션을 미국 프로스포츠 어디에서도 볼 수 있으며, 그 외의 스포츠 교실, 사인회, 공개 연습, 지역 사회 공헌 활동 등 장기적이면서도 지속적인 스타선수를 활용한 프로모션 활동이 펼쳐지고 있다. 이러한 프로모션 활동은 선수의 가치를 활용하여 팀의 가치를 상승시킬 수 있을 뿐 아니라, 팀이 속해 있는 리그, 더 나아가서는 리그를 관리하는 종목과 협회의 저변 확대에도 큰 도움을 준다.

| 그림 1-2 | 스포츠 팀의 브랜드 연상 가치

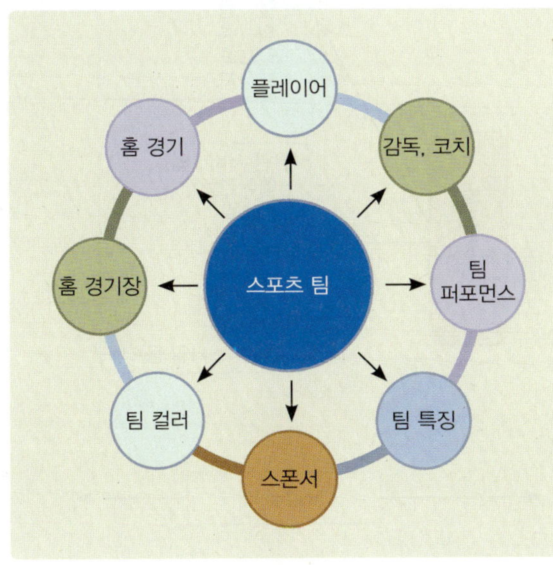

| LA 스테이플 센터 앞에 코비 브라이언트의 전문 매장에 비치된 코비의 사진을 모아 만든 코비의 모습

스타선수의 가치는 인기 연예인의 인기와 마찬가지로 지속적일 수도 있지만 일순간에 무너질 수도 있는 것이다. 예를 들면 인기 가수가 노래와 이미지로 인기를 지속하는 것과 마찬가지로 스타선수 또한 운동 경기력 또는 성적과 함께 선수가 구축한 이미지로써 그 가치를 인정받기 때문이다. 그렇기 때문에 스타선수의 가치를 지속적으로 유

지하느냐 못하냐의 문제는 선수 개인의 문제가 아니라 선수를 관리하는 매니지먼트 회사(에이전시)나 에이전트의 역할이 중요하다고 할 수 있다.

2. 스타선수 한 명의 영향력

방송과 인터넷 등 각종 매체의 발달로 인하여 지구상에서 벌어지고 있는 모든 일들은 이제 실시간으로 사람들에게 전달된다. 수많은 일들이 시시각각 벌어지고 있지만 스포츠는 전 세계의 이목을 집중시키는 최고의 글로벌 이벤트라고 할 수 있다. 미국 프로야구팀 뉴욕 양키즈, 유럽의 축구 강팀 레알 마드리드, 맨체스터 유나이티드, 그리고 미국 프로농구팀 LA 레이커스 등은 자국 리그에 속해 있는 프로 팀이지만 그 인기와 지명도는 전 세계적이라고 해도 과언은 아니다.

이러한 팀들의 공통점이라면 전 세계적으로 인기를 끌고 있는 슈퍼스타들이 포진하고 있다는 점이다. 이들은 각 분야에서 뛰어난 실력과 카리스마를 보여주고 있으며 많은 사람들의 동경의 대상이 된다. 이러한 스타선수들의 효과와 영향력을 기업의 광고주들이 놓칠리 없으며 실제로 그러한 영향력을 활용하여 다양하고 많은 광고에 출연한다.

이렇게 스포츠 스타선수들의 영향력을 좁은 의미와 넓은 의미로 살펴보면 좁은 의미에서의 선수의 영향력은 스타선수의 팬들의 동원, 스타선수가 뛰고 있는 종목의 홍보, 그리고 팀의 홍보로 볼 수 있다. 넓은 의미에서의 선수의 영향력은 다음과 같다.

1. 선수 층 확대 및 대회의 확대
2. 국가 및 회사 홍보
3. 국가 및 지역 주민들의 자긍심 고취
4. 연맹이나 대회의 방송 중계권 인상 유발
5. 입장 수입

| 그림 1-3 | 골프 스타 1인의 파급 효과 분석도

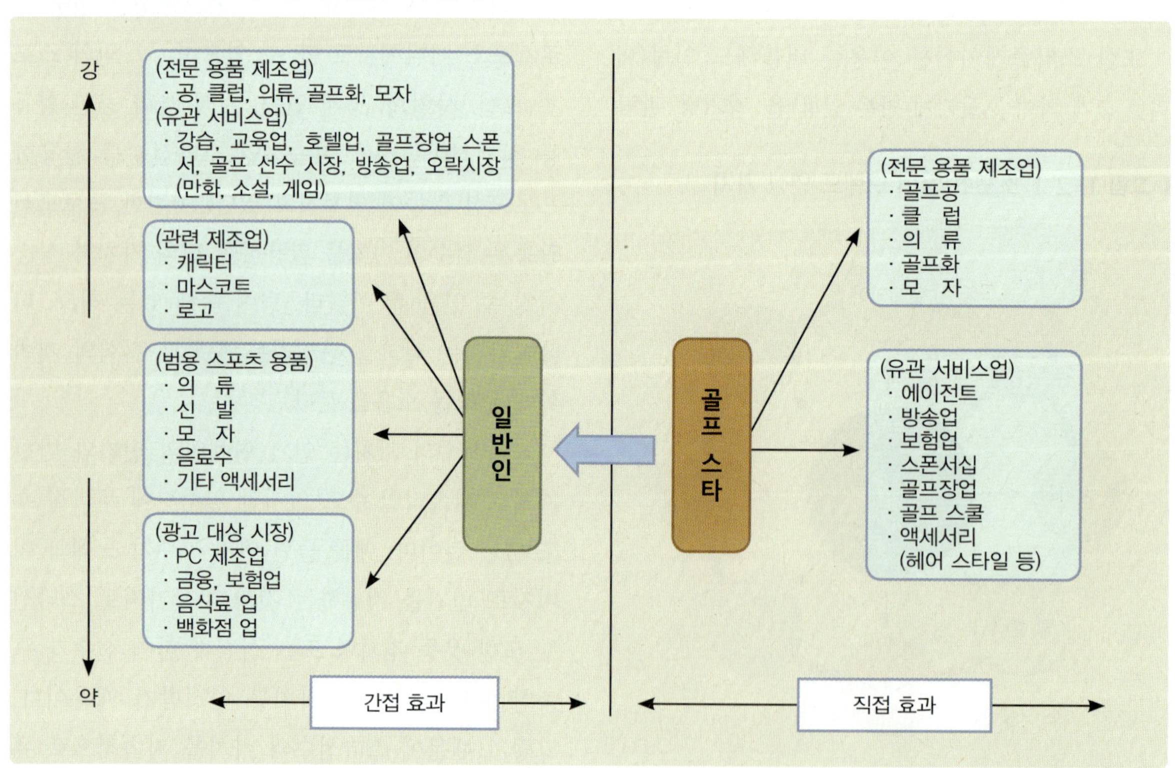

마케팅 休知通

147, 805 법칙(147, 805 Rule)

에디슨은 전구를 발명하기 까지 147번의 실패를, 그리고 라이트 형제는 비행에 성공하기 까지 무려 805번의 실패를 했다는 데서 비롯된 법칙에서 유래한 것으로, 성공의 비결은 포기하지 않고 끝까지 도전하는데 있다는 점을 강조하고 있다.

실패한 사람들의 95%는 실패한 게 아니라 중도에 포기한 사람들이라고 한다. 그렇게 볼 때 결국 성공이란 어떤 어려운 상황에 처하더라도 포기하지 않고 끝까지 물고 늘어지는 자의 몫인 것이다.

선수나 팀이 성공하는 방법도 이와 마찬가지로 끝까지 포기하지 않고 하는 것이었다.

6 주차 수입
7 용품 산업의 발달
8 기념품 및 라이센싱 제품의 발전
9 부가적인 수입

이러한 스타의 가치는 소위 유명인을 활용하는 방법이라고 할 수 있는데, 독일의 스포츠 용품인 퓨마는 별 특색이 없어 사람들의 기억 속에서 사리지면서, 1993년에는 파산 직전에 이르게 되지만, 새로 영입된 자이츠 사장은 유명 디자이너들의 도움을 받아 승부를 걸려고 했지만 뜻대로 되지 않고 있었다. 이때 인기가수 마돈나가 2002년 공연 투어 중에 산타모니카의 한 매장에 들러 16켤레의 퓨마 신발을 산 것이 계기가 되어 그 소문은 사람들이 퓨마에 관심을 기울이는 사건이 되었고, 자이츠 사장은 "이 일로 제품의 정통성을 인정받게 되었다"라고 회고하였다. 그 후 퓨마는 2년도 안돼서 시장 점유율이 거의 세 배가 되었다.

은퇴한 농구 황제 마이클 조단. 그는 미국 프로농구 NBA에서 기량이나 광고효과 측면에서 보증수표나 다름없었다. 나이키하면 에어 조단이 떠오를 만큼 그의 모델로서의 역할은 기업 자체를 대표한다고 해도 과언은 아니었다.

골프 황제 Tiger Woods 역시 Nike, American Express, GM 등의 모델로 활동하고 있었으나, 스캔들에 휘말리면서 많은 후원사를 잃었다. 이러한 문제로 인해서 타이거 우즈의 마케팅 영향력을 줄어들게 되었고 이러한 이유 때문에 후원사들이 줄어들었다고 할 수 있다. 하지만 나이키는 끝까지 타이거 우즈의 후원을 놓지 않았고, 그 긍정적인 영향과 부정적인 영향을 동시에 가지고 가면서 타이거 우즈는 곧 나이키라는 이미지 등식을 성립하

중국 상하이 로렉스 마스터스 경기장에 설치된 로저 패더러 동상 앞에선 저자

마리아 샤라포바 나이키 광고 사진 모습

고 있다.

데이비드 베컴을 통해서 스포츠 스타의 영향력을 한번 확인 해보면, 2003년 영국의 일간지 더선의 기사를 살펴보면, 영국인들의 소비심리에 지대한 영향을 끼치는 것으로 밝혀졌는데, 기사에 따르면 "베컴과 같은 스타 따라하기에 연간 230억 파운드(약 45조원)의 상품 소비효과를 가져 온다" 고 보도했다. 연구에 따르면 영국인 3명 가운데 1명은 대중 스타가 사용하는 상품을 구입했다. 영국인 1인당 매년 평균 1,500파운드(약 295만원)를 '스타 따라잡기'에 쓰고 있는 것이다.

영국의 다이아몬드정보센터에 따르면 90년대 후반에는 영국 남성의 2%만이 다이아몬드 제품을 착용하고 다녔으나, 2000년대 초반 베컴이 대중 스타로 급부상하면서 다이아몬드 장식을 즐겨 착용하자 2003년 다이아몬드를 갖고 있는 남성이 20%로 늘어난 것으로 밝혀졌다.

또한 대형 영국의 슈퍼마켓 체인점인 '울 워스'는 판매 중이던 샹들리에의 공급을 5배 늘려야 했는데, 이는 베컴의 집안에 걸려 있는 샹들리에와 비슷한 디자인이라는 사실이 언론을 통해 밝혀진 뒤의 일이었다. 이러한 사례를 통해서 알 수 있듯이 스포츠 스타의 영향력이 크다 할 수 있다.

3. 스타선수의 특징

스타선수들에겐 정말 특별한 것이 있다. 팬들을 끌어들이는 흡인력, 개인적인 매력과 다양한 특징들이 존재하는데, 스타선수들에게만 찾아볼 수 있는 특징을 보면 다음과 같다.

마케팅 休知通

그랜드 슬램(grand slam)

그랜드 슬램은 원래 카드놀이인 브리지게임에서 패13장 전부를 따는 '압승'을 뜻하는 용어에서 나왔다. 골프와 테니스의 경우 한 해에 4대 메이저 대회를 모두 석권하는 것을 말하며 야구에서는 만루 홈런을 가리킨다.

테니스 대회의 그랜드 슬램은 4개의 메이저 대회들을 가리키는 말로, 랭킹 포인트, 전통, 상금, 인기도 등 모든 면에서 최고를 자랑하는 가장 권위 있는 대회들을 가르키며, 호주 오픈, 프랑스 오픈, 윔블던, US 오픈을 일컫는다.

이 4개 대회의 단식 또는 복식 경기에서 모두 우승한 선수나 팀을 일컬어 '그랜드 슬램을 달성했다'라고 말한다. 특히 한 해에 4개 대회를 모두 우승하는 경우 역년 그랜드 슬램(Calendar Year Grand Slam)이라고 하며, 두 해에 걸쳐 4개 대회에서 차례로 우승하는 경우는 비역년 그랜드 슬램(Non-calendar Year Grand Slam)이라고 한다.

연속은 아니지만 2년 이상의 기간에 걸쳐 4개 대회에서 모두 우승하는 경우는 커리어 그랜드 슬램(Career Grand Slam)이라고 하며, 4개 중 3개 대회에서 우승하는 경우는 스몰 슬램(Small Slam)이라 부른다.

한 해에 이 4개 대회 우승에 더하여 하계올림픽 테니스 종목 금메달까지 획득하는 경우는 골든 슬램(Golden Slam)이라 칭한다.

독특한 외모와 특징

우선 슈퍼스타들의 화려한 외모를 들 수 있다. 스타선수들에게 화려한 실력과 경기력, 좋은 성적을 통해서 스타가 된 선수도 있지만 기본적으로 선수들의 외모가 독특하다고 할 수 있다.

축구 스타 데이비드 베컴은 가장 뛰어난 프로 선수 중에 하나이지만 처음에 보는 팬들은 그의 외모에 호감을 갖고 보게 되는 것이다.

탁월한 성적

마리아 샤라포바가 아무리 예쁜 외모를 가졌다고 한들, 좋은 성적을 내지 못했다면 그녀에게 슈퍼스타의 이미지는 성립되지 않고 단지 외모만 예쁜 선수정도로 인식되었을 것이다. 데이비드 베컴이 그저 잘생긴 축구 선수이고 세계 팬들이 보고 싶어 하고 감탄하는 프리킥 실력을 갖고 있지 않았다면 그 역시 보통 평범한 미남 축구 선수로 인식되었을 것이다. 하지만 그들은 멋진 외모뿐 아니라 최고의 실력과 성적으로 전 스포츠 팬들에게 최고의 슈퍼스타로 인식되고 있다.

인도스먼트

전 세계적으로 인기를 끌고 있는 슈퍼스타들은 인도스먼트를 통해서 부대 수입을 갖고 있으며, 스포츠 광고를 통해서 전 세계 팬들을 상대로 선수들의 이미지를 구축하고 있다. 선수 개인으로서 구단에서 받는 수입보다 인도스먼트를 통하여 받는 수입이 훨씬 더 많고 스타의 가치는 얼마나 많은 기업연봉보다 인도스먼트를 받느냐가 선수의 가치이다.

개인 에이전트

슈퍼스타 일수록 개인의 에이전트를 보유하고 있으며, 그들을 통해서 각종 연봉 협상, 개인의 경기력 관리, 재정적, 법률적 관리를 통해서 더 좋은 이미지와 경기력을 보이기 위해서 노력하고 있다.

Staple Center 앞의 매직 존슨 동상

버릇 및 화술

스타선수들에게는 저마다 특성이 있는 버릇과 화술이 있다. 그러한 특징과 화술을 통해서 팬들은 스타선수들의 이미지를 인식한다. 예를 들어 모 예능 프로그램에서 박지성의 행동과 목소리를 성대묘사하는 것을 보면서 관람객들이 한순간에 인지하는 모습을 보면 팬들이 박지성 선수의 버릇과 화술까지도 관심을 갖고 있다는 것을 알 수 있다.

패션 스타일

슈퍼스타들의 패션과 스타일은 늘 팬들과 미디어의 관심의 대상이다. 그들의 패션 스타일과 평소의 행동은 팬들의 관심이 되고 그들이 착용하는 옷과 액세서리는 미디어에 노출되는 순간 그 다음날 액세서리 판매대에 판매되는 모습을 볼 수 있다. 김연아 선수가 착용하는 귀걸이나 목걸이가 그 다음날 액세서리 시장에서 높은 판매고를 올린다. 이러한 효과 역시 스포츠 브랜드 기업이나 패션 업계에서 놓치지 않고 활용하는 모습은 슈퍼스타의 영향력이 얼마나 큰지를 알 수 있다.

가치관

팀의 팬들은 스타들의 가치관에도 많은 관심을 갖고 있다. 스타들의 말 한마디와 가치관에 따른 행동들은 스타선수의 이미지와 팀의 이미지까지도 영향을 미치기도 한다. 스타의 가치관을 통해서 팬들은 동질감과 이질감을 동시에 얻으면서 자신들의 생활과 동일시 경향도 갖고 있으며, 그에 따른 미디어의 비판에도 같은 행동을 보이기도 한다.

제 2 장 선수를 활용한 스포츠 마케팅

제 2 장

선수를 활용한 스포츠 마케팅

일반적으로 스타선수를 활용한 스포츠 마케팅활동이라 함은 선수보증광고를 의미한다고 할 수 있는데, 선수보증광고(Celebrity athlete endorsement)가 선수를 활용한 마케팅의 대표적인 예라고 할 수 있다. 이러한 마케팅 활동은 기업 혹은 제품의 판매나 이미지 제고를 위해 유명한 선수의 이미지나 특징을 활용하는 것이다(Mullin et al., 2000).

1. 선수를 활용한 스포츠 마케팅

선수를 활용하는 마케팅

기업들의 마케팅 활동에서나, 방송 프로그램의 미디어 상품에서 왜 스포츠 스타를 필요로 하는 것일까? 스타나 혹은 그에 따른 메시지가 같더라도 가능한 한 많은 수용자를 확보할 수 있는 채널에 노출되면 미디어 상품은 성공할 가능성이 높다. 이처럼 광고를 포함한 미디어 상품의 성패는 기본 구성 요소인 메시지의 호소력, 스타 인기도, 채널의 크기 등에 좌우된다고 할 수 있으며, 이것은 비용의 문제와 함께 수반될 수 있다.

기업과 소비자 간의 커뮤니케이션 통로라고 할 수 있는 채널은 기본적으로 메시지를 수용할 수 있는 주요 변수 요인이라고 할 수 있다. 채널의 크기를 나타내 주는 좋은 지표는 가시청자 수, 구독자 수 등이 있다. 스타와 메시지는 대중에 대한 호소력내지 인기도로 평가될 수 있다. 스포츠 스타와 메시지의 호소력은 이미지의 영역으로 시간에 따라 변화한다. 또 대부분의 스타나 영향력은 나이, 소득, 성에 따라 지지하는 팬 계층이 뚜렷이 구별되는데, 예를 들어 동일한 선수라도 차범근과 박지성의 팬은 소득, 나이, 성에 있어 상당한 차이를 보인다고 할 수 있다. 또한 시장에 있어서 시간이 경과함에 따라 채널의 크기, 메시지의 호소력, 스타의 인기도는 변화하며 이 같은 변화는 평균과 표준편차로 나타낼 수 있다.

스포츠 스타는 최고의 브랜드와 메시지로 최고의 채널을 통해서 메시지를 전달하려는 이른바 최고의 결합(Matching)을 이루려는 자연스러운 경향을 보여 주는데, 이러한 결합은 스타와 미디어의 관심이 함께 시너지 효과를 이끌어 낸다고 할 수 있다.

모든 스포츠 스타는 상업적인 잠재력(Commercial Potential: CP)을 갖는데, 스포츠 스타는 팬들의 주목을 받는 사람(Attention-getter)으로 팬(Attention-giver)에 대해 카리스마적인 파워가 상업적 잠재력으로 연결되느냐가 중요한 과제이다. 상업적 잠재력은 스타를 얼마나 많은 사람이 알고 있느냐는 정도(Reach), 이 중 얼마나 많은 사람이 계속

마케팅 休知通

권위 효과

사람들의 행동은 실질적인 권위뿐만 아니라 권위의 상징물에 의해서도 큰 영향을 받는다.

미국에서 재밌는 실험을 했다. 한번은 정장 차림으로, 다른 한번은 허름한 작업복 차림으로 횡단보도를 무단으로 건너도록 했다. 그러자 놀라운 결과가 나타났다. 신사복 차림을 했을 때 작업복 차림보다 3.5배나 많은 사람들이 신사복 차림의 뒤를 따라 무단횡단을 했던 것이다.

회사를 멋지게 짓고, 좋은 차를 타고, 명품을 옷을 입는 이유가 다 있는 것이다.

스포츠 팀이 명문구단으로 발전하기 위해서 필요한 것은 전통, 우승경험, 재정상태, 스타선수라 할 수 있는데, 이러한 기초가 되는 것이 선수들이다. 스타선수들의 영입을 통해서 명문구단을 표방하는 행위, 레알 마드리드의 갈라티고 정책과 비슷한 효과라고 할 수 있는 것이다. 많은 스타선수들을 영입하면서 기존의 명문구단에서 더욱더 인기 있는 구단으로 세계에서 가장 가치 있는 축구 팀의 하나라고 할 수 있다.

해서 스타를 보려 하느냐(Addiction), 그리고 이들의 사회경제적 지위가 있느냐에 달려 있다. 스포츠 스타의 인기는 시간이 변함에 따라 일정한 평균과 편차를 보이는 형태로 나타난다. 가령 스타의 수용자 수(Reach), 계속해서 노출하는 정도(Addiction), 수용자의 사회경제적 지위는 시간에 따라 변한다.

스포츠 소비자를 좌우하는 전문성, 매력, 미디어 노출횟수, 시장규모 등은 스포츠 스타를 활용하는 기업(광고주)과 미디어의 역할과 직결돼 있다. 가령 광고주와 미디어의 지위부여 모델(Status-conferral Model)은 스포츠 스타의 매력을 조작할 수 있다.

미디어 노출횟수는 미디어의 고유 권한이며,

기아자동차는 광고 모델로 라파엘 나달을 활용하고 있다.

시장 규모도 미디어의 본질적인 속성 가운데 하나이다. 이 때문에 미디어가 어느 분야에 초점을 두느냐에 따라 스포츠 스타 또는 종목의 입지가 달라진다고 할 수 있다. 이러한 의미는 기본적으로 미디어가 가지고 있는 스타 시스템의 영향에도 스포츠 스타도 포함되어 있다는 의미를 내포하고 있다.

미국 프로농구(NBA)는 1980년대 초반까지만 해도 결승전을 녹화방송할 정도였지만, 슈퍼스타의 잇단 등장으로 방송국들은 농구경기의 중계방송 게임 수를 늘렸다. 중계방송의 대가로 엄청난 중계권료가 구단과 선수들에게 배분돼 농구선수들의 평균임금이 수배로 뛰어올랐다. 평균 연봉이 200만 달러를 넘어서자 다시 세계 각국의 수많은 스타 지망생들이 NBA 스타 시스템에 뛰어들어 프로농구 게임을 더욱 박진감 있게 하고 있다.

스포츠 스타의 전문성, 매력을 결정하는 또 다른 변수는 각 사회나 분야별 스타 시스템에 달려 있다. 분야별로 스타를 선정하는 기준이나 방법론은 다르지만 스포츠에 있어서 농구나 야구 등 스포츠 분야에서는 스타의 전문성은 쉽게 측정할 수 있다. 반면 영화, 텔레비전 출연자 등의 분야는 상대적으로 측정이 어려운 부분이 있긴 하지만, 사회적으로 야구 선수나 농구 선수가 더욱 많은 보상을 받을 때 그 분야로 재능 있는 사람들이 몰리는 경향이 있다.

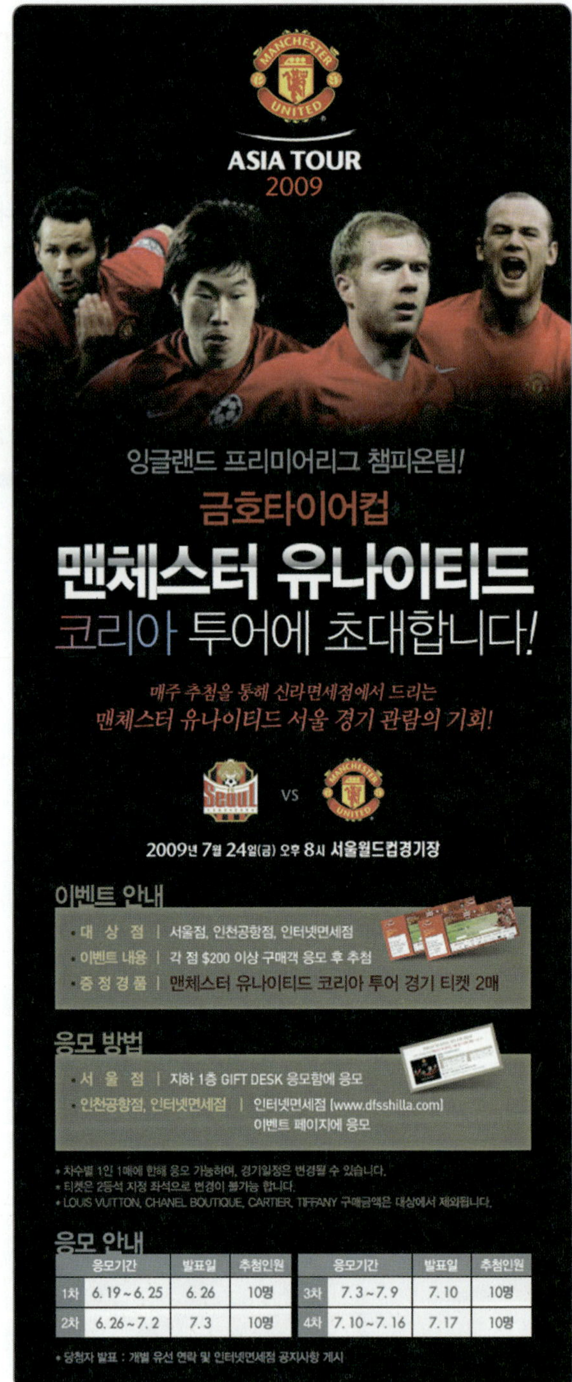

스포츠 스타를 활용한 이벤트는 다양하다고 할 수 있다. (맨유 2009 아시아 투어의 모델로 활용된 맨유의 스타선수들)

박세리의 붐을 타고 골프를 시작한 여자 프로골프 선수들이 이제는 박세리 키즈가 나타나서 새롭게 LPGA를 정복하면서 시장을 형성하기 시작하는 모습이나, 김연아 선수의 활약으로 피겨스케이팅의 관심이 높아져서 피겨 인구가 높아지는 것이 좋은 사례라고 할 수 있다.

선수를 활용한 마케팅의 가치

팬들은 통상 자신이 좋아하는 스타가 출연하는 영화, 드라마, 경기 등에 노출되려는 욕구가 강하지만 광고에 대해서는 그렇지 않다. 또 자신이 좋아하는 스타가 출연하는 광고를 보려고 하기에 광고는 시간적으로 너무 짧다. 일반적인 광고에 출연하는 스타는 자신의 전문분야가 아닌 다른 분야에 출연하는 경우가 대부분이다.

가령 마이클 조던이 농구화 광고에 출연하는 것은 농구라는 영역을 고수한 것이지만 박지성 선수가 맥주광고에 출연하는 것은 자신의 영역을 벗어난 것이라고 생각할 수 있다. 이러한 영역의 변화는 지지자들에 대한 카리스마적인 파워의 현격한 약화를 가져올 수도 있다. 또 드라마, 게임, 영화는 메시지나 스타에 대한 호감 때문에 적극적으로 노출되지만 광고에는 별수 없이 노출된다는 속성이 강하다.

이러한 본질적인 광고의 한계 때문에 광고주들은 광고의 영역을 벗어나 프로그램의 영역으로 적극 뛰어들고 있다. 즉 전통적인 의미의 광고보다도 방송이나 신문의 프로그램 내부에 광고 메시지를 혼합(Mixing)하는 전략을 선호한다.

스타의 상업적 잠재력을 실현하는 데 또 하나의 장애물은 광고가 스타와 상품 또는 상품 메시지와의 번들링(Bundling: 묶음)이라는 점 때문이다. 소비자들은 스타가 출연하는 광고(번들링)에 대해 새로운 의사결정을 내릴 수가 있다.

가령 스타와 상품을 동시에 좋아하는 소비자라면 별 문제가 없다. 또 스타와 광고상품을 동시에 싫어하는 소비자라면 광고상품을 좋아할리가 없다. 문제는 스타나 광고상품 가운데 하나만 좋아하고 다른 하나를 싫어하는 소비자의 경우이다. 일부 소비자는 상품을 싫어하지만 스타를 너무 좋아하기에 상품에 대해 긍정적인 이미지를 가질 수 있다. 반대로 스타를 싫어하지만 상품을 너무 좋아한다면 스타에 대한 반감을 완화하는 효과가 있을 것이다.

특정 스타가 광고에 출연한다는 번들링은 그 자체가 이벤트의 하나이다. 따라서 번들링은 새로운 상품과 광고출연 스타에 대한 평가를 새롭게 하는 계기가 된다. 가령 스타가 특정 상품의 광고에 출연한 뒤 스캔들에 빠지거나 광고를 방송한 뒤 광고주가 엄청난 스캔들에 빠질 때 이는 기존 스타에 대한 지지층이나 기존 소비자를 잠식하는 결과를 낳는다. 반면 광고방송 뒤 스타가 엄청난 주목을 받거나 또는 광고주의 제품이 미디어의 집중적인 주목을 받는다면 이는 스타의 비지지자층은 지지자층으로 그리고 상품의 비소비자층은 소비자층으로 편입하는 결과를 가져온다.

선수를 활용한 마케팅에서 선수와 상품은 어떠한 효과를 보게 될까. 우선 선수는 자신이 출연하는 프로그램 외에 새롭게 수많은 수용자에 노출될

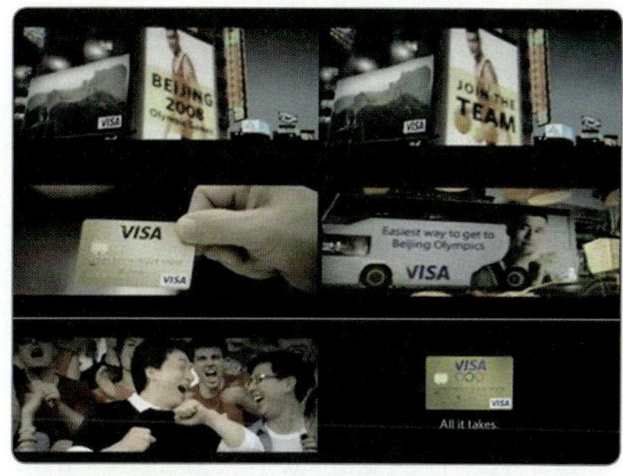

| 야오밍과 성룡을 활용한 올림픽 후원사 비자카드의 TV 광고

기회를 갖게 된다. 상품 메시지도 새롭게 노출될 기회를 갖게 된다. 광고주가 지불하는 광고요금은 곧바로 수용자 수를 좌우하게 되며 이 때문에 스타와 상품 메시지는 채널의 크기만큼 수용자를 확보할 수 있다. 다시 선수는 노출로 인한 혜택을 자신이 독점할 수 있는 반면 상품 메시지의 경우 브랜딩 효과나 상품판매 효과에 연결되어야 한다.

이처럼 스타선수를 활용한 마케팅은 선수를 마케팅 하는 측면과 선수를 활용한 상품의 마케팅이란 양면성을 갖고 있다. 선수 마케팅이란 스타를 활용해 상품을 마케팅하려는 전략이 본래 의도이지만 밖에도 선수를 마케팅하는 효과도 있다.

메시지와는 달리 스타는 이 광고 저 광고에 출

| 그림 2-1 | 스타 메시지에 대한 채널 효과

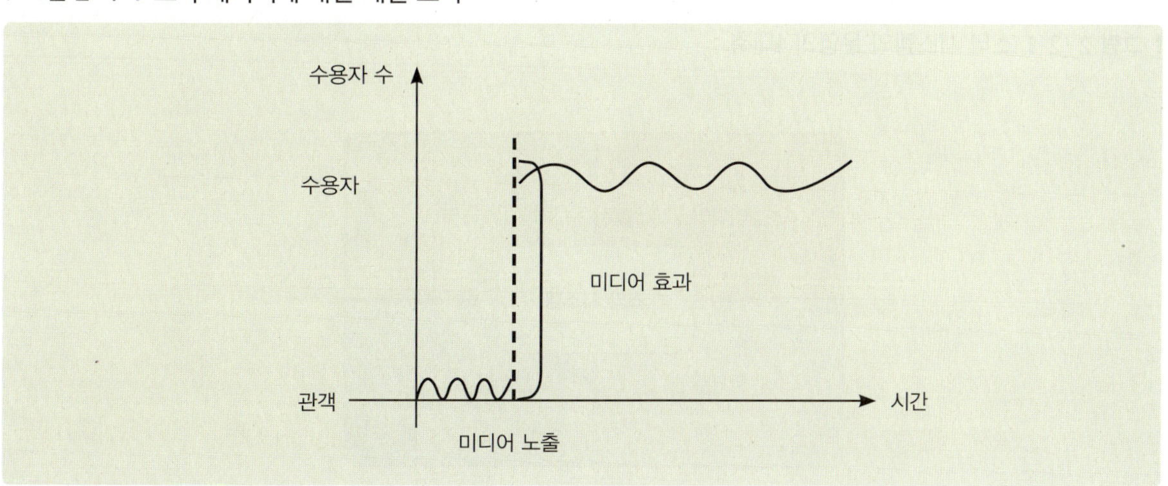

출처: 스포츠 스타의 효과 중에서

연해 그로 인한 미디어 노출 효과를 누적할 수 있는 특성을 갖고 있다. 좋은 스타는 좋은 상품의 이미지를 제고하는, 움직이는 광고판이다. 이 때문에 좋은 스타를 육성하고 발굴하기 위한 효율적인 스타 시스템을 구축하는 것이 무엇보다도 중요하다.

스타 시스템을 구성하는 4대 축인 미디어, 스타, 광고주, 수용자가 효율적으로 움직일 때 미디어 상품의 또 하나의 축이라 할 수 있는 스타의 상업적 잠재력은 극대화될 수 있다. 스타는 광고 등 미디어 상품의 경쟁력을 좌우하는 중요한 요인이자 산업으로서의 측면을 갖고 있다.

선수를 활용한 마케팅의 고려 사항

기업이나 에이전트는 선수를 활용한 마케팅 즉 인도스먼트를 위해서 선수와 계약을 하거나 기업 스폰서를 유치할 때 마케팅 활동의 주체로서 고려해야 할 점은 1차적인 특성과 2차적인 특성으로 나누어진다.

(1) 1차적인 특성

첫 번째는 선수가 가진 종목에 대한 기능적인 측면의 경기 스타일이나 선수와 관련된 플레이 특성이다. 이 부분은 기업 광고나 선수에 대한 이미지를 만들 때 중요한 부분을 차지하며 다음과 같은 면을 검토해 볼 필요가 있다.

❶ 선수로서의 장래성: 현재 보다 미래 가치가 있는가에 대하여 측정해 볼 필요가 있다.

❷ 특별한 성적을 보유하고 있는가?: 즉 선수가 가진 플레이 내용 가운데 기록적인 가치가 있는 것이 있는가?

❸ 어느 포지션의 선수인가?(축구에서 수비수보다는 공격수, 야구에서는 타자보다는 투수, 풋볼에서는 수비수 보다는 쿼터백)

❹ 플레이에 특징이 있는가? 선수의 플레이 스타일은 어떠한가? (NBA 데니스 로드맨 선수는 리바운드만 잡아내는 특징으로 인기/ 보 잭슨-풋볼과 야구를 동시에 한 선수)

❺ 종목: 인기 종목인가? 비인기 종목인가? 어느 연령대가 좋아하는 종목인가? 어느 계절의 종목인가?

두 번째는 시장에서의 선수 자체의 상품성이다. 늘 밝게 웃는 선수가 이미지가 좋고, 언론과 소비자가 호응적이며, 외모가 잘 생긴 선수가 대체적으로 상품성이 높다.

❶ 선수가 지닌 카리스마: 경기 중에 어떤 카리

| 그림 2-2 | 스타 시스템의 운영의 4대축

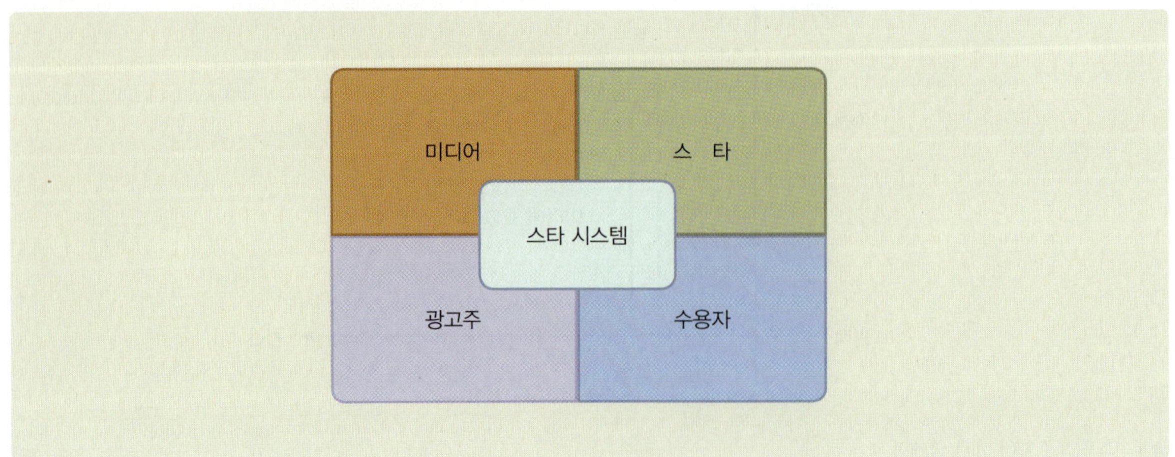

스마가 있는가?(샤라포바의 경우는 경기 중에 괴성을 내면서 경기를 하며, 마이클 조던의 팀의 리딩 능력이 훌륭했다)

❷ 외모/귀염성/여성의 경우는 미모: 외모에 따라서 인도스먼트 규모 및 숫자가 틀려진다.

❸ 자기 관리가 되고 있는 선수인가? 자기 관리가 되지 못하는 선수는 결국 문제발생시 후원한 회사에 대하여 이미지를 격하 시킨다(NFL-오제이 심슨과 같은 경우이다)

세 번째는 미디어적인 측면의 활용도이다. 이를 위해서는 선수의 과거/현재/미래를 잘 분석하고 인도스먼트 하는 것이 중요하다.

❶ 고객에게 어필할 수 있는 스토리를 갖고 있는가? 선수의 경기 경험, 신인 시절부터 지금까지 만들어 놓은 경력이나 부상에서 복귀한 스토리 등)

❷ 사생활은 모범적인가? 아닌가? 미디어는 선수를 제품과 동일시하여 보기 때문에 선수의 사생활은 기업에게는 중요하다(타이거 우즈는 가장 확실한 상품성을 갖고 있는 선수였지만, 한순간의 스캔들로 인해서 이미지가 많이 내려갔다).

❸ 과거 자신에게 연관된 모든 관계들이 모범적인가?

이러한 고려 사항을 놓고 봤을 때 몇 가지 사례를 살펴보면, 삼성화재 신치용 감독의 딸이자 여자 농구선수인 신혜인이라는 선수는 뛰어난 외모로 많은 관심을 받았다. 당시 소속팀과 모기업은 얼짱이라는 이미지를 앞세워 프랜차이즈 스타로 키우려 했다. 뛰어난 외모와 스타감독의 딸로서 많은 관심을 받았지만 결국 최고의 실력을 보여주지 못하여 스포츠 스타가 될 수 없었다.

박지성의 경우 대한민국의 평균에 가까운 외모를 가지고 있다. 하지만 지금은 최고의 훈남이자 1

선수들이 경기에 사용한 야구 배트를 판매 하는 SF Giants 구단

등 신랑감이다. 맥주, TV 등 수많은 광고에도 출연하고 있다.

스포츠 스타에게는 외모보다는 실력이 더 중요한 것임을 알 수 있다. 바로 스포츠 스타가 되기 위해서는 스포츠 마케팅과 뛰어난 실력이 겸비되어야 한다. 최고의 실력을 가지고 있다면 그 외의 것은 스포츠 마케팅이 만들어 줄 수 있다. 앞으로 제2, 제3의 박태환과 김연아, 박지성이 나타나기 위해서는 뛰어난 외모보다는 출중한 실력을, 그리고 그 실력을 유지하면서 다양한 활동을 할 수 있는 스포츠 마케팅이 접목되어야 할 것이다.

(2) 2차적인 특성

기업의 입장에서는 기업의 제품 마케팅을 위해 활용도적인 측면에서의 가치를 말한다. 즉 자사의 브랜드와 선수가 얼마나 일치하고 매치시키고자 하는 제품과 어떻게 연관시켜 시너지 효과를 낼 수 있는지 측정하는 것이 중요하다.

마케팅 休知通

나는 누구인가?

선수시절 전문가들이 슛이 약한 선수라고 지적하자,
그해 여름 매일 몇 백 개의 점프 슛 연습을 통해 미들 슛의 황제가 되어 돌아왔다.
수비가 약하다고 지적하자, 다음 시즌에 스틸 왕, 올해의 수비선수에 선정되었다.
슛을 지나치게 많이 던진다고 지적했으나, 선수시절 내내 50%의 높은 성공률을 기록했다.
대학시절 자유투가 약하다고 지적하자, 프로 대뷔 후 85%대의 성공률을 기록하였다.
득점 밖에 못하는 반쪽 선수라고 지적하자,
그 다음 시즌 내내 평균 8개의 어시스트를 기록하였다.
3점 슛에 약하다고 지적하자,
그 다음 시즌 포틀랜드와의 결승전에서 전반에만 6개를 성공시켰다.
한 시즌에 40%의 성공률을 보이기도 하였다.
리더십에 의문을 표했지만, 사고뭉치 로드맨을 얌전하게 만들었다.
더 이상 전문가들이 트집을 잡지 못하자, 더 이상 이룰게 없다며 93년 은퇴를 하였다.
무톰보의 루키 시절 반칙을 얻어낸 조던이 무톰보를 부르더니
눈을 감고 자유투를 던졌다.
깨끗이 성공시킨 후 윙크를 하며 이렇게 말했다.
“welcome to the nba”

첫째는 회사 브랜드와의 일치성으로 인도스먼트 기업의 이미지와 브랜드 이미지와 얼마나 잘 매치가 되어 시너지 효과를 낼 수 있느냐 이다.

1. 선수를 활용하여 기획할 수 있는 브랜드의 프로모션 수: 상품의 도입기, 성장기, 성숙기, 쇠퇴기에 활용 할 있는 선수
2. 스폰서 브랜드와 선수 이미지와의 부합성: 기업의 이미지와 맞는가?

선수와 기업의 이미지는 잘 맞아 떨어져야 한다.

3. 단기적인 활용의 선수와 장기적인 활용의 선수

둘째는 선수를 활용하여 제품을 개발하였을 시제품화하기 위하여 연결 가능한지를 알아보는 것이다.

1. 특출한 분야의 탁월성과 제품과의 연결성: 자사 제품의 탁월성과 선수의 탁월성을 연결하여 제품을 만들고 개발할 수 있느냐를 고려해 보아야 한다.
2. 타깃 마케팅을 위한 타깃 층과의 일치성
3. 판매 목표 지역과의 현장성
4. 같이 진행하려고 하는 상품의 주기와 맞아떨어지는가?

선수를 활용한 광고의 부정적인 효과

선수를 활용한 인도스먼트의 부정적인 효과는 선수들의 몸값이 지나치게 높아지면서 선수들과 협회 및 팀과의 신경전과 같은 일들이라고 할 수

있다. 지나치게 상업화되어 있는 모습을 통해서 부정적인 효과를 보이게 할 수도 있다.

예를 들어 지나치게 많은 광고 활용은 브랜드의 지나친 노출을 통해서 고객들에게 반감을 살 수 있으며, 기업과의 광고 계약금 등과 같은 내용이 미디어에 노출되면서 '자존심 세우기' 형태의 모습은 일반 소비자들과의 괴리감을 줄 수도 있다.

선수들의 무조건적인 몸값 높이기를 통해서 계약이 성사되지 않는 등의 부작용을 초래할 수 있다.

또한 자기와 컨셉이 맞지 않는 기업 간의 허위 보도나, 스폰서들의 지나친 요구를 통해서 기존 후원사들과의 과열 경쟁을 양상을 보이게 할 수도 있다. 이러한 현상을 통해서 일반 동료 선수들의 반감이나, 일반 고객들에게 스포츠 마케팅 자체에 대한 부정적인 인식뿐 아니라 마케팅 활동을 하고 있는 기업의 이미지에게도 손상을 줄 수 있다.

2. 스포츠 선수를 활용한 광고

선수를 통한 광고의 시작

선수보증광고는 선수의 명성으로 기업이나 제품을 대변하게 하고 선수가 연출하는 멋진 장면과 성적에 제품이나 상표를 자연스럽게 겹치게 하여 대중들에게 전달하는 기업의 유명 스포츠 스타를 활용한 커뮤니케이션 전략의 한 방법이다.

선수보증광고에 활용할 선수는 매체 노출이 뛰어나고, 기업 이미지나 제품 이미지를 제고시켜 줄 수 있고, 단체 종목인 경우 대중들로부터 집중적 관심을 받을 수 있는 포지션이어야 하며, 그리고 얼굴이 명확하게 노출되는 스포츠 종목이어야 효과가 있다. 그리고 선수개인은 수려한 용모, 훌륭한 매너, 특징적인 몸짓에 상황에 맞는 분위기를 연출할 줄 알고, 사회봉사나 박애주의를 실천하는 선수인 경우 효과가 크다고 할 수 있다.

선수를 이용한 마케팅 결과는 기업의 매출과 직접적으로 직결되기 때문이다. 제품을 착용한 선수가 우승한 이후, 선수가 신었던 제품의 판매율이 올라가는 것은 선수의 힘이라고 할 수 있다. 선수에게 제품을 착용케 한 것은 오래 전부터 있어온 기업 후원 방법 가운데 하나였지만 지금처럼 마케팅적인 전략적 접근이 이루어진 것은 20년 전 부터이다.

Stotlar와 Viswanathan(1998)은 선수보증광고의 효과를 높이기 위해서 마케터들은 다음과 같은 점들을 고려해야 한다고 지적하였다.

첫째, 스포츠 관련 제품이 선수보증광고를 할 때 일반 제품보다 쉽게 인지될 수 있다.

둘째, 대중들에게 얼굴이 완전히 노출되는 종목의 선수가 헬멧 등에 의해 얼굴이 불명확하게 나타나는 종목의 선수보다 높은 인지율을 보일 수 있다.

셋째, 선수의 TV 노출 정도와 소비자들의 인지율에는 상관 관계가 있기 때문에 보증광고 선수의 매체 노출 정도를 분석해야만 한다.

넷째, 선수보증광고에 참여하려는 기업은 젊은 소비자, 선수의 명성, 그리고 인지도의 급속한 변화 등 스포츠 세계에 존재하는 유동성(Fluidity)과 급속한 변화에 민감하게 해야 한다.

박지성 선수의 TV 광고 촬영 장면

마케팅 休知通

하인리히 법칙(1:29:300)

대형사고 1건이 발생하기 전에, 이와 관련된 소형사고가 29건 발생하고, 이 소형사고 이전엔 같은 원인의 사소한 징후들이 300회 나타난다.

1920년대 미국의 여행보험회사 직원 "허버트 하인리히"가 약 5,000개의 노동재해를 분석해 발견해낸 법칙이다.

2004년 3월 일본의 모리 빌딩에서는 6살 아이가 빌딩 회전문에 머리가 끼어 사망하는 사고가 발생했다. 사고를 분석하자마 이미 같은 회전문에서 32건의 경미한 사고가 있었음이 발견되었다. 하지만 거의 발이 끼는 정도의 경미한 사고였기 때문에 모리 빌딩은 크게 신경 쓰지 않았고, 안일한 마음은 결국 큰 사고를 빚어냈다.

스포츠 선수들의 음주, 섹스와 같은 스캔들은 이전에도 공공연하게 이루어지고 있었지만 이러한 사건 사고들이 작은 경기에서는 보이지 않다가, 큰 스포츠 이벤트가 있을 경우 발견되어서 스포츠 선수들의 이미지에 큰 타격을 받는 경우가 있다. 이러한 사례들을 통해서 스포츠 매니지먼트 담당자는 선수들과 팀을 관리할 필요가 있을 것이다.

선수보증광고의 시작은 나이키라고 할 수가 있는데 나이키의 첫 번째 계약 선수는 존 메켄로 였다. 그는 코트의 악동이라 불릴 정도로 코트에서 승부에 대한 열정으로 관중과 심판 그리고 상대 선수에 대하여 자신의 감정을 쉽게 들어내면서 플레이를 하는 모습이 사람들에게 늘 화제 거리가 되곤 하였다.

윔블던에서 우승하여 스포츠 잡지의 표지 모델로 나온 존 메켄로

나이키는 1978년 존 메켄로 선수와 제품을 경기에 나갈 때 착용하기로 계약을 맺었고 존 메켄로 선수를 위한 제품을 개발하였다. 그 당시 선수를 이용하여 제품을 개발하는 것은 크게 세 가지 종류로 나누어서 개발이 되는데 가장 최상위 등급의 가격대, 중간 등급의 가격대, 저 가격대 제품의 세 가지로 개발을 하는데 모든 광고나 홍보의 대상은 최상위 등급의 제품이었다.

윌블던 테니스 대회를 앞두고 나이키는 새로운 테니스화 제품을 개발하고 그 제품에 대한 마케팅을 대대적으로 전개하였다. 그러나 정작 대회에 나가는 메켄로는 제품에 대한 반응이 좋지 않아 최상위 등급의 제품을 착용하지 않고 저 가격대 제품을 착용하고 대회에 출전하였다. 나이키의 제품 담당자는 존 메켄로의 행동에 당황할 수밖에 없었고 코트에 나서는 그의 고집을 꺾을 수 없었다.

더군다나 결승전에 오른 존 메켄로는 당당히 우승을 하였기 때문에 상대적으로 담당자는 그 순간 자신의 목표 제품이 노출되지 않고 다른 제품이 노출되는 것에 대하여 그동안 제품을 위해서 투자해

온 광고·홍보비용에 대한 걱정이 앞섰고 제품 개발과 광고·홍보의 실패를 인정할 수밖에 없었다. 그런데 일주일이 지난 후에 저가격 대 테니스화에 대한 주문이 계속해서 밀려들어오는 것을 알게 되었다. 마케팅 담당자는 한 번도 광고·홍보를 하지 않은 제품의 주문이 밀려오는지에 대하여 의구심을 갖게 되었고 그 이유를 조사하기 시작하였다.

그 이유는 단 한가지로 대회에 존 메켄로 선수가 착용했다는 사실 때문이라는 것을 알게 되었다. 그 후로부터 나이키는 광고나 홍보보다도 중요한 것은 선수가 직접 제품을 착용하고 경기 현장에서 좋은 성적을 내는 것이 중요하다는 마케팅의 비밀을 깨닫게 된 것이다.

나이키의 마케팅은 존 메켄로 사례를 통하여 방향성을 잡을 수 있었으며, 첫째로 우수 선수들을 계약하고, 두 번째로 선수들이 제품을 착용하는 것 그리고 그들을 이용하여 광고·홍보 마케팅을 하는 것이 그들의 마케팅 과제로 삼게 되었다.

훌륭한 선수를 보증광고모델로 만들어 내는 것이 가장 중요한 사실임을 깨닫게 되었다.

선수들이 중요한 이유

최상위 스타들은 청소년과 선수 그리고 소비자 사이에 우상과 같이 여겨지고 있으며 그들을 닮고자 하는 욕구와 그들과 같이 되고자 하는 마음으로 테니스장을 찾게 되고 그들의 플레이를 닮아 보려 하거나 그들과 같이 되고 싶은 마음을 갖게 된다.

따라서 그들을 타깃으로 하는 각 스포츠 브랜드는 선수들을 중심으로 한 마케팅 전략 또한 대단하다. 스타플레이어들이 착용한 신발이나 옷들은 어느 회사 어느 브랜드 인지를 정확하게 알고 있으며 후원하는 스포츠 브랜드와 그 선수의 이미지를 동일화하기도 한다.

맨유의 최고의 상품이었던 호나우도를 활용한 나이키 광고

선수의 이미지가 팀에 따라 달라지기도 하지만 브랜드에 따라 달라지기도 한다는 것이다. 그래서 각 브랜드는 어떻게 효과적으로 선수의 이미지에 자사 브랜드의 이미지를 줄 수 있는가에 대하여 많은 전략을 세우고 있으며 그것을 제품 개발에 까지 연계시키고 있다.

테니스 시장의 절대 강자인 나이키와 아디다스의 대결을 보면 선수의 이미지가 제품의 어디까지 연결되는지를 알 수가 있다. 나이키는 첨단과 도전의 이미지를 강조하고 아디다스는 전통과 혁신의 이미지를 강조하면서 제품을 개발해 나가고 있다.

스타 마케팅으로서 활용할 수 있는 선수는 우선 매체 노출이 뛰어나고, 기업 이미지나 제품 이미지를 제고시켜 줄 수 있고, 대중들로부터 집중적 관심을 받을 수 있어야 하며, 그리고 얼굴이 명확하게 노출되는 테니스 종목은 다른 종목에 비하여 그 효과가 크다 할 수 있다. 그리고 선수개인은 수려한 용모, 훌륭한 매너, 특징적인 몸짓과 상황

마케팅 休知通

IMPOSSIBLE IS NOTHING

불가능, 그것은 나약한 사람들의 핑계에 불과하다.
불가능, 그것은 사실이 아니라 하나의 의견일 뿐이다.
불가능, 그것은 영원한 것이 아니라 일시적인 것이다.
불가능, 그것은 도전할 수 있는 가능성을 의미한다.
불가능, 그것은 사람들을 용기 있게 만들어 주는 것이다.
불가능, 그것은 아무것도 아니다.

이러한 광고 메시지를 통해 인간의 신체적인 한계를 극복하려는 스포츠 과학이 이제는 우리를 불가능하게 만드는 고정관념과 편견들로 부터 한계에 도전하게 만든다.

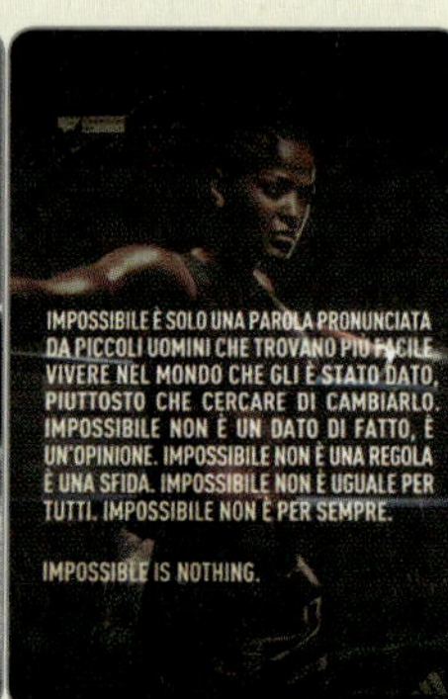

아디다스의 Impossible is Nothing 광고

에 맞는 분위기를 연출할 줄 알고, 사회봉사나 박애주의를 실천하는 선수인 경우 효과가 크다.

따라서 선수의 역할은 마케팅에서 가장 큰 부분을 차지하며 자사가 후원하는 선수들의 활약 여부에 따라서, 어느 대회냐, 어느 경기냐, 어떤 성적을 올리느냐 하는 것은 각사의 매출과 연결된다고 할 수 있다.

어느 브랜드가 어떤 선수를 후원하는가 하는 문제는 이제 선수를 하나의 제품으로 인식하며 그 선수의 이미지와 경기 스타일 그리고 선수의 재능에 맞는 제품 전략 거기에다 선수를 활용하는 광고 전략을 세워서 판매에 열을 올리고 있다.

테니스 선수의 34% 이상이 나이키 제품을 착용하고 있다고 한다. 이는 나이키가 테니스화의 성능과 개발 등에 다른 브랜드들보다 많은 연구와 투자를 하기 때문이다.

이제 소비자들과 선수들의 관심은 어떤 선수가 어떤 브랜드의 신발을 신었느냐를 넘어서서 그 선수의 특징에 따라 어떤 제품이 새롭게 개발되었는가로 발전하였다. 이는 선수를 통한 제품 개발이 한 단계 높은 수준에 올라 있음을 입증하는 것이다. 선수 보증의 중요성이 입증된 지금 브랜드간의 선수 확보를 위한 전쟁은 더욱더 치열해질 전망이다.

선수를 활용한 마케팅의 장단점

유명 스포츠 선수가 자사 제품을 사용할 때 그 순간 공중파를 통해서 노출이 되고, 그 인기를 얻어서 자사 모델명 대신 특정 연예인의 이름을 따서 광고가 이루어질 정도로 높은 홍보효과를 나타난다면, 바로 이것이 스포츠 스타를 활용한 인도스먼트의 매력이다.

이러한 마케팅에서도 양면성을 가졌다고 할 수 있다. 예를 들어서 약간의 갬블과 같은 형식이 이 마케팅의 단점이라고 할 수 있는데, 예를 들어 기업들이 후원하고 있는 스타들이 성적이나 스캔들의 문제로 이미지가 추락했을 때의 문제다. 그 동안 쌓아왔던 이미지가 동시에 함께 추락한다는 점이다. 가장 최근의 사례로 타이거 우즈를 들 수가 있는데, 타이거 우즈의 스캔들로 인해서 그가 보유하고 있었던 대다수의 후원사가 후원을 포기하고 손해배상을 청구하는 사태까지 벌어지기도 하였다. 이는 타이거 우즈가 지금까지 갖고 있었던 모범적이고 멋진 선수와의 이미지와는 다른 비도덕적인 스캔들에 휘말리면서 문제를 일으켰고, 이러한 이미지가 후원하는 회사와 동일 되는 현상을 막기 위해서 기업들은 발 빠르게 후원을 중지하였던 것이다.

하지만 자사의 제품을 사용하는 선수가 부진을 거듭한다면 주 고객인 선수들에게 외면을 받는 것이다. 이것은 회사의 존폐로 몰고 갈 수 있는 심각한 문제인 것이다. 이 문제는 스포츠 선수의 활용 마케팅 차원을 넘어서 매니지먼트에서도 중요시하는 한 부분이다. 그런 면에서 적극적인 스포츠 스타선수를 활용한 마케팅보다는 간접적인 스폰서를 통해서 상황을 지켜보는 이벤트 스폰서십이 현명한 전략이라는 의견도 있다.

하지만 선수를 활용한 마케팅이 한번 성공한다면, 순간적으로 기업을 대박을 터트릴 수 있는 기회를 잡을 수 있다. 김연아를 광고 모델로 활용하는 액세서리 기업이나, 그녀에게 패션 용품을 제공했던 기업들은 김연아 액세서리를 출시했거나, 김연아에게 용품을 지원했던 나이키 역시 김연아의 러닝 용품에 많은 매출을 기록하였다.

사례 4-1 "골프선수를 잡이라."

요즘 기업에서 프로골퍼를 마케팅에 활용하는 사례가 부쩍 늘었다. 최근 우리투자증권은 VIP 마케팅 차원에서 2명의 여성 프로골퍼를 영입했다. 한국여자프로골프협회(KLPGA)의 추천을 받아 조정연, 구윤희 프로를 총무부 직원으로 채용했다. 주명준 우리투자증권 홍보팀장은 "영업 측면에서 고객 만족도를 높일 수 있고 골프 관련 행사와 이벤트에서도 도움이 될 것으로 기대된다. 앞으로 골프 강의, DVD 제작 등 VIP 고객들이 요구하는 맞춤형 서비스를 추진할 계획"이라고 밝혔다.

라운딩 이후 수십억원 예치되기도

프로골퍼 채용은 이번이 처음은 아니다. 대우증권은 업계 최초로 KLPGA 출신의 윤지원, 한현정 선수를 마케팅부 직원으로 영입해 VIP 마케팅으로 활용했다.

최소 1억원 이상 자금을 맡긴 고객을 대상으로 레슨과 라운딩 서비스를 제공했다. 결과는 대성공. 현재 각 지점에서 억대 자산가들의 요청이 쇄도해 신청을 해도 몇 주를 기다려야 하는 상황이다.

송석준 대우증권 마케팅부장은 "레슨을 받기 위해 프로를 찾는 경우도 있지만 동반하면서 편하게 얘기를 나누고 싶어하는 고객도 꽤 된다"고 전했다. 프로선수이기 이전에 회사 직원이다 보니 고객들이 더 편하게 느낀다는 것이 회사측 설명이다. 물론 회사에서 그만큼 프로들을 선별했다.

기본 실력은 물론이고 매너, 외모 등도 꼼꼼히 살폈다. 입단 테스트를 방불케 할 정도로 까다로웠다는 후문이다. 송 부장은 "2~3달에 걸쳐 평판과 인성, 태도, 표정 등을 꼼꼼히 살펴 선발했고 이후에도 두 달간은 따로 고객 응대 방법과 멘트, 몸짓 등을 교육했다"고 밝혔다. 이들 프로들은 일반 직원과 똑같이 주 5일을 일한다. 수요일부터 금요일엔 주로 레슨을 하고 주말엔 라운딩을 많이 한다. 고객 반응도 즉각적이어서 라운딩 다음날 거액을 맡기는 고객도 꽤 된다고 귀띔했다. 프로들의 연봉은 6,000만~7,000만원 선으로 알려진다. 식사비와 교통비는 따로 지급되며 인센티브도 지급된다.

PB 영업이 중요한 금융권에서도 프로골퍼는 영입 1순위다. 지난 7월, 하나금융지주는 미녀 골퍼로 알려진 박희영과 안나 로손이 등장하는 '프라이빗 레슨 포켓북'을 제작해 계열사(하나은행, 하나대투증권, 하나SK카드) VIP 고객들에게 배포했다. 지난해 10월 '프라이빗 레슨–Part 1'을 제작한 데 이어 두 번째 일이다. 고객들의 반응이 워낙 좋다 보니 소속 선수를 적극적으로 활용해 책을 낸 것이다.

골프선수 영입은 비단 금융권에 국한되지 않는다. 컨설팅업체인 네모파트너즈에도 최근 손보란 프로를 VIP 고객 관리 차원에서 영입했다.

임영규 네모파트너즈 PCG부문 부사장은 "비즈니스 골프를 하다 보면 자칫 딱딱해지고 부담스러운 자리가 될 수 있는데, 프로가 동반함으로써 훨씬 자연스러운 분위기가 형성된다. 앞으로 자체 고객 행사나 프로암대회 등에서도 프로들을 적극 활용할 계획"이라고 말했다.

레슨이나 교습서, 동반 라운드는 어디까지나 고객 서비스 차원이다. 기업들이 프로골퍼를 영입하는 가장 큰 이유는 대회를 통해 회사를 대외에 널리 알리기 위해서다. 비용 대비 홍보효과로 이만한 것이 없다는 게 회사 관계자들의 설명이다.

보통 A급 선수의 경우 국외는 연간 2억~4억원, 국내는 1억~3억원의 스폰서십 계약금이 든다. 국내에서 좀 한다는 선수들은 연간 3억원 이하에서 후원이 가능하다는 설명이다. 물론 국제대회에서 우승 경력이 있는 스페셜 A급 선수는 급이 다르다. 보통 여자는 5억원, 남자는 10억이 넘는다. 참고로 신지애 선수를 후원하는 미래에셋그룹의 연간 스폰서 금액은 15억원으로 알려진다. 계약금 10억원에 우승 인센티브 5억원이다. 한 선수에 투자하는 금액치고는 결코 적지 않지만 야구나 축구, 농구 등 단체운동과 비교하면 그야말로 '껌값' 수준이다. 더군다나 카메라가 실시간 따라붙어 찍는 선수는 그 자체가 걸어 다니는 광고판이다. 선수가 스폰서 로고를 붙일 수 있는 신체 부위는 크게 4군데로 모자, 상의, 하의, 골프백 등이다. 이를 위치에 따라 더 세분화하면 7~10개까지 늘어난다. 브랜드 인지도 조사업체 레퓨컴(repucom)이 골프 선수의 스윙 동작에서 나올 수 있는 브랜드 노출 정도를 분석한 결과 모자 정면(24.5%), 가슴(21.4%), 왼쪽 소매(18.2%), 오른쪽 소매(11.2%), 캐디백(10%), 모자 왼쪽(8.1%), 모자 뒤쪽(6.6%) 순인 것으로 조사됐다. 이를 역산출하면 한 선수의 연간 스폰서 금액이 나온다. 2007년 최경주 선수가 나이키 로고가 달린 모자를 쓰면서 연간 200만 달러 이상을 받은 것으로 알려진다. 이를 역으로 계산하면 약 816만 달러(한화 92억원)라는 숫자가 나온다. 실제 당시 최경주 선수는 나이키골프, 신한은행, 정관장 등과 계약을 맺어 연간 100억원 이상을 벌어들였다. 참고로 전성기 시절 타이거 우즈가 나이키 모자를 쓰는 조건으로 연간 3,000만 달러 이상을 받았다. 단순 계산하면 총 1억 2,244만 달러(1,380억원)라는 엄청난 금액이 나온다.

여기에 우승까지 하면 그 효과는 배가 된다. 대회 규모와 권위에 따라 천차만별이지만 우승할 경우 그 파급 효과는 상상 이상이다. 적게는 수십 배에서 많게는 수백 배 효과를 가져온다.

매경이코노미, 2010.11.03, 김충일 기자, loyalkim@mk.co.kr

제 3 장 스포츠 에이전트

제 3 장
스포츠 에이전트

1. 스포츠 에이전트의 개념

프로스포츠가 대중화되고 대중으로부터 관심을 끌기 시작하면서 이들 중에 소위 스타라고 하는 선수가 나타났고 이러한 선수들이 나타나자 기업들은 선수를 활용하여 마케팅 및 다양한 프로모션으로 활용하기에 이르렀다. 하지만 스포츠 선수들은 이러한 모든 것들을 다 신경쓸 수 없고 할 수 없기 때문에 연봉협상, 인도스먼트(선수 개인 스폰서십) 유치, 재산관리, 세무 및 법률서비스 제공 등에 대해서 에이전트가 대행하여 선수들이 경기에만 전념할 수 있도록 관리해 주는 사람이 필요하게 되었다.

LA 다저스 스타디움 벽면에 게시된 박찬호 선수의 투구 모습

에이전트의 핵심 역할은 선수들이 구단이나 기업과 협상을 할 때 선수와 상대가 대등한 입장에 서서 협상을 할 수 있게 만드는 것이다.

스포츠 에이전트는 선수의 선수 활동을 영위할 수 있도록 도와주며, 사회적, 법률적, 재정적 업무를 대신 해주는 사람이다. 이들은 개인 또는 단체로부터 권한을 부여받고 특정 업무를 대행하여 준다. 에이전트란 "다른 사람을 대신하여 업무나 교섭을 대신하도록 권한을 부여받은 사람"이라고 정의하였다.

2. 에이전트의 필요성

제프리 루빈과 프랭크 샌더는 「언제 에이전트가 필요한가? 직접협상 대 대리협상」이라는 제목의 저서에서 다음과 같이 적고 있다. "특별한 전문성이 요구될 때, 전술적 유연성이 중요할 때 에이전트를 써야 한다. 그리고 에이전트의 역할이 가장 중요해지는 경우는 선수가 협상 테이블에 직접 나서는 것이 우호관계를 형성하기보다는 대립관계를 조성할 가능성이 클 때이다"고 하였다. 에이전트의 필요성을 역설하는 사람들이 많기는 하지만 반드시 필요한 것은 아니다. 미국 프로리그의 스타급 선수 중에는 지금도 선수본인이 계약을 체결하는 선수들이 간혹 있지만 과거에는 더 많았다고 한다. 아는 변호사나 주변 사람의 협조를 얻어 계약에 임하는 지금의 국내 선수들과 비슷하다고 볼

| 스포츠 에이전트 세계를 알려준 영화 "제리 맥과이어"

수 있다.

Kenneth L. Shropshire(1990)는 그의 저서 *Agents of Opportunity*에서 계약업무를 선수본인이나 가족의 도움으로 훌륭하게 처리하는 선수들도 물론 있지만 스포츠 세계에는 특히 계약자 간의 상호 대립을 피할 필요가 있기 때문에 에이전트를 두는 것이 낫다고 했다.

그러한 예로 미국 프로리그에서 가족이나 가까운 친구로부터 조언을 받았던 유명선수로는 조지 브레트, 로빈 욘트, 자말 윌크스, 마이크 슐라 등이 있다. 또 애틀랜타 호크스의 도미니크 윌킨스는 어머니가 협상 테이블에 대신 나섰었다. 본인이 직접 해결했던 대표적인 선수로는 보스턴 셀틱스의 대니 에인지, 디트로이트 타이거즈의 알란 트레멀, 시카고 베어스의 마이크 싱글터리 등을 꼽을 수 있다.

우리나라는 프로스포츠 전반에 걸쳐 스포츠 에이전트를 인정하지 못하도록 규정하고 있다. 연맹이나 리그에서 스포츠 에이전트를 인정하지 못하도록 규정하고 있기 때문이다. 그러나 앞으로는 선수들이 운동에만 전념할 수 있도록 배려해 준다는 차원에서 스포츠 에이전트의 활동은 일반화 될 것이다. 미국의 경우 스포츠 에이전트로 인정받기 위해서 풀타임 메이저리거 한 명 이상을 보유하고 있어야만 메이저리그 선수 노조(MLBPA)에 에이전트로 정식 등록할 수 있고 선수정보, 규약 그리고 계약과 관련된 정보를 제공받을 수 있다. 소규모 조직인 경우는 구분 없이 1인 2~3역을 담당하는 것이 일반적이다. 현재 미국과 캐나다에는 1,000여 명의 스포츠 에이전트가 활동중인 것으로 알려져 있다.

3. 에이전트의 유래와 발전

에이전트의 유래

스포츠 에이전트를 우리나라에 쉽게 알린 것으로는 탐크루즈가 주연한 "제리 맥과어이어"이다. 이 영화는 스포츠 마케팅이란 개념도 생소하던 한국 스포츠 마케팅 세계에 새로운 스포츠 에이전트라는 생소한 단어까지 던져준 영화로서 스포츠 에이전트라는 직업에 대해서 알린 계기가 되었다.

스포츠 에이전트의 시작은 프로스포츠의 천국 미국에서부터 시작되었고, 그 시초격인 사람은 미국에서 프로모터이자 흥행주였던 찰스 C. 파일(Charles C. Pyle)이라고 꼽는다.

파일은 1900년도 초반부터 많은 선수들의 에이전트를 했는데 그가 대행을 했던 대표적인 선수로는 풋볼계의 전설적인 스타였던 헤롤드 그랜지라는 선수였다.

파일이 에이전트를 맡았던 또 다른 선수로는

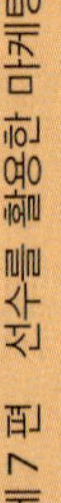

에이전트가 등장하면서 스포츠 선수들의 몸값이 상승하게 되었다.

1919년부터 1923년까지 윔블던 테니스 대회 단식 챔피언이었던 수잔 렝글런 등이 있었다. 그리고 1960년부터 이 에이전트 업에는 다양한 배경과 직업을 가진 사람들이 본격적으로 나타나기 시작했다.

에이전트라는 직업이 미국의 스포츠 계에서 오늘날처럼 정착하게 되기까지의 과정은 결코 순탄하지만은 않았다. 구단과 초창기의 에이전트 간에는 많은 에피소드가 있었지만 그 중에서도 그린배이 패커스의 전설적인 감독 빈스 롬바르디는 유명한 일화를 남겼다. 짐 링고라는 선수와 연봉협상 면담이 있는 날, 그 선수는 정장을 한 신사를 대동하여 사무실에 들렀다. 롬바르디가 선수에게 "저 사람은 누구냐?"고 묻고, 그 선수가 "저의 연봉협상을 도와주려고 오신 분입니다"라고 대답하자, 롬바르디는 잠깐 실례하겠다고 한 후 옆방으로 가서 어디론가 전화를 했다.

통화 후 다시 돌아온 롬바르디는 링고에게 "자네가 구단을 잘못 찾아온 것 같네. 자네는 방금 필라델피아로 트레이드되었어"라고 통보했다고 한다(정희윤, 1998).

이와 같은 많은 종류의 많은 문제가 있었음에도 불구하고 에이전트라는 직업이 미국에서 오늘날 같이 발전한 것은 우연한 계기가 있었다기보다는 스포츠 산업의 획기적인 발전과 더불어 이루어진 자연스러운 현상이라고 볼 수 있다. 에이전트가 스포츠 산업의 일각에 자리잡게 된 이유를 케네스 L. 슈롭샤이어는 다음과 같이 분석하였다.

첫째, 1970년대 초반부터 선수계약서의 보류조항과 옵션조항을 너무 광범위하게 적용시킨 데 있다. 선수계약서의 보류조항이란 선수가 구단과 한 번 계약을 맺게 되면 거의 영구적으로 구단소유 자산으로 구속되고 선수들의 몸값은 수요 공급의 시장원리로 결정되지 않는다.

그러나 1972년부터 보류조항은 법정에서 위법이라는 판결이 나기 시작했고 이와 함께 선수들의 협상권이 강화되기 시작했다. 선수들의 입지가 강화되자 선수들의 연봉도 높아지기 시작했다.

둘째, 풋볼과 하키, 농구 등에서 기존 리그와는 별도의 신규리그가 창설되기 시작하자 선수들에게 선택권이 생겼다는 점이다. 이때부터 계약협상의 주도권은 선수들에게 넘어갔고 선수들의 발언권이 세지기 시작했다.

선수들은 구단주들에게 정당한 몸값을 요구했고 그렇지 않으면 라이벌 리그에 가서 뛰겠다고 말했다. 뛰어난 선수들을 확보하기 위해 혈안이 되 라이벌 리그의 등장은 선수들의 연봉을 급상승시켰고 이로 인해 재벌급 선수들이 차례로 탄생하기 시작했다.

셋째, 선수회가 기존의 형식적인 기구에서 강력한 파워를 행사하는 실질적인 노조조직으로 탈바꿈했다는 사실이다. 물론 종목에 따라 선수회의 파워는 약간씩의 차이가 있지만 리그소속 선수의 최저연봉 인상 등으로 선수회가 연봉상승에 기여한 바는 매우 크다.

그리고 선수회는 그동안 연봉협상 과정에서 행사했던 자신들의 역할을 에이전트들에게 넘겨주었으며 이는 에이전트라는 직업이 활성화되는 계기로 작용하였다.

넷째, 선수들이 초고소득자가 되기 시작하자 선수들에게는 세무전문가의 조언과 절세계획을 수립해야 할 필요성이 생겨났다. 선수들은 세무전문가에게 프로선수의 수명이 짧다는 사실을 감안하여 절세방법을 제안해 주기를 원했다.

다섯째, 경기 외적인 부문에서 발생하는 부대수입이 리그차원 뿐만이 아니라 선수개인에게도 발생하기 시작했다는 것이다. 특히 방송사가 스포츠 중계 프로를 고정프로로 배치하면서 막대한 중계료를 리그 연맹에 쏟아 붓기 시작했고 이 돈은 선수회나 선수들에게도 금전적인 혜택을 주게 되었다. 그리고 광범위한 언론노출은 선수들의 대중적인 인기도를 급상승시켜 고액의 인도스먼트 수입을 선수들이 얻게 되었다. 이상의 5가지 요소와 이로 인해 복잡해진 계약 조항들이 선수들로 하여금 자신들을 보호해줄 수 있는 에이전트를 필요로 하게 되었다.

에이전트의 발전

본격적인 스포츠 에이전트의 전문화는 스포츠 자체의 규모가 커지면서, 선수들의 연봉 규모가 커지면서 이들과의 계약에서 단순하게 돈만 주고받는 것이 아니라 권리를 서로 이행하고 누군가 보증을 해줘야 하는 단계가 오게 되었다.

1960년 미국 오하이오주 클리블랜드에 골프를 좋아하고 즐기는 한 법률가가 있었고 그의 친구 중에는 아널드 파머라는 세계에서 유명한 골퍼가 있었다. 그래서 그는 아놀드 퍼머에게 "파머, 자네는 골프만 열심히 치게. 자네가 골프에만 전념할 수 있도록 내가 모든 뒷바라지를 해줄 테니 말이야"라고 제안을 하면서 세계 최대의 스포츠 마케팅 회사인 IMG(International Marketing Group)가 탄생하게 되었다. 그 법률가의 이름은 IMG 회장 마크 맥코맥이다.

선수는 상품성이 있어야 한다.

마크 맥코맥은 예일대 법대를 졸업한 변호사에서 스포츠 에이전트 비즈니스의 창시자가 되었다. 뒤를 이어 잭 니클라우스, 게리 플레이어 등 파머와 어깨를 나란히 했던 골프스타와도 계약에 성공한 그는 차츰 다른 스포츠에도 발을 넓혀가기 시작했고, 2010년 현재 '골프황제' 타이거 우즈를 비롯해 전 세계 슈퍼스타의 70%를 휘하에 거느리고 33개국에 85개의 지사를 포함해 105개 관련회사에서 3,000명 이상의 직원이 활동하는 거대기업이 됐다.

IMG는 전 세계에서 IMG 관련 이벤트가 하루 평균 9개 이상 진행되고 있다고 한다. 이젠 선수들이 제발로 찾아와 계약을 하길 원하고, 선수들은 일단 IMG와 계약을 하면 '나도 이제 스타가 됐구나'하는 생각을 하게 할 정도로 에이전트계의 대명사가 되었다.

그런데 IMG가 선수 매니지먼트 에이전트는 전체 수입의 10% 수준이고 다른 90%의 사업으로 각종 스포츠 경기의 대회 주최, 스폰서 유치, 경기

마케팅 休知通

Star(스타) Marketing & Celebrity Marketing

"한 사람의 인간관계 범위는 대략 250명 수준이다. 따라 나는 한 사람의 고객을 250명 보기와 같이 한다"
-미국의 자동차 세일즈왕 '조 리자드의 성공 방정식-

• 스포츠 산업에서의 적용사례

(1) Opening Ceremony at Sports Events

해외 프로스포츠는 물론 국내 프로스포츠는 경기의 흥을 더하고 기념하기 위해 스타를 동원한다. 애국가 제창, 시구/시축, 축하공연 등의 퍼포먼스를 펼친다. 연예인은 물론 타 종목의 유명 스포츠 선수와 정치인까지 이에 포함되어 있다. 한편, 2010 월드시리즈 4차전에서 미국 41, 43대 대통령을 지낸 George Bush 부자는 함께 마운드에 올라 시구를 했다.

• 스포츠에서의 시사점

이제는 형식화된 스타마케팅을 다른 방법으로 전개해야 될 때라고 생각한다. 유명인사의 출연으로 미디어화된 스포츠 이벤트가 언론을 통해 알려지는 순차적인 스타마케팅을 지양해야 한다. 이제 스타를 새로운 방법으로 활용하여 그 가치를 다시 입증하는 방법을 모색하자.

단체 마케팅, 라이센싱, TV 중계권 판매, 방송물 제작, 방송사 컨설팅, 스포츠 아카데미, 경기장 전시회 관리, 기업재정 회계업무 등을 총괄하는 '종합 엔터테인먼트 회사'로서 역할을 하고 있다.

여기에다가 IMG의 자회사인 TWI(Trans World International)는 연간 약 5000시간 이상의 스포츠 방송물을 제작해 200여 개 국에 배급하고, 메이저리그 국제사무국(MLBI)의 TV 중계방송사 선정에도 관여한다. 이러다 보니 연매출 10억 달러에 매년 10%씩 성장을 하는 고 성장회사 중 하나이기도 하다.

1996년 IMG는 한국지사를 설립하고 한국에서 스포츠 이벤트 개최와 한국 선수들을 계약하기도 하였다. 83년 비외른 보리와 지미 코너스, 마르티나 나브라틸로바, 빌리 진 킹의 서울대결을 주선한 것을 시작으로 85년 아널드 파머의 스킨스게임, 95년 세계 여자골프 챔피언십에 이르기까지 다양한 이벤트를 열었다.

국내에 거점을 확보한 IMG는 90년대 후반 들어 세계주니어 피겨스케이팅, 스키 월드컵대회, 스타즈 온 아이스쇼, 그리고 최근에 세르히오 가르시아, 제스퍼 파네빅, 마루야마 시게키, 최경주가 기량을 겨룬 SBS 인비테이셔널 골프대회 등을 개최하며 스포츠 마케팅 시장을 리더해 나가고 있다.

IMG 매니지먼트 주요 스타

- ▶ 골프=타이거 우즈, 데이비드 듀발, 마크 오메라, 비제이 싱, 콜린 몽고메리, 세르히오 가르시아, 캐리 웹, 애니카 소렌스탐, 낸시 로페스, 박세리, 최경주
- ▶ 테니스=피트 샘프러스, 안드레 아가시, 모니카 셀레스, 비너스 윌리엄스, 세레나 윌리엄스, 크리스 애버트, 마르티나 나브리틸로바, 이반 렌들, 존 매켄로
- ▶ 피겨스케이팅=카타리나 비트, 크리스티 이아구치, 티라 리핀스키
- ▶ 스키=헤르만 마이어, 토이 모, 장 클로드 길리
- ▶ 야구=데릭 지터, 케니 로프튼
- ▶ 미식축구=조 몬태나, 페이튼 매닝
- ▶ 아이스하키=웨인 크레츠키, 야로미르 야거, 브래트 헐
- ▶ 농구=빈스 카터, 제프 호나섹
- ▶ 모터스포츠=미하엘 슈마허, 잭키 스튜어트, 제임스 고든
- ▶ 성악가=호세 카레라스, 제임스 길웨이, 이츠하크 펄먼, 킹즈 싱어스
- ▶ 연설가=조지 부시, 바버라 부시, 밥 톨, 리 아이아코카
- ▶ 연예인=지나 데이비스, 타이라 뱅크스, 니키 테일러, 스테파니 시무어
- ▶ 방송인=밥 코스타스, 짐 낸즈, 존 매든

| IMG가 관리하는 주요 스타

4. 스포츠 에이전트의 유형

프로스포츠가 활성화된 미국은 선수 협정, 선수 규칙 등 선수들과 관련된 법이 많고 세금 관련 규정도 복잡해서 이에 통달한 전문가들의 도움을 필요로 한다. 선수들은 경기에만 전념하고 자신의 가치를 극대화시키면서 에이전트는 이를 활용하여 최고의 극대화된 효과로 선수에게 수익을 올려주는 선수와 에이전트는 공생관계라고 할 수 있는 것이다.

선수 에이전트(Player' s Agent)

스포츠 마케팅 에이전트에는 다양한 에이전트가 존재하고 있지만 대표적인 축구의 스포츠 에이전트에 대해서 알아보면, 축구 종목에서의 에이전트는 두 가지로 구분되어지는데 선수를 담당하는 선수 에이전트(Player's Agent)와 시합을 주선하고 매치 에이전트(Match's Agent)로 구분되어진다.

인터넷을 이용한 이운재 선수의 인터뷰

선수 에이전트의 경우 세계축구연맹(FIFA)에서 실시하는 시험을 통하여 자격을 취득하는 FIFA 공인 에이전트(FIFA Licensed Agent)가 유일한 에이전트 자격증이며, 선수 에이전트는 기본적으로 선수를 육성, 발굴하거나 혹은 자신과 연계된 제 삼

표 3-1 | 4대 프로스포츠의 에이전트에 대한 규제 정리

	MLB 선수조합 (MLBPA)	NFL 선수조합 (NFLPA)	NBA 선수조합 (NBPA)	NHL 선수조합 (NHLPA)
규제 대상이 되는 에이전트의 유형	MLB 소속 구단 40명의 선수 지배 하의 명부에 게재된 선수를 대리하는 에이전트	NFL 소속 구단의 지배 하의 선수 및 입단 예정 신인 선수를 대리하는 에이전트	NBA 소속 구단의 지배 하의 선수 및 입단 예정 신인 선수를 대리하는 에이전트	NHL 소속 구단의 지배 하의 선수 및 입단 예정 신인 선수를 대리하는 에이전트
등록인가	필요(다만, 선수로부터 대리인 지정서 제출이 필요)	필요*	필요	필요
연간 등록료	불필요	1,200달러	1,500달러	900달러
윤리 연수 세미나 개최	유	유	유	유
학력, 경험 등의 개인정보 게재	필요	필요	필요	필요
표준 대리 계약 서식에 따른 계약	불필요	필요**	필요	필요
대리인 보수의 상한	무	선수가 수령하는 보수의 4%	선수가 수령하는 보수가, 1. 최저 보수액인 경우 -200달러 2. 최저 보수를 넘어서면 -4%	무
보증금 거출	무	무	무	무

출처: 스포츠 비즈니스 전략 개발 자료 참조(한양 대학교 연구 보고서).

국의 에이전트를 통하여 소개받은 선수를 대리하여 클럽에 선수를 소개하거나 선수를 위해 구단이 선수와 계약을 맺도록 도와주는 일을 기본 업무로 한다.

계약을 해야 하는 상황에서 선수 개인이 클럽과 계약을 한다는 것은 대단히 위험한 일이며, 현실적으로 많은 법률적인 어려움을 맞이하게 된다. 수십 년 간 구단에 근무하면서 많은 선수들과 협상을 하며 계약을 한 경험이 있는 구단의 실무자를 선수 혼자서 상대하며 스스로의 이익을 극대화 시키기란 어려운 일이기 때문이다.

FIFA 규정의 선수 에이전트 관리 규정에 따르면 "선수와 클럽은 라이센스가 없는 에이전트의 서비스를 제공받아서는 안된다." "선수를 대리한 에이전트가 직계가족이거나, 해당 국가에서 합법적으로 취득한 변호사 자격을 취득한 경우에는 적용되지 않는다." 이와 같이 라이센스의 중요성과 함께 법률적인 문제에 해결 능력이 있는 변호사의 능력도 중요시 하고 있다.

미국 4대 프로스포츠의 경우 에이전트에 대한 규정과 내용이 각기 다르면 〈표 3-1〉과 같다

매치 에이전트(Match Agent)

매치 에이전트는 국가와 국가, 클럽과 클럽 간의 경기를 주선하고 그에 대한 수수료를 받는 에이전트를 의미한다. 매치 에이전트는 전 세계적으로 그다지 많은 수가 있는 것은 아니지만 세계 축구시장 계속 커지고 있고, 글로벌화 되고 있기 때문에 매치 에이전트의 역할 또한 점차적으로 부각되고 있는 것이 현실이다.

스포츠 스카우트

스포츠 스카우팅이란 정찰이나 탐색 활동을 말

각 스포츠 마케팅 회사의 관리 선수

하는데, 스포츠 현장에서는 상대팀에 대한 정보 수집과 전력분석을 의미한다. 스포츠 매니지먼트의 시각에서 파악한 스포츠 스카우팅은 〈그림 3-1〉에 나타난 것처럼 자기 팀에 대한 전력분석(내부정보 시스템) 및 사전에 수집한 상대 팀에 대한 전력분석(마케팅 리서치)과 시합을 하고 있는 상대 팀에 대한 정보 분석, 그리고 조사, 보고, 어드바이스(마케팅, 지능) 등의 세 가지 요소가 있다. 현재는 학원 스포츠에서 조차도 스카우팅이 일반화되었지만 일본에서는 비디오와 PC보급의 확산으로 일반화되었다. 배구에서는 스포츠 스카우팅을 실해서 정보를 분석하는 전문가를 애널리스트(Analyst)라고 부르는데 처음으로 전임 애널리스트를 사용한 것은 1984년 LA올림픽에서 활약한 미국 남자 팀이었다.

또한 스포츠 게임에서 스카우트의 역할은 상대팀이나 선수의 능력을 정보화 시켜서 분석하고 이러한 정보를 관람객석에서 PC나 비디오를 통해서

| 그림 3-1 | 스포츠 스카우팅의 3대 요소

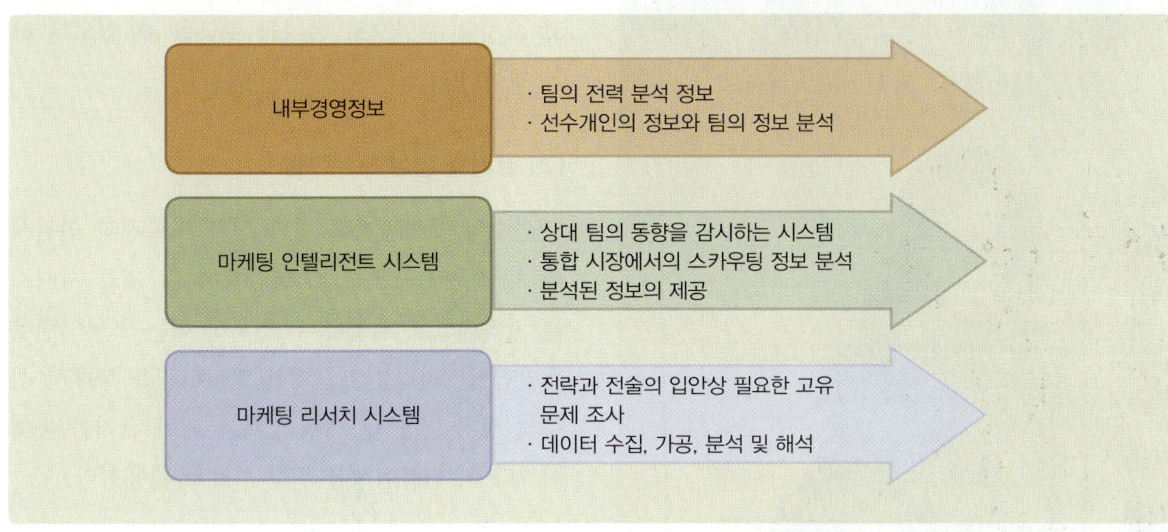

출처: 스포츠 매니지먼트.

촬영하고 후에 팀의 감독을 비롯한 선수들에게 정리 제공함으로써 선수들의 경기력 향상과 함께 다양한 선수들의 정보를 분석함으로써 차후의 새로운 선수들을 영입하는 데 활용할 수 있다. 이러한 정보 분석가가 많아지면 질수록 자료는 방대해지고 세부적인 자료들을 수집할 수 있게 된다. 이러한 정보들은 팀의 경기력 향상을 위한 전략·전술이 기본적인 정보로 활용되어진다.

5. 에이전트의 역할

스포츠 에이전트의 역할은 크게 선수의 연봉협상과 선수 활동과 관련된 매니지먼트와 선수를 활용한 부대사업 수익 즉 마케팅적인 측면의 관리 두 가지로 분류될 수 있다.

매니지먼트는 선수의 경기 일정, 계약 및 연봉협상, 훈련 프로그램 등을 수행하는 것이고 선수를 활용한 부대사업은 선수를 이용하여 특별한 이벤트를 만드는 것이다. 에이전트가 선수관리를 해주는 내용은 다음과 같은 것들이 있다.

매니지먼트 측면

(1) 구단 입단 및 연봉 계약 대행

선수들의 계약에 관련된 업무를 담당하는 것을 지칭할 수 있는데 이러한 계약 업무는 선수들의 연봉과 계약금을 담당하고 있으며 선수 수입의 가장 많은 비중을 차지하기 때문에 중요한 포지션이라고 할 수 있다. 이러한 역할을 하기 위해서는 선수의 종목에 대한 전문성을 필요로 하며 프로 구단과의 협상을 통해서 선수의 가치를 증명할 수 있는 능력도 요구되어진다. 예로 선수의 다음연도 연봉을 협상하는 데 있어서 그 선수의 기록을 통해서 구단이 판단하는 기준과 선수 자신이 판단하

| 프로선수의 구단 입단식

Ⅰ 에이전트는 선수의 광고를 비롯한 업무를 한다. 광고 출연 이벤트, 섭외 등의 업무를 담당하다.

는 기준을 조율하고 이러한 점을 구단과의 협상을 통해서 만족스러운 결과로 이끌어 내는 것이 계약 에이전트의 몫이고 역할이라고 할 수 있다. 예를 들면 프로야구 투수의 에이전트라면 선수의 고과를 비롯하여 그 선수가 등판한 경기에 따른 영향력 그리고 그 경기를 통해서 그 선수가 팀에 끼친 공로 등을 세분화 하여 그 선수의 가치를 증명하고 그것을 구단으로 하여금 수긍할 수 있도록 하는 것이다.

(2) 경기력 향상 프로그램

선수의 체력관리를 위한 전문 의료진과 연결시켜 체력관리 프로그램, 영양상태 및 의료 서비스를 지속적으로 제공할 수 있도록 하는 프로그램을 개발한다거나, 경기에 대한 모니터링을 통해서 선수의 경기 내용 및 세부 기록에 대한 관리를 통해서 차후의 연봉협상을 위한 자료로 활용한다.

(3) 투자 자문과 수입 관리

고액 연봉을 받는 선수들은 자신들의 수입을 다양한 사업에 분산 투자해 주기를 원한다. 연봉이 고액인 선수들은 이미 선수 수명이 내리막길에 접어든 상태이고 은퇴 후의 생활보장을 위해 그들이 번 돈을 안전하게 분산 투자해 둘 필요가 있기 때문이다. 또 많은 선수들은 그들이 번 수입의 지출 계획을 짜는 것에 매우 난감해 하고 있다.

그들은 많은 시간을 원정경기에 소비하고 있고 홈에서 경기를 할지라도 경기에 충실하다 보면 경

Ⅰ 그림 3-2 Ⅰ 에이전트의 역할 7가지

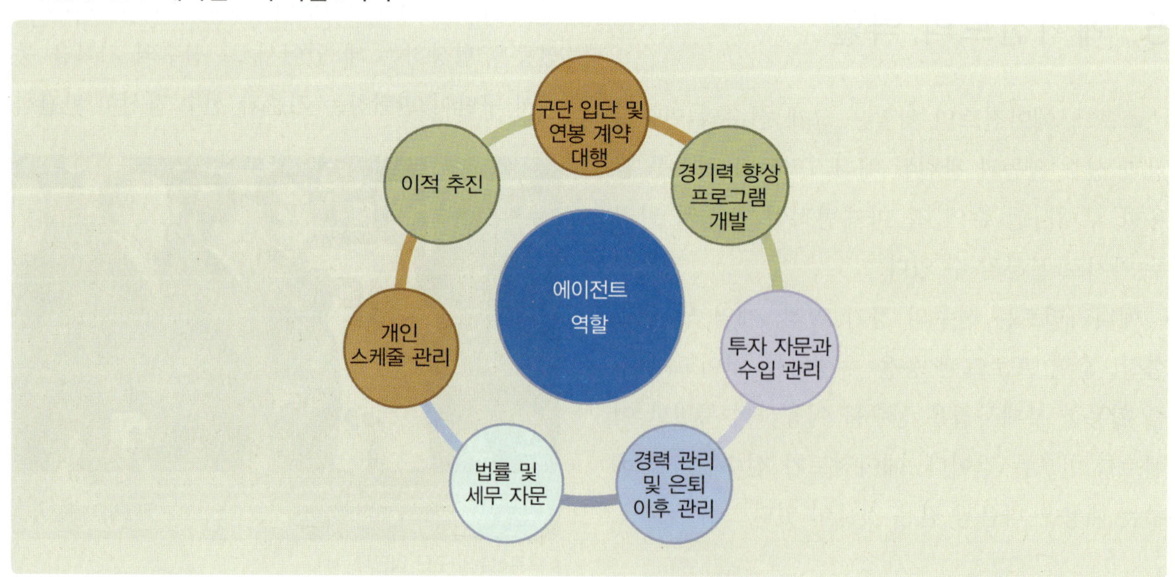

베컴의 LA 갤럭시 입단식 모습

기 외적인 복잡한 비즈니스에 신경을 쓸 여력이 남지 않게 된다. 따라서 스포츠 에이전트는 일년 내내 투어 생활을 하거나 팀을 자주 이적해야 하는 선수들이 새로운 환경에 적응하기 쉽도록 안락한 주거시설을 주선하거나 재테크 수단을 제공할 수 있어야 하며, 적절한 신분과시용으로 수입에 걸맞은 주택 및 자동을 일신할 수 있어야 한다.

(4) 경력관리 및 은퇴 이후 관리

선수의 경력을 관리하고 은퇴 후의 활동에 대한 계획을 수립하고 이행할 수 있는 발판을 마련해 주는 역할을 한다.

(5) 법률 및 세무 자문

선수가 구단과 기업 간의 법적인 문제를 해결하는데 검토하고 자문하여 주는 역할을 한다.

에이전트는 이상과 같은 일을 해주고 구단과 선수간의 계약서에 계약 액수에 따라서 수수료를 받는다. 그러나 각 영역별로 수수료에 대한 명확한 규정은 없으며 계약의 성격에 따라서 내용이 달라진다.

(6) 개인 스케줄 관리

각종 선수 신상에 일어나는 크고 작은 일들을 대신하여 수행하여 주며 선수의 스케줄을 관리한다. 특히 개인종목의 경우 경기 일정 및 훈련 스케줄에 대한 관리를 중점적으로 수행한다.

(7) 이적 추진

선수가 해외에 진출하거나 다른 팀으로 이적이 필요할 경우 최상의 능력을 발휘할 수 있도록 환경을 조성하고 관련된 팀들과의 협상을 통해서 이적할 수 있도록 계약을 추진하는 역할을 한다.

마케팅적인 측면

(1) 포트폴리오 개발

선수의 경기력 및 이미지 등을 통해 이벤트 개최 등 다양한 마케팅 사업을 펼칠 수 있도록 포트폴리오를 개발한다.

(2) 팬 관리 및 언론 매체 노출

팬클럽 운영 관리 및 선수의 상품 가치를 높이기 위해서 언론 매체에 선수를 출연시키거나 인터뷰를 통해서 선수의 이미지를 극대화하는 노력을 한다.

(3) 사회봉사 활동

각종 사회봉사 활동에 참여시켜 사회적인 기여는 물론 대중적인 호응을 유도한다. 무엇보다도 선수 에이전트가 마케팅 사업을 계획하고 실행할 때에는 선수의 경기력 저하나 이미지가 손상되지 않도록 주의해야 한다.

(4) 인도스먼트 계약

마크, 로고 그리고 명칭과 같은 상표와 관련된 스포츠 단체의 무형의 자산을 관리하는 것을 주

마케팅 休知通

악대차 효과(Band Wagon Effect)

친구 따라 강남가는 심리처럼, 유행하는 상품을 소비하는 현상을 말한다. 미국 서부 개척 시대에 행렬의 선두에 서는 악대차(車)인 밴드 왜건을 따라 다른 왜건(짐마차)이 따라 붙는 데서 유래한 용어이다.

악대차 효과는 스포츠 시장에서도 1등하는 선수나 팀에게 팬들이 쏠리는 현상을 설명할 수 있다. 선수를 활용한 스포츠 마케팅에서는 종목별, 시대별, 지역별과 가장 유명한 선수에게 자사 상품을 이용하게 하고 이를 언론에 노출시키면 악대차 효과를 얻을 수 있다.

반면 악대차 효과의 반대 현상을 속물 효과(snob effect)라고 한다. 속물 효과는 백로 효과라고도 하는데, 다수의 사람들이 사용하는 상품을 꺼리고 일반인이 구하기 어려운 값비싼 상품을 통해 자신을 남과 구별하려는 현상을 말한다.

업무로 하는데, 지금의 국제 스포츠 이벤트나 국가 내 각종 프로그램을 활용하려는 기업들의 표적이 되고 있다. 즉, 기업은 어떤 형태로든 스포츠 단체의 명성을 빌려 그 이미지를 전달받으려고 하는데, 그를 위해 마크, 로고, 명칭 또는 마스코트 등을 활용하려고 한다.

스포츠 조직은 기업의 이러한 전략에 대비하여 무형의 자산을 보호하고 더 나아가 수익 증대를 위한 전문가를 필요로 한다.

6. 에이전트 선정시 고려 사항

선수가 에이전트를 선택하고 고려해야 할 사항은 다음과 같다고 할 수 있다.

1. 스포츠 대리인으로서의 자격을 갖추고 있는가? 자격증은 공신력을 의미하는 데 자격증 소지자는 기본적인 능력을 갖추고 있다고 볼 수 있다. 미국의 경우에는 주어진 스포츠 에이전트 면허가 있어야만 스포츠 대리인으로 활동할 수 있도록 허가하고 있다.
2. 에이전트의 경력은 어느 정도인가? 경력은 에이전트를 평가하는 객관적인 기준이 될 수 있을 것이다. 몇 년 간 어떤 선수를 어떻게 관리하고 그 선수의 지금 모습은 어떠한가? 그런 모습을 살펴보면 그 에이전트의 능력을 객관적으로 평가할 수 있을 것이다.
3. 어떠한 협상 능력을 가지고 있는가? 같은 조건이라도 에이전트의 협상 능력에 따라서 계약의 내용이 달라질 수 있기 때문에 협상 능력은 앞에서 언급한 것과 같이 굉장히 중요한 부분이라고 할 수 있다. 예를 들어, 프로선수의 경우 구단과의 연봉협상에서 에이전트의 치밀한 자료 준비에 근거한 구단과의 심리전으로 좋은 결과를 얻을 수 있다.
4. 법률적인 면에 정통하고 있는가? 에이전트가 해당 법률이나 규정에 정통해야 하는 것은 기본이라고 할 수 있다. 달리 말하면 규정이나 법

마이클 조던의 캐릭터를 넣어서 만든 농구공

률이 에이전트에게 있어서 중요한 포인트라고 할 수 있는 것이다. 만약 에이전트가 법률이나 규정을 잘못 이해하고 있다면 그에 대한 불이익은 선수에게 고스란히 전달될 것이기 때문에 이러한 손해는 생각보다 심각할 수도 있기에 중요한 부분이라고 할 수 있다. 그래서 유명한 에이전트는 법률 전문가가 많기도 하다. 선수의 계약 과정에서도 협상을 하고 법률적인 초안을 작성하는 일에 익숙해야 하며 법률 전문가가 아닐 경우에는 이러한 문제에 있어서 실수가 없도록 치밀한 작업을 이뤄내야 한다.

5 언론과의 관계가 어떠한가? 선수의 가치를 높이는 데 있어서 언론과의 관계는 선수 이미지를 관리하는 데 중요하다고 할 수 있다. 이러한 언론과의 관계는 곧 대중매체와의 관계로 생각할 수 있으며, 이러한 관계는 선수의 이미지를 만들어 나아가는데 한 방법이기 때문이다. 매체 담당자들이 선수를 어떻게 꾸며주느냐에 따라 대중들의 인기 정도가 전혀 다르게 나타난다. 능력이 있는 에이전트는 언론과의 관계를 돈독히하여 보다 긍정적으로 많은 노출이 될 수 있도록 유도하는 능력이 필요하다.

6 합의사항을 이행할 수 있는 능력이 있는가? 에이전트와 관련한 선수의 욕구는 세부적인 계약 내용으로 표현된다. 계약서는 에이전트가 선수에게 성사시켜 주어야 할 사항들을 구체적으로 명문화한 것이다. 무엇보다도 중요한 것은 에이전트가 선수와 합의한 내용들을 모두 이행할 능력이 있는지를 파악하는 것이 중요하다. 특히 수입과 기타 재정적인 문제를 취급할 경우 선수는 대리인이 보증금을 공탁하도록 요구할 수도 있다. 미국의 일부 주에서는 재정이나 금융 관리자의 경우 일정한 자격을 요구하기도 한다.

7 선수와의 관계가 어떠한가? 선수로 하여금 편안한 관계를 유지할 수 있는 에이전트인가? 선수와 대리인이 계약을 체결하면 서로는 선수를 중심으로 효과를 극대화해야 하는 공동의 목표를 설정하게 된다. 이를 위해서는 서로가 화합하여 편안한 관계를 유지하여야 하며 공동의 목적달성을 위한 연대의식을 갖고 있을 필요가 있다.

| 그림 3-3 | 에이전트 선정시 고려 사항

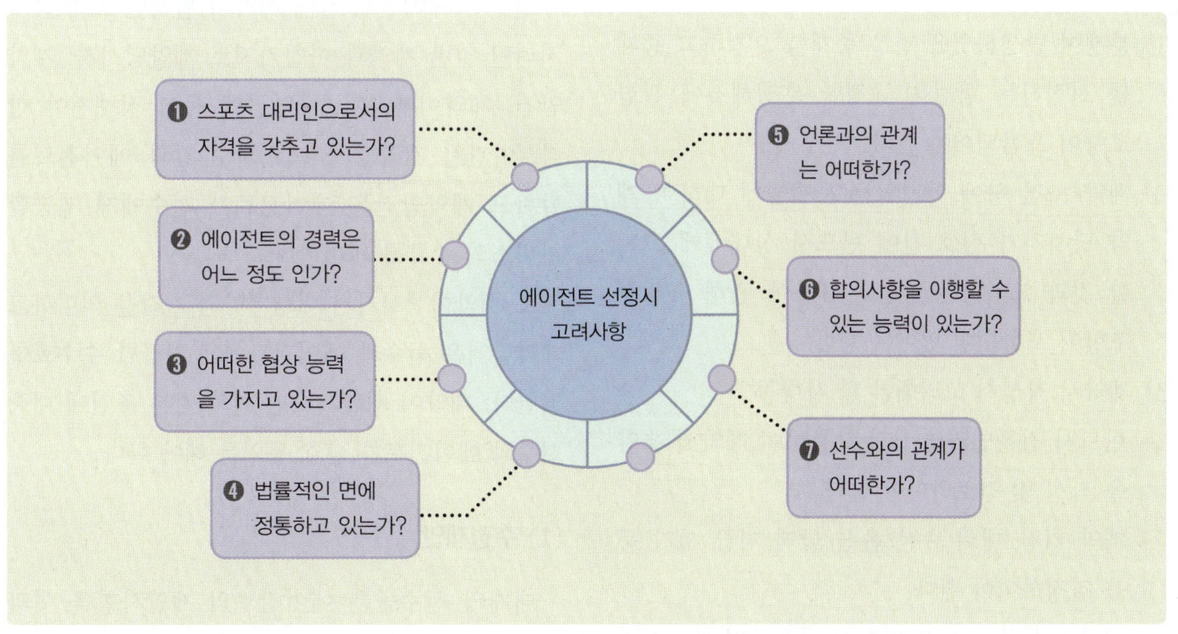

출처: 스포츠 비즈니스.

선수와의 유대관계가 좋다면 여러 가지 측면에서 긍정적인 이미지를 도출해 낼 수 있다.

7. 에이전트와의 계약 필수 조항

선수와 에이전트가 계약을 할 때 반드시 명시해야할 조항들은 다음과 같다(1998, 송기성).

1) 분쟁이 발생하였을 경우 중재를 요청하고 중재를 선정하는 방법을 규정한 분쟁해결에 관한 조항이 포함되어야 한다.
2) 계약 조건 하에 야기되는 문제들에 대하여 계약 당사자가 상호 간에 반드시 상대에게 고지할 것과 고지하는 방법과 태도에 관해 규정한 조항이 포함되어 있어야 한다.
3) 계약서 작성시 고려해야 할 사항들

❶ 반드시 전문인과의 상담을 통하여 계약서 초안을 작성 및 검토하여야 한다.
❷ 계약 기간/대회 출전/옵션/금액 지급 시기 등을 결정하여야 한다.
❸ 현금과 물품 지원을 반드시 적정하게 분배하여야 한다.
❹ 제품을 착용하지 못했을 경우나 계약을 이행하지 못했을 경우에 대한 배상 조항을 검토하여야 한다.
❺ 계약의 주체가 본인인지를 확인하고 사인을 직접할 수 있어야 한다.
❻ 에이전트의 수수료와 지급 부분을 명확하게 하여야 한다.
❼ 현재 다른 곳과 계약이 되어 있지는 않는지 확인하여야 한다.
❽ 너무 많은 옵션에 계약을 하지 않도록 한다. 경기력에 지장을 줄 수 있다.
❾ 상표 부착/광고 출연/행사 출연 등은 몇 회 인지 확인하라.
❿ 독점적 권한이 얼마나 있는지 타당성을 확인하라.
⓫ 다음 계약에 대한 협상권은 어떻게 진행되는지 확인하라.

계약서의 조항들

선수와 에이전트 간에 계약이 법적인 효력을 가지려면 일반 계약과 마찬가지로 계약당사자, 계약안건, 계약이행시기, 계약금액 등이 정해져야 한다. 여기서 계약당사자는 선수 갑과 에이전트를 말하고 계약안건은 에이전트가 선수에게 제공할 서비스의 종류를 의미한다.

또 계약이행시기는 대행계약의 기간을 의미하고 계약금액은 선수가 에이전트에게 지급할 수수료를 말한다. 계약이 체결되려면 위의 기본 조건에 대해 선수와 에이전트가 상호 동의를 해야 한다.

(1) 수정제안

대개의 선수들은 에이전트의 제안사항을 여과없이 전부 수용하는 편이다. 그런데 선수가 보기

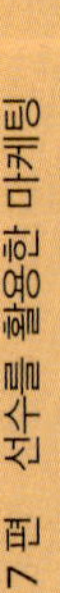

사례 3-1 에이전트의 연봉계약 및 인도스먼트 계약 대행

에이전트 "을"이 선수 "갑"에게 모든 연봉계약 및 인도스먼트 계약을 대행해 주고 거기서 발생하는 총수입의 4%를 수수료로 받겠다는 제안을 했다고 하자.

또 그 제안 내용 중에는 대행계약서에 선수 "갑"이 서명을 해야 제안을 수락한 것으로 간주한다는 문구도 들어 있다. 그런데 선수 "갑"이 그 대행계약서에 서명을 하고, 서명한 계약서를 에이전트 "을"에게 우송했다. 이 경우에 서명이라는 절차는 제대로 밟았지만 앞에서 설명한 가정을 따른다면, 에이전트 "을"은 선수 "갑"에게 제안을 수락할 권리를 준 것은 아니기 때문에 이 계약은 법적인 효력을 갖지 못한다. 상황에 따라서는 선수가 제안에 대한 확답을 하지 않았더라도 수락한 것으로 간주되는 경우도 있다. 에이전트 "을"이 업체와 인도스먼트 계약을 체결하겠다는 제안을 선수 "갑"에게 한다고 가정하자. 이때 에이전트가 선수에게 당신의 대리인 자격으로 한 업체와 인도스먼트 계약을 교섭하고자 한다.

대행수수료는 15%인데 이 제안을 받은 순간 당신이 나에게 10일 이내 거부의사를 밝히지 않으면 수락한 것으로 간주하겠다라는 편지를 보낸다. 10일이 지났고 선수 "갑"은 에이전트 "을"과 연락이 닿지 않았다. 에이전트 "을"은 선수 "갑"을 위해 10만 달러짜리 인도스먼트 계약을 체결하였고 선수는 계약조항을 이행한다. 그런데 선수가 자신은 에이전트에게 구두로나 서명으로 자신을 대리하여 계약을 체결하라는 약속을 한 적이 없기 때문에 15%의 수수료는 못 주겠다고 하는 문제가 발생했다. 이 문제가 법정으로 갈 경우 법원은 선수 "갑"은 에이전트 "을"의 제안을 수락한 것으로 간주한다. 그 이유는 다음과 같다.

선수 "갑"에게는 제안을 거부할 수 있는 기회가 충분히 주어졌다.

선수 "갑"은 에이전트 "을"의 노력으로 얻어낸 수입의 수혜자일 뿐만 아니라. 에이전트 "을"이 1만 5,000달러의 수수료를 기대한다는 사실을 이미 알고 있었거나 알았어야 했다.

에 마음에 들지 않는 사항이 있을 경우 에이전트에게 선수가 수정제안을 요청할 수가 있다. 이러한 경우에는 선수가 제안자가 되고 에이전트는 피제안자의 입장으로 바뀐다. 에이전트와 대행계약을 맺기보다는 선수 스스로 자신의 계약을 체결하려는 선수들이 많아질수록 이러한 역할 전도현상이 자주 일어날 것으로 보인다.

(2) 대가조항

계약 과정에서 어느 한 쪽이 다른 쪽의 요구대로 일을 해주는 대신받는 교환가치를 대가라고 할 수 있다. 대가는 한 쪽이 요구하는 수준을 이행하겠다는 약속으로 볼 수도 있고 그에 대한 반대급부라고 볼 수도 있다. 이행결과는 약속과 다른 결과로 나타날 수도 있고 법적인 관계를 만들거나 소멸시키는 형태로 나타날 수도 있다.

예를 들자면 선수 "갑"이 대학 4학년 1학기에 재학중이었을 때 에이전트 "을"로부터 500만원을 받았던 적이 있다고 하자. 선수가 돈을 받을 당시, 선수가 그 돈을 자신의 대리권리를 에이전트가 갖

박찬호 선수와 만나는 에이전트

마케팅 休知通

대단절(chasm)

지질학에서 사용하는 용어로, 지층이 이동하여 생겨난 골이 깊고 넓은 단절을 의미하며, 마케팅에서는 신상품이 도입기에서 성장기로 넘어가기 위해 극복해야 할 시간과 해결 과제를 뜻한다.

만일 이 대단절을 극복하지 못하면 시장에서 꽃도 피워보지 못하고 자취를 감추게 된다. 제프리 무어(Geoffrey A. Moore)의 대단절을 넘어서라는 책에서 유래한 용어이다.

선수나 팀도 선수로서 출발하지만 우승을 하거나 좋은 성적을 보이지 못하면 꽃을 피우지 못하는 것처럼 이를 극복하기 위해서는 많은 노력과 극복해야 할 과제들이 많이 있다.

는 조건으로 받는 것이라는 점을 모르고 받았다면 에이전트 "을"이 그 돈의 지불로 대리인 계약관계가 성립한다는 주장을 하지 못하게 된다.

(3) 선수와 에이전트 간의 계약조건

선수와의 구두계약만으로도 약속을 성실하게 지키는 에이전트들도 많지만 나중의 골치 아픈 문제를 미연에 방지하기 위해서는 계약서를 문서화하는 것이 바람직하다. 계약 당사자들의 유대관계가 좋을 때는 계약서 작성 여부가 전혀 문제가 되지 않는다. 그렇지만 인생살이와 마찬가지로 계약에서도 계약기간 내내 양자의 우호적인 관계가 지속되지는 않는다. 계약 당사자들이 계약문구의 기준이 필요 하다고 느끼기 시작할 때쯤이면 양자의 우호관계에 이미 금이 가기 시작했다고 보아야 한다.

양자가 즐거운 마음으로 계약을 성사시키는 단계에서 계약파기 조건까지 활자화하는 것이 잘못된 것으로 보일지는 몰라도 관계가 뒤틀려 법정까지 가서 시비를 가려야 할 경우도 있기 때문에 계약해지에 관한 문구와 조건까지 명기된 계약서를 작성하는 것이 좋다.

(4) 제공 서비스

에이전트가 선수에게 제공할 수 있는 서비스의

| 그림 3-4 | 스폰서십 계약시 돈의 흐름

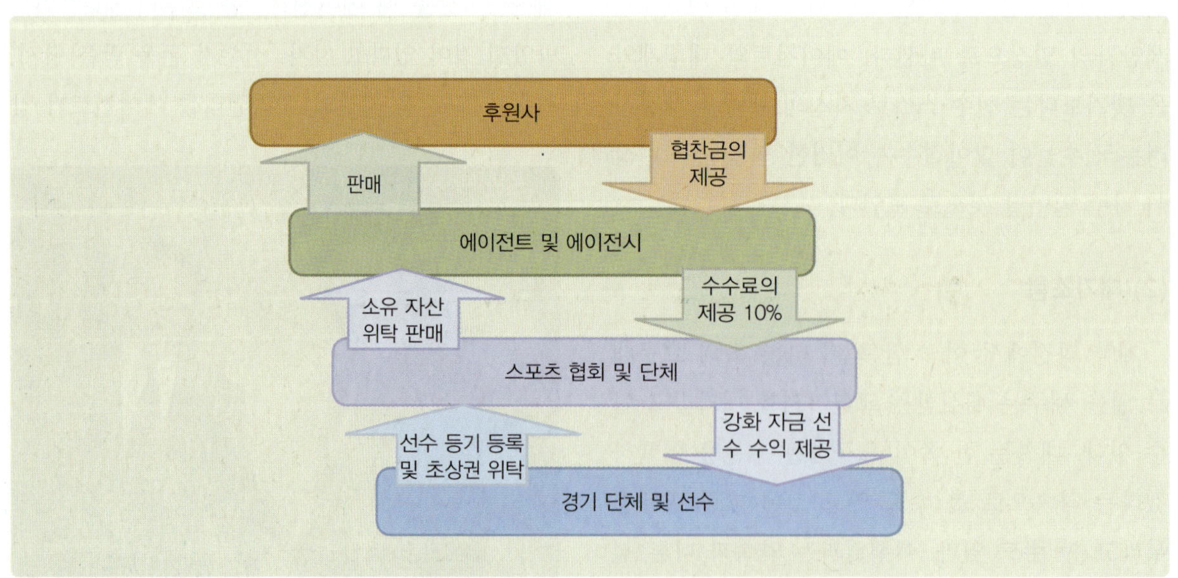

출처: 스포츠 비즈니스의 JOC 일관 관리를 변형하여 만듦.

종류는 입단 및 연봉계약의 대행, 인도스먼트 계약대행, 재산증식, 절세, 노후설계 방안 제시, 홍보대행, 사회활동 방안제시 등 매우 다양하다. 이와 같은 다양한 서비스 중 특정 서비스 한 가지만 제공하는 에이전트도 있고 모든 서비스를 전부 제공할 수 있는 에이전트도 있다. 이 항목에서는 단일 서비스이든 복수 서비스이든 간에 에이전트가 선수에게 제공하는 서비스의 종류를 분명히 해야 한다. 대개의 경우 위의 서비스 중 한 분야나 몇 개 분야에서 전문가적 자질을 갖춘 에이전트는 있을 수 있지만 혼자서 전 분야를 커버할 수 있는 에이전트는 드물다. 그래서 에이전트에게 인도스먼트 계약이나 재산관리에 관한 독점권을 줄 때는 에이전트의 선정에 신중을 기해야 한다. 구단과의 연봉계약에는 능수능란하지만 타 분야는 잘 모르는 에이전트들도 있을 수 있기 때문이다.

(5) 계약기간

계약기간을 별로 중요하지 않은 항목으로 생각하는 선수들이 많지만 계약 후 에이전트의 능력이 시원찮다고 판단되었을 때는 이 계약기간이 골칫거리로 등장한다. 에이전트의 능력을 사전에 충분히 알아보지 않고 겉모습만 보고 덜컥 계약을 체결한 선수들이 나중에 후회하는 경우가 많다. 이런 문제가 자주 발생하자 계약기간을 아예 선수노조에서 규정하는 경우도 있다. MLBPA는 노조소속 선수와 에이전트 간의 계약협상에 관한 대리인 계약기간을 1년으로 정해두고, 계약기간이 만료되면 매년 정해진 양식대로 갱신하게 한다.

NFLPA와 NBPA는 선수, 에이전트의 표준계약서에 계약파기 규정을 명기하고 있다. NBPA의 규정에는 계약서 작성완료 날짜부터 계약기간이 시작된다고 보지만, 문제가 있을 경우 계약의 효력발생을 연기시키는 단서조항을 부기하고 있다. 선수가 에이전트와 자기계약을 맺을 필요는 없다고 보

NFL Super bowl 우승 순간의 하인즈 워드

는 것이 일반론이다. 선수로서는 에이전트의 능력이 검증된 후에 재계약이나 계약연장을 하면 그만이다. 또 선수가 좋은 성과를 올렸을 때는 에이전트와의 계약과정에서도 유리한 조건으로 계약할 수가 있기 때문에 장기계약을 서두를 필요가 없다. 그런데 합리적인 이유가 있을 경우 선수와 에이전트 양자가 서로 서면통보를 통해 계약을 파기할 수 있는 권리를 갖는 것이 중요하다. 이 권리는 각자가 서로의 의무를 충실히 지키게 만드는 효과가 있다.

(6) 수수료 조항

에이전트가 선수로부터 받는 수수료의 책정방식은 정액제, 정율제, 시간급으로 정하는 방식과 시간급 및 정율제를 혼합하여 상한선을 정해두는 방식의 네 가지가 있다. 선수와 에이전트의 관계에서 수수료로 인한 문제가 가장 많이 발생하기 때문에 선수와 에이전트는 계약서에서 수수료의 산정방식을 확실히 해 둘 필요가 있다.

정액 수수료

정액제는 에이전트가 선수대신 수행키로 약속

박세리 선수의 우승 축하 파티

한 각 서비스가 일어날 때마다 일정 금액을 선수가 지급하는 방식이다. 선수 입장에서 이 방식을 도입하면 몇 가지 장점이 있다. 가장 큰 장점은 자신이 지급해야 할 수수료 액수를 선수가 미리 예상할 수가 있다는 점이다. 또 수수료가 협상결과에 따라 변하는 것이 아니라 협상일정만 정해지면 수수료도 정해지기 때문에 선수는 전액선불이나 정액할부로 지급할 수도 있다.

정액제의 가장 큰 단점은 협상결과에 따라 주어지는 인센티브가 없기 때문에 에이전트가 열심히 노력해야 할 동기를 심어주지 못한다. 또 선수의 드래프트 순위가 몇 번째가 될 것인지와 어떤 회사나 어떤 제품의 인도스먼트를 받을 수 있을 것인지에 대한 정보가 없으면 적절한 수수료 금액을 정하기가 어렵게 된다.

정률 수수료

선수와 에이전트 계약에서 가장 많이 쓰이는 수수료 산정방식이 바로 정률제이다. 정률제로 한 경우의 수수료는 선수가 버는 수입에서 일정률을 에이전트가 받게 된다. 에이전트가 부과하는 수수료는 제공 서비스의 종류에 따라 다양하게 변한다. 구단과의 계약협상 서비스 한 가지만 제공할 때는 3%~5%의 비율이 일반적이다. 거기에 선수의 재산관리 서비스까지 패키지로 추가하면 수수료비율은 7%~10%로 올라가고 또 인도스먼트 계약은 선수가 받는 수입의 10%~25%까지 수수료로 공제할 수가 있다.

선수 수입의 몇 % 라는 식으로 수수료를 정해두면 선수가 이해하기에는 편하다. 그런데 "선수 수입"의 몇 % 라고 할 때 어떤 종류의 수입을 수수료를 떼는 선수 수입으로 볼 것이지를 정해두지 않으면 문제의 소지가 있다. 막연하게 선수 수입이라고만 하면 연봉, 입단 계약금, 출전수당, 등록수당을 포함하여 타이틀 수상 보너스, 대부금, 구단제공 자동차, 대납보험료 등 팀이나 각종 단체로부터 받는 모든 수입이 포함된다. 그래서 NBPA와 NFLPA는 선수가 벌 수 있는 각종 수입 중에서 에이전트가 수수료를 부과할 수 있는 수입을 따로 규정하고 있다.

시간급 수수료

시간급 수수료 지급방식은 입단계약이 이루어지는 신인드래프트 과정에서 상위순번에 지명되는 선수가 이용하면 수수료 비용을 크게 절감할 수 있다. 예를 들어 계약금 포함 100만 달러에 계약을 체결할 예정인 선수가 있다고 할 때, 이 선수가 4%의 정률수수료로 에이전트를 고용하면, 1주일당 40시간씩 3주간(총 120시간) 협상업무를 대행한다고 할 때 1만 8,000달러만 지급하면 된다.

시간급과 정률제의 혼용

시간급 수수료를 채택했을 때 만일 에이전트가 대행 업무에 소요된 시간을 크게 부풀려버리면 정율제로 할 때보다 오히려 많은 금액이 산정되는 수도 있다. 그래서 개발된 방법이 바로 시간제와 정률제를 혼합한 방식이다. 이 방식은 일단 시간급으로 정하되 시간급으로 정산한 총 수수료가 일정 상한선을 넘지는 못하게 하는 방식이다.

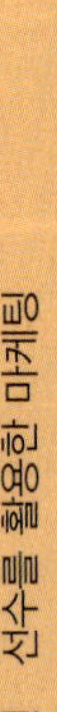

(7) 입장표명과 보증

계약관계에 들어가기 전 단계에서 에이전트와 선수는 자신을 상대방에게 소개하는 기회를 무수히 갖게 된다. 나중에 서로 피해를 보지 않기 위해서라도 각자가 표명한 입장을 계약서에 남길 필요가 있다. 선수와 에이전트 각자가 상대방에게 보증해 주어야 할 사항에는 다음과 같은 내용이 있다.

선수가 보증할 사항

본 계약에서 에이전트로부터 제공받기로 한 특정 서비스에 관해 본인은 다른 어떤 에이전트와도 중복 계약을 하지 않은 상태임. 또 본 계약서상의 서비스에 대해 독점권을 부여할 경우 본인은 계약 기간 중 다른 어떤 에이전트와도 이 서비스에 대한 중복 계약을 맺지 않으며, 본 계약에 명기된 종목에서 본인은 학생선수 신분을 유지하지 않은 상태임. 또 본인은 NCAA 규정상 학생선수 신분으로 대리인 계약을 맺을 수 없다는 사실을 인지하고 있고, 계약의 효력발생 날짜가 학생선수 신분이 만료되는 날부터 시작된다고 되어 있더라도 규정에 위배된다는 점 인지하고 있음. 또 본 계약을 체결하는 데 있어서 연맹의 규정에 위배됨이 없는지를 대학체육부 이사와 상의를 하였음.

에이전트가 보증할 사항

본인은 선수노조와 프로기구의 에이전트 자격심의 규정에 결격사유가 없음. 본인은 본 계약서에 약속한 서비스를 제공할 수 있는 자격증을 구비하고 있음. 본인은 에이전트 관련 윤리강령을 준수할 것이며 윤리강령의 사본 1부를 본 계약서에 별첨하고 이를 지킬 것을 약속함. 본인은 에이전트 업무상 기소를 당한적이 없을 뿐만 아니라 본인과 관련하여 현재 계류중이거나 기소 예정인 사건도 없음. 본인은 선수를 대리하는 에이전트로서 본 계약서에서 밝힌 바대로 어떤 이해상충도 만들지 않을 것임.

샌프란시스코 자이언츠 우승 퍼레이드에 참가한 선수 / 우승은 곧 선수의 가치 증가이다.

(8) 계약위반 배상금 조항

선수와에이전트 계약에서 가장 자주 문제가 되는 부분이 바로 중복 계약이다. 특정 선수와 먼저 대리인계약을 체결했던 에이전트는 나중에 끼어든 에이전트를 불법행위로 소송을 제기할 수 있다. 또 앞에서 설명한 선수의 보증사항이 계약서에 명기되었다면 선수를 계약위반 행위로 소송할 수 있다. 여기에다 보험 장치를 한 가지 더 추가하는 것이 바로 배상금 조항이다. 이 조항은 선수가 지금 현재뿐만 아니라 앞으로도 중복 계약을 맺지 않겠다고 한 약속을 위반했을 때 에이전트에게 청산배상금을 물게 만드는 내용이다.

(9) 양자합의 인정 조항

대부분의 계약서에는 "본 계약서는 양자가 최종적으로 합의한 내용이며 이전에 본 것에 대해 구두 혹은 문서상으로 합의되었던 합의 사항이나 협약서는 본 계약서로 대체된다" 라는 문구가 있다. 계약업무에 익숙하지 못한 선수들은 그동안 에이전트와 주고받았던 많은 구두약속도 계약으로 믿고 있다가 문서로 작성된 계약서 조항에 누락된 부분이 자신의 발목을 잡을 때야 비로소 아차 하게 된다.

예를 들어 계약협상에 소요된 비용 중에서 선수

마케팅 休知通

선수와 주가의 상관 관계

1996년 3월 농구 코트를 떠났던 마이클 조던이 복귀하자 두 가지 재미있는 사건이 생겼다. 하나는 조던이 과거에 사용하던 23번 대신 배번을 45번으로 바꿔 단 것. 조던이 첫 복귀전을 치른 후 시카고 불스의 등 번호 45번 유니폼은 날개돋친 듯 팔려나갔다. 이 때문에 시카고 불스 유니폼을 생산하던 챔피언사는 돈방석에 올라앉았다. 챔피언사는 매일 3교대로 24시간 가동 체제에 들어갔고 얼마나 많은 돈을 벌어들였던지 주가는 3개월 만에 20%나 상승했다.

다른 한가지 사건은 주식시장에서 벌어졌다. 마이클 조던이 "나는 돌아 왔다"는 간단한 인사말로 복귀를 선언한 다음날, 조던이 자사 제품 광고에 출연한 나이키와 코카콜라 주가가 갑자기 급등하기 시작했다. 조던의 복귀로 이들 회사의 매출이 급증할 것이라는 희망적인 전망이 시장을 지배했기 때문이다.

하지만 이런 효과가 언제나 반드시 나타나는 것은 아니다. 대표적인 사례가 축구 스타 펠레의 경우다. 74년 펠레가 이끄는 브라질 호화군단이 월드컵 3회 우승이라는 신화를 달성했는데도, 정작 우승 당일 펠레가 광고에 출연했던 코카콜라 주가는 좀체 미동도 하지 않았다. 당시 미국인들에게 축구는 여전히 낯선 종목이었던 탓에 월드컵에서 어느 팀이 우승했는지 조차 관심이 없었기 때문이다.

2010 밴쿠버 동계올림픽에서 우리나라 선수들이 연일 선전하면서 올림픽 관련주가 관심 대상으로 떠올랐다. 시장에서 가장 많이 얘기됐던 주인공이 바로 올림픽을 국내에 독점 중계하는 SBS였다. 하지만 SBS의 주가는 올림픽 기간 내내 약세를 면치 못했다. 정작 주가가 빠르게 상승한 것은 스포츠 관련 업체들이었다. 예를 들어 김연아의 매니지먼트사인 아이비(IB)스포츠의 경우, 12월 이후 주가 상승률이 200%를 넘었다.

그리고 김연아 선수와 계약을 해지한 후 3일 연속 큰 폭의 주가 하락을 기록하였다.

가 변상해 주어야 할 비용 부분에 대해 에이전트와 선수가 어떤 식이든 합의는 할 것이다. 그런데 앞에 소개한 내용처럼 세세한 부분까지 구체적으로 계약서에 기재해두지 않으면 선수통장에 돈도 입금되기 전에 에이전트의 비용청구서부터 먼저 날아 올 수도 있다.

NFL의 슈퍼볼

만일 이런 문제로 중재인이나 법정까지 가더라도 중재인이나 판사가 계약서 문구상의 애매한 부분을 찾지 못한다면 선수에게 그리 유리할 수가 없다. 또 구두 증거주의에서는 양자가 최종적으로 완전히 합의한 것으로 되어 있는 문서가 다른 어떤 증거보다도 중시된다는 점을 명심해야 한다. 그래서 선수와 에이전트가 최종적으로 완성한 계약서에는 어떤 오해도 불러일으키지 않기 위해 양자가 완전히 합의했다는 문구를 넣어야 한다. 그리고 이외에도 중재신청 조항, 관할법원 조항, 업무상 비용처리 조항 등도 선수와 에이전트 계약서에 삽입되어야 할 사항이다.

제 4 장 스포츠 에이전시

제 4 장

스포츠 에이전시

1. 스포츠 에이전시의 정의

스포츠 에이전시는 스포츠 에이전트와 같이 개인이 움직이는 것이 아니라 여러 개인이나, 단체를 대행하여 움직이는 단체이며, 이는 일반적으로 대행사라고 칭하고 있다.

스포츠 마케팅이 발전하게 되면 다양한 형태의 스포츠 마케팅 회사들이 설립되어지고, 광고 대행사에서 스포츠 마케팅 팀을 운영하고 있다.

스포츠 선수들을 매니지먼트 회사의 두 가지 맥락을 중심으로 스포츠 마케팅 회사의 시작이라고 할 수 있다. 이러한 스포츠 마케팅 회사의 형태를 알아보기 위해서 〈표 4-1〉과 같은 형태로 스포츠 마케팅 회사의 운영 형태를 구분할 수 있다.

일반적으로 스포츠 마케팅 에이전시는 일반적으로 세 가지 형태로 설립되어지는데, 스포츠 단체의 수익사업을 위해 설립된 스포츠 에이전시 자회사(모기관의 프로퍼티 활용), 스포츠 단체에서 운영하는 스포츠 마케팅 부서(자체 프로퍼티 사용), 일반적인 스포츠 에이전시(프로퍼티 계약 및 협상으로 확보)로 구분할 수 있다.

이러한 스포츠 마케팅의 일반적인 공통점은 각 스포츠 단체가 고유하게 보유하고 있는 스포츠 프로퍼티를 활용하고 있다는 점이다. 모기관의 프

| 표 4-1 | 스포츠 단체의 마케팅 운영구조 분석

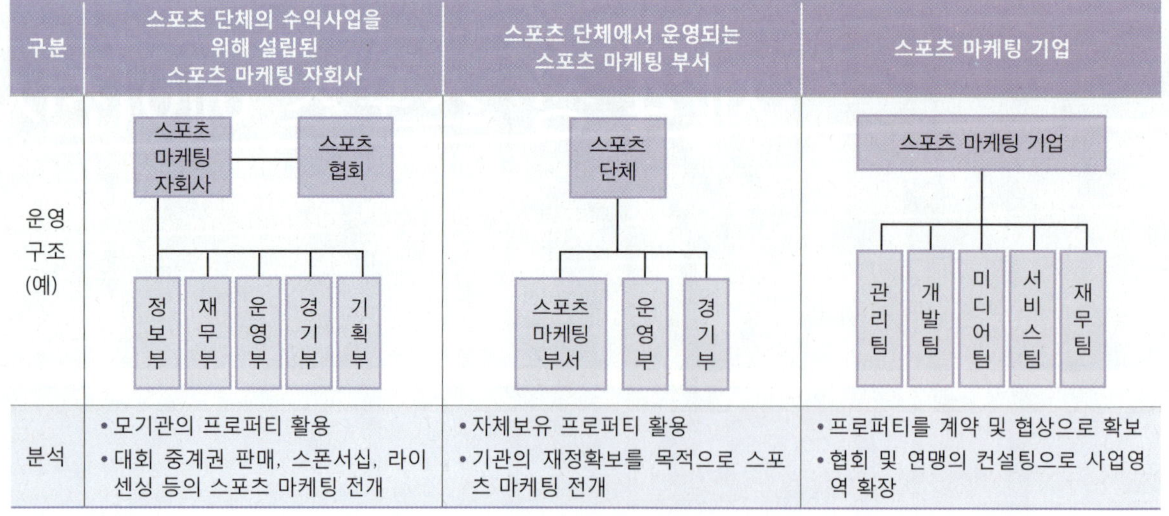

구분	스포츠 단체의 수익사업을 위해 설립된 스포츠 마케팅 자회사	스포츠 단체에서 운영되는 스포츠 마케팅 부서	스포츠 마케팅 기업
운영 구조 (예)	스포츠 마케팅 자회사 — 스포츠 협회 정보부, 재무부, 운영부, 경기부, 기획부	스포츠 단체 스포츠 마케팅 부서, 운영부, 경기부	스포츠 마케팅 기업 관리팀, 개발팀, 미디어팀, 서비스팀, 재무팀
분석	• 모기관의 프로퍼티 활용 • 대회 중계권 판매, 스폰서십, 라이센싱 등의 스포츠 마케팅 전개	• 자체보유 프로퍼티 활용 • 기관의 재정확보를 목적으로 스포츠 마케팅 전개	• 프로퍼티를 계약 및 협상으로 확보 • 협회 및 연맹의 컨설팅으로 사업영역 확장

로퍼티 활용하여, 대회 중계권 판매, 스폰서십, 라이센싱 등의 스포츠 마케팅을 전개하여 수익창출, 모기관의 발전을 위해 수익금을 공익적으로 사용하는 형식으로 운영되고 있다.

이러한 스포츠 에이전시들의 업무들은 고객 경영과 대리, 고객 마케팅과 상품 광고, 이벤트 개발, 이벤트 관리와 마케팅, 자산 대행과 특허 관계, TV 개발과 제작, 후원 로비와 상담, 접대 관리 서비스, 잠재 고객 프로그램과 참가 프로그램, 연구와 평가, 재정 기획 및 경영 등의 분야와 이러한 프로퍼티를 통해서 방송중계권 및 콘텐츠를 판매하고, 이벤트를 유치하며, 스폰서를 유치하는 업무를 하는 형태를 보이고 있다.

2. 스포츠 단체가 소유하고 있는 스포츠 마케팅 회사

IOC Television and Marketing Services

IOC는 IOC의 기존 마케팅 대행사인 ISL(International Sports & Leisure)과의 계약을 청산하고 ISL의 직원들이 퇴사하여 설립한 MMSA(Meridian Management SA)과 1996년 3월 12일 대행 계약을 체결하였다. 하지만 10년 뒤, Merdian과의 계약을 종료하고, 2005년 6월, IOC Television & Marketing Services로 회사명을 변경하였다.

국제올림픽위원회(IOC)는 올림픽 마케팅의 강화를 위해서 IOC 내 자회사로서 올림픽 TOP 프로그램 협상 및 관리, 올림픽 브랜드 매니지먼트, 올림픽 방송 중계권 판매 등의 관련 사업을 중심으로 IOC Television & Marketing Services를 운영하고 있다

IOC의 마케팅을 관리하는 IOC Television and Marketing Service

IOC Television and Marketing Services의 주요 수입원은 자국에 방영을 보장하는 전재로 중계권을 판매하여 수익을 NOC에 공통적으로 분배하는 역할을 한다고 할 수 있다.

IOC Television and Marketing Services의 기본적인 수입은 방송 중계권, 라이센싱 사업 그리고 TOP 프로그램에 의한 스폰서십 프로그램에 의한 수익이라고 할 수 있다.

TOP 프로그램의 주요 권리는 올림픽 심벌인 오륜마크를 광고나 자사제품(참여 품목에 한함)에 부착하여 각국(NOC 등록 국가)에서 사용 가능 권리를 포함하여 올림픽 운영과 관련된 제품에 대해, TOP스폰서는 자사제품을 우선적으로 대회조직위에 납품할 권리 획득, 차기 올림픽 후원의 우선권, 이를 포기하기 전까지는 IOC 자체적으로 타기업과 계약 불가 등의 권리 등을 제공한다. 이러한 IOC Television and Marketing Services의 주요 사업의 성과라고 할 수 있는 것들은 일정한 국가 혹은 장소에 국한된 올림픽 경기를 TV를 통해 전 세계적으로 전파함으로써 올림픽의 가치를 높이는 것뿐 아니라, 1980년(LA올림픽) 111개국에 방영되던 것을 2000년(시드니올림픽)에 220개국으로 2배 상승시켰고, 2008년 베이징올림픽 방영된 국가 역시 220개국으로 유지하였다. 또한 올림픽의 방송 중계권 판매 역시 2001~2004년도 전체 IOC의 수익금 가운데 53%를 기록하였다.

❙ 올림픽 선수촌의 기념품 판매부스

처음 TOP 프로그램이 시작되었던, TOP Ⅰ에 비해 TOP Ⅵ의 수익금은 약 9배 인상되어 수익성을 창출하여 성공적인 TOP 프로그램 운영으로 올림픽 마케팅 시장을 활성화하는데 기여했다고 할 수 있다. 이러한 수익의 증가는 각 올림픽위원회에 배당되는 분배금을 증가시키는 계기를 마련하였고, 이러한 효과는 다시 TOP 프로그램의 스폰서십 효과를 높이는 효과를 발휘하였다. 또한, 라이센싱 부분에서는 IOC, NOC, OCOGs(Organising Committees for the Olympic Games)로 차등하여 적용하여 올림픽개최국가(OCOGs)는 올림픽과 관련된 기념품 라이센싱 권리를 판매하고, 각국 올림픽위원회는 자국의 대표 팀과 관련된 기념품 라이센싱 권리를 판매하며, 필름, 비디오 게임 및 기타 미디어 관련된 분야에 관해서는 전 세계적으로 권리를 제한하고 있다.

FIFA Marketing AG

FIFA Marketing AG는 2001년 ISL(International Sports & Leisure)이 파산하고 FIFA가 별도의 자회사를 설립할 당시 ISL Football Department를 별도로 인수하면서 설립한 FIFA의 프로퍼티만을 활용하여 마케팅 활동을 하는 FIFA의 마케팅 자회사이다. FIFA Marketing AG의 주요 수익원은 IOC Television & Marketing Service와 마찬가지로 같은 형식의 수익구조를 갖고 있다. FIFA Marketing을 쉽게 이해하려면 FIFA의 Marketing Department라고 할 수 있다.

FIFA Marketing의 기본적은 업무는 방송 중계권을 포함하여, FIFA의 Marketing Partner를 영입하고 관리하면서, 마케팅 Protection업무 또한 같이 함께 하는 것이다. 이에 FIFA의 마케팅 파트너의 마케팅 활동과 관련된 모든 부분에 대해서 관여하고 서비스한다.

KBOP(Korean Baseball Organization Properties)

한국야구위원회(KBO)의 타이틀 스폰서, 라이센싱, 중계권 판매 등의 협상 및 사업개발을 하는 KBO의 스포츠 마케팅 회사이다. KBOP 설립배경은 KBO의 비영리 사단법인의 특성상 제한되어 있던 수익사업을 개발 및 운영하기 위해

❙ **표 4-2** ❙ IOC의 수익구조 분석 (단위: US$ 1,000)

분 류	2001-2004	비 율	2005-2008	비 율	비 고
방송중계권	2,229,000,000	53%	2,570,000,000	50%	2008년 금액은 추정치
스폰서십	1,459,000,000	34%	2,056,000,000	40%	
티켓 판매	441,000,000	11%	411,200,000	8%	
라이센싱	86,500,000	2%	102,800,000	2%	
총 수익금	4,215,500,000	100%	5,140,000,000	100%	

자료: Fact File and Media Guide, IOC.

KBOP(Korean Baseball Organization Properties)를 설립하여 KBO의 자회사로서 재정적인 안정화를 목적으로 한다.

KBOP의 주요 수입원이라고 할 수 있는 것은 타이틀 스폰서 영입을 통한 수익을 가져온다는 점이다. KBO는 3년 연속(2005년~2007년) 삼성전자 스폰서 계약(3년 간 1,440,000,000원)을 체결함으로써 수익 안정화를 꾀하였다. 아직은 국내 스포츠 이벤트 시장의 약화로 인하여 프로야구를 통한 수익의 흑자는 어려운 부분이 있지만, 국내 최초로 설립되어진 협회 내부의 스포츠 마케팅 회사라고 할 수 있다. KBOP는 이외에도 KBO 각종 행사 대행(올스타전, 포스트시즌, 골든글러브 행사 기획 및 진행)하며, 라이센싱 사업(온라인 게임), 캐릭터 사업, 인터넷 중계권, 구장 옥외 광고권, 초상권(용품 판매권은 각 구단에게 부여) 등을 판매하고 있다.

이러한 KBOP의 주요 사업 효과는 KBO 수익사업이 한계점을 극복(라이센싱 사업 활성화 및 구단 지원금 증가)하는 효과를 가져왔으며, 꾸준히 증가하는 타이틀 스폰서의 수익금과 포털 사이트 '네이버'로부터 해마다 10억원(현금 7억원, 기타 3억원)을 협찬받기도 하였다.

하지만 IOC, FIFA의 마케팅 대행사에 비해서 프로퍼티 자체가 작기 때문에 아직까지 부족한 부분이 많이 있으며, 체계적인 마케팅 권리를 개발하고, 타이틀 스폰서뿐 아니라 다양한 스폰서십 프로그램을 개발함은 물론이고, 여러 가지 마케팅 권리를 벤치마킹할 필요가 있다.

프로야구 미디어 데이에서 롯데의 조성환 선수

표 4-3 | KBOP의 수익구조 분석 (단위: 천만원)

연 도	손 익	수입총액	타이틀 스폰서	기타사업	지출총액	구단지원금	기타비용	비 고
2002	7	400	350	50	390	140	250	
2003	14	510	400	110	490	160	330	
2004	-3	500	400	100	500	160	340	
2005	-3	540	450	100	500	160	340	
2006	1	680	500	180	680	240	440	
2007	99	680	490	190	580	250	330	이익금 각 구단에 배분

• 기타 사업: 온라인 게임, 인터넷 중계권 등 포함
• 기타 비용: 각종 행사 비용, 올스타전 골든글러브 비용, 방송 및 구장 광고, 일반관리비 등 포함

자료: SPORTS 2.0, 제 88호.

마케팅 休知通

Personal(개인) Marketing & Self Marketing

마케팅으로 '자신이 누구인가'를 표현하는 것이다. 자신만의 특성, 습관, 취향, 특기, 관심 분야 등은 자신을 표현해 주기 때문에 이것은 다른 사람들에게 자신의 가치에 대한 인식을 형성하게 한다. 퍼스널 마케팅은 자기자신뿐만 아니라 일과 관련된 고객, 직원, 주변 환경 등과의 관계와도 밀접한 관련이 있고, 한편으로 마케팅은 이들과의 관계를 통해 자신을 드러내고 목적을 달성하는 커뮤니케이션이다. 독특한 슬로건을 바탕으로 이미지를 형상하여 깊은 인상을 남길 수 있게 한다.

• 스포츠 산업에서의 적용사례

(1) No. 61, Park Chan ho

'코리안 특급'으로 불리는 박찬호의 등번호는 원래 16번이었다고 한다. LA 다저스 입단 당시(1994년) 투수코치였던 론 페로나스키가 사용하고 있어서, 16을 뒤집은 61을 사용하게 되었다. 이후 다저스의 16번은 노모 히데오가 차지하면서 박찬호는 현재까지도 61번을 사용하고 있다. 또한, 휘트니스 클럽의 네이밍을 'Park 61'로 정하며 퍼스널 마케팅을 펼쳤다. 최근 뷰티케어 '쉐어버스체어'는 남성을 위한 스포츠 화장품을 'Park61'로 런칭하여 등번호 '61'을 이미지화하여 제품 디자인을 하였다.

(2) Yu na Queen, Kim Yu na

여성 피겨스케이팅에서의 한계라고 생각되었던, 마의 200점대를 넘어 세계신기록을 세우고, 2010 밴쿠버 동계올림픽에서 그 기록을 깨며 228.56점이라는 경의적인 기록으로 금메달을 수상했다. 국내외 언론과 인터넷은 세계신기록을 새로 세울 무렵의 김연아를 여왕, 퀸(Queen)이라고 지칭하기 시작했다.

• 스포츠에서의 시사점

스포츠에서는 언론에 의해 본인은 의도하지 않은 퍼스널 마케팅이 성행된다. 그렇기 때문에 관심을 받고 실력으로 인정을 받았다는 증거 등의 긍정적인 요소 뒤에 부담이라는 장애 요인이 존재한다. 부담을 극복했을 때, 스포츠 선수로서의 진정한 퍼스널 마케팅이 발휘되는 것이다.

3. 스포츠 단체에서 운영하는 스포츠 마케팅 부서

일반적인 스포츠 단체는 기본적으로 마케팅 부서를 보유하고 있으며, 수익을 극대화하려고 노력하고 있다. 하지만 기본적으로 전문 인력도 부족할 뿐 아니라, 전체적인 인력이 부족한 상황에서 많은 스포츠 단체들이 마케팅 운영을 하고 있다. 이러한 문제점 등을 볼 때, 체육 선진국 중 3개국 NOC(미국 USOC, 일본 JOC, 영국 BOA)가 재정적 안정을 위해 운영되는 기관 산하 스포츠 마케팅 전문 부서의 업무를 살펴볼 필요가 있다.

각 국가들의 올림픽위원회 마케팅 부서의 특징은 자체보유 프로퍼티 활용하여 마케팅 프로그램을 개발하는데 있다. 스포츠 단체의 재정적인 안정과 각 가맹경기단체의 균등한 수익금 배분을 위해서 적극적인 스포츠 마케팅 활동을 펼치고 있다. 또한 이러한 수익은 올림픽과 관련되거나 가맹 경기단체의 사업, 또는 사회에 환원하는 사업 등을 통해서 수익뿐 아니라 올림픽 위원회의 이미지까지도 고려하는 마케팅 활동을 하고 있다.

미국올림픽위원회(USOC-United States Olympic Committee)

미국올림픽위원회(USOC)의 마케팅 부서인 마

미국올림픽위원회는 각 선수들을 활용하여 마케팅 수입을 올리고 있다.

케팅 & 사업개발 부서(Marketing Division & Develope)는 미국의 올림픽 참여시, Team USA를 활용하여 마케팅 프로그램사업, 중계권, 자선모금 등의 사업으로 미국올림픽위원회(USOC)의 재원 확충 활동을 하고 있다.

기본적인 마케팅 부서의 목적을 올림픽과 관련한 TOP Sponsorship Program과 Domestic Sponsorship Program, 기금모금 등의 활동을 통해 USOC의 재정을 확보하여 재정 안정화를 유지하는 데 있다. USOC의 주요 수입원은 올림픽 TOP 프로그램을 통한 TOP Sponsorship Program(IOC와 USOC의 할당 비율은 약 80% 대 20%)과 국내 스폰서십 Program(USOC 관할로 미국내의 USOC 관련 사업에 대한 스폰서십)을 통해서 수익을 발생시키고 있다. 또한 TV 방영권 및 관련이자 수입을 통해서 NBC(IOC와 계약한 자국 방송사)와 1998년부터 2012년까지 방영권 약 US$ 673,000,000(1998년 기준 약 952억원)으로 계약하여 수익을 창출시켰다.

그 외의 USOC의 사업으로는 자선모금(Sixth

표 4-4 | 미국올림픽위원회(USOC) 스폰서 현황

스폰서 형태	Official Sponsors	Official Supporter	Official Licensees
스폰서 권리	자국 주요 스폰서	USA 오륜마크의 공식적인 사용 권한	제품과 서비스에 USA 오륜마크 사용할 상업권 획득, USOC 공식 라이센스 상품판매 로열티는 USOC에 지급
스폰서 참여 업체	• 24 Hour Fitness • Kellogg's • Allstate • Nike • Hilton Hotels Corporation • Tyson Foods, Ind. • Jet Set Sports/ CoSport • United Airline	• Adecco • Maverick Ranch natural Meats • Amino Vital • Oroweat • Highmark Inc. • Roots • Kimberly-Clar • Schenker	• Altlus Games • American Identity • Aminco International • Asset Marketing • b-dazzle.com • The Bob Beamon Collection, L.L.C. • Colonial Tag & Label Co., Inc. • Concord • CorpLogoWare • CorpLogoWare-Jewelry • Dale of Norway • Extended Exposure • Fanticola Adamson Entertainment LLC • Fine Art Limited • Footlocker.com • Getty Images • Icaria 2000 • ISM • Jon Hair Studio • Jump Rope Tech • Museum Editions, Ltd. • Nike, Inc • Northwest Group • O.C.Tanner • Omega • PandaAmerica • QVC • Roots • StyleScience • Utimate Skate • United States Postal Services • WIN Products • XP Appare • XP Memorabilia • XP Retail: Brick&Mortar
업체수	8	8	35

출처: 백성일(2008.12), 미국올림픽위원회(USOC) 연수보고서, KOC.

Rings Program)을 통해서 사회적인 이슈도 만들어 내며, 지속적으로 올림픽에 대한 관심을 이끌게 할 수 있는 프로그램을 개발하였다.

'Sixth Ring' 맴버십 프로그램 적용, 기부액에 따라 다섯 가지의 레벨 및 맴버십으로 혜택 구분, Major Gift: USOC의 사업 후원에 필요한 자금 지원(개인 및 기업의 재산 기부)하는 등의 프로그램 등을 개발하여 수익을 이끌고 있다. 또한 우편모금(Direct Mail)을 통하여 매년 2천 5백만 가구에 US$ 20 모금 운동(회원들의 기부로 선수들의 훈련, 숙박, 장비구입 등의 자원 조달)하는데 활용하고 있는데, 이것은 각 모금 운동에 참여한 국민들의 자긍심 고취와 관심을 유지하는 데 도움이 된다고 할 수 있다.

그 외에도 USOC의 NGB 사업개발 부서(NGB Business Development)는 NGB(정부단체)의 사업목표를 충족하고 능력 강화에 목적으로 USOC 마케팅, 미디어 및 세일즈에 NGB의 통합을 지원하고 매출 제안 및 인구통계 정보를 제공하며, 마케팅 수단과 개발을 지원, NGB들의 이벤트 관리를 지원, 국제 행사 유치시 이벤트 사업의 지원 업무를 한다.

홍보 부서인 마케팅 커뮤니케이션(Marketing Communications)은 USOC 공식 파트너, 스폰서, 공급업체 등에 대한 커뮤니케이션 지원, 소비자 제품 및 장구에 대한 공식 라이센스 광고 선전을 담당하고 있다. USOC의 주요 사업 효과로는 마케팅 프로그램 사업 수익금은 2001년~2004년 US$ 100,398,000(2001년 기준 126억원), 2005년~2007년 US$ 235,953,000(2005년 기준 약 246억원)로 약 2.3배 증가하였고, 마케팅 프로그램사업 수익금은 2012년까지 고정화된 방영권 수익금에 반해 증가하는 효과를 보이기도 하였다.

일본올림픽위원회(JOC)의 마케팅 부서 (Marketing Commission)

일본올림픽위원회 역시 미국올림픽위원회와 마찬가지로 일본 국가대표 선수들과 종목들이 가진 프로퍼티를 활용하여 마케팅 활동을 펼치고 있다.

표 4-5 일본올림픽위원회(JOC) 스폰서 현황

스폰서 형태	International Sponsors	Athlete Image Partners	Sponsors	
스폰서 권리	JOC의 국제적인 활동에 대한 스폰서	JOC 초상권에 관련된 권리 사용	JOC 마크 사용, 라이센싱, 머천다이징 등의 스폰서 권리 부여	
스폰서 참여 업체	• Bud weisor	• Coca-cola • Mcdonald's • Panasonic	• Mizuno • Descente • Asics • Ajinomoto • Konami • Kubota • 讀賣新聞 • Wellco • 野村ホ-ルディングス • 佐川急便 • National • Excelhuman • 丸大食品	• Kirin • Toyota • DoCoMO • Yahoo Japan • JAL • ANA • LOTTE • Oinio • Intelligence • Nissin • ト-ヨ-ライス • AIU • はるやま
업체수	1	3	26	

자료: 일본올림픽위원회(JOC) 웹 사이트.

일본올림픽위원회의 Japan House open day 모습

이러한 마케팅 활동에는 라이센싱, 머천다이징, 스폰서십 등의 사업으로 일본올림픽위원회(JOC)의 재정 확보 및 충당하고 있다.

JOC 마케팅 부서의 목적은 기본적으로 스포츠 마케팅 활동을 통해서 올림픽 팀의 재정적 지원을 하는 것이다. 이러한 마케팅 활동의 주요 수입원은 라이센싱 사업을 통한 마크(JOC, 오륜, 엠블럼, 마스코트, 포스터 등), 공식 호칭(슬로건)의 판매 및 저작권 관련한 수입이 있으며, 선수 및 선수단 초상권(용모, 이름, 일러스트, 통칭, 사인 등)의 매니지먼트 사업을 전개하여 수익을 창출한다. 또한 머천다이징 사업을 통해서 JOC 공식적 라이센싱 제품으로 생활품(머그컵, 의류, 타올 등), 문구류(가방, 키홀더, 사진집 등), 의류(모자, 지갑, 티셔츠 등) 등을 판매하여 수익을 창출하고 있다. 메인 스폰서십 프로그램은 일본 내에서의 라이센싱 사업 권한을 부여하고 파트너는 선수단을 지원하는 프로그램을 활용하고 있다. 또한 JOC는 다른 올림픽 위원회와는 다르게 올림픽 대표 선수에 대한 선수 매니지먼트 사업을 하고 있는데, 스타선수에게 연간 약 ￥10,000,000(2009년 기준 약 1억 5천만원)의 계약금을 주고 초상권을 확보하여, 이것들을 스폰서 기업에게 광고 계약 등으로 선수를 상품화하는 사업을 통해서 수익을 만들어 내고 있다. JOC는 이러한 수익을 선수에게 계약금을 제외하고 건당 약 ￥50,000,000(2009년 기준 약 7억 5천만원)엔씩 지급하여 선수들의 재정적인 자립도 꾀하고 있다.

JOC의 주요 사업 효과로는 총 재원의 사업 수익금이 36.5%에 해당하고 있으며, 머천다이징으로 일본 내 올림픽 관심도 증가 및 유지하고 철저한 선수들에 대한 초상권 사업으로 수익을 창출하고 기업의 이미지와 선수 활약상을 연결(기업 캠페인, 신문광고 등)하여 상업적으로 성공하고 있다는 점이다. 2005~2008년까지 스폰서 기업으로부터 후원금을 후원사당 ￥200,000,000(2009년 기준 약 30억원)에서 ￥300,000,000(2009년 기준 약 45억원)으로 인상(선수들의 경기력을 향상시켜 일본의 올림픽 성적 향상 도모)하기도 하였다.

영국올림픽위원회의 로고

영국올림픽위원회(BOA-British Olympic Association)

영국올림픽위원회 역시 다른 올림픽위원회와 마찬가지로 스포츠 마케팅 활동을 통해서 국민적인 관심도를 높이고 스폰서십, 라이센싱, 머천다이징, 자선모금 등의 사업으로 영국올림픽위원회의 재정 자립을 실현하고 있다. BOA의 주요 수입원으로는 스폰서십을 활동을 통해서 수익성을 높이며, BOA를 통한 마케팅 활동에 관하여 법률관련 부서(Legal Department)가 스폰서십 관련된 다양한 권리를 보호하고, 올림픽 용어(Olympic(s), Olympian(s) and Olympiad(s)) 및 Team GB의 이미지, 로고 등을 사용할 권리 부여, 광고, 판매 및 프로모션 등이 권리에 포함한다.

BOA는 머천다이징 사업을 통해서 Team GB 혹은 다른 올림픽 관련 브랜드(2004 아테네 로고)의 제품을 생산 및 프로모션 활동을 하였으며, 자선모금 사업(The British Olympic Appeal)을 통해서 단체, 기업 및 개인의 자선기금하고, Team GB나 올림픽 게임을 통한 홍보 및 프로모션 활동을 하여 BOA의 브랜드 이미지와 홍보 효과를 극대화하려고 노력하고 있다.

BOA의 주요 사업 효과로는 기본적으로 정부나 타 기관으로부터 재정적인 지원 없이 독립된 재정으로 운영을 하고 있다는 점이다.

4. 스포츠 마케팅 에이전시

IMG(International Management Group)

유명한 스포츠 매니지먼트 회사이며 세계적인 스포츠 그룹인 IMG(International Management Group)는 초대 회장인 마크 맥코믹이 창립하였으며, 그 시작은 예일 법대를 졸업하고 로펌에서 변

표 4-6 | 영국올림픽위원회(BOA) 스폰서 현황

스폰서 형태	Partners	Supporters	Providers & Suppliers
스폰서 권리	공식적인 스폰서 권리 부여	BOA의 공급으로 스폰서 활동 가능	BOA에 지원 및 제공으로 스폰서 활동 가능
스폰서 참여 업체	• Adidas • British Airways • bp • BT • EDF Energy • Lloyds TSB • NortelBud weisor	• Adecco • Cadbury • Deloitte	• Boston Consulting • Atkins
업체수	7	3	2

자료: 영국올림픽위원회(BOA) 웹 사이트.

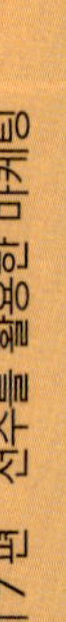

마케팅 休知通

1만 시간의 법칙

하루 3시간씩, 일주일에 20시간을 10년 동안 연습하면 1만 시간이 된다. 어느 분야서든 1만 시간보다 적게 연습해 세계적인 전문가가 된 사람은 없었다.

영국의 록 밴드 '비틀즈'는 초창기에 연주 실력이 엉망이라 영국에서 일자리는 찾기 어려웠다. 하지만 1960년 독일로 건너간 이후 상황은 역전되기 시작했다. 독일 함부르크 클럽에서 하루 8시간씩 주 7회 연주하게 된 비틀즈, 그들은 첫 앨범이 발매되기 전까지 1,200회 연주, 시간으로 1만 시간에 이르는 연습을 했고, 그 결과 지금의 실력파 뮤지션이 되었다.

한국의 프로야구 선수로 "양신"이라는 별명을 갖고 있는 양준혁은 한국 프로야구 역사에 타격 9개 부분 중 8개 부분의 프로야구 기록을 보유하고 있으며, 한국 프로야구 18년 동안 활약하면서 국민적인 타자로 프로야구 팬들의 존경을 받고 있다.

이러한 전설적인 선수들의 행보야 말로 1만 시간의 법칙의 사례로 들 수가 있다.

호사의 길을 걷기 시작하면서, 골프 선수 시절 친분을 쌓은 프로골퍼 아놀드 퍼머는 어느날 광고 계약 문제로 변호사인 맥코믹에게 자문을 요청했고 그 일을 계기로 맥코믹은 파머의 계약대행 일을 맡게 되면서부터라고 할 수 있다.

이 업무가 스포츠 에이전트라는 새로운 직업 그리고 스포츠 마케팅 시장을 개척한 성공적인 에이전트이자 선두주자였던 인물이며 현대 스포츠 비즈니스의 창시자라고 할 수 있다. 현재까지 세계 스포츠 계를 주름잡고 있는 IMG란 회사, 그리고 에이전트라는 개념의 시작이 파머가 맥코믹에게 한 사소한 부탁이 시초였던 것이다. 이후 그는 1960년 겨울, IMG를 만들고 파머와 함께 골프계를 좌지우지하던 잭 니클라우스까지 고객으로 영입하며 승승장구하기 시작하였고, 현재는 종합 엔터테인먼트 회사로 성장하기에 이르렀다.

IMG

맥코믹 회장뿐 아니라 IMG의 베리 프랭크, 로버트 케인 부회장은 각 언론 매체에서 해마다 발표하는 "스포츠계의 영향력 있는 인물"에 빠짐없이 단골로 선정되기도 한다.

IMG는 스포츠, 연예 사업에 있어서 북미뿐 아니라 세계 전역에 지사를 가진 이 분야 최대 규모의 회사라 할 수 있다. IMG가 단순히 에이전시로만 인식되는 경향도 없진 않지만 각종 월드 이벤트 기획부터 시작해 방송, 선수 관리, 골프 스쿨 운영 및 코스 설계까지, 하는 일은 매우 광범위하다.

IMG는 스포츠, 엔터테인먼트, 미디어를 활용하

표 4-7 BOA의 마케팅 관련 수 · 출입 내역 (단위: £)

구 분	수 입		지 출
연 도	스폰서십, 라이센싱	자선모금	마케팅 서비스
2005	3,673,110	2,663	240,073
2006	3,689,315	189,950	332,591
2007	4,380,299	83,841	-

자료: Report and Financial Statements, 2006 & 2007.12.31, BOA.

여 스포츠 마케팅을 시행하는 미국의 다국적 스포츠 마케팅 회사로 성장하면서, 90년대 ISL과 스포츠 마케팅 업계의 양대 산맥으로 스포츠 마케팅 업계를 이끌고 있는 기업이 되었다.

아놀드 파머, 잭 니클라우스 등의 골프 선수 매니지먼트를 기반으로 하여 인도스먼트, 방송 중계권 사업을 통해서 성장하였고, 2000년대 접어들면서 더욱더 큰 성장가도를 달리고 있는 최고의 스포츠 마케팅 기업이라고 할 수 있다.

선수 매니지먼트뿐 아니라 스포츠 마케팅에 관련된 협상 및 계약과 대회 개최와 이벤트 주최(삼성 맬버른 마라톤 대회, 호주 아이언맨 대회, World Speedway World Cup 등)스포츠 단체와 소속 선수들의 마케팅 대행 및 컨설팅 업무를 하고 있다. 그 외에 NASCAR, NHRA(National Hot Rod Association) 등과 대회 주최 및 마케팅과 골프 이벤트 마케팅(The Masters, U.S. Open, PGA Championship, The Open Championship 등)의 사업을 하고 있다.

스포츠 방송 프로그램 전문회사(Trans World International)를 소유하여 관리방송물 제작 및 배급(스포츠 프로그램) 사업 또한 하고 있는데, 프리미어리그의 라디오 중계권 계약(2008년도~2018년도)을 체결하고, 각종 경기 미디어 프로그래밍 및 제품화 사업을 통해서 그 영역을 확장하고 있다. 그 외에도 IMG의 사업 영역은 기업 마케팅-고객 관리-이벤트 관리 및 마케팅-TV 등으로 이루어지는데, 그 사업의 분야는 아래와 같다.

- 올림픽 중계권, 프로그램 관리 등의 협상 및 컨설팅
- 올림픽 관련 단체(IOC, NOC 등)의 마케팅 대행 및 컨설팅
- 프로퍼티 마케팅 및 프로그램 수행
- 스폰서 컨설팅 및 자산개발
- 판매 전략 및 기획

IMG는 스포츠와 문화 활동 및 이벤트들을 창출, 개발, 관리하는 데 참여하고 있으며, 그 회사는 또한 국제 스포츠와 이벤트 일정표에서 가장 역사가 깊고 유명한 많은 이벤트들에 대한 특허, 후원, 방송권을 관리하고 있다. 이러한 이벤트들은 윔블던, 아메리칸스컵, 오스트레일리안 오픈, 여성 골프 월드챔피언십, 클리블랜드 버드와이저 그랑프리, 링글링 브라더스, 바넘 앤 베일리 서커스, 1994년 동계올림픽을 포함한다. 이러한 자산의 다양한 본질, 수준, 필요성뿐 아니라 이러한 이벤트들에 연관된 여러 가지 권리, 의무, 책임을 보면 이벤트 관리와 마케팅 산업의 복합성을 명확히 알 수 있다. 그 외의 IMG의 기타 사업으로는 교육사업(테니스, 골프 외 4개 종목의 선수 육성), 대학 스포츠 사업(NCAA 및 가맹 대학들의 스포츠 마케팅 및 라이센싱), 바르셀로나올림픽 경기장, 애버튼 축구 경기장 등의 스타디움 마케팅(의자 등급화, 네이밍 마케팅, 스폰서십, 음식업, 라이센싱 및 머천다이징 등)의 사업을 진행을 하고 있으며, 국내에는 비인기 종목이지만 지역적으로 인기가 있는 크리켓, 럭비, 슬렘볼 등의 라이센싱 및 머천다이징 사업을 추진하고 있고, 테니스 잡지 출판 및 인터넷을 이용한 정보 제공 사업 역시 진행하고 있다.

IMG에서 TV를 담당하고 있는 것은 독립적인 스포츠 프로그램의 제작 및 배포 회사로서 세계에서 가장 큰 회사인 Trans World International (TWI)이다. TWI의 주된 기능은 전 세계의 주요 TV 네트워크에 프로그램을 제공하고 그러한 이벤트들을 소유한 법인을 대행하는 것이다(Parascenzo, 1993). TWI는 이러한 기능을 ① 권리 소유주에게 고문과 컨설턴트, ② TV 권리의 판매를 협상, ③ 판매 또는 배포를 위해 TV 시리즈와 이벤트를 창작하고 제작하며, 이러한 제품들을 TWI를 통해서 매년 300개 이상의 스포츠를 패키지로 만들어 제작하고 판매한다.

이러한 IMG의 사업의 성과로는 200여 개국에 프리미어리그 라디오 중계권 판매, 교육사업과의 연계로 업그레이드된 수익 창출, 메가 브랜드(기업)와의 스폰서십으로 Win-Win 효과, 올림픽 관련 기관(IOC, NOC 등)과의 협동으로 기업이미지 제고, 골프의 타이거 우즈, 최경주, 테니스의 샤라포바, 피겨스케이팅의 아사다 마오 등과의 선수 매니지먼트를 통한 선수 가치의 극대화, 미시간대학과 US $86,000,000(2008년 기준 약 118억원)에 2020년까지 매니지먼트 계약을 체결하는 등 미국 시장 내에서 스포츠 마케팅 회사로서의 입지를 확고히 하고 있다.

고객으로 있는 유명 스포츠 스타들의 면면을 보면 IMG가 왜 최고의 에이전시인가가 여실히 드러난다. 메이저리그에선 데릭 지터가 있으며 타이거 우즈, 애니카 소렌스탐, 케리 웹, 서지오 가르시아(이상 골프) 비너스 자매, 피트 샘프러스, 안드레 아가시, 제니퍼 카프리아티(이상 테니스) 페이튼 메이닝, 마빈 해리슨(이상 풋볼), 브렛 헐, 메츠선딘, 세르게이 페드로프(이상 아이스하키), 마이클 슈마허(카 레이시), 알베르토 톰바(스키) 등 그야말로 각 분야를 대표하는 슈퍼스타들이 IMG소속이다. 이 밖에도 IMG는 세계적인 테너, 호세 카레라스 등 많은 예술가들도 고객으로 거느릴 만큼 최근엔 종합 엔터테인먼트적인 성격을 강하게 키워가고 있다. 또한 한국뿐 아니라 세계 35개국에 지사를 두고 있기도 하다.

Dentsu

일본의 광고대행업을 중심으로 세계적인 광고대행사로써 스포츠 마케팅을 하나의 사업으로 활용하고 있는 일본의 다국적 그룹이다. 덴츠의 스포츠 마케팅 부서의 주요 역할은 스포츠 이벤트 운영 및 광고 제작을 통한 미국축구리그(MLS)와 AEG(미국 전자제품 기업)와의 협동으로 2002, 2006 FIFA 월드컵에서 TV 광고 사업을 하고 있다. Dentsu는 세계적인 스포츠 마케팅 대행사이자 FIFA의 마케팅 파트너였던 ISL의 지분을 보유하고 있었기 아시아 지역의 FIFA 파트너들을 관리하였다. 그런 이유로 Dentsu는 FIFA의 마케팅 사업을 초기부터 수행해 오고 있다.

2005년 Dentsu Sports Partners Inc을 설립하여 2009 FIFA 컨페더레이션, 2010 FIFA 월드컵의 공식 환영 프로그램(Official Hospitality Programme of the FIFA) 기획 및 운영 사업을 하고 있다. 그 외에도 UEFA(통합유럽축구협회)와의 마케팅 계약(2002년), FINA(세계수영연맹)과의 마케팅 계약(2004년~2008년)을 체결하였다.

Dentsu의 주요 사업 효과는 기업 및 연맹과의 협동으로 마케팅 사업 극대화, 발전적인 마케팅 대행으로 독점권 확보, 스포츠 마케팅 자회사 설립으로 업무 효율성을 높혔고, 일본의 스포츠 상품성이 강한 콘텐츠 확보, 다양한 광고 사업으로 스포츠 마케팅의 시너지 효과를 발생시켜 아시아의 스포츠 마케팅 업계를 이끌고 있다고 볼 수 있다.

IB sports

국내외 스포츠 중계권 판매를 중심으로 스포츠 매니지먼트 사업을 펼치고 있는 기업으로, 스포츠

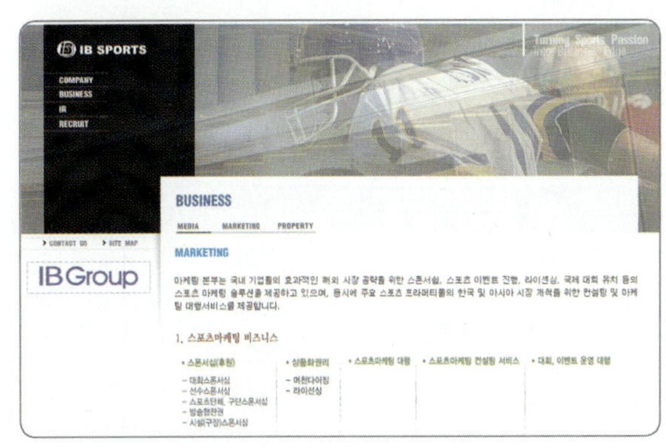

IB Sports의 홈페이지 화면

마케팅 컨설팅 및 각종 스포츠대회 개최, 선수 매니지먼트 등의 서비스를 중점 사업으로 하는 스포츠 마케팅 기업이다.

미디어 콘텐츠 유동 및 투자를 하고 있는데 IB Sports의 주요 사업은 (주)썬티브이 자회사를 설립하여 스포츠 전문 케이블 채널 Xports 운영(2005년), (주)KT, (주)한국디지털위성방송이 공동출자하여 (주)에브리쇼를 설립, 주요 대회 중계권 확보 및 보유 및 재판매, MLB와 다이렉트 거래(2005년~2008년)를 통한 중계권 보유, 이종격투기 UFC의 국내 방영권 계약(2005년~2007년), World Baseball Classic 국내 독점 방영권 계약 및 재판매 사업(2006, 2009년), 피겨스케이팅 김연아, 스피드스케이팅 이강석, 배구 김요한, 축구 정대세 등 선수들의 매니지먼트 사업, 스포츠 라이센싱 업체 조이포스와 제휴(2008년), IB스포츠는 투자, 판권 확보, 기획, 홍보 등의 업무, 조이포스는 제품개발 및 제조, 유통, 판매업무 담당, 연맹 및 기업과의 마케팅 계약, 빙상연맹 마케팅 독점권 계약(2007년~2010년), 퓨마 코리아와 스포츠 마케팅 독점 대행계약(2006년), KBL A-Board 광고 사업권 계약(2007년~2010년) 등을 통해서 국내 스포츠 마케팅 사업 영역을 확장하고 있다. 이러한 IB Sports의 주요 사업 효과의 가장 큰 부분을 지상파 3사의 영향력을 받던 스포츠 마케팅의 방송 중계권이 IB Sports의 가세로 인해서 시장에 변화가 생겼다는 점이다.

2009 월드베이스볼 클래식의 IB Sports의 방송 중계권 재판매를 통해서 공중파 3사의 구매 협상의 문제점은 지상파 3사의 독점적인 스포츠 중계권에 대한 마인드에서 비롯된 발상이라고 할 수 있다. 그 외의 IB SPorts의 마케팅 활동은 스포츠 중계권 3~5년의 계약으로 재판매권의 지속되는 수익 창출을 이끌어 냈고, 김연아 등 스포츠 스타와의 가치 확대를 통한 비인기 스포츠에 국민적인 관심을 집중시켰다고 할 수 있다. 프로스포츠에 집중되던 매니지먼트 사업의 영역을 확대(리듬체조 손연재와 매니지먼트 계약, 빙상 안현수, 이강)하였다. 그러나 2010년 김연아 선수와 계약 해지 후 주가가 급락하기도 하였다.

FC Network

KFA의 마케팅 대행사로서, 축구를 중심으로 하는 컨설팅, 국제대회 주관, 광고 영업 및 프로모션 등을 대행하는 스포츠 마케팅 회사이다. 주요 사업으로는 대한축구협회와 사업 제휴 체결, 마케팅 대행과 대한축구협회 및 축구국가대표팀 후원사 유치대행(E1, Daum, 하나은행, 현대자동차 등), 대한축구협회 온라인 통합관리 사이트(www.joinkfa.com)오픈 및 운영 대행, 2006 FIFA 월드컵 Hospitality 프로그램 국내 판매 운영 대행 등의 스포츠 마케팅 대행 업무를 맡고 있으며, 스포츠 미디어 콘텐츠 및 중계권을 방송사에 판매하고 공중파 TV/유선/위성/온라인 방송용 프로그램의 제작 및 배급하였다. 또한 스포츠 마케팅 컨설팅 업무

표 4-8 IB Sports의 수 · 출입 내역 (단위: 백만원)

부 문	연 도	매출액	영업이익	비 고
스포츠 사업 부문	2005	15,339	1,257	
	2006	46,868	595	
	2007	46,164	6,473	
	2008	29,287	4,089	반기

자료: 금융 감독원 공시.

를 통해서 현대자동차, KT, 한국 코카콜라 등의 기업들과 FIFA 월드컵 마케팅 프로그램을 대행하였고, 스포츠 구단 및 지자체와의 컨설팅(고양시 종합경기장 개장 경기, 부산 아이콘스 구단 마케팅) 업무를 담당하기도 하였다.

스포츠 교육 사업으로 유소년 축구 클리닉 개최 및 교육 콘텐츠를 제공하고, 스포츠 캠프(골프, 승마, 스킨스쿠버 등 구축된 네트워크를 통한 다수 종목), 아마추어 선수 대상의 스포츠 아카데미 설립하였으며, 맨유 사커 스쿨의 프로퍼티에 대한 한국 프로모터이기도 하다.

이러한 FC Network의 주요 사업 효과로는 국내의 인기 스포츠인 축구를 집중 공략함으로써, 안정적인 수익을 창출하였고, 대한축구협회와의 우호적 관계로 신뢰도 유지하여 지속적으로 대한축구협회의 마케팅 대행을 지속하고 있다는 점이다. 이러한 KFA의 마케팅 대행은 국가대표팀이라는 프로퍼티를 유지할 수 있도록 하여 재정의 안정화를 가져오는 데 도움이 되고 있다.

보라스 코퍼레이션 - 스캇 보라스

메이저리그에는 '스캇 보라스'라고 하는 최고의 스포츠 에이전트가 있다. 박찬호와의 연봉 계약을 담당하여 더욱더 잘 알려진 이 슈퍼 에이전트는 메이저리그 내에서 최고의 협상 능력과 선수들에게는 초고의 성과를 가져다주는 '천사'로 구단에게는 '악마'로 알려져 있는 에이전트이다. 그가 유명해진 이유는 1998년 12월 LA 다저스의 케빈 브라운에게 7년 간 1억 5천만 달러라는 천문학적인 액수의 계약을 성사시켰기 때문이다. 1998년 한 해에만 약 1,200억원의 전체 연봉 계약을 성사시킴으로써 그의 수수료를 5%로만 계산하여도 약 60억원의 수입을 올린 것으로 알려져 있다.

1998년 케빈 브라운이 LA다저스와 맺었던 사상 첫 1억 달러 계약(7년 간 1억 500만 달러)', 알렉스 로드리게스가 텍사스 레인저스와 맺은 '역대 최고액 계약(10년 간 2억 5,200만 달러),' 2007년 스토브리그에선 보스턴 레드삭스로 하여금 일본인 투수 마쓰자카(6년 간 연봉 및 인센티브 6,000만 달러)와 소속 팀 세이부 라이온스(우선협상권 입찰액 5,115만 달러)에 총 1억 1,115만 달러를 쓰게 했다. 또 투수인 배리 지토와 샌프란시스코 자이언츠 사이에 7년간 1억 2,600만 달러, 역대 메이저리그 투수 중 최고액 계약을 성사시키기도 하였다.

그는 1974년 메이저리그 세인트루이스 카디널스 소속의 선수였으나 부상으로 선수 생활을 은퇴하고 곧바로 법과 대학에 진학한 후에 마이너리그 시절 절친했던 마이크 피실린의 제의로 스포츠 에이전트의 세계로 뛰어든다.

보라스의 협상 방침은 4P로 요약되는데, '준비(preparation)·자부심(pride)·열정(passion), 그리고 선수(player)'다. 보라스가 운영하는 "보라스 코퍼레이션"은 NASA(미항공우주국) 출신의 통계 전문가, 메이저리그 출신의 스카우트, 전직 단장까지 망라한 전문가들은 구단이 반박할 구실을 못 찾게끔 방대하고 치밀한 자료를 만들어 내기

에이전트계의 대부인 스캇 보라스

마케팅 休知通

알브레히트의 법칙(Albrecht's Rule)

똑똑한 사람들만 모아놓은 조직은 집단적으로 우둔해진다는 내용의 법칙으로 세계적 명성을 얻고 있는 미래학자인 칼 알브레히트가 그의 책 (똑똑한 사람들의 멍청한 회사, 멍청한 사람들의 똑똑한 회사)에서 주창한 내용이다.

미국 400m 계주 육상 팀의 선수 기록을 합치면 단연 올림픽에서 1등이지만 4명이 한팀으로 구성되어 달린 올림픽에서 우승을 하지 못하고, 오히려 기록이 좋지 않았던 영국 팀의 4명의 주자가 계주에서 우승을 하였다.

미국에서 발군의 실력을 갖고 있는 프로하키 선수들 가운데 최고 기량을 가진 선수들만을 엄선하여 98년 동계올림픽 팀을 구성하였다. 드림팀이라 불리는 그들 각자가 세계 최강임에 틀림이 없지만 올림픽에 출전하여 연패를 하였다. 각자의 기량 보다 팀웍이 더 중요하다.

로 유명하다.

보라스 사무실에선 매 시즌 메이저리그 전 경기가 녹화되고 분석되며, 고객인 선수들의 기록은 경기 중 30분 단위로 업데이트된다. 고객의 경기를 보기 위해 구입하는 티켓만 해도 연간 50만 달러 선이다. 고객들이 최상의 조건에서 최고의 활약을 펼치도록 한다는 지론에 따라 스포츠 심리학자를 고용하고 체력단련장을 세웠고, 선수들의 수입 관리까지 해준다.

또한 다양한 야구 선수의 평가 지수를 통해서 선수들의 능력과 실적을 바탕으로 구단과 협상하는 것으로 유명한데 최근에는 "EP(Exceptional Play)" 수비에서 '예외적으로 뛰어난 플레이'를 했을 때 하나씩 기록하는 지수를 내놓기도 하였다.

귀화선수들도 이제 KBL의 선수로 될 수 있는 기회가 제공되고 있다.

특히 야구는 통계 수치가 넘쳐나는 종목이다. 그런데 수비에 관해서는 사실상 실책(error)말고는 평가할 만한 지수와 통계가 없다는 이유로 보라스는 LA 타임스와의 인터뷰에서 "야구에서 취약한 부분 중의 하나는 수비의 가치에 대한 인식을 제대로 못하고 있는 점이다"라고 언급하기도 하였다.

그의 제안 배경에는 농구에서 블록 샷(block shot), 풋볼은 인터셉션(interception)이나 색(sack)과 같이 수비 플레이가 높은 가치를 인정받듯이 야구에서도 수비 측면의 부각이 필요하다는 것이 EP를 제안한 배경이다. 이러한 평가 지수가 나올 수 있는 배경에는 다양한 전문가들이 포진되어 있기 때문이기도 하다.

5. 스포츠 에이전트 및 에이전시 관련 용어

구단 전속계약

선수와 구단 사이에서 체결되는 계약으로 선수와 구단의 권리와 의무를 규정하는 계약이다. 구단은 선수에 대하여 일정 기간 선수로서의 특수기능인 플레이라는 용역의 급부를 구단이 필요한 시기, 장소에서 구단이 바라는 대로 이루어지도록 권리를 취득하고, 이에 대하여 선수는 용역의 이용자라는 구단의 지시에 따라 자기의 특수기능인 플레이라는 용역의 공급을 성실히 하여야 하는 의무를 지는 쌍무 계약을 말한다.

자유계약제도(Free Agent)

구단이 그 선수 보유권을 상실하거나 포기해 다른 어떤 구단과도 자유롭게 계약을 맺을 수 있는 제도를 말한다.

예를 들어 2001년 미국 MLB 연봉 계약에서 박찬호 선수의 팬들은 박찬호의 연봉이 예상보다 적다고 이야기 했다. 당시 박찬호보다 성적이 좋지 않았던 대런 드라이포트는 1,100만 달러, 박찬호의 연봉은 990만 달러, 박찬호의 연봉은 대런 드라이포트와 비교할 때 비슷하기 때문이다. 그 이유는 박찬호는 LA 다저스의 전속계약 선수이지만 드라이포트는 자유계약 선수이기에, 드라이포트는 30개 구단을 상대로 협상할 수 있었던 반면 박찬호는 다저스하고만 협상할 수 있었기 때문이다.

임의 탈퇴 선수

참가 활동 중 또는 보류기간 중 선수계약 해제를 신청하여 구단에서 이를 승인할 경우, 혹은 선수가 계약의 존속 또는 갱신을 희망하지 않는다고 인정할 경우, 구단은 복귀 조건부로 선수계약을 해체할 수 있는 규정을 말한다.

드래프트 제도(Draft System)

야구·축구·농구에서의 선수 선발방식이다. 프로야구의 신인선수 쟁탈에 따른 폐단을 막기 위해 1966년 제정된 미국의 프리에이전트 드래프트제

드래프제도를 통해서 팀들은 선수들을 영입하고 있다. (NHL 드래프트 이후 인터뷰를 하고 있는 장면)

를 본 딴 제도이다. 신인선수 선발제도·신인선수 지명권제도라고도 하며, 선수들의 계약금 인상경쟁을 막기 위한 방법으로 고안되었다. 각 구단이 원하는 신인선수를 추첨에 의해서 선택하는 방법에 대한 신인선수 선택규정이 있다. 아마추어에서도 신인선수 선발에서 금전거래 등을 방지하기 위해 이 제도를 채택하는 수가 있다.

일정 자격 요건을 갖춘 선수를 다양한 방법으로 구단에게 지명권을 부여, 선수를 지명, 선발할 수 있게 하는 제도를 의미한다. 이는 한 시즌의 최상위 팀에서 계속 우수 선수를 스카웃하지 못하도록 저지하고, 최하위 팀에게 우수 선수를 먼저 스카웃할 수 있도록 배려하는 제도이다. 각 팀의 우수 선수가 한 팀으로 편중되지 않도록 함으로써의 각 구단의 질적인 수준을 높이고 평준화할 수 있도록 하는 것이다.

트레이드(Trade)

선수가 구단주에 의해 다른 팀에 이적되는 제도이다. 과거의 선수 맞교환 형태에서 지금은 구단 사이에 계약금 등 현금 트레이드로 바뀌어가고 있

는 추세이기도 하다.

구단이 소속선수의 의사와 관계없이 마음대로 다른 구단에 선수를 넘기거나 맞교환할 수 있는 이 제도는 선수에게 불리하다는 의견이 많아져 재계약 보류제도와 함께 오랫동안 논란거리로 여겨지기도 있기도 하지만 현재까지 유지되어지고 있다.

연봉 상한제(Salary Cap)

팀에 소속된 전체선수의 연봉 총액 상한선에 대한 규정으로, NBA(National Basketball Association: 미국프로농구협회)에서 처음 시작되었으며, 소속 팀의 선수들의 연봉 합계가 일정액을 초과할 수 없도록 하는 제도이다. 이는 특정 우수선수에게 선수들의 연봉이 지나치게 상승하고 구단들이 적자로 운영되는 것을 방지하며, 돈 많은 구단이 돈을 앞세워 최고 수준의 선수를 독점함으로써 팀간 실력차가 너무 벌어지는 것을 방지하기 위한 것이다.

국내 프로농구의 경우 매 시즌마다 물가인상 등을 고려하여 총액을 바꿀 수 있으며, 후보선수들의 생계를 보장하기 위하여 최저 연봉액을 정하였다. 재계약시 인상폭은 제한하지 않으나 삭감폭을 10% 이내로 한정하여 선수들의 불안감을 줄였다. 연봉 총액에는 외국인 용병선수 2명의 연봉액도 포함되며 국내선수 보호를 위하여 용병의 최고 연봉이 국내선수 최고 연봉을 넘지 않도록 하였다.

보스만 판결(Bosman Rule)

스포츠 법에 있어서 스포츠 선수의 직업 선택의 자유를 인정한 대표적인 사례라고 할 수 있다. 1990년 벨기에의 축구 선수 보스만(Jean-Marc Bosman)이 벨기에의 RFC리에주 클럽 팀에서 프랑스의 뒹키르팀으로 이적하려다가 소속 구단의 동의 없이는 이적할 수 없다는 규정에 묶여 팀을 옮기지 못하자, 선수들에게 일방적으로 불리한 이적규정에 대해 유럽사법재판소에 소송을 내었다. 1995년 12월 15일 유럽사법재판소는 이 규정이 유럽연합 소속 근로자들의 직업선택의 자유를 보장한 로마조약에 위배된다고 선언하였다.

이 판결로 계약만료 선수의 자유계약과 유럽연합(EU) 내·외국인 선수 보유제한 철폐가 이루어져 세계 축구계의 이적 질서에 커다란 변혁이 일어났다. 이 판결이 내려지자 처음에는 선수 연봉의 폭등과 구단의 이적료 수입 감소 등을 야기해 재정이 취약한 구단을 파산시킴으로써 유럽 프로축구 자체에 큰 충격을 줄 것이라는 이유로 유럽 각국 축구단과 유럽축구연맹(UEFA)의 커다란 반발을 샀다. 하지만 1996년 2월 유럽축구연맹이 결국 이 판결을 준수하기로 함으로써 일단락되었다.

2001년 3월 유럽연합 마리오 몬티 반독점위원회 위원과 국제축구연맹(FIFA)의 제프 블라터 회장, 유럽축구연맹(UEFA)의 레나르트 요한손 회장은 유럽연합 내 프로축구 선수들의 이적료를 폐지하고 계약기간은 최소 1년에서 최장 5년으로 제한하는 데 합의했다. 이로써 1995년 유럽사법재판소가 내린 보스만 판결 이후 6년만에 이적료제도가 사라지게 되었다.

한편 새로운 이적제도에 따라 선수를 스카우트한 구단은 이적료 대신 선수의 연령별로 다양한 보상을 제공해야 하는데, 23세 이하의 선수가 이적할 경우 선수를 영입하는 구단은 전 소속 구단에 훈련비용을 지급해야 하며, 18세 이하 선수가 다른 나라로 이적할 때는 훈련과 학업비용을 지급한다는 양국 간의 합의가 있어야 한다.

팜시스템(Farm System)

미국 프로야구에서, 메이저리그에 소속한 팀이 마이너리그에 소속한 팀들과 자금적, 계열 관계를 가지고, 자기 팀의 선수를 일정 기간 위탁하거나, 우수한 선수를 보강받는 제도로서, 메이저리그의 팜 제도는 트리플A, 더블A, 싱글A, 루키리그 등 네 단계로 구분되며 전체 팀 수가 무려 201개에 달한다. 메이저리그 구단은 대부분 1개의 트리플A, 더블A 팀과 2~3개의 싱글A 팀, 1~2개의 루키리그 팀을 갖고 있다. 이들 각 팀들은 독자적인 리그를 벌이며, 유망주들을 육성 발굴하여 빅리그에 우수 선수를 공급하는 역할을 하고 있다. 이러한 팜 시스템은 프로스포츠의 저변확대는 물론 각 프로 팀들로 하여금 유능한 선수들을 발굴·육성할 수 있게 하고 수급할 수 있게 함으로써 그 팀은 물론 리그 자체를 활성화시키는 역할을 한다고 볼 수 있으며, 더 나아가서는 종목 자체의 전체적인 관리 및 운영까지도 발전시킬 수 있다고 할 수 있다.

펠레법(Pele Law)

브라질 상원이 1998년 2월에 통과시킨 자유계약 제도 도입과 이익단체 결성을 내용으로 하는 축구개혁 법률 제도이다. "펠레법"에 따르면 주니어 선수들은 18세 이후 2년까지 클럽과 계약할 수 있으며 누구든지 3년 간 뛰면 자유계약 신분을 얻을 수 있다는 제도이다.

셔먼법(Sherman Act)

단체 교섭권을 주 내용으로 하는 미국 국가 노동관계법으로서 '불법 제한 및 독점으로부터 거래를 보호하기 위한 법률'(An Act To Protect Trade And Commerce Against Unlawful Restrains And Monopolies)의 통칭이다. 8조로 된 간단한 내용의 규정이지만 미국에서의 반독점법의 중요한 법원이며, 그 후에 재정된 클레이턴법이나 연방거래위원회법과 함께 각국의 독점금지 규제의 모델이 되었다.

1992년 당시 구단에서 선수노동자 다수가 선택한 연합과 협상을 하는 계기를 마련하였으며 1951년 실질적인 메이저리그 선수노조 결성의 근간이 되기도 하였다.

래리버드 예외조항(Larry Bird Exception)

1984년 NBA의 래리버드가 5년 계약을 끝내고 자유계약 선수로 풀리자 소속팀 보스턴은 이 전설적인 선수를 영구적으로 보유하기 위해서 예외조항을 만들었는데, 기존 소속팀과 재계약을 하는 자유계약 선수는 샐러리 캡을 적용받지 않는다는 내용이 그 핵심을 이룬다.

팀에서 적은 연봉에 좋은 선수를 오래 잡아두려고 하는 선수 입장에서는 더 많은 연봉을 기대할 수 있지만 이런 선수들이 막상 거액의 금액을 받고 장기 계약 맺은 다음에 부상을 입어 제 실력을 내지 못하면 자기관리 실패로 망가질 수 있어 양쪽에 손해를 끼칠 우려가 있기도 하다.

스포츠 계약법(Sports Law)

스포츠 계약법은 주로 에이전트와 선수 간의 계약과 선수와 구단의 선수계약을 중심으로 발전해

월드컵 개최도시에 설치된 펠레 이벤트홀

마케팅 休知通

패커드의 법칙(Packard's Law)

짐 콜린스의 저서(Good to Great)에서 나온 것으로 위대한 회사가 되기 위해서는 적합한 인재를 확보해야 한다는 점을 강조하였다. 어떤 회사도 꾸준히 성장하는 데 필요한 적임자들을 충분히 확보하는 능력 이상으로 수입을 빠르게 늘려 나갈 수 있다. 그래서 회사는 인재를 키워야 한다.

선수 한 명이 지역 경제와 팀의 분위기를 살리고 마케팅의 키워드 역할을 한다. 이처럼 선수는 어느 순간에 만들어지는 것이 아니라 시간을 두고 천천히 다듬어지는 것이다.

왔으며 선수와 구단 간의 선수계약은 기본적으로 민법 제655조의 고용계약에 속한다고 볼 수 있다. 따라서 선수계약에는 특별한 사정이 없는 한 고용관계를 규율하는 민법 제655조 이하의 고용에 관한 규정, 종속적 노동관계를 규율하는 근로기준법 등 노동관계법이 등이 적용될 수 있다고 볼 수 있다. 그리고 선수계약은 약관 규제법의 대상이 되며, 구단들이 연맹을 통하여 선수들의 이적이나 보수를 제한하는 경우 공정거래법의 규제 대상이 될 수 있다.

현재 우리나라에서 시행되고 있는 스포츠 관련 기본법으로 1982년 제정된 국민체육진흥법을 들 수 있다. 그런데 이 법은 다른 아시아 국가들이 올림픽 주최국이 되면서 법률적 뒷받침으로 만든 것과 같이 우리나라의 경우도 86 아시안게임과 88 서울올림픽을 대비하면서 마련된 법으로써, 형식적으로 스포츠의 일반법 역할을 하고 있으나, 프로스포츠에 대해서는 어떤 규율도 제대로 하고 있지 않다. 따라서 시대의 변천에 따른 프로스포츠 영역의 급속한 팽창에 발맞추어 우리나라도 선진 국가에서와 같은 스포츠 기본법을 두어 스포츠 선수의 근로 계약, 프로구단의 법적 성질 또는 스포츠와 관련한 기본권의 구체화 노력이 있어야 할 것이다.

부 록

(1) FA와 르브론 제임스

FA(Free Agent)란 자유계약 협상 선수라고 한

사례 4-1 르브론 제임스 선수의 이적을 통해 본 미국의 매니지먼트 시작

2010~2011 NBA 시즌에 가장 큰 화두는 르브론 제임스의 FA 이적이었다. 시즌이 시작하지도 않았는데 시즌 때보다 더 큰 이슈가 되었다. 이렇게 큰 이슈가 된 이유는 르브론 제임스를 영입을 원하는 팀들이 많았으며, 그가 지닌 글로벌 비즈니스 가치 때문이었다.

그가 속한 팀이 2009년 플레이오프에서 떨어진 이후 NBA 구단주들이 르브론 제임스를 영입하기 위해 바쁘게 움직였다.

미국은 보통급 스타들은 기자 회견을 통해 자신의 거취를 밝히는 데 비해 르브론 제임스는 전 미국 시청률 7%를 차지한 한 시간짜리 프로그램을 통해 생방송으로 편성을 해가면서 하나의 이벤트로 만들어 미국 사람들의 관심을 이끌어 냈다.

수백만명의 팬들이 TV 앞에 앉아 그의 말 한마디에 촉각을 곤두 세웠다. 그는 2010년 7월 8일 "나는 마이애미 히트로 간다"는 한마디 말은 미국 전역을 흔들어 놓았다.

다. 즉 팀의 선수가 그 팀과의 계약이 만료되면 아무 팀이나 갈 수 있는 상황이 되는 것이다. 자유계약 협상 선수가 중요한 이유는 그 선수가 만약 어느 팀에 영입이 됐을 경우 팀에 엄청나게 큰 영향을 주기 때문이다.

르브론 제임스를 영입하기 위해 많은 팀들이 다양한 방법들을 제안하였다. 마이클 조던 이후 위대한 선수로 불리는 그의 가치가 얼마나 크길래 이번 FA 시장의 최고 관심사가 되었을까?

르브론 제임스는 현존하는 선수 중 최고의 주가를 올리고 있는 코트 위에 황제다. 그는 오하이오 주 Akron에서 태어났고 2003년 고등학교를 졸업하자마자 클리브랜드 케벌리어스에 드래프트 1순위로 입단하였다. 그는 입단 첫 시즌 신인상과 클리브랜드가 플레이오프 출전 등으로 최근 2시즌 동안 리그 최고의 성적을 이끌어 내었으며, 5년 연속 올스타전 진출, 2년 연속 MVP, 6년 연속 한 시즌당 2,000점을 만들어 냈으며, NBA 역사 중 가장 일찍 15,000점을 21살의 어린나이에 만들어 냈다. 또한 르브론 제임스와 계약한 나이키에는 그의 이름을 붙인 농구화를 만들어 소비시장을 공략하여 다른 제품에 비하여 높은 판매율을 기록하였다.

여기에다가 르브론 제임스를 영입한 클리브랜드 지역에는 엄청난 변화가 생겨났다. 르브론 제임스를 영입하기 전 평균 관중 수는 만 2천명에 달했지만 그가 팀에 들어온 이후로 평균 관중수는 2만명 이상을 넘어 두 배 이상 증가했으며, 라디오 청취자들도 두 배로 늘었고, TV 시청률은 3배 이상으로 급상승했다.

또한 르브론 제임스의 이름이 붙은 유니폼과 각종 기념품의 판매가 9개월만에 7천만 달러를 기록하였다. 또한 클리브랜드는 매년 티켓 판매와 르브론 제임스 관련 상품 판매로 5천 9백만 달러를 벌어들였다

무엇보다 중요한 것은 지역의 경제적인 효과였

나이키 매장에 설치된 르브론 제임스의 광고 보드

다. 그가 영입된 이후 클리브랜드 지역과 경기장 주변에 있는 Bar나 식당들은 손님들이 급증했다(예를 들어 flannery라는 한 식당은 르브론 제임스가 오기 전에는 손님들이 많이 안 찾아 왔지만 그가 온 이후로 홈게임이 있는 날은 손님이 최소 400명이 찾아 왔고 최대로는 600명이 찾아 왔다고 한다).

클리브랜드라는 지역의 르브론 제임스를 통한 프랜차이즈 효과는 2억 달러에 달했고, 클리브랜드 팀의 경기 시청률은 NBA 30개 팀 중 가장 높은 시청률을 보였다.

미국 스포츠 역사상 선수 한명의 이적을 발표하기 위해 ESPN이 특별 프로그램이 만들어진 것은 이번이 처음으로 르브론 제임스의 비즈니스적 가치가 얼마나 높은지를 알 수 있는 대목이다.

(2) 르브론 제임스 영입을 위한 구단들의 방법

르브론 제임스를 영입하기 위해 지역과 구단들은 다양한 방법으로 노력하였다.

첫 번째로 친정팀인 클리브랜드 팀은 2003년부터 7년 동안 캐벌리어스 팀의 기둥으로 활약한 그가 팀을 떠나지 않도록 하기 위해 르브론 제임스의 이름이 적힌 티셔츠(Please Stay Lebron)를 만들어서 그가 클리브랜드에 남아 있기를 바랬다. "Born Here, Raised Here, Plays here, STAYS HERE"라고 적힌 광고도 만들어 지역 구석구석에

ㅣ 르브론 제임스가 이적하여 Big trio를 구성한 크리쉬 보쉬, 드웨인 웨이드와 르브론 제임스

설치하였다.

그리고 "We are Lebron"이라는 노래도 발표했는데 그 노래 가사 중 코러스는 '르브론 제임스 제발 남아주세요 우리는 정말 당신이 필요해요'라며 그의 재계약을 원하는 팬들의 마음을 담았다. 그리고 캐벌리어스는 르브론 제임스에게 6년 동안 1억 2천만 달러라는 엄청난 금액을 제시하여 재계약을 시도하였다.

두 번째는 르브론 제임스를 영입하기 위한 각종 마케팅 활동과 광고들인데, 시카고 불스는 7월 1일부터 "Chicago Wants Lebron"이라고 적힌 광고물을 부착하였고, 그를 영입하기 위해 별도의 사이트인 www.SendLebronToChicago.com를 만들어 그의 영입을 위한 온라인 마케팅으로 연결하였다. 그리고 이 사이트를 광고하기 위해 Espn, SI.com (Sports Illustrated.com), Chicago Red Eye newspaper에도 이 사이트 게제하였다.

뉴욕은 'C'mon James(Come on James)라고 적힌 빌보드를 타임스퀘어에 설치하고 캠페인을 시작했다. 또한 맷 라우어(미국에 유명한 NBC's Today Show의 진행을 맡고 있는 저널리스트)가 농담으로 말하기를 자기 Today Show에 같이 동반사회자가 되자고 발언을 하며 그가 뉴욕행을 결심하도록 유도했다.

뉴욕 닉스는 르브론 제임스가 자주 뉴욕 양키즈 모자를 즐겨 쓰고, 그는 양키즈 팬이라는 사실을 이용하여 뉴욕으로 오라고 제안하였다.

세 번째는 다른 유명한 선수를 영입하여 팀의 성적 향상 효과를 미리 알려주어 선수가 자신의 팀을 결정하도록 하였다.

마이애미 히트는 드웨인 웨이드(마이애미 히트에서 최고의 인기 선수)를 6년 동안 1억 1천만 달러를 제시하여 계속 팀에 머무르게 했고, 크리스 보쉬(토론토 랩터즈 팀에서 가장 유명한 선수)는 6년 동안 1억 7백만 달러를 제시하여 르브론 제임스가 팀으로 이적토록 하는데 결정적인 분위기를 만들어 냈다. 그리고 만약 르브론 제임스가 이 팀에 들어오면 사상 최고의 big trio, big 3가 되어 우승할 수 있다고 미리 알려주어 르브론 제임스의 마음을 사게 만들었다.

시카고 불스는 카를로스 부저(파워 포워드 선수 중 가장 잘하는 선수 중 하나임) 선수를 5년 동안 8천만 달러로 영입하여 르브론 제임스에게 자신의 팀을 선택하라고 유혹하였고, 오바마의 고향인 시카고로 오라고 로버트 깁스 백악관 대변인은 "대통령은 불스 유니폼이 르브론 제임스에게 가장 잘 어울릴 것으로 생각한다"하며 "이러다 우리가 NBA 탬퍼링 룰에 걸리는 게 아닌지 모르겠다"며 조크를 하기도 하였다. 뉴욕 닉스는 아메리 스테드마이어를 5년 동안 1억 달러를 제시하고 영입하여 르브론 제임스의 파트너로서 가장 적격이라며 닉스 팀에 오도록 손짓하였다. 이처럼 각 구단들은 다양한 방법으로 르브론 제임스의 마음을 사로잡으려고 노력하였다.

(3) 르브론 제임스의 이적에 따른 팀의 경제적인 효과

르브론 제임스의 이적은 클리브랜드 지역 이상

의 경제적인 효과는 천문학적인 금액이 될 것이기 때문에, 일리노이대학교에 있는 경제학과 교수는 "만약 르브론 제임스가 시카고 불스로 이적될 경우 매 경기마다 원래 경기장 안에서 보는 돈에 5백만 달러를 추가할 수 있고, 또한 4천 7백만 달러가 추가로 홈경기 주변에 있는 식당이나 바들이 관광객들이나 팬들에 의해서 쓰여질 것"이라고 했다. 또한 "만약 시카고 불스가 6년 계약을 맺고, 그 6년 동안 계속 불스를 플레이오프로 진출시킬 경우 나오는 경제적인 효과는 27억 달러에 달할 것"이라고 했다.

르브론 제임스 선수 하나로 인해서 매년마다 플레이오프 진출과 상관없이 4억 5천만 달러를 벌어들일 수 있는 셈인 것이다.

포브스 매거진은 "만약 르브론 제임스가 시카고 불스에서 NBA 챔피언십을 이길 경우 팀의 가치는 20%(지금은 6억 1,300만 달러와 7억 6,000만 달러 사이)에서 50%로 뛸 수 있다"고 말했다.

웹스터대학교 경제학과 교수인 Patrick Rishe는 "르브론 제임스가 뉴욕으로 이적했을 경우, 수익이 1,000만 달러에서 2,000만 달러로 급상승할 것이다" 라고 말했다. "뉴욕 팀으로 이적할 경우 뉴욕 닉스 팀의 가치가 1억 5천만 달러에서 7억 달러로 증가할 것"이라고 예상했다. 따라서 뉴욕 증시 역시 증가할거라고도 예상했다.

EDC(New York Economic Development Corporation)는 만약 르브론 제임스가 뉴욕 닉스에 영입되어 플레이오프를 진출시켰을 경우 그 지역에 3천 6백만 달러의 경제적인 효과와 NBA 타이틀을 딸 경우 6천만 달러를 가져올 수 있다고 하였다.

(4) 르브론 제임스의 마이애미 팀 결정 이유

그는 여러 구단의 엄청난 제의를 거절하고 마이애미 히트를 결정한 이유는 무엇일까?

첫 번째 그는 돈보다 명예를 선택하였다. 그는 돈을 원하지 않았다(클리브랜드는 그를 다시 영입하기 위해 6년 동안 1억 2,700만 달러를 제시하였다). 르브론 제임스는 코비 브라이언트나 마이클 조던과 유일하게 비교할 수 없는 것이 챔피언십 반지였다.

마이애미 히트와 골든 스테이트 워리스의 경기 시작전 모습

코비 브라이언트는 5번, 마이클 조던은 6번이나 챔피언십 우승 반지를 끼었다. 그러나 그가 속했던 클리브랜드 캐벌리어스는 2년 연속 리그 성적 1위를 달리면서도 플레이오프만 들어가면 그 정규시즌에 했던 실력이 나오지 않아 번번이 우승의 문턱에서 주저앉았다. 돈보다 우승 반지는 그의 최대 목표로 그의 이적 팀을 선택한 것이다. 그의 이적으로 인해 마이애미는 '우승후보 0순위'에 올라 최강의 전력을 갖추게 되었다.

두 번째는 성적도 성적이지만 우정을 선택하였다. 바로 그가 좋아하는 선수와 플레이 하는 팀을 선택한 것이다. 마이애미 히트는 2006년 챔피언십의 우승을 이끈 드웨인 웨이드의 재영입에 성공하였고, 토론토 랩터스의 영웅 크리스 보쉬를 영입하여 꿈에 그리던 Big 3를 결성하였다.

그 선수들이 바로 르브론 제임스와 가장 친한 선수들이다. 그들을 사전 영입에 성공한 마이애미야 말로 르브론 제임스에게는 선택의 여지가 없게 만든 중요한 부분이었다. 그는 무엇보다 '우정'을 선택한 것으로 보인다. 즉 마이애미는 르브론 제임스가 우정을 택하도록 미리 선수들 영입에 전략

성난 팬들이 태우는 르브론 제임스의 유니폼

을 세워 성공한 것이다. 이로 인해 마이애미는 보스턴의 케빈가넷-폴 피어스-레이알렌을 뛰어넘은 최고의 삼각편대를 구성하고 실력뿐만 아니라 우정을 무기로 한 강력한 편대를 만들게 되었다. NBA 전력 분석가들은 역대 빅 3 형성 중 가장 파워풀하고 대단한 선수들로 이 세 명의 선수를 손꼽았다.

세 번째는 자기가 만약 한 게임에서 빠지더라도 경기를 잘 풀어나갈 수 있는 팀을 선택하였다. 즉 자신의 능력보다도 동료들의 능력을 더욱 중요하게 생각한 것이다. 선수는 곧잘 부상이나 컨디션으로 인해 선수가 없는 동안에도 허술하지 않고 르브론 제임스가 했던 페이스를 그대로 유지할 수 있었던 팀을 선택한 것이다. 즉 르브론 제임스가 빠지더라도 드웨인 웨이드나 크리스 보쉬가 받쳐주고 있기 때문에 큰 문제가 되지 않는다고 판단했기 때문이다.

(5) 클리브랜드 팬들의 분노

클리브랜드 캐벌리어스 전력의 전부라 해도 과언이 아닌 르브론 제임스가 자기 고향을 떠나는 순간 클리브랜드 지역의 태도는 냉담했다. 르브론 제임스가 영웅에서 역적으로 바뀐 것이다.

클리브랜드에게 르브론 제임스의 이적은 마치 장례식장은 분위기를 만들어 냈다. 르브론 제임스가 마이애미로 간 이후 스테디움 지역에 있는 식당이나 바들은 경영난을 예상했고, 많은 사람들이 직업을 잃을 것이고 팀의 가치도 반으로 줄어들 것이라고 예상하고 있다.

르브론 제임스의 이적 발표로 마이애미 히트 행이 결정되자마자 팬들은 그의 유니폼을 불태운 동영상을 유튜브에 올렸다.

어떤 사람은 거의 만 달러에 달하는 르브론 제임스의 클리브랜드 액세서리를 단 돈 5달러에 시장에 내 놓았다. 또한 마이애미 히트 지역 사람들이 클리브랜드 지역 관광이나 프로스포츠 경기에 왔을 경우 그 지역에서 강제로 마이애미 히트 팬들을 쫓아냈다.

심지어 클리브랜드 캐벌리어스의 구단주인 댄 길버트는 르브론 제임스를 엄청나게 비겁하다며 온갖 욕설을 퍼부었다, 길버트가 말하기를 "르브론 제임스가 플레이오프에서 잘하지 못했던 이유는 그가 경기를 포기했기 때문"이라고도 비난하며, 우승하지 못한 화살을 그에게 돌렸다. 르브론 제임스를 가장 사랑했던 그의 팬들이 가장 큰 안티 세력으로 바뀌게 된 것이다. 이렇게 클리브랜드 팬들에게서 비난이 거세지자 속이 너무 상했던 르브론 제임스는 결국 자기의 심정을 GQ잡지의 인터뷰 도중 불편한 심정을 드러냈고, 이는 곧 클리브랜드와 르브론 제임스가 돌아올 수 없는 강을 건넌 것과 같은 모양새가 되고 말았다.

결과적으로 르브론 제임스의 FA이적 시장에서의 모습은 선수 한 명이 미치는 리그의 영향력이

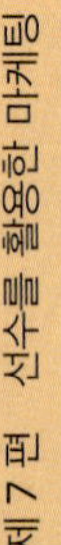

마케팅 休知通

마음의 장벽을 넘어라

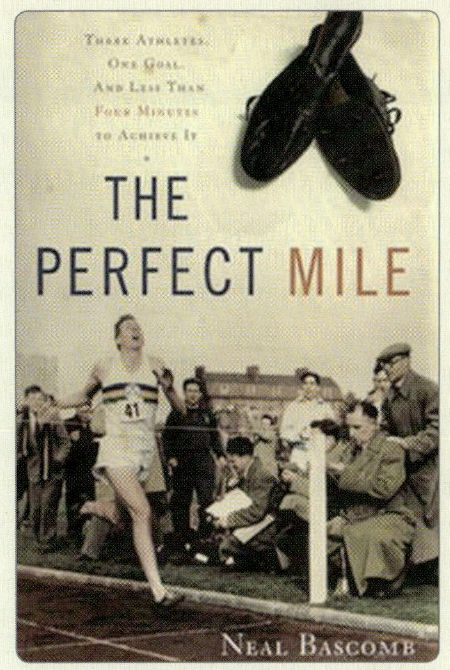

로저 베니스터가 신기록을 수립하는 순간(The Perfect Mile 책자)

1950년대까지 인간이 1마일을 4분 안에 돌파하는 것은 불가능하다고 생각했다. 그런데 1954년 5월 6일 '로저 베니스터'라는 한 대학생이 그 벽을 깨버렸다. 절대 깨질 수 없을 것이라던 기록이 순식간에 무너진 것이다. 그런데 놀라움은 거기서 그치지 않고 더 큰 놀라움으로 이어졌다. 이로부터 채 1년이 되지 않아 37명의 선수들이 4분의 벽을 돌파해 버린 것이다. 즉, 신기록이 한 세기에 한 번 나올까 말까하는 천재적 육상 선수에 의해 수립된 것이 아님을 많은 사람들이 입증해 버린 것이다.

이것은 무엇을 의미할까? 이는 신념의 힘을 보여주는 것으로, 우리가 얼마나 많은 관념적 한계 안에 자신의 능력을 가둬두고 있는지를 말해 준다. 4분이 인간이 넘어설 수 없는 한계라고 여겼는데 그 믿음이 깨어져버리자 많은 선수들이 너나 할 것 없이 그 벽을 넘어버린 것이다.

또한 이 사례를 통해 우리는 베니스터가 자신의 꿈을 현실로 만들기 위해 어떻게 노력했는지도 배워야 한다. 당시 베니스터는 옥스퍼드 의대생이었다. 그는 마의 기록을 깨려면 "기존의 훈련방법과는 다른 특별한 새 훈련이 필요하다"고 생각했다. 그가 가진 강점은 신체적 자질과 의학적 지식이었다. 베니스터는 의학 지식을 공부하며 신체적 기능을 극대화할 수 있는 훈련방법을 수없이 고민하고 시도했다. 최종적으로 그가 선택한 방법은 1마일을 네 구간으로 나누어 뛰면서 선력 질주하고, 중간에 2분 긴 휴식을 취하며 달리는 훈련방법이었다. 이를 통해 지구력, 스피드를 동시에 키울 수 있었던 것이다. 결국 남다른 의지, 혁신적인 훈련방법을 통해서 인간의 한계를 뛰어넘을 수 있었다.

(출처: 문요한(2007), 〈굿바이〉, 게으름, 더난 출판)

"나의 심폐기능이 1마일을 4분 내에 주파하는 속도를 감당하지 못한 것이 아니라, 그동안 나 자신이 1마일을 4분내에 주파하지 못한다고 믿었기 때문이었습니다"

- 로저 베니스터

얼마나 대단한가를 보여주는 대목이다. 이는 스포츠 스타가 갖게 되는 영향력에서 보여주는 가장 최근의 좋은 사례라고 할 수 있다. 비록 도덕적인 관점에서는 조금 더 부드럽고 원만하게 해결할 수 있었던 클리브랜드와 르브론 제임스와의 관계가 악화되기는 했지만 스포츠 비즈니스적인 측면에서 보면 한 선수를 통한 경제적인 효과를 무시할 수 없기 때문에 스포츠 스타의 이적을 통한 팀의 경제적 가치, 지역의 경제적 가치 더 나아가서 글로벌적인 가치까지 계산하면서 이루어지는 철저한 경제적인 관점에서 이루어지는 행태인 것이다.

참 | 고 | 문 | 헌

국민체육진흥공단(2004) 스포츠 시장을 지탱하는 스폰서와 에이전시. 산하 미디어.

김 종(2003) 김종 칼럼집 프로스포츠 경영전략. 케이보스.

김 종(2008) 야구의 프렌차이즈 경제학. 한양대학교 스포츠산업·마케팅센터.

김 종, 최재원(1997) 국내 스포츠 마케팅 현황 및 전망 고찰. 경희대학교 부설 한국체육과학연구소, 체육학 논문집, 제26집.

김경호(2009) 프로야구경제학. 스포츠비즈니스리뷰 통권 제 65호, 25.

김낙회, 김 호 공역(1999) 스포츠 마케팅. 나남출판.

김도균(2000) 스포츠 비즈니스. 오성출판사.

김도균(2010) 미국 프로스포츠 비즈니스. 스포츠 비즈니스 제69호.

김동기(1989) 현대 마케팅론. 박영사.

김병식(1997) 스포츠 마케팅. 대한미디어.

김수잔, 양성국 역(1996) 스포츠 마케팅. 대경사.

김원동(2009) 프로스포츠 관중석 왜 비어있는가?. 제 25회 2009스포츠산업진흥포럼.

김윤섭, 정승삼(2000) 대기업의 스포츠 마케팅 전략에 관한 연구 — 스포츠이벤트전략을 중심으로 —. 체육학논문집, 2000(28), 117-135.

김치조(1994) 스포츠 경영학의 본질과 전망. 한국체육과학연구원. 스포츠과학, 제47호.

박찬규, 주성택, 최종필, 정연길, 정현성, 김정호 공역(2007) 스포츠 매니지 먼트. 대한 미디어.

배동렬(1998) 월드컵 스포츠 스폰서십 마케팅. 마케팅 Vol. 354, 38-42.

손준상(1998) 전략적 마케팅기획. 노보.

송석록(2002) 스포츠 스폰서십. 신일 상사.

송한성(2000) 올림픽과 프로야구 관중수. 스포츠 비즈니스, 27호. 8-11.

송해룡(1998) 스포츠 저널리즘과 스포츠 마케팅. 커뮤니케이션북스.

송해룡(2000) 디지털 시대의 스포츠 콘텐츠. 스포츠비즈니스. 5월호.

안광호, 한상만, 전성률(1999) 전략적 브랜드 관리. 학현사.

야마시타슈지 외(2007) 스포츠 매니지먼트. 대한미디어.

위성식, 이상원(1993) 체육·스포츠경영관리론. 법문사.

이경모(2002) 이벤트 학원론. 백산출판사.

이세호(1997) 스포츠 팀 운영이 기업 이미지에 미치는 영향. 한국체육학회지, 36(1).

전인석(2010) 프로선수의 자산관리. 스포츠 비즈니스 제70호.

정상원(1995) 체육·스포츠 경영관리론. 도서출판 대강.

제프 앵거스 외(2009) 메이저리그 경영학. 부·키.

최민규(2010) 메이저리그 선수노조의 라이센싱 사업스토리. 스포츠 비즈니스 제69호.

최민규(2010) 최민규의 프로스포츠 이야기. 스포츠 비즈니스 제71호.

최진우(2000) 올림픽의 경제학. 삼성경제연구소.

최홍섭(2000) 여기는 시드니 "올림픽, 36억달러 남는 장사," 주간조선, 제1622호 2000. 10.

한광걸 외(2001) 스포츠의 사회학적 이해. 영남대학교.

허광일(1998) 기업의 스포츠 팀을 통한 마케팅이 소비자 행동에 미치는 영향. 석사 학위논문. 한양 대학교대학원.

Analysis of professional soccer in the United States and England. Journal of Sport Behavior, 95.

Arker, David a. and Myers, John G.(1987) Advertising Management, 3rd ed., Prentice-Hall.

Cawley, R.(1999) Sports commissions. Journal of Street & Smiths Sports business, 1(Oug.) 28.

Fredline, E. and Faulkner, Bill(1998) Resident reactions to a major tourist event: The Goldcost Indy Car race, Festival Management & Event Tourism Vol.5.

Jacob, J., & Robert W. C.(1998) BrandRoyalty:MeasurandManagement, N.Y: Wiley.

Jeffrey, D. J.(1997) Becoming a sports fan: Understand cognitive development and socialization in the development of fan loyalty Unpublished doctor aldisseration, Ohio State University.

Ludwig, S., & Karabetsos, J. D.(1999) Objectives and evaluation processes utilized by sponsors of the 1996 Olympic games. Sport Marketing Quarterly, 8. 11-19.

Masteralexis(1998) Sports agency. In L. P. Master alexis, C. B. A. Barr, & M. A. Hums(Eds.), Principles and practice of sport management (pp. 243-274) Gaithersburg, Maryland: Aspen Publichers, Inc.

McDaniel(1997) An investigation of Match-up Effects in Sponsorship Advertising The Implications of Consumer Advertising Schemas", American Marketing Association's Winter Educators'Conference, St. Petersberg, F1.

Webster, Frederick E.(1997) Marketing Communication: Modern Promotional. John wiely & Sons, Inc. New York, 137-141.

www.esports.pe.kr

www.fcnetwork.co.kr

www.sportizen.co.kr

www.semasm.com

www.sericeo.org

www.sportbusiness.com

www.joc.or.jp

제 8 편
스포츠 서비스 마케팅

제 1 장 스포츠 서비스의 개념

제 2 장 스포츠 서비스 전략

제 3 장 스포츠 서비스 품질의 측정 및 관리

제 4 장 Hospitality Program (귀빈 프로그램)

08

스포츠 마케팅을 서비스 마케팅이라고 한다면 믿겠는가? 실제 스포츠 상품의 특징과 서비스 상품의 특징은 비슷한 유형을 가지고 있어 소비자 만족도를 높이거나 전략을 구사하는 것 가운데 가장 중요한 요소이다. 서비스는 소비자의 욕구 충족을 목적으로 사람의 노력이나 설비 그리고 경기 승리나 참여의 기쁨을 제공하는 무형의 행위나 활동을 의미한다.

서비스 산업의 발달로 서비스는 스포츠 현장을 비롯하여 각종 상품 판매 및 고객 유치에 있어서 주도적 역할을 하고 있다. 스포츠 현장에서 서비스의 확대의 중요성은 참여하는 소비자의 입장에서 보면 가장 중요한 것이다. 스포츠 비즈니스에는 서비스가 따르기 마련이고 그것은 하나의 마케팅적인 의무라 할 수 있다. 서비스란 소비자인 상대에게 기쁨을 주고 또한 구단이나 기업에게도 기쁨이 생기는 것이어야 하는 것이다.

제품과 달리 서비스는 생산과 소비가 동시에 발생하기 때문에 고객은 기업의 생산 및 전달 과정에 내부 고객인 서비스 운영요원 및 다른 고객들과 함께 참여하는 경우가 많다. 그래서 스포츠 서비스 마케팅의 경우에는 그 제품 자체를 마케팅하는 경우와는 다르게 무형적 편익의 가치를 제공하는 모든 제반 활동이라 했듯이 마케팅의 초점이 서비스에 맞추어지고 제공되어져야 한다. 마케터들은 스포츠 소비자들의 욕구를 정확하게 인식하고 있다고 하지만 분명한 성과 표준을 설정하지 않고, 서비스 운영요원이나 종업원들이 훈련을 제대로 받지 않았거나, 수행 능력이 없거나, 또한 스포츠 서비스 표준을 이행할 의사가 없을 수도 있다. 스포츠 소비자의 기대는 구단이나 기업의 판매원과 광고를 통해 정한 약속에 의해 영향을 받는다.

최고의 스포츠 마케팅 구단이나 기업들은 "고객에게 전념하고 있다" 즉 그들은 표적 고객과 그 고객들의 욕구를 분명하게 알고 그들은 독특한 전략을 수립하여 표적 고객의 욕구를 만족시킨다.

스포츠 현장에서 이러한 서비스는 인적, 물적, 시스템적으로 제공이 되어 스포츠 센터의 경우 센터 등록부터, 운동 그리고 집에 돌아가는 그 순간까지 서비스 내용이 구체화되어 설계되어야 하고, 관람 스포츠의 경우 입장 티켓의 구매로부터 경기 관람까지 전 단계에 걸쳐서 스포츠 서비스 모델이 제시되어야만 한다. 이러한 서비스를 제공하기 위해 스포츠 조직이나 기업은 고객과의 공동 작업을 통해 스포츠 서비스를 생산하는 라인을 점검하고 그 과정에 무엇을 설치하여야 하는지 직원을 어떻게 배치해야 하는지 등을 사전에 조사하고 검증하는 절차를 수차례 걸쳐야 한다.

훌륭하게 설계된 스포츠 서비스는 고객뿐만 아니라 내부 고객인 운영요원들까지 만족시키고, 참여한 모든 사람들이 강력한 구단과 기업 충성도를 갖게 된다.

최고의 구단이나 서비스 기업은 서비스 성과, 즉 자사와 경쟁사의 성과를 일상적인 기준에 따라 감시한다. 구단이나 기업들은 고객 만족과 고객 불만족을 입증하기 위해 고객 목소리(VOC: voice of the customer) 측정치를 수집한다. 그들은 성과를 측정하기 위해 여러 가지 형태로 조사를 실시한다. 따라서 본장에서는 스포츠 서비스가 무엇이고 이것을 스포츠 현장에서 어떻게 설계하여 실행하고 평가하는 것을 이해할 수 있도록 내용을 구성하였다.

제 1 장 스포츠 서비스의 개념

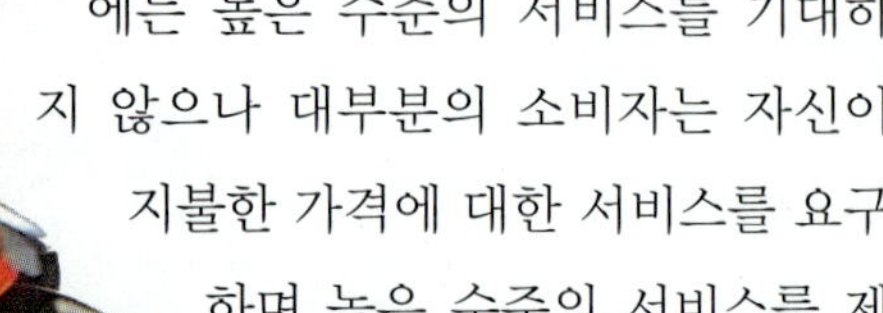

제 1 장

스포츠 서비스의 개념

1. 스포츠 서비스의 정의

일반적으로 서비스(service)라 하면 무상으로 제공하거나, 타인을 위해 봉사하거나, 상품 구매시 부가적으로 제공하는 상품, 유지 보수 및 수리 서비스, 그리고 고객에 대해 응대하는 자세나 태도 등을 통칭한다. 스포츠 소비자는 본인이 기대하였던 수준의 서비스를 제공받았다고 생각할 때 만족하고 제품에 대한 재구매가 이루어진다. 물론 저렴한 경기나 싼 좌석 그리고 싼 음식점 같은 경우에는 높은 수준의 서비스를 기대하지 않으나 대부분의 소비자는 자신이 지불한 가격에 대한 서비스를 요구하며 높은 수준의 서비스를 제공받으면 소비자는 만족할 확률이 높다.

마케팅에는 ABC라는 것이 있다. A: After Service, B: Before Service, C: Communication이 바로 그것이다. 이 세 가지 가운데 무엇이 중요할까? 과거에는 A가 중요했다고 하나 기업의 입장에서 보면 B가 중요하고 소비자의 입장에서 보면 C가 중요하다고 생각할 수도 있다. 글자의 배치를 보아서 After & Before 앞과 뒤로 서비스를 제공하라는 것이 핵심이라 해석할 수도 있다.

스포츠 마케팅은 경기 단체의 상품 개발이지만 스포츠 마케팅의 대부분이 서비스와 같이 유·무형의 것을 제공하고 만족을 추구함으로써 고객의 이익을 창출한다는 측면에서는 유사점이 많이 있다. 스포츠 서비스는 무형적인 특성과 관련되는 전환비용 때문에 구매자가 만족하였을 경우 다른 경쟁자로 옮길 확률은 다른 제품에 비하여 적다.

서비스의 정의는 미국마케팅협회에서는 "판매를 목적으로 제공되거나 상품 판매와 연관되어 제공되는 모든 활동이나 편익을 서비스라 할 수 있

| 표 1-1 | 서비스의 정의

학자	정의
AMA(1960)	서비스란 독자적으로 판매되거나 제품의 판매에 연계되어 제공되는 행위, 편익 혹은 만족이다.
베리(L.L. Berry,1980)	서비스는 산출물이 유형재나 구조물이 아니며, 생산시점에서 소멸되며 구매자에게 무형적인 형태(예를 들면 편리함, 즐거움, 편안함 또는 건강)의 가치를 제공하는 모든 경제적 활동이 포함된다.
레티넨 (U. Lehrinen, 1983)	고객만족을 제공하려는 고객접촉 종업원이나 장비의 상호 작용 결과로 일어나는 활동 혹은 일련의 활동을 말한다.
코틀러 (P. Kotler, 1988)	서비스는 직접 또는 간접 구매되는 무형의 편익이며 유형적이거나 기술적 부분을 포함한다.
안운석 등(2005)	산출물이 무형적 요소로서 생산되는 시점에서 소멸되는 소비자에게 무형적인 편익(예를 들면 안락, 편리성 등)의 가치를 제공하는 모든 경제적 제반 활동을 의미한다.

출처: 〈서비스 마케팅 이론과 사례〉, 2008.

| 그림 1-1 | 세 가지 형태의 마케팅 서비스 도표

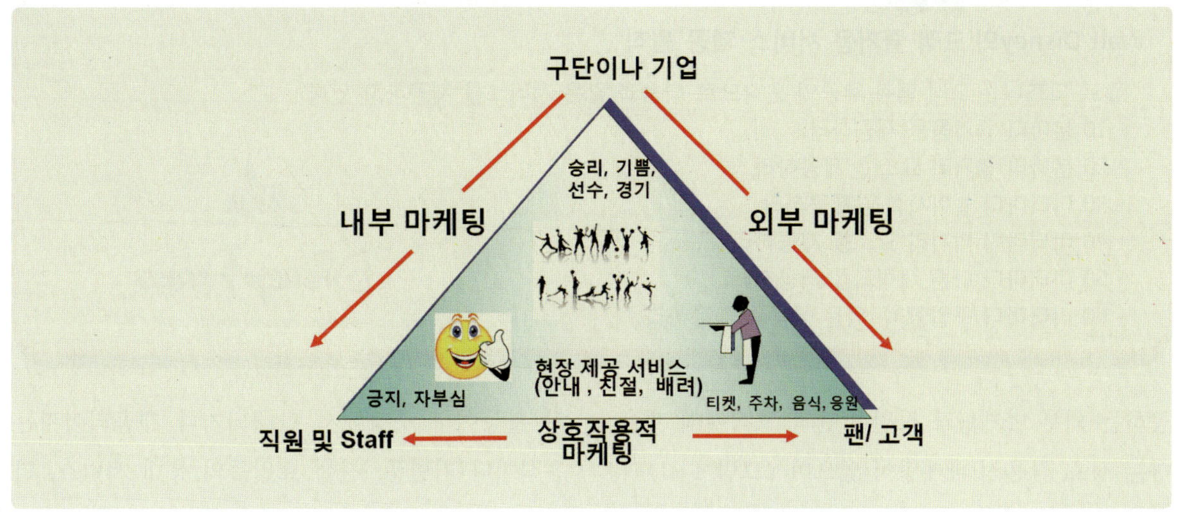

출처: 곽동성, 〈서비스 마케팅〉을 토대로 하여 재구성.

다"고 정의하였고 〈표 1-1〉과 같이 학자들의 서비스에 대한 정의를 토대로 스포츠 서비스 마케팅을 정의한다면 "스포츠 유·무형 자산에서 이루어지는 모든 행위 속에서 무형적인 가치를(편안함과 안락함, 기술적인 편안함 등) 제공하는 일련의 모든 활동"이라고 정의할 수 있다.

스포츠 서비스는 행위(deeds), 과정(process), 및 그 결과인 성과(performance)라고도 설명할 수 있다. 피트니스 센터에서 개인 트레이너의 코치처럼 서비스는 만지고, 보고, 냄새를 맡을 수 있는 유형적인 것이 아니라 무형적인 행위와 성과이다. 그러나 서비스는 현실적으로 완전히 무형적인 것은 존재하지 않으며, 무형적 가치가 제공되기 위해서는 현실적으로 유형적인 요소가 수반되어야 한다.

이러한 행위, 과정, 성과를 구단과 기업, 직원과 고객 사이의 과정을 보면 구단에서 직원에게 제공하는 내부 마케팅, 구단에서 팬이나 고객에게 제

| 그림 1-2 | 제품의 유형성 스펙트럼

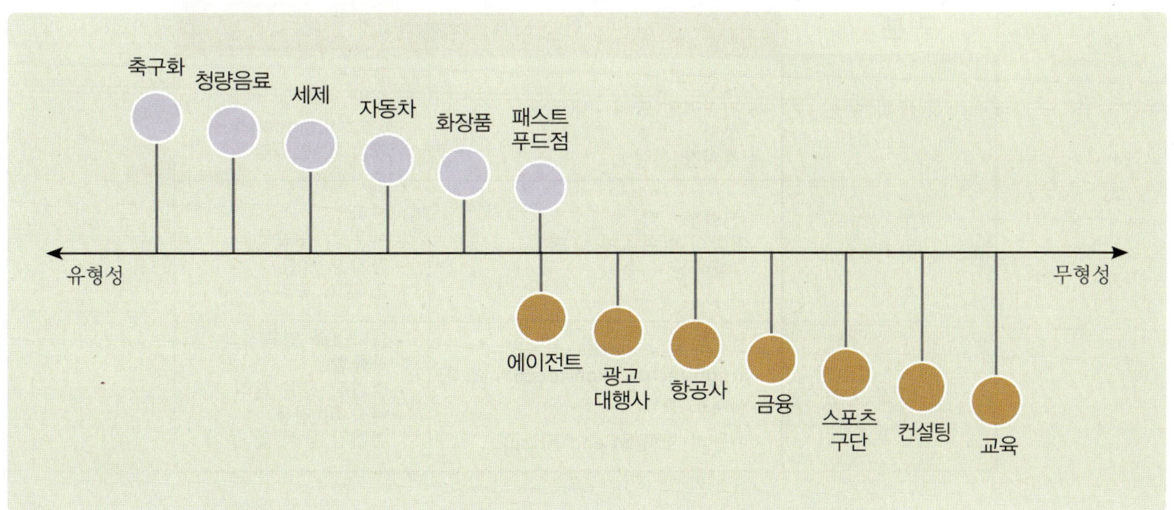

출처: 이유재, 〈서비스 마케팅〉을 토대로 하여 재구성.

마케팅 休知通

Walt Disney의 고객 즐거움 서비스 제공 원칙

월트 디즈니는 고객 행복 제공의 원칙으로 다음과 같은 서비스를 제공하고 있다.

- 10 분마다 즐거움을 제공하라.
- 20 분마다 볼거리 요소를 제공하라.
- 30 미터마다 놀이시설을 제공하라.
- 40 미터마다 먹거리 요소를 제공하라.
- 50 미터마다 다른 캐릭터를 제공하라.
- 60 미터마다 구입할 수 있는 상품을 제공하라.

공하는 외부 마케팅과 직원이 팬과 고객에게 제공하는 상호 작용적 마케팅이 있으며 〈그림 1-1〉과 같다.

일반적으로 스포츠 서비스를 설명할 때 경기장에서 판매되는 유형의 제품과 비교하여 설명한다. 모든 스포츠 상품은(제품이든 서비스이든) 유형 및 무형의 특징을 지니고 있다. 즉 제품에 기초한 상품은 유형적인 특징이 많은 반면, 서비스가 핵심 요소인 상품인 무형적 요소가 더 많이 있다고 할 수 있다. 즉 스포츠 서비스란 스포츠의 유·무형의 상품을 구입했을 때 제공되는 것보다 더 넓은 개념으로 사회 소비 계층을 위한 선수나 팀들의 봉사 활동이나 구장에서 판매되거나 제공되어지는 음식이나 기념품, 진행 요원들의 응대 서비스, 티켓을 판매하거나 소비자를 응대하는 자세나 태도 등과 같이 소비자의 효용과 만족을 충족시키기 위하여 제공되는 모든 서비스라 할 수 있다.

제품의 유형성 스펙트럼을 보면 〈그림 1-2〉와 같다.

스포츠 좋은 제품과 서비스 요소는 구단을 찾는 팬들을 만족 시키고 고객을 만족 시키는데 좋은 서비스 요소에는 중심적 요소, 신뢰적 요소, 주변적 요소의 세 가지가 있으며 〈그림 1-3〉과 같다.

| 그림 1-3 | 스포츠 제품의 좋은 제품과 서비스 요소

구 분	좋은 제품	좋은 서비스
중심적 요소	- 선수 구성 - 지속적인 승리 - 내구력 - 성적 - 성능 - 경기장 시설	- 유형성 - 응답 신속성 -유능성(Competence) - 승리 및 만족감
신뢰적 요소	- 신뢰성 -결함의 범위내지 빈도 - 7할이상의 승리	- 신뢰성 - 신용성, 솔직성 - 경기장 시설 - 홈 경기 승리
주변적 요소	- 고객입장의 디자인 (High-tech과 High-touch의 조화) - 서비스 능력 - 마무리 능력(Fit and Finish)	- 의사소통 명확성 - 정중함 - 경기장 시설 관리 - 역사 및 전통 - 경기장 음식 및 주차

출처: 전략적인 현대 스포츠 경영.

2. 스포츠 서비스의 분류

스포츠 서비스의 분류

서비스의 산업적 분류는 서비스 조직으로부터 제공되는 핵심 제품을 정의하고 고객의 욕구와 경쟁상황을 이해하는 데 도움이 된다. 하지만 산업 내 개개의 사업 특성이나 서비스 프로세스 특성 등을 충분히 파악하게 해준다고 보기는 어렵다. 현대에서 서비스의 개념은 이 두 가지로부터 형성되었는데, 그 첫 번째는 노무라(1983)의 서비스 분류와 러브록과 라이트(2002)의 분류이다.

노무라는 스포츠 서비스는 이용 가능한 제반 자원이 역할을 다하는 유용한 기능이나 활동의 세 가지를 의미한다고 하였다.

- 물적 서비스: 스포츠나 신체 활동을 위한 물적 조건을 보다 더 충실히 하는 활동
- 시스템적 서비스: 스포츠 정보, 시설 이용의 절차, 활동 프로그램, 코스 등의 시스템적 조건을 제공하는 활동
- 인적 서비스: 스포츠나 신체 활동에 필요한 동료, 집단이나 지도자 등을 보다 더 충실히하는 활동 등의 스포츠 서비스를 믹스함으로써, 기본 제품인 순수 스포츠 프로그램에 어필한 사람들의 스포츠 활동(참여 스포츠)과 직접 관계되는 기본적인 조건을 정비하는 것이다. 그로부터 관람형 스포츠, 창조하거나 지원하는 스포츠 등의 다채로운 형태가 파생된다.

두 번째, 스포츠 서비스를 시장에서 거래되는 재화로서 파악하는 것이다. 이른바 서비스 재화로

| 그림 1-4 | 스포츠 서비스의 분류

출처: 박찬규, 〈스포츠 매니지먼트〉.

마케팅 休知通

스프링벅 경쟁

아프리카 남부 칼라하리 사막에는 스프링벅(springbok)이라는 산양들이 살고 있다. 이 산양들은 보통 20~30마리씩 무리를 지어 다니지만 계절이 바뀌면 수천 마리가 떼를 이루기도 한다. 거대한 산양 때가 천천히 이동을 하는 장면은 가히 대장관이다.

그런데 앞서가는 산양들이 풀을 먹고 지나가면, 뒤에 오는 양들이 먹을 풀이 남지 않는다. 그러므로 뒤를 좇는 산양들은 풀을 뜯어 먹기 위해 앞으로 나서려 하고 앞에 가는 무리들은 뒤지지 않으려고 차차 발걸음이 빨라진다. 얼마 지나지 않아 그 큰 무리가 모두 다 뛰기 시작한다.

처음에는 풀을 뜯어 먹기 위해 앞서려고 했지만, 그 다음엔 앞서기 위해 앞서려 한다. 그 다음엔 왜 뛰는지 조차 모르는 채 그대로 내 달리다가 낭떠러지에서 바다로 떨어져 죽은 경우가 허다하다고 한다. 이 얼마나 어리석은 짓인가?

가격이든 서비스이든 무작정 경쟁만 의식하여 죽는지 사는지도 모르면서 그냥 내달리는 산양같이 어리석은 기업들이 꽤 많이 있다. 어떤 사업을 하고 있는지 생각해 보지도 않은 채 열심히 내달리기만 하는 기업은 곧 막다른 골목에 봉착하고 말 것이다.

출처: 홍성태 교수의 〈보이지 않는 뿌리〉 중에서.

서의 스포츠 제품들을 말한다. 이러한 생각은 특정한 스포츠 활동을 더 한층 고품질화하기 위한 목적으로 마케팅 기술을 사용하는 것에 의해서 스포츠 생산품으로서 제품화한다고 하는 것을 의미한다.

또 다른 분류 기준인 러브록과 라이트(2002)는 연구 결과를 토대로 다음과 같이 서비스를 일곱 가지의 분류 기준을 제안하였다.

- 서비스 대상(사람, 물건, 정보)
- 서비스 주체의 정도(사람 기준, 시설 및 설비 기준, 시스템 기준)
- 서비스 활동의 성질(유형의 동기부여, 무형의 동기부여)
- 서비스의 배달(delivery) 장소, 시간(고객과 서비스 제공자가 편리한 장소에서 거래한다)
- 수요와 공급 균형의 정도(큰 변화-작은 변화)
- 주문의 정도(개별적-표준적)
- 고객과의 관련성(멤버 관계형-오픈형)이 바로 그것이다.

이러한 기준은 서비스를 분류하는 데 유익하다. 몇 가지는 실제로 서비스 차원의 체크리스트로서 활용될 수 있다.

위에서 이야기한 바와 같이 후자의 입장에서 스포츠 서비스를 파악할 경우 주로 세 가지 서비스 제품으로 분류할 수 있다.

첫 번째는 스포츠가 제품화된 참가형 스포츠 서비스이다.

- 동호회의 동료가 공통의 목적을 갖고 계속적으로 스포츠 활동을 하는 클럽 서비스
- 시설, 설비나 용구 등을 사용해서 개인이나 그룹 등으로 자유롭게 스포츠 활동을 즐기는 에어리어 서비스
- 시설, 용구, 동료, 시간, 활동 내용, 지도자 등을 모두 패키지로 제공하는 프로그램 서비스
- 개인이 연습한 스포츠 활동의 성과를 시험해 보는 기회인 이벤트 서비스라고 하는 네 가지가 포함되어 있다.

두 번째는 스포츠라고 하는 수단을 이용해 운동선수가 인간의 가능성을 극한까지 추구하는 자세나 퍼포먼스를 보여주는 것으로, 많은 사람들에게

희망과 감동, 용기, 오락, 보는 즐거움을 제공하는 관람형 스포츠 서비스이다.

- 프로야구나 프로축구 및 프로씨름 등의 정기적, 계속적으로 프로 스포츠 이벤트를 볼 수 있는 엔터테인먼트
- 올림픽과 월드컵처럼 일정기간 동안 개최되는 메가스포츠 이벤트를 볼 기회인 스펙터클 서비스 등이 포함된다.

세 번째로 참가형 스포츠 서비스의 제공 조직과 스폰서 기업 등이 상호 교환 관계를 구축하는 스포츠 스폰서십 서비스이다.

- 스포츠 이벤트뿐만 아니라 운동 선수 개인에 대한 스폰서십
- 스포츠 시설 등의 이름 같은 권리 비즈니스 스폰서십 패키지이다.

스포츠 서비스 프로세스의 분류

러브록과 라이트(2002)는 고객이 서비스 운영에 관계하는 방법이나 고객에게 제공하는 핵심 제품의 창조방법과 같은 서비스 프로세스의 문제에 착안해서, 서비스 대상과 서비스 활동의 성질이라고 하는 유형과 무형의 두 가지 분류방법으로부터 4개의 프로세스를 제안하고 있으며, 〈그림 1-5〉를 보면 쉽게 이해할 수 있다.

첫 번째 부문은 휘트니스 센터나 스포츠 휘트니스 클럽과 같이 사람의 신체에 대한 유형의 행위가 이루어지는 프로세스로 고객은 휘트니스를 할 때 물리적으로 그 장소에 있을 필요가 있다.

두 번째 부문은 시설, 설비, 경비, 관리 서비스와 같이 고객의 소유물에 대해 유형의 행위가 이루어지는 프로세스이다. 서비스의 대상이 되는 물건은 물리적으로 그 장소에 존재할 필요가 있지만

| 그림 1-5 | 프로세스로서의 서비스의 분류

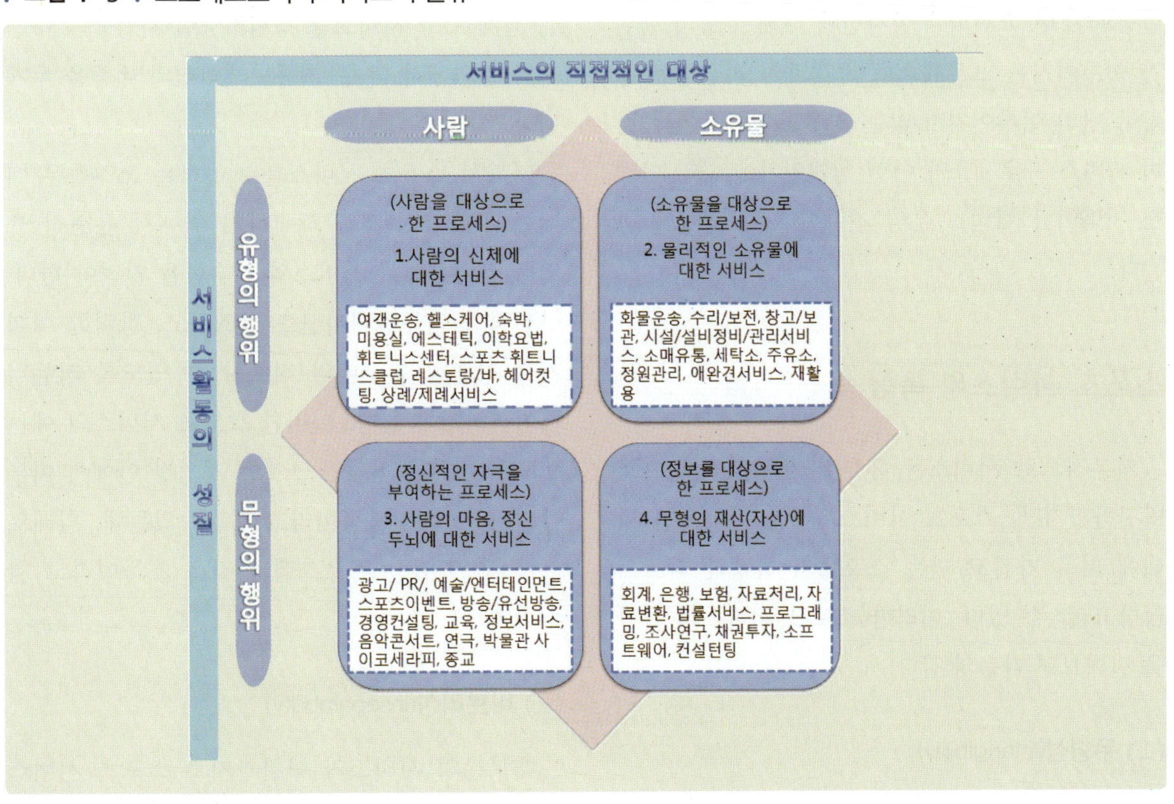

출처: 러브록과 라이트(2002)를 수정.

무형성의 서비스는 고객에게 즐거움을 주고 기억을 남긴다.

고객은 그 장소에 있을 필요가 없다.

세 번째 부문은 스포츠 이벤트 관전이나 경영컨설팅, 교육과 같이 사람의 정신, 두뇌에 대해 무형의 행위가 이루어지는 프로세스로 고객은 정신적 의미에서는 그 장소에 있을 필요가 있지만 그의 신체는 방송이나 다른 원거리 통신수단에 의해 접속되어 있는 다른 장소에 있어도 좋다.

네 번째 부문은 데이터 처리나 소프트웨어, 컨설팅과 같이 고객의 무형자산에 대해 무형의 행위가 이루어지는 프로세스로 고객과의 직접적인 접촉이 거의 이루어지지 않는 경우도 있다. 이와 같이 서비스 프로세스가 어떤 형태인가에 따라 마케팅 전략이나 서비스 운영 전략이 크게 영향을 받는다.

스포츠 서비스의 특징

기본적으로 서비스는 유형적 제품을 기준으로 발전하였지만, 스포츠 서비스에서는 무형적인 형태에 더욱 가깝고 이는 스포츠의 특성과 다르지 않다고 할 수 있다. 이러한 스포츠 서비스의 특징을 살펴보면 다음과 같다.

(1) 무형성(Intangibility)

스포츠 서비스는 스포츠의 경기와 같이 형태가 없다는 것이다. 이러한 스포츠 서비스의 특성은 객관적으로 보이는 형태로 제시할 수는 없지만 스포츠 경기나 이벤트와 같은 형태로 제공할 수 있다. 결국 고객이나 팬의 입장권이라는 무형의 자산을 대체하는 유형의 제품을 구매하여, 서비스를 보고, 느끼는 것이다.

스포츠 서비스가 무형적이라는 것은 두 가지 측면의 의미가 있는데, 첫째 실체를 만질 수 없다는 것, 둘째 만질 수 없기 때문에 그 서비스가 어떠한 것인지 보기 전까지 판단할 수 없다는 것이다. 이는 일반적인 서비스가 보고, 맛보고, 느끼고, 냄새를 맡을 수 없다는 것과 비슷한 형태를 띠고 있지만, 볼 수 없다는 의미의 측면에서는 조금 다른 정의를 내릴 수가 있다.

이러한 스포츠 서비스는 무형적인 측면 때문에 진열이 어렵고, 커뮤니케이션을 하는 데 있어서 다른 방법을 활용해야 하는 특징을 갖고 있다. 때문에 스포츠 서비스는 구매에 있어서 광고보다는 실제로 그 서비스를 경험하였던 사람들의 구전효과에 의해서 더 큰 커뮤니케이션의 비중을 두게 된다.

따라서 스포츠 서비스를 제공하는 조직들은 이러한 무형성 문제를 해결하기 위해서 유형적 요소를 부각하면서 서비스의 우수함을 알려야 한다. 구전적인 커뮤니케이션을 강조하고, 강력한 이미지를 창출하여 구매와 직결할 수 있도록 커뮤니케이션하여야 한다. 이러한 스포츠 서비스의 예는 스포츠 경기가 아니라 스포츠 경기장 안에서 이루어지는 서비스 제품이라고 할 수 있는데, 일례로는 스포츠 귀빈 프로그램과 같은 것들이라고 할 수 있다.

(2) 비분리성(Inseparability)

대부분의 서비스와 마찬가지로 스포츠 서비스 역시 생산과 소비가 동시에 발생한다. 이는 스포츠 경기의 특징과 같다고 할 수 있는데, 이러한 서비스의 특징을 "비분리성"이라고 한다.

유형의 제품인 경우에는 생산과 소비가 분리되어 생산, 판매 후에 소비가 이루어지지만, 스포츠 서비스의 생산 준비 단계는 사전에 이루어지지만, 판매와 소비가 거의 동시에 이루어진다.

또한 고객들이 스포츠 서비스의 생산 과정에 참여할 수도 있고, 똑같은 서비스 제품을 만들어 낼 수도 없으며, 대량 생산이 불가능하다. 결과적으로 하나의 서비스 상품을 다양한 소비자가 동시에 소비한다고 할 수 있다.

이러한 동시 다발적인 스포츠 서비스의 소비는 제품 자체를 개별적으로 통제하기 어렵다는 문제가 있고, 이러한 문제를 해결하기 위해서 스포츠 서비스를 제공하는 조직에서 서비스를 제공하는 직원을 선별하여 뽑고, 여러 번의 교육을 통해서 동일한 서비스가 제공될 수 있도록 교육하여야 한다.

티셔츠를 팔기 위해 제품 정리를 하는 직원의 모습

표 1-2 스포츠 서비스에 따른 문제점과 대응 전략

서비스 특성	내용 및 문제점	대응 방법
무형성	저장이 불가능 가격 설정 기준 불명확 특허를 통한 서비스 보호 불가능 진열 및 설명 커뮤니케이션을 할 수 없음	실체적 단서(유형적) 제공 구전 활동 적극 활용 가격 설정시 철저한 원가 분석 인적 원천을 통한 정보 제공 강력한 기업이미지 관리 및 창출 대고객 접촉빈도 제고 제공되는 효익 강조 구매 후에도 커뮤니케이션에 관여
비분리성	서비스 제공자가 존재함 서비스 생산에 고객이 참여함 고객이 거래에 참여하고 영향을 받음 분권화가 필수이며 집중화된 대규모 생산 곤란 인적 판매의 경우가 많음 집중화된 대규모 생산이 곤란함	종업원 선발 및 교육이 매우 중요함 여러 지역에 서비스망 구축 서비스 맞춤 공급 체제 구축 서비스 제공자의 자동화 강화 세심한 고객욕구 파악 및 관리 필요
이질성	종업원 및 제공자의 이질성 받아들이는 고객의 이질성 표준화 및 품질 통제가 곤란함 고객에 따라 품질의 인식이 다름	서비스 표준의 설계 및 수행 고객에 따른 개별화 사전 패키지 서비스 제공 서비스의 개별 맞춤 시행 종업원의 반복된 훈련
소멸성	저장 및 재판매가 불가능 수요 및 공급의 균형 문제 반품 곤란	수급 및 제공 능력의 동시 조절 비수기의 수요 변동에 대한 대비 종업원의 다양한 업무능력 제고 신축적인 가격 정책

출처: 이유재, 〈서비스 마케팅〉.

마케팅 休知通

Service 패러독스

S Speed, Smile, Sincerity: 스피드, 스마일, 진실된 서비스여야 한다.
E Energy: 활기찬 대응이 고객의 인상에 큰 영향을 미치는 외형의 서비스
R Revolutionary: 천편일률적인 서비스 제공이 아닌 신선하고 혁신적인 서비스
V Valuable: 제공되는 서비스는 가치 있는 것이어야 한다.
I Impressive: 기쁨, 감동, 감명이 없으면 서비스가 아니다.
C Communication: 서비스는 상호 교류가 있어야 한다.
E Entertainment: 서비스는 고객을 즐겁게 하는 것이다.

(3) 이질성(Heterogeneity)

스포츠 서비스에서의 이질성은 무형의 스포츠 제품을 생산하고 제공하는 데 있어서 여러 가지 가변적인 요소가 많아 실제 기획되었던 제품이나 내용과 달리 생산 및 운영 과정에서 고객에게 서비스가 다르게 전달되는 것을 의미한다. 이렇게 다르게 전달되는 제품은 서비스의 품질이 다르다고 소비자가 인식할 수 있고, 이러한 특성을 "이질성"이라고 할 수 있다.

이러한 이질성은 스포츠 서비스에서 문제점을 제공하는 동시에 기회를 제공하는데, 이러한 문제점을 통해서 스포츠 서비스는 이질성을 최소화하기 위해서 일정 수준으로 서비스를 끌어올리거나, 표준화하는 방법을 모색하게 되는데 이렇게 서비스가 발전하게 되면 조금 더 나은 차별화되고 전

| 그림 1-6 | 스포츠 서비스의 범위 및 영역

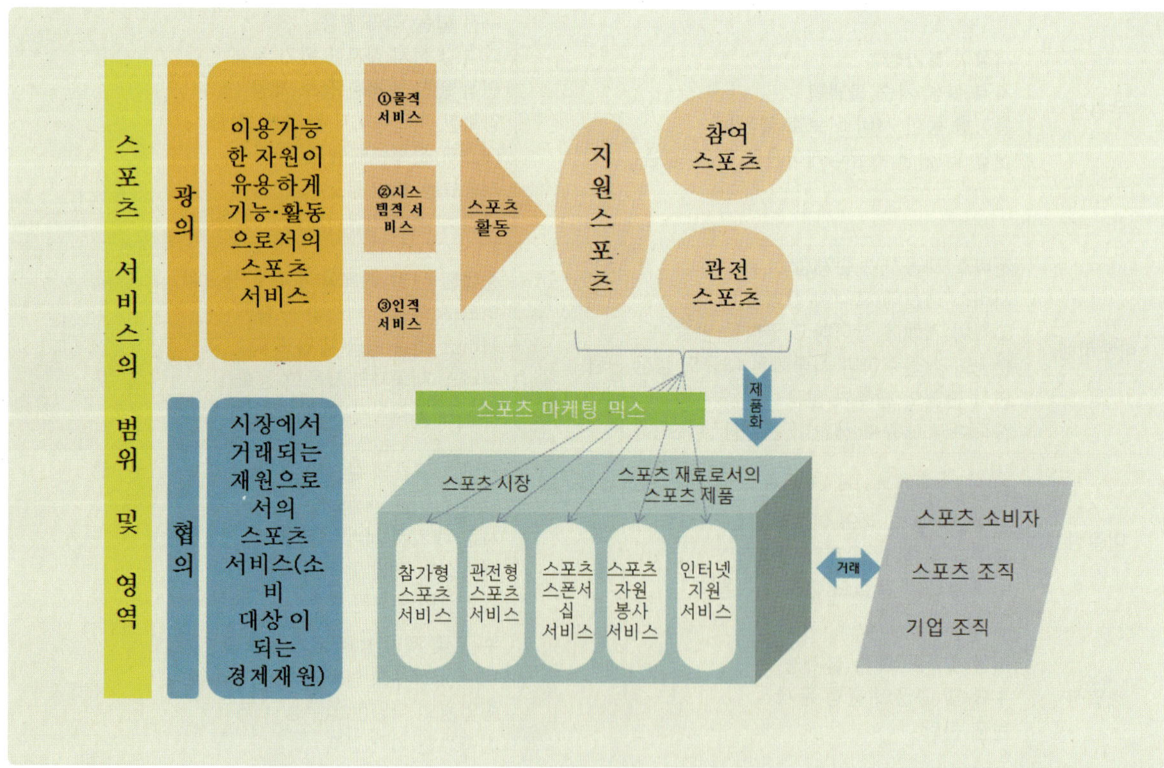

출처: 박찬규 외, 〈스포츠 매니지먼트〉.

략적인 스포츠 서비스를 제공할 수 있게 된다.

(4) 소멸성(Perishability)

스포츠 서비스는 생산과 동시에 소비되기 때문에 품질이나 수요량, 참가자 수는 누가, 언제, 어느 장소에서 제공할 것인가에 따라서 변한다. 경기 결과를 예측할 수가 없으며, 똑같은 경기를 만들어 낼 수 없다. 결과적으로 잉여 서비스라는 것이 존재하지 않는 것이다. 이러한 특징을 "소멸성"이라고 한다.

이러한 스포츠 소멸성은 서비스의 공급과 수요의 불균형을 초래하기도 하기 때문에 수요와 공급에 조화를 이루는 전략이 필요하다.

스포츠 서비스의 범위 및 영역

스포츠 서비스의 범위 및 영역은 광의와 협의로 나눌 수 있으며 광의는 물적, 시스템적, 인적 서비스가 참여와 관전 스포츠 활동에서 사용되어 지도록 하는 것이다. 협의는 소비의 대상이 되는 모든 재원들에 대하여 서비스가 제공되어지는 것이며 이를 그림으로 설명하면 〈그림 1-6〉과 같다.

스포츠 서비스 요소

경기장에 들어오는 손님에게 180도로 인사를 한다고 해서 좋은 서비스를 하는 것이 아니다. 아름답고 친절한 말을 한다고 해도 좋은 서비스도 아니다. 좋은 서비스를 제공하는 데는 좋은 품질의 제품을 만드는 것 이상의 능력과 섬세함이 요구된다.

스포츠 마케팅에선 누구나 서비스의 중요성에 대해 인식하고 있다. 그러나 서비스의 특성을 정확히 이해하지 못하면 좋은 서비스를 전달하기란 그리 쉽지 않다.

경기장에 고객 서비스를 위하여 설치된 샌프란시스코 골든 워리스 경기장의 Will Call Booth

또 서비스 담당자가 아무리 좋은 서비스를 고객에게 제공한다고 하더라도 실제 서비스를 받는 고객이 만족감을 느끼지 못한다면 그 서비스는 결코 좋은 서비스라고 하기 어렵다. 이는 서비스를 제공하는 개인이나 회사가 고객의 성향이나 취향을 제대로 파악하지 못하고 자신들의 눈높이에만 맞춘 서비스를 제공할 때 발생할 수 있는 현상이다.

좋은 서비스란 일방적으로 고객에게 친절을 베푸는 것이 결코 아니다. 고객이 원하는 바가 무엇인가를 정확하게 파악해 가능하면 고객이 요구하기 전에, 아니면 적어도 고객의 요구가 있은 직후에 바로 조치를 취해줌으로써 고객의 만족도를 최대한 높여주는 서비스라고 할 수 있다.

한국 프로야구 8개 구단 가운데 SK가 팬들에게 가장 좋은 서비스를 제공한 것으로 조사됐다.

한국표준협회는 지난 2010년 5월부터 8월까지 전국 5개 도시의 20~59세 성인남녀를 설문해 한국서비스품질지수(KS-SQI)를 산출한 결과 SK 와 이번스는 8개 구단 가운데 최고점수를 얻었으며, 2007년부터 2010년까지 4년 연속 1위를 지켰다.

협회는 SK가 페트병을 재활용해 유니폼을 만들고 경기장 외곽에 자전거 거치대를 설치했으며 친환경 전기차를 불펜카로 활용하는 등 저탄소 기조에 걸맞은 활동을 펼친 점 등이 팬들에게 높은 점

보스톤 마라톤 대회 코스에 설치된 보스턴 레스 삭스의 40이닝 경기 결과를 표시한 칠판 (이처럼 서비스는 고객의 요구 사항을 들어 주는 것이다)

수를 받았다고 설명했다.

또한 문학구장 전체에 개방형 와이파이 존을 형성하고 자체 스마트폰 애플리케이션을 개발해 보급했고 '보이는 라디오'를 중계하는 등 급증하는 넷북과 스마트폰 사용자들의 요구를 맞췄다는 점도 높게 평가를 하였다. 이처럼 훌륭한 서비스는 서비스를 제공받은 고객이 흡족해 하고 그 결과 회사나 개인의 이미지가 높아질 때 좋은 서비스는 완성된다고 할 수 있다. 이렇게 서비스에 만족한 고객이 많아질수록 개인이나 회사는 성공가도를 달릴 수 있게 된다.

스포츠 서비스는 크게 중심적인 요소와 신뢰적인 요소, 주변적 요소의 세 가지 좋은 서비스 조건을 가지고 있다.

(1) 중심적 요소

서비스를 평가하는 첫 번째 기준은 유형성(tangibles)이다. 서비스의 무형을 유형화시킨 것으로 이는 물리적 시설, 설비, 비품 등을 일컫는다. ESPN 스포츠 바의 화장실에 가면 남성의 경우 소변기 앞에 소형 TV가 설치되어 있다. 하지만 이곳은 소변기뿐만 아니라 대변기 머리 위에도 TV를 설치하였다. 조선일보 국제 마라톤에 가면 코스마다 음수대가 설치되어 있는데 일반 마라톤의 경우 음수대는 음수대의 번호가 음료 1, 음료 2, 음료 3 이렇게 번호가 되어 설치되어 있는데, 조선일보 마라톤 대회에는 12-1, 12-2, 12-3 식으로 음수대가 몇 개인지를 알려 주어 런너들이 한 곳으로 몰리지 않게 만들어 놓았다. 보스톤 마라톤의 경우에는 뛰는 시간에 보스턴 레드삭스의 경기가 있는 날이라 기다리는 팬들을 위해 경기 결과를 중간 중간에 가르쳐 준다. 이처럼 좋은 서비스는 고객이 기대하는 것이나 손이 미치는 곳이면 어디든 감탄을 자아낼 준비가 되어 있다.

이처럼 유형성에는 물리적 설비뿐 아니라, 종업원의 외모도 포함이 된다. 깨끗하고 통일된 유니폼이나 단정한 외모 등도 소비자 만족에 있어서 무시할 수 없는 요건이다.

두 번째는 응답의 신속성(responsiveness)으로 어떤 요구가 있을 때 얼마나 빨리 요청한 서비스를 충족시켜 줄 수 있느냐 하는 점이다. 밴쿠버 동계올림픽 피겨스케이팅 대회의 경우 좌석에 앉아 있으니 방금까지 경기에 나온 선수들의 경기 결과(점수기록 용지)를 기록한 Sheet가 배부되었다. 메이저리그 스포츠의 경우 티켓을 구매하였을 때 바로 인터넷으로 프린트할 수 있는 방법이 있고 will call center를 방문하여서 티켓을 직접받을 수도 있다. 이처럼 고객에게 스스로 선택할 수 있도록 빨리 응답을 하여 준다.

세 번째는 능숙성(competence)이다. 경기장에 있는 종업원의 지식과 기능을 의미하는 것으로 신뢰를 가져다 줄 수 있는 능력을 말한다. 제품을 구입하려고 매장을 방문하였을 때 능숙하게 제품에 대한 설명을 하여 주는 종업원을 만나면 제품에 대한 신뢰가 가고 구입하고 싶은 생각이 금방 든다. 경기장에 방문하였을 시 좌석을 찾으려 하는데 좌석의 위치가 어디인지 대답을 하지 못하거나 오늘 경기 스케줄에 대하여 자세하게 설명하지 못한다면 이는 능숙성이 떨어지는 것이다. 골프장의 경우 캐디가 코스를 정확하게 파악하고 그린의 라인을 잘 읽는 것도 중요하지만 손님의 골프채를 자신의 생명처럼 관리하고 정확하게 거리에 맞춰 아이언을 선택할 수 있는 능숙성은 손님에게 최고의 서비스를 제공하는 것이다. 이처럼 서비스의 유형성인 유형성, 신속성, 유능성의 요소를 갖추는 것이 중요하다.

(2) 신뢰적 요소

스포츠 서비스의 신뢰성(reliability)이란 기대되는 서비스를 첫 번째 요구에 제대로 수행할 수 있는 능력을 일컬으며, 곧 일정한 서비스를 기대할 수 있는 정도를 말한다. 오늘 내가 롯데 자이언츠 경기장에 응원을 갔다면 승리라는 서비스는 무엇보다 가장 큰 첫 번째 고객의 요구이다. 이에 부응하여 승리를 한다면 팀에 대한 신뢰도가 높아진다. 보통으로 홈경기에서 70% 이상의 승리를 하여야만 팀에 대한 신뢰도가 높아진다고 할 수 있다. 또한 비가 오는 일기예보가 있으면 비옷을 준비해 두거나, 경기가 끝나는 시간에 맞추어서 전철의 칸이나 운행 횟수를 늘리거나 주차장을 쉽게 이용할 수 있도록 안내 표지판을 설치하는 것 등이 바로 신뢰적인 요소이다.

두 번째는 솔직성(trustworthiness)으로 간혹 잘못이 발생되면 잘못의 원인을 고객에게 미루지 말고 이를 즉시 시인하고 수정해 주어야 한다. 모든 것들은 사람들이 하기 때문에 누구나 다 실수를 할 수가 없고 만능일 수 없다. 고객에게 이러한 모습이 비추어질 때 바로 이것에 대한 시인을 하고 다음 단계의 서비스를 제공하는 것이 좋다.

(3) 주변적 요소

중심적인 요소나 신뢰적인 요소보다도 고객이 더욱 감동을 받는 것은 첫째는 커뮤니케이션(communication) 능력이다. 고객이나 팬들에게 귀 기울이고, 그들이 알아들을 수 있는 정보를 전하는 것을 의미한다. 명문 골프장의 경우 라운딩이 끝나고 락커룸에 들어가면 캐디가 오늘 손님과의 경기가 참 행복했다는 상투적인 말이 아닌 진심어린 간단한 메시지를 개인 락커의 보드판에 남긴다.

서비스란 소비자들을 만족시킬 수 있어야 한다.

둘째는 정중함(courtesy)을 훈련받은 듯 깍듯한 매너도 중요하지만 마음에서 우러나오는 말과 행동의 서비스가 중요하다. 프랜차이즈의 경우 대부분 종업원들이 사용하는 언어가 매뉴얼 북에 있는 내용을 사용한다. 하지만 이러한 서비스는 고객의 기분과 상태와는 전혀 다를 수 있다. 시간에 맞는 장소에 맞는 그리고 분위기에 맞는 정중한 서비스가 중요하다.

스포츠 서비스 만족의 효과

스포츠 소비자는 자신이 기대하던 수준의 서비스를 받았다고 생각할 때 다음과 같은 효과를 갖는다.

첫째, 높은 수준의 서비스는 상대적은 높은 소

마케팅 休知通

마누라 이론과 자전거 패달 이론

사람들은 미리 다른 사람들에 대한 기대치를 만들어 놓고 있다가 상대방이 기대치를 위반하면 그 사람에 대해 새로운 평가를 내리게 된다.

남성들은 결혼하기 위해 상대방에게 최선을 다해서 잘해 주다가 막상 결혼을 하면 대개의 사람들은 결혼 전만큼 하지 못한다. 그래서 이것을 만회하기 위해 첫 번째 되는 아내의 생일날 그동안 몰래 모은 돈으로 다이아몬드 반지를 아내에게 선물하였다. 아내는 너무나 행복해 하며 남편의 선물에 감사하였다. 그런데 그 다음해에는 무엇을 선물할 것인가? 이처럼 고객에게 너무 높은 서비스나 선물을 제공하였다면 그 다음에는 더 큰 것을 제공해야만 고객이 만족해 한다는 뜻이다. 이것을 "마누라 이론"이라 한다.

고객과의 관계는 자전거가 넘어지지 않기 위해 끊임없이 페달을 밟아야 하는 것처럼 고객과의 관계를 적당하게 조절하면서 끊임없이 유지하는 "자전거 페달 이론"이 중요하다.

스포츠 서비스에 있어서도 마누라 이론처럼 고객에게 너무 큰 기대를 주어서도 안되고, 갑자기 큰 선물을 제공해서도 안된다. 끊임없이 움직이는 자전거 페달처럼 고객에게 제공되는 서비스는 일정하게 그리고 지속적으로 유지하는 것이 중요하다.

비자 만족을 가져오고 낮은 수준의 서비스는 고객 이탈 현상을 가져 온다. 미국의 한 연구에 의하면 50% 이상의 소비자들이 경쟁자의 제품을 구매하게 된 가장 큰 동기는 수준이 낮은 서비스 때문이라고 하였다.

둘째, 소비자가 만족하면 반복 구매를 한다. 특히 스포츠 상품의 경우 구단이 좋은 성적을 기록하거나 자신이 착용한 운동화가 높은 수준의 기능을 발휘하였을 경우 반드시 재구매를 한다.

셋째, 스포츠 소비자는 좋은 서비스에 대한 긍정적인 구전을 전달하고 부정적인 서비스에 대해서는 더 높은 구전을 전달한다. 미국의 어느 연구에 의하면 보통 사람들은 안 좋은 서비스 경험에 대해서 다른 9~10명에게 전달을 하고, 13퍼센트의 소비자들은 안 좋은 서비스 경험에 대해서 20명 이상에게 이야기 한다고 한다. 좋은 서비스 경험을 갖게 된 소비자는 안 좋은 경험의 소비자보다는 적게 전달하지만 다음에 제품을 구매할 때 크게 고려하는 것으로 나타났다. 사람들은 매체의 광고보다도 현 소비자의 말, 즉 구전을 더욱더 신뢰하고 따른다.

넷째, 구매할 의지가 있는 잠재적 소비자와 잃은 소비자를 유인한다. 서비스 문제를 해결하여 높은 수준의 서비스를 제공하면 잠재 소비자와 잃은 소비자를 되찾을 수 있다.

다섯째, 비용의 감소를 가져올 수 있다. 새로운 소비자를 만드는 비용이 현재 소비자를 유지하는 비용보다 5배 이상 더 들어간다. 즉 소비자를 만족시키고 유지할 때 비용의 감소를 가져올 수 있다. 또한 유형의 제품에 비하여 무형의 서비스 개선에 들어가는 비용이 훨씬 더 적게 든다. 즉 문제가 생겨서 들어가는 비용보다 문제가 발생되지 않도록 하는 비용이 적게 들어가는 것과 같은 이치이다.

여섯째, 차별화를 가져올 수 있다. 차별화란 어떤 면으로 자사 제품을 유사한 다른 구단이나 기업의 제품과 구별시키는 능력이다. 즉 특별한 서비스는 구단이나 기업 차별화의 가장 큰 요소이다. 서비스의 종류보다는 서비스 질에 의한 차별화가 더욱 오래 유지될 수 있다.

일곱째, 가격 경쟁을 피할 수 있다. 서비스 품질이 높으면 10퍼센트 더 높게 가격 책정의 효과를 피할 수 있다.

제 2 장 스포츠 서비스 전략

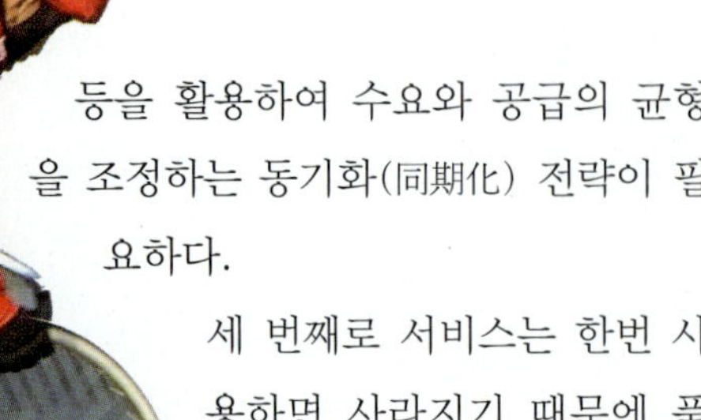

제 2 장 스포츠 서비스의 전략

1. 스포츠 서비스 전략

스포츠 조직은 앞에서 말한 서비스 특성으로부터 발생한 다양한 경영 문제에 대응하기 위해서 그러한 물적 재화와는 다른 제반 특성을 충분히 파악한 뒤, 조직적인 노력을 해야 한다. 이러한 서비스 품질을 보증하기 위한 조직적 대응 노력이 바로 서비스 전략이다. 야마시타(山下, 2003)는 5가지 서비스 전략을 제시하였다.

첫 번째는 서비스는 무형적이며 본래 물질로서 존재하지 않는 서비스 자체를 유형적으로 표현하기 위해서 마크와 심벌, 상징적인 색이나 음악 등을 사용하여 시청각적으로 표현하는 것이다. 이것을 통해 품질의 장점을 상징화하여 고객이 안심하고 구입할 수 있는 환경을 창조하는 유형화(有形化) 전략이 필요하다.

두 번째로 서비스는 물적 재화와 같이 남는 것을 저장할 수 없고 생산과 소비가 동시에 발생하기 때문에 특정 시기나 특정 시간대에만 수요가 집중되지 않도록, 가격이나 프로모션 및 예약제도 등을 활용하여 수요와 공급의 균형을 조정하는 동기화(同期化) 전략이 필요하다.

세 번째로 서비스는 한번 사용하면 사라지기 때문에 품질 이미지를 보증할 수 있도록 브랜드 이미지의 일관성 또는 통일성을 기하는 동일화(同一化) 전략 또한 중요하다.

네 번째로 서비스는 일정한 서비스를 제공할 수 없이 고객 불만이 생겨 여기에 대응하고 고객과의 교류를 위해서는 시스템화 전략이 필요하다.

다섯 번째로 일련의 흐름이 있는 과정으로서 서비스 활동의 결과뿐 만이 아니라 프로세스를 시스템적 효율적으로 진행하는 시스템화 전략이 요청된다.

마지막으로 서비스가 항상 똑같이 제공되는 것이 불가능하기 때문에 품질에 커다란 차이가 나타나지 않도록 하기 위한 동질화(同質化) 전략이 필요하다. 이를 그림으로 설명하면 〈그림 2-1〉과 같다.

2. 스포츠 서비스 조직 시스템

스포츠 서비스 조직

스포츠 조직은 고객과의 공동 작업을 통해 스포츠 서비스를 생산하는 서비스 조직이다. 그럼에도 불구하고 스포츠 조직은 집권화(중요한 의사결정은 조직의 상부 계층에서 한다), 공식화, 표준화(직무수행은 명확한 규칙과 수속, 문서에 따라서 매뉴얼대로 한다), 복잡화(조직 내의 구조가 복잡하다), 몰 인격성(인간관계가 엷어진다) 등을 특징으로 하는 전통적인 피라미드형(관료제) 조직 모델을 중시해 왔다. 그러나 이러한 관료제 조직 모델을 서비스 조직에 응용하는 것은 급변하는 환경에 대해 유연하게 대처할 수 없게 할 뿐만 아니라 변화에 저항하는 역기능을 갖는 조직을 만들어 고객지향의 마케팅을 어렵게 한다.

따라서 스포츠 서비스의 창조 기술이나 서비스 전략 전개에 적합한 조직이 되는 것이 스포츠 조직에게는 꼭 필요하다. 즉, 고객과의 접점을 담당하는 현장 스텝을 소중하게 여기는 역 피라미드(알프레히트, 1990)가 중요한 것이다. 스포츠 조직이 그러한 서비스 조직 모델을 만드는 데에는 ① 상하층 간의 계층 수를 적게 해 조직 계층을 평균화하는(계층평균화), ② 현장 스텝에게 고객대응 업무상의 자유 재량권을 부여하는(재량성), ③ 조직 내외부에 대해 보다 오픈된 시스템을 만드는(개방성), ④ 현장 스텝의 새로운 아이디어나 의사 결정 및 사회 환경의 요청에 신속히 대응하는(혁신성), ⑤ 현장 스텝이나 조직 전체의 지식 및 기술 등 핵심역량(core competence)의 향상을 장려하는(학습성) 다섯 가지 측면에서의 충실한 노력이 필요하다.

서벅션(servuction) 시스템

서벅션(servuction)이란 서비스(Service)와 생산(Prodcution)의 합성어로 서비스 생산 시스템이라는 의미의 새로운 용어이다. 서벅션 모델에 의하면 고객은 서비스 시스템의 눈에 보이는 제반 요소, 다시 말해 다른 고객, 물리적 환경, 용구, 설비, 접객 요원 등과의 상호 작용의 결과로 나타나는 각각의 서비스를 체험하면서 평가하고 느낀다는 것이다.

이 시스템은 고객에게 보이는 프런트 스테이지(front stage) 상황에 즉각적으로 대응하는 활동 및 고객에게 보이지 않는 백 스테이지(back stage)에서 일어나는 조직적인 활동의 차이를 묘사하고 있으며, 고객이 품질 서비스를 얻기 위해서 고객 자

| 그림 2-1 | 스포츠 소비 시장에서 다섯 가지 서비스 전략과 마케팅 믹스

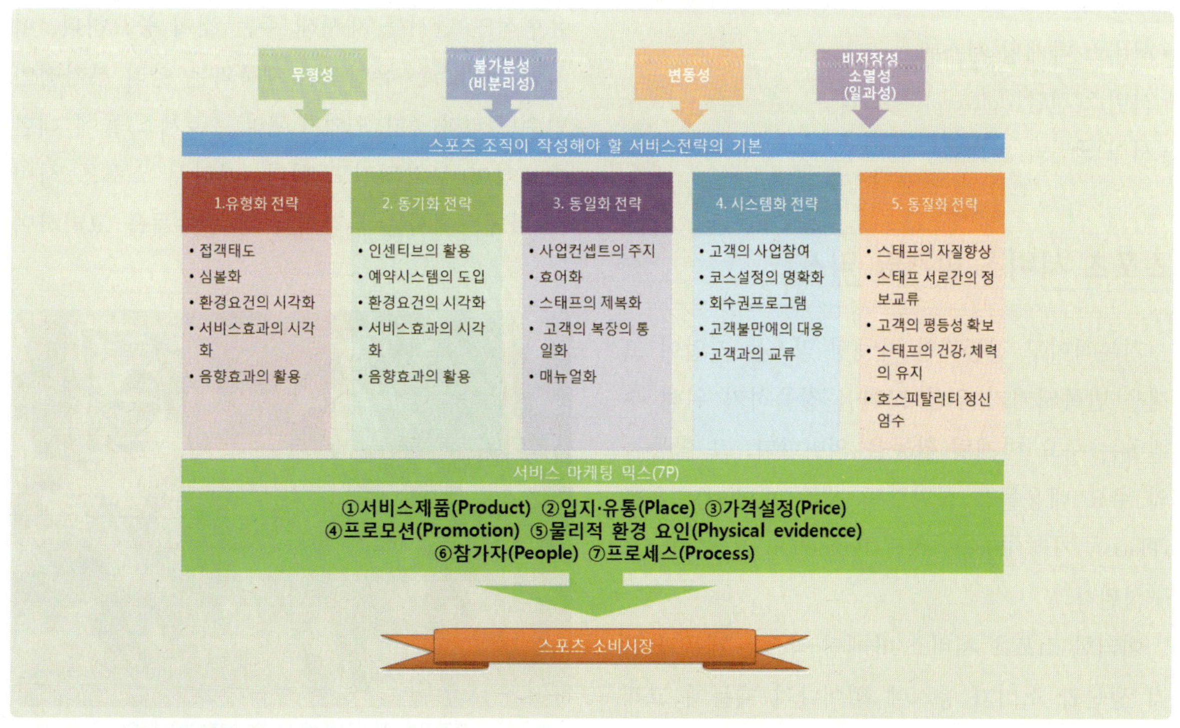

출처: 이훈영 교수의 〈서비스 마케팅〉.

마케팅 休知通

깨진 유리창 법칙

깨진 유리창을 방치하면 이를 본 사람들이 절도나, 문서 훼손, 폭력 등과 같은 강력 범죄 역시 미비하게 대응할 것으로 생각하고 마구 행동하게 된다.

1994년 미국의 K마트의 매장 수는 2,323개에 달했다. 하지만 2002년 창립 40주년을 맞은 K마트는 법정관리를 요청하여 푸에르토리코의 50개 매장을 폐쇄 결정하였다.

전문가들은 원인을 이렇게 분석했다. "광고와 매장수리 비용의 10분의 1만이라도 직원 교육에 투자했다면 월마트와 같은 고공행진을 계속할 수 있었을 것이다." 직원 한 명의 성의 없는 고객 서비스가 결국 한 기업을 몰락시킨 것이다.

작은 결함 하나를 그대로 방치하면 그것은 점점 확대되어 치명적인 결과를 가지고 온다. 이 사례를 역으로 생각해 본다면, 최근 한국 프로야구에 여성관객, 가족단위의 관객이 많아지고 있는데, 이러한 사례는 프로야구가 여성과 가족단위의 관람객이 즐기기에 적합한 스포츠 이벤트로 자리잡을 수 있도록 협회와 구단이 노력했기 때문이다. 이러한 노력이 없었다면 지금도 여전히 폭력과 욕설이 난무하는 과거의 프로야구를 떠올릴 수 있겠지만, 요즘은 그러한 사례들이 점차 줄어들고 있고, 선수들 역시 그러한 행동을 자제함으로써 한국 프로야구의 흥행을 주도하고 있다.

신이 서비스 시스템의 일부가 되어 협력해 가는 것이 중요하다.

Lovelock(1992)은 이러한 서비스 생산 시스템(Servuction system)을 아래와 같이 3개의 서브 스테이지로 구분하여 고객이 풍요로운 서비스 체험을 연출하는 요소들로 정리하였다.

- 서비스 마케팅 시스템
- 서비스 전달(delivery) 시스템
- 서비스 전략 시스템

스포츠 서비스 마케팅 믹스

기본적이고 전통적인 마케팅 믹스는 기업이 고객을 만족시키기 위한 교환을 창출하기 위해 수행하는 주요 마케팅 활동을 의미한다. 그 활동들의 주요 내용들을 살펴보면 제품(Product), 유통(Place), 가격(Price), 촉진(Promotion)으로 4P's로 구성된다.

이러한 스포츠 서비스 마케팅 믹스는 제품과 달리 생산과 소비가 동시에 일어나기 때문에 고객은 기업의 생산 및 전달 과정에 내부고객인 서비스 종업원 및 다른 고객들과 함께 참여하는 경우가 많다. 따라서 고객은 종업원 및 다른 고객들과 접촉하거나 상호 작용하면서 서비스의 생산 및 전달 과정에 참여하게 된다.

서비스의 무형성을 고려하여 서비스 기업들은 고객들이 서비스를 경험하기 전에 서비스에 대한 유형적인 단서를 제시해 주는 것이 중요하다. 이처럼 서비스는 유형적인 제품과는 달리 부가적인 변수(물리적 증거, 참가자 관리, 프로세스)들에 대한 중요성이 부각되기도 한다. 따라서 스포츠 서비스 마케팅에서는 부각되는 각 변수들을 고려하여

맨유 올드 트래포트 경기장을 순시하는 경찰관의 모습

| 표 2-1 | 확장된 스포츠 서비스 마케팅 7Ps 믹스

서비스 마케팅 믹스	주요 활동 및 내용
Product	스포츠 경기, 스포츠 중계권, 재가공된 스포츠 프로그램 등
Price	입장권의 유연성, 가격 수준, 거래 조건, 차별화, 할인
Place	경기장, 방송국, 스포츠 용품 판매점
Promotion	스포츠 이벤트, 홍보, 판매촉진 행사장 등
Physical Evidence	스포츠 서비스 제공자, 명함, 팜플렛
People	서비스 종업원의 선발, 조사, 고객의 의사소통
Process	서비스 활동의 흐름(표준화/개별화), 서비스 전달 단계의 수

기본적인 마케팅 믹스에 참가(People 또는 participant) 관리, 프로세스(Process), 그리고 물리적 증거(Physical Evidence)를 포함하여 접근하는 경우가 보편적이라고 할 수 있다.

이를 확장된 서비스 마케팅 믹스라고(7P's)라고 할 수 있다.

스포츠 서비스의 시각화

스포츠 서비스의 종류나 프로세스에는 유·무형의 여러 가지 요소(기능)가 관계하고 있다. 이러한 스포츠 서비스 품질을 향상시키기 위해서 마케터는 그 설계를 스포츠 조직 전체가 공유할 수 있도록 시각적으로 표현해야 된다. 그것이 스포츠 서비스를 청사진으로 장식하는 임무이며 스포츠 서비스 시각화라는 기술이다.

Shostack(1987)에 의하면 서비스 강점에는 분자 모델에 의한 서비스의 시각화가 중요하며, 또한 시간의 흐름에 맞추어 ① 고객의 행동, ② 서비스 수준과 내용, ③ 물리적 존재, ④ 스텝의 대응 행동이라고 하는 프런트 스테이지 요소의 표현 및 고객에는 보이지 않는 백 스테이지 요소의 식별 등이 중요하다.

스포츠 서비스의 종류에 의해서도 달라질 수 있

| 그림 2-2 | 스포츠 서비스 조직의 시스템 구조 변화

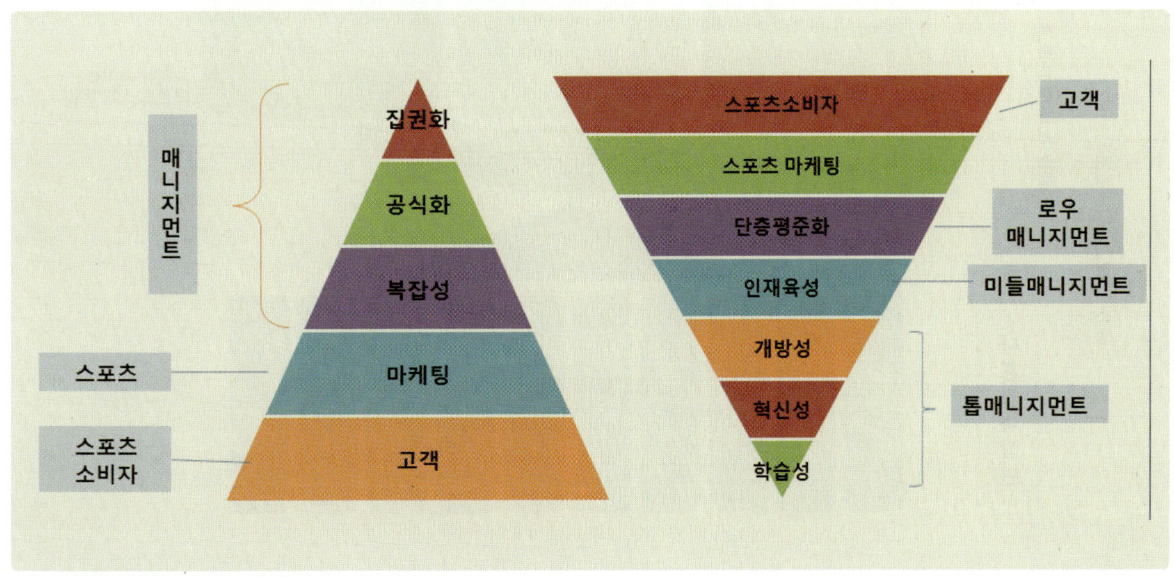

출처: 함주한, 〈마케팅 무작정 따라하기〉.

마케팅 休知通

웨트웨어(Wetware)

하드웨어, 소프트웨어, 콘텐츠웨어는 사람들이 만든 것들이지만 사람에 의해 직접 행해지는 것들이 바로 웨트웨어이다. 고객에게 서비스를 제공하는 직원들의 목소리, 손놀림, 응대 태도와 같은 촉촉한 서비스를 웨트웨어라고 부른다.

이러한 웨트웨어는 스포츠와 서비스 마케팅에서 고객들을 끌어당기는 힘(Attraction)으로 변모할 수 있다. 경기장에서 팬들에게 제공할 수 있는 서비스나 감동적인 행위들이 이러한 웨트웨어라고 할 수 있다.

다. 예를 들면, 에어리어 서비스의 경우 고객은 전화나 인터넷으로 예약하는 것부터 시작해 주차장 진입, 프런트에서의 접수완료, 라커룸에서의 옷 갈아입기, 그리고 다양한 시설 이용 서비스 등을 활용한다. 활동 종료 후에는 샤워를 하고, 로비나 레스토랑에서 식사를 한 뒤, 프런트에서 정산을 한 다음 시설을 빠져 나온다. 스텝은 항상 여러 가지 물리적 존재나 서비스 수준을 배려해야 하며, 스텝은 예약 확인, 신속한 접수, 라커룸·샤워실 확인, 레스토랑 준비 등을 철저히 해 둘 필요가 있다. 이러한 청사진에 의해 모든 스텝이 스포츠 스폰서의 전체상을 파악할 수 있으며, 눈으로 보기 어려운 복잡한 서비스 프로세스를 시각적으로 이해할 수 있다.

그림 2-3 고객의 시점에서 본 스포츠 서비스의 생산 시스템

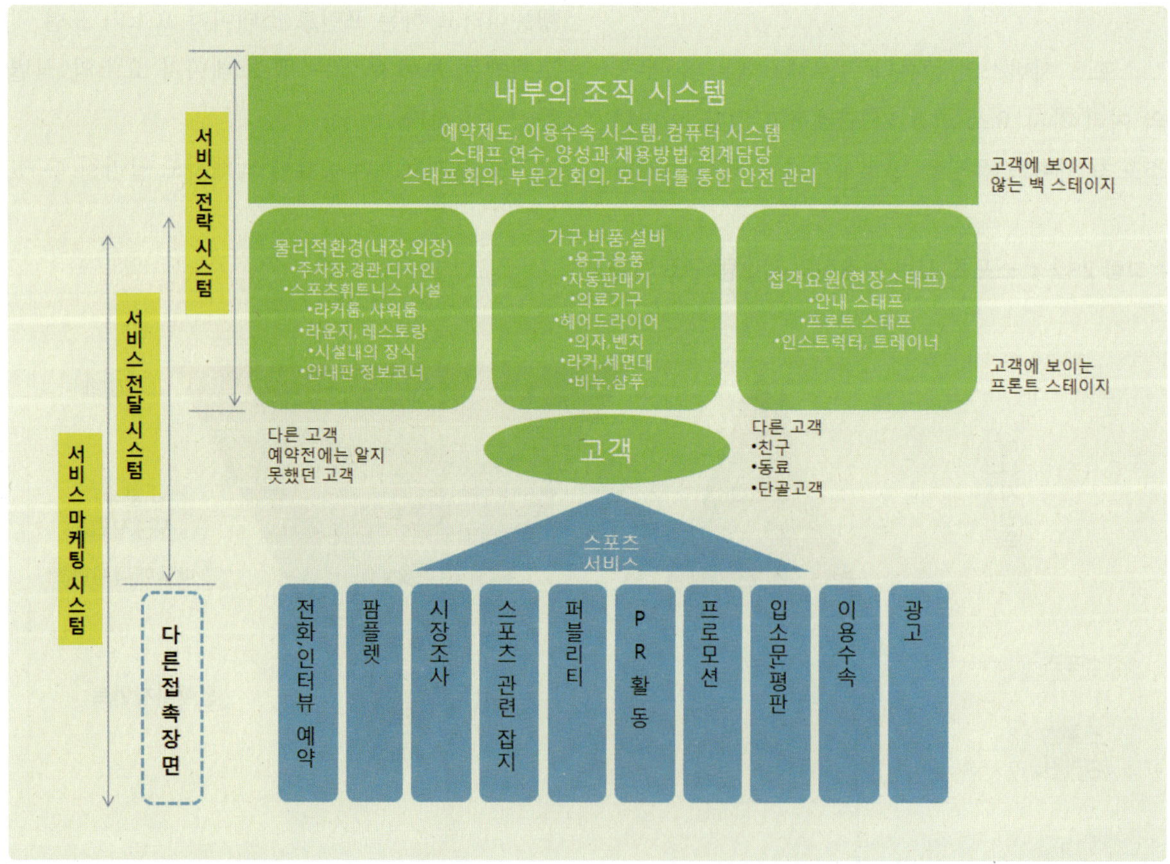

출처: Lovelock(1992)로부터 작성.

제 3 장 스포츠 서비스 품질의 측정 및 관리

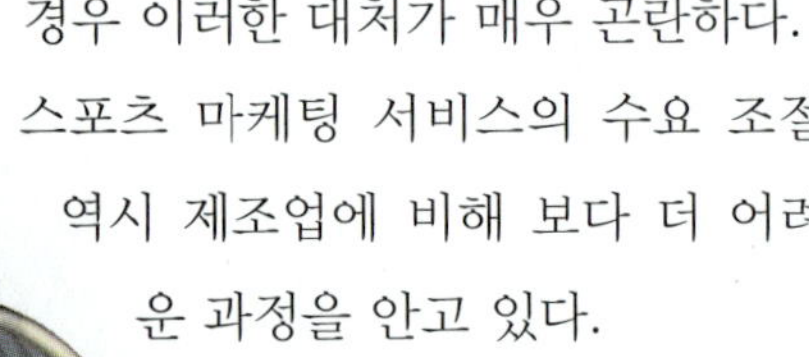

제 3 장

스포츠 서비스 품질의 측정 및 관리

1. 스포츠 서비스 품질의 개념

스포츠 마케팅에서 서비스는 제조업의 품질과는 다른 관점에서의 접근을 필요로 한다. 스포츠 서비스는 동시에 생산되고 소비되나 제조업에서는 생산과 소비가 시간적, 공간적으로 분리되어 있다. 따라서 제조업에서 있어서 고객은 제품을 구매하기 전에 결함 제품에 대한 검사를 통해 제품을 리콜 또는 파기할 시간이 있지만, 서비스의 경우 이러한 대처가 매우 곤란하다. 스포츠 마케팅 서비스의 수요 조절 역시 제조업에 비해 보다 더 어려운 과정을 안고 있다.

NHL 경기 시작 전에 VIP에 대한 귀빈 서비스 (First Quest 소개)에 참가한 저자

대부분의 스포츠 마케팅 서비스는 수요조절 실패로 인하여 품질 통제에 어려움을 겪는 경우가 많다. 또한 소비과정에서 현장 종업원의 참여가 필수적이라는 점에서 서비스 기업은 종업원과 고객 간에 고도의 접촉과 조정을 필요로 한다.

실제로 종업원은 서비스 제공에서 착오를 일으키기도 하며 때로는 시스템이 고장나는 경우도 있다. 이처럼 다양한 이유로 인하여 탁월하고 균일한 품질을 달성하는 과업은 서비스 기업에 있어 무척 어려운 과제이다.

일반적으로 스포츠 서비스 품질이란 고객의 기대에 비해 상대적으로 훌륭하고 우월한 서비스의 제공으로 정의할 수 있고, 시설의 질, 경기의 질, 선수들의 플레이까지 모두 스포츠 서비스의 품질이라고 할 수 있다.

보편적으로 스포츠 서비스 품질은 과정 품질(Process Quality)과 결과 품질(outcome quality)로 나누어 접근할 수 있다. 또한 서비스 품질은 단일 요인이 아니라 다중 요인에 의해 평가가 이루어지기 때문에 서비스 품질을 평가하기 위해서는 다수의 품질차원에 대한 분석을 통해서만이 정확한 품질을 평가할 수 있다.

결과 품질(outcome quality)은 고객이 기업과의 상호 작용의 결과로서 획득하는 것을 의미한다. 이는 서비스와 관련하여 고객과 판매자의 상호 작용이 끝난 뒤 고객에게 남는 것을 나타낸다. 결과 품질은 객관적으로 평가할 수 있는 차원으로 그 성격상 기술적인 해결책인 경우가 많기 때문에 기술적 품질(technical quality)이라고 한다.

과정 품질(process quality)은 고객이 서비스를 어떻게 받는가, 또는 서비스 제공 과정을 어떻게 경험하는가를 나타낸다. 이는 고객과 판매자 간의 상호 작용, 즉 접점의 순간인 진실의 순간들이 어떻게 다루어지는가, 서비스 제공자가 어떻게 기능을 수행하는가를 나타내므로 기능적 품질(functional quality)이라고 부른다.

2. 스포츠 서비스 품질의 측정

스포츠 서비스의 다양한 측면의 측정을 위해서 Parasuraman, Zeithaml 및 Berr(이하 PZB)는 SERVQUAL이라는 측정도구를 개발하여 제시하였다. 이후 많은 연구자들이 서비스 품질측정을 위한 연구를 시도하였으나, 대체적으로 PZB가 제시한 SERVQUAL을 많이 사용하고 있다. 서비스 품질의 측정은 제품 품질과는 달리 불량률이나 내구성과 같은 객관적인 척도로 측정하기 어렵기 때문에 고객의 인식을 측정하여 서비스 품질을 측정하고 있다. PZB(1985)는 이러한 인식의 평가를 위해

ESPN 스포츠바 화장실, 소변기와 대변기 위에 설치된 TV 모니터 (기다리는 고객을 위한 서비스)

최초의 연구(1985)에서는 〈표 10-1〉과 같이 10개 차원의 품질 차원을 제시하였다. 스포츠 서비스 품질측정에서 널리 사용되고 있는 SERVQUAL 모

그림 3-1 서비스 품질의 과정 품질과 결과 품질

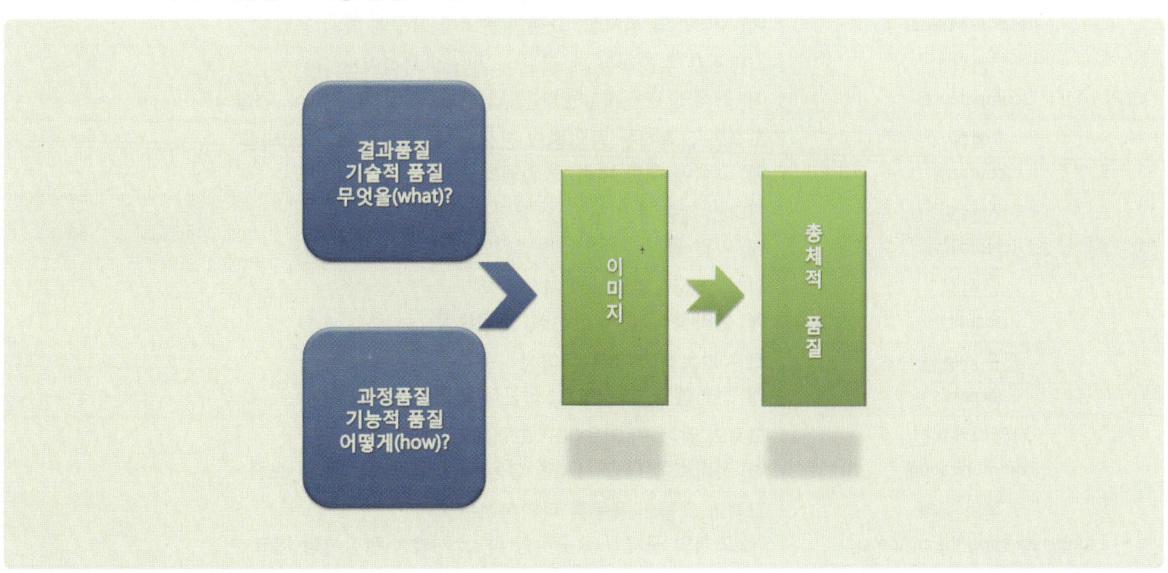

출처: 원융희, 〈서비스 마케팅〉.

형을 보면 다음과 같다.

위의 제시된 10가지 품질차원 중에서 능력과 신용도를 제외하고는 모두 서비스 품질의 과정차원과 관련되어 있는 만큼 품질의 과정적 차원, 즉 기능적 품질이 중요하다는 사실을 확인할 수 있다.

10개 차원 모두가 독립적인 것은 아니다. 예를 들어 신용도(credibility)나 안전성(security)은 다소 중복되는 차원이라고 할 수 있다. 따라서 이렇게 중복되는 측정수단을 실증적인 연구(1998)를 통해 다시 축약한 결과, 위의 10개 차원을 유형성(tangibles), 신뢰성(reliability), 응답성(responsiveness), 확신성(assurance), 공감성(empathy)이라는 5개 차원으로 수정하여 제시하였다. 기존의 10개 차원들 중 고객의 이해, 커뮤니케이션, 접근 가능성은 공감성으로 통합되고 안정성, 신용도, 능력, 예절은 확신성으로 통합되었다.

- 유형성: 물리적 외형(물리적 시설, 장비, 종업원, 사용되는 커뮤니케이션 자료 등)
- 신뢰성: 믿을 수 있고 정확한 임무수행(문제해결, 약속 이행 등)
- 응답성: 즉각적이고 도움이 됨(요구, 질문, 불평 및 문제처리에 있어서 관심과 신속성)
- 확신성: 종업원들의 지식과 정중함(능력, 공손함, 믿음직함 등)
- 공감성: 접근용이성, 원활한 의사소통, 고객에 대한 충분한 이해

〈표 3-2〉는 SERVQUAL 설문지의 예를 제시한 것으로, SERVQUAL은 크게 두 부분(기대평가 항목과 성과평가 항목)으로 구성되어 있다. 기대평가 항목은 특정 서비스 산업에 대한 고객의 기대를 측정하는 항목들(특정 업종: 예를 들면 스포츠 경기는

| 표 3-1 | 서비스 품질측정의 10개 차원 SERVQUAL 모형

차 원	정 의
유형성 (tangibles)	서비스의 평가를 위한 외형적인 단서 예) 물리적 시설, 종업원 외모
신뢰성 (reliability)	약속된 서비스를 정확하게 수행하는 능력 예) 서비스 수행의 철저함, 약속시간 엄수
응답성 (responsiveness)	고객을 돕고 즉각적인 서비스를 제공하려는 의지 예) 서비스의 적시성, 고객의 문의나 요구에 즉시 응답
능력 (competence)	서비스를 수행하는 데 필요한 기술과 지식의 소유 예) 조직의 연구개발능력, 종업원과 지원인력의 지식, 기술
예절 (courtesy)	고객과 접촉하는 종업원의 친절한 배려, 공손함, 예의바름 예) 고객에 대한 배려, 종업원의 정직성, 믿음의 정도
신용도 (credibility)	서비스 제공자의 진실성, 정직성 예) 기업 평판, 기업명, 종업원의 정직성, 믿음의 정도
안전성 (security)	위험, 의심으로부터의 자유 예) 물리적·금전적 안전성, 비밀보장
접근가능성 (access)	접근 가능성과 접촉 용이성 예) 전화예약, 대기시간, 접근이 편리한 위치
커뮤니케이션 (communication)	고객의 말에 귀 기울이고 고객에게 쉬운 말로 알림 예) 서비스에 대한 자세한 설명, 비용설명, 문제해결 보증
고객의 이해 (understanding the customer)	고객과 그들의 욕구를 파악하려는 욕구 예) 고객의 구체적 요구사항 파악, 개별적 관심사항 체크

출처: PZB(1985) 자료 참조.

| 그림 3-2 | 서비스 품질, 고객만족, 고객충성도와의 관계

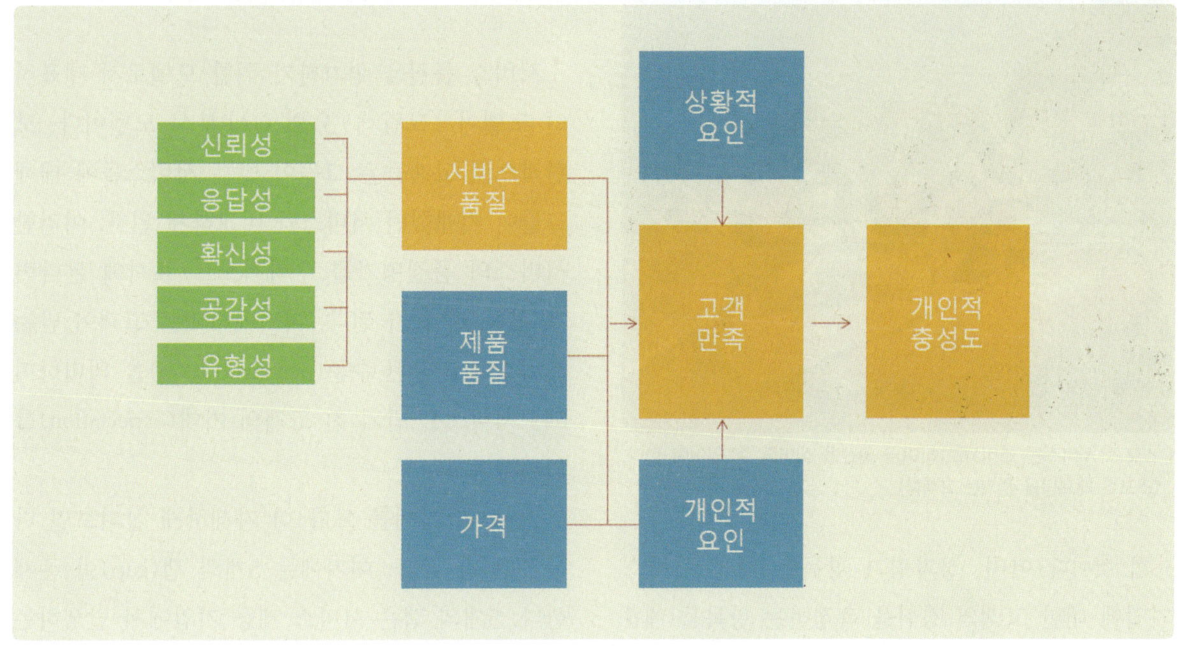

출처: 노사평, 〈서비스 마케팅〉.

| 표 3-2 | SERVQUAL 설문지(기대평가 항목)

기대평가 항목
1. 우수한 ~은 최신장비를 갖추고 있을 것이다. 동의하지 않는다 보통 강력히 동의한다. (① ② ③ ④ ⑤ ⑥ ⑦) 2. 우수한 ~의 시설은 시각적으로 보기에 좋을 것이다. 3. 우수한 ~의 직원은 옷차림과 용모가 단정할 것이다. 4. 우수한 ~은 업무에 적합한 시설과 분위기를 갖출 것이다. 5. 우수한 ~은 정해진 시간 안에 업무처리를 약속하였다면 반드시 지킬 것이다. 6. 고객에게 문제가 생겼을 때 우수한 ~은 관심을 보이고 해결해 줄 것이다. 7. 우수한 ~의 직원은 믿고 의지할 수 있을 것이다. 8. 우수한 ~은 약속한 시간에 서비스를 제공할 것이다. 9. 우수한 ~은 업무기록을 정확하게 유지할 것이다. 10. 우수한 ~은 고객들에게 언제 업무를 처리해 줄 것인지를 말해 줄 것이다. 11. 우수한 ~의 직원들은 고객에게 즉각적인 서비스를 제공할 것이다. 12. 우수한 ~의 직원들은 항상 자발적으로 고객을 도울 것이다. 13. 우수한 ~의 직원들은 신뢰할 수 있을 것이다. 14. 고객은 우수한~의 직원을 신뢰할 수 있을 것이다. 15. 우수한 ~은 고객이 안심하고 거래하기 위한 안전을 확보할 것이다. 16. 우수한 ~의 직원들은 예의가 바르고 공손할 것이다. 17. 우수한 ~의 직원들은 고객의 질문에 답변할 충분한 지식을 가지고 있을 것이다. 18. 우수한 ~은 고객에게 개별적인 관심을 기울일 것이다. 19. 우수한 ~은 고객이 편리하게 이용할 수 있게 영업시간을 맞출 것이다. 20. 우수한 ~은 고객에게 개인적으로 신경을 써 준다. 21. 우수한 ~은 고객의 이익을 진심으로 생각해 줄 것이다. 22. 우수한 ~의 직원은 고객의 필요를 이해할 것이다.

스포츠 서비스는 소비자로 하여금 확신을 심어줄 수 있어야 한다.
(스포츠 레프팅을 즐기는 고객들)

~할 것이다)이며, 성과평가 항목은 특정 서비스 기업에 대한 고객의 경험을 측정하는 항목들(예를 들면 두산 베어스 구단은 ~하다)로 구성된다.

3. 스포츠 서비스 품질 모델

서비스 품질을 평가하기 위한 모델로서 대표적인 모델이 〈그림 3-3〉의 GAP분석 모델이다. 보편적으로 고객들은 그들이 받는 서비스들에 대해 그들이 기대했던 서비스와 비교하게 된다. 이러한 서비스의 품질평가를 수학적으로 표시해 본다면 그 식은 'P-E'가 된다. 여기에서 P는 고객이 받는 서비스의 지각된 수준(perceived level)을 의미하며 E는 서비스를 받기 전 고객의 기대(expectation)를 의미한다.

'P-E'의 차이를 보다 더 자세하게 살펴보면 다음 그림과 같다. 여기에는 5개의 갭(gap)이 존재한다. 5개의 갭은 서비스 제공 기업에서 발생하는 4개의 갭 5는 그들이 서비스를 받기 전 기대했던 것과 실제로 서비스를 받은 것과의 차이를 보여주

표 3-3 고객이 판단하는 서비스 품질의 차원

	신뢰성	응답성	확신성	공감성	유형성
경기 관람 (소비자/ 팬)	경기가 제 시간에 시작하였다. 내가 응원하는 팀이 승리	접근성 용이, 상품배치, 경기장 관람 용이	최근 승률, 내가 좋아 하는 선수의 기록	응원을 하면서 내가 이 팀의 팬이라는 것	경기티켓, 상품
자동차수리 (소비자고객)	문제를 처음에 수정, 약속시간에 준비	이용 용이, 무대기, 요구에 대한 반응	지식이 많은 수리공	고객의 이름을 알고, 이전의 문제 및 선호를 기억	수선시설, 대기장소, 유니폼, 장비
항공사 (소비자고객)	일정에 따라 목적지로 출발과 도착	발매, 탑승, 수하물 처리에 대한 신속하고 빠른 대응	신인도, 탁월한 안전기록, 유능한 승무원	고객의 특별한 요구에 대한 이해, 고객욕구의 예측	항공기 발매소, 수하물지역, 유니폼
건축가 (사업고객)	약속된 때 예산 내의 설계도 전달	전화응답, 변화수용	신뢰, 평판, 사회에서의 명성, 지식과 기술	고객의 산업을 이해, 고객의 특정 요구 및 이해를 인정 및 적응, 고객에 대한 이해 노력	사무실 공간, 보고서, 스스로의 계획, 청구서 작성, 직원의 복장
정보처리 (내부고객)	요청할 때 필요한 정보제공	요청에 대해 신속한 대응, 관료적이 아닌 신속한 문제 처리	통찰력 있는 스텝, 숙련, 신임	내부고객을 이해, 부서나 개인의 이해	내부보고서, 사무실 공간, 직원의 복장
인터넷증권업 (소비자고객, 사업자고객)	정확한 정보의 제공, 고객요구를 정확히 이행	이용 용이와 휴지시간이 없는 빠른 웹사이트	사이트 내 신뢰할 만한 정보원천, 브랜드인지, 사이트의 명백한 신임	필요할 때 사람이 응답	웹사이트의 외관

출처: 스포츠 매니지먼트 내용을 재구성하여 작성.

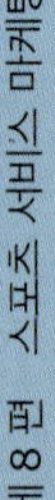

마케팅 休知通

Vip(귀빈) Marketing — Rich / Luxury / Noblesse / 1% Royal Marketing

VIP Marketing은 20 : 80의 파레토 법칙에 근거하여 20%의 구매자가 물량 혹은 판매의 80%를 소비한다는 볼륨 세그먼테이션을 기본으로 하여 전략에서 활용하는 것이다. 즉, 상위 계층에서의 수요를 집중하거나 또는 구매력이 높은 부자들에게 상품 판매를 주력하는 기법이다. 보다 최상위에 속한 계층만을 대상으로 하는 마케팅 수법은 VVIP(Very Very Important Person) Marketing이라고 한다.

• 스포츠 산업에서의 적용사례

(1) Diamond Putter by BRILRAND

고가의 수제품 텅스텐 손목시계를 만들어온 브릴랜드는 퍼터헤드 전체를 텅스텐으로 만든 최고급 '타오트(Taot) 수제퍼터'를 선보였다. 기능성은 초정밀 시계제조기술을 이용하여 완벽을 구현했다. 옵션에 따라 가격대는 2,000,000원에서 20,000,000원까지 차이가 나며, 다이아몬드 장식과 구매자의 이름을 각인해 준다. 또한 이 회사는 2005년 '한국 골프 용품전'에서 다이아몬드 600여 개가 박힌 32,000,000원 금장 퍼터를 전시 및 판매하였다. 또한 3,000,000~4,000,000원 다이아 퍼터도 진열하였다. 퍼터 값과 맞먹는 250,000원~300,000원 대의 '다이아 볼 마커'도 반응이 좋았다고 한다.

(2) MLB Ticket Price by LA Angels

애너하임을 연고로 하는 LA Angels의 홈구장 Angel Stadium의 홈경기 입장권은 $235(약 250,000원)~$12(약 15,000원)까지 폭이 크다. $235로 가장 비싸게 판매되는 Diamond Field Box의 입장권은 덕 아웃에 있는 선수들의 동일한 시선으로 야구를 관람할 수 있고 마운드와의 거리가 약 20m거리 안에 위치한다. 더구나 Diamond Field Box 섹션에 위치한 호텔식의 스카이박스는 12명 정원에 $7,022(약 8,000,000원)에 달하기도 한다. 참고로 숙박을 제공하기도 한다(2010시즌 기준).

• 스포츠에서의 시사점

상위 계층의 소비를 위한 공급 책인데, 반대로 소득이 낮은 하위 계층만을 위한 마케팅을 개발하는 것은 어떤 과정과 결과가 도출될지 의문이다. 그동안 사회 환원적인 프리 마케팅을 해왔지만, 그것보다는 그들의 작지만 지속적인 소비를 유도할 수 있는 방안을 마련하면 또 다른 마케팅이 될 것이라 조심스럽게 의문점을 던진다.

고 있는데, 이는 갭 1에서 갭 4까지의 총합을 의미한다. 따라서 갭 5는 이 4개의 갭들의 방향과 크기에 따라 달라진다.

구단이나 서비스 기업의 경영자가 고객의 기대를 지속적으로 만족시켜야 한다는 관점에서 본다면 고객의 기대와 지각의 사이에서 균형을 잡고 둘 사이의 차이를 줄이는 것이다.

PZB는 서비스 조직 내의 4가지 갭이 고객의 기대와 고객이 실제로 받는 서비스 사이의 차이를 만든다고 하였다. 각각의 갭에 대한 내용은 다음과 같다.

A: 고객의 기대와 경영자 인식과의 차이

A는 서비스 구단이나 기업의 경영자가 고객의 품질에 대한 기대를 정확하게 인식하지 못한 데서 비롯된다. 즉 경영자들이 서비스의 어떤 특성들이 고객에게 높은 품질로 인식되는지, 서비스가 고객의 욕구를 만족시키기 위해서는 어떤 특성을 지녀야 하는지, 그러한 서비스의 특성들을 어느 수준까지 수행해야 고객들이 서비스의 품질이 좋다고 느끼는지를 잘 알지 못한다.

대다수의 구단이나 기업은 최초의 조사에서 시

스포츠 서비스의 품질에 대해서 서로 공통된 인식을 갖고 있어야 한다.

장의 욕구가 무엇인지에 관심을 가지지만, 시간이 지남에 따라 구단이나 기업은 내부지향적 체질로 바뀌어 고객의 욕구 변화에는 둔감하게 된다. 만약 고객욕구는 변화하였는데 서비스 상품이 바뀌지 않았다면 마케팅 믹스는 표적 고객을 유인할 수 없게 되기 때문에 A는 증대한다. 경영자는 현장을 항상 둘러보고, 고객과 대화를 나누며 그것을 경영에 반영시켜 나가야 한다. 또한 경영자는 마케팅 정보 시스템으로부터 고객정보를 얻을 수도 있다.

A를 감소시키기 위해서 구단이나 기업은 다음과 같은 노력을 시도해 볼 수 있다.

- 고객들과의 커뮤니케이션 노력
- 마케팅조사의 수행(내부기관 혹은 외부기관을 이용한 조사수행)
- 상향적 커뮤니케이션 확대(고객 접촉부서와의 빈번한 커뮤니케이션)
- 관리단계 혹은 결재단계 축소(정확하고 신속한 기대파악 및 대응이 가능)
- 경기력의 향상 및 승률 향상(홈 경기시 70% 이상)

B: 경영자의 인식과 서비스 품질명세서와의 차이

B는 서비스 품질명세서가 경영자의 품질 기대 인식과 일치하지 않을 때 발생한다. 서비스 기업

그림 3-3 서비스 품질 GAP분석 모델

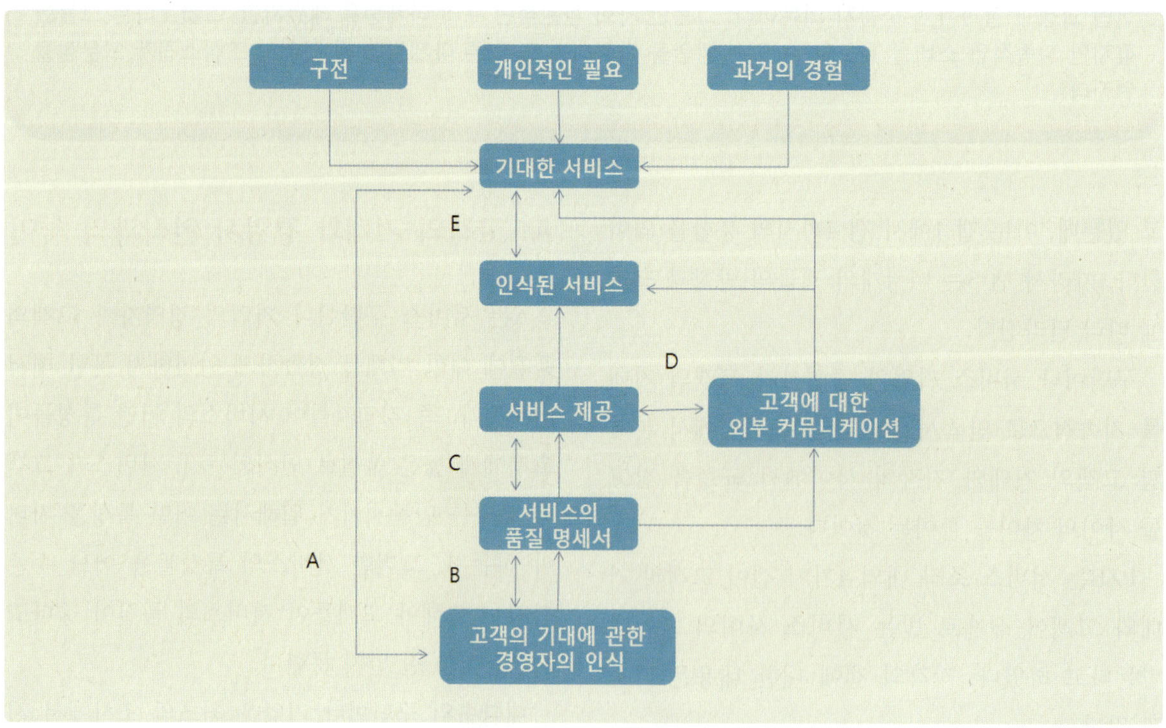

출처: 이정학, 〈서비스 마케팅〉.

마케팅 休知通

뉴로 마케팅(nuro marketing)

누구나 한번쯤은 쇼핑 도중 필요없는 물건을 마구 사게 되는 "지름신"이 강림하는 경험을 한적이 있다. 이는 업체가 소비자의 무의식적인 욕구를 자극하는 다양한 마케팅 기법을 활용하기 때문이다. 즉 소비자들이 무의식적으로 물건을 사도록 하는 것으로, 뉴로 마케팅은 소비자의 뇌를 무의식적으로 조종하는 뇌 과학과 숨은 마케팅 장치들의 원리가 숨어 있다고 오리콤 브랜드 전략 연구소는 발표하였다.

즉 소비자가 물건을 구입할 때 무의식적이고 감성적인 구매결정을 하게 된다는 점을 고려해 광고 카피, 브랜드 명 광고물을 제작해야 한다.

Honda는 사람 얼굴을 닮은 정보를 뇌가 더 잘 받아들인다는 연구를 적용해 사람 모양의 모터 사이클 ASV-3를 개발하여, 뇌 영상 실험을 통해 이 모터사이클을 상대차가 인지하는 정도가 보통 모터사이클 보다 43% 높다는 점을 알아내 사고를 40% 줄였다.

현대 백화점은 가장 붐비는 점심 시간과 오후 4-5시 사이에 차분한 음악을 틀어주어 느린 템포의 음악은 뇌에 영향을 미쳐 매장 체류 시간을 늘려 준다.

소비자가 가장 잘 손을 뻗을 수 있는 150-170cm의 높이(일명 골드존)에 제품을 진열한다.

샌프란시스코 자이언츠 구장의 패스트푸드 점과 호프집은 빠른 템포의 음악을 틀어 짧은 시간 내에 높은 회전율을 유도한다.

의 경영자들이 고객의 기대를 충족시키는 것은 결코 쉬운 일이 아니다. 왜냐하면 고개들의 기대를 잘 알고 있다 하더라도 이러한 기대를 충족시킬 수 있는 수단을 발견하기 어렵기 때문이다.

경영자들의 단기이익 지향성, 시장상황의 어려움, 경영자의 서비스 품질개선 및 향상에의 무관심 등이 실제 서비스 품질명세서로 전달되지 않는다. 이러한 이유로 인하여 B가 발생한다.

B는 서비스 품질에 대한 경영자의 헌신, 서비스 품질에 대한 목표설정, 업무의 표준화 등에 따라 달라진다. B를 감소시키기 위해서 기업은 다음과 같은 노력을 시도해 볼 수 있다.

- 최고경영자의 헌신
- 서비스 품질의 목표설정(명확한 목표설정에 따른 달성 노력)
- 업무의 표준화(경영자의 인식이 서비스 품질명세서로의 원활한 변환, 즉 표준화됨)
- 고객 기대의 실행 가능성 인식(고객의 기대를 충족시킬 수 있다는 가능성 인식)
- 경기 및 구단 시스템의 정리 및 조정

C: 서비스 품질명세서와 실제 제공 서비스와의 차이

C는 실제로 구단이나 서비스 기업이 제공하는 서비스와 서비스 품질명세서 상의 차이에서 발생한다. 이는 '서비스 성과의 차이'로 불리어지기도 한다. 이는 경영자가 기대하는 서비스 수준을 서

메디슨 스퀘어 가든은 경기장 자체를 23개의 다른 형태의 좌석으로 배치할수 있다. (메디슨 스퀘어 가든의 경기장 좌석도)

서비스 만족을 위해서 최선의 노력을 하여야 한다.

비스를 제공하는 종업원들이 실행하지 못하는 정도를 나타낸다. 이 차이는 서비스 품질의 평가에 큰 영향을 미치지만 관리하기가 어렵고 표준화하기도 어렵다. 이러한 C를 발생시키는 주요한 원인들로서는 종업원들의 인식부족, 자질부족 및 의지부족이다.

일반적으로 기계는 인적 과오를 일으키는 경우는 없으나 팬들은 팀에 대하여 낮은 기대감을 갖는다.

C의 문제는 내부 마케팅 프로그램을 통하여 최소한으로 줄일 수 있는 것이 가능하다.

C를 감소시키기 위해서 구단이나 기업은 다음과 같은 노력을 시도해 볼 수 있다.

- 팀워크의 제고(팀워크가 강할 때 높은 성과 달성할 수 있음)
- 선수와 프런트·직무 간 적합성 확인
- 기술 및 경기력 및 승률 향상
- 선수 및 직원에게 인식된 관리통제 시스템 제공(적합한 통제 시스템 인식 및 실행)
- 역할갈등의 감소(선수 자신의 역할 갈등 제거)
- 역할 모호성 감소(본인이 수행해야 할 업무에 필요한 충분한 정보를 제공)

D: 실제 서비스 제공과 외부 커뮤니케이션과의 차이

광고를 비롯한 외부 커뮤니케이션 노력은 고객

그림 3-4 GAP분석 모델의 이해

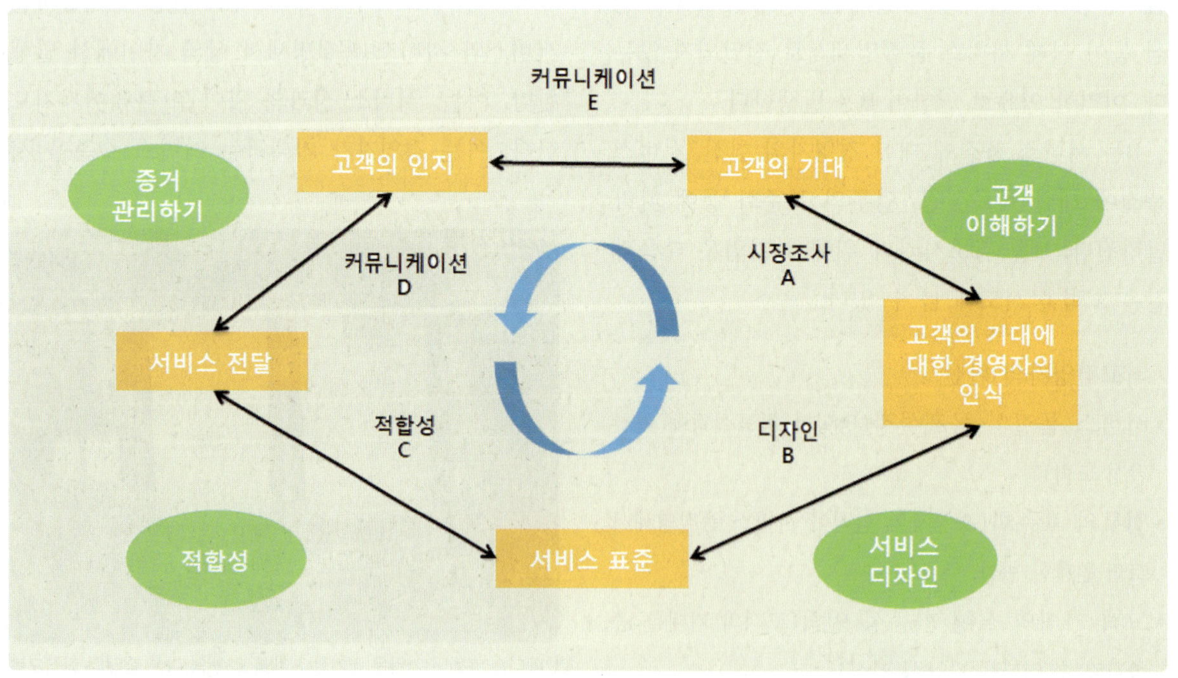

출처: 정혜전, 〈서비스 마케팅〉.

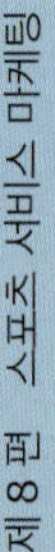

마케팅 休知通

MOT — 진실의 순간

MOT(moment of truth) 진실의 순간은 스웨덴의 마케팅 교수인 리처드 노먼(Rihard Norman)이 주창한 개념으로 어떤 일이든 가장 중요한 결정적인 순간이 있다는 것을 의미한다. MOT는 원래 투우에서 쓰는 용어로, 투우사가 마지막 순간에 칼을 들어 황소의 정수리를 찌르는 때를 말하는데, 연맹이나 구단 기업의 입장에서의 MOT는 바로 고객을 만나는 때이다. 인터넷이든, 티켓 판매든, 광고에서든, 경기장에서든 운영요원과 고객의 인적 접촉에서든, 구단이나 기업이 고객을 대면하는 시점을 MOT라고 한다.

진실의 순간은 한번 놓쳐 버리면 여간해서 회복하기 어렵다. 고객 접점 서비스에는 이른바 곱셈 법칙이 작용하기 때문이다. 곧 고객이 경험하는 여러번의 진실의 순간 혹은 결정적인 순간 중 단 한번이라도 0점의 서비스를 경험하면 모든 서비스가 0이 되어 버린다.

예를 들어 경기장에 가서 오늘 우리 팀이 승리를 하여 분위기 좋았고 직원들도 친절해서 다 좋았는데 주차 관리하는 사람이 퉁명스럽고 용모도 지저분했다면 그 경기의 서비스에서 느끼는 점수는 “0”이 된다는 것이다.

승리(100점) X 분위기(80점) X 직원 친절도(85점) X 주차 서비스(0점) = 총점(0점)

의 기대에 영향을 준다. 즉 서비스 구단이나 기업의 고객에 대한 커뮤니케이션이 고객이 서비스 품질을 인식하는 데 중요한 역할을 한다. 따라서 서비스 구단이나 기업은 고객들에게 실제로 제공하는 것보다 더 많은 것을 약속해서는 안 된다. 이는 고객들의 사전 기대수준을 상승시켜서 약속이 이행되지 않을 경우 서비스 품질에 대한 고객의 지각을 낮추기 때문이다.

D는 실제 제공되는 서비스와 외부 커뮤니케이션의 불일치에서 발생한다.

이러한 불일치는 과대약속뿐 아니라 서비스 구단이나 기업의 제공 서비스에 대하여 소비자가 정보를 갖지 못할 때도 발생한다. 이것은 고객이 서비스 구단의 품질을 인식하는 데 영향을 미친다.

| 그림 3-5 | 고객 만족을 생산하는 결정적 순간의 MOT

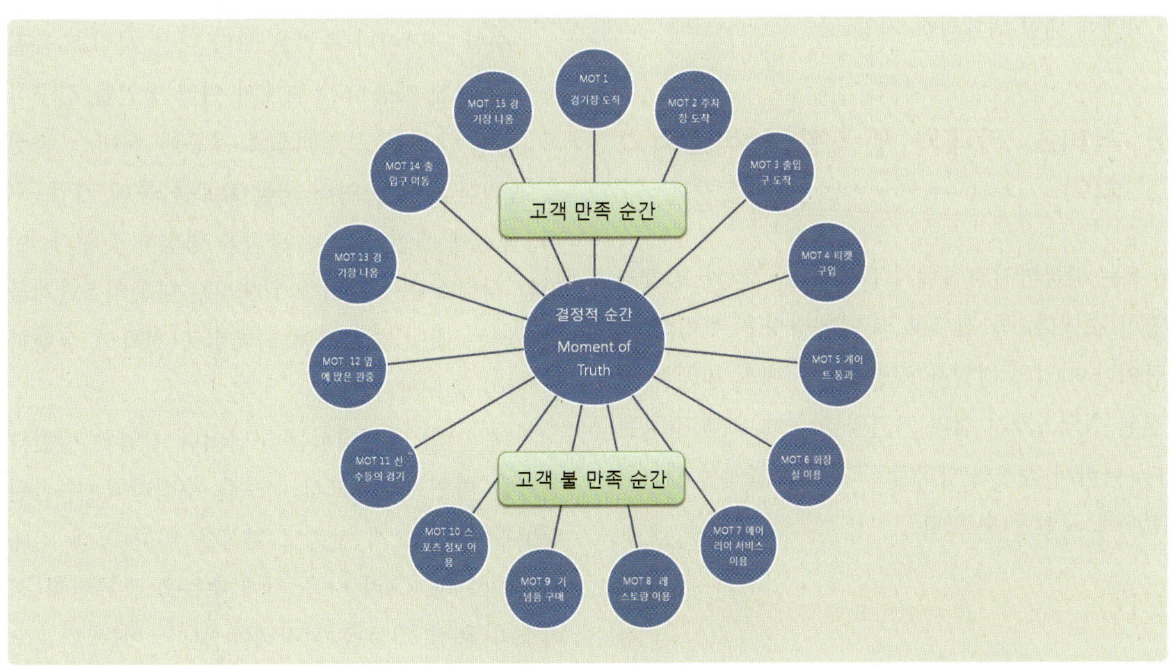

스포츠 서비스의 품질은 기획 단계에서부터 조정되어야 한다.

D를 감소시키기 위해서 기업은 다음과 같은 노력을 시도해 볼 수 있다.

- 수평적 커뮤니케이션 강화(조직 내 각 부서 사람들의 커뮤니케이션 노력 강화)
- 고객에 대한 과대약속 지양

E: 서비스 기대와 인식된 서비스와의 차이

E는 지금까지의 A에서 D까지의 크기와 방향을 향한 값이다. 즉 갭 5의 크기와 방향은 서비스 구단이나 기업의 경영자 측면에서 서비스 제공과 관련된 위의 4가지 갭의 크기와 방향에 의해 결정된다. 따라서 갭 5의 방향과 크기는 갭 1에서 갭 4의 함수로 표현할 수 있다.

$$E = f(A, B, C, D)$$

4. 스포츠 서비스 품질관리를 위한 방안

서비스 품질관리

우수한 구단이나 조직은 보다 나은 서비스 품질을 고객에게 제공하기 위해서 여러 방안을 강구하고 있다. 그들은 보편적으로 우수한 서비스 품질을 관리하기 위해 여러 행동 요소를 통해 기업, 고객, 품질에 관한 새로운 관점을 형성하고 있다. 이러한 서비스 품질관리를 위해서는 다음의 5단계를 반복하는 것이 중요하며 단계별로 정확히 실행하는 것이 중요하다.

첫째, 기획 단계에서는 구단이나 기업의 비전과 전략을 확인한 후 고객 정보를 수집한다. 수집된 정보를 통해 고객 만족도 향상을 위한 고객 기대를 파악한다. 그런 다음 기대 수준을 분류하여 서비스의 품질 기준을 설정해야 한다. 이를 기준으로 목표를 정하고 '무엇을 언제, 어느 수준까지 할 것인가'하는 지표 체계를 구축한다.

둘째, 품질의 설계 단계에서는 기획한 목표를 달성하기 위하여 현재의 업무 과제를 도출하고, 과제 해결을 위한 업무 개선안을 마련하여 새로운 업무로 가시화 한다.

셋째, 설계한 품질을 고객에게 제공할 때에는 교육 과정을 통해 직원들의 능력 향상을 도모하여 현장에서 보다 효율적인 노하우를 축적한다.

넷째, 품질의 점검·평가 단계에서는 회사 내부 또는 고객의 시선에서 항목을 설정하고, 어떠한 방법으로 이행할지를 정해 조직적으로 움직여야 한다.

다섯째, 점검·평가를 처음의 기획 단계로 피드백하여 개선하는 것이다.

이러한 점검과 평가는 체크하는 주체가 구단이나 회사내부인지, 고객인지에 따라 달라지며, 어느 쪽의 결과라도 피드백하여 기획 단계에서 개선하는 것이 중요하다. 현재의 서비스 업무는 담당자 개개인의 능력에 의존하는 경향이 크지만 앞으로는 이 5단계를 체계적으로 진행하여 개선해 나가야 한다.

스포츠 서비스 품질의 기획

우수한 구단이나 서비스 기업들은 서비스 품질을 경영의 주요한 전략으로 추구하고 있다. 그들은 우수한 서비스 품질을 제공함으로써 고객을 획득하고 유지하려고 한다. 그들은 제공하는 서비스의 핵심적 품질과 신념이 무엇인지, 품질을 통하여 성공하기 위해서는 어떠한 전략적 접근방법들을 취해야 하는지를 명확하게 알고 있다. 또한 우수한 품질을 개발하고 전달하기 위한 전략을 어떻게 운용하고, 여기에 조직구조를 어떻게 적용시켜야 하는지를 충분히 이해해야 한다.

종종 고객지향적인 조직이 되기 위해서 또는 스포츠 서비스 품질을 개선하기 이해서는 조직 자체의 새로운 정비가 요구되기도 한다. 이는 경영진

| 그림 3-6 | 서비스 품질관리의 5단계

기획	• 기업의 비전, 전략을 토대로 고객의 기대를 어떻게 만족시킬 것인지를 업무품질 기준으로 삼아 목표를 명확히 한다.
설계	• 품질 목표 달성을 위한 업무 과제를 파악하고, 명확히 설계한다
설계	• 업무 설계를 근거로 실천, 교육 조직 구성, 도구 작성을 실시한다
제공	• 자사 내에서 서비스 품질이 향상되고 있는지를 조사하여 향상되지 않은 경우에는 원인과 대책을 강구한다.
평가	• 고객에게 만족도와 업무품질을 평가하게 하여 문제가 있을 경우에는 그 원인과 대책을 명확히 한다.

들로 하여금 기업의 비전, 기업의 목표, 제공해야 하는 핵심 품질에 대해 다시 생각하도록 요구한다. 이때에는 기본적인 서비스에서부터 재검토하여야 하며, 그러한 과정에서 고객관계에 관한 현재의 개념을 확인하거나 조정할 수 있다.

스포츠 서비스 품질의 설계

우수한 구단이나 서비스 기업들은 고객들의 기본적인 욕구, 본능, 라이프스타일, 구매동기를 제대로 이해하고 있으며, 고객들은 단순한 소비 단위가 아니라 하나의 적절한 서비스를 전달해야 하는 개인 단위로 간주하여 어떠한 가치 요소들이 고객들을 통해 자신의 사업을 번창시켜 줄 것인지에 대해 잘 알고 있다.

고객을 제대로 이해하기 위해서는 두 가지 종류의 조사, 즉 시장에 관한 조사와 고객에 관한 조사가 필요하다. 시장에 관한 조사는 시장의 역동적 구조에 관한 조사이다. 이는 시장을 확인하고 인구 통계적 특성을 분석하여 중요한 시장 영역을 목표시장으로 삼아 경쟁세력들을 분석하는 것을 말한다.

이에 비하여 고객에 관한 조사는 시장조사보다는 발전된 형태로서 서비스 제품과 서비스 제공자에 대한 고객 개개인의 기대, 생각, 느낌을 이해하기 위한 것이다. 이를 통하여 고객이 얻게 되는 전체 경험에서 중요하게 생각하는 요인들을 찾아내 고객 가치 모델(고객의 선택을 결정짓는 기준)을 설정하는데 이용할 수 있다. 많은 기업들은 시장조사는 잘하면서도 고객에 관한 조사는 제대로 실시

| 그림 3-7 | 서비스 품질 관리의 순서

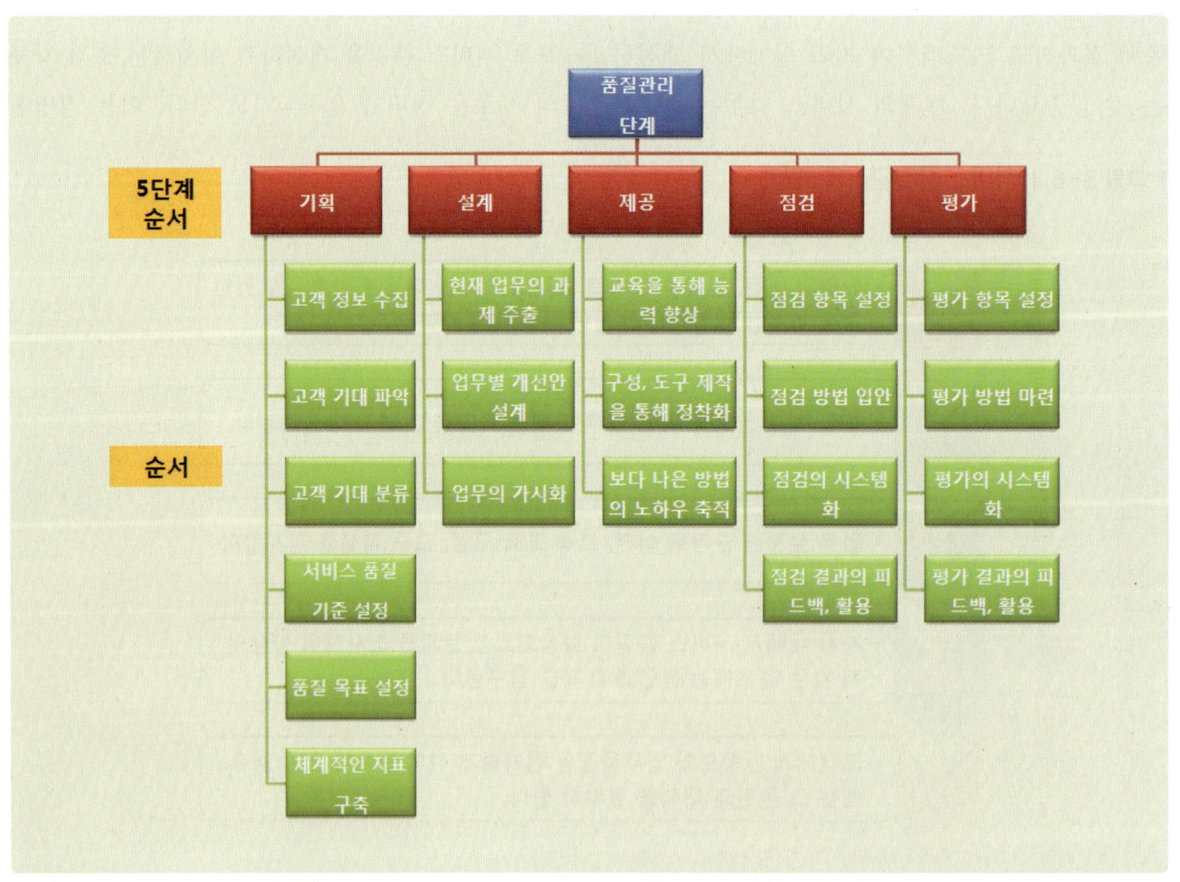

출처: 이명식, 〈관광 서비스 마케팅〉.

마케팅 休知通

엣지(edge) 전략

엣지란 비슷하게 보이지만 한번 더 돌아보게 하는 그 무엇이다.

예를 들어 길거리에 수업을 마친 고등학생들이 우르르 몰려 나온다고 생각해 보자. 교복을 모두 입고 있기 때문에 얼핏 보기에는 모두가 비슷해 보인다. 그러나 스쳐 지나간 한 여학생에게서 향긋한 비누냄새가 난다. 다시 돌아보게 되고 교복을 깔끔하게 잘 다려입은 뒷모습이 더욱 매력적으로 보인다.

기업들의 사례를 보면 오랄비(Oral-B) 칫솔은 다 똑같아 보이는 칫솔이지만 가운데 파란색 부분이 들어 있다. 이 파란색은 교체 주기를 알려주는 파란색 인디케이터가 들어 있다. 자일리톨은 똑같아 보이는 껌 광고인데 이를 닦고 자기 전에 씹는다는 내용을 전달하게 하여 다시한번 돌아보게 한다.

마라톤 경기때 조선일보의 음료대는 일반 음료대와 달리 번호가 붙어 있다. 15-1, 15-2, 15-3 … 다른 음료대는 1, 2, 3, 4 차이는 바로 몇 개의 음료대가 있는지를 가르쳐 주어 주자들이 한군데로 몰리지 않고 여러 군데로 분산되도록 하는 데 엣지가 있다.

뉴욕의 ESPN 매장의 화장실에 변기에 앉으면 머리 위쪽에 TV가 설치되어 있어 급한 용무를 보면서도 경기를 관람할 수 있다.

엣지를 찾기 위해서는 고객의 니즈가 아닌 고객 자체를 알아야만 한다.

하지 못하고 있는 경우가 많다. 특히 중소기업들은 대체로 시장조사를 하지 않는 경우도 있다. 따라서 대부분의 기업들은 고객들의 서비스 품질 지각에 영향을 미치는 요인들이 무엇인지 충분히 이해하지 못하고 있는 실정이다.

스포츠 서비스 품질의 제공

초우량 구단이나 기업들은 자신들이 고객에게 제공할 서비스 가치를 조직 내 모든 구성원에게 능숙하게 전달하고 있다. 그들은 최상의 품질을 제공하기 위해 요구되는 팀 성적 향상, 집단적인 지식, 능력, 참여를 개발하고 유지하는 데 필요한 투자의 중요성을 잘 인식하고 있다. 또한 건전한 정보문화 즉 공유된 가치, 공유된 신념, 공유된 성과를 통해 나오는 종합적인 노하우를 창출하고 유지하는 방법을 알고 있다. 더욱이 그들은 실현하려는 서비스 정신과 가치를 종업원들의 참여 하에 계속 유지하는 방법을 습득하고 있다.

이를 위해 우수한 구단이나 서비스 기업들은 그들의 고객에게 최상의 서비스를 제공하는 데 요구되는 종업원들의 역할에 대한 중요성을 인식하여 집중적이고 지속적이며 그리고 헌신적인 교육 프로그램을 도입하고 있다. 즉, 교육, 훈련, 커뮤니케이션 방법들은 모든 종업원들이 고객의 욕구와 기대, 조직의 비전과 목표 및 가치를 이해하게 하며, 고객을 획득하고 유지하기 위한 전략들을 이해하는 데 중요한 역할을 한다. 이러한 일은 총체적 품질 서비스를 지향하도록 조직을 움직이는 데 필요한 중요한 과정이다.

점자로도 이루어져 장애인을 위한 배려를 하는 뉴욕 양키스 사무실의 사인물

마케팅 休知通

더피족(duppie)

경쟁이 치열한 직장에서 벗어나 돈을 좀 덜 벌더라도 삶의 질을 더 중시하는 사람들을 지칭한다. depressed urban professional의 약어로 주로 공동체 생활을 하고 고학력 전문직 종사자들이 많으며, 자신이 선택한 삶의 방식에 매우 만족해 하고 자녀의 안전과 교육의 질을 우선시해 자녀들을 주로 대안학교에 보낸다. 비슷한 그룹으로 프리티족으로 free와 arbeit의 합성어로 필요한 돈이 모일 때까지만 일하고 직장을 떠나는 사람들을 말한다.

스포츠에서 더피족은 스포츠를 하나의 삶의 질 가운데 가장 중요한 핵심으로 여기로 자신이 좋아하는 팀을 따라서 응원을 다니는 사람들이 여기에 해당된다.

스포츠 서비스 품질의 점검

우수한 구단이나 서비스 기업들은 관료주의와 비합리성을 과감히 탈피하고 있다. 모든 단계에서 리더십을 발휘하여 지속적인 품질 개선에 전념하며 고객과 종업원을 위한 조직 운영에도 능동적으로 대처한다.

필요하다면 끊임없이 모든 프로세스(과정), 정책, 규칙, 업무 수행방법을 검토하고 조정해 가는 것이다. 효과적인 서비스 지향적 조직의 모든 시스템들은 외부 고객이든 내부 고객이든 간에 그들에게 고품질을 제공하려는 궁극적인 목적 때문에 존재하는 것이다. 따라서 모든 시스템들은 항상 고정적인 것이 아니라 변화에 대응하는 방식이어야 한다.

그림 3-8 스포츠 서비스 조사방법

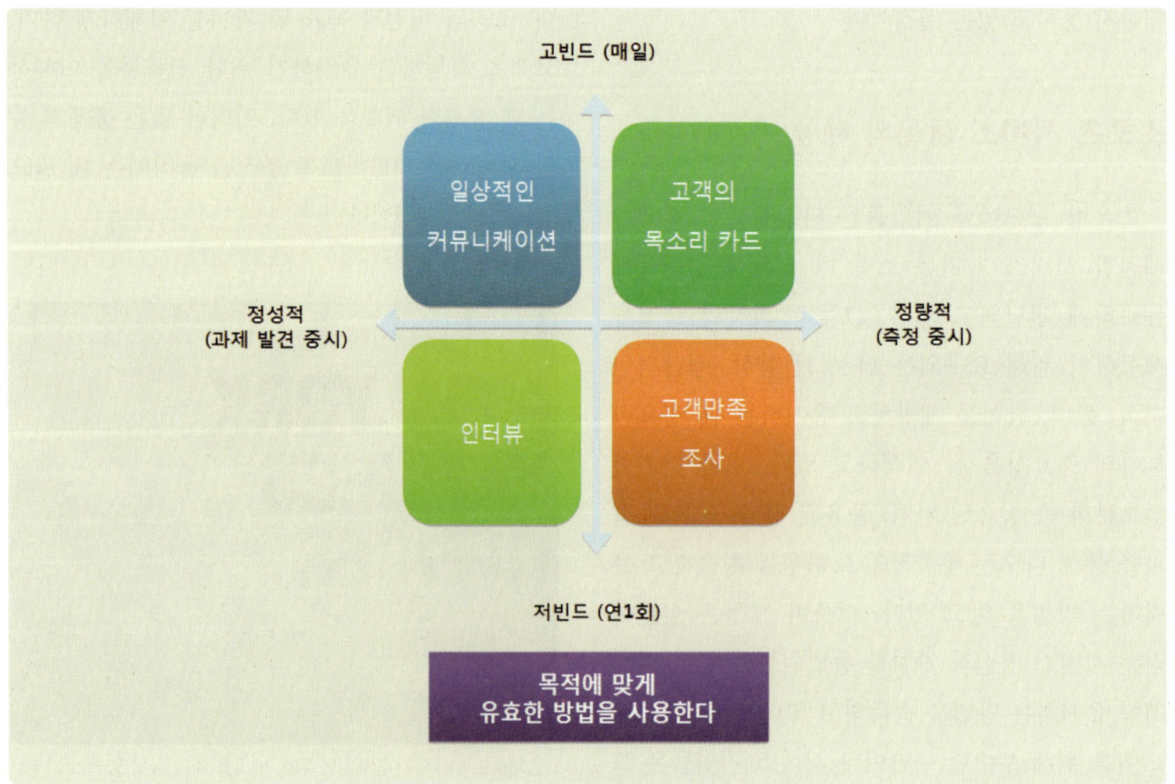

출처: 안운석 외, 〈서비스 마케팅의 이론과 사례〉.

스포츠 서비스 품질의 조사 및 평가

스포츠 서비스 품질 조사

스포츠 구단이나 기업에서 제공하고 있는 서비스 품질에 대한 조사와 측정은 서비스 품질의 향상에 매우 중요한 역할을 한다. 오늘날 대다수의 구단이나 기업들은 제공하고 있는 서비스의 품질 평가를 위해 회사 자체 또는 객관적인 외부기관을 통하여 서비스 품질을 평가하거나 측정한다. 이러한 품질의 평가와 측정, 그리고 피드백을 통해 지속적인 품질향상을 도모하고 있다.

또한 구단이나 기업에서 운영요원들로 하여금 품질향상으로 나아가도록 유도하기 위한 최선의 방법은 그들의 성과에 대하여 관심과 반응을 보이는 것이다. 대다수의 구단이나 서비스 기업들은 고품질 달성에 종업원 개개인들이 기여한 결과를 조사 및 측정하여 개인적 보상을 받을 수 있도록 내부 보상 시스템을 개발하여 적용하고 있다. 그러나 종업원들의 성과를 평가하고 측정하기 위해서는 신중한 접근방법을 필요로 한다. 또한 그러한 정보를 조직 내 사람들과 공유하기 위한 방법 등도 명확하게 재정되어야 한다.

이러한 조사 및 측정방법은 종업원들에게 있어서 매우 높은 관심사이기도 하지만 표준화된 조사 및 측정방법은 종업원의 만족을 넘어 기업의 서비스 품질 향상에 긍정적으로 작용할 수 있다. 그리고 고객에게 평가받기 위해서는 평가의 중점이 무엇인지, 이후에 어떻게 활용할 것인지를 명확히

| 그림 3-9 | 스포츠 서비스 품질의 주관적 평가 구조

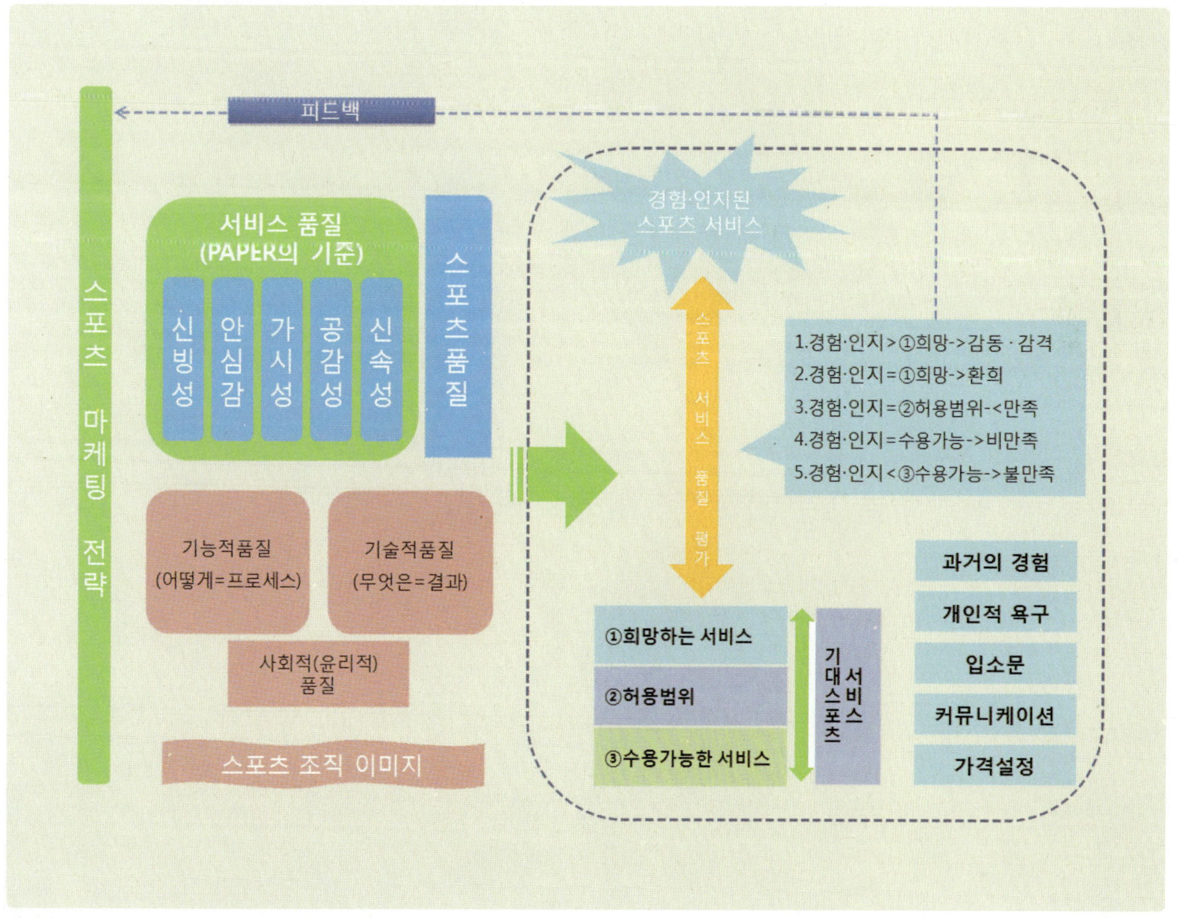

출처: 박찬규 외, 〈스포츠 매니지먼트〉.

하여 최적의 방법을 찾아내야 한다. 서비스 품질 조사는 서비스 제공 직후뿐만 아니라, 판매 이후에도 실시하여 변화를 파악해야 한다.

고객 만족도 조사

설문지와 인터넷을 이용해서 비교적 많은 항목을 조사하는 것이 가능하다. 인터넷 조사의 경우, 서비스를 이용할 때마다 회답 사이트로 유도하여 회수율을 높일 수 있다. 그러나 지나치게 자세한 조사를 하게 되면 고객의 비협조로 회수율이 낮아질 수 있다.

고객의 목소리 카드

경기장이나 스포츠 센터 내에 카드를 두고 고객의 목소리를 수집하는 방법이다. 많은 항목을 조사하지는 못하나 이용 장소에서 기입하기 때문에 높은 회수율을 가진다.

일상적인 듣기

고객과의 커뮤니케이션 중에서 나온 의견들을 의도적으로 질문하여 고객에게 평가를 듣는 방법이다. 소비자의 의견을 통해 가설 검증을 함으로써 유효성이 높아진다.

인터뷰

개별 고객에게 차분히 이야기를 듣는 방법이다. 깊고 구체적인 평가를 들을 수 있어 과제 설정에 효과적이다. ISO의 감사 등에 관한 것이라면 외부의 평가를 받는 것도 가능하다.

제 4 장 Hospitality Program
(귀빈 프로그램)

제 4 장

Hospitality Program (귀빈 프로그램)

1. Hospitality의 목적

스포츠 마케팅에 있어서 Hospitality Program은 의전과 접대라는 이름의 귀빈 프로그램으로 스포츠 이벤트 현장에서 이루어지는 서비스와 마케팅의 일환으로 스포츠 스폰서십과 마케팅 활동에 있어서 상당히 많은 부분을 차지한다.

이러한 귀빈 프로그램은 스포츠 이벤트의 각 분야별로 발생할 수 있기 때문에 각 조직 간의 유기적인 협의와 협조가 필요하며 전담 운영 팀에 의해서 운영되어진다.

VIP 고객들의 관리를 위해서 Hospitality 프로그램의 구성은 꼭 필요하다. (WTF의 베이징올림픽 갈라 모습)

스포츠 이벤트 관리자는 이러한 접대 대상자를 사전에 많은 운영계획을 세워야 한다. 귀빈 프로그램의 대상은 스포츠 이벤트를 후원하는 후원사, 스포츠 이벤트를 협조해 주는 지방자치 단체 공무원 등이 그 대상이 될 수 있으며, 이러한 후원사 관리의 가장 중요한 목적은 차기 스포츠 이벤트 또는 스포츠 마케팅 활동에 있어서 후원사 또는 협력을 담당해 주는 담당자의 협력과 협조를 얻기 위해서 그들의 결정이 절대적으로 필요하기 때문이다.

귀빈 프로그램은 스포츠 마케팅의 행사장으로 출발하는 것을 시작으로 프로그램이 시작된다고 할 수 있으며, 그들이 행사장에 도착함과 동시에 어느 동선에서라도 불편함이 없도록 이동 동선을 최대한 매끄럽게 이끌어야 한다. 그렇게 하기 위해서는 필요에 따라 각 지역 지방경찰서의 협조 요청을 할 수도 있다.

그들에게 제공되는 식음료는 어떠한 음료를 제공하고 귀빈을 받는 초청자 중에 채식주의자는 없는지, 어떠한 식음료를 별도로 요구하는지를 사전에 알고 준비하는 계획이 필요하다. 또한 VIP들이 스포츠 이벤트 행사장에 관람하는 목적은 자신들이 투자하고 협조한 스포츠 이벤트의 내용을 참관하는 것도 있겠지만, 각계각층의 VIP들과 인맥을 넓히는 목적도 가지고 있으므로 현장에서의 좌석 배치도 신중하게 사전에 협조하여 결정하고 계획하는 것이 필요하다.

귀빈 프로그램을 통해서 후원사들인 구성원들의 성격, 관습, 전통, 강점에서 취약한 부분에 이

마케팅 休知通

서비스의Family 기법

서비스 현장에서 소비자를 가족처럼 대하는 Family 기법이 있다.

- **F**riendly
- **A**ttention
- **M**e too
- **I**nterest
- **L**ook
- **Y**ou are centered

소비자를 가족처럼 대하는 방법을 한번 실천해 보는 것이 어떨까?

르기까지 그 기업에 대해서 파악하고 유대관계를 통해서 향후 스포츠 스폰서십을 유치하는 단체나, 마케팅 활동을 하는 기업에 긍정적으로 작용할 수 있도록 유도하는 것이다. 이러한 긍정적인 포지셔닝은 후원사들에게 긍정적인 이미지로 작용하여, 스포츠 협회나, 스포츠 이벤트를 다시 후원할 수 있는 기회를 마련하게 하는 것이 기본적인 목적이라고 할 수 있다.

2. Hospitality Marketing Program

스포츠, 음식, 음료수의 조화는 인류 역사에 비춰볼 때 분리될 수 없는 요소들이다. 전문적 접대 서비스는 초대권, 입장권, 음식, 음료 제공보다 그 이상의 중요한 의미를 가지고 있다. 이것은 고객의 기대와 욕구를 만족시키기 위한 관리 계획이기 때문이다. 행사 주최자, 스폰서, 그 밖의 외부 기업체가 이런 계획들을 조직할 수 있다. 따라서 접대 서비스는 연회 정도의 간단한 것일 수도 있고, 2~3일 정도의 후원업체 행사로 복잡한 것일 수 있다. 그러나 접대 프로그램은 실질적인 스포츠 이벤트의 즐거움에 방해가 되어서는 안 된다.

코카콜라의 올림픽 경기 접대 서비스 프로그램은 그 스포츠 경기 자체만큼이나 전설적인 것으로 알려져 있다. 코카콜라사의 국제회의와 접대 서비스 매니저인 클라우스 인캠프(Klaus Inkamp)는 "국제적인 스포츠 이벤트의 접대 프로그램을 기획할 때 가장 중요한 부분은 행사 주최국의 관습, 전통, 강점에서 취약한 부분에 이르기까지 그 나라에 대해 완벽하게 꿰뚫고 있어야 한다고 하였다. 따라서 이 일은 긍정적이고, 기억에 남을 만한 고객 서비스를 보장할 수 있도록 수개월의 조사 기간과 논리적인 기획 단계가 필요하다."

접대 서비스 기본 구성

- 전용 주차장 사용, 특별 부대 행사, 기념품 구입을 포함한 입장권 패키지.
- 입장권 패키지 요소를 포함한 사적인 접대 행사(개인이나 기업체).
- 현장에서 실시하는 행사에 사용되는 표본 상품과 차량의 광고효과를 포함한 현장 관람 패키지
- 스폰서 간의 단체 경기나, 프로-아마추어 대항 경기와 같은 행사 패키지

접대 서비스 전문가들은 스포츠 마케팅 관리자

NHL 경기중에 들어갈 수 없다는 사인의 서비스 표시 (서비스는 상대방에 대한 고려도 포함이 된다)

에게 고용되기도 하고, 그들 자신이 입찰 경쟁을 통해서 마케팅 권리를 직접 따내기도 한다. 그들의 책임은 귀빈 프로그램을 기획하고, 실행하는 임무라고 할 수 있으며, 만약 스포츠 마케팅 활동의 규모가 크고, 작업 인원이 소규모인 경우라면 매우 가치가 있는 프로그램을 만들어 낼 수 있다.

예를 들면 귀빈 프로그램에 참여하는 참여자들을 위해서 다양한 레크리에이션에서부터 공연 등에 이르기까지 접대 프로그램을 보다 전문화하기 위해 노력해야 한다. 이 과정에서 이들은 건강, 안전, 음식 제공, 야영 분야 그 밖의 여러 분야에 대한 최소한의 기준 목록을 만들어야 한다. 스포츠 이벤트 귀빈 프로그램을 운영하는 미국 회사인 경우를 예로 들면, United States Open에 독점적으로 음식 제공을 책임지고 있는 회사인 Ridgewell의 메이저 이벤트 부서는 최고의 음식 지원을 책임질 뿐 아니라, U.S.G.A측이 매년 스폰서에게 행사권을 판매할 수 있도록 지원하는데, 시카고에 본점을 두고 있는 Hyatt의 Regency Production과 같은 몇몇 기업체들은, 이벤트에 특정 인원의 고객을 참석시킨다는 계약을 조직 본부와 체결한다. 모든 공급회사들과 기업체 고객들과 함께 Hyatt는 그 이벤트가 성공할 수 있도록 모든 영향력을 발휘한다.

스포츠 마케팅에서 귀빈 프로그램의 기획자는 객실 패키지 서비스에 무엇이 포함되어 있는지 알아야만 한다. 예를 들어, 어떤 이벤트의 경우에는 서비스 내역에 단지, 주차권과 입장권이 포함되어 있고, 식사 서비스의 경우는 추가 비용을 지불해야 한다는 조항이 있기도 하다.

기업의 귀빈 프로그램은 아주 개인적인 일이기 때문에 독특한 상품을 개발할 수 있는 융통성이 중요하다고 강조하고 있는데, 예를 들면 평범한 수준의 실내 장식에 추가 세탁 서비스가 별첨된다거나 하는 것이다.

스포츠 마케팅에서의 귀빈 프로그램에 포함되는 숙박의 경우에도 이벤트의 독점권이나 지형에 따라 차별화 되어야 하며, 음식요금은 주문되는 양과 종류에 따라 별도로 구분되어야 한다.

또한 하루 모든 식사에서부터 한 끼의 식사까지 선택 사항에 포함되며, 이러한 모든 사항들은 귀빈 프로그램의 운영에 앞서서 세심하게 결정되어야 한다. 많은 잠재적 귀빈 프로그램의 참여자들은 차기 이벤트나, 단체에 대한 후원 여부를 결정하기 이전에 해당 이벤트에 미리 참석해 보는 경우가 있는데, 후원사가 되어서 느끼는 만족감이 후원이라는 재투자의 결정에 영향을 미치기 때문이다. 또한, 이벤트에 잠재적 스폰서를 초대한다면 이는 향후 스폰서십의 관계를 맺는 데 도움이 될 것이다.

한 가지 주의해야 할 사항으로는, 스포츠 이벤트에 독점적으로 귀빈 프로그램을 제공하는 업체측과 함께 일할 때에는 이벤트의 세부 사항과 준비 사항에 대해 검토를 하고 계약된 공급품들이 준비됐는지 확인하기 전까진 안심을 하면 안된다. 귀빈 프로그램의 제공업체측은 현장에서 실무를 담당하는 스포츠 마케터(실제적인 귀빈 프로그램 운영 및 기획자)가 기대하는 수준만큼의 품질 수준을 항상 유지하지 않을 수도 있기 때문이다.

귀빈 프로그램을 운영하는 기획자는 프로그램

마케팅 休知通

럭슈어리(Luxoury)

Luxury(사치) + Yours(당신의) 합성어, 과시와 사치가 아닌 특별한 경험을 전달하는 제품과 서비스 개개인을 위한 맞춤형 럭셔리 제품들, 스포츠 제품에서 이러한 제품들의 사례는 고급 프레스티지 입장권이나 팬들을 위한 맞춤형 이벤트라고 할 수 있다. 고급 스카이박스 입장권을 통해서 좀더 고급스럽고 편안한 입장 서비스를 제공한다거나, 맞춤형 이벤트(프로포즈, 경기장 결혼식)을 통해서 그들이 스포츠 이벤트의 팬으로서 조금 더 특별하고 가치 있는 경험을 할 수 있도록 제공받는다.

상품을 제공하는 업체와 함께 행사장의 장식을 어떻게 할 것인지, 행사장 위치, 행사 주제, 예산 집행을 어떻게 할 것인지를 신경을 써야 한다. 이러한 요소들은 귀빈 프로그램의 최종 성과에 영향을 준다. 뿐만 아니라 음향시설, 제공되는 음식의 견본을 체크할 것을 명심하고, 보안 절차는 만족할 만한지, 안내표시의 장식과 위치는 적절한지 또한 계약서에 명시되어 있는 다른 세부 항목들에 대해서도 재확인해야 한다.

최근에는 스포츠 경기 입장권을 구매한 고객에게 광범위한 혜택의 가능성을 제시하는 추세이다. 예를 들면, 마릴랜드의 Kemper Open에서의 Pavilion과 Virginia의 Gold Cup에서 펼쳐지는 Hunt Club의 경우 입장권 구매자들에게는 야외 바닷가의 개인 화장실 이용권과 특별한 지역의 출입할 수 있는 혜택을 주는 것과 같이 귀빈 프로그램의 상품을 차별화하는 기획도 있을 수 있다.

예 산

예산을 낭비하지 않고도 독창적이고 최고급 귀빈 프로그램을 진행할 수 있는 방법을 찾아 운영하는 것이 스포츠 마케터가 가장 인정받을 수 있는 방법이라고 할 수 있는데, 기본적으로 개최하는 이벤트의 시간을 고려해야 한다. 만약, 이벤트에 제공될 고품질의 음식을 원하지만 그 양을 감당하지 못할 경우에는 식사 시간 전후로 이벤트 시간을 정하면 된다. 이러한 시간대에는 가볍고, 보기에도 좋고, 식욕을 돋구는 음식을 장만하는 것이 좋다.

만약 초대 고객의 인원이 너무 많아 참석을 희망한다고 통보한 인원의 수를 줄이고 싶다면, 행사 시간을 애매하게 잡거나, 직접 방문하기에 불편한 장소를 선택하도록 한다.

예를 들어, 스포츠 경기가 오후 6시에 끝난다면, 파티는 8시 30분에 시작하도록 정한다. 스포츠 경기가 메디슨 광장(Madison Square Garden)에서 있다면, 연회의 개최 장소는 맨하튼시의 남쪽 지역인 세계금융센터(World Financial Center)로 정한다. 이러한 전략을 사용하면, 고객들은 참석 여부를 놓고 고민하게 된다.

시간과 장소가 이미 확정되어져 있는 스포츠 이벤트의 경우라면, 최소한의 예산으로 운영되는 귀

Hospitality 프로그램은 적절한 예산을 통해서 운영되어야 한다.
(NFL의 버드와이저와 리복이 운영한 고객 초청 프로그램)

빈 프로그램이라고 한다면, 후원사의 인원을 최소화하는 것도 방법이라고 할 수 있다. 예를 들면 실무 담당자를 포함한 후원사의 최소 임원만 초대를 한다거나, 사전에 실무 담당자와의 커뮤니케이션을 통해서 인원을 축소하는 것도 방법이라고 할 수 있다.

스포츠 이벤트 기획자들뿐 아니라 귀빈 프로그램의 기획자 또한 훌륭한 가치 측정 기술자가 되야 한다. 가치 측정이란 정해진 예산안에서 고객의 기대 수준을 최대한 만족시킬 수 있는 아이템들의 질과 양을 선택하는 것을 의미한다.

(1) 귀빈 프로그램의 성공을 위한 단계

프로그램 참여자에게 초대장을 보내는 것에서부터 출발에 이르기까지 여러분은 초대된 손님들에게 긍정적인 경험의 기회를 제공할 수 있도록 스포츠 이벤트의 4 단계를 최대한 이용해야 한다.

1단계

초청자의 요구와 기대 수준을 알아낸다. 여러 이벤트 주제를 결정하는 단계에서부터 이벤트 마지막에 고객에게 줄 인상을 개발하는 단계에까지 고객들이 어떻게 생각하는지 인지를 기획해야 한다.

2단계

추가 편의를 제공하는 것이 중요하다. 이벤트의 목적을 달성하는 동안 고객의 기대를 충족시킬 수 있는 여러 가지 전략을 수립한다.

3단계

관찰과 조정. 여러분의 스포츠 이벤트가 계속적인 변화를 통해 고객들의 기대치를 만족시키고 있는지 확인하기 위해 접대 프로그램을 융통성 있게 기획한다.

4단계

평가와 측정. 행사의 목적을 정하고, 행사를 진행하면서 발생되는 문제점을 관찰, 평가함으로써 다음 번 행사의 완성도를 높인다.

(2) 고객의 요구와 인지

고객의 욕구와 기대를 이해하기 위해서는 우선, 고객이 행위자(Doers)나 관찰자(Watchers)인지, 즉 참여자(Participants)와 방관자(Spectators)인지 구분할 필요가 있다. 참여자는 스포츠 이벤트 기간 동안 참여할 수 있는 대부분의 행사에 참가하기를 원하는 고객이다. 방관자는 여유롭게 제공되는 음식만 즐기는 고객이다. 때로는 스포츠 이벤트 기간 동안 두 고객을 모두 만족시켜야만 한다. 잠재 고객의 요구 사항과 취미를 알아내기 위해서는 주위 친구나 주변 동료들에게 물어보거나, 무작위로 추출한 잠재적 행사 참가자에게 질의서를 보내어 조사할 수 있다.

초대 손님을 정하는 데 있어 그들의 교육적인 배경, 사회적 지위, 시달리고 있는 알레르기, 병원 진료 기록, 심지어는 골프 핸디캡이 얼마인지도 리스트로 작성할 필요가 있다. 만약 특정 그룹이 이전에 어떤 이벤트에 초대된 적이 있다면 그 이벤트에서 잘된 점과 잘못된 점을 알아내야 한다. 연간 이벤트를 준비할 때는 전년도에 열렸던 이벤트를 토대로 매년 준비해야 한다.

그러한 내용들을 알 수 있다면 그 관심 분야를 귀빈 프로그램을 기획할 수 있다. 이러한 기획은 고객들을 만족시킬 수 있을 뿐만 아니라 행사 목적을 달성하기 위해 고객의 행동이나 기분을 움직일 수 있는 기회가 될 것이다. 예를 들면, 조사하는 과정에서 고객이 골프를 즐긴다는 것을 알아내었다면, 미니어처 골프장을 빌려서 부대 서비스 행사로 퍼팅 콘테스트를 주최할 수도 있을 것이다. 고객이 배구 팬이라면, 휴대용 네트를 설치하고 경기를 진행하도록 하면, 고객과의 상호 작용이 형성되며, 배구시합을 즐기는 동안 다른 고객

마케팅 休知通

대화의 3,2,1 법칙(3,2,1 Rule of Communication)

대화에서 상대방의 말을 듣는 것은 중요하다는 점을 강조하기 위해 언제부터인가 커뮤니케이션 분야에서 불문율처럼 쓰이고 있는 법칙이다. 이 법칙은 다른 사람과 대화할 때는 3분간 경청하고 2분간 맞장구 쳐주며, 1분간 말을 해야 한다는 내용의 대화 법칙이다.

이처럼 현장에서 고객과의 커뮤니케이션도 듣는 것이 가장 중요하고 그다음 손님을 응대해 주어야 하면 1분간 자신의 입장을 이야기 하여야 한다.

들은 음식이나 음료수를 마시면서 경기를 관람하게 되어 흥을 돋우게 된다.

고객이 어떤 일을 즐기기 원하는지 알아내는 기술은 매우 중요한 단계이다. 마케팅 담당자들은 잠재적인 고객의 사이코 그래픽스(소비자 행동 양식의 측정기술)에 대한 이해 정도를 높이고, 고객이 관심을 가지고 있는 생활 방식에 대해 분석을 해야 하는데, 텔레마케팅, 직접우편이나 또 다른 설문 기법들을 통해 조사가 가능하다.

(3) 효과적인 귀빈 프로그램의 전략

스포츠 마케터는 소비자의 관심을 끌기 위해 끊임없이 고민하고 있다. 고객이나 소비자들은 대중매체에 의해 영향을 받기 때문에 고객이나 소비자의 기대를 충족시키기 위해서는 그들의 욕구에 맞는 정밀한 전략을 수립해야만 한다. 고객의 일시적인 관심을 보이는 경우라도 목표를 성취하기 위해서는 스포츠 이벤트 기획 담당자가 특정 세부사항에 이르는 접대 프로그램을 구체화해야 한다. 스포츠 이벤트에서 귀빈 프로그램에 참석한다는 것은 특권이라고 할 수 있다.

고객의 요구가 무엇인지를 빨리 파악해야 한다.

하지만, 이벤트 주최자는 그에 따르는 의무를 수용해야만 한다는 것을 잊지 말아야 할 것이다.

월드컵과 Hospitality 프로그램

독일에서 개최된 2006 FIFA 월드컵 대회의 Hospitality Program 독점판매권을 가진 iSe-Hospitality AG는 대회 특별접대 패키지 상품에 대한 수요가 엄청났다고 발표하였다.

Hospitality Program은 스포츠 이벤트에 있어서 일반 기업이나 자신들의 고객을 초청하여 식사와 음료를 대접하면서 경기를 관람하는 일종의 접대 프로그램으로 대형 스포츠 이벤트나 인기 있는 스포츠 경기에만 있는 프로그램이다.

선진국의 경우 스포츠 관람에서부터 체험 행사에 이르기까지 다양한 접대 프로그램을 가지고 있는데 미국의 경우에는 프로스포츠인 야구, 농구, 미식축구, 아이스하키, 테니스 경기 관람에서 주로 이루어지며 유럽의 경우에는 축구가 일반적이다.

미국 월스트리트 금융의 경우에는 야구나 농구를 보면서 접대하는게 일반적인 것으로 150~300달러 정도로 다른 접대에 비하여 부담이 적다고 할 수 있다. 영국 같은 경우에는 아예 스포츠 접대를 전문적으로 대행해 주는 업체가 생겨나 서비스를 하고 있다. 이 회사는 기업의 의뢰에 따라 자동차 경주, 윔블던 테니스 등을 준비해 고객을 챙기고 서비스를 제공한다.

프로스포츠가 발전한 유럽 및 미국에서는 빈번한 사례가 많았지만 2002 FIFA 월드컵에서 대회 조직위원회와 관계자들뿐만 아니라 대한민국에게 있어서는 처음으로 월드컵 마케팅 프로그램 중 가장 생소한 분야였다.

스포츠 이벤트의 Hospitality Program은 유럽이나 미국의 주요 경기장에서 이미 주요 수입원으로 활용되어져 왔다.

다국적 기업의 경우 접대문화도 일반 주류 및 음식 접대에서 스포츠 접대 행사로 점점 더 바뀌어 가고 있으며 월드컵의 경우는 최고의 접대 프로그램으로 자리를 잡았다. 월드컵과 같은 대형 스포츠 이벤트는 누구나 경기를 관람하고 특별 우대를 받기 원하기 때문에 접대를 위한 기업들의 수요도 만만치 않아 스포츠와 비즈니스의 절묘한 결합이 이뤄지고 있는 비즈니스 장이기도 하다.

또한 경기장은 더 이상 중하 계층의 여가공간이 아니라 돈 많은 계층과 기업을 끌어들이는 데 활용되어지고 있고 FIFA는 월드컵 참여 파트너뿐만 아니라 일반 기업을 대상으로 판매하기 때문에 Hospitality Program을 통해서 벌어들이는 수입이 전체 관람석 판매 수입의 큰 부분을 차지하고 있기도 하다. Hospitality Program의 수입은 FIFA와 개최국 조직위가 50:50으로 수입을 배분하여 갖는다.

(1) Hospitality Program이 필요한 이유

스포츠 마케팅 시장에 있어서 Hospitality가 많은 비중을 차지하게 되어지는 이유는 스포츠 이벤트를 유지할 수 있게 하는 후원금과 현물을 제공하는 기업들이 비즈니스 접대 및 고객에 대한 접대를 할 수 있는 기회를 열어주기 때문이다.

FIFA 월드컵의 조직위원회는 이러한 시설물이나 서비스를 제공받는 기업은 그들의 새로운 고객들에게 월드컵 경기와 더불어 음식과 음악 그리고 기타 선물 등 엔터테인먼트를 접대할 수 있는 공간과 장소를 제공함으로써 고급스런 귀빈을 통한 고객감동과 비즈니스 기회를 만들 수 있기 때문이다.

(2) Hospitality Program 종류

FIFA 월드컵에서 Hospitality Program은 Sky Box와 Prestige Program이라는 Hospitality

표 4-1 2002 FIFA 월드컵의 경기장별 Hospitality 종류 및 수량

경기장	종류 및 수량	비 고
서 울	Sky Box 79 실, P&S 1/Gold 2/Silver 2	실내에 설치
인 천	Sky Box 74 실, Silver 2	Sky Box 42실 Gold로 활용, 동·서측 분리로 운영
수 원	Sky Box 28실, Gold 1/Silver 1	야외에 설치
대 전	Sky Box 29실	실내에 설치
전 주	Sky Box 12, Gold 1/ Silver 1	Sky Box 1 Gold로 활용, 실내에 설치
광 주	Gold 1/ Silver 1	실내에 설치/1층 시설은 중국전만 사용
대 구	Sky Box 12, Gold 1/ Silver 1	Gold 와 Silver 분리 설치
울 산	Sky Box 13, Gold 1/ Silver 1	실외에 설치
부 산	Gold 1/ Silver 1	경기장 Concourse에 설치
서귀포	Gold 1/ Silver 1	실내에 설치
총 계	Sky Box 238실, Prestige Gold/Silver 23개소, 서울 경기장 제외 P&S는 Prestige Gold에 편입해서 운영	

Village(귀빈 구역)라고 칭하는 시설물이 설치되며, 이것은 FIFA 공식 후원사의 Hospitality, Prestige Program Gold/Silver, FIFA VIP Hospitality로 구분되어져서 운영된다. 또한 명확한 책임 구분으로 FIFA 공식 후원사의 Hospitality는 FIFA/FIFA Marketing이, Prestige Program은 개최국 조직위원회, FIFA VIP Hospitality는 개최국 조직위원회 의전부에서 담당한다. 개최국 조직위원회는 FIFA와의 계약에 의하여 관계되는 모든 시설물을 FIFA에게 제공하여야 한다.

(3) 2002 FIFA 월드컵의 Hospitality Program의 운영

Hospitality Program을 어떤 방식과 프로그램, 음식을 어떤 음식을 제공하느냐, 그리고 참가 기업들에게 서비스 및 비즈니스 장으로 어떻게 제공할 수가 있는냐가 중요하다.

월드컵 개최 준비 당시 우리나라의 경우 Hospitality Program에 대한 개념조차도 모호하고 이해하지 못하여 처음에는 당시 FIFA의 마케팅 대행사인 ISL로부터 하나부터 열까지 모두 배워야 했다. Hospitality Program은 ISL의 계획에 의해서 상당히 체계적으로 진행되었고 수익 배분에 있어서도 명확하였으며 공동 개최라는 이유와 여러 가지 다각적인 시도를 하기 위해서 새로운 개념의 패키지 상품을 포함하여 상당히 복잡한 개념의 Hospitality Program이 있었으며 관련된 시설물을 제작하고 제공하였다. Hospitality program과 관련하여 FIFA와 계약을 하게 되는데 그 내용을 살펴보면 다음과 같다.

- 사업과 관련된 주요 사항은 FIFA, FIFA Marketing AG, KOWOC(한국월드컵조직위)과 협의하여 추진한다.
- 영접 구역 운영과 관련된 일체의 사업은 KOWOC이 주관하며 FIFA와 FIFA Marketing AG의 가이드라인을 준수한다.
- 영접 구역 운영으로 발생한 수익의 모두 조직위원회에 귀속된다. 다만 해외에서 판매된 수익은 FIFA가 소유 하되 1등석으로 환산된 입장권 비

| 그림 4-1 | Hospitality 운영 체계도

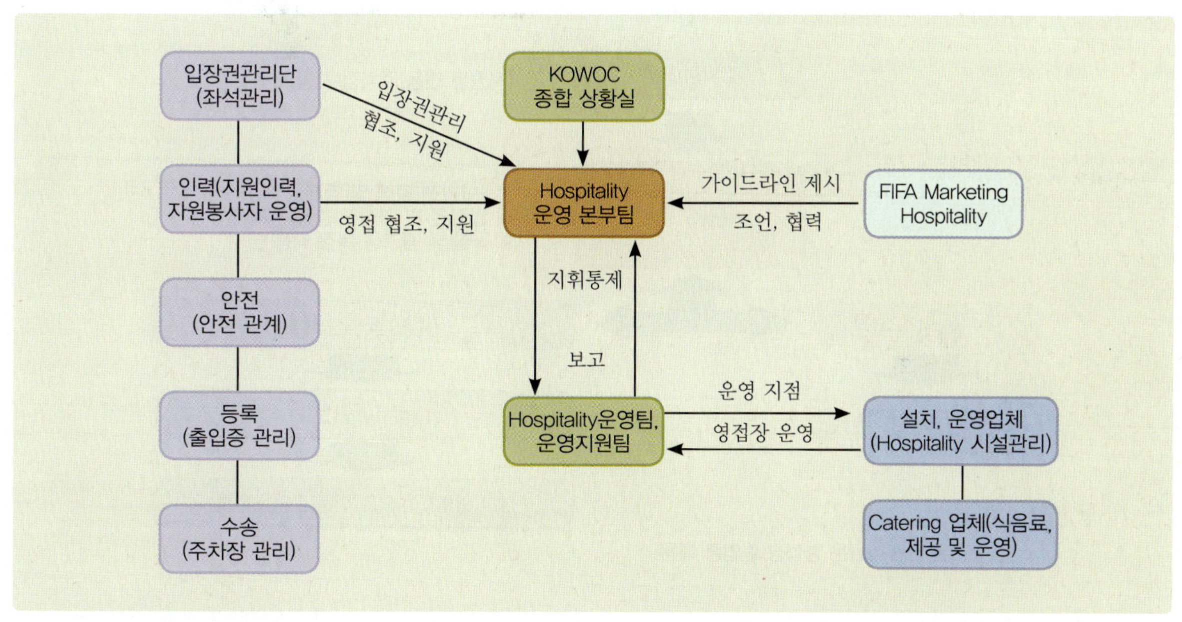

출처: 월드컵 마케팅 참조하여 작성.

용은 조직위원회에 지급한다.

- FIFA 공식 후원사들에 대한 입장권 및 고객 관리는 FIFA Marketing AG가 영접 구역 설치 운영은 조직위원회가 주관한다.

월드컵 조직위원회는 입장권 판매 사업과 함께 우대 입장권 판매라는 새로운 사업을 시행하였는데, Prestige 입장권의 가격책정, 판매방법, Hospitality 구역을 어디로 설정할 것인지, 시설물의 설치 장소, 설치된 장소의 Catering, Entertainment 방법, 출입증의 발급, 고객 안내, 수십 개로 구분되어지는 Hospitality 구역의 운영과 통제 등 모든 계획을 처음부터 FIFA Marketing AG와 함께 수행하여야 했으며 운영의 주체는 월드컵 조직위원회였다.

생소한 프로그램에서 시행착오를 겪은 조직위원회는 그 결과물로 2002 FIFA 월드컵에서 FIFA 월드컵의 Look Programme을 이용하고 한국적인 정서를 담아 낸 Hospitality 시설물을 시공하여 조직위원회의 고객 1,150명 공식 후원사 및 일반 기업체 고객 25,652명을 Hospitality 프로그램에 초청하여 운영하면서 새로운 비즈니스 장을 제공하여 성공적이였다는 평가를 받기도 하였다.

(4) Hospitality Area 운영

Hospitality 프로그램 운영은 VIP급 고객을 모시는 중요성 때문에 세심하게 배려된 부분이 상당히 많이 있다. VIP급 FIFA Partner 고객과 그들의 고객들에게 완벽한 서비스를 하기 위해서 전용 주차장에서부터 입장 동선까지 많은 부분들까지 일반 관람객과는 다르게 운영되어진다. Hospitality 지역의 운영 시간은 경기장 게이트 개방 시간과 동일한 경기 시작 3시간 전부터 운영을 하여 경기 종료 후 30분 후까지 운영되었으며 음식의 제공 또한 약간의 차이가 있었는데 스카이박스는 경기장 시작 3시간 전부터 종료 후 30분 후까지 음식 및 음료가 제공되었지만 프레스티지 골드와 실버는 경기 시작 3시간 전부터 후반전 시작 전까지만 음식이 제공되었다. 이는 스카이박스는 일반 프레스티지에 비해서 우선권을 부여받는 조직위원회의 운영방침이기도 하고 스카이박스는 경기장 내부에서 음식을 즐

| 그림 4-2 | Hospitality 운영 동선

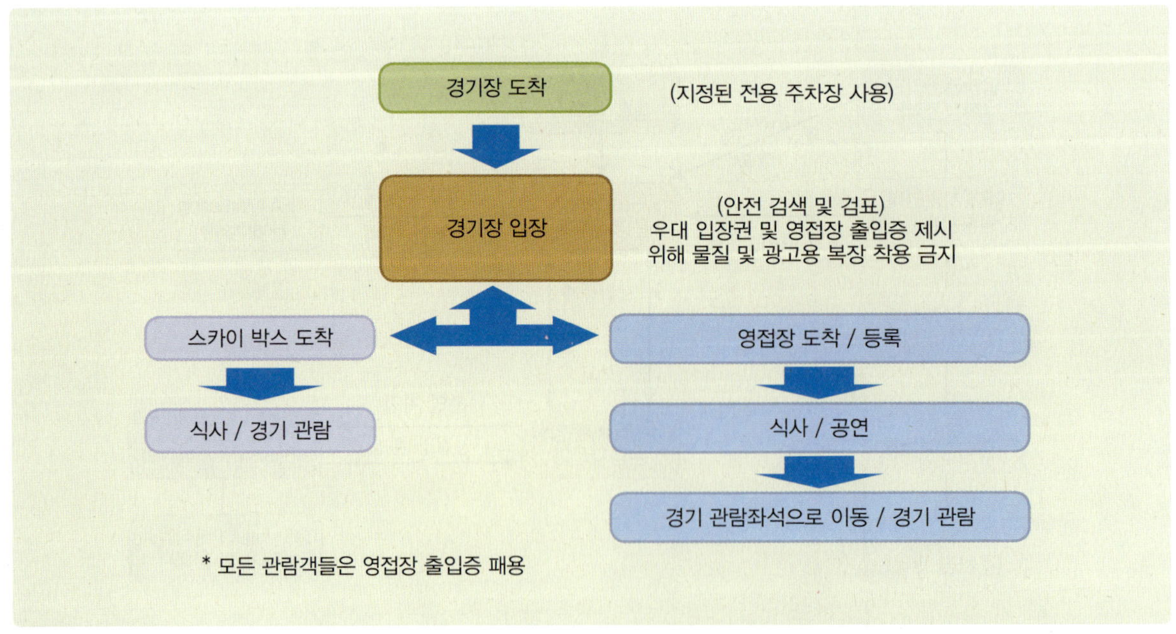

출처: 스포츠 이벤트 기획.

| 그림 4-3 | 서울 상암 경기장의 스카이박스 도면

출처: 스포츠 이벤트 기획.

| 표 4-2 | 2002년 한 · 일 월드컵 SKY Box 사용료

(단위: 천원)

선 택								
경기장	경기수	등 급	내 용	박스당 가격	선 택			신청수량
					1순위	2순위	3순위	
서 울	3	A	12인실	208,000				
		B	12인실	181,000				
		B	22인실	331,000				
		C	12인실	157,000				
		D	12인실	146,000				
		D	29인실	328,000				
		E	72인실	8,500/1좌석				
인 천	3	A	12인실	51,000				
		B	12인실	45,000				
		C	12인실	38,000				
수 원	4	A	12인실	63,000				
		B	12인실	55,000				
		C	53인실	205,000				
대 전	3	A	11인실	44,000				
		B	11인실	38,000				
		B	18인실	63,000				
전 주	3	A	12인실	48,000				
		B	12인실	42,000				
대 구	4	A	8인실	56,000				
울 산	3	A	14인실	89,000				
		B	12인실	66,000				
		B	24인실	93,000				

출처: 스포츠 이벤트 기획.

기면서 경기를 관람할 수 있지만 프레스티지 프로그램은 경기장과 프레스티지 지역을 오고가는 번거로움이 있었기 때문에 음식을 즐기는 데 있어서 무리가 있었기 때문이다.

(5) SKY BOX

2002 FIFA 월드컵의 스카이박스는 서울, 인천, 수원, 대전, 전주, 대구, 울산 경기장에 설치된 특별실로써 1실당 20~70명이 고객이 경기를 관람할 수가 있었다.

이 스카이박스 관람객은 별도의 입장 동선을 통해서 경기장에 입장을 할 수가 있으며 2002년 월드컵땐 경기 프로그램 책자, 기념품 및 기념주화 은화 2개를 제공하였고, 각 1실에는 화장실과 에어컨, TV 등의 편의 시설, 칵테일과 식사를 제공하였다.

또한 스카이박스에는 어떠한 형태의 광고물도 부착될 수 없었고 다만 그 방이 누구의 방인지만 표시할 수가 있다. 이런 부분 또한 마케팅의 한 부분이라고 판단하는 FIFA의 세심한 부분이라고 할 수 있겠다.

(6) SKY BOX 사용 금액

사용료 및 금액은 각 경기장과 경기에 따라서 금액이 달라지며 〈표 4-2〉와 같다.

(7) 프레스티지 골드와 실버

프레스티지 골드와 실버는 전형적인 Hospitality Program 중에 하나이며 이 공간 안에 Partner와 Supplier의 독립적인 공간까지 제공받을 수 있으며, 경기장 외부 또는 내부에 설치되어 있는 리셉션 장이 있다. 또한 이러한 골드와 실버의 공간은 초청자와 초청받은 고객의 상호 개인적인 신상에 대해 철저한 독립성이 요구되어지기 때문에 한 공간 안에서 독립적으로 운영되었다. 입장하는 동선 또한 Gold&Silver와 P&S(Partner &Supplier)는 입장 동선도 구분되어서 운영되었다. 프레스티지 골드와 실버는 1등석 입장권을 제공을 기본 원칙으로 1등석 중 가장 좋은 위치를 신청 순서에 따라서 배치하는 원칙으로 운영되었다.

다음과 같은 패키지 상품으로 제공되었다.

- 개막전 패키지: 서울 개막전 및 예선전 2경기
- 한국전 패키지: 대한민국 팀의 예선경기 패키지
- 4강전 패키지: 서울의 4강전, 1개의 지방 경기장 패키지
- 최강전 패키지: 준결승전, 3~4위전, 8강전 패키지
- 경기장별 패키지: 서울 경기장을 제외한 지방 경기장 패키지

프리스티지 골드장 전경

프레스티지 실버창 전경

신청은 경기별로 공식 후원사 또는 기업의 Ambush Marketing 이나 독점적인 마케팅 활용을 방지하기 위해서 1인당(또는 1기업당) 20매로 제한되었으며, 추가로 구입할 경우에는 조직위원회의 협의가 있어야 한다. Hospitality 지역은 야외에 설치될 경우나 실내에 설치될 경우 1등석과 가장 가까운 위치에 설치되었고 별도의 동선을 통해서 관람객들의 이동을 한다. 또한 골드와 실버의 가격의 차이로 인해서 정확하게 분산 관리되었는데 그 내용은 〈그림 4-4〉와 같다.

❶ 프레스티지 골드

프레스티지 골드에는 앉을 수 있는 10인용 테이블이 기본적으로 설치되어 있고 입장권, 웰컴 드링크, 음료와 부페, 엔터테이먼트, 주차증, Official Match Program, 기념품(기념주화 등)이 제공되어졌다. 10개 구장에 모두 설치되었고 서울, 인천, 대구, 대전, 전주, 부산, 서귀포는 경기장 내부에 수원, 광주, 울산은 경기장 외부에서 설치되었다.

❷ 프레스티지 실버

프레스티지 실버는 스탠딩 형식으로 제공되었는데 프레스티지 골드와는 차이가 있다고 볼 수 있는데 입장권, 웰컴 드링크, 음료 및 식사, 엔터테이먼트, 기념품(기념주화) 등이 제공되었으며 설치된 곳을 프레스티지 골드와 동일 한 장소에서 구역을 나뉘어서 운영되었다.

(8) 우대 입장권 판매

우대 입장권 판매 약관은 월드컵 축구 대회 조

그림 4-4 Prestige program 운영의 기본 평면도

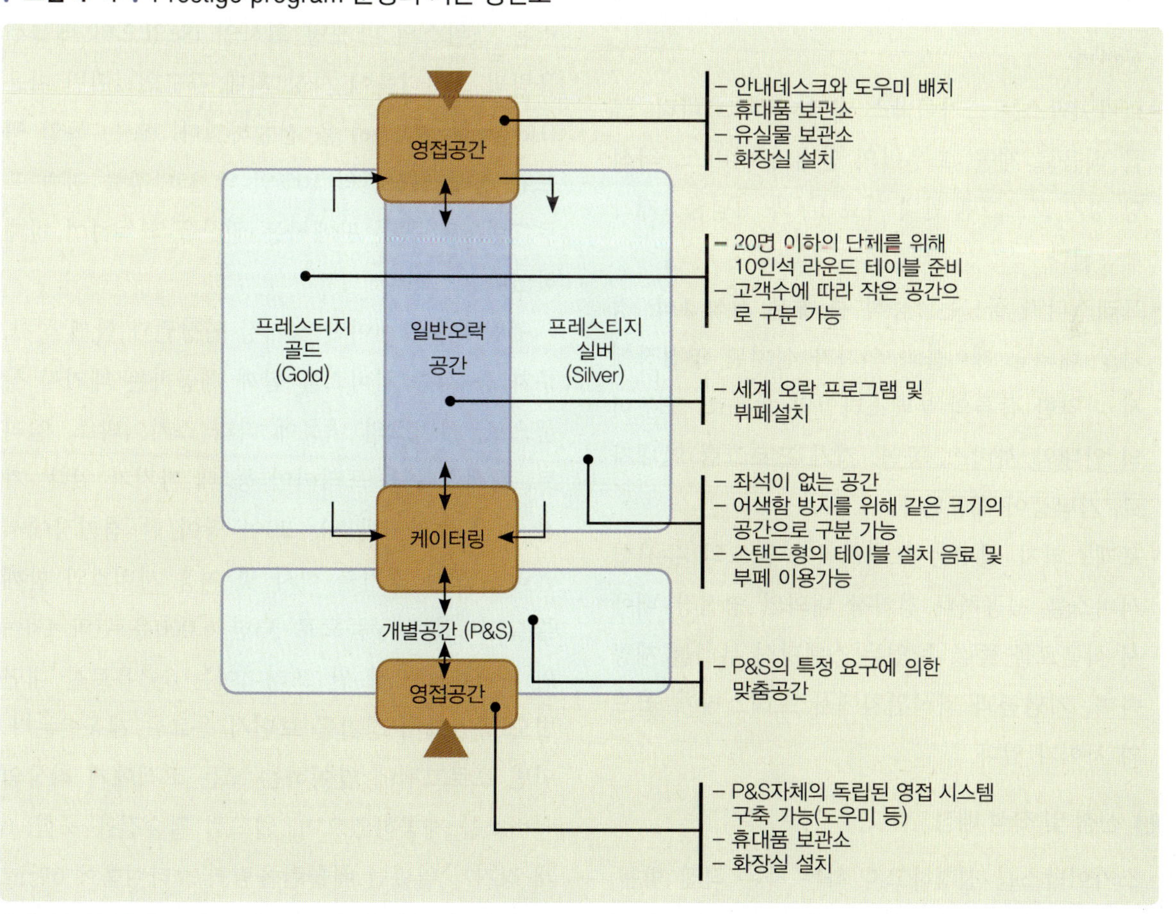

출처: 스포츠 이벤트 기획.

직위원회를 통해 신청하고 구입한 우대 입장권의 모든 요소에 적용된다. 우대 입장권을 구매 또는 다른 방식으로 이에 참여하는 자는 본 판매약관에 합의한 것으로 간주된다.

❶ 우대 입장권의 내용

- "우대 입장권(프레스티지 프로그램)"은 스카이박스, 프레스티지 골드의 프레스티지 실버로 구성되어 있다. 각 프레스티지 프로그램은 두 가지 주요 구성 요소로 이루어져 있다. 2002 FIFA 월드컵 한국·일본 축구대회(이하 "대회")의 경기 입장권(이하 "입장권")과 해당 경기가 열리는 경기장의 영접장을 사용할 수 있는 출입증(이하 "출입증")으로 구성된다.
- 스카이박스는 4개 좌석 당 1개의 주차공간을 제공한다. 프레스티지 골드와 프레스티지 실버는 같은 경기의 입장권 4매당 1개의 주차공간을 제공한다.
- 스카이박스는 스카이박스 내에서 TV 모니터, 고급 식음료 제공, 도우미의 안내의 서비스, 좌석 당 경기 프로그램 안내 자료 1부와 기념품 1개가 제공된다.
- 프레스티지 골드는 1등석 중 좋은 좌석 1석, 경기장 내외의 테이블과 의자가 설치된 영접장에서 다양한 종류의 부페스타일의 식음료, 도우미의 안내와 서비스, 공연, 경기 프로그램 안내자료, 기념품이 제공된다.
- 프레스티지 실버는 프레스티지 골드와 유사한 서비스를 제공하나 경기장 내외의 영접장 내에서 식음료를 즐길 수 있는 스탠딩식 부페를 제공하며, 기념품과 좌석위치에서 프레스티지 골드와 차이가 있다.

❷ 신청 및 좌석 배정

- 스카이박스를 신청하고자 하는 자는 직접 방문, 인터넷, 팩스로 신청하여 프레스티지 골드와 실버는 인터넷으로 신청하여야 한다.
- 신청인은 KOWOC에 신청서를 제출한 후 KOWOC에서 발급하는 예약확인증을 보관하야여야 한다. 인터넷 신청의 경우 본인이 예약확인증을 직접 출력하여 보관한다.
- 우대 입장권은 선착순으로 판매한다.
- 프레스티지 골드와 실버의 신청은 경기별로 일인당 20개 좌석으로 제한되며, 스카이박스의 신청은 경기별 1개의 박스로 제한된다. 그러나 KOWOC과 사전 협의가 있는 경우 증량 신청이 가능하다.
- 좌석은 각 프로그램별로 배정 가능한 범위 내에서 선착순으로 배정한다.

(9) 2006 독일 월드컵의 Hospitality Program

월드컵의 Hospitality 프로그램의 독점적인 권리는 스위스의 마케팅 회사인 iSe였으며 베를린 올림픽 스타디움에 사상 최대 규모의 '귀빈 마을(Hospitality Village)'을 건설하였다. iSe는 독일 월드컵 전체 입장권의 10%인 약 35만장을 귀빈 프로그램으로 독점 판매하는 권한을 획득하여 판매하였다.

귀빈 프로그램이란 경기장 입장권과 함께 식사, 주차 등 각종 서비스를 함께 제공하는 패키지 상품으로, 서비스의 내용에 따라 스카이박스, 엘리트, 프레스티지, 프리미어 등 네 가지가 있다. 가장 비싼 스카이박스는 20여 명이 한 경기장에서 열리는 모든 경기를 식사 및 여흥 서비스와 함께 즐길 수 있는 상품으로 33만 6,000유로(약 4억여 원)나 된다. 가장 싼 프리미어는 633유로를 내면 별도 공간에서 경기를 보면서 음료를 제공받는다. 귀빈 프로그램에 참여하는 모든 고객에게 최상의 서비스를 제공하였으며, 월드컵 결승전을 포함, 6개 경기가 열렸던 베를린올림픽 스타디움에 6만㎡ 규모로 건설된 귀빈 마을은 9만명의 귀빈 고객에게 각종 편의시설과 서비스를 제공하였다.

iSe-Hospitality는 세 가지의 Hospitality Program 으로 SKY BOX, ELITE 및 PRESTIGE 등 세 종류의 상품들은 일부 경기장에 한해 구입할 수 있다. 현재 세 종류의 특별접대 상품을 제공하고 있으며 모든 특별 접대 패키지 상품은 가장 좋은 좌석 가운데 일부, 그라운드에 대한 특별 개인 접근권, 예약된 주차 공간, 특별접대 구역 접근권, 최고의 음식과 음료, 단독 선물 및 접대 등을 제공한다.

개인전용의 SKY BOX는 최고 20명에게만 최고 수준의 특별접대를 제공하는 것을 특징으로 하며. 이와 동일한 수준의 접대는 ELITE 프로그램을 통해서도 이용이 가능하지만 다른 관람객들과 공동으로 사용해야 하기 때문에 실내와 레스토랑이 더 크다. PRESTIGE 프로그램은 메인 스타디움에서 가장 좋은 좌석에다 그라운드 접대가 제공된다.

"Follow Australia" 패키지는 ELITE/PRESTIGE 카테고리들을 기초로 하고 있으며, 호주 팀 경기가 있는 모든 경기장에서, 그리고 호주 팀이 진출하는 모든 경기장에서 완전한 특별접대 패키지를 보장받을 수 있는 융통성을 가지고 있다. 패키지는 호주의 모든 조별경기, 준준결승전까지의 모든 경기, 또는 결승전까지의 모든 경기 참관을 위해 제공되었다. 1경기에 총비용 1,000여 만원으로 독일 월드컵의 일반 티켓 가격의 100배 이상 초고가 티켓으로 최상류층이 구입을 하였다. 그리고 단체 상품 가운데는 억대 티켓도 있으며, 최고급 식사가 포함된 스카이박스가 1인 기준으로 2,000만원, 결승전 식사 포함 1등석 관람 티켓이 1인당 150만원이었다.

국내에서는 '포르투나2002'(vipsports.co.kr)가 판매 대행하였으며, VIP 고객이나 고객 접대용으로 구입하여 특급호텔에 통역을 붙이고 일반 티켓 1등석을 제공하였으며 관광 프로그램도 제공하여 판매하였다. 귀빈 프로그램을 비롯해 비즈니스석 왕복항공권, 특급호텔 및 통역 가이드 서비스까지 포함해 1경기 3박 5일이 1,000만원, 2경기 7박 9일이 1,500만원 선이었다.

2006 독일 월드컵 귀빈 프로그램의 종류와 특징

스카이 박스
- 독립된 룸 사용 • 최상급 식사 서비스
- 스카이박스에 연결된 발코니식 VIP좌석
- 1경기 1만1200~5만400유로 ▸6~24인실 (약 1344만~6048만 원)
- 결승전 포함 6경기 패키지 33만6000유로(약 4억320만 원) ▸20인실

엘리트
- 최상급 VIP좌석 • 1등급 식사
- 1경기 1000~3500유로(약 120만~420만 원)

프레스티지
- 1등석 • 고급 식사
- 1경기 900~3200유로(약 108만~384만 원)

독일 월드컵 귀빈 프로그램의 종류와 특징

참 | 고 | 문 | 헌

Bitner, Mary Jo & Zeithami, Valarie A. 외(2006) 서비스마케팅. MCGRAWHILL.

Gerson, Richard F.(1997) 휘트니스 서비스 마케팅. 21세기교육사.

Zeithaml(1999) 서비스 마케팅. 석정.

강기두(2007) 서비스 마케팅. 삼영사.

강기두(2010) 서비스 마케팅. 북넷5.

강도원 외(2008) 서비스 마케팅 이론과 사례. 대진.

강호정, 이준엽(2005) 현대 스포츠 경영학. 학현사

곽동성(1999) 서비스마케팅. 동성사.

김계주, 이종형 외(2010) 스포츠서비스 마케팅론. 광림북하우스.

김도균(2008) 스포츠 이벤트 기획.

김분태, 공희숙(2010) 서비스 기업에 있어서의 제휴 프로그램의 가치, 만족, 충성도와 기업 충성도간의 관계. 마케팅논집, Vol. 18 No. 1.

김성혁(2004) 호텔관광서비스마케팅. 백산출판사.

김영한(2003) 스타벅스 감성 마케팅. 넥서스.

김유경(2010) 서비스 생산과정에서 고객참여가 고객만족 및 결과변수에 미치는 영향에 관한 연구. 마케팅논집 Vol. 18 No. 1.

김종수(2000) 서비스마케팅. 형설출판사.

김홍철(2004) 관광서비스마케팅. 두남.

노시평(2000) 서비스 마케팅. 법문사.

문화체육관광부(2008) 스포츠마케팅 비즈니스 모델 연구. 문화체육관광부.

박두용(2007) 프로스포츠 산업의 경제적 파급효과 및 연고지에 대한 관중인식도. 중앙대 대학원, 박사학위논문.

박성복(2010) 비영리기관 서비스의 재이용의도에 미치는 통합마케팅 요인들의 구조적 관계에 관한 연구. 한국사회와 행정연구, Vol. 21 No. 1.

박영옥, 김영식, 김호, 김경배(1998) 한국스포츠산업육성방안연구(한국 체육과학연구원, 연구보고서).

박찬규, 주성택, 최종필, 정연길, 정현성, 김정호 공역(2007) 스포츠 매니지 먼트. 대한 미디어.

방지선(2001) 성공적인 지역스포츠이벤트를 위한 선행과제. 한국체육학회지.

서원재 외(2009) 필립 코틀러의 스포츠 브랜드 마케팅 스포츠 팬을 잡아라. 지식의 날개.

송연주, 김한수(2005) 서비스 수명주기 마케팅 이론으로 고찰한 CM사업 마케팅 전략의 방향성 연구. 학술발표대회 논문집.

송영우(2009) 서비스 마케팅. 청람.

안미헌(2002) 고객의 영혼을 사로잡는 50가지 서비스 기법. 거름.

안운석(2005) 서비스 마케팅. 두남.

안운석, 강도원 외(2008) 서비스마케팅 이론과 사례. 대진.

여운승(2005) 서비스 마케팅. 한양대학교출판부.

왕샤오우, 이홍일, 박철(2010) 온라인 브랜드 개성과 자아이미지와의 일치성이 브랜드 로열티에 미치는 영향 온라인 브랜드 개성과 자아이미지와의 일치성이 브랜드 로열티에 미치는 영향. 한국IT서비스학회 학술대회 논문집, Vol. 2010 No. 1.

원유석(2008) 호텔서비스 마케팅. 대왕사.

원융희(2002) 서비스 마케팅. 대학서림.

이명식(2002) 관광서비스 마케팅. 형설출판사.

이명식(2010) 서비스마케팅. 형설출판사.
이상환(2008) 서비스 마케팅. 삼영사.
이영희(2008) 서비스 마케팅. 두남.
이유재(2007) 서비스마케팅고객가치를 경영하라(고객만족을 넘어) 21세기북스.
이유재(2008) 서비스마케팅. 학현사.
이정학(2009) 서비스마케팅. 대왕사.
이훈영(2008) 이훈영 교수의 의료 서비스 마케팅. 청람.
임운학(2007) 서비스 마케팅. 충남대학교출판부.
전수환(2009) 에센스 경영학 제2판. 세경.
전인수(1998) 관광이론서비스마케팅. 석정.
정혜전(2005) 서비스 마케팅. 미래지식.
조우현(1999) 의료서비스 마케팅. 퇴설당.
최덕철(1997) 서비스마케팅. 학문사.
힘즈힌(2009) 마케팅 무작정 따라하기. 길벗.
허정봉, 우경식(2010) 관광서비스마케팅. 새로미.
홍성태(1998) 보이지 않는 뿌리. 박영사.
www.esports.pe.kr
www.sericeo.org

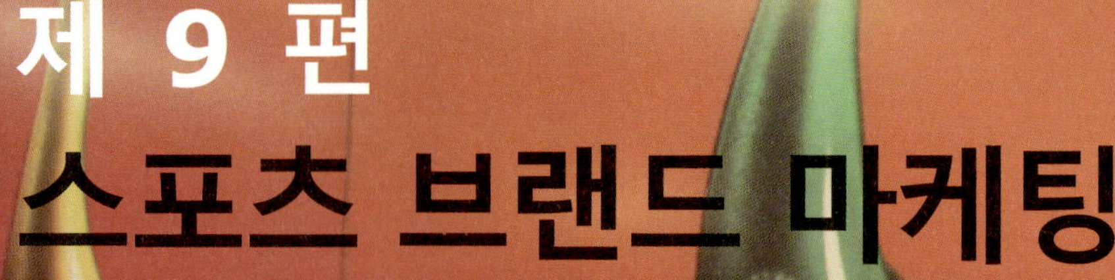

제 9 편
스포츠 브랜드 마케팅

제 1 장 스포츠 브랜드의 정의

제 2 장 스포츠 브랜드의 개발

제 3 장 스포츠 브랜드 관리

제 4 장 도시 브랜드 마케팅과 스포츠 이벤트

09

"제품을 입는 것이 아니라 이미지를 신고 입는 것이다." 이것은 요즘의 소비형태를 단적으로 지적하는 말이다. 왜냐하면 소비자는 일등 제품을 사는 것이 아니라 일등 브랜드를 선호하고 구입하기 때문이다. 따라서 기업들은 제품을 생산해 내는 것이 아니라 이미지를 만들어 내는데 총력을 펼치고 있으며 "브랜드가 곧 자산"이라는 확신 때문에 브랜드에 아낌없이 투자하고 있다. 제품을 만들어 내는 것은 공장이지만 이미지를 만들어 내는 것은 소비자들이기 때문에 소비자 곧 고객을 위한 마케팅적인 노력은 기업의 미래와 연관이 있다. 그래서 기업은 망해도 브랜드는 망하지 않고 계속하여 살아남는 것이다.

스포츠는 브랜드 이미지를 구축하는 데 가장 각광받는 도구가 되고 있다. 왜냐하면 스포츠만큼 신선하고 역동적인 이미지로 한순간에 브랜드를 표현할 수 있는 것이 없기 때문이다.

따라서 오늘날 스포츠 단체 및 기업들은 브랜드를 귀중한 자산으로 여기고 있으며, 그에 따라 브랜드 자산의 구축과 관리가 스포츠 마케팅의 영역에서 중요한 이슈로 부각되고 있다.

브랜드는 어떤 특정의 특징, 편익 및 서비스를 일관되게 계속 제공한다는 제조업자의 의사 표시이기도 하며, 그것은 소비자에 대한 약속의 의미가 있기도 하다. 여기에다가 제품의 품질보증, 즉 신뢰의 증거로서의 역할을 수행하기도 하고 제품에 대한 내용을 부여하기도 하고 그것을 소비자에게 전달하는 수단이 되기도 하다.

보스턴 마라톤은 115년 이상의 유구한 역사를 지니고 있긴 하지만 시장에서 그 역사만큼 위치가 확고한 것은 아니었다. 이 대회 역시 계속해서 변하는 경쟁시장의 위협 속에서 다른 스포츠 제품들과 마찬가지로 변화하는 소비자들을 끌어들이고 그들과의 관계를 유지할 수 있는 핵심 자산을 찾아내고 브랜드를 형성하기 위해 많은 노력을 하였다.

뉴욕 양키즈는 오랜 세월 팬들과 함께 하는 뉴욕 시민의 사랑받는 브랜드로서 자리를 잡았다. 팬들은 뉴욕 양키즈 경기와 관련된 수많은 사연과 추억을 떠올리고, 친구들과 함께 구장에서 팀을 응원하던 장면, 무더운 여름날 애인과 즐겼던 야구장에서의 한때, 줄무늬 모양의 유니폼을 보고 응원하면서, 월드 시리즈에 올라 감격해 하던 그 모습을 떠올리면서 소비자들은 뉴욕 양키즈라는 제품 자체를 좋아한다기보다는 그 브랜드가 주는 의미와 느낌을 사랑한다.

운동화는 나이키, 등산용품은 North Face, 야구하면 뉴욕 양키즈, 축구하면 맨체스터 유나이티드, 음료하면 코카콜라, 대한민국하면 붉은 악마를 떠올린다. 이들 브랜드가 가장 먼저 떠오르는 이유는 각 제품의 범주를 대표하는 선도 브랜드이기 때문이다.

이러한 선도 브랜드는 그냥 만들어지는 것이 아니라 많은 브랜드 요소들이 하나의 이미지를 형성하고 발전하여 소비자의 뇌리에 깊숙이 박혀 있기 때문이다.

하나의 브랜드 이미지를 구축하는 데 최소 5천만 달러에서 많게는 1억 5천만 달러 이상을 투자해야만 브랜드를 알리는 데 겨우 성공할 수가 있다고 한다.

시장을 선도하는 브랜드가 강력한 브랜드 파워를 갖는 것은 무엇보다도 소비자들에게 다양한 이미지를 떠올리게 하고, 강렬하면서도 호의적인 느낌을 불러일으키기 때문일 것이다.

이러한 측면에서 기업의 성패를 좌우하는 것으로 첨단기술, 훌륭한 인재도 중요하지만 그보다 더 중요한 것이 바로 브랜드 이미지이다. 이제는 세계를 상대로 영업을 해야 하는 시대가 된 만큼 브랜드 이미지도 세계화가 되어야 한다.

본장에서는 스포츠 브랜드의 정의와 개발 그리고 브랜드 관리를 통한 도시 브랜딩과 스포츠 이벤트 사례를 통하여 이해할 수 있도록 내용을 구성하였다.

제 1 장 스포츠 브랜드의 정의

제 1 장

스포츠 브랜드의 정의

1. 스포츠 브랜드의 정의

원래 브랜드(Brand)란 단어는 인두를 찍는다는 영어의 의미인 Burned서 파생된 명사로 자신의 소유물이나 작품을 다른 사람의 그것과 구별하기 위한 것을 가리킨다.

미국 마케팅 협회(AMA)는 브랜드란 "어떤 판매자의 재산이나 서비스를 다른 판매자의 그것과는 다른 것으로 식별하기 위한 이름, 용어, 디자인, 심벌 및 그 외의 특징이다"라고 정의하고 있다. 또한 코틀러(Kotler, 1988)는 브랜드(brand)란 "어떤 판매업자 또는 판매 집단의 재화나 서비스를 경쟁 업자의 그것과 식별하고 차별화하기 위하여 사용되는 명칭, 용어, 기호, 디자인, 혹은 이들의 조합"이다. 즉 브랜드는 "상표명(brand name)과 상표 마크(brand mark)로 구성되며 등록 상표(trade mark)는 상표명과 상표 마크가 법으로 보호되는 것"이라고 규정하고 있다.

세계 최고로 꼽히는 코카콜라의 브랜드 가치는 약 700억 달러 이상, IBM, 마이크로 소프트는 약 600억 달러, NIKE 약 130억 달러 등으로 평가받고 있다. 우리나라의 경우 삼성전자의 애니콜 브랜드 가치는 무려 190억 달러에 달하면서 세계적인 브랜드 대열에 올랐다.

이러한 브랜드의 자산 가치는 유형자산과 무형자산으로 인한 가치를 가지고 있는데 이러한 기업 가치의 원천이 변화하고 있다. 즉 유형적인 자산보다 무형적인 자산의 브랜드 가치가 더욱더 커져 가고 있는 추세이며, 이러한 상황을 보면 〈그림 1-1〉과 같다.

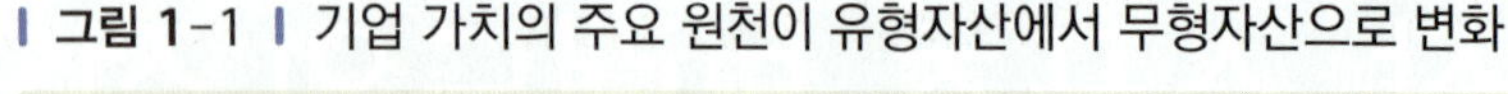
| 그림 1-1 | 기업 가치의 주요 원천이 유형자산에서 무형자산으로 변화

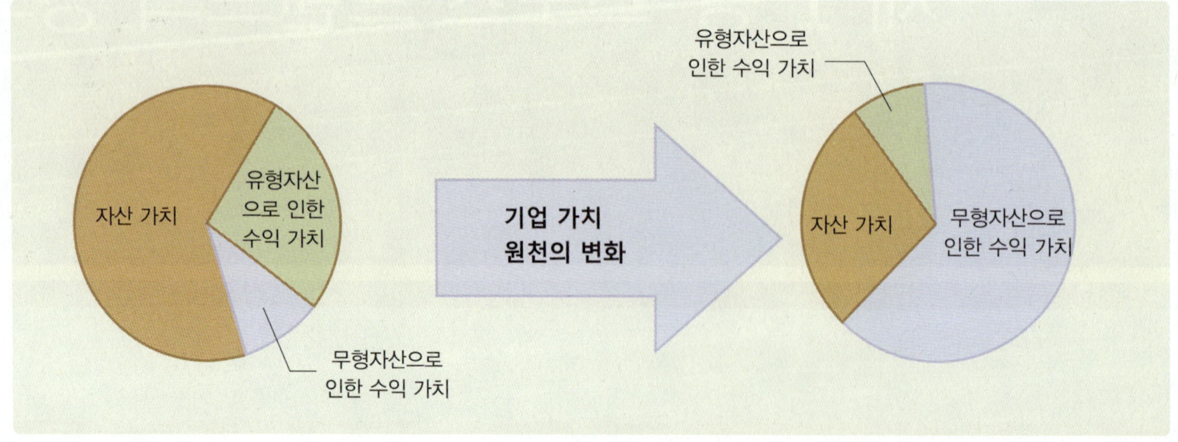

표 1-1 2010년 브랜드 가치 순위

순위	브랜드 명	국가	업무 영역	브랜드 가치($m)
1	Coca-Cola	United States	Beverages	70,452
2	IBM	United States	Business Services	64,727
3	Microsoft	United States	Computer Software	60,895
4	Google	United States	Internet Services	43,557
5	GE	United States	Diversified	42,808
6		United States	Restaurants	33,578
7	intel	United States	Electronics	32,015
8	NOKIA	Finland	Electronics	29,495
9	Disney	United States	Media	28,731
10	hp	United States	Electronics	26,867
19	SAMSUNG	South Korea	Electronics	19,491
25		United States	Sporting Goods	13,706
62	adidas	Germany	Sporting Goods	5,495
65	HYUNDAI	South Korea	Automotive	5,033

출처: 2010, 세계 브랜드 가치 평가 Interbrand.com.

그림 1-2 유형자산 대비 브랜드 자산 가치 대비 비율

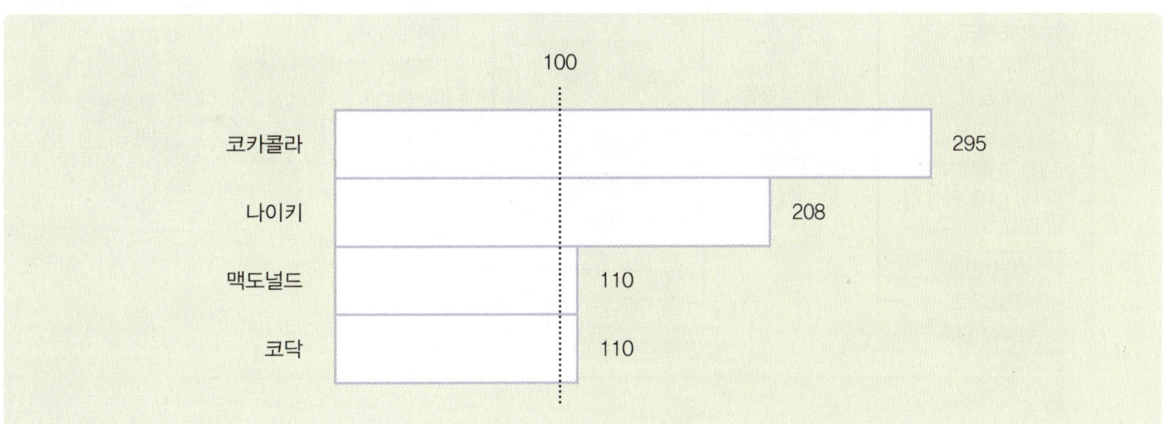

출처: 2009년 Fortune 9월호.

| 스포츠 브랜드는 문화적인 특성을 이해하고 있어야 한다.

경제 전문지인 Fortune지에서 발표한 유형자산 대비 브랜드 가치를 보면 코카콜라의 유형자산을 100으로 보면 무형자산이 195를 차지하고 있다. 나이키는 108을 차지하고 있으며 유형자산보다 무형자산의 자산 가치가 높을수록 세계 최고의 브랜드가 되는 것이다.

미국 시장에서 해마다 약 3천여 개의 브랜드가 쏟아져 나오지만 그 중에서 살아남는 것은 1%도 되지 안 된다고 한다.

브랜드의 기능은 호칭 및 광고 기능, 자·타 상품의 식별 기능, 출처 표시 기능, 품질보증 기능을 가지고 있으며 경쟁이 치열한 시장에서 기업의 목표를 달성하기 위하여 자사 제품을 경쟁 기업의 제품과 식별하고 시장 점유율을 늘릴 수 있도록 판매 경쟁을 도와주어 소비자들에게 반복 구매를 유도하려는 목적과 특징 그리고 기능을 지니고 있다.

이러한 내용들을 바탕으로 스포츠 브랜드를 정의하면 "스포츠 상품을 구성하는 실체와 이미지의 합성체로 슬로건, 주제, 포지션, 상징, 상품의 특성 그리고 수많은 유·무형적인 속성을 나타내는 형태"라 할 수 있으며, 다른 측면에서는 "스포츠의 유·무형적인 속성을 갖고 있는 가치가 있는 명칭"이라고 할 수 있다.

따라서 브랜드 경영을 통한 파워브랜드 육성은

| 그림 1-3 | 브랜드 경영의 기대 효과 및 궁극적인 목표 및 기대 효과

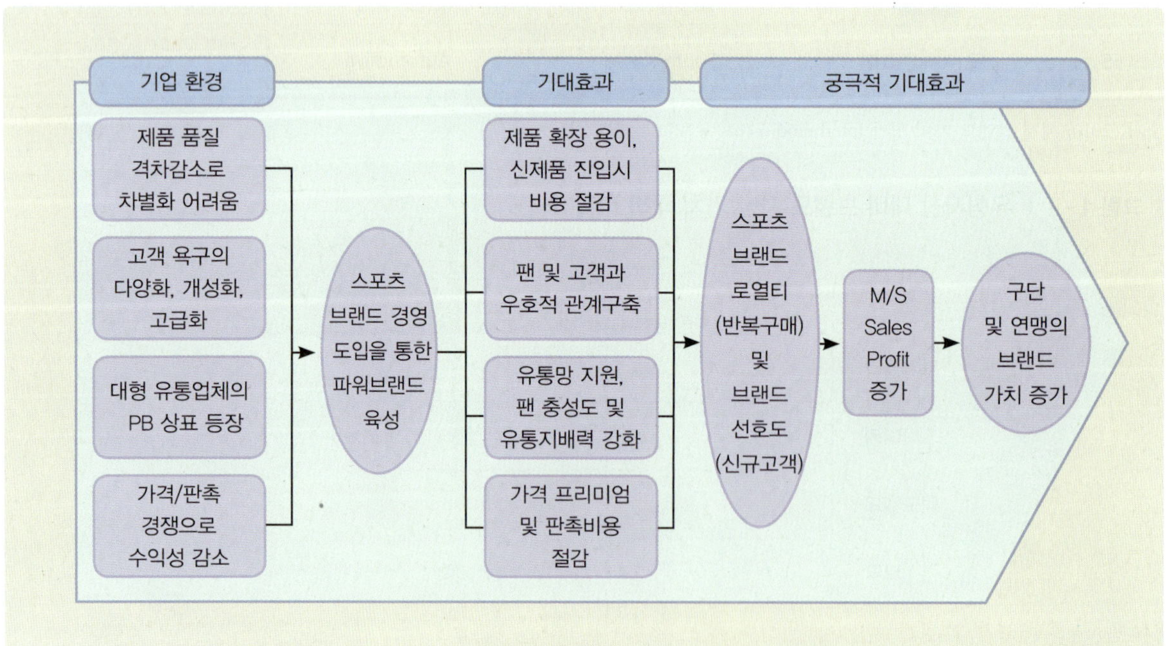

출처: 안광호 외, 〈브랜드의 힘을 읽는다〉.

마케팅 休知通

유사성의 효과

상대방과의 유사성이 높아지면 그에 비례해 그 사람에 대한 호감도도 높아진다. 또한 호감도가 높아지면 유사성이 높아진다.

국내 한 대학교수가 300여 쌍의 부부들을 대상으로 연구한 결과 따르면 부부관계가 좋을수록 둘 간의 목소리 유사성 또한 높은 것으로 나타났다. 보험회사 판매원의 영업실적을 조사한 연구결과에서도 잠재 고객이 영업사원과 나이, 종교 등 유사성이 많을수록 보험에 가입확률이 높다고 한다.

이러한 유사성의 효과는 일반적으로 스포츠 동호회나, 팬 카페에서 볼 수 있다. 스포츠 이벤트 담당자가 입장권 판매를 위해서 가장 먼저 배려하는 부분도 서포터즈라는 것과, 스포츠 팬 카페나, 동호회에서 만나서 연인관계로 발전하는 사람들을 살펴보면 이러한 유사성을 효과를 증명하고 있다고 할 수 있다.

브랜드 로열티 창출에 따른 매출 및 수익의 증대를 가져오고 궁극적으로는 기업의 지속적인 가치 제고를 달성한다.

이를 그림으로 보면 〈그림 1-3〉과 같다.

2. 스포츠 브랜드의 속성

스포츠가 브랜드화 되면서 스포츠 브랜드가 살아남기 위한 경쟁이 치열해지고 브랜드의 개발에 대한 욕구가 치열해지면서 성공하는 스포츠 브랜드의 특징들이 나타나기 시작했다.

이러한 브랜드의 특징은 소비자의 욕구를 철저하게 맞추고 있으며, 브랜드가 갖고 있는 메시지의 초점을 접점 고객에게 전달하는 역할을 한다. 이렇게 전달된 브랜드는 고객들과 장기적으로 관계 형성 및 유지할 수 있으며, 이러한 관계 유지는 브랜드의 강력한 파워로 직결되어지며 스포츠 브랜드 속성은 다음과 같다.

팬들과의 유대관계 강화

스포츠 브랜딩은 보다 넓은 팬 저변에 유대관계를 형성할 수 있게 만들며 팬 관계 형성의 잠재력

| 그림 1-4 | 브랜드와 판매량과의 관계(좋은 브랜드 명을 붙였을 때는 판매가 늘어난다)

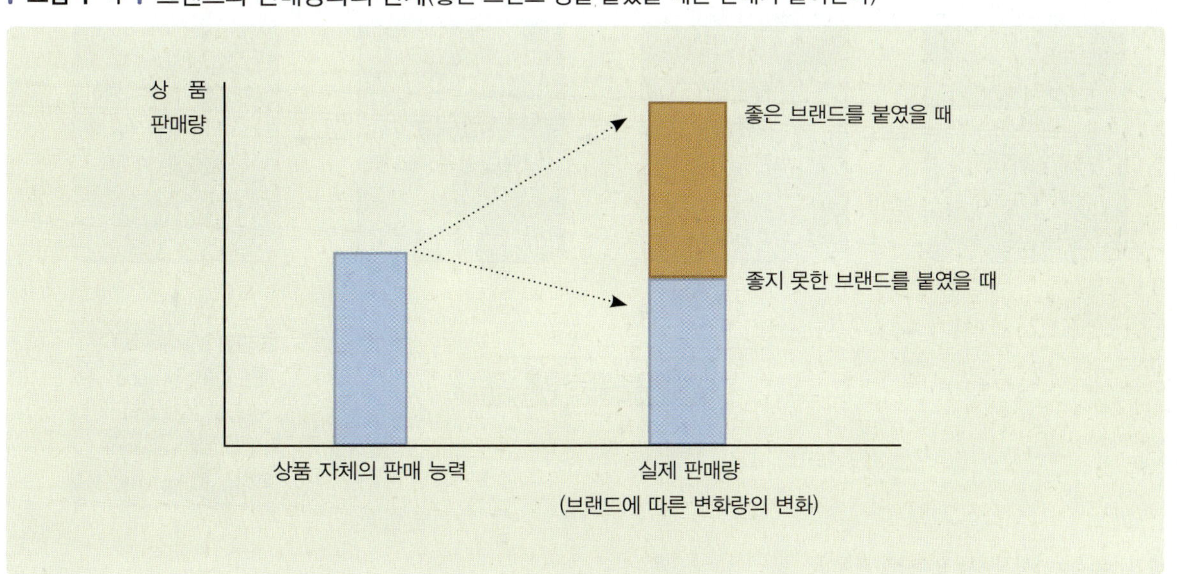

또한 극대화시킨다. 수많은 채널과 경로를 통해서 만나게 되는 프로퍼티는 스포츠 브랜드가 다양한 주변 실체들과 관계를 형성케 하는 장점을 갖게 하며, 스포츠 브랜딩 형성 과정에도 탄력을 부여한다.

반대로 브랜드 개발을 통하여 스포츠 상품을 팬들에게 유통시킬 수 있는 다양한 채널과 경로가 확보되기도 한다. 스포츠 브랜드는 선수와 시설을 개별적인 것으로 인식하기보다는 모든 자산을 조직화하고 미디어나 다른 채널들의 장점을 최대한 활용하여 팬들에게 통합된 형태의 자산을 제공한다.

브랜드의 연속성 유지

스포츠 상품들은 브랜드 형성을 통해 그들이 직면하는 단기적인 많은 과제들을 해결할 수 있다. 예를 들어 스포츠 팀이나 선수는 언제든지 연패의 늪에 빠질 가능성이 있으며 다른 팀에게 스타선수를 빼앗길 수도 있다.

또한 연승하는 시즌과 화려한 성적이 영원하리라는 보장도 없다. 하지만 이러한 상황에 직면하더라도 스포츠 브랜드가 형성되어 있다면 팬들에게 보다 연속적인 관계 유지를 제공할 수 있으며 흔들림 없는 관계를 유지한다. 브랜드 연속성을 갖고 있는 스포츠 브랜드는 팬들과의 유대관계 또한 특별하다. 스포츠 브랜딩이 갖고 있는 프로퍼티를 활용하여 고객과 팬들에게 지속적으로 상품을 연결해 주고 수많은 채널과 경로를 만날 수 있도록 프로퍼티를 개발하여야 한다.

프리미엄의 보장

팬들의 관심과 구입 측면에서 잘 정비된 브랜드가 경쟁 브랜드를 뛰어넘을 수 있는 것이 프리미엄이며, 이는 차별성을 가지고 있다. 이것은 소비자가 사랑하는 스포츠 브랜드가 자체가 고객과 팬으로 하여금 자긍심과 자부심을 갖게 하고, 이에 대한 프라이드(Pride)를 심어주는 것이다.

한번 형성된 프리미엄은 쉽게 내려가지 않기 때문에, 높은 프리미엄을 형성하게 된다면 스포츠 브랜드 자체가 조금 더 고급스러워지거나, 다양한 팬들을 형성하는 데 도움이 된다.

| 그림 1-5 | 스포츠 브랜드 형성 요소

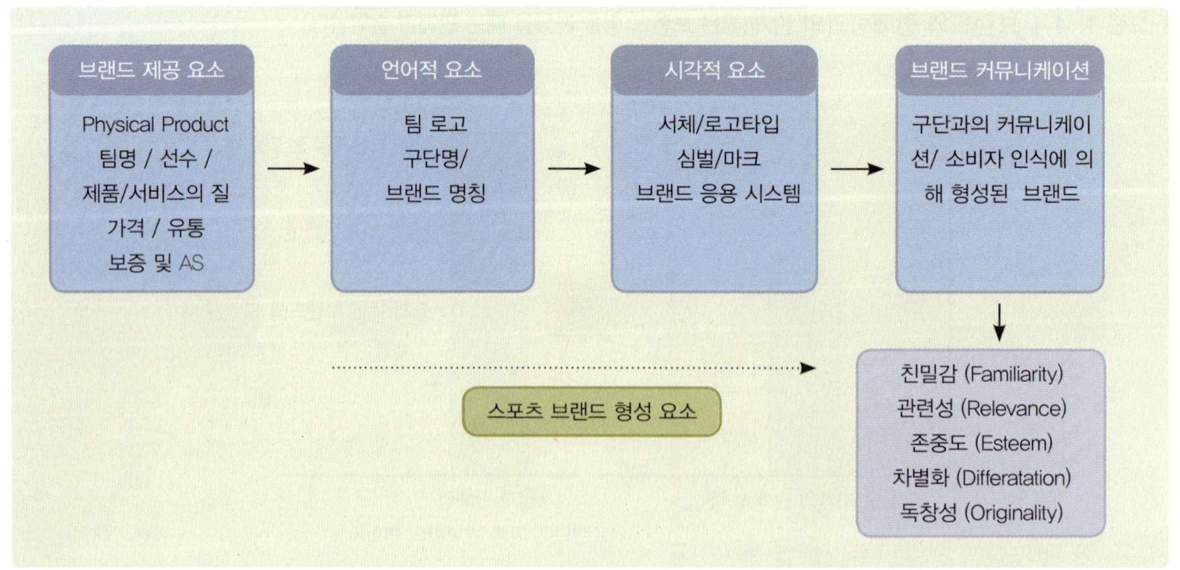

출처: 스포츠 매니지먼트 참조하여 재작성.

마케팅 休知通

Brand (브랜드) Marketing

소비자가 상품을 구매하는 기준은 제품의 품질에서 기업 이미지와 브랜드로 변했다. 브랜드는 자산으로 축적되어 기업의 지속적인 부가가치를 창출하는 것이다. 따라서 브랜드의 가치는 기업의 미래를 좌우할 만큼 중요시되고 있다. 이미지 제고와 브랜드 지위확보로 고객을 만족시켜야 하는 것이다.

• 스포츠 산업에서의 적용사례

(1) Global Brand Ranking of NIKE and ADIDAS

인터브랜드는 브랜드의 가치를 평가하는 기업이다. 브랜드 재무성과 브랜드 역할 그리고 브랜드 강점 등의 세 가지 핵심 요소를 산출해 순위를 정한다. 그 결과로 브랜드의 화폐 가치를 환산하고 예상되는 수익의 현재 가치를 나타내는 것이다. 이 가운데 글로벌 스포츠 용품을 하는 나이키와 아디다스, 2개 기업이 포함되었다. 미국에 본사를 둔 나이키의 2010년 글로벌 브랜드 가치 순위를 $1,375,000,000로 25위에 평가하였다. 2009년 26위에서 1단계 상승한 결과이다. 이는 스포츠 관련 업종 중 최상위이며, 의류를 포함하여도 두 번째이다. 이어 독일에 본사가 위치한 아디다스는 2009년과 같은 62위($549,500,000)를 2010년에도 차지하였다. 65위를 차지한 현대자동차보다 3단계 높은 순위이다.

• 스포츠에서의 시사점

특정한 이벤트나 구단 등에 의해 스포츠에 매료되는 경우가 다수이다. 그 가운데 스포츠 용품업체는 주요 Celebrities를 후원하고 관리하여 브랜드 파워를 신장시킨다. 이에 국내 스포츠 브랜드도 기술력과 생산력도 중요하지만 브랜드 가치를 어떤 방법으로 발전시킬 것인지 전략을 세워야 한다. 또한, 국내의 구단은 해외와 달리 모기업의 관리를 받는 입장으로 브랜드 가치를 형성하기 어려움이 있다고 생각된다. 하지만 맨체스터 유나이티드나 뉴욕 양키즈와 같이 도시를 대표하고 팀의 경기를 보러오는 관광객을 유치할 정도의 브랜드 파워를 갖추기 위해 어떠한 노력을 해왔는지를 국내 구단들은 면밀하게 살펴볼 필요가 있다.

브랜드 프리미엄의 가시화

스포츠 시장에서 알려진 브랜드는 더 많은 관심을 끌어내고 더 높은 가격을 형성할 수 있다. 이는 스포츠 브랜드가 프리미엄을 갖고 있다면, 더욱 더 가능해진다. 즉. 시장에서 잘 알려져 있고 브랜드화된 선수나 팀은 상대팀보다 더 높은 가격을 받을 수 있는 것이다.

대표적이 케이스가 한국에서의 EPL과 MLB라고 할 수 있다. EPL이 국내에서 판매하는 유니폼의 가격은 유럽에서 판매되는 유니폼의 가격과 거의 동일하다고 할 수 있으며, EPL팀의 투어 입장권 역시 만만치 않은 가격임에도 불구하고 많은 관람객들을 동원하고 있다. 하지만 MLB의 경우 MLB 팀의 유니폼이 미국에서 판매되고 있는 가격의 5분의 1 수준을 감안한다면 MLB가 세계적으로 갖고 있는 브랜드의 가시성이나 프리미엄이 한국시장에서는 통하지 않는 것이다.

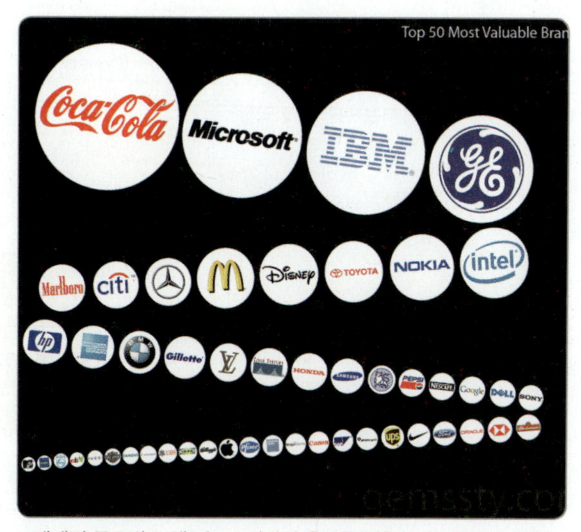

세계의 글로벌 브랜드는 소비자의 욕구를 정확하게 파악하고 있다.

스포츠 브랜드 모자이크 형성

개인은 각자마다 브랜드 모자이크를 형성하고 가지고 있다.

스포츠 브랜드는 여러 가지 요소에 의하여 형성이 되고 이를 통해 만들어진 프리미엄은 유명도, 경쟁수준 그리고 특정 스포츠 브랜드 영역 흥미 정도에 따라 다르게 나타난다. 예를 들어, 미국 시장에서는 축구보다는 미식축구나 농구 같은 스포츠 종목에 더 많은 프리미엄이 있다. 하지만 노르웨이나 네덜란드에서는 크로스컨트리 스키, 스피드스케이팅과 같은 종목이 더 많은 프리미엄을 얻고 있으며, 중국에서는 탁구나 농구, 축구가 더 인기가 높다.

경쟁적이고 중요한 문화적인 트렌드를 이용한 스포츠 브랜드도 프리미엄을 얻을 수 있다. 한국의 국가대표 축구팀의 A-Match(국가간의 대항 경기)는 K-리그의 인기와는 상관없이 인기를 누리고 있으며, TV 중계, 국민적인 성원, 외국에서 뛰고 있는 선수, 후원사의 전폭적인 지원을 통해서 범국민적인 사랑과 성원을 받고 있다. 한국에서 축구는 국민적인 스포츠로서 관심과 참여를 이끌어 낸다.

개인의 브랜드 모자이크

3. 스포츠 브랜드의 전략과 역할

세상에서 가장 슬픈 여자는 버림받은 여자가 아니라 잊혀진 여자라는 말이 있다. 인간에게 "존재감"이 얼마나 중요한지를 일컫는 말이다. 브랜드에 있어서도 "존재감"은 생명과도 같아 소비자의

그림 1-6 브랜드의 역할

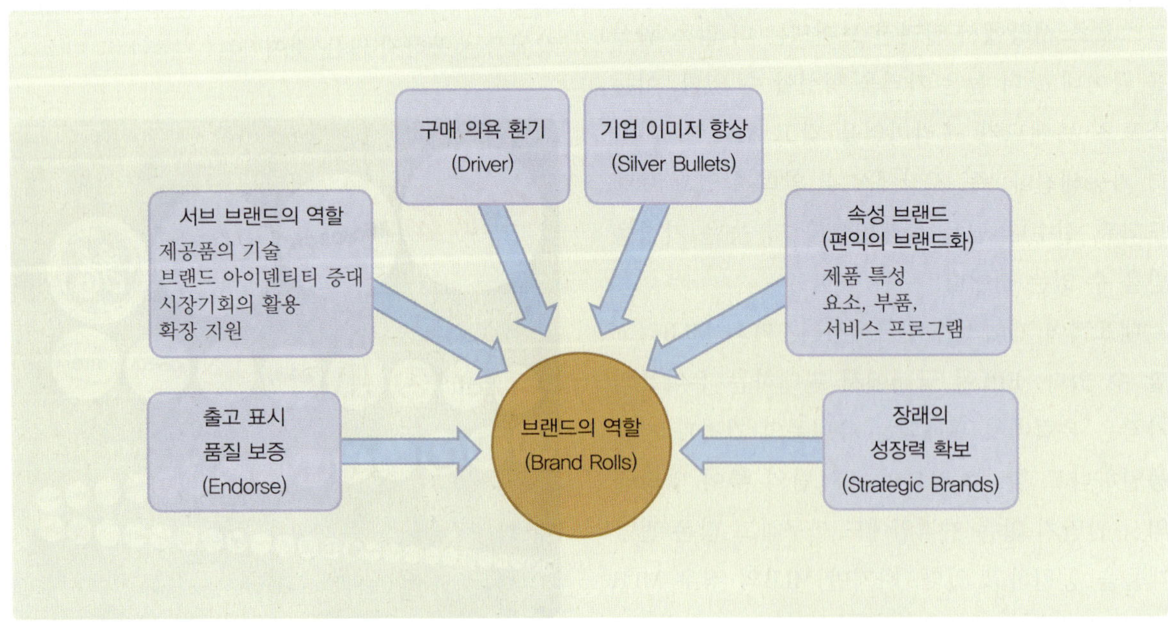

출처: 에이커(1996), "Building Strong rands," p.244.

강력한 브랜드는 차별화된 아이덴티티를 제공한다.

인식에 존재하지 않는 스포츠 브랜드는 세상에 존재하지 않는 것과 같다고 할 수 있다. 소비자에게 브랜드의 존재감을 인식시키기 위해서는 소비자가 인식할 수 있는 단계에 근접해야 한다. 그러려면 소비자의 주의를 끌어야 한다.

한 연구에 의하면 사람들은 아침에 눈을 떠서 잠들 때까지 매일 1,500여 개의 광고에 노출된다고 한다. 하지만 사람들이 지각하는 광고는 76개에 불과하고 그 중에서 약 12개만 기억한다고 한다.

확률적으로 전체노출 대비 지각 비율은 5%, 노출 대비 기업 비율을 0.8%에 불과하다. 그렇다면 0.8%의 확률에서 살아남기 위한 브랜드 커뮤니케이션의 과제는 무엇일까? 단순히 "얼마나 목소리를 크게 높일 것인가?"가 아니라 "어떻게 우리 브랜드가 소비자에게 지각되고 원하는 방향으로 기억 될 수 있느냐?"에 초점을 맞추어야 한다.

초기의 스포츠 비즈니스는 단순하고 기본적인 제품의 판매에만 집중되었지만, 1990년대 이후부터는 브랜드 개발에 중점을 둔 스포츠 브랜드 마케팅이 각 기업에서 성행하기 시작하였다.

기술이나 산업 개발을 중심으로 한 마케팅의 경우 타경쟁사들의 무분별한 복제와 표절로 인해 제품이나 기술 개발은 그 한계가 있었고, 아무리 신제품을 개발하고 발전시켜도 제품의 수명을 유지하기가 쉽지 않고 경쟁사의 복제를 견제하는 일 또한 쉽지 않았다.

따라서 스포츠 제품 및 프로퍼티 소유자들은 그들만의 아이덴티티, 독특한 기술과 디자인 그리고 그들이 추구하는 비즈니스의 무형적 가치를 지키기 위해 또 다른 방안이 모색해야 했는데 그것이 바로 스포츠 브랜드 전략이다.

스포츠에서 브랜드의 수명은 영원하다고 할 수 있다. 스포츠 브랜드의 가치와 이미지가 한번 정립되면 경쟁사는 물론 그 무엇도 브랜드를 빼앗을 수는 없다. 기업은 망해도 팀이나 선수, 제품이 보유하고 있었던 스포츠 브랜드 이미지는 사라지지 않는 이유가 여기에 있다.

즉 브랜드의 역할은 미래의 성장력 확보, 속성 브랜드, 기업 이미지 향상, 구매 의욕 환기, 서브 브랜드 역할, 출고 표시 및 품질보증을 한다.

마케팅 休知通

일관성의 원칙

사람들은 어떤 선택을 하게 되면 그 때부터 그것과 일치된 행동을 보여야 한다는 부담감을 갖게 된다. 그리고 자신의 선택을 정당화하는 방향으로 행동한다.

이러한 일관성의 원칙은 캐나다 심리학자들이 경마장을 찾은 사람들에게 "당신이 우승 배당금을 받을 확률은 얼마라고 생각하느냐"라는 질문을 했다. 그들의 대답은 베팅할 말을 선택하기 전과 후가 확연히 달랐다. 일단 돈을 걸고 나면 자신이 선택한 말이 우승 확률이 그 전보다 훨씬 더 높다고 생각하고 있었던 것이다.

프로야구 팬이 일관성이 있게 응원을 지속하는 것과 비슷하다고 할 수 있다. 패색이 짙은 9회말 투아웃 상황에서도 승리할 수 있다고 믿고 응원하는 행동을 보이는것과 같다.

4. 글로벌 스포츠 브랜드가 갖는 공통점

글로벌 스포츠 브랜드 가치의 창출에 대표적인 브랜드로 NBA 농구팀, MLB의 야구팀, EPL의 축구클럽 등을 들 수 있다.

이렇게 스포츠에서의 대표적인 브랜드들의 공통점을 살펴보면 다음과 같다.

소비자의 욕구 파악

글로벌 스포츠 브랜드는 고객이 원하는 욕구를 정확하게 파악하고 그에 대한 가치를 정확하게 제공함으로써, 고객들에게 경쟁 브랜드들이 따라오기 어려울 정도의 긍정적 경험과 높은 만족을 제공함으로써 충성 고객을 많이 확보하고 있다.

맨체스터 유나이티드의 경우에는 전 세계적으로 1억 5천만명의 팬을 확보하고 있으며, 시즌 티켓을 구매하려고 기다리는 팬만도 100만명에 이른다. 유럽의 클럽 팀인 맨체스터 유나이티드 경우, 브랜드 가치 상승은 다국적 선수와 감독의 영입, 문호의 개방과 팬들과 밀착된 마케팅, 키즈 마케팅을 기반으로 한 브랜드 마케팅 전략이 있었기 때문에 가능한 것이었다. 이는 맨유 팬들이 어떠한 욕구를 갖고 있었으며, 이를 맨유가 적절하게 제공하였기 때문이다.

| 그림 1-7 | 제품믹스 전략으로 본 제품의 개발 범위

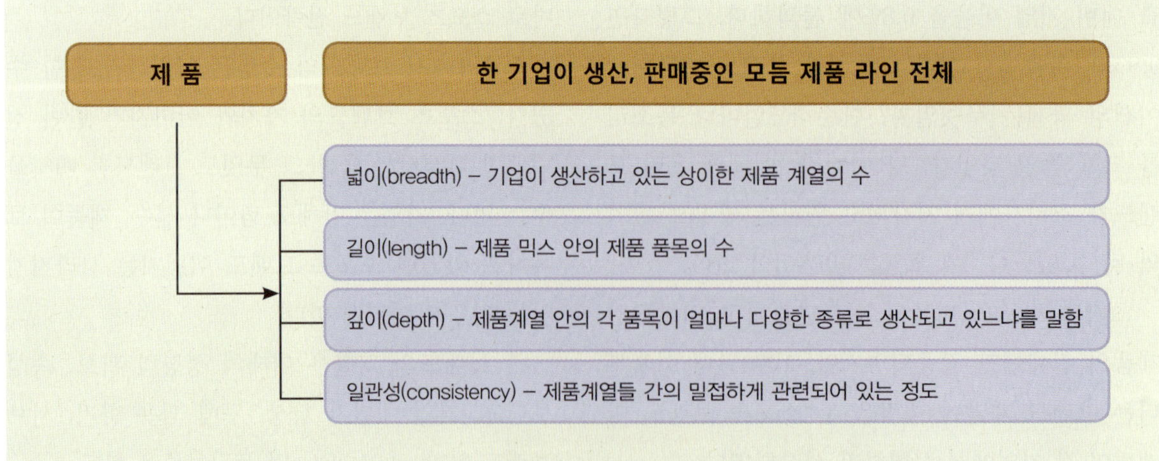

마케팅 休知通

Co-Brand (공동상표) Marketing

기업이 같은 상표명으로 모든 취급 제품에 적용하거나 여러 브랜드를 통합하여 하나의 브랜드로 런칭하는 전략이다. 기업의 향후 활로를 모색하는 차원에서 지역적 기반이 같고 유사한 업태의 업체들 사이에서 도입되고 있다.

• 스포츠 산업에서의 적용사례

(1) TEAM LA in Staple Center

미국 캘리포니아주, 로스엔젤레스의 프로스포츠 구단은 총 4개의 구단이 있다. 남자농구(NBA) 팀은 Lakers, Clippers가 있고 여자농구(WNBA)는 Sparkers가 있다. 아이스하키 Kings 팀은 시즌별로 나눠 Staple Center를 공동으로 사용한다. 경기장에 위치한 머천다이징 스토어는 구단별로 독자적이지 않고 TEAM LA라는 공동의 브랜드로 운영된다. 또한 그 곳에서는 타구장을 사용하는 Dodgers와 Angels 야구단의 용품 또한 판매하고 있다.

• 스포츠에서의 시사점

국내에는 인구밀집도가 높은 지역에 스포츠 구단이 집대성되어 있다. 수도 서울의 경우가 특히 그러하다. 잠실을 연고로 하는 야구는 2팀, 농구 2팀이 있다. 서울 타지역을 살펴보면 목동에 야구 1팀, 상암에 축구 1팀, 장충동에 배구 1팀이 더 있다. 위 구단들에 대한 공동브랜드를 출자하면 서울시민의 스포츠 관심도를 높일 수 있고, 지역성을 고취시킬 수 있다고 생각된다.

또한 소비자들은 자신만의 브랜드 모자이크(Personal brand mosaics)를 가지고 있다. 즉 소비자 개인의 브랜드 모자이크는 개별적으로 선호되어지는 브렌드들로 이루어져 있으며, 각각의 차별화 하지 않은, 단지 가격 때문에 선택되는 브랜드들은 맨 바닥에 존재하게 된다.

이를 그림으로 표현하여 보면 다음과 같다.

강팀의 이미지

스포츠 브랜드에서의 가장 중요한 것은 승리자의 이미지라고 할 수 있다. 이것은 팬들과 소비자들이 관람하는 경기의 승패 문제가 아니라, 어떠한 경기 내용을 보여주느냐의 문제인 것이다.

실제로 짜릿하고 흥미진진한 경기를 통해서 승리하는 팀이 있는 반면, 아쉽게 경기에 패하지만 끝까지 포기하지 않고 끈질긴 팀 색깔을 보여주는 팀도 있다.

이러한 상황에서 스포츠 브랜딩 담당자는 각 브랜드의 현 상태를 평가하고 재포지셔닝 전략과 팬과의 관계 형성에 효율적인 방안 모색을 통해 훌륭한 선수와 감독 영입에 힘쓸 것이다.

결국 중요한 것은 우승 전적과는 별도로 팀 브랜드 각각의 고유한 속성이나 특징을 가지고 브랜드화 하는 것이다.

EPL의 리버풀은 EPL에서 우승한적이 오래되었지만 항상 좋은 팀으로 평가받고 있고, EPL의 빅4로 인정받고 있다.

컨셉 및 차별화

강력한 브랜딩 파워를 갖고 있는 스포츠 브랜드는 명확한 브랜드 컨셉과 이를 반영한 강력하고 차별화된 브랜드 아이덴티티의 개발을 통해 브랜드 자산 구축을 위한 다양한 마케팅 활동을 한다.

일관성

선택된 브랜드 컨셉트에 충실한 제품과 서비스를 개발하고 다양한 마케팅 커뮤니케이션 전략을 통해 브랜드 컨셉을 기업이 원하는 대로 일관성 있게 전달하려고 노력한다.

예를 들어 나이키는 최고의 스포츠 제품이라는 브랜드 컨셉트를 토대로 뛰어난 기능을 발휘하는 스포츠 용품을 개발한다. 마이클 조던, 르브론 제임스, 코비 브라이언트, 타이거 우즈, 마리아 샤라포바 등 최고의 선수를 활용하여 광고한다. 레볼루션(revolution), Just Do it, I can do it 등의 슬로건을 내세운 광고 캠페인, 스우시(swoosh) 로고를 기반으로 하는 등 나이키 브랜드 컨셉트를 일관성 있게 전달하고 있다.

새로운 상품의 개발

글로벌 스포츠 브랜드는 늘 강력하고 새로운 신상품 개발을 통하여 고객을 만족시키고 있다. 스포츠에서의 상품 개발이란 라이센싱, 머천다이징처럼 매장에서 판매되는 상품 외에 계절별 이벤트와 새로운 선수의 영입을 통해서 고객과의 새로운 방식의 커뮤니케이션을 한다.

어떻게 보면 더 이상 제품 공급자의 제품 정보에 의존하지 않고 소비자의 반응을 즉시 파악하여 상품 개발에 적용시키는 것이다.

다양한 브랜드의 개발

강력한 스포츠 브랜딩을 보유하고 있는 브랜드는 다양한 하위 브랜드를 보유하고 있다.

브랜드가 여러 개일 경우 일관된 브랜드 이미지를 유지하지 못해 그동안 구축해온 브랜드 파워 및 브랜드 자산을 약화시키기가 쉽지만 강력한 브랜드 파워를 갖고 있는 브랜드는 새로운 자산을 지속적으로 창출함으로써 고객과 팬들의 충성도를 유지한다.

이는 나이키가 나이키 브랜드에서 만족하는 것이 아니라, 새로운 브랜드를 지속적으로 개발하는 것과 같다. 예를 들면 Air Max의 시리즈 개발이라거나, 새로운 런닝화를 지속적으로 출시하는 것이

| 그림 1-8 | 제품 개발을 통한 확장 및 믹스 전략

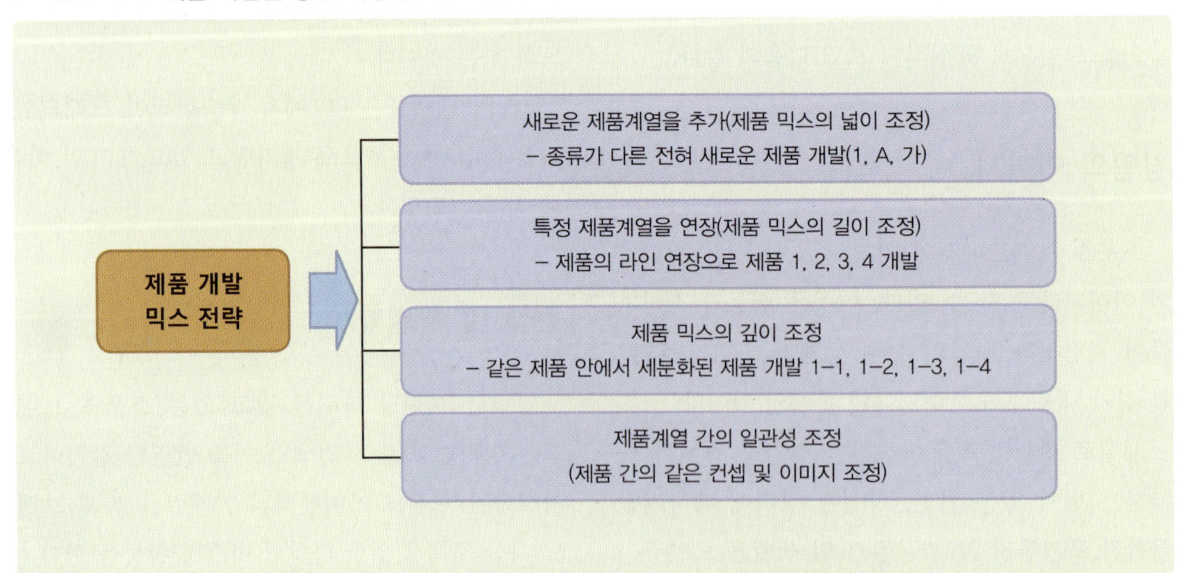

출처: 데이비드 아커, 〈브랜드 포트폴리오〉 가운데.

마케팅 休知通

개별 고객들의 생애 가치(LTV-life time value)

개별 고객들의 생애 가치인 LTV는 러스트(Rust)와 레먼(Lemon)이 쓴 「고객자산」이라는 책에서 기업의 장기적인 가치는 기업과 고객의 관계에 의에 결정된다고 보면서 고객 자산은 현재 가치로 할인하여 이를 모든 고객들에 대해 합한 값으로 정의하였다.

예를 들어 경기장에 찾아오는 A와 B라는 두 명의 팬이 있다고 가정해 보자. A 팬은 1년에 경기장을 5번이상 찾아오고 10만원의 매출을 구단에게 제공하고 앞으로 10년 동안 구단의 열성적인 팬으로 남을 것으로 예측된다. B 팬은 올해 20만원의 매출을 올려 주었지만 앞으로 다른 팀의 팬으로 갈 것이라고 예측이 된다. 이 경우 A 팬의 할인된 생애 가치가 150만원이고 B 팬의 할인된 가치가 20만원으로 추정된다면 그 기업의 총 자산은 130만원이 고객 자산이 되는 것이다.

며, 팀으로 살펴본다면 매년 새로운 선수를 영입함으로써 고객층을 다양하게 만드는 것이다.

5. 스포츠 브랜드 마케팅의 초점은 고객 자산을 높이는 것

최근들어 기업들은 고객의 생애 가치를 키우는 데 브랜드 마케팅의 초점을 맞추어야 한다는 마케팅 사고에 기반해 전략을 수립하고 있다. 스포츠는 다른 상품에 비하여 높은 고객 충성도와 고객 유지율의 구축, 기존 고객에게 관련 상품들을 교차 판매하려는 노력, 고객 욕구를 더 많이 충족시키기 위해 마케팅을 확대하는 것등은 전반적인 고객 자산을 축적하기 위해 구단이나 기업들이 흔히 사용하는 방법이다.

신규 고객이나 팬을 획득하는 데 드는 비용이 기존 고객을 유지하는 비용에 비해 훨씬 높고 구매자의 규모가 한정되어 있는 성숙 단계의 제품 시장에서 기존 고객의 유지·강화를 통해 수익성을 증대시키는 것은 연맹이나 구단 기업의 생존, 성장의 핵심 성공 요인으로 인식되고 있다. 따라서 스포츠 브랜드의 관리도 고객지향적 관점에서 이루어져야 한다. 즉 단순히 특정 브랜드의 자산 가치를 높이는 스포츠 브랜드 경영보다는 고객의 자산 가치를 높이는 데 기여할 수 있도록 브랜드 관리가 이루어져야 한다.

표 1-2 스포츠 브랜드 자산 지향적 구단과 고객 자산 지향적 구단의 차이

마케팅 활동	스포츠 브랜드 자산 지향적	스포츠 고객 자산 지향적
마케팅 목표	더 많은 신규 고객 및 팬 유치	가존 스포츠 팬을 유지. 강화시키는 것
제품/ 서비스 질	강력한 고객 선호도 구축	강력한 고객 유지율 구축
광 고	브랜드 이미지와 포지션 구축	고객 충성도 구축
판매 촉진	브랜드 자산의 감소를 유발	재구매 유도로 고객 생애 가치 향상
시장 세분화	고객 특성과 편익에 기반한 세분화	고객 DB에 기반한 행동 세분화
유 통	다단계 유통 경로 시스템	직접 유통
고객 서비스	브랜드 이미지의 향상	고객 충성도 구축
경기장	신규 고객을 위한 이벤트 개발	기존 고객을 위한 티켓 우선 구매 및 서비스 개발 유지

출처: 안광호 외, 〈전략적 브랜드 관리〉.

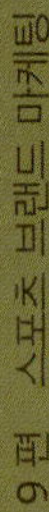

강력한 브랜드는 다양한 확장성을 갖고 있다. (아디다스는 스포츠뿐 아니라 패션까지 그 영역을 확장하고 있다)

고객 자산의 세 가지 요소

러스트(Rust), 자이삼(Zeithaml), 레먼(Lemon)은 고객 자산을 브랜드 자산(brand equity), 가치 자산(value equity), 관계 자산(relationship equity)으로부터 형성된다고 하였다. 즉 스포츠 단체나 기업의 브랜드가 잘 구축되어 있고, 구단이나 연맹이 판매하는 제품·서비스에 대한 지각된 고객 가치가 높으면 기업과 고객의 관계가 잘 형성되고 고객은 그 기업과 지속적으로 거래할 확률이 높다.

스포츠 브랜드 자산은 스포츠 브랜드에 대한 고객들의 주관적인 평가이다. 이 평가는 구단이나 기업의 마케팅 활동에 의해 영향을 받으며, 팬들의 경험과 이를 통해 고객의 마음 속에 형성된 브랜드 관련 연상들에 근거하여 이루어진다.

스포츠 가치 자산은 스포츠 브랜드의 효용에 대한 고객의 객관적 평가이다. 고객이나 팬들은 제품이나 팀을 선택할 때 제품의 품질, 가격, 편리성 등의 조합으로 형성된 제품 가치를 평가하게 된다. 이러한 가치 지각은 객관적이고 이상적인 평가에 근거하여 이루어진다.

스포츠 관계 자산은 브랜드에 대한 고객의 객관적·주관적 평가에 상관없이 고객이 브랜드와의 거래를 유지하는 경향을 말한다.

고객 자산은 고객이 연맹이나 구단 기업과 거래를 선택하는 것에서 시작되는데, 어떤 거래는 재구매일 수도 있고, 어떤 구매는 다른 기업이나 팀에서 전환하는 것이거나 신규일 수도 있다. 재구매 고객을 대상으로 한 고객 유지 마케팅 프로그램과 상표전환 고객과 신규 고객을 대상으로 한 관계 형성 마케팅 프로그램은 고객의 재구매 확률을 높일 수 있다.

이와 같이 고객과의 관계 형성과 유지를 위한 기업의 마케팅 활동들에 의해 기업과 고객 간에 형성된 강력하고 호의적인 관계를 관계 자산이라고 부른다.

관계 자산은 로열티 프로그램, 커뮤니티 프로그램 구축 프로그램 등과 같은 다양한 관계 형성 및 유지 마케팅 프로그램에 의해 구축되어진다.

고객 자산 형성의 상대적 중요도

연맹이나 구단 기업이 고객 자산을 구축할 때 고객 자산 구성 요소들 가운데 어느 것이 더 중요한지는 상황에 따라 달라진다. 팬이나 고객들이 팀과 선수 제품에 대해 인지하는 주관적 가치인 가치 자산은 브랜드를 선택할 때 중요한 기준이 된다. 따라서 소비자들은 가치 자산이 높은 제품을 재구매할 가능성이 커지고 구매량과 구매 빈도를 늘릴 가능성도 높아진다. 가치 자산은 상품 간의 차이가 뚜렷한 경우 혹은 구단의 선수 구성이나 자신의 출신 지역 등과 같을 때는 상대적으로 큰 영향을 준다.

소비자들은 다른 조건이 동일하다면 자신의 거주지를 중심으로 브랜드 자산이 높은 구단이나 기업을 선택하는 경향이 있다. 스포츠 브랜드 자산은 상품 간의 가치가 크지 않은 저관여 구매 상황에서 큰 영향을 미친다.

〈표 1-3〉은 상황에 따른 고객 자산 구성 요소의 상대적 중요도를 정리한 것이다. 따라서 기업은 각 상황에 맞는 고객 자산 형성 프로그램을 실행할 필요가 있다.

6. 스포츠 가치 브랜드 형성

스포츠에 대한 애착은 스포츠 제품을 사용하는 사람으로부터 특정 선수를 응원하거나 팀을 응원하는 사람들이 많은데 이들은 항상 지속적으로 응원한다. 애착의 대상은 기능의 브랜드로부터 자신이 좋아하는 제품 그리고 사회적으로 어떠한 평판을 받는 제품인지, 내가 착용하는 제품이 의미적 가치로서 나와 어떠한 관계가 있고 자기를 표현할 수 있는지의 단계를 거치면서 발전한다.

오래된 소비자, 고급 소비자일수록 의미적 가치로서 브랜드를 구입하고 몸에 지닌다. 스포츠 팀

표 1-3 | 상황에 따른 고객 자산 구성 요소와 상대적 중요도

구분	내용
가치 자산이 고객 자산 형성에 큰 역할을 하는 경우	• 경쟁 팀이나 리그 그리고 제품 간에 성능의 차이가 확실히 있을 때 • 자신이 졸업한 학교이거나 자신과 관련된 선수이거나 같은 지역 출신의 선수와 같이 구매 과정이 주관성이 높게 이루어질 때 • 혁신적인 제품이나 서비스 • 성숙기의 제품이 재 활성화를 시도할 때 • 후발 브랜드가 차별화 전략을 구사할 때
브랜드 자산이 고객 자산 형성에 큰 역할을 하는 경우	• 제품과 관련된 경험이 이전될 수 있는 경우(아버지가 아들을 경기장에 데리고 갈 때) • 신용과 관련된 제품 및 서비스(에이전트, 투자 자문 등) • 선발 브랜드가 차별화 전략을 구사할 때
관계 자산이 고객 자산 형성에 큰 역할을 하는 경우	• 로열티 프로그램 혜택의 가치가 단순한 금전적 가치 이상일 때 • 제품 서비스와 관련된 커뮤니티가 제품·서비스 지체만큼 중요할 때 • 구단이나 기업이 고객과 학습하는 관계가 형성될 때 • 고객이 서비스 해지를 해야 하는 경우

출처: 안병철, 〈쉽고 강한 브랜드 전략〉.

| 그림 1-9 | 브랜드 발달로서의 진화

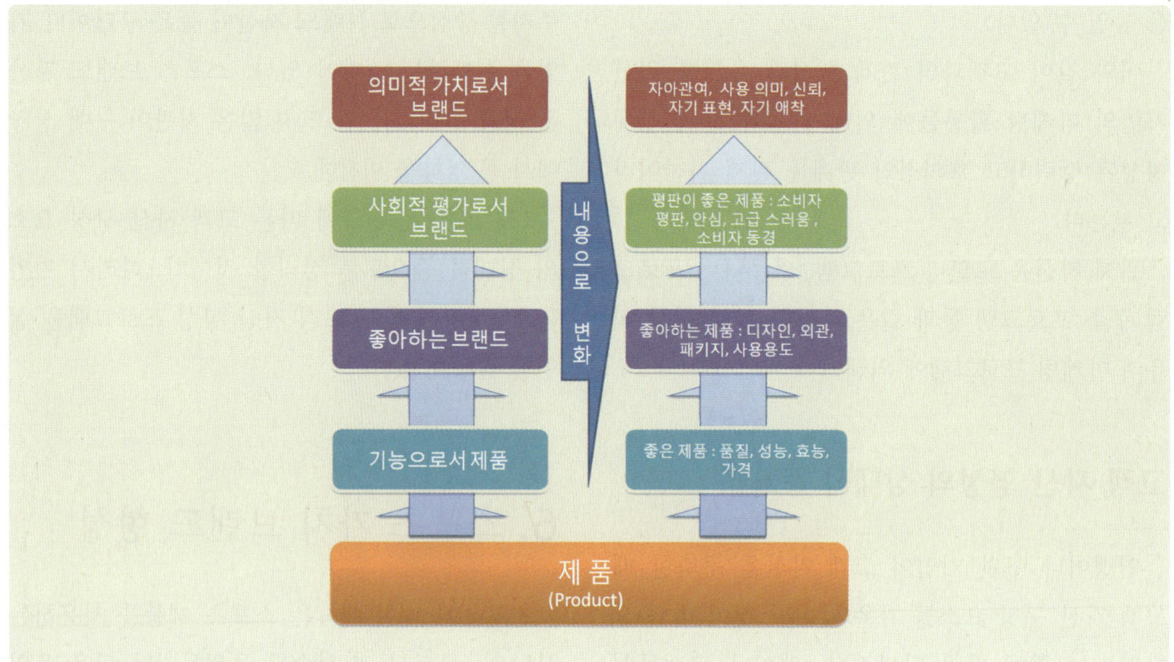

출처: 토리이(1996) 자료를 토대로 재작성.

도 이와 마찬가지로 자신이 좋아하는 팀과 선수는 죽어서 무덤까지도 가져 가려고 한다.

영국 사람들의 소원 가운데 하나가 자신이 죽거든 자기 관에 자기가 좋아하는 선수의 유니폼이나 구단 관련 용품을 넣어서 매장을 시켜달라고 한단다. 이처럼 자신이 사랑하는 것은 단지 좋아하는 것을 넘어서 열렬한 애착과 자아의 관여가 일어나며 그림으로 설명하여 보면 〈그림 1-9〉와 같다.

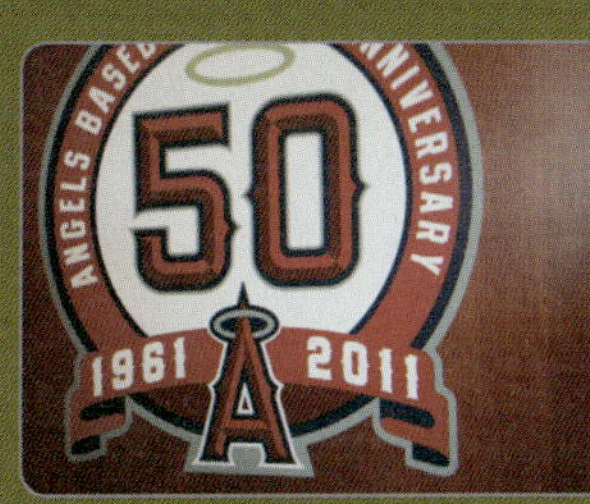

제 2 장 스포츠 브랜드의 개발

제 2 장

스포츠 브랜드의 개발

이러한 브랜드 개발의 주체는 프로모터, 경영자, 감독에 이르기까지 모든 스포츠 의사결정자들이 될 수 있으며, 그들의 목표는 시장에서 자신의 스포츠 상품을 차별화시킬 수 있는 브랜드 속성과 특성을 개발하는 것이다.

이러한 브랜드를 개발하기 위해서 의사결정권자들은 스포츠 브랜드가 갖고 있거나 만들려고 하는 브랜드의 현 위치를 냉정하게 판단하고 분석해야 한다. 또한 그들은 상품의 자산, 제한점, 경계점들을 이해해야 하며, 소비자의 기대에 부응하고 목표 설정과 제반 상황에 대하여 현실적으로 대응하여야 한다.

브랜드를 개발하는 데 있어서 필요한 단계는 다섯 가지로 구성할 수 있다.

새로운 스포츠들이 계속해서 시장에 진입함에 따라 모든 스포츠 상품은 끊임없이 시장에서의 자기 위치를 다시 평가하고 변화하는 팬들의 기대에 적응해야 한다. 즉 변화를 통해 더욱더 강한 스포츠 브랜드가 된다는 것은 경쟁 상품과 차별화 될 수 있다는 점에서 여러 가지 외적인 변수인 리그의 변화, 선수의 이적, 선수의 부상, 리그 성적과 큰 연관성이 있다. 그러기에 변치않는 스포츠 브랜드를 개발하는 것은 중요하다.

1. 브랜드 컨셉 개발

브랜드 컨셉은 소비자의 마음 속에서 만들어진다. 그러므로 브랜드 컨셉 개발 전략은 소비자의 마음을 이해하는 것, 스포츠를 이해하는 것으로부터 시작해야 한다.

궁극적으로 브랜드 컨셉 개발은 세분화된 목표시장에 잠재적으로 어필할 수 있는 가능성을 지닌 컨셉을 개발하고 선택하는 과정이라고 할 수 있다.

스포츠 브랜드의 필요성 평가

스포츠 상품을 브랜드화할 때 스포츠 브랜드 정의 또는 재정의 필요성 평가가 기본적으로 필요하다. 무엇이 부족하고 무엇이 충분한지, 그리고 어떠한 브랜드로 형성시켜 나갈 것인지를 결정해야 한다.

이러한 필요성의 평가에서 일반적으로 가장 먼저 수행해야 하는 것은 SWOT 분석을 통하여 현재 상황을 정의하는 것이다. 두 번째로 수행해야 하는 것은 경쟁 상황을 조사하는 것이다. 경쟁 상황을 분석하고 조사하여 브랜드 개발에 대한 필요성을 평가해야 한다. 세 번째 단계는 문화적인 트렌드를 분석하는 것이다. 소비자들과 고객들이 어떻게 정보를 입수하고 사용하는지, 여가시간은 어떻게 보내는지에 대해 탐구하고 분석하여야 한다. 세

단계가 스포츠 브랜드 개발의 시작점이라고 할 수 있다.

결국 스포츠 브랜드는 존재 가치의 필요성, 경쟁 상황의 분석, 문화적인 트렌드 분석을 통해서 필요성을 평가하고 최종적으로 이러한 결과를 바탕으로 스포츠 조직의 비전을 명확하게 결정하는 것이다.

스포츠 브랜드의 자산 검토

스포츠 브랜드는 각각의 특성을 갖고 있고, 이런 좋은 특성을 갖고 있는지에 대한 여부를 검토해야 한다. 브랜드 형성의 모멘트, 브랜드 가치, 브랜드 시너지의 세 가지 측면이 고려되어야 한다.

(1) 스포츠 브랜드 형성의 모멘트

스포츠 브랜드 형성의 모멘트란 브랜드에 대한 어떤 순간적으로 좋은 인상과 이미지를 심어주는 순간이나 기회를 의미한다. 이러한 순간과 기회는 경기 도중이나 미디어 노출 혹은 스포츠 관련 제반 활동 과정에서 우연히 발생하며, 아이디어 회의나 조사 과정과 같은 체계적인 접근을 통해 생성되기도 한다.

상하이 로렉스 마스터즈 테니스 대회에 스폰서로 참여한 HEAD 브랜드

(2) 스포츠 브랜드 가치

스포츠 브랜드의 가치는 "스포츠 브랜드의 의미와 문화를 지탱하는 원칙들"이라고 정의할 수 있다. 브랜드 가치란 승리나 패배와 같이 경기의 결과에 항상 영향을 받지 않으며, 팬들의 충성을 얻고 유지하는 데 매우 중요한 역할을 한다(코틀러, 2009).

일반적인 브랜드의 가치는 힘, 의식, 전통, 존경, 고결함, 명예, 충성심, 보호, 인내를 의미한다.

브랜드 가치는 브랜드 개발의 핵심과제 중 하나라고 할 수 있다. 브랜드의 가치는 필연적인 환경 및 문제점, 문화적인 변화, 해결 과제 등 모든 것을 내포하고 있다. 이러한 브랜드 가치를 찾아 내

그림 2-1 브랜드의 진화 과정

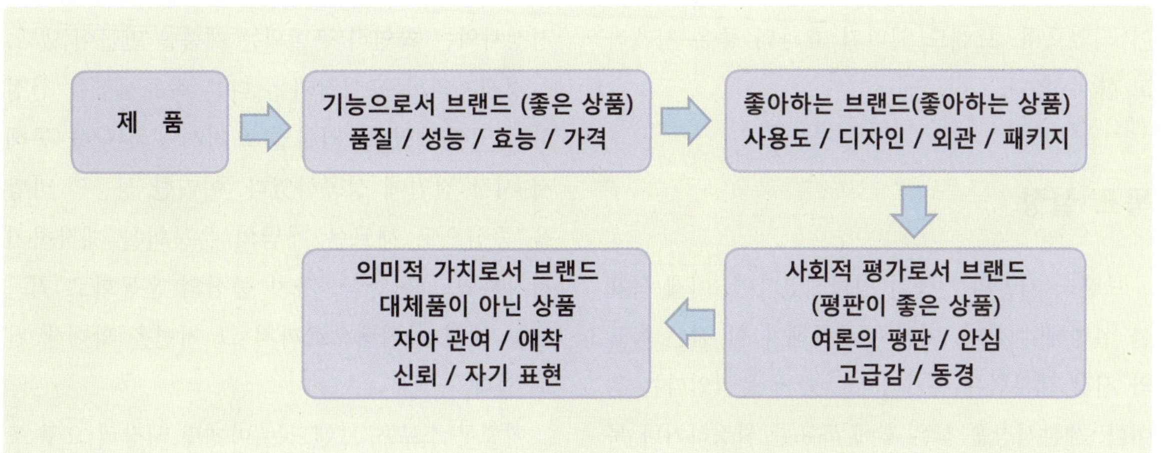

출처: 필립 코틀러, 〈브랜드 마케팅〉 중에서.

나이키와 애플이 만든 나이키 아이팟

는 것이 스포츠 브랜드가 강력하게 포지셔닝되도록 자리잡을 수 있게 한다.

(3) 브랜드 시너지

브랜드 시너지 효과는 스포츠 브랜드들이 서로 잘 어울리고 상호 보완될 때 발생한다.

하나의 브랜딩이 모든 구성 요소들이 하나가 되어 협력하는 것이 가장 이상적이지만, 현실적으로 스포츠 의사결정들은 대개 자신의 스포츠 상품에 대해서만 통제력을 갖고 있다.

브랜드 시너지 효과의 좋은 사례는 나이키+아이팟이라고 할 수 있다. 나이키는 자사 제품의 경쟁상대가 아디다스, 리복이 아니라 닌텐도와 애플과 같은 IT업체라고 판단해서 아이팟과 새로운 제품을 출시하였다. 이는 곧 러닝을 위한 필수 상품이 되었으며, 브랜드 시너지 효과의 좋은 사례라고 할 수 있다.

목표 설정

브랜드 개발의 컨셉이 명확해졌다면, 이제 목표를 설정해야 한다. 여기서 주목해야 할 점은 목표와 시장 세분화는 유기적으로 함께 움직인다는 점이다. 세분시장을 찾은 후에 목표를 설정하거나 목표를 설정한 이후에 세분시장을 찾을 수도 있다.

스포츠 브랜드의 목표를 설정하려면 세분화된 시장의 성격, 마케팅 요구 조건, 수익성, 가용자원이라는 네 가지가 고려되어야 한다(코틀러, 2009).

(1) 세분시장의 성격

세분시장의 성격이란 시장의 다양한 특성을 구분해야 하는 것이다. 시장이란 서로 다른 성격이 너무나도 많이 공존하고 있는 곳이며, 스포츠 상품이 목표로 삼을 만한 더 나은 세분시장도 존재할 것이기 때문에, 목표를 설정하기 위해서는 세분시장의 성격이 어떠한지를 파악해야 한다.

시장의 크기, 특징, 인구 통계학적 특성, 팬 또는 고객과의 연결고리 등으로 결정되어지는 세분시장은 브랜드 개발과정에서 목표 설정을 할 수 있도록 명확하게 배열하여 연결해야 한다.

(2) 마케팅 요구 조건

스포츠 브랜드 마케팅은 환경에 따라서 쉬워질 수도 있고, 어려워질 수도 있다. 만약 어떤 시장이 매력적이긴 하지만 경쟁자가 너무나도 많다면, 스포츠 브랜드 마케팅 활동은 시장의 조건에 따라서 달라져야 할 것이다. 예를 들어 '뉴 발란스'라고 하는 운동화 회사는 이미 나이키와 리복이 선점하고 있던 운동화 시장에 진입하기 위해서 경쟁사와는 확연히 구별되는 제품을 만들어 냈다.

경쟁자의 목표시장과는 다른 목표시장을 선정하여 공략하였고, 역차별 포지셔닝 전략을 통해서 시장 진입에 성공하였다. 이러한 성공의 바탕을 중심으로 새로운 개념의 운동화를 제작하기 시작하였고 편안함, 가치 중심의 운동화로 최근에는 패션 아이템으로까지 그 저변을 확대해 가고 있다.

이렇듯 스포츠 브랜드는 마케팅 시장의 요구 조건을 정확하게 판단하고 결정해야만 한다.

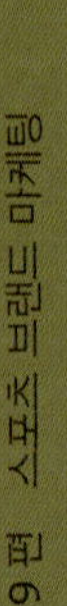

(3) 수익성

각각의 다른 요구 조건들을 갖고 있는 세분시장에서 어떠한 요구 조건을 수용할 것인가에 대한 결정을 하는 것이 수익성이라고 할 수 있다. 세분시장에 접근하기 위해서 광고, 홍보 캠페인, 풀뿌리 마케팅, 그리고 특별 이벤트 등의 프로모션 활동이 이러한 세분시장 접근을 위해서 필요하다. 이는 곧 수익 대비 효율이라고 하는 측면 즉 R.O.I(Return of Investment)의 측면을 고려해야 하는 것이다.

(4) 가용자원

수익성이 높고 잠재력이 높다 하여도 가용자원, 이러한 모든 활동을 진행할 수 있는 자금과 인력이 있는지를 고려해야 한다. 이러한 고려 사항은 지역사회, 스폰서, 미디어 유통, 스포츠 브랜드에 참여하고 있는 선수들까지 모두 고려되어야 한다.

변화의 폭 결정 및 계획

스포츠 브랜드가 기존 시장에 진출하려면 어느 정도의 변화가 적당한지를 결정해야 한다. 이러한 변화의 폭, 즉 재포지셔닝을 통해서 시장의 진출의 성패와 브랜드 이미지의 형태가 결정된다.

베이징올림픽의 캐릭터 개발자가 캐릭터에 대하여 설명하는 모습

브랜드 형성과 개발

브랜드 비전을 정하고, 자산을 평가하였으며, 목표 세분시장과 변화의 폭까지도 결정했다면, 이제는 최종적으로 브랜드를 개발하는 것이 남았다. 브랜드는 결정된 세분시장, 브랜드 속성, 이미지 그리고 상품을 모아 보호하는 우산과 같은 기능을 한다.

브랜드 형성의 개발 단계는 유형의 결정, 유형의 캐릭터 개발, 유사점과 차이점 확인, 브랜드를 이끄는 스타파워의 생성으로 구성된다.

그림 2-2 구체적인 목표 설정과 브랜드 자원과 연계시켜서 개발하는 것이 중요

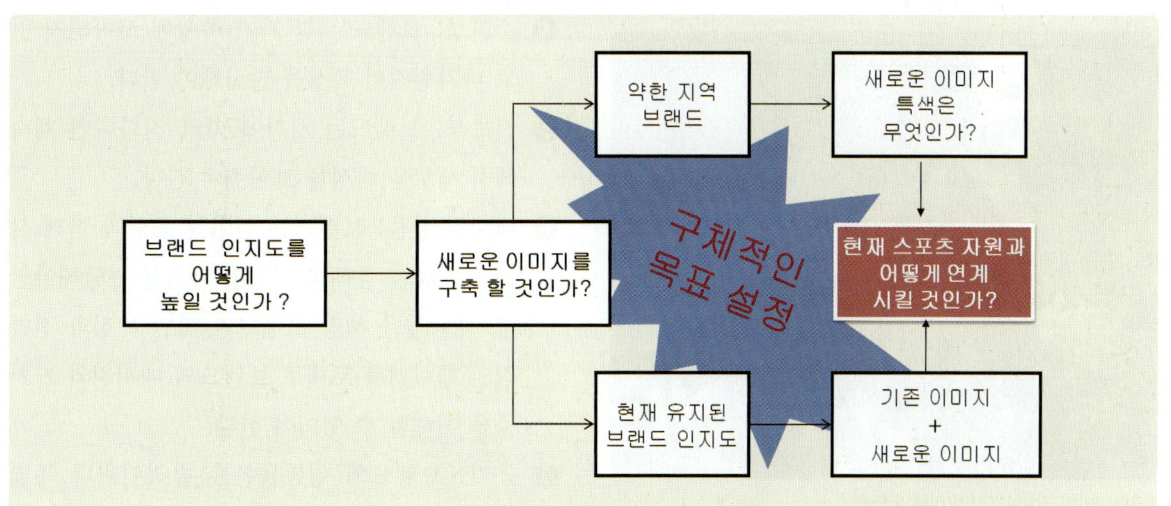

마케팅 休知通

필립 코틀러 실험

"마케팅의 대가인 필립 코틀러(Philip Kotler)는 좋은 브랜드의 중요성을 다음과 같은 실험을 통해서 확인하였다. 아름다운 두 여성의 사진을 보여주고 어느쪽이 아름다운지 처음으로 물었을때는 50:50의 응답 결과가 나왔다. 그러고 실험을 하고 나서 실험 조정자는 한 여성의 사진에는 제니퍼란 이름을 다른 한 여성의 사진에는 거트루트라는 이름을 붙이고 다시 물었을 때 조사 대상자의 80%가 제니퍼란 이름이 붙은 여성의 사진이 아름답다고 대답을 하였다.

이처럼 브랜드란 것오 어떠한 이름을 붙이느냐에 따라 스포츠 소비자들이 받아 들이는 것이 다르고. 마리아 샤라포바처럼 얼굴이 빼어나게 아름다운 선수가 하는 제품의 광고가 일반 선수의 광고보다도 사람들에게 더욱 좋은 이미지로 다가 갈수가 있다.

따라서 스포츠 마케터는 브랜드 네이밍에 대하여 심사숙고하게 결정 하여야 한다.

(1) 스포츠 브랜드의 유형

스포츠 브랜드 유형이란 스포츠 상품의 정체성, 느낌, 모양과 같은 첫 번째 인상을 심어주는 조직적인 개념이다. 팬들이 인식하고, 이들과 연결할 수 있는 근본적인 연결 고리라고 할 수 있다.

스포츠 브랜드 유형은 세분시장에 어필할 수 있는 넓은 카테고리에서 가능한 작은 카테고리로 영역을 좁혀 나가는 것이며, 이를 통해서 가장 특징적인 부분을 찾아내는 것이라고 할 수 있다.

(2) 유형의 캐릭터 개발

스포츠 브랜드의 유형을 결정하였다면, 이러한 유형의 브랜드 캐릭터를 개발하여야 한다. 브랜드의 유형은 기본적인 형태를 갖추었다고 할 수 있지만, 캐릭터 개발을 통해서 근본적인 형태를 갖추어간다고 할 수 있다.

리닝 브랜드의 설립자인 리닝의 모습

리처드 다이어리는 그의 저서 「스타들」(*Stars*)을 통해서 캐릭터 개발을 위한 9가지 체크리스트를 제안하였다.

1. 독특함: 브랜드는 뭔가 다른 특성이 있어야 한다.
2. 흥미 및 관심: 브랜드의 핵심적인 특성은 주의를 끌 수 있어야 한다
3. 자율성: 브랜드는 계획되었거나 대본처럼 느껴져서는 안된다. 브랜드는 사람들 앞에 "삶의 환상"을 보여줘야 한다.
4. 순환성: 브랜드는 한 가지 특성에 고착되지 않고 다차원적인 특성을 발산해야 한다.
5. 진보성: 브랜드는 시간에 따라 진화하면 계속해서 새로운 특성을 보여줘야 한다.
6. 내재적 상품: 브랜드는 언어적 표현과 함께 사회적 행동을 통해 메시지와 가치를 전달해야한다. 대중들은 해당 브랜드가 지닌 특징과 전반적인 캐릭터를 토대로 브랜드의 메시지와 가치들을 이해할 수 있어야 한다.
7. 동기: 브랜드의 행동들은 우발적이거나 특별

한 동기가 없는 평범한 것으로 보여서는 안된다. 브랜드 활동은 합리적인 동기와 이유가 있어야 한다.

8. 독립된 정체성: 브랜드는 주요 역할과 분리된 정체성을 개발해야 한다.
9. 일관성: 브랜드는 다차원적인 특징을 발산하고 불가피하게 변화를 감행하더라도 예측할 수 있는 브랜드 활동을 전개해야 한다.

(3) 유사점과 차이점 확인

브랜드는 시장에 있는 다른 모든 브랜드가 갖고 있는 캐릭터와 사람들의 제품 선택에 영향을 미칠 수 있도록 강조될 수 있는 캐릭터를 모두 지녀야 한다.

이러한 유사점과 차이점 사이에서 경쟁 브랜드와의 차별성을 두고 접근해야 하는 것이다. 결과적으로 이러한 유사점과 차이점이 존재하지 않는다면 스포츠 브랜드는 시장에 진출할 수도 없고 차별화될 수도 없다.

(4) 스타파워 만들기

스포츠 브랜드를 개발할 때 스타파워는 필수적인 요소이다. 이는 스포츠 브랜드를 더욱 강력하고 견고히 하는 역할을 하면서, 고객, 팬들과 스포츠 브랜드 간의 유대 관계를 지속시키는 역할까지도 담당할 수 있다.

스타파워는 선수뿐만 아니라 팀, 감독, 시설 그리고 이벤트 다양한 자산에 적용될 수 있다.

스타파워는 여러 가지 형태로 나타날 수 있다. 시장에서 두드러지게 차별화 될 수 있으며, 상품의 질과 특징을 개발하고 발견하는 것은 스포츠 브랜드의 의사결정자들의 몫이다.

스타파워를 키우는 데 실패하는 건 선택이 아니라, 팬들과 스포츠 브랜드를 연결시켜 주기 위해서라도 스타파워는 필요하다. 결과적으로 스타파워의 단계는 스포츠 의사결정자들이 결정을 내리고 스타 자본을 키우는 것을 요구한다.

Always Sports Side 인 Coca Cola

2. 스포츠 브랜드의 비전 수립

스포츠 소비자들은 단순히 오래된 브랜드이기 때문에 좋아하는 경향을 보이는 것이 아니기 때문에, 기업들 입장에서 보면 점점 더 소비자들의 마음을 잡기가 힘들어진다고 해도 과언이 아니다.

따라서 강력한 스포츠 브랜드를 어떻게 만들어 내고 유지할 것인가가 최근 마케터들의 가장 큰 고민이다. 참고하여 세계적인 브랜드의 공통점과 그 브랜드들로부터 얻을 수 있는 시사점들을 장기적인 브랜드 비전의 관점에서 살펴보면 다음과 같다.

브랜드의 비전 수립

세계적인 브랜드들은 우선 우연히 만들어진 것

I 브랜드는 비전이 있어야 한다. (테니스 제품의 브랜드 전시)

이 아니라 철저히 기획되고 관리되었다는 것이다. ―물론 100여 년 전에 우연히 만들어진 브랜드도 있지만 여기서 말하는 것은 마케팅이 본격적으로 진행된 1960년대 이후부터로 정하고 이야기를 전개하려 한다― 즉 시류에 편승하는 것이 아니라 오히려 유행을 창출하고 그 시류에 따른 자기의 포지션을 명확히함으로써 자기 기준을 가지고 있다는 것이다. 한마디로 브랜드의 철학(Brand philosophy)과 브랜드 비전(Brand Vision)이 있었다고 할 수 있다.

브랜드 가치만 약 79조원에 이르는 세계 최고의 브랜드를 가진 코카콜라사의 경우 기업 비전에 다음과 같이 기술되어 있다.

"우리는 코카콜라의 브랜드를 강화하는 사업을 구축함으로써 장기적으로 주주에게 가치를 창출하기 위해 존재한다"라는 미션으로 인해 코카콜라는 브랜드에 변화를 줄 때 이사회에서 결의하는 독특한 시스템이 생기게 되었고, 타회사들처럼 자주 브랜드 아이덴티티가 바뀌는 일이 없게 되었다.

반면 국내의 경우 세계적인 브랜드와 비교해보면 지나치게 광고캠페인이 자주 바뀌는 경향이 있다. 심지어 브랜드의 심벌이나 핵심 디자인 요소까지 쉽게 바뀌는 것을 보게 되는데, 이것은 장기적인 측면에서 보았을 때 오히려 마이너스적인 요소로 작용할 가능성이 높다. 국내 한 통신회사의 잦은 광고 캠페인과 슬로건 교체에서 얻은 것은 소비자 혼돈 밖에 없었다는 것은 이러한 점을 시사한다.

그렇다면 우리 기업들이 이런 실수를 하지 않기 위해서는 어떤 것을 해야 할까? 그것은 기획 단계부터 브랜드의 철학과 비전을 수립해 두는 것이다. 이에 따른 핵심 아이덴티티 요소(시간이 변해도 절대 바꾸지 말아야 할 브랜드의 핵심요소)를 지정하여 광고 제작시 디자인 리뉴얼시 변경할 수 없도록 규정화해 두는 것이 필요하다. 특히 이런 부분에서는 최고 경영자의 재가를 받아두어야 한다.

변화하는 브랜드 환경의 적응

세계적인 브랜드들은 변화와 기술발전을 받아들이면서 끊임없이 진화해 나간다. 환경은 급변하고 있고, 소비자들은 새로운 환경에 어울리는 브랜드들을 찾고 있는 시점에서 과거의 강점을 현재와 미래까지 유지한다는 것은 쉬운 일이 아니다.

면도기로 유명한 질레트사의 경우 면도날에 대한 제품을 매번 경쟁사보다 빨리 내어놓아 소비자들의 관심에서 벗어나지 않는다. 이런 기술적인 발전을 Sensor, Mach3 등의 서브 브랜드에 적용하면서 계속적인 이미지 확장을 전개하고 있다. 90년대 중반 이후 MLB가 과거처럼 팬들의 관심을 받지 못하자 "Connect"라는 말을 내세우며 전통적인 메이저리그를 사랑하는 팬들에게 향수를 일으키는 광고를 함으로써 눈앞의 이익이 아닌 인간 깊은 곳에 자리한 상위 가치인 "Life"를 이끌어 내었으며 〈그림 2-3〉과 같다.

일관된 커뮤니케이션

세계적인 브랜드는 일관된 커뮤니케이션을 실시하고 있다. 많은 기업들이 광고를 실시하고는

마케팅 休知通

스포츠 스위트 스팟(sweet spot)

스위트 스팟은 스포츠 분야에서 나온 용어로 야구 배트나 골프채, 테니스 라켓에서 공을 맞출 때 특별한 힘을 가하지 않고도 가장 멀리, 가장 빠르게 날라가게 만드는 부분, 즉 공을 맞히는 최적 지점을 말한다. 그러나 최근 들어 브랜드 마케팅에서 소비자와 기업에 대한 친밀감이 극대화 되는 순간인 브랜드 접점의 순간을 일컫기도 한다.

스포츠 행사로 인한 설레임, 승리 등의 독특한 경험은 의도적으로 조작이 어려운 것으로서 소비자의 감성 및 스위트 스팟을 자극하는 데 매우 효과적이다. 이러한 자신이 응원하는 선수나 팀이 득점하는 순간, 우승하는 순간이 바로 스위트 스팟이 될 수 있으며, 이러할 때 브랜드에 대한 호의와 친밀감을 강하게 느끼게 된다.

있지만 과거와의 지나친 단절로 인해 오히려 브랜드의 아이덴티티를 잃어버리는 경우가 많고, 또한 마케팅 활동들의 일관성 상실로 말미암아 브랜드 컨셉을 제대로 전달하지 못할 때도 많다. 하지만 초일류 기업들은 이런 문제에 있어서는 예외다.

우리에게 잘 알려진 맨유의 경우 맨유 컬러로 불리는 일관된 색깔 전략으로 브랜드의 일관성을 유지하고 있다. 나이키, 코카콜라 등도 일관된 브랜드 커뮤니케이션으로 유명하다.

하지만 경쟁이 치열한 상황에서 대부분의 기업들은 브랜드 일관성을 유지하기 힘든데, 그것은

| 그림 2-3 | 선수로부터 Life로 이어지는 야구의 브랜드 계층 구조

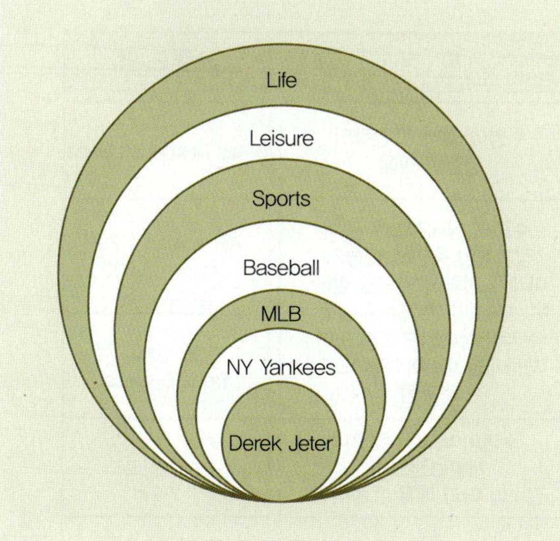

의사결정자들이 그러한 상황을 불안하게 생각하기 때문인 경우가 많다. 그렇다보니 자연히 광고캠페인의 방향성이 길을 잃게 되어 잦은 광고회사 교체와 캠페인 교체로 소비자들이 혼란에 빠지는 경우가 허다하다. 경쟁이 치열한 상황일수록 경쟁자의 전략을 볼 것이 아니라 우선 우리의 방향성을 먼저 보아야 한다.

옛날 선장들은 바다에서 길을 잃으면 여러 별을 보는 것이 아니라 북극성만을 살펴 방향을 잡았다고 한다. 여기서 우리는 시사점을 찾을 수 있다. 단기적인 것을 보는 것이 아니라 변하지 않는 기본적인 소비자 효익을 바라보면 이것이 바로 브랜드에 있어서의 북극성이다. 우리 브랜드의 방향을 잡아야 한다. 이때 브랜드의 비전은 우리가 처음 가고자 했던 목표를 의미한다.

내부 조직적인 면에서는 통합 마케팅 커뮤니케이션 측면에서 브랜드 일관성을 유지하기 위한 작업들이 필요한데, 브랜드 비전에 입각한 브랜드 아이덴티티 모델을 정립해야 한다. 이것을 만들어 둠으로 해서 향후 많은 세부 의사결정시 준거 기준을 삼을 수 있으며, 이로 인해 일관성을 유지할 수 있게 된다. 브랜드의 일관된 커뮤니케이션에서 종종 문제가 되는 홍보 부문, 판촉영업 부문과의 브랜드 비전 공유는 필수적이라 하겠다.

브랜드를 개발하는 데 있어서 표적시장이 명확해야 한다.

계층 구조의 명확성

세계적인 브랜드들은 브랜드의 위상과 역할을 명확히 한다는 것이다. 대부분의 기업들은 복수의 브랜드를 운용하는 경우가 많다. 그만큼 소비자들이 다양한 욕구를 가지고 있고, 여기에 맞추다 보니 자연 브랜드의 수가 늘어나게 된다. 이로 인해 각 브랜드들 사이의 자기 잠식현상이 발생할 가능성이 높아질 수 있으므로 세계적인 브랜드들은 각 세분시장별로 브랜드를 운용하며 그 브랜드들의 위상과 역할에 맞게 운용하여 이런 문제를 미연에 방지하고 있다.

브랜드 계층 구조를 살펴보면 기업 브랜드는 보증 등의 포괄적인 역할을 하고, 패밀리 브랜드는 해당 범주의 전문성과 신뢰를 전달하며, 그 아래의 개별 브랜드는 해당제품의 강점과 경쟁력을 전달한다. 최근 각광 받고 있는 브랜드 수식어(브랜드는 아니지만 브랜드에 붙어서 브랜드를 강화 시켜주는 전술적 이름)는 브랜드의 참신성과 진화발전을 도와준다. 이러한 계층 구조 상의 위상이 잘 지켜지는 것은 기업 내 전체 브랜드 포트폴리오를 구성하는 데 매우 유용한 툴이 된다. 나이키와 벤츠는 브랜드 계층 구조를 잘 구성한 기업들이다.

이상의 브랜드 제품의 계층 구조를 보면 다음 〈그림 2-4〉와 같다.

3. 스포츠 브랜드의 개발

스포츠 브랜드의 컨셉 개발이 완료되었다면, 기초적인 스포츠 브랜드의 개발이 필요하다. 브랜드 개발은 스포츠 프로퍼티 개발과 동일한 형태의 유형인 상황 분석, 표적 시장의 선정, 내외부 브랜드 프로파일 분석, 브랜드 컨셉 포지셔닝, 브랜드 테

그림 2-4 | 브랜드 분류를 통한 제품의 계층 구조

구 분	정 의	특 징	브랜드 명
기업브랜드 Corporate Brand	회사나 회사의 상호를 대신하는 브랜드	수명이 길며, CI전략의 영향을 받음	NIKE/ Mercedes Benz
패밀리브랜드 Family Brand	동일한 범주 내에 복수의 子브랜드를 갖거나, 상이한 범주에 동일한 아이덴티티를 가지게 하는 브랜드	수명이 상대적으로 길며 장기적인 측면의 중장기 마케팅 전략에 영향을 받음	AIR Jordan 1,2,3/ Classic , S500
개별브랜드 Individual Brand	특정 개별제품이나 제품군에 붙여진 브랜드	수명이 상대적으로 짧으며 제품개별 이미지 중심으로 소구됨	Air Max/ Benz E-class
브랜드수식어 Brand Modifier	개별브랜드를 보조하기 위해 붙여진 전술적 이름	수명이 비교적 짧으며 개별브랜드의 전략에 따라 매우 유동적임	Air/ 최고

마케팅 休知通

Cult (숭배) Marketing

구매는 더 이상 합리적인 욕구가 아니다. 소비자들의 소비 습관을 좌우하는 것은 이성적 판단이 아닌, 예측 불가능하고 통속적인 갈망, 설명할 수 없는 열정에 결정되기 때문이다. 희소성에 가치를 두는 자, 집단 문화에 소속되길 원하는 자, 무엇으로부터 큰 영향을 받은 자 등이 컬트 마케팅의 주 타깃이다.

• 스포츠 산업에서의 적용사례

(1) Jordan Series by AIR JORDAN

농구 황제 마이클 조던을 대변하는 농구화로서, 덩크를 하는 조던의 모습을 상징화한 Jump man 로고가 대표적이다. Air Jordan 1부터 23까지 상품화되어 판매되었다. 시리즈 2부터는 나이키 로고가 없이 제작되었고, 3부터는 점프맨 로고가 도입되었다. 조던이 은퇴 후 시카고 불스가 아닌 워싱턴 위저즈로 복귀했을 때, 다시 돌아온 조던을 알리는 17이 제작되었다. 검은색, 흰색을 바탕으로 빨간색 컬러로 강조를 했던 불스 시절과는 달리, 위저즈의 파란색으로 특징을 살렸다. 은퇴 이후, 시리즈는 계속되었다. 조던의 등번호인 23번을 의미하는 시리즈 23을 끝으로 에어조던 시리즈는 마무리되었다. 한편, 마지막 시리즈인 23은 미국에서 $230, 한국에서는 230,000원에 판매되었다.

• 스포츠에서의 시사점

조던의 은퇴와 동시에 농구계는 포스트 조던을 기다렸다. 수많은 후보군이 있었지만, 그들은 조던의 아성을 무너뜨릴 수 없는 듯 보인다. 포스트 조던으로 불린 선수들도 조던을 통해 구사했던 마케팅 수단을 유사하게 사용하지만 그 효과는 조던에 못 미친다고 평가된다.

스트, 아이덴티티 개발 및 표현, 브랜드 관리 순서로 이루어진다.

전략적 상황분석

스포츠 브랜드를 개발하는 데 있어서 먼저 브랜드가 속해 있는 시장이나 환경에 대한 정확한 이해가 바탕이 되어야 한다. 스포츠 종목이나 리그의 특징 그리고 팬이나 소비자 성향 분석 등의 SWOT 분석이나 강점과 단점 분석을 해야 한다.

브랜드 개발 전략을 도출하기 위해 시장 상황을 이해하고 분석하는 과정을 전략적 상황분석이라고 하는데 이는 크게 시장분석, 소비자분석, 경쟁사 및 자사분석으로 나뉜다. 시장분석은 제품시장의 성장률과 크기에 대한 추이를 추적하는 것이고 소비자분석은 고객욕구를 분석하는 것으로 현실화된 욕구를 통해 특히 미충족된 욕구(불만 요소)를 통해 제품의 개선사항들을 파악할 수 있고 잠재된 욕구의 분석을 통해 장기적인 개발방향을 설정할 수 있다.

표적시장 선정

프로퍼티 개발과 마찬가지로 스포츠 브랜딩도 역시 먼저 시장 세분화를 한 후 그 중 가장 자사에게 적합한 세분시장을 선정한다. 우선 시장 세분화란 전체 시장을 집단 내 소비자들의 제품에 대한 욕구와 구매행동이 서로 유사하고 집단 간에는 상이하도록 몇 개의 소비자 집단으로 세분화하는 것이다.

구매행동 변수를 기반으로 한 시장 세분화, 고객의 욕구를 기반으로 한 시장 세분화, 연령, 소득, 성별, 직업, 결혼 여부 등과 같은 인구통계학적 변수에 의한 시장 세분화, 라이프스타일, 사회

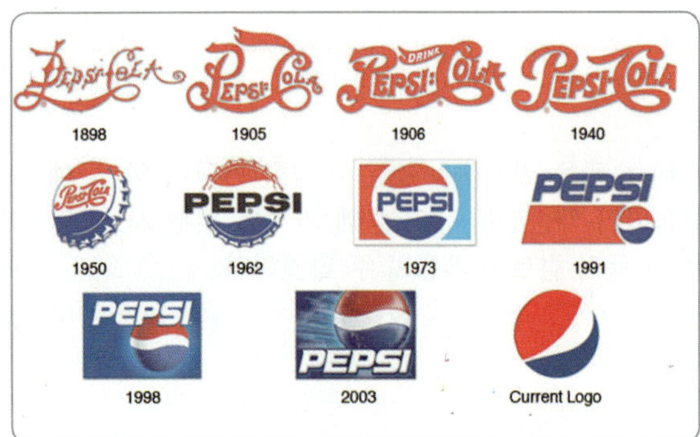

펩시콜라 브랜드 로고 변천 모습

계층, 제품 사용성향 등과 같은 사회심리학적 변수에 의한 시장 세분화 등이 있다.

이러한 세분화 이후 자사의 상황에 맞게 시장을 세분화한 다음 표적시장을 선정한다. 여기서 표적시장의 선정이란 시장 세분화를 통해 분류된 각 세분시장들 중 자사에게 가장 매력적인 세분시장을 선정하는 과정을 말한다.

표적시장을 선정하는 기준은 크게 세 가지로 나뉘는데 시장, 경쟁, 자사의 적합성과 관련된 선정 기준이다. 먼저 시장과 관련된 기준에는 시장의 잠재적 규모와 시장성장률 경쟁과 관련된 기준에는 경쟁우위와 경쟁의 강도나 밀도, 자사의 적합성과 관련된 기준은 가용자원, 전략적 적합성(자사가 가지고 있는 전략적 목표에 얼마나 적합한가), 기존 제품들과의 시너지 등 이들을 기준으로 표적시장을 선정한다.

내부적 외부적 브랜드 프로파일 분석

경쟁적 준거 프레임을 정하고 그에 따라 파악된 경쟁 브랜드들과의 차별점과 유사점을 찾아 어떻게 차별화를 해야 할지 그리고 유사해야 할 필요가 있는지를 파악해야 한다. 그리고 자사의 기존 브랜드와 적절히 차별화시키고 또 다른 한편으로는 방향을 같이하도록 설정해야 한다. 기존 브랜드의 이미지와 일관성을 가지면서도 자기 시장 잠식현상을 최소화할 수 있는 브랜드 컨셉을 개발해야 하기 때문이다.

스포츠 브랜드 컨셉 포지셔닝

스포츠 브랜드 컨셉 포지셔닝이란 특정의 브랜드 컨셉(이미지)를 소비자의 마음 속에 위치화 시키는 것으로 제품속성, 사용상황, 제품군, 제품사용자, 경쟁적 포지셔닝 등 다양한 기준을 토대로

그림 2-5 스포츠 시장의 지각에 의한 스포츠 브랜드 포지셔닝

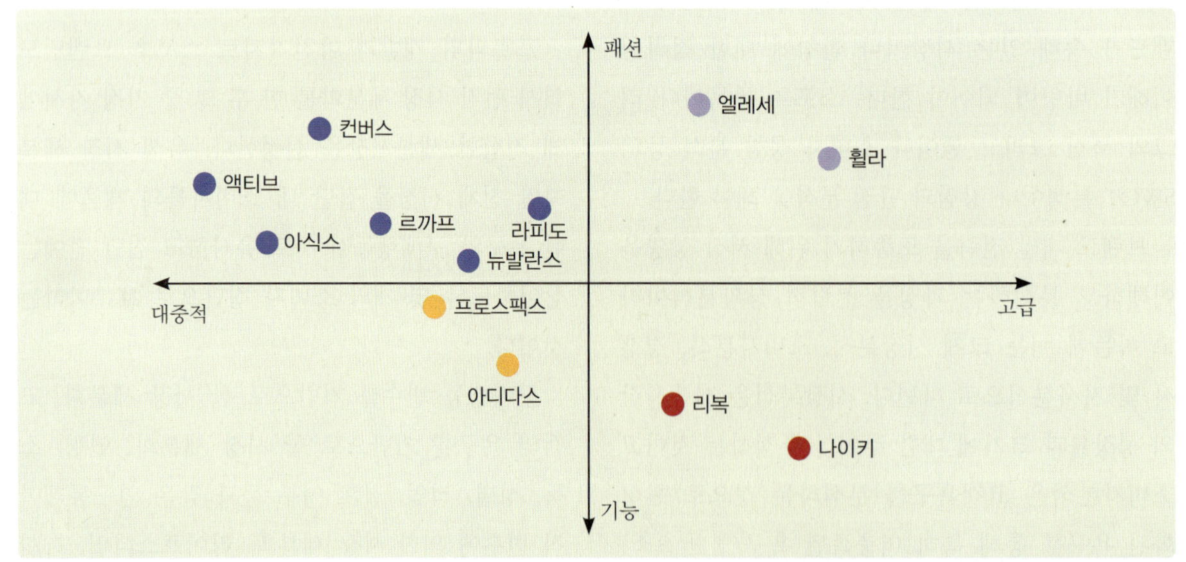

포지셔닝을 시키는 것이다.

하나의 성공하는 브랜드를 만들기까지는 매우 다양한 영역에서 복잡한 과정을 거치지만 핵심은 바로 브랜드의 컨셉 개발이다. 이렇게 개발된 컨셉은 제품 개발부터, 광고나 PR, 프로모션 등 다양한 커뮤니케이션 툴을 활용해 소비자에게 전달된다.

여성 시장 공략을 주요 목표로 하는 리복의 광고 포스터

스포츠 브랜드 테스트

스포츠 상품이 가장 적절한 브랜드 컨셉을 결정했다면 다음은 그 컨셉의 실행 가능성을 테스트 해보아야 한다.

이러한 테스트는 대개 스포츠 브랜드와 관련된 기본적인 질문을 하게 되는데 질문의 내용들은 다음과 같다

- 스포츠 브랜드가 사람들에게 인식될 수 있는 이미지를 가지고 있는가?
- 스포츠 브랜드가 종목을 표현하고 종목의 통합된 이미지를 표현하고 있는가?
- 스포츠 브랜드가 제품 이상의 다양한 편익을 포함하고 있는가?
- 스포츠 브랜드가 소비자 중심적인가? 선수 중심적인가? 개발 중심적인가?
- 스포츠 브랜드가 팬들의 지속적인 관심과 흥미를 창출하고 있는가?
- 스포츠 브랜드가 다른 브랜드와 차별성이 있는가?
- 스포츠 브랜드로서 전문적인 메시지를 전달하고 있는가?

이상과 같은 질문에 답을 찾기 위해서는 다양한 방법으로 조사를 해야 하는데 그 방법으로는 포커스 그룹 인터뷰, 개인면담, 설문조사, 시장 조사 및 기타 온라인 조사 등으로 할 수 있다. 스포

그림 2-6 나이키의 브랜드 테스트를 통한 브랜드 확산 모델

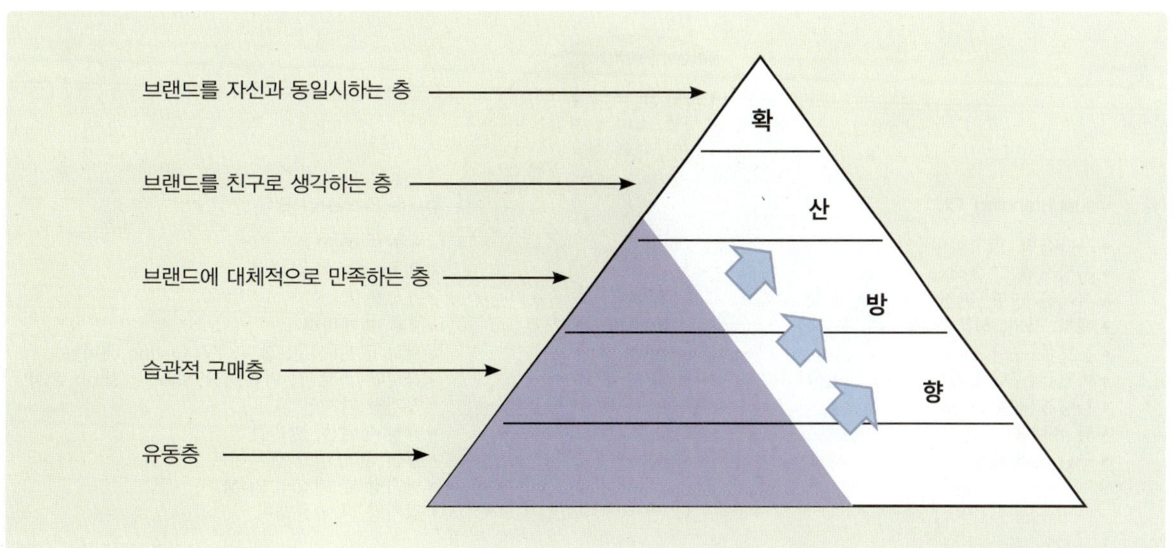

츠 마케터들은 브랜드가 어떻게 조사되고 조정되어야 하는지를 판단하기에 앞서 설문 조사 방법과 결과에 대해 점검할 필요가 있다.

스포츠 마케터는 먼저 위험 부담이 적은 소규모 시장을 대상으로 브랜드 컨셉을 테스트해 볼 수 있다. 여러 가지 방법의 조사를 통해 질문에 대한 정량화 할 수 있는 답을 제시해 주긴 하지만 작은 시장에서 하는 테스트는 가장 유용하고 현실적인 피드백을 제공할 수 있다. 나이키는 전략적 스포츠 브랜드 테스트를 통해 세계제일의 용품사로서 포지셔닝하여 소비자 인식상 새로운 영역에서의 브랜드 자산의 형성을 목표로 하는 마케팅을 한다.

스포츠 브랜드 아이덴티티 개발 및 표현

다양한 스포츠 브랜드 연상들의 집합인 브랜드 아이덴티티는 소비자들에게 통일된 연상이 전달되도록 브랜드 아이덴티티의 구성 요소들을 일관성 있게 잘 관리함으로써 형성된다.

이러한 브랜드 아이덴티티의 주요 요소들에는 제품, 자체, 브랜드 명, 브랜드 슬로건, 심벌 등이다.

(1) 제 품

스포츠 브랜드 아이덴티티를 개발할 때 가장 먼저 고려해야 하는 아이덴티티 요소 가운데 하나가 제품이다. 스포츠 관련 기업은 무엇보다도 제품 자체의 차별화를 통해 브랜드의 독특성과 가치를 실현해야 한다.

스포츠 제품(구단이나 연맹 리그)을 차별화 하는데 가장 중요한 특성 가운데 하나는 품질이다. 그러나 최근 들어 구단이나 연맹 리그 간의 제품 품질에서 균등화가 이루어짐에 따라 품질의 우수성 만으로는 경쟁 우위를 점할 수 없게 되었다. 따라서 브랜드의 성공은 우수한 제품 성능 이외에 팀의 역사, 선수 구성, 지역의 특성, 서비스 등 에서의 차별화가 이루어져야만 가능하게 되었다. 즉 고객들의 요구가 있음에도 불구하고 아직까지 경쟁 브랜드들이 소홀하게 취급했던 제품의 특성들을 찾아 이를 브랜드 아이덴티티 형성의 토대로 삼아야 한다.

예를 들어 아디다스의 기업 슬로건은 "세계 스포츠 용품 회사 중에서 선두적인 브랜드가 되자(Leading Sports Brand in the World)"이다. 이를 위해 혁신적인 디자인과 첨단 기능을 개발하는 데

| 그림 2-7 | 프로 스포츠 팀의 브랜딩 시스템

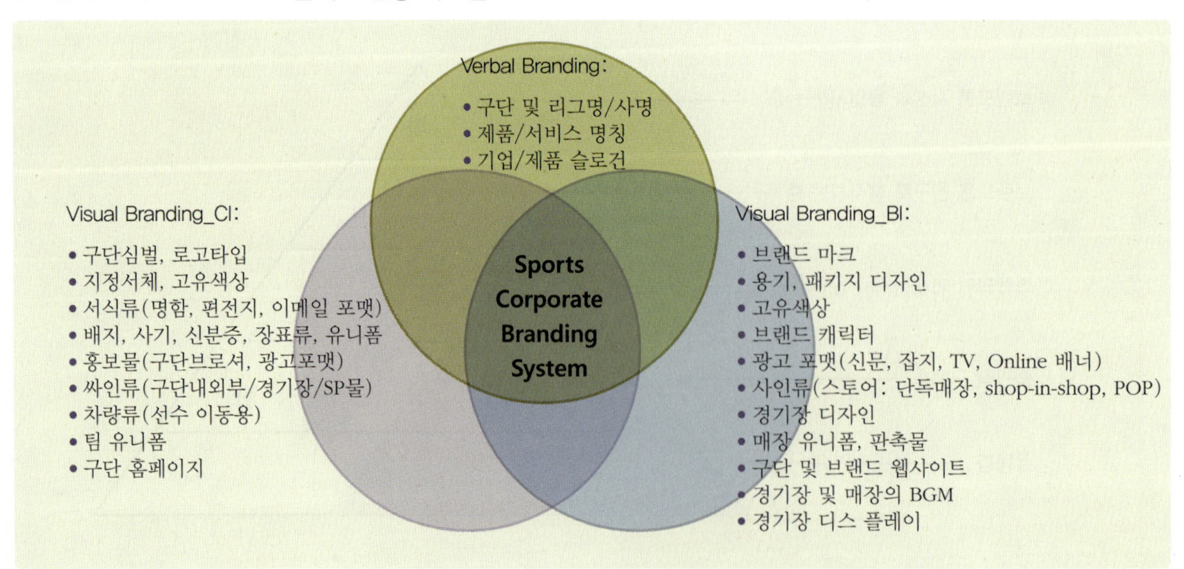

마케팅 休知通

7단위 이하의 정보를 제공하라

상품이나 정보가 많아질수록 합리적이고 현명한 선택할 수 있을 것 같지만 실상은 그렇지 않다. 사람은 기본적으로 정보를 처리하는 데 "제한된 용량"을 가지고 있기 때문이다. 하버드대학의 심리학자 조지 밀러(George A Miller)는 사람이 한번에 7단위 이상의 정보를 다루기 어렵다고 했다.

예를 들어 도레미파솔라시도의 7음계, 일주일, 빨주노초파남보, 세계 7대 불가사의, 백설공주와 일곱 난장이, 북두칠성 등에서 알 수 있듯이 모두 7을 한계로 삼고 있다.

브랜드에서도 Samsung, Hyundai, SK, MS(마이크로 소프트), GE(General Electric) 모두 7단어 아래로 사용하는 것은 7단위 이상의 정보 처리가 부담스럽기 때문이다.

끊임없이 투자한다. 아디다스는 매년 최소 한 가지 이상의 신기술을 발표하는 것을 원칙으로 하고 있다. 또 아디다스는 모든 소비자들을 충족시키는 브랜드를 목표로 한다. 프로선수용 제품인 '스포츠 퍼포먼스', 매니아층을 겨냥한 '스포츠 헤리티지', 일반인을 위한 '스포츠 스타일' 등의 제품군을 갖추고 다양한 소비자들의 요구를 충족시키기 위해 노력하고 있다.

(2) 스포츠 브랜드 명

스포츠 브랜드 명은 그 브랜드가 무엇이고 무엇을 할 수 있는지를 소비자에게 외적으로 보여주는 수단이다. 브랜드 명은 브랜드의 특성을 외적으로 표현하는 기능을 수행할 뿐만 아니라 제품 품질, 지위, 상징 등 보이지 않는 부분까지 전달한다.

따라서 좋은 브랜드를 만들기 위해 브랜드 네이미스트(brand namist), 브랜드 메이커(brand maker)들이 수없이 많은 후보 브랜드를 만들어 내고 걸러내는 작업을 한다.

좋은 브랜드 명의 조건은 무엇일까?

첫째, 발음하기도 듣기도 좋아야 하며 써 놓았을 때 보기도 좋아야 한다. 브랜드는 청각적·시각적 요소가 조화로워야 하는 것이다.

둘째, 제품의 특성을 잘 전달할 수 있어야 한다. 즉 스포츠 팀의 이름이나 리그의 이름 등 제품의 속성이나 편익을 설명하거나 암시하는 경우에 커뮤니케이션의 효율성이 높아진다.

셋째, 목표 고객의 기호와 일치해야 하며 친근함을 느끼게 해줘야 한다. 소비자들이 의식적·무의식적으로 원하는 기호와 일치하여, 팀 이름이나 상표명이 어려운 내용이 아니라 친근함 느낌이 있어야 한다.

넷째, 확장성이 좋아야 한다. 브랜드의 확장성은 사업을 다양한 분야로 확장시키는 데 기존 브랜드를 지렛대로 사용할 수 있는 매우 유용한 수단이 된다.

다섯째, 브랜드 명이 참신하고 독창적(unique & unusual)일 때 팬들이나 소비자들의 주목을 받게 반면 어디선가 들어본 것 같은 평범한 브랜드는 좋은 브랜드라 할 수 없다.

여섯째, 꿈과 스토리를 넣을 수 있어야 한다. 즉 브랜드 명을 만들 때 필요한 것이 바로 고객에게 꿈과 스토리를 만들어 주어야 한다. 예상고객에게 상품 자체보다는 브랜드 속에 꿈과 이야기를 만들어 주는 방식으로 고객의 숨겨져 있는 감성을 두드리는 기법이다. 고객이 계속 꿈을 꾸도록 하는 것이다. 예를 들어, 먹는 샘물인 '에비앙'은 소비자에게 순수와 건강이라는 이야기를 담아 마케팅을 펼쳐서 성공했다. 지포라이터는 전장에서 총알을 막아 주었다는 스토리로 브랜딩을 전개했다.

일곱째, 법적으로 보호받을 수 있어야 한다. 브

뉴욕마라톤의 스포츠 아식스 브랜드 부스

랜드가 독점적이고 배타적인 권리를 확보할 수 있으려면 법적 보호를 받을 수 있어야 하는데 이를 위해서는 상표 등록과 지속적인 관리가 최선이다. 브랜드 명이 아무리 좋더라도 동일하거나 유사한 상표가 있으면 사용하지 못하므로 브랜드 네이밍에서 가장 어려운 부분이기도 하다.

(3) 스포츠 브랜드 슬로건

브랜드는 고유명사로 자체의 언어적 뜻은 없지만 슬로건은 브랜드가 말하고자 하는 철학, 사상, 정보, 의미를 담고 있다.

이러한 브랜드 슬로건은 브랜드 이미지 개선에 도움을 줄 수 있고, 브랜드를 표현하는 데 적합하

| 그림 2-8 | 브랜드를 특별하게 만드는 각 브랜드의 요소

브랜드의 요소

야후!라는 이름
나이키의 마크
코카콜라의 병
인텔 인사이드의 문귀
제록스, 싱가폴 에어 같은 제품/서비스
티파니의 블루 컬러

브랜드와 고객과의 관계 형성

Promise: 브랜드가 제공하는 약속
Satisfaction: 고객의 만족
Trust: 고객의 브랜드에 대한 신뢰
Loyalty: 브랜드에 대한 일체감, 충성도 형성

3M=혁신
FedEx= 정확한 배달
Disney=패밀리 엔터테인먼트
Nike=Individual Performance
Volvo=안전성

브랜드의 명확한 포지셔닝

출처: 박용성·윤영수 외, 〈브랜드 마케팅〉.

마케팅 休知通

마음 점유율

실제 시장의 성과를 나타내는 것을 시장 점유율(market share)이라 한다면 마음 점유율(mind share)란 보이는 시장 점유율에 비해 보이지 않는 고객의 마음 어디에 자사가 위치하는가를 나타낸다. 마음 점유율에서 1위를 차지하는 구단이나 팀을 "Top of the Mind"라고 하는데 예를 들어 야구 팀하면 뉴욕 양키스, 축구 팀하면 맨체스터 유나이티드, 운동화하면 나이키, 스포츠 음료하면 포카리 스웨트가 가장 먼저 떠오른다면 양키스와 맨체스터, 나이키, 포카리스웨트는 Top of the Mind 제품이 된다.

마음 점유율과 시장 점유율은 대부분 동일한 비율을 유지할 수도 있지만 그렇지 않은 경우도 있다. 광고와 홍보는 많이 했지만 유통망이 약하면 마음 점유율에서는 1위를 차지한다 해도 실제 시장 점유율은 1위가 되지 못할 수도 있기 때문이다.

기에 슬로건이 필요하다. 잘 만든 슬로건에는 어떤 것들이 있을까? 좋은 슬로건의 요건은 무엇일까?

첫째, 스포츠 구단이나 팀 그리고 리그가 추구하는 목표가 담겨져 있어 자신의 브랜드를 연상 시킬 수 있어야 한다. LA Dodgers의 경기장에 가면 언덕 위에 "Think Blue"라는 슬로건이 있다. 붉은색의 피만 바꾸지 말로 자신의 모든 것을 파란색(다저스 팀 색깔)으로 바꾸자는 의미에서 만들어 졌다.

둘째, 스포츠 기업이나 행사의 의지가 담겨 있어 좋은 암시를 주어야 한다. 2008년 베이징올림픽 슬로건이 "하나의 세계, 하나의 꿈"이었다. 올림픽을 통해 이렇게 해보자는 좋은 암시를 줄 수 있다.

셋째, 리듬감이 있어서 말하기도 듣기도 좋아야 한다.

넷째, 기업이 줄 수 있는 혜택을 알려 주어 공감을 불러와야 한다.

다섯째, 참신하고 독창적이어야 한다.

여섯째, 스포츠 브랜드의 철학과 메시지를 담고 있어야 한다.

(4) 브랜드 심벌

브랜드를 구성하는 요소의 하나인 심벌은 브랜드 차별화와 브랜드 인지도를 높이는 데 중요한 역할을 한다. 일반적으로 시각적 이미지가 단어보다 기억하기 쉽기 때문에 브랜드 명과 연관된 심벌을 함께 제공하면 브랜드 인지도를 높이는 데 큰 도움이 된다.

이러한 심벌은 브랜드를 외적으로 보여주는 수단일 뿐만 아니라, 그 브랜드의 개성과 문화를 반영하기도 한다. 그러므로 잘 설계된 심벌은 브랜드와 관련된 많은 것들을 연상 시키는 데 비중 있는 역할을 한다.

예를 들어 고급 브랜드인 랄프로렌(Ralph Lauren)은 말을 타고 폴로 경기를 하는 운동 선수를 심벌마크로 이용함으로써 고급스러운 브랜드 이미지를 전달한다. 즉 폴로 마크를 통해 상류층이 즐기는 생활양식을 상징화함으로써 고급스러운 이미지를 전달하고 있는 것이다.

이상의 네 가지 요소들을 적용하여 세계 최고의 스포츠 브랜드인 나이키의 탄생 스토리를 보면 보면 아이덴티티의 중요성을 알 수 있다.

나이키 브랜드는 1971년 특별한 계획 없이 만들어졌으며 개발 당시에는 사람들이나 직원들의 호응을 받지 못한 채 탄생하였다.

나이키 설립자인 필 나이트(Phil Knight)는 스포츠의 여섯 차원인 팬, 이벤트, 경기장, 장비, 미디어, 운동화와 복장을 의미하는 "디맨션 식스(dimension six)"라는 브랜드의 이름을 원했으나 직원들이 지지하지 않았다. 그래서 디맨션 식스 대신에 제프 존슨이 제안한 그리스 신화에서 승리의

1971년 최초로 개발된 나이키 로고

나이키 로고의 변천 사항

여신을 의미하는 니케(Nike)의 영어식 발음으로 만들어진 '나이키'가 바로 그것이다.

필 나이트는 디자이너인 친구에게 부탁하고 친구는 미술 전공의 대학원생 캐롤린 데이비슨(Caroline Davison)에게 디자인 의뢰를 하여 12개의 로고 시안을 만들었다. 하지만 직원들은 그 중 하나도 맘에 들지 않았지만 단지 디맨션 식스보다는 더 낫다는 이유로 니케의 날개를 표현하고, 승리를 상징하는 'V'를 부드럽게 휘어 놓은 붉은 색 심벌의 스우시(swoosh; '휙'이라는 뜻)가 탄생하게 된 것이다.

이때 나이키가 로고 제작에 지불한 돈은 35달러였는데, 현재 나이키의 브랜드 가치가 약 72억 달러(파이낸셜월드)인 것을 고려하면 이 역시 해프닝이 아닐 수 없다. 이처럼 나이키라는 브랜드 이름과 로고가 굉장히 저렴한 비용으로 만들어졌고, 개발 당시에는 직원들에게 조차 환영을 받지 못했지만 지금의 위상을 차지하게 된데는 나이키라는 이름과 로고가 다른 브랜드들에 비해 단순하면서도 쉽게 눈에 띄기 때문이다. 빼어난 독특성을 지니고 있기 때문이다.

브랜드 관리

선수, 구단, 제품, 이야기도 이제는 브랜드가 아니면 인정을 받을 수가 없다. 브랜드 관리 전략의 가장 큰 목표는 브랜드 가치를 증대시킴으로써 궁극적으로는 기업의 가치를 극대화하는 데 있다. 이러한 브랜드 관리 전략은 몇 가지 공통점들이 있다.

첫째는 변화하는 소비자의 심리를 정확하게 읽어 낸다는 것이다. 시대가 변할수록 소비자의 기호도는 급속도로 변화하고 있으며 이러한 소비자의 심리를 만족시킬 수 있는 제품은 브랜드의 이미지를 지속시키는 것이다.

둘째는 ATL과 BTL을 적절하게 잘 사용하여 브랜드 전략의 핵심으로 한다. 프로모션의 신호도는 곧 브랜드 호감으로 이어지며 브랜드를 강조하는 광고를 반복 실시하여 브랜드의 특정 이미지를 소비자들에게 쉽게 인지시킨다.

셋째는 브랜드 경영 전략이 뚜렷하다.

4. 파워 스포츠 브랜드의 구축

스포츠 브랜드 인지도를 증대시키기 위해서 구단이나 리그 그리고 스포츠 브랜드는 브랜드 재인이나 회상을 높이는 데 마케팅 노력을 기울여야 한다. 브랜드 재인은 브랜드 회상보다 쉽게 이루어진다.

일반적으로 강력한 파워들을 가진 브랜드를 살펴보면 몇 가지 공통점이 있다.

유무형의 속성의 결합

일반적으로 고객들은 제품을 구매할 때 그 제품의 물리적 속성, 예를 들면 가격, 디자인, 성능들을 고려하여 구매한다. 스포츠 브랜드에도 마찬가지로 상품이라면 가격, 디자인, 성능을 스포츠 이벤트 프로퍼티라고 한다면, 입장권의 가격, 팀, 경기의 가치 등을 판단하여 구매할 것이다. 이러한 구매 프로세스 중에 판매원의 서비스, 경기장 시설들의 편리함 등과 함께 스포츠 브랜드의 속성에 영향을 미친다.

스포츠 이벤트로 친다면 한국 프로야구의 SK와 이번스를 예로 들 수 있을 것이다. SK는 창단시부터 스포테인먼트와 스포테인먼트 2.0 그리고 그린 마케팅들을 통해서 스포츠 브랜드의 무형의 자산을 지속적으로 개발해 왔다. 구단의 이러한 마케팅과 함께 팀의 성적 상승, 지속적인 선수들에 대한 투자 및 확장과 함께 국내에서 가장 좋은 시설을 보유하고 있는 경기장을 잘 활용하였다. 또한 구단 팬 서비스와 경기장 시설들의 편리함을 내세워 매년 30%의 이상의 관중 증가율을 보이고 있다.

시장 변화에 지속적인 대응

강력한 스포츠 브랜드는 시장 변화에 유기적이고 빠르게 대처하는 특성을 갖고 있다. 이는 또한 다른 무형의 요소에서도 우위를 가져야 하는데, 무형의 요소로는 사용자 이미지(브랜드를 사용하는 사람들의 이미지), 사용 이미지(브랜드가 사용되는 상황의 이미지), 브랜드 퍼스낼리티(성실함, 유능함, 거침 등), 브랜드가 고객에게서 끌어내려고 하는 느낌 등이 있다.

강력한 브랜드는 핵심적인 강점을 유지하기 위해서 시대의 변화에 맞추어 이러한 무형의 요소들도 잘 관리하여야 한다.

예를 들어 골프 퍼터 시장의 선도 브랜드인 타이틀 리스트는 퍼터에 대한 끊임없는 연구개발을 통해서 타사에 비해 기술적으로 앞서 나가고 있다.

이러한 기술적 발전을 토대로 다양한 서브 브랜드를 가진 제품을 제공함으로써 소비자들에게 강력한 브랜드로 인지받고 있는 것이다.

| 그림 2-9 | 구단이나 팀에 대하여 고객이 느끼는 가치가 구축되는 경로들

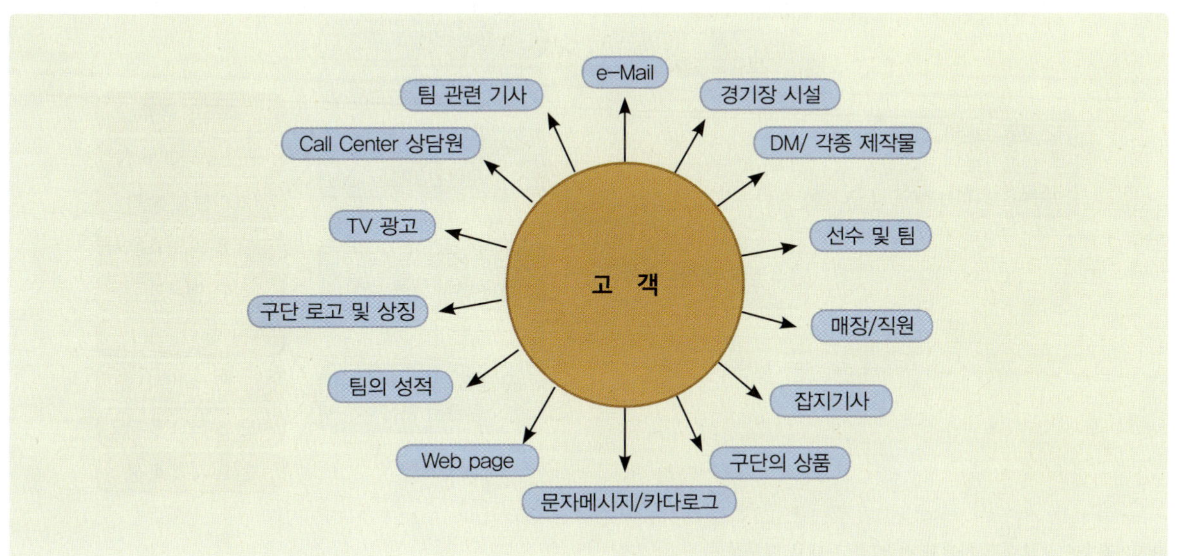

나이키 또한 끊임 없는 유·무형의 혁신을 통해서 강력한 브랜드로 파워를 쌓아나갔다. 나이키 제품을 사용하면 완벽한 경지의 경기력과 건강, 나아가 행복을 실현할 수 있다고 소비자들에게 광고한다. 소비자들은 이러한 광고를 통해서 나이키가 후원하는 선수들에게 자신을 주입하여 그들과 동일한 위치에 있을 수 있다고 믿게 되고 자신의 꿈을 실현할 수 있는 영감을 얻었다고 생각하면서 제품을 구매하게 된다.

고객이 느끼는 가치의 구축

제품 품질, 디자인, 비용과 가격 사이에 적절한 균형점을 찾는 것은 쉬운 일이 아니지만, 강력한 브랜드는 고객가치에 맞추어 제품 가격을 책정한다. 예를 들어 한국의 프로야구의 입장권 가격을 미국 프로야구 수준의 가격대로 형성한다면, 한국 프로야구 소비자들은 만족감을 느끼지 못할 것이다. 그 이유는 한국 프로야구의 시설 및 경기력 수준이 갖는 브랜드 가치가 미국의 프로야구가 갖는 브랜드 가치와 비교할 수 없는 차이가 있기 때문이다. 이처럼 적절하고 만족스러운 가격과 이러한 가격의 지속은 강력한 브랜드 파워를 갖는데 중요한 요소라고 할 수 있다.

경쟁 브랜드의 유사성과 차별성의 결합

포지셔닝이 잘된 스포츠 브랜드는 경쟁 브랜드와의 유사성과 차별성을 절묘하게 결합하면서 강력한 스포츠 브랜드의 입지를 구축한다.

일관성 있는 마케팅 커뮤니케이션

강력한 브랜드 파워를 갖기 위해서 기업과 스포츠 브랜드 조직은 커뮤니케이션의 일관적이고 지속적으로 유지해야 한다.

이러한 일관성 있는 커뮤니케이션을 소비자들로 하여금 하나의 일관적인 브랜드 이미지를 갖게 할 것이고, 이는 곧 브랜드와 소비자와의 약속으로 전이되기 때문이다. 만약 브랜드가 일관적이지 못하고 자주 바뀌는 변화를 추구하는 커뮤니케이션을 한다면 소비자는 브랜드가 거짓말을 한다고

그림 2-10 | 스포츠 브랜드 자산의 원천

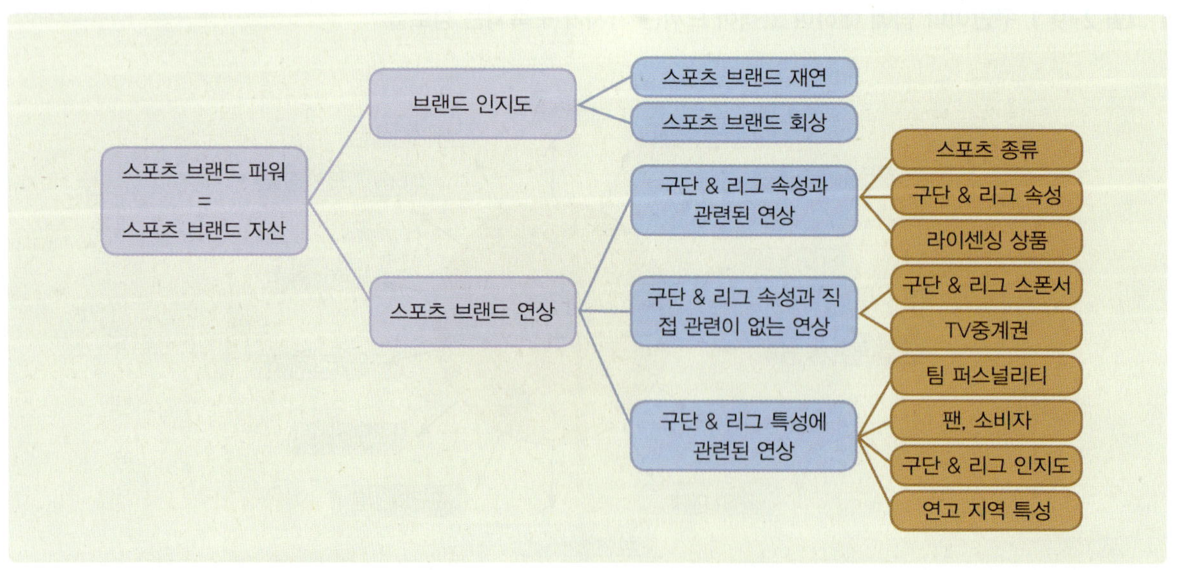

출처: 최승호, 〈브랜드 차별화 전략〉을 토대로 재구성.

마케팅 休知通

Web의 8초 법칙

웹 방문자들은 어느 특정 웹사이트를 방문했을 때 8초 내에 홈페이지가 뜨지 않으면 다른 사이트로 가버린다. 그리고 자신이 얻고자 하는 정보가 2번 이상 크릭하여 나오지 않으면 다른 사이트로 가버린다.

따라서 웹 운영자는 방문자에게 신속하게 대응하기 위해 속도와 정보를 제공할 필요가 있다. 스포츠 구단이나 연맹의 경우 최근 웹 개발을 통한 소비자의 체류 시간 연장에 많은 투자를 하고 있다.

믿을 것이고 이는 결국 브랜드 인지도와 신뢰도가 떨어지는 결과를 가져올 것이다.

스포츠 마케팅 요소의 통합 관리

일반적으로 브랜드 자산 구축에는 로고, 심벌, 슬로건, 포장 등의 모든 마케팅 요소들이 이용되는데, 강력한 스포츠 브랜드는 이러한 요소들을 잘 조화시켜서 브랜드 이미지 향상, 경쟁이나 법적 측면에서의 브랜드 보호와 같은 여러 가지 브랜드 관련 기능을 수행한다.

강력한 브랜드는 개별 마케팅 활동이 브랜드 자산을 형성하는데 어떠한 역할을 하는지 정확하게 이해하고 있으며, 사람, 장소, 배경 등을 사사 브랜드와 정확하게 연결하여 소비자에게 전달한다.

코카콜라의 경우가 통합적인 브랜드 관리의 좋은 예이다. 코카콜라의 다양한 마케팅 활동은 "언제나 코카콜라" 캠페인과 같은 매체광고, 올림픽과 FIFA 월드컵을 통한 지속적이고 동일한 마케팅과 프로모션 활동, 온라인과 오프라인의 일관성 있고 동일한 프로모션을 통해서 코카콜라가 갖고 있는 정통적이고 일관성 있는 브랜드 이미지를 보여준다.

스포츠 브랜드 이미지의 명확한 이해

강력한 파워 브랜드는 소비자들에게 자사의 브랜드가 어떠한 이미지를 형성하고 있는지를 정확하게 이해 전달시킨다. 고객이 브랜드와 연관하여 갖고 있는 믿음, 태도, 행동이 결합되어 전반적 브랜드 이미지가 형성되는데, 이것은 그 기업이 의도적으로 만들 수도 있고 고객이 자의적으로 만들 수도 있다. 그렇기 때문에 브랜드 관리자가 먼저 브랜드를 전반적으로 정확하게 이해하고 소비자나 팬들에게 정확하게 이해시킬 수 있는 준비를 해야 한다.

지속적인 지원

스포츠 브랜드뿐 아니라 일반적인 브랜드도 강력한 브랜드 자산 구축을 위해서 지속적인 투자를 아끼지 말아야 한다. 이는 브랜드 자산이 조심스럽게 구축되어야 하는 문제와 함께 조용하면서 견고한 브랜드 자산으로 구축되기 위해서 지속적으로 추진되어야 한다.

강력한 파워 브랜드의 최종적인 목표는 언제나 고객 팬들의 마음 속에 조용하고 명확하게 진입함으로써 언제든지 떠올릴 수 있는 강력한 브랜드가 되는 것이다. 그렇기 위해서 브랜드는 단기간의 집중적인 마케팅 투자를 통한 단기간의 높은 매출을 요구하는 것이 아니라 장기적인 마케팅 투자와 활동을 통해서 지속적인 브랜드 자산을 구축하는 것이 중요하다.

스포츠 브랜드 자산의 모니터링

브랜드는 기업 가치를 구성하는 주요 자원이므

로 브랜드 가치를 키우기 위해서 적절한 투자를 해야 한다. 일반적으로 강력한 브랜드는 브랜드에 대한 면밀한 감사와 지속적인 브랜드 모니터링을 통해서 현재의 상태를 수시로 체크하여야 한다.

특히 브랜드 모니터링은 시스템화 되어 정기적으로 실시되는 것이 중요한데, 브랜드 포트폴리오와 브랜드 계층 구조의 적정성을 파악하는 데 반드시 필요한 요소이다.

스포츠 브랜드에서의 자산의 모니터링은 스포츠 제품뿐 아니라 이벤트에서도 지속적으로 이루어져야 한다. 스포츠 제품의 모니터링과 이벤트 프로퍼티의 지속적인 모니터링을 통해서 고객의 욕구를 충족시킬 수 있도록 해야 하며, 더욱더 견고한 브랜드 자산을 구축할 수 있도록 해야 한다. 따라서 브랜드 관리자는 각 브랜드 요소가 요구하는 예산, 인력, 소요시간 등을 고려하여 상대적으로 중요한 성공 요인부터 단계적으로 실행해 나가야 한다.

제 3 장 스포츠 브랜드 관리

제 3 장

스포츠 브랜드 관리

1. 스포츠 브랜드의 관리

스포츠 브랜드를 관리한다는 것은 브랜드 명을 관리한다는 것이 아니라 브랜드와 관련된 소비자의 생각이나 행동 그리고 팀 성적이나 이미지를 관리한다는 것이다.

스포츠는 다른 제품과 달리 스포츠라는 제품, 경기, 이벤트라는 제품을 통하여 신체적인 건강과 즐거움, 자기 과시, 쾌락, 실용적 추구 및 자아를 실현하는 욕구를 충족시킨다.

각기 다른 브랜드는 사람들의 각기 다른 욕구를 충족시켜 준다. 어떤 브랜드는 실용적 효능(practical utility)을 추구하려는 욕구를 충족시키는데 이는 소비를 통해 실제 당면한 문제를 해결하는 것이다. 테니스를 잘 치기 위한 욕구를 충족시키기 위해 HEAD 라켓을 구매한다면 HEAD 라켓은 소비자의 실용적 효능이라는 욕구를 충족시켜 주는 것이다. 어떤 사람들은 테니스를 즐김으로써 신체적인 즐거움을 추구하기도 하고, 위아래로 스포츠 브랜드로 용품을 착용한 사람은 감각적이거나 인지적 자극의 욕구를 추구하기도 한다. 이와 같이 각기 다른 욕구를 가진 소비자는 각기 다른 스포츠 브랜드를 선택하게 된다.

이때 브랜드가 충족시켜 주는 욕구에 따라 브랜드 개념을 "실용성 충족," "긍지 추구," "일상 점유 경험"의 세 가지로 나눌 수 있다.

실용성 충족 스포츠 브랜드

실용성 충족의 욕구를 충족시켜 주는 브랜드의 경우 스포츠 현장이나 참가 등의 일상에서 부딪칠 수 있는 실제적 문제를 해결해 줄 수 있음을 강조한다.

나이키 플러스(+)는 달리기와 음악을 함께 즐기는 개념에서 자신의 신체적인 활동을 과학적인 데이터와 커뮤니티를 통한 목표 달성이라는 개념을 가지고 달리기에 참가한 사람들에게 실용성을

| 표 3-1 | 스포츠 브랜드의 관리 요소

스포츠 브랜드의 관리 요소	
표준화가 용이한 요소	표준화가 비교적 용이하지 않은 요소
• 브랜드 이름 • 브랜드 아이덴티티와 포지셔닝 방향 • 제품의 기능이나 품질	• 마케팅 커뮤니케이션 수행 • 가격 수준 • 유통 관리

출처: 마크 고베, 〈감성 브랜딩 뉴 트렌드〉를 토대로 재구성.

제공한다. 이러기 위해서는 나이키 운동화가 기능면에서 어떠한 장점을 가지고 있고 어떻게 특화가 되어 있는지를 잘 알려 주어야 한다. 이러한 실용적 충족 스포츠 브랜드 제품이 시장에서 성공적으로 자리잡기 위해서는 기능, 용도, 효과, 사용 방법 등을 소비자에게 광고나 홍보 그리고 이벤트를 통하여 알려 주어야 한다.

특히 기능적인 발전을 이루려는 스포츠의 특성상 제품에 대한 자세한 설명은 브랜드 관리의 중요한 개념이다.

코카콜라의 스포츠 이벤트 스폰서

긍지 추구 스포츠 브랜드

긍지 추구 스포츠 브랜드는 최고급을 지향하는 인간의 욕구를 충족시킴으로써 소비자의 만족을 극대화하는 브랜드이다. 메이저리그 베이스볼의 월드시리즈의 경우 한 경기 티켓 가격이 500달러 이상을 주어야 한다. 티켓을 소지한다는 것 자체만으로도 기념이 되는 것이다.

이처럼 긍지 추구의 욕구를 충족시켜 주는 브랜드는 자이 개념의 강화를 위해서 구매의 제한성을 강조하게 되는데 일반적으로 과시용으로 알려진 제품이 여기에 속한다. 누구나 마음으로 원하는 제품이지만 실제로는 구매할 수 없는 사람이 많을수록 그 브랜드 구매자는 자신에 대한 긍지를 더욱 높이게 되는 것이다.

나이키의 Air Jordan 23은 23만원의 가격에 23만개를 한정 판매하여 소비자로 하여금 브랜드 보유에 대한 긍지심을 갖게 하였다. 만약에 포르쉐 스포츠카를 구매할 능력이 있는 사람들에게만 제한하여 일부 고급 잡지에 광고를 낸다면, 많은 사람들이 포르쉐가 그렇게 좋은 차인지 알지 못할 것이고, 포르쉐를 구매한 사람도 자신의 가치를 표현할 수 없는 것이다. 이처럼 긍지 추구 브랜드의 경우 제품 소유를 다른 사람들이 알아주는 것이 중요하다. 그럼으로써 제품 소지자의 긍지가 더 높아지기 때문이다.

긍지 추구 브랜드를 잘못 이용하면 위화감이 조성될 수 있으며 사치 풍조를 조장한다는 비판을 들을 수도 있다. 긍지 추구 스포츠 브랜드는 고객의 높은 취향을 반영하는 것이 되어야지 무분별한 사치를 통한 자기 과시의 도구가 되지 않도록 하여야 한다.

일상 점유 경험 스포츠 브랜드

'제일기획'은 성공적인 마케팅을 위해선 '시장 점유율'보다 '소비자 일상 점유율'에 중점을 둬야 한다는 '일상 점유'의 개념을 발표했다. 스포츠 경기 참여나 관람의 직접 경험을 통해 감각적으로나 인지적으로 즐거움을 얻게 되어 일상생활에서 스포츠 브랜드 자체를 생활화시키는 것이 중요하다. 스포츠 브랜드가 성공할 수 있는 가장 큰 부분의 관리가 된다.

감각적·인지적 자극은 내버려 두면 저절로 약화되어 만족감이 떨어지기 때문에 경험 유희를 지속적으로 느끼고 인지할 수 있도록 하는 동시에 만족감을 높이는 것은 중요한 과제이다.

이를 위해서는 각 구단이나 리그는 지속적인 상

마케팅 休知通

프로튜어족(Proteur)

인터넷을 발달로 지식의 생산과 가공 그리고 전파가 쉬워지면서 생겨나기 시작했다. Professional과 Amateur의 합성어로 자격증도 없고 전문 교육도 받지 않았지만 자신이 관심을 갖고 있는 영역에서는 전문가 못지않는 식견을 갖고 있는 사람을 뜻한다.

PCP(Proteur Created Contents)라 불리는 이들의 콘텐츠는 재미와 전문성 모두를 겸비한 것으로 평가받으며 큰 인기를 끌고 있다. 최근 스포츠 분야의 인기 캐스터나 해설위원 등이 전문 선수가 아닌 일반인인 경우가 많아지고 있으며, www.hoochoo.com 의 경우에는 전문가 이상의 식견을 자랑하는 해설과 지식으로 스포츠 페이지를 장식하고 있다.

품 개발과 참여를 소비자나 팬들에게 유도하는 것이다. 이러한 경험 유희의 스포츠 브랜드 정착을 위해서 광고는 소비와 관련된 참여와 관련된 경험적·환상적 측면을 강조해야 한다. 즉 경기장에 와 보라~, 직접 제품을 사용해 보라 등 사용 및 참여를 할 수 있도록 유도하여야 한다.

스포츠 브랜드 개념 관리에 근거한 전략 수립은 제품 수명주기 전략과는 달리 능동적이면서 효과적인인 방법으로 해야 한다.

아디다스의 성공적인 브랜드구축은 다음과 같은 몇 가지 가치 있는 교훈을 제공해 준다.

- 브랜드 구축은 광고 이상의 다른 많은 요소들을 포함한다.
- 브랜드 구축은 혁신을 포함해야 한다.
- 뛰어난 수행능력은 엄청난 이득을 창출한다.
- 제품자체는 브랜드에 아주 중요한 요소이다.
- 브랜드는 제품 이상의 다양한 편익을 포함하고 있다.
- 명확한 브랜드 아이덴티티는 브랜드 프로그램 개발 및 실행에 지속적인 방향성을 제시해 준다.
- 브랜드 팀이 브랜드를 관리해야 한다.
- 소비자와 정서적인 차원에서 연결되어야 한다.
- 하위브랜드를 이용하여 이야기를 전달하고 브랜드에 관한 인식들을 관리해야 한다.

2. 스포츠 브랜드 관리 전략

최근 들어 프로스포츠의 발달과 인터넷의 발달 그리고 글로벌 경제구조로 인해 한국 소비자들도 이제는 국내 1위 브랜드에 만족하지 않고, 그 분야에서 세계적으로 인정받는 브랜드에 대한 관심이 높아지고 있다.

현대의 브랜드 형태는 유형의 브랜드보다는 무형의 브랜드가 더 중요한 경영 요소로 인식되어지고 있다. 실제로 선진 외국의 경우에서는 이미 스포츠 브랜드의 중요성을 인식하고 80년대부터는 본격적인 브랜드 마케팅을 실시하고 있다.

그 예로 이미 우리에게 잘 알려진 MLB나 NBA 등의 프로스포츠와 나이키 및 아디다스 등의 대형 스포츠 회사들이 브랜드 마케팅을 통한 것들이 브랜드 마케팅시대의 전형적인 사례이다. 나이키사의 경우 이미 세계 1위의 Bauer 스케이트 브랜드인 Bauer를 매입한 적이 있다. 이들 기업은 생산공장을 사는 것이 아니라 파워 브랜드 즉, 그 나라의 소비자 마음을 사는 것이다.

삼성전자의 경우는 브랜드 관리에 있어 전략적으로 문화 마케팅과 스포츠 마케팅을 활용한다. 삼성전자는 기부를 중요한 사회 활동으로 인식하는 미국에서 매년 스포츠 스타 등 유명인사를 초대하여 불우 어린이들을 위한 기금을 마련하는

'희망의 사계절 행사'를 전개하고 있다. 그리고 문화와 예술에 대한 자부심이 높은 러시아의 문화 발전을 위해 삼성 톨스토이 문학상을 제정함으로써 브랜드가 현지 고객들과 감성적으로 더욱 밀착되도록 노력하고 있다.

LG전자도 활발한 스포츠 마케팅 활동을 통해서 글로벌적인 브랜드 인지도 관리를 수행하고 있다. 유명 명문 축구클럽과의 스폰서 계약을 통해 유럽 시장에서 이미지를 구축하고 있는데, 영국 리버풀 FC와의 후원 계약, 프랑스 올림피크 리옹과의 후원계약이며, F1의 후원을 통해서 전 세계적으로 브랜드를 관리하고 있다. 아프리카 지역에서는 LG컵 국제 축구대회를 개최하는 등의 활동을 통해서 브랜드 인지도를 높이고 있다.

3. 스포츠 브랜드 로열티

브랜드 로열티(Brand loyalty)는 "소비자가 제품 구매시 구매하고자 할 때 직면하게 되는 지각 위험(Perceived Risk)을 경험하게 되면, 이것을 구매의 중요성과 불확실성의 함수라고 생각한다. 이 지각위험에서 재무적, 사회적, 심리적, 기능적인 위험이 있고 소비자는 이러한 위험 요소를 감소시키는 전략의 하나로 특정 브랜드만을 계속적으로 구매하게 되는데, 이러한 성향을 브랜드 로열티"라고 정의한다.

즉 과거의 경험을 통해 만족할 경우 위험 요소를 피하기 위해서 안정적인 브랜드를 계속 구매하면서 마음의 편안함을 느끼고 자연스럽게 브랜드에 대한 충성도(로열티)가 증가하게 되는 것이다. 브랜드 로열티의 정의가 마케터에게 주는 의미는 매우 크다. 먼저 브랜드 로열티는 의미없이 무작위로 이루어지는 것이 아니라는 점이다. 즉 소비자의 브랜드 로열티는 마케터의 통제가 가능하고 그 통제 여하에 따라 변할 수 있는 것이다.

연구에 의하면 브랜드 로열티는 어린이와 청소년기를 거치면서 이미 형성되지만 브랜드 로열티를 지닌 소비자와 그렇지 않은 소비자가 특별히 존재하는 것이 아니라 브랜드 로열티는 제품위주로 존재한다. 즉 소비자가 어떤 제품군에는 브랜드 로열티를 가지지만 다른 제품군에는 그렇지 않을 수도 있다는 것이다.

브랜드 로열티가 마케터에게 주는 또 하나의 중요한 시사점은 브랜드 로열티를 지닌 소비자는 그렇지 않은 고객에 비해 가격 탄력성이 낮다는 것이다.

미국에서 실제로 3,000명의 LA 레이커스 팬들을 대상으로 한 설문조사에 의하면 브랜드 로열티를 가진 소비자가 브랜드 로열티가 없는 소비자에 비해 같은 경기장을 찾거나 제품을 구입할 때에 더 많은 값을 치루는 것으로 밝혀졌는데 'LA 레이커스'의 브랜드 로열티를 지닌 고객이 그렇지 않은 고객에 비해 평균적으로 551달러를 더 지불하는 것으로 나타났다.

브랜드 로열티를 가지고 있는 소비자가 그렇지 않은 소비자에 비해 이처럼 높은 가격을 지불하는 이유는 브랜드 로열티를 지닌 소비자가 그렇지

구단은 팬과의 유대관계를 통해서 더 높은 충성도를 양성해 낸다. (스포츠숍의 표어)

스포츠 브랜드를 판매하는 판매숍

않은 소비자에 비해 선수나 팀에 대한 정보탐색(Information search) 및 다른 팀(Alternatives)에 대한 정보탐색(가격에 대한 정보를 포함한)을 더 하게 되며 경기장에 더 많이 찾는 것으로 나타났다.

따라서 한사람의 충성 고객을 잃게 된다는 것은 기업에 있어 큰 손실이다. Consumer Reports는 브랜드 로열티를 가진 한 사람의 고객을 잃는 경우, 그 구단이나 연맹에 끼치는 손실액이 무려 5,000달러에 이른다고 보고하고 있다.

4. 스포츠 브랜드의 고급화 요소

브랜드 로열티를 개발하고 테스트를 거쳤다면 이제는 브랜드 자체를 고급화 하는 것이 중요하다. 이를 위해서는 스포츠 브랜드의 정체성을 개념에 맞게 구성하고 결정하는 것이 중요하며 필립 코들러는 다음의 네 가지로 고급화 전략의 내용을 설명하였으며 〈그림 3-1〉과 같다.

스포츠 팀의 이름 및 심벌

스포츠 구단이나 브랜드의 이름 및 심벌은 중요한 브랜드의 이미지를 전달하는 데 특별한 기호이다. 팀의 브랜드는 스포츠 제품이나 미디어에도 나오고 팬들이 이름을 부르기 때문에 팀의 이름 및 심벌은 주의를 끌 수 있어야 하고 목표 소비자들로부터 친숙감과 심리적인 일체감을 느끼게 해야 한다. 또한 이름은 스포츠 상품이 나타내고 싶어하는 연상과 특성들을 불러일으킬 수 있어야 한다. 만약에 팀의 이름이 어떠한 느낌이나 연상도 불러일으키지 못한다면 팀의 브랜드 파워는 약하다고 할 수 있다. 즉 이름이나 심벌은 목표 시장에서 여러 가지 연상을 일으킬 수 있어야 하고 특유의 아이디어를 전달할 수 있어야 한다.

스포츠 팀의 브랜드 이름 및 심벌은 특별한 이벤트의 명칭, 덕아웃의 이름, 프로모션 명칭 또는 다양한 새로운 상품들의 명칭을 개발하는 것과도 연관이 되어 있으며, 이러한 측면에서 이름 및 심

벌은 스포츠 조직들이 브랜드 고급화를 위해 첫 번째 넘어야 할 관문이다.

구조적인 외형

스포츠 조직의 구조적인 외형의 고급화란 스포츠 브랜드 환경에 초점을 맞추어 선수나 팀의 외형인 복장, 헤어스타일, 체형, 악세서리 등을 브랜드에 맞추어서 가다듬는 것이다.

또한 스포츠 팀의 구조적인 외형은 브랜드의 컨셉트를 상징하고 강화시키는 시각적인 이미지라 할 수 있는데, 역사적 혹은 지역적인 연관성으로 인해 시장에서 아주 강력한 힘을 가지고 있어서 외형적인 변화를 필요로 하지 않는 브랜드도 있다.

예를 들면 한국축구 국가대표팀의 붉은 악마인 악마 심벌, 시카고 불스의 성난 황소, LA 레이커스의 노란색과 보라색, 맨체스터 유나이티드 팀의 붉은색과 노란색 팀 마크는 강력한 상징물이다. 이러한 상징물들은 영원히 팬들의 마음 속에 새겨져 있고 과거의 승리, 패배, 그리고 영웅을 표현하는 수단으로서 브랜드 마케팅의 도구로 활용되어진다.

| 그림 3-1 | 스포츠 브랜드 고급화 전략

스포츠 팀의 브랜드를 세련되게 만들고자 NBA는 복장 규정을 마련하여 선수들이 늘 비즈니스 캐주얼을 입도록 요구했으며, 팀과 관련된 행사에는 츄리닝이나 티셔츠 보석 장식물의 착용을 금지토록 하였다. 맨체스터 유나이티드는 경기가 끝나면 반드시 정장을 입도록 하는 드레스 코드를 만들었으며, 뉴욕 양키스 경우에는 수염이나 머리를 기르지 못하도록 하였다. 이처럼 강제적으로 만들어진 규칙으로 인해 일부 선수들의 반발도 있지만 브랜드의 외형을 만드는 데는 크게 일조를 하고 있다. 구조적인 외형은 스포츠 상품에 따라 달라지지만 외형이 브랜드의 포지셔닝에 도움이 되기 위해서는 개인, 조직의 구조적인 외형적 특성을 통해 만들어질 필요가 있다.

스포츠 시설 역시 브랜드를 차별화하고 또한 팀, 도시 그리고 주를 대표하는 구조적 외모의 특성들을 나타내 보일 수 있다.

구성 요소

스포츠 브랜드 구성 요소란 스포츠 브랜드의 내용물을 뜻하며, 이 구성 요소의 목록을 만들 때는 브랜드로 나타내 보여지는 유·무형적인 요소를 모두 평가한다. 구성 요소는 선수의 게임 스타일, 감독의 전략, 팀의 구성, 리그의 규칙이나 규정, 웹사이트, 구단의 자선 사업, 스포츠 이벤트 같은 스포츠의 유·무형적인 성과와 관련된 내용들이다.

구성 요소의 고급화 과정은 스포츠 브랜드가 무엇을 추구하고 무엇을 대표해야 하는지에 대한 팬들의 기대에 부응하는 것이다. 이를 통해 스포츠의 필수 요소인 진정성을 강화하고 브랜드와 구성 요소를 일치시키며 나아가 경쟁 브랜드와 차별화시키는 것은 매우 중요한 작업이다.

대부분의 스포츠 상품들은 선수나 이벤트 같은 동일한 물질로 구성되기 마련이지만 그럼에도 좀

더 튀는 다른 요소들이 요구되기도 한다.

행동 및 태도

구성 요소가 스포츠 브랜드의 콘텐츠를 구성한다면 행동이란 브랜드에 기질과 활력을 결정짓는 스포츠 브랜드 구성원들의 활동일 것이다. 즉 스포츠맨십과 같이 브랜드의 근본적인 개념은 구성원의 행동을 통해 표현되고 만들어진다. 스포츠에서의 행동은 가장 관리하기 어려운 요소이다. 스포츠에서의 행동은 경기 결과나 선수나 감독들의 행동 등이 계산되어 만들어진 행동보다는 즉흥적이고 감성적인 그리고 지극히 경기 결과적인 측면이 많아서 예측하기가 쉽지가 않다. 그러나 이러한 구성원들인 선수, 코치, 직원, 경영진, 스폰서 등의 행동은 스포츠 브랜드와 상관 관계를 맺고 있기 때문에 스포츠 브랜드 전략에 큰 영향을 미친다.

브랜드를 세련되게 다듬는 과정에서 브랜드가 무엇을 소통하려는지와 팬들이 브랜드에 대해서 무엇을 배우는지도 결국 스포츠 브랜드 구성원들의 행동을 통해서 만들어진다. 따라서 모든 스포츠 구성원들은 스포츠 브랜드의 행동이 어떻게 브랜드에 영향을 미치는지를 생각하고 잘 행동할 필요가 있다.

I NBA Team Logo 스포츠 비즈니스의 출발점은 로고에서 시작되기도 한다.

아디다스의 데이비드 베컴을 활용한 TV CF 광고

스토리 마케팅

(1) 스토리

미래의 시장은 감성과 꿈이 지배한다. 소비자는 이제 그 제품 자체를 구입하는 것이 아니라 제품에 얽힌 이야기를 구입한다. 이 시장에서 승리하려면 이야기를 잘 활용해야 한다. 이야기를 만들어 내지 못하는 아이디어는 존재할 가치가 없다. 이야기를 가지고 있지 않은 제품은 창고에 처박히고 소비자의 기억에 바로 잊혀질 것이다. 이야기 없이는 어떠한 가치도 얻지 못할 것이다. 기업과 시장을 지배하려거든 B&G(뻉앤드 구라)가 있어야 한다고 명지대학교의 김정운 교수는 말한다. B&G 속에는 스토리가 있기 때문이고 B&G를 잘하는 사람은 스토리텔러가 되는 것이다.

코펜하겐 미래 문제 연구소의 정보화 사회 이후는 어느 사회가 오는가에 대한 질문으로 (드림 소사이어티)라는 보고서에서 이렇게 언급하고 있다.

"정보화 사회의 태양은 지고 있다. 우리가 그 사회에 완전히 적응하기도 전에 말이다. 인류는 수렵꾼으로, 또 농부로 살았고, 공장에서도 일했다. 그리고 지금은 컴퓨터나 인터넷으로 대변되는 정보화 사회에 살고 있다. 바로 드림 소사이어티다. 이것은 신화와 꿈, 이야기(story)를 바탕으로 시장을 형성하는 새로운 사회다. 이런 맥락에서 미래의 상품은 이성이 아니라 우리의 감성에 호소할 수 있어야 한다"고 기록하고 있다.

따라서 정보화 사회 이후에 도래할 드림 소사이어티를 살아가는 최상의 방법은 바로 스토리를 만들어 내야 하는 것이다. 스포츠는 완벽하게 이성과 감성 그리고 신화를 계속적으로 만들어 가는 스토리 마케팅의 한 장르 중 가장 드라마틱하고 생동성 있는 소재이다.

그림 3-2 스토리텔링의 유형별 포지셔닝

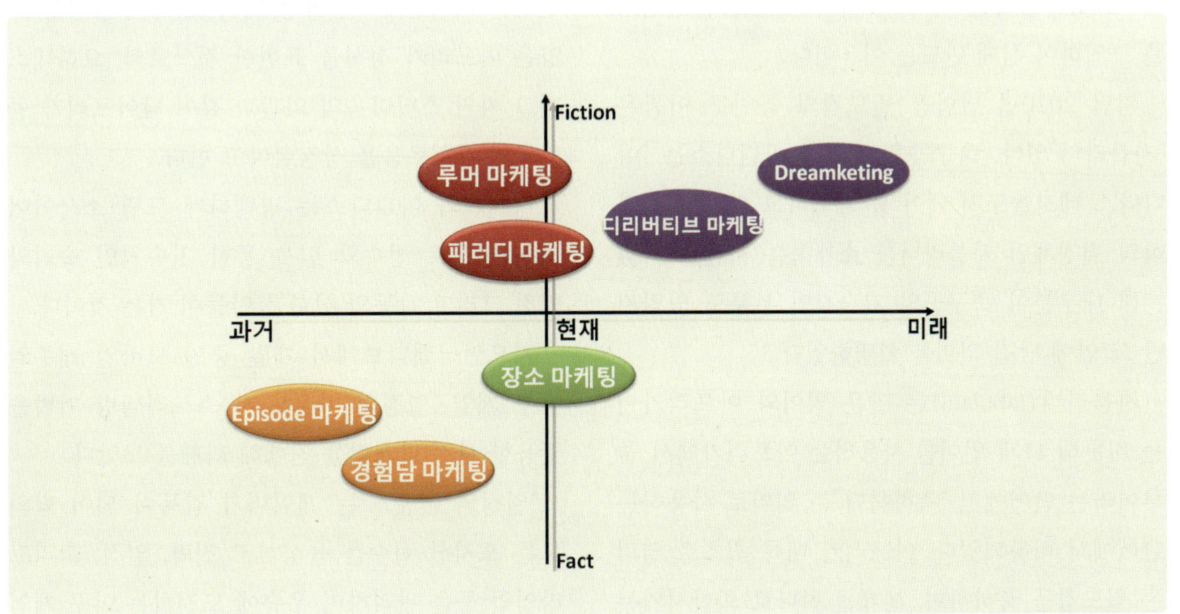

Air Jordan 캐릭터의 농구화는 하늘을 날게 만든다는 스토리를 만들어 냈다.

나이키는 스포츠라는 언어와 국경 그리고 연령을 뛰어 넘은 이야기를 펼쳐 보이는 대표적인 기업이다. 나이키가 중시하는 것은 상품 그 자체라기보다는 그 안에 담긴 불패와 승리의 신화이다. 나이키의 Air Jordan을 신었다는 것은 이야기 속에 내가 들어가는 것이다. 이러한 이유가 나이키를 구입하여 신게 만드는 이유이다.

지난 2010년 남아공 월드컵의 공인구 이름은 "자블라니"였다. 축구공을 개발한 아디다스는 "아디다스 테크놀로지 데이"를 개최하고 디자인과 과학의 결정체인 자블라니를 소개하는 시간을 가졌는데 대부분이 축구공의 기술적인 부분도 있었지만 그 안에 담긴 의미를 설명하였다.

자블라니(Jabulani)는 말은 영어와 아프리카어를 비롯해 11개 언어를 사용하는 아프리카에서 줄루어라는 단어에서 "축하하다"는 의미로 사용하는 단어에서 비롯되었다. 아프리카 대륙 최초로 열리는 월드컵을 축하하며, 세계를 하나로 화합시키는 월드컵의 뜨거운 열정을 축하한다는 의미를 담고 있다.

자블라니에 있는 11가지의 색깔과 선은 남아프리카 공화국의 11개 공식 언어와 11개 부족을 상징할 뿐만 아니라 11명의 축구 선수와 11번째 공인구를 의미한다. 흰 바탕 위의 네 개의 삼감형 모양은 아프리카 정신을 표현한 것으로서, 요하네스버그 싸커 스타디움의 와관과 같이 남아프리카 공화국의 다채로움을 상징한다고 한다.

나이키와 아디다스는 명백하게 드림 소사이어티 기업으로 선수와 팀을 통한 지속적인 승리와 역전 그리고 감동의 신화를 만들어 가는 것이다.

지오인터랙티브에서 개발 중인 모바일 캐주얼 야구 게임 '열정의 마운드'가 스토리텔링 기법을 활용한 사전 마케팅을 진행해 화제를 모았다.

'열정의 마운드'는 게이머가 감독이 되어 팀의 모든 포지션 선수를 육성하고 전략, 일정, 그리고 라인업 등을 관리하며 우승에 도전하는 야구 게임이다. 더불어 네트워크 리그, 다양한 캐릭터와 마구, 그리고 야구 게임의 묘미를 느낄 수 있는 투수뷰 등을 지원해 게이머들에게 매니지먼트와 야구의 재미를 동시에 제공한다.

이처럼 내가 감독이 되는 스토리처럼 흥미 있는 것이 어디 있을까? 특히 게임 내에서 존재하지 않는 스토리 라인을 상상력으로 구현하여 이를 마케팅으로 활용한 점이 눈에 띈다. 〈열정의 마운드〉는 게임 내 주요 캐릭터인 '봉의사', '빅초이', '손정은', 그리고 '고제트'에게 각각 열정을 통해 약점을 극복하는 비하인드 스토리를 부여했으며, 4인의 캐릭터가 서로 사랑과 우정으로 얽히도록 설정하여 스토리의 재미를 높였다.

(2) 스토리의 힘은 상상력과 생산력

정보는 서점과 인터넷 그리고 살아가는 세상에 널려 있다. 거의 누구나 무료로 모든 정보에 접속할 수 있을 뿐만 아니라, 쌀이나 기름과 달리 정보는 이용하면서 다 써서 없어져 버릴까 걱정할 필요가 없다. 오히려 정보는 정반대로 쓰면 쓸수록 증가하고 새로운 것으로 가공되어 더 커져 버린다.

스포츠 현장에서도 연맹이나 구단의 조직체를 경제적으로 차별화 하는 것 중의 하나는 천문학적으로 늘어나는 정보은행을 어떻게 활용하고 이용하느냐 이다. 즉 조직체가 얼마나 효과적으로 정보를 찾고 그것을 평가하여 새로운 지식으로 전환할 수 있는지, 그리고 정보의 경제적 잠재력을 최대화할 수 있는지에 달려 있다.

Tim Hurson의 저서 「창조와 혁신을 위한 생산적 사고의 길」 *THINKS BETTER*에서 Think Better 능력이 조만간에 회사나 개인들이 획득할 수 있는 가장 중요한 경쟁 우위 요소가 될 것이다. Think Better는 모든 문제의 핵심이다라고 하였다.

어떻게 하면 좋은 창의적인 스토리를 만들어 낼 것인가 하는 것은 바로 기존의 정보를 가공하고 재 창조하는 것과 새로운 것을 찾아내는 것이다.

이러한 스토리의 힘은 상상력에 달려 있고 그것은 바로 생명과 같은 것이다.

스토리 마케팅의 네 가지 핵심 요소는 메시지, 갈등, 등장인물, 플롯이다.

(3) 스토리 시장 구성

2002년 붉은 악마의 카드 섹션 중에 꿈은 이루어진다는 카드섹션을 기억하는가? 그때 나라 안팎이 온통 축구와 선수 월드컵 이야기로 가득 채워져 있었다. 매일마다 새로운 신화를 만들어 내고 이야기거리를 만들어 내고 누가 시키지 않아도 이야기를 증폭시켰으며, 수많은 이야기들이 쏟아져 나와 사람들을 행복하고 즐겁게 하였다.

이처럼 이야기 시장은 새로운 제품과 사회를 만들어 낸다. 가령 월드컵이 "꿈의 잔치"가 될 수 있었던 것은 사람들이 단순히 열광해서가 아니라 선수가 움직일 때마다, 공이 굴러 갈 때마다, 승리를 할 때마다, 또 한편의 새로운 이야기를 생산해 냈기 때문이다.

스포테인먼트에서 드림 소사이어티에는 4대의 시장이 있다.

첫째, 일상을 탈출하는 모험 추구 욕구를 자극하며 사람들로 하여금 도전과 재미를 느끼게 하는 시장이 있다.

I 2010 남아프리카 공화국 공인구인 자블라니

마케팅 休知通

상상하라

나는 선잠이 들기 전이나 잠에서 깨어난 직 후에도 내가 원하는 완벽한 레이스를 상상할 수 있다. 나는 상상에서 스타트(start), 스트로크(stroke), 턴(turn), 피니시(finish)의 모든 동작을 볼 수 있다.

그 광경은 너무도 선명하여, 나는 아주 세밀한 내용, 심지어 내가 헤엄치고 지나간 뒤에 남는 물보라까지 볼 수 있다.

나는 상상력이 풍부하다. 내가 수영하는 모습을 상상하는 것은 머리 속에 경기장면을 프로그래밍하는 것과 같다. 그리고 이 프로그램 실제로 내가 상상했던 대로 이루어지기도 한다.

나는 최악의 레이스, 최악의 상황까지도 머리 속에 그릴 수 있다. 그것은 실제로 일어날 상황에 대비하기 위함이다. 예컨데 다이빙한 후 고글에 물이 들어간 경우를 생각해 보자. 당신은 어떤 반응을 할 것인가? 당장 필요한 것이 무엇일까? 이에 대한 계획을 사전에 세워 두는 것이 중요하다.

내가 수영을 시작한 이후로 상상은 내 일상생활의 일부가 되었다.

– 마이클 펠프스의 No Limits(나를 일르켜 세우는 힘) 중에서

스포츠 활동은 일상의 생활로부터 벗어나 자신만의 시간, 아니면 가족만의 시간을 가질 수 있으며 이러한 모험 속에는 이야기가 숨어 있다.

이 시장의 최대 장점은 프로 모험가들의 도전과 성태의 모든 이야기가 시장에서도 그대로 수용된다는 점이다. 보스턴은 명문사학들이 있는 것으로도 유명하지만 세계에서 가장 오래된 보스턴 마라톤 대회가 있다. 115회 째를 맞이하는(2011년) 이 대회에는 32Km를 전후한 지점에 심장 파열 언덕(heart break hill)이라는 오르막길의 유명한 난 코스가 있다.

보다 더 좋은 생각은 마케터뿐만 아니라 모든 사람들의 목표이다. (Tim Hurson의 책 *THINK BETTER*)

1936년 이 언덕에서 전년도 우승자였던 존 A 켈리라는 선수가 선두를 달리고 있던 엘리슨 브라운 선수를 앞지르기 시작하면서 잘해 보라는 듯 뒤져지는 브라운 선수의 등을 살짝 두드려줬다. 아마도 브라운 선수가 계속 뒤처지리라고 생각했던 것 같다. 그러나 브라운은 이에 자극을 받아서 였는지 용기를 얻어서 인지, 켈리를 앞지르고 우승자가 되었다. 보스턴 기자인 제리 네이슨이 "(breaking kelly's heart) 캘리를 상심(절망)시킨"언덕이라고 보도했기에 sbxsdl awlakr 언덕에 "상심(비통, 비탄)의 언덕"이라는 별명이 붙었다.

이 상심의 언덕은 참가하는 많은 사람들에게 도전과 재미 그리고 즐거움을 제공한다.

둘째, 한 번에 끝나는 경기지만 계속해서 이어지는 흥미진진한 스토리 시장이 있다. 야구나 농구, 풋볼의 시즌을 보면 보통 6개월을 넘긴다. 처음에는 내가 응원하는 팀이 지다가도 후반을 넘어가면서 승률이 높아져 코리언 시리즈에 나가기도 한다.

야구에는 가을의 전설이라는 것이 있다. 바로 프로야구 플레이오프전에 진출하는 것을 의미한다. 모든 팀들은 가을의 전설에 참여하고 싶어한다. 올해는 누가 전설을 만들어 내는지? 클리브랜드에서 마이애미로 이적한 르브론 제임스과 과연 과거 팀인 클리브랜드를 상대로 어떻게 경기를 펼칠 것인지, 이번 시즌에 마이애미의 3총사와 우승을 할 것인지 등 흥미진진하게 이어지는 스토리 시장이 있다.

이처럼 스포츠 스토리는 6개월 이상 아니 선수가 그 팀에 있는 7년 이상의 시간을 만들어 낸다. 마이클 조던이 있던 시카고 불스는 무려 15년 이상 그의 이야기를 먹고 살았다 해도 과언이 아니다. 그가 만들어 내는 신기록은 미국을 넘어 중국에 있는 청소년과 지구상의 많은 사람들에게 흥미를 제공하였다. 그가 야구 선수가 되었을 때 잘하는지? 그가 은퇴 후 시카고 불스가 우승할 것인지? 계속해서 기록을 세울 것인지? 그는 전설적인 스타답게 97-98시즌 팀 우승을 이끌고 은퇴를 선언하면서 그의 전설에 다시금 물음표를 남기게 하였다.

셋째, 커뮤니티를 통한 나눔과 연대감의 시장이다. 정보화 시대가 도래하면서 인터넷의 발달과 교통의 발달 그리고 통신의 발달로 인해 "함께 커뮤니티를 형성하는 시장"이 급격하게 성장하였다. 한국 대학생의 경우 15개 이상의 커뮤니티에 가입하여 활동을 한다고 한다. 이러한 커뮤니티는 스포츠 구단이나 종목 그리고 레저 스포츠에서도 주말 활동이나 경기가 있을 때 함께 모여 나누는 활동을 한다. 그리고 기업들은 이러한 커뮤니티를 활용하여 자사의 제품을 선전하거나 프로모션 툴로서 활용을 한다. 월드컵 때마다 만들어지는 대한민국의 공동 운명체는 응원이라는 승리라는 16강이라는 단어로 응축될 수 있다. 이 단어에는 이야기거리들이 많이 들어 있다. 기업은 16강, 8강, 선수 11명, 8회 출전이라는 숫자를 활용하여 마케팅을 하기도 하고 응원, 대한민국, 축구라는 단어의 스토리를 이용하여 프로모션을 전개하기도 한다.

보스턴 마라톤 대회장에서 만난 딕 & 릭 호잇 부자와 기념 촬영을 한 저자 – 그들의 스토리는 전 세계에 감동을 전했다.

넷째, 스토리 결합의 시장이다. 맨체스터 유나이티드의 제품 중 유명한 것이 올드 트래포트(맨유의 경기장) 투어이다. 코스는 박물관, 경기장으로부터 선수들의 락커룸까지 이어진다. 가장 사람들의 관심을 끄는 장소는 선수들의 락커룸이다.

어느 락커가 어느 선수 것인지, 그리고 누가 사용하는지? 투어 가이드는 이 곳에 가면 코로 선수들의 냄새를 맡아 보라고 상상력을 자극한다. 관광도시 이탈리아의 베로나는 '로미오와 줄리엣'이라는 이야기를 활용한 스토리텔링 마케팅에 크게 성공하였다. "기존에 유명한 관광지였던 '줄리엣의 집'에서 결혼할 수 있는 기회를 제공하자는 아이디어를 추진하여," '베로나에서 나와 결혼해주세요'라는 이름의 이벤트는 낭만적인 사랑을 꿈꾸는 세계인들을 베로나로 끌어들였다. 줄리엣의 집에서 유명 축구 선수와 배우가 결혼식을 갖도록 해주고 이 소식을 전 세계에 알렸다. 이 프로젝트는 시작된 지 5개월 만에 이탈리아뿐 아니라 미국, 페루, 홍콩, 호주 등 전 세계에서 80만명이 줄리엣의 집을 방문하여 결혼을 하였다. 이처럼 장소를 스토리와 결합하여 소비자에게 제공하는 것이다.

다섯째, 진실을 기반으로 한 실패와 좌절의 승리의 시장이다. 스포츠에서 항상 승리란 있을 수 없다. 야구 경기의 경우 홈 팀에서 60% 이상의 승리만 거둬도 홈팬들을 잡는데 성공할 수 있다고 한다. 이처럼 경기에서 지속적인 승리는 어렵고, 만약 연승을 달리고 있다면 그것처럼 행복하고 좋은 일은 없다.

베이브 루스는 홈런 못지않게 많은 삼진을 당했다. 하지만 그는 이렇게 말했다. "내가 714개의 홈런을 칠 수 있었던 것은 1,390개의 삼진 아웃이 있었기 때문이다"라고 하였다.

끝날 때까지 끝난 것이 아니다. 스포츠에는 바로 이러한 실패와 좌절을 통한 승리의 시장이 존재 한다.

야구는 9회말 2아웃 이후부터라는 말이 있다. 언제라도 뒤집어질 수 있음을 이야기 하는 것이다. 경기가 끝난 것이 아닌 것처럼 패배가 끝난 것이 아닌 것처럼 실패와 좌절은 승리의 시장을 만들어 낸다.

여섯째, 우연히 만들어지는 스토리 시장이다. 북미하키리그(NHL) 디트로이트 레드 윙스의 팬들은 플레이오프 등 주요 빅매치를 벌일 때면 살아있는 싱싱한 문어를 경기장에 던진다.

아니, 웬 문어를? 그것도 '신성한' 경기장에 문어를 투척한다니? 의아하게 생각할 것이다.

1952년, 당시 레드 윙스는 시즌 챔피언을 가리는 스탠리컵 플레이오프전에 디트로이트에서 생선가게를 운영하던 피트와 제리 쿠시마노 형제는 가게에서 문어를 챙겨 경기장에 와서 첫 골이 터지자마자 이 문어를 경기장에 집어 던졌다.

그들이 문어를 던진 이유는 8개의 다리를 가져 8이란 숫자가 NHL 플레이오프 숫자와 같기 때문이고, 8게임을 모두 이겨 챔피언에 오르라는 기원에서 8개의 다리가 달린 문어를 던진 것이었다. 문어 투척의 효험이 있어 레드 윙스는 그해 플레이오프 8게임을 휩쓸며 우승을 거머쥐었고, 이후 이 문어는 레드 윙스 팀에 행운을 불러일으키는 상징처럼 여겨지게 되었으며 문어를 팀의 상징으로 만들로 상품으로 개발하여 판매하기도 한다. 이렇게 만들어진 우연한 문어 던지기 전통은 지금까지도 계속 이어져 팀의 전통으로 자리잡았다.

스토리텔링을 통한 브랜드 포지셔닝

내 이름은 데이비드 베컴, 내 얘기 한번 들어볼래? 난 아직도 가끔 1998년을 떠올려, 아무일 없었다면 얼마나 좋을까? 간절히 바라면서, 그때 난 어린애 같았지. 5분, 아니 10분은 펑펑 울었을 걸? 난 생명의 위협도 느꼈어. 3년 반 동안은 어딜가나 늘 불안했지.

완전히 무너져 나락 속을 헤맸어, 마침내 그리스전에 골을 넣었을 때 모든 기자들이 나를 향해 박수를 치더라.

날 욕하던 사람들에게 환호받는다는건. 그거 정말 엄청난 기분이더라구, 누구나 언젠가는 시련을 겪지, 중요한건 그 시련에 꺽이지 않는거야, 불가능. 그것은 아무 것도 아니다.

위와 같은 이야기가 있다. 그리고 이러한 이야기에 사람들은 관심을 갖고 그 선수를 다시 한번 보게 된다. 하지만, 이야기거리가 기업을 먹여 살리는 스토리 마케팅은 더 이상 새로운 얘기가 아니다.

특히 스포츠 마케팅에서의 스토리 마케팅은 스포츠 스타선수의 비화, 스포츠 이벤트의 비화, 사례 등으로 스포츠 팬들에게 어필하고, 스포츠 이벤트를 후원하는 기업들의 마케팅 자원적 가치까지 재탄생시킨다.

특히 스포츠 마케팅에서의 스포츠 선수의 영웅담, 고생담, 그리고 역적이 되었다가 다시 영웅이 되는 스토리는 스포츠 마케팅에서 좋은 소재가 될 수 있다. 스포츠 팬이나 고객들이 그전에는 모르고 있었던 스포츠 선수의 스토리를 들려주면서 기업들은 소비자들에게 스포츠 스타와 기업을 동일시 하게 하고 연결고리를 만들어 주면서 긍정적인 포지셔닝으로 이끌기 위한 하나의 마케팅 방식인 것이다.

가장 대표적인 사례가 위에서 이야기 해준 스포츠 스타를 활용한 TV CF 스토리텔링 마케팅이라고 할 수 있다.

이러한 스포츠 마케팅에서의 스토리 마케팅은 스포츠 스타선수로부터 나온다. 한마디로 스포츠 스타는 스토리텔링 마케팅의 최고의 자원인 셈이다.

이러한 스토리텔링 마케팅을 가장 잘 활용한 사례는 스포츠 브랜드 회사인 아디다스이다.

위에 예를 들은 베컴의 내용뿐 아니라, 아디다스는 스포츠 선수들을 활용한 많은 스토리 CF를 제작하였다. 잉글랜드 축구영웅 데이비드 베컴(Beckham)을 비롯하여, 아르헨티나의 축구 대표선수 리오넬 메시(Messi), 여자 장대높이뛰기 챔피언 옐레나 이신바예바(Isinbayeva) 등이 등장해 절망에 빠졌던 때를 고백하고 다시 스타선수로 재기한 이야기를 들려준다. 그리고 "Impossible is nothing(불가능이란 아무것도 아니다)"라는 문구와 함께 아디다스의 로고가 보인다. 이 광고에서 제품의 설명은 단 한 차례도 나오지 않는다. 아디다스는 "기존의 어떤 광고보다 가장 효과적"이라고 밝혔다.

이야기 경제를 분석한 미래학자 롤프 옌센은 "역경을 딛고 일어난 스포츠 스타들의 성공담은 현대판(版) 영웅 신화"라고 비유했고, "사람들은 스토리를 소비한다"라고 했다.

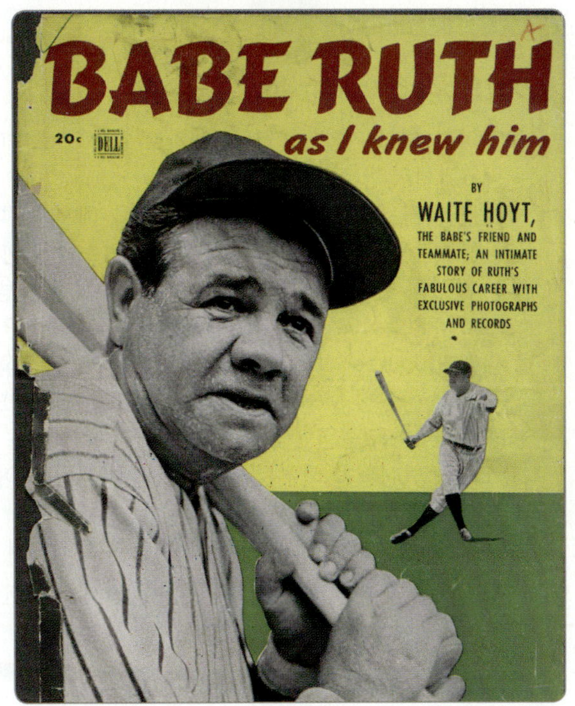

베이브 루즈의 자선전 포스터 광고

결과적으로 스포츠 마케팅에서 스토리 마케팅은 스포츠 팬들에게 스포츠 선수라는 영웅을 통해서 대리 만족의 느낌과 감동을 전달하면서 이 감정을 스포츠 제품과 자연스럽게 동화시킬 수 있다는 점에서 효과적이라고 할 수 있다.

스포츠의 스토리 마케팅 사례

(1) 스포츠 스타

스포츠 선수의 스토리 마케팅에서 가장 성공적인 사례는 중국 선수 야오밍의 미국 NBA 진출이라고 할 수 있다.

야오밍의 NBA 진출 당시 중국과 미국의 정치적 관계와 경제적인 여려가지 문제들까지 포함되면서 많은 이야기거리를 양산해 냈고, 심지어는 야오밍이 NBA 진출기를 담은 다큐멘터리까지 방송되기도 하였다.

마케팅 休知通

PPL(Product Placement)

PPL이란 특정 기업의 협찬을 대가로 영화나 드라마에서 해당 기업의 상품이나 브랜드 이미지를 끼워 넣는 광고기법이다.

기업측에서는 화면 속에 자사의 상품을 배치, 관객(소비자)들의 무의식 속에 상품 이미지를 심어 관객들에게 거부감을 주지 않으면서 상품을 자연스럽게 인지시킬 수 있고, 영화사나 방송사에서는 제작비를 지원받을 수 있어 기업과 제작사가 Win-Win할 수 있는 방법이다.

최초의 PPL은 1945년 미국 워너 브러더스사가 제작한 <밀드리드 피어스(Mildred Pierce)>에서 보여준 '버번 위스키(Bourbon Whiskey)'가 선보였으며, 본격적인 PPL은 82년 개봉한 스티븐 스필버그의 <이티(ET)>다. 영화에 등장한 M&M사의 'Reese's Pieces'라는 초콜릿 캔디는 개봉 3개월 만에 66%의 매출 신장을 기록해 PPL의 효력을 증명했다.

PPL산업이 성황을 이루는 헐리우드에는 전문 에이전시만 100여 개가 넘는다. 이들은 시나리오 단계부터 적극적으로 참여한다.

특히 스포츠 제품들이 영화 속에 반영된 사례들이 많이 있으며 <마라톤> 뉴발란스 <우생순> 아식스 (포레스트 검프> 나이키 등이 대표적이고 일반 기업 사례로는 <부시맨>의 코카콜라병, <피아노>의 야마하피아노, <캐스트어웨이>의 페덱스(Fedex) 등이 있다.

NBA의 휴스턴 로키츠 구단은 2002년 야오밍을 영입하는 데 4년 간 163억원(연간 41억원)을 썼다. 하지만 그 덕에 NBA는 2005년 중국에서 120억원의 TV 중계권료 수입을 거둬들였고, 코카콜라·아디다스·차이나모바일 등 17개사와 중국 내 마케팅 파트너십을 체결해 수십억 달러의 수입을 거뒀다.

한때 NBA가 최고의 스타선수들을 보유하고 있을 당시 NBA는 보스턴 셀틱스와 레이커즈의 라이벌 스토리, 래리버드와 매직존스의 스토리, 마이클 조던과 매직존슨, 마이클 조던과 찰스 바클리의 스토리를 통해서 NBA의 미국 내 인기뿐 아니라 전세계적으로 글로벌한 마케팅을 할 수 있는 초석을 마련하였다.

(2) 스포츠 이벤트

현대 캐피탈은 현대 캐피탈 인비테이셔널 투르드 코리아 개최 당시, 고환암을 극복한 사이클 선수 랜스 암스트롱(Armstrong)을 초청하면서 TV 광고를 통해서 현대 캐피탈의 이미지와 암스트롱과의 이미지를 연결하기 위한 마케팅 활동을 펼쳤다.

(3) 스포츠 게임

게임배급업체 일렉트로닉아츠는 1998년부터 축구·농구·미식축구 게임에 스포츠 스타들의 모습을 등장시키고 있다. 1999년부터는 실제 스포츠 스타들의 이름을 게임에 등장시키고, 게임 속 얼굴 모습이나 능력치까지 모방하고 있다. 이러한 스포츠 게임에서의 실제 선수의 등장은 게임을 즐기는 스포츠 팬들을 몰입할 수 있게 하였고, 현장감 있는 사실적인 게임을 통해서 게임 타이틀의 판매를 증가시키고, 그 안에서 벌어지는 광고까지도 집중할 수 있게 하면서 TV 방송에서 할 수 있었던 마케팅 활동을 대신할 수 있는 효과도 갖게 되었다.

이러한 스포츠 스토리텔링 마케팅은 스포츠 스타와 이야기 경제의 결합은 특정 국가·지역에 제한되던 스포츠 산업의 경계를 전 세계로 확장시키면서 스포츠 마케팅을 글로벌 마케팅의 수단으로 활용할 수 있는 역할을 하였다.

제 4 장 도시 브랜드 마케팅과 스포츠 이벤트

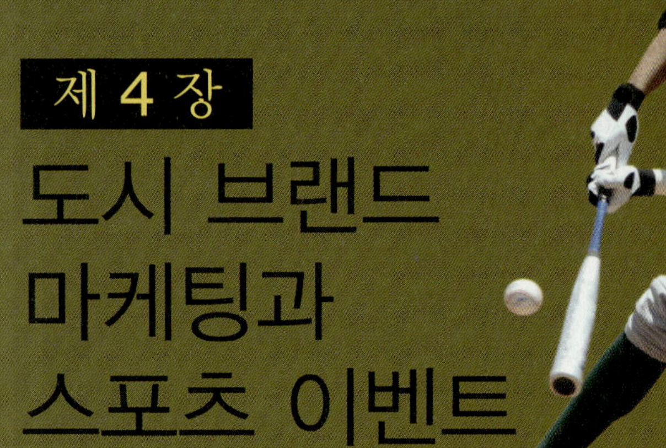

제 4 장 도시 브랜드 마케팅과 스포츠 이벤트

1. 도시 브랜드 마케팅의 필요성

국가브랜드 지수를 만들어 낸 사이먼 안홀트(Anholt)는 "한 나라가 관광객을 끌어들이고, 외국인 투자를 유치하고, 상품을 팔리게 하고, 정치적 동맹을 만들어 내는 것 모두에 국가브랜드가 영향을 미친다"고 하였다. 나라마다 차이가 있지만 통치 주체인 국가에 비해 지역·도시라는 단위는 대부분 국가의 행정 기능을 수행하는 부속물로 여겨지거나 거의 무시되었다.

그러나 이제는 국가 순위를 매기는 것은 진부해졌다. 지역·도시의 개념은 국가의 부속물이 아니라 발전의 중심적 역할을 한다는 경제적이고 사회적인 사실이 알려지면서 지역 경쟁력 강화를 위한 각종 사업들이 만들어지고 있다.

특히 세계화가 빠르게 진전되고 국가 간 경계가 사라지고 개별 도시에 보다 강화된 경쟁력이 요구되면서 도시경쟁력이 국가경쟁력보다 더 중요하다는 말까지 나오고 있다. 지역과 도시는 밀집해 있어서 주민들의 요구를 관철시키기 쉬운 공간적 범위여서 경제적으로나 정치적으로 국가보다 의미가 커지고 있다. 프랑스 파리하면 에펠탑, 미국 뉴욕하면 브로드웨이, 중국하면 베이징이 떠오르고 베이징하면 천안문과 만리장성이 떠오른다. 이처럼 '도시 마케팅' 전략을 통해 도시 이미지를 알리고 있는 것은 세계적인 추세다. 삼성경제연구소는 우리나라의 미래를 위해서는 지방자치 정착과 지역 경제 활성화가 대단히 중요하고, 21세기는 '탈 집중'의 시대로 지방의 활력이 국가의 활력을 가늠하는 시대, 지방의 경쟁력이 곧 국가의 경쟁력인 시대가 되었다고 발표하였다. 스포츠가 관광·문화 상품과 결합하여 지역 경제를 활성화시키고 도시를 알리고 지역 발전을 앞당기는 중요한 수단으로 자리매김했다. 이러다 보니 전국적으로 자치단체마다 경쟁적으로 경기장을 조성하고 스포츠 이벤트 유치에 공을 들이고 있다. 심지어 전담팀을 구성, 전문적으로 스포츠 이벤트 유치 및 운영에 뛰어든 곳도 있다.

우리나라의 경우 88 서울올림픽의 성공적 개최, 2002 FIFA 월드컵 4강을 통하여 서울과 대한민국이라는 브랜드를 전 세계에 알릴 수 있는 계기가 되었으며, 이러한 스포츠 이벤트 개최는 국가 및 도시의 이미지를 일거에 제고할 수 있는 가장 효과적인 수단의 하나로 증명되었다. 2002년 한·일 월드컵 개최 이후 국제 사회에서 한국 인지도는 10% 이상 증가하였으며, 부정적 이미지는 7%에서 5%로 감소하였다(이현숙, 2002).

1990년대 이후 스포츠가 미치는 영향이 광범위해지며 스포츠를 통한 도시 브랜드 이미지 제고 개념이 등장하게 되었다. 도시 인지도나 전반적인 이미지가 스포츠 행사에 의해서 증대될 수 있다는 것인데, 올림픽과 월드컵을 비롯한 세계적인 이벤트는 도시 브랜드 마케팅의 중요한 도구로 활용할 수 있는 대표적인 상품이다.

도시 브랜드 가치 제고를 위한 스포츠 이벤트 활동이 보다 더 효과적이고 의미가 있는 활동이 되기 위해서는 지역 이미지와 맞고, 참가자를 만족시킬 수 있는 관점에서 만들어지고 개최되어야만 한다.

2. 도시 브랜드 마케팅의 구축

이제는 국가 간의 경쟁이 아니라 도시 간의 경쟁이다. 도시 브랜딩이란 스포츠를 하나의 핵심 콘텐츠로 하여 단순한 이름이나 로고에 그치는 것이 아니라 도시에 관련해 나타내는 이점, 가치, 문화, 퍼스낼리티 등을 종합적으로 전달하는 다차원으로 구성된 의미를 갖고 있다. 즉 도시 브랜드는 도시가 갖고 있는 독특한 특성이나 고객에게 나타내고자 하는 가치와 퍼스낼리티를 전달하는 것이라고 할 수 있다.

그러면 왜 도시 브랜딩(city branding)인가, 이에 대한 대답은 전 세계적으로 각 도시 간의 뚜렷한 차별점이 없어지고 있기 때문에 이미지를 재창출하고 산업 기반을 정비하여 경제를 활성화하고 주민들의 생활 기반을 개선해야 할 필요성을 절실하게 느꼈기 때문이다.

선진국을 보면 산업 혁명기 이후 미국과 유럽 등 선진국의 주요 도시들이 전 세계 공업의 중심 도시로서 산업의 호황과 더불어 도시의 지리적 영역과 경제 활동 인구가 지속적으로 증대되어 왔다(김경호, 고승익, 1999).

도시 브랜드란 개념은 경제 구조의 변화로 인하여 도시 간의 경쟁이 치열해지고, 문화가 도시의 생산 도구로 변모하는 상황에서 도시의 성장 전략

| 도시 마케팅의 성공사례인 뉴욕의 도시 마케팅

이 변화하는 과정에서 생겨나게 되었다. 특히 작은 도시나 지방자치 단체는 상대적으로 크고 유명한 시에 비해 경제를 활성화 할 수 있는 자원이 절대적으로 부족하다. 따라서 자신의 도시를 총체적으로 표현하는 브랜드를 창조하여 이를 통해 차별화 하여야만 살아날 수 있다.

본격적으로 도시 브랜드 마케팅이 시작된 것은 1970년대 쯤으로 매우 다양한 형태로 나타났다.

미국의 경우 1970년대 이르러 뉴욕이 경제적 위기에 봉착하고, 범죄가 성행하여 도시에 대한 인식이 좋지 않았다. 따라서 관광객 숫자가 줄어들고, 경제적인 수입이 줄게 되자 결국 도시 재정에 문제가 발생하게 되자 본격적으로 도시 마케팅을 시작하게 되었다. 뉴욕상공위원회(The New York Commerce Commission)는 도시 이미지를 쇄신하고 적극적인 관광객 유치와 도시 홍보를 위하여 외부의 전문 기관을 선정하고 뉴욕을 브랜드화하는 마케팅 활동을 펼쳤다. 전문 광고 회사를 고용하여 캠페인을 개발하였다(송정일, 2002). 이에 따라 "아

이러브 뉴욕(I ♥ NY)" 이란 슬로건을 개발하였으며, 프랭크 시내트라(Frank Sinatra), 율 브리너(Yul Brenner)와 같은 당시 유명한 남녀 배우와 스포츠 스타들을 광고에 활용하였다. 이 캠페인은 매우 성공적이어서 "I Love NY"은 현재까지도 세계에서 가장 잘 알려진 도시의 로고가 되었다. 조그마한 악세서리에서 부터 커피잔, 자동차 범퍼 스티커에 이르기까지 다양한 방법으로 애용되는 패션 아이콘이 되어 지금도 지속적으로 전개되고 있다.

일본의 경우에는 오이타현의 일촌 일품 운동과 같이 지역 자체를 브랜드화하는 지역 브랜드 전략이 일반화되고 있다. 관광이나 공장의 유치가 아니라 지역 축제와 박람회 등 이벤트를 통해 관광객을 유치하여 경제 활성화에 성공한 대표적인 국가이다. 1000만명을 훨씬 넘기는 박람회가 즐비하고, 각 지역별로 축제가 없는 지역이 없을 정도로 1년 내내 많은 축제가 벌어지고 있다.

3. 스포츠 이벤트를 통한 도시 브랜드 구축 사례

도시와 도시 간의 경쟁에서 다른 도시와 차별화시킬 수 있는 것이 무엇일까?

도시만의 독특한 건물이나, 이벤트, 문화, 역사적인 건물, 박물관, 스포츠 구단 등일 것이다. 도시의 경쟁력을 키우기 위해서는 번번하게 거행되는 스포츠 이벤트를 적극적으로 활용할 필요가 있다. 스포츠를 관람하거나 직접 참여하는 인구가 늘어나면서 스포츠 관련 산업이 확장 일로에 있다. 스포츠 이벤트 개최는 지역 주민들에게 지역에 대한 자부심을 고취시키고, 지역적 공감대와 정체성을 형성하는 데 기여함으로써 지역 공동체의 발전에 긍정적인 기능을 한다.

스포츠 산업의 가장 대표적인 상품이 바로 '스포츠 이벤트'이며 스포츠 이벤트는 최근 세계적으로 급성장하고 있는 스포츠 산업 분야의 대표적인 상품 가운데 하나이다. 올림픽이나 월드컵에 참여나 관람하는 기업이나 사람들의 규모가 점점 더 커지고 있으며 이외에도 자동차, 골프, 축구, 테니스, 기타 각종 스포츠 관련 이벤트들이 지속적인 성장을 하고 있다.

스포츠 이벤트가 도시를 대표하는 마케팅 수단이 될 수 있다.

스포츠 이벤트는 스포츠가 가진 건강미, 명랑함, 아름다움, 활동적이고 역동적인 감각이 단순 명쾌한 이미지 하에서 강력한 커뮤니케이션 도구가 되고 있다(정무행, 2002). 이를 이용하여 도시 이미지로 연결시키려는 노력을 하고 있다. 스포츠 이벤트를 이용하여 도시 브랜드를 구축한 사례들을 보면 다음과 같다.

올림픽을 통한 도시 브랜드 구축

올림픽은 월드컵과는 달리 국가명이 아니라 도시명을 따서 대회명이 붙여지다 보니 도시 브랜드 가치를 높이는 최고의 스포츠 이벤트이다. 그러다 보니 스포츠 브랜드 로고 중에서 가장 가치 있고 사람들에게 잘 알려진 로고가 바로 올림픽 로고이다. 올림픽이 가져다주는 브랜드 이미지는 가치가 크기 때문에 이에 편성하여 마케팅하는 도시와 기업은 세계적인 브랜드로서 거듭나게 된다.

올림픽이 가져다주는 유·무형의 효과는 이미 많은 사전 연구를 통하여 알려진바 있다.

올림픽 개최가 가져다주는 상징성은 세계적인 도시로의 편입을 상징적으로 나타내는 하나의 계기가 되는 것이다.

(1) 올림픽 꽃으로 피어난 도시 바르셀로나

1992년 하계올림픽 개최지로 선정된 바르셀로나는 올림픽을 이용하여 처음으로 도시 전체의 위상을 한 단계 업그레이드시키는 '도시 재생 마케팅'을 활발히 펼쳤다.

이를 추진하기 위하여 체계적인 마케팅 전략을 세우고 도시의 정체성을 찾는 데서 출발하였다. 또한 도시 브랜드를 위해 세계 최고의 건축가와 도시계획 전문가들이 모여들어 종합 경기장, 수영장, 기타 경기장들과 교통체계와 도시 전체를 바꿔놓을 계획을 수립하였다.

실행하기 위해 지역 경제와 도시 계획의 재구성을 위한 전략을 수립하고, 외국 기업의 유치와 국내 투자 자본의 유치 등 도시의 산업 구조를 현대화하는 데 중점을 두었다.

도시를 알리기 위해 올림픽 마라톤 코스 중 시내구간 12㎞를 후미진 피카소 미술관 길에서 가우디의 명건축인 사그라다 파밀리아 성당, 카사밀라 등으로 구불구불 돌도록 하여 도시를 알리도록 만들었다. 바르셀로나 문화 명소를 마라톤 코스로 잡아 시티투어 코스처럼 잡은 덕택에 20억 인구가 지켜봤다는 마라톤 생중계는 전 세계 TV를 통해 도시를 알린 광고가 됐다. 세계 최고 중 하나로 꼽히는 FC 바르셀로나에 대해서도 적극적인 홍보를 벌였다.

올림픽 개최 결과 자치단체는 21억 달러, 스페인 정부는 40억 달러의 부채를 지게 됨으로써 적자 올림픽을 치루어야 했다. 그러나 올림픽의 적자가 도시 경제에 좋지 않은 영향을 미친 것만은 아니었다. 올림픽 개최 후 비록 정부는 적자를 면치 못하였으나 바르셀로나의 변신은 시민들 스스로도 놀라워할 정도로 많은 부분에 변화를 가져왔다.

2010 벤쿠버올림픽 당시 캐나다 국기 빌딩 랩핑광고

첫째, 바르셀로나는 올림픽 개최 전후하여 도시 전체에 스포츠 인프라 구축에 힘쓴 결과 기존의 공업 항구 도시의 이미지를 벗고 매력적이고도 서비스 지향적 관광 도시로 탈바꿈하는 데 계기를 마련하였다. 올림픽 개최를 기점으로 바르셀로나를 찾는 여행객이 급증하였다. 이를 통해 바르셀로나는 유럽의 중심이라는 인식을 심어 주었고 지역 경제 재활성화하는 계기를 만들어 주게 되었다.

둘째, 올림픽의 성공적 개최를 통해 바르셀로나는 검고 어두운 도시 이미지를 벗고 밝고 깨끗한 도시로 재탄생하였다. 즉 도시 브랜드 가치가 높아졌다. 올림픽을 통한 도시 브랜드 형성은 스포츠가 지니는 역동적이고 신선한 이미지를 그대로 도시의 이미지로 연결시켰다.

셋째, 경기장 활용 시설 극대를 통한 지역 경제의 활성화이다. 경기장을 활용하지 않는 것은 엄청난 낭비라 생각하고 몬주익 주경기장을 전 세계 소방관체육대회, 자동차 신제품 발표회(한달간 개최), 오토바이 생산 100주년기념 전 세계 골동품 오토바이 전시회, 미니어처 기차전시회, 어린이 레고 축제, 돼지사육장 전시회, 세계 웨딩용품 전시회, 세계 커피전시회, 세계 유명기업 해외 현지법인 미니 올림픽 등 훌륭한 전시장으로 활용하고 있다.

잔디가 깔린 경기장은 에스파뇰 축구팀의 전용구장으로 활용되고 있으며 사용일 수가 300일 이상으로 쉬는 날이 없을 정도로 올림픽 시설이 잘 활용되어 지역의 명물로서 자리를 잡았다.

넷째, 올림픽 이후 관광 프로그램과 적극적으로 연결하여 볼거리, 먹을거리, 살거리, 그리고 체험할 거리들을 만들어 관광객을 만족시켰다.

바르셀로나는 올림픽을 이용한 도시 마케팅'은 도시 자체를 하나의 상품으로 인식하고, 그 도시의 문화나 생산물을 자원으로 사람들이 선호하는 이미지와 시설을 개발, 이를 외부에 알리고 상품화함으로써 도시의 브랜드 가치를 높이는 계기를 마련하였다.

(2) 아시아를 넘어 세계 도시로

아시아 지역 도시의 핵심 주역을 담당하게 될 중국은 2008년 베이징올림픽을 개최하고 2010년에는 상하이 엑스포와 광저우 아시안게임을 개최하였다. 중국은 이러한 국제 이벤트를 국가발전의 발판으로 삼는다는 전략이다. 중국은 이미 올림픽, 엑스포, 아시안게임의 성공적인 개최로 국가브랜드 가치가 크게 높아졌다. 특히 이러한 기회를 통해 베이징, 상하이, 광저우는 세계적인 도시 브랜드를 갖추게 되었으며 이러한 기회를 통해 중국은 화약, 종이, 나침반, 인쇄술 등 4대 발명품을 화려하게 형상화한 중화문화를 세계에 뽐내면서 스포츠 브랜드 마케팅의 최고 수혜자라 할 수 있다.

프로스포츠를 통한 도시 브랜드 구축

(1) 스포츠 도시 런던

영국의 일간지 〈인디펜던트〉는 2007년 세계의 수도를 꼽는 기사를 실었다. 인구, 교통, 문화유산, 경제, 면적 등 여러 항목을 비교 분석한 끝에 여러 도시들 가운데 런던을 세계의 도시로 꼽았다.

런던은 총점 100점으로 미국의 뉴욕(97점)을 3점차로 따돌렸다. 1904년, 1948년 올림픽을 개최했고 2012년 올림픽을 유치한 영향이 컸다. 뉴욕은 올림픽을 연적이 없다. 이러다 보니 런던은 세계적인 도시 뉴욕을 앞질렀고, 런던에서 스포츠는 조시 브랜드 구축에 큰 비중을 차지하게 되었다.

런던은 서울보다 크다. 1,578㎢로 605㎢인 서울의 2.5배다. 인구는 700만명을 조금 넘는다. 1천만명이 사는 서울보다 인구 밀도가 낮지만 런던에는 13개의 프로축구 클럽이 있다.

2000년대 들어 맨체스터 유나이티드와 함께 프리미어리그 우승을 나눠 갖는 아스날과 첼시를 비롯해 토트넘, 풀럼, 웨스트 햄이 런던을 연고로 하고 있다. 이뿐만 아니라 세계에서 가장 오래된 역사와 전통을 가지고 있는 윔블던 테니스 대회가 있다. 스포츠가 도시를 생동감 있게 만들어 주는 역할을 한다. 스포츠를 하나의 전통으로 여기고 도시 이미지를 스포츠와 연결하여 역동적인 활발하지만 격조와 분위기를 갖춘 도시로 발전해 나가고 있다.

(2) 축구로 만든 도시, 맨체스터

1830년 최초의 철도가 선보인 도시 맨체스터는 산업 혁명의 중심지였다. 리버풀과 맨체스터를 잇는 증기기관차의 등장으로 맨체스터는 섬유와 방직의 최첨단 도시로 19세기엔 '면직물 도시'로 불릴 정도였다. 하지만 20세기 들어 도시는 쇠퇴하기 시작하였고, 도심 공동화 현상에 따라 도시 경쟁력도 저하됐다.

인구 감소가 이어졌으며, 실업률 증대, 범죄 등 심각한 침체기에 접어들면서 맨체스터는 어두움과 우울한 도시가 되었다.

그러나 축구는 노동자 집단의 스트레스 해방구 역할을 했다. 과거 산업 혁명 노동자들의 신분이

맨체스터 유나이티드는 세계적인 축구 클럽으로 도시를 홍보하고 있다.

현재 사무실 직원들로 바뀌었을 뿐, 축구는 여전히 그들의 스트레스 해방구 역할을 하였다.

맨체스터에는 심장부를 움직이는 두 축구팀 맨체스터 유나이티드와 맨체스터 시티가 있다.

1960년대 영국 최고의 감독 중 하나로 꼽히는 '매트 버스비'의 이름을 따 '버스비 세대'로 불리는 맨체스터 유나이티드 선수들의 성공은 맨체스터에 신선한 바람을 불러일으켰다. 70년대 영국 축구를 장악하던 리버풀의 헤게모니를 벗어나기 시작한 90년대, 맨체스터 유나이티드는 12시즌 중 8번 우승이라는 업적을 남기며 영국 축구의 강자로 떠올랐다. 승리에 따라 '돈'도 뒤따랐고 도시 이미지도 변해 희뿌연 기계도시에서, 푸른 축구도시로 변모하게 되었다. 영국 프리미어리그의 두 팀을 보유함으로써 스포츠 도시로 강한 인상을 남기고 있다. 축구는 관광객을 부른다. 숙박과 음식, 서비스업 등 '사람 장사'는 맨체스터에서 가장 잘되는 일로 자리를 잡았다. 축구 성공은 곧 도시의 브랜드 성공을 가져 오게 되었다.

프리미어리그가 전 세계로 중계되고, BskyB 등과 손잡게 되면서 맨체스터 도시는 그야말로 도시 브랜드를 알리는 계기를 마련하였다.

전 세계 팬들에게 구단뿐만 아니라 '맨체스터'라는 도시를 미디어를 통해 홍보하고 있고, 덕분에 맨체스터는 축구 하나로 잉글랜드에서 관광객 순위로 1~2위를 다투는 대형 도시가 됐다(장영렬, 이신혁, 2002). 자신을 '스포츠 도시'로 홍보하면서 2002년 영연방 경기 대회인 커먼 웰스 게임을 개최하는 데 성공했다. 최고의 잔디 중 하나로 꼽히는 올드트래포드 경기장은 축구 도시 브랜드 이미지로서 핵심적 역할을 수행하는 데 그 일익을 담당하였다.

지역 스포츠 이벤트 개최

전국 지방자치 단체마다 도시 브랜드 제고를 위해 국제적인 스포츠 이벤트 유치에 열을 올리고 있다. 스포츠 이벤트는 단순한 도시 이미지 업그레이드 외에도 새로운 관광 상품 창출 등을 통해 지역 경제를 부양하는 데도 크게 기여하고 있다. 스포츠 이벤트 유치가 곧 지역 경제 활성화와 도시 브랜드 이미지 제고로 연결되는 것이다.

(1) 서울과 스포츠 마케팅

스포츠 인구의 폭발적 증가와 함께 스포츠 관광이 급증하는 추세에 서울시는 서울만의 특성을 살린 다양한 스포츠 이벤트를 개최하여 도시 브랜드 마케팅을 추진하고 있다.

이를 위하여 서울의 상징인 한강 및 서울광장을 서울의 랜드 마크로 정하고 다양한 국제 스포츠 이벤트를 개최하고 있다.

스포츠가 가지는 신선함과 역동성을 서울의 브랜드 이미지로 구축하고자 다양한 국제 스포츠 이벤트 유치를 통하여 축제를 만들어 나가고 있다. 서울광장 등 도심 속 축제로 세계 여자 스쿼시대회, 서울의 구석구석을 알리는 국제 마라톤대회, 아시아 오리엔티어링 선수권대회, 국제 걷기대회, 세계 경제인 바둑대회가 열리고, 한강 페스티벌의 일환으로 세계 여자 비치발리볼 월드투어, 국제

트라이애슬론대회, 한강횡단 세계 줄타기대회가 개최하였다.

또한 동아일보(서울국제)마라톤 대회는 참가자 수나 기록면에서 이미 세계10대 마라톤대회로 평가받고 있으며 향후 뉴욕, 런던, 보스톤 마라톤에 필적하는 아시아의 대표 국제마라톤 대회로 계속 발전시켜 나갈 계획이다. 서울시에서 2008 개최된 국제 스포츠 이벤트를 보면 〈표 4-1〉과 같다.

여기에다가 "세계수영 선수권대회" 유치 준비를 통하여 서울을 세계에 알리려는 스포츠 이벤트 계획을 추진하고 있다. 또한 맨유 홈구장 올드트래포드에 100m에 달하는 움직이는 광고판인 'LED 동영상 광고'를 통해 경기당 90초 동안 서울시를 홍보하는 영상을 전 세계 축구팬들에게 선보였다. 이뿐 아니라 언론 인터뷰 배경막 로고 노출권, 맨유 공식 홈페이지 로고 사용권 및 링크권, 맨유 로고 및 각종 이미지 사용권 등을 갖고 도시 마케팅 활동을 펼쳐 세계 속의 서울이라는 브랜드를 알리는 계기가 되었다.

(2) 국내 지방 도시의 마케팅과 스포츠 이벤트

스포츠 이벤트 개최가 지역 경제를 살리는 데 도움이 되자 지방자치 단체마다 스포츠 이벤트 유치에 발벗고 나서고 있다. 스포츠 이벤트 개최로 대박을 터트린 시·군도 적지 않다. 매년 수십억 원의 직접수입과 간접효과를 얻고 있다. 한철 장사에 그치는 경치관광보다 부가가치가 더 높고 4계절 관광으로 발전할 가능성도 훨씬 크다. 지자체

표 4-1 2008 서울시 개최 국제 스포츠 이벤트

행사명	기 간	장 소	행사내용
서울 국제 마라톤대회	2008. 3.	세종로→잠실운동장	• 25,000여 명이 참가하는 국제 마라톤대회(국내외 초청선수, 마스터즈) • 경유코스별 자치구 문화행사 개최
세계 여자 비치발리볼 월드투어	2008. 5.	한강시민공원(잠실지구)	• 국제배구연맹 주최 서울오픈대회(64개팀 참가예정) • 부대행사로 모래 수상축제 개최
하이 서울 국제걷기대회	2008. 5.	서울광장, 성곽 등 서울명소	• 국제적 걷기대회 개최를 통한 국민건강 기여 및 서울의 국제적 홍보 • 외국인 포함 3만명 참가
세계 여자 스쿼시대회	2008. 6.	서울광장	• 세계여자스쿼시연맹 주최 서울오픈(서울광장에 이동식 경기장 설치) • 부대행사로 체조 갈라쇼 개최
서울 국제 트라이애슬론대회	2008. 6.	한강주변	• 수영(1.5km), 사이클(40km), 마라톤(10km) 등 • 20개국 2천명 참가
아시아 오리엔티어링 선수권대회	2008. 7.	올림픽공원 등 5개소	• 세계오리엔티어링연맹 승인 제1회 아시아선수권대회 • 외국선수 1천명 포함 3천여 명 참가
한강횡단 세계 줄타기대회	2008. 9.	한강(양화지구 일대)	• 줄타기 명인들의 한강횡단 줄타기 • (세계 15개국 25명 내외) • 시인체험 부대행사 개최
서울 컵 세계경제인 바둑대회	2008. 9.	올림픽파크텔 등	• 세계최초 경제인 바둑대회를 통한 국가 간 경제인 교류 및 투자유치 • 35개국 140여 명 참가
2013 세계수영 선수권 대회(유치준비)	2013. 8.	잠실수영장	• 5개 종목(경영, 야외수영, 다이빙, 싱크로나이즈드 스위밍, 수구) • 2009. 8월 개최지 결정

출처: 신문 자료 참조.

경영전략으로 스포츠 대회 유치에 역점을 두는 이유다. 이러다 보니 지자체마다 스포츠 이벤트 개최에 올인하고 있다. 강원도 내에서 개최되는 각종 체육행사만 연간 300개가 넘는다. 태백시는 2008년 28개의 체육행사를 개최하였다. 이들 대회에 적어도 20만명 이상의 선수단이 찾아 왔으며, 전지훈련만 4만여 명이 참여하였다.

지자체에서 유치 준비중이거나 실시한 이벤트와 스포츠 이벤트를 보면 〈표 4-2〉와 같다.

거친 산과 급류가 있는 강원도 인제는 지형을 활용해 모험 스포츠의 메카로 거듭나는 목표를 세웠다. 2007 세계 래프팅 선수권 대회를 개최하여 인제를 세계 "래프팅" 도시의 메카로 자리잡게 만들었다. 이외에도 빙벽등반, 번지점프, 서든 어택 얼라이브, 내린천 여름축제, 리버버깅, MTB, 패러글라이딩 등 다양한 레저 스포츠 시설과 이벤트 개최를 통하여 모험 레포츠 도시 브랜드 이미지를 구축해 나가고 있다.

(3) 스포츠 스타 초청 이벤트

메마른 모래 땅 위의 기적을 일궈낸 두바이, 160층짜리 초고층 빌딩 등 초현대식 도시로 탈바꿈한 그 곳은 아라비안만의 작은 어촌마을이었다. 이 한적한 어촌마을이 세계인의 주목을 받게 된 것은 무한한 상상력을 바탕으로 한 '발상의 전환'이었다.

세계 모양의 지도와 야자 모양의 인공 섬을 만들어 전 세계를 상대로 통째로 분양하였고, 이를 위해 도시 안에 부르즈 알아랍과 스키 두바이란 거대한 실내 스키장을 만들고 이벤트를 개최하였다.

부르즈 알아랍이 세계 최초의 7성급 호텔을 만들어 호텔과 도시를 홍보하고자 호텔의 헬기 승강장을 이용하여 테니스 코트와 골프장을 가설하여 이벤트를 개최하였다.

로저 패더러와 안드레 아가시를 초청하여 헬기장에서 테니스 이벤트를 개최하였으며, 골프 황제 타이거 우즈를 초청하여 지상 321m 높이에서 아라비아만의 바다를 향해 드라이브 샷을 날리게 하는 등 스포츠 이벤트를 활용하여 성공적 '도시마케팅'을 하였다.

두바이는 2020년 올림픽 유치를 겨냥해 거대한 스포츠단지 '두바이 스포츠시티'를 건립중이다. EPL의 리버풀 FC 인수를 추진하고 있다는 얘기도 들린다.

(4) 전통으로 무장한 보스턴 마라톤

마라토너라면 누구라도 한번쯤 꼭 뛰어보고 싶은 대회가 바로 보스턴 마라톤 대회이다. 아테네 올림픽 다음해인 1897년 4월 19일(애국기념일)에 제1회 대회가 개최된 이후 114회째 대회가 개최되었다. 단일 마라톤 대회로는 가장 오래되었으며, 대회에 참가하기 위해서는 아무나 할 수 있는 것이 아니라 대회 조직위가 정해진 기록 안에 들어야만 참가할 수 있다.

이러다 보니 아무나 참가하는 대회와는 달리 기준 기록을 가져야만 하기에 마라토너들에게 보스턴 대회는 가장 참가하고 싶어 하는 대회가 되었다. 대회를 중심으로 마라톤 EXPO, Freedom run, 학교대항 마라톤 대회, Elite 대회, 학술대회, 이외에도 기부 행사 등 풍성한 마라톤 관련 행사가 벌어진다.

출발지 홉킨톤 지역으로 남북 전쟁 당시 도시로 진입한 병사의 기념 동상이 서있는 곳이며, 코스를 달리다 보면 보스턴 마라톤의 명성이 하루아침에 이루어지지 않음을 여러 곳에서 느낄 수 있다. 이러다 보니 단순한 마라톤 대회가 아니라 미국인이 전통이 살아 있는 대회가 되었다. 114년의 전통으로 만들어진 마라톤 대회는 교육의 도시 보스턴의 신뢰도를 한층 더 높이는 발판이 되었다.

4. 스포츠 시설을 통한 브랜드 이미지 제고

스포츠의 도시 멜버른

호주 빅토리아 수도인 멜버른(Melbourne)은 1950년대에 아시아 태평양 지역으로는 처음으로 올림픽을 유치한 경력이 있는 세계적인 도시였으나 호주 내에서도 세계적 상업도시 시드니와 행정수도 캔버라의 성장에 눌려 잊혀진 도시였다. 멜버른은 1992년 빅토리아주의 수상으로 취임한 제프 케넷(Jeff Kennett)의 새로운 도시 개발 정책으로 성장·발전하는 주로 만들고자 하는 열망을 "온 더 무브(On the Move)"라는 슬로건을 만들고 새로운 정책들을 수립하여 실행하였다. 멜버른 도심을 흐르는 얄라강을 중심으로 새로운 전시장, 스포츠 경기장, 박물관, 카지노 등을 잇달아 건설하여 외부로부터 자본 유치와 관광객을 끌어 들이는 효과를 발휘하였다. 도시를 경쟁력을 스포츠로 만들고 호주 오픈 테니스 대회, 자동차 경주, 럭비 대회 등 각종 스포츠 이벤트를 정기적으로 개최하여 스포츠 이벤트 메카 도시로서 브랜드 이미지를 구축하여 불과 2~3년의 매우 짧은 기간 동안에 현대적인 도시로 성공하였다.

캐나다 토론토 로저스 센터

캐나다의 스포츠는 야구가 아닌 아이스하키이다. 하키의 명예의 전당이 토론토시에 있다. 토론토의 하키 팬들은 양키스 팬과 비견될 정도로 열정적이다. 원래 캐나다에는 2개의 메이저리그 팀이 있었다. 하지만 몬트리올에 있던 엑스포스는 2004년을 끝으로 워싱턴으로 옮겨갔다. 마지막 7년 동안 엑스포스는 총 584만명을 동원, 7년 연속 관중 동원 최하위에 그쳤다. 하지만 토론토는 사스를 비롯한 각종 재해로 관중 동원에 큰 타격을

| 표 4-2 | 지방 자치 단체 대회 유치 이벤트 및 스포츠 이벤트

지자체(도) 대회 유치 이벤트			지자체(시·군) 대회 유치 스포츠 이벤트	
대 구		2011 세계 육상 선수권대회	춘 천	국제오픈태권도대회
대 전		2009 국제항공우주연합총회	인 제	월드 래프팅 선수권대회
전 남		2010 F1 그랑프리 대회 2012 여수세계박람회	화 천	아시아카누선수권대회
광 주		2009 광주엑스포 2015 하계 유니버시아드	삼 척	전국해양스포츠제전
경 남		2008 람사총회	진 천	전국 남녀궁도대회
인 천		2014 인천아시안게임 2009 인천세계도시엑스포	충 주	아시아조정선수권
경 북		2009 방콕-경주세계문화엑스포	남 해	전국 프로야구 2군리그
충 남		2010 세계군평화축제 2009 세계웰빙식품엑스포	진 주	2010년 전국체육대회유치
충 북		2008 국제바이오엑스포 2010 국제한방엑스포	김 천	전국규모 테니스대회
추진중	한 국	2020 월드컵	강 진	전국 도로 사이클대회
	부 산	2020 하계올림픽	고 흥	종별 펜싱 선수권대회
	강 원	2018 평창 동계올림픽		

출처: 인터넷 자료 참조.

모험 레저 스포츠의 천국으로 불리는 뉴질랜드 퀸스 타운의 Fly BY Wire 탑승 모습

입었던 2002년부터 2004년까지 3년 동안, 몬트리올의 7년치에 해당되는 533만명을 동원하였다.

관중 동원의 최대 역할은 토론토에 위치한 로저스 센터이다. CN타워의 앞에 위치한 로저스 센터는 야구장이면서 관광명소이기도 하다. 야구 시즌이 아니어도 로저스 센터는 항상 북적댄다. 레스토랑과 호텔이 외야 방향으로 위치해 있다. 호텔 안에서 경기를 관람할 수 있다. 경기가 없을 때는 유명 가수의 콘서트, 디즈니 공연, 카니발, 모터쇼 등의 행사가 꾸준히 열리며, 겨울에는 CFL의 토론토 아르고너츠의 홈구장으로 사용된다. 시민들의 생활과 동떨어진 야구장이 아니라, 야구가 아니더라도 1년 내내 사람들이 꾸준히 방문하는 생활공간이다. 이러다 보니 도시의 명물이 되었으며 도시 브랜드 이미지 구축에 핵심적인 역할을 하고 있다.

모험 레저 스포츠 도시 퀸스타운

여왕의 도시라고 불리는 호반의 도시 뉴질랜드의 퀸스타운은 조그마한 도시이지만 세계 최고의 관광 도시 중 하나로 계절마다 많은 여행객들로 붐빈다.

자연을 이용한 레저 스포츠 이벤트가 펼쳐지고 있기 때문이다. 이 곳은 번지 점프를 세계 최초로 상업화하고 각종 모험 레저 관련 시설물을 자연과 어우러지게 설치하여 세계적인 도시로 거듭날 수 있었다. 봄, 여름, 가을의 세 계절에는 모험 레저 스포츠 이벤트로 그리고 겨울에는 스키와 와인 관련 이벤트로 전 세계 관광객을 사로잡는다. 모험 관련 레저 스포츠만 300여 종류가 넘는 이벤트의 천국이라 할 수 있다.

스위스 로잔

로잔은 흔히 올림픽 수도로 불린다. 로잔에는 올림픽위원회(IOC)의 본부가 있기 때문이다. IOC가 탄생한 것은 1894년 프랑스 파리, 근대 올림픽의 창시자 쿠베르탱은 1915년 로잔에 IOC 본부

Olympic Museum을 방문한 저자의 가족

를 두기로 결정하였다. 그는 올림픽 정신이 자유롭게 구현되려면 독립적인 진행과 당당한 분위기가 필요하고 중립국이어야 한다는 판단으로 로잔을 본부로 정하였다. IOC가 출범한 지 100년이 되던 1994년, 비로서 로잔은 '올림픽 수도'라는 최고의 타이틀을 얻게 되었다.

또한 2006년에 개관한 국제스포츠의 집(House of International Sports)에는 그동안 로잔 시내 곳곳에 흩어져있던 여러 국제스포츠연맹 사무국이 한데 모여 있다. 이 건물을 짓기 위해 로잔시에서 땅을 무료로 제공하고 IOC와 로잔시, 보(Vaud)주가 합작 투자하여 세 동의 건물을 완성하였다. 이곳에는 IOC의 주요 부서를 비롯해 세계 반도핑기구(WADA) 유럽지부, 스포츠 어코드(Sportaccord), 하계올림픽국제연맹, 국제복싱연맹, 국제궁도연맹, 봅슬레이연맹, 국제카누연맹, 국제펜싱연맹, 국제조정연맹, 세계태권도연맹, 국제배드민턴연맹 등 20여 개 기구들이 있다.

여기에다가 로잔을 찾은 여행객이라면 열의 아홉은 올림픽 박물관을 들른다. 올림픽 이념을 전 세계에 전하고 가슴 벅찬 올림픽의 감동과 멋진 기록들을 보관하고 전시하고자 탄생한 곳이다. 1896년 아테네올림픽부터 2006년 토리노 동계올림픽에 이르기까지 막대한 자료를 전시, 보관하고 있다. 영구 전시관은 근대 올림픽의 창시자 쿠베르탱 남작, 하계올림픽, 동계올림픽, 올림픽 우표와 동전 등으로 공간이 나누어져 있다. 일반인들이 IOC본부나 다른 국제 스포츠 기구를 방문하기는 어렵지만 올림픽 박물관은 모든 이들에게 문을 활짝 열어두고 있다. 특히 지난 모든 올림픽의 기록들이 총망라되어 있어 올림픽의 감동을 다시 한 번 곱씹어볼 수 있다.

5. 도시 브랜드 마케팅과 스포츠 이벤트

이상과 같이 도시에서 개최한 스포츠 이벤트를 통하여 도시 브랜드를 구축의 성공 이유들을 요약하여 보면 다음과 같다.

첫째, 스포츠를 핵심으로 만들어졌으며 이를 위해 민간 투자를 활성화시키고 이를 위해 기반 시설 지원, 규제완화 및 다양한 인센티브 방안을 마련하였다.

둘째, 여러 가지 것들을 조합한 것이 아니라 지역의 특성을 최대한 활용하여 차별화시켰으며 이 과정에서 지역 문화와 자연을 최대한 활용하고, 지역 주민과 함께 호흡하는 이벤트를 개최하였다.

셋째, 스포츠 이벤트 개최의 핵심은 프로그램, 시설, 기업, 도시가 하나의 팀으로 유기적으로 화합하여 이벤트를 기획하고 만들었다는 사실이다. 특히 성공적인 시설은 참가자들에게 제공될 수 있는 최대의 서비스 공간으로 이를 적극적으로 활용하여 만들어졌다.

넷째, 스포츠 이벤트 개최 지역에 대한 도로나 철도, 공항, 항만 등의 인프라 건설은 스포츠 이벤트의 성공 여부와 직결되는 문제이므로 정부나 도시의 적극적인 지원이 필요하다.

다섯째, 지자체가 적극적으로 스포츠 이벤트 개발을 추진하고 있으나, 결국 스포츠 이벤트 성공은

뚜루드 프랑스의 이벤트 모습

민간기업 및 연맹이 주체로 만들어졌다.

여섯째, 단시간에 이루어진 것이 아니라 장기간을 통해 만들어졌다.

일곱째, 스포츠 이벤트에 대한 전략을 통해 다양한 상품 개발 모델에 충실한 방법을 이용하여 만들어졌다.

6. 성공적인 스포츠 이벤트 개최를 위한 제언

도시 브랜드 구축을 위한 각 도시 간의 경쟁은 치열하다. 21세기 아시아 시대를 대비한 아시아 각 나라의 활동도 분주해지고 있다. 그러나 주식 투자자들이 유망 기업에 투자를 하지만 더 높은 수익을 낼 수도 있고 망할 수도 있는 것처럼 스포츠 이벤트를 개최한다고 다 성공하는 것은 아니다.

스포츠 이벤트도 이와 마찬가지로 잘 선택을 하고 개최를 해야만 도시 브랜드 구축에 도움이 된다. 각 지방자치 단체가 숨겨진 진주와 같은 스포츠 이벤트를 찾기에 발벗고 나섰다. 나름대로의 속셈이 있지만 무엇보다 경제적인 파급 효과와 도시 브랜드 이미지 제고를 누리기 위해서다. 지방자치 단체는 오히려 작지만 알찬 이벤트를 유치하거나 개최하여 실속을 챙기는 편이 훨씬 나을 수가 있다. 참신한 아이디어로 개최하여 지속적으로 운영만 잘하면 경제적인 가치뿐만 아니라 도시 브랜드 가치에도 많은 도움을 줄 수 있다.

스포츠 이벤트를 이용하여 효과적인 도시 브랜드를 구축하려면 다음과 같은 활동을 염두에 두었으면 한다.

이벤트 개최의 손익을 정확하게 따져봐야 한다

국제행사를 유치할 경우 발생하는 경제적 효과에 대해서 면밀한 검증을 해야 한다. 유·무형적인 효과를 산출한다는 것은 어려운 일이지만 투자와 수입에 대한 부분을 기존 대회 사례를 통하여 면밀히 분석해 보아야 한다.

그러나 대부분의 스포츠 이벤트 개최가 모두다 도시 경제와 브랜드 이미지 구축에 효과적이라고 생각하면 큰 문제이다. 1976년 올림픽을 유치했던 캐나다 몬트리올은 10억 달러 적자로 지난해까지 부채를 상환한 것으로 알려졌다. 실제 국제행사를 유치한 많은 도시들은 폐막 후 경제적 부담을 떠안은 것으로 알려졌다. 특히 대회 개최 후 사용하지 않는 시설이나 운영계획이 만들어지지 않을 경우에는 더 심각하다.

아무리 큰 매출을 기록하고 대회 규모가 크더라도 손익이 마이너스라면 결국 실패한 비즈니스가 되고 마는 것이다. 이를 위해 현실적인 사업 타당성 분석이 필요하다. 중요한 것은 ROI(return on investment)이다. 이벤트 개최의 손익을 경제적, 문화적, 사회적, 지역적으로 정확하게 예측할 수 있어야 한다.

지역 특색에 맞는 스포츠 이벤트를 개발하라

오늘날 많은 지방자치 단체들이 새로운 이벤트 개발에 나서고 있다. 그러나 모두가 성공하는 것은 아니다. 해당 지역의 특성을 고려한 지역마다 차별화된 이벤트와 마케팅을 개발해야 한다. 처음으로 대회를 유치하려는 지역들은 기존 대회의 개최선점 지역보다는 더 차별화된 대회를 기획하여야 한다. 개최 브랜드 명과 서비스 그리고 브랜드가 지녀야 할 중요 요소를 파악하여 소비자에게 유치지역을 인식시키는 것이 무엇보다도 선행되어야 할 작업이며 중요하게 다루어져야 한다.

무조건적인 스포츠 이벤트 개최와 개발을 통해 지자체별로 전략적인 스포츠를 선정 육성하고 있거나 기존 이벤트의 수명을 연장시키려 한다면 지역 특성과 타당성에 맞지 않는다면 바로 정리하여야 한다. 지식 역량이 부족한 상태에서 경쟁적으로 타당성 없는 첨단산업을 추진함으로써 실패하는 경우가 많다. 결국 각 지역의 성장환경 및 발전경로에 가장 적합한 사업을 선정하거나 발굴하는 것이 이벤트 산업 활성화의 출발점이다(한왕택, 시양구, 1997).

이를 위해서는 장기적인 안목으로 지역의 특색과 맞는 이벤트를 개발하고 내부 인재를 양성하고 아이디어를 개발하여 지역 산업으로 발전시켜야 한다. 지역의 창조적 발전이라는 전환된 관점을 바탕으로 각 지역의 특색에 맞는 전략을 수립할 필요가 있다.

지역 주민과 공감대를 맺어라

지역에서의 이벤트 개발은 무엇보다 그 지역 주민과의 공감대 하에 만들어져야 한다. 만약 어느 지방자치 단체의 장이 지역 경제 활성화를 위해 주민들과 대화 없이 특정 단체만을 위하여 이벤트를 개발하였다면 주민들은 외면할 것이고 공감대 없는 일방적인 사업의 실시로 당초에 계획한 목적들을 달성하지 못하게 될 것이다. 때문에 아무리 훌륭한 시설과 프로그램을 준비해도 그 지역 주민들에게 인식되지 않는다면 그 효율성은 크게 떨어지게 된다.

지역에서의 스포츠 이벤트 개발은 외부용 과시가 아니라 주민에 대한 지역 자긍심을 실제적으로 느끼게 하는 내부 지역 주민의 커뮤니케이션의 기회가 되어야 하며 이러한 힘이 지역 경제 활성화와 연계되어 궁극적으로 지역 복지 수준을 높일 수 있는 기회로 받아들여져야 한다. 이러한 방법은 단기간에는 그 효과를 보기 어렵지만 지역에 밀착된 지속가능한 성장의 밑거름이 될 수 있는 전략이며, 외부의 충격에 대한 영향을 상대적으로 덜 받을 수 있다.

지역 문화를 창조하는 장기적인 이벤트를 만들라

우리나라의 거의 모든 지방자치 단체는 성장성이 높고 경제적 파급 효과가 큰 이벤트를 유치하길 원한다. 그러나 부존자원이 서로 다른 지역의 특성이 있기 때문에 이벤트를 똑같이 유치하여 육성할 수는 없다. 따라서 지역에 문화를 만들고 그 가치를 통해 지역 브랜드를 육성시킬 수 있는 이벤트를 만들어야 한다. 데카르트 스포츠 마케팅은 TECH+ART+Sports의 약자로 스포츠 이벤트에 있어서도 기술의 발전과 함께 문화와 예술을 무기로 쓸 수 있어야 한다. 물론 스포츠가 그 중심에 있어야 한다. 지역의 고유한 이미지와 매력을 창출하여 소프트 경쟁력을 강화시켜 나가야만 한다. 가령 성공적으로 포지셔닝된 이벤트라도 지속적으로 관리하지 않을 경우 브랜드 이미지 하락은 피할 길이 없을 것이다. 고객 입장에서의 제품 및 서비스 마케팅과 아울러 지역 주민의 자발적인 참여와 긍정적인 마인드를 이끌어내는 것이 우선 과제이다.

지역의 창조적인 발전이라는 전환된 관점은 국가 경쟁력을 키워나갈 수 있는 새로운 트렌드이다. 소프트 경쟁력을 확보하기 위해 스포츠 이벤트 브랜드를 개발하거나 지역 문화를 활성화시키는 것이 전략이라 할 수 있다. 이에 병행해서 지역 주민들을 위한 지역의 문화를 만들어 나가는 것은 스포츠 이벤트 경쟁력 확보의 장기적인 전략이다.

지역 스포츠 관광으로 연결시켜라

호주의 시드니는 올림픽 개최지로 결정나고 꾸준한 관광수요 증가를 보이다가 2000년 올림픽 개최 해에는 5%의 급상승한 관광수요 증가가 되었다. 이러한 면에서 스포츠 관련 관광 산업의 개발은 대안이 될 수 있다. 스포츠 관광 사업은 특정자원에 한정되어 개발하는 것이 아니라 모든 자원을 대상으로 하기 때문에 대규모 재원조달이 어렵고 우수한 인력이 부족한 낙후지역에서도 지역산업으로 추진할 수 있다. 지역을 구석구석 세밀하게 조사하여 그 지역이 가지고 있는 환경과 경관 등 지역의 독특한 관광 자원을 발견하고 개발하여 이벤트와 연결시켜야 한다.

다양한 스포츠 이벤트 개발과 관련하여 세계 각국의 많은 도시에서 여러 지역의 관광 자원을 하나로 묶어 시너지 효과를 창출하기 위하여 테마 관광 루트(themed tourism route)를 개발하고 있다. 호주의 테즈메니아(Tasmania)주는 1990년대 중반 여러 지방자치 단체가 협력하여 다수의 관광 루트를 개발하여 수입을 크게 증대시키고 있는 성공적인 사례이다(이종은, 2001). 소프트 산업 중 관광산업은 고부가가치 산업으로서 개발 방식에 따라 고

서울시가 매년 개최하고 있는 비치발리볼 대회

용증대 효과, 소득유발 효과, 지방세수 증대 등의 경제적 효과와 함께 지역 생활환경의 개선과 지역 이미지 제고 등 경제 외적 효과가 다른 어느 산업 분야보다 뛰어난 산업이다. 스포츠와 관광은 가장 좋은 파트너로 지역 경제 발전의 효과를 발휘하는 데 가장 좋은 방법이다.

지역 자산의 브랜드로 개발하라

고성장 시대에는 대규모 획일적 개발이 통했지만, 이제는 소규모이면서 개성 있는 지역 이미지와 매력을 창출하여 브랜드 경쟁력을 강화시켜 나가는 것이 지역의 경쟁력 강화의 핵심이다. 그러나 지역의 브랜드를 개발했다고 모두 성공하는 것은 아니다. 브랜드 마케팅의 핵심은 무엇보다도 경쟁력 있는 브랜드 개발이 중요하다. 경쟁력 있는 브랜드 개발을 위해서는 철저하게 지역의 고유한 장소 및 향토자산에 기반해야 하며, 다른 지역에서 모방할 수 없는 독특한 것이어야 한다. 이러한 브랜드 마케팅 전략은 경제적 효과 외에 부가적인 효과가 더 크다. 먼저 브랜드를 소유한 기업은 물론 기업이 위치한 지역의 이미지를 향상시키는 데 크게 기여하며, 브랜드를 통해 지역에 대한 자부심 및 애착, 나아가 지역에 대한 공동체의식을 함양시켜 주민의 통합을 강화시킬 수 있다.

환경을 적절하게 활용하라

동굴에서 올림픽을 개최한다면? 한두 명이 경기를 하는 것도 아닌데 어떻게 동굴에서 대형 대회가 열릴 수 있을까. 그러나 실제로 그 같은 일이 노르웨이의 조빅 지역에 있었다. 94년 릴레 함메르 동계올림픽을 위해 조빅에 건설된 아이스하키 홀이 그것이다. 5천석의 관중이 앉을 수 있는 대형 경기장을 암반 속에 설계한 것이다. 이 상상을 초월하는 발상은 무엇보다 주변의 수려한 경관을 해치지 않으려는 노르웨이 정부의 친환경적 노력이 맺은 결과이다.

2000년 시드니올림픽은 환경올림픽이라는 찬사를 받았다. 시드니는 환경오염을 최소화하기 위해 태양열 전지의 적극 활용, 자연채광, 무동력 환기, 단열 등으로 모든 시설물의 설계에 에너지 절약 프로그램을 도입하였다. 실제로 일조량을 고려한 건물의 방향, 자연채광, 환기와 단열, 고효율 설비 등의 도입으로 에너지를 절약하였다. 이런 결과로 기존설계 방식과 비교하여 무려 75%의 전력 소모를 절감시키는 효과를 가져왔다. 또한 수자원의 절약과 오염방지를 위해 사용한 물의 재처리를 통한 중수대책, 빗물받이 수조설치, 빗물과 중수를 공원 조경수의 관개용수로 활용, 고효율 설비 등으로 절수효과를 가져왔다.

한국 월드컵 조직위는 쓰레기장이었던 상암 지역에 축구장을 건설하여 환경월드컵의 이미지를 만들어 지역 가치를 올릴 수 있었다.

자연 환경을 활용하는 경기장 건설이나 운영은 참가자와 다른 국가에 좋은 이미지를 전달할 수 있다. 왜냐하면 환경과 자연을 생각하는 인류의 지혜가 담겨져 있기 때문이다.

21세기의 화두는 환경이다. 오늘날 기업경영에서 환경이 새로운 사회적 책임으로 부각되는 것과 마찬가지로 스포츠 행사에도 예외는 아니다. 스포츠 이벤트를 유치하는 도시는 이제 환경에 새롭게 접근하는 사고가 필요한 시대가 되었기에 이를 적극 반영하고 활용해야 한다.

미디어, 기업들에게 볼거리를 만들어 주라

스포츠 이벤트가 단기간에 성장하기 위해서는 미디어와 이벤트 그리고 대회를 후원하는 파트너의 3각 편대가 조화롭게 이루어져 이벤트가 만들어져야만 빠른 시간 안에 최대의 효과를 낼 수 있다.

사람들이 끊임없이 관심을 갖도록 미디어를 활용하는 것이 중요하다. 그리고 참가 기업에게는 마케팅 활동을 할 수 있는 장을 만들어 주는 것이 중요하다.

재미가 참여를 유도하고, 재미가 있어야만 참가자는 만족하여 다음 기회에 다시 찾아오게 되는 것이다. 또한 기업들이 참여해야만 행사의 규모나 분위기가 달라진다.

이를 위해서 미디어와 기업들에게 볼거리를 만들고 제공해 주어야만 가치 있는 대회로서 이미지가 만들어 지고 개최 도시의 이미지도 이와 더불어 높아지는 것이다.

스포츠 이벤트의 볼거리는 단지 참가자만을 위한 것이 아니라 기업과 미디어에게도 주어야만 상품으로 만들고 이들 활용할 수 있다.

풍부하고 다양한 이야기거리를 만들라

스포츠 이벤트가 성공하기 위해서는 풍부하고 다양한 사건 사고들을 가지고 포장할 수 있는 스토리 마케팅 기법이 활용되어야 한다. 1992년 처음 창립된 프리미어리그가 세계를 지배하는 브랜드가 될 수 있었던 동력은 자본과 미디어가 결합하여 이야기거리를 만들고 '축구'를 '드라마'로 팔았기 때문이다. 축구문화가 발전할 수 있도록 축구장 밖에서도 소비될 수 있는 경기장 밖의 상품을 만들고 이에 대한 여러 가지 노력을 기울여야 한다.

프리미어리그는 축구종가다운 풍성한 역사와 문화를 상품화하면서도 민족, 계급, 지역으로 편중된 폐쇄성을 과감하게 벗어던지고 '세계 보편적인 이야기'를 축구를 통하여 만들어 내는 데 성공하면서 최고의 리그로 올라섰다. 이처럼 스포츠 이벤트는 이야기거리를 만들고 이를 통해 참가자가 무한한 상상력을 발휘하여 전파하고 이것이 대회의 하나의 핵심 상품이 되어야 한다.

다양한 연관 산업과 인프라를 구축하라

도시의 인프라가 좋을수록 스포츠 이벤트의 부가가치는 높아진다. 자원이 풍부한 국가가 삶의 풍족하듯 자연생태 자원이 풍부한 도시일수록 이벤트의 부가가치가 높아진다. 그러나 이를 발견하여 갈고 다듬는 연구와 노력도 더욱 중요하다. 스포츠 이벤트란 단순히 사람들이 많이 찾아와 머물다 가는 것이 아니다. 도시를 팔고, 자연을 팔고, 즐거운 추억과 시간을 파는 것이다. 그러한 것들은 정신의 풍요로움으로 되돌아 온다. 이 모든 것들이 성공적인 축제를 통해 관람객들이나 도시가 얻을 수 있는 공통의 재산이자 이익이다.

스포츠 이벤트를 통해서 다양한 산업의 인프라를 구축해야 한다.
(바이애슬론 대회의 프로모션 부스)

그래서 스포츠는 다양한 연관 산업과 인프라를 구축하고 상호 윈-윈할 수 있는 요소들을 찾아 내고 만들어 가는 것이 중요하다.

참 | 고 | 문 | 헌

고은주(2009) 럭셔리 브랜드 마케팅. 예경.

김경호, 고승익(1999) 관광학 원론. 형설출판사.

김기홍(2010) 명품브랜드 마케팅. 대왕사.

김도균(2008) 스포츠 이벤트 기획. 대한 미디어.

김윤섭, 정승삼(2000) 대기업의 스포츠 마케팅 전략에 관한 연구 —스포츠이벤트전략을 중심으로— 체육학논문집, (28), 117-135.

김하락(2008) 운동화 전쟁. 랜덤하우스.

김훈철(2008) 스토리텔링의 기술. 멘토르.

김희진(2001) IMC 시대의 이벤트 기획론. 커뮤니케이션북스.

데이비드 아커(2004) 브랜드 포트폴리오 전략. 비즈니스북스.

데이비드 아커(2006) 브랜드 자산의 전략적 경영. 비즈니스북스.

데이비드 아커(2007) 브랜드 리더십. 비즈니스북스.

마크 고베(2002) 감성브랜딩. 김앤김북스.

마크 고베(2008) 감성브랜딩 뉴트렌드. 김앤김북스.

마티 뉴마이어(2007) 브랜드 반란을 꿈꾸다. 21세기북스.

민승규(2002) 월드컵 이후 경제 사회 과제. 삼성경제연구소보고서.

박수복, 서상옥, 김용국(1996) 스포츠 이벤트 유치 및 개최와 지역사회 발전간의 관계. 한국사회체육학회지, 5, 241-248.

방용성, 운영수 외(2009) 브랜드마케팅. 법문사.

서승석(2002) 스포츠마케팅을 통한 스포츠이벤트 활성화 방안에 관한 연구. 석사학위연구 논문. 경기대학교.

송정일(2002) 이벤트 플래닝. 백산출판사.

송해룡(2000) 디지털 시대의 스포츠 콘텐츠. 스포츠비즈니스. 5월호.

스캇 데밍(2008) 긍정적 알파 컨슈머를 만드는 유니크 브랜딩. 비앤이북스.

신병철(2004) 쉽고 강한 브랜드 전략. 살림.

안광호, 이진용(2006) 브랜드의 힘을 읽는다. 더난출판.

안광호, 한상만, 전성률(1999) 전략적 브랜드 관리. 학현사.

우진경, 박복재 외(2010) 매력 있는 삶의 공간을 창조하는 도시브랜드마케팅. 전남대학교출판부.

윌리 올린스(2006) 트렌드브랜드 R. 세미콜론.

이종은(2001) 이벤트 프로모션론. 도서출판글로벌.

이현숙(2002) 월드컵 이후 국가 이미지 변화와 시사점. 대한무역투자진흥공사.

인현진(2008) 메디컬 브랜드 마케팅. 아름다운사람들.

장노엘 캐퍼러(2008) 병원경영브랜드와 유통의 전쟁. 김앤김북스.

장영렬, 이신혁(2002) 이벤트 기획 실무. 커뮤니케이션북스.

정무행(2002) 이벤트 경영과 이벤트 관광. 백산출판사.

제임스 트위첼(2007) 대학 교회 박물관의 브랜드 마케팅 스토리. 김앤김북스.

조효상(1993) 청소년의 스포츠화 선택에 대한 영향 요인. 석사 학위 논문. 단국 대학교 대학원.

최승호(2008) 브랜드 차별화 전략. 새로운 제안.

케빈 레인 켈러(2007) 브랜드 매니지먼트. 비즈니스북스.

필립 코틀러(2007) B2B 브랜드 마케팅. 비즈니스맵.

필립 코틀러(2009) 스포츠 팬을 잡아라. 지식의 날개.

하쿠호도 브랜드컨설팅(2007) 브랜드 마케팅. 굿모닝미디어.

한왕택, 시양구(1997) 스포츠 이벤트의 현재와 비전. 태근문화사.

한철언(2001) 21C 스포츠 관광. 백산 출판사.

현대경제 연구소(2006) 이벤트의 힘. 승산서관.

McCarthy, Larry M. and Irwin, Richard(1998) Names in Lights: Corporate Purchase of Sport Facility Naming Rights. The Cyber- Joumal of Sport Marketing, 21 June 1998.

McCarthy, Larry M. and Irwin, Richard(1998) "Permanent Seat Licenses (PSLs) As an. Emerging Source of RevenueProduction." Sport Marketing Quarterly, 7(3).

Morgan, N. J., Pritchard, A., & Piggott, R.(2003) New Zealand, 100% pure: The creation of a powerful niche destination brand, Brand Management, 9(4-5), 54.

제 10 편
스포츠와 미디어 마케팅

제 1 장　스포츠와 미디어

제 2 장　스포츠 방송 중계권

10

참여형의 스포츠를 미디어는 관람형의 스포츠로 전환시키는 역할을 담당하여 스포츠 경기를 경기장 너머, 아니 태평양을 건너게 하는 위대한 스포츠 비즈니스 혁명의 선도자 역할을 하였다. 스포츠를 방송하는 미디어, 미디어를 이용하여 자신들의 프로퍼티를 높이려는 스포츠, 그리고 이러한 두 분야의 사이를 알고, 이를 통해서 마케팅으로 활용하는 기업들 그리고 생겨나는 이익들 … 스포츠와 미디어가 서로 만난 것은 어쩌면 남자와 여자가 만나 결혼을 하고 가정을 이루는 것과 같다고 할 수 있다. 일반적인 사회적 기준과 역사적으로 훌륭한 여자의 내조를 받아서 성공하는 남자 영웅이 있는 것이나, 온달을 믿고 최고의 장수로 만들어 낸 평강공주와 같은 관계라고 할 정도로 현대 사회에서 미디어와 스포츠는 결혼한 관계라고 할 수 있다.

미디어를 통해 스포츠 기사, 스포츠 중계방송을 소비하는 행위는 하나의 문화적 행위로 정착되었다.

비전 없고 능력 없는 남자가 여자들에게 외면받고, 멋지고 능력 있는 남자나, 멋진 외모를 가진 여성이 인기 있는 것과 마찬가지로 인기 있는 스포츠는 미디어들의 관심을 집중적으로 받고, 인기 없는 스포츠는 미디어의 관심이 없거나, 겨우 작은 기삿거리로 다루어지는 모습을 보면 그렇게 묘사할 수도 있을 것이다. 그래서 스포츠는 미디어의 관심을 받기 위해서 끊임없이 라이벌 관계를 만들고 시청자들의 관심을 불러일으키게 하여 스포츠의 프로퍼티를 높이는 노력을 하고 있다.

스포츠 미디어는 현장 경기 활동이 아닌 TV, 라디오, 신문, 잡지, 인터넷, 케이블 등과 같은 미디어를 통해 간접적으로 스포츠 팬에게 전달되는 스포츠에 관한 지식과 정보 그리고 경기진행 모습 등을 의미한다. 스포츠 미디어와 마찬가지로 미디어 스포츠는 현장에서 직접 스포츠 경기를 관람할 수 없는 스포츠 팬에게 간접적으로 미디어를 통하여 스포츠 경기를 즐길 수 있는 스포츠 팬의 확보와 스포츠 미디어의 구독, 시청률을 촉진시켜 주는 역할을 수행하고 있다. 따라서 미디어를 통해 간접적으로 스포츠 팬에게 전달되는 스포츠에 관한 지식이나 정보 그리고 게임 실황 등의 모든 메시지 측면을 미디어 스포츠라 정의한다.

스포츠 마케팅은 미디어에 의해 지탱되는 상품으로서의 스포츠, 즉 스포츠 미디어를 전제로 하고 있다. 미디어로서 스포츠가 갖고 있는 상품성은 세 가지로 요약할 수 있는데, 리얼리티, 시각에 소구하는 특성, 넓은 소구 대상이라는 요인으로 설명할 수 있다.

스포츠 미디어는 광범위하게 노출되며 미디어 또한 이에 의해 안정적인 자금 확보가 가능하다. 결국 현대 스포츠는 미디어를 매개로 볼거리로서 사람들의 소비대상으로 자리하게 되고 이는 스포츠의 산업화를 만들어 냈다고 볼 수 있다. 미래의 스포츠는 미디어와 더욱 밀접한 결합을 통하여 더욱 강력하게 소비자와 시청자들을 사로잡을 것이며 미디어와 스포츠의 공생관계는 스포츠가 지속되는 한 계속되어질 것이다.

스포츠와 미디어는 서로를 필요로 하고 상호 보완적인 공생(Symbiosis) 관계인데, 본장에서는 스포츠 문화와 미디어 문화가 최근에 와서 서로 어떻게 결합되었는지, 미디어의 개념과 특징 그리고 밀접한 관계를 통해 만들어 낼 수 있는 내용들을 살펴보고 스포츠 방송 중계권에 대하여 이해할 수 있도록 내용을 구성하였다.

제 1 장 스포츠와 미디어

제 1 장

스포츠와 미디어

우리들은 운동을 직접 하지 않더라도 스포츠를 생산하는 사람으로서 혹은 스포츠를 소비하는 사람으로서 존재하고, 생산자이면서 관람객으로 고객으로써 존재하고 있다. 스포츠에 관심 없는 사람조차도 TV에서 스포츠 뉴스나 스포츠 중계를 접하기도 하고, 전혀 생각하지도 않았던 길거리응원에 참여하기도 한다.

ESPN의 케이블 방송에서 맨유에서 활약하는 박지성과 볼튼의 이청룡 선수가 출전하는 경기를 새벽을 맞이하면서 볼 수도 있다. 두 선수가 팀의 승리에 크게 기여하거나, 팀은 패했지만 둘의 경기내용이 좋은 날이면 어김없이 스포츠 신문의 일면을 장식하기 마련이다. 뿌듯하고 반가운 느낌에 우리는 어김없이 스포츠 신문을 한 부씩 사서 보게 마련이고 그들의 경기가 중계되는 날은 어김없이 TV 앞에 앉아 그들이 선전하기를 경기에 출전할 수 있기를 응원한다. 이처럼 스포츠는 매스미디어에게 귀중한 질적 가치를 가져다주는 동시에 세계를 하나로 묶는 역할까지 하고 있다. 30년 전만 해도 상상할 수 없는 모습을 우리는 보고 있는 것이다.

때때로 거대할 정도의 열광적인 형태로 미디어는 스포츠를 충실한 독자들과 청중 그리고 관중들에게 전달할 수 있다. 스포츠와 미디어 사이의 연결은 TV 시대의 출현 전부터 있었다. 1750년대 영국에서 크리켓이 런던신문에 기사화 된 것이 예라고 할 수 있다.

기업가가 대중의 레저에 관한 사업을 결정할 때 신문은 중요한 참고 행위의 도구가 된다. 스포츠의 핵심 고객인 팬(fan)은 광고주에게 유익하게 팔리는 믿을 수 있는 '상품'이고, 때때로 덜 헌신적이지만 더 많은 관중들이 국내외적인 볼거리에 참여

1. 스포츠와 미디어의 결합

현대 사회에서 미디어의 역할은 사회적으로 영위하고 있는 모든 삶을 여러 가지 측면에서 담고 있으며, 또한 서로 독자적으로 존재하여 발전되어 오던 사회영역을 빠르게 하나로 결합시키는 도구가 되어 가고 있다. 스포츠와 미디어의 결합, 정치와 미디어의 결합, 광고와 미디어의 결합은 가장 대표적인 모습이라고 할 수 있을 것이다.

이제 스포츠는 미디어와 함께 공존할 수밖에 없는 상생의 관계가 되었다.

함으로써 대중의 규모와 대중매체 시야에 의해 그들만의 힘과 관심을 유발시킨다. 유행처럼 텔레비전이 계절을 가지고 있듯이 스포츠도 그와 비슷하게 흥행하는 계절이 있다. 확실하게 정착된 스포츠는 흥행 기간을 떠나서 각광받을 수 있다.

또한 TV에서 스포츠 프로그램은 방송의 세 장르인 저널리즘, 연예 그리고 드라마가 이루는 삼각형의 중심에 있어 시청자의 다양한 욕구를 충족시켜 줄 수 있다. 특히 스포츠가 제공하는 즉시성과 현장성, 자발성으로 인해 스포츠 프로그램은 저널리즘이 포함되고, 좋은 볼거리, 활기차고 행동감 있는 장면을 제공하기 때문에 연예에도 속하고, 드라마적 관행이 서사 구조를 형성하면서 영상으로 전달되기 때문에 드라마적 요소도 가지고 있다.

미디어에서 주목을 끌기 시작한 스포츠의 특성은 새로운 것과 익숙하고 알려진 것과는 다른 어떤 것을 찾는 끊임없는 관중들과의 만남을 돕는다. 또 스포츠는 미디어에게 뉴스 모음(끊임없는 업데이트, 기록된 결과, 하이라이트, 무대 뒤의 정보 등)과 전달의 기반을 제공한다. 그러므로 스포츠는 매스미디어의 두 주요한 기능인 뉴스와 오락의 합류점에 있고, 뉴스의 온화한 자리와 신문의 섹션을 조심스럽게 차지하게 되었다. 스포츠는 중계하는 미디어에 충실한 관중을 만들 뿐 아니라, 다음과 같은 투자가들을 만든다. 스포츠의 스폰서로서

토론토의 Toronto Maple Leafs의 Air Canada Centre 내부의 스튜디오 모습

| 그림 1-1 | 스포츠가 TV 프로그램에서 차지하는 위상

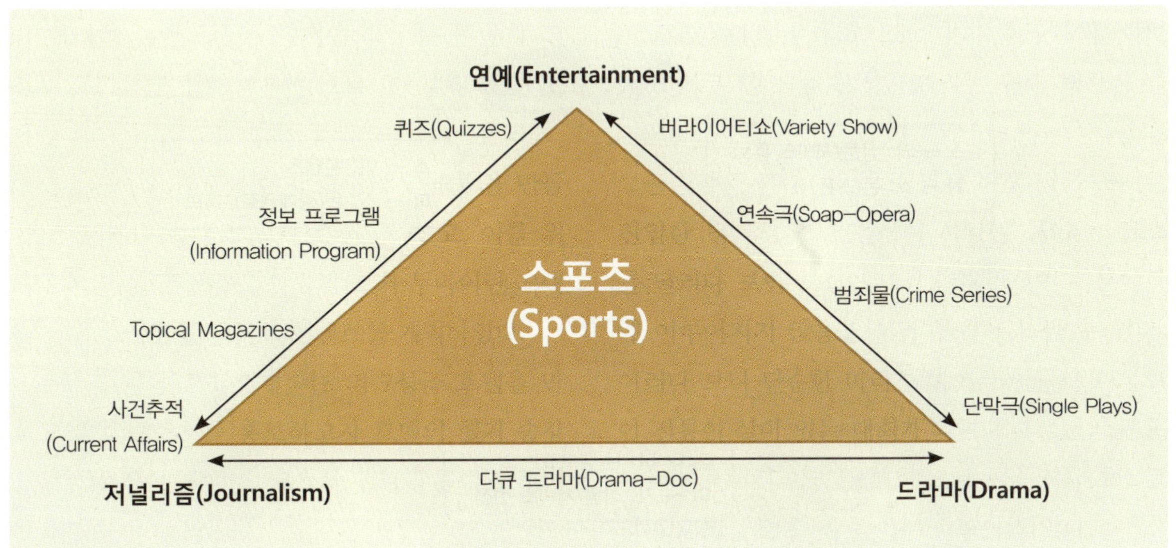

출처: 김국진, 〈방송, 통신, 융합의 이해〉.

신문에서도 역시 스포츠는 중요한 콘텐츠이다.

의 경쟁, 코카콜라와 맥도날드의 광고가 입증하듯이 광고에 관련된 스포츠에 대량으로 투자하는 회사, 또한 도시·주·지역·국가에서도 지원을 받는다. 이전에 겪었던 식민지 경험과 영어 중심의 우월한 미디어의 결과로 미디어에 대해 민감하고 문화적 제국주의가 존재하는 호주와 같은 나라에서는 스포츠가 또한 지방의 로열티라는 것을 떠받치고 있는데 이것은 지방의 시청각 미디어에 의존함으로써 이루어진다. 예측 가능성과 충성도에 대한 이런 모든 값진 강조에도 불구하고 미디어 속의 많은 스포츠가 시청자에게 잘 수용되며, 찾게 되는 브랜드 이름을 잘 나타내 준다는 점에서 스포츠는 새로움과 예측할 수 없는 매우 다른 매력적인 특성을 가진다.

일반적으로 스포츠는 그 자체가 메시지를 지니고 있으며 인간 상호 간의 의사를 교환하는 체계이기 때문에 매스미디어와의 관계를 유지함으로써 스포츠 팬에게 간접적으로 전달되고 있다. 스포츠 미디어란 바로 스포츠와 미디어가 결합하여 스포츠에 관한 지식이나 정보를 대중에게 간접적으로 전달하는 대중매체를 의미한다. 스포츠 미디어는 직접 경기 현장에 참여하지 못한 스포츠 팬을 위하여 TV, 라디오, 신문, 잡지, 비디오, 필름, 만화, 영화 등을 통하여 스포츠에 관한 지식이나 정보 그리고 경기 장면을 전달하는 복합적 조직의 매개체라 할 수 있다.

미디어 스포츠는 현장 경기 활동이 아닌 TV, 라디오, 신문, 잡지 등과 같은 미디어를 통해 간접적으로 스포츠 팬에게 전달되는 스포츠에 관한 지식과 정보 그리고 경기진행 모습 등을 의미한다. 스포츠 미디어와 마찬가지로 미디어 스포츠는 현장에서 직접 스포츠 경기를 관람할 수 없는 스포츠

그림 1-2 | 스포츠와 미디어 기업의 상관 관계

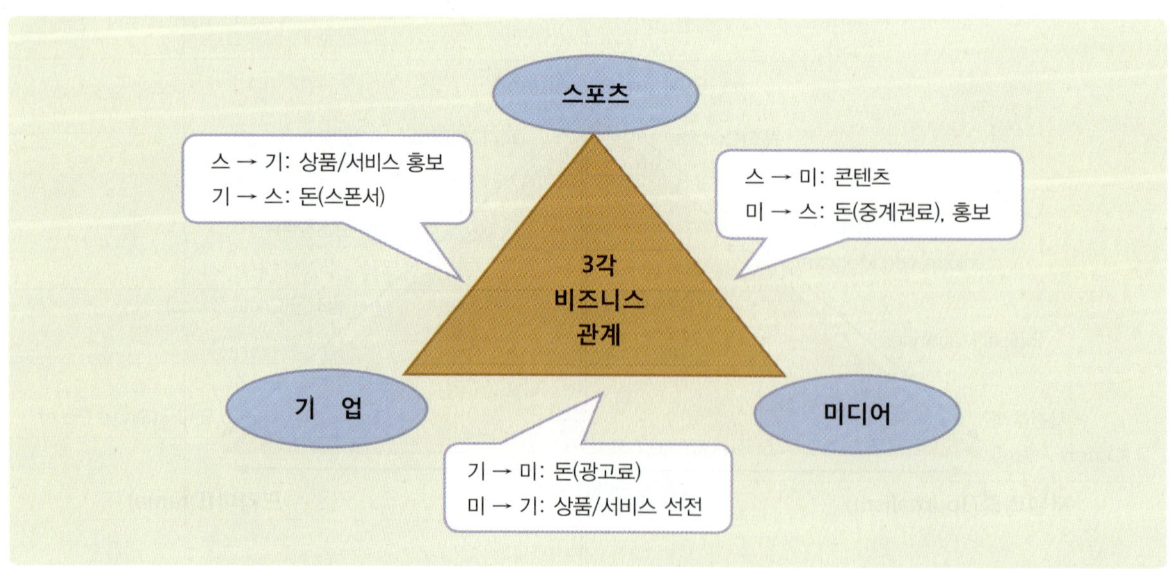

출처: 조성식 교수의 스포츠 이벤트 대 미디어 전략.

라디오는 스포츠 미디어의 시작점이라고 할 수 있다.

팬에게 간접적으로 미디어를 통하여 스포츠 경기를 즐길 수 있는 스포츠 팬의 확보와 스포츠 미디어의 구독, 시청률을 촉진시켜 주는 역할을 수행하고 있다. 따라서 미디어를 통해 간접적으로 스포츠 팬에게 전달되는 스포츠에 관한 지식이나 정보 그리고 게임 실황 등의 모든 메시지 측면을 미디어 스포츠라 정의한다.

세계최대의 권위지라고 하는 '뉴욕타임즈'도 1997년부터 스포츠 뉴스를 매주 월요일에 발행하는 주별 섹션에서 매일 발행하는 일별 섹션으로 대폭 양을 늘렸다. 스포츠 섹션은 오락 섹션 다음으로 높은 구독률을 보이고 있다. 현재 뉴욕타임즈는 매일 12~18면 정도의 스포츠 뉴스를 발행한다. 이는 스포츠에 대한 독자의 관심이 높기에 스포츠면을 확대하지 않고는 구독자를 확보할 수 없기 때문이다. 이는 우리나라의 경우에도 그대로 적용되는데, 1988년 국민적 항쟁의 결과로 탄생한 '한겨레신문'이 초창기에는 스포츠 기사를 외면했으나 얼마 되지 않아 스포츠면을 확대하면서 "스포츠는 21세기에 물려줘야 할 가장 중요한 문화유산 중의 하나"라고 공식선언을 하기에 이르렀다. 스포츠 미디어는 미디어와 스포츠의 상호 의존적 관계를 결합한 것으로 설명할 수 있는데, 정보전달, 통합, 각성, 도피의 네 가지 역할을 가지고 있다. 정보전달이란 경기 결과와 각 경기 팀의 전술 및 전략을 알려주는 것이며, 통합은 스포츠를 통합 규칙과 정신을 통해 일체감을 형성시키는 것을 말한다. 각성과 도피는 평범한 일상생활에서 흥분과 피로로부터 일시적으로 이탈시켜 정서적 안정을 가져다주는 것이다.

스포츠와 미디어, 기업의 상관 관계를 보면 〈그림 1-2〉와 같다.

2. 미디어 스포츠의 개념

이론적인 측면에서의 미디어 스포츠의 연구는 사회학 분야와 미디어 연구의 두 갈래 영역에서 이루어졌다. 사회학 분야에서는 매스미디어의 등장으로 인하여 스포츠가 19세기 여가참여 활동에서 19세기 후반 관람 중심의 기술과 비즈니스로 전환되었다. 그 대표적인 예가 올림픽의 성격변화이다. 한편 미디어 연구에서는 스포츠가 신문, 뉴스, 중계 및 보도 프로그램의 소재에서 신문의 구독률과 방송의 시청률에 큰 영향을 미치는 위상으로 격상되었고(Rowe, 1999), 1990년대 이후 하나의 중요한 콘텐츠로 자리잡아 가기 시작하면서 스포츠가 하나의 경제적으로 중요한 재원적 가치를 갖게 되기에 이르렀다. 그리고 최근에는 스포츠가 새로운 비즈니스로서 역할을 수행하고 있다.

사회학적 고찰

미디어 스포츠에 대한 사회학적 고찰은 일상생활에서 미디어 스포츠의 의미 또는 역할이 무엇인지를 정치, 경제, 기술발전 따위의 사회학적 힘의 맥락에서 고려할 것을 요구한다. 따라서 사회학적으로 미디어 스포츠에 대해 이해하려면 미디어 스포츠와 사회와의 관계를 진지하게 고려해야 하는 것이다. 라디오나 TV가 등장하면서 스포츠가 미디

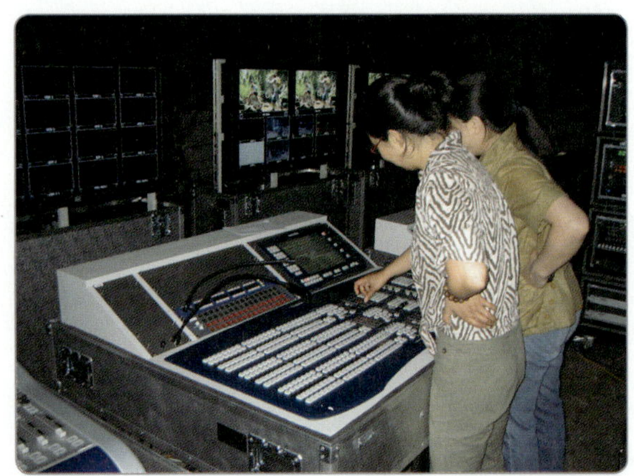

| 케이블과 위성 스포츠 채널이 점차 증가하고 있다.

어화 되어가고 있고 미디어의 또 다른 상품이 되었다. 스포츠는 현대 사회에서 가장 각광받는 오락 프로그램 중 하나이다.

이러한 점으로 미루어 볼 때 TV를 위시한 대중매체가 가지는 스포츠 콘텐츠의 중요성은 날로 부각된다고 볼 수 있다.

오늘날 스포츠는 일상생활의 문화로 받아들여지는데, 그 배경에는 미디어 매개(media mediation)라는 기제가 작동한다. 스포츠가 미디어와 연계되어 미디어 스포츠라는 양식을 취하게 됨으로써 스포츠가 하나의 문화현상으로 자리하게 된다. 오늘날 미디어 스포츠는 스포츠와 수용자들의 삶을 매개하는 커뮤니케이션 과정이자 문화적 현상인 것이다. 주 5일제 시행에 따른 여가 스포츠 문화의 확산, 스포츠 중계채널의 등장 등은 이러한 문화를 잘 반영해 준다.

미디어 스포츠라는 용어는 사회의 지배적인 가치와 문화를 일반 대중에게 전달하는 매스미디어가 스포츠를 중요한 콘텐츠로 다루면서 출현한 것으로 여겨진다. 스포츠가 소수의 엘리트 집단의 전유물이 아니라 국민 대다수의 건강과 삶의 질의 중요한 부분으로 위치하는 대중 스포츠의 특징을 갖게 되면서 매스미디어와 스포츠는 불가분의 관계를 갖게 되었으며, 그 결과로 미디어 스포츠가 출현하게 되었다.

미디어학적 고찰

스포츠와 미디어 문화는 서로 결합하는 모습을 보여 왔다. 즉, 미디어 스포츠는 스포츠와 커뮤니케이션 간의 문화적 융합의 결과를 일컫는다(김원제, 2005). 미디어는 스포츠 뉴스를 중요한 저널리즘 활동으로 삼았고, 스포츠는 미디어를 통해서 대중과 커뮤니케이션을 한다. 이처럼 미디어와 스포츠는 서로를 필요로 하고 상호 의존적인 공생(symbiosis)관계를 형성하였다. 공생의 관계는 스포츠가 TV와 결합하면서 생겨나게 되었는데, 스포츠가 TV와 결합하면서 TV 스포츠 방송은 단순한 스포츠에 대한 객관적인 뉴스보도가 아니라 스포츠 그 자체가 되었고, 스포츠에 대하여 TV는 그

| 표 1-1 | 국내 케이블과 위성의 스포츠 채널

모회사	채널명	케이블/ 위성	서비스
KBS	KBS N Sports	케이블, 위성 동시 서비스	스포츠 종합
MBC	MBC/ESPN Sports	케이블, 위성 동시 서비스	스포츠 종합
SBS	SBS 스포츠	케이블, 위성 동시 서비스	스포츠 종합
SBS	SBS 골프	케이블, 위성 동시 서비스	골프
중앙방송	JBC 골프	케이블, 위성 동시 서비스	골프
썬 TV	Xports	케이블, 위성 동시 서비스	야구, 레슬링
리빙 TV	리빙 TV	케이블, 위성 동시 서비스	낚시, 레저
KMA	KMA Sports	케이블 위성 서비스	레이싱, 레저
	아이비세터캄	케이블 위성 서비스	레저스포츠

존립의 근거가 되어 버린 것이다.

신문의 스포츠면 증대, 스포츠 신문의 급속한 성장, 라디오와 TV의 즉시적인 스포츠 중계방송, 스포츠 전문잡지의 다양화, 케이블과 위성 TV의 스포츠 전문채널 등장 등은 미디어와 스포츠의 관계를 잘 보여주고 있다. 스포츠는 미디어에 의해 광범위하게 노출되며 미디어 또는 스포츠에 의해 안정적인 자금 확보가 가능하다. 결국 〈그림 1-3〉에서 보는 것처럼 오늘날의 스포츠는 미디어를 매개로 한 볼거리의 하나로서 스포츠 산업을 이끌게 되었다.

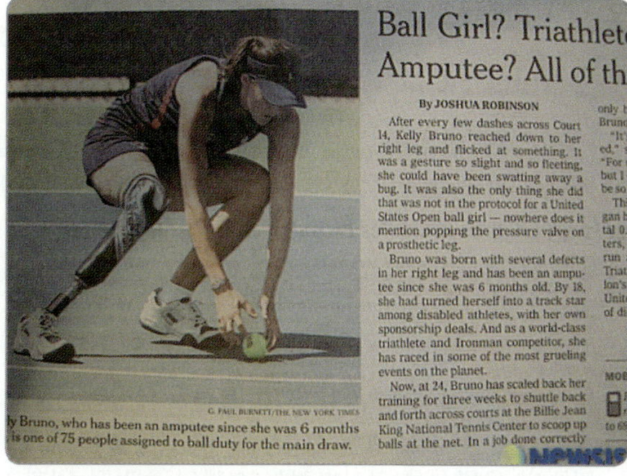
Ball Girl? Triathlete
Amputee? All of th

By JOSHUA ROBINSON

After every few dashes across Court 14, Kelly Bruno reached down to her right leg and flicked at something. It was a gesture so slight and so fleeting, she could have been swatting away a bug. It was also the only thing she did that was not in the protocol for a United States Open ball girl — nowhere does it mention popping the pressure valve on a prosthetic leg.

Bruno was born with several defects in her right leg and has been an amputee since she was 6 months old. By 18, she had turned herself into a track star among disabled athletes, with her own sponsorship deals. And as a world-class triathlete and Ironman competitor, she has raced in some of the most grueling events on the planet.

Now, at 24, Bruno has scaled back her training for three weeks to shuttle back and forth across courts at the Billie Jean King National Tennis Center to scoop up balls at the net. In a job done correctly

G. PAUL BURNETT/THE NEW YORK TIMES

ly Bruno, who has been an amputee since she was 6 months is one of 75 people assigned to ball duty for the main draw.

미디어를 통해서 스포츠가 전달하는 메시지의 영향력은 무시할 수 없다.

미디어에 의한 스포츠의 매개(mediation of sport), 즉 미디어에 의해 중개된 스포츠(mediated sport) 현상을 통칭해 미디어 스포츠라는 개념으로 정리된다. 이로서 미디어 스포츠라는 개념은 스포츠와 다양한 미디어가 문화와 상호 작용하면서 작동하는 양식으로 자리한다.

일반적으로 스포츠는 그 자체가 메시지를 지니고 있고 고객 또는 사람들과 상호 간의 커뮤니케이션을 교환하는 체계이기 때문에 매스미디어와의 관계 유지를 통해서 스포츠가 가지고 있는 메시지를 스포츠 팬에게 간접적으로 전달하고 있다.

미디어 스포츠는 현장 경기 활동이 아닌 TV, 라디오, 신문, 잡지, 또는 최근의 인터넷과 DMB 등과 같은 미디어를 통해 간접적으로 스포츠 팬에게 전달되는 스포츠에 관한 지식과 정보 그리고 경기 진행 모습을 의미한다. 또한 미디어 스포츠는 현장에서 직접 스포츠 경기를 관람할 수 없는 스포츠 팬에게 간접적으로 미디어를 통하여 스포츠를 즐길 수 있는 스포츠 팬의 확보와 스포츠 미디어의 구독·시청률을 촉진시켜 주는 역할을 수행하고 있어 독립된 중요한 콘텐츠의 가치를 갖게 되었고 최근에는 기업적 가치를 가질 정도로 독립된 위상을 갖게 되었다.

따라서 미디어를 통해 간접적으로 스포츠 팬에게 전달되는 스포츠에 관한 지식이나 정보 그리고 게임실황 등의 모든 메시지 측면을 미디어 스

그림 1-3 | 미디어 스포츠의 개념 및 전개 과정

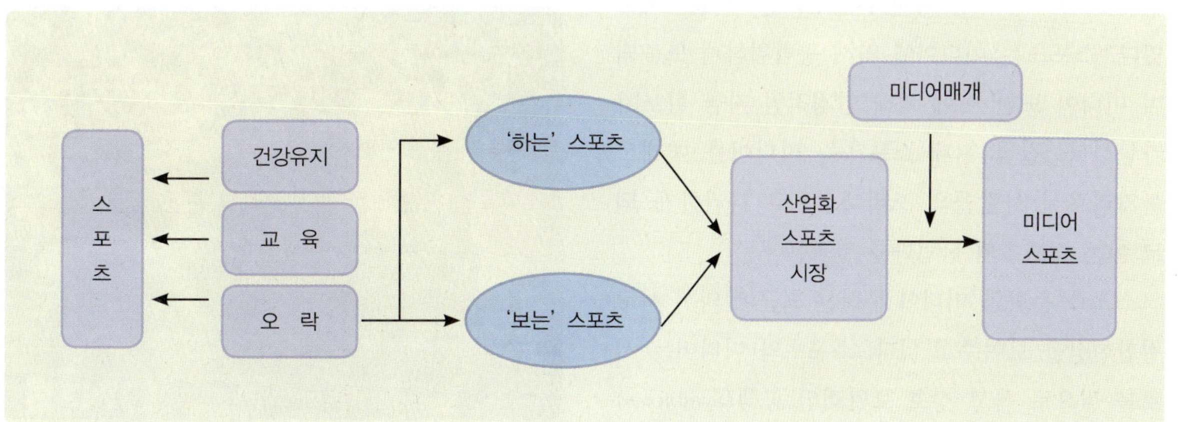

출처: 김원제(2005), 〈미디어스포츠 사회학〉, p.38.

마케팅 休知通

올림피아(Olympis)

올림피아는 1936년 베를린 올림픽 경기장면을 촬영한 기록영화로 최초로 올림픽 전과정을 필름에 담은 올림픽 기록 영화의 효시이자 최고의 작품으로 꼽힌다.

1부 "민족의 제전"과 2부 "미의 제전"으로 육체의 아름다움과 인간 한계에 도전하는 선수들의 모습을 완벽하게 영상화 했다는 평가를 받는다. 비행선을 이용한 공중 촬영, 레일을 타고 찍은 이동 촬영 등 새로운 기법이 동원되었다.

올림픽이 끝난 후 160명의 스태프가 총 40만m에 달하는 필름을 4시간 짜리로 만드는데 18개월여의 시간이 소비되어 1938년 4월 20일 베를린 극장에서 최초로 상영되었다.

이 모든 작업을 여성 감독 레니 리펜슈탈이 총 지휘하였으며, 히틀러의 전폭적인 지원으로 만들어져 독일 민족의 우월성을 과시하려는 속셈이 숨겨진 영화이다. 하지만 탁월한 예술성은 영화를 다큐멘타리의 교본으로 올려 놓았다.

포츠라고 정의한다(임번장, 1994; Birrel, S. & Loy, J., 1979). 결과적으로, 미디어 스포츠는 미디어를 통해 간접적으로 스포츠 팬에게 전달되는 스포츠에 관한 지식이나 정보 그리고 경기장면 등의 고객 또는 잠재적인 고객과의 커뮤니케이션을 위한 모든 메시지에 관련된 것을 의미하며, 미디어와 스포츠의 결합물로 생성된 개념이라고 할 수 있다.

미디어 스포츠와 스포츠 미디어

현대 사회에서 사람들의 소비욕구는 '상품이 가지는 사용가치'에서 '상품에 부여된 가치', '볼거리로서의 가치'의 과정을 거치면서 발전한다. 이 과정에 미디어의 보급 확대가 결정적인 기여를 하고 있다. 스포츠는 미디어에 의해 광범위하게 노출되며 미디어 또한 이에 의해 안정적인 자금 확보가 가능하다. 결국 현대 스포츠는 미디어를 매개로 볼거리로서 사람들의 소비대상으로 자리하게 되고 이는 스포츠의 산업화를 결과한다.

스포츠 문화와 미디어 문화는 최근에 와서 서로 결합현상을 보여주고 있다. 스포츠와 미디어는 서로를 필요로 하고 상호 보완적인 공생(Symbiosis) 관계가 되었다. 미디어는 스포츠를 콘텐츠로 가공하여 판매하고 제품으로 만들어 내면서 새로운 수익 모델을 만들었고, 스포츠는 미디어를 통해서 스포츠 자체의 인기를 높이고 후원사를 창출해 내기 위한 새로운 도구로, 스포츠 팬과 잠재적인 고객을 위해서 커뮤니케이션을 한다.

이러한 상호 보완적인 관계는 스포츠가 TV와 결합하면서 생겨났다. 스포츠가 TV와 결합하면서 텔레비전의 스포츠 방송은 단순한 스포츠에 관한 객관적 뉴스보도가 아니라 스포츠 그 자체가 되었고, 스포츠에 대해 텔레비전은 그 존립의 근거가 되어버린 것이다.

신문 스포츠면의 증대, 스포츠 신문의 급속한 성장, 라디오와 TV의 스포츠 전문 채널 등장 등은

미디어는 스포츠 선수를 스타로 만들어 주기도 한다.

스포츠와 미디어의 관계를 잘 보여주고 있다. 이러한 관계 및 현상들을 지칭하는 서술어로서 '미디어 스포츠'와 '스포츠 미디어'라는 개념은 매우 타당한 용어가 된다.

스포츠와 미디어의 매력

현대 사회에서 미디어는 보편적인 사회제도의 하나로서 기능한다. 대중은 날마다 미디어를 접하고 여가시간의 상당 부분을 매체를 이용하며 보낸다. 오늘날 미디어의 존재 가치는 시청률과 시장 점유율이 된다. 여기에서 광고와 스폰서 링을 이용한 재원 마련은 수익 모델의 핵심으로 부상하고 있는데 그 도구 중 하나를 스포츠에서 찾고 있는 것이다. 방송의 스포츠 프로그램은 꾸준히 늘고 있으며, 일간신문의 스포츠면의 확대, 스포츠 신문의 창간 등이 이를 단적으로 증명해 준다.

특히 방송의 경우 스포츠를 신택하는 경제적 모티브는 바로 시청률에 있다. 시청률의 향상이 바로 광고 수입의 증대와 연결되기 때문이다. 또한 방송사는 특별한 효과를 기대하는데, 그것이 바로 월경효과(Spillover effect)이다. 국제적 미디어 이벤트의 경우 주관방송사가 된다는 것은 그 이벤트를 자사의 스케줄에 따라 조종할 수 있다는 걸 의미하기 때문에 다른 방송사의 광고를 그만큼 빼앗아올 수 있다는 것이다. 결국 이러한 요인들 때문에 방송사는 보다 규모가 크고 국제적인 이벤트에 집중하는 것이다. 이러한 맥락에서 방송사가 직접 스포츠 팀을 운영하기도 하는 것이다.

스포츠 마케팅은 미디어에 의해 지탱되는 상품으로서의 스포츠 즉 미디어 스포츠를 전제로 하고 있다.

미디어로서 스포츠가 갖고 있는 상품성은 세 가지로 요약할 수 있는데, 리얼리티, 시각에 소구하는 특성, 넓은 소구 대상이라는 요인으로 설명된다. 첫째, 스포츠는 뉴스와 함께 가장 리얼리티가 있는 소프트웨어이며, 일면 뉴스의 측면도 함께 갖고 있어 TV 뉴스, 신문기사로 취급된다. 따라서 리얼리티는 질적인 소구력은 물론 각 매체에의 노출이라는 양적인 확보가 가능하다. 둘째, 스포츠는 움직임이 많고 다이내믹하며 이해하기 쉬워서 영상에 적합한 소프트웨어이다. 신문에서도 가능한 사진을 동반한다. 셋째, 넓은 소구 대상으로 시각에 소구하기 때문에 비언어적 커뮤니케이션으로 언어, 국경, 인종의 벽을 뛰어넘는 소구가 가능하다는 것이다. 스포츠가 방송의 소재가 되는 이유는, 기본적으로 휴먼 드라마이며 값싸게 제작할 수 있고 생동감이 있기 때문이다.

미디어가 스포츠에 투자를 하는 것은 그만큼의 가치가 있다는 의미라고 할 수 있다.

이제 스포츠는 차별화된 프로그램 공급원으로 작동한다. 방송국 간 경쟁이 치열해짐에 따라 방송국은 여타 방송국 또는 기존 프로그램과는 차별화된 프로그램이 필요한데, 이러한 프로그램의 영역 확대에는 스포츠가 그 새로운 영역의 하나로 주목받고 있는 것이다. 또한 스포츠는 드라마에 비해 경제적이다. 한 편의 드라마나 영화 제작을 위해 막대한 비용과 준비기간을 투자한 것과 같은 수준의 영상 프로그램이 매일 즉흥적으로 완성되는 것이다. 게다가 스포츠는 드라마에 비해 시청률에 대한 사전 예측이 비교적 용이하다는 장점을 갖는다.

마케팅 休知通

Buzz(입소문) Marketing & Viral / Spread / Connected / Word of Mouth Marketing

대중매체를 통한 마케팅에 비해 저렴하며 기존의 접근방식에 노출되어 있는 소비자 외에게도 접근이 용이한 수단이다. 여론 형성에 주도적인 역할을 하는 사람을 찾아내 우리 편으로 만들어야한다. 그들을 적극적으로 활용해야 하며, 모임 등의 커뮤니티를 잘 활용해야 한다. 주 대상인 구매 결정권자의 주체를 파악하는 것이 중요한 요소이다.

• 스포츠 산업에서의 적용사례

(1) WOO-JIN Teakwondo Studio

「감동의 쇼를 하라」의 저자 손성도 관장은 대구 일대에서 1990년말부터 10여 년 가까이 국내에서 가장 많은 수련원을 보유하고 있다. '인성교육', '동영상 교육' 등의 방법을 사용하지만, 이보다 더 중요시 작용했던 것은 '가정통신문'이다. 가정통신문으로 피교육자인 수련원보다는 소비주체자인 수련원들의 보호자, 즉 '어머니'와 소통한 것이다. 철학적인 내용을 담고 있어서 부모들은 믿고 보낼 수 있었으며 이것이 입소문이 난 것이다.

• 스포츠에서의 시사점

2000년대부터 웰빙이 대두되면서 건강이 우선시되었고 운동은 필수가 되었다. 더구나 성장기의 어린이들에게는 발육에 도움을 주기 때문에 그 중요성이 더욱 높다. 따라서 유아체육, 학교체육 등의 교육 사업이 활성화되어 활발히 이뤄지고 있다. 최근에는 포화상태가 되어 특별한 아이디어가 없이는 실패하는 것이 다반사이다. 경영자의 입장에서 바라보는 매니지먼트의 시각이 필요한 것이다.

3. 스포츠 미디어의 기능

스포츠 이벤트에서 미디어는 스포츠로 사회통합이나 질서유지에 기여하기도 하지만 사회의 변화에도 중요한 역할을 담당한다. 스포츠 변화 과정에서의 스포츠 미디어의 기능에 관해서 학자들 간에 다소 이견이 존재한다. 스포츠 미디어가 사회변화를 유도하여 이끌어 갈 만큼의 위력을 지니고 있는지 아니면 스포츠 미디어가 스포츠 변화의 전반적인 흐름을 반영하는 것에 지나지 않는지에 관해 아직도 논란이 계속 되고 있다.

스포츠 미디어가 순기능적인 기능을 가지고 있는 것은 스포츠 미디어의 활동이 기존 사회질서의 유지에 기여하고 있음을 의미한다. 스포츠 미디어가 기존의 스포츠 규범을 강화하고 스포츠 이슈나 인물 혹은 조직의 지위를 부여하는 기능을 한다. 스포츠 미디어는 위에서 언급한 바와 같이 지능적이거나 긍정적인 측면만 있는 것이 아니다. 때때로 스포츠의 일탈을 부추기는 부정적인 결과를 초래하는데, 이것을 스포츠 미디어의 역기능이라고 할 수 있다.

스포츠 미디어의 환경 감시 기능

(1) 환경 감시의 순기능

스포츠 미디어의 기능은 스포츠에서 일어나는 여러 가지 정보를 수집하여 정리하고 뉴스를 제공하는 활동을 말한다. 이러한 스포츠 신문이나 방송과 같은 보도매체가 일상적으로 다루는 뉴스의 기능이라고 보면 좋을 수 있다. 스포츠 미디어는 스포츠에서 일어나는 폭력, 약물 복용 등을 고발하여 국민들에게 스포츠맨십을 일깨우는 등 예방하거나 스포츠 사건의 피해를 최소화하도록 하는 긍정적인 역할을 한다. 스포츠 미디어의 스포츠 뉴스를 통해 전달되는 이러한 감시에 관한 정보는 몇몇 소수에게만 제공되는 것이 아니라 사회 구성원 전체에게 공평하게 전달됨으로 사회 내부에 스포츠맨십을 키워주는 기능까지도 한다.

이러한 기능의 또 다른 긍정적인 결과는 그것이 스포츠의 일상적인 제도의 운영에도 도움을 준다는 것이다. 즉, 봄에는 농구와 가을에는 야구 그리고 겨울에는 스키의 경기 일정을 조정할 수 있으며, 사회 구성원들이 스포츠에 참여할 수 있는 운영에 도움을 주며, 경기에 관한 뉴스를 전달하여 스포츠 활동을 활성화한다. 물론 뉴스의 긍정적인 기능은 스포츠 제도의 운영뿐 아니라 뉴스를 접하는 개인들의 일상생활에까지도 영향을 미친다. TV에서 K-리그와 프로야구를 중계하지 않는다면 스포츠 프로그램 등에 아쉬워한다. 대중 매체의 주 기능은 민주주의 발전이나 여론 반영과 같은 거창한 것이 아니라 일상생활에 밀접한 스포츠 정보를 제공받으려는 사실을 입증해 준다.

(2) 환경 감시의 역기능

스포츠 미디어의 활동은 사회나 사회 구성원들에게 부정적 영향을 미쳐서 역기능을 초래하기도 한다. 스포츠 미디어가 위협적 사건에 관한 확인 과정을 거치지 않고 별 해설도 없이 갑작스럽게 독자나 시청자들에게 전해진다면 지나칠 정도로 과민반응을 보일 수 있다.

sbs TV 스포츠 토크 닷컴을 진행하는 저자와 게스트로 출연한 장미란 선수, 전병관 감독과 코치

스포츠 미디어의 보도를 통해 전달되는 선수들의 연봉순위 보도는 독자나 시청자들에게 출세의 욕구로 비추어질 수도 있다. 특정 집단이나 조직의 입장에서 보았을 때에도 스포츠 미디어를 통한 뉴스의 전달은 순기능과 역기능적인 측면을 동시에 지니고 있다. 일반적으로 스포츠 미디어의 뉴스 소재로 등장한 선수의 영웅은 일반 공중으로부터 권위, 신뢰감 그리고 전문성을 인정받는 혜택을 누리므로 이는 대단한 특권이라고 할 수 있다. 반면에 스포츠 미디어의 뉴스 소재가 되는 스포츠 관리인들은 스포츠 미디어에 의해 그들의 비리나

표 1-2 스포츠 미디어의 환경 감시 기능

대 상	사 회	개 인	하위집단	문 화
순기능	1) 경고 - 심판의 경고, 퇴장 - 평등주의적 감정 2) 도구적 경제 및 기타 제도들에 스포츠 뉴스, 합리화 3) 사회적 사회 통합	1) 경고 2) 도구적 3) 위신의 제고 - 리더십, 지위 부여, 의제설정	1)도구적 - 파워의제 설정에 유용한 정보 2) 탐지 - 일탈행위에 대한 인지 3) 여론의 관리조정 - 승리의 정당화, 지위 부여	문화적 접촉에 도움 문화적 발전에 도움
역기능	1) 국내 안정을 위협 스포츠 일탈행위, 훌리건의 공포감, 관중 촉발의 위험성, 사회계층 간의 참여 격차	1) 불안감 - 패자의 실망	정치 선전의 폭로	문화 침범 허용

출처: 스포츠 미디어 연구론.

비행이 폭로되어 권위를 잃거나 심한 경우에는 스포츠의 생명을 마감하는 경우도 있다. 이것은 그들의 관점에서 볼 때 스포츠 미디어의 역기능이라고 할 수 있다. 마지막으로 문화 체계의 수준에서 볼 때 스포츠 미디어는 스포츠를 통해서 각 국가간의 문화교류를 활성화하여 한 사회의 문화를 더욱 다양하고 풍요롭게 만드는 순기능이 있다.

스포츠에는 수많은 미디어가 함께 한다.

스포츠 미디어의 상관조정 기능

(1) 상관조정의 순기능

상관조정이란 단순한 사실 보도의 차원을 넘어서 스포츠에 관한 정보의 의미를 해석하고 대응책을 처방해 사람들의 태도형성에 영향을 주어 설득하는 스포츠 미디어의 기능을 뜻한다. 다시 말해 상관조정이란 변화하는 사회에 스포츠가 제대로 적응할 수 있도록 도와주는 활동을 의미한다. 스포츠가 사회에 대한 성공적인 적응을 위해서는 서로 긴밀하게 연계되어야 한다는 뜻에서 상관조정이라는 용어가 사용되었다. 2002 월드컵의 성공을 통해서 한국 제품들의 효과는 늘어날 수 있는 효과라고 할 수 있는 프리미엄을 얻고 스포츠와 관련 없는 제품의 판매량도 늘어나는 효과를 갖는다.

스포츠 미디어의 기능은 주로 사건이나 사실의 단순한 보도 기능과 상관조정은 개념적 수준에서는 구별되지만 실제로는 그 구별이 어려울 수 있다. 객관적인 사실보도라고 하더라도 편집과정에서 수집된 많은 경기들 가운데 어떤 경기를 선택할 것인지 그리고 보도하기로 선택했다면 어느 정도의 중요성을 부여할 것인지 그리고 어느 부분을 강조할 것인지가 결정되어 결과적으로 언론사의 주관적인 시각이 반영되기 때문이다. 편집과정에서의 기사 선택과 배열 그리고 특정한 어휘의 사용으로 말미암아 스포츠를 위한 객관적인 보도로 부분적으로 상관조정의 기능을 할 수 있다.

(2) 상관조정의 역기능

상관조정 활동은 스포츠 역기능을 초래할 수도 있다. 스포츠 미디어의 논평이나 사설에 편견이 개입되거나 고의로 중요한 스포츠 문제를 다루지 않게 된다면 불공정 보도의 역기능이 야기된다. 이와 마찬가지로 스포츠 미디어가 논평이나 해설을 정부나 스포츠 관료화한 기득권층의 정보원에

표 1-3 스포츠 미디어의 상관조정 기능

기능＼대상	사 회	개 인	하위집단	문 화
순기능	1) 스포츠맨십에 도움 2) 사회 안정에 대한 경제 도움, 논제 설정	1) 스포츠 참여기회의 제공 2) 스포츠 가치성	1) 파워 유지에 도움	1) 스포츠 문화의 유지
역기능	1) 사회적 순응 조장 2) 스포츠 관료화	1) 비판능력 약화 2) 피동성 증대	1) 책임가중	1) 문화발전 저해

출처: 스포츠 미디어 연구론.

게만 의뢰한다면 스포츠에 대한 해석의 다양성은 제한적일 수밖에 없으며 사회 순응적인 시각이 확산되어 스포츠 개혁을 저해하는 결과를 낳는다.

스포츠 미디어의 사회 유산 기능

스포츠 미디어는 스포츠의 가치, 규범 그리고 스포츠가 보유하고 있는 각종 정보를 한 세대에서 다음 세대로 혹은 그 사회로 편입된 새로운 사회 구성원들에게 전수하는 기능을 가진다. 스포츠 미디어를 통해 전파되는 내용에는 스포츠가 공통적으로 지향하는 규범과 가치관 그리고 집단적 경험이 담겨 있다. 스포츠 미디어에 스포츠의 문화적 내용이 지속적으로 장기간 노출된다면 그러한 규범이나 가치관을 사회 구성원에게 받아들이게 된다.

스포츠 미디어가 사회와의 기능을 발휘한다는 것은 다시 말해서 스포츠 미디어가 여러 계층의 사회 구성원들을 위한 스포츠 참여의 도구로 이용되고 있음을 의미하기도 한다. 스포츠 미디어는 어린이, 청소년들뿐 아니라 성인이나 노인층이 스포츠 생활에 참여함에 있어 갖추어야 할 지식과 규범을 전달하는 데 유용하게 한다. 특히 스포츠를 생활할 수 있는 TV는 효과가 뛰어난 매체로 인정받고 있다. TV의 다양한 스포츠 프로그램은 스포츠를 배우려는 성인들에게 매우 유익한 스포츠 정보를 제공해 준다. 스포츠 미디어의 사회화 기능은 사회 통제의 효과도 지니고 있다.

스포츠 미디어의 여가 기능. 뉴욕 맨해튼에 위치한 ESPN 스포츠 바의 모습

스포츠 미디어의 여가 기능

스포츠 미디어는 승리위주의 경기를 전달하기도 하지만 흥미위주의 내용으로 프로그램으로 시청자들 또는 참여자들의 기분전환이나 휴식을 제공하는 기능을 갖고 있기도 하다. 바로 이것이 스포츠 미디어의 여가 기능이라고 할 수 있다.

특히 TV의 시각적, 청각적 효과를 통해서 시청자들의 관심을 끌고 상업주의의 심화로 인한 시청률 경쟁으로 말미암아 방송사들이 여가 프로그램의 비중을 늘리는 경향이 현저해짐에 따라 스포츠 미디어의 여가 기능이 날로 증가되고 있는 실정이다. 스포츠가 놀랄 만한 인기를 끌면서 여가로 자리잡게 된 것도 스포츠 미디어가 지속적인 방송을 통하고 그 기능을 다 했기 때문이다. 스포츠 미디어가 여가 기능을 제공하고 생활에 활기를 불어넣는다는 긍정적인 측면을 지니고 있지만 부정적인 측면도 있다. 스포츠 미디어를 통해 전달되는 여가는 되도록이면 많은 사람들이 공감할 수 있는 흥미에 초점을 맞추는 경향이 있으므로 그 내용은 누구나 보고 듣고 즐길 수 있는 대중문화적 성격을 띤다. 우리나라의 지하철에서는 스포츠 신문이 많이 읽히는 까닭도 사람들의 여가적인 성향으로 많은 기사를 선호하기 때문이다. 스포츠 중계, 뉴스 등의 TV 프로그램이 높은 시청률을 기록하는 것도 대중들의 여가 선호 경향이 얼마나 높은지를 알 수가 있는 것이다.

스포츠 미디어의 대중문화 기능

스포츠 미디어의 출현은 대중사회의 정립과 밀

접한 관계를 맺고 있다. 스포츠 미디어는 지역의 행사뉴스와 광고는 대중사회의 이러한 약점을 보완하여 사회적 통합을 강화하는 데 없어는 안 될 중요한 사회제도로 인식되었다. 스포츠 미디어의 사회적 통합적 기능은 두 가지로 사회적 변화에 의해 더욱 촉진되었다. 하나는 스포츠 교육의 확대로 인해 여가 시간에 스포츠 참여가 이용할 수 있는 수용자층의 폭이 넓어졌다는 점이고, 다른 하나는 미디어 기술은 물론 교통 및 통신 기술의 발달로 스포츠의 보급이 더욱 용이해졌다는 점이다. 대중사회의 출현과 함께 급속하게 확산된 스포츠 미디어는 정치와 경제 영역에도 많은 영향을 미쳤다. 엘리트 계층들만의 관심거리였던 정치가 스포츠 미디어로 스포츠 보도 활동에 힘입어 스포츠 관심과 일반 대중에게도 경제적으로 소비되는 개인 스포츠도 공개되고 모두를 위한 스포츠의 대중화가 이루어졌다.

4. 스포츠와 미디어의 관계

스포츠와 미디어의 관계

기본적으로 스포츠와 미디어는 각각 다르게 발전되어온 분야이다. 하지만 이젠 스포츠 마케팅을 논할 때 미디어를 빼놓고는 얘기할 수 없게 되었다. 그렇다면 왜 그들은 서로를 원할 수밖에 없었는지에 대해 네 가지 측면에서 간단히 살펴보기로 하겠다.

(1) 개인적 측면

미디어가 발달하기 이전에 스포츠 경기를 관람하려면 그것이 개최되는 경기장과 같은 장소로 가야만 하였다. 장소가 멀거나 시간이 안 맞으면 매우 번거로운 경우가 있었고, 경기장 내에서도 위치에 따라 실감나고 생생한 스포츠를 관람할 수

선택된 고객들에게 제공되는 Sporting News Today의 웹진

없었다. 그리고 사회의 변화나 기술의 발전에 따라 새로운 스포츠들이 많이 생겨났는데 그것들을 보고 싶어도 일일이 장소를 옮기거나 참관할 수 없는 것이다. 현대화가 진행되면서 개인들의 삶의 질이 높아지고 여가에 대한 관심이 증대되어 스포츠에 대한 갈망이 커져감에도 불구하고 시간과 공간의 제약으로 스포츠를 직접 관람하는 것으로는 스포츠를 즐기기가 어려워진 것이다.

(2) 사회 · 기업적 측면

산업화, 현대화가 진행되면서 대량 생산된 물품을 소비해 줄 소비자가 필요하게 되었다. 다수의 소비자가 결집하고 집중할 수 있는 환경의 확보, 포착이 필요하게 된 것이다. 생산된 제품의 이미지를 최대한 좋게, 건실하게 확보하고 소비자들의 안정된 구매욕구를 불러일으키기 위해서는 사람들이 기분이 좋은 상태에서 즐기는 상황이 필요했던 것이다.

(3) 미디어 분야 측면

스포츠와는 무관하게 독자적인 길을 걸으며 발전해 왔지만, 자본주의의 성격을 갖게 되면서 각 분야 간의 정보의 제공을 통한 다양한 경로의 자본의 획득을 중시하게 되었다. 미디어 자체의 배급도 중요하긴 하지만 궁극적으로는 미디어가 많은 사

람들과 접촉하는 빈도가 증가할수록 직·간접적 이윤의 획득이 많아지므로 미디어는 다양한 사람들의 욕구에 맞는 영상 등의 정보를 수집하여 제공해야 했고 대다수 사람들의 커다란 흥미 분야에 초점을 맞추게 되었다. 이러한 성향을 갖게 되다보니 다양한 분야의 스포츠 소비자들의 형성과 영향력은 미디어가 스포츠라고 하는 분야에서 서로의 한 부분을 차지하게 되는 측면을 갖게 되었다.

다양한 공간에서 스포츠 콘텐츠를 제공받을 수 있는 시기가 되었다.

(4) 스포츠 분야 측면

현대 사회에서 소득의 증대와 여가에의 관심이 커져감에 따라 스포츠들이 종래의 취미나 흥미생활 등의 기능도 높아졌지만 스포츠 또한 사회와 마찬가지로 세분화되고, 전문화되어감에 따라 많은 사람들이 더욱더 스포츠를 통한 극한의 재미, 자신의 능력을 뛰어넘는 대리만족, 그리고 다양한 경험을 제공받을 수 있게 됨으로써 스포츠 자체가 더 큰 이윤을 추구할 수 있는 산업적 면모를 갖추게 되었다. 이렇게 됨으로써 스포츠 또한 보다 많은 사람들에게 그것을 전달하고 알리는 일이 필요하게 되었고 또한 내부 사세의 발전을 위해서 더 많은 재원이 필요하게 된 것이다.

스포츠와 미디어의 상호 결합과 발전은 상기 언급한 네 가지 측면이 골고루 들어맞아 진행되었다. 즉, 개인은 스포츠에 대한 관심이 나날이 높아지는 가운데 스포츠를 매스미디어를 통해서 골고루 접할 수 있게 되었고, 스포츠 산업은 많은 사람

표 1-4 다양한 스포츠 관여와 미디어 역할

스포츠 관여 보기	스포츠 관여 형태	미디어의 역할
선수	1차적 스포츠 관여	P.R., 이미지메이킹
참여자	1차적 스포츠 관여	정보제공
코치	2차적 직접 생산자	P.R., 이미지메이킹, 정보제공
구단주	2차적 간접 생산자	팀 홍보, 모기업 홍보, 관중유인
프로모터		이벤트 성사, 관중유인
스폰서		기업 홍보, 매출증대, 이미지 제고
방송캐스터/해설자		전문직업 창출
치어리더		관중유인, 볼거리 제공
관중	2차적 직접 소비자	정보제공
시청자		오락프로그램으로서 스포츠 향유
독자		정보제공, 관심유발

들에게 홍보의 방법으로서 미디어를 채용하게 되었다. 미디어 또한 다수 사람들의 흥미인 스포츠를 공급함으로써 미디어에 대한 대중의 접촉빈도를 높일 수가 있다. 이것은 많은 대중이 모이고 즐겁게 함께 즐김으로써 좋은 이미지를 창출할 수 있는 환경을 찾는 기업의 관심을 끌게 됨으로써 이윤의 추구와 함께 미디어, 기업의 내부발전을 꾀할 수 있게 된 것이다. 그리하여 매스미디어와 스포츠는 동반자적 관계를 발전시켜 온 것이다. 매스미디어는 '90년대에 스포츠와 경제를 연결시켜 주는 가교역할을 해 왔으며 새로운 세기의 시작과 함께 이제는 폭발적인 힘을 만들어 내는 융합의 장이 되고 있다.

5. 미디어와 스포츠의 역사적 사실

1984년 올림픽 조직위원장인 Peter V. Ueberroth가 남긴 유명한 말 한마디는 "올림픽에서 중요한 것은 커다란 경기장이 아니다. 문제는 경기장에 몇 대의 TV 카메라를 설치할 수 있는가"였다. 피터 위버로스는 올림픽에 상업적인 개념을 도입하여 흑자 올림픽의 원년을 만들어 낸 사람으로 방송 중계권료만으로도 대회 운영의 절반 이상 예산을 확보하여 올림픽의 상업성을 한차원 높인 사람으로 평가되어지고 있다.

스포츠가 방송에 처음 등장하게 된 시기는 1936년 베를린올림픽 때부터라고 할 수 있으다. 비록 독일의 히틀러는 이 올림픽을 통해서 독일인의 우수성을 알리기 위한 이념적인 목적이긴 하였으나 독일 국영방송국을 설립해 올림픽 역사상 처음으로 야외 중계방송을 시도하였다. 따라서 베를린올림픽은 TV 중계가 이루어진 최초의 올림픽이라는 데 역사적 의미를 부여할 수 있다. 그렇기 때문

1970년대 미국의 스포츠 라디오 방송 (하워드-코셀)

에 스포츠 마케팅 측면에서 베를린올림픽은 지금의 스포츠와 TV의 관계를 가능하게 한 새로운 시도로서 역사적 의미를 부여할 수 있다. 그 후 인공위성을 통해 올림픽에서 일어나는 생생한 스포츠 장면을 지구촌 곳곳에 전한 대회는 1960년 제17회 로마올림픽 대회였다. 그리고 컬러 방송이 올림픽에 선을 보인 것은 1964년 제17회 도쿄올림픽 대회 때로 주관방송사였던 NHK가 NASA의 신콤 3호 통신위성을 통해 지구촌 가족들에게 경기장에서 벌어지는 환희, 감격, 그리고 좌절 등을 생생하게 전달해 주었다. 1968년 제19회 멕시코올림픽 대회 때에는 인텔세트 2호의 도움을 받아 올림픽 경기장면을 전 세계 지구촌 가족들이 동시에 시청할 수 있었다. 특히 현재와 같은 국제 TV방송 제작 시스템인 국제 신호로 제작이 시도된 것은 1972년 제20회 뮌헨올림픽 대회였다.

스포츠라는 상품을 구입하고 이를 일반 소비자인 시청자에게 파는 것은 TV방송국이다.

TV방송국이 중간 수요자로서 판매하는 상품이란 스포츠이고 여기서 방송국이 구입하는 상품은 TV 중계권이다. TV 중계권이 개입된 최초의 경기, 즉 상업적 미디어 가치로 파악이 된 것은 1960년 로마올림픽이 최초이다. 미국의 CBS와 유럽의

유럽방송연맹(EBU)은 로마올림픽 조직위원회 한테서 각각 60만 달러에 중계권을 사들였다. 그 이후로 올림픽 중계권료가 계속하여 상승을 하였다. 미디어의 가치를 알고 있었기 때문에 가능한 것인데 이런 측면에서 본다면 홍콩 스타 TV를 통해 국내 프로축구 리그 또는 배드민턴 경기, 태권도 경기를 볼 수 있는 이유도 여기에 있다. 스포츠에서 볼 수 있는 데이터베이스가 시도된 대회는 1990년 이탈리아월드컵 대회 때였으며 이탈리아 국영 방송국(RAI)과 전신 전화국(Sirti) 전자회사(올리베티사)가 공동으로 이 프로젝트에 참여하였다. 데이터베이스의 모태가 된 이탈리아 대회에서 사진을 붙이는 신분증이 사라지고 ID카드라는 것이 처음 선을 보이기도 하였다.

한국에서 스포츠가 상품화되기 시작한 시기는 "일간 스포츠"가 창간된 1969년 9월26일 이후라고 볼 수 있다. 물론 그 이전에 주로 권투나 레슬링에 치중된 스포츠가 등장하기 시작하였지만 대중 매체를 통하여 스포츠 소비자에게 특정한 프로그램을 제공할 목적으로 만들어진 것은 1970년대를 거치면서였다고 볼 수 있다. 일간 스포츠는 스포츠 기사가 가장 중요한 부분을 차지하며 정치, 경제, 기사를 첨부하여 만든 젊은 층을 겨냥하는 리치 마켓의 타깃 신문이라고 볼 수 있다. 당시에 일부 사람들은 일반 신문으로도 이익을 창출하기 어려운데 스포츠 종목 하나만으로 어떻게 가능할까라는 부분에 크게 우려를 나타냈지만 그것은 우려에 불과하였다. 그 후로 스포츠 서울, 스포츠 조선, 스포츠 투데이 등 기존의 일간지를 능가하는 판매량과 신문사에게 이익을 창출해 주는 또 다른 사업의 영역으로서 확대 전개가 되었다.

스포츠 콘텐츠의 새로운 미디어 도구 IPTV

1970년대는 전자 매체이든 인쇄 매체이든, 보도 행위 가운데 스포츠 보도의 양적인 팽창이 이루어진 시기이며, 미디어의 보급 확대는 사람들의 변화된 소비 욕망을 자극하고 또한 사람들의 호기심을 만족시키기 위해 발전을 거듭하였다. 특히 컬러TV의 보급으로 인하여 소비 욕구가 TV를 통하여 크게 자극이 되었을 뿐만 아니라 TV를 통해서 보급되는 스포츠의 인기는 여느 인기 프로를 능가하였다.

표 1-5 미디어 스포츠의 발전 과정

1950년대	신문발전, 텔레비전 도입으로 미디어와 스포츠의 파트너십 형성
1960년대	고정적 스포츠지면 할당 TV보급률 급신장은 미디어와 스포츠를 공생적 관계로 변화
1970년대	국가적 행사로 이용, 집단적 반응 유도로 부정적 기업의 커뮤니케이션 전략의 광고행위로 비판대두
1980년대	급속한 양적 확산으로 일상의 지배효과를 가시화 엘리트 체육정책
1990년대	경제적 상품성 반영, 생활체육 증진 뉴미디어 발전에 따른 중계권 경쟁심화
2000년대	방송산업+과학기술=미디어를 통해 경기를 직접 보는 효과

6. 미디어 스포츠의 존재 가치

미디어가 구현하는 스포츠 문화는 긍정적 요소와 부정적 요소 모든 측면에서 평가할 수 있는데, 우선 긍정적 측면에서 미디어는 스포츠의 보급과 확산을 통한 대중화에 기여한다. 생활의 여유와 윤택이라는 사회적 조건 속에서 성별, 연령, 직업, 지역, 사회적 신분이나 지위에 상관없이 생활의 일부로 스포츠를 받아들이게 되었다(김원제, 2005).

또한 매스미디어의 등장으로 인해 스포츠는 19세기 아마추어 여가 참여 활동에서 19세기 후반 관람 중심의 기술과 비즈니스로 전환되었다. 올림픽의 성격변화는 대표적인 예이다. 쿠베르탱(Coubertin)이 재현한 올림픽은 초기 10여 년간 상업적 후원 없이 순수한 아마추어 정신을 반영하였다. 그러나 제1차 세계대전 이후 미디어의 대중화로 올림픽이 국제적 이벤트로 자리잡기 시작하였고, 공공기관의 후원 역할을 개최도시가 떠맡다가 이내 TV 시청료와 기업 스폰서들이 재정적 지원 부분을 떠맡게 된다. 20세기 중반 올림픽 게임 중계권이 매매되기 시작했으며, 이로서 상업적 올림픽이 스포츠의 대세가 된다. 급기야 'NO TV, NO GAME'의 상황이 초래되었다. 즉, 기업들의 스포츠에 대한 투자를 유도하여 스포츠 마케팅이라는 학문이 등장, 발전하게 되었다.

한편 부정적 요소를 살펴보면, 엘리트 스포츠주의이다. 미디어는 국제경기에 있어서 우리나라의 선수가 1등이 가능한 종목 즉, 그 가능성을 보고 국가에서 전폭적인 지원을 했던 종목들, 예를 들면 양궁, 유도, 레슬링, 사격 등에 집중적 편성을 하였다. 또 한가지는 스포츠 상업주의이다. 최근의 지나치게 비싼 중계권료와 독점적인 중계권 획득과 관련 보편적 접근권이라는 문제점이 사회적인 논쟁이 되고 있다.

NHL의 TV 중계 스튜디오 장면, 경기장에서 직접 이루어져 생동감이 있다.

수용자 측면에서 미디어 스포츠의 존재 가치를 살펴보면, 긍정적 요소로서 첨단기술의 발달을 들 수 있지만 부정적인 측면, 즉 스포츠 내셔널리즘과 편성 시간에 의한 시청자의 피해, 스포츠 저널리즘이 있다.

송해룡(2001)은 미디어 스포츠의 존재 가치 및 위상변화에 대하여 〈표 1-6〉에서 보듯이 1980년대까지만 해도 스포츠는 신문의 뉴스나 방송의 중계 프로그램의 소재로 가능한 정도였다. 그러다 1980년대 말이 되자 스포츠가 신문의 구독률과 방송의 시청률에 영향을 미치는 위상으로 격상되었고(Rowe, 1999), 1990년대 이후 하나의 콘텐츠로 자리잡기 시작하면서 스포츠가 재원적 가치를 갖

표 1-6 | 미디어 스포츠의 존재 가치 및 위상변화

—	공생적 가치	경영적 가치	재원적 가치	벤처 기업적 가치	—
sports=news/program		sports=rating (advertising)	sports(content) =avenue(money)	sports=business opportunity	
	1980년대	→	1990년대	→	2000년대

출처: 송해룡(2001 b.), "스포츠방송 중계권과 관련한 새로운 양상 및 쟁점에 관한 고찰," 〈방송학회〉, 한국방송학회, 2001년 여름호, p.163.

게 되기에 이른다. 그리고 최근에는 스포츠가 새로운 비즈니스의 가능성을 제시하는 벤처기업적 가치를 갖는 경향을 보인다.

미디어 스포츠의 존재가치에 대하여 수용자 측면과 공급자 측면으로 나누어 보면 다음과 같다.

수용자 측면(시청자 및 이용자/기업)

수용자 측면에서의 미디어 스포츠의 존재 가치로 첨단기술의 발달을 들 수 있다. 일반적으로 미디어 스포츠의 대표라 할 수 있는 TV 스포츠 방송에는 뉴스보도, 경기실황 중계, 기획 프로그램 등 세 가지의 양식이 있다. 그 중에서도 시청자는 주로 뉴스 보도와 경기 중계 프로그램을 접하게 된다.

지난 2006년 독일 FIFA 월드컵 때를 떠올려 보자. 직접 독일에 가서 경기장을 찾아 경기를 관람하는 사람의 숫자는 지극히 제한되어 있었다. 대다수의 사람들은 TV 앞에서 경기를 지켜보면서 결과를 확인할 수 있었고 승리의 기쁨을 혹은 패배의 좌절감을 공유할 수 있었다. TV 스포츠 중계는 시간적, 공간적 제약성의 한계로부터 벗어나 정보를 얻을 수 있게끔 해주는 중요한 수단으로 자리를 확고히 잡았다.

또한 날로 중계방송의 기술이 발달함에 따라 시청자는 여러 각도에서 선수들의 작고 세세한 움직임까지 자세하고 정확하게 확인할 수 있게 되었다. 또한 경기에 대한 자세한 분석이 제공되기 때문에 경기에 대한 객관적 자료를 바탕으로 관람을 할 수 있게 된 것이다. 이로서 스포츠 시청자는 아르고스(argus, 눈이 100개 달린 거인)처럼 온갖 양식의 시청각 정보를 흡수하는 것이다(Cashmore, 2000).

중계방송은 보통 종목별로 시간 편성을 하게 되는데 각 지상파 방송사는 야구는 대략 3시간, 농구는 2시간, 축구도 2시간 정도를 편성하고 있다. 방송사의 다음 스케줄에 의해 보도되고 있던 사실이

방송을 중계를 보고 있는 시청사

순간 사라지는 것이다. 물론 케이블 방송은 끝날 때까지 방영한다. 이것은 방송 중계가 경기결과의 사실을 보도하고 정보를 제공하는 본래의 취지를 뒤엎고 그저 인기에만 편중해 이득을 챙기기 위한 것으로 밖에 보이지 않는다.

올림픽의 종목별 스케줄을 보면 미국의 주관 방송사인 NBC의 시청률이 가장 높은 종목인 수영과 육상의 겹치기가 배제되어 대회 중계를 위해 경기 시간이나 날짜가 조정되었다.

지난 1988 서울올림픽의 경우에도 100미터 육상 결승전이 오전 일찍 열렸는데 그 이유는 미국 뉴욕 시간을 기준으로 맞추었기 때문이다.

2008년 베이징올림픽의 경우 수영과 육상 종목을 9일과 10일 간의 TV 중계를 고려하여 구성하였으며, 대회 초반부터 미디어 관심 유도 및 집중을 위한 구성을 하였다. 여기에다가 날짜 겹치기

를 최대한 줄였으며, 수영과 육상이 동시에 열리는 날에는 수영은 오전시간에 육상은 오후 시간에 대회를 치루었다.

대회 초반: 남, 녀 100미터 결승, 여자 장대 높이 뛰기

대회 중반: 400미터 결승, 허들, 트랙 결승

대회 종반: 남, 녀 400미터 결승, 남, 녀 1600미터 결승, 마라톤

이상의 대회 종목 편성을 보면 〈그림 1-4〉와 같다.

공급자 측면(미디어 및 미디어 스포츠 전문가/스포츠 마케팅 전문가/협회 및 선수)

공급자 측면에서 미디어 스포츠의 존재 가치를 살펴보면 먼저 스포츠의 대중화를 들 수 있다. 오늘날의 대표적 미디어라 할 수 있는 TV는 스포츠의 대중화에 영향을 미치고 있다. TV를 통해서 중계방송을 자주 접하다 보면 자연스럽게 그 스포츠에 대한 관심이 높아지고, 관심의 표현으로 그 스포츠를 즐기게 되는 것이다.

스포츠 방송 후원은 특정 후원 회사가 시즌 경기 전체, 특정 경기 또는 특정 팀의 경기 등의 방송 중계의 모든 광고 혹은 그 상당 부분을 독점 지불하는 계약의 형태로 이는 후원사와 방송사 간의 계약으로 방송사는 중계권료를 행사 주관자에게 지불하게 된다. 기업은 스포츠 방송중계를 후원함으로써 광고기피 현상 방지 효과, 매체노출 효과, 이미지제고 효과, 더 나아가서는 판매증진 효과까지 얻을 수 있다.

근래의 많은 시청자들은 광고를 의도적으로 회피하고 있는데(Lin, 1994), 이러한 문제를 해결하기 위한 방법으로 기업은 미디어 스포츠 마케팅을 통하여 재핑(Zapping), 지핑(Zipping), 플리핑(Flipping)과 같은 경기장 보드광고를 통해서 시청자들의 태도와 상관없이 대중들에게 비교적 쉽게 접근할 수 있다. 특히 월드컵과 같은 인기 있는 스포츠 이벤트의 중계에 자연스럽게 기업의 로고나 브랜드를 노출시킬 수 있을 뿐 아니라 기업이 매력 있는 스포츠 장면을 활용할 경우 대중에게 자연스럽게 각인될 수 있다는 점에서 매력적이라 할 수 있다.

기업이 스포츠 마케팅을 하는데 있어서 기대하는 가장 큰 효과는 매체노출을 통한 인지도의 상

| 그림 1-4 | 2008년 베이징올림픽의 수영과 육상 종목의 대회 일정표

Schedule																				
Aug 2008	6	7	8	9	10	11	12	13	14	15	16	17	18	19	20	21	22	23	24	
Game	-2	-1	0	1	2	3	4	5	6	7	8	9	10	11	12	13	14	15	16	
	W	T	F	S	S	M	T	W	T	F	S	S	M	T	W	T	F	S	S	
Sports																				Gold Medal
Opening Ceremony																				
Closing Ceremony																				
Archery					1	1			1	1										4
Athletics										2	4	6	6	5	3	6	7	7	1	47
Baseball																		1		1
Badminton										1	2	2								5
Basketball																		1	1	2
Beach Volleyball																1	1			2
Boxing																		5	6	11
Swimming					4	4	4	4	4	4	4	4			1	1				34

출처: 조성식 교수의 〈스포츠 미디어의 활용〉 참조.

승이다. 인쇄매체, 방송매체, 인터넷 등을 통한 노출은 가히 짐작하기 어려울 정도이다. 그 중에서 TV를 통한 노출이 가장 큰 효과라고 할 수 있는데 수많은 월드컵의 TV 시청자 수를 통해서 알 수 있다. 또한 월드컵의 세계적 공식 파트너에게는 경기장 보드광고권이 주어진다. TV를 통해서 스포츠를 시청하는 시청자들에게 부지불식간에 노출되는 경기장 광고는 엄청난 효과가 있다(Stotler & Johnson, 1989; Turco, 1996)

미디어 중에서 TV방송이 아직까지 스포츠 스폰서십의 가치를 높이는 데 가장 중요한 역할을 담당하는 주체라고 할 수 있다. 스포츠는 TV를 먹고 산다고 할 정도로 스포츠 경기에서 TV가 차지하는 비중은 크다. 엄밀히 살펴보면 기업이 스폰서로 참여하는 것도 TV방송을 통해서 노출되는 경기장 보드광고와 각종 보도 그리고 높은 시청률을 보이는 스포츠 중계에 광고를 할 수 있기 때문이다.

마찬가지로 방송국도 기업에 광고를 판매하여 큰 이익을 챙길 수 있기 때문에 필요에 의해 스포츠 단체에 막대한 비용을 지불하고 스포츠 중계권을 획득한다.

세계 최고의 부자 구단인 레알 마드리드가 2013년까지 7년간 TV 중계권을 11억 유로(1조 3,200억원)에 판매하였다. 1년에 2,000억원에 육박하는 상상을 초월하는 금액이다. 이는 단일 스포츠 팀으로는 역대 사상 최고의 금액에 해당한다. 이 금액은 현재 마드리드가 중계권으로 얻는 수익의 두 배를 훨씬 상회한다. 레알 마드리드의 지난 시즌 중계권료는 6,460만 유로(775억원)에 불과한 것으로 추정되고 있다.

이 같은 엄청난 액수를 지불하고 중계권을 사들인 기업은 스페인의 새로운 방송사 라섹스타의 대주주인 '미디어프로'이다. 미디어프로는 레알 마드리드의 경기를 소지케이블 SA사 같은 업체에 중계권을 재판매하는 방식 등으로 이윤을 창출한다.

기업들은 스폰서십을 통해서 TV 광고를 대체하기도 한다.

잉글랜드 프리미어리그는 두 개의 방송사와 계약을 체결하였다. 첫번째 계약은 2007년부터 2010년까지 3년 간 16억 9,200만 파운드(3조 456억원)에 달한다. 한 경기를 중계하는 데 지불한 중계권료가 85억원에 이른다. 프리미어리그는 녹화 중계, 하이라이트 중계, 모바일 중계에 대해서는 생중계와 별도의 계약을 체결한다. 이를 모두 합하면 전체 중계권료는 3년 간 약 4조원을 넘어설 전망이다. FIFA 월드컵 중계권도 만만치 않다. 국제축구연맹(FIFA) 예산의 75% 정도가 TV 중계권에서 충당된다. FIFA는 지난 2002년과 2006년 두 개의 월드컵을 묶어서 독일의 키르히 미디어에 28억 스위스 프랑에 판매하였다. 키르히 미디어는 각국에 따로 중계권을 판매해 수익을 얻을 수 있다.

국내에서도 중계권 시장은 점점 뜨겁게 달아오르고 있다. SBS가 2010 밴쿠버 동계올림픽부터 2016 하계올림픽까지 동·하계올림픽 중계권료로 7,250만 달러(689억원), 2010 남아공 월드컵과 2014년 월드컵 중계권료로 1억 3,000만 달러(1,235억원 추정치)를 지불하였다.

국내에서는 종합오락케이블채널을 표방한 tvN이 K-1 주관단체인 일본 FEG에 제출한 제안서에서 3년 간 중계권료 150억원, K-1 국내대회 유치권 등 60억원, 앞으로 설립될 'FEG코리아'에 대한 투자금 100억원 등 310억원을 제시해 화제가 되고

새로운 스포츠 콘텐츠로 자리잡은 K-1

있다(김윤종, 2007).

CJ미디어와 경쟁관계인 온미디어도 K-1과 유사한 이종격투기 '프라이드'의 중계권을 올해부터 5년 간 118억원에 계약한 바 있다. 2004~2006년 K-1대회의 경우 MBC-ESPN이 7억여 원에 중계했는데 이번에는 중계권료만 150억원으로 20배 이상 뛰었다. 이는 K-1이 시청률을 높일 수 있는 '킬러 콘텐츠'로 평가되기 때문이다.

최근에는 거대기업인 공중파방송을 제치고 스포츠 마케팅사가 중계권을 사들여 방송사에 이를 재판매하는 현상까지 나타났다. 메이저리그 중계권, 한국 프로농구 중계권, 월드컵 아시아지역 예선 경기를 포함한 아시아축구연맹(AFC) 중계권을 사들여 이를 공중파와 케이블 TV 등에 재판매하고 있는 IB스포츠가 대표적인 경우이다.

이와 같이 방송국은 양질의 스포츠 콘텐츠를 확보하기 위해 막대한 금액의 중계권료를 스포츠 협회에 지불하고 기업에 광고를 판매하여 큰 이익을 챙기려 한다. 오늘날 다양한 기업들은 스포츠 경기에 대한 투자를 많이 하고 있다. 실례로 국가대표 축구팀에서 착용하는 축구화를 제외한 모든 용품은 나이키에서 투자를 하고 있다. 즉, 나이키사가 국가대표팀의 초상권을 이용하여 소비자를 상대로 신발이나 의류 등 자기회사 제품의 판촉을 도모한다.

TV 중계방송 이외에 새로운 패러다임의 방송환경 변화로서 요즘들어 인터넷 중계방송이 등장하였다. 인터넷과 스포츠 마케팅이 거대한 산업으로 발전하기 시작한 것은 비교적 최근의 일이며, 불과 10년 전만 해도 양자가 모두 산업 분류에도 들어가지 못할 정도로 미미한 존재였다(박세혁, 전호문, 김용만, 2001). 하지만 인터넷은 아주 짧은 역사에도 불구하고 경제적인 대변혁뿐 아니라 우리 사회 패러다임 전체를 바꾸는 영향력을 발휘하고 있으며, 이런 영향은 스포츠 마케팅에서도 예외없이 발휘되고 있다(박기철, 2000). 특히 인터넷의 주 사용자 계층이 인구통계학적 특성에서 여가시간에 주로 스포츠를 관람하거나 스포츠에 참여하고 있는 스포츠 참여계층과 거의 일치(Duncan &

마케팅 休知通

황영조의 금메달

1992년 바르셀로나 올림픽 황영조 선수가 몬주익의 언덕에서 우승을 향해 달리고 있을 때 NBC 방송이 생중계를 하였다. 마지막 결승점에 골인한 후 황영조 선수에 대하여 이렇게 NBC의 방송 해설자는 말을 하였다.

" He keep a diary every day(그는 매일 밤 일기를 썼습니다)
Tonight, in his diary(오늘밤, 그의 다이어리에)
He will be write: (그는 이렇게 쓸 것입니다)
Gold Medal(금메달)
똑 같은 경기를 두고, 우리나라 중계방송은 오직 금메달만을 외쳐 댔다.
여러분 ! 차이점이 느껴지는가?
진정한 감동을 줄 것이냐, 맹목적인 승리만을 전달 할 것이냐.
결과가 아닌 과정을 주목하는 미디어의 자세
그리고 시청자들의 시선과 귀 그리고 감성을 자극할 필요가 있다.

Campbell, 1999)하기 때문에 스포츠 마케팅에서 인터넷의 활용은 더욱 가속화 될 것이다.

그 중에서도 스포츠의 인터넷 중계는 스포츠 단체에게 중계권료를 지불하고 광고판매 또는 유로 접속을 통해서 수익을 발생시키는 프로그램이다. Turner(1999)는 TV 시청자가 줄어드는 반면, 인터넷 사용자가 급증하는 추세와 함께 머지않아 스포츠 중계 또한 인터넷과 TV가 동합되는 형대로 나타날 것을 전망한 바 있다.

이는 근래 현실로 다가와 방송과 통신의 융합시대의 도래로 말미암아 전화, 텔레비전, 인터넷 서비스 등 한꺼번에 세 가지 서비스를 받을 수 있고, 고선명 디지털 화면을 제공하는 IPTV(Internet Protocol TV)가 등장하여 스포츠 중계 중에 소속 팀이나 선수에 대한 정보 검색, 선수들의 유니폼 같은 제품을 구매를 할 수 있는 인터넷 쇼핑이 가능하리라 생각된다.

EPL의 방송 장면 다양한 광고를 활용할 수 있다. (EPL Manchester United vs Tottenham Hotspur 중계)

7. 스포츠에서의 미디어의 역할

스포츠 프로그램은 오늘날 중요한 경쟁력을 지닌 프로그램으로 인식되고 있고 다양한 사회·문화적 함의를 지닌 문화 행위적 틀이 되고 있다. 오늘날 스포츠가 경쟁력 있는 프로그램으로 발전하게 된 이유 중의 하나는 바로 미디어의 역할 때문이었다. 국내의 경우 최근 축구, 야구, 골프 등의 종목에서 활발한 해외 진출이 이루어지고 있고, 이러한 영향은 대중매체와의 결합으로 수용자들의 관심을 집중시키는 현상을 가져왔다.

미디어와 스포츠가 서로에게 관심을 가지고, 결합하게 된 시기는 대규모 관객을 동원하는 기업적 스포츠와 개인의 여가를 위한 스포츠가 본격적

스포츠는 신문을 팔리게 하는 새로운 매개체가 되었다.

으로 발전하기 시작했던 19세기 초반이다. 신문은 판매 부수 확대를 위해, 스포츠 단체는 대중화를 위해 서로가 필요하였다.

신문은 독자를 유혹하기 위해 직접 스포츠 행사를 조직하기도 하고, 경기 규칙을 조정해 리그를 만들기도 하면서 스포츠 활동을 장려하였다. '스포츠가 신문을 팔리게 한다(Sport sold newspaper)'는 명제가 자연스레 받아들여졌다(Lever & Wheeler, 1984). 스포츠와 미디어의 결합은 처음에는 수용자들의 편의나 필요성에 의해서이고, 이차적으로는 상호 간의 밀접한 관련성 때문에 이루어졌다.

즉 스포츠와 미디어는 모두 특정 계층이나 집단을 위한 전유물이 아니라 일반 대중을 위한 보편적인 삶의 도구로서 상호 간의 발전을 거듭하고 있다. 미디어에 있어서 스포츠는 가장 많은 수용자를 확보할 수 있는 주된 상품이고, 스포츠는 미디어가 가장 큰 재원이 되며, 더불어 기업은 자사의 이미지나 상품을 효과적으로 활용할 수 있는 도구가 되는 것이다.

제2차 세계대전 후 사회가 안정되고 산업생산이 확대되며 경제가 번영하자 휴식과 놀이로 프로스포츠가 번창하기 시작하였다. 미국에서는 MLB, NFL, NBA, NHL, 프로복싱 등이 최고 화제였고 PGA, LPGA, NCAA 등도 인기를 끌었다. 미국의 TV 방송사들은 방송권 확보에 치열한 경쟁을 벌였고 매년 방송권 액수는 천문학적으로 인상되었다. 미디어 스포츠는 대중의 관심과 상표권, 방송권 판매, 스폰서 등 수익의 상승으로 사업적으로 대성공을 거둬왔다.

다양한 형태의 스포츠 관여는 미디어와 매우 밀접하게 관련을 맺고 있다. 1차적 스포츠 관여인 운동을 직접하게 되는 경우, 선수는 미디어를 통해 자신을 홍보하고 미디어적 상품 가치를 올리기도 한다. 여가 스포츠로서 참여하게 되는 경우에도 운동하게 되는 장소와 종목 등에 대하여 그리고 지불하게 되는 회비에 대하여 미디어를 통해 사전 정보를 습득하게 된다. 단순한 생활체육 참여에도 인터넷이나 홍보전단, 광고지 등의 미디어는 중요한 역할을 하고 있다.

2차적 스포츠 관여에서 미디어는 더욱더 중요한 기능을 수행한다. 특히 간접적 생산자 입장에서 스포츠 이벤트를 미디어 이벤트화하여 대중에

표 1-7 올림픽 대회 참가선수와 미디어 종사자수 비교

하계올림픽			
대 회	선수수	미디어 종사자수	비 율
2000 시드니	10,651	16,033	1.51
1996 애틀랜타	10,318	15,108	1.46
1992 릴레함메르	9,367	13,082	1.40
1988알버트빌	8,465	11,331	1.34
1984 캘거리	6,797	9,190	1.35

비율=미디어 종사자 수/선수 수 자료=www.olympic.org

게 전달하는데 올림픽 대회는 이미 미디어 이벤트가 되어버렸다. 2000년 시드니올림픽 대회에 참가한 선수는 10,651명인데, 미디어 종사나(기자, 캐스터, 해설자, 방송관계자 등)는 16,033명으로 선수 규모보다 1.5배가 크며 이러한 미디어 종사자수의 증가는 계속되고 있다. 동계올림픽 대회의 경우 선수 규모가 작아 미디어 종사자의 수가 선수 수의 3~4배에 달한다.

스포츠 중계방송 캐스터와 해설자의 현란한 이야기와 첨단 중계기술의 응용을 통한 다양한 볼거리 및 정보 제공은 안방에서 한층 더 재미있게 TV를 볼 수 있게 해준다. 경기장의 스포츠 경기는 TV를 통해 재미있는 오락상품이 되어 수백만, 수천만의 시청자에게 '소비'되는 것이다. 기업은 미디어 광고를 통해 P.R.을 강화하고 자사 제품의 프로모션을 하게 되어, TV 스포츠 중계 프로그램으로 스폰서한 액수 이상의 효과를 거둘 수 있다. 2002년 한·일 월드컵 축구 대회 공식 스폰서로 참여한 현대자동차의 경우, 한국의 월드컵 4강 진출에 따른 한국 브랜드 가치의 상승으로 기대 이상의 홍보 효과를 얻게 되었고 한국 차로서 현대자동차의 이미지가 크게 상승하기도 하였다. 올림픽 경기 공식 스폰서 기업인 삼성의 경우 4년마다 개최되는 올림픽 대회의 TV 중계를 통하여 세계적 브랜드로 성장하고 있다. 전 세계 10~11개 기업만이 올림픽 대회 공식 스폰서로서 존재하고 있기 때문에 TV 중계를 통해 전 세계에 기업 로고와 무선통신 상품이 매 4년마다 전달되고 있다.

방송 신기술이 동원된 첨단 스포츠 프로그램은 새로운 시청자의 수요를 창출하게 되고, 시청자들은 가상현실 기술에 의해 경기장 관람객이 되기도 하고 때로는 사이버 선수가 되기도 하여 자신의 선택에 따른 능동적인 연출을 하면서 즐기게 되어 새로운 스포츠 프로그램 팬을 형성하게 되는 것이다(Boyle & Haynes, 2000).

2010 벤쿠버올림픽 주관방송사인 NBC의 광고

8. 미디어가 스포츠에 주는 영향

현대 사회에서 스포츠는 매스미디어를 통하지 않고서는 거의 존재할 수 없다고 말할 수 있을 정도로 매스미디어에 의해 영향을 받고 있다. 텔레비전, 라디오, 신문, 인터넷 등 다양한 매체를 통해서 스포츠는 대중들에게 소개되고 발전해 나가고 있다. 이러한 매스미디어의 역할이 없었다면 스포츠는 단지 경기자와 관중들과의 단편적인 행사에 머물고 말았을 것이며, 지금과 같은 사회적 파장이나 정치적·경제적 파급 효과는 가져오지 못했을 것이다. 특히 스포츠가 매체에게 경제적으로 의존하기 때문에 매스미디어는 점차 스포츠를 다양한 차원에서 통제하고 있다.

1970년대 이래 TV스포츠 프로그램은 점차적으로 대중에게는 비용이 적게 드는 중요한 오락물, 그리고 스포츠 조직체에게는 고정된 중요한 수입원이 되고 있다. 즉 텔레비전은 점진적으로 스포츠와 대중과의 관계에 있어서 가장 중요한 매개체로서의 역할을 수행하고 있다고 해도 과언이 아니다. TV가 스포츠를 지배하기 전에는 단지 스포츠를 증진시키고 게임에 대한 참가를 적극적으로 유도하기 위해 스포츠의 규칙, 구조, 일정 등에 대한 변화가 있었다. 그러나 미디어에 의하여 경제적

미디어가 스포츠에 주는 영향 (sbs의 베이징올림픽 중계실)

통제가 주어지자 소비자에게 흥미를 끌고 광고 수입을 더 많이 올리기 위하여 스포츠에 다음과 같은 변화가 일어났다.

스포츠에 대한 대중의 관심

모든 스포츠의 존재 자체가 미디어에 의존하는 것은 아니다. 이른 아침 조깅을 하고, 동호인 조직에서 축구를 하는 것 등은 미디어와 무관하게 존재한다. 그러나 단순한 여가 활동의 스포츠에 참가할 경우라 할지라도 TV, 인터넷, 신문 등의 매체를 통해 정보를 얻게 된다면 스포츠는 미디어에 의존하는 것이 된다. 또한 상업화된 관람 스포츠의 경우, 그 경기를 홍보하고, 결과를 알리고, 앞으로의 전망을 이야기하는 데 미디어는 매우 중요한 역할을 하고 있다. 이러한 점에 비추어 스포츠에 대한 미디어의 영향을 가늠해 볼 수 있는데, 우선 미디어는 스포츠에 대한 관심을 불러일으키고 그 관심을 유지시킨다.

미디어는 스포츠의 대중화에 영향을 미치고 있다. 스포츠 대중화는 엘리트 스포츠뿐만 아니라 생활 속에서 하는 스포츠라는 개념을 정착시켰으며 보는 스포츠뿐만 아니라 참여하는 스포츠로 영역을 확대시킨 것이다. TV가 매개체가 되어 생활 스포츠로서 정보와 대중의 참여를 적극 유도하고 있다. 특히, TV 중계에 필요한 스포츠 콘텐츠의 개발로서 다양한 스포츠가 만들어지고 있다. TV 중계는 스포츠에 대한 관심과 인기를 크게 향상시켰고 생활 속에서의 스포츠 참여에 대한 인식변화로 스포츠 인구를 증가시켰다. 한편, 스포츠 경기가 TV을 통해 중계됨으로써 해당 스포츠 종목에 대한 대중의 관심과 인기가 높아지고 있으며 카메라를 의식한 선수들이 반칙을 자제하는 등 경기의 질 자체도 높아지는 현상이 나타나기도 한다.

카메라 움직임과 편집 등을 개선함으로써 중계방송의 질을 높이려는 방송사의 노력 또한 경기의 멋진 장면들을 부각시키고 보이지 않던 새로운 모습 등을 보여줌으로써 경기의 재미를 높이는 데 일조하게 되었고 이것이 또한 관중 수의 증가로 이어지고 있다.

기업들의 스포츠에 대한 투자 유도

TV는 스포츠와 기업을 연결시켜 주는 매개체가 된다. 스포츠는 기업의 커뮤니케이션 효과를 높여줄 수 있는 수단으로 인정받고 있기 때문에 기업은 스포츠를 필요로 한다. TV는 기업의 커뮤니케이션 목표와 스포츠 단체의 재정적 필요를 연결시켜 주는 매우 중요한 매개체 역할을 한다. 성공적인 스포츠 대회의 운영을 위해서는 스포츠 단체는 방송국에 TV 중계권을 팔아야 하며, 방송국은 광고수익을 증대시키기 위해서 스포츠 단체로부터 스포츠 중계권을 사야 하고, 광고주는 기업 및 제품을 알리기 위해서 방송국에 광고비를 지불해야만 하는 것이다. 그러나 TV의 중간 역할이 없으면 기업이 스포츠를 이용했을 때 일반 대중에게 접근하기가 쉽지 않다. TV가 스포츠 경기를 중계함으로써 기업과 스포츠를 연결시키는 역할을 하는 것이다. 상업화된 스포츠, 프로스포츠나 올림픽 경기, 월드컵 축구 등과 같은 경기는 어느덧 '미디어

빅이벤트'가 되어 버렸다. 엄청난 돈이 TV 중계권료란 명목으로 방송사에서 스포츠 세계로 흘러 들어간다. 물론 방송사는 기업으로부터 그 이상을 돈을 받아 이윤을 얻고 때론 예상치 못한 높은 시청률로 대박을 터뜨리기도 한다. TV 중계권료란 스포츠를 방송 프로그램으로 콘텐츠화하는 과정에서 발생하는 것으로, 가치 있는 그리고 시장성 있는 스포츠 경기는 높은 중계권료를 받게 된다.

스포츠 경기 환경의 변화

TV시청자들로부터 호기심과 재미를 얻기 위해, 즉 경기의 스릴과 재미를 더하기 위하여 스포츠 경기는 룰과 경기 포맷의 변화를 겪게 되었다.

또한 TV가 스포츠 중계방송을 통해 광고를 유치하기 위해서는 경기도중 광고가 많이 나가야 한다. 현대 스포츠에서 경기단체는 TV방송국의 요구에 따라 경기개최 기간과 경기시작 시간을 변경하기도 하였다. 또한 경기 룰의 변경과 경기용품 및 경기복의 변화도 필요하게 되었다. 전통적으로 수요일에 실시되던 미국 프로야구의 월드시리즈가 주말로 바뀌었으며 컬러TV에 맞게 선수들의 복장이나 용품 등이 예전처럼 단순하게 디자인되던 것에서 탈피하여 시청자나 관중들의 눈에 보다 더 잘 띄도록 화려하게 제작되고 있다.

유도는 흰색깔 도복에 청, 홍색 벨트를 매어 선수들을 구별했었다. 그러나 관중들과 TV시청자들을 위해 컬러 유도복을 도입함으로써 선수를 더 쉽게 구분할 수 있게 하였다. 프로농구는 CM(commercial Message)시간 확보를 위해 NBA는 12분, KBL은 10분씩 4쿼터로 경기시간을 바꿨다. 종전대로라면 CM을 두 번 밖에 낼 수 없지만 4쿼터로 할 경우 4번에 걸쳐 낼 수 있어 방송국이나 경기협회의 수입을 늘릴 수 있기 때문이다. 또한 박진감과 흥분을 고조시키기 위해 24초 룰과 3점 슛 제도를 탄생시켰다. 골프 경기에서의 예선부터 결승까지의 점수 산정 방식 변경, 서든 데드 방식 도입, 방송 사정에 따라 경기 시간의 수시 변경, 배구 경기에 랠리 포인트제 도입 등 많은 수정과 변형이 오늘의 스포츠 현장에서 이루어지고 있는 것이다

미디어는 스포츠 경기를 변화시켰다. (KBL 방송 중계 모습)

TV 중계에 적합한 스포츠 경기는 박진감과 멋진 장면이 종종 있으며, 시청하기도 편하고 재미가 있어야 한다. 지루하고 엔터테인먼트 요소가 없는 경기는 방송 콘텐츠로서 매력을 지니지 못한다.

서든데스(Sudden Death) 제도는 TV 중계시간을 고려하고, 시청자들에게 마지막 승부의 순간이란 흥미를 주기 위한 것으로서, 골프나 축구 아이스하키 등에서 연장전 승부에서 적용된다. 특히 골프 경기에서의 서든데스 제도는 한홀, 한홀 연장전의 승부에서 샷 하나하나에 대한 관심을 유도하여 높은 시청률을 확보하고, 추가적인 중계시간도 20~30분 정도라 오히려 방송사들도 연장전 승부를 기대한다.

농구경기의 24초 공격시간, 3점 슛 제도도 경기의 흥미를 증진시키기 위한 방안에서 도입된 제도이다. 빠른 템보의 공격과 3점 슛의 묘미는 시청자들의 관심과 흥미를 끌고 유지시키기에 충분하다. 배구 경기의 랠리포인트제와 마지막 세트 경기에

마케팅 休知通

Community(커뮤니티) Marketing; Blog / Cafe Marketing

회원 상호 간에 정보교환 및 지식교류가 이뤄지는 정보 네트워크인 커뮤니티는 구성원들이 공통의 목적을 가지고 있다는 특징이 있다. 게시판을 통해 사용 후기, 구매 정보 등을 올리고 참고한다. 이에 기업은 커뮤니티를 대상으로 하여 마케팅 활동을 펼칠 수 있다.

• 스포츠 산업에서의 적용사례

(1) On-Line FILA Cafe

2000년 FILA에서 진행한 해외여행 이벤트의 당첨된 고객들이 자발적으로 휠사모, 'FILA를 사랑하는 사람들의 모임'이라는 동호회를 만들어서 활동하였다. 2006년 이후에는 기업과의 마찰로 내부적인 결정에 의해 FILA와는 독립하게 되어 '따사모(따뜻한 사람들의 모임)'로 모임을 갖는다고 한다. 기업과 근밀한 교류로 아이디어를 공유하기도 하여 전략을 쌓고 실현하는 데 상호적으로 도움을 준다. 자발적 홍보대사의 선구자 역할이라고 여겨지는 바이다.

(2) DESCENTE Korea Blog

클리블랜드의 추신수 선수를 후원하는 데상트 코리아는 고객 점유를 위해 공격적인 마케팅을 하여 시장에 침투했다. 그 가운데 블로그는 고객에게 밀접하게 다가가기 위한 초석이었다. 추신수 선수가 좋은 활약을 보이며 언론에 집중되기 시작했고 그의 일거수일투족이 노출되기 시작했을 때, 추신수 선수가 입은 옷에 대해 궁금해 하는 네티즌이 생기고 그 궁금증을 해소하면서 제품 홍보의 장으로 블로그 마케팅을 하였다.

• 스포츠에서의 시사점

스포츠 용품업의 경우, 디자인은 물론이고 기능성도 구매에 있어 중요시되는 요소이다. 따라서 판매업체는 그 기능성을 홍보하고 타사 제품과의 비교도 하기도 한다. 하지만, 설명을 이해하기는 쉽지 않으며 직접 사용해보는 것과는 대단한 차이가 있음은 분명하다. 그래서 커뮤니티를 통해 간접적이지만 최대한 가깝게 소통하는 것이 재품판매의 판촉과 브랜드 이미지에도 상승효과를 가져올 것이다.

서의 15점제 경기도 역시 다소 지루했던 경기의 템포를 빠르게 하고 경기 시간도 1시간 30분 정도 내에서 끝나게 되어 TV 중계의 어려움을 크게 해소하였다. 테니스 경기의 타이브레이크(tie break)도 경기시간의 단축과 빠른 진행을 위해 도입된 제도이다. 한 세트 경기가 6대 6인 상황에서 2경기를 먼저 이겨야 된다면 몇 시간 동안 한 세트 경기만 진행할지도 모른다. 그러나 타이브레이크 제도는 2점 차이를 유지하면서 먼저 7점을 획득하면 세트 경기가 끝나기 때문에 TV 중계시간의 단축을 크게 도모한다.

2000년 시드니올림픽 때 처음 정식종목으로 채택된 태권도의 경우 단조로운 경기 방식으로 경쟁종목인 유도에 비해 TV시청에서 경쟁력이 떨어지고 있다. 그래서 큰 기술이라 할 수 있는 머리 공격에 대해서 차등 점수를 부여하여 경기의 흥미를 높이고 있다. 야구 경기에서 촉진룰이나, 미식축구 경기에서의 하프타임 시간을 20분에서 15분으

골프 중계를 위해 촬영중인 카메라맨의 모습

로 단축하는 것도 TV 중계와 시청의 편이성을 위한 것으로 볼 수 있다. 특히 하프타임 시간의 단축은 선수들의 충분한 휴식보다는 TV 중계와 시청의 편이성이 더욱 중요하다는 경제적 논리가 개입된 것이라 할 수 있다.

그랜트피타 방식의 양궁 경기는 양궁의 TV 중계를 가능케 한 혁신적인 경기포맷의 변경으로 볼 수 있다. 수십 명의 선수가 사대에 서서 각자 일정한 수의 화살을 쏜 다음 가장 기록이 좋은 선수가 1위를 차지하게 되는 기존의 포맷은 TV 중계가 어렵고 누가 경쟁하고 있는지 분간하기도 어려운 '선수들만의 경기'였다. 그러나 1대 1 토너먼트식으로 승부를 내는 현행 방식은 경기의 긴장감과 긴박감을 더하고 보는 즐거움을 크게 향상시켰다. 그리고 과녁에 소형 TV카메라를 부착하여 화살이 시청자들로 향하는 실감나는 중계도 가능하게 되었다.

(1) 경기 시간 변경

TV방송국이 스포츠 상품을 구입하는 가장 큰 이유는 돈벌이에 있다. 돈벌이는 스포츠를 TV를 통해 내보내며 이때 광고를 원하는 기업으로부터 광고료를 받는 형태로 이루어진다. 비싼 광고료를 받으려면 사람들이 TV를 많이 보는 시간 소위 황금시간대에 재미있는 경기를 중계하면 된다. 그런데 TV방송국은 모든 경기의 중계방송을 황금시간대에 내보낼 수는 없다. TV방송국은 경기가 크게 재미있을 것 같지는 않으나 중계방송할 필요가 있다고 판단되면 황금시간대가 아닌 다른 시간대에 중계하기를 원한다. 이때 경기단체는 TV방송국과 접촉하여 방송 중계를 제안할 때 경기력에 크게 영향을 받지 않는다면 경기시간에 융통성이 있다는 것을 제시하여야만 한다.

예 1998 서울올림픽: 서머타임(미국 사람들이 주로 시청하는 시간대를 맞춘 것)

양궁은 TV 중계에 맞추어 경기 포맷을 변경하였다.

1994 미국 월드컵: 40도의 더운 날씨에 경기함(유럽인들이 많이 시청하는 시간대를 맞춘 것)

(2) 경기일정의 변경

"스포츠 경기는 심판의 휘슬이 아니라 PD의 큐사인과 함께 시작한다"는 말이 나올 정도로 TV는 경기 일정에도 지대한 영향을 미친다. 각종 스포츠 경기의 일정이 TV 시청률을 높이기 위하여 방송사측의 사정에 맞도록 조절되거나 변경되기도 한다. 예를 들면 시청률을 높이고 광고 수입을 올리기 위하여 가장 좋은 시간대인 저녁시간에 경기를 개최하는 것, 미국 프로야구에서는 TV 시청률을 높이기 위해 전통적인 예배시간인 수요일 대신에 토요일에 월드시리즈를 시작하는 것을 들 수 있다. 88 서울올림픽 경기 일정은 대표적인 예라고 할 수 있다. 국내의 프로야구나 씨름 등을 위시한 각종 인기 스포츠의 경우도 관중과 TV 시청률을 높이기 위해 결승전 경기를 일요일 오후로 맞추는 경기 일정을 자주 볼 수 있다. 프로야구의 경우, TV방송사와 프로야구위원회는 중계 계약을 할 때 계약조건으로 저녁 경기중계의 경우는 경기 시작 30분을 앞당기는 것으로 되어 있다. 각 방송사에서 가장 중요시 여기는 9시 뉴스에 영향을 미치지 않기 위해서이다.

방송 미디어는 스포츠 경기를 보이지 않는 곳까지 보이게 함으로써 가치를 더욱 극대화시켰지만 너무 방송에 맞춘 나머지 일부의 모습만 보고 판단하는 과오를 범할 수 있다.

(3) 경기 룰 변경

TV가 스포츠 중계방송을 통해 보다 많은 광고를 유치하기 위해서는 경기 도중 많은 광고가 나가도록 해야 한다. 많은 광고를 내기 위해서는 경기가 자주 끊어지도록 해야 하고 경기가 자주 끊어지기 위해서는 경기 룰이 변경되어야 한다. 그런데 경기 룰이 변경되면 경기 자체의 재미가 반감될 수 있다. 경기 자체의 재미가 반감되면 TV 중계가 이루어지지 않는다. 따라서 경기 단체 등 스포츠 상품 원소유자들은 경기 자체의 재미가 그대로 유지된 채 TV방송에 적합하도록 경기 룰을 변경해야만 한다.

예 농구: 올림픽 등 아마추어 경기에서는 전후반전 경기로 진행되지만 NBA나 KBL 등에서는 4쿼터제로 나눠서 경기를 한다. 광고시간을 많이 할애하기 위한 것임을 쉽게 알 수 있다. 그리고 여러 가지의 작전타임 시간을 가지게 한 것도 이와 같은 방식이다.

(4) 경기 용품 및 경기복의 변화

시청률을 올리기 위한 방안으로 탁구공(예전 흰색, 요즘 오렌지색), 유도복(예전 흰색, 요즘 파란색), 육상(배꼽티:경기력 향상에도 많은 도움을 주지만 방송에 어필하기 위함도 많이 있다), 국내 여자농구(원피스 경기복) 등의 경기를 컬러 TV에 맞게 선수들의 복장이나 용품 등을 예전처럼 단순하게 디자인되던 것에서 탈피하여 시청자나 관중의 눈에 보다 더 잘 띄도록 화려하게 제작되고 있다.

❶ 탁 구

탁구공은 원래 흰색이었지만 TV카메라에 잘 띄지 않기 때문에 지금은 주황색의 형광 볼로 대체되었다. 탁구대 역시 이전의 초록 색깔에서 하늘색(일명: 사마란치 탁구대)으로 바뀌었다.

❷ 테니스

테니스의 경우 흰색 공이 차지하는 시장은 전체의 2%선에 그치고 나머지는 모두 노란색 공이다. 예전에는 흰색 테니스 복과 함께, 흰색 공이 공식구였으나 노란색 공이 눈에 잘 띈다는 이유로 1972년 도입된 이후 순식간에 대체되었다. 특히 TV 중계에서도 노란색은 흰색보다 카메라에 잘 잡히기 때문에 보수적인 윔블던이 1984년 공식 사용구 색깔을 노란색으로 바꾸면서 흰 공은 설자리를 잃게 되었다. 또한 흰색 라인 위에 떨어지는 노란색 공은 흰색 공보다 판정에 용이한 것은 말할 것도 없다.

스포츠 상업주의 영향

스포츠는 각기 다른 개성과 이해를 지닌 이질적인 현대인들을 공동체로 융화하여 화합시키는 기능을 지니고 있다. 공동체 의식은 팀이나 클럽 같은 소규모 형태의 집단뿐만 아니라 학교, 시, 도 나아가서는 국가와 같은 대규모 집단에서도 나타난다. 이렇게 이루어지는 동일화는 더 큰 규모의 공동체를 포함하는 융화의 확산을 가져옴으로써 애교심, 애향심, 그리고 애국심을 고취시킨다. 이와 같이 현대 사회에서 스포츠는 사회경제적 지위, 출신성분, 성, 교육의 정도 및 종교가 다른 현대인들을 한마음 한뜻으로 결속시킴으로써 새로운 사회적 에너지를 창출한다. 그러나 이런 스포츠도 TV 중계권료를 비싸게 받기 위해서는 선수들의 경기환경 및 경기시간을 TV방송사의 구미에 맞도록 바꾸는 등 무리도 생겨나기 시작하였다.

상업주의 만능 풍조는 스포츠 능력을 상품화하려는 일부 선수들 사이에 퍼져서 금지 약물을 복용해서라도 메달을 획득하려는 현상도 생겼다. 또한 지나치게 일등만을 강조하는 일등지상주의 경향이 있다. "무조건 이겨야 한다. 2등은 없다. 지면 죽는다"만을 강조하는 태도 때문이다. TV속 스포츠의 일등지상주의는 스포츠 자체를 여유 있게 즐길 수 있는 세련된 스포츠 문화를 장착시키는 데 방송이 오히려 장애가 되고 있는 사례라고 할 수 있다. 스포츠가 승리지상주의에 지나치게 물들고 정략적 목적과 상업적 이익을 위하여 무분별하게 이용되면 스포츠는 그 고유의 기능과 역할을 상실하게 된다.

스포츠 산업화 기여

스포츠는 새롭게 개발되는 매체를 대중적 미디어로 정착시키고 미디어의 산업화를 이끌어 내는 독특한 요인으로 작용해 왔다. 스포츠를 매개로 하는 영상시장은 스포츠를 단순한 프로그램이 아니라 상품적 특성을 갖게 하는 콘텐츠로 변화시키고 있다. 인터넷방송과 지상파 TV 그리고 위성방송 간에 스포츠 중계를 놓고 각축을 벌이는 모습은 스포츠가 원소스 멀티유즈(one source-multi use)의 핵심 콘텐츠가 된다.

스포츠는 미디어 분야와 함께 21세기의 대표적인 유망산업으로 꼽힌다. 미국 프로농구나 야구가 세계적으로 많은 팬을 확보하고 있듯이 스포츠 시장에는 국경이 사라진 지 오래다. 미국 프로농구 NBA의 경우, 210개국에 생중계하고 있으며 NBA

컬러 TV에 맞추고 시청자의 눈에 맞추어 변화를 준 유도복 컬러

의 인터넷 웹사이트는 18개국 12개 언어로 중계하고 있다. 또한 경기의 하이라이트를 87개국 120만 팬들에게 무료로 제공하기도 하였다. 작년 NBA 최종결승전 경기에서는 경기장 안에 로봇카메라를 설치해서 인터넷으로 관전하는 팬들이 자신들이 원하는 카메라 앵글을 통해 경기를 직접 카메라에 담을 수 있는 서비스를 제공하였다.

위성TV 등 대중매체의 발달은 스포츠 산업의 도약에 큰 힘이 되고 있다. 미국 MLB의 경우, LA다저스를 FOX라는 미디어 그룹이, 명문 애틀랜타 브레이브스는 WTBS방송사, 시카고 컵스는 WGN방송사, ABC방송이 애너하임 엔젤스를 소유하고 있다. 이것은 스포츠와 미디어 산업을 결합시켜 시너지 효과를 얻겠다는 의도이다. 스포츠는 뉴미디어를 새로운 미디어로 정착시키고 방송의 산업화를 이끌어 내는 독특한 영상 요인이 되었음을 볼 수 있다. 방송의 스포츠 프로그램은 시청자의 미디어 스포츠 소비욕구를 극대화시키며 시청률을 견인하는 역할을 하며 방송사의 광고수익과 밀접한 방송경영의 요인화 되고 있다. 미디어 스포츠는 상호 간에 아무런 관계없이 독자적으로 발전해 온 사회 행위였지만 상호 간에 급부와 반대급부 목적에서 결합이 이루어지면서 폭발적인 힘을 갖는 영상문화 소비양식으로 발전하고 있다. 또한 기업커뮤니케이션전략으로까지 연결되고 있는 것이다

누가 과연 테니스 공을 흰색이라 생각하겠는가? 노란색 테니스 공은 이제 테니스 시장 전체를 잠식하였다.

9. 스포츠가 미디어에 주는 영향

미디어의 주요 콘텐츠를 구성

미디어와 스포츠 사이의 상호 호혜적 관계는 미디어도 스포츠에 크게 의존하고 있는 현상을 나타낸다. 스포츠의 상업화에 따라 스포츠로부터 얻을 수 있는 경제적 가치가 크게 증대되고, 스포츠가 미디어의 주요 콘텐츠로 자리잡게 됨에 따라 미디어의 입장에서 스포츠는 중요한 상품이자 콘텐츠라 할 수 있다.

미디어사의 이윤 증대에 기여

스포츠는 TV의 광고수익을 증대시켜 주고 있으며, 이는 미디어사들의 경제적 이익을 가져다준다. 신문의 경우 스포츠는 젊은 독자층이 열독하는 섹션이 되어, 해당 지면에 젊은 층을 겨냥한 많은 광고 수요를 흡입하게 된다. 스포츠 섹션은 스포츠와 관련된 관광·여가·레저산업, 건강산업, 미용산업 등의 관련 광고를 게재하기에 가장 적합한 지면을 제공하여, 이러한 사업 영역에서 광고를 게재하고자 하는 기업으로부터 광고료 수익을 올린다.

TV 방송에서 스포츠 프로그램은 상대적으로 낮은 제작비 때문에 다른 장르의 프로그램에 비해 수익률이 높다. 프로그램 편성과정에서 중요하게 고려되는 것이 제작비로 스포츠 프로그램은 제작비가 적게 드는 것으로 알려져 왔다. 특히 중계권료가 높지 않았던 1990년대 중반까지는 제작비가 적게 들어 다른 장르에 비해 수익률이 높은 것으로 나타나 있었다. 즉 프로그램의 광고료 수입에서 제작비를 뺀 나머지 수익이 차지하는 비율을 분석한 결과 영화가 가장 높고 그 다음이 스포츠이고 드라마가 가장 낮은 것으로 나타났다. 그러나 중계권료가 크게 상승하고 직접제작비가 많이 드는 골프 경기나 마라톤 경기의 중계 증가로 1990년 후반 이후에는 스포츠 프로그램의 수익률이 떨어졌을 것으로 보인다.

반면, 빅 스포츠 이벤트는 광고주들의 표적 프로그램이며, 광고주가 목표 소비자에게 접근하는 것을 용이하게 해준다. 일반 광고를 통해서는 쉽게 접근할 수 없는 목표 소비자에게 스포츠 중계를 통해서 비교적 쉽게 접근할 수 있는 기회를 제공하기 때문이다. 따라서 빅 스포츠 이벤트를 중계하는 TV방송국은 손쉽게 높은 광고비를 받으며 광고주를 유치할 수 있다.

예로, 가장 큰 스포츠 이벤트인 2002 FIFA 월드컵은 각국의 광고수익에 영향을 미쳤는데 각국의 광고단가를 살펴보면 30초당 영국이 263,000달러, 독일 124,000달러였으며 프랑스대표팀은 예선 탈락하게 됨에 따라 191,000달러에서 86,000달러로 광고 단가가 하락하였다. 경제위기에 놓여 있으며

16강에서 탈락한 아르헨티나 광고단가 또한 30% 하락하였다. 그러나 한국은 역사상 처음으로 16강에 진출했으며 4강이라는 위업을 달성한 것에 힘입어 15초당 광고단가가 예선전 3,000만원, 16강 3,200만원, 8강 5,000만원, 4강 6,000만원으로 광고단가가 올랐다. 이는 스포츠가 광고수익에 미치는 영향을 잘 보여주는 사례이다.

방송 산업의 발전에 기여

스포츠가 방송 프로그램의 주요 콘텐츠를 구성하게 됨에 따라, 방송기술의 개발과 응용을 촉진하게 되었다. 특히 instant-replay는 스포츠 중계를 위해 개발되어 다양한 TV 프로그램에 적용되고 있다. 또한 split-screen, PIP(picture in picture), Multi-Eyevision 등은 스포츠 중계시 다양한 앵글에서의 시청을 가능하게 하여 현장감 있는 중계를 가능하게 하였다. 야구 경기에서 공과 주자를 동시에 보여줌으로써, 또는 공과 벤치(더그아웃)를 동시에 보여줌으로써 시청자들의 흥미를 높일 수 있는데 이러한 방송기술은 다른 프로그램에도 적용되고 있다. 보다 현장감 있고 멋진 스포츠 중계를 위해 방송기술은 지속적으로 개발되고 있다. 2002년 미국 슈퍼볼 경기에서는 Multi-Eyevision 기술을 개발, 응용하여 50여 대가 넘는 카메라가 동시에 공의 움직임을 담아, TV시청자들이 입체적으로 경기진행을 볼 수 있도록 하기도 하였으며, 이제는 디지털 기술의 최적 콘텐츠로서 새로운 기술이 스포츠 중계를 통해 개발되고 다시 응용되고 있다.

스포츠의 발전과 소비 증가는 스포츠 방송사라는 사업영역을 창출하였다. 1979년 설립된 ESPN은 연간 평균 4,500시간을 생중계하면서 '토털 스포츠 네트워크'로 자리잡고 북미 지역의 5,200만 가구에 전달되고 있다. 그리고 연평균 1억 달러

스포츠에 대한 대중들의 관심은 끝없이 높아지고 있으며, 이에 따른 미디어들의 관심 역시 높아진다고 할 수 있다.

가 넘는 순이익을 창출하여, 스포츠를 통한 방송사업의 성공적 영역을 구축하였다. 우리나라에서도 68개 케이블 채널 가운데 두 개의 스포츠 전문 케이블 방송이 있어 케이블 방송사업 영역에서 비교적 높은 시청점유율을 확보하고 있다. 한편 스포츠(프로그램)는 자사의 다른 프로그램을 홍보하는 주요 선전광고 프로그램의 역할을 수행하면서 광고된 프로그램의 시청률을 제고하여, 결국 방송사의 광고료 수입 증대에 기여하기도 한다. 일시적 중단이 많은 스포츠 프로그램 사이사이에 상업광고는 물론 향후 방영될 자사 프로그램을 홍보하여 그러한 프로그램에 대한 시청자들의 관심을 유도한다. 특히 야구 경기의 공·수 교대시간, 축구나 농구경기의 10분 이상 되는 긴 하프타임 시간에는 이러한 자사 프로그램에 대한 광고가 상업광고와 함께 송출되고 있다.

우리나라 광고 시장의 경우는 6조원 규모로 대부분이 상업광고들로서 TV, 라디오, 신문 등 대중매체가 중심이 되고 있다. 기술력 향상의 하나인 IT의 발전으로 인터넷 pop-up 광고가 새로운 광고기법이 되고 있으며 치열한 광고 시장에서 보다 효과적인 광고를 위해서 얼마 전부터 간접광고가 크게 유행하고 있다. 주로 영화나 TV 연속극에서 활용되는 광고 형태로 장면 안에서 노출되는 제품

미디어는 스포츠를 통해 콘텐츠를 구축하고 이윤을 추구한다.

을 자연스럽게 광고하는 것을 말한다. 이러한 간접광고의 시조가 스포츠라는 것은 생소할 것이다. 특히, 1970년 멕시코 월드컵에서 처음으로 인공위성을 통해 전 세계에 생중계되고 1978년 아르헨티나 월드컵부터 경기장 내 A-Board 광고가 나온 이후로 스포츠를 통한 기업들의 간접광고는 급속하게 발전하였다.

최근들어 버추얼광고가 새로운 간접광고의 기법으로 스포츠 선진국에서 크게 유행하고 있다. 국내에서 버추얼광고에 대한 논란이 있지만 스포츠이벤트의 재정확보에 크게 이바지하고 있다. 하지만 이러한 버추얼광고는 스포츠 이벤트를 주관하고 있는 FIFA, IOC 등에서 광고 시간, 광고 형태, 광고 크기 등에 대한 가이드라인을 설정하여 TV 중계가 스포츠 경기 시청에 지장을 받지 않는 범위 내에서 허용하고 있다.

방송의 첨단 기술의 도입

빅 스포츠 이벤트는 중계방송의 독점적 권리를 부여하기 위해 주관방송사를 선정한다. 주관방송사는 스포츠 이벤트 조직위원회에서 직접 선정하거나 전문대행사에게 위탁하거나 혹은 권리를 판매한다. 중계권 협상을 하는 주관 단체는 주관방송사 선정과 관련하여 비용도 중요하지만 중계방송 기술력을 매우 중요한 결정 요인으로 고려한다. 특정 스포츠에 대한 중계방송 장비와 축적된 기술은 TV시청자들의 관심을 높이고 낮추는 중요한 열쇠가 된다. 비교적 큰 물체를 화면에 담는 것과 작고 빠르게 진행하는 물체를 화면에 담는 것은 분명 차이가 있다. 시청자들은 보다 실감 있고 정확한 중계를 해주기를 기대할 것이다. 그래서 주관방송사로 선정된다는 것은 그만큼 기술력을 인정받았다는 증거이다. 때문에 빅 스포츠 이벤트

그림 1-5 | 스포츠가 미디어에 주는 영향

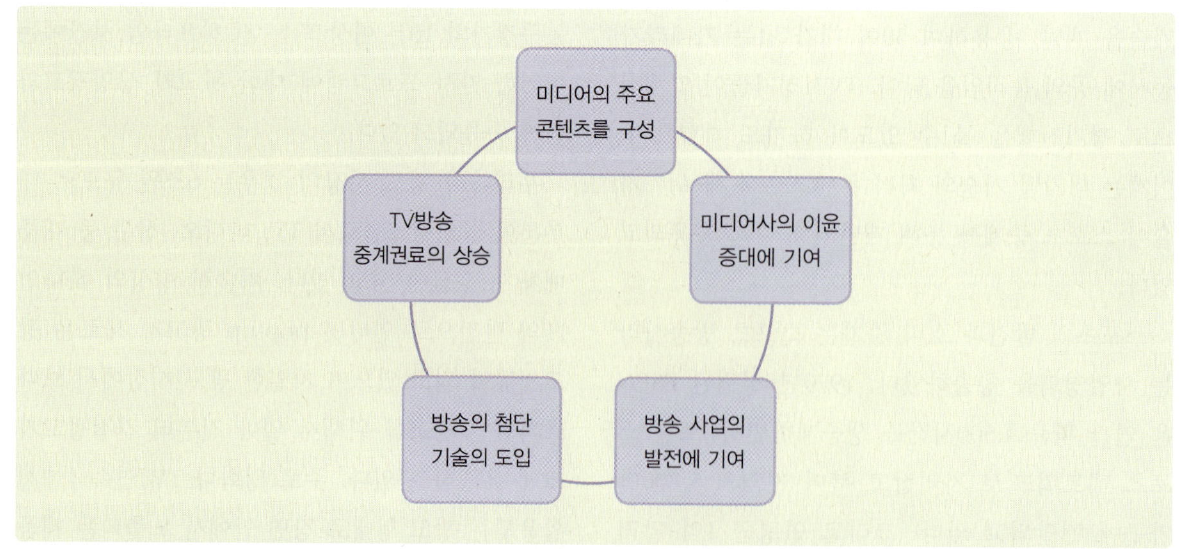

마케팅 休知通

켈리의 법칙(Kelly's Law)

미국의 천재 물리학자 존 켈리가 정립한 법칙으로 그가 죽고 난 후 MIT공과 대학 수학교수 출신의 헤지 펀드 매니저 에드 포프(ED Thorpe)가 그 진실성을 입증하였다.

이 법칙은 정보의 정확도가 높으면 높을수록 부(富)의 증식 속도가 빨라진다는 법칙이다. 켈리 법칙의 요점은 "정보가 곧 돈"이라는 것으로 최대의 수익을 얻고자 한다면 좋은 정보를 획득해야 한다. 그런만큼 정확한 정보를 선별해 내는 안목이 무엇보다 주요하다.

즉 미디어 소비자들은 늘 새로운 정보에 귀를 기울이고 있기 때문에 미디어 제작자들은 사람들 자신과 관련된 정보인지? 아니면 쉽게 처리할 수 있는 정보인지? 또한 새로운 정보인지?를 판단하고 미디어 콘텐츠를 제작하여야 한다.

를 중계하기 위해서 방송사는 더욱더 기술력 향상에 노력을 하게 된다. 또한 최첨단기술은 TV 중계뿐만 아니라 경기장 관리와 마케팅에서도 폭넓게 활용되고 있다. 예를 들면, 가상광고와 같은 버추얼 이미지 기술은 미국 스포츠계에서 거의 정착단계에 있으며 스카이캠이 새롭게 신기술로 도입되었다.

스카이캠은 카메라의 첨단 시스템으로 선수들의 플레이를 하늘을 나는 새의 눈으로 보는 것과 같은 효과를 나타낼 수 있다고 한다. 또한 경기중 선수들의 헬멧이나 베이스에 소형 카메라를 설치하여 박진감 넘치는 경기장면처럼 TV 중계방송에 첨단기술이 도입되는 것은 경쟁이 심화되고 있는 스포츠 중계 경쟁에서 우위를 차지하고 광고수입을 증대시키기 위한 방송국의 노력이라고 볼 수 있다.

사례 1-1 윔블던을 지키는 12마리의 매

윔블던 테니스 대회가 열리는 영국 윔블던에 12마리의 '매'가 떴다. 날카로운 눈을 번득이는 매들은 132년 역사를 지닌 윔블던의 하늘과 땅을 지킨다.

윔블던 테니스 대회 호크 아이로 판단한 결과가 전광판에 나와 심판의 판정을 도운다.

1) 하늘을 지키는 두 마리의 매

윔블던의 올 잉글랜드 테니스 클럽센터 코트 상공에는 두 마리의 매가 초계비행중이다. 주최측이 눈엣가시 같은 비둘기를 막기 위해 고용한 '특별 요원'들이다. 윔블던 상공에 매가 처음 등장한 것은 1999년이다. 선수들의 집중력이 필요한 서비스 순간에 코트로 날아드는 비둘기를 막기 위해서였다. 윔블던은 잔디 코트를 쓰기 때문에 잔디에 서식하는 먹이를 주워 먹기 위해 날아오는 비둘기가 적지 않았다. 경기장 안의 노천 레스토랑 역시 비둘기가 달갑잖은 것은 마찬가지다. 비둘기 배설물 때문에 손님들이 곤욕을 치르기 때문이다. 윔블던을 지키는 매들은 맹금류를 조련하는 전문업체 소속이다. 이들은 비행장, 곡물처리 업체, 그리고 웨스트 민스트 사원 등 런던 시내 명소를 지켜온 베테랑이다.

2) 3㎜의 오차도 잡아내는 호크 아이

상공을 선회하는 두 마리의 매와 함께 경기장 곳곳에 부착된 10대의 '호크 아이(hawk eye)' 도 윔블던을 지킨다. 매의 눈이란 뜻의 '호크 아이' 는 심판 판정을 보조하는 전자 판정 시스템으로 윔블던 대회에는 지난해 처음 등장했다. 테니스 코트 라인 위에 부착된 센서와 경기장 곳곳에 설치된 10개의 카메라로 공의 궤적을 3차원 영상으로 그려낸다. 이 화면은 경기장 내 스크린에 실시간으로 전송된다. 공이 3㎜만 나가도 잡아내기 때문에 정확한 판정을 내리는 데 큰 도움이 된다는 게 제작업체의 설명이다. 하지만 이들의 주장만큼 정확하지 않다는 비판도 있다. 영국의 카디프대 연구진은 대회 개막 직전 "호크 아이는 실제 궤적이 아니라 통계적으로 공이 거쳐 갔을 확률이 높은 궤적을 보여주는 것"이라고 주장했다. 폭발적인 서비스 스피드를 자랑하는 '황제' 로저 페더러(스위스 · 랭킹1위)도 호크 아이가 달갑지 않다. 예전 같으면 에이스 판정을 받았을 법한 서비스가 번번이 '폴트' 로 선언된 탓이기 때문이다.

중앙일보, 2008년 6월 27일.

평창 동계올림픽 유치위원회와 한국방송협회간의 후원 계약 체결

전국의 지상파 방송사가 평창 동계올림픽 유치 홍보를 전폭적으로 지원할 것을 약정한 평창 동계올림픽 유치위원회와 한국방송협회 간의 후원 약정서이다.

스포츠는 늘 미디어의 도움이 필요하다. 평창 동계올림픽 유치 역시 평창의 동계올림픽 유치의 장점을 집중 홍보하고, 국내외 광고 매체를 활용한 홍보와 주요 대회 행사에 홍보를 해야 할 필요성이 있기에 이러한 후원 계약이 필요한 것이다.

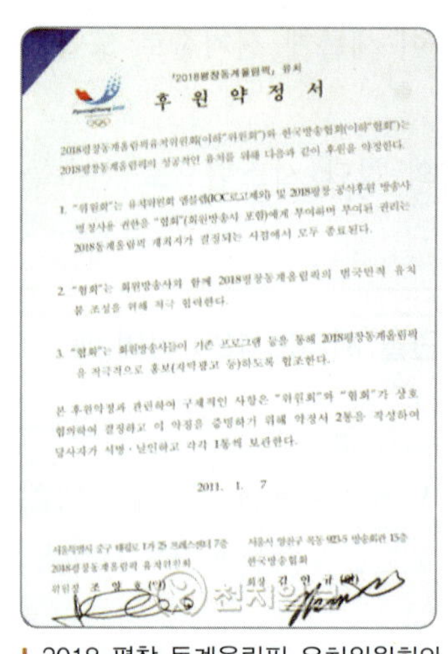

「2018평창동계올림픽」 유치

후 원 약 정 서

2018평창동계올림픽유치위원회(이하"위원회")와 한국방송협회(이하"협회")는 2018평창동계올림픽의 성공적인 유치를 위해 다음과 같이 후원을 약정한다.

1. "위원회"는 유치위원회 엠블렘(IOC로고제외) 및 2018평창 공식후원 방송사 명칭사용 권한을 "협회"(회원방송사 포함)에게 부여하며 부여된 권리는 2018동계올림픽 개최지가 결정되는 시점에서 모두 종료된다.

2. "협회"는 회원방송사와 함께 2018평창동계올림픽의 범국민적 유치 붐 조성을 위해 적극 협력한다.

3. "협회"는 회원방송사들이 기존 프로그램 등을 통해 2018평창동계올림픽을 적극적으로 홍보(자막광고 등)하도록 협조한다.

본 후원약정과 관련하여 구체적인 사항은 "위원회"와 "협회"가 상호 협의하여 결정하고 이 약정을 증명하기 위해 약정서 2통을 작성하여 당사자가 서명 · 날인하고 각기 1통씩 보관한다.

2011. 1. 7

서울특별시 중구 태평로1가 25 프레스센터 7층
2018평창동계올림픽 유치위원회
위원장 조 양 호 (인)

서울시 양천구 목동 923-5 방송회관 15층
한국방송협회
회장 김 인 규 (인)

2018 평창 동계올림픽 유치위원회와 한국방송협회 간의 후원 약정서

제 2 장 스포츠 방송 중계권

제 2 장

스포츠 방송 중계권

일반적으로 중계권이란 말보다 스포츠 중계권이란 말이 더 귀에 익숙하다. 그만큼 스포츠는 이제 매체를 통하지 않고서는 거의 존재할 수 없다고 말할 수 있을 정도로 매체에 의해 영향을 받고 있다. 반대로 매체 역시 스포츠가 방송망과 유선텔레비전 방송, 일간신문의 보도, 그리고 많은 정기 간행물 프로그램의 상당 부분을 차지함에 따라 점차 스포츠에 의존하게 되었다. 이와 같은 스포츠와 매체 사이에 상호 의존성 때문에 스포츠 중계권이 부상하게 된 것이다. 국내 스포츠는 큰 성장을 거듭하였고, 88 올림픽과 2002 FIFA 월드컵을 개최하면서 이제는 스포츠에 있어서 세계적으로 그 위상을 드높이고 있다. 이러한 스포츠 성장은 실력 있는 스포츠 선수들을 발굴했고 이 선수들이 해외로 진출하면서 스포츠 중계권에 대한 의미는 점차 커져가고 있다.

방송기술이 발달하면서 방송 중계권료도 상승하고 있다.

1. 방송 중계권료의 개념

방송 중계권은 주관 단체에 일정 금액을 지불하거나 혹은 보장하고 그 권리를 원하는 소비자(기업, 방송사)들에게 다시 파는 것이다. 주관방송사가 지역방송사에게 권리를 판매한다는 것은 독점 중계권을 인정하는 경우에 한한다. 1980년대부터 영어의 개념이 도입돼 텔레비전으로 방송할 경우 '방영권료(TV Rights Fee)'란 용어를 쓰기 시작했는데, TV와 라디오를 포함한 광의의 뜻으로는 '방송권료(Broadcasting Right Fee)'라고 부르는 것이 정확한 용어가 될 것이다. 중계방송이란 방송의 한 형식임에 '중계권료'란 적절한 용어는 아니라고 지적할 수 있다.

중계를 원하는 방송사들은 독점 중계권을 갖고 있는 주관방송사에 웃돈을 주고 되사야만 자기 채널로 방송할 수 있기 때문이다. 올림픽이나 월드

마케팅 休知通

프로튜어족(Proteur)

인터넷의 발달로 지식의 생산과 가공 그리고 전파가 쉬워지면서 생겨나기 시작했다.

Professional과 Amateur의 합성어로 자격증도 없고 전문 교육도 받지 않았지만 자신이 관심을 갖고 있는 영역에서는 전문가 못지않는 식견을 갖고 있는 사람을 뜻한다.

PCP(Proteur Created Contents)라 불리는 이들의 콘텐츠는 재미와 전문성 모두를 겸비한 것으로 평가받으며 큰 인기를 끌고 있다.

컵을 비롯한 대규모 스포츠 이벤트의 중계권을 따낸 주관방송사는 그 자체만으로도 큰 효과를 얻을 수 있다. 왜냐하면 대회 조직위원회로부터 지원을 받는 것은 물론 주관방송사라는 자체만으로도 기술력을 인정받아 이미지를 제고시킬 수 있기 때문이다. 스포츠 이벤트에 대한 중계 소유권은 각기 다르며, 또한 중계권의 계약은 내용에 따라 금액이 다르고 그에 따라 방송 범위도 달라진다. 중계권의 판매는 특정 방송사 혹은 지역별로 구성된 방송연맹에 중계권을 부여하고 그 대가로 일정한 금액을 받는 일을 계획하고 추진하는 사업을 말한다. 중계권은 일반적으로 스포츠 제품을 가지고 있는 주관 단체와 방송사가 서로의 이익에 합치되도록 협상하게 된다. 이때 지명도가 높은 스포츠 이벤트의 경우에는 스포츠 주관 단체가 유리한 위치에서 협상을 주도하지만 그렇지 않을 경우에는 방송사의 요구에 응할 수밖에 없게 된다. 국제 경기 대회를 개최하는 경우 중계방송에 대한 소유권은 국제경기연맹과 조직위원회가 가지게 된다. 국제경기연맹이 소유권을 조직위원회에 양도하였을 경우에는 중계권을 계약한 방송사가 경기와 관련된 모든 내용을 중계할 수 있다.

올림픽의 경우에는 방송 중계권은 IOC가 소유하고 있고, 세계 선수권대회는 해당 국제 연맹이 소유하나 대회 조직위원회에 양도하며, 국내 선수권대회도 국내 연맹이 소유하고 있으나 조직위원회에 양도한다. 이처럼 방송사는 원칙적으로는 어떤 스포츠 이벤트의 중계권을 가지고 있지 않기 때문에 방송사는 소유권을 가지고 있는 단체와 협상하여 중계권을 양도받는다. 따라서 방송사들은 국제적인 스포츠 권리 취득과 다른 국제 활동의 조정을 목적으로 지역을 중심으로 유럽방송연맹, 아프리카방송연맹, 아시아방송연맹 등과 같이 연합방송 전략을 활용한다.

2. TV방송 중계권료

TV의 기술적 발전을 통한 스포츠 이벤트의 TV 중계권료는 급속히 증가하고 있다. 월드컵 축구의 경우, 1954년 6월 23일 스위스대회 스코틀랜드와 우루과이의 경기를 시작으로 유로비전에 의해 유럽지역에 중계됐으나 빈약한 기술과 수상기 보급수가 적어 큰 관심을 끌지는 못하였다. TV가 축구 중계방송을 정규화한 것은 이탈리아의 RAI방송이 1956년에 세리에 A의 경기 중계계획을 편성에 넣은 것이 처음이다. TV와 월드컵의 관계는 1958년 스웨덴대회, 62년 칠레대회로 이어지면서 획기적으로 확대 발전하였다. 1966년 영국대회는 1961년 미국에서 개발한 '리플레이(replay)' 기술로 주요 장면을 다시 볼 수 있게 됐고, 경기 녹화테이프가 유럽 시청자들의 대환영을 받았다. 1970년 멕시코 월드컵 대회 때부터 본격적으로 TV와 조화를 이루기 시작했으며 인공위성을 통해 세계 각국에 직접 중계되면서 월드컵 축구는 더욱 중요한 행사가 되었다. 이에 따라 월드컵의 TV 중계권료 또한 1990년 이탈리아 월드컵을 계기로 크게 증가되었다. 1978년 월드컵 때 처음으로 1,289만 달러 TV 중계권료를 판매한 이후 1998년 프랑스 월드컵에서는 1억 6,800만 달러로 10배 이상에 이르렀다.

2002 FIFA 월드컵은 8억 달러로 급격히 증가되었으며 2006년 독일 월드컵은 10억 달러에 이르고 있다. 스포츠 이벤트 TV 중계는 상업적인 광고, 로고 등의 사용료, 원격통신의 상업화, 스포츠 용품의 판매촉진, 컴퓨터 소프트웨어 개발, 경기 녹화테이프와 전자제품의 판매, 신문과 잡지의 판매부수 증가 등 수없는 효과를 가져 왔다.

TV 중계권이 공인된 최초의 경기 즉, 스포츠가 상업적 미디어 가치로 파악된 것은 1960년 로마올림픽이었다. 미국의 CBS 및 유럽의 EBU는 로마올림픽 조직위원회로부터 각각 60만 달러로 중계권을 사들였다. 그 후 올림픽에서의 중계료는 지속적으로 상승하였다.

1964년 동경올림픽 때에는 중계료가 100만 달러였으며 불과 8년 후인 1972년 뮌헨올림픽 때에는 1,350만 달러를 기록하여 처음으로 1,000만 달러를 돌파하였다. 올림픽 마케팅의 원년으로 기록되는 1984년 LA올림픽 때에는 2억 달러를 넘어섰으며, 1996년 애틀랜타올림픽 때에는 8억 9,500만 달러를 기록하였다. 그야말로 TV 중계료는 하늘 높은 줄 모르고 올라가고 있다. IOC는 애틀랜타올림픽이 끝난 후 동계올림픽 대회 때 17억 달러를 투자하여 3,000만 달러의 수입을 거두어 들였다. 전체 수입 가운데 방송 중계료 수입이 32%로 기업협찬금 27%, 입장료 25%를 제치고 수위를 차지하였다. 이처럼 TV 중계료는 최근 올림픽에서 가장 큰 수입원으로 자리잡고 있다.

올림픽 경기가 본격적으로 TV로 방영되기 시작한 것은 1956년 멜보른 대회부터이다. 그 당시 다른 나라에서 올림픽 경기를 화면으로 보려면 경기장에서 찍은 필름을 공수해 와야 했기 때문에 3~4일 후에야 볼 수 있었다. 1960년 로마올림픽에서 처음으로 TV 중계권을 방송사에 판매함으로써 상업적으로 이득을 얻기 시작하였다. 로마올림픽 조직위원회는 미국 CBS방송에 39만 4,000달러에 독점 중계권을 팔아 최초의 중계권 수입을 올렸다. 한편 IOC는 1968년 멕시코시티올림픽 조직위가 미국의 ABC방송사로부터 받은 450만 달러의 중계권료 중 15만 달러를 기부받았으며 이후 IOC는 1974년 총회에서 중계권료의 1/3은 IOC의 몫이라고 헌장에 명시화하였다.

이후 1984년 LA올림픽이 흑자 올림픽으로 전환되자 IOC는 올림픽 방송 중계권 계약자가 되고 수입의 60%를 조직위에 지불하는 것으로 헌장을 개

표 2-1 | 스포츠 중계권료(미국과 유럽)

이벤트	시 기	중계권 획득사	중계권료
올림픽	1996~2008	NBC	40억 달러
월드컵 축구	2002~2006	Kirch	23억 6천만 달러
NCAA 농구	1995~2002	CBS	17억 3천만 달러
미식축구	1995~1998	Fox	15억 8천만 달러
올림픽	1996~2008	EBU	14억 4천만 달러
영국 프로축구	1997~2001	BSkyB	9억 6천만 달러
미국 프로야구	1995~1998	NBC	7억 5천만 달러
네덜란드 프로축구	1996~2004	Sport7	6억 5천만 달러

정하기도 하였다.

올림픽 경기의 TV 방영권 수입은 IOC 수입 중에서 가장 큰 비중을 차지하고 있다. 지금도 방영권 수입이 전체 수입의 50%를 차지하며 최고를 기록하고 있지만 1980년 모스크바올림픽에서는 전체수입의 95%를 차지하기도 하였다.

올림픽은 세계에서 가장 많은 사람들이 보는 이벤트로써 214개국에 생중계되고, 전 세계 인구의 90%가 올림픽을 시청하고 있다. 따라서 IOC는 올림픽을 전 세계에 중계하여 올림픽 운동을 극대화시키고 이를 통해 올림픽 재원을 확보하는 것을 올림픽 방영권 판매의 목적으로 하고 있다. 뿐만 아니라 IOC는 올림픽 방영권에 대한 모든 권리를 가지고 있으며, 각 방영권자 또는 방송연맹과 직접계약을 체결한다. 1990년대 중반까지는 해당 올림픽만을 대상으로 계약을 체결하였으나, 2000년대 접어들면서 전략상 장기 계약을 원칙으로 하고 있다. 그 이유는 올림픽 조직위원회에 자금지원을 조기에 해줄 수 있는 이점이 있기 때문이다. 2000년 시드니올림픽에 이르러 13억 3,100만 달러에 팔렸고 94%에 달하는 최고의 시청률이 이러한 가격을 형성하는 데 결정적인 기여를 했던 것으로 밝혀졌다.

2002 솔트레이크 동계올림픽 현장에 있는 미디어들의 활동 모습

1994년 미국 월드컵의 경우 중계권료가 9,100만 달러로 1986년 이탈리아 월드컵 대회의 6,713만 달러에 비해 35.5%나 증가하였다. 또한 이탈리아 대회도 멕시코 대회에 비해 1.5배나 증가하였다. 뿐만 아니라 단일 스포츠 이벤트일지라도 흥행성이 있는 것은 고액의 중계료를 받는다. 우리나라의 경우 1997년 브라질 축구대표팀 초청경기는 7억원의 중계권료를 받았고, 1999년 브라질 축구대표팀 초청 경기는 IMF한파의 영향으로 줄기는 하

표 2-2 역대 하계올림픽 대회 미국 주관방송사의 방송 중계권 (단위: 달러)

개최연도	개최지	방송국	방영권료
1960	로마, 이탈리아	CBS	394,000
1964	동경, 일본	NBC	150만
1968	멕시코시티, 멕시코	ABC	450만
1972	뮌헨, 서독	ABC	750만
1976	몬트리올, 캐나다	ABC	2,500만
1980	모스크바, 소련	NBC	8.500만
1984	LA, 미국	ABC	2억 2,500만
1988	서울, 한국	NBC	3억
1992	바르셀로나, 스페인	NBC	4억 100만
1996	애틀란타, 미국	NBC	4억 5,600만
2000	시드니, 호주	NBC	7억 500만
2004	아테네, 그리스	NBC	7억 9,500만
2008	북경, 중국	NBC	8억 9,400만

였으나 5억원을 받았다. 이것 외에도 역대적으로 보았을 때 월드컵 경기의 중계권료는 꾸준한 증가의 양상을 보였던 것으로 통계되었다.

3. 스포츠 이벤트와 TV 중계권

스포츠 이벤트의 방송 중계권

올림픽을 처음으로 방송 중계한 것은 히틀러가 국영방송국을 설립한 1936년 베를린올림픽 때이며, 그 후 사업적 미디어 가치로서 인식한 것은 로마올림픽이었고, 1964년 동경올림픽에서는 컬러방송을 시작한 대회이다. 세계 최초의 축구 TV 방송은 영국 BBC에 의해 1938년에 실현되었다. BBC가 중계한 것은 FA컵 결승전이였다.

모든 중계는 생방송으로 중계되었고, TV, 라디오라는 전파가 활자와 가장 큰 차이점은 활자로는 그 과정상 생방송이 불가능하지만 방송은 그것을 가능하게 했고, 많은 스포츠 팬들을 TV 앞으로 이끌게 하는 매력을 갖고 있었다. 1930년대부터 제2차 세계대전을 걸쳐서, 현대 EBU(구미연합방송)의 전신인 유로비전(EUROVISION)이 창설되었다. 유럽 여러 국가가 서로 뉴스 소재 등 방송 스포츠를 시간대별로 받기 위하여 만들어진 네트워크였다.

휴대전화기를 활용한 ESPN의 방송 장면

스포츠에서는 1954년 FIFA 월드컵 스위스 대회로 변화하였다. 유로비전의 란드라인을 통하여 유럽으로 생방송 중계가 되었다. TV 선진국인 미국에서도, 역시 란드라인을 통하여 1948년 메이저리그 야구 월드시리즈의 TV방송이 전 미국으로 중계되고 있다. 방송사에게 스포츠 중계는 막대한 수입원이 되고 있다. 이와 같이 중계는 2004년 아테나올림픽에서도 나타나고 있다.

미국 프로스포츠와 중계권

방송 중계권의 수익적인 부분과 발전적인 측면을 살펴보기 위해서는 미국 스포츠 중 NFL, MLB, 나스카(NASCAR), PGA투어 등의 TV 중계권을 살펴볼 필요가 있다. 방송사들은 미국 프로스포츠의 중계권을 차지하려고 다른 방송국과 컨소시엄 체제를 만들기도 하였다.

보통의 월요일 저녁과 일요일 경기의 중계권을 갖는 NFL 패키지는 ABC와 ESPN 컨소시엄에서 협상하고 있으며, NFL 중계권은 CBS와 FOX가 2011년까지 일요일 오후 경기의 중계권을 80억 달러에 계약을 마쳤으며 위성방송사인 Direct TV는 2010년까지 35억 달러에 중계권을 가져갔다. NFL의 부분계약은 목요일-토요일 패키지, NFL 네트워크가 중계권을 가지기 위한 포섭이라는 설 등 많은 추측을 자아내게 하였다. NFL과 '협상중'이라고 밝힌 ESPN을 제외하고는 다른 방송국들은 공식적인 입장을 밝히지 않았다. 그러나 NFL이 미국인들에게 가장 인기 있는 스포츠라는 점에서 다른 방송국들도 비공식적으로 협상을 진행하고 있을 것으로 예상된다. PGA투어의 방송 중계권 협상에는 ABC, CBS, 그리고 NBC가 뛰어들고 있다.

PGA투어는 많은 부동층 팬들을 확보하고 있다. 또 PGA와 LPGA에서 새로운 스타 플레이어들이 계속 등장하고 있어 방송사들은 골프 중계에 매력을 느끼고 있다.

MLB의 경우 지난 2000년부터 5년 동안 ESPN이 8억 5,100만 달러에 계약을 맺은 바 있다. 한편 메이저리그 구단들은 로컬 케이블 방송과 계약을 맺고 있기도 하다. LA 다저스는 2005년 11월 KCAL과 다저스 경기 중계권 계약을 체결하였다. KCAL은 오는 2006년부터 8년 간 다저스 경기를 중계하게 된다. 또한 뉴욕 메츠 팀은 타임워너, 컴캐스트 등 대형 케이블업체와 손잡고 2006년 시즌부터 뉴욕 메츠의 125개 정규 게임을 중계할 케이블 네트워크를 설립하기로 하였다.

NBA의 경우 6년 동안 총 46억 달러에 새로운 중계방송에 관련된 대형 계약을 체결했고, NBA가 ABC, ESPN, TNT, AOL 타임/워너사 등과 함께 6년 간 46억 달러의 중계권료 계약을 맺었다. NBA의 주관방송사를 맡아오던 NBC는 새로운 계약에서 제외되었고, 2002-03시즌부터는 앞서 언급된 여러 방송사에서 NBA 경기를 중계하게 되었다. 6년 간 46억 달러는 연평균 765만 달러에 해당하며, 이는 종전의 조건인 연평균 615만 달러에 비해 25%가 증가한 액수이다.

참 | 고 | 문 | 헌

Abraham Peled(2006) 전통미디어의 생존전략. 2006 서울 디지털포럼 초청 연설.

가경환(2005) 매스미디어의 스포츠 스타 보도형태와 스포츠 커뮤니케이션 행위에 대한 소비자 수용도. 미간행 박사학위논문, 세종대학교 대학원.

강만석(2006) 방송통신융합 구조개편의 원칙과 과제. 한국방송영상산업진흥원.

김국진(2003) 방송·통신 융합의 이해. 경기: 나남출판.

김상한(2006) 방송통신융합시대, 디지털콘텐츠의 현황과 미래전략. 한국방송영상산업진흥원.

김신배, IT기자클럽 공저(2006) 제2의 지능이 온다. SBS 서울 디지털 포럼 사무국.

김영석(1999) 디지털 미디어와 사회. 경기: 나남.

김영석(2000) 스포츠와 미디어 그리고 마케팅. 신아출판사.

김원제(2005) 미디어 스포츠 사회학. 서울: 커뮤니케이션북스.

김재윤(2006) (국민여론조사를 통해 본)방송 통신 융합 및 방송 관련 현안에 대한 정책 보고서. 김재윤 의원실.

김재윤, 이광재(2006) 방송·통신 융합 환경 대응을 위한 정책 제언. 이광재 의원실.

김종성(2001) 델파이 방법. 서울: 교육과학사.

김화섭(1999) 재미있는 스포츠 돈버는 마케팅. 파주: 살림.

명승욱(2007.4.6) 니혼게이자이 기사 재인용, 전자신문.

박기철(2000) 인터넷과 스포츠마케팅. 스포츠비즈니스, 22, 16-21.

박창희, 나낙균(2005) 방송영상콘텐츠의 환경변화에 따른 패러다임의 변화와 정책개선 방안. 한국방송광고공사.

방송동향과 분석(1999) '이탈리아, 축구 중계권 독점 금지법 입법추진'. 통권 80호.

방송위원회(2000) 프랑스방송법. 방송조사자료 2000-3.

백주희(2006) 좌초와 성장의 갈림길에서. 광고정보, 2006년 10월호. 한국방송광고공사.

선호(2005) 스포츠 중계권을 둘러싼 지상파와 IB스포츠 분쟁. 열린미디어사회 통권 제 15호. 98-109.

송해룡(2001) 스포츠 미디어와 미디어 스포츠. 서울: 대한미디어.

송해룡(2004) DMB의 사회적 수용 및 시장진흥을 위한 전략연구. 정보통신학술 연구과제. 성균관대학교.

스티브 발머(Steve Ballmer) IT기자클럽 공저(2006) 제2의 지능이 온다. SBS 서울디지털포럼 사무국.

안민석(2005) 스포츠 콘텐츠의 발전적 활용방안-지상파 방송을 중심으로. 2005년 국정감사 정책자료집 5.

안종배(2008) 나비효과 콘텐츠 마케팅. 미래의 창.

안종배, 고장원(2003) 디지털방송 광고마케팅의 이해. 서울: 도서출판 두남.

안창현(2006) 디지털방송과 스포츠중계. 서울: 커뮤니케이션 북스.

윤병건(2005) 디지털 멀티미디어 시대의 방송과 스포츠. 서울: 도서출판 한올.

이대희(2006) 방송통신융합에 따른 저작권 법제

도의 개선방향. 저작권심의조정위원회.
이상경, 금봉수(2005) 인터넷광고 활성화를 위한 기반조성방안 연구. 한국전산원[편].
임번장(1994) 스포츠사회학. 서울: 동화문화사.
전호문, 김용만, 박세혁(2005) 스포츠마케팅 3판. 서울: 학현사.
조성재. 김정훈, 방송통신공학, 북두,2001, 64.
한국e-Sports협회. Retrived 1. 30, 2007 from http://www.e-sports.or.kr
한국방송진흥원(2000) 2002년 월드컵을 대비한 스포츠 방송 연구.
Boyle, R., & Haynes, R.(2000) Power Play. Longman.
Cashmore, E.(2000) Making Sense of Sports, London: Routledge.; 정준영 역(2001) 『스포츠, 그 열광의 사회학』, 서울: 한울아카데미.
EC(2000) Official Journal of the European Communities.
Emery, Edwin(1984) The Press and America (Prentice-Hall Inc.,), 376-382.
KPGA members(2007, 2월호) 한국프로골프협회 5.
Parenre, D. E.(1997) The interdependence of sport and television. Journal of Communication 27, 〈summer〉 128-132.
Pope, N. K. L., & Voges, K. E.(2000) The impact of sport sponsorship activities, corporate image, and prior use on consumer purchase intention. Sport Marketing Quarterly.
Rowe, D.(1999) Sport, Culture and the Media: The unruly trinity (Buckingham: Open University Press).
Turner, P.(1999) Television and internet convergence: Implications for sport broadcasting. Sport Marketing Quarterly, 8(2), 43-39.
Wenner, L. A.(1998) Playing the Mediasport Game in Mediasport. London: Routledge, 3-13.
Wenner, L. A.(1998) Media Sport. Routledge.
Yankelovich. S. W.(1997) A Study of Corporate Advertising Effectiveness, 45-48.
www.espn.go.com
www.esports.pe.kr
www.sericeo.org

제 11 편

스포테인먼트 마케팅

제 1 장 스포테인먼트의 이해

제 2 장 스포테인먼트 마케팅 전략

SANDERS
Sprite
NUMBER 80, TERRY HARDY!
INFINITY SPORTS MARKETING
Coca-Cola
Cards Gear
AZCARDINALS.COM
State Farm
LA-Z-BOY
53

11

축구 칼럼리스트 존 듀어든 편집장은 지구촌 최고 인기 축구클럽 맨체스터 유나이티드의 성공 비결에 대해 "맨유는 골대를 향해 공을 차는 것이 아니다. 관중의 마음을 향해 공을 찬다"고 말했다. 과연 관중을 향해 공을 찬다는 것은 무엇을 의미하는 것일까? 바로 재밌는 스포츠! 즐거운 스포츠! 모두가 함께 참여하고 즐기는 스포츠! 스토리가 있는 스포츠! 그리고 정보를 서로 제공하고 공유하는 스포츠!라는 의미이다. 현대의 스포츠 비즈니스 시장은 엔터테인먼트 문화와 소셜 네트워크가 중심이 되어가고 있다. 특히 엔터테인먼트 문화 상품의 폭발적인 인기는 게임, 음악, 영화, 애니메이션, 캐릭터 등이 스포츠와 함께 어우러져 스포츠 참여 고객들에게 즐거움과 새로운 환상을 제공함으로써 스포츠 마케팅 산업의 미래를 밝혀주고 있다.

미래는 새로운 콘텐츠가 지속적으로 개발되고 엔터테인먼트화 되면서 계속적인 고부가가치가 창출되고 세계 경제를 이끌어가는 하나의 축이 될 것이다. 최근 많은 기업들이 엔터테인먼트를 마케팅 활동에 활용하는 경우가 늘어나고 있으며, 엔터테인먼트 마케팅은 이제 광고나 커뮤니케이션 활동 차원을 넘어, 쇼핑, 공간, 상품의 고객 참여 차원으로까지 확대 적용되고 있다.

스포테인먼트(Sportainment)는 Sports와 Entertainment의 합성어로 스포츠라는 상품이 기본적으로 갖고 있는 재미와 함께 구단의 선수와 팀이 같은 콘텐츠가 어우러져 스포츠 팬들에게 행복과 즐거움을 제공해 주는 것이라고 할 수 있다. 즉 기존의 스포츠 경기가 가지고 있는 고전적 요소에 엔터테인먼트의 재미 및 흥행 코드를 가미해 팬들 위주의 극적인 재미를 극대화한 것이다.

스포츠 방송인 ESPN 방송국이 기존의 고전적 방송광고 수입에만 의존하지 않고 스포테인먼트 마케팅을 도입해 식음료 사업 분야인 'ESPN 스포츠 카페', 'ESPN 게임', 'ESPN 의류 및 캐릭터 사업', 'ESPN 테마파크' 등 다양한 사업 분야로의 확대 진출을 진행해 전 세계적으로 성공신화를 이룩하였다. 또한 스포츠 경기장에서 치어리더의 댄스와 음악, 팬들이 참여할 수 있는 키스타임, 경기장 시설에서 편안하게 쉴 수 있는 공간, 경기에 집중할 수 없는 아이들이 쉽게 스포츠를 접할 수 있는 요소들 이러한 다양한 콘텐츠들의 속성이 합쳐지고 융합되면서 스포츠 마케팅 비즈니스를 확장하는 역량을 발휘하고 있다. 기존의 정형화된 정통 스포츠 이벤트를 통한 마케팅뿐 아니라, 재미적인 요소, 스토리가 있는 요소를 담아내면서 감동을 주는 엔터테인먼트 마케팅 활동을 펼치고 있는 것이다.

단순히 스포츠 경기를 관람에 그치는 것이 아니라 팬들도 경기장의 볼거리, 먹을거리, 놀거리, 살거리, 즐길거리가 제공되길 기대하고 있으며, 기대를 넘어 소비자와 팬들의 욕구를 충족시켜 줄 수 있는 스포테인먼트 마케팅이 더욱더 필요하다. 스포테인먼트는 스포츠에 대한 개념 인지 여부와 관계없이 스포츠를 단순히 보는 차원이 아니라 즐길 수 있다는 인식이 관중들을 스포츠 현장으로 이끄는 힘이다. 선수와 관중 그리고 팬이 즐겁고 구단이 즐거운 것이 바로 스포테인먼트가 추구하는 방향과 목표이다.

본장에서는 이러한 시대상황 속에서 스포테인먼트의 문화적 요소와 파급 효과 그리고 사례를 분석하여 봄으로써 구단이나 스포츠 마케팅 적용 분야에 이해할 수 있도록 내용을 구성하였다.

제 1 장 스포테인먼트의 이해

제 1 장

스포테인먼트의 이해

"Content"라는 영어 단어에는 "내용"이라는 의미와 함께 "만족"이라는 뜻이 동시에 포함이 되어 있다. 그런 면에서 볼 때 콘텐츠는 내용물들로 만족을 제공한다는 의미가 내포되어 있다고 볼수 있다. 이렇듯 우리의 삶에는 즐겁고 행복한 엔터테인먼트적인 요소가 빠질 수 없으며, 이러한 엔터테인먼트는 다양한 요소와 결합하여 새로운 개념을 만들어 내고 있다.

1. 스포테인먼트의 정의

엔터테인먼트(Entertainment)란 넓게 보면 인공적이면서 합법적이고, 모든 연령의 사람들의 감정에 어떠한 감동을 일으키게 하는 콘텐츠나 장치로 기분을 즐겁게 하는 일이다. 다시 말해, 엔터테인먼트는 인간이 살아가는 데에 필수적인 인간의 기본 욕구로서 즐기고 싶다는 기본적인 감정을 일으키는 콘텐츠의 결합이라고 할 수 있다.

스포츠는 점점 Fun이라는 것과 함께 하고 있다. (두산 베어스의 팬 서비스)

엔터테인먼트의 핵심은 즐기는 것이다. 자기가 좋아하는 것을 철저히 즐긴다는 측면에서 미국의 심리학자 매슬로(Abraham H. Maslow)가 내세운 '욕구 5단계설' 중 최고 수준인 '자아실현의 욕구'로 볼 수도 있다.

메릴린치(Merriel Lynch)의 엔터테인먼트 산업 담당 수석분석가였던 해롤드 보겔(Harold Vogel)은 "영화, 텔레비전 프로그래밍, 음악, 방송, 케이블, 텔레비전, 카지노와 도박, 스포츠, 행위 예술, 테마파크, 그리고 장난감"을 비즈니스 경제로 분류하고 분석하였다.

18세기 독일의 철학자 헤겔은 미래의 인류 사회에는 "예술, 철학, 종교"만이 살아남을 것이라고 예측하였으며, 헤겔은 과학, 기술 등으로 인한 물질적인 발달 이후에 인간은 결국 마음의 방향이나 상태에 따라 자아 가치가 다 다르게 된다고 하였다. 이러한 사회에서 즐거움의 가장 중요한 요소는 인간의 창조 능력이며, 앞으로는 스포츠 산업의 생산 활동에서 스포츠 콘텐츠의 즐거움 요소가 더욱 중요시된다고 하였다.

스포츠 마케팅 시장 역시 그 예외에서 벗어날 수 없고, 최근 경제계의 패러다임이 '고객 중심'에서 '고객 우선'으로 바뀌었다. 고객이 가지고 있는 니즈를 파악해 이에 적절히 대응하지 못하면 살아남지 못한다는 것이다. 연예계나 스포츠계도 고객을 우선으로 생각해야 할 때가 된 것이다. 매년 미국인들은 공인된 다양한 형태의 엔터테인먼트에 최소 1,200억 시간과 2,000억 달러를 소비한다. 그리고 국제적으로 총 소비액은 5,000억 달러에 달할 것으로 추산된다.

급변하는 경제 환경에 대처하기 위해서는 창의력과 상상력 그리고 첨단기술을 바탕으로 높은 부가가치를 창출할 수 있는 새로운 산업으로 구조를 조정해서 기업 경쟁력 및 국가 경쟁력을 확보해 나가야 할 시점이다. 이러한 측면에서 연예계와 스포츠가 각자 가진 요소들을 서로 벤치마킹하는 스포테인먼트 현상이 대세를 이루고 있다. 스포테인먼트란 말이 생겨난 것은 얼마 되지 않은 신조어라고 할 수 있다.

스포츠(Sports)와 엔터테인먼트(Entertainment)의 만남을 통해 스포테인먼트(Sportainment)가 만들어진 것은 스포츠 이상의 다양함을 요구하는 관중의 욕구에 스포츠가 내놓은 하나의 해답이라고 할 수 있다. 단순히 스포츠 경기를 관람에 그치는 것이 아니라 볼거리와 먹을거리, 놀거리, 즐길 거리가 제공되어 관중의 욕구를 동시에 충족시키는 것이다.

스포츠 시장은 빠르게 변화하고 있으며, 시장의

스포츠 이벤트를 선수들뿐 아니라 팬들도 참여할 수 있도록 한다.

규모만큼이나 경쟁 상대가 늘어나고 있다. 이에 스포츠는 타부문과의 컨버전스(융합)를 통해 대응해 가고 있다. 스포츠와 비즈니스가 만나기도 하고, 문화와 만나기도 한다. 스포츠 경기를 관람할 때 우리는 스포츠 경기 자체를 즐길 때도 있지만 경기가 잠시 멈추고 이루어지고 있지 않을 때 중간중간에 구단이나 협회에서 제공하는 프로모션 이벤트에 빠져 즐거워하고 기뻐한다. 경기 중간중간의 다양한 프로모션은 관람객들로 하여금 구단에 대한 인식을 새롭게 하고 각인시키면서 경기장을 다시 찾아오게 한다거나, 구단에서 판매하는 제품을 한 번 더 구매할 수 있는 효과를 발휘하고 있는 것이다.

그림 1-1 | 스포츠는 창의력과 기술과 다양한 콘텐츠와 결합하는 융합을 통해 발전한다

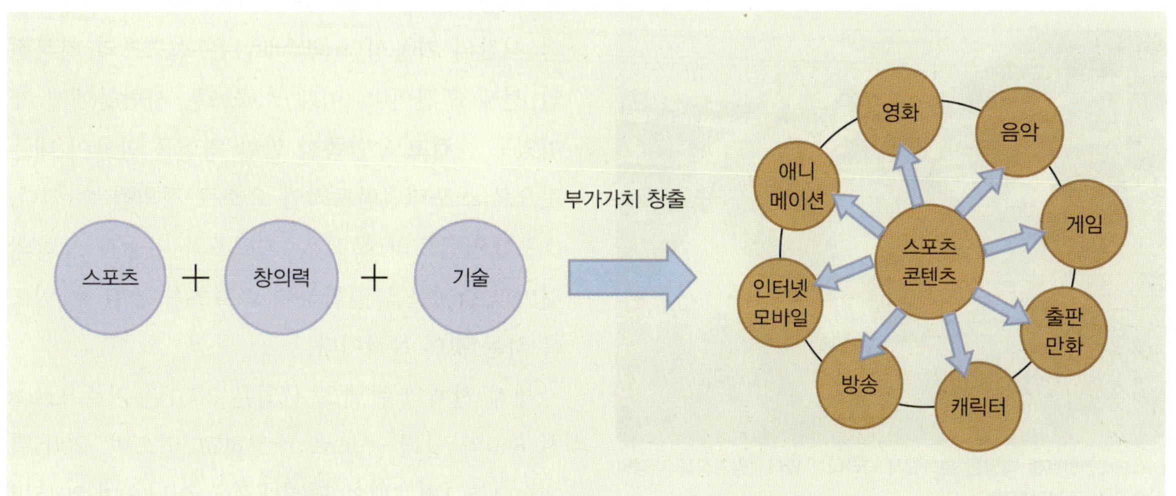

마케팅 休知通

에코매지네이션(Ecomagination)

Ecology(에콜로지) + Imagination(상상력)의 합성어. 생태 문제를 해결하기 위해 상상력을 동원하자는 운동, 환경 사업은 그동안 기업 입장에서 볼 때 비용을 늘리는 요인이었으나, 최근에 환경이 수익을 창출할 수 있는 성장엔진으로 바뀌고 있다.

이러한 현상 속에서 SK 와이번스는 그린 마케팅을 통해서 스포테인먼트를 강화하고 그린 유니폼과 녹색성장 저탄소 운동을 통하여 구단의 이미지를 친환경적인 이미지로 구축하는 노력하였다.

스포테인먼트는 스포츠와 엔터테인먼트를 결합해 관중의 이런 욕구를 충족해 나간다. 상상을 해보자. 아직 입장권을 판매하기 전이지만, 매표소 주위는 삼삼오오 짝지어 기다리는 사람들로 붐빈다. 아이를 목말 태워 오는 아버지, 손을 꼭 잡은 채 얼굴을 마주 보는 연인들, 학교 수업이 끝나자마자 온듯한 교복 차림의 고등학생 등 저마다 사정은 다르지만 모두 야구를 보겠다는 마음으로 야구장에 발을 내디뎠다. 야구장에는 야구 외에도 놀거리, 먹을거리, 볼거리가 많다. 처음에는 야구가 무엇인지 몰라도 즐길 수 있고, 함께 할 수 있게 하는 흡인력이 있는 힘, 그게 바로 스포테인먼트의 힘이라고 할 수 있다. 그 스포테인먼트 속에서 새롭게 야구에 대해서 알아가게 되고 선수를 알아가게 된다. 그렇게 그들은 스포츠 마케팅 산업에 있어서 새로운 고객이 되는 것이다.

스포테인먼트를 다양한 분야에서 나타나고 있다. (경기장을 재정비한 인천 문학경기장)

고 부가 가치 산업인 엔터테인먼트 산업은 전 세계적으로 지식 기반 산업의 핵심 분야로 성장하고 있으며, 이러한 스포츠 상황에서 스포츠에 엔터테인먼트적인 요소 도입은 스포츠가 또 하나의 업그레이드된 상품으로서, 거듭나는 계기를 마련하게 되었다.

2. 스포테인먼트 산업

경제 성장의 가속화와 더불어 주 5일제 근무 그리고 여가 활동의 국민적인 관심이 증대되고 기술과 정보 중심의 사회로 전환이 됨에 따라 국내 엔터테인먼트 산업 시장은 점점 확대되고 있다. 엔터테인먼트의 개념은 레크리에이션의 개념에 종속되어 즐거움 제공을 통하여 몸과 정신의 재창조(re-creation)를 의미하는 것이다. 이러한 재창조에서 시간의 가용성(availability)은 스포츠의 기본적인 전제 조건이며, 이때 스포츠는 사람들에게 재미있고 즐겁고도 만족할 만한 경험을 만들어 내는 것으로 스포테인먼트적인 요소로 정의될 수 있다. 스포테인먼트의 목적은 스포츠의 기능과 오락의 재미와 즐거움을 결합하여 스포츠를 즐길 수 있도록 하는 것이 목적이다.

세계 전체의 콘텐츠 산업은 2001년 기준으로 8천 840억 달러 규모로 추정하고 있으며, 2005년에는 1조 1천 7백억 달러대로 늘어났으며 2015년에는 2조억 달러로 늘어날 전망이다. 이러한 성장률은 세계 연평균 GDP 증가율이 1980년대 3.4%, 1990년대 2.5%인 데 비하면 3배에 가까운 수치이다. 이 중에서도 스포츠 엔터테인먼트 소비는 다른 분야에 비하여 그 증가율이 미비하나 상대적으로 적은 자본으로 짧은 시간에 성장 가능성이 높은 분야 중 하나이다.

스포츠와 여가 활동에서 즐거움을 추구하는 사람들의 증가는 스포테인먼트 마케팅의 부상을 촉진하고 있다. 최근 스포테인먼트 마케팅의 두드러진 양상은 크게 네 가지 즉 C&3P 관점에서 볼 수. 있다. C&3P는 콘텐츠(Contents)와 마케팅 믹스의 3요소인(Promotion, Placement, Product: 프로모션, 유통, 상품)이다.

첫째, 콘텐츠 관점에서 살펴보면 광고에서 기업이 전달하는 내용은 단순 정보 중심에서 벗어나 오락성이 상화되고 있다.

둘째, 프로모션 관점에서 살펴보면 기업의 커뮤니케이션 방식은 TV 등 매스미디어 중심에서 벗어나 이벤트 등 대면 활동으로 폭이 넓어지고 있다.

셋째, 유통 관점에서 살펴보면 쇼핑 공간인 매장은 고객들의 쇼핑에 즐거운 체험을 제공하기 위해 오락적 요소가 강화되고 있다.

스포테인먼트 마케팅은 스포츠에 참가한 모든 사람들에게 즐거움을 제공한다.

마지막으로, 상품 관점에서 살펴보면 첨단 기술에 즐거움을 가미한 상품이 각광을 받고 있다.

결국 스포테인먼트 마케팅은 이제 광고나 커뮤니케이션 활동 차원을 넘어 쇼핑 공간, 디자인 및 상품차원으로까지 확대 적용되고 있다. 주 5일제가 시행되면서, 사람들의 여가시간을 채워줄 다양한 오락거리가 생겨나면서 스포테인먼트 산업 역시 새로운 영역으로 성장하고 있다.

이러한 성장속도 속에서 프로스포츠 마케터들은 해당 스포츠와 관련하여 사람들에게 흥미와 재

그림 1-2 스포테인먼트 마케팅의 발전 요소 C & 3P

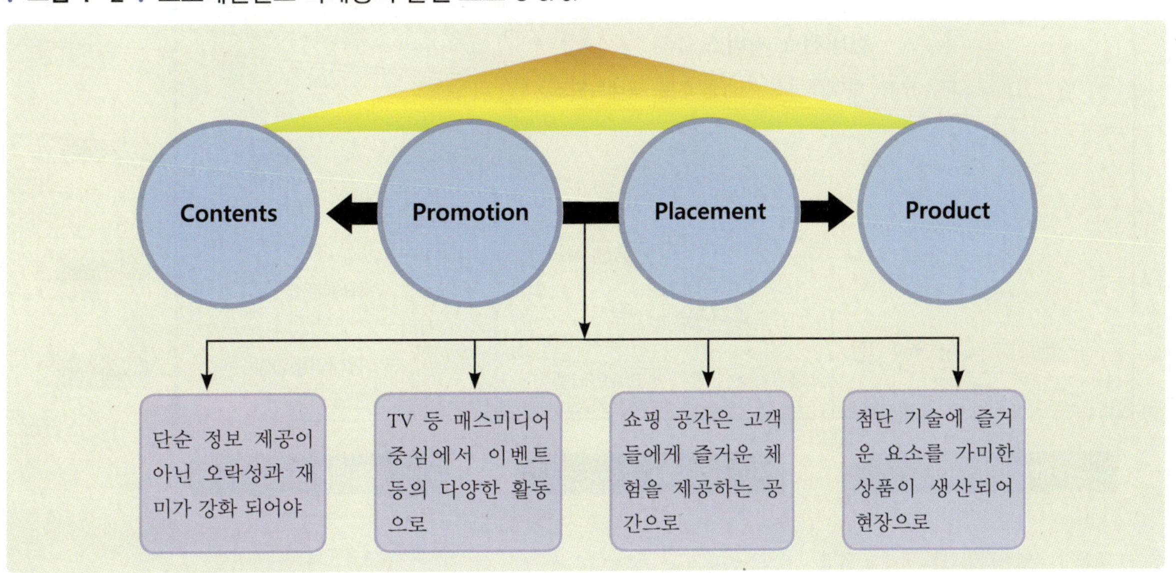

마케팅 休知通

스탕달 신드롬(Stendhal Syndrome)

프랑스의 작가 스탕달이 이탈리아 피렌체에 있는 산타크로체 성당에서 레니의 베아트리체란 작품을 감상하고 나오던 중 갑자기 무릎에 힘이 빠지면서 황홀경을 맛보았다는 데에서 유래하였다. 뛰어난 예술품은 대문호 스탕달마저 무릎을 꿇게 만들 정도로 큰 힘을 갖고 있다.

이는 뛰어난 스포츠 이벤트나 예술 작품을 보았을 때 순간적으로 느끼게 되는 정신적 이상 현상으로 스포츠 마케팅을 할 때 예술적 창의력과 상상력이 마케팅 활동에 도입이 되어야 한다.

좋은(good) 기업에서 위대한(great) 기업으로 발전하기를 원한다면 예술에 대한 이해가 꼭 필요하고 이를 적용하여야 할 것이다.

미를 제공할 수 있는 엔터테인먼트적 요소를 스포츠에 가미하여 동 스포츠에 대한 관심을 증대시키기 위해 많은 노력을 기울이고 있다. 특정 스포츠에 참여하기를 좋아하는 사람들은 동일한 스포츠 종목을 관람하기 좋아할 것이라는 생각에서이다.

예를 들어서 프로배구연맹은 배구에 대한 좋은 이미지를 촉진함으로써 스폰서를 유지하고 보다 많은 관중들을 끌어들이기 위해 노력하고 있다. 시즌이 되면 많은 사람들이 배구장을 찾아오고 배구를 관람하고 TV나 인터넷을 통해 배구 경기를 관람한다는 사실을 깨닫고 경기장을 찾는 사람이나 미디어를 통해 배구를 즐기는 사람들을 늘려 나갈 수 있도록 여러 가지 재미있는 요소들을 동원해야 할 것이다. 하지만 프로배구연맹의 입장

| 그림 1-3 | 시대별 콘텐츠 플랫폼의 변화

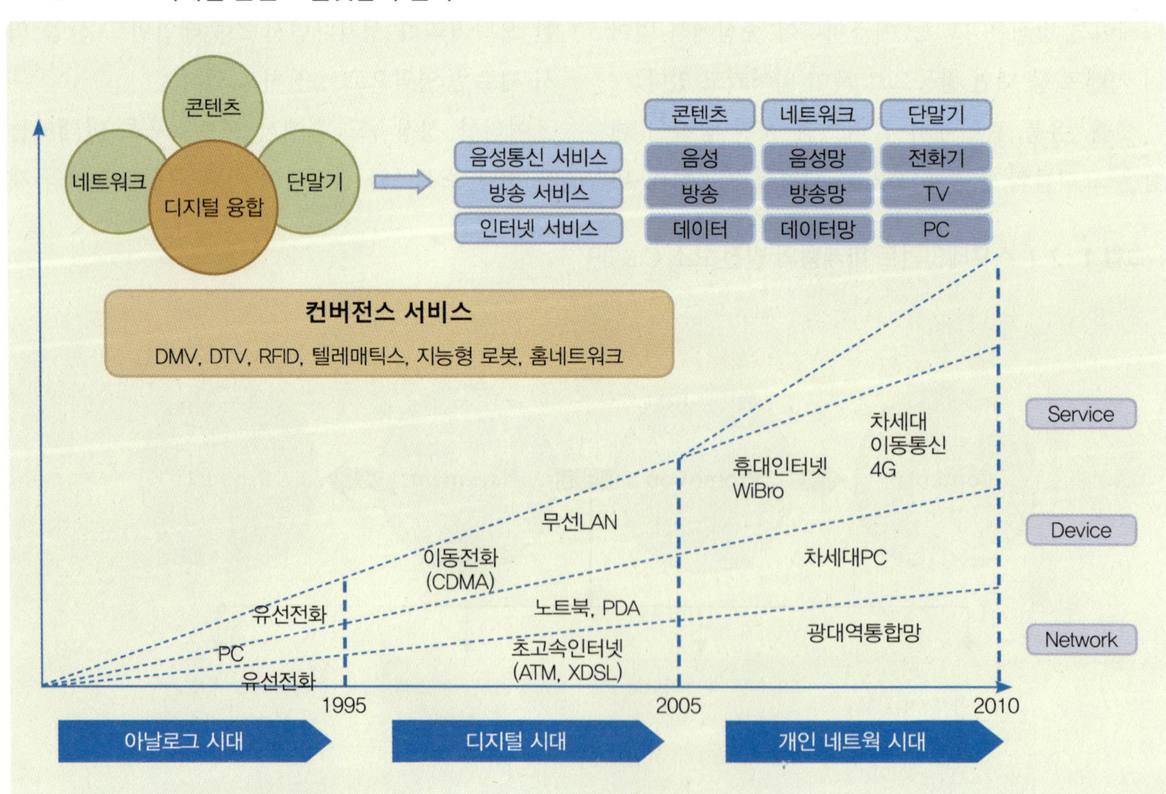

출처: 조윤장, 〈엔터테인먼트 마케팅 혁명〉.

에서 문제점 중 하나는 젊은 스포츠 스타선수가 부재하다는 사실일 것이다. 고객들 즉 팬들의 시선을 끌어낼 수 있는 시장성이 있는 스포츠 스타선수를 발굴해 내지 않으면, 스포테인먼트 마케팅 역시 제한적일 수밖에 없다.

엔터테인먼트와 스포츠의 차이는 참여자와 관람자에 의해서 결정되어진다. 영화는 틀림없이 엔터테인먼트이지만 자동차 경주는 스포츠라고 간주하는 사람들도 있다. 자동차 경주 팀들은 자신들의 팀 재원 마련을 위해서 참여자를 선택하여 재원을 마련할 것인가? 아니면 관람자들을 통해서 재원을 마련할 것인가를 생각하게 된다. 그래서 자동차 경주 팀들은 스포테인먼트라는 개념을 적용하여 재원을 마련하였다.

미국의 NASCAR에 속한 경주 팀들은 Stock Car Stock Index Fund를 만들었다. 이 Fund는 NASCAR 드라이버들을 후원하는 기업들에게 주식의 형태로 제공하는 것이다. 즉 스폰서 기업인 홈디포(Home Depot)나 맥도널드(Mcdonald)와 같은 기업들로부터 받은 출자 주식들은 다른 50여 개의 스폰서 기업들의 수식에 함께 포함이 되어 마케팅 활동을 할 수 있도록 하는 것이다. 따라서 펀드 매니저들은 엔터테인먼트로서의 자동차 경주의 대중성을 확보하려는 계획을 수립하고 이러한 마케팅 전략을 통해 참여 기업들에게 매출적인 측면의 기여를 할 수 있도록 한다. 대회가 끝난 후 Performance Research에서 실시한 조사에 따르면 72%의 자동차 Racing 팬들은 의식적으로 NASCAR 스폰서 기업의 상품을 찾고 구매한다고 한다.

나스카를 후원하고 있는 삼성전자

이처럼 재원 마련과 구단 및 팀의 발전을 위한 스포테인먼트 비즈니스 모델은 스포츠 현장과 산업의 발전을 가져왔다.

표 1-1 | 세계 엔터테인먼트 소비 (단위: 백만 달러)

구분/연도	2000	2001	2002	2003	2004	2005
영 화	67,770	72,858	78,095	83,114	88,243	93,098
TV 콘텐트	259,174	277,794	305,105	330,085	361,098	388,642
음 반	38,430	39,959	41,814	43,794	46,458	49,362
인테넷광고, 접속	40,202	50,109	59,399	69,067	79,565	90,078
잡 지	83,656	87,118	92,518	98,771	104,720	110,793
신 문	155,206	161,196	168,730	177,271	186,570	196,693
도서출판	85,321	88,378	91,796	95,543	99,786	104,613
라디오, 옥외광고	47,798	50,555	54,686	58,985	63,607	68,577
테마파크	17,828	18,966	20,212	21,446	22,702	24,172
스 포 츠	35,213	37,165	41,866	44,054	48,078	50,409
합 계	830,598	884,098	954,221	1,022,930	1,100,827	1,176,417

출처: 현대원, 〈엔터테인먼트 사업의 경제학〉.

마케팅 休知通

하비홀릭족(Hobbyholic)

Hobby(취미)와 Holic(광적인)의 합성어로 특정 취미와 관심사에 열정적인 모습을 보이는 사람을 뜻한다. 특정 분야의 정보를 주고 받는 인터넷 커뮤니티가 활성화 되면서 나타나기 시작했으며 20-30대가 주류를 이룬다. 예전에는 극소수 마니아로 분류됐지만 지금은 그룹화, 대형화 되고 있는 추세이다.

3. 콘텐츠로서의 스포테인먼트 산업

기술 발달의 중심축이 1970년대 하드웨어에서 1980년대 소프트웨어, 1990년대 정보통신망의 발달로 멀티미디어란 개념이 등장한 후부터 통신의 발달, 인터넷의 대중화와 함께 콘텐츠의 중요성이 나날이 증대하고 있고, 2000년대 들어서는 문화와 콘텐츠의 시대로 변화되어 콘텐츠가 최고의 부가가치 산업으로 떠오르고 있다. 이러한 창의적인 콘텐츠의 시대는 인간의 지식, 감성, 상상력, 창의력이 부가가치 창출의 새로운 동력이 되는 사회로 전환이 되고 있다는 것이다.

현재 미국 등 선진 각국은 국가 경쟁력 강화를 위해 문화 콘텐츠 산업을 하나의 전략 산업으로 그리고 그 중에서도 스포츠 관련 부분에 대한 집중적인 육성을 하고 있다. 또한 영국은 콘텐츠 산업을 창조 산업(Creative Industry)으로 명명하고 국가전략 측면에서 접근하고 있다.

일본은 미국에 이어 세계 2위 문화 콘텐츠 강국으로 게임, 애니메이션, 캐릭터, 만화 부분에서 세계 최고 수준의 경쟁력을 보유하고 있으며, 2001년 1월 정부 차원에서 e-Japan 전략을 수립 시행하여 오고 있다. 또한 중국은 정부 차원에서 다양한 자금 지원 및 세재지원 혜택을 통해 문화 콘텐츠 산업의 양적·질적 제고를 도모하고 상해, 광서성, 서장자치구 중심으로 이러한 콘텐츠 산업을 적극 육성하고 있다.

이러한 콘텐츠 산업은 매출 대비 이익률이 높은 지식기반 산업(High Risk-High Return)으로 One-Source Multi Use를 통한 고부가 가치 창출이 가

| 그림 1-4 | One-Source Multi-Use 개념으로서 스포테인먼트 산업의 역할

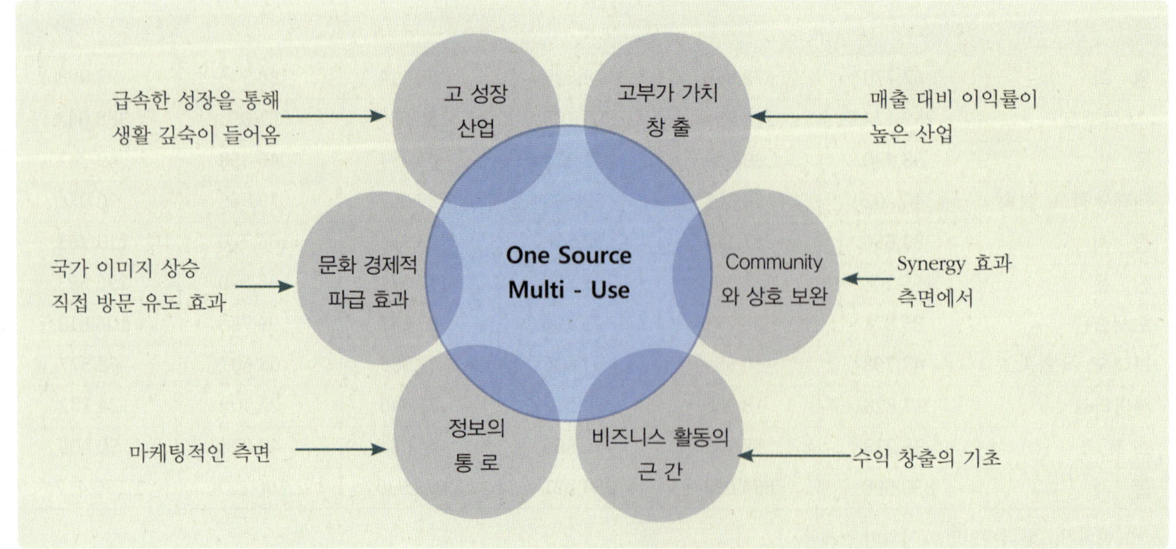

능한 사업이다. 또한 문화적·경제적 파급 효과가 큰 산업으로 국가 이미지 재고와 상품 수출에 그 기여도가 커지고 있으며 이러한 상황에서 스포츠에서 콘텐츠 개발은 일반 산업과 마찬가지로 그 중요성이 날로 부각되고 있는 상황이다.

스포테인먼트 콘텐츠

21세기 IT와 마케팅을 기반으로 한 산업화 사회가 도래하면서 콘텐츠는 새로운 의미로 우리에게 다가오고 있다. 이러한 관점에서 스포테인먼트에서 중요한 콘텐츠라는 것이 무엇인지 그리고 그것을 어떻게 개발하는 것이 효과적인지를 알아볼 필요가 있다.

스포츠 콘텐츠는 스포츠가 그 내용과 알맹이가 되어 엔터테인먼트 활동에 참가한 소비자의 욕구를 충족시키기 위해서 각종 재화나 서비스를 생산 유통시켜 부가 가치를 창출하려는 단체나 기업의 생산 활동의 기본이라고 할 수 있다.

스포테인먼트 콘텐츠는 꿈·모험·사랑·감동으로 빚는 상품이자 작품이라고 한다. 따라서 콘텐츠는 무형의 경험 재화로서 공산품 등 유형 재화

방송 역시 스포츠를 콘텐츠로 활용하고 있다. (천하무적 토요일의 천하무적 야구단 모습)

와는 달리 소비자에게 꿈·모험·사랑·감동으로 압축되는 정신적 감성적 가치 및 효용을 전달하는 것을 그 목표로 하고 있다.

스포츠 콘텐츠는 실제 소비 가능한 엔터테인먼트 상품으로 단순한 아이디어에서 출발하여 상품으로 완성되어 소비자에게 공급될 수 있도록 완벽하게 준비되는 있는 상품을 말한다.

콘텐츠의 속성

스포츠 비즈니스의 차원에서 콘텐츠는 단순한

그림 1-5 정신적 효용적 가치를 전달하는 스포테인먼트 마케팅

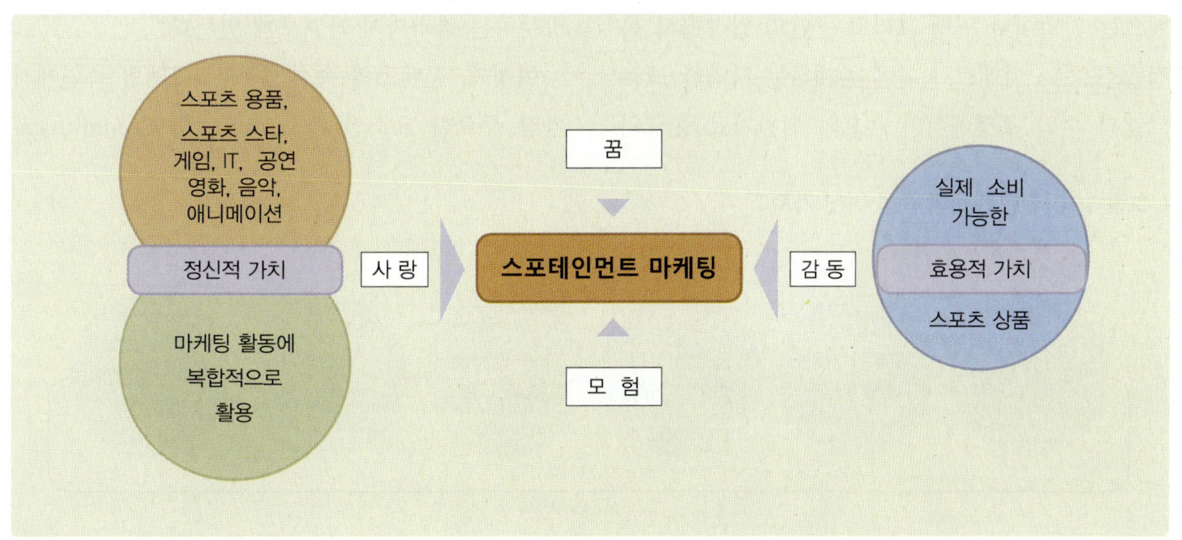

프로스포츠에서의 콘텐츠는 경기가 시작될 때가 아니라 시즌이 시작되기 전부터라고 할 수 있다. (두산 홈경기 전 팬사인회를 하고 있는 탤런트 홍수아)

정보의 차원을 넘어서서 다음과 같은 속성을 가지고 있다.

첫째, 고성장 산업이다. 2002~2006년 세계 경제 성장률이 3.2%인 데 비하여 문화 콘텐츠 시장의 성장률이 5.2%로 평균치보다 높다. 이에 반하여 1999~2003년 국내 경제 성장률 6.1%인 데 비하여 문화 콘텐츠 시장 성장률 22.1%로 세계 경제 성장률에 비하여 국내 문화 콘텐츠 성장률이 4배 이상 높은 것으로 한국 문화 콘텐츠 진흥원이 발표 하였다.

둘째, 고부가 가치 창출이 가능한 산업이다. 콘텐츠는 기업이나 연맹 그리고 구단의 입장에서 특정 스포츠나 이벤트 분야에 존재하는 다양한 프로그램과 수익 구성에서의 수요와 원천자료 공급의 기본이 된다. 새로운 콘텐츠의 개발은 다른 산업에 비하여 매출대비 이익률이 높은 지식기반 산업이다.

셋째, 콘텐츠는 Community와의 상호 보완 기능을 가지고 언어적, 지리적, 인종 장벽이 낮아 지역적으로 융합하고 글로벌 시장 진출에 적합하다. 캐릭터나 애니메이션, 만화의 경우 스포츠 콘텐츠가 다른 것들에 비하여 상대적으로 유리하다. 문화적으로 활성화된 커뮤니티와 높은 시장가치를 지닌 콘텐츠는 Synergy 효과 측면에서 중요한 관계를 맺고 있다.

넷째, 콘텐츠는 비즈니스 활동의 근간을 이루며, 모든 콘텐츠는 비즈니스의 마케팅 활동, 정보구축, 디자인, 기획, 프로그래밍, 네트워크 기술 등의 기업 활동 전반의 근간이 되며 One-Source Multi-Use를 통하여 유기적으로 다른 부분과 연결되어 있다.

다섯째, 문화적·경제적 파급 효과가 크고 콘텐츠의 확산은 한류(韓流)의 사례와 같이 국가 이미지 제고와 스포츠 자체에 미치는 영향이 크다. 예를 들어서 스포츠 콘텐츠는 우리나라와 문화 그리고 스포츠에 대한 관심을 증대시키고 한국 이미지를 상승시키고 관련 상품의 매출 극대화에 도움이 되며 나중에는 콘텐츠 개발 국가인 한국을 직접 방문하는 결과까지 가져오게 만든다.

여섯째, 콘텐츠의 속성 중에서 마케팅 측면에서 가장 중요한 요소인 Community와 Communica-

그림 1-6 | 콘텐츠의 속성 여섯 가지

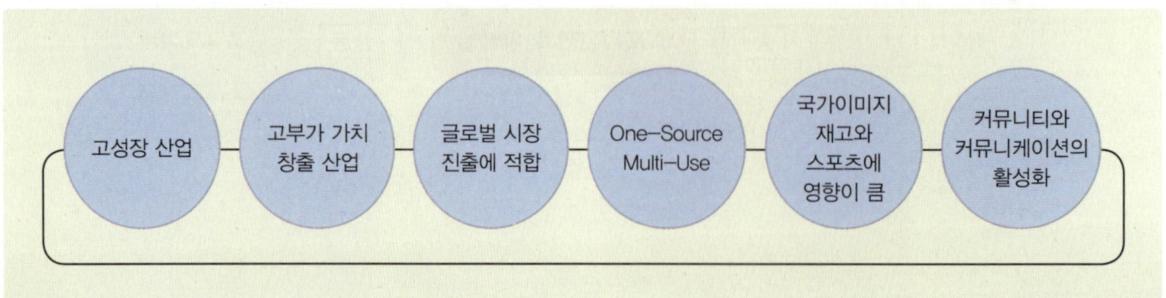

마케팅 休知通

아우트로족(Outro)

웰빙(wellbing) 문화의 확산과 주 5일 근무제의 실시로 등장하기 시작했으며, 20-30대가 주류를 이루고 있다. 회사 내에서는 자신이 맡은 일에 충실하며 일이 끝나면 사내 분위기를 체크해 조기 퇴근하거나 정시에 퇴근하여 야외 활동을 즐긴다.

Outdoor(야외)와 Metro(도시)의 합성어로 하루 업무를 마치면 곧바로 야외 활동을 즐기는 도시인을 일컫는다.

tion의 활성화를 통하여 전략적으로 가장 중심이 되는 콘텐츠를 기반으로 그 주변부에 형성되는 커뮤니티를 활성화시키고 그 커뮤니티 내부에 이동하는 정보의 통로를 만드는 것을 중요하게 취급하고 있다.

스포테인먼트 비즈니스의 확장

생산에서 판매 그리고 마케팅 서비스 중심의 경제 이동은 많은 기업과 사람들에게 큰 충격을 수었다. 서비스 중심으로의 경제 이동은 이전보다 더 많은 근로자를 필요로 하게 되었고 필요한 연령층은 다양한 층에서 충원되었으며, 소득의 증가는 사람들에게 즐길 수 있는 기회 제공을 하게 되었다. 마케팅 전문가들은 시장 조사 결과를 살펴본 후 이러한 트랜드를 파악하고 이 타깃층을 공략하기 위한 아이디어로서 여러 가지 콘텐츠를 개발하게 되었다.

프로야구라는 상품에서 다른 파생 상품으로 연계하기 위해서 노력하고 있다. (프로야구 시작 전 T-Ball을 활용한 프로모션 모습)

시장 조사 결과 남성과 여성 그리고 연령별로 엔터테인먼트 내용에 관해 서로 상이한 욕구를 가지고 있다는 사실을 발견하고 결혼 여부, 수입, 인종, 생활양식 그리고 문화와 취미, 지역, 식생활 등 수많은 틈새 시장에 관심을 쏟으면서 그들을 만족시킬 만한 각종 콘텐츠를 개발하였다. 티셔츠 한 장을 팔면서도 스포츠 이벤트와 연관시키고, 주식을 판매하고 상장시키면서도 스포츠 스타를 이용하는 식으로 소비자에게 새로운 제안을 하는 마케팅 기법이 등장하는 것을 쉽게 목격할 수 있게 된 것이다. 따라서 새로운 세기를 살아가는 현대인들에게 각종 콘텐츠는 자신이 선호하는 상품과 브랜드를 선택할 수 있도록 소비자들을 선도하고 있으며, 스포테인먼트 비즈니스는 소비자, 기술 트랜드, 산업, 상품에서 각각 새로운 트랜드를 형성하고 있다.

(1) 소비자(팬)

모든 산업과 상품에는 늘 경쟁 상품과 소비자가 존재한다. 소비자의 관심을 끌기 위한 경쟁은 월드컵 경기만큼이나 치열해졌으며 소비자의 Needs, Wants, Demands는 지속적으로 변해 가고 있다. 스포츠 소비자도 이러한 여러 환경의 영향에 따라서 변해 가고 있기 때문에 소비자를 만족시키기 위한 기업의 마케팅 전략도 변해야만 변화

ㅣ 스포테인먼트는 새로운 산업을 발전시켜 나갈 수 있으며, 새로운 시장을 개발한다. (온라인 게임의 프로모션)

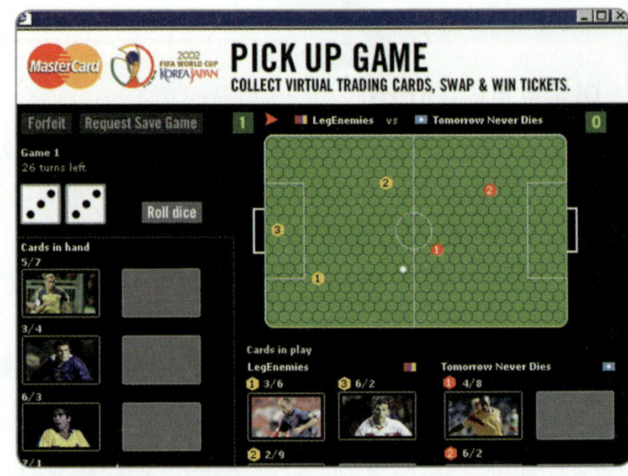

ㅣ 스포테인먼트는 끊임없는 콘텐츠 개발부터 시작된다고 할 수 있다. (FIFA 월드컵에서 마스터카드의 온라인 게임)

하는 소비자의 상황에 발맞추어 나가야 한다. 이러한 소비자를 위한 각종 콘텐츠 개발과 마케팅 전략이 스포테인먼트 산업에서는 더욱 중요하다.

만약 우리들이 즐거운 주말을 보내기 위해 세울 수 있는 계획을 찾아본다면 몇 가지나 될 것인가? 여러분이 아마도 즐기고 놀 줄 아는 사람이라면 50가지 이상의 방법을 찾아 낼 수 있을 것이다. 프로스포츠를 관람하거나, 영화를 보거나, TV를 보거나, X-스포츠를 즐기거나, 산책을 하거나, 스포츠 게임을 하거나, 아이들과 축구 시합을 하는 것까지 그 숫자만 해도 셀 수 없을 만큼 다양 할 것이다.

스포테인먼트 산업의 상품 기획자라면 바로 이러한 고객과 또 그들의 시간과 싸우고 있다는 점을 반드시 알아야 한다. 고객의 라이프스타일과 대중의 기호와 다른 많은 산업과 경쟁하고 있음을 알아야 한다. 스포테인먼트 상품은 가격보다는 시간이 더 중요한 소비자의 구매 기준이 되기 때문이다.

프로야구 경기를 관람하는 데 들어가는 비용이 주말의 경우에 일반적으로 8,000원이다. 피자 한 조각에 불과한 싼 가격이지만, 가격 대비 시간을 비교하여 보면 경기만 3시간, 경기장 왕복 시간, 기다리는 시간을 포함하면 최소한 4시간 이상이 소요된다. 그러면 8,000원이 아까운가? 그렇지는 않을 것이다. 만약 내가 관람한 경기에서 응원하는 팀이 경기에 지거나, 경기 결과에 대하여 만족하지 못하기라도 한다면 가격과 시간은 그 이상의 큰 불만족을 소비자에게 제공할 것이다. 결국 스포테인먼트의 중요한 사항은 고객의 시간을 얼마 만큼 만족시킬 수 있는냐가 그 관건이다.

현대를 감성의 소비 시대라고 일컫고, 소비자는 제품을 통한 감성적 혜택(Emotional Benefit)을 소비 판단의 최종적인 만족도로 평가할 만큼 감성적

ㅣ 표 1-2 ㅣ 기술 패러다임의 변화

구 분	1970~80년대	1980년대	1990년대	2000년대 이후
기술 발달 방향	하드웨어	소프트웨어	네트워킹	콘텐츠
중심 가치	산 업	정 보	지 식	감성, 문화
대표 업체	IBM	마이크로 소프트	넷스케이프, 오라클, 디즈니	ADO 타임워너, 비방디 유니버셜, 소니, 애플

자료: 데이비드 모슈라, 〈패자의 미래〉; 삼성경제연구소, 〈컨텐츠 비즈니스의 해 흐름과 대응전략〉.

마케팅 休知通

Convergence(융합) Marketing

융합의 의미를 갖은 컨버전스는 이종산업의 이점을 이용하여 서로의 상품의 가치를 극대화하는 것이다. 이에 결합하여 상호 고객을 공유하는 것이다. 그 가운데 새로운 소비문화를 창출해 내고, 기존 고객의 소비 성향을 확장시킬 수도 있다. 이종산업의 복합으로 소비자의 니즈를 이끌어 내는 것에서 비롯되었다.

• 스포츠 산업에서의 적용사례

(1) Sports Pub by ESPN ZONE

스포츠 전문 방송 채널 ESPN의 Los Angeles 지사는 건물 1층에 대형 Pub을 만들어 운영시간 동안 세계의 다양한 스포츠 경기를 중계한다. 경기장에서 직접 관람을 못하지만, 편안한 분위기에서 경기장 분위기를 낼 수 있는 점이 장점이다. 또한, 애피타이저는 The Starting Lineup으로, 디저트는 Overtime으로 표현하는 등의 식사메뉴를 스포츠로 컨셉화하였고, 맥주나 칵테일 등의 다양한 알코올도 판매하여 박진감을 더한다.

(2) Watching World-cup Game in CGV, Movie Theater

4년마다 외국에서 개최되는 월드컵, 올림픽 등의 스포츠 이벤트를 영화관에서 함성을 질러 응원하면서 보는 것이다. 이는 영화관의 편한 좌석과 대형 스크린을 통해, 경기를 관람하는 데 의의가 있다. 영화관은 입장료 물론이고, 요식 판매 등의 다양한 수입 경로가 생겼고, 스포츠 중계자는 브라운관에서 스크린으로 중계의 한계를 확장시켰다.

• 스포츠에서의 시사점

대부분의 산업에서 산업 간의 벽이 무너지고 있음이 나타나는 현상이다. 스포츠 산업은 차별화된 즐거움과 박진감 그리고 응집력이 가미되어 있다는 특징을 살려 융합을 꾀해야 한다. 가족구성원 중에서도 스포츠를 좋아하는 사람이 있고, 좋아하지만 불편한 의자에 앉아서 관람하는 것을 꺼려하는 사람이 있을 수도 있다. 이들을 위해 경기장에 있는 기분이 들고 관람과 응원이라는 공동의 목적을 두고 군집할 수 있는 ESPN Zone은 최고의 장소이다.

인 판단은 소비 행동에 있어서 중요하게 작용 한다. 그러한 측면에서 팬을 만족시킬 만한 콘텐츠를 개발하는 것은 중요한 사항이다.

(2) 기술 트렌드

기업의 환경 변화는 새로운 신상품과 프로그램을 만들어 내고 이를 통한 최근의 산업 환경이 지식·문화 주도의 콘텐츠 산업을 중심으로 기술이 급속하게 재편이 되고 있고 콘텐츠의 경제적 비중은 급격히 늘어나고 있다.

스포테인먼트 상품의 유통은 사람이 갈 수 없는 곳을 제외하고는 결코 장소에 제약을 받지 않는다. 이는 기술과 결합된 유통 능력이 사람들에게 상품을 전달하지 못할 곳이 없다는 의미와 같다.

스포테인먼트 산업이 진출할 수 있는 부분은 다양하다.

마케팅 休知通

키덜트족(Kidult)

Kid와 Adult의 합성어로 어른이 되었음에도 여전히 어린이의 분위기와 감성을 추구하는 성인들을 일컫는 말로 20-30대의 성인 남녀들이 대부분이다.

이들은 진지하고 무거운 것 대신 유치하고 재미있는 것을 추구하며 인형이나 캐릭터 용품, 조립식 장난감 등 아이들이 좋아하는 제품을 구입하기 위해 시간과 돈을 아끼지 않는다.

스포츠에는 특히 키덜트족이 많이 있다. 팀의 제품을 구입하여 기념품으로 간직하고, 경기가 있을 때나 외출시 제품을 착용한다.

기술적인 측면에서 볼 때 상품의 유통은 동축 케이블이나 광섬유 케이블, 위성, 위성방송, 레이저, 무선통신 등을 엔터테인먼트 상품의 주된 유통 경로로 활용하는 시대가 되었고 이러한 것이 스포츠 산업에까지 영향을 미쳤다. 소비자는 즐길 수 있는 다양한 선택 방법을 가지게 되었고 이 가운데 디지털과의 기술 접목을 통한 엄청난 폭의 광대역폭의 등장이다. 광대역폭은 단 한번에 여러 종류의 선택 정보를 동시에 전송할 수 있을 만큼 대역폭이 넓어서 언제고 어떤 영화이든 어디에서든 VOD로 전송해 줄 수 있으며, 소비자는 편안한 곳에서 필요한 곳에서 상품을 전달받을 수 있다. 이러한 모든 것을 기술 변화의 트랜드를 통하여 나타난 결과이다.

스포츠 온라인 게임은 새로운 스포테인먼트의 산업으로 성장하고 있다.

(3) 스포테인먼트 산업

엔터테인먼트 산업에서 콘텐츠 상품의 분류는 의도와 관점에 따라 다양하게 나눌 수가 있는데 삼성경제연구소에서는 영역별로 문화. 예술 콘텐츠(순수 고급, 대중 엔터테인먼트 등), 정보 콘텐츠(생활, 거래, 오락, 소프트, 종교 등), 지식 콘텐츠(학문, 교육, 사상 등) 등 세 가지로 구분하였으며, 문화관광부는 영상물(영화, 비디오), 방송, 게임, 음악, 애니메이션 등 5대 분야로 분류하였다.

(4) 상　품

스포테인먼트 상품은 한 순간에 소비자의 마음을 사로잡는 순간순간의 상품이다. 일반 자동차나 집처럼 오랜 시간 동안 사용하는 투자 개념의 제품이 아니고, 일반 소비제품처럼 없어져 휴지통에 버리는 소모품도 아니다. 일반 상품과 달리 시기성 상품이라고 말할 수 있으며 상품의 콘텐츠는 계속하여 변하고 있으며 일단 성공하면 그 규모를 계속해서 키워 나갈 수 있다.

스포테인먼트 산업의 전망

미국을 예를 들어서 미국에서는 1,500개의 텔레비전 방송국이 있고, 120여 개에 달하는 케이블 방송국, 3만 5천개 이상의 극장, 1만개 이상의 라디오 방송국, 500여 개의 신문사, 2만여 종의 잡지가

마케팅 休知通

스테케이션(Staycation)

Stay(머물다) + Vacation(휴가)의 합성어, 경제적 악화와 유가 폭등을 집안에 틀어 박혀 휴가를 즐긴다는 뜻 '방콕'과 일맥 상통. 이러한 사례는 스포츠 이벤트의 프로퍼티 제품의 가격이 높아 경기장을 직접 방문하거나 구매하여 스포츠 프로퍼티를 즐길 수 없는 고객들이 방송을 통해서 스포츠 이벤트를 즐기거나, 다른 채널을 통해서 스포츠 이벤트를 즐기는 유형을 두고 사례를 적용할 수 있다.

매일 소비자의 선택을 기다리고 있다. 콘텐츠 개발을 통해 만들어진 상품은 여러 가지 경로를 통해 소비자인 대중에게 제공되고 있는 것이다.

스포테인먼트 산업은 인터넷의 폭발적인 확산으로 인해 전 세계 스포테인먼트 산업이 온라인으로 연결되며 디지털화 되어진 상품은 온라인을 통해 소비하는 비중이 증대될 것이다. 이러한 결과를 통해, 디지털과 인터넷 기술의 발전 속도는 각국의 제도적 적응 속도를 훨씬 뛰어넘고 기존 무역에 대한 제도가 유명무실해지고 따라서 세계 시장(Global Market)과 지역 시장의 구분이 사라지고 스포테인먼트 상품의 유통이 전 세계적으로 확산될 것이다.

4. 스포테인먼트의 특징

스포테인먼트의 특징으로는 첫째, 경쟁적인 요소를 가미하여 나 자신과의 싸움이거나, 아니면 다른 경쟁자와 함께 참여하고 즐길 수 있도록 만들었다. 예를 들어 E-Sports는 언제 어디서든 경쟁을 가능하게 했기에 큰 성공을 거두었으며, World Cyber Games 와 같은 세계적인 게임 올림픽이나 프로게임 구단, 그리고 100여 개가 넘는 스타크래프트 대회 등의 거대한 시장을 만들어 냈다.

둘째, 규칙을 뛰어넘는 자율적인 요소의 도입이다. 규칙 없는 스포츠란 존재할 수 없는데 스포테인먼트는 상상의 공간을 꾸미고 자기 스스로가 규칙을 재창조할 수 있게 만들었다.

셋째, 시간과의 싸움이다. 만약 우리들이 주말을 보낼 수 있는 계획을 한다면 몇 가지나 될 것인가? 세상에서는 셀 수 없을 만큼 다양한 방법들을 찾아 낼 수 있다. 고객의 라이프 스타일과 기호, 나아가 더 많은 다른 산업과 경쟁하고 있음을 알고, 고객들을 행복하게 해 줄 수 있는 요소를 만들어 상품화시킨 것이다. 상품의 선택에 있어서는 가격보다는 시간이 더 중요한 구매 기준이 되고 있다.

넷째, 다른 산업과의 직간접적인 융합이다. 최근 들어 기업에서는 영화나 애니메이션 주인공, 게임의 캐릭터에 스포츠 스타를 활용함으로써 자연스럽게 그들의 개성과 특징을 기업이나 브랜드 이미지, 제품 홍보와 판촉활동에 접목시켜 나가고 있고, 수익도 올리고 있다.

다섯째, 스포테인먼트 상품의 유통은 장소의 제약을 받지 않는다. 디지털 기술과 접목된 유통은

올림픽의 다양한 종목을 표현한 포스터

언제, 어디서, 어떤 것이든지 VOD로 전송해 주며, 소비자는 편안하게 상품을 받을 수 있다. 인터넷의 확산으로 스포테인먼트 산업은 전 세계적으로 온라인으로 연결되고, 디지털화 된 상품을 온라인을 통해 소비하는 비중이 갈수록 늘고 있다.

마지막으로 철저한 재미를 추구한다. 프로스포츠가 도입되면서 스포츠는 승부에 집착하는 것에서 벗어나 소비자인 관중과 팬의 재미를 존중하게 됐다. 즐거움의 요소가 적용되어야만 참여 자체에 지속성과 영속성을 가져올 수 있기 때문이다. 관중과 팬, 그리고 시청자가 외면하는 스포츠는 더 이상 존재 가치가 없다. 그래서 모든 스포츠 주체는 수익의 극대화를 이룰 수 있는 스포테인먼트 분야에 더욱 집중하게 됐고, 앞으로 발전 가능성이 더욱 높다.

NHL의 경기중 팬들의 키스타임 모습

제 2 장 스포테인먼트 마케팅 전략

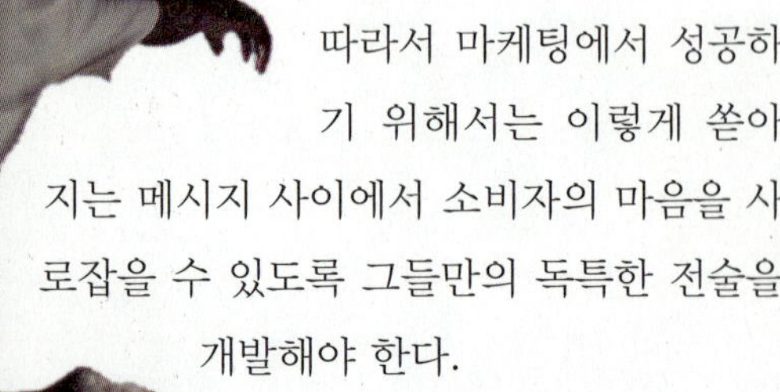

제 2 장 스포테인먼트 마케팅 전략

1. 스포테인먼트 마케팅 접근 전략

스포테인먼트의 마케팅 전략은 고객을 만족시킬 만한 스포츠 콘텐츠를 개발하는 것이 가장 중요하다. 마케팅 대상이 누구인지를 이해하고, 거기에 적합한 콘텐츠를 프로퍼티 개발 전략을 참조하면 된다.

오늘날의 소비자는 하루에 대략 3,000개의 기업 메시지를 접한 후에 잠자리에 들어간다고 한다. 따라서 마케팅에서 성공하기 위해서는 이렇게 쏟아지는 메시지 사이에서 소비자의 마음을 사로잡을 수 있도록 그들만의 독특한 전술을 개발해야 한다.

롯데 자이언츠의 배트걸

스포테인먼트 마케팅의 가장 좋은 방법은 스포테인먼트 자체가 마케팅 메시지가 되게끔 하는 즉 마케팅 메시지를 보고 싶어하는 계층을 만들어 내는 것이다.

스포테인먼트 마케팅 규모가 끝없이 확대되고 있는 것들을 목격하고 있다. 네트워크 TV, 버스, 라디오, 온라인 광고, 텔레비전 마케팅, 광고 메일, 지하철표, 판촉물, 인쇄 광고물, 비행기를 이용한 광고, 스티커, 시리얼 상자, 뮤직 투어 등 거의 모든 것에서 우리는 히트 상품을 접할 수 있다.

만약 브라질 축구 국가대표팀이 한국을 방문 하여서 우리나라 대표팀과 친선 경기를 개최한다고 가정하여 본다면, 사람들이 축구 경기 자체에 대하여 별다른 관심을 갖지 않을 수도 있다. 주최 측이 준비하고 있는 축구 경기는 이번 주에 나온 새로운 영화, 음악 CD, 아니면 메이저리그의 야구나 선거 등에 그 관심의 정도가 묻혀 버릴 수도 있을 것이다.

이러한 모든 것들은 소비자의 눈과 귀 그리고 지갑을 유혹하고 있다. 마케터의 일이란 사람들이 브라질 팀의 경기를 인지하고 경기장에 오거나 TV를 관람할 수 있도록 그들의 눈앞에 상품을 가져다 놓는 좋은 마케팅 기법을 찾는 것이다. 또한 우리나라 산업의 공통적인 문제점인 "수요의 한계"를 극복하기 위해서는 부가 가치가 높은 수요를 개발하고 확대하는 스포테인먼트 전략이 필요하다.

이렇게 하기 위해서는 다음과 같은 방법의 접근이 필요하다.

마케팅 休知通

Kids(어린이) Marketing & Children Marketing

가족의 구매의사결정에 있어 지대한 영향을 미치는 것이 아동이다. 통상적으로 4－5세의 유아부터 초등학생까지의 어린이를 대상으로 한다. 이들은 현재의 시점에서도 마케팅 가치가 크지만, 미래지향적이고 장기적인 고객으로 보는 관점으로 키즈 마케팅은 중요한 가치를 내포하고 있다. 유년기에 몰입된 감정과 호의는 성년이 되어서도 유지될 가능성이 높기 때문이다. 시각적인 요소를 중점적으로 공략해야 어린이를 충성고객으로 삼을 수 있다.

• 스포츠 산업에서의 적용사례

(1) Foul Balls in Busan Sajic Stadium

부산 사직 구장은 팬들이 자발적인 키즈 마케팅을 한다. 타구장의 경우, 파울볼을 잡으면 잡은 볼과 함께 손을 높이 들어 자랑을 하곤 한다. 하지만 부산 롯데 자이언츠의 경우, 팬들이 하나 되어서 외친다. '아주라!', '아주라!' 아이에게 잡은 공을 양보하라는 팬들의 외침이다. 아이들이 볼을 받고 야구장을 한번이라도 더 와서 성인이 되어 골수팬이 되길 희망하는 지금의 팬들의 바람이 담겨 있지 않나싶다.

(2) Half Time Game in Old Trafford

맨체스터 유나이티드는 경기 중의 하프타임을 이용해서 어린이들의 축구시합을 진행한다. 2008년 10월 18일 맨유 대 웨스트 브롬위치 전에 간이 축구 골대와 콘을 세워 필드 내에 미니 축구장을 설치하였다. 모두 맨체스터 유나이티드 유니폼을 입고 나이키 로고가 새겨진 노란색 조끼로 팀을 구분하여 경기를 하였다.

(3) Ronald's Family Club by McDonald

패스트푸드 전문점 맥도날드는 어린이를 대상으로 FC 서울, 부산 아이파크 등의 프로축구 팀과 연계하여 축구교실을 운영한다. 만 6세－만 12세를 주 대상으로 방과 후 프로그램, 4주 클래스, 일일 클리닉 등의 교육을 실시한다. 또한, 2010 남아공 월드컵 플레이어 에스코트를 선발하는 이벤트를 개최하여 한국 대 아르헨티나 전에 7세의 여자 아이가 참가하였다.

• 스포츠에서의 시사점

어린이들은 모든 산업에 걸쳐 잠재적 고객으로 분류된다. 하지만 스포츠에서는 미래형 고객으로 분류해야 된다. 잠재적이라는 것은 고객이 될 것이라는 가능성을 계산하기 힘들지만, 미래형 고객은 대부분이 스포츠에 고착화(Lock-In Effect)되는 경향이 있다. 이 때문에 보다 더 많고 다양한 키즈 마케팅을 수립하고 실행해야 한다.

크리에이티브한 아이디어로 접근

창조적인 요소가 예술의 영역에서만 가능하다는 환상을 가지고 있었다. 그러나 월드컵이든 아니면 작은 스포츠 이벤트이든 하나의 상품이 될 수 있는 것은 로고 및 마스코트의 개발을 통해서 각종 상품이 개발된다. 그 어떤 상품이건 맨 처음 소비자의 관심을 끌 만한 마스코트나 로고로 개발되지 않는다면 지속적인 스포츠 이벤트나 경기도 그리고 선수도 관중도, 나아가 관련 CD나 각종 상품도 없을 것이다. 모든 것의 중심에는 크리에이티브(Creative) 아이디어가 자리를 잡고 있어야만 한다.

스포테인먼트 산업은 이러한 크리에이티브(Creative) 아이디어에 기반하기 때문에 쉽게 통용될 수 있으며 제작자가 아닌 다른 사람이 이익을 취하기도 한다. 그래서 아이디어에 대한 저작권 확보가 중요하다.

상품 제작, 생산 과정이 소비자에게 전달

하나의 상품이 개발되어 최종 상품으로 소비자에게 전달하는 데까지는 수많은 사람의 노력이 뒤따른다. 콘텐츠 개발을 통해서 상품이 제작, 생산되어지는 과정은 정해진 것이 아니라 상품의 재수정이나 법적인 문제, 또는 아이템 교체 문제로 인해 상품의 초기 창작 단계에서 제작, 생산 단계에 이르기까지 모든 과정이 도중에 언제든지 바뀔 수 있는 복잡한 작업인 것이며, 이런 과정이 동시에 진행되는 작업이다.

상품 제작 단계란 경기장, 영화, 게임, 홈비디오, 음악 CD, 네트워크 TV, 케이블 방송, 라디오 프로그램 등 가능한 모든 형태의 상품으로 제작하고 생산하는 과정 전반을 포함한다.

상품이 개발되어 출시될 시점이 가까울수록 사람들이 그 상품에 참여하고 싶어 하고, 보고 싶어 하고, 듣고 싶어 하고, 읽고 싶어 하도록 유도하는 일이며, 상품이 각각의 전달 통로를 통해 최종적으로 소비자에게 전달될 때 그 상품을 소유하게끔 만드는 것이다.

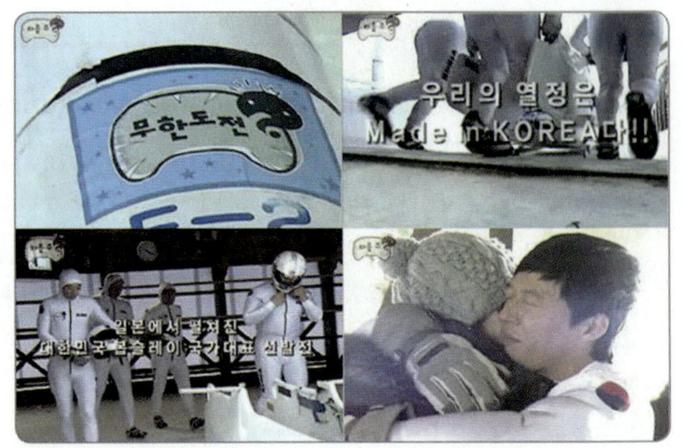

방송은 스포츠 콘텐츠를 활용하여 사회적인 이슈를 만들어 낼 수도 있다. (한국 동계스포츠를 다뤘던 무한도전 방송 장면)

유통 경로의 개발

현대의 기술집약적인 시대에 상품을 대중에게 유통시키는 데에는 언제, 어떻게 어디로 유통시킬 것인가 하는 것이 중요한 문제이다. 이러한 유통 경로는 상품을 소비자에게 전달하여 소비자가 그

그림 2-1 스포츠 콘텐츠의 변화

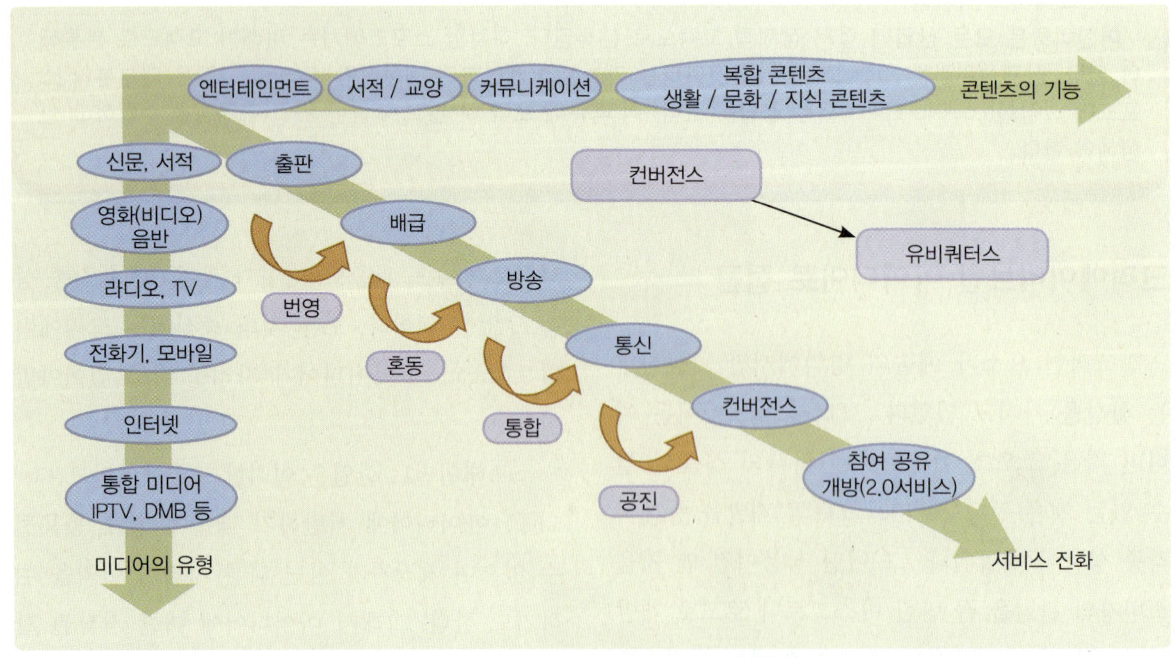

출처: 박찬규 외, 〈스포츠 매니지먼트〉.

마케팅 休知通

Character(캐릭터) Marketing

캐릭터는 전 연령대의 소비자에게 친근하게 다가가기 위한 기업의 전략 마케팅 수단이다. 제품을 캐릭터화하고, 기업의 목적을 이미지화하여 표현하기도 한다. 독특한 개성과 이미지를 부여하여 특화시켜야 캐릭터의 마케팅적 가치를 높게 활용할 수 있게 된다.

• 스포츠 산업에서의 적용사례

(1) HoDolYI, 1988 Seoul Olympic Mascot

호돌이는 서울올림픽의 공식 마스코트이다. 한국인에게 전통적으로 친숙한 동물인 호랑이를 모델로 2,295개에 달하는 마스코트 기획안 중에서 선정되었다. 농악대의 상모(돌림모자)를 쓰고 있고 상모의 긴 끈으로 서울의 영문 S를 표현하였다. 양궁, 승마 등 정식종목 23개와 시범종목인 배드민턴, 볼링, 장애인 휠체어경기 등에 대해 모두 28종의 호돌이 혹은 호순이 마스코트가 제작되었다. 또한 대회보조용 마스코트 9종류, 그림문자용 마스코트 19종류도 제작되었다.

• 스포츠에서의 시사점

만화에 나오는 캐릭터는 유년시절에 보고 추억 속에 넣어두지만, 스포츠의 마스코트는 과거와 현재 모두에 실존한다. 유년기 때, 부모님이 구단 캐릭터와 함께 사진을 찍어줘 건네받은 팬은 성인이 되고 가정을 꾸려 자신의 자녀와 마스코트가 함께 있는 모습을 자신이 찍어주고 있는 것이 예이다. 그만큼 스포츠 속의 캐릭터는 높은 로열티를 내포하고 있는 것이다. 그럼으로, 캐릭터를 만들 때는 팀 명만큼이나 관심을 갖고 제작해야 한다.

상품을 최종적으로 받아들이는 매개 형태를 말할 수가 있다.

예를 들어서 스포츠 경기장을 소비자가 접근히는 접근 통로이자 상품의 노출 공간이라고 생각해 보자. 세계가 글로벌화가 되면서 스포츠 경기는 자국을 떠나 타국으로 자국의 스타가 타국의 스타가 되고 상품이 역회전하여 들어오는 현상들이 나타나게 되었다.

피겨 스포츠는 김연아를 활용한 아이스쇼를 통하여 긍정적인 포지셔닝의 극대화를 이뤘다.

스포테인먼트 상품의 유통은 사람이 갈 수 없는 곳을 제외하고는 결코 장소의 제약을 받지 않기 때문에 가는 것이 중요한 것이 아니라 어떻게 효과적으로 원하는 사람들에게 갈 수 있는냐 하는 것이 중요한 문제가 되는 것이다.

수평적 통합을 통한 포트폴리오 구성

기술과 콘텐츠라는 두 가지 관점에서 볼 때 수평적 통합은 미래의 분명한 흐름이다. 수평적 통합의 핵심 역할은 스포츠가 영화, 예술, 음악, 뉴스 등의 모든 정보들과 결합하여서 상품으로 창조되고 전달되는 것이다. 일단의 상품이 정보의 형태로 디지털 세계의 0과 1로 전환되어서 휴대폰은 물론이고 TV, 케이블, CD, PC, 위성방송, 케이블

스포테인먼트의 기본 핵심은 "재미에서 기쁨과 행복을 찾는 것"이라고 할 수 있다.

전송 등 가능한 모든 신기술의 형태로 전환된 정보를 전송할 수가 있기 때문에 유선이든 무선이든 상품을 어느 한쪽에서 다른 한쪽으로 전달하는 능력이 바로 정보와 스포테인먼트의 포트폴리오 구성을 통해서 만들어지는 것이다. 최근의 사회변화와 디지털 기술의 경향은 엔터테인먼트 산업에서 융·복합의 메가트랜드로 나타나고 있는데 융합은 내적 융합(in-fusion)인 관련 산업 내부의 여러 영역들 간의 융합과 외적 융합(ex-fusion)인 다른 산업 및 기타 사회 분야들과의 융합으로 산업과의 연계가 급속하게 진행이 되고 있다.

수직적 통합을 통한 Value Chain 형성

각각의 영역에서 만들어지는 스포테인먼트 상품들이 각 장르나 산업과 수직적인 통합을 통하여 Value-Chain을 형성하는 것이 상품의 상호 연관성을 통하여 상품의 이미지를 극대화시켜 나갈 수 있다.

마케팅 전문 인력의 확보

크리에이티브한 아이디어, 좋은 상품, 인기 있는 스포츠가 있다 하더라도 각각의 상품을 잘 다듬어 줄 수 있는 전문 인력이 없으면 콘텐츠가 빛을 보지 못하는 것과 마찬가지고, 성공적인 마케팅 수행을 위해서는 전문 인력의 확보가 중요하다.

이상과 같이 언급한 다양한 스포테인먼트 콘텐츠를 각 해당하는 협회나, 구단들이 어떻게 전략적으로 활용하느냐에 따라 많은 것들을 얻을 수 있고 잃을 수도 있을 것이다

스포테인먼트 마케팅 전략에서는 고객과의 커뮤니케이션을 어떤식으로 하느냐에 따라서 포지셔닝하는 방법까지도 달라질 수 있을 것이다.

엔터테인먼트 산업이 스포츠 마케팅에 있어서 새로운 방법을 재시한 역할을 했기 때문에 스포테인먼트 마케팅은 앞으로 꾸준히 성장을 할 것이다. 암울하고 어려운 시기 그리고 즐거운 시기에 스포츠는 사람들에게 꿈과 희망을 가져다줄 것이며 다양하고 신기한 오락거리를 즐기려는 대중의 욕구와 맞물려 스포테인먼트 산업은 더욱 추진력을 발휘할 것이다. 또한 스포츠 단체의 스포테인먼트를 활용한 전략은 상품의 다양성을 확장하고 매출과 수익 흐름을 다각화하는 등 성공적인 마케팅 도구가 될 것이다.

2. 스포테인먼트 마케팅 요소와 사례

스포테인먼트 마케팅은 가장 광범위한 형태로 각각의 영역과 유기적으로 연결되어 있으며, 궁극적으로 소비자는 무엇을 보고 듣고 읽는가, 소비자가 어떤 형태로 상품을 소비하도록 할 것인가, 또 어떻게 다양한 미디어와 기술을 집약 할 것인가 하는 것들이 스포테인먼트 마케팅의 포괄적인 개념이자 범주인 것이다.

스포테인먼트 마케팅의 요소

스포테인먼트 상품 역시 다른 분야의 상품이나 서비스와 공통적인 특성을 가지고 있다. 특히 브랜드를 구축하고 널리 알려야 한다는 점에서 보면 라이센싱, 머천다이징, 스폰서십 등의 과정은 어느 다른 분야에서든 필수적으로 일어나는 매우 중요한 브랜드 관리의 과정이다. 하지만 엔터테인먼트 산업에는 다른 산업에서 찾아보기 힘든 브랜드를 활용하고 유통시키는 데 영향을 주는 독특한 요소가 분명 존재한다.

스포테인먼트 마케팅의 요소를 살펴보면, 첫째, 상품 자체보다는 참여하고 즐기는 "경험"을 판매하는데 그 초점을 두어야 하며 소비자를 경험의 장소 안으로 끌고 들어와야만 상품의 판매가 이루어진다.

둘째, 아주 빠른 속도로 진행이 되기 때문에 시장에 상품을 내놓기 전에 테스트할 시간이 없으며 경쟁사에서 내놓기 전에 출시하여야만 한다.

셋째, 마케팅 비용이 일반 마케팅 비용에 비하여 상대적으로 많다고 할 수 있다.

넷째, 하나의 상품 자체를 각기 다른 상품으로 다양하게 만들어 낼 수 있다.

다섯째, 상품은 개인에게 많이 의존을 하게 되는데 상품 관련한 선수의 인기 정도에 따라서 상품 자체의 가치가 높아지기도 낮아지기도 한다.

NFL의 슈퍼볼의 프로모션 모습

여섯째, 세계적인 마케팅을 위해서는 다른 엔터테인먼트 상품들처럼 그 나라의 문화나 언어의 특성을 이해할 필요가 있다. 다른 상품들처럼 경쟁에서 우위에 서지 않으면 성공할 수 없으며, 일반 상품들처럼 재구매가 이루어지는 것은 만족을 느꼈을 때 다시금 재구매가 일어나는 것과 동일한 것이다.

즐거움을 제공하라 - 함입과 몰두 현상

지난 2002년 한국을 방문한 외국인들은 땡볕 아래 그것도 아스팔트 위에서 집단적으로 모여 응원하는 모습을 보면서 의아해 했고, 해외 언론들은 이것을 한국 응원의 독특한 문화라고 칭하였다. 하지만 4년이 지난 2006년 독일 월드컵에서는 한국의 길거리 응원을 벤치마킹하여 Fan Fest라는 이름의 길거리 응원 축제를 만들어서 경기장에 가지못한 수많은 사람들을 길거리로 불러내었고 이것을 활용한 기업들은 마케팅 활동을 하였다.

펜 페스트 혹은 Fan Arena라 불리는 이 응원은 그 후 유럽 축구 챔피언십이나 국가간의 대항전에서 자주 볼수 있는 그런 마케팅 도구 가운데 하나가 되었다.

왜 사람들은 길거리의 대형 전광판을 보면서 열렬하게 응원을 하고 환호하는 것일까? 그 마음이 선수들에게 전해진다고 하지만 경기에 임하는 선수들에게 전광판 앞에 모인 길거리 인파의 함성과 응원 소리가 들리는 것은 아니다. 경기장에 가지 못한 사람들이 거리 곳곳에 모여 다른 사람들과 어울려 응원하거나 집에서 여럿이 모여 경기를 관람하며 분위기를 즐기는 것을 좋아한다. 그렇다면 즐거움의 감정과 연관되어 길거리에서 응원하며 열광하는 관객들의 마음을 분석하여 보면 다음과 같다.

새로운 아이디어로 소비자에게 접근하는 스포테인먼트 (레고로 제작한 월드컵 경기장)

파인(Pine)과 길모어(Gilmore)는 이같은 현상을 함입(immersion) 현상이라고 하였으며, 경험의 유형을 분류하기 위하여 함입과 몰두를 구분하였는데 두 가지 모두 어떤 대상에 대하여 정신적으로 집중하는 상태이지만 공간적인 특성에서 차이가 있다고 하였다. 소비자가 대상과 공간적으로 동일한 위치에 있으면 함입의 상태이지만 다른 장소에 위치하고 있으면 몰두의 상태라고 한다.

경기가 펼쳐지는 경기장에 가서 선수를 응원하고 있거나 가수의 라이브 공연을 무대위에 올라가서 듣고 있다면 함입이고, 경기가 펼쳐지는 곳이 아닌 다른 곳에 있다면 몰두의 상태이다.

가수의 라이브 공연을 듣고 있다면 함입이고, 무대위는 아니지만 객석에서 관람하고 있다면 함입에 근접한 상태이다. 반면 화면을 통해 현장감을 느끼고 있지만 실제 대상과 공간적으로 분리되어 있는 TV 축구 경기 시청은 전형적인 몰두의 상태이다. 함입 현상이란 "현실 도피적 경험"의 일종으로 적극적으로 어떤 경험의 공간에 참여하면서 공간의 일부가 되는 것이다.

축구를 관전하는 유형은 〈그림 2-2〉와 같이 경

그림 2-2 | 경험의 차원과 유형: 축구관람의 예

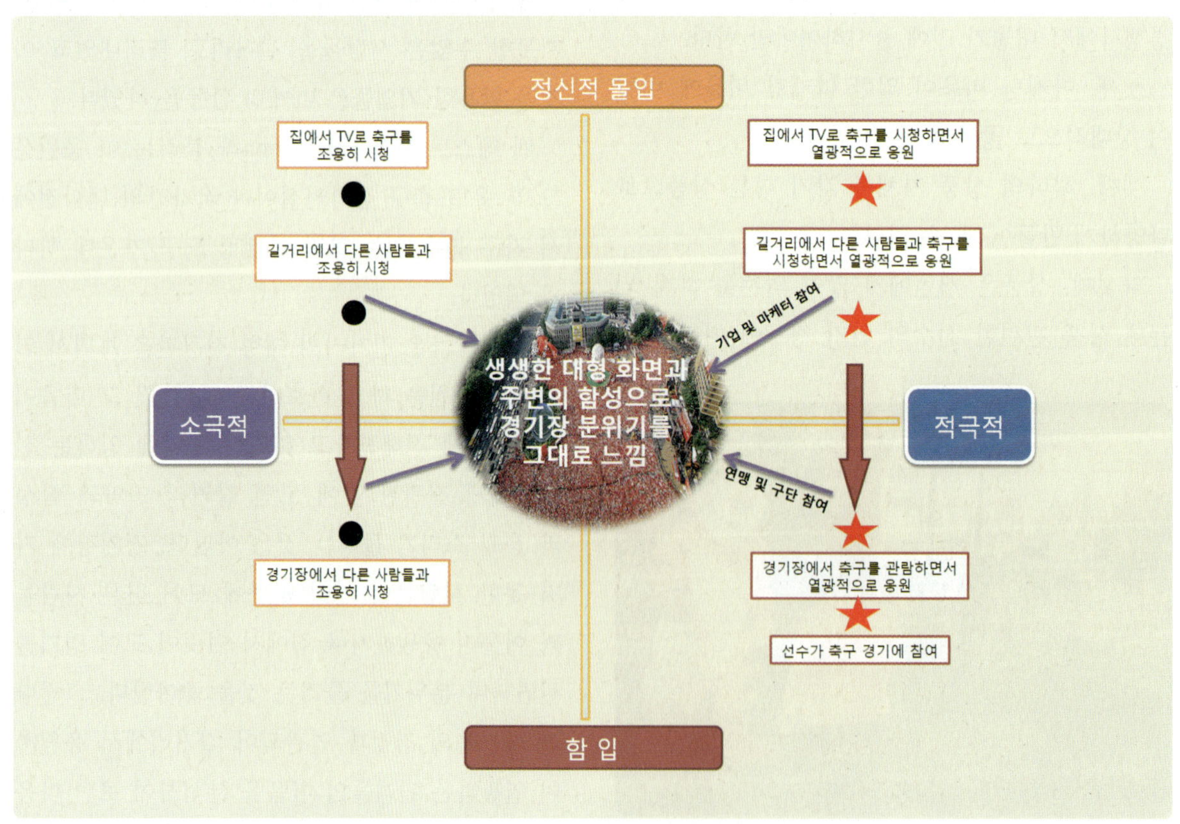

출처: 브랜드의 힘을 읽는다를 참고로 하여 재작성.

험의 유형에 따라 다양하게 분류할 수 있다.

집에서 TV로 축구 경기에 집중하더라도 비교적 조용한 분위기에서 시청하는 상황이 있을 수 있고, 혹은 마치 집이 축구장이나 되는 듯이 신나게 응원하고 흥분하는 상황이 있을 수 있다.

길거리에서 대형 전광판으로 경기를 관전할 때는 비록 경기장은 아니지만 다른 관람객들과 호흡을 같이 하면서 훨씬 경기장 분위기를 실감할 수 있다.

비슷한 이유로 축구 경기장에서 관전할 때도 분위기가 고조된다. 가장 전형적인 함입의 상태에 빠져 드는 것은 경기에 직접 참여하는 선수들이다. 그에 반하여 TV 시청자들은 생생한 화질의 대형 스크린을 통하여 경기장 못지않은 열기와 흥분 속에서 축구 경기를 볼 수 있게 되었다.

거리에서도 다른 사람들과 함께 어울려 응원하면서 승리를 기원하고 열광하는 즐거움을 맛볼 수 있게 되었으며, 오히려 경기장에서 놓치기 쉬운 장면을 아주 가까이서 보는 듯이 클로즈업된 상태에서 감상할 수 있다. 전광판 관람자들은 대형 화면을 보면서 경기장과 같은 생생한 경험을 할 뿐만 아니라 청각적으로도 경기장에서와 똑 같은 분위기를 고스란히 전달받기 때문에 경기장과 공간적으로 떨어져 있어도 심리적으로 함입의 느낌을 그대로 받을 수 있다.

스포테인먼트 마케팅 사례

(1) 미국 프로스포츠의 스포테인먼트

NBA는 NFL과 MLB의 인기가 점점 커지고 있다는 사실을 깨닫고, 해외에서 유명 선수를 영입하고, 경기 이벤트를 개발하고, 라이센싱을 통해 각종 캐릭터 상품을 개발하는 데 그치는 것이 아니라, 농구 게임을 실제 경기처럼 선수와 규칙 그리고 주변의 광고물을 설치하는 게임을 EA Sports

NFL 치어리더의 치어리딩 모습

게임사와 공동의 라이센스를 가지고 개발하고 판매하였다.

경기 장면을 비디오로 전환해서 제공하는 방식, 또 그 경기를 페이퍼뷰 방식으로 서비스하는 케이블 방송, 그리고 그 경기를 보게 하는 DVD 등 이제는 다양한 방식으로 스포테인먼트 상품을 제공하였다. 이는 떠오르는 소비자인 청소년들을 공략하고 그들과 친밀한 관계를 유지함으로써 소비자층의 확대와 NBA 브랜드 인지도 제고, 그리고 수입이라는 세 마리의 토끼를 잡은 것과 같은 결과를 가져왔다.

세계레슬링협회(WWF)는 마케팅적인 힘을 발휘하였기 때문에 많은 사람들에게 즐거움과 재미 그리고 스트레스 해소 등의 가치를 제공하고 있는데, 스포츠의 긍정적인 측면(드라마적 요소, 놀이성, 신체활동)과 엔터테인먼트적 요소(화려한 볼거리, 치밀한 각본, 완벽한 선악 구조 등)의 결합으로 시너지 효과를 창출하여 국내외적으로 인기를 얻게 되었다. 4만원, 11만원, 16만 5천원에 달하는 고가의 티켓임에도 불구하고 티켓 마스터의 홈페이지가 다운시킬 정도의 열광적인 구매력 있는 팬층 확보에 성공하였다.

NFL은 경기 전에 Tailgate Party를 통해 팬들이 상호 소통을 하고 구단은 기회를 제공한다.

철저한 흥행 위주의 마케팅 전략 도입으로 기타

나이키와 아이팟의 결합은 새로운 스포테인먼트 사례라고 할 수 있다.

엔터테인먼트 산업과 연계하여 시너지 효과를 창출하였다. 특히 프라임 시간대를 확보하고 시청자들을 사로잡고 기업에게서 스폰서십과 광고를 유치함으로써 참여하는 회사들에 대한 혜택을 제공하였다.

또한, 선수를 하나의 상품으로서 개발하고 각종 만화 및 게임 그리고 캐릭터 등으로 연결시킴으로써 막대한 재정적인 수익을 가져다주었다. 단순한 스포츠를 쇼형식으로 엔터테인먼트적인 요소를 가미한 스포테인먼트 상품의 성공적인 사례라 할 수 있다.

미국 코너티컷주에 위치한 카지노 업체인 모히건 선 카지노가 WNBA(북미여자프로농구협회)소속 코너티컷 선 팀을 인수하였다. 카지노 업체는 코너티컷 선 홈 경기장에 슬롯머신과 롤렛, 테이블 등을 설치하는 대형 카지노 설립 계획을 가지고 있다. 스포츠 구단에게는 안정적인 현금 수익원을 확보하게 하고 카지노 업체에게는 수익을 창출할 수 있는 측면에서 시너지 효과를 노린 빼어난 마케팅 전략이라고 할 수 있다.

(2) 제품으로써의 스포테인먼트

스포테인먼트 제품으로서 가장 성공을 거둔 사례는 나이키와 애플이 손을 잡고 만든 나이키+아이팟이라고 할 수 있는데, 런닝을 즐기는 사람들의 40% 이상은 음악을 들으며, 아이팟 나노를 갖고 있는 사람의 50% 이상이 달리기를 한다는 한 통계자료를 보면 나이키+아이팟의 탄생 배경은

| 그림 2-3 | 스포테인먼트 마케팅의 요소와 내용

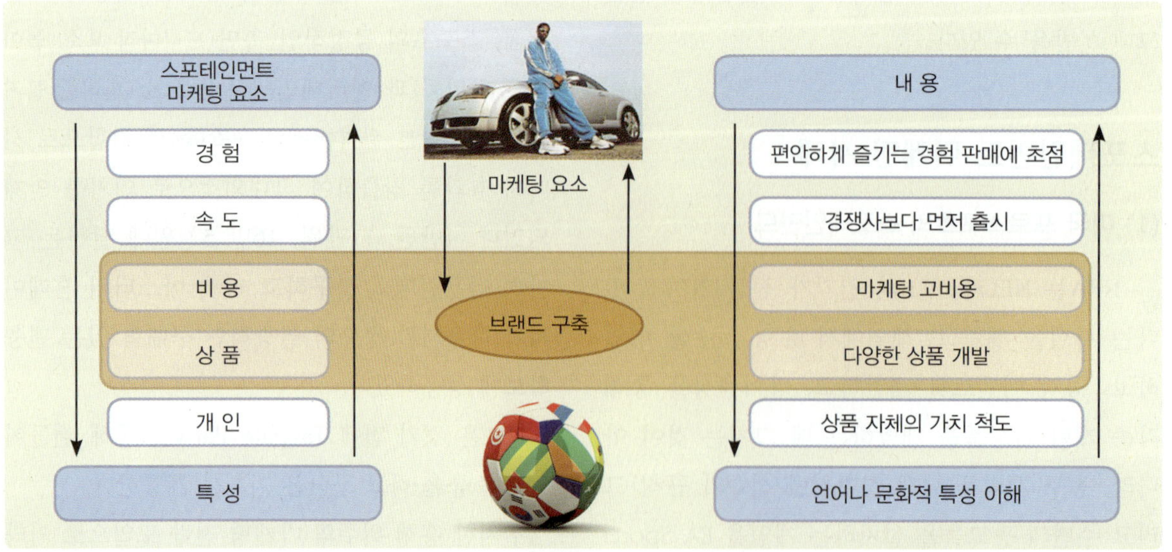

마케팅 休知通

테일게이트 파티(Tailgate Party)

NFL 경기가 벌어지기 전에 항상 벌어지는 파티가 있다. 경기장의 주차장에서 벌어지는 이 파티를 Tailgate party라 한다. Tailgate는 "트럭 뒤에 물건을 싣는 자리"를 말하며, "트럭 뒷문을 열어놓고 경기가 벌어지기 전에 바비큐나 맥주와 각종 음식을 펼쳐놓고 먹고 마시고 함께 즐기는 파티"로 NFL만의 독특한 파티이다.

그런데 Tailgate Party가 야구나 농구 경기에는 없고 왜 유독 풋볼 경기에만 있는 것일까? 야구나 농구 경기는 거의 3-4일에 한번꼴로 자주 벌어지지만 풋볼 경기는 정규시즌 16경기와 시범경기가 전부이고 포스트 시즌 포함하면 홈에서 10-12경기가 벌어지는데, 이날이야 말로 함께 팀을 응원하는 팬들이 모여서 파티를 하기에 적합한 날이라서 한판 신나게 먹거리로 파티를 여는 것이다.

Tailgate Party의 출발은 경기장에 음료수나 먹거리를 갖고 들어가지 못하는 규정으로, 구장의 안전을 위해서라고 이야기 하지만 사실은 경기장에서 식음료 매출을 통해 구단의 수익을 창출하고자 하는 의도 때문이라고 한다. 그러다 보니 경기에 들어가기 전에 가지고 온 음식을 버릴 수 없어 일단 먹어 버리자는 의미에서 만들어진 파티이다.

이러한 Tailgate Party는 프로팀 경기에만 있는 것이 아니라, 대학 간에 벌어지는 경기에서도 있다. 라이벌 대학 간의 경기인 경우, 경기가 벌어지기 3-4일 전에 캠핑카를 몰고 와서 텐트를 치고 파티를 하나의 축제로 승화시켜 팬들이 함께 즐기고 풋볼 이야기로 꽃을 피운다. 일부 구단은 Tailgate Festival이나 경연대회를 열기도 하고, 구단 자체에서 Tailgate Party를 열어주기도 하여, 팬들을 하나로 응집시키고 축제 분위기를 조성한다. 이러한 축제가 벌어지다보니 일부 팬들이 술을 너무 많이 마시고 경기에 입장하여 난동을 부리기도 하는 단점도 있다. 경기 전에 난동이나 기타 문제가 발생하면 대회에 지장이 있기 때문에 파티 시간을 3시간 30분만 허용하기도 하였고, 지난 2010년 슈퍼볼에서는 Tailgate Party를 금지시키기도 하였다.

충분하다. 아니, 이런 제품이 나오지 않았다는 것이 오히려 이상할 뻔했다. 나이키+아이팟은 스포츠와 음악이라는 두 가지의 측면이 결합되어 있으며 두 회사 모두 각자의 분야에서 혁신과 새로움을 추구하는 실험적인 기업이라는 공통점도 있다.

나이키+아이팟은 나이키+시리즈 조깅화와 아이팟 나노와 함께 사용하게 되는데 조깅을 하면서 음악을 듣고 달린 거리, 속도, 칼로리 소모량 등을 측정해 준다. 사실 이런 기능이라면 그동안 다양한 제품이 출시되었기에 그리 특이할 것도 없지만 나이키+아이팟은 인간의 심리를 자극하는 특별한 요소들이 있다. 휴대폰의 신호를 GPS 삼아 조깅을 하는 사람들의 데이터를 수집하고, 이것을 바탕으로 비슷한 속도로 달리는 사람들이나 함께 뛰는 사람들을 가상의 네트워크로 연결하는 솔루션을 가지고 있다.

또한 아이팟 나노의 액정을 통해 자신의 결과치를 보면서 지속적인 긴장감을 가질 수 있고 지속적인 음성 피드백이 제공되는데 이 목소리의 주인공은 랜스 암스트롱(고환함을 이기고 사이클 선수로 세계 정상에 우뚝 선)이며, 여성의 목소리는 여자 마라톤 세계 기록 보유자인 폴라 래드클리프의 목소리다. 또한 나이키+아이팟은 '운동을 위한 보조도구'를 넘어 '운동을 하고 싶게' 만드는 심리적 요소가 있다. 운동이 끝난 후에 아이팟에 기록된 데이터들은 아이튠스를 통해 nikeplus.com에 링크되고 기록이 각 개인별 계정에 기록된다. 이 기록을 통해 최근의 운동량을 쉽게 알 수 있어 스스로를 채찍질하게 만드는 계기로 작용하는 동시에 전 세계에서 나이키+아이팟을 이용해 운동을 하고 있는 사용자와 비교를 할 수 있는 경쟁심의 자극 요소를 집어넣었다. 여기에다가 각 나이키 대리점을 중심으로 런닝 커뮤니티가 만들어져 정기적인 활동을 하고 나이키는 이를 지원하는 프로그램을 통

마케팅 休知通

Red(레드) Marketing

마케팅 관점에서 볼 때 감성 중에서 가장 중요한 것은 시각이다. 그리고 시각으로 표현할 수 있는 것 중 크게 작용하는 것은 컬러이다. 그 가운데 감성적으로 대표적인 색은 래드이다. 붉은색, 노란색, 파랑색의 3원색 중 강한 자극성이 있다. 자극이 강열하기 때문에 심리적으로는 정열·흥분·적극성 등의 작용을 하며 광기(狂氣)로 통하는 의미하기도 한다.

• 스포츠 산업에서의 적용사례

(1) Red Goods in World cup season

2006 독일 월드컵을 앞두고 유통업계의 '레드(Red) 마케팅'이 바람이 거세게 불었다. 디앤샵(www.dn-shop.com)은 나이키와 공동으로 핫 레드 색상의 '투혼' 글자가 새겨진 '투혼 밴드'를 온라인으로 독점 판매하여 하루 3만개 이상 팔려나간다고 했다. 롯데백화점 본점 '카파' 매장에서는 한국 경기의 가상 스코어가 적힌 붉은색 티셔츠를 판매하였고, 현대백화점은 전 구매고객을 대상으로 레드 고무 팔찌, 월드컵 티셔츠, 스포츠 타월 등 월드컵 응원 3종 세트를 총 2,600명에게 제공하는 경품행사를 열었다.

(2) SK WYVERNS Uniform

SK는 모기업의 CI(Corporate Identity) 개편 이후, 스포츠단은 '스포테인먼트' 선포와 함께 로고와 유니폼의 메인 색상을 RED로 변경하였다. 기존 원정유니폼은 파란색이 바탕색이었지만, 변경된 원정유니폼은 붉은색을 기본으로 하여 강렬함을 더했다. SK 와이번즈는 2007년 이후 4시즌 동안 한국시리즈에 진출하였고, 2009시즌 준우승이라는 성적을 제외하고 3시즌을 우승하였다.

• 스포츠에서의 시사점

붉은색은 스포츠에서 가장 많이 떠오르는 색상으로 인식된다. 붉은색 이외의 색상을 살펴보자. 주황색, 노란색, 초록색, 파란색, 남색, 보라색 등의 무지개 컬러를 떠올린다 해도 각 색상마다 2개 내외의 스포츠와 관련된 이미지가 떠오른다. 그만큼 붉은색의 위력은 검증되었다고 판단된다.

해 소비자의 방문을 대리점으로 유도하여 결국은 매출로 연결시키는 구조를 가지고 있다.

(3) 스포츠 스타를 이용한 스포테인먼트

국내에서 스포테인먼트 마케팅이 얼마 되지 않았지만 해외에서는 이미 스포테인먼트적 감각을 갖추고 스스로의 가치를 키워 온 스타플레이어들이 많이 있다고 할 수 있다. 그 중에서도 영국 출신의 '꽃미남' 축구스타 데이비드 베컴(32, LA 갤럭시)이 가장 대표적이라고 할 수 있다. '프리킥의 마술사'라고 불리는 베컴은 뛰어난 축구 실력은 물론 조각 같은 마스크와 패션 모델도 울고 갈 패션 감각까지 갖춘 완벽한 조합의 스포테인먼트 스타라고 할 수 있다. 베컴이 글로벌 스타로서 국내에서도 인기를 모으기 시작한 것은 2002년 무렵부터인데 한일월드컵 당시 베컴의 헤어스타일은 국내에서도 수많은 젊은이들과 연예인들까지 모방했을 만큼 선풍적인 인기를 끌었다. 베컴은 2002년 자서전인 「베컴 나의 축구, 나의 인생」(원제 *BECKHAM MY WORLD*)를 펴내 국내에도 소개되기도 했다.

또한 베컴은 각종 스캔들과 빅토리아와의 불화설 등으로 늘 타블로이드지의 1면을 장식해 왔으며, 영화 '슈팅 라이크 베컴(2002)', '레알(2005)', '골(2005)' 등의 소재가 되기도 하며 언제나 최고의 스타로 대중 앞에 섰다.

베컴은 자신의 스포츠 스타로서의 가치를 몸값으로 실현해 내기도 했는데, 베컴은 지난 2003년 맨체스터 유나이티드와 결별을 선언하고 스페인의 '초호화 군단' 레알 마드리드로 이적하였다.

당시 맨유가 받은 이적료는 3,500만 유로(약 420억원), 베컴의 연봉은 600만 유로(약 72억원)였다. 그러다가 지난해 미국 프로축구 LA 갤럭시는 그에게 세계 프로축구 사상 최대 금액인 5년 간 2억 5,000만 달러를 지불하며 팀으로 데려왔다. 기량으로는 이미 하향곡선을 그리고 있지만 그의 인기와 연예인적 재능을 높이 샀기 때문이다.

물론 이와 같은 거대한 몸값에는 베컴의 축구 실력뿐만 아니라 스포테인먼트 스타로서의 가치가 함께 포함된 액수라고 할수 있다. 하지만 이것은 베컴의 가치에 비하면 결코 많은 돈이 아니었고, 레알 마드리드는 베컴 영입 후 얼마 지나지 않아 유니폼 판매액만으로 그의 연봉보다 많은 액수를 벌어들이며 올바른 투자였음을 증명했다.

변화무쌍한 외모 연출은 곧 패션 아이콘이 되었고, 이후 베컴이 미국 프로축구에 진출했을 때에도 유니폼이나 기타 그와 관련한 비즈니스는 구단 투자 대비 높은 수익률을 기록하여 미국 프로축구를 인기 스포츠로 올리고 '베컴 효과'를 만들어 냈다.

(4) 스포츠 브랜드에서의 스포테인먼트

2006년 독일 월드컵 당시 FIFA 공식 후원사인 아디다스는 세계 각지에서+10(플러스텐)이라는 스포테인먼트 캠페인을 펼쳐 화제를 모았었다. +10은 지단, 베컴, 발락 등 아디다스가 후원하는 세계적 스타들이 축구를 좋아하는 팬 10명을 지목해 한명인 자신과 11명이 되어서 경기를 치르고 재미있는 게임을 함께 즐김으로써 직접 참여하는 행사를 만들었다.

국내에서는 김남일 선수와 이호 선수를 활용한 김남일+10 vs 이호+10' 캠페인을 열어 성공을 거

데이비드 베컴은 스포츠 스타를 활용한 스포테인먼트로 가장 대표적인 사례라고 할 수 있다

둔 바 있다.

그리고 월드컵 경기장에 Adidas Ball Park을 만들어 소비자를 위한 참여 이벤트를 개최함으로써 축구 시장에서 아디다스 브랜드를 스포테인먼트를 통하여 알릴 수 있는 계기가 되었다.

(5) 게임에서의 스포테인먼트

닌텐도라는 게임 회사는 게임 시장에서 스포츠 의학적인(Medical) 요소와 오락적인(Entertainment) 측면을 결합한 '메디테인먼트(Meditainment)' 상품과 wii 제품을 출시하여 큰 주목을 받고 있다. 이 제품은 바로 게임으로부터 건강을 지키고 질병을 치료하는 게임으로 미국에서 열린 게임쇼 'E3'에서 스포테인먼트적 요소를 가미한 '위핏'이라는 새로운 개념의 콘솔 게임(비디오 게임)을 발표하고 이 제품으로 그동안 Sony에 뒤쳐져 있던 게임 시

스타크래프트 경기 모습

장의 판도를 한번에 바꾸는 계기가 되었다.

위핏은 게임을 즐기며 운동 효과를 누릴 수 있도록 훌라후프, 요가 등 운동을 하면 게임 속 캐릭터의 동작으로 반영될 수 있도록 고안된 스포테인먼트 제품이라고 할 수 있다. 게임기 본체와 연결된 보조 게임기는 사용자의 움직임을 감지해 이를 화면 속 게임 캐릭터의 몸짓에 반영한 게임과 스포츠를 결합한 게 특징이다. 위핏은 사용자의 비만도를 측정해 게임 이용에 따른 비만도 변화 추이를 그대로 반영하여 볼수 있도록 해주고, 사용자의 체질량 지수도 측정해 준다.

(6) E-스포츠와 엔터테인먼트

'e-스포츠'라 불리는 게임 경기가 10년째 스테디셀러(Steady Seller)로 자리를 잡아가고 있다. 2009년 1년간 e-스포츠를 관람하기 위해 모여든 관중은 1,894만명으로 프로스포츠 시즌 관중보다 많이 관람하였다.

e-스포츠 팀은 프로구단만 12개에 달한다. 지난 2007년 부산 광안리 해수욕장에서 삼성전자 칸(KHAN)과 르까프 오즈(OZ) 사이에 열린 신한은행 프로리그(스타크래프트 게임팀 간 리그) 2007 전기리그 결승전은 웬만한 이벤트가 따라오지 못할 열기로 넘쳤다. 흐린 날씨에도 불구하고 5만여 관객이 가득 찼다. 2004년 이후 2010년까지 부산 광안리에서 펼쳐진 프로리그 결승전은 누적 관전인원이 40만여 명이다.

관중의 호응과 팀 구성만 보면 e-스포츠는 완벽하게 새로운 스포테인먼트로 자리잡았다. 또한 사이버 올림픽(정식명칭: 월드사이버 게임즈)은 70개국 550여 명의 각국 국가대표 선수들이 참가하여 국가의 명예를 걸고 벌이는 말 그대로 e-sports의 세계 최대 축제이다. 전 세계적으로 100만명 이상의 게이머가 참여하고 있으며 중국의 경우에는 2만명의 게이머가 20여 개 도시에서 400회 이상의 예선을 펼쳐서 국가대표를 선발할 정도로 그 열기가 뜨겁다. 사이버 올림픽은 단순한 게임 대회가 아니라 e-sports 축제이며 이를 통해 게임도 스포츠의 형식을 띄고 발전할 수 있다는 사실을 입증하였다.

(7) 한국 프로야구의 스포테인먼트

2008년 프로야구에 새로운 변화를 가져오게 한 것은 SK 와이번스의 스포테인먼트 마케팅이라고 할 수 있다. SK 와이번스는 신영철 사장이 새로 부임하면서 목표를 "스포테인먼트"라고 정해지면서 한국 프로야구, 스포츠 마케팅계의 새로운 전환점을 마련하였다고 할 수 있다.

아직까지도 논란이 있을 수 있고, 완벽하게 정의되지도 않았지만 SK의 마케팅 기법은 한국에서의 스포츠 마케팅에서 나아갈 방향의 한 부분을 보여준 것이라고 할 수 있다.

2006년 시즌을 6위로 끝냈던 팀이 2007년 시즌 이후 3번이나 우승을 차지하고 입장 관중도 기하급수적으로 증가하면서 스포테인먼트의 위력을 보여 주었다. 신영철 사장은 "우승보다는 두 배 관중이 좋다"고 한 인터뷰에서 목표를 밝히면서 스포테인먼트의 시작을 알렸고, 이러한 관점에서 SK는 성적과 관중 동원이라는 두 마리 토끼를 모두 잡고 있다고 할 수 있다.

그들은 이러한 스포테인먼트 마케팅을 위해서 먼저 코칭 스테프 부문에 투자로 김성근 감독과 이만수 코치를 잇따라 영입하였으며, '스포테인먼트 전도사'를 자처하는 이만수 수석코치의 '팬티 퍼포먼스'는 국내외에서 큰 화제를 불러모아 방송사와 신문사의 메인뉴스의 톱뉴스로 선정되기도 했다.

여기에다가 김성근 감독 역시 철저한 데이터야구는 변함없었지만 과거에 비해 한결 팬들과 가까이 다가서려 노력하는 등 확실히 달라진 모습을 보여주었으며, 전 선수단이 과거와는 180도 바뀐 모습을 선사하고 있다.

여기에다가 2002년 개장한 문학구장은 우리나라 야구장 중 가장 좋은 최신 시설을 갖추고 있었지만 이에 만족하지 않고 SK는 스토브리그 기간 동안 문학구장을 '업그레이드'하였다. 시범경기 동안 3루 내야 쪽에 5억원 이상의 예산을 들여 70m 정도의 '가로 전광판'을 설치하였다. 이 전광판은 기존에 있던 야구장에 없는 것으로 문학구장의 명물로 자리잡았다. SK 선수들이 홈런을 쳤을 경우 와이번스의 이니셜인 'W'를 형상화한 분수는 비록 메이저리그 구장의 그것처럼 웅장한 모습은 아니지만 팬들에게 즐거움을 선사하고 있다.

또한 분수 뒤에 조명까지 설치하고, 1루측 통로에는 와이번스 랜드 안에 야구를 즐길 수 있는 타격 연습장, 투구 속도 측정 공간, 선수단의 라커룸 등 야구와 관련된 것들을 설치한 놀이 공간을 조성하여 어린이들과 가족 단위 관람객으로부터 큰 호응을 얻고 있다.

그리고 시설만큼이나 목표 관중을 상향 조정하였으며, 절대 수치에서 볼 때 LG, 롯데, 두산에 이은 홈구장 관중 수 4위에 불과하지만 지난해 대비 관중 증가율에서 SK는 스포테인먼트 마케팅을 통해 최고로 많은 관중이 찾는 구단으로 변화해 가고 있다. 2008시즌은 스포테인먼트 2.0을 시작으로 3.0, 4.0의 스포테인먼트 마케팅을 지속적으로 선보이며 우리나라 프로스포츠의 스포테인먼트 마케팅 기법을 리드해 나가고 있다.

박물관 앞에 설치된 아디다스 Ball Park (스타디움과 1:1, 3:3, 5:5 경기장이 설치 되었다)

스포테인먼트 발전의 가장 기초는 경쟁 상대에 대한 개념 자체가 다른 구단인나 종목이 아니라 '야구장의 경쟁상대는 테마파크'라는 기치를 내걸고 '스포테인먼트' 마케팅을 한 단계 업그레이드해서이다. 이러한 결과 연간회원권 판매의 급증을 가져왔고 구단 수입의 증가는 팬 서비스와 구장 시설의 변화, 구단의 변화를 가져왔으며, 이제는 프로스포츠도 '규모의 경제'를 실현할 수 있는 기본 바탕을 마련하였다는 점에서 한국 스포츠 마케팅이 성장해 가고 있다는 것을 보여주는 것이었다. 구단은 끊임없이 새로운 수익 모델을 만들어 가는 것과 더불어 야구장에서 다양한 마케팅 활동을 펼칠 수 있게 됨으로써 팬들에게 보다 나은 서비스를 제공하고 편안한 시설 속에서 시즌 내내 야구를 관람할 수 있는 것이다. 결국 구단과 팬 모두에게 '윈-윈'인 셈이다.

이러한 모습은 미국과 일본의 선진야구 인프라를 향하고 있다는 점에서도 긍정적이라고 할 수 있는데, 미국 메이저리그에서는 대부분의 팬들이 응원팀의 시즌 티켓 구매를 자랑스럽게 여기고 일상화하고 있다. 명문 뉴욕 양키스의 경우 2009시

SK 와이번스의 스포테인먼트는 스포츠 마케팅을 새롭게 조명하는 하나의 시발점이라고 할 수 있다.

즌에 양키 스타디움 수용 가능 인원인 5만 7,545명중 시즌 티켓 구매자가 3만 3,682명에 달할 정도로 높은 구매율(수용인원 대비 58.5%)을 나타냈다. 일본 프로야구 요미우리 자이언츠도 도쿄돔 수용 인원인 5만 5,000명 중 약 1만여 명(수용인원 대비 18.2%)이 연간회원으로 채워지고 있다.

최근 연예계에 스포츠가 유입되면서 드라마-영화-예능 등 다양한 곳에서 스포테인먼트의 모습을 볼 수가 있는데, 80년대 '까치'의 향수를 자극하는 야구드라마 MBC '2009 외인구단', 피겨스케이팅이 등장하는 MBC '트리플', 청춘들이 스키점프 국가대표로 거듭나는 과정을 그리는 영화 '국가대표', 여자고등학교 역도부 선수들의 애환을 그린 영화 '킹콩을 들다' 등 스포츠를 소재로 한 엔터테인먼트 제작물들이 나타나고 있다.

관중을 몰고 다니는 톱스타가 야구장을 찾아 관중 수입도 늘어나고 승리까지 하는 이득을 보는 셈이다. 이처럼 운동과 오락을 겸한 새로운 오락거리의 탄생이 스포츠와 연예계의 벽을 허물고 있다.

탤런트 홍수아는 이른바 '개념 시구'의 첫 테이프를 끊은 인물로 '홍드로'를 별명으로 얻고 많은 스포츠 팬을 얻었다. 이것은 두산 베어스를 홍보하였고, 구단 역시 유명 연예인의 시구 장면을 담은 사진이나 동영상은 매번 인터넷 포털사이트들에서 큰 이슈가 되기에 관중 유치를 위한 홍보로 이득을 본다. 예로 두산 베어스는 많은 연예인을 야구장으로 불러들여 시구 이벤트를 개최해 눈길을 끌었고, 특히 여성 연예인들이 마운드에 오르는 날이면 승리하는 경우가 많다는 얘기가 나오기도 했다.

그러나 여전히 한국에서의 스포테인먼트가 발전하기 위해서 필요한 다양한 콘텐츠가 부족하고 이것들을 새롭게 만들어 내기 위해서 과도기적 시점이나, 어려운 부분이 있을 수 있을 것이다. 하지만 여전히 우리가 고민해야 할 부분들은 재미와 감동을 주면서 수익을 창출할 수 있는가? 수익을 창출하지 못할 수도 있지만, 미래의 수익을 위해서 긍정적으로 포지셔닝이 가능한 활동들인가라는 부분을 생각해야 할 것이다.

아직까지도 스포츠 자체만으로 엔터테인먼트적인 요소를 발전시키기에는 부족한 부분이 있지만, 한국의 스포츠 마케팅 상황에서는 스포츠와 연예계의 만남 자체가 스포테인먼트를 발전시켜 나가는 데 도움이 될 수 있는 부분이라고 할 수 있다.

스포츠 명예의 전당

스포츠 명예의 전당은 일반 전시관과는 달리 각 스포츠 분야에서 훌륭한 선수와 팀 경기 등을 기억하고 일반에게 알리고 기리기 위한 기념관으로 각 연맹마다 하나씩 전당을 가지고 있다. 뉴욕주 쿠퍼스 타운에 있는 '야구 명예의 전당', 메사추세스 스피링 필드의 '농구 명예의 전당', 오하이오주 캔턴의 '프로미식축구 명예의 전당', 토론토의 '아이스하키 명예의 전당' 등이 유명하며, 이 밖에 골프·볼링·권투·스키·테니스·레슬링·농구 등에서도 각 단체에서 명예전당을 가지고 있다.

이러한 기념관 안에는 극장, 전시관, 상품 판매관, 체험실, 선수 소개룸, 선수용 장비, 유니폼, 각종 사용 용품 등 다양한 전시를 통해 선수 소개와

마케팅 休知通

소프트 밸류는 하드 밸류보다 강하다

화장품을 파는 사람은 아름다움을 파는 사람을 이길 수 없으며,
장난감을 파는 사람은 즐거움을 파는 사람을을 이길 수 없으며,
몸만 치료하는 의사는 마음부터 치료하는 의사를 이길 수 없으며,
카메라를 파는 사람은 추억과 그리움을 파는 사람을 이길 수 없으며,
승리를 판매하는 팀보다는 즐거움과 감동을 판매하는 팀을 이길 수 없다.

소프트 밸류(soft value)는 무형의 심리적 가치로 팀의 브랜드 가치, 경기력, 구단 이미지, 고객 만족도 등을 말하며, 하드 밸류(hard value)는 유형의 물질적 가치로 상품, 설비, 경기장 시설, 주차장 등을 말한다.

연맹 소개를 하고 있다.

기념관은 각 연맹마다 다른 기준을 가지고 있지만 말 그대로 명예로운 선수만이 명예의 전당에 입성할 수 있다.

명예의 전당

명예의 전당은 스포테인먼트의 새로운 모습이라고도 할 수 있는데, 이 곳에서 스포츠를 새롭게 인식할 수 있고, 어렵게 느껴지는 것들을 재미있게 이해할 수 있으며, 또한 스포츠를 통해서 자국의 역사를 이해할 수 있다는 부분까지도 재미와 역사성, 민족성을 모두 만족시킬 수 있는 새로운 스포테인먼트라고 할 수 있다. 미국의 스포츠 명예의 전당을 통해서 우리가 가야 할 스포테인먼트 방향에 대해서 살펴보자.

(1) 야구 명예의 전당(The National Baseball Hall of Fame)

1939년 6월에 설립된 야구 명예의 전당은 미국 뉴욕주 쿠퍼스 타운에(25 Main Street, Cooperstown, NY, U.S.A) 위치해 박물관과 함께 운영되고 있다. 2009년 3월 현재 총 289명이 등록되어 있으며 미국야구기자협회(BBWAA, Baseball Writers Association of America)의 선출과 명예의원(Veterans Committee)의 선출로 임명된다. 그 가운데 237명은 메이저리그 선수 출신(35명의 흑인 선수 포함), 26명은 위원회(executive) 혹은 개척자(pioneers), 18명의 감독 등의 매니저(manager) 등과 함께 8명의 심판원들이 가입되어 있다.

'야구 명예의 전당'에는 미국의 2대 프로야구리그와 흑인야구연맹에 이르기까지 탁월한 야구선수를 선정하여 헌액(獻額)하고 있으며, 배트·글러브, 기타 선수용 장비가 전시되어 있다.

박물관, 상점, 프로그램, 이벤트 등의 관광 상품을 개발하여 야구를 알리고 전파한다. 또한 교육

열정적인 시구로 스포테인먼트의 이슈로 등장했던 홍수아의 시구 모습

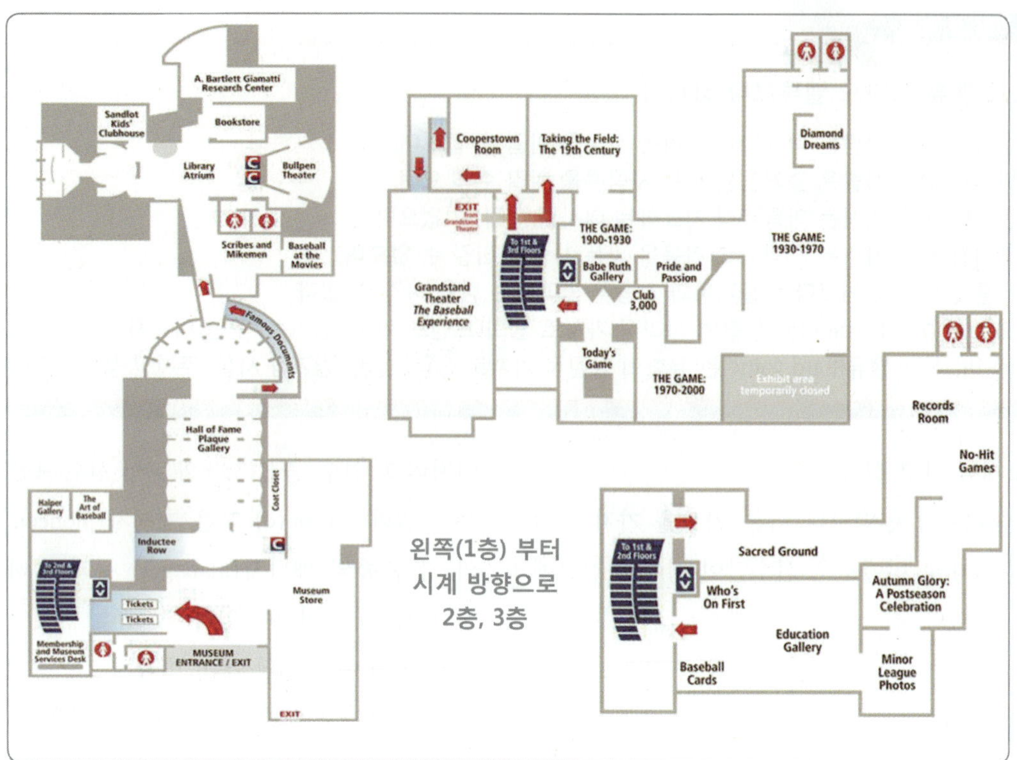

| 야구 명예의 전당의 도면

프로그램까지 제공하여 관광 서비스 이상의 가치를 제공한다. 야구 명예의 전당은 야구의 유·무형적 가치의 발전을 도모하여 이를 극대화한다.

명예의 전당에 등록된 주요 선수(The Hall of Famer)로는 밤비노, 술탄의 제왕 등의 수많은 별명을 갖은 영원한 홈런왕인 베이브 루즈(George Herman Ruth), 12차례 타격왕, '메이저리그의 전설 타이 콥' 영화의 주인공인 타이 콥(Ty Cobb), 미 프로야구 양대 리그에서 한명씩의 최고 투수에게 사이영상을 수여의 실제 주인공인 사이 영(Denton True Cy Young) 등이 있다.

야구 명예의 전당의 주요 프로그램으로는 2월 16일~21일 - 흑인야구역사 축하 달(Celebrate Black History Month)/4월 13일~17일 - 어린이 야구의 주(Youth Baseball Week)가 있으며, 주요 이벤트로는 공식 웹 주소를 활용하여 6개의 카테고리를 통해 간략한 정보 소개(야구 유니폼의 역사, 월드 시리즈 등)하는 온라인 전시, 지역과 연계하여 연일회 야구의 발전을 위한 심포지엄 개최. VIP 체험, 야간개장 등이 있다. 그 외에 야구 명예의 전당에서는 지원 사업을 통해서 개인, 가족 혹은 단체가 명예의 전당을 위해 기부하여 소속감을 부여하고 야구의 발전을 도모하고 있으며, 체험 프로그램, 인턴십 등의 교육을 진행하는 교육 프로그램, 온라인·오프라인 쇼핑몰을 운영하고 있다.

(2) 농구 명예의 전당(The Basketball Hall of Fame)

농구를 창안한 제임스 네이스미스 박사를 기리기 위해 메사추세츠 스프링 필드(1000 West Columbus Avenue Springfield, Massachusetts, U.S.A; www.hoophall.com) 지역에 1959년 건립되었다. 총 3차례의 이사를 거쳐 현재 3층 건물을 사용하고 있다. 2009년 3월, 현재 258명의 선수 및 코치 그리고 농구 관련 인사들이 등록되어 있다. 다양한 방문 서비스를 개발하여 관광 서비스를 전개하고 이벤트를 개최한다. 또한 박물관, 레스토랑, 상점 등을 이

캐나다의 하키 명예의 전당

용하여 수익사업을 펼치며 교육 프로그램을 제공하기도 한다. 농구 명예의 전당은 농구의 중심인 미국프로농구(NBA)를 기반으로 농구의 발전과 역사를 기리고, 보전하기 위해 있으며, 국제농구협회(FIBA)의 명예의 전당은 스페인에 위치하고 있다.

명예의 전당에 등록된 주요 선수(The Hall of Famer)로는 레리버드(Larry J. Bird), 매직존슨(Earvin Magic Johnson), 필 잭슨(Phil Jackson) 등이 있다.

농구 명예의 전당에서 운영하는 이벤트로는 극장, 겔러리, 회의실 등의 미팅 혹은 세미나가 가능한 공간 제공 미팅 서비스와 슬램덩크, 자유투 대회를 연령대별로 나눠서 개최 프로그램 경연대회 등이 있다. 이외에도 농구 관련 유명인사 초청하여 농구 교실 운영, 지역 도서관과 연계하여 어린이들의 교육과 운동을 동시에 해결하는 도서관 연계 프로그램(Library Pass Program), 고등학생, 대학생을 대상으로 스포츠 마케팅 교육하는 스포츠 매니지먼트 프로그램, 방학기간을 이용한 체험 및 교육 프로그램인 체험 프로그램(Hooper-Active Zone) 등을 운영하고 있다.

그 외에도 농구 명예의 전당은 총 6개(스포츠 바, 아이스크림, 햄버거, 이탈리안 식당 등)의 레스토랑을 유영하고 있으며, 주변 지역의 숙소와 계약을 하여 홍보 효과를 주고 관광객 유치를 극대화(2009년 3월 현재, 11개 업체와 계약－Days Inn, Hampton Inn 등) 숙소 연계 사업을 통해서 수익을 창출하고 있으며, 농구관련 용품, 기념품, 상품권 등 판매 등을 통한 상점 운영, 음식업체와 연계하여 이색적인 생일파티 서비스 제공하는 생일파티 서비스, 닷지(자동자 제조), 7UP(비알콜), 사우스 웨스트(비행사), 스팔딩(농구용품제조) 등 총 8개 업체와의 파트너십 제휴하는 마케팅 파트너십을 통한 다양한 활동을 하고 있다.

(3) 하키 명예의 전당 (The Hockey Hall of Fame)

캐나다 토론토 BCE 플레이스(30 yonge St., BCE Place, Toronto, ON M5E 1X8)에 위치한 하키 명예

마케팅 休知通

Art(예술) Marketing

마케팅에 문화예술을 접목하는 경영활동이다. 기업이 갤러리나 공연장을 운영하는 방안, 유명 아티스트와 협력하여 상품을 제작하여 런칭하는 전략, 문화행사를 개최하는 계획 등의 방법이 있다. 고급화를 꾀할 수 있고 소비자와의 거리를 좁힐 수 있는 장점이 있다.

• 스포츠 산업에서의 적용사례

(1) AJAX's Amsterdam Arena Stadium

네덜란드의 수도, 암스테르담을 연고로 하는 아약스는 경기장을 활용한 문화 이벤트를 다수 개최하였다. 층계를 잇는 계단에는 공연을 했던 유명 스타와 팀에 있던 축구 선수를 그려 의미를 더했다. 마이클 잭슨, 마돈나 등의 세계적인 스타가 공연을 하였다.

(2) PUMA Collaboration with Designer Choi Bum-Suk

General Idea, 최범석과 퓨마가 합하여 제품을 출시하였다. 디자이너와의 1:1 만남으로 이색적인 제품이 탄생했다. 뮤직을 컨셉으로 하였고, 음악으로부터 파생된 문화를 표현하였다고 한다.

(3) SOMA Gallery By KSPO(Korean Sports Promotion Foundation)

국민체육진흥공단은 체육뿐만 아니라 문화에도 일조하고 있다. 자연 속의 문화 갤러리 공원 속의 아트 스페이스를 주제로 하여 소마미술관을 운영한다. 올림픽 공원의 문화적 가치상 승효과가 있다.

• 스포츠에서의 시사점

스포츠와 아트의 결합은 스포츠의 디자인적 가치를 발견하는 것이다. 세계디자인올림픽을 서울종합운동장에서 개최했듯이 스포츠 산업은 디자인과 보다 직접적인 관계를 지속해야 한다.

의 전당은 캐나다의 국민 스포츠인 아이스하키와 NHL에 관련된 기념관이다. 약 1,600평의 공간에 위대한 아이스하키 선수들의 유품인 유니폼과 스틱, 기념 동상, NHL(National Hockey League: 북아메리카 프로아이스하키 리그)의 우승컵인 스탠리컵

아이스하키 명예의 전당 스탠리컵 앞에선 저자

(Stanley Cup) 등 다양한 전시물이 전시된다.

또한 실물 크기의 골키퍼와 그레츠키(Gretzky), 메시에(Messier)와 함께 경기 체험, 팀의 감독처럼 경기의 작전을 지시하는 것 등의 프로그램을 제공한다. 특히, 네이밍 라이츠 마케팅을 극대화하여 기업과의 연계 사업으로 프로그램을 다양화한다. 하키 명예의 전당은 케네디언의 자랑이며 또한 상징으로 하키에 대한 그들의 애정은 변함없이 지속될 것이다.

명예의 전당의 등록된 주요 선수(The Hall of Famer)로는 '위대한 자'(Great One)라 불리는 1980년 아이스하키의 슈퍼스타인 웨인 그레츠키(Wayne Gretzky)를 비롯한 선수들이 헌액되어 있다.

하키 명예의 전당의 이벤트로는 토론토 하키 명예의 전당 여행 패키지에 포함시키는 패키지 프로

| 풋볼 명예의 전당

그램과 매년 일회, 총 8회 진행하는 하키 지식에 관련한 퀴즈 게임인 팹시 게임 타임(Pepsi Game Time), 동호회 단체에게 입장 할인 및 사진 무료 인화 등의 이벤트 서비스인 팀(동호회) 프로모션(HHOF Minor Hockey Team Special Promotion)이 있다.

연령(학년)대별로 3파트로 분류하여 각 특성에 적합한 교육 프로그램을 제공하고 있으며, 네이밍 라이츠를 판매하여 ESSO(주유업), Hartland Molson 등 2개의 극장을 운영하고 있다.

하키 명예의 전당은 활발한 스폰서십을 통하여, 파나소닉(음향기기), 펩시(비알콜), RBC 파이낸셜(금융업), 휴고보스(의류업) 등 총 28개의 업체를 3단계로 등급을 분류하여 마케팅 제휴하고 있다.

(4) 풋볼 명예의 전당 (The Pro Football Hall of Fame)

미국 인기 스포츠인 미식축구(풋볼) 명예의 전당이다. 국내에서는 하인즈 워드로 인해 관심도가 높아지고 있는 추세이며, 현재, 미국 오하이오(2121 George Halas Drive NW Canton, Ohio 44708)에 위치하여 풋볼 팬들에게 관련된 기념물을 전시하여 관람 서비스를 제공하고 있다.

더불어 체험 서비스를 다양하게 개최하여 팬들의 관심도를 증가시킨다. 특이한 점은 연령별 세분화된 이벤트는 예약제로 운영되어 팬의 만족도를 상승시키고 있다는 점이다. 풋볼 명예의 전당은 미국의 국민 스포츠인 풋볼을 위한 곳으로 이의 가치를 극대화시키며 풋볼 발전을 위해 존재한다.

명예의 전당의 등록된 주요 선수(The Hall of Famer)로는 4번이나 슈퍼볼 우승으로 이끌었으며 지금까지 유일한 3번의 슈퍼볼 MVP에 뽑힌 센프란시스코의 쿼터백인 조 몬테나(Joe Montana)와 총알탄 사나이에 출연한 영화배우이며 한 시즌 23개의 터치다운의 대기록을 가진 미식축구의 대스타인 O. J. 심슨(O. J. Simpson) 등이 있다.

주요 이벤트와 프로그램으로는 예약접수를 하여 NFL 드래프트와 함께 행해지는 파티 이벤트인 드래프트 파티와 여성들의 풋볼 관심도를 증가시

골프 명예의 전당 입구 모습

키기 위한 이벤트, 골수 팬층인 노인을 위한 팬서비스 등이 있으며, 명예의 전당 근처의 경기장에서 학교 단체로 예약받아 캠프가 개최되는 트레이닝 캠프와 수학여행, 그림그리기, 선생님들을 위한 신체적 운동, 세미나와 같은 교육 프로그램이 이루어지고 있으며, 그 외 모금사업, 회원 가입으로 이루어지는 기부 사업(일정한 회비를 지급하고 그에 해당되는 해택 부여)을 통해서 전당을 운영하고 있다.

(5) 골프 명예의 전당

1974년에 노스켈리포니아 파인허스트에 설립되어 1994년에 미국 플로리다(St. Augustine, FL 32092)로 이전하여 현재에 이르렀다. 명예의 전당을 둘러보기 위해서 약 4시간 가량 소요될 만큼 다양한 전시물과 프로그램이 있다. 골프를 좋아하는 스포츠인을 위한 기념품, 머천다이징 상품, 엑세서리 등을 판매하기도 한다.

명예의 전당에 입성 기준은 다음과 같다. 미국 프로골프(PGA)투어, 미국여자프로골프(LPGA)투어, 시니어 PGA투어, 유럽투어에서 10년 이상의 활동 기록과 일정 수준(PGA – 10승 이상 혹은 챔피언십에서 2승, LPGA – 메이저 대회 우승 2점, 기타 대회의 우승 1점을 기준으로 총 27점 획득 등)의 경력이 있으면 투표대상이 된다. 그리고 선정위원회의 투표에 의해 선발된다.

명예의 전당 주변으로 박물관 등의 관광시설이 활성화되어 있어 전 세계의 골프인들의 낙원으로 자리매김하고 있다. 명예의 전당의 등록된 주요 선수(The Hall of Famer)로는 한국 프로골퍼인 박세리(Se Ri Park), 1950년대와 1960년대 각종 대회에서 우승을 한 골프 선수이며 자신의 이름을 딴 의류사업 아놀드 파머(Arnold Palmer Company)의 사장인 아놀드 파마(Arnold Palmer), US오픈 2년 연속 우승(1988년, 1989년)과 1985년도에 PGA투어 사상 처음으로 상금 100만 달러를 돌파한 골퍼인 커티스 스트레인지(Curtis Strange) 등이 헌액되어 있다.

주요 이벤트와 프로그램으로는 근처 호수(Kelly

마케팅 休知通

쿼터리즘(quarterism)

4분의 1을 뜻하는 영어 쿼터(Quarter)에서 나온 말이다. 최근의 10대들은 자극에는 즉각 반응하나 금세 관심이 바뀌는 감각적 찰나주의가 한 특징이며, 이는 순간적 적응력을 요구하는 고속정보통신과 영상매체의 급격한 팽창이 한 가지 일에 진지하게 접근하고 집중하는 능력을 잃게 하는 원인으로 지적되고 있다. 그러나 직관적 사고나 감각적이고 순발력이 요구되는 아이디어를 창안해 내는 데는 천재적이라는 긍정적인 면도 볼 수 있다.

청소년 시장을 공략하기 위해서는 이러한 쿼터리즘을 사용해야 하며, 스포츠가 가진 찰나의 순간이나 의미를 스토리로 만들거나 영상으로 만들어 관심을 갖게 하는 방법도 하나의 마케팅이 될 수 있다.

Lake)가 보이는 장소에서 근사한 저녁식사(A Wide Range of Spectacular Venues)할 수 있는 곳과 실제와 같은 토너먼트 형식의 18홀 골프 게임에 참여할 수 있는 라운딩(The Putting Course) 등이 있으며, 어려운 코스(TPC의 17번 홀) 체험 프로그램(The Challenge Hole)과 모금, 기부, 자원봉사 등으로 재정을 마련하는 기금 프로그램 등이 있다. 골프 명예의 전당은 각 대륙 및 대회별 협회 등 총 26개 기관의 후원을 통해서 운영되고 있으며, 활발한 스포츠 스폰서십을 통해서 쉘 오일(주유, 메인 파트너), 윌슨(스포츠 용품), 케텔 원(알콜) 등 총 7개 업체와의 스폰서 등 후원을 맺고 있다.

한국인으로는 최초로 골프의 박세리선수가 2007년 세계골프 명예의 전당에 입회하였다.

골프 명예의 전당 박세리 기념 사진 앞에 선 저자

참 | 고 | 문 | 헌

2002 월드컵 조직위원회(2003) 2002 FIFA 월드컵 한국/일본TM 공식보고서.

고정민(2002) 주 5일 근무와 소프트 산업의 변화. 서울: 삼성 경제 연구소.

김도균(1999) 스포츠 이벤트란. 월간 스포츠비즈니스, 3월호, 52-57.

김도균(2001) 스포츠 비즈니스. 서울: 오성 출판사.

김성혁, 고호석, 김순하(2000) 지역축제 관광객의 시장세분화와 선택속성에 관한 연구. 관광학연구.

김수향(2005) 대규모 스포츠 이벤트 시설의 사후 활용에 관한 연구. 홍익대학교 건축대학원, 석사학위 논문.

김용, 오만원(2002) 스포츠이벤트가 제주지역 경제에 미치는 효과분석. 제주대학교 체육과학연구논문집.

김용만(1997) 월드컵축구 이벤트와 프로축구연맹의 재정 자립도 증진.

김용만(2002) 스포츠 마케팅 커뮤니케이션. 서울: 학현사.

김종, 김종환, 백도경, 정희윤(2003) 스포츠 파이낸싱. 서울: 케이보스.

김학신(2000) 통합 스포츠 마케팅. 서울: 지샘.

김화섭(1999) 재미있는 스포츠 돈버는 마케팅. 살림출판사.

김화섭, 이석기(2002) 엔터테인먼트 산업을 활용한 중국시장 접근방향. 서울: 산업연구원.

김희진(2001) IMC 시대의 이벤트 기획론. 커뮤니케이션북스.

문상열(2010) 슈퍼볼이 갖는 의미. 스포츠 비즈니스 제70호.

문화관광부 체육 백서(2002) 문화 관광부.

민승규(2002) 월드컵 이후 경제 사회 과제. 삼성 경제 연구소 보고서.

박근우(2002) 관람자 관여도에 따른 프로농구단의 운영전략이 구단 이미지에 미치는 영향석사 학위논문. 한국체육대학교 사회체육대학원.

박용철(2010) K-리그와 월드컵. 스포츠 비즈니스 제70호.

박현종(1996) 스포츠 스폰서십과 스포츠광고의 효과에 관한 장기연구. 광고연구 가을호, 225-253.

박현종, 박영옥(1998) 스포츠마케팅의 활용을 통한 경기단체 및 사회 활성화 전략에 관한 연구. 한국체육과학 연구원.

신영철(2009) 경기장시설개선을 통한 스포테인먼트 전략추구, 제 4회 국제스포츠산업포럼.

심상문(2002) 엔터테인먼트 산업. 서울: 삼성 경제 연구소.

엔터테인먼트 마케팅 혁명(2003) 앨리버만. 패트리샤 에스케이트: 아침이슬.

유재훈(2009) 프로스포츠 사업, 변화가 필요하다. LG경제연구원.

이훈(2010) 메가이벤트로서 F1그랑프리가 한국관광이미지에 미치는 영향분석. 스포츠 비즈니스 제70호.

정연승, 서영구(2001) 엔터테인먼트형 소핑몰의 등장과 전망. 서울: 삼성 경제 연구소.

정재윤(2001) 기업 관점의 엔터테인먼트 마케팅. 서울: 마케팅 공화국.

조윤장(2003) 엔테테인먼트 마케팅 혁명. 서울: 아침이슬.

조직위원회 홍보팀(2010) 2010 F1 코리아 그랑프리. 스포츠 비즈니스 제70호.

추성엽(2010) 현대카드처럼 마케팅하라. 토네이도.

현대원(2003) 엔터테인먼트 산업의 경제학. 서울: 커뮤니케이션 북스.

Cho, W. J.(2005) Analyses of factors affecting sport event tourists' satisfaction. KSSM International Sport Management Conference.

Druckers, P.(2002) Managing in the Next Society, New York: St. Martins' Press.

Jung, D. C., Cho, W. J., & Yoon, H. Z.(2004) The benefits of hosting a mega sport event. Seoul International Sport Science Congress.

Kaser and Oelkers(2001) Sports and Entertainment Marketing: South Western. Thomson Learning.

Matheson, V.(2004) An examination of sporting event economic impact studies. The Sport Journal.

www. espn.com

제12편
앰부시 마케팅 (Ambush Marketing)

제 1 장 앰부시 마케팅의 정의

제 2 장 앰부시 마케팅의 합법성과 예방법

12

모두 함께 대한민국! 올레~!를 외치며 대한민국 대표팀을 응원했던 한국의 통신 기업들, 그리고 경기 때마다 스포츠를 활용한 버추얼 광고를 하던 자동차 기업과 금융업계, 국가대표 팀을 응원한다고 외치던 항공사들 그리고 맥주회사들 이들 중 누가 FIFA 월드컵의 마케팅 파트너일까? 과연 국민들은 이들 중에 FIFA의 공식 후원사가 있다는 것을 알고 있을까?

이들 중에 공식적으로 FIFA를 후원하는 한국 기업은 하나뿐이다. 이렇게 많은 업체들이 FIFA 월드컵을 갖고 후원을 하고 있는데, 정작 공식 후원사는 하나뿐이기 때문에 많은 기업들이 FIFA 월드컵을 이용해서 앰부시 마케팅(ambushing marketing)을 행하고 있다.

메가스포츠 이벤트를 주최함에 있어서 주최의 담당자들이 가장 유의할 점은 앰부시 마케팅이다. 앰부시 마케팅은 사실상 공식적인 관계는 없으나 이벤트나 상품과 회사 사이에 어떤 종류의 관계가 존재한다는 것을 소비자나 일반 대중에게 암시함으로써 어떤 이벤트의 대중성을 이용하려고 시도하는 기업들, 비록 공식 스폰서는 아니지만 광고, 판촉, 마케팅 활동 같은 활동들을 통해 마치 스폰서인 것처럼 그릇된 인상을 줄 목적으로 이벤트 관련하여 마케팅 활동을 하는 것이다.

일반적으로 스폰서십을 판매하는 것은 스포츠 이벤트의 마케팅 권리라고 할 수 있으며, 이러한 마케팅 권리에는 다양한 권리가 포함되어져 있는데, 가치 있는 스포츠 이벤트일수록 이러한 권리가 더욱 복잡하고 다양하다. 올림픽이나 월드컵의 경우에는 스포츠 이벤트를 후원하는 기업의 업종을 기준으로 하여 스포츠 이벤트의 마크라고 할 수 있는 로고, 엠블럼 등의 특수한 디자인과, 공식이라는 단어가 들어가는 공식명칭 권리, 스포츠 스폰서십에 들어갈 수 있는 모든 권리를 사용하는 마케팅 권한을 부여한다.

앰부시 마케팅의 문제는 이러한 권리를 구입하지 않고 스포츠 이벤트와 관련하여 혜성처럼 불쑥 나타나 각종 혜택을 주고 바람같이 사라지기 때문이다. 이것은 계획적이고 의도적으로 '소비자를 혼란시키고 끝없이 긴장하게 만들어라'는 마케팅 전략을 구사한다. 또한 이 마케팅을 펼치는 기업 입장에서는 짧은 시간에 적은 금액으로 효과적인 제품 전략을 구사할 수 있고, 주요 목적은 노출 자체가 아니라 소비자의 마음속에 누가 스폰서인지에 대한 오해를 불러일으키고 또 더 나아가 스폰서가 됨으로써 연결되는 이익을 얻거나 행사의 독점적 스폰서가 된 주 경쟁자의 영향력을 약화시키는 데 있다.

가장 대표적인 한국에서의 앰부시 마케팅이라고 한다면, 2002 FIFA 월드컵에서도 대회 공식 파트너인 KT와 아디다스에 대응한 앰부시 마케팅으로 SK텔레콤과 나이키를 꼽을 수 있다. 이들은 붉은 악마와 국가대표 팀 그리고 응원, 축구, 대한민국이라는 키워드를 적절하게 잘 활용하여 대회 스폰서보다 더 큰 마케팅 효과를 보았다.

이처럼 스포츠 이벤트와 관련하여 소비자들에게 다양한 방식으로 기업의 브랜드 이미지를 고취시킬 수 있는 것이 바로 앰부시 마케팅이다. 따라서 이벤트의 공식 스폰서의 기업들은 다른 기업들의 앰부시 마케팅에 대해 좀더 철저하고 체계적인 대응 전략이 필요하다.

본장에서는 앰부시 마케팅의 정의와 사례 그리고 내용을 살펴보고 그 예방법에 대하여 이해할 수 있도록 내용을 구성하였다.

제 1 장 앰부시 마케팅의 정의

제 1 장
앰부시 마케팅의 정의

1. 앰부시 마케팅의 정의

스포츠 스폰서십에서 공식 후원사가 누리는 가장 강력한 권리가 독점성이라면 앰부시 마케팅은 가장 경계해야 할 대상이다. 독점성과 앰부시 마케팅은 적대적인 불가분의 관계에 있다. 후원사는 독점성을 활용하여 기업 목표를 최대한 달성하기 위해 영역을 지키려 하고, 앰부시 기업은 그 영역을 침범하여 공식 스폰서의 목표 달성을 방해하려는 활동을 한다.

공식 후원사가 스포츠 단체에 많은 비용을 지불하고 독점성을 확보했음에 반해 앰부시 기업은 비용을 전혀 지불하지 않았기 때문에 공식 후원사의 목표 달성을 저지하거나 혹은 반감시키는 것만으로도 성공적인 활동이라 할 수 있다. 앰부시 기업들은 법적 테두리를 벗어나 매우 교묘하게 활동하고 있어 스포츠 단체와 스폰서가 앰부시 기업의 접근을 막기 위한 노력을 계속하고 있지만 어려움을 겪고 있는 것이 사실이다.

앰부시 마케팅이란 공식 스폰서가 아닌 회사가 마치 스폰서인 양 그릇된 인상을 주어서, 공식 스폰서가 됨으로써 연상될 수 있는 인식과 이익들을 얻기 위해 행사와 자신을 간접적으로 연결하려는 캠페인을 말한다. 이것은 철저히 계획된 활동이며, 일회성 광고나 임기응변식의 결정사항이 아니다.

앰부시 마케팅에 대한 가장 지배적인 정의는 Shani와 San-dler (1989)의 정의로, “앰부시 마케팅이란 한 조직체가 어떤 행사와 공식적인 파트너 관계에 있음으로 해서 생기는 평판과 이익의 최소한 일부라도 얻기 위해, 그 행사와 간접적으로 관련되고자 하는 계획된 활동이다.”

Graham, Goldblatt와 Delpy(1995)는 앰부시 마케팅을 “권리가 없는 기업이 마치 공식 후원사의 모습을 창조하기 위해 활용하는 전략”이라고 정의하였다.

Performance Research(1992)는 “앰부시 마케팅을 하는 기업들이 때때로 공식 후원사로 인식되거나 회상되기도 하며, 어떤 경우에는 공식 스폰서

베이징올림픽에서의 나이키의 교묘한 Ambush Marketing

마케팅 休知通

패러싱글족(Parasingle)

기생충이라는 뜻의 Parasite에서 유래한 말, 결혼하여 독립할 나이가 되었는 데도 경제적인 이유 때문에 미혼상태로 부모에게 얹혀사는 사람들. 이러한 사례는 스포츠 이벤트의 앰부시 마케팅에서 찾아 볼 수 있다. 공식 후원사로서의 권리를 구매하지 못한 기업들은 이러한 공식 후원사와 함께 공동으로 마케팅을 할 수 있는 기회를 공식적으로 준비하거나, 앰부시 마케팅을 통해서 최소 비용의 최대 효과를 낼 수 있도록 계획을 수립하고 이를 실행한다.

보다는 더 좋은 반응을 보이기도 한다"고 하였다.

앰부시 마케팅은 다음 마케팅과 달리 다음과 같은 특징을 가지고 있다.

첫째, 사전에 철저하게 계획된 의도적인 활동이다. 앰부시 마케팅은 우연히 발생된 일회적인 광고나 임기응변적 결정사항이 아니라 어떻게 하면 소비자들에게 대회의 공식 후원사로 인식할 수 있도록 할 것인가 하는 전략적 계획에 근거한다.

둘째, 경쟁 관계에 있는 공식 후원사에 못지않게 비용을 들인다. 공식 후원사가 지출하는 비용은 직접비용과 3~4배에 해당하는 간접비용이 있다. 앰부시 마케팅을 통해 효과를 얻기 위해서는 전략에 따라 차이는 있지만 적어도 공식 후원사의 간접비용 정도는 지출해야 한다. 예를 들면 경기장 주변의 행사관 설치, 촉진 이벤트 개최, 광고비 지출 등이다.

셋째, 특정 제품의 판매 촉진을 목적으로 한다. 대회 조직위원회로부터 앰부시 마케팅을 차단하기 위한 각종 장치가 있기 때문에 공식적인 경로를 통한 매체 노출 기회는 주어지지 않는다. 그렇기 때문에 앰부시 마케팅의 주된 목적은 제품의 구체적인 특징을 알리는 데 중점을 둔 촉진 활동이다.

넷째, 공식 후원사가 얻을 수 있는 효과를 상대적으로 약화시킨다. 공식 후원사가 얻는 가장 큰 효과 중의 하나는 독점적 권리이다. 조직위원회는 경쟁업체의 접근을 억제시켜 줌으로써 상대적인 스폰서십 효과를 얻을 수 있도록 제도적으로 스폰서를 보호하고 있다. 그러나 앰부시 마케팅은 소비자로 하여금 공식 후원사와 혼동하게 하여 스폰서의 영향력을 상대적으로 약화시키고 이들이 얻을 수 있는 혜택을 경감시켜 반사 효과를 얻는다(박세혁, 전호문, 김용만, 2001).

2. 앰부시 마케팅의 유형

앰부시 마케팅의 유형에는 직접적인 것, 간접적인 것, 그리고 우연히 발생하는 앰부시가 있는데, 일반적으로 기업들이 자발적으로 실행하는 것은 직접적인 것과 간접적인 것으로 볼 수 있다.

직접적인 앰부시 마케팅

(1) Predatory Ambushing

의도적으로 시장 점유율과 소비자들의 혼란을 높이기 위해서 경쟁 기업에게 공격적으로 마케팅 활동을 펼치는 활동이다.

(2) Coattail Ambushing

Coattail의 의미 중에 "선거에서 약한 동료 후보를 함께 당선시키는 강한 후보"와 함께 편승하다는 의미가 있다. 따라서 Coattail Ambush 마케팅은 공식적인 후원사의 마케팅 활동에 함께 편승하여 공동의 마케팅 활동을 펼치는 것이라고 할 수 있다.

(3) Property Infringement

재산권의 침해는 권한이 없는 경쟁업체가 의도적으로 권한을 사용하는 것이라고 할 수 있다. 이러한 지적재산권의 침해는 메가스포츠 이벤트에서 선수, 심판, 팀, 경기의 내용까지 모두 활용될 수가 있다.

(4) Self-Ambushing

셀프 앰부시는 이미 스포츠 이벤트의 공식 후원사가 되었음에도 불구하고 지나치게 많은 마케팅 활동을 하는 것을 의미한다. 이는 공식 후원사가 스포츠 이벤트 주최자의 승인을 받지 않고 경기장에 티셔츠를 배포한다던지, 사은품을 나누어 주는 등 공식 후원사의 배포 행위가 경기장에서 과하게 비춰져서 다른 공식 후원사들의 마케팅 활동에 방해가 되었을 때를 의미한다.

간접적인 앰부시 마케팅

(1) Associative Ambushing

연관적인 마케팅 활동을 통해서 공식 후원사의 브랜드 이미지나 로고를 편승하여 활용하였을 경우를 의미한다.

2008 베이징올림픽 기간 중의 베이징의 나이키 매장

(2) Distractive Ambushing

Distractive Ambushing은 주의를 산만하게 하여 마케팅 활동을 방해하는 것이다. 이는 공식적인 후원사의 프로모션 활동 주변에서 매복 마케팅 활동을 통해서 공식 후원사들의 마케팅 활동을 방해하는 활동을 의미한다고 할 수 있다.

(3) Insurgent Ambushing

Insurgent 앰부시 마케팅은 이벤트 행사장 주변의 길거리나, 가까운 장소에서 행하는 게릴라 마케팅 활동을 의미한다.

(4) Parallel Property Ambushing

Parallel 앰부시 마케팅은 매복 마케팅을 주관하는 쪽에서 공식 후원사가 스포츠 이벤트를 활용한 마케팅을 활동을 더욱 강하게 할 수 있도록 부추기는 활동을 말한다. 이러한 공식 후원사의 마케팅 활동을 통해서 앰부시 마케팅을 하는 기업이 더 돋보이도록 하는 것이다.

우연한 앰부시 마케팅(Unintentional Ambushing)

Unintentional 앰부시 마케팅은 의도하지 않았는데 미디어가 스스로를 노출해 주었을 때를 말한

후지필름과 코닥은 앰부시 마케팅으로 서로 경쟁하였다.

SK는 대표적인 FIFA 월드컵의 앰부시 마케팅 활동을 하고 있다.

다. 예를 들면 선수들의 장비나 유니폼과 같은 것들을 미디어에서 자발적으로 소개해 주는 경우가 이에 해당한다.

3. 앰부시 마케팅의 행태

경기 중계방송 전후 중간 광고

이것은 대회 기간이나 전후에 TV 광고나 신문 광고 등을 확보하고 대대적인 광고 전략을 펼치는 것이다. 1984년 LA올림픽의 후원사인 후지필름을 대신하여 코닥필름이 경기 도중 광고한 것을 예로 들 수 있고, 나이키가 스폰서하는 한국 국가대표팀과 브라질 국가대표팀의 축구 경기가 펼쳐지는 TV 중계방송시 아디다스는 집중적인 광고를 방영함으로써 시청자에게 대회 공식 후원사는 나이키였지만 아디다스가 행사와 연관이 있는 것처럼 주변 광고를 선점함으로써 교묘한 수법으로 앰부시 마케팅을 펼쳤다.

또한 서울올림픽 기간에 후지필름은 "스포츠 그 감동의 모든 장면을 찍는다," "서울올림픽의 성공을 기원합니다" 등의 카피와 함께 주요 경기장면을 내보는 광고공세를 통하여 시청자들에게 누가 공식 후원업체인지 혼동하게 만듦으로써 코닥 필름을 앰부시하였다.

이러한 광고 행위는 과거에는 가능했지만, 지금은 불가능하다. 그 이유는 후원사의 권리를 보호하기 위해서 이벤트의 중계권리를 보유한 방송사가 후원사에게 우선적으로 광고를 할 수 있는 권리를 판매하거나 경쟁업체가 방송 광고를 할 수 없도록 이벤트 주최자와 협의를 통하여 관리를 하기 때문이다.

공식 후원사를 광고로 공략

1994년 릴레함메르올림픽 기간 동안, 아메리칸 익스프레스 신용카드사는 TV 광고를 통해 후원사인 비자카드를 공략하였다. "만약 당신이 이번 겨울에 노르웨이를 방문하고자 한다면 당신은 여권만 준비하세요. 비자는 필요 없습니다"라는 내용이었다. 이에 대해 약 54%의 소비자이 노르웨이에서는 비자카드를 사용할 수 없는 것으로 인식했다는 조사 결과가 있었다.

2002년 FIFA 월드컵 통신부문 공식 후원사는 KT였지만 SK는 붉은 악마를 활용한 앰부시 마케팅을 통해서 KT에게 완승을 거두었다.

2002 FIFA 월드컵에서 SK는 '공식 스폰서'라는 표현은 쓰지 못하였지만, 붉은 악마를 후원한다는 컨셉하에 대대적인 광고공세와 길거리 응원을 주도하여 공식 스폰서였던 KT 못지않은 효과를 보았다. KT는 뜻밖의 무임승차 기법에 놀라 허둥댔고 공식 스폰서로서 얻는 프로모션 효과의 상당부분을 SK에 넘겨줘야 했다.

대회에 참가하는 선수나 팀을 모델로 활용

대회에 참여하는 유망팀이나 선수에게 제품을 집중적으로 지원하여 팀이 우승을 하거나 좋은 성

마케팅 休知通

인포메이션 케스케이드(Information Cascade)

정보가 폭포(Cascade)처럼 쏟아져 나오면서 온전한 정보를 찾기가 점점 어려워짐에 따라 개인들이 다른 사람들의 결정을 좇아 자신의 의사를 결정하려는 현상.

유사제품이 많아 가격, 성능 등을 비교하기 힘들 때 소비자들은 다른 고객들이 어떤 제품을 구매했는지 참고해서 구매를 결정한다. 주식 투자나 외환 거래 등을 금융 거래시에도 리스크를 줄이기 위해 다른 사람의 동향에 관심을 갖고 '따라하기'식 거래를 하는 것을 볼 수 있다.

이러한 현상은 온라인 쇼핑몰에서 제품 후기나, 구매 평가 등의 고객들의 의견을 통해서 제품을 구매하는 현상을 보았을 이러한 현상을 찾아볼 수 있다.

기업들로서는 매출 증대를 위해 다른 사람들의 구매 의사결정에 큰 영향을 미치는 시장 선도그룹을 적절히 활용할 필요가 있다.

앰부시 마케팅에서도 이러한 정보의 Key가 되는 단어를 사용함으로써 사람들로 하여금 단어 자체의 관심을 이벤트 전체로 유도하여 효과를 높이는 방법이다.

적을 낼 경우 뉴스거리를 만들어 홍보활동을 강화함으로써 대회에 직접 참여한 것처럼 보여지게 하는 것이다.

스포츠 팬들은 어느 기업이 공식 스폰서인지의 여부에는 큰 관심을 갖지 않지만, 유명 선수에 대해서는 많은 관심을 갖고 있기 때문에 그 선수와 관련된 기업의 제품을 쉽게 인지하게 된다.

1992 올림픽 금메달 시상대에서 마이클 조던은 성조기를 활용하여 후원사를 가린 앰부시의 대표적인 사진.

선수를 활용한 스포츠 마케팅의 한 분야일 수도 있겠지만, 92년 바르셀로나올림픽 때 펩시콜라는 올림픽에 참가한 매직 존슨을 모델로 광고하여서 올림픽 후원사인 코카콜라의 앰부시 마케팅을 하였고, 나이키는 농구 선수 찰스 바클리와 마이클 조던을 모델 광고로 활용하여 팀 USA의 유니폼 후원사인 콜롬비아보다 훨씬 더 많은 효과를 얻었다. 사진으로 대표되는 나이키의 앰부시 마케팅은 선수들에게 경쟁사의 유니폼을 성조기로 가리게 함으로써 그 효과와 스토리 마케팅을 더욱더 극대화하였다.

지금도 나이키는 FIFA 월드컵 기간 동안에 자사와 계약을 맺은 유명 축구 선수들을 활용하여 지속적인 광고 노출을 함으로써 FIFA의 마케팅 파트너인 아디다스와 경쟁하였다.

경기장 주변의 광고

경기장 내외에 광고물이나 경기장 간판 등을 설치하여 자사의 참여를 대회 관람자나 사람들에게 알리는 것이다. 1996년 애틀란타올림픽에서 후지필름은 시내 곳곳에 미국 10종 경기 챔피언인 '오

마케팅 休知通

다수증거의 원칙(모난 돌 전성시대)

대부분의 사람들은 실수할 확률을 줄이기 위해 다수의 행동을 그대로 따라는 하는 경향을 보인다.

무리지어 생활하는 버팔로는 놀랐을 때 고개를 아래로 숙인채 모조건 앞으로 달려가는 습성이 있다고 한다. 이를 이용해 인디언들 앞서가는 몇몇 버팔로를 놀라게 해 절벽 방향으로 유인한다. 그러면 소들은 앞서가는 동료의 뒤꽁무니만 바라보면 내 달리다 스스로 절벽에 떨어져 죽게 된다고 한다.

이러한 사례는 앰부시 마케팅에서 볼 수 있다. 월드컵 기간에 월드컵이란 단어를 직접적으로 사용하지 못하지만 TV 광고 기업의 40% 이상이 축구, 대한민국, 응원, 승리, 16강이라는 단어를 사용하여 광고를 하였으며 일반 중소 기업도 다수의 기업을 따라 프로모션에 동참하였다.

브니언' 사진을 18개 옥외 광고판에 게재하였으며, 2008년 베이징올림픽 때 나이키사는 버스정류장과 지하철역에서 지하철과 버스의 랩핑을 통한 마케팅 활동을 펼쳤다.

삼성전자는 2002 FIFA 월드컵 당시 서울 경기장 주변에 가로등 깃발을 설치함으로써 경기장 주변에 광고물을 설치할 수 있었다.

나이키는 베를린 마라톤에서 공식 후원사는 아니었지만 TV카메라가 비추는 마라톤 코스의 중요한 곳곳에 특정 선수를 응원하는 광고판을 세웠다. 나이키는 선수를 응원하는 격려문이 자연스럽게 TV에 노출됨으로써 시청자들에게 깊은 인상을 심어 줄 수 있었다.

또한 메인 행사장 주변의 중요한 옥외 광고 자리를 미리 선점하여 곳곳에 자사의 광고물을 설치함으로써 대회에 직접적으로 참여 후원하는 것처럼 보이는 방법도 사용된다.

대회 관련 이미지를 이용하여 광고

1994년 동계올림픽이 개최중인 시기에 패스트푸드점인 왠디스(Wendy's)사는 대회를 직접 언급하지 않고 설립자이며 회장인 '데이브 토마스'가 봅슬레이부터 피겨스케이팅까지 출전 종목을 찾아 헤매는 광고를 내보내면서 동계올림픽 후원사인 맥도널드를 당황하게 만들었다.

2008년 베이징올림픽 때 스카이라이프는 '베이징'이라는 단어와 뒤편에 올림픽을 종목을 나타내는 기호를 활용함으로써 앰부시 마케팅활동을 하였다.

대회의 성공을 기원하는 광고

가장 일반적인 형태의 앰부시 마케팅 활동이라고 할 수 있으며, 그 시작은 1988년 서울올림픽이었다. 후지필름은 "공식 스폰서"라는 표현은 쓰지 못했지만 "서울올림픽의 성공을 기원합니다"라는 카피와 함께 대대적인 광고 공세를 펼쳐서 공식 스폰서로 참여한 코닥보다도 소비자들에게 올림픽과 관련이 있는 것처럼 교묘한 끼어들기 마케팅을 펼쳐서 올림픽 효과를 톡톡히 맛보았다. 그리고 주요 경기장면을 곧바로 CF로 제작, 방영하는 기민함을 보여 시청자들은 누가 스폰서인지 헷갈

경품을 활용한 앰부시 마케팅 활용

마케팅 休知通

Guerilla Marketing(급습 마케팅)

전쟁 중에 상대를 급습하는 전략을 응용한 것으로 잠재 고객의 유동이 많은 공간에 나타나 상품을 알리는 등의 선전을 하거나 판매를 촉진하는 마케팅 방법을 가리킨다. 저비용으로 고객에게 밀착할 수 있는 홍보 효과가 장점이다. 기존의 매체를 이용한 마케팅 방법들이 비용이 만만치 않고 한계가 있어서, 고객 위주의 즐거움이라는 흥미가 있는 새로운 마케팅 대안으로 각광받고 있다.

• 스포츠 산업에서의 적용사례

(1) Environmental Campaign by NIKE in Prague

9월 22일은 'International Car Free Day'이다. 이에 나이키는 차를 이용해서 바퀴가 굴러가는 것 대신 달리는 것을 알리고자 실시하였다. 체코의 수도, 프라하 내에 주차된 차의 바퀴에 바퀴를 다 가리고도 남을 사이지의 거대한 신발모양의 판넬 100장을 설치했다. 그리고 운전석 창문에 경찰이 한 것과 유사하게 알림장을 붙여놓았다. 차 주인은 물론 지나가는 행인들도 관심을 갖고 보면서, 나이키는 새로운 신발 상품을 홍보하면서 기업 이미지를 향상시키는 일거양득의 기회로 삼은 것이다.

(2) Strip at Center of NYC by RACQUET Club

짧은 미니스커트나 매혹적인 청바지를 입은 금발의 미녀들이 뉴욕 한복판에서 거리를 걷다 갑자기 스스로 치마를 들치거나 바지를 벗는다. 그리고 엉덩이를 내밀어 속옷에 프린팅 된 'New York Health & Racquet Club'이라는 광고 문구를 보여준다. 이들은 잠재 고객으로 보이는 사람의 앞에서 주로 행동하였고, 이는 곧 소문이나면서 CNN 등의 방송을 타면서 효과를 톡톡히 보았다.

• 스포츠에서의 시사점

'흥미'를 제공하는 것에 주안점을 두고 잠재 고객을 끌어들이는 과정 가운데 '창의성'을 발휘해야만 그 성과가 크다. 스포츠 고유의 특성인 박진감을 살린 게릴라 마케팅이 국내에서도 표현되길 희망한다.

릴 정도였다. 코닥은 뜻밖의 무임승차 기법에 놀라 허둥댔고 공식 후원사로서 얻는 프로모션 효과를 상당량 후지에 넘겨줘야 했다.

게릴라 마케팅

중요한 스포츠 중계시 현수막이나 로고가 크게 그려진 제품을 TV 카메라가 가는 곳에 집중적으로 배치하여 중요한 순간에 현수막이나 응원용 문구를 갑자기 들어 보이거나 티셔츠 등의 노출을 통하여 참여하는 것이다.

경기장에 회사의 이름이 쓰여진 티셔츠를 입고 단체관람을 하여 눈길을 끌거나 TV의 중계카메라가 비추는 순간을 기다렸다가 갑자기 광고 플랜카

Ambush Marketing의 사례

드를 들어 올리는 것 등이 통상 쓰이는 수법이다.

인터넷 활용전략

인터넷이 일반화되면서 인터넷을 활용한 앰부시 마케팅도 기승을 부리고 있다. 지난 2002 월드컵 당시 각 사이트의 월드컵 관련 소식 및 국가대표팀 관련 사이트에 비공식 후원사가 자사의 배너광고를 띄워 홍보를 하기도 하였다.

프로스펙스는 한 인터넷 사이트의 동영상 코너에 자사의 배너광고를 띄워 이 광고를 클릭해야만 월드컵 동영상을 볼 수 있도록 설정하였다.

경품을 활용한 앰부시 마케팅

경품 추첨 행사를 통해서 경기의 주체나 경기장소를 알리는 행위이다. 이러한 프로모션 활동을 통하면 고객과 소비자들은 경품 제공의 주체자가 대회나 경기의 후원사로 오해할 수 있다.

예를 들면 입장권을 경품으로 내놓고 프로모션을 한다면 고객들은 그 경기를 보기 위해서 프로모션에 많이 참여할 것이고, 이는 후원사로 오해할 수 있는 여지가 충분한 것이다.

또한 경기장 주변에서의 프로모션 활동을 통해서 경기장을 찾아온 관람객들을 대상으로 마케팅 활동을 펼치는 것이다. 자사의 로고가 찍힌 상품을 무료로 나눠준다거나 하는 행위이다.

개최도시를 활용

앰부시 마케팅의 또 하나의 방법으로 도시를 활용하는 것이다. 개최도시를 활용하여 실제로 경기가 이루어지는 도시의 공간에 같은 내용의 이벤트를 벌인다거나, 프로모션 활동을 통해서 자사의 브랜드를 대회의 후원사로 오인할 수 있도록 유도

대회 성공을 기원하거나 좋은 성적을 기원하는 프로모션은 가장 일반적인 앰부시 마케팅의 형태이다.

하는 것이다.

나이키사는 98년 프랑스 FIFA 월드컵과 2002 FIFA 월드컵 때 각각 나이키 파크를 운영하면서, 나이키 고객을 상대로 자사가 마치 FIFA 월드컵의 후원사와 같은 오해를 하도록 만들었다.

4. 앰부시 마케팅의 목적

앰부시 마케팅 철저히 사전에 계획된 활동이지 일회성 광고나 임기응변식의 결정사항이 아니다. 이 의미는 앰부시 마케팅은 철저하게 계산되고 계획되어진 하나의 정확한 마케팅 프로그램이라고 할 수 있다.

소비자들이 공식 스폰서처럼 인식하게 만들려면 황금 시간대에 광고를 내보내거나 거창한 프로모션 등이 수반되어야 하므로 앰부시 마케팅을 수행하는 기업들은 상당한 비용을 들여야 한다. 상대적으로 앰부시 마케팅의 대상이 된 이벤트나 행

사의 공식 후원사가 투자하는 비용에 비해서 상대적으로 소규모의 투자로 후원사가 얻는 혜택을 얻으려고 하기 때문에 앰부시 마케팅은 윤리적인 문제에서 옳지 않은 행위로 인식되고 있다.

5. 앰부시 마케팅의 효과와 특징

실제로 많은 기업들은 위험부담이 크기는 해도 스폰서십 활동이 가져다주는 잠재적 효과에 대해 큰 기대를 걸고 있다. 앰부시 마케팅은 어떤 측면에서 보면 일반 기업에게 있어서 피할 수 없는 측면이기도 하다. 자칫하면 위법 마케팅이 되기도 하지만, 교묘하게 위장하면 그 마케팅 효과에 대해서 논란을 제기하기가 어렵다.

일반적으로 앰부시 마케팅의 효과를 나타내는 지표로 사용되는 것은 기업 스폰서에 대하는 사람들의 인식이다. 그것은 사람들이 각 업종별 공식 스폰서를 바르게 인식하고 있는가는 조사하고 앰부시 마케팅의 효과를 측정하려는 것이다.

예를 들면 1984년 LA올림픽에 있어서 운동화 부분에 공식 후원사인 컨버스(Converse)에 대하여 그 경쟁 기업인 나이키는 사람들의 관심을 부를 수 있는 독창적인 미디어 캠페인을 행하고 더욱이 메인 경기장이 된 LA 스타디움 부근에 육상경기 선수를 모델로 한 거대 벽화를 만든다는 앰부시 마케팅을 전개하였다. 올림픽 후에 여론 조사에는 미국민의 42%가 나이키가 공식 스폰서라고 생각하고 있었고 컨버스가 공식 스폰서라고 인식한 국민은 15% 밖에 미치지 못한 것으로 보고 되었다(Galford, 1991). 마찬가지로 1992년 알베르빌 동계올림픽에 있어서도 미국 팀의 공식 스폰서가 된 맥도널드가 대회기간 중에 크리스티 야무구찌를 기용한 앰부시 마케팅을 시도한 웬디스와의 양사에 대하여 어느쪽 기업이 공식 스폰서인가라는 조사가 이루어졌다(Performace Research Inc, 1992). 그 결과 웬디스가 공식 스폰서라고 잘못된 인식을 하고 있는 회답률이 57%를 나타낸 것에 대하여 맥도널드가 공식 스폰서라고 바른 회답을 한 사람의 비율이 37%에 지나지 않았다.

즉, 이들 두 개의 사례는 앰부시 마케팅을 전개한 기업이 공식 스폰서가 된 기업만이 얻을 수 있는 효과를 약화시키고 앰부시 마케팅의 효과를 제시한 전형적인 사례라고 할 수 있으며 고객들에게 빈번하게 근접하는 미디어를 사용한 효과적인 광고 활동을 나이키와 웬디스가 충격적인 앰부시 마케팅 활동을 한 것으로 보이는 것이다.

앰부시 마케팅의 효과는 간혹 공식 후원업체에 불이익을 안겨줄 정도로 큰 경우가 있다고 지적된다. 이러한 앰부시 마케팅의 특징은 첫째, 앰부시 마케팅은 일반기업의 피할 수 없는 선택이라고 할 수 있는데, 만일 경쟁기업이 공식 후원사가 되어 독점성 프로그램이라는 강력한 도구를 가지고 엄청난 효과를 얻는다면 자사에게는 불이익을 안겨 줄 수 있다.

둘째, 앰부시 마케팅은 사전에 철저하게 계획된 의도적인 활동이다. 앰부시 마케팅은 우연히 발생된 일회적인 광고나 임기응변적 결정 사항이 아니다. 소비자들에게 대회의 공식 후원사로 인식되게 하거나 혹은 공식 후원사의 효과를 약화시키기 위한 전략적 계획에 근거한다.

셋째, 앰부시 마케팅은 단기간에 이루어진다는 것이다. 오랜 기간 동안 앰부시마케팅 활동을 하면 스포츠 단체나 공식 후원사측에서 치명적인 대응책을 마련할 수 있기 때문이다.

넷째, 앰부시 마케팅은 경쟁관계에 있는 공식 후원사만큼의 많은 촉진 비용을 들인다. 앰부시 마케팅을 통해 효과를 얻기 위해서는 전략에 따라 차이는 있지만 적어도 공식 후원사의 간접비용 정도를 지출해야 효과를 얻을 수 있다(데이비

마케팅 休知通

Ambush Marketing 사례

특정한 이벤트의 공식 후원사가 아님에도 소비자에게는 관련이 있는 기업으로 착각을 불러일으키는 요소를 만드는 교묘한 판촉 전략을 말한다. 이는 주최측의 관리와 규제로 더욱 엄격해지고 있지만, 그에 발맞춰 기술 또한 나날이 발전하고 있다. 때에 따라서는 정도가 과열된 경우, 법적 공방을 치닫는 경우도 종종 있다.

• 스포츠 산업에서의 적용사례

(1) Different T-Shirt by SK TELECOM and ADIDAS

국내 무선통신업체인 SK TELECOM은 두 명의 월드스타를 활용하여 광고를 제작했다. 가수겸 배우 비(정지훈)와 세계적인 축구 스타 박지성 그 두 명이다. 두 사람이 번갈아 나오다가 화면의 반을 나눠 동시에 나오는 장면을 보면 입고 있는 옷이 같은 듯 다른 것을 인식할 수도 있다. 대한민국 축구 국가대표팀을 경쟁업체인 KT가, 유니폼은 나이키가 후원하는 것을 참고하면 발견하기 수월할 수도 있다. 비의 가슴팍에는 로고가 있고, 어깨선에는 흰색 3개의 줄이 선명하게 그어져 있다. 박지성 선수에게 응원하는 10여 초의 짧은 광고 안에 아디다스와 SK Telecom이 나이키와 KT에게 숨어서 공격을 한 것이다.

(2) Yahoo Center in Vancouver

2010 밴쿠버 동계올림픽이 개최되는 동안 경기장 주변에 야후에서 건물의 로비를 임대하여, 프로모션을 실시하였다. 올림픽과 관련된 기자나 관람객, 지역주민 등을 대상으로 하였다. 내부는 안락하게 장식하여 쉼터를 제공했고, 거의 모든 경기를 상영할 수 있을 정도의 TV를 보유하였다. 하지만, TV는 IOC의 TOP 프로그램의 권리가 있는 삼성이 아니었다. 또한 비치된 컴퓨터 역시 ACER사의 제품이 아닌 APPLE사의 Mac Book이었다. 더구나 장소와 정보를 제공하는 야후는 올림픽이나 IOC와 공식적인 계약에 의한 관계는 아무것도 없었을 뿐더러, TOP 프로그램과 관련이 없는 업체들과 함께 엠부시 마케팅을 하였다.

• 스포츠에서의 시사점

2014 런던 올림픽은 앰부시 마케팅에 대응하기 위해 법적인 제도를 이미 마련했다고 한다. 하지만 이제 앰부시 마케팅의 합법적인 문제를 따지기보다, 호스피탈리티를 강화하여 탄탄한 스폰서십을 구축하여 앰부시 마케팅과는 차별적이고 보다 뛰어난 효과가 발생되도록 해야 한다.

드 A.아커, 2001).

다섯째, 앰부시 마케팅은 경쟁사의 스폰서십 활동 효과를 약화시킨다. 앰부시 마케팅을 통해서 경쟁 업체의 스폰서십 효과를 약화시킬 수 있고, 오히려 더 많은 효과를 창출해 낼 수도 있다.

6. 앰부시 마케팅의 활성화 요인

이러한 앰부시 마케팅이 활성화 된 요인은 스포츠 마케팅 시장이 커지면서, 스포츠 이벤트의 권리의 비용, 방송 중계권료의 상승 등 전반적인 시장이 글로벌화 되었기 때문이다. 이러한 시장상황 속에서 스포츠 프로퍼티 소유권자들은 개별적이고 독점적인 마케팅 프로그램을 개발하게 되었고, 앰부시 마케팅을 이끄는 기업들은 이에 반하는 새로운 앰부시 마케팅 프로그램을 개발하게 되었다.

(1) 스폰서 수의 제한

1960년 올림픽의 후원사 수는 46개 1976년 몬트리올 올림픽의 후원사는 628개였지만, 올림픽을 포함한 스포츠 이벤트나 스포츠 프로퍼티의 규모가 커짐에 따라서 메가스포츠 이벤트의 운영 비용이 증대되었고 스포츠 이벤트의 프로퍼티 소유자들은 이러한 비용을 지원받기 위해서 스폰서십 프로그램을 개발하게 되었다.

따라서 1984년 LA올림픽에서 후원사의 숫자를 대폭 줄이고 1개 제품 계열에 1개의 기업만이 독점적인 마케팅 권리를 부여하게 되면서, 이러한 권리를 획득하지 못한 기업은 다른 방법을 활용하여 마케팅 활동을 하여야만 했다. 이것은 곧 앰부시 마케팅이 탄생하게 된 배경이 되었다.

이러한 이벤트의 독점적 마케팅 프로그램은 후원사 이외의 경쟁 기업들이 마케팅 활동을 하기 위한 새로운 아이디어를 지속적으로 개발하게 되었고, 이것이 곧 앰부시 마케팅의 시작이라고 할 수 있다.

(2) 방송권료의 증가

올림픽 개최의 스폰서 증가에 따른 방송 중계권료 증가는 방송의 방송시간 확대로 이어졌다. 이는 더 많은 기업들로부터 방송 광고의 기회를 제공하게 되었고, 후원사가 아닌 기업들은 이러한 기회를 활용하여 앰부시 마케팅의 기회로 삼았다. 지금은 스포츠 프로퍼티를 소유한 방송 중계권자들이 프로퍼티의 공식적인 후원사에게만 광고 권리를 제공하지만, 재방송 프로그램, 하이라이트 등 재가공 프로그램 등을 통한 비공식적인 경로를 통한 마케팅 활동은 지속되고 있다.

(3) 스폰서십 영역의 확대

상업화가 공식 후원사에게만 허락되는 이벤트의 경우 비공식 후원사는 모든 수단을 동원하지 않을 수 없다. 즉 공식 스폰서와 앰부시 마케팅의 전쟁터라고 할 수 있다.

제 2 장 앰부시 마케팅의 합법성과 예방법

제 2 장

앰부시 마케팅의 합법성과 예방법

1. 앰부시 마케팅의 합법성

행사에 거금을 내고 스폰서가 된 기업들로서 앰부시를 당할 때 당황스러운 일이 아닐 수가 없다. 그래서 올림픽이나 월드컵, 슈퍼볼 등 큰 스폰서십이 있는 대회를 앞두고 앰부시에 대한 조항이 계약서에 첨부되어 법적인 보호를 받으려고 한다.

앰부시 마케팅은 처음에는 비윤리적이며 공정하지 못한 마케팅 활동이라고 단정지을 수 있으나, 최근에는 하나의 마케팅 도구로 활용되고 있다. 그 메시지를 정확하게 활용하고 전달하는 것은 스포츠 이벤트를 활용하여 후원하는 기업의 몫이기 때문이다.

98 프랑스 FIFA 월드컵의 경우 앰부시 마케팅은 뜨거운 논란거리가 되었다. FIFA와 마케팅 대행사인 ISL은 전 세계 2백여 개 기업에게 대회 기간 중 앰부시 마케팅을 자제해 달라는 협조공문을 보냈다. 대회 조직위원회와 FIFA가 할 수 있는 것이라곤 광고나 프로모션 때 공식 후원사라는 용어를 사용하지 못하게 하는 정도이다. 법적인 보호는 받을 수 있지만 문제는 조직위원회가 앰부시 마케팅을 단속할 수 있는 방법이 없다는 데 있다. 2002 FIFA 월드컵에서도 앰부시 마케팅을 막기 위해서 FIFA는 다양한 보호 프로그램을 가동하였고, 국정원까지 동원해서 이러한 문제를 해결하려고 하였지만, 한계가 있었다.

앰부시 마케팅의 법적인 문제

앰부시 마케팅에 대한 법적인 논란은 1990년 6월에 있었던 NHL대 캐나다 펩시콜라의 사례이다. "다이어트 펩시 400만 달러 현상 프로하키 플레이오프 우승 맞히기"라는 대대적인 프로모션을 하였다. 콜라병에 적힌 경기결과 NHL 플레이오프 전의 실제 결과와 일치하는 병뚜껑을 가져오는 팬에게 상금을 지급하는 행사였다. 이에 대해 코카콜라의 압력이 있었겠지만 NHL은 이에 대해 펩시콜라에게 소송을 제기하였고, NHL의 주장은 NHL의 상표 사용권이 없는 펩시콜라가 이런 행사를 하는 것은 부적절하며, NHL이 소유하고 있는 상표와 '혼동할 만큼 유사한' 마크를 사용함으로써 불공정한 경쟁을 했고, NHL의 상표권을 침해했으며, NHL 제휴사의 사업에 불법적으로 개입했다는 등이었으나 NHL은 브리티시 컬럼비아 최고 법원에서 패소 판결을 받았다(육종술, 2002).

이러한 사례는 NHL의 공식 후원사인 코카콜라에 대한 펩시콜라의 앰부시 마케팅 행위와 관련된 것이다. 한 가지 분명한 것은 법은 앰부시 마케팅 행위자들에게 호의적이라는 사실이다. 어떤 경우에는 앰부시 마케팅으로부터 방어할 수 없는 상황들도 있다. 이에 해당하는 주된 경우는 공공 도로를 이용하는 마라톤과 같이 스폰서와 스포츠 조직 양자 모두나 둘 중 하나가 행사 접근을 통제할 수 없는 환경이 조성된 경우이며 또 다른 방어 불가능한 경쟁 전략은 스폰서의 영향력에 불리한 효과를 주기 위해 대응 유인책을 만드는 경우이다. 이런 회사들에 대한 문제는 조직위원회가 앰부시 마케팅을 단속할 수 있는 방법이 없다는 데 있다. FIFA 역시 "공식 후원사"라는 용어를 못 쓰게 할 정도뿐이었다.

미국법에는 대회 주최측이 앰부시 마케팅을 방지할 수 있는 조항이 있다. 그 내용은 다음과 같다. 어떤 기업이 특정 경기의 상표나 심벌 혹은 로고를 사용하는 앰부시 마케팅을 한다면 대회 주최자는 그 기업을 상표권 침해로 고소할 수 있다. 라만법에서는 앰부시 마케팅 기업이 경기와 관련된 마크나 심벌을 무단으로 사용하면 스폰서 기업이 그로 인해 입은 손해를 배상받도록 규정하고 있다.

그러나 등록 상표나 심벌을 사용하지 않는 경우에는 대회 주최측이 라만법을 적용하여 제재를 취하기가 어렵다. 펩시와 NHL의 법적 분쟁의 사례가 좋은 예라고 할 수 있다.

1978년 아마추어 스포츠법은 올림픽 스폰서에 관한 부가적인 권리보호 조항을 제정하였다. USOC는 올림픽 경기에 대한 공식 조직으로서 올림픽 심벌이나 마크를 무단 사용하는 것에 대한 공식 조직으로 올림픽 심벌이나 마크를 무단 사용하는 것에 대해 민사소송을 제기할 수 있는 권리를 갖고 있다. 심벌이나 로고에는 올림픽 게임, 오륜마크, 올림핌 불꽃같은 그림이나 단어가 포함된다. 따라서 USOC는 IOC나 USOC의 사전 동의 없이 이것을 무단으로 사용하면 어떤 조직에 대해서도 법률상 권한을 행사할 수 있다.

영업권을 침해하는 특정 기업에 대해 고소하는 방법이다. 행사 주최자나 스폰서 기업이 아니면서도 스폰서 기업인척 행동하는 것을 스폰서 기업의 영업권을 침해하는 것으로 해석하여 고소할 수 있다. 이론적으로 이 조항은 펩시콜라와 NHL의 분쟁에 적용할 수 있지만 미국 법원은 그렇게 하지 않았다.

지금까지 제시해온 것과 같이 앰부시 마케팅에는 약간은 소극적인 이미지가 따라 다닌다. 확실히 앰부시 마케팅이라는 단어가 만들어졌을 때 기생충 마케팅이라고 말한 것이 스폰서가 되기 위하여 필요한 돈을 지불하는 일 없이 스폰서와 같은 은혜를 받으려고 하는 기업 활동을 의미하고 있다. 그러므로 앰부시 마케팅은 부정한 상법이나 편승상법은 아니다. 이것은 공식 스폰서가 아닌 기업이 엄격한 시장 환경에서 도태되지 않기 위하여 라이벌 기업에 대하여 전개하는 일종의 경쟁 전략이라고 할 수 있다. 즉, 전략상의 현대적인 의미를 가미하면 앰부시 마케팅이란 스폰서십의 권리를 침해하지 않고 그 권리가 미치지 않는 곳에 비즈니스할 기회를 발견하고 전개하는 기업의 창조적 또는 독창적인 활동이라고 정의를 내릴 수 있다. 그렇게 하기 위해서 앰부시 마케팅을 전개하려고 하는 기업은 기업관을 고려함과 동시에 기업 특색을 전면적으로 내세운 광고보다 오히려 이벤트만으로 그치지 않는 스포츠 매력을 끌어내서 그것을 지원하는 기업의 자세나 방법을 소비자에게 어필할 수 있는 상상력이 풍부한 전략의 개발이 요구될 것이다.

한가지 분명한 것은 법은 앰부시 마케팅 행위자들에게 호의적이라는 사실이다.

2. 앰부시 마케팅의 방지 방법

앰부시 마케팅의 단기적 활동과 장기적 활동을 어떻게 중지시키느냐의 문제는 스포츠 프로퍼티를 소유하고 있는 조직에게 큰 문제가 아닐 수 없다. 앰부시 마케팅이 활성화되면 스포츠 이벤트 프로퍼티의 가치가 하락할 수 있는 여지가 있기 때문이다. 스포츠 프로퍼티의 인기는 여전하나 시장의 스폰서십의 가치가 하락한다면 '인기는 많으나 수익을 발생시키지 못하는 이벤트'가 될 수도 있기 때문이다.

앰부시 마케팅의 예방법

(1) 사내 교육 및 다양한 프로그램 개발

앰부시 마케팅을 예방하는 방법은 주최측이나 스폰서측 양측이 합동으로 해야 되는 과제이다. 스폰서십을 획득한 공식 후원사는 이를 마케팅적으로 활용할 수 있는 전략을 세워야 한다. 스포츠 행사를 어떻게 마케팅의 수단으로 활용하는가는 기업들의 몫이기 때문이다. "코카콜라, 코닥, 제록스, 비자카드 등 다국적 기업들은 월드컵 같은 대형 이벤트의 스폰서십을 획득하면 3~4년간 치밀하게 각종 프로모션을 진행, 효과를 극대화시키고 있다"며 "대회 기간을 전후로 2~3개월간 반짝 프로모션을 벌여 관심을 끌려는 풍토는 찾아보기 힘들다"고 말했다.

외국 기업의 경우 스폰서십을 획득하면 우선 사내홍보부터 시작한다. 스폰서십의 획득은 대외적인 홍보효과 못지않게 종업원들에게 회사에 대한 자긍심과 애사심을 높여주는 데 즉효약이기 때문이다.

주요 바이어들이나 소비자대표를 초청하여 경기를 관람시켜 주거나 각종 세일과 판촉물 증정 행사 등을 통해 대회에 관한 열기를 서서히 고조시켜나간다. 관련 예산도 스폰서십 획득 비용의 2~3배를 더 책정하는게 상식이다. 코카콜라가 애틀랜타올림픽의 개막을 앞두고 전세계에서 성화봉송 릴레이 주자를 뽑은 것이 좋은 예다.

투표를 통해 연예인과 스포츠 선수를 추천받은 뒤 이들과 투표에 참여했던 소비자를 직접 성화주자로 임명하는 프로모션이었다. 코카콜라가 이벤트에 들인 비용은 1,500만 달러로 올림픽 스폰서십 획득에 들어간 비용의 절반에 가까운 돈이다. "가장 미국적인 브랜드"라는 자사의 이미지를 경쟁사인 펩시콜라가 빼앗아 가지 못하도록 만들기 위해선 이 정도 돈은 아깝지 않다는 입장이다.

(2) 적극적인 홍보를 통한 대응전략

공식 후원사는 앰부시 마케팅의 마케터들보다 유리한 위치에 있으나 공식 스폰서가 되기 위해 투자한 금액보다 몇 배의 돈과 시간 그리고 사전에 철저히 준비된 마케팅 활동을 통해 앰부시 마케터들을 이길 수 있어야 한다.

스폰서를 따내기 위해 돈을 들였다면 충분한 광고비를 써서 스폰서 효과를 최대한 이용해야 그 효과가 배가될 수 있다. 광고비를 쓸 여유가 없다면 스폰서 지정이 큰 의미가 없다고 판단된다. 적극적인 활동을 벌인 기업들의 인식률이 그렇지 않은 기업들보다 훨씬 높게 나오고 있음을 명심해야 할 것이다.

(3) 교육을 통한 소비자 인지능력 향상을 위한 노력

교육을 통하여 소비자들에게 인지시키는 것이다. 소비자들에게 앰부시 마케팅의 나쁜 영향을 인식시킨다면 어떤 기업들도 앰부시 마케팅을 하려고 들지 않을 것이다. 막대한 돈을 들여 벌인 활동이 역효과가 난다면 그 어떤 기업도 앰부시 마케팅을 하려고 들지 않을 것이기 때문이다.

물론 지나치게 높게 책정된 스폰서 비용과 스폰서의 자격을 얻기 위한 경쟁이 지나치다는 원인 제공도 있지만 현재로서는 시장의 원리에 따라 선점한 기업에게 유리하게 돌아가는 것이 당연하다.

(4) 주최측과의 연계를 통한 사전 봉쇄

주최측에서는 사전 앰부시 능력이 있는 기업들에게 행사 기간이나 대회장 주변에서의 앰부시를 할 때 기업에게 어떤 불이익이 주어지는지에 대하여 사전에 통보함으로써 막을 수 있다.

대체적으로 앰부시를 할 수 있는 능력이 있는 회사는 몇개 안되기 때문에 대회 주최측이 사전에 미리 해당 회사에게 통보할 것을 요청하는 것은 스폰서 기업이 해야 할 중요한 일이다.

IOC의 앰부시 마케팅 방지법

(1) 재산권의 통제

마크, 엠블럼, 마스코트 등 디자인 및 명칭에 관련된 모든 사항을 트레이드 마크로 등록한다. 엠블럼 또는 로고의 지적재산권을 등록하면 상업적 목적으로 모방될 경우 법적으로 대응할 수 있다. 그러므로 올림픽의 개최를 희망하는 도시에 이와 같은 법이 재정되어 있어야 한다.

(2) 명확한 스폰서의 권리

행사 주최자, 국제 연맹, 국가 대표팀 및 개인 선수에게 공식 후원사의 권리를 고지하고 후원사에게 역시 이러한 권리가 있음을 명확하게 해준다.

(3) 불공정 경쟁, 오해를 할 수 있는 광고에 대한 법적 대응

거짓 광고, 오해를 불러올 수 있는 광고 또는 과장광고에 대한 법적 대응은 앰부시 마케팅을 통제하려는 노력을 한다. 국제 라이센싱 프로그램의 도움을 받지 못할 경우를 대비해서 다른 법적 대안을 준비해야한다. 그 예로 미국의 상표법인 Lanham Act에서는 앰부시 마케팅 기업이 경기와 관련된 마크나 심벌을 무단으로 사용하면 스폰서십 기업이 그로 인해 입은 손해를 배상받을 수 있도록 규정하고 있다.

(4) 이벤트 환경의 통제

❶ 깨끗한 경기장(Clean Stadium)

광고 메시지와 미디어뿐 아니라 모든 유형의 상업적 활동을 통제한다. 이는 식음료 판매, 기념품 판매, 길거리 판매, 경기장 주변에 있는 옥외광고, 관중과 카메라에 노출되는 건물, 공중 광고까지 통제하는 것을 의미한다.

경기장 안에서 관객의 소유물이 공식 후원사가 아닌 기업의 브랜드나 로고가 드러나지 않도록 한다. 이러한 조건을 충족시키기 위해서 대회 관계자는 관람객의 입장에 입장권을 검사하는 것뿐 아니라, 관람객이 소유한 물품, 단체적인 복장까지도 검사한다. 이러한 의류가 적발될 경우 의상을 교체하거나 뒤집어 입도록 하는 규제를 하고 있다. 또한 다양한 외국어를 구사할 수 있는 인원을 배치시켜 복장에 대해 외국어로도 확인 가능할 수 있도록 확대해야 한다.

❷ 대회, 선수, 경기장에 관한 역사적 이미지 통제

유의할 점은 대회나 선수 이미지는 보호받아도 경기장 이미지는 보호받지 못하는 경우가 많다. 이러한 내회에 관련된 모든 이미지는 대회 조직위원회의 소유와 IOC의 소유로 대회 기간중에 소유권이 이전되도록 한다.

❸ 위반 사항의 감시

공식 후원사들의 권리 보호 프로그램을 만들어 운영한다. 이는 올림픽 경기중 경기장, 방송, 인터넷 및 웹사이트를 모두 감시한다. 위반 사항이 발생할 경우, 중지 명령을 내릴 수 있으며 피해에 따라 보상받을 수 있으며, 문제 물품을 제거할 수 있다. 심지어 주변에 판매되고 있는 문제 물품이 라이센싱 제품이 아니라면 관리자는 직접 물품을 강탈할 수 있다.

❹ 법적인 문제 해결

1996년 아틀란타올림픽때 앰부시 마케팅을 중지하라는 공문 약 4,000통이 기업들에게 보내졌다. 앰부시 마케팅 활동을 중지하지 않을 경우 법

베이징올림픽 기간 쇼핑몰에 설치된 나이키의 조형물

적으로 대응하겠다는 공문만으로도 효과가 있었다고 한다. 대응을 위해서는 관련 법에 대한 지식이 요구되며 앰부시 마케팅에 대한 정보의 신속한 수집과 전달이 요구된다. 또한 약한 대상을 고소하여 긍정적인 판결이 나오도록 하여 판례를 만들어 잠재적 앰부시 마케팅 기업들에게 경고하는 것이 전략적이다.

(5) 이벤트 파트너의 통제

계약시 아래의 조항을 포함하는 것이 좋다. 다만 협상의 힘과 주도권이 행사 주최자에게 있을 경우에 가능하다.

❶ 개인선수가 마스코트나 심벌을 이용하는 것을 금지한다.

❷ 방송사와 협조한다

방송 후원이나 광고를 공식 스폰서에게 우선적인 기회를 제공하고, 비스폰서의 광고에 대회명이나 이미지의 사용을 금지하도록 한다. 또한 가상광고를 금지하도록 한다.

❸ 사진 또는 동영상 이미지 사용을 제한한다

이미지는 승인 사진만 사용할 수 있고 상업적 목적으로 판매할 수 없다.

❹ 입장권 및 라이센스 제품을 비후원기업에게 판매할 수 없도록 한다.

예를 들어 라이센시는 상품으로 이용하기 위해 라이센스 제품을 필요로 하는 비후원사 기업에게 라이센스 제품을 판매할 수 없으며, 공식 입장권 판매자는 고객 접대 프로그램과 촉진 프로그램을 위해 입장권을 필요로 하는 비후원 기업에게 판매할 수 없다.

❺ 라이센스 계약에 연합 촉진 또는 재하청을 금지한다

❻ 개최 국가, 지방자치 단체 또는 조직위원회가 스폰서 권리를 보호하도록 요구한다.

특히 마크와 엠블럼에 비해 이벤트 명의 사용은 법적으로 보호받기 어려운 부분이 있으므로 이러한 부분을 개최도시가 보호할 수 있도록 해야 하며, 개최도시 계약서에 포함시켜야 한다.

⑦ 특정 의류/신발 브랜드의 착용을 금지시켜야 한다.

⑧ 공식 후원사의 특정 서비스나 제품 사용을 의무화 한다.

⑨ 공식 후원사로 활동하기 희망하는 기업이 거절 당해도 앰부시 마케팅을 하지 않겠다고 미리 협약을 한다.

⑩ 특정 팀과 연관되는 기업이 앰부시 마케팅을 할 경우, 팀의 활동을 제한하도록 한다.

⑪ 허락받지 않은(unauthorized) 인쇄물의 배포를 금지하고, 이와 같은 인쇄물에 광고하는 것을 금지한다. 또한 허락받은 인쇄물에는 공식 스폰서에게 공간 확보에 대한 우선권을 제공한다.

⑫ Hospitality Program을 통한 시설 활용을 극대화 한다.

(6) 스폰서십과 앰부시 마케팅에 대한 교육

❶ 소비자를 대상으로 교육

앰부시 마케팅은 소비자가 공식 후원사가 누구이며, 그들의 권리가 무엇이며, 올림픽 개최에 있어서 그들의 역할이 무엇인가에 대한 지식을 충분히 인지하고 있는 환경에서 성공할 수 없다. 즉, 소비자들이 스폰서를 인지하는 데 특히 공식 후원사와 앰부시 마케팅에 대한 이해와 교육이 요구된다. 이러한 활동들은 앰부시 마케팅이 소비자에게 어떻게 지각되는지에 영향을 미칠 것이다.

❷ 의견 선두자(Opinion Leader)와 미디어 대상 교육

한 예로 1996년 올림픽 개최 15개월 전, 후원사 보호 단체는 앰부시 마케팅을 비난하는 쪽지를 1,600여 개 커뮤니케이션 에이전시(라디오와 TV 방송사 포함)에게 배포하였고, 16,000회의 전화 통화를 통해 마크와 용어 사용에 대해 설명하였다. 이는 앰부시 마케팅이 어떻게 지각 또는 보고될 것인가 영향을 미친다.

❸ 입출국 심사관을 대상으로 교육

금지 물품 반입을 막기 위한 교육을 실시한다.

❹ 기타 관계자가 앰부시 마케팅 예방 프로그램 관련 워크숍에 참가하도록 요구한다.

FIFA의 앰부시 마케팅 방지법

FIFA는 FIFA 월드컵의 개최지가 결정되기 이전부터 상업적 권리 즉 마케팅과 관련된 모든 사항에 대해서 세부적으로 개최국 유치위원회와 협약을 맺는다. 이러한 협약을 통해서 그들이 보유하고 있는 마케팅 권리를 최대한 보호하고 이러한 권리를 보호받는다.

FIFA는 월드컵 축구대회와 관련한 모든 형태의 상업권(마케팅 권한) 및 지적재산권(상표권, 저작권 등)을 독점·배타적으로 소유하고 있고, 전 세계의 모든 국가와 영토에서 모든 상품과 서비스를 대상으로 현존하거나 앞으로 개발될 모든 미디어를 통해 비상업적(공익) 또는 상업적(수익) 사업을 불문하고 이들과 연관되는 모든 행사 내지 사업에 대하여 FIFA에서 직접 통제하고 있다.

이 마케팅 권리는 다음 사항을 포함하며 이에 국한되지 않는다.

- 통제구역 내에서 모든 형식이나 매체를 통해 청각적으로 또는 시각적으로 실시하는 모든 종류의 광고행위
- 대회 관련 각종 언어(스폰서, 파트너, 서플라이어, 라이센시, 개최도시 등)를 사용하여 대회와 연관성을 나타내는 모든 표현문
- 통제 구역 내에서의 모든 매점경영, 독점권행사, 전시행사, 견본배포, 상품설명회 및 판권판매

- 2002 FIFA 월드컵과 관련되는 모든 후원, 광고, 판촉, 고객접대, 기타 사업상의 동기를 부여하는 행위
- 모든 출판물의 제작과 판매에 관련되는 모든 권리 및 출판물에 관련되는 마케팅 권리의 행사
- 입장권, AD카드 및 초청장 등에 게재하는 모든 광고
- 대회와 관련된 모든 상품판매권과 상품화권
- 라이센스 및 이러한 목적으로 표시물들을 사용하는 권리
- 대회를 위한 음악작품과 각종 기념주화, 메달 및 우표, 공식영화
- 인터넷과 관련하여 현재 행하거나 앞으로 행할 수 있는 유사한 시스템(추가적인 하드웨어나 소프트웨어 여부 불문)을 통해 마케팅 권리를 행사하는 행위 등

FIFA의 마케팅 권리 및 앰부시 마케팅 보호

보호되는 권리의 범위를 보면 지적재산권으로서 상표권, 서비스표권, 저작권 등이 있고, 상업권으로서 마케팅 권한, 공식 음악, 미술, 포스터, 프로그램 제작, 컴퓨터 D/B, 인터넷, 입장권, TV 방송, 경기장 내 선전, 기록물에 대한 선전행위 등이 있다. 보호되는 FIFA의 상징물로서는 엠블럼, 마스코트, FIFA 월드컵트로피 디자인, FIFA 월드컵마크, FIFA, FIFA World Cup Korea/ Japan, 2002 World Cup Korea, 2002 World Cup, World Cup in 2002, 2002 FIFA World Cup Korea/Japan, 대회명칭 등이 있다.

이와 같이 FIFA는 지적재산권으로서의 상표권 등의 사용과 ⅰ) FIFA Official Partner, ⅱ) Official LOC Supplier, ⅲ) Official Licensing Partner의 상업권 행사 및 중계권 등의 대가로 막대한 후원금을 받는 등 지적재산권 등을 상업 활동과 연계하여 거대한 FIFA 왕국을 운영하는 것을 살펴봄으로써 우리나라도 2002년 한·일 월드컵 개최를 통해 지적재산권의 가치와 중요성에 대한 새로운 인식의 계기를 마련해 보고자 하는데 본서의 목적이 있다.

(1) FIFA의 마케팅 권리 및 지적재산권의 주요 관련 규정 등

FIFA가 소유한 지적재산권 등의 내용은 상표권, 서비스표권, 저작권 등이 있고, 상업권으로서 마케팅 권한 등이 있는데 이러한 FIFA의 지적재산권 등은 우리나라가 승인하고 회원국으로 가입한 국제 IPR협약 및 우리나라 상표법 등에 의하여 다른 상표권자들과 동등하게 보호·관리를 받는다.

물론 FIFA가 정당한 소유권자로서 상표법 상의 절차에 따라 적법하게 등록된 경우에 한해서 보호받게 되는 것은 당연하다. 현재 FIFA가 상표법에 따라 등록한 표장과 보호되는 FIFA의 상징물 등으로는 엠블럼, 마스코트, FIFA 월드컵트로피 디자인, FIFA 월드컵마크, FIFA, FIFA World Cup Korea/Japan, 2002 World Cup Korea, 2002 World Cup, World Cup in 2002, 2002 FIFA World Cup Korea/Japan, 대회명칭 등이 있는데, 이러한 마케팅권리 및 지적재산권과 우리나라에서의 부당마케팅 행위 등에 의해 침해받지 않도록 최선을 다할 것을 우리 월드컵 조직위원회와 FIFA가 2002년 FIFA 한·일 월드컵대회조직협회 협약서를 체결하여 보호되고 있는바, 그 협약서의 주요 관련 규정과 내용을 살펴보면 다음과 같다.

6.1 FIFA의 마케팅 권리(FIFA's Marketing Rights) 상에 FIFA는 독점적으로, 그리고 범세계적으로 2002 FIFA 한·일 월드컵과 관련된 모든 마케팅 권리를

보유하며, 그 마케팅 권리를 전세계의 모든 국가와 영토에서 모든 상품과 서비스를 대상으로 현존하거나 앞으로 개발될 모든 미디어를 통해 행사할 수 있는 전세계적인 독점적인 권리를 FIFA의 마케팅 파트너에게 부여한 바 있다. 이 마케팅 권리는 특히 다음과 같다.

6.1.1 통제 구역내에서의 광고판,…공중 광고행위

6.1.2 각종 언어(공식) "스폰서," "파트너," "Supplier," "Product"… 등을 사용하여 2002년 FIFA 한·일 월드컵과의 연관성을 나타내는 모든 표현물

6.1.3 통제구역 내에서의 모든 매점경영, 독점권 행사,… 상품설명회 및 판권 판매

6.1.4. 2002년 FIFA 한·일 월드컵에 관련되는 모든 후원, 광고, 판촉, 고객접대, 기타 사업 상의 동기를 부여하는 행위

6.1.5 모든 출판물의 제작과 판매에 관련되는 모든 권리 및 출판물에 관련되는 마케팅권리의 행사

6.1.6 위 6.1.5항에 포함되지 않은 모든 2002년 FIFA 한·일 월드컵 인쇄물 즉, 입장권과 AD카드 및 초청장 등에 게재하는 모든 광고

6.1.7 2002년 FIFA 한·일 월드컵대회와 관련된 모든 상품판매권과 상품화권-라이센스 … 및 이러한 목적으로 표시물(마크)들을 사용하는 권리

6.1.10. 아래 물건의 제작과 판매 및 아래 물건과 관련된 마케팅 권리의 행사 (ⅰ) 2002년 FIFA 한·일 월드컵을 위한 음악 작품과 (ⅱ) 한국의 법률과 제규정의 범위 내에서 2002년 FIFA 한·일 월드컵의 각종 기념주화, 메달 및 우표 (ⅲ) 2002년 FIFA 한·일 월드컵 공식영화

6.1.11 인터넷이나 인터넷과 유사한 기능을 현재 행하거나 앞으로 행할 수 있는 유사한 시스템(추가적인 하드웨어나 소프트웨어 여부에 관계없이)을 통해 마케팅 권리를 행사하는 행위

6.1.12 전 세계의 모든 영토와 국가에 하청사업을

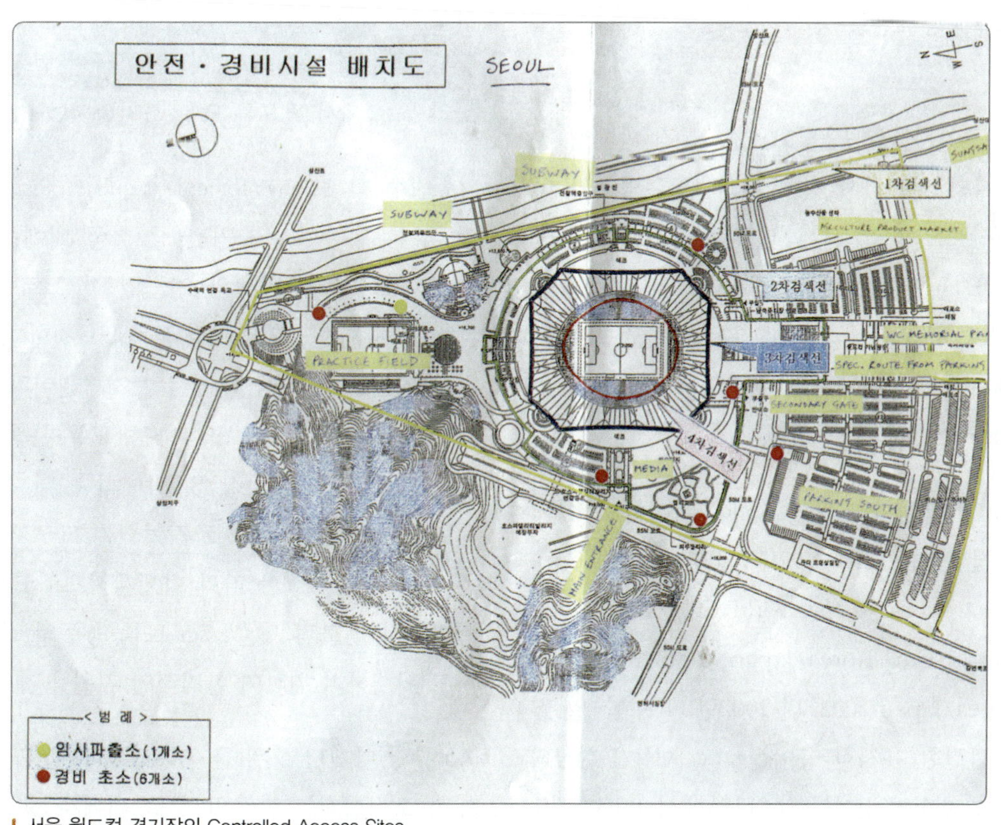

서울 월드컵 경기장의 Controlled Access Sites

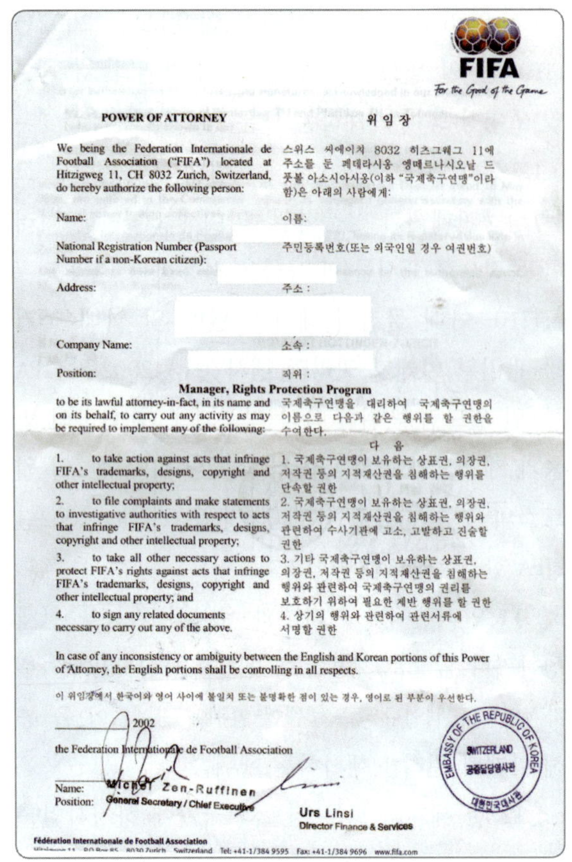

FIFA
For the Good of the Game

POWER OF ATTORNEY	위 임 장
We being the Federation Internationale de Football Association ("FIFA") located at Hitzigweg 11, CH 8032 Zurich, Switzerland, do hereby authorize the following person:	스위스 씨에이치 8032 히츠그웨그 11에 주소를 둔 페데라시옹 엥떼르나시오날 드 풋볼 아소시아시옹(이하 "국제축구연맹"이라 함)은 아래의 사람에게:
Name:	이름:
National Registration Number (Passport Number if a non-Korean citizen):	주민등록번호(또는 외국인일 경우 여권번호)
Address:	주소 :
Company Name:	소속 :
Position:	직위 :

Manager, Rights Protection Program

to be its lawful attorney-in-fact, in its name and on its behalf, to carry out any activity as may be required to implement any of the following:	국제축구연맹을 대리하여 국제축구연맹의 이름으로 다음과 같은 행위를 할 권한을 수여한다.
	다 음
1. to take action against acts that infringe FIFA's trademarks, designs, copyright and other intellectual property;	1. 국제축구연맹이 보유하는 상표권, 의장권, 저작권 등의 지적재산권을 침해하는 행위를 단속할 권한
2. to file complaints and make statements to investigative authorities with respect to acts that infringe FIFA's trademarks, designs, copyright and other intellectual property;	2. 국제축구연맹이 보유하는 상표권, 의장권, 저작권 등의 지적재산권을 침해하는 행위와 관련하여 수사기관에 고소, 고발하고 진술할 권한
3. to take all other necessary actions to protect FIFA's rights against acts that infringe FIFA's trademarks, designs, copyright and other intellectual property; and	3. 기타 국제축구연맹이 보유하는 상표권, 의장권, 저작권 등의 지적재산권을 침해하는 행위와 관련하여 국제축구연맹의 권리를 보호하기 위하여 필요한 제반 행위를 할 권한
4. to sign any related documents necessary to carry out any of the above.	4. 상기의 행위와 관련하여 관련서류에 서명할 권한

In case of any inconsistency or ambiguity between the English and Korean portions of this Power of Attorney, the English portions shall be controlling in all respects.

이 위임장에서 한국어와 영어 사이에 불일치 또는 불명확한 점이 있는 경우, 영어로 된 부분이 우선한다.

2002

the Federation Internationale de Football Association

Name: Michel Zen-Ruffinen
Position: General Secretary / Chief Executive

Urs Linsi
Director Finance & Services

EMBASSY OF THE REPUBLIC OF KOREA
SWITZERLAND
공증담당영사관
대한민국대사관

Fédération Internationale de Football Association
Switzerland Tel: +41-1/384 9595 Fax: +41-1/384 9696 www.fifa.com

Ambush Marketing 보호를 위해 FIFA Marketing 직원에게 FIFA가 발급한 위임장

실시할 수 있는 권리를 갖고 있는 특정 마케팅 권리의 행사와 관련하여 전 세계의 모든 영토와 국가를 대상으로 하는 모든 상품과 서비스에 제반 표시물(마크)을 이용하는 독점적이고 배타적인 권리] 등으로 규정되어 있으며, 지적재산권 문제는 동 협약서 Ⅶ. 지적재산권 문제(Intellectual Property Matters)에 규정되어 있는데,

7.1 FIFA 월드컵마크(FIFA World Cup Mark) 상에 대회 조직협회는 FIFA가 "FIFA, FIFA World Cup, 2002 FIFA World Cup, World Cup 2002, 2002 FIFA World Cup Korea/Japan, 2002 Korea/Japan, Korea/Japan 2002, 및 2002년 FIFA 한·일 월드컵과 관련한 유사한 용어(그리고, 이들을 한국의 공식언어로 번역한 단어들)와, FIFA에서 FIFA가 요구하는 모든 카테고리에 한국 내에서 FIFA의 명의로 등록되거나 등록출원되기를 요구하는 것을 보장하기 위하여 FIFA와 FIFA 마케팅 파트너에게 전적으로 협력하여야 한다. 대회 조직협회는 한국의 영토 내에서 한국의 법률과 제규정의 틀 속에서 FIFA 월드컵 마크에 대한 FIFA의 이익 유지를 위해 필요한 모든 조치를 취하며, 이는 예외없이, FIFA가 별도로 지시하지 않는한, 본 협약서 유효기간중 요구될 수 있는 월드컵마크 사용신고의 전부 또는 일부 및 여타 증거의 정리(filing) 등을 포함한다.

7.2 엠블럼 및 마스코트(Emblem and Mascott)에 대해 FIFA가 요구하는 모든 카테고리에서 상표권과 (필요하고 적절하다고 판단하는 경우) 저적권의 등록을 포함한다. 대회 조직협회는 한국 내에서 엠블럼과 마스코트에 관한 FIFA의 이익이 완전할 수 있도록 FIFA가 달리 지정하지 않는 한, 본 협약서 유효기간 중 필요로 할 수 있는 사용신청의 전부 또는 일부 및 여타 증거의 정리 등 한국의 법률과 제규정의 틀 속에서 필요한 모든 조치를 취하여야 한다.

7.3 집행 및 보호(Enforcement and Protection)에서 만약, 본 협약의 유효기간 중 한국 내에서 제3자가, FIFA 월드컵 마크와 엠블럼, 마스코트 및 관계 마크에 대한 FIFA의 소유권에 도전할 경우, 대회 조직협회는, 한국 내에서의 저작권이나 상표권과 관련된 분쟁까지도 포함하는, 모든 분쟁에 있어 FIFA가 그 권리를 주장 및 방어하는 데 전적으로 지원하여야 한다. 대회 조직협회는 FIFA가 지정하는 마크 등록 계획에 따라 범세계적으로 FIFA 월드컵마크와 엠블럼 및 마스코트를 능동적으로 보호하고 시행하기 위하여 합리적인 지원을 제공한다.

7.6 부당 마케팅 행위 금지(Anti-Ambush Campaign) 대회 조직협회는 한국의 영토 내에서 상업권자의

부당 마케팅 행위(Ambush Marketing)를 최소화하기 위하여 가능한 모든 조치를 취하여야 한다. 대회 조직협회는 한국의 영토 내에서 이와 같은 마케팅 행위를 단속해야 할 유일한 단속 책임자이다. 대회 조직협회는 개최도시(Venues), 경기장 소유주 및 기타 다른 주체가 직접 또는 2002년 FIFA 한·일 월드컵과 관련하여 어떠한 권리를 부여하거나 부여하려는 시도를 하지 못하도록 보장하여야 하며, 마케팅 권리 또는 상업권자에게 부여된 2002년 FIFA 한·일 월드컵과 관련한 제반 독점권과 충돌하거나 침해하지 않도록 보장하여야 한다라고 규정되어 있다.

〈2002 FIFA 월드컵TM의 주요 등록상표〉

- FIFA World CupTM(FIFA 월드컵TM)
- 2002 FIFA World CupTM(2002 FIFA 월드컵TM)
- 2002 FIFA World Cup Korea/JapanTM(2002 FIFA 월드컵 한국/일본TM)
- the Official Emblem and the Official Mascots of the 2002 FIFA World Cup Korea/JapanTM(2002 FIFA 월드컵 한국/일본TM의 공식 엠블럼 및 마스코트) 등

FIFA의 마케팅 권리는 조직위원회 협약서 Ⅵ. 마케팅 권리 및 마케팅 요구사항(Marketing Righr, Marketing Requirements)에 규정되어 있다.

(2) 통제구역(Controlled Access Sites)

통제구역이라 함은 FIFA 대표단을 위한 경기장, IBC, 보도센터, 준비캠프, 공식훈련장, 지정호텔과 센터(주차장과 같이 대회 조직위원회의 관리 하에 있는 주변 지역 포함) 및 대회 조직위원회에서 발행한

그림 2-1 Right Protection Program의 구조

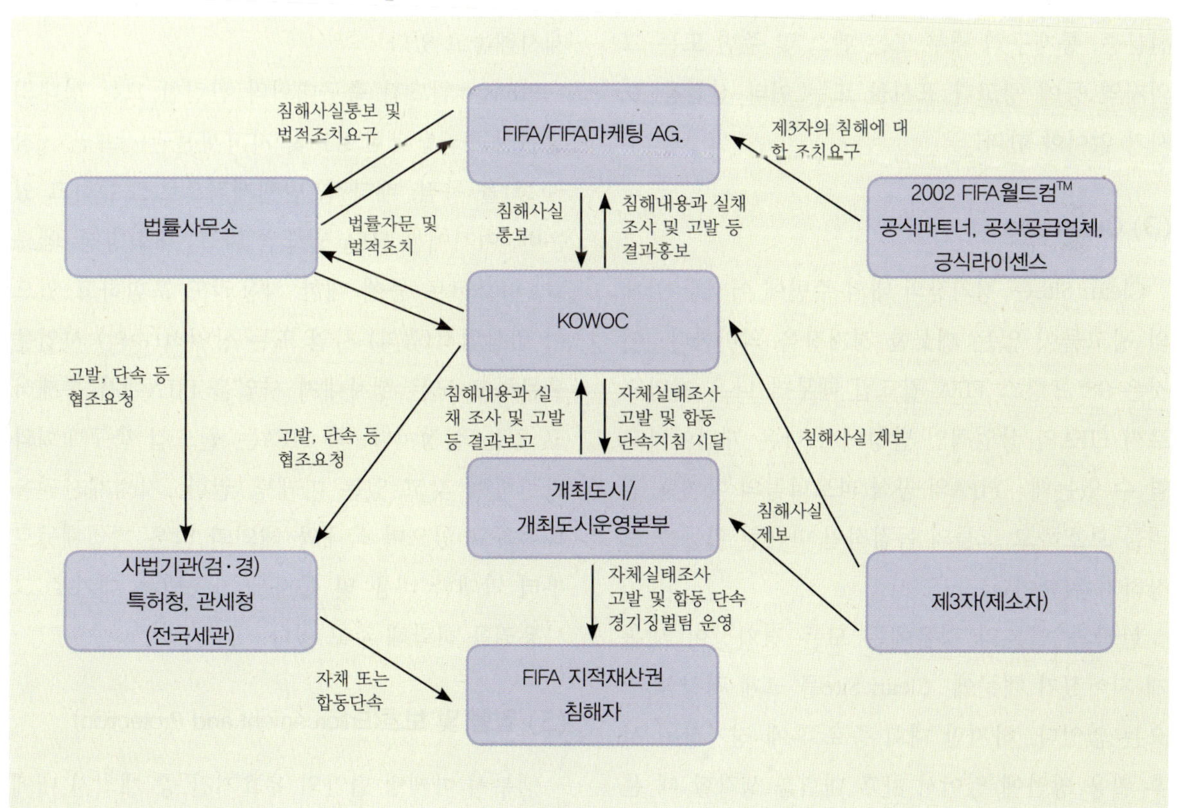

출처: 월드컵 비즈니스에서 참조.

네덜란드를 응원하는 36명의 미녀들

신분증에 의해 출입이 통제되는 기타 지역을 말하며 동 지역 내에서는 공식 인가된 FIFA 월드컵 상품만을 판매할 수 있으며 판매용 식음료품은 상업권자가 독점적으로 생산한 제품이거나 경쟁사의 상표가 부착되지 않은 제품이어야 한다.

FIFA 마케팅사가 설치하거나 허가한 사항 이외에는 예외 없이 경기장 판매대, 스코어보드, 좌석 또는 좌석뒷면, 계시기, 대회관계자 유니폼 또는 신분증, 통제구역 내부 또는 펜스 및 주변 또는 그 외지역 등에 광고나 표시물 또는 여타 상업용 표시가 없어야 한다.

(3) Clean Site

Clean Site는 경기장의 내외 주변에 어떠한 일체의 광고물이 없는 깨끗한 경기장을 의미한다. 이것은 98 프랑스 FIFA 월드컵 때부터 나온 개념으로써 FIFA의 상업적인 발상에서 나온 개념이라고 할 수 있는데, FIFA의 공식 파트너들의 마케팅 권리를 보호하고 그들의 독점적인 마케팅 활동을 보장하기 위함이다.

한국과 일본의 경우에는 모든 경기장이 새롭게 지어졌기 때문에 Clean Site를 크게 걱정할 필요는 없었다. 하지만 대회 종료 후에 경기장의 사후 활용 방안에 있어서 차후 대회를 생각할 때 문제점으로 지적될 수도 있다 하겠는데, 상암 경기장의 경우에는 모든 시설에 임대를 줘서 경기장의 모든 부분이 광고판 일색이다.

FIFA 주관 대회를 또 다시 개최할 계획이라면 —그 좋은 10개 경기장 놀릴 수는 없지 않은가?— 다시 한번 생각을 해봐야 할 것이다.

한국이 추후 FIFA 월드컵이라도 다시 개최된다면 FIFA는 분명히 모든 경기장의 Clean Site를 요구할 것이다. 그렇다면 과연 지금의 경기장 사후 활용 방안에 있어서 쓸 수 있는 공간이 얼마나 있을까? 진정한 축구장의 활용을 위한 것이라면 Clean Site라는 개념 앞에서 우리는 다시 한번 생각을 해봐야 할 것이다.

(4) 지적재산권 문제(Intellectual Property Matter)

FIFA 월드컵은 대회 자체가 올림픽과는 다른 성격을 보이기 때문에 FIFA는 개최국가와의 개최 협의를 맺기 이전에 개최국 협약서에 앰부시 마케팅의 보호에 대하여 조직위원회의 역할을 명확하게 제시해놓고 있다.

FIFA는 월드컵 축구대회와 관련한 모든 형태의 상업권(마케팅 권한 등) 및 지적재산권(상표권, 저작권 등)을 독점, 배타적, 범세계적으로 보유하고 있는바, 여기에는 FIFA 월드컵 마크, 대회명칭, 엠블럼, 마스코트 등에 대한 사용권도 포함하고 있으며 비상업적(공익) 사업 또는 상업적(수익) 사업을 불문하고 모든 행사내지 사업을 FIFA에서 통제하고 있는 실정이다. 즉 FIFA는 월드컵 축구대회와 관련하여 갖고 있는 마케팅 권한, 지적재산권을 독점하고 있으며 국내와 해외의 많은 기업체들로부터 막대한 비용 및 물자를 제공받는 대가로 그 사용권을 허락해 주고 있다.

(5) 집행 및 보호(Enforcement and Protection)

앰부시 마케팅 협약의 유효기간 중 개최지 내에서 제3자가 FIFA 월드컵 마크와 엠블럼, 마스코트

및 관계 마크에 대한 FIFA의 소유권에 도전할 경우, 대회조직협회는 한국 내에서의 저작권이나 상표권과 관련된 분쟁까지도 포함하는, 모든 분쟁에 있어 FIFA가 그 권리를 주장 및 방어하는 데 전적으로 지원하여야 한다.

(6) 앰부시 마케팅 행위 금지(Anti-Ambush Campaign)

조직위원회는 개최국의 앰부시 마케팅을 최소화하기 위하여 가능한 모든 조치를 취하여야 한다. 대회 조직협회는 한국의 영토 내에서 이와 같은 부당 마케팅 행위를 단속해야 할 유일한 단속 책임자이다. 대회 조직협회는, 개최도시(Venues), 경기장 소유주 및 다른 주체가 직접 또는 간접적으로 FIFA 월드컵과 관련한 어떠한 권리를 부여하거나 부여하려는 시도를 하지 못하도록 보장하여야 하며, 마케팅 권리 또는 상업권자에게 부여된 FIFA 월드컵과 관련한 제반 독점권과 충돌하거나 침해하지 않도록 보장하여야 한다.

(7) RPP(Rights Protection Program)

RPP(Rights Protection Program)은 FIFA Marketing AG에서 운영하는 지적재산권 보호 프로그램이다. 이 프로그램은 FIFA와 조직위원회, FIFA Marketing이 연계되어서 운영되는 프로그램으로써 개최국과 FIFA의 합의 계약시 개최국의 정부가 최대한 이 부분에 협조해야 하는 의무사항으로 규정되어진다. 이러한 계약 내용에 힘입어서 RPP 프로그램의 담당직원들은 FIFA가 직접 신분을 증명하고 이에 대한 모든 권리를 적발해 낼 수 있는 위임장을 발급하여 FIFA 지적재산권 보호팀에 힘을 실어 주기도 한다. 또한 이러한 권리를 뒷받침하기 위해서 FIFA와 LOC가 계약하는 개최도시 협약서안의 마케팅 및 RPP 관련 계약 조항을 살펴보면 다음과 같다.

코카콜라와 펩시콜라의 마케팅 전쟁은 끝이 없을거 같다.

미국의 앰부시 마케팅 방지법

미국 법에는 대회 주최측이 앰부시 마케팅을 방지할 수 있는 조항이 있다.

첫째, 어떤 기업이 특정 경기의 상표나 심벌 혹은 로고를 사용하여 앰부시 마케팅을 한다면, 대회 주최자는 그 기업을 상표권 침해로 고소할 수 있다. 라만(Lanham)법에서는 앰부시 마케팅 기업이 경기와 관련된 마크나 심벌을 무단으로 사용하면, 스폰서 기업이 그로 인해 입은 손해를 배상하도록 규정하고 있다.

둘째, 영업권을 침해하는 특정 기업에 대해 고소하는 방법이다. 행사 주체자나 스폰서는 스폰서 기업이 아니면서 스폰서 기업인 척 행동하는 것을 스폰서 기업의 영업권을 침해하는 것으로 해석하여 고소할 수 있다.

어윈과 스토틀러는 "스포츠 로고 상품의 소비자 수요가 급증함에 따라 스포츠 조직에서는 팀의 로고를 도용하거나 위조품 제조를 막기 위한 방안을 찾게 되었다"고 말했다. 그리고 라시(Rathie, 1994)는 "스포츠 이벤트나 대회의 주최측으로부터 공인받지 않은 회사와 연관된 비즈니스와 상표" 등을 "앰부시 마케팅"이라고 설명하였다.

또한 코헨(1992)은 "스포츠 상품의 판매사업이

커지게 되면 복제품이 등장하게 된다. 시장에는 비공인 제품이나 불량품이 공공연히 흘러 들어온다. 불량품은 상품 소유주의 수입을 감소시키는 것뿐만 아니라 갖가지 문제도 발생시킨다"고 하였다.

복제품의 제조나 로고의 도용은 상표 관련 연방법과 주정부 법에 저촉된다. 라이센싱 사업의 이러한 법적인 보호 장치를 스포츠 조직은 잘 알고 있어야 한다.

이러한 것을 지켜줄 법적인 보호 장치가 복잡한 계약조항이다.

셔먼(Sherman)은 라이센싱 계약에 포함되어야 할 핵심조항을 19가지로 분류하였다.

1. 영역과 독점과 경계
2. 양도 가능성과 부수적인 권리
3. 자산과 라이센서 제품에 대한 정의
4. 품질관리와 품질인정
5. 도안과 디자인의 소유권
6. 계약연장 및 해지조건
7. 선금과 매출 로열티
8. 작업 표준
9. 책임 보험
10. 손해 배상
11. 상표권 및 저작권 침해의 준수의무
12. 최소한의 광고 및 프로모션 보장
13. 업자의 정산 및 수량체크
14. 라이센서의 감사권
15. 캐릭터 변형이나 확장에 대한 1차 거부권
16. 업자가 관련되거나 소속된 조직의 유통에 대한 제한
17. 라이센서의 재산권에 대한 설명 및 보증
18. 라이센서의 기술 및 판촉 협력
19. 기타조항

여기에는 공식계약서, 계약의 준비, 계약의 준수 등도 포함된다.

3. 앰부시 마케팅 사례

바바리아와 버드와이저

Bavaria Beer(바바리아)의 Ambush Marketing은 여전히 논란거리며, 2010 FIFA 월드컵 최고의 Ambush Marketing으로 많은 이슈를 낳았다. 이는 2010 FIFA 남아공 월드컵에서 36명의 미녀들이 오렌지 색상의 유니폼을 입고 응원을 한 것으로 시작된다.

이들은 네덜란드와 덴마크의 경기에서 이러한 복장으로 관람을 하다가 전반전 종료 후 FIFA Official에게 제지를 당하게 되고, 경기장에서 내쫓기고, 체포까지는 되는 상황이 벌어진다. 이유는 네덜란드 맥주 회사인 바바리아의 프로모션으로 고용되었다는 의혹을 불러일으켰기 때문이다. 바바리아는 네덜란드에서 시장점유율 3위에 해당하는 맥주회사이다.

FIFA는 FIFA의 후원사인 버드와이저의 권리를 보호하기 위해서 그 미녀들을 경기장 밖으로 내보내었다고 밝혔지만, 오히려 이러한 사건이 바라리아 맥주의 Ambush Marketing을 성과를 높여 주는 계기가 되었다.

FIFA가 이러한 생각을 갖게 된 이유에는 바바리

베이징올림픽에서 앰부시 마케팅에 성공한 리닝사와 성화 봉송을 하는 리닝

아가 2006년에도 비슷한 마케팅 활동을 하려다가 실패하였는데, 바바리아가 네덜란드 대표팀 후원을 통해서 네덜란드 경기에 사자 꼬리가 붙어 있고, 바바리아 브랜드가 새겨진 오렌지색 바지를 입고 경기장에 입장하려다가 FIFA Official의 제지로 인해서 바지를 벗게 되는 상황이 있었기 때문이다.

또한, 국제적인 방송사인 ITV에서 입장권 30~40장 정도가 바바리아쪽에 건내졌다는 소문이 생기면서, 이러한 의혹은 더욱 커졌다. 바바리아는 남아공에서 마케팅 활동에 대해서는 인정도 부정도 하지 않았고, 오렌지 색상이 문제가 된다는 것에 대해서 오히려 의외라는 입장을 보이기도 했다.

Coventry 대학의 국제 스포츠 비즈니스 센터의 Simon Chadwick 교수는 2006 FIFA 월드컵에서의 바바리아의 마케팅 활동에 대해서 "명백하게 바바리아의 마케팅은 경기장에 입장하지 못했기 때문에 실패했다고 볼 수 있지만, 다른 측면에서 보면 세계인의 입에 오르내렸으니 성공했다고 할 수 있다"라고 평하였다.

이는 실제 경기장에서의 마케팅은 펼치지 못했지만, 세계적인 이슈를 만들어 냄으로써 성공했다고 할 수 있는 것이다.

코카콜라와 펩시콜라

코카콜라와 펩시콜라의 마케팅 전쟁은 어제 오늘 일이 아니다. 두 회사가 존재할 때부터 이들의 마케팅 전쟁은 시작되었다고 할 수 있다.

예를 들어 코카콜라는 2008년 베이징올림픽에서 약 4억 달러의 마케팅 비용을 썼고, 소비자들의 60% 이상이 코카콜라가 올림픽의 공식 후원사로 인지하였다. 하지만 펩시콜라는 온라인 마케팅을 통해서 중국을 포함한 16억명에 달하는 고객들을 상대로 성공적인 온라인 마케팅을 펼쳐서 효과를 톡톡히 보았다.

나이키와 아디다스의 마케팅은 전쟁이다.

이러한 펩시콜라와 코카콜라의 마케팅 전쟁은 1986년의 사례로 시작되는데, 1986년 미국 미네소타주 세인트 폴시에서 열렸던 슈퍼볼대회의 음료 부문 공식 후원사는 코카콜라였다.

코카콜라는 이 슈퍼볼 공식 후원자격을 따내기 위해 수백만 달러에 이르는 거금을 납부해 끈질기게 뒤따라 붙던 펩시콜라를 따돌렸다.

펩시는 세인트 폴시 광장에 펩시콜라 병처럼 생긴 높이 50m의 얼음 궁전을 지어 코카콜라의 허를 찔렀다. 말이 50m이지 그 높이는 기네스북에 오를 만한 것이었고 슈퍼볼을 보러온 사람들은 거의 대부분 '커다란 펩시콜라병' 속에 들어 가보는 즐거운 체험을 했다. 미디어에서 대대적으로 보도해 얼음 궁전은 12일간 무려 2백 50만명의 관람객을 끌어들였다. 한 리서치사의 조사에 의하면 관람객들은 슈퍼볼을 펩시가 후원한 것으로 착각했다고 한다.

리닝과 아디다스

2008 베이징올림픽에서의 앰부시 마케팅은 나이키와 아디다스의 대결이 아닌 중국의 자국 브랜드인 리닝과 아디다스의 대결이었다.

스포츠 브랜드인 리닝(李寧)사는 중국의 체조 영웅 리닝이 만든 회사였다. 이 회사는 거대 중국 시장을 놓고 아디다스, 나이키 등과 치열한 경쟁을 벌인다. 2008 베이징올림픽 공식 후원사인 아디다스는 베이징올림픽에 마케팅 비용으로 2억 달러를 투자했지만, 리닝사의 대표인 리닝은 개막식에서 성화를 점화했고, 이를 전세계 40억명의 시청자가 시청을 함으로써 실제로는 리닝사가 앰부시 마케팅을 통해 훨씬 큰 마케팅 효과를 거두었다.

이는 중국 정부가 전략적으로 자국 브랜드를 띄워주기 위한 것이라고 하였고, 이러한 결과를 증명하듯 리닝사의 주가는 개막 이후 홍콩 증시에서 3.4%가 상승하는 효과를 보았다. 이러한 결과를 놓고 월스트리트저널은 "상업적 쿠데타(Commercial Coup)"라고 비꼬았다.

아디다스가 강력하게 항의했지만 중국 당국은 꿈쩍도 하지 않았다. 아디다스의 대변인인 얀 루나우는 "리닝도 아디다스 제품을 입었다"고 발표했으나 성화 점화자가 어떤 제품을 입었는지는 아무도 신경쓰지 않았다.

리닝은 베이징올림픽 후원사 경쟁에서 탈락했지만 금메달을 딸 가능성이 높은 중국 탁구 대표팀과 다이빙 대표팀에 자사 제품을 공급했다. 또 중국 CCTV의 스포츠 중계진은 리닝 제품을 입는다.

더욱이 리닝사의 회사 브랜드 로고는 나이키의 "Swoosh"와 비슷한 모양이었고, 슬로건은 아디다스의 'Impossible is Nothing'과 비슷한 'Anything is Possible'이었다.

대다수 중국인이 아디다스가 아닌 리닝을 스폰서로 알고 있을 정도다. 리닝의 CEO 장즈융(張志勇)은 "아디다스와 돈으로 경쟁할 수 없다. 그래서 최소의 비용으로 최대의 효과를 얻으려는 것"이라고 하였다.

이러한 결과로 리닝사는 올림픽 앰부시 마케팅에서의 새로운 승자가 된 셈이었다.

나이키

나이키는 올림픽과 FIFA 월드컵에서의 앰부시 마케팅의 대명사격으로 통한다. 앰부시 마케팅의 역사를 살펴보아도 나이키의 앰부시 마케팅은 상상을 초월하며, 세계 언론들은 나이키의 앰부시 마케팅을 논할 때 나이키 VS 다른 경쟁 업체들로 표현할 정도이다.

나이키는 앰부시 마케팅이 얼마나 효과적으로 성공할 수 있는지를 보여준 기업이다. 1996년 아틀란타올림픽에서 후원사로 참여하지 않고 마케팅 활동을 펼쳐 약 5,000만 달러를 절약하고 이 비용을 통해서 거리 광고 및 나이키 로고의 배너를 경기장 주변에서 배포하고, 경기장이 내려다보이는 곳에서 나이키 센터를 건립함으로써 후원사인 리복의 후원사 회상률 16%보다 훨씬 많은 22%의 회상률을 기록하였다.

나이키의 최근 앰부시 마케팅을 살펴보면, 2008 베이징올림픽 기간 동안 8을 디자인으로 한 제품을 통해서 중국인들의 마음을 사로잡았고, 2002 FIFA 월드컵에서는 약 18억원의 비용을 앰부시 마케팅에 투자하여 "Scorpion"이라는 축구 토너먼트를 통해서 앰부시 마케팅 활동을 펼쳤다.

또한 2010년 남아공 FIFA 월드컵에서의 나이키와 아디다스의 대결을 살펴보면 더욱 재밌는데, 2010년과 2014년 FIFA 월드컵 권리를 획득한 아디다스는 그 비용으로 약 4천 5백억원의 비용을 투자하였다. 그럼에도 불구하고 나이키는 FIFA 월드컵에서 가장 경쟁력 있는 기업으로 선정되었다.

나이키는 마케팅 투자를 하지 않은 비용을 자연스럽게 앰부시 마케팅을 위한 광고 제작으로 이어졌고, 잉글랜드의 웨인루니, 포루투칼의 호나우두를 상대로 광고는 유투브(Youtube)에서 16,000,000회 이상 조회되었고, 32개국의 본선 진출국 가운데 9개 국가를 후원하였다.

이러한 현상으로 아디다스는 전 세계적으로 5천만개 이상의 공인구 판매 계획에 차질을 빚었고, 설상가상으로 대회 한달 전 설문조사에서 FIFA 월드컵의 공식 후원사로 아디다스는 15%의 회상률을 보인다면, 나이키는 17%의 회상률을 보였다는 연구결과도 발표되었다.

또한 FIFA 월드컵의 주관방송사인 오스트리아 방송사, SBS 등과의 광고 계약을 통해서 사전에 Air Time을 확보하여 아디다스의 마케팅 운신의 폭을 좁히고 앞서나가는 전략을 통해서 FIFA 월드컵 앰부시 마케팅을 실시하였다.

올림픽

1992년 바르셀로나 올림픽의 앰부시 마케팅의 인식 조사를 살펴보면 앰부시 마케팅 활동한 기업이 TV 방송을 후원하고, 앰부시 마케팅 기업이 공식 후원사인 것처럼 분위기를 조성하는 바람에 7개의 후원사 중 3개의 후원사만이 앰부시 마케팅 기업보다 좋은 인식을 얻은 효과를 얻었다.

전체 189명의 조사 인원 중에 126명이 공식 신용카드로 '비자'를 지적한 반면, 50명은 앰부시 마케팅을 한 '아메리칸 익스프레스'로 대답하였고, 통신 공식 후원자로 64명이 'AT&T'를 말했지만, 70명은 앰부시 마케터인 'MCI'와 '스프린트(Sprint)'로 인식하고 있었다.

공식 항공사로 31명이 '유나이티드 항공'을 말했으나, 35명은 앰부시 마케팅 기업인 '아메리칸 항공'으로 대답하였다. 공식 음료로는 143명이 정확히 '코카콜라'를 지적했고, 그 외 다른 대답은 없었다.

자동차 업계로는 59명이 공식 자동차로 '지프'를 기억해냈지만, 41명은 '시보레'로 대답하였다. 공식 패스트푸드 점으로는 '맥도널드'를 기억해냈고, 다른 기업을 언급하지 않았다.

올림픽 개회식 직전에는 신문 광고에 "아메리칸 익스프레스카드 회원들을 동계올림픽으로 모십니다"라는 헤드라인으로 아래와 같이 광고한 바 있다.

각 항공사(아메리칸, 델타)의 이 앰부시 마케팅 활동의 연합 수치는 실제로 유나이티드항공을 앞섰다. 타이레놀은 41%의 응답자들에게 공식 후원 진통제라고 인식되어 있었으나 공식 후원 진통제는 불행히도 뉴프린이었다. 그러나 뉴프린이라고 답한 것은 겨우 15%뿐이었다.

공식 후원 자동차(크라이슬러/지프)는 두 자리 수치의 %로 라이벌사 뷰이크와 수바루를 앞섰지만, 이 두 앰부셔들을 합한 수치는 크라이슬러/지프의 응답 수와 같은 수준이었다.

릴레함메르올림픽에서의 앰부시 마케팅은 아메리칸 익스프레스와 비자와의 싸움이었다. 가장 대표적인 앰부시 마케팅의 사례인 이 사례는 "그들은 아메리칸 익스프레스를 받지 않을 것이다"라는 비자의 광고는 "당신은 비자를 필요로 하지 않는다"(비자는 필요없다)라는 아메리칸 익스프레스의 광고보다 더 잘 기억되었다.

아메리칸 익스프레스는 자사의 캠페인이 본질적으로 앰부시 활동이 아니라 비자의 광고에 대한 대응이었다면서, '비자'는 그의 광고에서 아메리칸 익스프레스가 올림픽 관람 여행을 하는데 전혀 쓸

월드컵 미녀를 활용한 앰부시 마케팅의 예

2010 FIFA 월드컵에서의 SK Telecom의 광고

모없다는 식의 암시를 했다고 지적했으며, 또한 자신들의 주장을 뒷받침하는 조사결과를 내놓았다. 한 쇼핑센터에서 소비자들을 대상으로 실시한 조사에서, 약 54%의 응답자가 비자의 광고 내용은 그런 장소에서 아메리칸 익스프레스를 사용할 수 없다는 것을 넌지시 비추는 것이었다고 말했다.

가장 놀라운 결과는 패스트푸드에 관한 항목이었다. 공식 후원사는 분명 '맥도널드'였다. 응답자들은 올림픽의 공식 패스트 푸드점으로 웬디스(WENDY'S)를 말했다. 자료 동원 질문에서 68%가 그렇게 답한 반면 맥도널드로 답한 응답자는 55%였다.

붉은 악마와 전 국가대표 선수들을 활용한 KT의 광고

웬디스는 설립자이며 회장인 '데이브 토마스'가 봅슬레드부터 피겨스케이팅까지 출전 종목을 찾아 헤매는 인상깊은 광고를 찍어 히트를 쳤다. 92년 피겨스케이팅 금메달리스트인 '크리스티 야마구찌'도 선전에 출연했다. 그런 동안(한 광고 대행사에 따르면) 맥도널드는 올림픽 후원 관계대신 자사의 제품을 선전하느라 후원 활동에 대한 선전을 전혀 하지 않았다.

이는 '소비자들의 뇌리에 후원 관계에 대한 강한 메시지를 심어주어야 한다. 그렇지 않으면 모두 포기하라'라는 날카로운 교훈을 남겼다.

과반수의 응답자는 후원 관계에 있다고 해서 그 회사의 제품 구입을 "그다지" 선호하지 않는다고 했고, 혹은 "전혀" 무관하다고 답했다. 그러나 소비자의 34%는, 후원사가 미국이 금메달을 따는데 일조를 한다면 "어느 정도는" 올림픽 후원사를 지지하고 싶다고 답했다.

SK Telecom과 KT

SK Telecom과 KT의 스포츠 이벤트 마케팅 전쟁은 2002년부터 시작된다.

2002 FIFA 월드컵의 공식 후원사인 KT와 비후원사인 SK Telecom 그리고 2002 부산 아시안게임 공식 후원사인 SK Telecom과 비후원사인 KTF는 양 이벤트를 놓고 앰부시 마케팅을 치열하게 펼쳤다.

승자는 SK Telecom이었다. SK Telecom은 붉은

악마와 윤도현 밴드를 활용한 마케팅 활동, 그리고 길거리 응원에서의 효과적인 마케팅 활동으로 공식 후원사인 KT 보다 훨씬 많은 효과를 보았고, 일반 소비자들이 공식 후원사를 SK Telecom으로 인지할 정도의 수준까지 올렸다. 2010 FIFA 월드컵에서의 두 기업들의 마케팅 대결은 더욱 치열하였고, 엄밀히 따지면 두 회사 모두 동일한 앰부시 마케팅 활동을 통해서 자사를 홍보하는 수단으로 활용하였다.

이 두 기업들의 마케팅 활동은 정말 치열하였는데, 서울시청 광장의 길거리 응원 사용권을 갖고 첨예하게 대립하는 양상까지 보였을 정도이다.

두 기업들의 이 기간 동안의 마케팅 활동을 정리하면 〈표 2-1〉과 같다.

FIFA 월드컵과 미녀들

공식 후원사와 경쟁 기업들의 앰부시 마케팅뿐 아니라 한국에서의 앰부시 마케팅의 또 하나의 대표 케이스는 연예인들의 등장이다. 한국뿐 아니라 전 세계의 연예인 지망생이나 네뷔 시점을 맞추어서, 아니면 자신이 운영하는 쇼핑몰을 홍보하기 위해서 일시적으로 눈에 띄는 의상과 활동을 통해서

2002 FIFA 월드컵을 통해서 스타가 된 연예인

표 2-1 2010 FIFA 월드컵에서의 SK Telecom과 KT 의 마케팅 활동

구 분	SK Telecom	KT
공식 후원 활동		• 축구 국가대표팀 공식 후원
광고 캠페인	• 박지성, 비 출연 인터뷰 광고 • 장동건, 신민아, 비, 박태환 추가 광고	• "황선홍 밴드" 결성 응원광고
월드컵 응원가	• 싸이, 김장훈 "울려줘 다시 하번" • 브라운아이드걸스, 포미닛 추가 참여	• 인디밴드, 이은미 등의 응원앨범 제작 붉은 악마와 국가대표팀 공식 주제곡 포함
티셔츠	• 아디다스와 공동제작 배포	• 붉은악마 공식 티셔츠 제작 배포
슬로건	• "다시 한 번 대~한민국"	• "승리의 함성, 하나된 대한민국"
이벤트	• 2002, 2006 추억의 사진 공모전 • "한마디로" 응원하기 아이디어 공모 • "올려줘, 다시 한번" 뮤직비디오 재구성	• 현대자동차와 함께 월드컵 출정식 맥도널드와 월드컵 방송 축구고수 선발 대회 등
거리 응원	• 서울시청 광장에서 서울시, 현대자동차, 붉은악마와 함께 길거리 응원	

출처: 월드컵 관련 앰부시 마케팅 신문 자료 참조하여 재작성.

마케팅 休知通

삶은 개구리 증후군(Boiled Frog Syndrome)

미국의 코넬대학에서 실험을 하였다. 개구리가 살기 좋은 온도인 15도의 물에 개구리를 넣고 물을 끓이면서 물의 온도를 서서히 올린다. 온도가 40도까지 올라 갈수록 물속의 개구리는 물밖으로 나가려 하지 않고 45도가 되니까 개구리는 물 안에서 죽어 버렸다. 같은 온도인 45도 물에 개구리를 바로 넣어 보았다. 물에 닿자마자 개구리는 뛰쳐나온다.

이 실험이 의미하는 것은 무엇일까?

15도의 물은 아마 현재의 우리 상황일 것이다. 물의 온도가 서서히 올라가듯이 지금 나의 문제점은 조금씩 커지고 있을 것이다. 오늘 할 일은 내일로 미루는 게으름, 책임을 전가하는 태도로 슬쩍 넘어간 후엔 안도 하곤 한다. 운동을 거르며 과식 하게 되면 금방 살이 찌기 마련이다.

작은 변화를 눈치채지 못하다가 나쁜 결과에 도달했을 때엔 이미 늦었기 십상이다. 45도가 가까워지면서 나가려는 몸부림을 쳐보던 개구리는 번번히 실패한다. 비커를 뛰쳐나가기엔 이미 화상을 입은 피부와 지쳐버린 체력 때문이다.

과연 우리는 처음부터 그것들을 해결할 수 없었던 것일까?

45도 물에 닿은 개구리는 바로 뛰쳐나간다. 우리도 어떤 큰 위기에 부딪히거나 문제점을 바로 깨달았을 때는 얼른 처리하려고 노력을 한다. 조금씩 변해가는 주변 환경이나 나 자신을 초반에 알아차리고 대처 한다면 빠르고 쉽게 해결할 수 있을 것이다.

이러한 삶을 개구리 증후군은 혹은 비전상실 증후군이라 불리기도 한다. 비전 없이 하루하루를 닥치는 데로 살아간다면 현대 사회의 급박한 변화의 움직임에는 대처할 능력이 부족 할 것이다. 아니 어쩌면 그 변화 자체를 깨닫지 못한채로 시간을 보낼지도 모르겠다. 그리고 어느 순간, 너무 뒤떨어진 자신을 발견할테고 그땐 이미 늦지 않을까?

이 책의 마지막 부분이다. 나는 과연 스포츠 마케팅 책을 통해 무엇을 느꼈는가? 45도와 같은 느낌으로 더욱더 스포츠에 대한 공부를 할 수 있기를 바란다.

미디어의 노출을 활용하는 앰부시 마케팅이 있다.

일명 "월드컵 미녀," "월드컵 엘프녀"라고 일컬어지는 이들은 대한민국 월드컵 응원 기간 동안 길거리 응원에서 미디어들의 눈에 띄어 일반 소비자들의 관심을 끌게 되었다. 이렇게 미디어의 관심을 이끌게 되면 이들은 앰부시 마케팅을 하는 기업들을 통해서 단기간 동안 모델로 활용되고, 소위 뜨게 되는 것이다.

4. 앰부시 마케팅의 연구 과제

앰부시 마케팅에 대한 연구는 아직도 초기 단계에 있어 학술적·실무적인 측면에서 모두 미미하며, 그 효과성 측정과 관련해서도 브랜드 회상도 및 인지도 정도만이 활용되는 수준이다. 따라서 앰부시 마케팅 개념과 정의부터 체계적으로 확립하는 것이 시급한데, 현재 앰부시 마케팅의 긍정적인 측면과 부정적인 측면의 두 관점이 첨예하게 대립하고 있는 상황이다.

우선 부정적인 견해를 가진 대표적인 학자인 영국의 미너갠(Meenaghan, 1996)은 앰부시 마케팅을 "경쟁사를 혼동 시킬 목적으로 활용하는 비윤리적 행위"라고 규정하였다.

그러나 이에 대해 실무자 출신들은 "기업의 마케팅 활동은 종교가 아니며 순결성을 지키기 위한 활동은 더더욱 아니라고" 하면서 "마케팅은 일종의 전쟁이라는 점을 고려해야 한다"고 항변하고 있다(Brewer, 1993).

한편 이들 사이에 중도 입장에 있는 Sandler &

Shani의 정의는 보다 합리적으로 여겨지지만 그 역시 앰부시 마케팅 사례를 전반적으로 포괄하지 못하는 한계를 안고 있는 것으로 평가된다.

정리하자면, 앰부시 마케팅(Ambush Marketing, 매복 마케팅)이란, 규제를 피해가는 마케팅 기법을 말한다. 주로 스포츠 마케팅 시장에서 사용되는 용어로, 특정 스포츠 대회의 마케팅 권리가 없는 기업이 대회 중계방송의 TV 광고를 구입하거나 공식 스폰서인 것처럼 속이기 위해 개별 선수나 팀을 후원하는 등의 교묘한 수법을 동원해 광고·홍보하는 마케팅 기법이다.

넓은 의미로 정의한다면, 적은 비용으로 매체 노출을 극대화하거나 브랜드 상기도 및 인지도를 높이는 커뮤니케이션 전략이라고 할 수 있을 것이다.

앰부시 마케팅이 쉬운 이유는 메가스포츠 이벤트 시장 즉, 올림픽이나 FIFA 월드컵의 시장이 워낙 크고 국민적 관심도가 높으며 거의 한달 동안 열리는 대형 스포츠 이벤트라서 굳이 FIFA 월드컵이나 올림픽이라는 명칭이나 엠블럼을 사용하지 않더라도 이것들을 연상시키는 유사 명칭이나 이미지를 사용하거나 유명 선수를 광고 모델로 활용하면 소비자가 자연스럽게 월드컵이나 올림픽을 연상해서 이해하기 때문이다.

이처럼, 앰부시 마케팅은 법적 테두리 안에서의 적합성과 상도덕적 관점에서의 정당성을 모두 만족시키면서 진행해야 하는 어려운 점도 가지고 있다. 다만, 중요한 것은 앰부시 마케팅도 결국 스포츠에 기댄 "스포츠 마케팅"이라는 것이다. 스포츠가 사람들의 관심을 받지 못한다면 앰부시 마케팅도 있을 수 없다는 것이다.

스포츠 마케팅에서 공식 후원사와 함께 비공식 후원사가 윈-윈(Win-Win)하기 위해 가져야 할 앰부시 마케팅은 무엇일까?

공식 후원사의 인적·물적 지원을 통해 개최되는 대형 스포츠 이벤트, 기업의 든든한 후원을 받으며 성장한 인기 스포츠 스타, 비인기 종목의 설움을 이겨내고 후원사의 지속적인 지원을 통해 세계 정상에 우뚝 선 아마추어 스포츠 선수들, 이러한 스포츠와 후원사 혹은 지원사의 파트너십이 없다면, 스포츠 시장자체가 형성되지 못할 것이고, 그에 따라서 앰부시 마케팅의 기회도 만들어지지 않을 것이다.

가장 중요한 것은 법적인 규제보다도 더 중요한 스포츠 마케팅 정신에 어긋나지 않는 범위 안에서의 앰부시 마케팅, 즉 페어플레이 정신이 있는 앰부시 마케팅일 것이다.

어떤 스포츠 이벤트를 장려하기 위해 막대한 비용과 인력을 투자한 후원사가 없다면 그 스포츠를 활용할 수 있는 앰부시 마케팅의 기회도 없다. 이러한 스포츠와 후원사 사이의 파트너십을 이해할 수 있는 앰부시 마케팅이야 말로 정말 수준 높은 마케터가 지향해야 할 이상향이 아닐까 생각한다.

참 | 고 | 문 | 헌

Mcdonald, Mark A.(2000) 스포츠마케팅. 한언.

김도균(1999) 스포츠 이벤트란. 월간 스포츠비즈니스, 3월호, 52-57.

김도균(2000) 스포츠 비즈니스. 오성출판사.

김도균(2008) 스포츠 이벤트 기획. 대한미디어.

김도균(2010) NCAA 노다지 비즈니스! 파이널 포. 스포츠 비즈니스 제70호.

김도균, 박병유(2004) FIFA World Cup 마케팅. 오성출판사.

김수잔(2010) 스포츠마케팅의 이해. 두남.

김충현, 조재수(2007) 소비자들의 OSE(Orienta-tion toward Sporting Event)에 따른 기업의 스포츠 마케팅에 대한 태도: 스포츠 스폰서십과 앰부시 마케팅을 중심으로 소비자들의 OSE(Orientation toward Sporting Event)에 따른 기업의 스포츠 마케팅에 대한 태도: 스포츠 스폰서십과 앰부시 마케팅을 중심으로. 광고학연구, Vol. 18 No. 5.

김훈철(2007) 마케팅 전략 백과. 고즈윈.

남기연(2009) 엠부시 마케팅에 대한 법적 규제법학논고, Vol. 31.

데이비드 K. 스토틀러(2008) 스포츠 스폰서십. 커뮤니케이션북스.

매일경제 월드컵팀(2002) 사커 비즈니스. 매일경제신문사.

박정환(2007) 공식스폰서와 앰부시 마케팅 광고가 기업이미지 및 구매의도에 미치는 영향의 비교분석. 성균관대학교 대학원.

박지현(2003) 엠부시마케팅의 법률적인 고려 엠부시마케팅의 법률적인 고려, 연세학술논집, Vol. 38.

스포티즌(2002) 제리맥과이어 거품걷어내기. 대현문화사.

안종배(2005) 나비효과 블루오션 마케팅 100. 미래의 창.

에비즈카 오사무(2004) 뛰는 스포츠 나는 마케팅. 휘닉스커뮤니케이션즈.

이시혁(2003) 대한민국을 바꾼 마케팅. 중앙M&B

이원준(2010) 마케팅을 모르고 마케팅에 강해지는 책. 커뮤니케이션북스.

임운학(2005) 글로벌 스포츠 마케팅. 보경문화사

장승규(2008) 스포츠에이전트 월드. 지식닷컴.

장승훈(2003) 스포츠 스폰서십이 기업이미지와 구매의도에 미치는 영향에 관한 연구. 창원대학교 석사학위 논문.

전재우(2003) 2002 한일월드컵 스폰서십과 매복마케팅 효과 분석. 단국대학교 교육대학원 석사학위논문.

정용민(2002) 기업의 스포츠 스폰서 참여가 기업이미지, 구매의도, 스포츠 활성화에 미치는 영향. 한국체육학회지. 41(2), 431-439.

정용수(2006) 월드컵 마케팅 유형별 성공 포인트. LG 주간경제, B71호.

정재학(2009) CEO 필수상식사전. 길벗.

한남희(2010) 진짜와 가짜. 스포츠 비즈니스 제70호.

International Olympic Committee(1992) Olympic Games broadcast analysis report. Lausanne, Switzerland: Author.

International Olympic Committee(1998) Olympic Games broadcast analysis report. Lausanne, Switzerland: Author.

International Olympic Committee(1999, Winter) Olympic marketing factfile. Lausanne, Switzerland: Author.

International Olympic Committee.(1997)Olympic marketing research analysis report: 1986 ~1996.Lausanne, Switzerland: Author.

Olympic marketing fact file(1999) IOC.

Olympic marketing fact file(2000) IOC.

Olympic marketing fact file(2004) IOC.

Olympic marketing fact file(2006) IOC.

Olympic marketing guide(1999) IOC.

Olympic marketing guide(2000) IOC.

Olympic marketing guide(2004) IOC.

Olympic marketing guide(2006) IOC.

Olympic marketing newsletter(2000/9) IOC.

Leimer, Jacqueline A. 'Ambush Marketing: Not Just an Olympic-Sized Proglem', 2(4) Intell.

Prop. Strategist 1, 3(1996).

http://www.macmillandictionary.com/New-Words/050815-ambush-marketing.htm

McCarthy, J. Thomas McCarthy on Trademarks and Unfair Competition, Forth Edition

Bean, Lori L.(1995) 'Ambush Marketing: Sports Sponsorship Confusion and the Lanham Act', 75 BUL Rev. 1099, 1100.

http://www.macmillandictionary.com/New-Words/050815-ambush-marketing.htm

http://www.poolonline.com/bios/biojwelsh.html

http://www.fancast.com/blogs/2010/tv-news/cbs-rejects-gay-themed-super-bowl-ad/

Benigni, Adam(2010-02-16).Ryan Miller's Mask Causes Olympic Controversy. WGRZ.

http://www.wgrz.com/sports/story.aspx?storyid=74554&catid=4

"FiFA orders SA airline to pull ad." BBC News. 19 March 2010. http://news.bbc.co.uk/2/hi/africa/8576220.stm

스포츠 마케팅 용어 해설
Sport Marketing Glossography

1. 본 용어 해설집은 스포츠 자체의 마케팅, 스포츠를 활용한 마케팅, 선수를 활용한 마케팅에 사용되는 용어 해설 등을 통해 마케팅 전략 개발시에 유용하게 사용할 수 있도록 선략 개발 단계별로 주요 스포츠 마케딩 용어를 찾아 설명하였다.

2. 기존에 긴딘하게 용어를 풀이한 해설집과는 성격이 다르고, 스포츠 연맹이나 구단 그리고 기업에서 스포츠 마케팅 전략을 개발해야 하는 마케터에게는 항목별 내용과 개념 정립에 도움이 될 것이며, 대학생의 경우 스포츠 마케팅 요점정리에 필요한 내용이 될 것이다.

3. 본 용어집은 총 6개의 파트로 나누고 스포츠 마케팅과 일반 마케팅의 이해를 돕기 위하여 첫째로 '스포츠 마케팅의 이해', 둘째 '일반 마케팅의 이해', 셋째 '스포츠 산업 및 스포츠 스폰서십의 용어', 넷째 '스포츠 마케팅 관리 및 전략'과 다섯 '스포츠 소비자와 일반 소비자 행동의 이해', 마지막으로 '선수를 활용한 스포츠 마케팅'으로 구성되어 있다.

4. 용어의 목차는 각 파트별 핵심이 되고 기본적인 용어를 중심으로 가나다순으로 정리하여 스포츠 마케팅과 일반 마케팅의 용어를 찾기 쉽게 구분하였다.

01 제 1 편
스포츠 마케팅의 이해

1. 거시 마케팅과 미시 마케팅(Macro-Marketing and Micro-Marketing)

스포츠 마케팅에 관한 연구는 거시 마케팅(Macro-Marketing)과 미시 마케팅(Micro-Marketing)의 두 가지 방법에 의하여 접근될 수 있다.

거시 마케팅은 스포츠 제품과 서비스에 대한 수요와 공급의 차이를 효과적으로 조절하고, 스포츠 산업의 종합적인 성과에 역점을 두는 시스템으로 공급자에서 스포츠 소비자에게로 원활이 제공되도록 하는 사회경제적 활동이며 스포츠 시장 및 사회전체의 관점에서 접근한다. 미시 마케팅은 "발견되지 않은 스포츠 고객의 욕구를 찾아내고 그 찾아낸 욕구를 위해 스포츠 제품과 서비스를 개발하고 생산하여 고객에게 제공하여 공급자의 목적을 효과적으로 달성하려는 스포츠와 관련된 모든 기업 활동"이라고 정의할 수 있으며, 공급자와 그 범위가 한정된다.

2. 구매 마케팅(Buying Marketing)

구매 마케팅은 구매에 있어 전통적인 방법과는 달리 도전적이며 창의적인 방법이라고 할 수 있다. 스포츠 구매자가 주체가 되어 공급자에게 구매계획을 설명하고 구매 목적을 달성하게 된다. 구매 마케팅이 성공적으로 수행되기 위해서는 현재의 공급자(스포츠 연맹이나 구단, 기업)나 새로운 공급자와 긴밀한 협조 체제를 구축하는 작업이 우선적으로 이루어져야 한다.

3. 국제 글로벌마케팅(International/global marketing)

스포츠 연맹과 단체 그리고 스포츠와 관련된 모든 기업(산업)이 목적을 달성하기 위하여 개별 기업체가 그 제품 서비스들의 흐름을 2개국 이상의 스포츠 소비자 사용자들에게 돌리고 향하게 하는 등 스포츠 산업 활동을 수행하는 것이다. 물론 기업들은 시장이 존재하는, 즉 판매 가능한(salable marketable) 제품과 서비스들을 개발하여 그들에 대한 가격을 책정하고, 촉진 활동과 유통 활동을 수행함으로써 스포츠와 관련된 기업의 이익 등을 실현하는 것을 목표로 삼고 있다.

4. 공생적 마케팅(Symbiotic Marketing)

같은 유통경로 수준에 있는 스포츠 산업과 관련된 기업들이 자본, 생산, 마케팅 기능 등을 결합하여 각 기업의 경쟁우위를 공유하려는 추세가 있는데, 이를 수평적 마케팅시스템(horizontal marketing system)이라고 하며 수평적 마케팅시스템에 의한 마케팅을 공생적 마케팅(symbiotic marketing)이라고 한다. 즉 기업은 자사의 장점과 타사 장점을 결합하여 시너지 효과를 얻음으로써 불필요한 과당경쟁과 비효율적인 자원의 사용을 피하려는 것이다.

5. 관계 마케팅(Relationship Marketing)

종래의 거래 마케팅(transaction marketing)은 스포츠 고객과의 지속적인 관계를 형성하려는 노력이 없이 그저 한 거래를 이루는 것을 강조하는 관계 마케팅이다. 이에 대하여 관계 마케팅은 스포츠 고객과의 관계를 형성, 유지, 발전시키는 것을 상조하는 마케팅이다.

6. 내부 마케팅(Internal Marketing)

스포츠 조직과 관련기업(산업)의 목적을 실현함과 동시에 그들 내부 고객의 욕구와 필요를 충족시키는 내부 제품을 제공하고자 노력하는 것이다. 내부 마케팅의 궁극적인 목적은 스포츠 산업 서비스의 질적 수준을 유지하며, 높은 생산성으로 비용을 절감하고 동기부여가 높은 종업원을 통해 스포츠 고객에게 강한 이미지를 부여하며, 또 유능한 종업원을 모집하기 위해서이다.

7. 다이렉트 마케팅(DM: Direct Marketing)

"다이렉트 마케팅은 스포츠 소비자에게 광고 메시지를 전달하여 즉각적인 반응을 얻어내는 것이다"라는 정의가 보편화되어 있는데, 이 정의는 DM이 스포츠 소비자와 직접 접촉하여 그들의 구매의사와 행동을 유발시키고자 하는 것이다.

8. 대중 마케팅(Mass marketing)

근대적 개념의 마케팅으로 전체 시장을 대상으로 하나의 제품을 대량 생산하고 대량 유통시키는 대량 촉진하는 방식으로 최소비용으로 최대잠재시장을 창출하는 데 초점이 맞추어진다.

9. DB마케팅(Database Marketing)

DB마케팅(Data Base Marketing)이란 스포츠 산업에 관련된 고객 정보, 경쟁사 정보, 산업 정보 등 시장 각종의 1차 자료를 수집, 분석하고 그것을 기초로 하여 고객지향적인 마케팅 전략을 수립하는 마케팅 기법 중 하나이다.

10. DB마케팅 필요성(Database Marketing)

소득의 증가와 더불어 스포츠 소비자 욕구의 빠른 변화, 다양화, 개성화는 시장을 보다 세분화시켜야 할 필요성을 야기 시켰으며 스포츠 제품과 서비스의 빠른 변화는 제품수명주기를 더욱 단축시키고 있다. 동시에 본격적인 정보화 사회로의 진입은 보다 과학적이고 감성적인 마케팅을 요구하고 있으며 이러한 측면에서 DB마케팅은 장래에 스포츠 산업이 관심 있게 연구하고 받아 들여야 한다.

11. 마케팅 시뮬레이션(Marketing Simulation)

마케팅 시뮬레이션이란 수학적 모델의 선정을 말한다. 현재 가장 널리 이용되고 제일 유망한 기업은 '시스템즈 시뮬레이션'이라 불리며 그 목적은 시스템의 행위를 예측하는데 있다. 과학적인 시장분석 과정의 논리적 확장이며 엔지니어링에 있어서의 이론적 분석의 순서와 사고방식이 유사하다.

12. 마케팅 커뮤니케이션(Marketing Communication)

마케팅 활동을 합리적, 효과적으로 달성하기 위한 마케팅 부문 조직 내의 상호 작용으로서, 기업, 소비자, 도매업자, 소매업자 사이에 있어서의 인간과 인간과의 관계 즉, 인간 상호 간의 일반적인 양해 내지 동의를 얻기 위한 수단이다.

13. 마케팅 환경의 유형

마케팅 환경은 환경의 유형과 통제 여부에 따라 구분하면 내부 환경, 미시적 환경, 거시적 환경으로 나눌 수 있다.

① 내부 환경

기업을 구성하고 있는 여러 가지 기능으로 인사조직, 재무, 생산, R&D, 구매 등

② 미시적 환경

시장을 서브하기 위해 가지고 있는 기업의 능력에 영향을 미치는 아주 가까운 기업 환경의 활동 요인으로 기업, 공급업자, 시장의 중간 상인, 고객, 경쟁업체, 공공 대중으로 구성된다.

③ 거시적 환경

기업의 미시적 환경 내의 모든 활동 요인에 영향을 미치는 더 광범위한 사회적 영향 요인으로 인구 통계적, 경제적, 기술적, 정치적·법적 및 사회 문화적 제 영향 요인을 말한다. 또 통제 여부에 따라 통제 가능 환경과 통제 불능 환경으로 구분될 수 있다.

14. 메가마케팅(Mega Marketing)

P. 코틀러가 1986년 발표한 논문에서 처음 사용한 말로, 현대와 같이 급격히 변화하는 기업 환경하에서 효과적인 마케팅을 수행하기 위해서는 종전의 마케팅 컨셉이나 마케팅 믹스에 국한되어서는 안 되며 기존의 마케팅 전략 요소인 4Ps(Product, Place, Price, Promotion)에 Power와 PR(public relation)을 포함시켜 마케팅을 설명하고 있다.

	마케팅	메가마케팅
마케팅 목적	소비자 수요의 만족	소비자 수요를 만족시키거나 창조하기 위하여 또는 소비자 수요를 변경시키기 위한 시장진출
관련 집단	소비자, 유통업자, 취급상점, 공급업자, 마케팅 회사, 은행	마케팅에 관련된 집단 외에 법률입안자, 정부기관, 노동조합, 기초집단, 일반대중 매스컴
마케팅 도구	시장조사, 제품개발, 가격결정, 유통계획 및 촉진	마케팅에 해당되는 도구 이외에 정치적 영향력의 행사와 PR
기 간	짧다	비교적 같다.
투자 비용	낮다	매우 높다
관련된 사람	마케팅	마케팅 외에 기업의 지원, 법률가, PR 및 홍보 시스템, 로비스트

15. 복수경로 마케팅(Multi marketing)

한 기업이 하나 또는 그 이상의 고객 세분시장에 도달하기 위해 둘 또는 그 이상의 마케팅 경로를 이용하는 복수경로 유통구조를 말한다.

16. 사회지향적 마케팅(Social Marketing)

사회이념의 수용성에 영향을 미치고자 이를 마케팅 지식, 개념 및 기법을 활용함은 물론 마케팅

정책, 의사결정 및 활동의 사회적 결과도 관련을 가지는 마케팅 분야도 넓은 전체 사회 시스템 속에서의 시장 및 마케팅 관리사적인 특색은 바로 사회지향적 마케팅에 있으며, 사회생태학적 마케팅, 양자택일적 마케팅은 60년대에서 70년대에 이르는 사이에, 이윤지향이라는 마케팅 목적의 달성에 앞서, 무엇보다도 먼저 기업의 사회적 책임을 다할 것을 가용하기 시작한 기업환경의 변화 때문이다.

17. 새로운 개념의 마케팅

학문적 지식인 마케팅 이론을 현장경험을 바탕으로 실용 지식화하여 고부가가치를 창출하는 것이 바로 새로운 개념의 마케팅이다. 종전의 마케팅 이론에 근거한 학문적 정의와는 다르다.

고부가가치를 창출하지 못하는 것은 마케팅이 아니다.

18. 스포츠(Sport)

스포츠는 심한 육체 활동이나 연습의 요소도 포함하는 말이다. 현대의 스포츠는 경기규칙에 따라 승패를 겨루는 신체적 활동이지만, 여기에 참가하는 사람의 입장에서 보면 활동의 강약에 따라 레크리에이션 또는 유희로 부를 수도 있다. 대개 신체의 육성을 목적으로 하는 신체 활동을 체육이라고 하는데, 체육과 스포츠를 명확히 구분해서 말하기는 어렵다.

19. 스포츠 마케팅(Sport Marketing)

① 미국의 마케팅협회(AMA)

기업이 스포츠 이벤트의 스폰서가 된다든지, 기타의 형태로 관련을 맺는 것에 의해 그 기업의 특정 상품이나 기업자체의 프로모터를 행하는 행위

② Mullin, Hardy, Sutton(2000)

스포츠 마케팅은 교환 과정을 통해 스포츠 소비자들의 욕구와 기대를 충족시키는 데 목표를 둔 활동으로 스포츠 제품과 서비스를 직접 스포츠 소비자들에게 판매하는 것과 소비재 또는 산업재의 제품과 서비스를 스포츠 판촉 활동을 통해 판매하는 분야로 스포츠 자체의 마케팅(Marketing of sport)과 스포츠를 활용한 마케팅(Marketing through the sport) 두 가지로 나눌 수 있다.

20. 스포츠 마케팅 관리(Sport Marketing Management)

스포츠 마케팅 관리란 스포츠 구단이나 스포츠와 관련된 산업이 마케팅 목표를 정하고 이 목표를 달성하기 위해 활동을 계획하고 집행하여 그 결과를 측정하고 통제하는 일련의 과정으로 스포츠 구단이나 스포츠와 관련된 산업의 목표를 달성하기 위해 수요의 수준, 시기, 성격에 영향을 미치는 직무를 스포츠 마케팅 관리라 한다.

21. 스포츠 마케팅 컨셉의 진화

스포츠 연맹이나 구단 그리고 기업은 다섯 가지의 상충적인 개념 하에서 마케팅 활동을 수행하고 있음을 알 수 있다. 즉 생산 개념, 제품 개념, 판매 개념, 마케팅 개념 그리고 사회 지향적 마케팅 개념이다.

22. 스포츠 마케팅 환경(Sport Marketing Environment)

스포츠 마케팅 환경이란 스포츠와 관련한 모든 재화와 서비스에 대한 마케팅 활동에 영향을 미치는 이 일련의 통제 불능 변수들(Uncontrollable factors)로 그들이 가지고 있는 자원(마케팅 믹스 요소 포함)을 조정하여 스포츠 마케팅 환경에 대응해야 한다.

23. 스포츠 산업 마케팅(Sports Industrial Marketing Business-to-Business Marketing)

일반 개인 스포츠 소비자가 아닌 스포츠와 관련된 조직 구매자들(제조업자, 유통업자, 정부기관, 사회단체, 스포츠 연맹이나 구단, 스폰서 기업 등)을 대상으로 하는 스포츠와 관련된 모든 마케팅 활동을 뜻하며 이러한 스포츠 산업 마케팅의 무대인 스포츠 시장에서 거래되는 스포츠 제품이나 서비스를 일반 소비재와 구별하여 스포츠 산업재라 부른다.

24. 스포츠 자체의 마케팅(Marketing of sport)

스포츠의 마케팅은 스포츠 제품을 제공하는 기업이 소비자와의 교환을 창출하기 위해 5Ps에 대해 계획, 실행 및 통제하는 활동을 의미한다.

25. 스포츠 제품(Sport product)

스포츠 제품은 스포츠와 관련되는 모든 재화와 서비스를 말한다.

26. 스포츠를 활용한 마케팅(Marketing though Sport)

스포츠를 활용한 마케팅은 스포츠 제품 또는 비스포츠 제품을 제공하는 기업이 스포츠를 이용하여 자사 제품을 촉진하는 활동을 의미한다.

27. 일반 마케팅 콘셉트(The Marketing Concept)

경영학자 및 마케팅 학자에 의해 주장된 마케팅의 기본적인 이념을 기업경영에 적용시키려는 시도의 결과로서 성립된 것이다. 따라서 정의를 내린다면 "마케팅 이념 또는 철학, 기업이 마케팅 활동을 하기 위한 기본자세"라고 해야 할 것이다. 일반적인 마케팅 컨셉은 조직의 목표를 위하여 통합적인 마케팅을 바탕으로 하는 소비자지향적인 것이며, 소비자의 욕구를 충족시킴으로써 기업목적을 달성하는 데 있다.

28. 일반 마케팅 개념(The Marketing Concept)

AMA(American Marketing Association) 의 정의는 "개인과 조직의 목적을 충족시키는 교환을 창조하기 위하여 아이디어, 재화 그리고 서비스의 개발, 가격결정, 판매촉진, 유통을 계획하고 수행하는 과정"(the process of planning and executing the conception, pricing, promotion and distribution of ideas, goods and services to create exchanges that satisfy individual and organizational objectives)

표적시장의 1차적 욕구(기본적 욕구)와 2차적 욕구를 결정하고 경쟁자보다 효과적이고 효율적인 방법으로 요구하는 만족을 전달하는 것이다. 이러한 개념은 다양한 표현으로 나타나고 있다.

- 욕구의 발견과 충족
- 당신이 만들 수 있는 것을 팔려고 하지 말고 팔릴 수 있는 것을 만들어라.
- 제품이 아니라 고객을 사랑하라.

29. 전략적 마케팅(Strategic Marketing)

전략적 마케팅(Strategic Marketing)이란 스포츠 구단이나 스포츠와 관련된 기업 또는 서비스의 사업단위가 급속하게 변하는 환경으로부터 발생되는 기회와 위협에 즉각적이면서 효과적으로 대응하기 위해 전략적 유연성을 제고하고 대안을 개발하고 또 운영하기 위해 설계된 시스템을 의미한다.

30. 전략적 사고에 의한 마케팅

① 문제 해결 지향적

② Gap의 근본 원인 발견 사고

③ 일점 돌파식 추진의 사고 → 집중화 전략

④ 전사적 종합적 문제 해결사고

⑤ Timing 중심의 사고를 포함한다.

31. 전략적 마케팅의 프로세스

전략적 마케팅의 체계는 우선 스포츠와 관련된 모든 산업이 그들의 사업단위 또는 제품단위의 사명을 정하고 외부 환경 분석과 내부 여건 분석을 통해 기회와 위협 강점과 약점을 규명하고 동시에 여러 가지의 전략적 시사점이나 대안을 1차로 강구한다. 목표를 설정하고 환경 분석을 통해 도출된 전략 대안 등을 평가하여 목표를 달성할 수 있는 전략을 개발 및 선택하게 된다. 그리고 전략을 실천할 수 있는 프로그램을 개발하고 이를 실행, 통제, 피드백 등의 일련의 과정을 거치게 된다.

32. 정복 마케팅(Conquest Marketing)

자사의 제품을 구매하는 고객에게 촉진 활동을 집중하는 것이 아니라 다른 경쟁사의 제품을 구매하는 고객을 유인하기 위한 목적으로 촉진 활동을 집중하는 것을 의미한다. 즉 이미 자사의 고객이 된 구매자에게 할인을 제공하는 대신에 이제 경쟁사의 고객이 된 구매자에게 보다 많은 인센티브를 제공하는 마케팅 전략이다.

33. 중요고객 마케팅(Frequency Marketing)

자주 이용하는 고객, 다량 구입하는 고객을 파악하여 이들과 장기적으로 유리한 관계를 유지함으로써 이익을 증가시키고자 하는 마케팅 기법이다. 이 기법은 파레토(Pareto)의 원리 즉 '기업 매출액의 80%는 20%의 고객으로부터 나온다(80:20 법칙)'라는 이론을 원용한 것이다.

34. 제품 다양화 마케팅(Product diversification marketing)

서로 다른 제품특성, 스타일, 품질, 크기 등의 여러 제품을 생산하여 스포츠 소비자에게 다양성을 제공하는 방식(상이한 세분시장에 소구하기보다는)으로 고객들의 다양한 취향을 충족시키기 위한 다양한 제품의 개발 상이한 세분시장에 소구하기보다는 고객에게 다양성 제공하는 것을 의미한다.

35. 통합적 마케팅 커뮤니케이션(IMC: Integrated Marketing Communication)

IMC란 종전의 촉진 믹스 요인인 광고, 홍보, SP, 판매 활동 등을 부분적(개별적)으로 보았던 것을 관련된 마케팅 믹스 요인까지 확대해 전체적으로 보려는 방법일 뿐 아니라 소비자의 정보처리 시각으로 보고자 하는 커뮤니케이션의 새로운 시도이다.

36. 터보 마케팅(Turbo Marketing)

제품개발, 유통, 생산, 금융, 마케팅 등의 각종 활동과 흐름을 컴퓨터 커뮤니케이션과 오토메이션에 의한 저스트 인 타임으로 전개시켜 필요한 시간을 크게 단축하는 마케팅 구성을 말한다.

37. 클럽 마케팅(Club Marketing)

스포츠 제품을 중심으로 클럽(회원제)의 개념을 이용하는 마케팅 기법이다. 즉 스포츠와 관련된 특정 제품을 구매하거나 일정량 이상을 구매하면 자동적으로 클럽의 회원이 되어서 정보제공, 할인제공, 우대 서비스 등 각종 혜택을 받을 수 있도록 하는 제도이다.

38. 판매 개념과 마케팅 개념의 차이(Theodore Levitt)

① 판매 개념은 내부적·외부적 견해를 취하는 것으로 경기장과 공장에서 시작하여 구단이나 기업의 현재 제품(스포츠 경기를 포함한 주어진 것)에 집중하며 이익적인 판매가 이루어지도록 강매와 촉진의 실시, 스포츠 소비자와의 거래는 판매 시점에서 종료된다.

② 마케팅 개념은 외부적·내부적 견해를 취하는 것으로 먼저 잘 정의된 시장에서 출발하여 스포츠 고객의 욕구에 집중하고 영향을 주는 모든 활동을 통합하여 스포츠 고객을 만족시킴으로써 이익을 창출한다. 스포츠 소비자와의 거래는 소비자가 만족함으로써 종료된다.

39. 패션 마케팅(Fashion Marketing)

유행(Fashion)의 흐름을 고객 욕구의 일부로 파악하여 제품이나 서비스에 유행의 흐름은 반영하는 마케팅을 말한다. 패션 마케팅이란 고객이 수용하는 중요한 유행 요인이 무엇인지를 파악하여 이를 반영하거나 예측하여 선도하는 활동까지를 포함한다.

40. 푸쉬 마케팅(Pushmarketing)

지금까지의 마케팅은 표준화와 규격화에 의해서 대량으로 생산된 상품을 고압적 마케팅에 의해서 소비자에게 강매하는 것이 그 기본 방식이었다. 이러한 고압적 마케팅을 일명 푸쉬(Push marketing)라 한다.

41. 풀 마케팅(Pullmarketing)

풀 마케팅(pull marketing)을 저압적 마케팅이라고도 한다. 이는 푸쉬 마케팅과 상반된 개념으로, 순환적 마케팅, 선행적 마케팅 활동을 중심으로 주로 인적 판매를 중심으로 이루어진다.

42. 프로슈머 마케팅(Prosumer Marketing)

앨빈 토플러 등 미래학자들이 예견한 상품개발 주체에 관한 개념으로 기업의 생산자와 소비자를 합성한 마케팅 용어이다. 기업들이 신제품을 개발할 때 일방적으로 기획, 생산하여 소비자 욕구를 파악하던 단계에서 최근에는 고객의 만족을 강조하고 있다. 프로슈퍼 마케팅 개념은 이 단계를 뛰어 넘어 소비자가 직접 상품 개발을 요구하며 아이디어를 제안하고 기업이 이를 수용해 신제품을 개발하는 것으로 고객 만족을 최대화시키는 전략이다.

43. 현대 마케팅의 특징 도표

종 전	현대 → 미래
생산자 중심적 사고	사용자, 고객중심적 사고
소품종 다량생산	다품종 소량생산
PLC가 길다.	PLC가 짧다.
Push전략 위주	Pull전략 위주
가격결정기준 : cost	가격결정기준 : 가치
대량 마케팅	세분 마케팅
통제가능 믹스 요소의 영향위주	통제불능변수의 영향력 증대
상권중심	무점포·개인중심
내구성 중시	패션, 디자인, 편리성 추구
단독 마케팅	협력 마케팅
young marketing	Silver 마케팅
경쟁 - 국내	경쟁 - 국제
주간생활자 중심	야긴, 휴일 중심으로 확대

제 2 편 일반 마케팅의 이해

1. 가격(Price)

자신에게 필요한 것을 제공받은 사람이 그에 대한 반대급부로서 상대방에게 주는 유형적 및 무형적 가치의 총합. 대체로 화폐액으로 표시되며 수강료, 임대료, 인지, 우표, 월급, 통행료, 수수료, 사례금 등의 명칭이 사용되기도 한다.

2. 가치(Value)

제품이나 서비스가 소비자의 기본적인 욕구 및 필요를 충족시키거나 문제를 해결해 줄 수 있는 능력에 대한 추정치. 소비자는 그가 지불해야 하는 가격과 이러한 가치를 대비하여 교환 여부를 결정하게 된다.

3. 가치 분석(Value analysis)

일단 제품을 개발한 후, 제품의 품질에 기여하지 않는 불필요한 원가 요소들을 확인해 내고 원가

절감을 이룩하면서 제품이 개선될 수 있는지를 결정하기 위한 조직적인 검토를 말한다.

4. 거시 마케팅(Macro-level marketing)

마케팅을 사회적 과정으로 파악하는 거시적 관점의 마케팅으로서 "사회 전체의 이질적인 공급능력을 이질적인 수요와 효과적으로 대응시키고, 사회의 장·단기 목표를 효과적으로 달성할 수 있도록 전체 경제 시스템의 제품들이 생산자들로부터 소비자들에게 원활하게 흐르도록 하는 사회경제적인 활동"으로 정의된다.

5. 고객(Customer)

교환에 있어서 마케터의 상대방을 말하며, 자신에게 제공되는 것을 수용하고 마케터가 원하는 것을 반대급부로서 기꺼이 제공하는 측이다. 쉽게 말하여 우리에게 돈을 지불하는 모든 사람은 고객인 것이다.

6. 고객지향성(Customer orientation)

총체적 마케팅, 목표지향성과 더불어 마케팅 개념의 3대정신을 구성하는 데 고객을 모든 마케팅 활동의 초점으로 삼는 정신이다.

7. 관여(Involvement)

구매 또는 소비행위가 의사결정자에게 갖는 개인적 중요성 또는 관여성으로서 고가품, 복잡한 제품, 많은 위험을 수반하는 제품, 상표 간의 품질차이가 큰 제품, 자아 이미지에 관련되는 제품 등에서 관여도가 높은 경향이 있다.

8. 구매단계(Buy stage)

산업고객의 구매과정을 묘사하는 문제의 인식 또는 예견, 필요한 품목의 특성과 수량의 결정, 필요한 품목의 특성과 수량의 기술, 공급자 탐색과 자격심사, 제안서의 수취와 분석, 제안서의 평가와 공급자 선정, 주문절차의 확립, 성과의 피드백과 평가 등의 여덟 단계.

9. 기술수명주기(Technological life cycle)

과학적 성과로서 새로운 기술이 개발된 이래 다양한 제품을 생산하는 데 활용되다가 급기야는 새로운 기술에 의해 대체되어 가는 모습으로서 제품의 수명주기와 유사한 개념이다.

10. 기억(Memory)

이전의 학습결과들의 총체로서 간혹 장기기억이라고도 부른다. 이에 비하여 단기기억이란 전체기억 중에서 특정한 시점에서 당면한 문제를 해결하기 위하여 활동화 되어 사용 중인 부분이며 활동적 기억이라고도 한다.

11. 뉴스버타이징(Newsvertising)

광고 효과를 증대시키기 위해 뉴스거리가 갖는 분위기에 편승하여 실시하는 광고(news와 advertising의 복합어)

12. 다속성 태도 모델(Multi-attribute attitude model)

어떤 대상에 대한 전반적인 태도가 여러 가지 속성에 대한 신념들과 소비자의 욕구 기준을 반영하는 가중치의 결합에 의하여 결정된다는 견해의 태도 모델.

13. 달러보트(Dollar vote)

소비자의 제품선택 행동은 결국 유권자가 여러 후보 중에서 적절한 후보를 선택하여 투표하는 것과 매우 유사하므로 소비자는 돈을 갖고 투표 행위를 한다고 간주할 수 있다.

14. 동기(Motive)

생체 에너지를 활성화시키고 소비자의 목표를 향하여 그러한 생체 에너지의 방향을 결정짓는 내적 동인. 특정한 여건에서 소비자 행동을 야기시키고 그 방향을 결정지을 수 있도록 활성화된 상태의 욕구. 목표지향적 행동의 이유. 자극에 의해 일시적으로 활성화된 욕구 또는 환기된 욕구이며, 그러한 욕구를 충족시키려는 목표지향적 행동을 유발한다. ☞ 본원적 구매동기, 선택적 구매동기, 이성적 동기, 감성적 동기, 애고동기

15. 디 마케팅(Demarketing)

초과 수요의 상태에서 제품을 획득하려는 잠재 고객들의 경쟁을 수수방관하기 보다는 고객만족을 보장하고 장기적인 고객관계를 유지·개선하기 위하여 수요를 적정 수준으로 감축하고 가용한 제품을 합리적으로 할당하려는 마케팅 관리과업이다. 디 마케팅에는 일반적 디 마케팅, 선택적 디 마케팅, 외견상 디 마케팅, 비고의적 디 마케팅의 네 가지 기본 형태가 있다.

16. 리 마케팅(Remarketing)

감퇴적 수요 상태에서 표적시장을 변경하든가 마케팅 믹스의 요소들을 변경함으로써 수요를 부활시키는 마케팅 관리과업이다.

17. 리 포지셔닝 전략(Repositioning strategy)

소비자들이 원하는 바나 경쟁자들의 포지션이 변함에 따라 기존 제품의 포지션을 바람직한 방향으로 새롭게 전환시키는 전략.

18. 마케터(Marketer)

교환의 당사자 중에서 교환을 실현시키기 위하여 주도권을 행사하는 측이며 그 상대방은 (잠재)고객이다. 즉 자신이 필요한 것을 얻어내기 위하여 상대방에게 무엇인가를 제공하려는 편은 판매자이든 구매자이든 마케터이다.

19. 마케팅 개념(Marketing concept)

잠재 고객들이 자신의 문제해결에 관심을 갖고 있으며 보다 효과적으로 그러한 문제를 해결해 줄 수 있는 수단을 선호한다고 가정하여 마케팅 노력의 초점을 첫째, 잠재 고객들의 충족되지 않은 욕구(해결되지 않은 문제)를 발견해 내고 둘째, 그것을 효과적으로 충족시키기(해결해 주기) 위한 수단을 개발하여 셋째, 고객을 경쟁자보다 효과적 및 효율적으로 만족시키려는 마케팅 관리이념이다.

20. 마케팅 관리(Marketing management)

조직의 목표(이윤, 매출성장, 시장점유율 등)를 효과적으로 달성하기 위하여 상대방(주 고객시장의 잠재고객들)과의 유익한 교환관계를 개발하고 유지하기 위한 프로그램을 계획·실행·통제하는 경영관리 활동이다.

21. 마케팅 관리의 목표(Goals of marketing management)

마케팅 관리의 목표는 세 수준에서 정의할 수 있는데, 첫째는 일방적인 매출극대화이며, 둘째는 소비자 만족을 통한 장기적인 이윤극대화, 셋째는 생활 수준의 향상을 통한 장기적인 이윤극대화이다.

22. 마케팅 근시안(Marketing myopia)

자신의 고객과 사업영역을 정의할 때 고객의 기본적인 욕구가 아니라 제품이나 기술 자체를 근거로 하는 관점이다. 이러한 관점은 마케터의 시야를 제품에만 집착시켜(product illusion) 간접적인 경쟁을 제대로 인식하지 못하거나 새로운 마케팅 기회와 위협을 신속하게 포착하는 일을 방해하며 진취적인 미래지향적 사고를 저해한다.

23. 마케팅 도구(Marketing tools)

마케팅 문제를 해결하거나 마케팅 목표를 달성하기 위하여 마케터가 자유롭게 구사할 수 있는 도구로서 대체로 제품에 관한 의사결정(들), 가격에 관한 의사결정(들), 경로에 관한 의사결정(들), 촉진에 관한 의사결정(들)의 독특한 조합을 의미한다.

24. 마케팅 믹스(Marketing mix)

마케팅 목표를 가장 효과적으로 달성하기 위한 마케팅 도구들에 관한 의사결정의 조합이다. 대체로 마케팅 환경 요인에 적응하면서 잠재 고객이 원하는 바를 충족시키기 위한 총체적인 수단으로 간주된다.

25. 마케팅 시스템(Marketing system)

마케팅 기능을 수행하는 과정에서 유기적인 관계를 가지면서 작용하는 구성 요소들의 조직화된 통일체이다. 이때 구성 요소는 본래 시스템에 대하여 하위 시스템이므로 마케팅 시스템은 다양한 수준에서 정의될 수 있으나, 대체로 하위 시스템들로 구성되는 수준에서 정의되며 하위 시스템들은 지속적인 교호 작용을 통하여 유기적인 관계를 유지하면서 마케팅 활동과 성과에 영향을 미친다.

26. 마케팅 전략(Marketing strategy)

마케팅 목표를 달성하기 위한 행동방안으로서 중요한 구성 요소는 시장 세분화를 통한 표적시장의 선정과 목표 포지션의 선정, 마케팅 믹스의 개발이다.

27. 마케팅 조직(Marketing organization)

마케팅 활동의 주체로서 기업, 비영리 조직, 국가 등은 물론이고 개인까지도 포함한다.

28. 매체(Media)

메시지를 송신자로부터 수신자에게 전달하기 위한 그릇으로 전달 메커니즘을 구성한다. 대표적인 매체로는 TV, 라디오의 전파매체와 신문, 잡지의 인쇄매체가 있다.

29. 머천다이징(Merchandising)

적절한 시간과 적절한 장소에 적절한 양의 제품을 공급하는 일로서 간혹 마케팅과 혼용되기도 하지만, 오히려 중간상인의 제품관리를 의미한다. 즉 협의의 머천다이징이란 고객수요에 부응하도록 제품의 구색을 갖추는 상품선정활동을 지칭한다.

30. 문화적 가치(Cultural values)

공동체 집단의 정체성 또는 복지에 중요하다고 인정되는 활동, 관계, 느낌 또는 목표들에 관한 보편적인 신념. 개인적으로나 사회적으로 추구될 가치가 있다고 여겨지는 존재의 일반적인 상태이다

31. 미시 마케팅(Micro-level marketing)

마케팅을 개별조직의 활동으로 파악하는 미시적 수준의 마케팅으로서 충족되지 않은 고객의 욕구를 발견해 내고 그러한 욕구를 충족시켜 줄 제품을 생산하여 제공함으로써 고객만족을 창출하고 조직의 목표를 효과적으로 달성하려는 활동으로 정의된다.

32. 반응전략(Response strategy)

잠재 고객들이 원하는 바에 따라 마케팅 조직이 반응하는 접근 방법으로서 대체로 고객들이 원하는 바를 마케터의 의지대로 변화시키기보다 용이하며 마케팅 개념 자체도 이러한 전략적 관점을 반영한다.

33. 반응탄력성(Response elasticity)

자극의 변화를 구매량의 변화에 연관시킴으로써 특정한 마케팅 자극에 대한 소비자의 민감도를 나타내기 위한 지수.

34. 비영리 마케팅(Nonprofit marketing)

오늘날에는 기업 활동을 중심으로 발전되어 오던 마케팅 개념과 원리들을 기업 이외의 조직들까지 도입하기에 이르렀는데, 비영리 기관이 자신의 목표를 효율적으로 달성하기 위해 마케팅 원리를

적용하는 일을 비영리 마케팅이라고 한다.

35. 비차별화 마케팅(Undifferentiated marketing)

전체 시장 구성원들이 원하는 것의 차이를 인식하지 않고 한 가지 마케팅 믹스로써 전체 시장에 접근하는 전략으로 대량 마케팅이라고도 한다.

36. 사업 포트폴리오(Business portfolio)

포트폴리오란 본래 증권이나 채권에 대하여 추자한 자산의 목록을 의미하지만, 사업포트폴리오란 기업을 구성하고 있는 전략적 사업 단위들의 조합을 의미한다. 이때 전략적 사업단위는 분석의 수준에 따라 사업부나 제품범주, 제품계열, 상표가 될 수 있다.

37. 상표(Brand)

자신의 제품을 확인하고 다른 경쟁자의 제품과 구별하기 위하여 판매자가 사용하는 단어, 상징, 디자인 또는 이들의 결합. 상표의 구성 요소 중에서 소리로 표현될 수 있는 부분을 상표명이라고 하며 그 외의 도식적 요소를 상표 표지라고 한다.

38. 상표확장 전략(Brand extension strategy)

이미 시장에서 성공을 거둔 기존 제품의 상표를 신제품이나 개선된 제품에 활동함으로써 성공적인 상표에 대하여 소비자들이 갖고 있는 호의와 상표충성을 그대로 이연시키고 소비자들의 인지도를 높여 신제품 도입을 용이하게 하려는 전략이다

39. 소비자 행동 모델(Consumer behavior model)

소비자 행동에 관계되는 변수들을 확인하고 그들 사이의 관계를 본질적으로 상술하여 행동이 형성되고 영향받는 양상을 묘사하기 위한 단순화된 표상.

40. 수명주기비용(Life cycle cost)

제품을 획득하여 사용하고 유지하는 데 소요되는 전체 비용으로서 내구재나 산업 용품의 고객에게 중요하다.

41. 수직적 마케팅 시스템(Vertical marketing system)

마케팅 경로 상에서 지도자격인 구성원이 형성하는 전문적으로 관리되고 집중적으로 계획된 유통망으로서 경로통합의 근거에 따라 법인형, 관리형, 계약형으로 구분된다.

42. 수평적 마케팅 시스템(Horizontal marketing system)

새로운 마케팅 기회를 효율적으로 활용하기 위하여 둘 이상의 경로참가자들이 연합하여 공동으로 마케팅 전략을 설계하고 추진하는 형태로서 공생적 마케팅 시스템이라고도 한다.

43. SWOT Analysis

환경변화가 제공하는 기회와 위협을 인식하고, 특정한 환경기회를 활용하는 데 있어서 자신이 경쟁자보다 차별적 우위를 갖는지의 여부를 결정하기 위해서는 우선 환경탐사를 통해 기회(O-pportunities)와 위협(T-threats)을 찾아내고 각각의 성공 요건과 자기의 장점(S-trengths) 및 약점(W-eaknesses)을 비교해야 한다.

44. 시너지즘(Synergism)

system + energy의 복합어로서 독립적인 각 구성단위가 갖는 효과의 합보다도 전체 효과를 크게 하는 구성 단위들의 협동적 행동을 의미한다.

45. 실증적 마케팅(Positive marketing)

현재 실시되고 있는 마케팅 활동을 설명하고 예측하려는 접근 방법이다.

46. 시장 세분화(Market segmentation)

전체 시장을 구성하고 있는 잠재 고객들을 어떠한 기준에 의하여 유사한 하위집단으로 분리하는 과정이다. 이때 사용되는 기준을 시장 세분화 변수 또는 시장 세분화 근거라고 하며 시장 세분화의 결과로서 도출된 하위집단을 세분시장 또는 하위시장이라고 한다.

47. 시장수명주기(Market life cycle)

제품수명주기가 시간경과에 따른 제품의 수요변화 패턴을 나타내는 데 반하여 시장수명주기 또는 제품-시장수명주기란 잠재 고객들이 희구하는 효익의 수명주기를 말한다.

48. 욕구의 동기화(Motivation)

기본적인 욕구가 자극에 의해 활성화 되어 동기로 전환되는 과정.

49. 욕구구조(Need structure)

특정한 제품구매에 있어서 개인별로 강조하는 효익의 상대적 크기로서 각 제품의 가치를 결정짓는다.

50. 웨버의 법칙(Weber's law)

차이식역에 도달하기 위하여 필요한 자극 차이는 초기 자극치에 비례한다.

51. 의사결정 단위(Decision making unit)

집단적인 구매결정에 있어서 제안자, 정보수집자, 영향자, 결정자, 구매자, 사용자, 평가자의 역할을 분담하는 구성원들이다.

52. 이미지(Image)

제품 또는 서비스, 기업, 점포에 관하여 고객들이 갖고 있는 정신적 그림으로서 고객이 지각대상과 함께 연상하는 감정적 및 미학적 느낌을 모두 포함한다.

53. AE

광고주를 위하여 마케팅 조사, 매체선정, 광고물의 제작 등 여러 분야의 기능을 종합적으로 통합하여 광고계획을 수립하고 관리하는 광고대행사의 담당자. 광고주의 유치나 광고주와의 단순한 연락업무를 넘어서 특정한 광고주의 스탭 역할까지도 수행한다.

54. AIDA Model

마케팅 커뮤니케이션에 대하여 소비자들이 보여주는 반응을 주의(attention), 관심(interest), 열망(desire), 행동(action)으로 범주화한 모델. 또한 기억(memory)을 포함하여 AIDMA 모델도 제안되고 있다.

55. AIO

라이프 스타일을 묘사하기 위한 활동(activities), 관심(interests), 의견(opinions)의 측면들.

☞ 라이프 스타일

56. Asch phenomenon

준거집단의 묵시적인 압력에 의하여 개인의 판단이나 행동이 왜곡되는 현상.

57. CI

기업의 경영이념과 활동방향을 정립하고 이를 시각적으로 표현한 기업의 존재 가치(corporate identity). 따라서 CI 프로그램(CIP)이란 기업이 자신의 존재 가치와 의미를 명확하게 하기 위하여 통일성 있는 이미지를 대내외적으로 형성하려는 일종의 커뮤니케이션 전략이다.

58. CPM(cost-per-thousand audience method)

수신자 1,000명에게 광고물을 노출시키는 데 소요되는 비용을 나타내는 지수. 예를 들어, 300만원짜리 TV 광고물에 1,000만명이 노출되었다면 CPM은 300원이다.

59. STP

마케팅 전략의 기본적인 구성 요소를 함축적으로 나타낸 기호로서 시장 세분화(Segmentation), 표적시장의 선정(Targeting), 목표 포지션의 결정(Positioning)을 의미하며 다음에 이어지는 단계는 마케팅 믹스의 개발이다.

60. USP(unique selling point)

메시지에서 전달하려는 내용에 대한 구상으로서 제품의 속성, 효익, 가치를 근거로 하여 개발된다.

즉 소비자에 대한 설득의 초점으로서 예를 들면, 신사화의 경우 상쾌한 발걸음과 품위의 조화가 될 수 있다.

03 제 3 편 스포츠 산업 및 스포츠 스폰서십용어

1. 광고 기피현상(Advertisement avoid phenomenon)

- 재핑(Zapping) 현상: 영상매체의 광고시청을 회피하기 위해서 현제 시청하고 있는 TV채널을 다른 채널로 돌리거나 또는 자리를 이탈하는 행위
- 지핑(Zipping) 현상: 프로그램을 비디오 또는 VCR로 녹화하여 시청할 때, 광고가 나오면 빠르게 감아 돌려 프로그램만 시청하는 현상

2. 네이밍 라이트(Naming Rights)

스포츠 시설·문화시설·프로스포츠 구단·이벤트 등의 명칭에 기업명 또는 기업의 브랜드 명을 붙여 정식 명칭으로 사용할 수 있는 권리라는 뜻으로, 명칭사용권 또는 이름사용권, 네이밍 권리라고도 한다

3. 뉴 스포츠(New Sports)

국제적으로 규칙이 통일된 기존의 스포츠와는 달리 규칙의 유연성과 경기의 간이성 등을 특징으로 하는 참가자 지향의 스포츠를 총칭한다. 기존의 틀과 형식에 얽매이지 않고 레크리에이션 활동에 참여하는 참가자들이 중심이 되어 행하는 새로운 형태이며, 활동대상이나 지역의 특성에 맞도록 규칙을 변경시킬 수 있어, 누구나 간단하고 쉽게 즐길 수 있는 스포츠이다.

4. 라이센싱(Licencing)

라이센싱(Licencing)은 개인이나 조직이 자신의 지적재산권(Intellectual Property)을 일정 기간 동안 타인에게 사용할 수 있도록 권리를 부여하는 활동이다.

5. 스포츠(Sports)

스포츠는 우리가 일반적으로 생각하는 운동종목(예, 테니스, 골프, 수영, 축구 등)뿐만 아니라 피트니스, 레크리에이션 또는 레저 등도 의미한다.

6. 스포츠 산업의 특성(Sport industry)

① 스포츠 산업은 복합적인 산업분류 구조를 가진 산업이다.
② 공간·입지 중시형 산업이다.
③ 시간소비형 산업이다.
④ 오락성이 중심 개념인 산업이다.

⑤ 감동과 건강을 가져다주는 산업이다.

7. 스포츠 시설의 정의(Sports facilities)

좁은 의미로는 스포츠 시설은 각종 경기장, 체육관, 수영장 등의 단순한 구조물일 수도 있지만, 넓은 의미로는 단순한 구조물뿐만 아니라 각종 스포츠에 필요한 용기구까지 포함한다.

"운동에 필요한 여러 가지 조건을 인공적으로 정비한 시설과 용기구 및 용품을 포함한 조형물"이라 정의할 수 있다.

8. 스포츠 소비자(Sport consumer)

스포츠 소비자는 스포츠 제품을 소비하는 사람들을 의미하며, 스포츠 제품의 유형에 따라 소비의 형태가 달라지므로 스포츠 소비자는 구매자, 참여자, 이용자, 관람자, 시청자, 구독자 등으로 표현될 수 있다.

- 구매자: 스포츠 용품을 구매하는 자
- 참여자: 특정 운동종목에 참여하는 자
- 관람자: 스포츠 경기를 현장에서 관람하는 자
- 시청자: 스포츠 경기를 TV 또는 인터넷으로 시청하는 자
- 이용자: 스포츠 기관의 시설이나 서비스를 이용하는 자
- 구독자: 스포츠 신문 또는 잡지 등을 구독하는 자
- 이외 다른 유형의 스포츠 소비자들이 존재할 수 있다.

9. 스포츠 스폰서십의 선호도

① 스포츠를 좋아하는 사람들은 대부분의 국가에 존재하기 때문에 스포츠를 통해 전 세계의 사람들에게 접근할 수 있다.

② 스포츠는 문화, 언어, 종교를 초월할 수 있다.

③ 인구통계학적 특성이나 생활양식 측면에서 각 국가의 세분집단들이 선호하는 스포츠가 다를 수 있지만, 특정 스포츠를 후원함으로써 그 스포츠를 선호하는 세분집단을 표적할 수 있다.

④ 스포츠는 다양한 이미지를 지니고 있으므로 기업은 특정 이미지를 가지고 있는 스포츠를 후원함으로써 그 이미지를 기업 또는 제품의 이미지로 전이시킬 수 있다.

⑤ 스포츠 이벤트에는 기업명 부착에 대한 규제가 예술 이벤트(예, 뮤지컬, 연극, 댄스공연 등)보다 적다.

10. 스포츠 스폰서십의 6P's(Sport sponsorship 6P's)

① **플랫폼**(Platform)

스폰서의 커뮤니케이션 발판이며 방향을 제시해 주는 기본이 되는 기능을 의미한다.

② **연합**(Partnership)

스포츠 단체와 스폰서가 상호 이익의 교환이라는 기본적 입장으로 동반자적인 관계를 형성하는 것을 의미한다.

③ 편재(Presence)

소비자가 제품 선택에 있어서 어느 곳에서나 쉽게 접할 수 있는 접근의 용이성 그리고 사용의 편리성을 내포하고 있다.

④ 선호(Preference)

스포츠 스폰서십은 상표인지도 향상과 상표선호도 강화를 위한 수단으로써의 역할을 한다.

⑤ 보호(Protection)

스폰서십 프로그램에 참여하는 단체의 효과를 증대시키기 위한 프로그램을 제공하고 독점적인 권한을 행사할 수 있도록 프로그램을 운영한다.

⑥ 구매(Purchase)

스폰서가 기대하는 효과 중의 하나는 소매 단계에서 스포츠 이벤트의 자산을 활용하여 판매를 증진시키는 것이다.

11. 스포츠 이벤트의 특성

스포츠 이벤트의 특성으로는 현장성, 진실성, 신기성, 지역애호 및 애국주의, 건강성, 대중성, 화제성·회상성이 있다. 이러한 다양한 특성으로 인하여 스포츠 이벤트는 기업이나 단체, 선수 등에게 더욱 효과적인 스포츠 마케팅, 스폰서십을 할 수 있게 되었다.

12. 스폰서십의 정의(Sponsorship)

기업의 정상적인 활동과 직접적으로 관련이 없는 이벤트에 기업이 재정적, 기술적(=인적), 물적 지원을 제공하여 그 제휴를 통해서 상업적인 이익을 얻기 위한 행위이다.

13. 스폰서의 유형

다음은 스폰서 유형으로 분류되지만, 대회에 따라 그 명칭은 다를 수 있다.

① 타이틀 스폰서(Title sponsor)

대회명칭에 기업명이나 브랜드 명을 넣는 권리를 획득한 기업이다.

② 공식 후원사(Official Supplier)

일정액의 금액을 지불하는 스폰서이다.

③ 공식 공급업체(Official Supplier)

재정보다는 물자나 용역을 대회에 지원하는 기업이다.

④ 대회 상품화권자(Official Licensee)

대회명, 로고 또는 마스코트를 사용하여 특정 품목의 제품을 생산 및 판매할 수 있는 영업권리를 부여받은 기업이다.

⑤ 방송 후원사(Broadcast Sponsor)

특정 기업이 시즌의 모든 경기 또는 특정 경기의 중계방송에 해당하는 전체 혹은 그에 상응하는 광고의 일정 금액을 방송사에게 지불하는 기업이다.

14. 스포츠 제품(Sport product)

스포츠 제품은 스포츠와 관련되는 모든 재화와 서비스를 말한다.

15. 스포츠 제품의 특징

① 스포츠 서비스는 무형적이며 순식간에 주관적으로 경험하게 된다(추상적이고 무형적).

② 스포츠 서비스는 생산과 동시에 소멸된다.

③ 스포츠 서비스는 대부분 집단적으로 소비되며, 소비자 만족은 사회적 촉진에 영향을 받는다(집단적 소비 제품).

④ 스포츠 서비스는 소비의 전 과정은 예측이 불가능하며, 항상 일치하지 않는다.

⑤ 전형적으로 핵심 제품을 통제하지 못하며, 확장 제품에 조차도 한정된 통제력을 갖는 경우가 많다(통제 불가능 제품).

⑥ 스포츠 마케터는 핵심 제품의 기능보다 확장 제품의 기능을 더 많이 가지고 있다.

⑦ 스포츠 제품은 소비재인 동시에 산업재이다.

⑧ 스포츠는 보편적인 소구력을 가지며, 우리의 삶에 깊숙이 파고들고 있다.

⑨ 스포츠 제품은 재고로 보관할 수 없기 때문에 사전 판매가 필요하다.

⑩ 스포츠 팀들은 서로 경쟁관계이면서 동시에 협조관계에 있다.

⑪ 스포츠 제품은 사교의 기회를 제공한다.

16. 스포츠 프로퍼티(Sport property)

스포츠 종목 그 자체, 경기단체가 만들어 내는 새로운 대회 및 관련 이벤트 또는 선수, 경기장 시설, 방송 중계권, 스포츠 스폰서십. 방송 협찬권, 선수 스폰서십, 단체 및 구단 스폰서십, 상품화 사업, 대회운영, 시설운영 등을 들 수 있다. 또한, 스포츠 선수를 활용한 마케팅에서의 선수 매니지먼트, 상품화 사업, 선수에 대한 상업적 권리 등이 있을 수 있다.

17. 올림픽 관련 조직(International Olympic Committee organization)

① 올림픽 조직위원회(Organizing Committee of the Olympic Games: OCOG)

올림픽 조직위원회는 올림픽 개최의 총책임을 담당하고 있다. 주요 업무는 원활한 대회운영을 위해 필요한 경기장과 숙박시설을 올림픽 기준에 준하여 제공하고 그 외에, 필요한 인적·물적 자원을 제공하는 것이다. 통상 이러한 준비를 위해 올림픽 조직위원회는 대회 개최연도의 약 7~8년 전에 확정된다.

② 세계연맹(International Federation: IF)

각 경기종목마다 각국의 경기연맹이 모여 결성한 세계연맹이 있다. 이 세계연맹은 법규를 제정하며 각국 경기연맹의 운영에 관한 전반적인 감독과 지원을 하고 올림픽에서는 심판 파견 및 경기 운영을 한다.

③ 각국 올림픽위원회(National Olympic Committee: NOC)

각 나라마다 올림픽위원회가 있으며, 이 올림픽위원회는 각국 내에서 IOC가 주관하는 올림픽 운동(Olympic Movement)을 수행하며 올림픽을 위해서는 자국의 대표선수를 선발 및 파견하는 책임을 지고 있다.

18. 올림픽 마케팅(Olympic marketing)

스포츠를 이용한 마케팅(Marketing through Sport) 활동으로, 기업이 올림픽을 후원하고 그 후원을 토대로 기업의 이미지와 제품 판매를 촉진하는 활동이 대표적이다.

19. 앰부시 마케팅(Ambush marketing)

앰부시 마케팅이란 한 이벤트에 대해 공식적인 관계가 존재하지 않으면서, 그러한 관계가 있는 것처럼 의도적으로 행동 또는 커뮤니케이션을 하는 활동을 의미한다.

20. 앰부시 마케팅의 방지 방법

IOC가 앰부시 마케팅 수단을 차단하기 위해 사용해 왔던 방법은 크게 자산권, 이벤트 환경 및 이벤트 파트너의 통제와 교육적 PR활동으로 구분할 수 있다.

21. 앰부시 마케팅의 효과

앰부시 마케터와 공식 스폰서의 활동유형과 정도에 따라 앰부시 마케터는 공식 스폰서와 같은 수준의 효과, 심지어는 더 큰 효과를 볼 수 있다.

22. 지적재산권(Intellectual Property)

이름, 초상, 로고, 이미지, 표현, 싸인, 캐릭터 등을 의미하며, 이와 같은 무형자산(Intangible Asset)이 부착되어 생산 및 판매되는 제품을 라이센스 제품(Licensed Products)이라 한다.

23. 촉진 라이센싱(Promotion Licensing)

타인이 촉진 활동을 위해 사용할 제품에 소유하고 있는 자산의 사용 허가를 의미한다. 예를 들어, 디즈니사가 맥도널드사로 하여금 해피밀 구매자에게 디즈니 캐릭터 장난감을 제공할 수 있도록 하였다.

24. 판매 라이센싱(Sales Licecing)

타인이 판매하려는 제품에 소유하고 있는 자산의 사용을 허가하는 것을 의미한다.

25. TOP 프로그램(The Olympic Partners)

지속적이고 안정된 수익이 필요하다는 것을 인식한 IOC는 LA올림픽의 흑자경영을 계기로 1985년에 TOP(The Olympic Partners) 프로그램을 창안하였다. TOP 프로그램은 12개의 일정한 제품영역(품목)을 규정하고 해당 제품을 생산 및 판매하는 세계적인 기업의 스폰서십 참여를 유도하였으며, 서울올림픽에서 처음으로(TOP 1) 시도하였다.

26. TV 중계권(TV broadcast)

대회 운영 단체에 일정 금액을 내고 경기를 방송하거나 TV 중계에 관한 모든 권한을 위임받아 각 나라 방송사에 일정 금액을 받고 방송 중계를 판매할 수 있는 권리

04 제 4 편 스포츠 마케팅 관리 및 전략

1. 가격(Price)

스포츠 제품(유형적 제품과 무형적 제품)가격이란 스포츠와 관련한 제품의 판매자와 스포츠 제품의 구매자 사이에 이루어지는 교환비율로 "어떻게 가격을 결정할 것인가?" 마케팅 관리자가 마케팅 계획을 수립할 때 당면하는 문제 중의 하나로 가격은 스포츠 조직의 시장점유율과 수익성을 결정하는 가장 중요한 요소 중의 하나이다.

2. 가치사슬(Value Chain)

Michael Porter 교수는 경쟁우위를 결정하는 경쟁사간의 차이를 설명하는 하나의 방법으로 가치사슬(Value Chain)을 제안했다. 크게 기업의 가치사슬은 지원 활동과 본원적 활동으로 나누어 보면

① 본원적 활동: 제품을 제조하는 물리적 과정과 애프터 서비스 활동이 포함되며 어떤 기업이든 본원적 활동은 5가지의 범주로 나누어진다.

② 지원활동: 본원적 활동과 다른 지원 활동을 보조해 주는 활동으로 생산에 필요한 원부자재를 구입하는 활동, 기술개발, 인적자원관리 및 기타 회사 전반에 걸친 기능이 포함된다.

3. 강점 및 약점 분석(SWOT)

스포츠 조직과 관련된 기업이 그들에게 주어진 기회를 그들이 가지고 있는 내부 역량(마케팅·생산·재무·조직 등의 능력)을 잘 활용할 때 기회는 가치가 있는 것이 된다. 이러한 측면에서 기업의 강점이란 기회를 이용하고 위협을 피할 수 있는 기업 능력으로 경쟁 기업보다 우위에 있는 기술, 강력한 조직력, 우수한 정보력 등이 있으며 약점이란 업무 수행을 방해하거나 실패를 회피할 수 없게 하는 결함으로 복잡한 업무체계, 파벌의식, 자금력, 리더십 결여 마케팅 능력, 경쟁에 대응하는 능력 및 경영자 관리자의 무능력 등을 들 수 있다. 따라서 스포츠 조직과 관련된 기업은 그들이 가지고 있는 내부 역량을 주기적으로 조사하고 평가하여 각 부문별로 강·약점을 분석해야 한다.

4. 고객분석

스포츠 조직과 관련된 기업은 그들이 취급하는 스포츠 제품과 서비스를 효율적으로 시장에 공급하기 위해 제일 먼저 고객분석을 실시해야 하는데 이와 같은 이는 우리가 공략해야 할 대상 즉 고객을 명확히 규정하기 위한 것으로 이는 각기 다른 욕구를 가진 스포츠 고객들을 식별하여 마케팅 노력이 직접적으로 전달될 수 있도록 하기 위해서이다.

5. 광고(Advertising)

광고는 제품이나 서비스를 소비자에게 인지시키고 또 호의를 갖게 하기 위해 소비자의 시청각에 소구하는 것으로 라디오, TV, 잡지, 옥외 광고 및 그밖에 다양한 유료 매체를 이용한 제반 활동이다.

그 효과는 일반적으로 장기에 걸쳐 나타나며 대중성이나 침투력이 강하고 표현의 범위가 넓은 특징을 가지고 있다.

6. 광고매체(Advertising media)

광고매체는 크게 전파 매체(TV, 라디오, CA-TV, 지역매체), 인쇄매체(신문, 잡지, 지역지, 특수지), 옥외 광고와 기타 매체로 포장, 포장 내 삽입물, 우송광고, 카탈로그, 브로셔·소책자, 포스터·리프렛 간판, P.O.P상징·로고 등이 있다.

7. 거시 환경분석(Macro-Marketing)

거시 환경분석이란 다섯 가지의 거시 환경변수를 가리키는데 즉, 경제동향, 기술변화, 정치동향, 인구동향, 문화적 변화가 그것인데 시장을 둘러싸고 있는 거시 환경분석에 초점이 맞추어지며 특히 전략 개발에 직·간접으로 영향을 미칠 수 있는 거시 환경의 변화 추세와 거시 환경에서 일어나는 여러 가지 사건보다 구체적으로 환경의 변화 추세 및 사건을 파악할 뿐만 아니라 이들의 발생 가능성과 영향력을 예측하는 데 목적이 있다.

8. 기능 전략

스포츠 조직과 관련된 기업이 가지고 있는 고유 부가가치 활동 기능 즉 제품, 생산, 유통, 재무, 조직 등의 제 기능별 전략의 규정과 집행으로 구성되어 있다.

9. 기능별 전략(Functional Strategy)

기능별 전략이란 특정 제품 시장에서 경쟁하는데 필요한 기능별 전략을 의미하며 영업, 제품관리, 연구개발, 생산, 재무, 조직 등 스포츠 조직과 관련된 기업의 여러 주요 기능별 영역에 대한 전략을 구체화하는 것을 포함한다.

10. 기능적 편익

기능적인 편익은 스포츠 제품의 속성이나 기능으로부터 얻는 편익으로 예를 들면 경제성, 사용편리성 등이 이에 속한다.

11. 기회분석(Opportunity)

외부 환경분석의 중요한 목적 중의 하나는 새로운 기회를 인식하고 발견하는 것인데 시장 기회란 그 스포츠 조직과 관련된 기업이 경제적 이점을 누릴 수 있도록 제반 활동을 발휘할 수 있는 매력적인 사업 영역으로 이러한 각각의 기회에 대해 가질 수 있는 매력성과 성공 가능성에 의해 구분된다.

12. 기회 요인

외부 환경분석의 결과 기업이 당면하고 있는 기회 요인을 식별하게 되는데 기회 요인은 첫째, 장기적으로 유지 가능한 경쟁우위를 위한 새로운 근거의 제공 둘째, 적절한 전략적 대응에 의해 성과 기대치를 증가시키는 것으로 스포츠 조직과 관련된 기업 경영에 (+)로 작용하는 것을 말한다.

13. 기회·위협 및 강·약점 분석(S.W.O.T Analysis)

어떤 스포츠 조직과 관련된 기업이 경영전략 수립을 위해 분석하는 내부 환경과 외부 환경으로부터 찾아내야 하는 기본적인 사항이다. 내부 환경을 분석하여 스포츠 조직과 관련된 기업의 강점과 약점을 발견하고 외부 환경을 분석하여 기회와 위협을 찾아내어 이를 바탕으로 전략을 수립하게 된다. 기본적인 전략과정은 바로 스포츠 조직 내부의 강점과 약점을 스포츠 조직 외부의 기회와 위협을 찾아내어 이를 바탕으로 전략을 수립하게 된다. 기본적인 전략과정은 바로 스포츠 조직과 관련된 기업 내부의 강점과 약점을 외부의 기회와 위협에 대응시킴으로써 목표를 달성하려는 것이다.

14. 개영역(Dog)

저시장 점유율-저성장 시장을 가진 사업으로 이 사업 단위는 현금이 적게 소요되기는 하나 이익도 아주 적어 손실을 내는 사업이다.

15. 개인적 특성 변수

특정 스포츠 제품과는 무관한 개인소비자의 특성 변수를 말하는데 여기에는 지리적 변수, 인구 통계적 변수, 심리 분석적 변수 등이 있다.

16. 개성(Personality)

개성은 어떤 대상에 대하여 비교적 일관성 있게 지속적인 반응을 하는 개인의 독특한 심리적 특성으로 보수적·개방적, 도전적·방어적, 공격적·순응적이라는 등 이렇게 나누는 것을 말한다.

17. 경쟁가격(Competitive price)

스포츠 마케팅 관리자는 시장점유율 제고를 위해 스포츠 제품과 서비스의 가격을 경쟁 제품과 동등하게 하거나 또는 낮은 수준에서 결정하는 방법으로 이 경우 제품의 질을 제고시키거나 서비스를 개선해서 어떤 형태로든 스포츠 제품 차별화를 하는 것이 중요하다. 이러한 스포츠 제품과 서비스의 가격 결정 방식의 예는 휘발유, 철강제품, 항공권과 같은 품목에서 볼 수 있다.

18. 경쟁우위 확보 전략

어떤 스포츠 조직이 그들이 경쟁하는 제품·시장에서 지속적으로 경쟁우위를 확보하기 위한 기반이 되는 자원과 스포츠 조직의 역량을 개발하기 위해 고려하는 전략들을 생각할 수 있다.

19. 계획, 실행, 통제

① 계획: 5Ps의 요소에 관하여 목표를 설정하고 그 목표를 달성하기 위해 필요한 활동들을 결정하는 것

② 실행: 계획된 활동들로 누구로 하여금 책임지고 수행하도록 하는 것

③ 통제: 수행되는 활동들이 계획대로 잘 수행되고 있는지 또한 제대로 수행된 활동들이 과연 목표를 달성하였는지를 평가한 후 상황에 직접 대처하는 활동

20. 교환(Exchange)

교환은 무엇을 주고받는다는 의미이다. 즉, 자신과 상대방의 필요와 욕구충족을 위해 상호적으로 주고, 받을 수 있는 것(예, 화폐, 재화, 스포츠 제품, 경기 및 서비스, 스포츠와 관련된 모든 산업 등)이 존재할 때 교환이 이루어질 수 있다. 이런 맥락에서 스포츠 마케팅의 중요한 목표 중 하나는 스포츠 소비자의 욕구충족이다.

21. 다각화 성장 전략(Diversification growth strategy)

다각화란 현 사업과는 관계없는 매력적인 사업의 추가를 통해 성장 기회를 모색하는 것으로 다각화에 대한 우리의 시각은 대체로 부정적인데 이는 우리 스포츠 조직과 관련된 기업의 다각화가 주로 외형확대를 위한 관련, 비관련 구분 없이 계열사를 신설하는 방법으로 추진되어 왔고 또 다각화 전략이 성공적으로 수행되지 못한 측면이 강하기 때문인 것으로 생각된다.

22. 라이프 스타일(Life Style)

인간의 라이프 스타일은 사람들이 살아가는 방식(A mode of living)으로 보통 개인의 행동(Activities)·관심(Interests)·의견(Opinions)과 관련된 문항으로 측정한다. 이는 특정 라이프 스타일을 지닌 소비자들의 인구 통계적 특성이 전략수립에 매우 유용하기 때문이다.

23. 마케팅 전략(Marketing strategy)

마케팅 전략이란 고객 중심적 경영이념과 전략적 사고를 접합시킨 것으로서, "시상 경생에서 이길 수 있는 방책을 강구하는 일"이라고 정의할 수 있다. 이렇게 볼 때, 마케팅 전략 개발에 직접적으로 관련되는 당사자는 고객(Customer), 회사(Company), 경쟁사(Competitor)의 세 축으로 전략 개발의 출발점은 고객을 파악하는 데서부터 시작된다.

24. 마케팅 믹스 전략(Marketing Mix Strategy)과 요소

스포츠 마케팅 믹스 전략은 고객에게 제공될 스포츠 제품과 서비스의 창조를 위해 사용되는 여러 가지 마케팅 제 수단들의 결합(combination of various marketing tools)이다. 맥카시(E. J. McCarthy)는 마케팅 믹스 요소를 통제 가능한 수단들로 제품(Product), 가격(Price), 촉진(Promotion), 유통(Place)의 네 가지 항목으로 구체화하였는데 마케팅 전략의 집행을 위해 이러한 요소를 잘 결합함으로써 표적시장에 효과적으로 도달할 수 있게 된다.

25. 목적(Goal)과 목표(Objectives)의 차이

① 목적: 성취하고자 원하는 것으로 의도를 나타내는 일반적인 표현이다.

② 목표: 목적에 대한 세부적인 사항으로 실제적이고 구체적이며 개별적인 것으로 "무엇을 언제 어떻게 할 것인가?"에 대한 방법이 명시된다.

26. 문제아 영역(Question marks)

고성장 시장-저점유율 사업(제품)으로 이미 시장 선도자가 있는 고성장 시장에 진출하려고 한다는 관점에서 대개의 사업 단위들은 물음표에서 출발한다. 물음표의 SBU나 제품은 빠르게 성장하는 시장에 보조를 맞추기 위해 공장 라인, 설비 및 인력을 추가하고 선도 기업을 따라 잡기 위해 많은 현금이 필요하게 되고, 따라서 현금을 투여할 것인지 철수할 것인지 양쪽을 신중하게 검토할 필요가 있다.

27. 목표 설정시 고려해야 할 요소

첫째, 목표 계층구조의 우선성을 고려해야 한다.

기업 목표의 계층적 구조에서 최상위의 목표는 하나이지만 점차 하위로 갈수록 목표들은 같은 수준에서 여러 개로 상정된다. 이때 우선순위 문제가 대두되는데 이것은 기업의 자원은 제한되어 있으므로 동시에 여러 가지 목표들을 지향하기는 어렵다는 것을 의미한다.

둘째, 목표의 시간 계획성과 측정 가능성을 고려해야 한다.

이는 무엇이 언제 일어날 것인지 명확히 기술해야 함을 의미하며 그래야만 진행과정에 따라 목표 수행정도를 측정할 수 있게 된다.

셋째, 목표의 일관성과 유연성, 목표는 일관성을 지녀야 한다. 동시에 예견 못했던 사건이나 환경 변화에 유연성을 가져야 한다.

넷째, 목표의 관여성으로 이는 마케팅 실무 부서뿐만 아니라 개발, 기획, 판매부서 등 관련 부서 조직원들이 하나의 큰 목표에 관여되어 있음을 인식시키고 확신시켜야 한다.

다섯째, 목표의 간결 명확성 이는 목표는 명확하고 간결한 언어로 기술되어야 함을 의미한다.

여섯째, 목표의 합리성과 실현 가능성 목표는 크게는 기업의 기본 사명과 연계되고 작게는 다른 방계 조직과 연계되어야 하며 최고 경영층의 의도와 합치되어야 한다. 또 기업이 처한 독특한 상황이나 환경 요구와도 맞아야 한다.

일곱째, 목표의 동기 부여성

28. 별 영역(Star)

물음표의 사업이 성공하면 별이 되는데 별은 고성장 시장에서 시장선도자를 의미한다. 그러나 별이 그 기업에 긍정적인 현금흐름을 생성한다고 볼 수는 없다. 즉 고성장 시장에 부응하고 경쟁자를 방어하기 위해 많은 자금이 투여되기 때문이다. 별이 이익적으로 발전하면 미래의 금송아지가 된다.

29. BCG모델(Boston Consulting Group Model)

시장의 매력도를 단순한 지표로 나타내면 "시장성장성"으로 표시할 수도 있다. 즉 시장성장성이 높으냐 낮으냐에 따라 시장 매력도는 결정될 수 있다. 또 자사의 강점은 "시장점유율"을 이용할 수도 있다. 즉 자사의 시장점유율이 높으면 그 시장에서 자사는 강점을 가지고 있는 것으로 볼 수 있다. BCG모델이 이에 해당된다.

30. BCG성장-점유율 Matrix의 전략적 시사점

기업은 BCG성장-점유율 Matrix의 기본 내용을 토대로 사업 또는 제품의 포트폴리오가 건전하고 균형적인지를 우선 살펴보아야 한다. 그 다음에 이를 전략적으로 어떻게 조정할 것인가에 대해서 검토하고 그에 따라 전략 대안을 제시해야 한다. 일반적으로 불균형적 포트폴리오란 개와 물음표가 너무 많거나 또는 별과 금송아지가 너무 많은 것을 의미한다. 성공적인 사업 단위 또는 제품의 생명주기는 물음표에서 시작하여 별이 되고 금송아지가 되어 마침내 라이프 사이클의 끝인 개가 되는 것이다.

31. BCG성장-점유율 Matrix의 전략 대안

① 강화 전략(Build)

이는 비록 단기적 이윤을 희생하더라도 시장점유율 목표를 달성하기 위해 사업단위(SBU)의 시장점유율을 증가시키는 전략으로 별이 되기 위해서 점유율을 증가해야 하는 물음표나 스타사업 또는 제품에 적합하다.

② 유지 전략(HOLD)

사업단위의 시장점유율을 보호하기 위한 전략으로 계속적으로 많은 (+)현금흐름을 창출하기 위해 금송아지 사업 및 제품에 적합하다.

③ 수확 전략(Harvest)

이것은 사업단위의 단기적 현금흐름을 증가시키는 것으로 이 전략은 장래가 어둡고 또 더 많은 현금흐름이 요구되는 약한 금송아지에 적합하다.

④ 철수(Divest)

이 전략은 재원이 다른 곳에 더 잘 활용할 수 있도록 하기 위해 특정 사업을 처분 또는 청산하는 것으로 기업의 이익을 축내는 개나 물음표 사업(제품)에 적합하다.

32. 사회계층(Social Class)

소득·직업·재산·교육 수준 등이 반영된 복합적 개념으로 상류층·중류층·하류층으로 분류한다. 승용차·의류·가구와 같이 비교적 가시적(Visible) 제품의 경우 소비자들은 자신과 같은 사회계층에 속한 다른 소비자들의 구매패턴에 영향을 받으며 동일한 사회계층에 속한 소비자들의 구매 행동이 종종 유사하게 나타난다.

33. 산업(시장) 분석(Industry analysis)

어떤 시장보다 구체적으로 스포츠와 관련된 모든 제품시장(Relevant product market)에 대한 분석으로 현재 및 잠재 시장 규모, 시장 성장률, 시장 수익성 분석, 원가구조, 유통 시스템 및 향후 시장의 추세 등의 내용을 포함한다.

34. 시장(Market)

어떤 제품의 실제 및 잠재 구매자의 전부로 이러한 시장의 규모는 어떤 특별한 시장 제공물에 대해 존재하는 구매자의 수에 좌우된다. 그리고 이러한 구매자들은 세 가지의 특징을 가지고 있는데 즉 관심, 소득, 접근성이다.

35. 시장 개발 전략(Market Development)

기존 스포츠 제품으로 새로운 욕구를 가진 시장이나 고객을 발견하거나 개발하여 성장을 꾀하는 전략으로 현재의 스포츠 시장에서 잠재 고객 집단의 확인과 사용 유도하는 방법으로 예를 들면 스포츠를 관람하지 않는 고객에게 스포츠 경기를 무료로 관람할 수 있는 기회를 제공하여 관람 스포츠를 경험하게 하여 다시 경기장으로 올 수 있도록 하는 것을 말한다.

36. 시장 세분화(Segmentation)

스포츠 시장을 어떤 기준에 의하여 동질적인 여러 개의 세분시장으로 세분화하는 과정을 의미한다. 스포츠 시장은 이질적인 욕구를 가진 다양한 소비자들의 집단으로 구성되어 있는데 구성하는 소비자들 개개인 모두는 상이하지만 특정 제품들에 대한 태도, 의견, 구매 행동 등에서 비슷한 소비자 집단이 존재할 수 있는데 이러한 비슷한 성향을 가진 사람들을 다른 성향을 가진 사람들의 집단과 분리하여 하나의 집단으로 묶는 과정을 시장 세분화라고 한다.

37. 시장 세분화 변수(Segmentation variable)

스포츠 시장을 세분화하려면 스포츠와 관련된 모든 산업체가 모든 마케팅 노력을 집중시켜 가장 효과적으로 시장을 공략할 수 있도록 시장을 의미 있는 집단으로 구분해야 한다. 시장에는 세분하지 않는 비세분화 시장도 있고 세분화된 시장의 수가 고객의 수와 같은 완전세분화 시장도 있다. 하지만 대부분 성별, 연령, 고객의 성향 등의 변수에 의해 몇 가지 시장으로 세분화되는 것이 보통이다. 시장 세분화는 한 가지 변수만을 사용할 때도 있지만 제품의 특성이나 소비자의 성향에 따라서 몇 가지 변수를 같이 사용하기도 한다.

시장 세분화의 변수로는 인구 통계적 변수, 지리적 변수, 심리 분석적 변수, 행동 분석적 변수 등이 있는데 이런 변수로 시장을 세분화한 다음 경쟁우위를 가질 수 있는 표적시장을 설정하게 된다.

〈시장을 세분화하는데 이용되는 주요한 변수〉

① 개인적 특성 변수(지리적, 인구 통계적, 심리적, 행동적)

② 제품 관련 특성 변수

③ 세분화 기준 변수의 복합적 사용 등으로 나누어진다.

38. 시장 세분화 여부 결정시 고려 사항

스포츠 시장 세분화 여부 결정시 고려 항목으로 PLC단계, 시장 규모, 소비자 욕구, 경쟁자 수 등이다. 예를 들면 제품 라이프 사이클상 도입기의 경우는 세분화가 불필요하나 점차 성장기, 성숙기로 넘어가면서 스포츠 시장은 좀더 세분화되어진다.

39. 시장 잠재 수요(Market potential)

특정 기간 동안 한 스포츠 산업과 서비스가 생산하는 제품을 모두 소화할 수 있는 시장의 총용량(Total capacity)으로 어떤 특정 환경 하에서 업계의 스포츠 마케팅 비용이 무한정으로 투입되어도 스포츠 시장 수요가 한계에 도달하게 되는 수요를 말한다.

40. 시장지위와 표적시장 선정

마케팅 전략의 하나로 스포츠 조직과 관련된 기업이 시장에서 차지하고 있는 스포츠 시장지위에 따른 마케팅 전략이 있다. 스포츠 시장지위는 시장선도자, 시장도전자, 시장추종자, 시장적소자 등 네 개 유형으로 나눌 수 있고 이러한 각 유형의 시장지위에 따라 기업이 선택할 수 있는 전략적 행위들은 상이하다. 이러한 스포츠 시장지위에 따른 전략을 시장도달전략가 완전히 일치하지 않지만 깊은 관련성이 있으며 그 관계는 다음과 같다. 스포츠 시장선도자의 경우는 스포츠 관련 제품과 서비스 시장에서 가장 높은 시장점유율을 가진 기업으로 전체 시장 도달 전략을 채택할 수 있고 시장도전자는 한 시장에서 2위 혹은 그보다 낮은 위치에서 적극적으로 선도 기업이나 경쟁자를 공략하는 전략으로 부분시장 도달 전략을 시장추종자는 시장선도자에게 도전하지 않고 선도자와 공존하며 현재의 위치에 만족하며 현 상황을 그대로 유지하는 전략 즉 부분시장 도달 전략을 니치기업(특화 전략)은 전체 시장이나 해당시장의 커다란 세분시장을 추구하지 않고 작은 세분시장을 표적으로 하여 스포츠 마케팅활동을 하는 것으로 단일시장 집중화 전략이 적당하다.

41. 시장침투 전략(Market Penetration)

집중성장 전략의 하나로 기존 시장에서 현재의 제품으로 시장점유율을 더 확대함으로써 성장을 꾀하는 방법이다. 이 방법은 단기적으로 기업에 많은 이익을 줄 수 있다. 고객의 니즈를 끌어 올리고 끊임없이 혁신을 수반하는 노력이 필요하다.

42. 신제품의 유형

① 혁신 제품: 소비자뿐만 아니라 기업에게도 새로운 제품을 의미한다.
② 모방 제품: 시장에 이미 출시된 제품을 기업입장에서 모방해도 새로 제공하는 제품을 의미한다.
③ 확장 제품: 기존 제품의 수정, 새로운 상표의 등장, 새로운 기능의 추가, 또는 재 포지셔닝을 통해 확장된 제품을 의미한다.

43. 신제품의 정의

신제품은 소비자보다 기업입장에서 시장에 새로 출시하였거나 출시하려고 고려하는 '기존과 다른 제품'이라 할 수 있다.

44. 심리적 가격결정

소비자는 품질의 지표로서 가격을 사용하는 경향이 있는 데 향수나 고가의 자동차는 비쌀수록 고품질로 인식하는 자아의식적 성향이 강하며 또 가격은 홀수 가격 전략은 가격결정에 많은 영향을 준다. 이러한 요소를 고려하여 가격을 결정하는 것이다.

45. 심리 분석적 변수(Psychograpic Segmentation)

심리 분석적 변수는 눈에 보이지 않는 심리 변수 특징에 기초하여 소비자들을 상이한 집단으로 분류하는데 객관적이고도 측정이 용이한 인구통계별 특성과는 달리 추상적이고 수량화하기 어려우며, 또한 접근 가능성도 용이하지 않다. 개성이나 라이프 스타일, 사회 계층 등이 대표적인 변수이다.

46. 심리적인 편익

제품 이미지, 자기 만족, 신분의 표시 등과 같은 소비자들의 심리적인 측면을 나타내 주는 것으로 예를 들면 남성미 넘치는 이미지, 건강한 이미지, 여성 해방의 기수 등은 심리적 편익을 의미한다.

47. 수익성(Profitable)

각 세분시장은 기업이 개별적인 마케팅 프로그램을 실행할 수 있을 정도로 충분한 규모를 지니고 있어야 한다. 즉, 각 세분시장에 투여되는 마케팅 비용을 회수하고 기업에 충분한 이익을 보장해 둘 수 있을 정도의 규모가 되어야 한다.

48. 세분(표적)시장 마케팅(Tarket Marketing)

현대적 개념의 마케팅으로 각 세분시장에 따라 독특하게 가지고 있는 스포츠 고객의 욕구를 찾고 제품을 개발하여 충족시키는 방식이다. 즉 이질적인 집단을 찾아내어 그들이 필요로 하는 차별적 효용까지 충족시키기 위해 스포츠 마케팅 전략을 일관성 있게 수립하는 데 초점이 맞추어 진다.

49. 세분시장 요건

스포츠 시장을 세분화한 후 각 세분시장에 대해 스포츠 조직과 관련된 기업이 마케팅 노력을 투입할 만한 가치가 있는 세분시장인지 평가해야 하는 데 이 경우 세분시장은 다음과 같은 세 가지 기준을 충족해야 한다. 차별적 반응, 수익성, 특정 가능성 및 접근 가능성을 충족해야 세분시장으로 가치가 있다.

50. 스포츠 마케팅의 5P's

소비자의 욕구충족을 위해 기업이 기획, 실행, 통제할 수 있는 다섯 가지 요소들은 제품(Product), 가격(Price), 장소(Place), 촉진(Promotion) 및 PR(Public Relation)이며, 모두 알파벳 P로 시작하기 때문에 스포츠 마케팅의 5P's라 한다.

51. 스포츠 마케팅의 7P's

제품이 서비스일 경우, 서비스 마케팅 분야의 학자들은 전통적인 4P's에 사람(People), 물질적 환경(Physical Environment), 그리고 수행과정(Process)의 세 가지 요소를 추가하여 7P's가 존재한다고 주장한다.

52. STP전략(Segmentation, Tarket marketing, positioning)

고객, 자사, 경쟁사 세 축의 관계를 마케팅 전략의 차원에서 요약해 보면 시장 세분화(Market, Segmentation), 표적시장 선정(Target Marketing), 포지셔닝(positioning)의 세 가지로 요약되며 이는 기업이 시장에서 성공할 수 있는 폭넓은 전략의 틀을 제공한다. 여기서는 마케팅 전략 개발의 당사자인 고객, 자사, 그리고 경쟁사의 세 축과 마케팅 전략의 핵심 내용은 바로 S.T.P.(Segmentation, Target Marketing and Postioning)이다.

53. 인구 통계적 변수(Demographic Segmentation)

인구 통계적 변수는 가장 많이 사용되는 변수로 타변수 사용시 보조적인 수단으로 복합 사용되며 나이(Age), 성별(Sex), 소득(경제여건), 결혼 여부(Marital Status), 교육, 직업(Occupation), 가족생활주기 등이 대표적인 인구통계적 변수이다.

54. 인적판매

한 사람 또는 그 이상의 잠재 고객과 직접 대면하여 대화와 설득을 통해 판매를 유도하고 실현하는 것으로 구매과 정상 일정단계 이후에 인적판매는 대단히 중요한데 특히 소비자의 선호를 강화하고 태도변화, 확신 및 행동을 유발시키는 데 가장 효과적인 수단이다. 광고나 판촉 활동이 어느 정도 효과적으로 실시된 후에 고객과 직접 접촉하기 위한 인적 판매 활동이 효과적으로 실행되지 않으면 고객의 구매 결정에 효율성이 떨어질 수 있다.

55. 외부 환경

스포츠 마케팅 환경 분석 중 외부 환경 분석은 크게 보면 네 가지 항목으로 구성되어 있다. 즉 고객 분석, 경쟁 분석, 산업 분석, 거시 환경 분석으로 구성되며 환경이 제공하는 기회와 위협을 규명하게 된다.

56. 위협 요인(Threat)

외부 환경 분석의 결과 스포츠 조직과 관련된 기업이 당면하고 있는 위협 요소를 식별하게 되는데 위협이란

첫째, 전략 수행을 저해할 수 있는 것

둘째, 전략의 위험성 증대

셋째, 전략 수행에 필요한 자원의 증대

넷째, 대성과의 감소시키는 것

57. 위협 분석

외적 환경 내의 진보와 발전 중 어느 것은 위협을 나타내는데 이는 스포츠 조직과 관련된 기업의 목표지향적 마케팅 활동이 없음에도 불구하고 그 위치나 산업의 위치가 침식을 초래하는 환경의 바람직하지 못한 추세로 기업 경영에 마이너스 요인이 되는 것이 외부 환경이다.

58. 원가우위 전략(Cost-leadership strategy)

모든 기능별 정책을 통하여 원가우위를 달성하는 것이며, 제조 및 마케팅에서의 규모의 경제, 경험곡선으로 부터의 비용 감소, 제반비용 통제, 연구개발, 서비스, 인적판매, 광고 등과 같은 분야에서의 원가최소화를 추구하여 소비자에게 보다 낮은 가격에 높은 가치를 지닌 제품을 제공하고자 한 것을 의미한다.

기업은 경쟁자보다 더 낮은 가격으로 시장점유율을 확보하기 위해 생산 및 유통 비용을 최저로 하

기 위한 모든 노력을 집중하는데 이러한 전략을 추구하는 기업은 기술이나 구매, 제조 및 물적 유통 부분에서 강점을 가지고 있기 때문에 가능하다.

59. 유용한 세분화 변수(기준)

유용한 세분화 변수란 상이한 구매자의 반응을 잘 나타내어 주는 것으로 제품에 따라 기준 변수와 구매율 간의 밀접한 상관 관계가 있는 변수를 찾아내는 것이다.

60. 유형 제품(Tangible Product)

유형 제품이란 포장, 상표명, 품질, 스타일 제품 등의 기타특성으로 제품을 형상화해 준다.

61. 역세분화(Counter-segmentation) 전략

두 개 혹은 그이상의 세분시장들을 통합하여 표적시장으로 정하는 경우도 있는데 이를 역세분화(Counter-segmentation) 전략이라고도 한다.

62. 집중화 전략(Focus strategy)

스포츠 조직과 관련된 기업은 전체 시장보다는 하나 또는 그 이상의 세분시장에 집중함으로써 이러한 세분시장의 욕구를 간파하고 그 표적 세분시장에서 원가 선도력 또는 어떤 형태의 차별화를 추구할 수 있게 된다.

63. 집중화 전략의 이점

집중 전략의 이점은 스포츠 조직과 관련된 기업이 가지고 있는 자원이나 역량을 한곳으로 집중함으로써 전략의 이완이나 희석을 피할 수 있기 때문에 지속적인 경쟁우위를 확보할 수 있게 된다. 넓은 제품시장에서 경쟁하기에는 자원이 부족한 스포츠 조직과 관련된 기업은 효율적으로 경쟁하기 위해서라도 제한된 자원을 집중해야 한다. 집중 전략은 포지셔닝 전략의 한 방책이 될 수 있다.

64. 전략적 사업단위(Strategic Business Unit:SBU)

스포츠 조직과 관련된 기업이 포트폴리오 재구성을 위해서 우선적으로 해야 할 것이 바로 그 스포츠 조직이나 관련된 기업이 가지고 있는 전략적 사업단위(SBU)를 명확히 확인하는 것이다. 전략적 사업단위란 기업을 구성하고 있는 조직단위로서 독자적인 시장과 경쟁 영역, 자율적인 의사결정 권한과 책임을 가지는 스포츠 조직과 관련된 기업을 의미한다.

65. 전략적 차이(Strategic Planning Gap)

스포츠 조직과 관련된 기업의 경영자는 그가 원하는 미래의 바람직한 매출 및 이익과 현실적으로 예상되는 매출 및 이익 간에는 차이가 있기 마련인데 이러한 차이를 바로 전략적 차이(Strategic Planning Gap)라고 한다.

66. 지리적 변수(Geographic Segmentation)

지역문화나 지역적 환경특성에 따라 수요가 존재하는 경우, 기업이 시장에 신규진출할 때 거리가 진입 장벽으로서 역할을 하는 경우에는 이 변수를 이용하는데 주요 변수(Variables)는 도시규모, 기후, 주거형태, 행정단위, 지역단위 등이 있다.

67. 집중적 성장 전략

스포츠 조직과 관련된 기업은 현재 운영하고 있는 사업의 성과를 보다 더 향상시킬 수 있는 추가적 기회를 검토하고 확인하는 방법을 강구하게 되는데 안소프(H. I. Ansoff)의 성장 벡타는 "기업이 어떤 제품, 어떤 시장을 선택하여 성장하는가?"라는 관점에서 기업 성장 전략을 제품과 시장으로 조합시켜 체계화하였는데 성장 벡타의 구성 요소를 네 가지 타입으로 분류하여 새로운 집중화 기회를 확인하는 틀로 이용하고 있다.

68. 전체 시장 접근 방법(Total Target Market Approach)

스포츠 소비자들의 가장 공통적인 욕구를 추출하고 거기에는 단일 제품(유·무형적 스포츠 제품)과 단일 마케팅 프로그램을 개발하여 전체 시장에 소구하는 전략으로 스포츠 마케팅 비용의 절감을 시도하는 것이다. 즉 스포츠 시장을 동질적 선호성으로 파악하거나 분리되어 있다하더라도 완전히 분산된 선호도를 파악할 때 선택되는 전략으로 대량 생산체제·유통경로·광고매체의 이용으로 스포츠 마케팅 비용의 경제성 추구에 있으며 표준화를 통한 대량 생산으로 비용을 최소화하고 그로 인한 가격을 최소로 책정하여 대량 잠재 시장을 개발하는 것이다.

69. 접근 가능성(accessible)

스포츠 조직과 관련된 기업의 마케팅 노력으로 세분시장에 효과적으로 접근을 할 수 있는 적절한 수단이 존재 하는가를 의미하는 데 세분시장에 접근할 방법이 무엇인가를 알지 못한다면 세분시장으로서 가치를 상실한다.

70. 젖소 영역(Cash cow)

시장성장률이 10% 미만으로 하락하게 되면 별은 그 사업단위가 최대의 상대적 시장점유율을 유지하는 한 금송아지가 되며 금송아지는 기업을 위해 많은 자금을 산출해 낸다. 시장성장률이 하락하기 때문에 시설 규모의 확대를 위한 투자가 감소하고 또 그 사업 단위가 시장선도자이므로 규모의 경제로 높은 수익률을 누린다.

71. 제품(product)

제품이란 인간의 기본적인 욕구 또는 2차적 욕구를 충족시켜줄 수 있는 것으로 시장에 출시되어 주의, 획득, 사용 또는 소비의 대상이 되는 것이다. 넓은 의미에서 제품은 물리적이고 기능적인 실체는 물론이며 상표, 포장, 서비스 등을 포함하여 고객을 만족시키기 위한 물리적·기능적·상징적 가치의 총체인데 제품의 세 가지 차원을 살펴봄으로써 제품의 본질을 보다 깊게 이해할 수 있다.

72. 제품 개발 전략(Product Launch)

기존 스포츠 시장 및 스포츠 고객에게 새로운 제품을 개발하여 성장을 꾀하는 전략으로 앞의 두 가지 방법론 즉 시장 침투나 시장 개발보다 리스크는 다소 높으나 이익 잠재력은 훨씬 크기 때문에 경영자 입장에서는 매력적인 전략일 수 있다.또 새로운 스포츠 제품을 개발하여 시장을 공략하는 전략은 경영의 기본이며 스포츠의 신제품 개발이야 말로 스포츠 조직과 관련된 기업 성장의 원동력이기 때문이다.

73. 제품 믹스(Product Mix)

제품 믹스(Product mix)란 한 기업이 영업활동을 위해 제공하는 모든 제품 계열(Product line)과 품목전체를 의미하는데 스포츠 조직과 관련된 기업의 제품 믹스는 제품 믹스의 폭, 제품 믹스의 길이, 제품 믹스의 깊이 및 제품 믹스의 일관성을 갖는데 이러한 네 개의 차원은 스포츠와 관련된 모든 제품 전략을 전개하는 데 있어 하나의 기준이 된다.

74. 제품 믹스의 가격결정

제품계열별 가격결정(제품계열로 제품을 개발할 때 추가되는 상이한 특성에 대해 추가가격을 책정) 선택제품의 가격결정(주 제품과 함께 선택 제품 또는 보조 제품의 가격결정), 종속 제품의 가격결정, 제품묶음 가격결정 등을 고려할 수 있다.

75. 제품 위치화(Product Positioning)

표적시장으로 선정된 세분시장에 공급할 자사제품의 특징을 구체화하여 소비자의 머리에 위치화 함으로서 경쟁적 우위를 점하는 작업이다.

76. 제품·시장 개발 전략(Diversification)

협의의 다각화 전략으로 현재의 제품 및 현재의 스포츠 시장과 관련성을 가지면서 지금까지 스포츠 조직과 관련된 기업이 보유하고 있지 않은 제품·시장분야에서 성장을 기하는 것으로서 신제품 개발과 신시장 개발을 동시에 병행하여 성장을 꾀하는 것이다.

77. 제품·시장 투자 전략

스포츠 조직과 관련된 기업이 성장을 위한 전략의 한 방법으로 투자해야 할 곳과 축소, 철수해야 할 곳을 결정하는 것으로 스포츠 조직과 관련된 기업 수준에서 고려될 수 있는 전략이다. 즉 새로운 제품·시장에 투자해서 성장할 것인지 아니면 새로운 강점 영역을 창조하여 성장할 것인지를 결정하기 위해 고려할 수 있는 전략 대안들이다.

78. 제품수명주기(Product Life Cycle: PLC)

사람이 세상에 태어나서 아동기, 청소년기, 청년기, 장년기, 노년기의 단계를 거쳐 마침내 그 수명을 다하는 것과 마찬가지로 스포츠 제품 또한 스포츠 시장에 출시되어서 도입기, 성장기, 쇠퇴기의 네 가지 단계를 거쳐 시장에서 사라지게 된다. 이러한 과정을 제품수명주기라 한다.

79. 제품수명주기별 특징(Product life cycle theory)

① 도입기(Introduction Stage)

제품인지도가 낮아서 수요와 매출이 낮은 반면 생산원가가 높고 촉진비용이 높아서 이익이 없거나 적자이며, 경쟁자도 없거나 적다.

② 성장기(Growth Stage)

인지도 상승에 따른 수요와 매출의 빠른 증대로 인해 이익이 발생하며 그 비율은 점점 높아지고 경쟁자가 등장한다.

③ 성숙기(Maturation Stage)

경쟁치열로 인해 성장이 느려지고 이익이 감소하기 시작한다. 경쟁력이 없는 경쟁제품은 사라지는 반면에, 경쟁자는 매우 많이 발생한다.

④ 쇠퇴기(Decline Stage)

소비자 욕구의 변화와 새로운 기술개발에 따른 대체제품의 등장으로 인해 수요와 이익이 급격히 감소하여 경쟁자들이 많이 사라진다.

80. 제품 포지셔닝의 유용성

① 기업의 경쟁력 제고의 가장 필수적인 요소는 마케팅의 근본적인 관점인 소비자지향적인 사고인데 현실적으로 많은 기업이 소비자지향적인 기업이 되자고 제창하지만 그 기본 개념을 제대로 이해하고 실천을 위해 노력하는 기업은 별로 없다. 포지셔닝은 이러한 관점에서 고객에게 보다 더 가까이 접근하게 하는 유용할 Tool이다.

② 포지셔닝은 기업의 마케팅 믹스 문세 해결을 히게 한다. 즉 제품, 가격, 유통, 촉진의 마케팅 믹스는 포지셔닝 전략의 세부적인 전술적 작업이다.

81. GE모델(GE Matrix Model)

시장 매력도와 자사 강점을 시장 성장성과 시장점유율의 두 가지 단순 지표로는 판단할 수 없는 경우가 많기 때문에 여러 개의 지표를 복합적으로 사용할 수 도 있다. GE 모델이 이에 속한다.

82 GE Matrix Model에서의 시장 매력도 및 경쟁적 지위 구성 요소

• 시장 매력도(Market Attractiveness)

총 시장 규모, 시장성장률, 이익추세, 경쟁 강도, 기술적 소요 조건, 인프레이션 대응 능력 등

• 경쟁적 지위(Business Strength)

시장점유율, 점유율 성장 추세, 제품의 질, 상표의 명성, 유통력, 촉진의 효율성, 생산능력, 단위원가, 원자재 공급, 연구개발성과 등

83. GE모델을 이용한 포트폴리오 평가 표준 전략 방향

미래 유망 사업	장래 기대 가능한 사업	가능성 있는 문제사업
• 우위성의 고수·확대전략(Protect position) - 자원의 최우선 투입을 통한 최대 성장 - 강점 유지 및 장래 위협이 될 경쟁사 방어 전략 - 스케일메리트 최대로 이용	• 기반조성 및 투자전략(Invest to build) - 확대 성장을 통한 선도자에게 도전 - 강점의 선택적 조성 및 약점 영역의 강화 - 수익성을 고려하면서 시장점유율 우선	• 선택적 조성 전략(Build selectively) - 한정적인 강점에의 특화 - 약점 극복 방법의 탐색 - 성장 지속 가능성이 없으면 철수 - 제품다양화 및 적극적 판매 전략
자금원천 예상사업	**불확실한 사업**	**가능성이 낮은 문제사업**
• 선택적 조성 전략(Build selectively) - 시장 매력도는 중간 정도 이지만 자사의 시장 지위가 높을 때에는 가장 매력적인 부문에의 집중 투자를 통한 우위성 유지 전략 구사	• 선택적·수익성 관리(Selectivity/Manage for earnings) - 기존 실행 계획의 지속 - 투자는 수익성이 높고 위험성이 상대적으로 낮은 부분에 투자 - 수익과 자금의 안정적 확	• 제한적 확대 또는 회수 전략(Limited expansion or harvest) - 높은 위험이 없는 확대 방향의 모색 아니면 투자를 극소화하고 활동의 합리화 도모
자금원천 사업	**노후화된 사업**	**가망없는 사업**
• 지속과 재집점화 전략(Protect and refocus) - 현재 수익 관리로 자금수지 극대화 - 투자는 합리화 중심 및 대규모 투자 회피 - 고정비의 변동비화	• 수익 관리 전략(Manage for earnings) - 가장 수익이 높은 부문에서의 지위의 유지 또는 점유율 하락 용인, 저가격 경쟁회피 - 신제품 개발 중지 및 투자의 극소화로 자금 수지 극대화	• 철수 전략(Divest) - 현금 가치가 극대화 될 때에 매각 - 고정비 감축과 투자의 회피 자산 축소로 손실 최소화

84. 차별적 가격결정

기업은 자주 고객, 제품 또는 위치 등의 차이를 반영하기 위해 가격을 조정하는 데 그 대표적인 것으로는 고객 세분시장 가격(박물관의 입장 요금), 제품형태 가격(내용물은 같은데 포장 형태를 달리 한 경우), 위치별 가격, 시간별 가격 등이 있다.

85. 차별적 반응(actionable)

차별적 반응이란 각각의 세분시장이 세분시장 마케팅 전략수립 후 구성된 마케팅 믹스에 대해 서로 다르게 반응하는 것을 의미하는 데 세분시장 내의 고객들은 투입되는 마케팅 믹스 변수에 가급적 유사하게 반응하고 서로 다른 세분시장에 속한 고객들은 가급적 상이하게 반응하도록 세분화되어야 한다.

86. 차별화 전략(differentiation strategy)

스포츠 조직과 관련된 기업은 전체 시장에서 가치 있는 스포츠 소비자 이점 부분에서 보다 우월성을 확보하는 데 집중할 수 있는 데 즉 스포츠 조직은 서비스나 품질, 디자인, 기술 등에서 선도력 확보하기 위해 많은 노력을 한다. 품질 선도력을 추구하는 스포츠 조직과 관련된 기업은 최고의 부품을 구입하고 정교하게 조립하고 완벽하게 검사하여 제품화함으로써 타사와 차별화할 수 있다.

87. 차별화의 조건

차별화는 단순히 경쟁자와 다르기 때문에 좋은 것이 아니라 스포츠 소비자들이 그것을 가치 있게 평가하기 때문에 효과가 있는 것이다. 또한 차별화를 위해서는 비용이 발생하기 때문에 차별화를 통해서 얻는 이익과 이를 위해서 투입하는 비용을 충분히 검토하여 결정해야 한다.

조건1: 스포츠 소비자에게 중요한 의미가 있어야 한다.

조건2: 확연하게 구별되는 것이어야 한다.

조건3: 상대적으로 우수해야 한다.

조건4: 차이점을 쉽게 말로 전달할 수 있어야 한다.

조건5: 모방이 쉽지 않아야 한다.

조건6: 스포츠 소비자가 감당할 능력이 있어야 한다.

조건7: 이익을 낼 수 있어야 한다.

88. 침투가격(penetration price)

침투가격은 제품수명주기 상 도입단계 또는 후기에 사용될 수 있는 데 시장점유율을 높이기 위해 낮은 가격으로 시장에 진입하여 일단 시장 위치가 확보되면 경쟁사와 비슷하거나 경쟁사보다 높은 가격으로 조정하는 방법이다. 이 방법은 저원가의 경쟁우위 요소를 이용하는 것이므로 생산량을 늘려 단위당 원가를 낮추는 것이 최대 목표가 된다.

89. 촉진(Promotion)

촉진이란 스포츠 제품, 가격, 구입 장소 등의 제반 스포츠 조직과 관련된 기업 마케팅 활동에 대해 소비자(중간상 또는 최종 소비자)에게 알리고 설득하고 혹은 구매 욕구를 일으키는 등의 제반 활동으로

① 스포츠 제품이나 서비스가 존재하고 있다는 사실을 인지(認知)시키고

② 그것의 특징이나 장점, 이점을 알게 하고

③ 스포츠 제품이나 서비스가 어떤 거래 조건으로 어디에서 구입할 수 있다는 것을 알리고

④ 그 제품에 대한 소비자 태도를 호의적으로 만들어 구매 욕구를 일으키게 하는 제반활동을 말한다.

90. 촉진 가격결정

스포츠 조직과 관련된 기업은 어떤 조건하에서 제품 가격을 일시적으로 정가 이하 또는 원가 이하로 판매하는 경우가 있는 이를 의미한다. 여기에는 특별 행사 가격, 로스리더 가격, 현금 반환, 저이자 금융, 심리적 가격 할인 등이 있다.

91. 촉진 요소

촉진은 크게 광고(Advertising), 판매 촉진(Sales Promotion), 인적 판매(Personal Selling), 홍보 등 네 가지로 구성되어 있다.

92. 추구하는 편익(Benefit Segmentation)에 의한 세분화

스포츠 소비자들이 스포츠 제품(유·무형적 제품)을 사용하는 궁극적인 목표는 그 제품을 소비하여 편익을 얻는 것이다. 사람들은 동일한 제품을 사용해도 각기 그 제품에서 추구하는 편익(Benefit sought)은 서로 다르다.

93. 측정 가능성(measurable)

각 세분시장은 그 규모와 구매력을 측정할 수 있도록 세분화되어야 기업은 세분시장들을 비교한 후 적절한 표적시장을 결정할 수 있다.

94. 통합적 성장 전략(Synthetique growth strategy)

경영자는 통합적 성장의 가능성을 확인하기 위해 각 사업 단위들을 검토해야 하는데 기업이 수행하고 있는 어떤 사업의 매출과 이익은 그 사업이 속한 산업 내에서 전방 통합(현재의 위치에서 소비자 쪽으로 향하는 통합) 또는 후방 통합(현재의 위치에서 원재료에 근접하는 통합), 수직적, 수평적 통합을 통해 증가될 수 있다.

95. 판매 잠재 수요(Sales potential)

생산하는 제품을 구매하거나 흡수하는 시장 능력으로 스포츠 조직과 관련된 기업이 경쟁자에 비해 마케팅 노력을 증가시킴에 따라서 그 기업 수요가 증가하지만 어느 정도 단계에 가서는 비용을 아무리 증가하더라도 판매가 한계에 이르는 것을 의미한다.

96. 판매 촉진(sales promotion)

직접 매출 증가를 위해 사용되는 방법으로 주목률이 높고 단기적 자극책으로 효과적이다. 특히 신제품을 도입하거나 경쟁이 치열할 때 또는 단기에 판매를 끌어 올리려고 할 때 효과적인 방법이다. 판촉 기법에는 여러 가지가 있으며 상황에 따라 어떤 판촉 기법이 경제적이고 효과적인지는 사전에 테스트하는 것이 좋다. 강력하고 창의적인 판촉 수단은 몇 백%의 매출증대 효과와 비용절감 효과가 있음을 명심해야 하며 마케팅 비용을 정당화할 수 있는 명확한 판촉 목표를 가져야 한다.

97. 포괄 제품(Augmented Product)

설치, A/S, 배달·신용판매, 품질보증 등 제품에 부가적으로 더해져서 가치를 증대시키는 것을 포함한다.

98. 포지셔닝 맵(Positioning Map)

포지셔닝 맵이란 소비자의 마음 속에 자사제품과 경쟁제품의 위치를 2차원 또는 3차원으로 도면 상에 나타내는 작업 도구(Tool)이다.

99. 포지셔닝 맵(map)의 전략적 유용성

첫째, 시장의 빈곳(진공 공간=Vacuum Zone) 파악이 가능하다.
둘째, 자사제품의 현 위치 파악이 가능하다.
셋째, 경쟁자의 파악이 가능하다.
넷째, 경쟁강도의 파악이 가능하다.
다섯째, 이상점(ideal point) 파악이 가능하다.
여섯째, 마케팅 믹스 효과를 측정할 수 있다.

100. 푸시 전략과 풀 전략(Push strategy and Pull strategy)

기업이 시장에서 실시하고 있는 전략이 푸시 전략이냐 또는 풀 전략이냐에 따라 촉진 믹스의 구성은 달라지는데 푸시 전략은 유통경로를 통해 제품을 밀어내기 위해 인적 판매와 중간상 촉진 즉 대리점이나 도매상에게 강력하게 해당 제품을 촉진하고 도매상은 소매상에게 소매상은 소비자에게 강력하게 촉진하나 풀 전략은 소비자 수요를 형성하기 위해 광고와 소비자 촉진에 많은 예산을 투입함으로써 소비자를 소매상에 끌어 들이는 노력을 하게 된다. 즉 소비자들이 소매상에 제품을 요청하고 다시 소매상은 도매상이나 대리점에 요청하고 다시 대리점과 도매상은 기업에게 요청하게 된다.

101. 표적시장(Target Market)

Target Marketing의 결과로서 기업이 가징 효과적으로 서브할 수 있는 표적시장을 하나 또는 그 이상을 선정하게 된다.

102. 표적시장 결정을 위한 전략 대안

기업은 상이한 세분시장을 평가한 후에 진출할 만한 가치가 있는 하나 또는 그 이상의 세분시장을 결정해야 해야 하며 또 몇 개의 세분시장에 진출할 것인가? 결정해야 한다. 기업은 표적시장의 대안으로서 전체 시장 접근 방법과 부분 시장 접근 방법을 고려할 수 있다.

103. 핵심 마케팅 전략(core strategy)

① 표적시장(segment) 내의 고객들 중에서 어떤 고객에게 마케팅 활동을 집중할 것인가?(Customer Targets)

② 우리의 경쟁자는 누구인가? (Competitor Targets)

③ 고객들이 경쟁품보다는 우리 제품을 사도록 하기 위해서 어떤 자극물(incentives)을 제공할 것인가?(core strategy)를 명확히 정의함으로써 바로 핵심 마케팅 전략이 된다.

104. 핵심 제품(Core Product)

스포츠 제품의 핵심적 편익 또는 서비스를 제공하는 것으로 스포츠 경기의 핵심적 편익은 바로 스포츠를 통한 감동과 즐거움이다.

05 제 5 편 스포츠 소비자 행동의 이해

1. 고객만족지수(Customer Satisfaction Index)

스포츠 산업의 최종적 목표는 고객만족지수(Customer satisfaction index)가 높고 또한 계속 상승한다. 스포츠 고객의 만족도가 결국 미래 수익을 나타내는 최상의 지표가 된다(The best indicator of the company's future profits).

2. 고객만족과 고객감동의 차이

고객만족의 원천은 바로 제품이다. 즉 제품을 구입해서 사용한 후 그것으로부터 고객은 만족하지만 이것은 고객감동은 아니다. 즉 고객감동의 원천은 서비스로부터 나온다. 고객의 마음을 읽고 자장면을 시킨 손님에게 짬뽕 국물을 갖다 주는 것이 고객감동을 일으키며 요리를 시킨 고객에게 군만두를 덤으로 주는 것이 아니라 소주 2병 갖다 주는 것이 바로 고객을 감동시키는 것이다.

3. 고객설득기법(FABE 기법)

이 기법은 스미모토 쓰리엠이 미국에서 도입한 세일즈맨 훈련 기법이다.

- 성질(Feature): 그 제품이 갖는 물리적 특성, 성분, 효과 등을 의미
- 이점(Advantage): 그것이 무엇을 해주는가?
- 혜택(Benefit): 그러므로 각 개인에게 어떤 혜택을 주는가?
- 증거(Evidence)

〈예시〉 성질(Feature): 둥그런 얼굴

이점(Advantage): 부드러운 느낌 ← 특징에서 오는 이점

혜택(Benefit): 호감을 갖는다 ← 그 이점의 결과

4. 고객 속성(attributes 또는 Customer Value)

고객들은 여러 스포츠 구단의 경쟁과 경기와 스포츠 제품과 서비스를 나름대로의 기준에 의해서 평가하고 있는데, 이러한 평가 기준을 고객 속성(attributes 또는 Customer Value)이라고 부른다. 즉 속성이란 고객이 스포츠 제품과 서비스를 구매시 자사 제품과 경쟁 제품을 평가하는 중요한 기준이다.

5. 고객의 구매결정 과정

고객을 잘 안다는 것은 "스포츠 소비자 그들이 어떻게 구매 행동을 하고 왜 그렇게 행동을 하는가?"를 이해하는 것이다. 스포츠 소비자들이 어떻게 구매를 하는가는 바로 고객들의 구매결정 과정을 말하는 것이다. 고객의 구매결정 과정은 일반적으로 문제인식, 정보탐색, 대안평가, 구매 및 구매 후 행동 등 5단계로 이루어진다.

6. 고객의 구매동기 분석

고객을 잘 안다는 것은 "스포츠 소비자들이 어떻게 구매 행동을 하고 왜 그렇게 행동을 하는가?"를 이해하는 것이다. 왜 그렇게 행동하느냐하는 것은 어떤 요인들이 구매결정에 영향을 미치는가? 즉 구매동기를 의미한다. 고객의 구매동기 분석은 주어진 세분시장에서 구매동기를 파악하는 일로 부터 시작되는데 마케터는 "고객들이 제품과 서비스를 사용하는 이유가 무엇인가?" 또 "사용 목적은 무엇인가?, 나쁜 경험과 좋은 경험에는 어떤 것이 있는가?" 등의 질문을 던지고 토의하게 함으로써 보다 체계적으로 접근할 수 있다.

7. 구매의도 조사법(Survey of buying intention)

자사의 제품이 판매된다는 것은 곧 표적시장 내의 소비자들에 의해 구매됨을 의미한다. 따라서 소

비자가 특정 제품을 구매할 의사가 어느 정도나 있는가를 알아보는 구매의도 조사를 실시함으로써 기업의 자사의 특정 제품이나 상표의 판매를 예측 할 수 있다. 따라서 이 기법은 구매자가 소수이고 자신의 의도를 잘 드러내거나 그 의도대로 구매를 하는 경우에 큰 효과가 있다.

8. 고객지향성 또는 시장지향성

- 스포츠 연맹이나 구단 그리고 기업도 모든 시장에서 활동할 수 없으며 (Coverage) 또한 모든 고객의 욕구를 충족시킬 수 없다. 이는 시장의 광범위성을 의미하는 데 스포츠 연맹이나 구단 그리고 기업은 시장의 범위를 한정할 때 비로소 고객의 욕구에 최선의 해결 방법을 제시할 수 있다. 즉, 각각의 표적시장에 대한 적절한 마케팅 프로그램을 준비할 때만이 최선을 다할 수 있는 것이다.
- 스포츠 연맹이나 구단 그리고 기업은 시장의 성격을 규정지은 후 고객지향적 사고를 해야 하는데 이것은 스포츠 연맹이나 구단 그리고 기업자신의 관점에서가 아니라 바로 고객의 관점에서 고객의 욕구를 정의하는 것으로 예를 들면 어떤 승용차 구입자는 부서지지 않고 안전하며 매력적인 스타일의 저렴한 고성능 자동차를 원할 수 있는데 이 모든 장점이 전부 한 승용차에 결합될 수는 없으므로 승용차 설계자는 자신의 기준에 의해 차를 만들 것이 아니라 고객이 좋아하는 것, 기대하는 것을 기준으로 차를 만들어야 한다. 결국 이것은 고객의 욕구 충족을 통해 판매가 이루어짐을 뜻한다.

9. 구매 행동에 영향을 미치는 중요한 요인

스포츠 소비자들의 구매 행동에 영향을 미치는 중요한 요인들을 크게 다음 네 가지로 분류할 수 있다.

첫째, 스포츠 제품에 대한 고객관여도로 해당 제품에 대한 고객의 관여도에 따라 구매결정 과정은 보다 확장되기도 하고 단축되기도 하며 의사결정에 투입되는 노력과 시간이 달라지며 이용하는 정보원도 상당히 달라지게 된다.

둘째, 스포츠 소비자들이 성장해온 문화나 사회의 신념, 가치관, 규범, 가족, 친구 등과 같은 준거집단을 총괄하는 사회문화적인 요인으로 이러한 요인들은 개인 행동의 배경을 이루며 개인 행동의 한계를 정해 준다.

셋째, 구매자의 학력, 직업, 소득, 성격, 태도와 같은 개인적인 요인들로서 개성을 드러내거나 하위문화를 만들어 내는 데 기초가 된다.

넷째, 구매결정을 내리는 순간에 일시적으로 작용하는 상황 요인을 들 수 있다.

10. 구매 과정과 촉진 과제

구매 과정	촉진 과제
인 지	제품의 소개, 욕구를 일으키는 메시지 전달
관 심	권유 메시지 제공
시 용	실행동기 부여
재구입	구매단서 제공과 이용률 제고
충성도	브랜드 또는 이미지 강회 및 특별 판촉

11. 동질적 선호(Homogeneous within)와 이질적 선호(heterogeneous between)

소비자 선호도의 분포 형태가 유사 비슷한 형태를 띨 때 이를 동질적 선호도(Homogeneous)라고 하고 서로 다른 형태를 띨 때 이질적 선호도(heterogeneous)라고 한다.

12. 산업체 조사 방법(Industry Survey)

특정 스포츠 제품이나 서비스를 구매할 대상 업체들을 선정하여 조사를 실시하는 방법으로 경영자 판단법이나 판매 사원 의견 수렴법의 장·단점을 동시에 가지고 있다. 조사에 응하는 스포츠와 관련한 산업체의 응답자가 부정확하게 답변할 수 도 있고 또 정보 누출을 꺼릴 때 오류가 발생될 수 있으며 이러한 오류를 최소화하기 위한 노력이 필요하며 협회나 업계지로 부터도 유용한 정보를 얻을 수 있다.

13. 생산 개념(The production concept)

이 개념은 스포츠 연맹이나 구단 그리고 기업을 이끌어 온 가장 오래된 개념 중의 하나로 스포츠 소비자는 기본적으로 제품이용 가능성(폭넓게 이용할 수 있고)과 낮은 가격에 관심을 갖는다고 전제하고 기업은 생산 효율성과 광범위한 넓은 유통범위를 성취하는 데 모든 노력을 집중한다.

이러한 가정은 다음의 두 가지 상황에서 가능한데,

① 수요 〉 공급: 생산을 증가시킨다.

② 제품 원가가 높으며 또한 시장 확장을 위해 생산성을 높이고 원가를 떨어뜨리는 상황에서 가능하다.

14. 수요(Demand)

스포츠와 관련된 모든 재화나 용역에 대한 단순한 욕구가 아닌 구매력(購買力)이 수반된 욕구를 의미한다. 이는 인간의 2차적 욕구에 구매력이라는 힘이 가산될 때 수요는 일어나게 된다. 따라서 많은 사람들은 값비싼 스포츠 제품을 원하지만 단지 그 제품을 소유할 수 있는 소수의 구매력을 가진 사람에 불과하다. 여기서 스포츠 시장 관리자의 역할은 1차적 욕구를 창조하는 것이 아니라 2차적 욕구를 창조하고 영향을 미치는 것이다.

15. 고객만족이 중요성

스포츠 제품의 매출은 새로운 고객과 반복 고객에 의해 이루어지는데 이는 현재 고객의 유지가 새로운 고객의 유인보다 비용이 훨씬 적게 소요되는데 여기서 고객 유지의 열쇠는 고객만족이기 때문이다. 결국 고객만족은 첫째, 고객으로 하여금 재구입하게 하고 둘째, 스포츠 연맹이나 구단 그리고 기업에 대하여 다른 사람에게 우호적으로 이야기하며 셋째, 경쟁 상표의 광고에 주의를 덜 기울이게 하고 넷째, 그 스포츠 연맹이나 구단 그리고 기업이 후에 그 계열에 추가한 다른 제품을 구입한다.

16. 제품 개념(The product concept)

소비자들이 최고의 품질, 성능 및 특징 등을 제공하는 제품을 선호할 것이라고 주장하는 데 이러한 제품지향적 조직의 관리자는 좋은 제품을 생산하고 계속해서 개선하는 데 정력을 집중한다. 그러나 이들은 그들 제품에 도취되어 시장이 거의 변하지 않는다는 생각에 빠지게 되게 또 다른 방향으로 변화할 수도 있다는 예상을 하지 못하는 우를 범한다. 이와 같은 개념은 소비자의 2차적 욕구보다는 제품 그 자체에 집중함으로써 마케팅 근시안을 만든다. 즉 유리창 밖을 주시해야 할 때 거울을 너무 바라보고 있어 근시안 적인 사고와 식견이 빠지게 된다.

17. 판매 개념(The selling Concept)

소비자를 그냥두면 일반적으로 기업의 제품을 많이 구입하지 않는다는 다고 주장하고 그러므로 기업은 적극적인 판매와 촉진 노력을 기울여야 한다. 이는 미탐색 제품인 보험이나 책과 같은 제품에 적극적으로 적용될 수 있는데 이들 산업은 잠재 고객을 탐색하기 위해 여러 가지 판매 기법을 개발하여 그 이점을 강매(적극적 판매)한다.

18. 포트폴리오 분석의 이론적 근거

포트폴리오 분석의 이론적 근거는 두 가지의 가설에 입각하는 데 하나는 수직축의 시장성장률로 표시되는 제품의 라이프 사이클에 대한 가설이며 또 다른 하나는 수평축의 상대적 시장점유율로 표시되는 경험곡선이다.

즉 라이프 사이클 가설은 제품이나 사업이 도입기, 성장기, 성숙기 그리고 쇠퇴기라는 하나의 사이클을 거쳐 시장에서 성장·소멸한다는 이론으로 이 이론에 기초할 경우 기업은 그들의 제품 또는 사업 구성이 라이프 사이클 상의 여러 단계에 적절히 균형을 맞추이 분포되어 있어야만 안정적인 성장이 가능해질 수 있다.

경험곡선이 시사하는 점은 시장점유율의 제고가 경험 곡선과 연결되어 있기 때문이다. 즉 시장점유율이 가장 큰 기업이 규모의 경제, 높은 상표인지도, 유통시배력, 고객 및 공급자의 교섭력 등과 같은 규모와 관련된 우위를 누릴 수 있고 경쟁사보다 더 빨리 경험을 누적할 수 있기 때문에 경험곡선을 이용할 가장 유리한 위치에 있다.

19. 효용과 가치(Value and utility)

"스포츠 소비자들은 그들의 욕구를 충족시키는 스포츠 제품을 어떻게 선택하는가?" 예를 들면 우리가 매일 출근하는 직장까지의 거리가 3Km라면 가는 방법을 여러 가지가 있을 수 있다. 이때 여러분은 여러 가지 욕구들 즉 속도, 안정성, 용이함 및 경제성 등을 만족시키려 하는데 이들을 욕구 세트라고 한다. 자전거는 자동차보다 느리고 덜 안전하며 많은 힘이 들지만 경제적이라는 특징을 가지고 있다. 여기서 자동차를 선택하느냐 또는 자전거를 선택하느냐의 선택결정의 지침이 되는 것이 효용이다.

즉 효용이란 욕구를 만족시키는 제품들의 전반적인 능력을 소비자가 예측한 것이다. 가장 이상적인 제품 "절대 안전하고 힘들지 않고 비용도 소요되지 않으며 가장 짧은 시간에 직장에 도착하는 것"으로 각 제품의 효용은 이러한 이상적인 제품에 얼마나 근접하는가?에 좌우된다. 또 일반적으로 각 제품에는 구매가격이 있는 데 소비자는 그 제품의 효용과 가격을 고려하여 효용을 극대화하는 제품을 선택할 것이다.

20. ABC분석(Antecedents Behavior Consequences analysis)

ABC분석은 이탈리아의 경제학자인 "빌프레도 페데리꼬 다만 패리트"가 발표한 것으로 그 내용은 개개인의 부는 균등하게 분포되지 않으며 소수의 사람에게 집중하는 경향을 나타낸다. 대체로 20%의 사람이 부의 75%를 차지한다는 것인데 이것을 경영에 도입한 사람은 Peter Drucker로 20%의 거래량이 75%의 매출에 기여한다는 것이다.

21. Needs와 Wants의 구분

① Needs

인간의 욕구, 이를 우리는 1차적 욕구라고 하는 데 어떤 기본적인 만족이 결핍된 상태를 의미한다. 예를 들면 사람이 생존하기 위해 음식, 의복, 주거, 안전, 소속감 등의 욕구가 필요하다.

② Wants

이를 2차적 욕구라고 하는 데 필요란 기본적인 욕구를 한 차원 높여 특별하게 만족 시킬 때 이를 말한다.

22. 20:80의 법칙

소매기업이 매장에 진열해 놓고 소비자에게 구매하도록 제사하는 모든 품목이 동일하게 판매되는 것은 아니다. 즉 잘 팔려서 점포 전체의 매출액에서 차지하는 구성 비율이 높은 품목이 있고, 그렇지 못한 품목이 있는 것도 사실이다. 20:80 법칙은 이러한 현상을 나타내는 것으로 매장에 진열되어 있는 20%의 품목이 점포 전체 매출액의 80%를 차지한다는 것을 의미한다.

따라서 소매기업은 품목별로 중점을 두어야 할 품목을 사전에 계획적으로 정하여 관리할 필요가 있으며, 이러한 생각은 구매 활동에서부터 적용되어야 한다. 그래서 나머지 80%에 해당되는 품목들도 점포의 이미지 및 점포 촉진 활동의 제고를 위하여 기능될 수 있도록 하여야 한다.

제 6 편 선수들을 활용한 스포츠 마케팅

1. 구단전속계약

선수와 구단 사이에서 체결되는 계약으로 선수와 구단의 권리와 의무를 규정하는 계약이다

2. 드래프트 제도(Draft system)

프로연맹 등 스포츠 단체의 주관 아래, 일정 자격요건의 선수를 성적 역순위 등의 다양한 방법으로 구단에게 지명권을 부여, 선수를 지명하여 선발하는 제도이다.

3. 래리버드 예외조항(Larrybird exception)

기존 소속팀과 재계약하는 자유계약선수는 구단 연봉 총상한제를 적용받지 않는다는 내용이 핵심을 이룬다.

4. 보스만 판결(Bosman rule)

스포츠 선수의 직업선택의 자유(자유롭게 타구단으로 이적)를 인정한 대표적인 사례를 말한다.

5. 선수를 활용한 마케팅

스포츠 프로퍼티에 선수 또는 팀을 활용하여 프로모션, PR , 광고 홍보 활동을 하는 일련의 스포츠 프로모션 행위를 말한다. 일반적으로 스포츠를 활용한 마케팅에 포함되어진다.

6. 선수 인도스먼트(Endorsement)

유명한 스포츠 스타가 특정 상품이나 서비스에 대한 호의를 문서 또는 구두로 직접 표현하거나 드러내는 활동, 즉 보증하는 활동을 의미한다.

7. 스타 마케팅(Star marketing)

올림픽과 대형 스포츠 이벤트에 참가하는 스타선수가 특정 제품을 사용함으로써 브랜드와 제품을 홍보하는 활동이다.

8. 선수보증광고의 효과

① 스포츠 관련 제품이 선수보증광고를 할 때 일반 제품보다 쉽게 인지될 수 있다.

② 대중들에게 얼굴이 완전히 노출되는 종목의 선수가 헬멧 등에 의해 얼굴이 불명확하게 나타나는 종목의 선수보다 높은 인지율을 보일 수 있다.

③ 선수의 TV 노출 정도와 소비자들의 인지율에는 상관 관계가 있기 때문에 보증광고 선수의 매체 노출 정도를 분석해야만 한다.

④ 선수보증광고에 참여하려는 기업은 젊은 소비자, 선수의 명성, 그리고 인지도의 급속한 변화 등 스포츠 세계에 존재하는 유동성(Fluidity)과 급속한 변화에 민감하게 해야 한다.

9. 스타 마케팅으로서 활용할 수 있는 선수의 요건

① 매체 노출이 뛰어나야 한다.

② 기업 이미지나 제품 이미지를 제고시켜 줄 수 있고, 대중들로부터 집중적 관심을 받을 수 있어야 한다.

③ 얼굴이 명확하게 노출되는 종목이 다른 종목에 비하여 그 효과가 크다 할 수 있다.

④ 선수개인의 수려한 용모, 훌륭한 매너, 특징적인 몸짓과 상황에 맞는 분위기를 연출할 수 있어야 한다.

⑤ 사회봉사나 박애주의를 실천하는 선수인 경우 효과가 크다

10. 스타 시스템을 구성 요소

4대 축인 미디어, 스타, 광고주, 수용자가 효율적으로 움직일 때 미디어 상품의 또 하나의 축이라 할 수 있는 스타의 상업적 잠재력은 극대화될 수 있다.

11. 스포츠 계약법(Sports Law)

스포츠 계약법은 주로 에이전트와 선수간의 계약과 선수와 구단의 선수 선수계약을 중심으로 발전해 왔으며 선수와 구단 간의 선수 계약은 기본적으로 민법 제 655조의 고용 계약에 속한다고 볼 수 있다. 따라서 선수 계약에는 특별한 사정이 없는 한 고용 관계를 규율하는 민법 제 655조 이하의 고용에 관한 규정, 종속적 노동 관계를 규율하는 근로기준법 등 노동관계법이 등이 적용될 수 있다고 볼 수 있다. 그리고 선수 계약은 약관 규제법의 대상이 되며, 구단들이 연맹을 통하여 선수들의 이적이나 보수를 제한하는 경우 공정거래법의 규제 대상이 될 수 있다.

12. 스포츠 스카우팅(Sport scouting)

정찰이나 탐색활동을 말하는데, 스포츠 현장에서는 상대팀에 대한 정보 수집과 전력 분석을 의미한다. 스포츠 매니지먼트의 시각에서 파악한 스포츠 스카우팅은 팀에 대한 전력 분석(내부정보 시스템) 및 사전에 수집한 상대팀에 대한 전력 분석(마케팅 리서치)과 시합을 하고 있는 상대팀에 대한 정보 분석, 그리고 조사, 보고, 어드바이스(마케팅, 지능) 등의 세 가지 요소가 있다.

13. 셀러리 캡(Salary cap)

소속 선수의 연봉의 합계가 일정액을 초과할 수 없도록 하는 연봉 상한제이다. 재정이 풍족한 팀에서 선수의 무분별한 스카웃을 제지하고, 약체 팀의 경제력 보강과 재정난 극복을 위한 제도이다.

14. 셔먼법(Sherman Act)

단체 교섭권을 주 내용으로 하는 미국 국가 노동관계법으로서 '불법 제한 및 독점으로부터 거래를 보호하기 위한 법률(An Act To Protect Trade And Commerce Against Unlawful Restrains And Monopolies)의 통칭이다.

15. 임의 탈퇴 선수

참가 활동 중 또는 보류기간 중 선수계약 해제를 신청하여 구단에서 이를 승인할 경우, 혹은 선수가 계약의 존속 또는 갱신을 희망하지 않는다고 인정할 경우, 구단은 복귀 조건부로 선수계약을 해체할 수 있는 규정을 말한다.

16. 에이전트와 에이전시의 정의(Agent and Agency)

에이전트(Agent)는 개인 또는 단체로부터 권한을 부여받고 특정 업무를 대행하는 사람으로서 에이전시에 소속을 두거나 독립적으로 활동하며, 에이전시(Agency)는 개인 또는 단체로부터 권한을 부여받고 특정 업무를 대행하는 조직(기업)을 의미한다.

17. 에이전트의 유형

① 계약 에이전트: 특정 선수와의 계약담당으로 주로, 연봉협상이 주 업무이며, 에이전트들의 업무 중 가장 큰 비중을 차지한다.

② 라이센싱 에이전트: 스포츠조직의 마크·로고·상표권 등 무형의 자산을 관리하는 것을 주 업무로 한다.

③ 마케팅 에이전트: 선수를 스포츠 이외에 모델, 광고출연, 이벤트 출연, 섭외 등 선수 활용 업무를 담당한다.

④ 탤런트 에이전트: 선수들이 영화, TV와 같은 영상매체에 선수생활 중 또는 은퇴 후에 출연할 수 있도록 하는 업무를 담당한다.

⑤ 선수 에이전트: 선수를 육성하거나 발굴하고 선수를 위해 구단이 선수와 계약을 맺도록 도와주는 일을 한다.

⑥ 매치 에이전트: 국가와 국가, 클럽과 클럽, 대륙과 대륙 사이의 클럽이나 대표 팀이 경기를 하고자 할 때 중간에서 역할을 한다.

18. 에이전트의 역할

스포츠 에이전트가 하는 역할은 크게 계약역할과 관리역할의 두 가지로 분류된다. 계약역할은 연봉, 선수보증광고 그리고 기타 수입원과 관련된 업무를 하는 것이고, 관리역할은 선수의 일정 관리, 이미지 관리 그리고 재산 관리와 관련된 업무를 하는 것이다.

19. 자유계약제도(Free Agent)

구단이 선수에 대한 보유권을 상실 또는 포기하여, 타구단과 자유롭게 계약을 체결할 수 있는 제도이다.

20. 트레이드(Trade)

각 스포츠 단체나 연맹에 가입된 프로스포츠 구단이 타구단에게 선수의 보유권 및 기타권리를 이전하는 것을 말한다.

21. 팜 제도(Farm system)

미국이나 유럽 등 선진 스포츠 문화를 가진 나라에서 시행되는 자체 선수선발 시스템이다. 유소년팀, 세미프로 등 하위리그를 통해 우수한 선수를 선발한다.

22. 펠레법(Pele law)

1998년 브라질 상원이 통과시킨 축구 개혁법률로 자유계약제 도입과 이익단체 결성이 주 내용이다. 주니어선수들이 18세 이후 2년까지 클럽과 계약할 수 있고, 어떤 선수든지 한 클럽에서 3년 간 뛰면 자유계약선수 신분이 된다.

INDEX

ㄱ

가격(Price) 220
간접적인 앰부시 마케팅 880
개(dog) 310
개발형 프로퍼티 184
개인 에이전트 585
거래 023
거시적 환경 076
경기장 명칭 사용권 564
경험 025
계절성 017
고객 026
고객가치 072
고객관계관리 044
고객관계의 구축 044
고객 만족도 조사 687
고객의 목소리 카드 687
고객의 요구와 인지 694
고객충성도 048
고대 스포츠의 발전 134
공감성 192
공동협력 471
공식 명칭 사용 권리 478
관람형 스포츠 프로퍼티 183
광고 429
광고 평가 452
교환 022
구매 473
구매형태의 스포츠 프로퍼티 182
구장 스폰서십 500
국내 스포츠 산업 현황 129
귀빈 프로그램 690
글로벌 스포츠 마케팅 150
급습 마케팅 884
기술 스폰서십 500
기업 스폰서십 투자원칙 475

ㄴ

내부 환경 082
네이밍 마케팅 564

ㄷ

다수증거의 원칙 883
다양한 브랜드의 개발 720
다이렉트 마케팅 429
단순성 191
대중 관계(PR) 429, 454
대한체육회의 스포츠 프로퍼티 개발 250
대행사의 선정 514
도시 브랜드 마케팅 764
드라마성 192
드래프트 제도(Draft System) 637

ㄹ

라이센싱 권리 486
라이센싱 사업의 목적 244
라이센싱의 종류 240
래리버드 예외조항 639
로잔 773
로저스 센터 772

ㅁ

마이클 포터 039
마케팅 관리자 030
마케팅 시장 028
마케팅 전략 850
마케팅 중심 컨셉 034
마케팅 커뮤니케이션 744
마케팅 컨셉 033
마케팅의 과정 021
마케팅의 대상 024
마케팅의 범위 022
마케팅의 정의 020
마크 227
마크 사용권리 479
만족 072
매체 제품 412
매치 에이전트 608
멜버른 772
목표고객 선정 036
목표고객 설정 102
목표시장의 선정 213
무형성 013
미국올림픽위원회(USOC) 626
미디어 권리 484
미디이 노출 효과의 측정 525
미디어 스포츠 792
미디어 스포츠의 개념 789
미디어 타이밍 결정 446
미디어와 스포츠 마케팅의 역사 151
미시적 환경 080

ㅂ

방송 스폰서십 501
방송 중계권료 822
방송후원 411
별(star) 310
보라스 코퍼레이션 635
보스만 판결(Bosman Rule) 638
보호 473
본원적 전략 313
브랜드 관리 742
브랜드 라이센싱 241
브랜드 시너지 728
브랜드 심벌 741
브랜드 자산 가치의 평가 520
브랜드 컨셉 개발 726
브랜드의 연속성 714
브랜드 프리미엄의 가시성 715
비분리성 014
비예측성 018
비일관성 018

ㅅ

사회 공헌 마케팅 169
사회, 문화성 017
사회적 마케팅 중심 컨셉 035
상기형 광고 442
상대적 시장 점유율 309

새로운 상품의 개발 720
생산 중심 컨셉 033
서벅션(servuction) 시스템 667
서비스 025
선수 에이전트 607
선수를 활용한 광고의 부정적인 효과 594
선수를 활용한 마케팅의 장단점 598
선수를 활용한 스포츠 마케팅 145, 588
선수의 가치 580
선호 472
설득형 광고 442
성장/축소 전략 304
셔먼법(Sherman Act) 639
소멸성 015
소비 행동 060
소비자 026
소비자 구매 단계 준비 모델 099
소비자 행동 086
소비자 행동 모델 086
소비자의 욕구 068
소비자의 욕구 파악 718
소유권 027
수요(demands) 071
슈퍼볼 370
스테케이션(Staycation) 847
스토리 마케팅 755
스토리텔링을 통한 브랜드 포지셔닝 760
스포츠 계약법(Sports Law) 639
스포츠 광고의 기능 442
스포츠 라이센싱의 개념 242
스포츠 라이센싱의 특징 245
스포츠 마케팅 발전 배경 143
스포츠 마케팅 에이전시 630
스포츠 마케팅의 구성 요소 157
스포츠 마케팅의 유형 159
스포츠 마케팅의 정의 156
스포츠 마케팅의 특징 164
스포츠 명예의 전당 864
스포츠 미디어 792
스포츠 브랜드 710
스포츠 브랜드 로열티 751
스포츠 브랜드 모자이크형성 716
스포츠 브랜드의 관리 748
스포츠 브랜드의 속성 713
스포츠 브랜드의 자산 검토 727
스포츠 브랜드의 전략 716
스포츠 산업의 규모 130
스포츠 산업의 발달 배경 124
스포츠 산업의 분류 126
스포츠 산업의 역할 125
스포츠 산업의 정의 122
스포츠 산업의 특성 128
스포츠 서비스 652
스포츠 서비스 마케팅 믹스 668
스포츠 서비스 요소 661
스포츠 서비스 조직 시스템 666
스포츠 서비스 품질 672
스포츠 서비스 품질관리 682
스포츠 서비스 품질 모델 676
스포츠 서비스의 범위 661
스포츠 서비스의 분류 655
스포츠 서비스의 시각성 669
스포츠 서비스의 특징 658
스포츠 소비자 분류 063
스포츠 소비자 행동 066
스포츠 소비자의 가치 분류 067
스포츠 스카우트 608
스포츠 스폰서십 460
스포츠 스폰서십의 구조 466
스포츠 스폰서십 효과 측정 522

스포츠 시설물 관리 205
스포츠 시설물의 구성 요소 206
스포츠 에이전시 622
스포츠 에이전트 602
스포츠 이벤트 대행사의 선정 511
스포츠 이벤트 유치대행 253
스포츠 자체 마케팅의 실행 283
스포츠 자체 마케팅의 실행 평가 292
스포츠 자체의 마케팅 270
스포츠 자체의 마케팅 계획수립 기법 281
스포츠 자체의 마케팅 관리 272
스포츠 자체의 마케팅 실행 요소 283
스포츠 자체의 마케팅 통제관리 290
스포츠 제품 012
스포츠 제품의 가격 405
스포츠 제품의 분석 402
스포츠 제품의 입지 확보 403
스포츠 제품의 장소 406
스포츠 제품의 특성 012
스포츠 제품의 프로모션 406
스포츠 조직의 마케팅 준비 271
스포츠 조직의 방향 설정 299
스포츠 조직의 전략적 계획 수립 298
스포츠 커뮤니케이션 462
스포츠 판매 촉진믹스의 성격 428
스포츠 판매 촉진의 종류 426
스포츠 프로퍼티 마케팅 믹스 개발 219
스포츠 프로퍼티의 개념 178
스포츠 프로퍼티의 계획 196
스포츠 프로퍼티의 관리 197
스포츠 프로퍼티의 관리 과정 199
스포츠 프로퍼티의 유형 181
스포츠 픽토그램(pictogram) 개발 422
스포츠가 미디어에 주는 영향 816
스포츠를 활용한 광고 440
스포츠를 활용한 마케팅 400
스포츠를 활용한 마케팅의 발전 409
스포츠를 활용한 마케팅의 종류 411
스포츠에서의 미디어의 역할 807
스포츠와 미디어의 결합 786
스포츠와 미디어의 관계 798
스포츠의 개념 008
스포츠의 의미 007
스포츠의 정의 007
스포츠의 특성 010
스포츠토토(toto) 연계 비즈니스 255
스포테인먼트
스포테인먼트 834
스포테인먼트 마케팅 사례 857
스포테인먼트 마케팅 요소 854
스포테인먼트 비즈니스의 확장 843
스포테인먼트 콘텐츠 841
스포테인먼트의 특징 847
스폰서십의 구성 요소 467
시의성 192
시장 027, 073
시장 기회 분석 209
시장 성장률 309
시장 세분화 210
실시간 시청률 데이터 분석 524
쌍방향성 016

ㅇ

아우트로족(Outro) 843
아이디어 028
아트 라이센싱 242
앰부시 마케팅 878
앰부시 마케팅 사례 902
앰부시 마케팅의 목적 885

앰부시 마케팅의 예방법 892
앰부시 마케팅의 유형 879
앰부시 마케팅의 합법성 890
에이전트의 발전 605
에이전트의 역할 609
에이전트의 유래 603
에이전트의 유형 607
에이전트의 필요성 602
엠블럼 228
연봉 상한제(Salary Cap) 638
연쇄성 018
영국올림픽위원회(BOA) 630
올림픽 마케팅의 구조 321
올림픽 마케팅의 발전 319
올림픽 마케팅의 역사 318
올림픽 방송 중계권 324
올림픽을 통한 도시 브랜드 구축 766
욕구(needs) 068
욕구(wants) 069
우대 입장권 701
우연한 앰부시 마케팅 880
원가우위 전략 314
월드컵과 Hospitality 프로그램 695
유럽 클럽 선수권대회 340
유럽축구선수권대회 339
유통(Place) 221
이벤트 025
이벤트 스폰서십 499
이벤트 후원 412
이질성 014
인도스먼트 585
인적 판매 428
인터뷰 687
일본올림픽위원회(JOC) 628
일상적인 듣기 687
임의 탈퇴 선수 637
입장권 484

ㅈ

자유계약제도(Free Agent) 637
전사적 전략 307
전술적 접근 방법 104
접대 서비스 기본 구성 691
정보 028
정보전달형 광고 441
제품(Product) 024, 219
제품수명주기(PLC-product life cycle) 434
제품수명주기 방법 315
제품 중심 컨셉 034
조직 위계 단계별 전략 303
조직체 027
존재감 472
주관성 012
중계권 판매 253
지역성 192
지역 스포츠 이벤트 개최 769
직접적인 앰부시 마케팅 879
집중화전략 314

ㅊ

차별화전략 313
참가성 193
참가형 스포츠 프로퍼티 182
참여적 계획수립법 282
촉진(Promotion) 224
출판 인쇄물 활용 권리 485

ㅋ

카드사 제휴 비즈니스 256
커뮤니케이션 434
퀸스타운 773
키덜트족(Kidult) 846

ㅌ

테일게이트 파티 859
트레이드(Trade) 637
팀 후원 412

ㅍ

파이널 포 381
파트너 관계관리 046
판매 중심 컨셉 034
판매 촉진 429
팜시스템(Farm System) 638
패션 라이센싱 242
패키지 스폰서십 255
펠레법(Pele Law) 639
평창 동계올림픽 유치위원회 820
포지셔닝 216
푸쉬와 풀 전략 431
푸쉬 전략(Push strategy) 431
풀 전략(Pull strategy) 431
프레스티지 골드 701
프레스티지 실버 701
프로퍼티 목표 208
프로퍼티 전략 수립 210
프리미어 매니지먼트 251
프리미엄의 보장 714
플랫폼 470
피쉬본 다이어그램 204

ㅎ

현금 젖소(cash cow) 310
현대 스포츠의 발전 136
현장성 016
화제성 191
회사의 상표 241
후원사의 마케팅 권리 478
후원사의 유형 498

기타

Associative Ambushing 880
BI(Behavior Identity) 421
Character Marketing 853
CI의 구성 420
Coattail Ambushing 879
Dentsu 633
Distractive Ambushing 880
E-스포츠 비즈니스 254
FC Network 634
FIFA 월드컵과 미디어 334
FIFA 월드컵 마케팅의 가치 333
FIFA 월드컵의 탄생 331
FIFA Marketing AG 624
Guerilla Marketing 884
Hospitality Area 운영 698
Hospitality Program 690
Hospitality Program 종류 696
IB sports 633
IMG(International Management Group) 630
Insurgent Ambushing 880
IOC 스포츠 318

KBOP(Korean Baseball Organization Properties) 624
MI(Mind Identity) 421
MLB의 마케팅 361
MOT 관리 203
NBA의 글로벌 전략 356
NCAA 조직 구조 375
NFL의 글로벌 전략 373
NFL의 스포츠 마케팅 368
NHL의 마케팅 전략 353
Parallel Property Ambushing 880
Predatory Ambushing 879
Property Infringement 880
Red Marketing 860
Repucom사의 방식 529
ROI의 분석 방법 531
Self-Ambushing 880
SKY BOX 700
SWOT 분석 040, 312
TOP(The Olympic Partner) 프로그램 323
TV방송 중계권료 823
UEFA와 미디어 342
VI(Visual Identity) 420
Web의 8초 법칙 745

스포츠 마케팅

발행일 2011년 2월 1일 초판인쇄
2011년 2월 11일 초판발행

저 자 김도균
발행인 황인욱
발행처 圖書出版 오래

주 소 서울특별시 용산구 한강로 2가 156-13
전 화 02-797-8786, 8787, 070-4109-9966
팩 스 02-797-9911
이메일 orebook@naver.com
홈페이지 www.orebook.com
출판신고번호 제302-2010-000029호.(2010. 3. 17)

ISBN 978-89-94707-17-4

가 격 48,000원